代 码 大 全
— 第 2 版 —

CODE COMPLETE
Second Edition

［美］Steve McConnell 著

金戈 汤凌 陈硕 张菲 译

裴宗燕 审校

电子工业出版社

Publishing House of Electronics Industry

北京·BEIJING

内容简介

代码大全（第2版）是著名IT畅销书作者、《IEEE Software》杂志前主编、具有20年编程与项目管理经验的Steve McConnell十余年前的经典著作的全新演绎：第2版做了全面的更新，增加了很多与时俱进的内容，包括对新语言、新的开发过程与方法论的讨论等等。这是一本百科全书式的软件构建手册，涵盖了软件构建活动的方方面面，尤其强调提高软件质量的种种实践方法。

作者特别注重源代码的可读性，详细讨论了类和函数命名、变量命名、数据类型和控制结构、代码布局等编程的最基本要素，也讨论了防御式编程、表驱动法、协同构建、开发者测试、性能优化等有效开发实践，这些都服务于软件的首要技术使命：管理复杂度。为了培养程序员编写高质量代码的习惯，书中展示了大量高质量代码示例（以及用作对比的低质量代码），提高软件质量是降低开发成本的重要途径。除此之外，本书归纳总结来自专家经验、业界研究以及学术成果，列举了大量软件开发领域的真实案例与统计数据，提高本书的说服力。

本书中所论述的技术不仅填补了初级与高级编程实践之间的空白，而且也为程序员们提供了一个有关软件开发技术的信息来源。本书对经验丰富的程序员、技术带头人、自学的程序员及没有太多编程经验的学生都是大有裨益的。可以说，只要您具有一定的编程基础，想成为一名优秀的程序员，阅读本书都不会让您失望。

Authorized translation from the English language edition, entitled CODE COMPLETE, 2nd Edition, 9780735619678 by MCCONNELL, STEVE, published by Pearson Education, Inc, publishing as Microsoft Press, Copyright © 2004 Steve C. McConnell.

All rights reserved. No part of this book may be reproduced or transmitted in any form or by any means, electronic or mechanical, including photocopying, recording or by any information storage retrieval system, without permission from Pearson Education, Inc. CHINESE SIMPLIFIED language edition published by PUBLISHING HOUSE OF ELECTRONICS INDUSTRY, Copyright © 2006.

本书简体中文版专有出版权由Pearson Education授予电子工业出版社，未经许可，不得以任何方式复制或抄袭本书的任何部分。专有出版权受法律保护。

版权贸易合同登记号：图字：01-2005-0909

图书在版编目（CIP）数据

代码大全：第2版 /（美）迈克康奈尔（McConnell,S.）著；金戈等译. —北京：电子工业出版社，2006.3
书名原文：Code Complete, Second Edition
ISBN 7-121-02298-2

Ⅰ. 代… Ⅱ. ①迈… ②金… Ⅲ. ①软件开发—手册 Ⅳ. ①TP311.52-62

中国版本图书馆 CIP 数据核字(2006)第 011427 号

责任编辑：周 筠　陈元玉
印　　刷：三河市君旺印务有限公司
装　　订：三河市君旺印务有限公司
出版发行：电子工业出版社
　　　　　北京市海淀区万寿路173信箱　邮编　100036
开　　本：787×980　1/16　印张：62.25　字数：1000千字
版　　次：2006年3月第1版
　　　　　2011年10月第2版
印　　次：2018年9月第30次印刷
定　　价：128.00元

凡所购买电子工业出版社图书有缺损问题，请向购买书店调换。若书店售缺，请与本社发行部联系，联系及邮购电话：(010) 88254888。
质量投诉请发邮件至zlts@phei.com.cn，盗版侵权举报请发邮件至dbqq@phei.com.cn。
服务热线：(010) 88258888。

最近读者评论

以下读者评论节选自当当网（www.dangdang.com）、卓越网（www.amazon.cn）和互动网（wwww.china-pub.com），在此表示感谢！

程序员可以带到孤岛上的唯一一本书！

这不是看一遍就可以扔到一边的书；这不是一本可以一口气读完的书。看完一遍，再看第二、第三遍！这是一本值得好好品读的书，就像一个比喻所说，这是程序员可以带到孤岛上的唯一一本书，里面的一些思想非常实用并具有启发性，并且其涉及的内容非常广泛。强烈推荐该书。

▶ rantengfei@***.***

重要的不是代码，而是思想。思想是代码的灵魂。作为程序员我们不是要做码农，而是要学懂里面蕴含的艺术。

▶ 寻找小包子

一个多月看完了书，感觉受益匪浅。以前开发都比较盲目、随意；而看了这本书之后我对软件的整体开发流程有了系统的认识，对每个环节都有了一定的把握。书中每章的要点都总结得很好，对于软件开发每个环节应做到什么程度给出了很到位的提示，利于实际应用助于学习操作！

▶ alsm168

想要学习软件开发的都应该去读这本书。书里面有很多一般很难接触到的最佳实践的东西。很多时候，这些也正是新手和高手的差别所在。当你了解了很多这些东西之后，也就很难再有人叫你菜鸟。

我认为本书最值得推荐的是中间那几章中详细的细节方面的描述，如变量命名之类。我也很讨厌死板的软件工程教条，但我不反对软件工程。其实，这些所谓的最佳实践都是软件工程的核心。这些知识不仅仅是新手所需要知道的，即使是所谓高手也需要常常温故知新。

或许本书最大的败笔就在于题目。不过，这个题目也确实很难翻译。Code Complete，译者说是"代码完成"，也就是软件工程里面有关软件生命周期的一个重要阶段。如果你要去找所谓的代码，这本书不是你要的。但是，我觉得它会给你更多。

▶ _jacobson

有真正项目经验会收获更多。之前非常忽视代码层次的书，看的多是一些设计、计算机原理方面的书籍。但看完这本书后，自己的代码质量有了质的提升，同时也对另外的一些描述代码的经典书籍产生了兴趣。发现原来自己作为程序员一直都没入门。啥也不说了，努力学习吧，好书看了肯定有收获的。

▶ 豆瓣读者：zaohe

如果你要开发软件的话，这是你必须要看的书籍。

太经典了，实在太经典了，你不看，你会 out 的，会失业的！

▶ junjie020@***.***

前两周刚买的代码大全，最近几天一直在看，感觉写得比较细，很实在，的确是带来很深感触，里面的很多建议对自己平时的代码创造很有指导意义！作者不愧为大师级的！要写代码的每一个程序员都要好好地读一读，最好是能够采取其中的某些建议。比如其中说到伪代码那个地方，从伪代码发展成为针对某一具体语言的源代码，然后伪代码转变成注释。

▶ qiangge_29@***.***

程序员必备的一本好书！不论你是初级程序员还是高级程序员，是大学生还是已经工作的编码者，这本书都很适合你，它是你开发道路上的良师益友，有了它的陪伴，相信你能少走很多弯路。

▶ 小冲 Hello

——大全，确实很全！

代码大全。的确是本好书。不论是知识技术，还是习惯修养，都确实让你得到启发。正如一本好的武功秘笈，绝对不仅仅是教你招式，而应该是传授你心法。这本书对我这样将要长期从事软件产品设计和开发的人来说，确实是再实用不过了。非常感谢作者和译者。对于我来说，你们同样伟大。支持！推荐！

▶ abel-sapphire@***.***

看过此书后才知道自己以前的想法和做法是多么愚蠢。要是你的同事都看过此书，你的烦恼就会少很多。要是所有的程序员都认真读过此书，我们的程序世界会多么和谐！

▶ 可可可可 86

衷心的赞！确实是非常好的一本书，做程序员的时候我看了第一版。现在已经做项目管理了，我又买了第二版，经典永远是经典，每看一次都有新的领悟、新的收获。

▶ xhbsea

这本书不只是写给某一个特定语言的，而是给整个编程界的，绝对是本好书。你不一定从此书中学到具体的编程规则，但是你可以学到编程思想，这对多平台移植是很有帮助的。

▶ michael906

买了很久了，最近开始细读，看了一半，书中介绍的经验确实很有帮助。再去写代码的时候会不自觉地想起书里讲到的东西，可以帮助改掉以前养成的坏习惯！要再接再厉看完它！

▶ 9tfly

这是程序员的红宝书。

▶ ruirui413

不论从书中的评论还是从网站的评论来看，本书都是一本可以随时随地随心所欲翻阅的随身宝典，就算不能一一记牢，只一步一步按照书中所示去做，也会发现代码质量在一点一点提高，自己看着都爽。

▶ liuhao0628

这本书不愧是程序员必读圣经，Great！强烈推荐！最后，再赞一下电子工业出版社——从纸张到翻译都很到位，谢谢！

▶ baiwenlei

这本书真的不错，内容很全，很具体。不论是从事结构设计的架构师，还是刚入门的程序员，阅读本书都会受益匪浅。值得反复学习，是程序员工作之益友。书印刷也不错，字迹清晰。

▶ 苦茶水

《代码大全(第2版)》所得到的赞誉

《代码大全》是我早在好几年前便已经阅读过的好书。这几年来我不知买过多少书籍,也清理过许多书房再也放不下的书籍,但是《代码大全》这本书始终占据着我书架上重要的位置而不曾移开过,因为好书是经得起时光考验的。

▶ Borland 公司大中华首席技术官(CTO),李维

在众多的编程类书籍中,如果只让我挑一本书来阅读,那我一定选择《代码大全》,因为它是最不可或缺的。

▶ 微软亚洲研究院 研究员 潘爱民

《代码大全(第2版)》是一本真正体贴开发者的经典巨著!

▶ CSDN 副总经理 曾登高

能把软件做好的人很多,但是把方法总结出来却很难。《代码大全》做到了,它堪称一本构建软件的百科全书。我在阅读过程中因无数次的共鸣而欣喜。

▶《游戏之旅——我的编程感悟》作者 云风

Code Complete 2 曾伴我走过研习软件开发的岁月,读来收获颇丰,唇齿留香,是技术书中少见的"好吃又有营养"的佳作。

▶《JUnit IN ACTION 中文版》译者 鲍志云

Code Complete 2 是最佳的软件构建论著,在中国已经创造了软件开发技术图书出版的奇迹。而我们更希望这个奇迹能够实实在在地推动中国软件开发者能力的提升。

▶《程序员》杂志社

国内读者对《代码大全（第 2 版）》的赞誉

以下读者评价摘自中国互动出版网（www.china-pub.com）、第二书店（www.dearbook.com.cn）、华储网（www.huachu.com）。

10 年前，每当我成功解决一个数学难题，我就有一种莫名的成就感。解题的思路越巧妙，成就感越强，直到我看到著名的数学教育家波利亚（Polya G.）的《怎样解题》。这是一本小册子，但却是对我影响最深的数学书之一。……我看《代码大全（第 2 版）》……不禁想起了波利亚的这本名著。现在对《代码大全（第 2 版）》的褒奖太多了，我想说明的是，如果你曾经写过很多代码，常常为自己的代码组织和设计困惑，那就看看这本书吧。他对我的冲击就如《怎样解题》一样，让我在 Steve McConnell 循序渐进的讲述方式中对那些未成熟的编码思路变得豁然开朗。……不仅让你正确地理解开发行为，还给出了很多设计和开发涉及到的细节。如果说类似《人月神话》这样的软件工程的图书离开发者还有点遥远的话，《代码大全（第 2 版）》就是真正体贴开发者的经典巨著。

▶ 曾登高

McConnell 是 15 年来国际知名的软件工程专家，他的书本本都很精彩。但最关键的，这是一本宣扬科学精神和工程态度的书，作者是在科学、工程的范畴内探讨、总结程序员的基础技能、开发技艺。……软件工程是一个极其庞大、无所不包的知识体系，编程（programming）或构建（construction）之技艺正是国际软件工程界几十年苦心研究的核心内容，绝不是我们所想的学点高级程序设计语言、学点 API 那么简单。如果此书早引进 10 年，可能我国今日之软件面貌将是另一番景象。形成这种错误的观念不能怪谁，怪的是这么些年来落后的软件工程教育。那么在编程技艺的总结、归纳和发展上，我们与世界领导者差距有多大，此书就是回答。

▶ 张恂

2004 年看过第一遍，觉得相见恨晚，打印了几十份，分发给新员工看；2005 年，再次阅读，并且以《代码大全》为内容，作了半年的软件创建培训；2006 年，购买 35 本新版《代码大全（第 2 版）》，在部门推广，我觉得能把这本好书推广给每个开发人员，就是对他的巨大帮助。要求是每人必须完成读书报告。

▶ coolwhy

国内读者对《代码大全（第2版）》的赞誉

翻译得不错，如果所有的书都翻译成这样，翻译版的图书名声也就不会那么差了。

▶ miqx

这本书我看了一下……内容确实很不错。我觉得对于中国来说，各个阶层的程序员都有必要看看。……有书评说这本书只适合初、中级别的程序员看，我看不然……我觉得有必要好好去思考一些问题，好好去吸收别人的思想。这本书我觉得不是一本能很快提高你编程能力的书，但是确实是一本教授你如何思考的书。

▶ 孤独的鹰

十几年前，这本书让我第一次认识到编程风格的重要，曾经买了 N 本，都推荐给朋友们了，到现在反而自己手里没有这本书。刚发现这本书出了新版……迫不及待地推荐给大家。

▶ iasc

我只想说这是我见过的最好的关于编程经验的书，前几天买回来一看就被它震撼了。这本书很生动，也翻译得很好，我完全没有在读翻译版的感觉，对于一些英文术语在中文的旁边都附上了该英文。所以如果你真的是想获得这本书的精华经验，我还是建议你们花点钱买纸版的好。否则我想你不会有什么收获的。

▶ morkyzhang

我是搞程序开发的，我们用 C++ 比较多，听说这本书不错，所以我就买了一本，买回来放在办公室，我还没有来得及看，结果被我一个同事看到了，他拿过去翻了下，结果他不还了，说什么让他先看完再还，因为他认为写的实在是太好了。后来我也拿过来仔细地翻了一下，果然不错。后来我向公司的同事极力推荐这本书，好多人都买了。

▶ linux_xxx

这本书给我的感觉就是很爽，写的都是一些很具体的问题，而不像普通计算机书一样，空话一堆。刚拿到书时，随手一翻，都不知道要从哪里开始看比较好，因为每一页都很精彩，语言也很平实。更爽的是这本书很厚，是一本可以让你慢慢享受的书，感觉很超值！

▶ scutteng

……开始读的时候就被书里的那些平实的话深深吸引，开始我是有选择地读了其中的有关程序员心理部分内容……内容更是于平淡中透着深刻，于是又翻开第一页，决定从头好好细细咀嚼……当然，这本书读一遍是肯定不够的，好多人在读了不下四遍以后还有新的收获。希望在接下来的日子里有 CC2 相伴，能发现其更多妩媚之处！

▶ derry

代码大全（第2版）

国内读者对《代码大全（第 2 版）》的赞誉

七年前看过本书的第 1 版原版。的确是很好的书。深入浅出，几乎说清楚了软件开发的方方面面。作者的确是那种又能干又能说的牛人。现在看到这里的第 2 版……译者处理得比较好的部分就是关键的术语都是中英并列，比较方便理解。

▶ songma

我是在 2005 年年底开始在一家网络通信公司实习时知道这本《代码大全（第 2 版）》的。它是公司推荐新入职研发部员工阅读书目之一……

▶ woody107

如此重量级的图书，值得收藏。特别那些刚进公司的新员工……趁早买一本。

▶ thtcstar

经典著作，包罗万象！程序员必读！

▶ 兵工厂

感觉这本书很好，深入浅出。……买回来后觉得物有所值。

▶ huangmo98

对《代码大全》的更多赞誉

"《代码大全》是有关编程风格和软件构建的绝好指导书。"

▶ **Martin Fowler**,《重构》

"Steve McConnell 的《代码大全》……为程序员提供了通向智慧的捷径……他的书读起来饶有趣味,要知道他可是有切实的亲身经验的。"

▶ **Jon Bentley**,《编程珠玑(第二版)》

"这无疑是我所看过的软件构建方面最好的书籍。每个开发人员都应该有一本,并且每年都从头到尾读一遍。九年来我每年都读这本书,仍能从中有新的收获。"

▶ **John Robbins**,《Microsoft .NET 和 Windows 应用程序调试》

"当今的软件必须是健壮、有弹性的,而安全的代码始于规范的构建。第 1 版出版后的十年里,没有出现比《代码大全》更权威的书。"

▶ **Michael Howard**,《编写安全的代码》

"《代码大全》广泛剖析编程工艺的各种实战话题。McConnell 的著作涵盖软件架构、编码标准、测试、集成以及软件工艺的本质等内容。"

▶ **Grady Booch**,《Object Solutions》

"对软件开发者而言,终极的百科全书就是 Steve McConnell 的《代码大全》。这本长达 850 页厚的书确如其副标题所说,是一本实用手册。它旨在缩短'业界大师与教授'(例如 Yourdon 和 Pressman)的知识与一般商业实践之间的距离,帮助读者用较短的时间、碰到较少的麻烦去编写更好的程序……每个开发者都应该拥有这本书,其风格和内容是切实可用的。"

▶ **Chris Loosley**,《High-Performance Client/Server》

"Steve McConnell 的创新书籍《代码大全》是详述软件开发方面最易懂的一本书……"

▶ **Erik Bethke**,《Game Development and Production》

"《代码大全》是关于设计与生产优秀软件的实用信息与建议的宝藏。"

▶ **John Dempster**,《The Laboratory Computer: A Practical Guide for Physiologists and Neuroscientists》

"如果你有意改进编程技术，就该有一本 Steve McConnell 的《代码大全》。"

▶ **Jean J. Labrosse**,《*Embedded Systems Building Blocks: Complete and Ready-To-Use Modules in C*》

"Steve McConnell 写出了一本独立于特定计算机环境的软件开发方面最好的书籍。"

▶ **Kenneth Rosen**,《*Unix: The Complete Reference*》

"每个时代你都会遇到一本书，提供你获得经验的捷径，节省数年走弯路的时间……千言万语都无法说明这本书有多好。标题《代码大全》尚不足以表达出该作品的全部智慧与内涵。"

▶ **Jeff Duntemann**,《*PC Techniques*》

"Microsoft 出版社出版了我认为是软件构建方面很好的书，每个软件开发人员的书架上都该有这本书。"

▶ **Warren Keuffel**,《*Software Development*》

"每个程序员都该读读这本杰出的书籍。"

▶ **T.L. (Frank) Pappas**,《*Computer*》

"假如你期望成为专业程序员，这将是你投资 35 美元能得到的最好回报。不要只是看看这个书评，赶快冲出去买一本回来！McConnell 声称此书意在拉近业界大师的知识与一般商业实践之间的距离……令人称奇的是他做到了。"

▶ **Richard Mateosian**,《*IEEE Micro*》

"应当让在软件开发领域中的每个人都来读读《代码大全》。"

▶ **Tommy Usher**,《*C User's Journal*》

"我不遗余力地为 Steve McConnell 的《代码大全》拍手叫好……这本书取代了 API 参考手册，成为伴我干活的最亲密的书。"

▶ **Jim Kyle**,《*Windows Tech Journal*》

"这本编纂精良的巨著有望成为软件实现的实践方面最好的专著。"

▶ **Tommy Usher**,《*Embedded Systems Programming*》

"这是我所读过的软件工程方面最好的书籍。"

▶ **Edward Kenworth**,《*.Exe Magazine*》

"该书必将成为一部经典的、所有开发人员及其管理者必备的读物。"

▶ **Peter Wright**,《*Program Now*》

译 序

这本书讲什么

《代码大全》这本书的原名叫《Code Complete》，那么 code complete 在这里是何含义呢？首先，它不代表现代集成开发环境（IDE）中的代码自动补全功能，本书也不打算向您讲解 Eclipse 或 Visual Studio 2005 中的代码自动补全功能是如何实现的☺。其次，code complete 也不是真正的软件源代码"大全"的意思☹，这本书既没有列出连接各种数据库的代码、也没有列出网页中常用的各种 JavaScript 代码。书中的代码示例恐怕也不能直接 copy&paste 代码到您自己的项目中。

那么 code complete 到底是什么意思？中译本为什么又要取名为"代码大全"呢？虽然从网上讨论的情况看，各位网友对书名含义的理解有出入，但是译者有充分的理由相信，code complete 是"编码完成"的意思，是一个软件项目开发过程中的重要里程碑（milestone）。软件项目进行到这里，表明已经完成了所有的编码工作，即将开始系统测试。

这本书讲的正是为了到达"编码完成"这一重要里程碑所必需的软件构建技术，确切地说，就是如何编写高质量的代码。作者认为，应该首先为人编写代码，其次才是为机器（第 34.3 节）；代码主要是供人阅读的。遍布全书的提高代码质量的实实在在的技术和诀窍，是本书最有价值的部分。事实上，我们认为第 6、7、10 至 19 章这 300 多页的内容是本书的精华内容，在其他书里恐怕很难找到如此详尽的对变量、语句、子程序等编程基本要素的讨论。

十多年前，本书第 1 版以《代码大全》为名翻译出版，在过去的 10 余年中，这本书影响了整整一代程序员，"代码大全"四个字已成为一个响当当的名字。鉴于此，本书第 2 版决定保留这个无伤大雅的"错误"，沿用"代码大全"作为书名，也借此向原书第 1 版各位译者、修订者们的辛勤劳动表示我们的敬意。无论如何，对 code complete 的理解不会影响对整本书的理解。

本书除了讲如何构建高质量的软件，还讲如何成为一名优秀的程序员（第 33 章"个人性格"、第 4.3 节"你在技术浪潮中的位置"、第 34.4 节"深入一门语言去编程"）。

代码大全（第 2 版）

这本书适合谁看，该怎么看

任何想写出好程序的人，或者想带领一群程序员写出好软件的人，都不应该错过这本好书。作者在前言中指明了本书的读者群（包括经验丰富的程序员、技术带头人、自学的程序员、学生等），请您参阅。

这是一本800多页的大部头，从头到尾阅读要花不少时间，谁都希望能尽快找到对自己有用的内容。译者大致针对不同的读者群提一点阅读建议，仅供参考。

- 初级程序员，请先看第18章"表驱动法"：将复杂的逻辑判断转换为查表，从而简化代码的编写与维护。另外，本章中的一个示例说明了，面向对象设计并不只要因为它是"面向对象"，就一定会好于其他的设计。

- 高级程序员，请先看第4章"关键的'构建'决策"，本章关注的焦点是程序员和技术带头人个人必须（直接或间接）负责的项目准备工作。

- 项目经理，请先看第33章"个人性格"，程序设计是一项纯粹的脑力劳动，本章对挑选和培养优秀程序员提出了建议。事实证明，相对于聪明程度（智商），个人性格（情商）对于造就出程序员高手更具有决定性的意义。

- 低年级学生，请先看第11章"变量名的力量"。这本书用了整整一章（30多页）的篇幅来讲解"为变量命名"这一编程中最常见的活动，这里提供的建议在别的书里是很难见到的。

- 高年级学生，请先看第8章"防御式编程"，本章讲述如何面对严酷的充斥非法数据的真实世界，在遇到"绝不会发生"的事件和其他程序员犯下的错误时如何保护自己。对于那些正在从学术环境转向专业开发环境的学生来说，这是必备的一课。

- 制定编码标准的人，请先看第32章"自说明代码"，本章中有一段关于注释的精彩对话，它可能会改变您在制定编码标准时对注释的要求。

- 自学编程的人，请先看第7章"高质量的子程序"，本章详细讨论了子程序的命名和参数选择等问题，其中对子程序最佳长度的讨论颇有借鉴意义。

- 喜欢参与网上争论的人，请先看第13.3节"全局数据"和第17.3节"goto语句"，听听学术界在这些问题上的争论也挺有意思。

当然，这整本书都非常值得一读，准确地说，值得反复阅读。书中不仅有实实在在的数据和论述，也有一些有趣的比喻，作者偶尔还开开玩笑，读起来一点也不枯燥。

另外需要说明的一点是，书中出现的诸如"(Yourdon 1986b)"表示的是参考文献，可以从第863页起的参考文献列表中查到文献的原名和出处，例如，(Yourdon 1986b)代表的是Edward Yourdon写的《Nations at Risk》一书。如果只出现"（2000）"字样，那么请您从上下文中推断出作者姓名。

配套网站

这本书英文版的配套网站是 http://www.cc2e.com，书中左侧出现的类似cc2e.com/1234的标志的含义请参阅前言中的说明。本书中文版的配套网站是http://www.cc2e.com.cn，凡是书中出现的 cc2e.com/1234 均可对应访问cc2e.com.cn/1234。

本书已经根据原书截至2006年2月初的勘误表进行了修订，译者发现的原书疏漏也已用译注标明。就像写程序做不到bug free一样，翻译书难免也会有错，如果您在阅读中发现任何疑问，欢迎来本书配套网站与译者交流。这个网站还提供最新的勘误表和其他一些信息（例如我们把routine翻译为"子程序"的理由、对书中观点的讨论、书评等）。

致 谢

本书的翻译工作由4名译者共同完成，各人负责的章节如下：金戈翻译前言和第1、2、5~9章，汤凌翻译第10~26章，陈硕翻译第3、4、27~30章，张菲翻译第31~35章。北京大学的裘宗燕教授审校了全部书稿，对译稿做了大量的修订并提出相当多的指导意见。在此我们对裘老师表示衷心的感谢，他的辛勤劳动使本书的翻译质量上了一个大台阶。全书最后由陈硕统稿。译者汤凌特别要感谢同事雷程炜工程师，他为汤凌复查了大部分初译版本文字。另外，本书部分翻译工作基于杨哈达和郑毅帆的初译稿，在此也一并致谢。

译者特别感谢本书编辑团队中负责全书统筹工作的陈元玉女士和负责本书配套网站建设的佘广先生以及编辑团队的其他人员。

最后，祝读者能借助本书提高自己的编程功力，成为优秀的软件开发人才。谢谢！

译 者
2006年2月初

谨以此书献给我的妻子 Ashlie。尽管她并没有干过什么计算机编程，但做了数不清的事情来使我的生活丰富多彩。

一切皆有可能

— 出版人感言 —

2003 年夏天，博文视点刚成立不久，一次，我和孟岩在 msn 上聊天，孟岩说："周老师，有本绝好的书刚刚出了第 2 版，不知现在版权还在不在？"我向来深信孟大侠的眼光，让他赶紧告诉我，原来是《代码大全》。孟岩还告诉我，该书第 1 版是十多年前问世的，很多人都在找这本书，未果。

我当即请电子社版权部的同事向微软出版社洽询《代码大全》（第 2 版）的翻译版权事宜，但版权部多次积极联络，对方的回复总是"在查询中"。后来和孟岩谈及，我们俩感到，很可能这本书的翻译版权已花落他家，多半没戏了。但既然对方没肯定说版权已经授予国内其他出版社，那么始终笃信"一切皆有可能"的我，就不会放弃申请。

2004 年的某个阶段，微软出版社因某种原因，暂停与中国出版社的版权贸易。向来办事效率极高的电子社版权部经多方打听，了解到微软出版社与国内出版社暂停合作的原因，提出了电子社和微软出版社率先启动合作的具体方案，并请博文视点参与同微软出版社的合作谈判，我两次在北京出席与微软出版社代表的面谈。每次面谈，我都要求博文的外版编辑在申请合作的书目上，首先列出《代码大全》（第 2 版），而对方也总是不能给予正式的回复。隐隐中，感觉这本书的翻译版权似乎离博文视点有些遥远……

然而，电子社是幸运的，博文视点是幸运的，我是幸运的——由于电子社版权部办事效率极高，赢得了微软出版社的信任，2004 年 12 月，对方发来了授权文件，其中就有《代码大全》（第 2 版）。得知这个消息，博文视点的外版编辑方舟有些不敢相信，还问我，会不会是微软出版社弄错了。方舟是个怀疑派，所以当初我要求他把这本书列入申请名单时，他略微嘟囔了几句，大意是说我们这些瞎猫想逮活耗子，云云。

接下来寻找译者也不易，所幸我没看错我的朋友金戈，他在翻译过程中，几次遇到困难：翻译团队中途换人，由他领衔主持的国家级项目，时间要求也非常紧，但他咬牙坚持下来了。也非常感谢裘宗燕老师一向对我工作的支持，裘老师答应担任这本书的审校工作，让我感到幸运而踏实。

这本书也凝聚了我的同事陈元玉无数个日夜的心血，她以高度负责的态度赢得了全体译者的赞誉。方舟编辑，也从怀疑变为狂喜，在他眼里，这本书是"绝色佳人"，因此，美术基础不错的他亲自为这本书设计了封面。博文的市场经理佘广是网页设计爱好者，和编辑张昊一起为《代码大全》（第 2 版）精心打造了中文版配套网站（http://www.cc2e.com.cn）。

当年慧眼指路的孟岩，已经是《程序员》杂志的技术主编，他在 2006 年第 3 期《程序员》杂志上为这本书组织了 15 个版面的专题报道，这是空前的，也是"绝色佳人"才有的待遇。

出版人的快乐，莫不来自于与好书结缘。回顾一年多为这本书付出的辛劳，过往的一切都显得那么美好。我自己，更是感到特别的幸运——我能和这样一群优秀的伙伴在一个团队里工作，能在我的职业生涯里和这样一本"绝色佳人"级别的好书结缘，惟有感恩！

希望这本书，能带给读者真正的帮助，也恳请读者朋友随时指出我们应该改进的地方。

博文视点，愿与所有向上的心合作，共同成长！

周筠

2006 年 3 月于武汉

Contents at a Glance
目录一览

第 1 章　欢迎进入软件构建的世界 3
第 2 章　用隐喻来更充分地理解软件开发 9
第 3 章　三思而后行：前期准备 23
第 4 章　关键的"构建"决策 61
第 5 章　软件构建中的设计 73
第 6 章　可以工作的类 125
第 7 章　高质量的子程序 161
第 8 章　防御式编程 187
第 9 章　伪代码编程过程 215
第 10 章　使用变量的一般事项 237
第 11 章　变量名的力量 259
第 12 章　基本数据类型 291
第 13 章　不常见的数据类型 319
第 14 章　组织直线型代码 347
第 15 章　使用条件语句 355
第 16 章　控制循环 367
第 17 章　不常见的控制结构 391
第 18 章　表驱动法 411
第 19 章　一般控制问题 431
第 20 章　软件质量概述 463
第 21 章　协同构建 479
第 22 章　开发者测试 499
第 23 章　调试 535
第 24 章　重构 563

第25章	代码调整策略	587
第26章	代码调整技术	609
第27章	程序规模对构建的影响	649
第28章	管理构建	661
第29章	集成	689
第30章	编程工具	709
第31章	布局与风格	729
第32章	自说明代码	777
第33章	个人性格	819
第34章	软件工艺的话题	837
第35章	何处有更多信息	855

参考文献 863

索引 885

Table of Contents
目　录

前言 xix
鸣谢 xxvii
核对表目录 xxix
表目录 xxxi
图目录 xxxiii

第 1 部分　打好基础

第 1 章　欢迎进入软件构建的世界 3
 1.1　什么是软件构建 3
 1.2　软件构建为何如此重要 6
 1.3　如何阅读本书 8

第 2 章　用隐喻来更充分地理解软件开发 9
 2.1　隐喻的重要性 9
 2.2　如何使用软件隐喻 11
 2.3　常见的软件隐喻 13

第 3 章　三思而后行：前期准备 23
 3.1　前期准备的重要性 24
 3.2　辨明你所从事的软件的类型 31
 3.3　问题定义的先决条件 36
 3.4　需求的先决条件 38
 3.5　架构的先决条件 43
 3.6　花费在前期准备上的时间长度 55

第 4 章　关键的"构建"决策 61
 4.1　选择编程语言 61
 4.2　编程约定 66
 4.3　你在技术浪潮中的位置 66
 4.4　选择主要的构建实践方法 69

代码大全（第 2 版）

第2部分　创建高质量的代码

第5章　软件构建中的设计 73
- 5.1　设计中的挑战 74
- 5.2　关键的设计概念 77
- 5.3　设计构造块：启发式方法 87
- 5.4　设计实践 110
- 5.5　对流行的设计方法的评论 118

第6章　可以工作的类 125
- 6.1　类的基础：抽象数据类型（ADTs） 126
- 6.2　良好的类接口 133
- 6.3　有关设计和实现的问题 143
- 6.4　创建类的原因 152
- 6.5　与具体编程语言相关的问题 156
- 6.6　超越类：包 156

第7章　高质量的子程序 161
- 7.1　创建子程序的正当理由 164
- 7.2　在子程序层上设计 168
- 7.3　好的子程序名字 171
- 7.4　子程序可以写多长 173
- 7.5　如何使用子程序参数 174
- 7.6　使用函数时要特别考虑的问题 181
- 7.7　宏子程序和内联子程序 182

第8章　防御式编程 187
- 8.1　保护程序免遭非法输入数据的破坏 188
- 8.2　断言 189
- 8.3　错误处理技术 194
- 8.4　异常 198
- 8.5　隔离程序，使之包容由错误造成的损害 203
- 8.6　辅助调试的代码 205
- 8.7　确定在产品代码中该保留多少防御式代码 209
- 8.8　对防御式编程采取防御的姿态 210

第9章　伪代码编程过程 215
- 9.1　创建类和子程序的步骤概述 216

9.2 伪代码 218
9.3 通过伪代码编程过程创建子程序 220
9.4 伪代码编程过程的替代方案 232

第3部分 变量

第10章 使用变量的一般事项 237
10.1 数据认知 238
10.2 轻松掌握变量定义 239
10.3 变量初始化原则 240
10.4 作用域 244
10.5 持续性 251
10.6 绑定时间 252
10.7 数据类型和控制结构之间的关系 254
10.8 为变量指定单一用途 255

第11章 变量名的力量 259
11.1 选择好变量名的注意事项 259
11.2 为特定类型的数据命名 264
11.3 命名规则的力量 270
11.4 非正式命名规则 272
11.5 标准前缀 279
11.6 创建具备可读性的短名字 282
11.7 应该避免的名字 285

第12章 基本数据类型 291
12.1 数值概论 292
12.2 整数 293
12.3 浮点数 295
12.4 字符和字符串 297
12.5 布尔变量 301
12.6 枚举类型 303
12.7 具名常量 307
12.8 数组 310
12.9 创建你自己的类型（类型别名） 311

第13章 不常见的数据类型 319
13.1 结构体 319

13.2 指针 323
13.3 全局数据 335

第4部分 语句

第14章 组织直线型代码 347
14.1 必须有明确顺序的语句 347
14.2 顺序无关的语句 351

第15章 使用条件语句 355
15.1 *if* 语句 355
15.2 *case* 语句 361

第16章 控制循环 367
16.1 选择循环的种类 367
16.2 循环控制 373
16.3 轻松创建循环——由内而外 385
16.4 循环和数组的关系 387

第17章 不常见的控制结构 391
17.1 子程序中的多处返回 391
17.2 递归 393
17.3 *goto* 398
17.4 针对不常见控制结构的观点 408

第18章 表驱动法 411
18.1 表驱动法使用总则 411
18.2 直接访问表 413
18.3 索引访问表 425
18.4 阶梯访问表 426
18.5 表查询的其他示例 429

第19章 一般控制问题 431
19.1 布尔表达式 431
19.2 复合语句（语句块）......443
19.3 空语句 444
19.4 驯服危险的深层嵌套 445
19.5 编程基础：结构化编程 454
19.6 控制结构与复杂度 456

第 5 部分 代码改善

第 20 章 软件质量概述 463
20.1 软件质量的特性 463
20.2 改善软件质量的技术 466
20.3 不同质量保障技术的相对效能 469
20.4 什么时候进行质量保证工作 473
20.5 软件质量的普遍原理 474

第 21 章 协同构建 479
21.1 协同开发实践概要 480
21.2 结对编程 483
21.3 正式检查 485
21.4 其他类型的协同开发实践 492

第 22 章 开发者测试 499
22.1 开发者测试在软件质量中的角色 500
22.2 开发者测试的推荐方法 503
22.3 测试技巧锦囊 505
22.4 典型错误 517
22.5 测试支持工具 523
22.6 改善测试过程 528
22.7 保留测试记录 529

第 23 章 调试 535
23.1 调试概述 535
23.2 寻找缺陷 540
23.3 修正缺陷 550
23.4 调试中的心理因素 554
23.5 调试工具——明显的和不那么明显的 556

第 24 章 重构 563
24.1 软件演化的类型 564
24.2 重构简介 565
24.3 特定的重构 571
24.4 安全的重构 579
24.5 重构策略 582

代码大全（第 2 版）

第25章 代码调整策略 ... 587

- 25.1 性能概述 ... 588
- 25.2 代码调整简介 ... 591
- 25.3 蜜糖和哥斯拉 ... 597
- 25.4 性能测量 ... 603
- 25.5 反复调整 ... 605
- 25.6 代码调整方法总结 ... 606

第26章 代码调整技术 ... 609

- 26.1 逻辑 ... 610
- 26.2 循环 ... 616
- 26.3 数据变换 ... 624
- 26.4 表达式 ... 630
- 26.5 子程序 ... 639
- 26.6 用低级语言重写代码 ... 640
- 26.7 变得越多,事情反而越没变 ... 643

第6部分 系统考虑

第27章 程序规模对构建的影响 ... 649

- 27.1 交流和规模 ... 650
- 27.2 项目规模的范围 ... 651
- 27.3 项目规模对错误的影响 ... 651
- 27.4 项目规模对生产率的影响 ... 653
- 27.5 项目规模对开发活动的影响 ... 654

第28章 管理构建 ... 661

- 28.1 鼓励良好的编码实践 ... 662
- 28.2 配置管理 ... 664
- 28.3 评估构建进度表 ... 671
- 28.4 度量 ... 677
- 28.5 把程序员当人看 ... 680
- 28.6 管理你的管理者 ... 686

第29章 集成 ... 689

- 29.1 集成方式的重要性 ... 689
- 29.2 集成频率——阶段式集成还是增量集成 ... 691
- 29.3 增量集成的策略 ... 694

目录

29.4 Daily Build 与冒烟测试 702

第 30 章 编程工具 709
30.1 设计工具 710
30.2 源代码工具 710
30.3 可执行码工具 716
30.4 工具导向的环境 720
30.5 打造你自己的编程工具 721
30.6 工具幻境 722

第 7 部分 软件工艺

第 31 章 布局与风格 729
31.1 基本原则 730
31.2 布局技术 736
31.3 布局风格 738
31.4 控制结构的布局 745
31.5 单条语句的布局 753
31.6 注释的布局 763
31.7 子程序的布局 766
31.8 类的布局 768

第 32 章 自说明代码 777
32.1 外部文档 777
32.2 编程风格作文档 778
32.3 注释或不注释 781
32.4 高效注释之关键 785
32.5 注释技术 792
32.6 IEEE 标准 813

第 33 章 个人性格 819
33.1 个人性格是否和本书话题无关 820
33.2 聪明和谦虚 821
33.3 求知欲 822
33.4 诚实 826
33.5 交流与合作 828
33.6 创造力和纪律 829
33.7 懒惰 830

- 33.8 不如你想象中那样起作用的性格因素 830
- 33.9 习惯 833

第 34 章 软件工艺的话题 837
- 34.1 征服复杂性 837
- 34.2 精选开发过程 839
- 34.3 首先为人写程序,其次才是为机器 841
- 34.4 深入一门语言去编程,不浮于表面 843
- 34.5 借助规范集中注意力 844
- 34.6 基于问题域编程 845
- 34.7 当心落石 848
- 34.8 迭代,反反复复,一次又一次 850
- 34.9 汝当分离软件与信仰 851

第 35 章 何处有更多信息 855
- 35.1 关于软件构建的信息 856
- 35.2 构建之外的话题 857
- 35.3 期刊 859
- 35.4 软件开发者的阅读计划 860
- 35.5 参加专业组织 862

参考文献 863
索引 885

Preface
前　言

> 普通的软件工程实践与最优秀的软件实践差距巨大——多半比其他工程学科中的这种差距都要大。因此，传播优秀实践经验的工具是十分重要的。
>
> —— Fred Brooks

我写这本书的首要目的，就是希望缩小本行业中一般商业实践与大师级人物及专家们之间的知识差距。许多强大的编程技术在被编程领域的大众接触之前，都已在学术论文和期刊里尘封了多年。

虽然近年来前卫的软件开发实践迅速发展，但普通的实践手段并没有太大变化。很多程序的开发仍然是漏洞百出、迟于交付并且超出预算，还有很多根本就无法满足用户的需求。软件业界以及学术界的研究人员已经发现了不少行之有效的实践经验，足以解决自 20 世纪 70 年代以来编程领域中日益蔓延的大多数问题。可是这些实践经验很少在高度专业化的技术期刊之外对外发表，所以时至今日大多数编程的机构和组织还没能用上这些技术。有研究表明，一项研发成果从其诞生之日起，到进入商业实践阶段，通常要经历 5 到 15 年甚至更长的时间（Raghavan and Chand 1989；Rogers 1995；Parnas 1999）。这本手册就是想缩短这一漫长的过程，让那些关键性的研发成果现在就能为更多编程人员所用。

Who Should Read This Book
谁应当阅读本书

本书中所汇集的研究成果和编程经验，将帮助你创建更高质量的软件，使你能更快速地进行开发，遇到的问题更少。本书将帮你弄明白过去为什么会遇到那些问题，并告诉你如何在将来避免它们。这里所描述的编程实践将帮助你掌控更大型的项目，还能在项目的需求发生变动时帮助你成功地维护并修改已经开发出来的软件。

Experienced Programmers
经验丰富的程序员

对于经验丰富的程序员而言，本书正是他们想要的一本翔实、易用的软件开发指南。本书关注的是"构建（construction）"，即整个软件生命周期中最为人熟知的部分；本书把强大的软件开发技术写得让自学的程序员和参加过正规训练的程序员都能读懂。

代码大全（第 2 版）

Technical Leads
技术领导

许多技术领导（或者说是技术带头人）都曾在他们的团队中使用《代码大全》（第1版）培训经验不足的程序员。当然，本书也可以用来填补你自己的知识缺陷。如果你是一位经验丰富的程序员，你不一定会同意我给出的所有结论（如果不是这样，我倒会觉得奇怪）。但如果你阅读本书并思索其中的每一个问题之后，那么几乎不会有人再能提出什么你未曾思考过的软件构建方面的问题了。

Self-Taught Programmers
自学的程序员

如果你没有受过太多的正规训练，本书正是你的良伴。每年约有50 000个新手进入这一专业领域（BLS 2004, Hecker 2004），但每年却只有35 000个人获得与软件相关的学位（NCES 2002）。从这些数据中我们可以很快得出一个结论——很多程序员并没有接受过软件开发方面的正规教育。在许多新兴的专业人员社群中都可以看到自学的编程人员——工程师、会计师、科学家、教师以及小公司的老板们；编程序是他们工作的一部分，但他们并不一定把自己看作是程序员。无论你在编程方面受过何种程度的教育，本手册都会让你能对各种行之有效的编程实践有深入的了解。

Students
学生

与有经验但缺乏正规培训的程序员对应的，是那些刚刚毕业的大学生。新近毕业的学生大多拥有丰富的理论知识，但却缺乏创建产品级的程序（production programs）的实践技术。关于编写优秀代码的实践知识，就像部落里祭祀仪式上的舞蹈一样，只能慢慢地从软件架构师、项目负责人、分析师以及更有经验的程序员那里传承下来。更多的时候，这些知识就是程序员个人反复的尝试和犯错后的结晶。本书则是这些缓慢、传统智慧传承方式的一种替代方案，它汇集了以往只能从他人经验中猎取和收集的大量实用的经验技巧和有效的开发策略。对于那些正在从学术环境转向专业环境的学生来说，这是一本必备的读物。

Where Else Can You Find This Information
还能从何处找到这些信息

本书综合整理了来自四面八方的多种软件构建技术。这些技术是软件构建领域长年累月积聚下来的智慧财富，它们不仅分散，而且其中大部分素材常年散落于纸面之外（Hildebrand 1989, McConnell 1997a）。其实，内行的程序员们所用的那些强大有效的编程技术并不神秘。但是这些内行人士面对手头日复一日紧张冲刺的项目，几乎没有谁花些时间和大家分享他们所学到的知识和技能。因此，程序员们可能很难找到很好的关于编程的信息来源。

而本书所描述的技术则填补了入门图书和高级编程图书之间的空白。当你读过了《Java 编程入门》、《高级 Java 编程》和《高高级 Java 编程》之后，如果你还想学更多的编程知识，那还能读点什么呢？你可以阅读 Intel 或 Motorola 的硬件参考手册，阅读 Microsoft Windows 或 Linux 操作系统的函数手册，甚至是去阅读讲另外一门编程语言的书籍——你确实无法在一个缺乏这种详细参考资料的环境中使用语言或者程序。但本书是为数不多的探究编程本质的书籍之一。无论你在何种环境下、用何种语言编写程序，书中某些最有益处的编程技术都能派上用场。其他的书一般都忽略了这些实践知识，而这也正是本书专注于这些知识的原因。

本书中的信息是从许多来源中提炼出来的，如下图所示。想完全获得在本书中看到的这些信息的另外途径只有一条，那就是通读堆积如山的书籍和成百上千本技术期刊，还得再加上大量的实际经验。即便你把这些事情都做到了，本书仍然会对你很有益处，因为它把所有这些资料都集于一处，便于查阅。

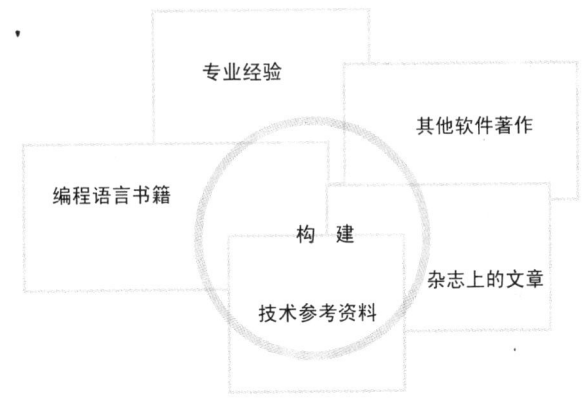

Key Benefits of This Handbook
阅读本书的收益

无论你是何种背景，本书都能助你在更短的时间内写出更棒的程序，还不会那么头疼。

全面的软件构建参考　本书讨论了软件构建活动的方方面面，比如说软件的质量，还有编程的思维方式。它还会深入阐述构建活动中的重要细节，如创建一个类的步骤，使用数据和控制结构时的各种事项，还有调试、重构、代码调优的技术与策略等。你无须逐页通读所有主题。本书可以让你很容易就能找到感兴趣的特定话题。

随时备用的核对表　本书包括了大量的核对表（checklist），你可以用它来评估软件架构、设计方法、类和子程序的质量、变量命名、控制结构、代码格式、测试用例，等等。

与时俱进的信息 本书介绍了一些当今最为时兴的技术,其中有许多还未被广泛采用。正因为本书撷取了实践与研究两者的精髓,它所介绍的这些技术将经久不衰,受用多年。

以更广的视角检视软件开发 本书将给你一个机会,让你凌驾于日复一日、忙于救火的混乱场面之上,看看到底什么是可行的,而什么又是不可行的。实践中的程序员们很少有时间去阅读数以百计的书籍与期刊,而本手册萃取了其中的精华。本书所汇集的理论研究与实践经验将活跃你的思维,激励你对自己项目的思考,使你的行动更有策略,避免反复陷入完全一样的战斗。

绝不注水 有些软件书籍,其中精髓部分的净重也就 1 克,却注入了重达 10 克的水分。本书则会公平地探讨每项技术的优劣。关于你自己项目的特定需求,你了解得要比任何人都清楚。因此本书仅是给你公正客观的信息,让你能够具体情况具体分析,做出正确的决策。

有关概念适用于大多数常见的语言 本书中介绍的技术能让你可以更好地利用你的编程语言,无论是 C++、C#、Java、Visual Basic,还是其他类似语言。

丰富的代码示例 本书中收集了近 500 个用于展现优、劣代码之差异的示例。之所以给出这么多示例也是出于个人的偏好。因为从示例中我最能学到东西,我想其他程序员也该可以通过这种方式学得更好吧。

这些示例是用了多种不同的语言所写成的,因为学习并掌握不止一门语言通常是专业程序员职业生涯中的分水岭。一旦一名程序员意识到编程原则是超越特定语言语法的东西时,通往能够实质地改善编程质量并提高工作效率的知识的大门也就向他敞开了。

为了避免以多种语言写成的例子成为读者的负担,我会尽量避免使用各语言中那些深奥的特性——除非当时就是需要探讨它。为了弄懂一个代码片段要表达的问题,你无须完全理解所有的细枝末节。如果你集中关注示例所展示的问题,那么无论它是用什么语言写成的,你都能读懂。为让你更容易理解这些示例,我还给其中的关键部分加了注解。

引用其他信息来源 本书汇集了为数众多关于软件构建方面的可用信息,但这并不算完。在本书所有的章节中,"更多资源"一节都会介绍其他一些书籍和文章,你希望进一步深入了解感兴趣的话题时可以阅读它们。

cc2e.com/1234   **配套网站**　在本书的配套网站 cc2e.com 上会提供更新的核对表、参考书目、杂志文章、网页链接等内容。要访问《代码大全》(第 2 版) 中的相关信息，请如本段文字左侧所示，在浏览器中输入 "cc2e.com/"，后跟一个四位阿拉伯数字即可。这样的网址参考链接在本书中会有很多。

Why This Handbook Was Written
为什么要写这本手册

在软件工程界，人们都清楚地认识到，应该把软件开发中行之有效的实践知识归纳、编撰成一本开发手册。计算机科学与技术委员会 (Computer Science and Technology Board) 的一份报告指出，要想大幅提高软件开发的质量和工作效率，需要把已知的行之有效的软件开发实践知识归纳、统一并广为传播 (CSTB 1990, McConnell 1997a)。该委员会还指出，传播这些知识的策略应建立在软件工程手册这个概念的基础之上。

The Topic of Construction Has Been Neglected
软件构建的话题常被忽视

曾几何时，软件开发和编写代码被认为是同一件事情。但随着软件开发周期中的各个活动被人们逐渐认识，该领域中一些最棒的头头脑脑们就开始花更多时间去分析和争论诸如项目管理方法、需求、设计、测试等问题了。在这场学习研究新兴领域的浪潮中，代码构建这个与软件开发骨肉相连的环节反而被忽视了。

关于软件构建的讨论之所以步履蹒跚，也是因为有人认为，如果将构建活动视作软件开发中的一项特定**活动**，就暗示着也必须把它视作其中的一个特定**阶段**。然而实际上，软件开发中的各项**活动**和各个**阶段**无须以特定的关系一一对应起来；而且无论其他的软件活动是分阶段 (phase) 进行、还是迭代式 (iteration) 进行，或者以某种其他方式进行，都不妨碍我们探讨"构建活动"。

Construction Is Important
构建活动是重要的

构建活动被学者和作者所忽略的另一个原因是源于一个错误的观念，他们认为与其他软件开发活动相比，构建是一个相对机械化的过程，并没有太多可改进的机会。然而事实并非如此。

"代码构建"一般占据了小型项目 65% 的工作量，而在中型项目上也达到了 50%。同时，"构建"也要为小型项目中 75% 的错误负责，在中到大型项目上这一比例为 50%

到 75%。任何一个要为 50%到 75%的错误负责的活动环节显然都是应该加以改善的。（第 27 章中对这些统计数据有更多详细的探讨。）

也有一些评论家指出，虽然构建阶段发生的错误在所有错误中占有很大的比例，但修正这些错误的代价往往比"修正那些由于需求和架构所导致的错误"要低很多，这也就暗示着构建活动因此不那么重要。诚然，修正由构建活动所导致的错误的代价比较低这一说法是正确的，但它也引起了误导——因为如果不修正这些错误，代价反而会高得令人难以置信。研究人员发现，软件中一些代价最为昂贵的错误，其罪魁祸首常常是一些小范围的代码错误，其代价甚至可以飙至上亿美元的程度（Weinberg 1983，SEN 1990）。可以用较低代价修正的错误，并不意味着这些错误的修正不重要。

人们忽视构建活动的另一种原因则颇具讽刺意味——就因为它是软件开发中唯一一项肯定能完成的活动。对于需求，人们可以自以为是而不去潜心分析；对于架构，人们可以偷工减料而不去精心设计；对于测试，人们可以短斤少两甚至跳过不做，而不去整体计划并付诸实施。但只要写出来的是程序，总归要进行构建活动，这也说明，只要改进软件构建这一环节，就一定对软件开发实践有好处。

No Comparable Book Is Available
没有可媲美的同类书籍

> 当艺术评论家聚在一起的时候，他们谈论的都是关于版式、结构以及意蕴之类的话题；而当真正的艺术家聚在一起的时候，他们谈论的则是到哪儿才能买到更便宜的松节油。
> —Pable Picasso
> （毕加索）

既然看到构建活动有着如此清晰的重要性，我曾相信，当我构思此书时已有人写过关于有效的软件构建实践的书籍了。对这样一本介绍如何有效地进行编程的书籍的需求是显而易见的，但是我却只找到很少几本关于软件构建这一题材的书，而且那些书也仅是涉及到这个话题的一部分罢了。有些书写于 15 年前，还是和一些深奥的语言——如 ALGOL、PL/I、Ratfor 以及 Smalltalk 等——紧密相关的。有些则是出自并不实际编写产品代码的教授之手。教授们写出来的技术内容对于学生们的项目而言还行得通，但他们通常不知道如何在完整规模的开发环境中施展这些技术；还有些书是为了宣传作者最新钟情的某种方法论，却忽略了那些被时间反复证明是行之有效的成熟实践技术的巨大宝库。

简而言之，我没有找到哪怕是一本试图归纳总结来自专家经验、业界研究以及学术成果的实践编程技术的书籍。关于这个话题的讨论要能和现今的编程语言、面向对象编程技术以及前沿的开发实践紧密结合。很明显需要有人写出一本这样的书出来，而他必须了解当今的理论发展水平，同时也编写过足够多的能反映实践状况的产品级代码。我把本书构思成关于代码构建活动的完整探讨——一个程序员给其他程序员写的书。

Author Note
作者注

欢迎您对本书中所探讨的话题进行质询,例如您的勘误报告,或其他相关的内容。请发邮件与我联系,我的邮箱是 stevemmc@construx.com,也可以访问我的网站:www.SteveMcConnell.com。

Bellevue, Washington
Memorial Day, 2004

Microsoft Learning Technical Support

Every effort has been made to ensure the accuracy of this book. Microsoft Press provides corrections for books through the World Wide Web at the following address:

http://www.microsoft.com/learning/support/

To connect directly to the Microsoft Knowledge Base and enter a query regarding a question or issue that you may have, go to:

http://www.microsoft.com/learning/support/search.asp

If you have comments, questions, or ideas regarding this book, please send them to Microsoft Press using either of the following methods:

Postal Mail:

Microsoft Press

Attn: Code Complete 2E Editor

One Microsoft Way

Redmond, WA 98052-6399

E-mail:

mspinput@microsoft.com

代码大全(第2版)

Acknowledgments
鸣 谢

从来没有哪本书是完全由一个人写出来的（至少我的书都是如此）。《代码大全》第 2 版更是许多人智慧的结晶。

我想感谢对本书提出重要意见的人们：Hákon Ágústsson、Scott Ambler、Will Barns、William D.Bartholomew、Lars Bergstrom、Ian Brockbank、Bruce Butler、Jay Cincotta、Alan Cooper、Bob Corrick、Al Corwin、Jerry Deville、Jon Eaves、Edward Estrada、Steve Gouldstone、Owain Griffiths、Matthew Harris、Michael Howard、Andy Hunt、Kevin Hutchison、Rob Jasper、Stephen Jenkins、Ralph Johnson 及其在伊利诺伊斯大学的软件架构研究组、Marek Konopka、Jeff Langr、Andy Lester、Mitica Manu、Steve Mattingly、Gareth McCaughan、Robert McGovern、Scott Meyers、Gareth Morgan、Matt Peloquin、Bryan Pflug、Jeffrey Richter、Steve Rinn、Doug Rosenberg、Brian St.Pierre、Diomidis Spinellis、Matt Stephens、Dave Thomas、Andy Thomas-Cramer、John Vlissides、Pavel Vozenilek、Denny Williford、Jack Woolley 和 Dee Zsombor。

几百名读者为第 1 版发来了意见，对第 2 版给出评论的读者就更多了。感谢大家花时间以各种方式交换本书的心得。

特别要感谢审定最终稿件的 Construx 软件公司同仁：Jason Hills、Bradey Honsinger、Abdul Nizar、Tom Reed 和 Pamela Perrott。虽然知道稿件之前有过许多次的仔细检查，你们仍然进行了彻底地审阅，认真程度着实令我吃惊。还要感谢 Bradey、Jason 和 Pamela 为 cc2e.com 网站付出的辛劳。

和本书的责任编辑 Devon Musgrave 共同工作，是一件尤为愉快的事。我曾和许多了不起的编辑在其他项目上合作过，Devon 更是少有的负责和容易相处。谢谢你，Devon！谢谢 Linda Engleman，是你支持着第 2 版的出版。没有你就没有《代码大全》的第 2 版。还要谢谢 Microsoft 出版社的其他员工，包括 Robin Van Steenburgh、Elden Nelson、Carl Diltz、Joel Panchot、Patricia Masserman、Bill Myers、Sandi Resnick、Barbara Norfleet、James Kramer 和 Prescott Klassen。

我想向 Microsoft 出版社的下列员工致意，感谢你们为《代码大全》第 1 版的出版付出的汗水：Alice Smith、Arlene Myers、Barbara Runyan、Carol Luke、Connie Little、Dean Holmes、Eric Stroo、Erin O'Connor、Jeannie McGivern、Jeff Carey、Jennifer Harris、Jennifer Vick、Judith Bloch、Katherine Erickson、Kim Eggleston、Lisa Sandburg、Lisa Theobald、Margarite Hargrave、Mike Halvorson、Pat Forgette、Peggy Herman、Ruth Pettis、Sally Brunsman、Shawn Peck、Steve Murray、Wallis Bolz 和 Zaafar Hasnain。

感谢以下审阅者，感谢你们为第 1 版做出了突出贡献：Al Corwin、Bill Kiestler、Brian Daugherty、Dave Moore、Greg Hitchcock、Hank Meuret、Jack Woolley、Joey Wyrick、Margot Page、Mike Klein、Mike Zevenbergen、Pat Forman、Peter Pathe、Robert L.Glass、Tammy Forman、Tony Pisculli 和 Wayne Beardsley。特别要感谢 Tony Garland，谢谢你详尽的评论： 12 年后再来回顾，我越发感激 Tony 那几千条评论是多么地难得。

Checklists
核对表目录

核对表：需求	42
核对表：架构	54
核对表：前期准备	59
核对表：主要的构建实践	69
核对表：软件构造中的设计	122
核对表：类的质量	157
核对表：高质量的子程序	185
核对表：防御式编程	211
核对表：伪代码编程过程	233
核对表：使用数据的一般事项	257
核对表：变量命名	288
核对表：基本数据类型	316
核对表：使用不常见数据类型的注意事项	343
核对表：组织直线型代码	353
核对表：使用条件语句	365
核对表：循环	388
核对表：不常见的控制结构	410
核对表：表驱动法	429
核对表：控制结构相关事宜	459
核对表：质量保证计划	476
核对表：有效的结对编程	484
核对表：有效的详查	491
核对表：测试用例	532
核对表：关于调试的建议	559

核对表目录

- 核对表：重构的理由 570
- 核对表：重构总结 577
- 核对表：安全的重构 584
- 核对表：代码调整策略 607
- 核对表：代码调整方法 642
- 核对表：配置管理 669
- 核对表：集成 707
- 核对表：编程工具 724
- 核对表：布局 773
- 核对表：自说明代码 780
- 核对表：好的注释技术 816

Tables 表目录

表 3-1　修复缺陷的平均成本与引入缺陷的时间和检测到该缺陷的时间之间的关系 29

表 3-2　三种常见的软件项目种类，及其典型的良好实践 31

表 3-3　跳过前期准备对于采用序列式开发法的项目和迭代式开发法的项目的（不同）影响 33

表 3-4　关注前期准备工作对于采用序列式开发法的项目和迭代式开发法的项目的影响 34

表 4-1　高级语言的语句与等效的 C 代码语句行数之比 62

表 5-1　常见设计模式 104

表 5-2　设计文档的正规化以及所需的细节层次 116

表 6-1　继承而来的子程序的几种形式 145

表 8-1　支持几种流行的编程语言的表达式 198

表 11-1　更多变量名的例子，其中有好的也有差的 261

表 11-2　变量名太长、太短或刚好合适的示例 262

表 11-3　C++和 Java 的命名规则示例 277

表 11-4　C 的命名规则示例 278

表 11-5　Visual Basic 的命名规则示例 278

表 11-6　用于文字处理程序的 UDT 示例 280

表 11-7　语义前缀 280

表 12-1　不同类型整数的取值范围 294

表 13-1　直接访问全局数据和通过访问器子程序访问全局数据 341

表 13-2　对复杂数据一致和不一致的操作 342

表 16-1　循环的种类 368

表 19-1　狄摩根定理的逻辑表达式的转换法则 436

表 19-2　计算子程序中决策点数量的技术 458

表 20-1	各个小组在每个目标上的排名	469
表 20-2	缺陷检测率	470
表 20-3	极限编程的缺陷检出率评估值	472
表 21-1	协同构建技术的比较	495
表 23-1	变量名之间的心理距离示例	556
表 25-1	编程语言的相对执行时间	600
表 25-2	常见操作所用时间	601
表 27-1	项目规模和典型的错误密度	652
表 27-2	项目规模和生产率	653
表 28-1	影响软件项目工作量的因素	674
表 28-2	有用的软件开发的度量环节	678
表 28-3	有关程序员如何分配时间的一种观点	681

Figures of Contents
图目录

图 1-1　构建活动用灰色的椭圆表示。构建活动主要关注于编码与调试，但也包含详细设计、单元测试、集成测试以及其他一些活动 4

图 1-2　本书大致以图示的比例关注编码与调试、详细设计、规划构建、单元测试、集成、集成测试以及其他活动 5

图 2-1　文字写作这一隐喻暗示着软件开发过程是一种代价昂贵的试错（trial and error）过程，而非仔细的规划和设计 14

图 2-2　很难将耕作这一隐喻恰当地引申到软件开发领域 15

图 2-3　在简单结构上犯下错误，其惩罚也不过是一点时间，或是些许尴尬 17

图 2-4　更复杂的结构需要更加仔细地规划 18

图 3-1　修复缺陷的成本随着"从引入缺陷到检测该缺陷之间的时间"变长而急剧增加。无论项目是高度序列化(sequential)的（预先完成100%的需求和设计），还是高度迭代型（预先完成5%的需求和设计）的，这些都成立 30

图 3-2　对于绝大部分的项目（即便是高度序列化的项目）来说，各种活动会在一定程度上有所重叠 35

图 3-3　对于其他的项目，各种活动在项目开发期间会重叠起来。成功"构建"的关键之一，就是理解前期准备工作的完成程度，并据此调整你的开发方法 35

图 3-4　"问题定义"为随后的开发过程打下基础 37

图 3-5　在射击之前，确信你瞄准了正确的目标 38

图 3-6　如果没有好的需求，你可能对问题有总体的把握，但却没有击中问题的特定方面 39

图 3-7　离开了良好的软件架构，你可能瞄准了正确的问题，但却使用了错误的解决方案。也许完全不可能有成功的构建 44

图 5-1 Tacoma Narrows 大桥——一个险恶问题的实例 75
图 5-2 一个程序中的设计层次。系统①首先被组织为子系统②。子系统被
进一步分解为类③，然后类又被分解为子程序和数据④。每个子程
序的内部也需要进行设计⑤ 82
图 5-3 一个有六个子系统的系统示例 83
图 5-4 当子系统之间的通信没有任何限制时就会像这个样子 83
图 5-5 施加若干通信规则后，子系统之间的交互得以显著地简化 84
图 5-6 收费系统由四种主要的对象构成，这些对象在本例中进行了一定的简化 88
图 5-7 抽象可以让你用一种简化的观点来考虑复杂的概念 90
图 5-8 封装是说，不只是让你能用简化的视图来看复杂的概念，同时还不能让你
看到复杂概念的任何细节。你能看得到的就是你能——全部——得到的 91
图 5-9 好的类接口就像是冰山的尖儿一样，让类的大部分内容都不会暴露出来 93
图 5-10 G. 波利亚在数学领域发展的一套解决问题的方法，它同样可以用于解决
软件设计中的问题（Polya 1957） 109
图 8-1 西雅图 90 号州际浮桥的一部分在一场风暴中沉没了，原因是未遮盖浮箱，
而在风暴中进水，使得桥体过重而无法继续漂浮。在建设时要防范一些小
事情，它们的严重性往往会超过你的预期 189
图 8-2 让软件的某些部分处理"不干净的"数据，而让另一些部分处理"干净的"
数据，即可让大部分代码无须再担负检查错误数据的职责 204
图 9-1 一个类的创建过程可以千变万化，但基本上会以本图所示的顺序发生 216
图 9-2 这些是创建一个子程序所需经历的主要活动，常是以图示的顺序进行 217
图 9-3 在构建程序的时候，你将实施所有这些步骤，但不一定要按照
任何特定的顺序 225
图 10-1 "长存活时间"意味着一个变量历经了许多语句，而"短存活时间"意味着
它只历经很少的语句。"跨度"则表明了对一个变量引用的集中程度 246
图 10-2 序列型数据就是按照一种确定顺序处理的数据 254
图 10-3 选择型数据允许你使用这一项或者那一项，但不会同时使用两者 255
图 10-4 迭代型数据是重复性的 255

图号	说明	页码
图 13-1	各数据类型所用的内存量用双线框表示	324
图 13-2	能帮助我们考虑指针链接步骤的示例图	329
图 14-1	如果代码组织良好，那么围绕各段的方框就不应该交叠，但有可能嵌套	352
图 14-2	如果代码组织不良好，那么围绕各段代码的方框就会交叠	353
图 17-1	递归式是对付复杂事物的很有价值的工具——在用于对付适当问题的时候	394
图 18-1	如图名所示，直接访问表允许你访问感兴趣的表元素	413
图 18-2	信息并不是按照特定顺序存储的，每条消息用 ID 标识	417
图 18-3	除了消息 ID 之外，每种消息有其自己的格式	418
图 18-4	索引表不是直接访问，而是经过居间的索引去访问	425
图 18-5	阶梯方法通过确定每项命中的阶梯层次确定其归类，它命中的"台阶"确定其类属	426
图 19-1	一个用数轴顺序做布尔判断的例子	440
图 20-1	强调软件的某个外在特性，可能会对另一些特性产生正面或者负面的影响，也可能没有任何影响	466
图 20-2	既不是最快的，也不是最慢的开发方法生产出的软件缺陷最多	475
图 22-1	随着项目规模的增大，开发者测试所耗费的开发时间百分比会更少。程序规模对测试的影响将在第 27 章"程序规模对构建的影响"做出详细描述	502
图 22-2	随着项目规模的增长，在构建期间产生的错误所占的比例会下降，然而即使是在巨型项目里面，构建错误也会占全部错误的 45%至 75%	521
图 23-1	尝试用多种方法重现错误以准确判定错误原因	545
图 24-1	相对于大规模修改，小的改动更容易出错（Weinberg 1983）	581
图 24-2	真实世界混乱不堪并不等于你的代码也得同样糟糕。将你的系统看做理想代码、混乱的真实世界，以及从前者到后者的接口的结合	583
图 24-3	改善产品代码的策略之一就是在拿到拙劣的遗产代码时对其重构，由此使其告别混乱不堪的真实世界	584
图 27-1	交流路径的数量与项目成员数量的平方大致	650
图 27-2	随着项目规模的增大，通常需求和设计犯的错误会更多。有些时候，错误仍然主要来自构建（Boehm 1981，Grady 1987，Jones 1998）	652

图27-3 小项目以构建活动为主。更大的项目需要做更多的架构、集成工作和系统测试工作才能成功。图中并未显示"需求工作",因为其工作量并不(像其他活动那样)直接是程序大小的函数(Albrecht 1979;Glass 1982;Boehm、Gray and Seewaldt 1984;Boddie 1987;Card 1987;McGarry、Waligora and McDermott 1989;Brooks 1995;Jones 1998;Jones 2000;Boehm et al. 2000) 654

图27-4 软件构建的工作量与项目大小呈近似线性的关系。其他活动的工作量随项目规模扩大而非线性地增加 655

图28-1 本章讲述与构建相关的软件管理话题 661

图28-2 项目早期的评估结果注定不会很准确。随着项目推进,评估的准确度会越来越高。在项目进行过程中要定期地重新评估,用你在每一项活动中学到的知识去改进你对下一项活动的评估 673

图29-1 华盛顿大学的露天足球场坍塌了,因为它在建造时不能支撑自己的重量。很可能在完工后它会足够牢固,但是它的建造顺序是错的——这是一个"集成"错误 690

图29-2 阶段式集成也称为大爆炸集成,其理由很充分 691

图29-3 增量集成有助于项目增长,就像雪球从山上滚下来时那样 692

图29-4 在阶段式集成中,你一次集成许多组件,很难知道错误在哪。错误既可能位于其中任何一个组件,也可能位于组件之间的连接处。在增量集成中,错误通常要么是在新的组件中,要么是位于新组件和系统之间的连接中 693

图29-5 在自顶向下的集成中,首先加入顶部的类,最后加入底部的类 695

图29-6 除了严格的自顶向下进行集成,你也可以在各个竖直划分的功能块中自上而下地进行集成 696

图29-7 在自底向上集成中,先集成底部的类,后集成顶部的类 697

图29-8 除了按纯粹的自底向上的步骤进行集成,你也可以分块进行这种集成。这样做模糊了自底向上集成和功能导向的集成(本章稍后将描述)之间的界线 698

图 29-9　在三明治集成中，首先集成顶层类和广泛使用的底层类，然后集成中间层类 698

图 29-10　在风险导向集成中，首先集成你认为最棘手的类，然后实现较容易的类 699

图 29-11　在功能导向的集成中，以一组"构成一项'可确认的功能'"的类为单位进行集成——通常（但不总是）一次集成多个类 700

图 29-12　在 T-型集成中，你建造并集成系统的一个直插到底层的块，以验证架构的假设，然后建造并集成系统的挑大梁部件，为开发余下的功能提供一个框架 701

图 34-1　程序可划分为多个抽象层。好的设计使你可以把很多时间集中在较高层，而忽略较低层的细节 846

第 1 部分

Laying the Foundation

打好基础

本部分内容

- 第 1 章 欢迎进入软件构建的世界 3
- 第 2 章 用隐喻来更充分地理解软件开发 9
- 第 3 章 三思而后行：前期准备 23
- 第 4 章 关键的"构建"决策 61

Welcome to Software Construction
第 1 章
欢迎进入软件构建的世界

cc2e.com/0178　**内容**

- 1.1　什么是软件构建：第 3 页
- 1.2　软件构建为何如此重要：第 6 页
- 1.3　如何阅读本书：第 8 页

相关章节

- 谁应当阅读本书：前言
- 阅读本书的收益：前言
- 为什么要写这本手册：前言

你一定知道"构建（construction）"一词在软件开发领域之外的含义。"构建"就是"建筑工人（construction workers）"在建设一栋房屋、一所学校、乃至一座摩天大楼时所做的工作。在你年轻时，可能也曾用"硬纸板（construction paper）"构建过什么东西。按照一般的用法，"构建"是指建设的过程。构建过程可能包含有计划、设计、检查工作的一些方面，但在多数时候，"构建"就是指创建事物过程中动手的那些部分。

1.1 What Is Software Construction
什么是软件构建

开发计算机软件已是一个复杂的过程。在过去 25 年间，研究者已经认识到在软件开发过程中的各种不同的活动（activity）：

- 定义问题（problem definition）
- 需求分析（requirements development）
- 规划构建（construction planning）
- 软件架构（software architecture），或高层设计（high-level design）
- 详细设计（detailed design）
- 编码与调试（coding and debugging）
- 单元测试（unit testing）

代码大全（第 2 版）

- 集成测试（integration testing）
- 集成（integration）
- 系统测试（system testing）
- 保障维护（corrective maintenance）

如果你曾在非正式的项目中工作过，你可能会想，这张表代表了很多的红头文件（官样文章）。如果你曾在十分正式的项目中工作过，你**一定知道**这张表代表了很多的红头文件！在太不正规和太正规之间找一个平衡点是不容易的，我们将在本书后面再来讨论这个问题。

如果你是自学编程，或者主要做一些不太正规的项目，你可能都无法在软件开发过程中分辨出这么多活动。在你心里，这些活动很可能都被归为"编程（programming）"了。当你在做不太正规的项目时，你考虑创建软件的问题时所想到的那项主要活动，很可能就是研究者们称之为"构建"的活动。

这个直觉上对"构建"的认知是相当准确的，但它还缺乏一点深度。把构建活动放在由其他活动构成的环境中讨论，有助于在"构建"期间集中注意正确的任务，也有助于恰当强调那些重要的"非构建活动（nonconstruction activity）"。图1-1 显示了构建活动相对于其他软件开发活动的地位。

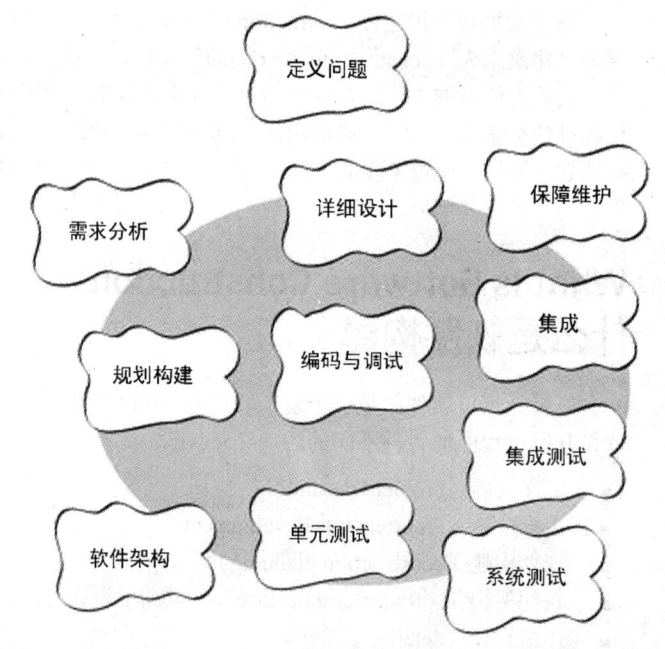

图1-1 构建活动用灰色的椭圆表示。构建活动主要关注于编码与调试，但也包含详细设计、单元测试、集成测试以及其他一些活动

1.1 什么是软件构建

KEY POINT

如图所示，构建活动主要是编码与调试，但也涉及详细设计、规划构建、单元测试、集成、集成测试等其他活动。如果这是一本探讨软件开发中的方方面面的书，那么它会以恰好平衡的篇幅来探讨软件开发中所有的活动。然而，因为本书是一本关于软件构建技术的手册，它会重点关注构建活动以及与之相关的话题。假如这本书是一条小犬的话，那么它会亲切地嗅着构建，而冲着设计和测试摇尾巴，并对着其他开发活动汪汪叫。

构建有时也被认为是"编码（coding）"或"编程（programming）"。"编码"算不上是最贴切的词，因为它有一种"把已经存在的设计机械化地翻译成计算机语言"的意味；而构建并不都是这么机械化的，需要可观的创造力和判断力。在全书中，我也常常用"编程"代替"构建"。

图 1-1 是一张软件开发的平面图，图 1-2 给出了本书的立体视图。

图1-2 本书大致以图示的比例关注编码与调试、详细设计、规划构建、单元测试、集成、集成测试以及其他活动

图 1-1 和图 1-2 都是关于构建活动的高层次视图,但细节是什么？这里列出一些构建活动中的具体任务（task）。

- 验证有关的基础工作已经完成，因此构建活动可以顺利地进行下去。
- 确定如何测试所写的代码。

- 设计并编写类（class）和子程序（routine）。
- 创建并命名变量（variable）和具名常量（named constant）。
- 选择控制结构（control structure），组织语句块。
- 对你的代码进行单元测试和集成测试，并排除其中的错误。
- 评审开发团队其他成员的底层设计和代码，并让他们评审你的工作。
- 润饰代码，仔细进行代码的格式化和注释。
- 将单独开发的多个软件组件集成为一体。
- 调整代码（tuning code），让它更快、更省资源。

要想获得一份构建活动的完整列表，请看一遍目录中各章节的标题吧。

既然"构建"中包含这么多的活动，你也许会说，"OK，伙计，还有哪些活动**不是**'构建'的一部分呢？"问得好！一些重要的非构建活动包括管理（management）、需求分析、软件架构设计、用户界面设计、系统测试，以及维护。以上每一项活动都像构建活动一样最终影响着项目的成败——至少能影响任何有不止一两个人参与、超过几周时间才能完成的项目的成败。关于其中每一项活动，你都可以找到相关的书籍；本书各章中的"更多资源"一节已经列出了很多这种书籍，还有最后的第 35 章 "何处有更多信息"。

1.2 Why Is Software Construction Important 软件构建为何如此重要

既然您正在阅读本书，你多半已经认同，提高软件的质量和开发者的生产率都是十分重要的。当今世界上许多最激动人心的项目中都大量使用了软件。互联网、电影特技、医疗中的生命维持系统、太空计划、航空、高速金融分析，以及科学研究，等等，这还只不过是一小部分例子。这些项目，乃至一些更常见的项目，都将从软件开发实践的改进中受益，因为它们的基础很大程度上是一样的。

如果您也认为一般而言，改进软件的开发过程十分重要，作为本书读者的您就会问：为什么构建活动如此重要呢？

原因如下。

> **交叉参考** 关于项目规模与"构建活动耗时的百分比"之间的关系，请参考第 27.5 节中的"活动比例和项目规模"。

构建活动是软件开发的主要组成部分 根据项目规模的不同，构建活动在整个软件开发活动总时间中所占的比例一般在 30%至 80%之间。在整个项目中占有这么多时间的活动必然会影响到项目的成败。

构建活动是软件开发中的核心活动 需求分析和架构设计都是在构建活动开始之前就完成的基础工作，它们可以让你更有效地进行构建；系统测试（严格意义上的独立测试）则是构建活动的后续工作，用以验证构建的正确性。显然，构建活动位于软件开发过程的核心位置。

> **交叉参考** 关于程序员能力差异的具体数据，见第 28.5 节中的"个体差异"。

把主要精力集中于构建活动，可以大大提高程序员的生产率 一项由 Sackman、Erikson 和 Grant 进行的经典研究表明：在构建活动期间，不同程序员的生产率（productivity）的差异可达 10 到 20 倍（1968）。这一结果随后被大量其他的研究所证实（Curtis 1981；Mills 1983；Curtis et al. 1986；Card 1987；Valett and McGarry 1989；DeMarco and Lister 1999；Boehm et al. 2000）。本书将帮助所有的程序员学习那些最优秀的程序员已在使用的技术。

构建活动的产物——源代码——往往是对软件的唯一精确描述 在很多项目中，程序员可以得到的唯一文档就是源代码本身。需求规格书和设计文档可能过时，但源代码总是最新的。因此，源代码就必须具有尽可能高的质量。统一地运用各种技术来改进源代码的质量，将决定得到的结果是 Rube Goldberg 所造的古怪产品[1]，还是一个详细、正确且信息丰富的程序。这些技术在构建活动中能得到最有效的应用。

KEY POINT

构建活动是唯一一项确保会完成的工作 一个理想的软件项目在进行构建之前，都要经过谨慎的需求分析和架构设计。一个理想的项目在构建完成之后，也要经历全面的、统计意义上受控（statistically controlled）的系统测试。然而现实中不那么完美的软件项目，往往跳过需求和设计的阶段而直接跃入构建环节。之后又由于有太多的错误要修正而时间又不够，测试环节也被抛到一边。但是，无论一个项目的计划有多匆忙、多糟糕，它都不可能扔下构建活动——这是不可或缺的环节。因此，对构建活动进行改进，是改进软件开发过程的一种有效途径。

---

[1] 译注：Rube Goldberg 是一个漫画中的人物，他以制造结构复杂但功能简单的产品而闻名，因此人们常把那些费力不讨好的产品冠以其名号以示讽刺。

代码大全（第 2 版）

1.3 How to Read This Book
如何阅读本书

这本书有意设计成使你既可以从头到尾阅读，也可以按主题阅读。如果你想从头到尾阅读，那么你可以直接从第 2 章 "用隐喻来更充分地理解软件开发" 开始钻研。如果你想学习特定的编程技巧，那么你可以从第 6 章 "可以工作的类" 开始，然后根据交叉引用的提示去寻找你感兴趣的主题。如果你不确定哪种阅读方式更适合你，那么你可以从 3.2 节 "辨明你所从事的软件的类型" 开始。

Key Points
要点

- 软件构建是软件开发的核心活动；构建活动是每个项目中唯一一项必不可少的工作。
- 软件构建的主要活动包括：详细设计、编码、调试、集成、开发者测试（developer testing）（包括单元测试和集成测试）。
- 构建也常被称作 "编码" 和 "编程"。
- 构建活动的质量对软件的质量有着实质性的影响。
- 最后，你对 "如何进行构建" 的理解程度，决定了你这名程序员的优秀程度——这就是本书其余部分的主题了。

Metaphors for a Richer Understanding of Software Development

第 2 章
用隐喻来更充分地理解软件开发

cc2e.com/0278　内容

- 2.1　隐喻的重要性：第 9 页
- 2.2　如何使用软件隐喻：第 11 页
- 2.3　常见的软件隐喻：第 13 页

相关章节

- 设计中的试探法：第 5.1 节中的"设计是一个启发式过程"

计算机科学领域中有着所有学科中最为丰富多彩的语言。你走进一间安全严密、温度精确控制在 20 ℃ 的房间，并在里面发现了病毒（virus）、特洛伊木马（Trojan horse）、蠕虫（worm）、臭虫（bug）、逻辑炸弹（bomb）、崩溃（crash）、论坛口水战（flame）、双绞线转换头（twisted sex changer）、还有致命错误（fatal error）……在其他领域中，你能遇得到这些吗？

这些形象的隐喻（比喻）描述了软件领域中各种特定的现象和事物。像这样生动活泼的隐喻还能够描述更加广泛的现象。借助这些隐喻，我们能更深刻地理解软件开发的过程。

本书其他章节的内容并不直接依赖在这一章中讨论的隐喻。因此，如果想直接学习实践方面的知识，你可以跳过本章不读；而如果你想更清楚地理解软件开发的过程，请读读这一章吧。

2.1 The Importance of Metaphors
隐喻的重要性

重要的研发成果常常产自类比（analogy）。通过把你不太理解的东西和一些你较为理解、且十分类似的东西做比较，你可以对这些不太理解的东西产生更深刻的理解。这种使用隐喻的方法叫做"建模（modeling）"。

科学史中到处都可以看到借助隐喻的力量而产生的新发现。化学家凯库勒曾梦见一条蛇咬着自己的尾巴，醒来后他意识到类似的环状分子结构正好能够解释苯的各种特性。后来的进一步实验证实了他的这一假说（Barbour 1966）。

气体的分子运动理论则是基于一种所谓的"撞球（billiard-ball）"模型，它把气体分子想象成有质量且彼此之间发生弹性碰撞的小球，就像撞球一样。有很多有用的理论就是基于这个模型提出来的。

而光的波动理论则主要是在研究光和声音之间相似性的基础上发展起来的。光和声音都有振幅（亮度、响度）、频率（颜色、音调）和其他一些共有属性。对声波理论和光波理论进行对比研究的成果丰富，科学家们甚至付诸大量的努力，想寻找一种能在真空中传播光波的介质（就像声波能在空气介质中传播一样），并将这种介质命名为"以太（ether）"——但他们从未能找到过这种介质。虽然类比催生了丰盛的成果，这一次它却把人们引入了歧途。

不过总的来说，模型的威力就在于其生动性，让你能够把握整个概念。它能隐隐地暗示各种属性（properties）、关系（relationships）以及需要补充查证的部分（additional areas of inquiry）。不过有时候，当隐喻的概念被过度引申时，模型也会误导人们。当科学家们寻求"以太"的时候，他们就是过度地引申了模型。

正如你所预期的那样，有些隐喻比其他一些更贴切。一个好的隐喻应该是简单的，它与另一些相关的隐喻联系密切，且能够解释大部分实验证据及其他已观测到的现象。

来考虑一下这个例子：把一块沉重的石头绑在细绳上让它来回摆动。在伽利略之前，信奉亚里士多德学说的人们看到这个现象时，想到的是重物体自然地从高处坠落，落向低处并静止下来。他们会想，下落的石头遇到了阻碍。而伽利略在看到这个现象的时候却想到了钟摆（pendulum）。他认为，那块石头实际上是在不断地重复着几乎完全相同的运动。

这两种模型的启发能力是完全不一样的。亚里士多德学派的人将来回摆动的石头看作是正在下落的物体，因此会去观察石头的重量、石头被拉起的高度，以及它到达静止状态时所需要的时间。而在伽利略的钟摆模型中的要素就完全不同了。伽利略观注石头的重量、钟摆的半径、角位移以及每次摆动所花的时间。伽利略之所以能够发现亚里士多德学派的人所不能发现的单摆定律，正是因为他们所用的模型不同，这使得他们看到了不同的现象，提出了不同的问题。

隐喻在帮助人们更好地理解软件开发问题方面所做的贡献，与它帮助人们更好地理解科学问题所做的贡献一样大。在 1973 年图灵奖的演讲中，Charles Bachman 讲到了由盛行的地心说到日心说的转变。托勒密的地心说模型持续了 1400 年而没有受到严重挑战，直到 1543 年哥白尼提出了以太阳为中心的理论，这个理论认为宇宙的中心是太阳而不是地球。这一个认知模型的改变最终帮助人们发现了新的行星，并将月亮重新界定为地球的卫星而不是一颗独立的行星，它也使人们对人类在宇宙中的地位有了一个完全不同的理解。

> 隐喻的价值绝不应低估。隐喻的优点在于其可预期的效果：能被所有的人理解。不必要的沟通和误解也因此大为减低，学习与教授更为快速。实际上，隐喻是对概念进行内在化（internalizing）和抽象（abstracting）的一种途径，它让人们在更高的层面上思考问题，从而避免低层次的错误。
> —Fernando J. Corbató

Bachman 曾经把天文学中托勒密到哥白尼的转变，与20世纪70年代早期计算机编程方面的变化做了比较。当1973年Bachman做这个比较时，数据处理正在从"以计算机为中心（computer-centered）"的观点向"以数据库为中心（database-centered）"的观点转变。Bachman指出，过去的数据处理是把所有数据看作流经计算机（flowing through a computer）的连续卡片流（stream of cards）（以计算机为中心的观点），现在则转变为把焦点放到数据池（pool of data）上，而计算机偶尔涉足其中（以数据库为中心的观点）。

今天，我们已经很难想象还有谁会认为太阳是在绕着地球旋转的。类似地，我们也很难想象程序员还会认为所有的数据应被看作是一个连续卡片流。在这两个例子里，旧的理论被抛弃后，我们都觉得难以置信——居然还有人曾经相信过这些理论？更有意思的是，当人们正在相信旧理论时，也同样会认为新理论是那么地荒谬，正如今天我们对旧理论的看法一样。

在更好的理论出现之前，天文学家因为墨守地心说而屡屡受阻。在计算机世界里面也有类似的情况，以计算机为中心的观点也让坚持它的计算机科学家步履蹒跚，直到以数据库为中心的理论出现。

人们常常轻视隐喻的力量。对前面的每一个例子而言，很自然地有人会说："嗯，恰当的隐喻当然是更有用，但其他隐喻都是错的！"虽然这是一种很自然的反应，实际远非如此简单。科学发展的历史并不是一系列从"错误"的隐喻到"正确"的隐喻的转变，而是一系列从"不太合适"的隐喻到"更好"的隐喻的转变，也是从不是很贴切的隐喻到更贴切的隐喻的转变，还是从在一个方面暗示人们到在另一个方面暗示人们的转变。

事实上，那些被更好的新模型所替代的旧模型也依然是很有用的。工程师们依旧在使用牛顿力学来解决大部分的工程问题——虽然从理论上说，牛顿力学已经被爱因斯坦的理论所取代。

相对于其他学科而言，软件开发还是一门很年轻的学科，它还没有成熟到拥有一套标准隐喻的程度。因此必然存在许多或相互补充、或相互抵触的隐喻。某些隐喻相对好一些，而另一些则比较糟糕。你对隐喻有多理解，也就决定了你对软件开发有多理解。

2.2 How to Use Software Metaphors
如何使用软件隐喻

KEY POINT

与其说一个软件隐喻像是一张路线图，还不如说它是一盏探照灯。它不会告诉你到哪里去寻找答案，而仅是告诉你该如何去寻找答案。隐喻的作用更像启示（heuristic，启发、试探法），而不是算法（algorithm）。

算法是一套定义明确的指令，使你能完成某个特定的任务。算法是可预测的（predictable）、确定性的（deterministic）、不易变化的（not subject to chance）。一个告诉你如何从 A 点到达 B 点的算法,不会让你绕路,不会让你额外地经过 D、E、F 等地方,更不会让你停下来闻闻玫瑰花或喝杯咖啡。

而启发式方法(试探法)是一种帮你寻求答案的技术,但它给出的答案是具有偶然性的(subject to chance),因为启发式方法仅仅告诉你该如何去找,而没有告诉你要找什么。它并不告诉你该如何直接从 A 点到达 B 点,它甚至可能连 A 点和 B 点在哪里都不知道。实际上,启发式方法是穿着小丑儿外套的算法:它的结果不太好预测,也更有趣,但不会给你什么 30 天无效退款的保证。

驾驶汽车到达某人的家,写成算法是这样的:沿 167 号高速公路往南行至 Puyallup;从 South Hill Mall 出口出来后往山上开 4.5 英里;在一个杂物店旁边的红绿灯路口右转,接着在第一个路口左转;从左边褐色大房子的车道进去,就是 North Cedar 路 714 号。

交叉参考 关于在设计软件时使用启发式方法(试探法)的具体做法,见第 5.1 节中的"设计是一个启发式过程"。

用启发式方法来描述则可能是这样:找出上一次我们寄给你的信,照着信上面的寄出地址开车到这个镇;到了之后你问一下我们的房子在哪里。这里每个人都认识我们——肯定有人会很愿意帮助你的;如果你找不到人,那就找个公共电话亭给我们打电话,我们会出来接你。

算法和启发式方法之间的差别很微妙,两个术语的意思也有一些重叠。就本书的目的而言,它们之间的差别就在于其距离最终解决办法的间接程度:算法直接给你解决问题的指导,而启发式方法则告诉你该如何发现这些指导信息,或者至少到哪里去寻找它们。

如果有一些能明确指导你该如何解决编程问题的信息,编程当然会更容易,结果也更易预见。但编程这门学科还没那么先进,或许永远也不可能那么先进。对于编程来说,最大的挑战还是将问题概念化(conceptualizing),编程中的很多错误都是概念性的错误。正因为每一个问题在概念上都是独特的,所以要找到一套能解决所有问题的一通百通的指导规则是很难的、甚至是不太可能的。如此看来,能一般性地知道大致如何解决问题,至少也和知道如何解决特定问题一样有价值了。

那么该如何使用软件中的隐喻呢?应该用它来提高你对编程问题和编程过程的洞察力;用它来帮助你思考编程过程中的活动,想象出更好的做事情的方法。你不可能看到一行代码并说它违反了本章所描述的某个隐喻。但随着时间的流逝,人们会发现,相对于不善运用隐喻的人来说,那些使用隐喻来照亮自己的软件开发过程的人,他对于编程的理解会更好,并且能够更快地写出更好的代码。

2.3 Common Software Metaphors
常见的软件隐喻

围绕着软件开发的令人困惑的隐喻越来越多。David Gries 说编写软件是一门科学（a science）（1981）；而 Donald Knuth 说它是艺术（an art）（1998）；Watts Humphrey 则说它是一个过程（a process）（1989）；P. J. Plauger 和 Kent Beck 都说它就像是驾驶汽车（driving a car）——可他们两个却几乎得出了完全相反的结论（Plauger 1993，Beck 2000）。Alistair Cockburn 说它是一场游戏（a game）（2002）；Eric Raymond 又说它就如同一个集市（bazaar）（2000）；Andy Hunt 和 Dave Thomas 说它就像园艺（gardening）一样；Paul Heckel 则说它就像是拍摄《白雪公主和七个小矮人》（1994）；而 Fred Brooks 说它像耕田、像捕猎、或像是跟恐龙一起淹死在"焦油坑"里面（1995）……到底哪一个隐喻最好呢？

Software Penmanship: Writing Code
软件中的书法：写作代码

关于软件开发的最原始的隐喻是从"写作（writing）代码"这个说法发展出来的，这一隐喻暗示着开发一个程序就像写一封有缘由的信一样——坐下来，拿出文房四宝，从头写到尾就完了。这时不需要正规地做计划，你想到什么东西把它写出来就是了。

许多的想法就是从写作这个隐喻衍生而来的。比如 Jon Bentley 说，你应该可以坐在火炉边上，品一杯白兰地或抽一口上好的雪茄，边上坐着你心爱的猎犬，去品味一段"深奥的程序"，就像面对的是一本出色的小说那样。Brian Kernighan 和 P. J. Plauger 参考一本关于写作体裁的书《文体的要素》(《The Elements of Style》, Strunk and White 2000）[1]，将他们关于编程风格（programming style）的书命名为《编程风格的要素》(《The Elements of Programming Style》, 1978）。程序员们也经常会讨论"程序的可读性（readability）"。

HARD DATA

对于个人规模的工作乃至小型的项目来说，这种写信的隐喻已经足够了，然而对于其他场合而言，这个隐喻还远远不够——它没有完整、充分地刻画软件开发工作。书写通常只是个人的活动，而一个软件项目多半会涉及承担许多不同职责的很多人。在你写完一封信之后，你只要把它塞进信封然后寄出去就完了，你再也不能修改它——从任何程度和目的上看，这件事情都已经结束了。而软件的修改没那么难，也很难说有真正完全结束的时候。典型的软件系统在其首次发布之后的工作量，可能达到整个工作量的 90%，典型情况下也有三分之二之多（Pigoski 1997）。对写作而言，最重要的是其原创性。但是对于软件构建来说，"努力创造真正的原创成果"的开发效率，往往低于专注于重用（reuse）以往项目的一些设计思想、代码以及测试用例（test case）的开发效率。总之，写作这一隐喻所暗示的软件开发过程太过简单、太过呆板了。

---

[1] 译注：这本书 1959 年出第 1 版，1972 年出第 2 版，1979 年出第 3 版，2000 年出第 4 版。

> Plan to throw one away, you will, anyhow.
> —Fred Brooks

> 如果你计划抛弃一个,那么你将会抛弃两个。
> —Craig Zerouni

然而不幸的是,这种用文字(信件)写作所做的隐喻通过一本在软件领域最为流行的著作之一——Fred Brooks 的《人月神话》(《The Mythical Man-Month》,Brooks 1995)而变成了不朽的思想。Brooks 说:"要计划抛弃一个,你必定会那样,无论如何。"这个咒语给了我们一幅如图 2-1 所示的景象:被扔进纸篓里的成堆的半成品草稿。

图 2-1 文字写作这一隐喻暗示着软件开发过程是一种代价昂贵的试错(trial and error)过程,而非仔细的规划和设计

在给你叔叔写一封"最近好吗"这样的礼节性问候信时,"计划扔掉一张草稿"也许还比较实际。但如果将"书写软件"这个隐喻引申为"计划扔掉一个(软件)",则不是一个好的建议——尤其是在软件的主要系统就已经花费了相当于一栋十层高的办公楼或一艘远洋客轮这么多成本时。要想中奖不难,只要你能忍受坐在你钟情的旋转木马上转上无数圈就行。诀窍在于当作第一次尝试的时候就让它成功——或者在成本最低的时候多试几次。其他一些隐喻更好地阐明了达到这个目标的途径。

Software Farming: Growing a System
软件的耕作法:培植系统

相对于前面那个呆板的用写作所做的隐喻,一些软件开发人员则认为应当将创造软件想象成类似播种和耕作的情形。你一次设计系统的一小部分、写出一段代码、做一点测试,并将成果一点点添加到整个系统中。通过这种小步前进,你可以把每次可能遇到的麻烦减到最小。

KEY POINT

有时候人们会用很糟的隐喻去描述一种很好的技术,此时需要保全这一技术,并去寻找更好的隐喻。这个例子里的增量技术是很有价值的,但把它比作播种和耕作却非常糟糕。

深入阅读 如果想看另一个关于软件方面的耕作的比喻,请阅读《Rethinking Systems Analysis and Design》(Weinberg 1988)一书中"On the Origins of Designer Intuition"(论设计直觉的源泉)这一章。

"每次做一点"这个主意可能在某些方面与农作物生长类似,但把软件开发类比为耕作就很不贴切,也没有太多意义,而且我们很容易用下面即将介绍的更好的隐喻替代它。人们也很难把耕作这个隐喻引申到"一次做一点事情"之外。如果你认同耕作这种隐喻,就请想象一下图 2-2 的情况:你会发现自己谈论的是:对系统计划施肥、对细节设计疏果,并通过有效的管理土地来增加代码的产量,最终取得代码大丰收。你还会说"轮种 C++和大麦",或者让土地闲置一年以增加硬盘里面氮肥的供应量。

2.3 常见的软件隐喻

软件耕作这一隐喻的弱点在于它暗示了人们将无法对开发软件的过程和方式进行任何直接的控制。你在春天播下代码的种子，然后按照农历节气向土地佬儿许几个愿，你将会在秋天收获到丰盛的代码。

图 2-2 很难将耕作这一隐喻恰当地引申到软件开发领域

Software Oyster Farming: System Accretion
软件的牡蛎养殖观点：系统生长

在谈论培育（growing）软件的时候，有时人们实际上是指软件的生长（accretion），这两种隐喻是紧密相关的，而软件生长是一幅更发人深省的景象。看到"生长"这个词，就算手头没有字典，我们也都能明白它指的是通过外在的增加或吸收而逐渐地生长或变大。"生长"这个词描述了牡蛎制造珍珠的过程，逐渐地增添微量的碳酸钙。在地质学里，"accretion"一词的意思是"冲积层"，指的是因水流中夹带的沉淀物的冲积而不断扩大的陆地。在正式的术语中，"冲积层"是指海岸沿线的陆地因受到水流冲击，水中夹带的物质不断沉积而形成的增长。

交叉参考 关于在系统集成时使用迭代策略的具体做法，见第29.2节"集成频率——阶段式集成还是增量集成"。

这里并不是说要你学会如何从水流中夹带的沉积物中提炼出代码来，而是说你需要学会如何一次为软件系统增加一个小部分。跟"生长"密切相关的另一些词语有："增量的（incremental）"、"迭代的（iterative）"、"自适应的（adaptive）"以及"演进的（evolutionary）"。以增量方式进行设计、编译和测试，都是目前已知的最强有力的软件开发概念。

在进行增量式开发时，我们先做出软件系统的一个尽可能简单、但能运行的版本。它不必接受真实的输入，也无须对数据进行真正的处理，更不用产生真实的输出——它仅仅需要构成一个足够强壮的骨架，支撑起未来将要开发的真实系统。对于你标志出的每一项基本功能，可能仅需要调用虚假的类（dummy classes）。这个最基本的起点，就像牡蛎开始孕育珍珠的那颗细小沙粒。

在骨架形成之后，你要一点点地在其上附着肌肉和皮肤：把每个虚假的类替换为真正的类；不再假装接受输入，而是把接收真实输入的代码替换进去；不再假装产生输出,而是把产生真实输出的代码替换进去。你一次增加一小部分代码,直到得到一个完全可以工作的系统。

支持这一方法的一件逸事或曰证据令人印象深刻。那位在 1975 年建议我们建造一份(软件)以备扔掉(building one to throw away)的 Fred Brooks 说,在他写完了里程碑式的著作《人月神话》之后的十年间,没有什么能像增量式开发那样彻底地改变了他个人的开发习惯及其效力(1995)。Tom Gilb 在他突破性的著作《软件工程管理原理》(*The Principles of Software Engineering Management*,1988)中也同样指出了这一点,该书介绍了演进式交付(Evolutionary Delivery),它在很大程度上奠定了如今敏捷编程(agile programming)方法的基础。眼下不少方法论都是基于这一理念(Beck 2000; Cockburn 2002; Highsmith 2002; Reifer 2002; Martin 2003; Larman 2004)。

作为一个隐喻而言,增量式开发的优势在于未做过度的承诺。比起耕作那个隐喻来,对它作不恰当地引申要更困难一些。牡蛎孕育珍珠的图景也很好地刻画了增量式开发(或说生长)的情形。

Software Construction: Building Software
软件构建:建造软件

KEY POINT

与"写作(writing)"软件或者"培育(growing)"软件而言,"建造(building)"软件的图景就更加有用了。它和软件生长的概念是相通的,且提供了更详细的指引。建造软件这一说法暗示了软件开发中存在着诸多阶段,如计划、准备及执行等,根据所建造软件的不同,这些阶段的种类和程度可能会发生变化。进一步研究这一隐喻时,你还会发现许多其他方面的相似之处。

要搭一座四足的塔(four-foot tower),你要有一双稳健的手,要找一个平坦的表面,以及十来个完好无损的啤酒罐。而要搭一座比它大 100 倍的塔,光是多 100 倍的啤酒罐还不够,还需要同时采用完全不同的计划方法和建造方法才行。

如果你要盖一个简单的建筑物——比如一个狗屋——你先开车到木材店买些木头和钉子。临近傍晚时分,你的爱犬 Fido 就有新窝了。如果你像图 2-3 那样忘了弄个门,或是犯了其他什么错误,那也没什么大不了的,修改一下或者干脆从头再来就是了。你的损失最多也就是一个下午的时间。这种宽松的方式对于小型的项目来说也还算合适。如果你写 1 000 行的代码时采用了错误的设计,你还可以重构甚至从头再来,不会损失太多。

图 2-3　在简单结构上犯下错误，其惩罚也不过是一点时间，或是些许尴尬

如果你是在建一栋房子，那么这个建造过程就会复杂得多，而糟糕的设计所引发的后果也更严重。首先你要决定准备建一个什么类型的房子——在软件开发里的类似事项称为问题定义（problem definition）。接下来，你必须和某个建筑师（architect）探讨这一总体设计，并得到批准。这跟软件架构设计（architectural design）十分相似。然后你画出详细的蓝图，雇一个承包人。就像软件的详细设计。再然后，你要准备好建造地点，打好地基，搭建房屋框架，砌好边墙，盖好房顶，通好水、电、煤气等。这就如同是软件的构建（construction）一样。在房子大部分完成之后，庭院设计师、油漆匠和装修工还要来把你新盖的家以及里面的家什美化一番。这就好比软件的优化（optimization）过程。在整个过程中，还会有各种监察人员来检查工地、地基、框架、布线以及其他需要检查的地方。这相当于软件评审（reviews）和详查（inspections）。

在这两种活动中，更高的复杂度和更大的规模都会带来更多的结论。盖房子的时候，建材多少也是有些昂贵，但主要的开销还是在人力上。把一堵墙推倒然后移动半尺是很昂贵的，倒不在于浪费多少钉子，而是因为你要付给工人们更多的工钱，移动这堵墙耗费了额外的工时。你只有尽可能地把房子设计好，就像图 2-4 那样，这样你才不用浪费时间去修正那些本来可以避免的错误。在开发一个软件产品时，原材料甚至更加廉价，但劳动力上的花销也更昂贵。变更一份报表的格式所要付出的代价，和移动房间里的一堵墙一样高昂，因为两者的主要成本构成部分都是花费人的时间。

图 2-4　更复杂的结构需要更加仔细地规划

除此之外，这两种活动还有什么相似之处呢？建造一个房子的时候，你不会去试着建造那些能买得到的现成的东西。你会买洗衣机、烘干机、洗碗机、电冰箱以及冷藏柜。除非你是机电方面的巫师，否则你是不会考虑自己动手弄这些东西的。你还会购买预先造好的橱柜、餐桌、门窗以及浴具，等等。当开发软件时，你也会这么做的。你会大量使用高级语言所提供的功能，而不会自己去编写操作系统层次的代码。你可能还要用些现成的程序库，比如说一些容器类（container classes）、科学计算函数、用户界面组件、数据库访问组件，等等。总之，自己编写那些能买得到的现成的代码通常是没有意义的。

但如果你要建造一间拥有一流家具的高档住宅，那你可能需要特别订制的橱柜，还可能需要能和这些橱柜相搭配的洗碗机、冰箱和冷藏柜等，也可能需要以特殊的形状和特别尺寸订制的窗户。在软件开发中也有和这种订制相似的情况。如果你要开发一款一流的软件产品，你可能会自己编写科学计算函数以便获得更快的速度和更高的精度。你还可能需要自己编写容器类、用户界面组件以及数据库访问组件等，这样做可以让产品的各个部分无缝拼接，拥有一致的外观和体验。

适当的多层次的规划对于建造建筑物和构建软件都有好处。如果你按错误的顺序构建软件，那么编码、测试和调试都会更难。需要花更长的时间才能完成，甚至整个项目干脆就分崩离析了——由于每个人的工作都过于复杂，所有成果组合在一起的时候就变得混乱不堪了。

精心计划，并非意味着事无巨细的计划或者过度的计划。你可以把房屋结构性的支撑（structural support）规划清楚，而在日后再决定是用木地板还是地毯，墙面漆成什么颜色，屋顶使用什么材料，等等。一项规划得当的项目能够提升你"在后期改变细节（设计）"的能力。你对同类软件的开发经验越丰富，（在开发新软件时）就能认准更多的细节。你只需要保证已经做了足够的计划，不会到后来因为计划上不足而引发重大问题。

用建筑房屋来类比软件构建，还有助于解释为什么不同的软件项目能从不同的开发方法中获益。建筑业中，盖间仓库或者工具房，或是一座医院或者核反应站，你在规划、设计及质量保证方面所需达到的程度是不一样的。盖一座学校、一幢摩天大楼，或一座三居室的小别墅，所用的方法也不会相同。同理，在软件开发中，通常你只需要用灵活的、轻量级的（lightweight）方法，但有时你就必须得用严格的、重量级的开发方法，以达到所需的安全性目标或其他什么目标。

软件的变动在建筑领域也有类似事物。把一堵承重墙移动半尺所需花费的成本，肯定要比仅仅移动一面隔墙更高。同样，对软件进行结构性的修改所需花费的成本，肯定也比仅仅增删一些周边功能更高。

最后，建筑这一隐喻让人们对超大型的软件项目的认识更加深刻。超大型的结构一旦出现问题，后果将非常严重，因此有必要对这样的结构进行超出常规的规划与建设（over-engineered）。建筑人员需要非常小心地制定并核查设计规划，在建设时留有余地以保障安全；宁可多花 10% 的成本买更坚固的材料，也比摩天大楼倒下来要划算得多。还需要特别关注工作的时间。在建造帝国大厦（The Empire Building）的时候，每辆运料车运输时都留有 15 分钟的余地。如果某辆车没能在指定时间到位，则整个工期就会延误。

同理，对于超大型的软件项目，就需要比一般规模的项目有更高级别的规划设计。Capers Jones 发表的报告称，一套 100 万行代码的软件系统，平均需要 69 种文档（1998）。其需求规格文档一般有四五千页长，而设计文档常常是需求的两三倍长。不太可能有哪一个人能完全理解这种规模的项目的所有设计细节——甚至只是通读一遍都不那么容易。因此，更充分的准备工作也就理所应当了。

如果需要创造在经济规模上可以匹敌帝国大厦的庞大的软件项目，那么与之相当水准的技术与管理控制也是必需的。

深入阅读 关于"构建隐喻"的引申，请见"是什么撑起了天花板（What Supports the Roof）"一文（Starr 2003）。

按房屋建筑所作的这一隐喻，可以向许多其他方向引申——这也是隐喻这一方法如此强有力的一个原因。有很多常见的软件开发术语都是从建筑这一隐喻中衍生出来的：软件架构（建筑学，architecture）、支撑性测试代码（脚手架，scaffolding）、构建（建设，construction）、基础类（foundation classes）以及分离代码（tearing code apart）。你可能还听说过更多这一类的词语。

Applying Software Techniques: The Intellectual Toolbox
应用软件技术：智慧工具箱

KEY POINT

交叉参考 关于在设计中选择并组合各种方法，见第5.3节"设计构造块：启发式方法"。

能有效地开发高质量软件的人们，在长年累月中积累了大量的技术、技巧和诀窍。技术并不是规矩（rule），它只是分析工具（analytical tools）。好的工匠知道完成某项工作要用哪样工具，也知道该怎样正确地使用。程序员也该这样。编程方面的知识学得越多，你脑中的工具箱中就会有更多的分析工具，也会知道该在何时用这些工具，以及怎样正确地使用它们。

在软件领域里，专业的咨询人员有时会让你专用某种软件开发方法而远离其他方法。这样并不妥当，因为当你百分之百地依赖于某一方法论时，你就只会用一种方法去看世界了。某些情况下，对于你所面临的问题还有其他更好的方法，你可能错失良机。这种"工具箱隐喻"能够帮助你把所有的方法、技术以及技巧留在脑海中——合适的时候即可拿来就用。

Combining Metaphors
组合各个隐喻

KEY POINT

因为隐喻是一种启发式方法而不是算法，因此它们彼此并不排斥。你可以同时使用生长（accretion）和建筑（construction）这两个隐喻。你如果想用"写作"隐喻也行，你还可以把"写作"同"驾驶"、"狩猎狼人（werewolf）"、"与恐龙一起在焦油坑中淹死"等隐喻组合到一起。你可以选用任何一种隐喻或是一些隐喻的组合，只要它能激发你的思维灵感，并让你和团队其他成员更好地沟通。

使用隐喻又是件说不清楚的事情（fuzzy business）。你需要适当地引申它的含义，才能从其蕴含的深刻启发中受益。但若你过分地或者在错误的方向上引申了它的含义，它也会误导你。正如人们会误用任何强大的工具一样，你也可能误用隐喻，但它的强大的功效，还会成为你智慧工具箱中的一个宝贵部分。

Additional Resources
更多资源

cc2e.com/0285

在关于隐喻、模型（model）以及范型（paradigm）方面的众多书籍中，Thomas Kuhn 写的那本是试金石。

Kuhn, Thomas S. 《科学变革的结构》（第三版）（*The Structure of Scientific Revolutions*, 3d ed. Chicago, IL: The University of Chicago Press, 1996.）。Kuhn 关于在一个达尔文周期中，科学理论如何相对于其他理论而诞生、发展并消亡的书，于 1962 年首次发布，奠定了科学哲学的基础。该书短小精悍，列举了大量科学中隐喻、模型以及范型间此消彼长的有趣示例。

Floyd, Robert W. "编程范型"（"The Paradigms of Programming." 1978 年图灵奖的颁奖演讲）。《*Communications of the ACM*》（《ACM 通讯》），August 1979, pp. 455—460. 这是一篇令人神往的关于软件开发中的模型的讨论，Floyd 将 Kuhn

的理念应用到了编程上。

Key Points
要点

- 隐喻是启示而不是算法。因此它们往往有一点随意（sloppy）。
- 隐喻把软件开发过程与其他你熟悉的活动联系在一起，帮助你更好地理解。
- 有些隐喻比其他一些隐喻更贴切。
- 通过把软件的构建过程比作是房屋的建设过程，我们可以发现，仔细的准备是必要的，而大型项目和小型项目之间也是有差异的。
- 通过把软件开发中的实践比作是智慧工具箱中的工具，我们又发现，每位程序员都有许多工具，但并不存在任何一个能适用于所有工作的工具，因地制宜地选择正确工具是成为能有效编程的程序员的关键。
- 不同的隐喻彼此并不排斥，应当使用对你最有益处的某种隐喻组合。

Measure Twice, Cut Once: Upstream Prerequisites

第 3 章
三思而后行：前期准备

cc2e.com/0309 内容

- 3.1 前期准备的重要性：第 24 页
- 3.2 辨明你所从事的软件的类型：第 31 页
- 3.3 问题定义的先决条件：第 36 页
- 3.4 需求的先决条件：第 38 页
- 3.5 架构的先决条件：第 43 页
- 3.6 花费在前期准备上的时间长度：第 55 页

相关章节

- 关键的"构建"决策：第 4 章
- 项目规模对"构建"及前期准备的影响：第 27 章
- 质量目标与构建活动之间的关系：第 20 章
- 管理构建：第 28 章
- 设计：第 5 章

在开始建造房子之前，施工人员会审视蓝图（包含所有细节信息的设计详图），查看是否获得了全部（建筑）许可证，并测量房屋的地基。施工人员建造摩天大楼用一种方法，建造普通住宅用另一种方法，建造犬舍用第三种方法。无论何种项目，都会对"准备工作"进行剪裁，使之符合项目的特定需要；在构建活动开始之前，准备工作要做周全。

本章描述软件构建必须做的准备工作。就像修建建筑物一样，项目的成败很大程度上在构建活动开始之前就已经注定了。如果地基没打好，或者计划不充分，那么你在构建期间能做的无非是尽量让损害最小罢了。

木匠的谚语"瞄两次，切一次"（Measure twice, cut once/三思而后行）与软件开发中的构建部分有密切联系，构建活动差不多占整个项目成本的 65%。最糟糕的软件项目最终会进行两三次（甚至更多）构建。将项目中最昂贵的部分执行两遍，这无论在软件行业还是在其他行业都是愚蠢的主意。

虽然本章是为成功的软件构建打地基，但是并没有直接讨论构建活动。如果你觉得自己是食肉动物，或者已经精通软件工程的生命周期，那么请径直翻到第5章"软件构建中的设计"这块肥肉。如果你不打算动"为构建活动做前期准备"这个念头，那么请复习第 3.2 节"辨明你所从事的软件的类型"，认识一下如何将前期准备应用到你所处的情形。然后再关注一下第 3.1 节中的数据，这些数据描述了不做前期准备将会付出的代价。

3.1 Importance of Prerequisites 前期准备的重要性

交叉引用 关注质量就是提高生产力的最佳途径。更多细节请参见第 20.5 节"软件质量的普遍原则"。

使用高质量的实践方法是那些能创造高质量软件的程序员的共性。这些高质量的实践方法在项目的初期、中期、末期都强调质量。

如果你在项目的末期强调质量，那么你会强调系统测试。当提到软件质量保证的时候，许多人都会想到测试。但是测试只是完整的质量保证策略的一部分，而且不是最有影响的部分。测试是不可能检查出诸如"制造了一个错误的产品"，或者"使用错误的方法制造正确的产品"之类的缺陷的。这样的缺陷必须在测试之前解决——更确切地说是在构建活动之前。

KEY POINT

如果你在项目中期强调质量，那么你会强调构建实践。这些实践是本书绝大部分篇幅的关注点。

如果你在项目的开始阶段强调质量，那么你就会计划、要求并且设计一个高质量的产品。如果你用为 Pontiac Aztek 做的设计来开始整个生产过程，那么你可以想尽办法来测试，它也绝对不会变成劳斯莱斯。也许你能造出最好的 Aztek，但如果想要的是一辆劳斯莱斯，那么你就得从头开始做计划。在软件开发中，你也需要在定义问题、定下解决方案的规格，以及设计解决方案的时候做出这种计划[1]。

由于构建活动是软件项目的中间阶段，在你开始构建的时候，项目前期工作已经或多或少为这个项目的成功或失败打下了基础。然而，在构建过程中，你至少应该能辨明当时的形势如何，如果你看到失败的乌云已经出现在地平线上时，就退回到项目的前期工作吧。本章的其余部分将仔细讲述为什么合适的准备工作是非常重要的，并且告诉你如何判定"是否已经准备好开始构建工作了"。

---

[1] 译注：Pontiac Aztek 是一款非常难看的小轿车，位列 cartalk 网站"全球十大最丑车"排行榜首位。劳斯莱斯则是世界顶级的豪华轿车。

Do Prerequisites Apply to Modern Software Projects
前期准备适用于现代软件项目吗

> 方法论应该选用最新最好的，而不应该无知地做出选择。当然也应该公平地对待"旧且可靠的方法"。
> ——Harlan Mills

有些人断言，诸如架构、设计及项目规划等前期工作对于现代软件项目来说是毫无用处的。总体来说，没有哪项研究（无论过去还是现在）支持这一断言，最近的数据也不支持这一断言（具体请看本章的其余部分）。反对前期准备的人通常会给出一些前期准备做得很糟糕的例子，然后指出这种工作毫无作用。但无论如何，前期准备也可以做得非常好；并且从 20 世纪 70 年代开始至今的业界数据显示，如果在开始构建活动之前认真地进行适当的准备活动，那么项目将会运作得极好。

KEY POINT

准备工作的中心目标就是降低风险：一个好的项目规划者能够尽可能早地将主要的风险清除掉，以使项目的大部分工作能够尽可能平稳地进行。目前，软件开发中最常见的项目风险是糟糕的需求分析和糟糕的项目计划，因此准备工作就倾向于集中改进需求分析和项目规划。

构建活动的准备工作不是一门精密科学，要根据每一个项目的特点来选择特定的降低风险的方法。具体细节随项目的不同，会有非常大的变化。更多的信息请参阅第 3.2 节。

Causes of Incomplete Preparation
准备不周全的诱因

你可能会认为，所有的专业程序员都知道准备工作的重要性，并且在跃入构建活动之前会检查确认所有先决条件都已经满足了。很不幸，这不是事实。

> **深入阅读**
> 《*Professional Software Development*》(《专业软件开发》，McConnell 2004) 第 16 章描述了一项能培养这些技能的专业培养计划。
>
> cc2e.com/0316

造成准备工作不充分的一个常见原因是，那些分配去做前期准备活动的开发人员并不具备完成这一任务的专业技能。项目规划、创作引人注目的商业案例、分析出全面而准确的需求、创建高质量的架构等活动都需要一定的技能，这些技能不是轻而易举就能获得的。但是绝大多数开发人员都没有接受过针对这些活动的训练。当开发人员不知道如何进行这些前期工作的时候，建议"做更多的前期工作"就完全没有用：如果不能首先把这项工作做好，那么做再多也没有意义！说明如何进行这些活动已经超出了本书的范围，不过在本章最后的"更多资源"中，提供了许多获取这些专业技能的途径。

有一些程序员确实知道如何进行前期工作，但是他们并没有做，因为他们不能够抵抗"尽快开始编码"的欲望。如果你也是这样，我有两条建议：第一，阅读下一节中的争论，它也许能告诉你一些你以前没有想到的问题；第二，注意一下你经历过的问题。只需要做几个大项目，你就能够体会到：事先做好计划能避免很多压力。让你自己的经验来引导你吧。

程序员不做准备工作的最后一个原因是，管理者们对那些"花时间进行构建活动的前期准备的程序员"的冷漠已经到了人神共愤的程度。Barry Boehm、Grady Booch 及 Karl Wiegers 等人 25 年来一直在擂响需求和设计的战鼓，因此你可以期望，管理者们应该已经开始明白：软件开发不仅仅是写代码。

> **深入阅读** 有关这一主题的更多愉快的变奏，请阅 Gerald Weinberg 的经典著作《The Psychology of Computer Programming》(Weinberg 1998)。[2]

然而，就在几年前，我参与美国国防部的一个项目。当这个项目正集中精力做需求分析的时候，负责这个项目的那位军方将领来视察。我们告诉他正在开发需求，主要包括和客户沟通、捕捉需求，以及勾勒出设计的轮廓。但是他坚持无论如何要看到代码。我们告诉他现在没有代码，但是他还是在一个 100 人的工作区里面走来走去，试图抓出一个正在编程的人来。看到这么多人要么不在桌子前，要么正在做需求分析和设计，他感到非常的沮丧。最后这个腆着大肚子的家伙指着坐在我旁边的一个工程师，扯着喉咙咆哮道："他在干什么？他肯定在写代码！"事实上这个工程师正在做一个文档格式化的工具，但是这位将军想要找代码，觉得这个像是代码，并且希望这位工程师是在写代码，于是我们告诉他这就是代码。

这种现象被称为 WISCA 综合症或者 WIMP 综合症：Why Isn't Sam Coding Anything?（为什么 Sam 不在写代码？）或者 Why Isn't Mary Programing?（为什么 Mary 不在编程？）

如果你的项目经理装成陆军准将的样子，命令你立刻开始写代码，你可以轻易地说："遵命！"（这有什么可怕的？老手当然知道他在说什么。）这种回答很糟糕，你可以有几种更好的替代方案。首先，你可以断然拒绝以这种无效的命令，假如你和老板的关系不错，而且你银行账户的钱数也支持你这么做的话，祝你好运。

第二个不太靠得住的方案是假装在写代码，而事实上不是。在你的桌角上放一份旧的程序代码清单，然后投入需求和架构的开发中，同时不用去理会老板同不同意。你将能够更快地完成项目，并得到更高的质量。有些人会觉得这种方法不合乎伦理，但是从你老板的视角来看，无知是福。

第三种方法是，你可以教育你的老板，告诉他技术项目的微妙之处。这是一个好办法，因为它能增加世界上脱盲的老板的人数。下面的小节将继续讲述"在构建活动之前花时间做前期准备"的根本原因。

---

[2] 译注：中译本《程序开发心理学》，清华大学出版社。

最后一个方案是，你可以另外找一份工作。虽然经济景气程度时高时低，但是优秀的程序员永远是紧缺的（BLS 2002）。人生苦短，当有大量更好的选择摆在你面前的时候，在一个荒蛮的软件企业中工作是不明智的。

Utterly Compelling and Foolproof Argument for Doing Prerequisites Before Construction
关于开始构建之前要做前期准备的绝对有力且简明的论据

设想你已经到过"问题定义"之山，与名为"需求"之人同行数里，在"架构"之泉面前脱下脏兮兮的外套，然后在"前期准备"之纯净水中沐浴。那么你就会知道，在实现一个系统之前，你需要理解"这个系统应该做什么"，以及"它该如何做到这些"。

KEY POINT

作为技术雇员，你的一部分工作就是培训周围的非技术人员，讲解开发过程。本节将有助你应对那些"尚未觉悟的管理者和老板"。这里有支持"在开始编码、测试、调试之前进行需求分析和架构设计——才能保证关键的方面都做正确"这一观点的大量论据。学习这些论据，然后与老板一同坐下来，进行一次有关开发过程的恳谈。

Appeal to Logic
诉诸逻辑

进行有效编程的要领之一是：准备工作很重要。在开始做一个大项目之前，应该为这个项目制订计划，这是很有意义的。大的项目需要做更多的计划，而小项目则可以少些。从管理的角度看，做计划意味着确定项目所需要用的时间、人数以及计算机台数。从技术角度讲，做计划意味着弄清楚你想要建造的是什么，以防止浪费钱去建造错误的东西。有时候用户在一开始并不完全确定自己想要的是什么，因此值得花费比理想情况下更多的力气，找出他们真正想要的东西。但这至少比"先做一个错误的东西出来，然后扔掉，并从头来过"的成本要低廉。

在开始动手制作这个系统之前，先好好思考打算如何去做，这也非常重要。你总不希望花费很多的时间和金钱，却毫无必要地走进死胡同（尤其当这样做会增加成本的时候）。

Appeal to Analogy
诉诸类比

建造软件系统跟其他任何花费人力财力的项目是相似的。如果打算建造一座房屋，你需要在开始钉钉子之前准备好手绘草图（表达设计概念）和蓝图（即设计详图，包含所有细节信息）。在浇注混凝土之前必须审核蓝图并获得批准。在软件领域做技术规划也包含同样多的事情。

在把圣诞树立起来之前,你不会对它做装饰;在打开烟囱之前,你不会生火;你不会在车子的油箱是空的时候上路去长途旅行;你不会在洗完澡之前就穿戴整齐,也不会在穿袜子之前就穿鞋。在做软件时,你也必须按正确的顺序去做事情。

程序员是软件食物链的最后一环。架构师吃掉需求,设计师吃掉架构,而程序员则消化设计。

我们用真实的食物链来比喻软件食物链。在健康的生态环境中,海鸥吃新鲜的鲑鱼。这对海鸥是营养丰富的大餐,因为鲑鱼吃的是新鲜的青鱼,而青鱼吃的是新鲜的水蜢。这是一条健康的食物链。在软件开发中,如果食物链的每一级都有健康的食物,那么最终就会获得由快乐的程序员编写出的健康的代码。

在受到污染的环境中,水蜢在核废料中游泳,青鱼被聚氯联二苯(PCB)污染,而吃青鱼的鲑鱼又在泄漏的原油中游荡。[3] 海鸥,很不幸,它位于食物链的最后一环,因此它吃下去的不仅仅是不健康的鲑鱼体内的原油,还有青鱼体内的聚氯联二苯和水蜢体内的核废料。在软件开发中,如果需求被污染了,那么它就会污染架构,而架构又会污染构建。这样会导致程序员脾气暴躁、营养失调;开发出的软件具有放射性污染,而且周身都是缺陷。

如果你正为某个高度迭代的项目做计划,那么在开始构建活动之前,你需要针对将要构造的每一片段,先弄清哪些是最关键的需求和架构要素。建造住宅小区的施工人员,在开始建造第一栋房子之前,并不需要知道小区里面每一栋房子的每一个细节。但他会调查施工场所,制定下水道和电线的走向等。如果施工人员准备不充分,那么建造过程很可能会因为"需要在某所已经造好的房子的地下挖一条下水道"而延误。

Appeal to Data
诉诸数据

过去 25 年来的研究确凿地证明了,在一开始就把事情做好是最合算的。进行非必要的改动的代价是高昂的。

---

[3] 译注:聚氯联二苯是一种环境污染物质,积聚在动物组织中,能导致其发病和产生畸形。

惠普、IBM、休斯飞机公司、TRW 以及其他组织的研究人员发现，在构建活动开始之前清除一个错误，那么返工的成本仅仅是"在开发过程的最后阶段（在系统测试期间或者发布之后）做同样事情"的十分之一到百分之一。（Fagan 1976; Humphrey, Snyder, and Willis 1991; Leffingwell 1997; Willis et al. 1998; Grady 1999; Shull et al. 2002; Boehm and Turner 2004。）

一般而言，这里的原则是：发现错误的时间要尽可能接近引入该错误的时间。缺陷在软件食物链里面呆的时间越长，它对食物链的后级造成损害就越严重。由于需求是首先要完成的事情，需求的缺陷就有可能在系统中潜伏更长的时间，代价也更加昂贵。在软件开发过程的上游引入的缺陷通常比那些在下游引入的缺陷具有更广泛的影响力。这也使得早期的缺陷代价更加高昂。

表 3-1 展示了"引入缺陷的时间和找到缺陷的时间"与"修复缺陷的费用"之间的关系。

表 3-1　修复缺陷的平均成本与引入缺陷的时间和检测到该缺陷的时间之间的关系

	检测到缺陷的时间				
引入缺陷的时间	需求	架构	构建	系统测试	发布之后
需求	1	3	5—10	10	10—100
架构	—	1	10	15	25—100
构建	—	—	1	10	10—25

来源：改写自"Design and Code Inspections to Reduce Errors in Program Development" (Fagan 1976)，《Software Defect Removal》 (Dunn 1984), "Software Process Improvement at Hughes Aircraft" (Humphrey, Snyder, and Willis 1991), "Calculating the Return on Investment from More Effective Requirements Management" (Leffingwell 1997), "Hughes Aircraft's Widespread Deployment of a Continuously Improving Software Process" (Willis et al. 1998), "An Economic Release Decision Model: Insights into Software Project Management" (Grady 1999), "What We Have Learned About Fighting Defects" (Shull et al. 2002), and 《Balancing Agility and Discipline: A Guide for the Perplexed》 (Boehm and Turner 2004)。

表 3-1 的数据显示，例如，假设在创建架构的期间修复某个架构缺陷需要花 1 000 美元，那么在系统测试期间修复这一缺陷，将要花费 15 000 美元。图 3-1 解释了同样的现象。

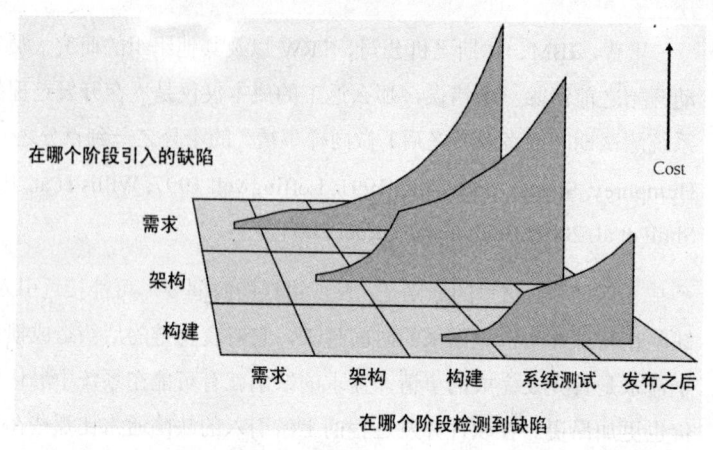

图 3-1 修复缺陷的成本随着"从引入缺陷到检测该缺陷之间的时间"变长而急剧增加。无论项目是高度序列化(sequential)的（预先完成 100%的需求和设计），还是高度迭代型（预先完成 5%的需求和设计）的，这些都成立

平均水平的项目仍然把绝大部分的缺陷修正工作放到图 3-1 的右侧进行，这也就意味着"调试连同相应的返工"在典型的软件开发周期中会占据大约 50%的时间。(Mills 1983; Boehm 1987a; Cooper and Mullen 1993; Fishman 1996; Haley 1996; Wheeler, Brykczynski, and Meeson 1996; Jones 1998; Shull et al. 2002; Wiegers 2002。) 许多公司发现，只需在项目中尽早集中纠正缺陷，就能将开发的成本和时间减半（甚至更多）（McConnell 2004）。所以你应该尽早查找并修正错误。

Boss-Readiness Test
"老板就绪"测试

如果你觉得你的老板已经明白了"在开始构建之前进行前期准备"的重要性，那么试试以下的测试，以确保他确实明白了。

下面的句子哪些是自我实现的预言(self-fulfilling prophecies)[4]？

- 我们最好立刻开始编码，因为将会有很多的调试工作需要做。
- 我们并没有为测试安排太多的时间，因为将来不会发现多少缺陷。

---

[4]译注：自我实现的预言，是指当你对未来的行为或事件预测时，就会对你行为的互动改变很大，以至于产生预期的结果。

- 我们已经非常详细地研究了需求和设计,我想不出在编码和调试期间还会遇到什么大问题。

上面这些陈述都是自我实现的预言。要瞄准最后那个。

如果你仍然不能确信前期准备适用于你的项目,下面一节将帮助你做出决定。

3.2 Determine the Kind of Software You're Working On
辨明你所从事的软件的类型

Caper Jones 是 Software Productivity Research(软件生产率研究)的首席科学家,他回顾 20 年的软件研究,指出他和同事见过不止 700 种不同的编程语言,以及 40 种收集需求的方法、50 种进行软件设计的方法、30 种针对项目的测试方法(Jones 2003)。

不同种类的软件项目,需要在"准备工作"和"构建活动"之间做出不同的平衡。每一个项目都是独特的,但是项目可以归入若干种开发风格。表 3-2 列出了三种最常见的软件项目种类,并且列出了各种项目最适合的典型实践。

表 3-2 三种常见的软件项目种类,及其典型的良好实践

	软件种类		
	商业系统	使命攸关的系统	性命攸关的嵌入式系统
典型应用	Internet 站点 Intranet 站点 库存管理 游戏 管理信息系统(MIS) 工资系统	嵌入式软件 游戏 Internet 站点 盒装软件 软件工具 Web services	航空软件 嵌入式软件 医疗设备 操作系统 盒装软件
生命周期模型	敏捷开发(极限编程、Scrum、time-box 开发等等) 渐进原型(prototyping)	分阶段交付 渐进交付 螺旋型开发	分阶段交付 螺旋型开发 渐进交付

续表

	软件种类		
	商业系统	使命攸关的系统	性命攸关的嵌入式系统
计划与管理	增量式项目计划 随需测试与 QA 计划 非正式的变更控制	基本的预先计划 基本的测试计划 随需 QA 计划 正式的变更控制	充分的预先计划 充分的测试计划 充分的 QA 计划 严格的变更控制
需求	非形式化的需求规格	半形式化的需求规格 随需的需求评审	形式化的需求规格 形式化的需求检查
设计	设计与编码是结合的	架构设计 非形式化的详细设计 随需的设计评审	架构设计 形式化的架构检查 形式化的详细设计 形式化的详细设计检查
构建	结对编程或独立编码 非正式的 check-in 手续 或没有 check-in 手续	结对编程或独立编码 非正式的 check-in 手续 随需代码评审	结对编程或独立编码 正式的 check-in 手续 正式的代码检查
测试与 QA	开发者测试自己的代码 测试先行开发 很少或没有测试（由单独的测试小组来做）	开发者测试自己的代码 测试先行开发 单独的测试小组	开发者测试自己的代码 测试先行开发 单独的测试小组 单独的 QA 小组
部署	非正式的部署过程	正式的部署过程	正式的部署过程

在真实项目中，你会找到表中所列这三种主调的无数种变奏；无论如何，表中已经列举了它们的共性。开发商业系统的项目往往受益于高度迭代的开发法，这种方法的"计划、需求、架构"活动与"构建、系统测试、质量保证"活动交

织在一起。性命攸关的系统往往要求采用更加序列式的方法——"需求稳定"是确保"超高等级的可靠性"的必备条件之一。

Iterative Approaches' Effect on Prerequisites
迭代开发法对前期准备的影响

有些作者断言，使用迭代技术的项目基本无须关注前期准备，但这种观点是错的。迭代方法往往能够减少"前期准备不足"造成的负面影响，但是它不能完全消除此影响。让我们看一下表 3-3 所示的例子，这两个项目都没有关注前期准备工作。第一个项目按序列式开发法运作，并且仅仅依赖于测试来发现缺陷。第二个项目则按迭代方式运作，并且随着项目的进展不断找出错误。第一个方法将绝大部分缺陷修正工作推迟到项目快结束的时候进行，使得成本较高（正如表 3-1 所述）。而迭代式开发法在项目进行过程中一点点地吸收消化返工，这样使得总体成本较低。这个表中的数据和下一个表中的数据仅仅是为了举例说明，但是这两种通常的开发方法的成本的这种相对关系，是受到本章前面部分提到的那些研究支持的。

表 3-3 跳过前期准备对于采用序列式开发法的项目和迭代式开发法的项目的（不同）影响

项目完成度	方法 1：序列式开发法（无前期准备）		方法 2：迭代式开发法（无前期准备）	
	工作成本	返工成本	工作成本	返工成本
20%	$100 000	$0	$100 000	$75 000
40%	$100 000	$0	$100 000	$75 000
60%	$100 000	$0	$100 000	$75 000
80%	$100 000	$0	$100 000	$75 000
100%	$100 000	$0	$100 000	$75 000
项目末期返工	$0	$500 000	$0	$0
总计	$500 000	$500 000	$500 000	$375 000
总数之和		$1 000 000		$875 000

那些简化或取消了前期准备工作的迭代型项目与采用同样做法的序列型项目相比，有两点不同。首先，平均的缺陷修正成本低一些，因为发现缺陷的时间往往更接近引入该缺陷的时间。然而，每一轮迭代仍然要到最后才能检测到缺陷，为了修正这些缺陷，需要对软件的某些部分进行重新设计、重新编码并重新测试——这使得修正缺陷的成本高于实际需要。

其次，使用迭代式开发法，成本将会在整个项目过程当中分次支付，而不会聚集到项目末尾一次性支付。整个项目尘埃落定之后，实际的总成本是相似的，但是看起来却没有那么高，因为开发费用是在整个项目进行过程中分期支付的，而不是在项目最后一次性结账。

如表 3-4 所示，无论你使用的是迭代式开发法还是序列式开发法，只要进行前期准备，就可以减少成本。"迭代式开发法通常是更好的选择"这一观点有很多的理由支持。但是忽略前期准备的迭代式开发法，最终明显会比"密切关注前期准备工作的序列式开发法"付出更高的代价。

表3-4 关注前期准备工作对于采用序列式开发法的项目和迭代式开发法的项目的影响

项目完成度	方法 3：序列式开发法（有前期准备）		方法 4：迭代式开发法（有前期准备）	
	工作成本	返工成本	工作成本	返工成本
20%	$100 000	$20 000	$100 000	$10 000
40%	$100 000	$20 000	$100 000	$10 000
60%	$100 000	$20 000	$100 000	$10 000
80%	$100 000	$20 000	$100 000	$10 000
100%	$100 000	$20 000	$100 000	$10 000
项目末期返工	$0	$0	$0	$0
总计	$500 000	$100 000	$500 000	$50 000
总数之和		$600 000		$550 000

KEY POINT

正如表 3-4 所暗示的，绝大多数的项目都不会完全使用序列式开发法或者完全使用迭代式开发法。预先详细说明 100% 的需求和设计是不切实际的，不过对绝大多数项目来说，"尽早把哪些是最关键的需求要素和架构要素确定下来"是很有价值的。

交叉参考 关于具体如何使你的开发方法适应不同规模的程序，见第 27 章"程序规模对构建的影响"。

一条很有用的经验规则是，计划好预先对大约 80% 的需求做出详细说明，并给"稍后再进行详细说明的额外需求"分配一定的时间。然后在项目进行过程中，实施系统化的变更控制措施——只接受那些最有价值的新需求。另一种替代方案是，预先只对最重要的 20% 的需求做出详细说明，并且计划以小幅增量开发软件的剩余部分，随着项目的进行，对额外的需求和设计做出详细说明。图 3-2 和图 3-3 展示了这两种不同的方法。

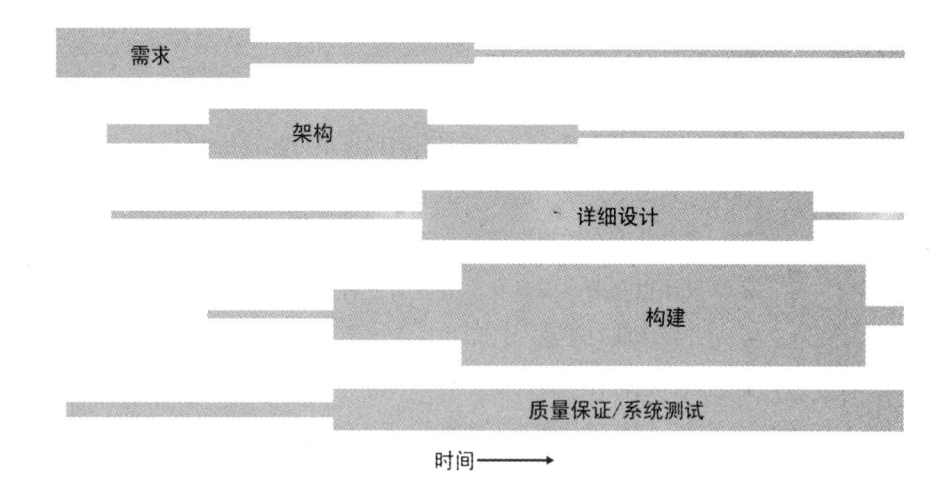

图 3-2 对于绝大部分的项目（即便是高度序列化的项目）来说，各种活动会在一定程度上有所重叠

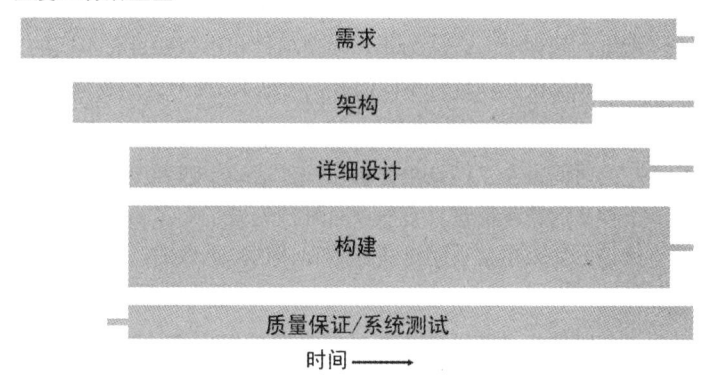

图 3-3 对于其他的项目，各种活动在项目开发期间会重叠起来。成功"构建"的关键之一，就是理解前期准备工作的完成程度，并据此调整你的开发方法

Choosing Between Iterative and Sequential Approaches
在序列式开发法和迭代式开发法之间做出选择

前期准备预先要满足哪些条件，会随表 3-2 所列出的不同项目种类、项目的正式程度、技术环境、员工能力以及项目的商业目标变化而变化。你可能因为下列原因选择一个更加序列化的方法。

- 需求相当稳定。
- 设计直截了当，而且理解透彻。
- 开发团队对于这一应用领域非常熟悉。

- 项目的风险很小。
- "长期可预测性"很重要。
- 后期改变需求、设计和编码的代价很可能较昂贵。

你可能因为下列原因选择一个更加迭代（as-you-go，走着瞧）的方法。

- 需求并没有被理解透彻，或者出于其他理由你认为它是不稳定的。
- 设计很复杂，或者有挑战性，或者两者兼具。
- 开发团队对于这一应用领域不熟悉。
- 项目包含许多风险。
- "长期可预测性"不重要。
- 后期改变需求、设计和编码的代价很可能较低。

事实上，在软件开发中，适用迭代式开发法的情况比适用序列式开发法的情况多得多。你可以使前期准备适应某个特定项目，办法是调整其正式程度和完备程度，到你觉得合适为止。大型项目和小型项目有不同的开发方法（也称为正式项目和非正式项目有不同的开发方法），关于这点具体讨论请阅读第 27 章。

你应该首先确定哪些前期准备活动适合你的项目。有些项目在前期准备上面花的时间太少了，结果使得在构建活动中遇到大量不必要的反复修改，同时阻碍了项目的稳步前进。有些项目则预先做了太多的事情，固执地坚持原有的需求和计划，后来事实证明这些需求和计划是无效的，这同样阻止了构建活动的顺利进展。

既然你已经研究过表 3-2，并且确定了何种前期准备适合你的项目，那么本章接下来将要讨论的是：如何判断每一项特定的前期准备工作是否到位。

3.3 Problem-Definition Prerequisite 问题定义的先决条件

> 如果"框框"是约束和条件的边界，那么诀窍在于找到这个"框框"……不要在"框框"之外思考——找到这个"框框"。
> —Andy Hunt 和 Dave Thomas

在开始构建之前，首先要满足的一项先决条件是，对这个系统要解决的问题做出清楚的陈述。这有时称为"产品设想/product vision"、"设想陈述/vision statement"、"任务陈述/mission statement"或者"产品定义/product definition"。这里将它称为"问题定义/problem definition"。由于这本书是关于软件构建的，本节不打算告诉你如何去写问题定义，而是告诉你如何辨认是否已经写好了问题定义，以及它能否成为构建活动的良好基础。

3.3 问题定义的先决条件

"问题定义"只定义了"问题是什么",而不涉及任何可能的解决方案。它是一个很简单的陈述,可能只有一到两页,并且听起来应该像一个问题。像"我们跟不上 Gigatron 的订单了"这样的句子听起来像是个问题,而且确实是一个很好的问题定义。而"我们需要优化数据自动采集系统,使之跟上 Gigatron 的订单"这种句子是糟糕的问题定义。它听起来不像问题,倒像解决方案。

如图 3-4 所示,问题定义在具体的需求分析工作之前,而需求分析是对所定义的问题的深入调查。

图 3-4 "问题定义"为随后的开发过程打下基础

问题定义应该用客户的语言来书写,而且应该从客户的角度来描述问题。通常不应该用计算机的专业术语叙述。最好的解决方案未必是一个计算机程序。假定你需要一份展示年度利润的报表。你已经用电脑制作了季度报表。如果你受困于程序员的思维方式,那么你会推断:在已经能生成季度报表的系统中添加生成年度报表的功能应该不难。然后吩咐某个程序员花许多时间去编写并调试一个计算年度利润的程序。但是如果你没有受限于程序员的思维方式,你会吩咐你的秘书去制作年度报表。她只需花一分钟时间,用袖珍计算器将四个季度的数据加到一起,就能完成任务。

这条规则也有例外,那就是需要解决的就是与计算机本身相关的问题:编译时间太长,或者开发工具 bug 太多。在这种情况下使用计算机术语或程序员术语来陈述问题是恰当的。

如图 3-5 所示,如果没有一个良好的问题定义,你努力解决的可能是一个错误的问题。

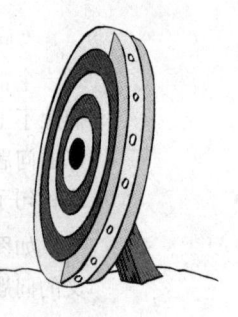

图 3-5 在射击之前，确信你瞄准了正确的目标

KEY POINT "未能定义问题"的处罚是，你浪费了大量时间去解决错误的问题。这是双重处罚，因为你也没有解决正确的问题。

3.4 Requirements Prerequisite 需求的先决条件

"需求"详细描述软件系统应该做什么，这是达成解决方案的第一步。"需求活动"也称为"需求开发/requirements development"、"需求分析/requirements analysis"、"分析/analysis"、"需求定义/requirements definition"、"软件需求/software requirements"、"规格书/specification"、"功能规格书/functional spec"、"规格/spec"。

Why Have Official Requirements 为什么要有正式的需求

要求一套明确的需求，这点很重要，理由很多。

明确的需求有助于确保是用户（而不是程序员）驾驭系统的功能。如果需求明确，那么用户就可以自行评审，并进行核准。否则，程序员就常常会在编程期间自行决定需求。明确的需求免得你去猜测用户想要的是什么。

明确的需求还有助于避免争论。在开始编程之前，先把系统的范围（scope）确定下来。如果你和另外一个程序员对于"程序应该做什么"意见不一致，你们可以查看书面的需求，以解决分歧。

KEY POINT 重视需求有助于减少开始编程开发之后的系统变更情况。如果你在编码过程中发现了一个代码上的错误，你只需要修改几行的代码，然后就能继续工作。但是如果你在编码的时候发现了一个需求错误，那你就得改变设计，使之符合更改后的需求。你可能需要扔掉部分旧的设计，并且因为要与已经写好的代码相适应，可能导致新的设计，与在项目之初进行同样的设计相比，花费更长的时间。此外，还需要废弃那些受此次需求变更影响的代码和测试用例，还需要编写新的代码和测试用例。即便是未受影响的代码也需要重新测试，以确保其他地方的改变没有引入任何新的错误。

HARD DATA

如表 3-1 报告的那样，来自众多组织的数据显示，在大型项目中，如果在架构阶段检测到需求错误，那么修复它的成本通常是"在需求阶段检测并修复该错误"的成本的 3 倍。如果在编码阶段检测到需求错误，修复成本是 5 至 10 倍；在系统测试阶段，成本是 10 倍；在发布之后，成本陡增为 10 至 100 倍（以在需求分析阶段检测并修复错误的成本为基数）。对于小型项目，管理成本较低，那么发布之后的修复成本倍数更接近 5~10，比 100 小得多（Boehm and Turner 2004）。无论哪种情况，你都不愿意拿自己的薪水来支付这些成本。

充分详尽地描述(specify)需求，是项目成功的关键，它甚至很可能比有效的构建技术更重要（见图 3-6）。关于如何清楚地描述(specify)需求，已经有了很多优秀书籍。因此，下面几节不打算讲解如何把"详细描述需求"这件事做好，而打算讲述如何判断是否已经很好地完成了需求分析，以及如何充分利用已有的需求。

图 3-6 如果没有好的需求，你可能对问题有总体的把握，但却没有击中问题的特定方面

The Myth of Stable Requirements
稳定需求的神话

> 需求像水。如果冻结了，就容易在上面开展建设。
> ——无名氏

稳定的需求是软件开发的圣杯[5]。一旦需求稳定，项目就能以有序的、可预测的、平稳的方式，完成从架构到设计到编码到测试等一系列工作。这是软件的天堂！你能预测开支，而且根本无须担心实现某项特性的开销增大为原先计划的 100 倍——因为在你完成调试之前，用户根本没有想到这项特性。

---

[5] 译注："圣杯"一词通常代表众人追求的最高目标，而它的另外一层含义则暗示渺茫希望。

"一旦客户接受了一份需求文档，就再也不做更改"是一个美好的愿望。然而，对一个典型的项目来说，在编写代码之前，客户无法可靠地描述他们想要的是什么。问题并不在于客户是低级生物。就如同你做这个项目的时间越长，对这个项目的理解也就越深入一样，客户参与项目的时间越长，他们对项目的理解也就越深入。开发过程能够帮助客户更好地理解自己的需求，这是需求变更的主要来源（Curtis, Krasner, and Iscoe 1988; Jones 1998; Wiegers 2003）。计划严格依照需求行事，实际上就是计划不对客户的要求做出回应。

典型情况下需求会有多少改动？IBM 和其他公司的研究发现，平均水平的项目在开发过程中，需求会有 25% 的变化（Boehm 1981, Jones 1994, Jones 2000）。在典型的项目中，需求变更导致的返工占到返工总量的 75% 到 85%（Leffingwell 1997, Wiegers 2003）。

也许你会认为 Pontiac Aztek 是至今制造的最伟大的汽车[6]，也许你属于地平协会（Flat Earth Society）[7]，并且每四年要到外星人降落的地点——新墨西哥州的 Roswell——朝圣一次。假如你真的是这样，干吧，并坚信项目的需求永不改变。反过来，如果你不再信仰圣诞老人和牙齿仙女，或者至少不再承认它，那么你就可以采取一些步骤来使需求变更的负面影响最小化[8]。

Handling Requirements Changes During Construction
在构建期间处理需求变更

在构建期间，要最好地应对需求变更，有以下一些可以采用的方式。

使用本节末尾的需求核对表来评估你的需求的质量　如果你的需求不够好，那么就停止工作，退回去，先把它做好，再继续前进。当然，因为在此期间你会停止编码，所以感觉似乎进度会落后。不过，假设你正开车从芝加哥到洛杉矶，突然看到纽约的路牌，那么停下来查看路线图是浪费时间吗？当然不是，如果没有对准正确的方向，那就要停下来检查一下路线[9]。

确保每一个人都知道需求变更的代价　客户只要想到一个新功能就会很兴奋。在兴奋时血液会涌向大脑，人会晕头晕脑，他会把所有你们开过的讨论需求的会议、签字仪式，以及已经完成的需求文档统统抛诸脑后。最简单的对付这种新功能中毒症患者的办法是说："咦，这听起来是一个很不错的主意。不过由于它

---

[6] 译注：见第 24 页对 Pontiac Aztek 的介绍。
[7] 译注：该协会现在仍坚持地是平的，还说地中央是欧洲，其他的洲散于四边，非洲则有一部分在地平线处翻了下去。
[8] 译注：美国文化中有一位名叫 Tooth Fairy 的仙女（牙齿仙女），专门收集小孩子换牙时掉落的牙齿。
[9] 译注：洛杉矶在美国西岸，纽约在东岸，芝加哥在中北部。

不是需求文档里的内容，我会整理一份修订过的进度表和成本估计表，这样你可以决定是现在实施，还是过一阵子再说。""进度"和"成本"这两个字眼比咖啡和洗冷水澡都要提神，许多"必须要有/must haves"很快会变成"有就最好/ nice to haves"。

假如你的组织对于"先做需求分析"的重要性并不敏感，那你就指出在需求阶段进行修改，要比之后进行修改的代价低得多。使用本章"关于构建之前要做前期准备的绝对有力且简明的论据"。

交叉参考 有关处理设计变更和代码变更的细节，请参见第 28.2 节"配置管理"。

建立一套变更控制程序 如果你的客户激情不减，那就要考虑建立一个正式的变更控制委员会，评审提交上来的更改方案。客户改变他们的想法，认识到他们需要更多的功能，这不是坏事。问题是他们提出更改方案太频繁了，让你跟不上进度。如果有一套固定的变更控制程序，那么大家都会很愉快——你知道自己只需在特定时候处理变更；而客户知道你打算处理他们的提议。

交叉参考 关于迭代式开发法的细节，见第 5.4 节"迭代"和第 29.3 节"增量集成的策略"。

使用能适应变更的开发方法 某些开发方法让你"对需求变更做出响应"的能力最大化。演进原型(evolutionary prototyping)法能让你在投入全部精力建造系统之前，先探索系统的需求。演进交付(evolutionary delivery)是一种分阶段交付系统的方法。你可以建造一小块、从用户获得一点反馈、调整一点设计、做少量改动，再多建造一小块。关键在于缩短开发周期，以便更快地响应用户的要求。

深入阅读 关于那些支持灵活的需求的开发方法的细节，见《Rapid Development》(McConnell,1996)。

放弃这个项目 如果需求特别糟糕，或者极不稳定，而上面的建议没有一条能奏效，那就取消这个项目。即使你无法真的取消这个项目，也设想一下取消它之后会是怎样的情况。在取消它之前想想它有可能会变得多糟糕。假如在某种情况下你可以放弃这个项目，那么至少也要问问自己，目前的情况和你所设想的那种情况有多大距离。

交叉参考 关于正式项目与非正式项目的区别（通常由项目规模不同所致），见第 27 章"程序规模对构建的影响"。

注意项目的商业案例 在提到实施这个项目的商业理由的时候，许多需求事项就会从你眼前消失。有些需求作为功能特色来看是不错的想法，但是当你评估"增加的商业价值"时就会觉得它是个糟透了的主意。那些记得"考虑自己的决定所带来的商业影响"的程序员的身价与黄金相当——不过我更乐意为此建议获得现金报酬。

Checklist: Requirements
核对表：需求

cc2e.com /0323

这张需求核对表包含了一系列的问题——问问自己项目的需求工作做得如何。本书并不会告诉你如何做出好的需求分析，所以列表里面也不会有这样的问题。在开始构建之前，用这份列表做一次"心智健全"检查，看看你的地基到底有多坚固——用"需求里氏震级"来衡量。

并不是核对表中所有的问题都适用于你的项目。如果你做的是一个非正式项目，那么你会发现有些东西根本就不需要考虑。你还会发现一些问题你需要考虑，但不需要做出正式的回答。如果你在做一个大型的、正式的项目，你也许就要逐条考虑了。

针对功能需求

- ❏ 是否详细定义了系统的全部输入，包括其来源、精度、取值范围、出现频率等？
- ❏ 是否详细定义了系统的全部输出，包括目的地、精度、取值范围、出现频率、格式等？
- ❏ 是否详细定义了所有输出格式（Web 页面、报表，等等）？
- ❏ 是否详细定义了所有硬件及软件的外部接口？
- ❏ 是否详细定义了全部外部通信接口，包括握手协议、纠错协议、通信协议等？
- ❏ 是否列出了用户想要做的全部事情？
- ❏ 是否详细定义了每个任务所用的数据，以及每个任务得到的数据？

针对非功能需求（质量需求）

- ❏ 是否为全部必要的操作，从用户的视角，详细描述了期望响应时间？
- ❏ 是否详细描述了其他与计时有关的考虑，例如处理时间、数据传输率、系统吞吐量？
- ❏ 是否详细定义了安全级别？
- ❏ 是否详细定义了可靠性，包括软件失灵的后果、发生故障时需要保护的至关重要的信息、错误检测与恢复的策略等？
- ❏ 是否详细定义了机器内存和剩余磁盘空间的最小值？
- ❏ 是否详细定义了系统的可维护性，包括适应特定功能的变更、操作环境的变更、与其他软件的接口的变更能力？
- ❏ 是否包含对"成功"的定义？"失败"的定义呢？

> **需求的质量**
> - ❑ 需求是用用户的语言书写的吗？用户也这么认为吗？
> - ❑ 每条需求都不与其他需求冲突吗？
> - ❑ 是否详细定义了相互竞争的特性之间的权衡——例如，健壮性与正确性之间的权衡？
> - ❑ 是否避免在需求中规定设计（方案）？
> - ❑ 需求是否在详细程度上保持相当一致的水平？有些需求应该更详细地描述吗？有些需求应该更粗略地描述吗？
> - ❑ 需求是否足够清晰，即使转交给一个独立的小组去构建，他们也能理解吗？开发者也这么想吗？
> - ❑ 每个条款都与待解决的问题及其解决方案相关吗？能从每个条款上溯到它在问题域中对应的根源吗？
> - ❑ 是否每条需求都是可测试的？是否可能进行独立的测试，以检验满不满足各项需求？
> - ❑ 是否详细描述了所有可能的对需求的改动，包括各项改动的可能性？
>
> **需求的完备性**
> - ❑ 对于在开始开发之前无法获得的信息，是否详细描述了信息不完全的区域？
> - ❑ 需求的完备度是否能达到这种程度：如果产品满足所有需求，那么它就是可接受的？
> - ❑ 你对全部需求都感到很舒服吗？你是否已经去掉了那些不可能实现的需求——那些只是为了安抚客户和老板的东西？

3.5 Architecture Prerequisite 架构的先决条件

交叉参考 关于在各个层次进行设计的细节，见第5至9章。

软件架构（software architecture）是软件设计的高层部分，是用于支撑更细节的设计的框架（Buschman et al. 1996; Fowler 2002; Bass Clements, Kazman 2003; Clements et al. 2003）。架构也称为"系统架构/system architecture"、"高层设计/high-level design"或"顶层设计/top-level design"。通常会用一份独立的文档描述架构，这份文档称为"架构规格书/architecture specification"或者"顶层设计"。有些人对"架构"和"高层设计"加以区分——架构指的是适用于整个系统范围的设计约束,而高层设计指的是适用于子系统层次或多个类的层次上的设计约束(但不是整个系统范围的设计)。

由于本书是关于软件构建的,因此本节不会告诉你如何开发一个软件的架构;它关注的是如何确定一个业已存在的架构的质量。因为架构比需求离构建活动又近了一步,所以对架构的讨论也会比对需求的讨论更详细一些。

KEY POINT

为什么要把架构作为前期准备呢?因为架构的质量决定了系统的"概念完整性"。后者继而决定了系统的最终质量。一个经过慎重考虑的架构为"从顶层到底层维护系统的概念完整性"提供了必备的结构和体系,它为程序员提供了指引——其细节程度与程序员的技能和手边的工作相配。它将工作分为几个部分,使多个开发者或者多个开发团队可以独立工作。

好的架构使得构建活动变得更容易。糟糕的架构则使构建活动几乎寸步难行。图 3-7 显示了糟糕的架构的另一个问题。

图 3-7 离开了良好的软件架构,你可能瞄准了正确的问题,但却使用了错误的解决方案。也许完全不可能有成功的构建

HARD DATA

在构建期间或者更晚的时候进行架构变更,代价也是高昂的。修复软件架构中的错误所需的时间与修复需求错误所需的时间处于同一数量级——即,多于修复编码错误所需的时间(Basili and Perricone 1984, Willis 1998)。架构变更如同需求变更一样,看起来一个很小的改动,影响也许是非常深远的。无论为了修正错误还是改进设计而引发架构变更,越早识别出变更越好。

Typical Architectural Components
架构的典型组成部分

> **交叉参考** 关于程序的低层设计的具体情况，见第5至9章。

很多组成部分是优秀的系统架构所共有的。如果你自己构建整个系统，那么在架构工作会与更详细的设计工作有重叠部分。在这种情况下，你至少应该思考架构的每个组成部分。如果你目前从事的系统的架构是别人做的，你应该能够不费力地找出其中重要的组成部分（无须戴上猎鹿帽、牵着猎犬、手拿放大镜）。在这两种情况中，你都需要考虑以下的架构组成部分。

Program Organization
程序组织

> 如果你不能向一个六岁小孩解释某件事，那么你自己就没有真正理解它。
> ——Albert Einstein
> （爱因斯坦）

系统架构首先要以概括的形式对有关系统做一个综述。如果没有这种综述，要想将成千的局部图片（或十多个单独的类）拼成一幅完整的图画是相当伤脑筋的。如果系统是小小的只有12块的智力拼图玩具，你那一岁的小孩也能在眨眼功夫解决它。不过把12个子系统拼到一起要困难一些，而且如果你不能将它们拼起来，那么就无法理解你正在开发的那个类对系统有何贡献。

在架构中，你应该能发现对那些曾经考虑过的最终组织结构的替代方案的记叙，找到之所以选用最终的组织结构，而不用其他替代方案的理由。如果对某个类在系统中的角色没有一个清晰的构思，那么编写这个类就是一件令人灰心丧气的工作。描述其他组织结构，才能说明架构最后选定的这种系统组织结构的缘由，并且表明各个类都是慎重考虑过的。有一份对设计实践的综述发现，"维护'设计的缘由'"至少与"维护设计本身"一样重要(Rombach 1990)。

> **交叉参考** 关于设计中不同大小的构造块，见第5.2节"设计的层次"。

架构应该定义程序的主要构造块（building blocks）。根据程序规模不同，各个构造块可能是单个类，也可能是由许多类组成的一个子系统。每个构造块无论是一个类还是一组协同工作的类和子程序，它们共同实现一种高层功能，诸如与用户交互、显示Web页面、解释命令、封装业务规则、访问数据，等等。每条列在需求中的功能特性(feature)都至少应该有一个构造块覆盖它。如果两个或多个构造块声称实现同一项功能，那么它们就应该相互配合而不会冲突。

> **交叉引用** 使"每个构造块知道其他构造块越少越好"是信息隐藏的关键成分。见第5.3节中的"隐藏秘密（信息隐藏）"。

应该明确定义各个构造块的责任。每个构造块应该负责某一个区域的事情，并且对其他构造块负责的区域知道得越少越好。通过使各个构造块对其他构造块的了解达到最小，你能将设计的信息局限于各个构造块之内。

应该明确定义每个构造块的通信规则。对于每个构造块，架构应该描述它能直接使用哪些构造块，能间接使用哪些构造块，不能使用哪些构造块。

Major Classes
主要的类

> **交叉引用** 关于类设计的细节，请参见第6章"可以工作的类"。

架构应该详细定义所用的主要的类。它应该指出每个主要的类的责任，以及该类如何与其他类交互。它应该包含对类的继承体系、状态转换、对象持久化等的描述。如果系统足够大，它应该描述如何将这些类组织成一个个子系统。

架构应该记述曾经考虑过的其他类设计方案，并给出选用当前的组织结构的理由。架构无须详细说明系统中的每一个类。瞄准 80/20 法则：对那些构成系统 80%的行为的 20%的类进行详细说明（Jacobsen, Booch, and Rumbaugh 1999; Kruchten 2000）。

Data Design
数据设计

> **交叉参考** 关于使用变量的细节，见第 10 至 13 章。

架构应该描述所用到的主要文件和数据表的设计。它应该描述曾经考虑过的其他方案，并说明做出选择的理由。如果应用程序要维护一个客户 ID 的列表，而架构师决定使用顺序访问的列表(sequential-access list)来表示该 ID 表，那么文档就应该解释为什么顺序访问的列表比随机访问的列表(random-access list)、堆栈、散列表要好。在构建期间，这些信息让你能洞察架构师的思想。在维护阶段，这种洞察力是无价之宝。离开它，你就像看一部没有字幕的外语片。

数据通常只应该由一个子系统或一个类直接访问；例外的情况就是透过访问器类（access class）或访问器子程序（access routine）——以受控且抽象的方式——来访问数据。详细的解释请看第 5.3 节中的"隐藏秘密（信息隐藏）"。

架构应该详细定义所用数据库的高层组织结构和内容。架构应该解释为什么单个数据库比多个数据库要好（反之亦然），解释为什么不用平坦的文件而要用数据库，指出与其他访问同一数据的程序的可能交互方式，说明会创建哪些数据视图(view)，等等。

Business Rules
业务规则

如果架构依赖于特定的业务规则，那么它就应该详细描述这些规则，并描述这些规则对系统设计的影响。例如，假定要求系统遵循这样一条业务规则：客户

User Interface Design
用户界面设计

用户界面常常在需求阶段进行详细说明。如果没有，就应该在软件架构中进行详细说明。架构应该详细定义 Web 页面格式、GUI、命令行接口（command line interface）等的主要元素。精心设计的用户界面架构决定了最终做出来的是"人见人爱的程序"还是"没人爱用的程序"。

架构应该模块化，以便在替换为新用户界面时不影响业务规则和程序的输出部分。例如，架构应该使我们很容易地做到：砍掉交互式界面的类，插入一组命令行的类。这种替换能力常常很有用，尤其因为命令行界面便于单元级别和子系统级别的软件测试。

cc2e.com /0393

用户界面设计值得用整本书的篇幅来讨论，不过这超出了本书的范围。

Resource Management
资源管理

架构应该描述一份管理稀缺资源的计划。稀缺资源包括数据库连接、线程、句柄（handle）等。在内存受限的应用领域，如驱动程序开发和嵌入式系统中，内存管理是架构应该认真对待的另一个重要领域。架构应该估算在正常情况和极端情况下的资源使用量。在简单的情况下，估算数据应该说明：预期的实现环境（运行环境）有能力提供所需的资源。在更复杂的情况中，也许会要求应用程序更主动地管理其拥有的资源。如果是这样，那么"资源管理器/resource manager"应该和系统的其他部分一样进行认真的架构设计。

Security
安全性

cc2e.com /0330

深入阅读 关于软件安全的精彩讨论，见《Writing Secure Code》第二版（Howard and LeBlanc 2003)，和《IEEE Software》2002年一月号。

架构应该描述实现设计层面和代码层面的安全性的方法。如果先前尚未建立威胁模型(threat model)，那么就应该在架构阶段建立威胁模型。在制定编码规范的时候应该把安全性牢记在心，包括处理缓冲区的方法、处理非受信(untrudted)数据（用户输入的数据、cookies、配置数据（文件）和其他外部接口输入的数据）的规则、加密、错误消息的细致程度、保护内存中的秘密数据，以及其他事项。

Performance
性能

> **深入阅读** 关于设计高性能系统的额外信息，见 Connie Smith 的《Performance Engineering of Software Systems》(1990)。

如果需要关注性能，就应该在需求中详细定义性能目标。性能目标可以包括资源的使用，这时，性能目标也应该详细定义资源（速度、内存、成本）之间的优先顺序。

架构应该提供估计的数据，并解释为什么架构师相信能达到性能目标。如果某些部分存在达不到性能目标的风险，那么架构也应该指出来。如果为了满足性能目标，需要在某些部分使用特定的算法或数据类型，架构也应该说清楚。架构中也可以包括各个类或各个对象的空间和时间预算。

Scalability
可伸缩性

可伸缩性是指系统增长以满足未来需求的能力。架构应该描述系统如何应对用户数量、服务器数量、网络节点数量、数据库记录数、数据库记录的长度、交易量等的增长。如果预计系统不会增长，而且可伸缩性不是问题，那么架构应该明确地列出这一假设。

Interoperability
互用性

如果预计这个系统会与其他软件或硬件共享数据或资源，架构应该描述如何完成这一任务。

Internationalization/Localization
国际化/本地化

"国际化"是一项"准备让程序支持多个 locales(地域/文化)"的技术活动。国际化常常称为"I18n"，因为国际化的英文单词"Internationalization"首尾两个字符"I"和"N"之间一共有 18 个字母。"本地化/Localization"（称为"L10n"，理由同上）活动是翻译一个程序，以支持当地特定的语言的工作。

对交互系统，国际化问题值得在架构中关注。大多数交互式系统包含几十上百条提示、状态显示、帮助信息、错误信息，等等。应该估算这些字符串所用的资源。如果这是一个在商业中使用的程序，架构应该表现出已经考虑过典型的字符串问题和字符集问题，包括所用的字符集(ASCII、DBCS、EBCDIC、MBCS、Unicode、ISO 8859 等)，所用的字符串类型(C 字符串、Visual Basic 字符串等)，如何无须更改代码就能维护这些字符串，如何将这些字符串翻译为另一种语言而又尽量不影响代码和用户界面。架构可以决定，在需要的时候，是在代码中直接嵌入字符串；还是将这些字符串封入某个类，并透过类的接口来使用它；或者将这些字符串存入资源文件。架构应该说明选用的是哪种方案，并解释其原因。

Input/Output
输入输出

输入输出(I/O)是架构中值得注意的另一个领域。架构应该详细定义读取策略(reading scheme)是先做(look-ahead)、后做(look-behind)还是即时做(just-in-time)。而且应该描述在哪一层检测 I/O 错误：在字段、记录、流，或者文件的层次。

Error Processing
错误处理

错误处理已被证实为现代计算机科学中最棘手的问题之一，你不能武断地处理它。有人估计程序中高达 90% 的代码是用来处理异常情况、进行错误处理、或做簿记(housekeeping)工作，意味着只有 10% 的代码是用来处理常规的情况(Shaw in Bentley 1982)。既然这么多代码致力于处理错误，那么在架构中就应该清楚地说明一种"一致地处理错误"的策略。

错误处理常被视为是"代码约定层次/coding-convention-level"的事情——如果真有人注意它的话。但是因为错误处理牵连到整个系统，因此最好在架构层次上对待它。下面是一些需要考虑的问题。

- 错误处理是进行纠正还是仅仅进行检测？如果是纠正，程序可以尝试从错误中恢复过来。如果仅仅是检测，那么程序可以像"没有发生任何事"一样继续运行，也可以退出。无论哪一种情况，都应该通知用户说检测到一个错误。

- 错误检测是主动的还是被动的？系统可以主动地预测错误——例如，通过检查用户输入的有效性——也可以在不能避免错误的时候，被动地响应错误——例如，当用户输入的组合产生了一个数值溢出错误时。前者可以扫清障碍，后者可以清除混乱。同样，无论采用哪种方案，都与用户界面有影响。

- 程序如何传播错误？程序一旦检测到错误，它可以立刻丢弃引发该错误的数据；也可以把这个错误当成一个错误，并进入错误处理状态；或者可以等到所有处理完成，再通知用户说在某个地方发现了错误。

- 错误消息的处理有什么约定？如果架构没有详细定义一个一致的处理策略，那用户界面看起来就像"令人困惑的乱七八糟的抽象拼贴画"，由程序的不同部分的各种界面拼接而成。要避免这种外观体验，架构应该建立一套有关错误消息的约定。

- 如何处理异常(exceptions)？架构应该规定代码何时能够抛出异常，在什么地方捕获异常，如何记录(log)这些异常，以及如何在文档中描述异常，等等。

> **交叉参考** "有害的参数(bad parameters)的一致处理方法"是错误处理策略的另一个方面，应该在架构中加以说明。见第 8 章 "防御式编程"举的例子。

- 在程序中，在什么层次上处理错误？你可以在发现错误的地方处理，可以将错误传递到专门处理错误的类进行处理，或者沿着函数调用链往上传递错误。
- 每个类在验证其输入数据的有效性方面需要负何种责任？是每个类负责验证自己的数据的有效性，还是有一组类负责验证整个系统的数据的有效性？某个层次上的类是否能假设它接收的数据是干净的(clean，即，没有错误)？
- 你是希望用运行环境中内建的错误处理机制，还是想建立自己的一套机制？事实上，运行环境所拥有的某种特定的错误处理方法，并不一定是符合你的需求的最佳方法。

Fault Tolerance
容错性

> **进一步阅读**《IEEE Software》2001 年 7 月号有一篇介绍容错性的优秀文章。这篇文章除了介绍写得好，还引用了许多有关这一主题的关键书籍和关键文章。

架构还应该详细定义所期望的容错种类。容错是增强系统可靠性的一组技术，包括检测错误；如果可能的话从错误中恢复；如果不能从错误中恢复，则包容其不利影响。

举个例子：为了计算某数的平方根，系统的容错策略有以下几种。

- 系统在检测到错误的时候退回去，再试一次。如果第一次的结果是错误的，那么系统可以退回到之前一切正常的时刻，然后从该点继续运行。
- 系统拥有一套辅助代码，以备在主代码出错的时候使用。在本例中，如果发现第一次的答案似乎有错，系统就切换到另一个计算平方根的子程序，以取而代之。
- 系统使用一种表决算法。它可以有三个计算平方根的类，每一个都使用不同的计算方法。每个类分别计算平方根，然后系统对结果进行比较。根据系统内建的容错机制的种类，系统可以以三个结果的均值、中值、或众数作为最终结果。
- 系统使用某个不会对系统其余部分产生危害的虚假值(phony value)代替这个错误的值。

其他容错方法包括，在遇到错误的时候，让系统转入某种"部分运转/partial operation"的状态，或者转入某种"功能退化/degraded functionality"的状态。系统可以自动关闭或重启。这些例子经过了必要的简化。容错是一个吸引人的复杂主题——可惜，它超出了本书的范围。

Architectural Feasibility
架构的可行性

设计师多半会关注系统的各种能力,例如是否达到性能目标,能够在有限的资源下运转,实现环境(运行环境)是否有足够的支持。架构应该论证系统的技术可行性。如果在任何一个方面不可行都会导致项目无法实施,那么架构应该说明"这些问题是如何经过研究的"——通过验证概念的原型(proof-of-concept prototype)、研究、或其他手段。必须在全面开展构建之前解决掉这些风险。

Overengineering
过度工程

健壮性(robustness)是指"系统在检测到错误后继续运行"的能力。通常架构详细描述的系统会比需求详细描述的系统更健壮。理由之一是,如果组成系统的各个部分都只能在最低限度上满足健壮性要求,那么系统整体上是达不到所要求的健壮程度的。在软件中,链条的强度不是取决于最薄弱的一环,而是等于所有薄弱环节的乘积。架构应该清楚地指出程序员应该"为了谨慎起见宁可进行过度工程(overengineering)",还是应该做出最简单的能工作的东西。

详细定义一种过度工程(裕度工程)的方法尤其重要,因为许多程序员会出于专业自豪感,对自己编写的类做过度工程。通过在架构中明确地设立期望目标,就能避免出现"某些类异常健壮,而其他类勉强够健壮"的现象。

Buy-vs.-Build Decisions
关于"买"还是"造"的决策

> **交叉参考** 第30.3节中的"**程序库**"列出了各种可以买到的软件组件和程序库。

最激进的构建软件的解决方案是根本不去构建它——购买软件,或者免费下载开源的软件。你能买到 GUI 控件、数据库管理器、图像处理程序、图形与图标组件、Internet 通信组件、安全与加密组件、电子表格工具、文本处理工具……这个列表几乎无穷无尽。在现代的 GUI 环境中编程的最大好处之一是,大量功能都能自动实现:图形类(graphics class)、对话框管理器、键盘与鼠标的事件处理函数、能自动与任何打印机或显示器打交道的代码等等。

如果架构不采用现货供应的组件,那么就应该说明"自己定制的组件应该在哪些方面胜过现成的程序库和组件"。

Reuse Decisions
关于复用的决策

如果开发计划提倡使用业已存在的软件、测试用例、数据格式或其他原料，架构应该说明：如何对复用的软件进行加工，使之符合其他架构目标——如果需要使之符合的话。

Change Strategy
变更策略

> **交叉参考** 关于有系统地处理变更的具体办法，见第 28.2 节 "配置管理"。

因为对于程序员和用户来说，构建软件产品都是一个学习过程，所以在开发过程中产品很可能会发生变化。这些变更来自不稳定的数据类型和文件格式、功能需求的变更、新的功能特性，等等。这些变更可能是计划增加的新功能，也可能是没有添加到系统的第一个版本中的功能。因此，软件架构师面临的一个主要挑战是，让架构足够灵活，能够适应可能出现的变化。

> 设计中的 bug 常常不易发现；随着演化的进行，系统不断增加新的功能特性和用途，早期的设计假设渐渐被忘记，这时设计中的 bug 就会现身。
> —Fernando J. Corbató

架构应当清楚地描述处理变更的策略。架构应该列出已经考虑过的有可能会有所增强的功能，并说明"最有可能增强的功能同样也是最容易实现的"。如果变更很可能出现在输入输出格式、用户交互的风格、需求的处理等方面，那么架构就应该说明：这些变更已经被预料到了，并且任何单一的变更都只会影响少数几个类。架构应对变更的计划可以很简单，比如在数据文件中放入版本号、保留一些供将来使用的字段、或者将文件设计成能够添加新的表格。如果使用了代码生成器，那么架构应该说明，可预见的变更都不会超出该代码生成器的能力范围。

> **交叉引用** 关于延迟提交的完整描述，见第 5.3 节中的"有意识地选择绑定时间"。

架构应该指出"延迟提交/delay commitment"所用的策略[10]。比如说，架构也许规定使用表驱动(table-driven)技术（而不使用硬编码的 if 语句）。它也许还规定"表"中的数据是保存在外部文件中，而非直接写在程序代码中，这样就能做到在不重新编译的情况下修改程序。

General Architectural Quality
架构的总体质量

> **交叉引用** 关于"质量特性相互影响"的更多信息，见第 20.1 节"软件质量的特性"。

优秀的架构规格书的特点在于，讨论了系统中的类、讨论了每个类背后的隐藏信息、讨论了"采纳或排斥所有可能的设计替代方案"的根本理由。

架构应该是带有少许特别附加物的精炼且完整的概念体系。曾经最流行的软件工程书籍《人月神话》的中心论题，说的就是大型系统的本质问题是维持其"概念完整性"（Brooks 1995）。好的架构设计应该与待解决的问题和谐一致。在查看架构的时候，你应该很愉快，因为它给出的解决方案看上去既自然又容易。而不应该看起来像是用胶带把架构和待解决的问题硬捆到一起。

---

[10] 译注：延迟提交是指推迟某些因素的确定时间，做晚绑定，以增强灵活性。

你也许知道在架构的开发过程中的多种变更方式。每一项变更都应该干净地融入整体概念。架构不应该看起来像是美国国会的政府年度预算案一样，由各议员为自家选民所争取的地方建设经费拼凑而成。

架构的目标应该清楚地表述。以系统的可更改性(modifiability)为首要目标的设计，与以性能方面决不妥协为首要目标的设计肯定是不同的——即便两个系统的功能一样。

架构应该描述所有主要决策的动机。谨防"我们向来这么做"这种自认为有理的说法。有一个这样的故事，Beth 想按照她丈夫家祖传的广受好评的炖肉菜谱来做一锅炖肉。她丈夫 Adbul 说，他母亲是这样教他的：先撒上盐和胡椒，然后去头去尾，最后放到平底锅里盖上盖子炖。Beth 就问了："为什么要去头去尾呢？" Abdul 回答说："我不知道，我向来这么做。这得问一下我母亲。"他打电话给母亲，母亲说："我不知道，我向来这么做。这得问一下你祖母。"他母亲打电话问祖母，祖母回答说："我不知道你为什么要去头去尾。我这么做是因为我的锅太小了装不下。"

优秀的软件架构很大程度上是与机器和编程语言无关的。不可否认的是，你不能忽视构建的环境。无论如何，要尽可能地独立于环境，这样你就能抵抗对系统进行过度架构(overarchitect)的诱惑，也避免提前去做那些放到构建设计期间能做得更好的工作。如果程序的用途就是去试验某种特定的机器或者语言，那么这一条指导原则就不适用了。

架构应该踏在对系统"欠描述/underspecifying"和"过度描述/overspecifying"之间的那条分界线上。没有哪一部分架构应该得到比实际需要更多的关注，也不应该过度设计(overdesigned)。设计者不应该将注意力放在某个部件上，而损害其他部件。架构应该处理所有的需求，同时又不去镀金（不包含不需要的元素）。

架构应该明确地指出有风险的区域。它应该解释为什么这些区域是有风险的，并说明已经采取了哪些步骤以使风险最小化。

架构应该包含多个视角（视图）。房屋的设计图包括正视图、平面图、结构图、电路布线图及其他视图。软件架构的描述也能从"提供系统的不同视图"中受益，包括暴露隐藏的错误和不一致的情况，以及帮助程序员完整地理解系统的设计(Kruchten 1995)。

最后，你不应该担忧架构的任何部分。架构不应该包含任何仅仅为了取悦老板的东西。它不应该包含任何对你而言很难理解的东西。你就是那个实现架构的人；如果你自己都弄不懂，那怎么实现它？

Checklist: Architecture
核对表：架构

cc2e.com/0337

以下是一份问题列表，优秀的架构应该关注这些问题。这张核对表的意图并非用做一份有关如何做架构的完全指南，而是作为一种实用的评估手段，用来评估软件食物链到了程序员这一头还有多少营养成分。这张核对表可用做你自己的核对表的出发点。就像"需求"的核对表一样，如果你从事的是非正式项目，那么你会发现其中某些条款甚至都不用去想。如果你从事的是更大型的项目，那么大多数条款都会是很有用的。

针对各架构主题

- ❏ 程序的整体组织结构是否清晰？是否包含一个良好的架构全局观（及其理由）？
- ❏ 是否明确定义了主要的构造块（包括每个构造块的职责范围及与其他构造块的接口）？
- ❏ 是否明显涵盖了"需求"中列出的所有功能（每个功能对应的构造块不太多也不太少）？
- ❏ 是否描述并论证了那些最关键的类？
- ❏ 是否描述并论证了数据设计？
- ❏ 是否详细定义了数据库的组织结构和内容？
- ❏ 是否指出了所用关键的业务规则，并描述其对系统的影响？
- ❏ 是否描述了用户界面设计的策略？
- ❏ 是否将用户界面模块化，使界面的变更不会影响程序其余部分？
- ❏ 是否描述并论证了处理 I/O 的策略？
- ❏ 是否估算了稀缺资源（如线程、数据库连接、句柄、网络带宽等）的使用量，是否描述并论证了资源管理的策略？
- ❏ 是否描述了架构的安全需求？
- ❏ 架构是否为每个类、每个子系统、或每个功能域(functionality area)提出空间与时间预算？
- ❏ 架构是否描述了如何达到可伸缩性？
- ❏ 架构是否关注互操作性？
- ❏ 是否描述了国际化/本地化的策略？
- ❏ 是否提供了一套内聚的错误处理策略？
- ❏ 是否规定了容错的办法（如果需要）？

- ❏ 是否证实了系统各个部分的技术可行性？
- ❏ 是否详细描述了过度工程(overengineering)的方法？
- ❏ 是否包含了必要的"买 vs. 造"的决策？
- ❏ 架构是否描述了如何加工被复用的代码，使之符合其他架构目标？
- ❏ 是否将架构设计得能够适应很可能出现的变更？

架构的总体质量

- ❏ 架构是否解决了全部需求？
- ❏ 有没有哪个部分是"过度架构/overarchitected"或"欠架构/underarchitected"？是否明确宣布了在这方面的预期指标？
- ❏ 整个架构是否在概念上协调一致？
- ❏ 顶层设计是否独立于用作实现它的机器和语言？
- ❏ 是否说明了所有主要的决策的动机？
- ❏ 你，作为一名实现该系统的程序员，是否对这个架构感觉良好？

3.6 Amount of Time to Spend on Upstream Prerequisites
花费在前期准备上的时间长度

> **交叉参考** 花在前期准备上的时间取决于项目的规模。关于"让前期准备适合你的特定项目"的具体办法，参见本章前面第 3.2 节"**辨明你所从事的软件的类型**"。

花费在问题定义、需求分析、软件架构上的时间，依据项目的需要而变化。一般说来，一个运作良好的项目会在需求、架构以及其他前期计划方面投入 10%~20%的工作量和 20%~30%的时间（McConnell 1998, Kruchten 2000）。这些数字不包括详细设计的时间——那是构建活动的一部分。

如果需求不稳定，同时你从事的是一个大型的正式项目，那你就很可能需要与需求分析师合作，以解决构建活动早期指出的需求问题。你要为"与需求分析师协商"预留一些时间，还应预留时间给需求分析师修订需求，这样你才能得到一份可行的需求。

如果需求不稳定，同时你从事的是一个小型的非正式项目，那你很可能需要自己解决需求方面的问题。要预留足够的时间，将需求定义足够清晰，让需求的不稳定性对构建活动的负面影响降至最低。

代码大全（第2版）

> **交叉参考** 关于处理需求变更的方法，见本章前面第3.4节中的"在构建期间处理需求变更"。

如果需求在任何项目上都不稳定——无论正式项目或非正式项目——那就将需求分析工作视为独立的项目来做。在完成需求之后，估计项目余下的部分要花多少时间。这是明智的办法，因为在弄清楚要做的是什么之前，没人相信你能估算出合理的进度表。这就好比你是一名承包商，有人请你建一栋房子。客户问你："完成这项工作要花多少钱？"你会合理地询问："你想要我做什么？"客户说："我不能告诉你，不过我想知道需要花费多少钱？"你该明智地感谢他浪费了你的时间，然后转身回家。

对于建筑物而言，如果客户在告诉你要造什么样的建筑之前要求你给出报价，这很明显是毫无道理的。而你的客户也不会希望在建筑师完成蓝图之前，你就摆出木料、榔头和钉子开始忙活，并开始花费他们的金钱。然而，人们对于软件开发的理解，往往不如对于建筑用的木条或石膏板的理解；因此你的客户可能无法立刻理解，为什么你打算将需求分析立为单独的项目。你可能需要向他们解释你的理由。

在为软件架构分配时间的时候，要使用与需求分析类似的方法。如果软件是你以前没有做过的类型，应当为"在新的领域中做设计"的不确定性预留更多时间。你要确保创建良好架构所需要的时间，不会被"为做好其他方面工作所需要的时间"所挤占。如果有必要，将架构工作也作为独立的项目来对待。

Additional Resources
更多资源

> cc2e.com/0344

以下是关于"需求"方面的更多资源。

Requirements
需求

> cc2e.com/0351

以下是几本深入讨论需求分析的书籍。

Wiegers, Karl. 《*Software Requirements*》, 2d ed. Redmond, WA: Microsoft Press, 2003. 这是一本实用的、面向从业者的书籍，它描述了"需求"活动的具体细节，包括需求启发(requirements elicitation)、需求分析(requirements analysis)、需求规格(requirements specification)、需求验证(requirements validation)、需求管理(requirements management)等 [11]。

Robertson, Suzanne and James Robertson. 《*Mastering the Requirements Process*》. Reading, MA: Addison-Wesley, 1999. 这是一本面向更高阶的"需求"从业人员的书，是 Wiegers 书的很好替代品 [12]。

Gilb, Tom. 《*Competitive Engineering*》. Reading, MA: Addison-Wesley, 2004. 这本书描述了 Gilb 的"需求"语言，称为"Planguage"。这本书涵盖了 Gilb 做下面这些事的特有方法：需求工程(requirements engineering)、设计和设计演化、渐进式项目管理(evolutionary project management)。这本书可以从 Gilb 的网站下载（www.gilb.com）。

> cc2e.com/0358

---

[11] 译注：中译本《软件需求（第2版）》，清华大学出版社。
[12] 译注：中译本《掌握需求过程》，人民邮电出版社。

IEEE Std 830—1998.《*IEEE Recommended Practice for Software Requirements Specifications*》. Los Alamitos, CA: IEEE Computer Society Press. 这份文档是编写软件需求规格书的 IEEE-ANSI 指南。它描述了需求规格书应该包含哪些东西。

Abran, Alain, et al.《*Swebok: Guide to the Software Engineering Body of Knowledge*》. Los Alamitos, CA: IEEE Computer Society Press, 2001. 这本书详细描述了软件需求的主要知识。它也可以从 www.swebok.org 下载。

cc2e.com/0365

其他不错的可供选择的还有如下书籍。

Lauesen, Soren.《*Software Requirements: Styles and Techniques*》. Boston, MA: Addison-Wesley, 2002.[13]

Kovitz, Benjamin L.《*Practical Software Requirements: A Manual of Content and Style*》. Manning Publications Company, 1998.[14]

Cockburn, Alistair.《*Writing Effective Use Cases*》. Boston, MA: Addison-Wesley, 2000.[15]

Software Architecture
软件架构

cc2e.com/0372

过去几年里出版了很多关于软件架构的书。以下是其中最好的几本。

Bass, Len, Paul Clements, and Rick Kazman.《*Software Architecture in Practice*》, 2d ed. Boston, MA: Addison-Wesley, 2003.[16]

Buschman, Frank, et al.《*Pattern-Oriented Software Architecture, Volume 1: A System of Patterns*》. New York, NY: John Wiley & Sons, 1996.[17]

Clements, Paul, ed.《*Documenting Software Architectures: Views and Beyond*》. Boston, MA: Addison-Wesley, 2003.[18]

Clements, Paul, Rick Kazman, and Mark Klein.《*Evaluating Software Architectures: Methods and Case Studies*》. Boston, MA: Addison-Wesley, 2002.[19]

Fowler, Martin.《*Patterns of Enterprise Application Architecture*》. Boston, MA: Addison-Wesley, 2002.[20]

Jacobson, Ivar, Grady Booch, and James Rumbaugh.《*The Unified Software Development Process*》. Reading, MA: Addison-Wesley, 1999.[21]

IEEE Std 1471—2000.《*Recommended Practice for Architectural Description of Software-Intensive Systems*》. Los Alamitos, CA: IEEE Computer Society Press. 这份文档是编写软件需求规格书的 IEEE-ANSI 指南。

---

[13] 译注：中译本《软件需求》，电子工业出版社。
[14] 译注：中译本《实用软件需求》，机械工业出版社
[15] 译注：影印版《编写有效用例（英文版）》，中译本《编写有效用例》，机械工业出版社。
[16] 译注：影印版《软件构架实践（影印版 第2版）》，中译本《软件构架实践》，清华大学出版社。
[17] 译注：中译本《面向模式的软件体系结构 卷1：模式系统》，机械工业出版社。
[18] 译注：影印版《软件构架编档（影印版）》，中译本《软件构架编档》，清华大学出版社。
[19] 译注：影印版《软件构架评估（英文影印版）》，中译本《软件构架评估》，清华大学出版社。
[20] 译注：影印版《企业应用架构模式（影印版）》，中国电力出版社；中译本《企业应用架构模式》，机械工业出版社。
[21] 译注：影印版《统一软件开发过程（英文影印版）》，清华大学出版社；中译本《统一软件开发过程》，机械工业出版社。

General Software-Development Approaches
常规的软件开发方法

cc2e.com/0379

有很多书制订了各种不同的指导软件项目开发的方法。有一些偏重序列式开发，另一些则更偏重迭代式开发。

McConnell, Steve. 《*Software Project Survival Guide*》. Redmond, WA: Microsoft Press, 1998. 这本书展示了一种指导项目开发的特定方法。该方法强调深思熟虑的预先计划、需求开发、架构设计工作，然后仔细地完成项目。该方法达到"对成本和开发进度进行长期预测"、高质量，以及适度的灵活性。

Kruchten, Philippe. 《*The Rational Unified Process: An Introduction*》, 2d ed. Reading, MA: Addison-Wesley, 2000. 这本书展示了一种"以架构为中心，以用例驱动"的项目开发方法。与《*Software Project Survival Guide*》类似，它注重前期工作——提供对成本和进度的长期可预见性、高质量，以及适度的灵活性。这本书描述的方法，与《*Software Project Survival Guide*》和《*Extreme Programming Explained: Embrace Change*》中描述的方法相比，需要更多的专门操作技能。[22]

Jacobson, Ivar, Grady Booch, and James Rumbaugh. 《*The Unified Software Development Process*》. Reading, MA: Addison-Wesley, 1999. 这本书更加深入地探讨了《*Rational Unified Process: An Introduction*》(2d ed)一书所覆盖的主题。[23]

Beck, Kent. 《*Extreme Programming Explained: Embrace Change*》. Reading, MA: Addison-Wesley, 2000. Beck 描述了一种高度迭代的开发法，注重迭代地开发需求和设计，同时结合构建。极限编程法几乎不提供长期的可预见性，但它提供了高度的灵活性。[24]

Gilb, Tom. 《*Principles of Software Engineering Management*》. Wokingham, England: Addison-Wesley, 1988. Gilb 的方法讲究在项目早期探究关键的计划、需求、架构问题，然后随着项目进展，持续地改变项目计划，使之不断地适应新的情况。该方法融合了长期可预见性、高质量和高度灵活性。与《*Software Project Survival Guide*》和《*Extreme Programming Explained: Embrace Change*》中描述的方法相比，该方法需要更多的专门操作技能。

McConnell, Steve. 《*Rapid Development*》. Redmond, WA: Microsoft Press, 1996. 这本书展示了一种进行项目计划的工具箱式(toolbox)方法。一个有经验的项目计划人员能够使用书中展现的工具，来创作一份高度适应特定项目的独特需求的项目计划。[25]

Boehm, Barry and Richard Turner. 《*Balancing Agility and Discipline: A Guide for the Perplexed*》. Boston, MA: Addison-Wesley, 2003. 这本书探索了敏捷开发和计划

---

[22] 译注：影印版《Rational 统一过程引论（第二版 影印版）》，中国电力出版社；中译本《RUP 导论（原书第 3 版）》、《Rational 统一过程引论（原书第 2 版）》，机械工业出版社。

[23] 译注：影印版《统一软件开发过程（英文影印版）》，清华大学出版社；中译本《统一软件开发过程》，机械工业出版社。

[24] 译注：影印版《解析极限编程：拥抱变化（影印版）》，中国电力出版社；中译本《解析极限编程——拥抱变化》，人民邮电出版社。

[25] 译注：影印版《快速软件开发（英文版）》，机械工业出版社；中译本《快速软件开发——有效控制与完成进度计划》，电子工业出版社。

驱动(plan-driven)的开发在风格上的对比。第 3 章有 4 个特别有启发性的小节："A Typical Day using PSP/TSP"、"A Typical Day using Extreme Programming"、"A Crisis Day using PSP/TSP"、"A Crisis Day using Extreme Programming"。第 5 章讲述利用风险来平衡敏捷程度(agility)，为"选择敏捷方法还是计划驱动的方法"提供了一针见血的指导。第 6 章"Conclusions"也相当平衡，并具备深邃的洞察力。附录 E 是敏捷实践的经验数据的一座金矿"。[26]

Larman, Craig. 《*Agile and Iterative Development: A Manager's Guide*》. Boston, MA: Addison Wesley, 2004. 这本书介绍了多种灵活的、渐进的开发风格。它评述了 Scrum、Extreme Programming、Unified Process、Evo 等开发方法。[27]

cc2e.com/0386

Checklist: Upstream Prerequisites
核对表：前期准备

- ❏ 你是否辨明了自己所从事的软件的类型，并对所用的开发方法做出相应的剪裁？
- ❏ 是否充分明确地定义了需求？而且需求足够稳定，能开始构建了？（详见需求核对表。）
- ❏ 是否充分明确地定义了架构，以便开始构建？（详见架构核对表。）
- ❏ 是否已经指出你的（当前）项目中独有的风险（以避免构建活动面临不必要的风险）？

Key Points
要点

- 构建活动的准备工作的根本目标在于降低风险。要确认你的准备活动是在降低风险，而非增加风险。
- 如果你想开发高质量的软件，软件开发过程必须由始至终关注质量。在项项目初期关注质量，对产品质量的正面影响比在项目末期关注质量的影响要大。
- 程序员的一部分工作是教育老板和合作者，告诉他们软件开发过程，包括在开始编程之前进行充分准备的重要性。
- 你所从事的软件项目的类型对构建活动的前期准备有重大影响——许多项目应该是高度迭代式的，某些应该是序列式的。
- 如果没有明确的问题定义，那么你可能会在构建期间解决错误的问题。

---

[26] 译注：影印版《平衡敏捷和纪律》，中国电力出版社；中译本《平衡敏捷与规范》，清华大学出版社
[27] 译注：中译本《敏捷迭代开发：管理者指南》，中国电力出版社。

- 如果没有做完良好的需求分析工作，你可能没能察觉待解决的问题的重要细节。如果需求变更发生在构建之后的阶段，其代价是"在项目早期更改需求"的 20 至 100 倍。因此在开始编程之前，你要确认"需求"已经到位了。

- 如果没有做完良好的架构设计，你可能会在构建期间用错误的方法解决正确的问题。架构变更的代价随着"为错误的架构编写的代码数量"增加而增加，因此，也要确认"架构"已经到位了。

- 理解项目的前期准备所采用的方法，并相应地选择构建方法。

Key Construction Decisions

第 4 章
关键的"构建"决策

cc2e.com/0489 内容

- 4.1 选择编程语言：第 61 页
- 4.2 编程约定：第 66 页
- 4.3 你在技术浪潮中的位置：第 66 页
- 4.4 选择主要的构建实践方法：第 69 页

相关章节

- 前期准备：第 3 章
- 辨明你所从事的软件的类型：第 3.2 节
- 程序规模对构建的影响：第 27 章
- 管理构建：第 28 章
- 软件设计：第 5 章、第 6 章至第 9 章

一旦你能确定"构建"的基础已经打好，那么准备工作就转变为针对特定"构建"的决策了。第 3 章"三思而后行：前期准备"讨论了设计蓝图和建筑许可证在软件业里的等价物。你可能对那些准备工作没有多少发言权，所以第 3 章关注的焦点是确定"当构建开始后你需要做什么"。本章关注的焦点是程序员和技术带头人个人必须（直接或间接）负责的准备工作。在向工地进发之前，如何选择适用的工具别在你的腰带上，你的手推车里该装哪些东西？本章讨论的就是这些事务在软件中的等价物。

如果你觉得在"有关'构建'的准备工作"方面已经读得很多了，那么就可以跳到第 5 章"软件构建中的设计"。

4.1 Choice of Programming Language
选择编程语言

一套好的符号系统能把大脑从所有非必要的工作中解脱出来，集中精力去对付更高级的问题，从功效上看，能够有效地提高人类的智力。在引入阿拉伯数字之前计算乘法是困难的，除法（即便只是整数除法）更需要发挥全

部的数学才能。在当代社会中，最让一位希腊数学家感到吃惊的或许是下面的事实：绝大部分西欧人都能完成大整数的除法。在他看来这几乎是完全不可能的……我们现在具有轻易进行小数计算的能力，这完全是逐步发现了完美的表示法的令人惊叹的结果。

——怀德海[1]

用来实现系统的编程语言与你的切身利益密切相关，因为从"构建"的开始到结束你都要"沉浸"在这种语言中。

研究表明，编程语言的选择从多个方面影响生产率和代码质量。

程序员使用熟悉的语言时，生产率比使用不熟悉的语言时要高。Cocomo 估计模型的数据表明，当程序员用"使用了三年以上的语言"编写代码时，生产率比"同等经验但使用新语言的程序员"高 30%（Boehm et al. 2000）。更早在 IBM 进行的一项研究发现，对编程语言有相当丰富经验的程序员的生产率比几乎没有经验的程序员高 3 倍（Walston and Felix 1977）。（Cocomo II 更加仔细地分离了各个作用因素的独立效果，这就解释了这两项研究结果的不同。）

使用高级语言的程序员能比使用较低级的语言的程序员达到更好的生产率和质量。人们相信，高级语言（high-level language）如 C++、Java、Smalltalk、Visual Basic 等比低级语言（low-level language，如汇编和 C 语言）在生产率、可靠性、简洁性、易理解性等方面高 5 至 15 倍（Brooks 1987, Jones 1998, Boehm 2000）。你没必要每当"一条 C 语句实现了它应有的功能"就举行颁奖典礼，因此能节约不少时间。另外，高级语言比低级语言的表达力更强。每行代码能表达更多的含义。表 4-1 列出了几种高级语言的每一行源代码与等效的 C 语言代码行数之比（的典型值）。更高比率表示该语言的一行代码比一行 C 语言代码能完成更多的工作。

表4-1　高级语言的语句与等效的C代码语句行数之比

语言	相对于C语言的等级
C	1
C++	2.5
Fortran 95	2
Java	2.5
Perl	6
Python	6
Smalltalk	6
Microsoft Visual Basic	4.5

来源：改编自《Estimating Software Costs》（Jones 1998）、《Software Cost Estimation with Cocomo II》（Boehm 2000）、"An Empirical Comparison of Seven Programming Languages（对7种编程语言的实验比较）"（Prechelt 2000）。

---

[1] 译注：A. Whitehead(1861—1947)，英国数学家、哲学家，与罗素合著有《数学原理》一书。

某些语言更能表达编程中的各种概念。你可以将自然语言（如英语）和编程语言（如 Java 和 C++）做一个类比。对于自然语言，语言学家 Sapir 和 Whorf 对"语言的表达能力"和"思考的能力"之间的关系提出了一个假说。Sapir-Whorf 假说是，你思考的能力取决于你是否知道能够表达该思想的词汇。如果你不知道这些词汇，就无法表达出这种思想，甚至可能不能形成这种思想(Whorf 1956)。

程序员同样受到所用编程语言的影响。在一种编程语言中可用来表达编程思想的词汇，毫无疑问地决定了你将如何表达你的思想，甚至可能决定了你能表达什么样的思想。

编程语言影响程序员的思维的证据随处可见。典型的故事类似下面的样子："我们用 C++编写一个新系统，但是大多数程序员没有太多 C++经验。他们具有 Fortran 语言背景。他们编写出能用 C++编译的代码，但实际上编写的是伪装成 C++ 的 Fortran 代码。他们扭曲 C++来模拟 Fortran 的不良特性（例如 goto 语句和全局数据）并且忽略了 C++丰富的面向对象能力。"这种现象多年来在整个行业当中随处可见(Hanson 1984, Yourdon 1986a)。

Language Descriptions
语言描述

某些语言的发展历史（和它的总体能力）很有意思。以下描述了现今最常见的若干种语言。

Ada
Ada

Ada 是一种通用的高级编程语言，基于 Pascal。它的开发受到美国国防部的资助，尤其适合实时及嵌入式系统。Ada 强调数据抽象与信息隐藏，强制要求程序员区分每个类（class）和包（package）的公用（public）部分和私用（private）部分。选择"Ada"作为语言的名称，是为了纪念 Ada Lovelace——一位数学家，大家将她尊为世界上首位程序员。[2] 目前 Ada 主要用在军事、航天及航空电子系统中。

Assembly Language
汇编语言

汇编语言——又称"汇编"——是一类低级语言，它的每条语句对应一条机器指令。因为其语句对应于特定机器的指令，所以一种汇编语言是针对一种特定处理器的——例如，针对 Intel CPU 或者针对 Motorola CPU。汇编被认为是第二代语言。大多数程序员避免使用汇编，除非为了冲破"执行速度"或"代码大小"的限制。

---

[2] 译注：Ada 是英国诗人拜伦之女。

C

C

C 是一种通用（general purpose）的中级语言（mid-level language），它最初与 UNIX 操作系统紧密关联。C 具有某些高级语言的特征，例如结构化的数据、结构化的控制流程、机器无关性以及一套丰富的运算符。它也被称为"可移植的汇编语言（protable assembly language）"，因为其中大量使用指针和地址，具有某些低级的构件（如位操作），而且是弱类型的（weakly typed）。

C 语言是 20 世纪 70 年代在 Bell Labs 开发的。其最初设计为在 DEC PDP-11 小型机上使用，这种机器的操作系统、C 编译器和 UNIX 应用程序全都用 C 编写。1988 年，C 语言的 ANSI 标准发布，该标准 1999 年又做了修订。在 20 世纪 80 年代和 90 年代，C 语言是微型计算机和工作站程序设计的事实标准。

C++

C++

C++ 是一种面向对象（object-oriented）的语言，基于 C 语言，它是 20 世纪 80 年代在 Bell Laboratories 开发的。除了与 C 兼容之外，C++ 还提供了类、多态、异常处理、模板，而且提供比 C 语言更健壮的类型检查功能。它还提供了一套内容广泛而强大的标准库。

C#

C#

C# 是一种通用的面向对象语言和编程环境，由 Microsoft 开发，语法类似 C、C++ 和 Java，它提供了大量的工具，帮助在 Microsoft 平台上进行开发。

Cobol

Cobol

Cobol 是一种像英语的编程语言，原本是为了美国国防部的使用在 1959－1961 年间开发的。Cobol 主要适于商业应用，而且今天仍然是用得最广泛的语言之一，其流行程度仅次于 Visual Basic（Feiman and Driver 2002）。这些年来 Cobol 一直在更新，已经包含了数学函数和面向对象的能力。"Cobol"是"COmmon Business-Oriented Language"（面向商业的通用语言）的首字母缩写。

Fortran

Fortran

Fortran 是第一个高级计算机语言，引入了"变量"和"高级循环"的概念。"Fortran"代表"FORmula TRANslation"（公式翻译），最早开发于 20 世纪 50 年代，而且有若干重要的修订版，包括 1977 年的 Fortran 77，加入了块结构的 if-then-else 语句和字符及字符串处理功能。Fortran 90 加入了用户定义的数据类型、指针、类，以及一套丰富的数组运算。Fortran 主要用在科学和工程应用中。

4.1 选择编程语言

Java

Java 是一种面向对象的语言，语法类似 C 和 C++，由 Sun Microsystems, Inc.开发。Java 设计为能在任何平台上运行，办法是将 Java 源代码转变为字节码（byte code），然后让后者在各个平台上的虚拟机环境中运行。Java 广泛用于 Web 应用的编程。

JavaScript

JavaScript 是一种解释执行的脚本语言，最初与 Java 略有关系。它主要用于做客户端编程，例如为 Web 页面增加简单的功能及在线应用程序。

Perl

Perl 是一种处理字符串的语言，基于 C 和若干 UNIX 工具程序。Perl 常用于系统管理任务，诸如创建生成脚本（build scripts），也用于生成及处理报表。它也可用来创建 Web 应用程序，例如 Slashdot。"Perl" 是 "Practical Extraction and Report Language（实用摘要及报告语言）" 的首字母缩写。

PHP

PHP 是一种开源的脚本语言，具有与 Perl、Bourne Shell、JavaScript、C 类似的语法。PHP 能在所有主要的操作系统上运行，用来执行服务器端的交互功能。它也能嵌入 Web 页面中，用来访问及呈现数据库信息。"PHP" 原来代表 "Personal Home Page（个人主页）"，现在代表 "PHP: Hypertext Processor（PHP: 超文本处理器）"。

Python

Python 是一种解释性的、交互式的面向对象语言，能在多种环境中运行。它最常见的用处是编写脚本和小型 Web 应用程序，也支持创建更大型的程序。

SQL

SQL 语言是查询、更新、管理关系数据库的事实标准。"SQL" 代表 "Structured Query Language（结构化查询语言）"。与本节列出的其他语言不同，SQL 是 "声明式" 语言，意思是说，它不是定义一系列操作，而是定义某些操作的结果。

Visual Basic

最初的 Basic 是 20 世纪 60 年代在 Dartmouth 学院开发的一种高级语言。BASIC 是 "Beginner's All-purpose Symbolic Instruction Code（初学者通用符号指令码）"

的首字母缩写。Visual Basic 是一种高级的面向对象的可视化 Basic 语言，由 Microsoft 开发，最初设计是为了创建 Microsoft Windows 应用程序，它经过扩展，可以定制桌面应用程序（如 Microsoft Office）、创建 Web 程序，以及其他应用。专家们报告说，在 21 世纪初期，使用 Visual Basic 的专业开发人员比用其他任何语言的都多(Feiman and Driver 2002)。

4.2 Programming Conventions 编程约定

交叉引用 关于"约定的威力"的更多细节，见第 11.3 节至 11.5 节。

在高质量软件中，你可以看到"架构的概念完整性"与"其底层实现"之间的关系。"实现"必须与（指导该实现的）"架构"保持一致，并且这种一致性是内在的、固有的。这正是变量名称、类的名称、子程序名称、格式约定、注释约定等这些针对"构建活动"的指导方针的关键所在。

在一个复杂的程序中，架构上的指导方针使得程序的结构平衡，针对"构建活动"的指导方针则提供了底层的协调，将每个类（class）都衔接到一种完整的设计（comprehensive design）中，成为其可靠的部件。任何大型的程序都需要一个控制结构，该结构可以统一编程语言的细节。大型结构的部分魅力在于，各个具体部件都能反映整体架构的内涵。假如没有一种统一的规则，你创作出来的东西将会充斥着各种不同的风格，显得混乱而邋遢。这些不同的风格将使你的大脑承受沉重负担——而这仅仅是为了理解不同编程风格之间的（本质上是随意的）差异。成功编程的一个关键就在于避免随意地变化，这样你的大脑可以专注于那些真正需要的变化。关于这方面的更多信息，见第 5.2 节"软件的首要技术使命：管理复杂度"。

如果你有一个很好的绘画设计，但是其中一部分是古典主义的，一部分是印象主义的，一部分是立体主义的，这将会是什么样的呢？无论你再怎么遵循这个宏伟的设计去做，它都不可能具有"概念完整性"，它看起来就像是一幅拼贴画。程序也同样需要底层的完整性。

KEY POINT 在"构建"开始之前，讲清楚你使用的编程约定。编码约定的细节要达到这样的精确度：在编写完软件之后，几乎不可能改变（翻新）软件所遵循的编码约定。本书随处都有这样的约定细节。

4.3 Your Location on the Technology Wave 你在技术浪潮中的位置

在我的职业生涯中，我看到了 PC 之星的升起和大型机之星的陨落，我看到图形用户界面程序代替了字符界面程序，我还看到了 Web 的崛起和 Windows 的衰落。我只能假设当你读到这本书的时候，又会有某些新的技术蒸蒸日上，而我今天（2004 年）所知道的 Web 编程将会慢慢消失。这些技术周期（或者说是技术浪潮）意味着不同的编程实践，编程实践取决于你在技术浪潮中所处的位置。

在成熟的技术环境下——浪潮的末尾，例如 21 世纪最初 10 年的中期的网络编程——我们受益于丰富的软件开发基础设施。在浪潮的后期，我们有大量的编程语言可供选择，拥有能对这些语言的代码进行完善的错误检查的工具、强大的调试工具以及自动的可靠的性能优化工具。编译器几乎没有 bug。各种工具都有很好的文档，它们来自工具提供商、第三方书籍文章以及大量的 Web 资源。各种工具集成在一起，因此可以在单个开发环境里面设计用户界面、数据库、报表、业务逻辑等。如果确实遇到问题了，很容易就可以在常见问题列表（FAQ）中找到对工具的各种古怪行为的描述。此外，还有许多顾问可供咨询，训练课程也随处可见。

在技术浪潮的前期——例如 20 世纪 90 年代中期的网络编程——情况正好相反。可选择的编程语言非常少，而那些语言往往有很多 bug 并且文档也很糟糕。程序员花费了大量时间，仅仅是为了弄清楚语言如何工作，而非编写新的代码。程序员还花费无数的时间来绕过（work around）语言产品的 bug、下层操作系统的 bug 以及其他工具的 bug。浪潮早期的编程工具往往很原始。可能根本没有调试器，编译器优化在某些程序员的眼中还仅是一种对未来的期盼。工具供应商经常修订编译器的版本，而每一个新的版本似乎都破坏了你代码中的某些重要部分。工具还没有集成起来，所以你往往需要使用不同的工具完成用户界面、数据库、报表、业务逻辑的设计。不同工具很可能互不兼容，你需要花费大量的精力，与编译器和函数库的新发布版本所带来的冲击抗衡，而这么做仅仅是为了保持代码现有的功能。如果你遇到了麻烦，在网上可以找到某种形式的参考文献，但它不总是可靠的；而且如果可用的文献是一本指南，那么每次你遇到麻烦的时候，你总觉得像是第一个遇到这种问题的人。

这些评论看起来似乎在建议：应该避免在浪潮的早期搞编程，但这并不是我的意思。一些最具创造力的应用程序就是从浪潮早期的程序中涌现出来的，例如 Turbo Pascal、Lotus 123、Microsoft Word、Mosaic 浏览器。关键在于，"你如何面对自己的编程工作"，取决于你在技术浪潮中所处的位置。如果处在浪潮的后期，你就可以计划用大部分时间稳定持续地编写新功能。如果你处在浪潮的前期，可以预期你将要花很大一部分时间，用来找出文档中未加说明的编程语言特性、调试程序库代码缺陷带来的错误、修订代码以适应厂商提供的新版本函数库等。

如果你正在一个很初级（简陋）的环境下工作，你会发现，与成熟的环境相比，本书介绍的编程实践将更有帮助。正如 David Gries 所言，编程工具不应该决定你的编程思路(1981)。Gries对"在一种语言上编程(programming in a language)"和"深入一种语言去编程（programming into a language）"做了区分。"在一种语言上编程"的程序员将他们的思想限制于"语言直接支持的那些构件"。如果语言工具是初级的，那么程序员的思想也是初级的。

"深入一种语言去编程"的程序员首先决定他要表达的思想是什么，然后决定如何使用特定语言提供的工具来表达这些思想。

Example of Programming *into* a Language
"深入一种语言去编程"的例子

在 Visual Basic 的早期，我想把产品中的业务逻辑、用户界面、数据库分离开，但没能做到，因为语言中没有任何内置的方法能做到这一点。我知道如果不小心处理的话，过一段时间某些 Visual Basic "窗体/form"就会包含业务逻辑，某些会包含数据库代码，而一些窗体可能两者都不包含——最后我可能再也记不清楚哪段代码放在哪个地方了。当时我刚刚完成了一个 C++项目，该项目里没能很好地分离这些功能，我不想再用另一种语言尝试一遍这种令人头痛的事情。

因此，我采用了一种设计约定，即只允许 .frm 文件（窗体文件）从数据库读取数据或者将数据存入数据库。不允许数据直接通向程序的其他部分。每个窗体都有一个 `IsFormCompleted()` 子程序，其他子程序调用它来判断当前激活的那个窗体是否已经保存了自己的数据。`IsFormCompleted()` 是窗体允许拥有的唯一的公用（public）子程序。同时不允许窗体包含任何业务逻辑。所有其他代码必须放在对应的 .bas 文件中，包括检查窗体中数据的有效性的代码。

Visual Basic 并不鼓励这种方法，它鼓励程序员把尽可能多的代码放在.frm 文件中，并且，"在 .frm 文件中回调对应的 .bas 文件中的子程序"也不容易。

这一约定虽然非常简单，但是随着项目的深入，我发现它给了我很大帮助；假如没有这一约定，我将写出很多纠缠而费解的代码。假如没有这一约定，我也许就会加载某个窗体之后不显示它，只为调用其中检查数据有效性的子程序；或者我也许会将窗体中的代码复制到其他地方，然后维护这些分布在各处的功能相同的代码。`IsFormCompleted()`约定同样使得事情变得简单。因为每个窗体都以完全相同的方式工作，我不需要预测 `IsFormCompleted()`的语义——每次用到它都代表相同的意思。

Visual Basic 并不直接支持这种约定，但是我使用了这一简单的编程约定——深入一种语言去编程——补偿了语言当时的结构缺陷，并且使得该项目易于管理。

KEY POINT

理解"在一种语言上编程"和"深入一种语言去编程"的区别，对于理解本书是至关重要的。大多数重要的编程原则并不依赖特定的语言，而依赖于你使用语言的方式。如果你使用的语言缺乏你希望用的构件，或者倾向于出现其他种类的问题，那就应该试着去弥补它。发明你自己的编码约定、标准、类库以及其他改进措施。

4.4 Selection of Major Construction Practices
选择主要的构建实践方法

"构建"有一部分准备工作，就是决定在这么多的可选的实践方法中，你想要强调哪些。某些项目使用结对编程以及测试驱动开发，而其他项目使用单人开发和形式化检查。这两种技术组合都有可能发挥作用，取决于项目的特定环境。

下面的核对表总结了在"构建"过程中，应该有意识地使用或者排斥的特定编程实践。这些实践的细节遍布全书。

---

cc2e.com/0496

Checklist: Major Construction Practices
核对表：主要的构建实践

编码

- ☐ 你有没有确定，多少设计工作将要预先进行，多少设计工作在键盘上进行（在编写代码的同时）？
- ☐ 你有没有规定诸如名称、注释、代码格式等"编码约定"？
- ☐ 你有没有规定特定的由软件架构确定的编码实践，比如如何处理错误条件、如何处理安全性事项、对于类接口有哪些约定、可重用的代码遵循哪些标准、在编码时考虑多少性能因素等？
- ☐ 你有没有找到自己在技术浪潮中的位置，并相应调整自己的措施？如果必要，你是否知道如何"深入一种语言去编程"，而不受限于语言（仅仅"在一种语言上编程"）？

团队工作

- ☐ 你有没有定义一套集成工序——即，你有没有定义一套特定的步骤，规定程序员在把代码 check in（签入）到主源码（代码库）中之前，必须履行这些步骤？
- ☐ 程序员是结对编程、还是独自编程，或者这二者的某种组合？

代码大全（第2版）

> **交叉引用** 关于质量保证的更多细节，请见第 20 章"软件质量概述"。
>
> **交叉引用** 关于工具的更多细节，请见第 30 章"编程工具"。

> **质量保证**
>
> ❏ 程序员在编写代码之前，是否先为之编写测试用例？
> ❏ 程序员会为自己的代码写单元测试吗（无论先写还是后写）？
> ❏ 程序员在 check in 代码之前，会用调试器单步跟踪整个代码流程吗？
> ❏ 程序员在 check in 代码之前，是否进行集成测试（integration-test）？
> ❏ 程序员会复审（review）或检查别人的代码吗？
>
> **工具**
>
> ❏ 你是否选用了某种版本控制工具？
> ❏ 你是否选定了一种语言，以及语言的版本或编译器版本？
> ❏ 你是否选择了某个编程框架（framework，如 J2EE 或 Microsoft .NET），或者明确地决定不使用编程框架？
> ❏ 你是否决定允许使用非标准的语言特性？
> ❏ 你是否选定并拥有了其他将要用到的工具——编辑器、重构工具、调试器、测试框架（test framework）、语法检查器等？

Key Points
要点

- 每种编程语言都有其优点和弱点。要知道你使用的语言的明确优点和弱点。
- 在开始编程之前，做好一些约定（convention）。"改变代码使之符合这些约定"是近乎不可能的。
- "构建的实践方法"的种类比任何单个项目能用到的要多。有意识地选择最适合你的项目的实践方法。
- 问问你自己，你采用的编程实践是对你所用的编程语言的正确响应，还是受它的控制？请记得"深入一种语言去编程"，不要仅"在一种语言上编程"。
- 你在技术浪潮中的位置决定了哪种方法是有效的——甚至是可能用到的。确定你在技术浪潮中的位置，并相应调整计划和预期目标。

第 2 部分

Creating High-Quality Code

创建高质量的代码

本部分内容

- 第 5 章　软件构建中的设计 73
- 第 6 章　可以工作的类 125
- 第 7 章　高质量的子程序 161
- 第 8 章　防御式编程 187
- 第 9 章　伪代码编程过程 215

Design in Construction

第 5 章

软件构建中的设计

cc2e.com/0578

内容

- 5.1 设计中的挑战：第 74 页
- 5.2 关键的设计概念：第 77 页
- 5.3 设计构造块：启发式方法：第 87 页
- 5.4 设计实践：第 110 页
- 5.5 对流行的设计方法的评论：第 118 页

相关章节

- 软件架构：第 3.5 节
- 可以工作的类：第 6 章
- 高质量的子程序：第 7 章
- 防御式编程：第 8 章
- 重构：第 24 章
- 程序规模对构建的影响：第 27 章

或许有人会认为设计并不是软件构建中的一个活动。然而在小型项目里，有很多活动都算作构建活动，其中也常常包含了设计。在一些更大的项目里，正规的架构可能只是解决了系统级的事项，而特意把大部分的设计工作留到构建阶段去做。在另外一些大型项目中，设计可能会详细到能够让编码工作近乎机械化，但很少有如此完整的设计——程序员通常也要对部分程序进行设计，也许是正式的，也许不是。

交叉参考 有关大型项目和小型项目中所要求的不同层次的正规性，请详见第 27 章"程序规模对构建的影响"。

在小型的、非正式的项目里，很多的设计工作是程序员坐在键盘前完成的。这里的"设计"可能就是指在编写具体代码之前先用伪代码写出一个类的接口，也可能就是在编码之前画出几个类之间的关系图，还可能就是询问另一位程序员用哪个设计模式会更好。无论是以何种方式来进行设计，小型项目也能和大型项目一样从精心的设计之中获益，而如果能认识到设计是一项明确的活动，你就更会获益匪浅。

代码大全（第 2 版）

设计是个庞大的话题，而这一章只能涵盖其中的少数侧面。一个好的类或子程序的设计在很大程度上是由系统的架构所决定的，因此，请确保第 3.5 节中所论述过的架构先决条件已经满足。更多的设计工作是在个别的类和子程序这个层次上完成的，第 6 章"可以工作的类"，以及第 7 章"高质量的子程序"中会分别予以介绍。

如果你对软件设计方面的话题已经很熟悉，可以只看这些重点部分——第 5.1 节关于设计中的挑战，以及第 5.3 节中关键的启发式方法。

5.1 Design Challenges 设计中的挑战

> **交叉参考** 关于启发式过程和确定性过程的差别，请参见第 2 章 "用隐喻来更充分地理解软件开发"。

"软件设计"一词意味着去构思、创造或发明一套方案，把一份计算机软件的规格说明书要求转变为可实际运行的软件。设计就是把需求分析和编码调试连在一起的活动。好的高层次设计能提供一个可以稳妥容纳多个较低层次设计的结构。好的设计对于小型项目非常有用，对于大型项目就更是不可或缺。

设计也会面临大量的挑战，这正是本节将要概述的内容。

Design Is a Wicked Problem 设计是一个险恶的问题

> 希望软件设计师用一种理性的、不会犯错的方式从需求说明中推导出设计，这一画面根本就不现实。没有哪个系统是用这种方式设计出来的，以后也不可能有。即便是教科书和论文中的小型程序开发也是不真实的。它们都是经过修订和修饰的，直到作者让我们看到他想要做到的结果，因而是不可能在实际中发生的过程。
>
> —David Parnas 和 Paul Clements

根据 Horst Rittel 和 Melvin Webber 的定义，"险恶的（wicked）"问题就是那种只有通过解决或部分解决才能被明确的问题（1973）。这个看似矛盾的定义其实是在暗示说，你必须首先把这个问题"解决"一遍以便能够明确地定义它，然后再次解决该问题，从而形成一个可行的方案。这一过程已经如影随形地在软件开发中存在数十年了（Peters and Tripp 1976）。

在我所了解的世界中，最引人注目的一个关于这类险恶问题的例子，就是原来 Tacoma Narrows 大桥的设计问题了。在建这座大桥的那个时期，设计一座桥梁时考虑的主要问题就是它是否足够结实以承受设计负荷。然而对于 Tacoma Narrows 这座桥而言，大风给它带来了出乎意料的横向谐波。在 1940 年狂风大作的某一天，这种谐波越来越大且不可控制，从而让大桥最终坍塌，如图 5-1 所示。

这是一个险恶问题的好例子，因为直到这座桥坍塌，工程师们才知道应该充分地考虑空气动力学的因素。只有通过建造这座大桥（即解决这个问题），他们才能学会从这一问题中应该额外考虑的环节，从而才能建造出现在依然矗立不倒的另一座桥梁。

图 5-1　Tacoma Narrows 大桥——一个险恶问题的实例

你在学校中所开发的程序和你在职业生涯中所开发的程序的主要差异就在于，学校里的程序所解决的设计问题很少（如果有的话）是险恶的。学校里给你的编程作业都是为了让你能从头到尾直线前进而设计的。如果有位老师给你一份编程作业，你刚完成设计时他就把作业的要求改了，然后就在你将要提交完整的程序时，他又对作业的要求再次改动，这时你肯定会十分生气。然而这一过程正是在专业编程中每日可见的真实情形。

Design Is a Sloppy Process (Even If it Produces a Tidy Result)
设计是个了无章法的过程（即使它能得出清爽的成果）

深入阅读　关于这一观点的更完整的解释，请参阅"一种理性的设计过程：如何/为何要仿制它"（A Rational Design Process: How and Why to Fake it, Parnas and Clements 1986）。

软件设计的成果应该是组织良好、干净利落的，然而形成这个设计的过程却并非如此清爽。

说设计了无章法，是因为在此过程中你会采取很多错误的步骤，多次误入歧途——你会犯很多的错误。事实上，犯错正是设计的关键所在——在设计阶段犯错并加以改正，其代价要比在编码后才发现同样的错误并彻底修改低得多。说设计了无章法，还因为优、劣设计之间的差异往往非常微妙。

交叉参考 关于这一问题的更好答案，请参见本章后面第 5.4 节 "要做多少设计才够"。

另外，说设计了无章法，还因为你很难判断设计何时算是"足够好"了。设计到什么细节才算够？有多少设计需要用形式化的设计符号完成，又有多少设计可以留到编码时再做？什么时候才算完成？因为设计永无止境，因此对上述问题最常见的回答是"到你没时间再做了为止"。

Design Is About Tradeoffs and Priorities
设计就是确定取舍和调整顺序的过程

在一个理想的世界中，每一套系统都能即刻完成运行，不消耗任何存储空间，不占用任何网络带宽，没有任何错误，也无须任何成本即可生成。而在现实世界里，设计者工作的一个关键内容便是去衡量彼此冲突的各项设计特性，并尽力在其中寻求平衡。如果快速的反应速度比缩减开发时间更重要，那么设计者会选取一套设计方案。而如果缩减开发时间更重要，那么好的设计者又要巧妙地形成另一套不同的设计方案。

Design Involves Restrictions
设计受到诸多限制

设计的要点，一部分是在创造可能发生的事情，而另一部分又是在限制可能发生的事情。如果人们在建造房屋时拥有无限的时间、资源和空间，那么你会看到房屋不可思议地随意蔓延，每幢楼都有上百间屋子，一只鞋子就可以占用一间屋子。如果毫无约束，软件最后也会是这样的结果。正是由于建造房屋时有限资源的限制，才会促使产生简单的方案，并最终改善这一解决方案。软件设计的目标也如此。

Design Is Nondeterministic
设计是不确定的

如果你让三个人去设计一套同样的程序，他们很可能会做出三套截然不同的设计，而每套设计都很不错。剥猫的皮可能有不止一种方法，但设计计算机程序却通常有数十种方法。

Design Is a Heuristic Process
设计是一个启发式过程

KEY POINT

正因为设计过程充满了不确定性，因此设计技术也就趋于具有探索性——"经验法则"或者"试试没准能行的办法"——而不是保证能产生预期结果的可重复的过程。设计过程中总会有试验和犯错误。在一件工作或一件工作的某个方面十分奏效的设计工具或技术，不一定在下一个项目中适用。没有任何工具是用之四海而皆灵的。

Design Is Emergent
设计是自然而然形成的

cc2e.com/0539

把设计的这些特性综合归纳起来，我们可以说设计是"自然而然形成的"。设计不是在谁的头脑中直接跳出来的。它是在不断的设计评估、非正式讨论、写试验代码以及修改试验代码中演化和完善的。

> **深入阅读** 软件并非是唯一一会随时间变化而变化的结构。物理结构也会演变——参阅《How Buildings Learn》(Brand 1995)。

几乎所有的系统都在其开发的起始阶段经历过某种程度的设计变更，而当它们进入后续版本后通常都会进行更大的改变。软件的性质决定了这些改变在多大程度上是有益且可被接受的。

5.2 Key Design Concepts 关键的设计概念

好的设计源于对一小批关键设计概念的理解。这一节将会讨论"复杂度"所扮演的角色、设计应具有的特征，以及设计的层次。

Software's Primary Technical Imperative: Managing Complexity
软件的首要技术使命：管理复杂度

> **交叉参考** 关于复杂度除了设计之外还会影响到的编程事宜，请参见第 34.1 节"征服复杂性"。

为了理解管理复杂度的重要性，我们有必要引用 Fred Brooks 的那篇具有里程碑意义的文章——《没有银弹：软件工程中本质性和偶然性》(1987)。

Accidental and Essential Difficulties
偶然的难题和本质的难题

Brooks 认为，两类不同的问题导致软件开发变得困难——本质的问题和偶然的问题。关于这两个术语，Brooks 引用了亚里士多德时代的一个哲学传统。在哲学界，本质的（essential）属性是一件事物必须具备、如果不具备就不再是该事物的属性。汽车必须具有引擎、轮子和车门，不然就不能称其为汽车。如果不具备这其中任何一个本质的属性，它就不再是一辆汽车。

偶然的（accidental）属性则是指一件事物碰巧具有的属性，有没有这些属性都并不影响这件事物本身。一辆汽车可能有台 V8 发动机，或是涡轮增压四缸发动机，或其他什么种类的发动机，无论这些细节如何，它总是一辆汽车。一辆汽车也可能是两门或四门的；它可能有粗劣或豪华的轮毂。所有这些细节都是次要的偶然属性。你也可以把偶然属性想成是附属的、任意的、非必要的或偶然出现的性质。

> **交叉参考** 偶然性难题在开发的初期比开发的晚期更突出。更多内容请参见第 4.3 节"你在技术浪潮中的位置"。

Brooks 观察到，软件开发中大部分的偶然性难题在很久以前就已得到解决了。比如说，与笨拙的语法相关的那些偶然性难题大多已在从汇编语言到第三代编程语言的演进过程中被解决了，而且这类问题的重要性也渐渐下降了。与非交互式计算机相关的偶然性难题也随着分时（time-share）操作系统取代批模式（batch-mode）系统而被解决。集成编程环境更是进一步解决了由于开发工具之间无法很好地协作而带来的效率问题。

Brooks 论述说，在软件开发剩下的那些本质性困难上的进展将会变得相对缓慢。究其原因，是因为从本质上说软件开发就是不断地去发掘错综复杂、相互连接的整套概念的所有细节。其本质性的困难来自很多方面：必须去面对复杂、无序的现实世界；精确而完整地识别出各种依赖关系与例外情况；设计出完全正确而不是大致正确的解决方案；诸如此类。即使我们能发明出一种与现实中亟待解决的问题有着相同术语的编程语言，但是人们要想清楚地认清现实世界到底如何运作仍有很多挑战，因此编程仍会十分困难。当软件要解决更大规模的现实问题时，现实的实体（entities）之间的交互行为就变得更为复杂，这些转而又增加软件解决方案的本质性困难。

所有这些本质性困难的根源都在于复杂性——不论是本质的，还是偶然的。

Importance of Managing Complexity
管理复杂度的重要性

> 有两种设计软件的方式：一种方法是让设计非常简单，看上去明显没有缺陷；另一种方法是让设计非常复杂，看上去没有明显的缺陷。
> —C. A. R Hoare

KEY POINT

在对导致软件项目失败的原因进行调查时，人们很少把技术原因归为项目失败的首要因素。项目的失败大多数都是由不尽如人意的需求、规划和管理所导致的。但是，当项目确由技术因素导致失败时，其原因通常就是失控的复杂度。有关的软件变得极端复杂，让人无法知道它究竟是做什么的。当没人知道对一处代码的改动会对其他代码带来什么影响时，项目也就快停止进展了。

管理复杂度是软件开发中最为重要的技术话题。在我看来，软件的首要技术使命便是管理复杂度，它实在是太重要了。

复杂度并不是软件开发中的什么新特征。计算机先驱 Edsger Dijkstra 指出，计算是唯一的一种职业，在其中，人的思维需要从一个字节大幅跨越到几百兆字节——跨越比例为 10^9 分之 1，也就是九个数量级（Dijkstra 1989）。这一比例大得惊人。Dijkstra 是这样描述的："在语义的层次量上相比，一般的数学理论几乎是平坦的。由于提出了对很深的概念层次的需要，自动化的计算机使我们面临着一种本质上全新的智力挑战，是史无前例的挑战。"当然，从 1989 年以来软件变得更为复杂了，Dijkstra 所说的 1 比 10^9 的比例今天很可能已经变成了 1 比 10^{15}。

> 你已陷入复杂度的沼泽的一个现象就是，你发现自己顽固地用一种明显毫无作用的方法——至少在任何外人眼里。这就像是一个遇到车子抛锚的蠢货一样——他把水放到电池里然后把烟灰缸倒掉。
> ——P. J. Plauger

Dijkstra 还指出，没有谁的大脑能容得下一个现代的计算机程序（Dijkstra 1972），也就是说，作为软件开发人员，我们不应该试着在同一时间把整个程序都塞进自己的大脑，而应该试着以某种方式去组织程序，以便能够在一个时刻可以专注于一个特定的部分。这么做的目的是尽量减少在任一时间所要考虑的程序量。你可以把它想做是一种心理上的杂耍——边抛边接：通过轮流抛接使两个或两个以上物体同时保持于空中——程序要求你在空中保持的（精神上的）球越多，你就越可能漏掉其中的某一个，从而导致设计或编码的错误。

在软件架构的层次上，可以通过把整个系统分解为多个子系统来降低问题的复杂度。人类更易于理解许多项简单的信息，而不是一项复杂的信息。所有软件设计技术的目标都是把复杂问题分解成简单的部分。子系统间的相互依赖越少，你就越容易在同一时间里专注问题的一小部分。精心设计的对象关系使关注点相互分离，从而使你能在每个时刻只专注于一件事情。在更高汇聚的层次上，包（packages）提供了相同的好处。

保持子程序的短小精悍也能帮助你减少思考的负担。从问题的领域着手，而不是从底层实现细节入手去编写程序，在最抽象的层次上工作，也能减少人的脑力负担。

受着人类固有限制影响的程序员的底线，就是要写出既让自己容易理解，也能让别人容易看懂，而且很少有错误的程序代码。

How to Attack Complexity
如何应对复杂度

高代价、低效率的设计源于下面三种根源：

- 用复杂的方法解决简单的问题；
- 用简单但错误的方法解决复杂的问题；
- 用不恰当的复杂方法解决复杂的问题。

正如 Dijkstra 所指出的，现代的软件本身就很复杂，无论你多努力，最终都会与存于现实世界问题本身的某种程度的复杂性不期而遇。这就意味着要用下面这两种方法来管理复杂度：

KEY POINT

- 把任何人在同一时间需要处理的本质（essential）复杂度的量减到最少；
- 不要让偶然性（accidental）的复杂度无谓地快速增长。

一旦你能理解软件开发中任何其他技术目标都不如管理复杂度重要时，众多设计上的考虑就都变得直截了当了。

Desirable Characteristics of a Design
理想的设计特征

> 当我解决问题的时候,我从来不考虑美感。我只想着如何才能解决它。但一旦解决了问题,如果解决方法不够优美的话,我就知道做错了。
> —R. Buckminster Fuller

高质量的设计具有很多常见的特征。如果你能实现所有这些目标,你的设计就真的非常好了。这些目标之间有时会相互抵触,但这也正是设计中的挑战所在——在一系列相互竞争的目标之中做出一套最好的折中方案。有些高质量设计的特征也同样是高质量程序的特征,如可靠性和性能等。而有些则只是设计范畴内的特征。

交叉参考 这些特征都是和软件质量的基本特性相关的。关于这些基本特性的更多内容,请参见第 20.1 节 "软件质量的特性"。

下面就列出一些设计范畴内的特征:

最小的复杂度(Minimal complexity) 正如刚刚说过的,设计的首要目标就是要让复杂度最小。要避免做出"聪明的"设计,因为"聪明的"设计常常都是难以理解的。应该做出简单且易于理解的设计。如果你的设计方案不能让你在专注于程序的一部分时安心地忽视其他部分的话,这一设计就没有什么作用了。

易于维护(Ease of maintenance) 易于维护意味着在设计时为做维护工作的程序员着想。请时刻想着这些维护程序员可能会就你写的代码而提出的问题。把这些程序员当成你的听众,进而设计出能自明的(self-explanatory)系统来。

松散耦合(loose coupling) 松散耦合意味着在设计时让程序的各个组成部分之间关联最小。通过应用类接口中的合理抽象、封装性及信息隐藏等原则,设计出相互关联尽可能最少的类。减少关联也就减少了集成、测试与维护时的工作量。

可扩展性(extensibility) 可扩展性是说你能增强系统的功能而无须破坏其底层结构。你可以改动系统的某一部分而不会影响到其他部分。越是可能发生的改动,越不会给系统造成什么破坏。

可重用性(reusability) 可重用性意味着所设计的系统的组成部分能在其他系统中重复使用。

高扇入(high fan-in) 高扇入就是说让大量的类使用某个给定的类。这意味着设计出的系统很好地利用了在较低层次上的工具类(utility classes)。

低扇出（low fan-out） 低扇出就是说让一个类里少量或适中地使用其他的类。高扇出（超过约 7 个）说明一个类使用了大量其他的类，因此可能变得过于复杂。研究发现，无论考虑某个子程序调用其他子程序的量，还是考虑某个类使用其他类的量，低扇出的原则都是有益的（Card and Glass 1990; Basili, Briand, and Melo 1996）。

可移植性（portability） 可移植性是说应该这样设计系统，使它能很方便地移植到其他环境中。

精简性（leanness） 精简性意味着设计出的系统没有多余的部分（Wirth 1995, McConnell 1997）。伏尔泰曾说，一本书的完成，不在它不能再加入任何内容的时候，而在不能再删去任何内容的时候。在软件领域中，这一观点就更正确，因为任何多余的代码也需要开发、复审和测试，并且当修改了其他代码之后还要重新考虑它们。软件的后续版本也要和这些多余代码保持向后兼容。要问这个关键的问题："这虽然简单，但把它加进来之后会损害什么呢？"

层次性（stratification） 层次性意味着尽量保持系统各个分解层的层次性，使你能在任意的层面上观察系统，并得到某种具有一致性的看法。设计出来的系统应该能在任意层次上观察而不需要进入其他层次。

> **交叉参考** 关于在旧有系统上进行工作的更多内容，请参见第 24.5 节"重构的策略"。

举例来说，假设你正在编写一个新系统，其中用到很多设计不佳的旧代码，这时你就应该为新系统编写一个负责同旧代码交互的层。在设计这一层时，要让它能隐藏旧代码的低劣质量，同时为新的层次提供一组一致的服务。这样，你的系统的其他部分就只需与这一层进行交互，而无须直接同旧代码打交道了。在这个例子中，层次化设计的益处有：（1）它把低劣代码的烂泥潭禁闭起来；（2）如果你最终能抛弃或者重构旧代码，那时就不必修改除交互层之外的任何新代码。

> **交叉参考** 一种特别有价值的标准化就是使用设计模式，在第 5.3 节"查阅常用的设计模式"中会有论述。

标准技术（Standard techniques） 一个系统所依赖的外来的、古怪的东西越多，别人在第一次想要理解它的时候就越是头疼。要尽量用标准化的、常用的方法，让整个系统给人一种熟悉的感觉。

Levels of Design
设计的层次

需要在一个软件系统中的若干不同细节层次上进行设计。有些设计技术适用于所有的层次，而有些只适用于某些层次上。图 5-2 展示了这些层次。

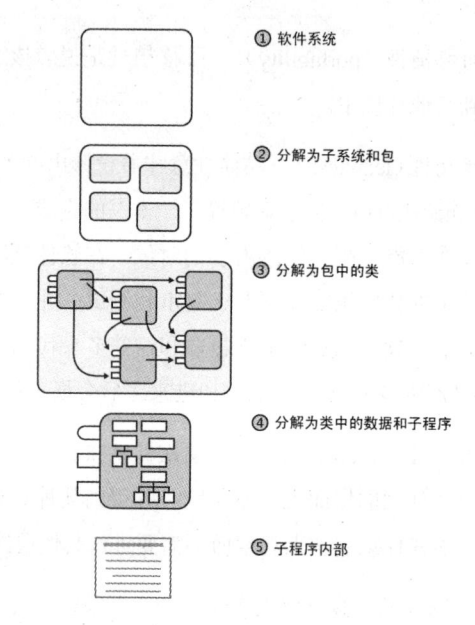

① 软件系统

② 分解为子系统和包

③ 分解为包中的类

④ 分解为类中的数据和子程序

⑤ 子程序内部

图 5-2　一个程序中的设计层次。系统①首先被组织为子系统②。子系统被进一步分解为类③，然后类又被分解为子程序和数据④。每个子程序的内部也需要进行设计⑤

Level 1: Software System
第 1 层：软件系统

> 换言之——整个公司的巨大成功基于这条如岩石般坚固的原则：他们的基础设计缺陷完全被其表层的设计缺陷所隐藏。
> —Douglas Adams

第一个层次就是整个系统。有的程序员直接从系统层次就开始设计类，但是往往先从子系统或者包（package）这些类的更高组织层次来思考会更有益处。

Level 2: Division into Subsystems or Packages
第 2 层：分解为子系统或包

在这一层次上设计的主要成果是识别出所有的主要子系统。这些子系统可能会很大，比如说数据库、用户界面、业务规则、命令解释器、报表引擎等。这一层的主要设计活动就是确定如何把程序分为主要的子系统，并定义清楚允许各子系统如何使用其他子系统。对于任何至少需要几周时间才能完成的项目，在这一层次上进行划分通常都是必需的。在每个子系统的内部可能要用到不同的设计方法——请对系统中的每一部分选用最恰当的方法。在图 5-2 中,这一层次的设计是用②注明的。

在这一层次中,有一点特别重要,即不同子系统之间相互通信的规则。如果所有的子系统都能同其他子系统通信,你就完全失去了把它们分开所带来的好处。应该通过限制子系统之间的通信来让每个子系统更有存在意义。

举例来说,在图 5-3 中,你把一个系统划分成六个子系统。在没有定义任何规则时,热力学第二定律就会发生作用,整个系统的熵将会增加。熵之所以增加的一种原因是,如果不对子系统间的通信释加任何限制,那么它们之间的通信就会肆意地发生,如图 5-4 所示。

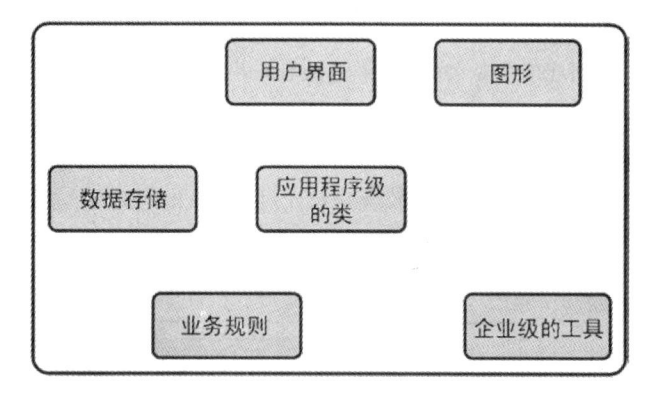

图 5-3 一个有六个子系统的系统示例

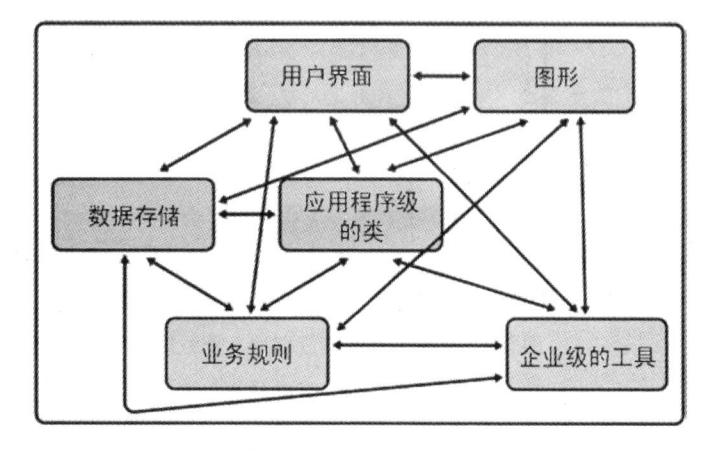

图 5-4 当子系统之间的通信没有任何限制时就会像这个样子

正如你所看到的，这里的每个子系统最终都会直接与所有其他子系统进行通信，从而为我们提出一些重要的问题：

- 一个开发人员需要理解系统中多少个不同的部分——哪怕只理解一丁点儿——才能在图形子系统中改动某些东西？
- 当你想在另一个系统中试图使用业务规则时会发生什么？
- 当你想在系统中加入一套新的用户界面时——比如说为了进行测试而开发的命令行界面——会发生什么？
- 当你想把数据存储放到一台远程计算机上，又会发生什么？

你可以把子系统之间的连线当成水管。当你想去掉某个子系统时，势必会有不少水管连在上面。你需要断开再重新连接的水管数量越多，弄出来的水就会越多。你肯定想把系统的架构设计成这样：如果想把某个子系统取走重用时，不用重新连接太多水管，重新连接起来也不会太难。

有先见之明的话，所有这些问题就不会花太多额外功夫。只有当"确需了解"——最好还有合理的理由——时，才应该允许子系统之间的通信。如果你还拿不准该如何设计的话，那么就应该先对子系统之间的通信加以限制，等日后需要时再放松，这要比先不限制，等子系统之间已经有了上百个调用时再加以限制要容易得多。图 5-5 就展示了施加少量通信规则后可以把图 5-4 中的系统变成什么样子。

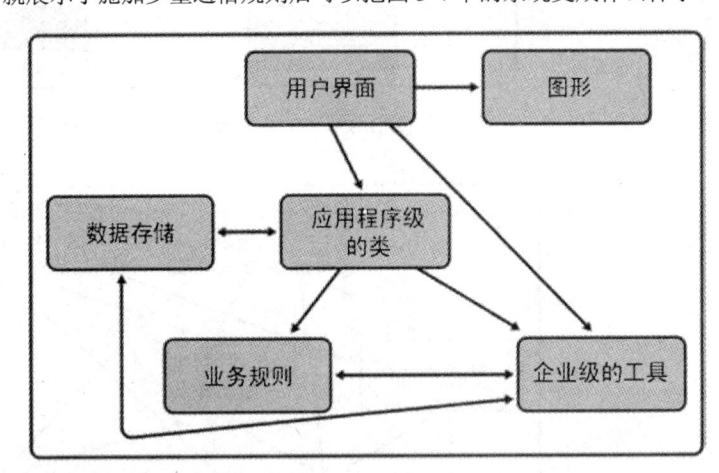

图 5-5 施加若干通信规则后，子系统之间的交互得以显著地简化

为了让子系统之间的连接简单易懂且易于维护，就要尽量简化子系统之间的交互关系。最简单的交互关系是让一个子系统去调用另一个子系统中的子程序；稍微复杂一点的交互关系是在一个子系统中包含另一个子系统中的类；而最复杂的交互关系是让一个子系统中的类继承自另一个子系统中的类。

有一条很好的基本原则，即，像图 5-5 这样的系统层设计图应该是无环图（acyclic graph）。换句话说，程序中不应该有任何环形关系，比如说 A 类使用了 B 类、B 类使用了 C 类、而 C 类又使用了 A 类这种情况。

对于大型程序或一系列程序而言，在子系统这一层次上进行设计是至关重要的。如果你觉得自己要写的程序小到可以跳过在子系统层次上进行设计这一步骤，那么只要确保跳过这层设计的决定是经过深思熟虑的。

常用的子系统 有些种类的子系统会在不同的系统中反复出现。下面几种就较为常见。

> **交叉参考** 关于用表格表示业务逻辑，以简化编程，请见第18章"表驱动法"。

业务规则 业务规则是指那些在计算机系统中编入的法律、规则、政策以及过程。如果你在开发一套薪资系统，你可能要把美国国税局关于允许扣提的金额和估算的税率编到你的系统中。在薪资系统中还可能出现的规则包括与工会签订的有关加班率、休假安排以及节假日薪水的合同，等等。如果你要写一个能计算车险费率的程序，那么业务规则可能会包括政府有关责任范围的法令、保险赔率表以及保险业条款等。

用户界面 应创建一个子系统，把用户界面组件同其他部分隔离开，以便使用户界面的演化不会破坏程序的其余部分。在大多数情况下，用户界面子系统会使用多个附属的子系统或类来处理用户界面、命令行接口、菜单操作、窗体管理、帮助系统，等等。

数据库访问 你可以把对数据库进行访问的实现细节隐藏起来，让程序的绝大部分可以不必关心处理底层结构的繁琐细节，并能像在业务层次一样处理数据。隐藏实现细节的子系统可以为系统提供有价值的抽象层，从而减少程序的复杂度。它把和数据库相关的操作集中起来，减少了在对数据进行操作时发生错误的几率。同时，它还能让数据库的设计结构更易于变化，做这种修改时无须修改程序的主要部分。

对系统的依赖性 把对操作系统的依赖因素归到一个子系统里，就如同把对硬件的依赖因素封装起来一样。比如说，你在开发一个运行于 Microsoft Windows 操作系统上的程序，可为什么一定要把自己局限于 Windows 的环境呢？把所有与 Windows 相关的系统调用都隔离起来，放到一个 Windows 接口子系统中，这样一来，如果日后你想把程序移植到 Mac OS 或 Linux 操作系统时，只要修改接口子系统就可以了。自己实现这一接口子系统可能会太复杂了，但一些商业代码库都已经提供了这一子系统的现成实现。

Level 3: Division into Classes
第3层：分解为类

> 深入阅读 关于数据库设计，请参阅《Agile Database Techniques》(Ambler 2003)。

在这一层次上的设计包括识别出系统中所有的类。例如，数据库接口子系统可能会被进一步划分成数据访问类、持久化框架类以及数据库元数据。图 5-2 中的第 3 层就展示了第 2 层中一个子系统是如何被分解为类的，当然这也暗示着第 2 层的其他三个子系统也被分解为类了。

当定义子系统中的类时，也就同时定义了这些类与系统的其余部分打交道的细节。尤其是要确定好类的接口。总的来说，这一层的主要设计任务是把所有的子系统进行适当的分解，并确保分解出的细节都恰到好处，能够用单个的类实现。

> 交叉参考 关于高质量的类的具体特性，请见第6章"可以工作的类"。

对于工作期需要超过几天的项目而言，通常就需要把子系统分解为类了。如果项目很大，这种分解就会与第 2 层的程序分解有明显的区别；相反，如果项目很小，你也可以直接从第 1 层的系统全局视图直接进入到第 3 层的类视图。

类与对象的比较 面向对象设计的一个核心概念就是对象（object）与类（class）的区分。对象是指运行期间在程序中实际存在的具体实体（enity），而类是指在程序源码中存在的静态事物。对象是动态的，它拥有你在程序运行期间所能得到的具体的值和属性。例如，你可以定义一个名为 Person 的类，它具有姓名、年龄、性别等属性。在程序运行期间，你可以有 nancy、hank、diane、tony 等对象——它们是类的具体实例。如果你熟悉数据库术语的话，类与对象的关系就如同"模式（schema）"与"实例（instance）"一样。你可以把类看做是蛋糕模具，而把对象看做是蛋糕。在本书中，对这两个术语的使用并非十分正规，一般情况也会或多或少互换地使用类和对象这两个术语。

Level 4: Division into Routines
第4层：分解成子程序

这一层的设计包括把每个类细分为子程序。在第 3 层中定义出的类接口已经定义了其中一些子程序，而第 4 层的设计将细化出类的私用（private）子程序。当你查看类里面子程序的细节时，就会发现很多子程序都很简单，但也有些子程序是由更多层次化组织的子程序所组成的，这就需要更多的设计工作了。

完整地定义出类内部的子程序，常常会有助于更好地理解类的接口，反过来，这又有助于对类的接口进行进一步修改，也就是说再次返回第 3 层的设计。

这一层次的分解和设计通常是留给程序员个人来完成的，它对于用时超过几小时的项目而言就是必需做的了。虽然不用非常正式地完成这一步骤，但至少也要在脑中完成。

Level 5: Internal Routine Design
第 5 层：子程序内部的设计

> **交叉参考** 关于创建高质量的子程序的具体做法，请见第 7 章 "高质量的子程序"和第 8 章 "防御式编程"。

在子程序层次上进行设计就是为每个子程序布置详细的功能。子程序内部的设计工作通常是由负责该子程序的开发人员来完成的。这里的设计工作包括编写伪代码、选择算法、组织子程序内部的代码块，以及用编程语言编写代码。这一层的设计工作总是需要做的，尽管有时做得很不在意或者很差劲，有时则是经过深思熟虑而出色完成的。在图 5-2 中的第 5 步就是这一层的设计工作。

5.3 Design Building Blocks: Heuristics
5.3 设计构造块：启发式方法

软件开发人员希望我们能给出明确的答案："只要做了 A、B、C，就一定会得到 X、Y、Z 的结果。"我们在学会一些神秘技术并用它们实现了预期结果后会感觉骄傲，也会因为某些方法并未应验而感觉懊恼。对于具体的编程工作来说，期待确定性的行为是很正常的——无论这种对细节的关注会给程序带来好处还是坏处。然而对于软件设计来说却并非如此。

由于软件设计是非确定性的，因此，灵活熟练地运用一组有效的启发式方法（试探法），便成了合理的软件设计的核心工作。下面将几小节来阐述一些启发式方法，也即一些思考问题的方法，它们有时能够产生优秀设计成果。你可以把启发式方法看做是指引试错（trail and error）法中"试验"部分的指导书，你也一定曾经用过其中一些方法。因此，以下部分会依据软件的首要技术使命——管理复杂度——的原则来讲解每一种启发式方法。

Find Real-World Objects
找出现实世界中的对象

> 先别问系统做什么，问问它想模仿什么！
> ——Bertrand Meyer

在确定设计方案时，首选且最流行的一种做法便是"常规的"面向对象设计方法，此方法的要点是辨识现实世界中的对象（object，物体）以及人造的（synthetic）对象。

> **交叉参考** 关于设计和使用类的更多细节，请见第 6 章 "可以工作的类"。

使用对象进行设计的步骤是：

- 辨识对象及其属性（方法（method）和数据（data））。
- 确定可以对各个对象进行的操作。
- 确定各个对象能对其他对象进行的操作。
- 确定对象的哪些部分对其他对象可见——哪些部分可以是公用（public）的，哪些部分应该是私用（private）的。
- 定义每个对象的公开接口（public interface）。

这些步骤并无须以特定顺序来完成，它们也经常会被反复执行。迭代是非常重要的。下面来总结一下每一个步骤：

辨识对象及其属性 计算机程序通常都是基于现实世界的实体。例如，你可以基于现实世界中的雇员（Employee）、顾客（Client）、工作时间记录卡（Timecard）以及账单（Bill）等实体来开发一套按时间计费的（time-billing）系统。图 5-6 显示了这样一套收费系统的面向对象视图。

```
      Employee                          Client
  name                            name
  title                           billingAddress
  billingRate                     accountBalance
                                  currentBillingAmount
  GetHoursForMonth()              EnterPayment()
  ...                             ...
        1↑ billingEmployee          1↑   1↑ clientToBill
                         clientToBill
                                              ↓ bills
        *    *                        *
      Timecard                         Bill
  hours                           billDate
  date                 *   0..1   BillForClient()
  projectCode      billingRecords ...
  ...
```

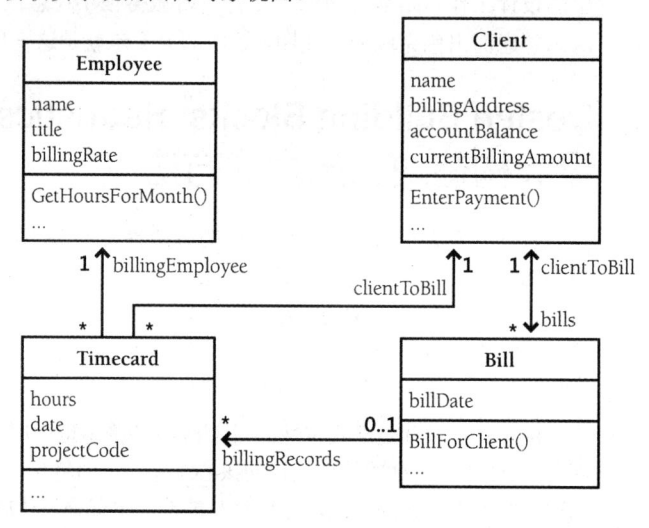

图 5-6 收费系统由四种主要的对象构成，这些对象在本例中进行了一定的简化

辨识对象的属性并不比辨识对象本身更困难。每个对象都有一些与计算机程序相关的特征。例如，在这个收费系统里，每个雇员对象都具有名字（name）、职务（title）和费率（billingRate）等属性；而顾客对象则具有名字（name）、账单寄送地址（billingAddress）以及账户余额（accountBalance）等属性；账单对象具有收费金额、顾客名字、支付日期（billDate）；如此等等。

图形用户界面系统中的对象可能包括窗体、对话框、按钮、字体以及画图工具等。相比于"把软件中的对象一一映射为现实世界中的对象"，深入挖掘问题领域可能会得出更好的设计方案，不过从现实世界中的对象入手的确是不错的起点。

确定可以对各个对象进行的操作 在每个对象之上都可以执行多种操作。在图 5-6 所示的收费系统里，雇员对象可能需要修改职务或者费率，顾客对象可能需要修改名字或者账单寄送地址，等等。

确定各个对象能对其他对象进行的操作 这一步骤的目的显而易见。对象之间最常见的两种关系是包含（containment）和继承（inheritance）。哪些对象可以包含其他对象？哪些对象又可以从其他对象继承？图 5-6 中，一个 Timecard

对象可以包含一个 Employee 对象和一个 Client 对象，一个 Bill 对象可以包含一个或多个 Timecard 对象。另外，一份账单可以标示是否已经给某位顾客开过账单了，而顾客也可以签付一份账单。更复杂的系统中还会包含其他更多的交互关系。

> **交叉参考** 关于类和信息隐藏的详细情况，见第5.3节中的"隐藏秘密（信息隐藏）"。

确定对象的哪些部分对其他对象可见 一项关键的设计决策就是明确对象的哪些部分应该是公开的（public），哪些部分又应该是不公开的（private）。对数据和方法都要做这一决策。

定义每个对象的接口 在编程语言的层次上为每个对象定义具有正式语法的接口。对象对其他对象暴露的数据及方法都被称为该对象的"公开接口/public interface"，而对象通过继承关系向其派生对象暴露的部分则被称为"受保护的接口/protected interface"。要考虑这两种不同的接口。

经过上述这些步骤得到了一个高层次的、面向对象的系统组织结构之后，你可以用这两种方法来迭代：在高层次的系统组织结构上进行迭代，以便更好地组织类的结构；或者在每一个已经定义好的类上进行迭代，把每个类的设计细化。

Form Consistent Abstractions
形成一致的抽象

抽象是一种能让你在关注某一概念的同时可以放心地忽略其中一些细节的能力——在不同的层次处理不同的细节。任何时候当你在对一个聚合物品（aggregate）工作时，你就是在用抽象了。当你把一个东西称为"房子"而不是由玻璃、木材和钉子构成的组合体时，你就是在用抽象了。当你把一组房屋称为"城镇"时，你还是在使用抽象。

基类也是一种抽象，它使你能集中精力关注一组派生类所具有的共同特性，并在基类的层次上忽略各个具体派生类的细节。一个好的接口也是一种抽象，它能让你关注于接口本身而不是类的内部工作方式。一个设计良好的子程序接口也在较低的层次上提供了同样的好处，而设计良好的包（package）和子系统的接口则在更高的层次上提供了同样的好处。

以复杂度的观点看，抽象的主要好处就在于它使你能忽略无关的细节。大多数现实世界中的物体（object，对象）都已经是某种抽象了。正如上面所提到的，房屋是门、窗、墙、线路、管道、隔板等物体及其特定的组织方式所形成的抽象。同样，门是一块长方形材料加上合叶和把手以及一种特定的组织方式的抽象。而门把手又是铜、镍、铁、钢等的一种特定形式的抽象。

人们一直都在使用抽象。如果每天你开门的时候都要单独考虑那些木纤维、油漆分子以及铁原子的话，你就别想再出入房间了。正如图 5-7 所示，抽象是我们用来得以处理现实世界中复杂度的一种重要手段。

图 5-7 抽象可以让你用一种简化的观点来考虑复杂的概念

交叉参考 关于在类的设计中使用抽象的详情，见第 6.2 节中的"好的抽象"。

软件开发人员有时就是在木材纤维、油漆分子以及铁原子这一层次来构建系统，系统因此变得异常复杂，难以通过人的智力去管理。当程序员没有给出足够高层的编程抽象时，系统有时就会被卡在门口了。

优秀的程序员会在子程序接口的层次上、在类接口的层次上以及包接口的层次上——换句话说，在门把手的层次上、门的层次上以及房屋的层次上——进行抽象，这样才能更快、更稳妥地进行开发。

Encapsulate Implementation Details
封装实现细节

封装填补了抽象留下的空白。抽象是说："可以让你从高层的细节来看待一个对象。"而封装则说："除此之外，你不能看到对象的任何其他细节层次。"

继续刚才关于房屋材质的比喻：封装是说，你可以从房屋的外面看，但不能靠得太近去把门的细节都看清楚。可以让你知道哪里有门，让你知道门是开着的还是关着的，但不能让你知道门是木质的、纤维玻璃的、钢质的还是其他什么材质的，当然就更不能让你看到每一根木纤维。

如图 5-8 所示，封装帮助你管理复杂度的方法是不让你看到那些复杂度。在第 6.2 节中的"良好的封装"中还会对进一步阐述这一话题，讨论如何把它应用于类的设计。

图 5-8 封装是说，不只是让你能用简化的视图来看复杂的概念，同时还不能让你看到复杂概念的任何细节。你能看得到的就是你能——全部——得到的

Inherit—When Inheritance Simplifies the Design
当继承能简化设计时就继承

在设计软件系统时，你经常会发现一些大同小异的对象。比如说，在一套账务系统中包含有全职员工和兼职员工，两者的大多数数据是相同的，只是某些数据不同。在面向对象编程时，你可以定义一个代表普通员工的通用（general）类型，然后把全职员工定义为普通员工——除了有一些不同之处；同样，把兼职员工也定义为普通员工——除了一些不同之处。当一项针对员工的操作与具体的员工类别无关时，这一操作就可以仅针对通用员工类型来进行。当该操作需要区别全职员工与兼职员工时，就需要按照不同的方法来处理了。

定义这种对象之间的相同点和不同点就叫"继承"，因为特殊的全职员工类型和特殊的兼职员工类型都从基本员工类型继承了某些特征。

继承的好处在于它能很好地辅佐抽象的概念。抽象是从不同的细节层次来看对象的。回想一下前面讲过的，门从某个层次上看是不同种类的分子，而从另外的层次上看则是木纤维，再从另外一层上看它又是能够阻挡盗贼的东西。木头具有一些属性，比如说，你可以用锯来锯断木头，或用乳胶来黏合它们。三合板或雪松木除了具有木头的基本属性之外，还有一些它们自己特有的属性。

继承能简化编程的工作，因为你可以写一个基本的子程序来处理只依赖于门的基本属性的事项，另外写一些特定的子程序来处理依赖特定种类的门的特定操作。有些操作，如 Open() 或 Close()，对于任何种类的门都能用，无论它是防盗门、室内门、户外门、玻璃门、法式门还是滑动玻璃门。编程语言如果能支持像 Open()

代码大全（第2版）

或 Close() 这样在运行期间才能确定所针对的对象的实际类型的操作，这种能力叫做"多态/polymorphism"。面向对象编程语言，如 C++、Java 以及较新版本的 Microsoft Visual Basic 都支持继承和多态。

继承是面向对象编程中最强大的工具之一。如果使用得当，它能带来极大的益处，然而如果使用不当，它也有极大的弊端。详见第 6.3 节中的"继承（'有一个……'的关系）"。

Hide Secrets (Information Hiding)
隐藏秘密（信息隐藏）

信息隐藏是结构化程序设计与面向对象设计的基础之一。结构化设计里面的"黑盒子"概念就是来源于信息隐藏。在面向对象设计中，它又引出了封装和模块化的概念，并与抽象的概念紧密相关。信息隐藏是软件开发中一个开拓性的概念，这一节将会就此进行深入论述。

1972 年，David Parnas 发表的一篇题为《论将系统分解为模块的准则》的论文首次让公众注意到信息隐藏这一概念。信息隐藏被认为是具有"保密"的特征，软件开发者把一个地方的设计和实现决策隐藏起来，使程序的其他部分看不到它们。

在《人月神话》的 20 周年纪念版中，Fred Brooks 总结说，旧版中存在几处错误，其中之一便是对信息隐藏的批评。他说，"Parnas 是对的，而我在信息隐藏方面的观点才是错误的。"（Brooks 1995）。Barry Boehm 撰文称，信息隐藏是减少重复工作的强大技术。他同时指出，信息隐藏在不断增长的、大量变化的环境中尤其有用（Boehm 1987）。

信息隐藏是软件的首要技术使命中格外重要的一种启发式方法，因为它强调的就是隐藏复杂度，这一点无论是从它的名称还是其实施细节上都能看得很清楚。

Secrets and the Right to Privacy
秘密和隐私权

当信息被隐藏后，每个类（或者包和子程序）都代表了某种对其他类保密的设计或构建决策。隐藏起来的秘密可能是某个易变的区域，或者某种文件格式，或某种数据类型的实现方式，或某个需要隔离的区域，在这个区域中发生的错误不会给程序其余部分带来太大损失。在这里，类的职责就是把这部分信息隐藏起来，并保护自己的隐私权。对系统的非重大改动可能会影响到某个类中的几个子程序，但它们不应该波及到类接口的外面。

在设计一个类的时候，一项关键性的决策就是确定类的哪些特性应该对外可见，而哪些特性应该隐藏起来。一个类可能有 25 个子程序，但只暴露了其中的 5 个，其余 20 个则仅限于在类的内部使用。一个类在内部可能用到了多种数据类型，却不对外暴露有关它们的任何信息。在类的设计中，这一方面也称为 "可见性（visibility）"，因为它要确定的就是类的哪些特性对外界是 "可见的" 或能 "暴露" 给外界。

> 类的接口的奋斗目标是完备且最小的。
> —Scott Meyers

类的接口应该尽可能少地暴露其内部工作机制。如图 5-9 所示，类很像是冰山：八分之七都是位于水面以下，而你只能看到水面上的八分之一。

图 5-9　好的类接口就像是冰山的尖儿一样，让类的大部分内容都不会暴露出来

设计类的接口与设计其他环节一样，都是一个迭代的过程。如果你第一次没有得到合适的接口，那么就多试几次，直到设计稳定下来。如果设计仍不稳定，那你就需要换种方法再尝试。

An Example of Information Hiding
信息隐藏的一个例子

假设你有一个程序，其中的每个对象都是通过一个名为 `id` 的成员变量来保存一种唯一的 ID。一种设计方法是用一个整数来表示 ID，同时用一个名为 `g_maxId` 的全局变量来保存目前已分配的 ID 的最大值。每当创建新的对象时，你只要在该对象的构造函数里简单地使用 `id = ++g_maxId` 这条语句，就肯定能获得一个唯一的 ID 值，这种做法会让对象在创建时执行的代码量最少。可这样设计可能有问题吗？

好多地方都可能会出错。如果你想把某些范围的 ID 留做它用该怎么办？如果你想使用非连续 ID 来提高安全性又该怎么办？如果你想重新使用已销毁对象的 ID 呢？如果你想增加一个断言来确保所分配的 ID 值不会超过预期的最大范围呢？如果程序中到处都是 `id = ++g_maxId` 这种语句的话，一旦上面说的任何一种情况出现，你就需要修改所有这些语句。另外，如果你的程序是多线程的话，这种方法也不是线程安全的（thread-safe）。

创建新 ID 的方法就是一种你应该隐藏起来的设计决策。如果你在程序中到处使用 `++g_maxId` 的话，你就暴露了创建新 ID 的方法，也就是通过简单递增 `g_maxId`。相反，如果你在程序中都使用语句 `id = NewId()`，那就把创建新 ID 的方法隐藏起来了。你可以在 `NewId()` 子程序中仍然只用一行代码，return `(++g_maxId)`，或者其他与之等价的方法。但如果日后你想把某些范围的 ID 留做它用，或者重用旧的 ID 时，只要对 `NewId()` 子程序的内部加以改动即可，无须改动几十个甚至成百个 `id = NewId()` 语句。无论 `NewId()` 内部做了多么复杂的改动，这些改动都不会影响到程序的其他部分。

现在再假设你发现需要把 ID 的类型由整数改为字符串。如果你已经在程序内部大量地使用了 `int id` 这样的变量声明的话，那么即使改用 `NewId()` 子程序也无济于事。你还得深入到程序内部，进行几十次甚至几百次的修改。

因此，另一个需要隐藏的秘密就是 ID 的类型。对外界透露 ID 是个整型变量的做法，实质上是在鼓励程序员们对 ID 使用针对整数的操作，如 >、<、=等等。在 C++里，你可以简单地使用 `typedef` 来把 ID 定义为 `IdType`——一个可以解释为 `int` 的用户自定义类型——而避免将其直接定义成 `int` 类型。在 C++和其他语言中，你也可以创建一个简单的 `IdType` 类。再强调一下，隐藏设计决策对于减少"改动所影响的代码量"而言是至关重要的。

KEY POINT 信息隐藏在设计的所有层次上都有很大作用——从用具名常量替代字面量（literal），到创建数据类型，再到类的设计、子程序的设计以及子系统的设计等等。

Two Categories of Secrets
两种秘密

信息隐藏中所说的秘密主要分为两大类：

- 隐藏复杂度，这样你就不用再去应付它，除非你要特别关注的时候。
- 隐藏变化源，这样当变化发生时，其影响就能被限制在局部范围内。复杂度的根源包括复杂的数据类型、文件结构、布尔判断以及晦涩的算法等等。本章后面会详细论述这些变化源。

Barriers to Information Hiding
信息隐藏的障碍

> 深入阅读 本节的部分内容改写自"设计易于扩展和收缩的软件"（Designing Software for Ease of Extension and Contraction, Parnas 1979）。

在少数情况下，信息隐藏是根本不可能的。不过大多数让信息无法隐藏的障碍都是由于惯用某些技术而导致的心理障碍。

信息过度分散 信息隐藏的常见障碍之一是信息在系统内过度分散。你可能把 100 这个数字直接写到了程序里，这样会导致对它的引用过于分散。最好是把这部分信息隐藏起来，比如说写入一个叫 MAX_EMPLOYEES 的常量中，而对这个常量的值进行改动只要在一处进行即可。

信息过度分散的另一例子是在系统内部到处都有与人机交互相关的内容。一旦交互方式改变——比如说从图形用户界面变为命令行界面——那么几乎所有代码都需要改动。最好是把与人机交互逻辑集中到一个单独的类、包或者子系统中，这样，改动就不会给系统带来全局性的影响了。

> 交叉参考 关于通过类的接口来访问全局数据的具体做法，见第 13.3 节中的"用访问器子程序来取代全局数据"。

再举一个关于全局数据项的例子——比如说一个在程序全局范围内都可以访问的、含有 1 000 个元素的员工数据数组。如果程序直接使用该全局数据，那么关于该数据项的实现细节——比如它是个数组，可以存放最多 1 000 个元素这些信息——就会在程序中到处分散。而如果程序仅是通过访问器子程序（access routines）来使用该数据的话，就只有访问器子程序才知道其实现细节了。

循环依赖 一种更为隐晦的信息隐藏障碍则是循环依赖，比如说 A 类中的子程序调用了 B 类中的子程序，然后 B 类中的子程序又调用 A 类中的子程序。

要避免形成这种循环依赖。它会让系统难于测试，因为你既无法单独测试 A 类，也无法单独测试 B 类，除非另一个类至少已经部分就绪。

把类内数据误认为全局数据 如果你是个谨慎的程序员，那么有效地隐藏信息的障碍之一就是把类内数据误认为是全局数据并避免使用它，因为你想避免全局数据可能带来的问题。全局变量会让你陷入很多编程陷阱，而类内数据可能带来的风险则要小得多。

全局数据通常会受困于两类问题：一种是子程序在全局数据之上执行操作，但却不知道还有其他的子程序也在用这些全局数据进行操作；另一种是子程序知道其他的子程序也在用全局数据进行操作，但却无法明确地知道都进行了哪些操作。而类内数据就不会遇到这两种问题，因为只有类内部的少数子程序才能直接访问这些数据。这些子程序不但知道有其他子程序在操纵这些数据，而且也明确知道具体是哪些子程序在执行这些操作。

当然，上述观点所基于的前提是：你的系统使用了设计良好的、体积小巧的类。如果你的程序被设计为使用了很多体积庞大、包含众多子程序的类的话，那么类数据和全局数据之间的区别就变得模糊起来，类内数据也将开始受困于全局数据所面临的那些问题了。

> **交叉参考** 代码级的性能优化在第25章"代码调整策略"和第26章"代码调整方法"中讨论。

可以察觉的性能损耗 信息隐藏的最后一个障碍是试图在系统架构层和编码层均避免性能上的损耗。你不必在任何一层去担心。因为在架构层按照信息隐藏的目标去设计系统并不会与按照性能目标去设计相冲突。如果你谨记信息隐藏和性能这两点，那么就可以达到这两个目标。

更常见的担心来自于编码层。你可能会认为，由于有了额外层次的对象实例化和子程序调用等，间接访问对象会带来性能上的损耗。事实上，这种担心为时尚早，因为你能够衡量系统的性能，并且找出妨碍性能的瓶颈所在之前，在编码层能为性能目标所做的最好准备，便是做出高度模块化的设计来。等你日后找出了性能的瓶颈，你就可以针对个别的类或者子程序进行优化而不会影响系统的剩余部分了。

Value of Information Hiding
信息隐藏的价值

信息隐藏是少数几个得到公认的、在实践中证明了其自身价值的理论技术，并且已经有很长一段时间了（Boehm 1987a）。几年前人们就发现，那些运用了信息隐藏技术的大型项目与没有应用这一技术的项目相比，修改起来大约容易 4 倍（Korson and Vaishnavi 1986）。而且，信息隐藏还是结构化程序设计和面向对象设计的根基之一。

信息隐藏有着独特的启发力，它能够激发出有效的设计方案。传统的面向对象设计通过把周围世界建模为对象来激发设计，但是这种基于对象的思考却不能帮助你避免把 ID 声明为 int 而不是 IdType。面向对象设计者会这样问，"能否把 ID 看作是一个对象？"取决于这个项目的编码标准，如果回答了"是的"，那么可能就意味着程序员必须要写构造函数、析构函数、拷贝操作符和赋值操作符；注释掉所有的原有语句，然后放回源码控制系统里。大多数的程序员可能会决定说，"不，没必要为了一个 ID 而新建一个类，我还是用 int 得了。"

看看都发生了什么。一个能够简单地把 ID 的数据类型隐藏起来的有用的设计方案甚至都没有被考虑。可是如果设计者改变一下问法，"如果 ID 应该被隐藏起来该怎样呢？"，那么他很可能会用 IdType 来取代 int，即用一个简单的类型声明来隐藏 ID 的类型。在这个例子里，面向对象设计与信息隐藏之间的差异，要比规章与临时制度之间的差异还要微妙。面向对象设计也会和信息隐藏一样接受这种设计方案。两者间的区别更多的是在于，按照信息隐藏的原则来思考，能够激发和促进某些设计决策的形成,而仅仅按照对象原则思考却不会。其差异也很有启发性。

信息隐藏同样有助于设计类的公开接口。在设计类的理论与实践之间有着很大的差距,有很多类的设计者认为,把什么内容放在类的公开接口里,就等同于找出使用最方便的那个接口,这通常就导致类内部过多的内容被暴露出来。以我看来,一些程序员宁愿把一个类的私用数据都暴露出来,也不愿多写十行代码来保护类的秘密不被泄漏。

问题"这个类需要隐藏些什么?"正切中了接口设计的核心。如果你能在给类的公开接口中增加函数或者数据而不牺牲该类的隐秘性,那么就做下去,否则请停住。

在设计的所有层面上,都可以通过询问该隐藏些什么来促成好的设计决策。这一问题可以在构建层面(construction level)上协助你用具名常量来取代字面量,可以在类的内部生成好的子程序和参数名称,还有助于指导在系统层上做出有关类和子系统分解以及交互设计的决策。

KEY POINT 请养成问"我该隐藏些什么?"的习惯,你会惊奇地发现,有很多很棘手的设计难题都会在你面前化解。

Identify Areas Likely to Change
找出容易改变的区域

深入阅读 本节中描述的方法改写自"设计易于扩展和收缩的软件"(Designing Software for Ease of Extension and Contraction, Parnas 1979)。

对优秀的设计师一份研究表明,他们所共有的一项特质就是都有对变化的预期能力(Glass 1995)。好的程序设计所面临的最重要挑战之一就是适应变化。目标应该是把不稳定的区域隔离出来,从而把变化所带来的影响限制在一个子程序、类或者包的内部。下面给出你应该采取的应对各种变动的措施:

1. **找出看起来容易变化的项目**。如果需求做得很好,那么其中就应该包含一份潜在变化的清单,以及其中每一项变化发生的可能性。在这种情况下,找出潜在的变化就非常容易了。如果需求中没有包括潜在的变化,请参考后面有关"在任何项目中都容易发生变化的区域"的讨论。

2. **把容易变化的项目分离出来**。把第一步中找出的容易变化的组件单独划分成类,或者和其他容易同时发生变化的组件划分到同一个类中。

3. **把看起来容易变化的项目隔离开来**。设法设计好类之间的接口,使其对潜在的变化不敏感。设计好类的接口,把变化限制在类的内部,且不会影响类的外部。任何使用了这个将会发生变化的类的其他类都不会察觉到变化的存在。类的接口应该肩负起保护类的隐私的职责。

下面是一些容易发生变化的区域：

> **交叉参考** 主动应对变更的最有力的技术之一，是表驱动技术。详情请见第18章"表驱动法"。

业务规则 业务规则很容易成为软件频繁变化的根源。国会改变了税率结构，工会重新谈判合同的内容，保险公司改变了它的税率表……如果你遵循信息隐藏的原则，那么基于这些业务规则的逻辑就不应该遍布于整个程序，而是仅仅隐藏于系统的某个角落，直到需要对它进行改动，才会把它拎出来。

对硬件的依赖性 与屏幕、打印机、键盘、鼠标、硬盘、声音设施以及通信设计等之间的接口都是硬件依赖的例子。请把对硬件的依赖隔离在它们自身的子系统或者类中。这种隔离会非常有利于你把程序移植到新的硬件环境下。另外，当你为可能变化的硬件开发程序时，这样做也会有很大帮助。你可以写软件来模拟与特定硬件的交互，在硬件尚不稳定或者不可用的时候，让硬件接口子系统使用该模拟器，当硬件可用的时候再把硬件接口子系统与模拟器切断，最终连接到真正的硬件设备上。

输入和输出 在做比纯硬件接口层稍高一些层面上的设计时，输入输出也是一个容易变化的区域。如果你的程序创建了自己的数据文件，那么该文件格式就可能会随软件开发的不断深化而变化。用户层的输入和输出格式也会改变——输出页面上字段（fields）的位置、数量和排列顺序等都可能会变。因此，检查所有的外部接口，看看有那些可能的变化通常是个不错的主意。

非标准的语言特性 大多数编程语言的实现中都包含了一些便利的、非标准的扩展。对这些扩展的应用就像双刃剑一样，因为它们可能在其他的环境中不可用，不论该环境是一套不同的硬件、不同发行商所发行的语言版本，还是同一发行商发行的同一语言的新版本。

如果你用了编程语言的非标准扩展，请把这样的扩展单独隐藏在某个类里，以便当你转移到新的环境后可以用自己写的代码去取代它。与此类似，如果你使用了并非在所有环境中都可用的子程序库（函数库），请把这些子程序库隐藏在一个接口的后面，为新环境做好准备。

困难的设计区域和构建区域 把困难的设计区域和构建区域隐藏起来也是很好的想法，因为这些代码可能因为设计得很差而需要重新做。请把它们隔离起来，把其拙劣的设计和"构建"对系统其余部分的可能影响降至最低。

状态变量 状态变量用于表示程序的状态，与大多数其他的数据相比，这种东西更容易改变。在一个典型的应用场景里，你可能一开始用布尔变量来定义出错状态，然后又发现用具有 `ErrorType_None`、`ErrorType_Warning` 和 `ErrorType_Fatal` 等值的枚举类型来表示该状态更好。

你可以在使用状态变量时增加至少两层的灵活性和可读性：

- 不要使用布尔变量作为状态变量，请换用枚举类型。给状态变量增加一个新的状态是很常见的，给枚举类型增加一个新的状态只需要重新编译一次，而无须对每一行检查该状态变量的代码都做一次全面修订。
- 使用访问器子程序（access routine）取代对状态变量的直接检查。通过检查访问器子程序而不是检查状态变量，使程序能够去测试更复杂的状态情况。例如，如果你想联合检查某一错误状态（error-state）变量和当前功能状态（current-function-state）变量，那么如果该条测试语句隐藏在一段子程序里，这就很容易做到；而如果把该测试语句硬编码到程序各处，则会困难重重。

数据量的限制 当你定义了一个具有 100 个元素的数组的时候，你实质上是在向外界透露一些它们并不需要知道的信息。保护好你的隐私！信息隐藏并不总是像创建新类一样复杂，有的时候它就像使用具名常量 `MAX_EMPLOYEES` 来隐藏 100 一样简单。

Anticipating Different Degrees of Change
预料不同程度的变化

交叉参考 本节描述的预料变化的方法不涉及提前设计和提前编码。关于这两种实践方法，请见 24.2 节中的"程序中的一些代码似乎是在将来的某个时候才会用到的"。

深入阅读 本处的讨论来自"论一族程序的设计与开发"一文所描述的方法（On the design and development of program families, Parnas 1976）。

当你在考虑系统中的潜在变化时，应该设法设计好你的系统，让这些变化的影响或范围与发生该变化的可能性成反比。如果一种变化很可能发生，那么要确保系统能够很容易地对它做出响应。只有那些极不可能发生的变化才导致系统中多于一个类发生的明显变化。优秀的设计者还能够很好地预料应对变化所需的成本。相比，如果某个变化特别容易发生而又容易做出计划，你就应该在如何对付它上多下些功夫，不要把精力过多浪费在那些不太可能发生而且又很难做出计划的变化上。

找出容易发生变化的区域的一个好办法是：首先找出程序中可能对用户有用的最小子集。这一子集构成了系统的核心，不容易发生改变。接下来，用微小的步伐扩充这个系统。这里的增量可以非常微小，小到看似微不足道。当你考虑功能上的改变时，同时也要考虑质的变化：比如说让程序变成线程安全的，使程序能够本地化等。这些潜在的改进区域就构成了系统中的潜在变化。请依照信息隐藏的原则来设计这些区域。通过首先定义清楚核心，你可以认清哪些组件属于附加功能，这时就可以把它们提取出来，并把它们的可能改进隐藏起来。

Keep Coupling Loose
保持松散耦合

耦合度表示类与类之间或者子程序与子程序之间关系的紧密程度。耦合度设计的目标是创建出小的、直接的、清晰的类或子程序,使它们与其他类或子程序之间关系尽可能地灵活,这就被称作"松散耦合"。松散耦合这一概念同时适用于类和子程序,所以在下面的讨论中我会使用"模块"一词来同时指代类和子程序。

模块之间的好的耦合关系会松散到恰好能使一个模块能够很容易地被其他模块使用。火车模型之间通过环钩彼此相连,把两辆列车连起来非常容易——只用把它们钩起来就可以了。设想如果你必须要把它们用螺丝拧在一起,或者要连很多的线缆,或者只能连接某些特定种类的车辆,那么连接工作会是多么复杂。火车模型之间之所以能够相连,就是因为这种连接尽可能的简单。在软件中,也请确保模块之间的连接关系尽可能的简单。

请尽量使你创建的模块不依赖或者很少依赖其他模块。让模块之间的关系像商业合作者一样彼此分离,而不是像连体婴儿那样紧密相连。像 `sin()` 这样的子程序是松散耦合的,因为它需要知道的东西也就是一个传入的、代表角度的数值。而诸如 `InitVars(var1, var2, var3, …, varN)` 这样的子程序则耦合得过于紧密了,因为对于调用端必须传入的各个参数,调用它的模块实际上知道在 `InitVars()` 的内部会做些什么。如果两个类都依赖于对方对同一个全局变量的使用情况,那么它们之间的耦合关系就更为紧密了。

Coupling Criteria
耦合标准

接下来是一些在衡量模块之间耦合度时可采用的标准:

规模 这里的规模指的是模块之间的连接数。对于耦合度来说,小就是美,因为只要做很少的事情,就可以把其他模块与一个有着很小的接口的模块连接起来。只有一个参数的子程序与调用它的子程序之间的耦合关系比有六个参数的子程序与它的调用方之间的耦合关系更为松散。包含 4 个定义明确的公用方法(public method)的类与它的调用方的耦合关系,比包含 37 个公用方法的类与它的调用方的耦合关系更为松散。

可见性 可见性指的是两个模块之间的连接的显著程度。开发程序与在中央情报局里工作不一样,你不能靠鬼鬼祟祟来获得信任。而是应该像登广告一样,通过把模块之间的连接关系变得广为人知而获取信任。通过参数表传递数据便是一种明显的连接,因而值得提倡。通过修改全局数据而使另一模块能够使用该数据则是一种"鬼鬼祟祟"的做法,因此是很不好的设计。如果把与全局数据之间的连接写入文档,那么就会使得这些连接相对明显些,因而会比上面的做法稍微好些。

灵活性 灵活性指的是模块之间的连接是否容易改动。理想状态下,你会更喜欢计算机上的热插拔 USB 连接器,而不喜欢用电烙铁焊接裸导线的连接方式。在一定程度上,灵活性是其他几个耦合特性综合作用的结果,但是也的确有所不同。假设你有一段子程序，通过输入雇用日期和工作级别来查询员工每年获得的休假数量。这段子程序被命名为 `LookupVacationBenefit()`。假设在另一个模块里已经有了一个 `employee` 对象，其中包含了雇用日期和工作级别，以及其他一些信息，该模块把这种对象传给 `LookupVacationBenefit()`。

按照其他耦合标准，这两个模块间的耦合关系看上去是很松散的。这两个模块之间的 `employee` 连接是可见的，而且这里只存在一个连接。现在假设你需要在第三个模块中使用 `LookupVacationBenefit()`，这一模块中没有 `employee` 对象，但却包含雇用日期和工作级别。这样，`LookupVacationBenefit()` 一下子就变得不太友好了，它无法和新的模块协同工作。

要使第三个模块能使用 `LookupVacationBenefit()`，它就必须了解 `Employee` 类。它可能去临时拼凑一个只包含两个字段的 `employee` 对象，但是这就需要了解 `LookupVacationBenefit()` 的内部机制，也就是说，只有这两个字段才是 `LookupVacationBenefit()` 所需的。这样的解决方案非常牵强，而且也十分丑陋。第二种解决方案可能是对 `LookupVacationBenefit()` 做出修改，使它以雇用日期和工作级别作为参数，而不用 `employee`。无论怎样，原有的那个模块与过去相比都已经变得更不灵活了。

从这个故事得到的好消息是，可以让一个不友好的模块变友好，只要把它变得更灵活——在这个例子里，这件事是通过明确以雇用日期和工作级别取代 `employee` 作为参数来实现的。

简而言之，一个模块越容易被其他模块所调用，那么它们之间的耦合关系就会越松散。这种设计非常不错，因为它更灵活，并且更易于维护。因此，在创建系统架构时，请按照"尽可能缩减相互连接"的准则来分解程序。如果把程序看做是一块木材，那么就请延着木材的纹理把它劈开。

Kinds of Coupling
耦合的种类

下面是你会遇到的最常见的几种耦合：

简单数据参数耦合（simple-data-parameter coupling） 当两个模块之间通过参数来传递数据，并且所有的数据都是简单数据类型（primitive data type）的时候，这两个模块之间的耦合关系就是简单数据参数耦合的。这种耦合关系是正常的，可以接受的。

简单对象耦合（simple-object coupling） 如果一个模块实例化一个对象，那么它们之间的耦合关系就是简单对象耦合的。这种耦合关系也很不错。

对象参数耦合（object-parameter coupling） 如果 `Object1` 要求 `Object2` 传给它一个 `Object3`，那么这两个模块就是对象参数耦合的。与 `Object1` 仅要求 `Object2` 传递给它简单数据类型相比，这种耦合关系要更紧密一些，因为它要求 `Object2` 了解 `Object3`。

语义上的耦合 最难缠的耦合关系是这样发生的：一个模块不仅使用了另一模块的语法元素（syntactic element），而且还使用了有关那个模块内部工作细节的语义知识（semantic knowledge）。这里是一些例子：

- Module1 向 Module2 传递了一个控制标志，用它告诉 Module2 该做什么。这种方法要求 Module1 对 Module2 的内部工作细节有所了解，也就是说需要了解 Module2 对控制标志的使用。如果 Module2 把这个控制标志定义成一种特定的数据类型（枚举类型或者对象），那么这种使用方法还说得过去。

- Module2 在 Module1 修改了某个全局数据之后使用该全局数据。这种方式就要求 Module2 假设 Module1 对该数据所做出的修改符合 Module2 的需要，并且 Module1 已经在恰当的时间被调用过。

- Module1 的接口要求它的 Module1.Initialize() 子程序必须在它的 Module1.Routine()之前得到调用。Module2 知道 Module1.Routine() 无论如何都会调用 Module1.Initialize()，所以它在实例化 Module1 之后只是调用了 Module1.Routine()，而没有先去调用 Module1.Initialize()。

- Module1 把 Object 传给 Module2。由于 Module1 知道 Module2 只用了 Object 的 7 个方法（method）中的 3 个，因此它只部分地初始化 Object——只包含那 3 个方法所需的数据。

- Module1 把 BaseObject 传给 Module2 。由于 Module2 知道 Module1 实际上传给它的是 DerivedObject，所以它把 BaseObject 转换成 DerivedObject，并且调用了 DerivedObject 特有的方法（method）。

语义上的耦合是非常危险的，因为更改被调用的模块中的代码可能会破坏调用它的模块，破坏的方式是编译器完全无法检查的。类似这样的代码崩溃时，其方式是非常微妙的，看起来与被使用的模块中的代码更改毫无关系，因此会使得调试工作变得无比困难。

松散耦合的关键之处在于，一个有效的模块提供出了一层附加的抽象——一旦你写好了它，你就可以想当然地去用它。这样就降低了整体系统的复杂度，使得你可以在同一时间只关注一件事。如果对一个模块的使用要求你同时关注好几件事——其内部工作的细节、对全局数据的修改、不确定的功能点等——那么就失去了抽象的能力，模块所具有的管理复杂度的能力也削弱或完全丧失了。

KEY POINT 类和子程序是用于降低复杂度的首选和最重要的智力工具。如果它们没帮助你简化工作，那么它们就是失职的。

Look for Common Design Patterns
查阅常用的设计模式

cc2e.com/0585

设计模式精炼了众多现成的解决方案，可用于解决很多软件开发中最常见的问题。有些软件问题要求全新的解决方案，但是大多数问题都与过去遇到过的问题类似，因此可以使用类似的解决方案或者模式加以解决。常见的模式包括适配器（Adapter）、桥接（Bridge）、装饰器（Decorator）、外观（Facade）、工厂方法（Factory Method）、观察者（Observer）、单件（Singleton）、策略（Strategy）及模板方法（Template Method）。由 Erich Gamma、Richard Helm、Ralph Johnson 和 John Vlissides 所著的《设计模式》(1995)一书是讲述设计模式的最权威著作。

与完全定制的设计方案相比，设计模式提供了下列益处。

设计模式通过提供现成的抽象来减少复杂度　如果你说，"这段代码使用 Factory Method 来创建派生类的实例，"那么你项目中的其他程序员就会明白，这段代码涉及到了一组相当丰富的交互关系以及编程协议。在你提及到了 Factory Method 这个设计模式时，所有相关的信息都被唤醒了。

Factory Method 是一个模式，它允许你在对一个特定基类的任意派生类做实例化的时候无须关注具体派生类的情况，除了在 Factory Method 内部。你可以在《重构》(Fowler 1999)一书的"用工厂方法取代构造函数"一节里看到关于应用 Factory Method 的不错讨论。

你不需要把你代码中的设计思路逐行地讲解给其他的程序员，他们就可以理解你的代码里的设计思路。

设计模式通过把常见解决方案的细节予以制度化来减少出错　软件设计问题中总包含着一些比较微妙的地方，只有当它们被解决了一两次（或者三四次甚至更多）之后才能完全显露出来。因为设计模式代表了一些解决常见问题的标准做法，积聚了多年来人们尝试解决那些问题的智慧，同时也包含着对人们在解决这些问题时所犯错误的更正。

如此看来，应用设计模式和"用程序库取代自己编写的代码"在概念上有相似之处。不可否认的是，每个人都曾经自己写过几次快速排序算法，但你自己写的版本一写就对的可能性又有多少呢？与之相似，大量的设计问题都与旧有问题相关。因此说，为了解决这些问题，你最好是选取那些现已存在的设计方案，而不是自己去独创一套。

设计模式通过提供多种设计方案而带来启发性的价值　一个熟悉常见设计模式的设计者能很轻松地找出一些模式来，并且问"选用哪一种设计模式才适合我这里的设计问题？"从一组熟悉的设计方案中寻找，肯定比自己从头开始创造一个设计方案来得容易。对于读者来说，与理解完全定制的代码相比，他们也会更容易理解那些采用了自己熟悉的设计模式的代码。

设计模式通过把设计对话提升到一个更高的层次上来简化交流 除了在管理复杂度方面的益处之外，设计模式还能够让设计者在更高一层的粒度上进行思考与讨论，从而加速设计交流过程。如果你说"我拿不准在这里是用 Creator（创建者）还是 Factory Method，"你其实已经言简意赅地传递了非常多的设计决策——如果你和你的听众都熟悉这些模式的话。设想一下，如果你还要深入细节地去解释 Creator 模式和 Factory Method 模式的代码细节，然后再去对这两者做出比较，那该会有多费时！

如果你还对设计模式不熟悉，那么表 5-1 总结出一些常见设计模式，希望能引起你的兴趣。

表 5-1 常见设计模式

模 式	描 述
Abstract Factory（抽象工厂）	通过指定对象组的种类而非单个对象的类型来支持创建一组相关的对象
Adapter（适配器）	把一个类的接口转变成为另一个接口
Bridge（桥接）	把接口和实现分离开来，使它们可以独立地变化
Composite（组合）	创建一个包含其他同类对象的对象，使得客户代码可以与最上层对象交互而无须考虑所有的细节对象
Decorator（装饰器）	给一个对象动态地添加职责，而无须为每一种可能的职责配置情况去创建特定的子类（派生类）
Facade（外观）	为没有提供一致接口的代码提供一个一致的接口
Factory Method	做特定基类的派生类的实例化时，除了在 Factory Method 内部之外均无须了解各派生对象的具体类型
Iterator（迭代器）	提供一个服务对象来顺序地访问一组元素中的各个元素
Observer（观察者）	使一组相关对象相互同步，方法是让另一个对象负责：在这组对象中的任何一个发生改变时，由它把这种变化通知给这个组里的所有对象
Singleton（单件）	为有且仅有一个实例的类提供一种全局访问功能
Strategy（策略）	定义一组算法或者行为，使得它们可以动态地相互替换
Template Method（模板方法）	定义一个操作的算法结构，但是把部分实现的细节留给子类（派生类）

如果你此前没接触过设计模式，那么对表 5-1 内容的反映可能是"当然，我已经了解其中的多数想法了。"这一反应也是设计模式之所以有价值的很大理由。大多数经验丰富的程序员对模式都很熟悉，给这些模式加上容易辨认的名字，是为了能够更高效、更有效地开展交流。

应用模式的一个潜在的陷阱是强迫让代码适用于某个模式。有时候，对代码进行一些微小的更改以便符合某个广为人知的模式，会使这段代码更容易理解。但是，如果一段代码做出巨大改动，迫使它去符合某个标准模式，有时反而会把问题复杂化。

应用模式的另一个潜在陷阱是"为了模式而模式"（feature-it-is）。不要仅仅因为想试用某个模式、不考虑该模式是否合适就去应用它。

总之，设计模式是一种非常强大的管理复杂度的工具。你可以阅读本章后面所列出的任意一本好书来获取更多更深入的信息。

Other Heuristics
其他的启发式方法

以上部分描述了软件设计中的主要的启发式方法。以下会再给出一些不太常用、但值得一提的启发式方法。

Aim for Strong Cohesion
高内聚性

内聚性源于结构化设计，并且经常与耦合度结合在一起讨论。内聚性指的是类内部的子程序或者子程序内的所有代码在支持一个中心目标上的紧密程度——这个类的目标是否集中。包含一组密切相关的功能的类被称为有着高内聚性，而这种启发式方法的目标就是使内聚性尽可能地高。内聚性是用来管理复杂度的有用工具，因为当一个类的代码越集中在一个中心目标的时候，你就越容易记住这些代码的功能所在。

多年来，在子程序的层面上考虑内聚性一直被认为是一种很有用的启发式方法，今天还是如此。在类的层面上，内聚性已经更多地被包含在设计良好的抽象这一概念之内，而后者的内涵更为广阔。在本章的前面部分和第 6 章中都对后者展开了讨论。在子程序层上，抽象也同样有用，但是它与内聚性的细节程度差不多。

Build Hierarchies
构造分层结构

分层结构指的是一种分层的信息结构，其中最通用的或者最抽象的概念表示位于层次关系的最上面，而越来越详细的具有特定意义的概念表示放在更低的层次中。在软件中，在类的层次结构中可以看到分层的组织结构，以及如图 5-2 中的第四层所表示的，子程序调用也具有分层结构。

分层结构用作管理复杂信息的重要工具已经至少有 2000 年了。亚里士多德用分层结构来组织动物王国。人类也常常使用大纲来组织复杂的信息（就像这本书一样）。研究人员发现，人类常常把分层结构看作是管理复杂信息的一种很自然的方法。当他们画复杂的对象的时候，比如说是一座房屋，他们总是一层层地去画。首先画出房屋的轮廓，然后画窗口和门，接下来画进一步的细节。而不是一块砖、一片瓦、一根钉地去画（Simon 1996）。

分层结构是实现软件的首要技术使命的有用工具，因为它使你能够只关注于当前正在关注的那一层细节。其他的细节并没有完全消失，它们只是被放到了另一层次上，这样你就可以在需要的时候去考虑它们，而不是在所有的时间都要考虑所有的细节。

Formalize Class Contracts
严格描述类契约

> **交叉参考** 关于契约的更多讨论，见第8.2节中的"用断言来注解并验证前条件和后条件"。

在另一更为细节的层次上，把每个类的接口看作是与程序的其余部分之间的一项契约会有助于更好地洞察程序。通常，这种契约会类似于"如果你承诺提供数据 x，y 和 z，并且答应让这些数据具有特征 a，b 和 c，我就承诺基于约束 8，9 和 10 来执行操作 1，2 和 3。"在这里，由类的客户向该类所做出的承诺通常被称为"前条件（preconditions）"，而该对象向其客户所做的承诺称为"后条件（postconditions）"。

契约对于管理复杂度而言非常有益，因为至少从理论上来说，该对象可以很安全地忽略掉契约范围之外的任何行为。当然在实际中，有关情况会复杂得多。

Assign Responsibilities
分配职责

另一个启发式方法是去想该怎样为对象分配职责。问每一个对象该对什么负责，类似于问这个对象应该隐藏些什么信息，不过我认为这一问题能够带来更为广阔的答案，从而使这种方法具有特殊的价值。

Design for Test
为测试而设计

有一种思考过程能带来很有趣的对设计的理解，那就是问：如果为了便于测试而设计这个系统，那么系统会是什么样子？你需要把用户界面与程序的其余部分分离开来以便能够独立地检查它们吗？你需要设法组织好每一个子系统，使它与其他子系统之间的依赖关系最小吗？为测试而设计很容易产生更为规整的类接口，而这通常是非常有益处的。

Avoid Failure
避免失误

土木工程教授 Henry Petroski 写了一本很有意思的书，《设计范例：工程中失误与判断的案例史》（《*Design Paradigms: Case Histories of Error and Judgment in Engineering*》，Petroski 1994），其中记录了桥梁设计的失误史。Petroski 认为，很多很宏伟的桥梁建设最后却失败了，其原因在于只关注了此前的成功案例，而没有充分考虑可能的失败模式。他断定，像 Tacoma Narrows 大桥这样的失败案例是本可以被避免的，如果设计者仔细地考虑了桥梁倒塌的可能方式，而不仅是照搬其他的成功先例所具有的属性的话。

过去几年里许多著名的系统出现了代价高昂的安全性故障，由此我们应该得到一点共识：必须设法把 Petroski 有关设计失误的洞见应用到软件领域中。

Choose Binding Time Consciously
有意识地选择绑定时间

交叉参考 关于绑定时间的更多讨论，见第10.6节"绑定时间"。

绑定时间指的是把特定的值绑定到某一变量的时间。做早绑定的代码通常比较简单，但是也会比较缺乏灵活性。有时候，你可以通过问类似这样的问题来获得更好的理解：如果我早期绑定这些值又会怎样？如果晚些绑定又该如何？如果我在此处就初始化这张表会怎样？如果我在运行期间从用户那里读入这个变量的值又该怎样？

Make Central Points of Control
创建中央控制点

P.J. Plauger 表示，他最关心的就是"唯一一个正确位置的原则（the Principle of One Right Place）——对于每一段有作用的代码，应该只有唯一的一个地方可以看到它，并且也只能在一个正确的位置去做可能的维护性修改"（Plauger 1993）。控制可以被集中在类、子程序、预处理宏以及 #include 文件里——甚至一个具名常量也是这种中央控制点的例子。

之所以这么做有助于降低复杂度，其原因在于：为了找到某样事物，你需要查找的地方越少，那么改起它来就会越容易、越安全。

Consider Using Brute Force
考虑使用蛮力突破

> 拿不准时，用蛮力解决。
> —Butler Lampson

蛮力也是一种强大的启发式工具。可不要小看它，一个可行的蛮力解决方案要好于一个优雅但却不能用的解决方案，因为优雅的方案可能要花很长时间才能调通。举例来说，Donald Knuth 在叙述查找算法的历史时指出，尽管第一篇有关二分法查找（折半查找）算法的文章在 1946 年就发布了，可 16 年后才有人发表了能正确查找各种规模的列表的算法（Knuth 1998）。二分法查找算法是很优雅，可往往一个蛮力的、顺序的查找算法就足够了。

Draw a Diagram
画一个图

画图是另一种强大的启发式方法。一幅图顶得上一千句话。你肯定想省下这一千句话中的大部分，因为使用一幅画的关键一点就是，图能够在一个更高的抽象层次上表达问题。有些时候你需要去处理问题的细节，可在另一些时间里，你却需要能够从更一般性的角度出发去工作。

Keep Your Design Modular
保持设计的模块化

模块化的目标是使得每个子程序或者类看上去像个"黑盒子"：你知道进去什么，也知道出来什么，但是你不知道在里面发生了什么。黑盒子有着如此简洁的接口设计和定义明确的功能，对于给定任何特定的输入，你都能准确预期相应的输出结果。

模块化这一概念和信息隐藏、封装以及其他的设计启发密切相关。但在一些时候，如果你去考虑如何把一堆黑盒子组装成系统，也许会获得单纯使用信息隐藏和封装技术所无法获得的深刻理解，因此这个概念值得放进你的设计工具箱中。

Summary of Design Heuristics
关于设计启发的总结

> 更令人担忧的是，一个程序员能以两种或三种不同的方式来完成同一个任务，有时是不知不觉的，但更常见的是为了做修改，或者为了提供优雅的解决方案。
> ——A. R. Brown 和 W. A. Sampson

下面是对主要的设计中的启发式方法的总结：

- 寻找现实世界的对象（object，物体）
- 形成一致的抽象
- 封装实现细节
- 在可能的情况下继承
- 藏住秘密（信息隐藏）
- 找出容易改变的区域
- 保持松散耦合
- 探寻通用的设计模式

下列的启发式方法有时也很有用：

- 高内聚性
- 构造分层结构
- 严格描述类契约
- 分配职责
- 为测试而设计
- 避免失误
- 有意识地选择绑定时间
- 创建中央控制点
- 考虑使用蛮力
- 画一个图
- 保持设计模块化

Guidelines for Using Heuristics
使用启发式方法的原则

软件中的设计方法可以从其他领域中的设计方法借鉴许多东西。最早有关解决问题的探索方法的著作之一便是 G·波利亚（Polya）写的《怎样解题》（《How to Solve It》，1957）。Polya 提出的解决问题的一般方法是针对数学领域的。图 5-10 对他所提出的方法做出了总结，改编自他的书中一份类似的总结。

cc2e.com/0592

1. 理解问题。你必须要理解问题。

   未知量是什么？现有的数据是什么？条件是什么？能够满足这些条件吗？这些条件足以决定出未知量吗？还是并不够？或者其中有冗余？甚至是矛盾的？

   画一幅图，引进一些合适的记号，把条件的不同部分分离开。你能把它们一一写下吗？

2. 设计一个计划。找出现有数据和未知量之间的联系。如果你找不出居中的联系，那么可能还得考虑些辅助性的问题。最终你应该能得出一份解决方案的计划来。

   在此之前你遇见过这一问题吗？或者曾经遇见过与此差别不大的问题？你知道某个相关的问题吗？你知道一个可能会有用的定理吗？

   盯住那个未知量！试着想出一个有着相同或者类似的未知量的问题来。一定有一个和你的问题相关的而且此前已被解决过的问题，你能用它吗？你能用它的结果吗？或者用它的方法？为了让它有用你需要再引入一些辅助的元素吗？

   你能再重述这个问题吗？你能再次用与以前都不同的方式重述这个问题吗？回过头去考虑一下定义吧。

   如果你还是解决不了提出的这个问题，那么试着先去解决一些相关的问题。你能设想出一个更容易解决的与此有关的问题吗？一个更一般的问题？一个更特殊的问题？一个类似的问题？你能解决这个问题的一部分吗？只留下一部分条件而去掉其他条件，未知量能够确定多少，它又能怎样变化？你从这些数据中得出有用信息吗？你能找出其他适合用于确定未知量的数据吗？你能修改未知量或者已知数据，或者必要时修改两者，以便新的未知量和新的数据更加接近吗？

   你使用了全部的数据吗？你使用了所有的条件吗？你考虑了该问题所涉及的所有核心概念了吗？

3. 执行这一计划。请执行你的计划。

   执行你的求解计划，检查每一步。你能清楚地看到每一步都是正确的吗？你能证明它是正确的吗？

4. 回顾。检视整个的解。

   你能核对结果吗？你能核对论据吗？你能用不同的方法来得出这个结果吗？你能一眼就看出来吗？

   你能在其他问题上使用这一结果或方法吗？

图 5-10 G·波利亚在数学领域发展的一套解决问题的方法，它同样可以用于解决软件设计中的问题（Polya 1957）

最有效的原则之一就是不要卡在单一的方法上。如果用 UML 画设计图不可行，那么就直接用英语来写。写段简短的测试程序。尝试一种截然不同的方法。想出一种蛮力解决方案。用铅笔画出轮廓和草图来指导思维。如果这些方法都不行，那么就先离开这个问题。可以去散散步，或者去想一想其他的事情，然后再回来重新面对这个问题。如果你尽了全力还没能取得突破，那么暂时不要去想它反而会比穷思苦想的效果要好。

你无须马上解决整个设计难题。一旦被卡住了，那么请记住回过头来时有一处地方需要做决策，但眼下你还没有足够的信息来解决这个问题。为什么要在最后的 20% 设计环节冥思苦想，如果后来能轻易地找到答案呢？为什么在自己还缺少经验时一定要去做出一些不好的设计、而不等到日后自己经验丰富时再做出更好的决策呢？有些人如果在一个设计循环过后没有把所有的问题都解决，就会感到很不舒服。实际上，如果你尝试了一些设计方案，但没有很好的解决问题的时候，更自然的方式是让那些问题留在未解决的状态，等到你拥有更多信息之后再去做（Zahniser 1992, Beck 2000）。

5.4 Design Practices
设计实践

前面几节关注的都是与设计特性相关的启发式方法——你希望完成后的整体设计成为什么样子。这一节将会讲解一些设计实践的启发式方法，一些你可能采用而且常常可以获得良好结果的工作步骤。

Iterate
迭代

你可能有过这样的经验：有时候你会从开发某个程序中学到很多的知识，多得让你想带着写第一遍时所获得的体会再写一遍。这种现象也同样出现在设计活动中，只是设计的周期更短，向下进行的压力更大，因此你只能负担不多的几次设计循环。

KEY POINT

设计是一种迭代过程。你并非只能从 A 点进行到 B 点，而是可以从 A 点到达 B 点，再从 B 点返回到 A 点。

当你在备选的设计方案之中循环并且尝试一些不同的做法时，你将同时从高层和低层的不同视角去审视问题。你从高层视角中得出的大范围景会有助于你把相关的底层细节纳入考虑。你从底层视角中所获得的细节也会为你的高层决策奠定基础。这种高低层面之间的互动被认为是一种良性的原动力，它所创建的结构要远远稳定于单纯自上而下或者自下而上创建的结构。

很多程序员——或者说很多人——对在高层和低层思考之间的升降感到困惑。从系统的一个视角转到另一个视角，从智力上来说是很费力的，但对于创建有效的设计方案而言却是极其重要的。如果你想获得愉悦的、提高智力灵活性的练习，请阅读本章后面"更多资源"一节里提到的《*Conceptual Blockbusting*》一书（Adams 2001）。

> **交叉参考** 重构是试验代码的其他实现方案的安全途径。详情见第24章"重构"。

当你首次尝试得出了一个看上去足够好的设计方案后，请不要停下来！第二个尝试几乎肯定会好于第一个，而你也会从每次尝试中都有所收获，这有助于改善整体设计。在经历了 1 000 次研究灯丝材料的失败以后，有人问爱迪生，因为他什么也没有发现，会不会感到时间全都浪费了。"当然不会"，爱迪生大概是这样回答的，"因为我已经发现了 1 000 种材料是不能用的。"在大多数情况下，用一种方法来解决问题会为你带来一些新的洞察力，从而帮助你使用另一种更好的方法来解决问题。

Divide and Conquer
分而治之

正如 Edsger Dijkstra 所说，没有人的头脑能大到装得下一个复杂程序的全部细节，这对设计也同样有效。把程序分解为不同的关注区域，然后分别处理每一个区域。如果你在某个区域里碰上了死胡同，那么就迭代！

增量式地改进是一种管理复杂度的强大工具。正如 Polya 在数学问题求解中所建议的那样——理解问题、形成计划、执行计划，而后再回顾你的做法（Polya 1957）。

Top-Down and Bottom-Up Design Approaches
自上而下和自下而上的设计方法

"自上而下"和"自下而上"听起来有点陈旧，不过它们确实为创建面向对象设计方案提供了很有价值的认识。自上而下的设计从某个很高的抽象层次开始。你定义出基类或其他不那么特殊的设计元素。在开发这一设计的过程中，你逐渐增加细节的层次，找出派生类、合作类以及其他更细节的设计元素。

自下而上的设计始于细节，向一般性延伸。这种设计通常是从寻找具体对象开始，最后从细节之中生成对象以及基类。

有些人坚持认为从一般性出发向具体延伸是最佳做法，而有些人则表示除非你已经解决了大量的细节问题，否则无法真正地定义出一些一般性的设计原则。下面是这两种观点各自的论据。

Argument for Top Down
自上而下的论据

居于自上而下方法背后的指导原则是这样的一种观点：人的大脑在同一时间只能集中关注一定量的细节。如果你从一般的类出发，一步步地把它们分解成更具体的类，你的大脑就不会被迫同时处理过多的细节。

这种分而治之的过程从某些意义上来说也是迭代的。首先，说它是迭代的，因为你通常不会在完成一层分解之后停下来。你还会继续分解几层。其次，说它是迭代的，还因为你通常不会满足于你的第一次尝试。你用一种方法来分解程序。在分解过程的不同阶段，你需要就采用什么方法去分解子系统做出选择，给出继承关系树，形成对象的组合。你做出选择然后看看是什么结果。接下来，你又换用另一种方法重新开始分解，以便看新方法是否效果更佳。这样尝试几次以后，你就会很清楚哪些方法会奏效，以及它们能够奏效的原因。

如何确定分解的程度呢？持续分解，直到看起来在下一层直接编码要比分解更容易。一直做到设计思路已显而易见而且非常容易，以致你对继续分解下去已经产生了厌倦。那时候你就完成了分解工作。如果设计思路还不明了，那么请再多做些。如果目前的解决方案对你来说都有些棘手，那么当日后他人再去面对的时候也肯定会感到负担重重。

Argument for Bottom Up
自下而上的论据

有时候自上而下的方法会显得过于抽象，很难入手去做。如果你倾向于用一种更实在的方法，那么可以尝试自下而上的方法。问你自己，"我对这个系统该做的事情知道些什么？"毫无疑问，你可以回答这个问题。你可能会找出一些能够分配给具体类的低层的职责。例如，你知道一个系统需要对报表进行格式化，为报表计算数据，把标题居中，在屏幕上显示报表，以及打印该报表等等。一旦你找出了一些低层的职责，你通常会感到，再从顶上去观察系统已经舒服些了。

在另一些情况中，设计问题里的一些主要属性是由底层决定的。你可能需要去与硬件设备打交道，它们的接口需求决定了你的设计里很大的一部分。

下面是在做自下而上合成的时候你需要考虑的一些因素：

- 问你自己，对系统需要做的事项，你知道些什么。
- 根据上面的问题，找出具体的对象和职责。
- 找出通用的对象（common objects），把它们按照适当方式组织起来——子系统、包、对象组合，或者继承——看哪种方式合适。
- 在更上面一层继续工作，或者回到最上层尝试向下设计。

No Argument, Really
其实并没有争议

　　自上而下策略和自下而上策略的最关键区别在于，前者是一种分解（decomposition）策略而后者是一种合成（composition）策略。前者从一般性的问题出发，把该问题分解成可控的部分。后者从可控的部分出发，去构造一个通用的方案。这两种方法都有各自的强项和弱项，如果你想在设计中采用它们的时候，就需要予以考虑。

　　自上而下设计的强项是它很简单，因为人们是很善于把一些大的事物分解为小的组件，而程序员则更是精于此道。

　　自上而下设计的另一强项是你可以推迟构建的细节。软件系统常常会受到构建细节变化（例如文件结构或者报表格式的变化）的骚扰，因此，尽早知道应该把这些细节信息隐藏在继承体系的底层类中，是非常有益的。

　　自下而上设计的一个强项是通常能够较早找出所需的功能，从而带来紧凑的、结构合理的设计。如果类似的系统已经做过，那么自下而上设计让你能审视已有的系统，并提出"我能重用些什么？"一类的问题，由此出发开始新系统的设计。

　　自下而上设计的一个弱项是很难完全独立地使用它。大多数人都很善于把大概念分解为小概念，而不擅长从小概念中得出大概念。这就像在自己组装玩具：我想自己已经组装完了，可为什么盒子里还有零件呢？所幸的是，完全不必仅使用自下向上这一种设计方法。

　　自下而上设计的另一弱项是，有时候你发现自己无法使用手头已有的零件来构造整个系统。你不可能用砖块来建造飞机。你可能要先做高层设计，才能知道底层需要什么零件。

　　总而言之，自上而下设计通常比较容易上手，但是有时候会受底层复杂度的影响，这种影响甚至有时会使事情变得比实际的情况更复杂。自下而上设计开始起来比较复杂，但是在早期鉴别出系统的复杂度，却有助于设计出更好的高层类。当然这样做的前提是复杂度没有先把整个系统破坏掉！

　　最后要说的是，自上而下和自下而上设计并不是互相排斥的——你会受益于二者的相互协作。设计是一个启发式（试探）的过程，这意味着没有任何解决方案能够保证万无一失。设计过程中充满了反复的试验，请多尝试些设计方法，直到找到最佳的一种。

Experimental Prototyping
建立试验性原型

cc2e.com/0599

有些时候，除非你更好地了解了一些实现细节，否则很难判断一种设计方法是否奏效。比如说，在知道它能满足性能要求之前，你很难判断某种数据库的组织结构是否适用。在选定系统使用的图形界面（GUI）程序库之前，你也很可能判断不出某一特定子系统的设计是否到位。这些都是软件设计中本质性"险恶（wickedness）"的例子——除非你部分地解决了某一设计问题，否则你无法完整地定义出该设计问题。

有一种技术能够低成本地解决这个问题，那就是建立试验性原型。"建立原型（prototyping）"一词对不同人来说具有不同的含义（McConnell 1996）。在这里，建立原型指的是"写出用于回答特定设计问题的、量最少且能够随时扔掉的代码"这项活动。

如果开发人员没有把握住用最少代码回答提问的原则，那么原型方法的功效就会大打折扣。假设说，设计问题是"我们选定的数据库框架能否支撑所需的交易量？"你不需要为了这一问题而编写任何产品代码，你也不需要去了解数据库的详情。你只需要了解能估计出问题范围的最少信息——有多少张表、表中有多少条记录，等等。接下来你就可以用 Table1、Table2、Column1、Column2 等名字写出最简单的原型代码，往表里随意填入些数据，然后做你所需要的性能测试。

当有关设计的问题不够特殊的时候，原型同样也会失效。诸如"这样的数据库框架能否工作？"的设计问题并没有为建立原型提供多少指引。而像"这个数据库框架能不能在 X、Y 和 Z 的前提下支持每秒 1000 次交易？"这样的问题则能为建立原型提供更坚实的基础。

最后的一个可能会给原型带来风险的做法是，开发人员不把原型代码当作可抛弃的代码。我发现，如果开发人员相信某段代码将被用在最终产品里，那么他根本不可能写出最少数量的代码来。这样做最终其实是在实现整个系统，而不是在开发原型。相反，如果你建立了这样的概念，那就是一旦回答了所提出的问题，这段代码就可以被扔掉，那么你就可以把上述风险减到最小。避免产生这一问题的一种做法是用与产品代码不同的技术来开发原型。你可以用 Python 来为 Java 设计做原型，或者用 Microsoft PowerPoint 来模拟用户界面。如果你必须要用同一种技术来开发原型，那么可以采纳一个非常实用的标准：在原型中的类或者包的名称之前加上 prototype 前缀。这样至少能保证程序员在试图拓展原型代码之前能够三思（Stephens 2003）。

一旦依照上述原则加以应用,那么原型就会成为设计者手中用来处理险恶设计问题的有力工具。如果不遵照上述原则,那么原型就会给设计再平添许多风险。

Collaborative Design
合作设计

> 交叉参考 关于合作开发的详情,见第21章"协同构建"。

在设计过程中,三个臭皮匠顶得上一个诸葛亮,而不论组织形式的正式与否。合作可以以下面任意一种方式展开。

- 你随便走到一名同事的办公桌前,向他征求一些想法。
- 你和同事坐在会议室里,在白板上画出可选的设计方案。
- 你和同事坐在键盘前面,用你们的编程语言做出详细的设计,换句话说,你们可以采用结对编程,第 21 章"协同构建"中对结对编程有描述。
- 你约一名或者多名同事来开会,和他们过一遍你的设计想法。
- 你按照第 21 章中给出的结构来安排一次正式检查(formal inspection)。
- 你身边没有人能检查你的工作,因此当你做完一些初始工作后,把它们全放进抽屉,一星期后再来回顾。这时你会把该忘的都忘了,正好可以给自己做一次不错的检查。
- 你向公司以外的人求助:在某个特定的论坛或者新闻组里提问。

如果这样做的目标是保证质量,那么我倾向于推荐高度结构化的检查实践——正式检察,其原因在第 21 章中解释。但是如果目标是提高创造力并且引入更多的备选设计方案,而不仅仅是找到缺陷的话,那么结构化程度较低的一些方法则比较适宜。在你确定选用了某一特定设计方案之后,转而使用一种更为正规的检查方式非常可取,但是这也要取决于你的项目本身的情况。

How Much Design Is Enough
要做多少设计才够

> 我们试图赶紧完成设计,然后在项目后期留出足够的时间来暴露那些因为"快速通过设计流程"而造成的问题。
> —Glenford Myers

有些时候,编码之前只制订出系统架构的一个最小梗概。而在另一些时候,开发团队会把设计做得非常详细,使编码变成了一种近乎机械式的工作。那么在编码前到底需要做多少设计呢?

有一个问题与此相关,那就是上述设计应该做得有多正规。你需要正式的、精美的设计图表,还是只需要给画在白板上的设计草图排个数码照片作为设计文档呢?

对于实施正式编码阶段前的设计工作量和设计文档的正规程度，很难有个准确的定论。有很多因素，如团队的经验、系统的预定寿命、想要得到的可靠度、项目的规模和团队的大小等等都需要考虑进去。表 5-2 总结了这些因素是如何影响设计活动的。

表 5-2 设计文档的正规化以及所需的细节层次

因素	开始构建之前的设计所需的细化程度	文档正规程度
设计或构建团队在应用程序领域有很丰富的经验	低	低
设计或构建团队有很丰富的经验，但是在这个应用程序领域缺乏经验	中	中
设计或构建团队缺乏经验	中到高	低到中
设计或构建团队人员变动适中或者较高	中	—
应用程序是安全攸关的	高	高
应用程序是使命攸关的	中	中到高
项目是小型的	低	低
项目是大型的	中	中
软件预期的生命周期很短（几星期或者几个月）	低	低
软件预期的生命周期很长（几个月或者几年）	中	中

对于一个特定的项目来说，这其中的两个或者更多因素可能起着关键作用。在某些情况下，从这些因素也可能得出有矛盾的建议。比如说，你带一支经验非常丰富的团队开发对安全性要求很高的软件。这时，你可能宁愿采用更高的设计细化程序以及更正规的设计文档。也就是说，在这种情况下，你需要去评估每一项因素的重要性，然后根据结果来做出重要性的权衡。

如果设计层次的问题是留给程序员个人去解决的话，那么，当设计下降到你曾经完成过的某项任务的层次，或者变成了对这样一项任务的简单修改或扩充的时候，你很可能就会停止设计而马上开始编码。

5.4 设计实践

如果在编码之前我还判断不了应该在做多深入的设计，那么我宁愿去做更详细的设计。最大的设计失误来自于我误认为自己已经做得很充分，可事后却发现还是做得不够，没能发现其他一些设计挑战。换句话说，最大的设计问题通常不是来自于那些我认为是很困难的，并且在其中做出了不好的设计的区域；而是来自于那些我认为是很简单的，而没有做出任何设计的区域。我几乎没有遇到过因为做了太多设计而受损害的项目。

> 我从来没有遇到过哪个人愿意阅读17 000页的文档，如果真有这样的人，我想把他杀掉，让他从人类基因库中消失。
> —Joseph Costello

另一方面，我偶尔会看到一些项目因太过于专注对设计进行文档化而导致失败。Gresham 法则是这么说的，"程序化的活动容易把非程序化的活动驱逐出去"（Simon 1965）。过早地去润色设计方案就是这一法则所描述的例子。我宁愿看到有 80%的设计精力用于创建和探索大量的备选设计方案，而 20%的精力用于创建并不是很精美的文档，也不愿看到把 20%的精力花在创建平庸的设计方案上，而把 80%的精力用于对不良的设计进行抛光润色。

Capturing Your Design Work
记录你的设计成果

cc2e.com/0506

传统的记录设计成果的方式是把它写成正式的设计文档。然而，你还可以用很多种方法来记录这一成果，而这些方法对于那些小型的、非正式的项目或者只需要轻量级的记录设计成果的方式的项目而言效果都很不错。

> 坏消息是，就我们看来，我们从没找到过点金石。我们从没找到一种能以完全理性的方式计软件的设计过程。好消息是，我们可以伪造一个这种过程。
> —David Parnas 和 Paul Clements

把设计文档插入到代码里 在代码注释中写明关键的设计决策，这种注释通常放在文件或者类的开始位置。如果你同时使用类似于 JavaDoc 这样的文档提取工具，那么这种方法会确保设计文档对于开发这部分代码的程序员来说是立等可取的，同时也有助于程序员保持代码和设计文档之间的相当不错的同步。

用 Wiki 来记录设计讨论和决策 把你们的设计讨论写到项目的 Wiki 里去（Wiki 是指一组可以由项目组所有成员用网络浏览器轻松编辑的网页）。尽管文字录入要比交谈麻烦一些，但这样会自动地记录下你们的设计讨论和设计决策。如果使用 Wiki，你可以用图片来弥补文字讨论的不足，并链接支持该设计决策的网站、白皮书及其他材料。如果你的开发团队在地理位置上是分布式的，那么这种技术会非常有帮助。

写总结邮件 每次就设计展开讨论过后，请采取这种做法，即指派某人来写出刚才讨论的纲要——特别是那些决定下来的事项——然后发送给整个项目组。在项目的公共电子邮件文件夹里保留一份备份。

使用数码相机 在对设计进行文档化时有一个很常见的障碍，那就是用流行的画图工具画设计图表太麻烦。不过文档化可不仅限于"用漂亮的格式、正规的符号来记录设计"和"不做任何设计文档"这两种选择。

把白板上画出的图表照成相片然后嵌入到传统的文档里，这样做可以带来事半功倍的效果，因为它的工作量只是用画图工具画设计图表的 1%，而它的收益却能达到保存设计图表的 80%。

保留设计挂图 没有哪条法律规定你只把设计文档记录在标准的 A4 尺寸的纸上。如果你把设计记录在大的挂图上，那么你只需把这些挂图保存在方便的地方即可，或者采用更好的做法，把它们张贴在项目工作区域的墙上，让大家能够很容易地随时查阅和修改。

cc2e.com/0513

使用 CRC（类、职责、合作者）卡片 另外一种技术含量较低的文档记录方案是使用索引卡片。在每张卡片上，设计者写下类的名称、职责和合作者（与这个类合作的其他类）。一个设计团队便按照这些卡片的内容展开工作，直到他们认为已经创建出一个好的设计方案为止。到那个时候，你只需把这些卡片保留下来，留待日后引用。索引卡片非常便宜，不吓人，易于携带，并且有助于促进团队合作（Beck 1991）。

在适当的细节层创建 UML 图 一种流行的绘制设计图的方法是由对象管理组织（Object Management Group）定义的统一建模语言（UML）（Fowler 2004）。本章前面的图 5-6 便是 UML 类图的一个例子。UML 提供了一套丰富的、形式化的表示法，可用于设计实体（entity）及其关系（relationship）。你可以用非正式的 UML 图来帮助讨论和发现设计思路。从最简单的草图开始，直到你最终选定了一套设计方案，才往其中增加细节。由于 UML 是标准化的，因此在交流设计观念时大家都能理解它，同时还能加快团队共同讨论各种设计方案的速度。

上述这些技术也可以以各种不同的组合形式使用，所以请在不同的项目上、甚至在同一个项目内部的不同区域里组合使用这些技术。

5.5 Comments on Popular Methodologies 对流行的设计方法的评论

综观软件设计的历史，你可以看到大量的、相互矛盾的设计方法被各自的支持者们所鼓吹。当我在 20 世纪 90 年代早期发表《代码大全》第 1 版时，设计方案的信徒们正在鼓吹说在着手编码之前，应该完善设计的每一处细节。这种推荐事实上根本没有任何意义。

> 有一些人鼓吹软件是一项遵守纪律的活动,他们花了相当多的精力来让我们感到愧疚。我们耗尽毕生精力也到不了"足够结构化"或"足够面向对象"的极乐世界。我们都背负着"在可塑性很强的年纪学过Basic"的原罪。但是,我敢打赌我们中的大多数人都是比那些纯化论者更优秀的设计师,尽管他们不愿承认这一点。
> —P. J. Plauger

当我在 21 世纪前十年的中期撰写现在这个版本时,一些软件学者正在争辩说根本不需要做任何的设计。"预先做大量的设计(Big Design Up Front)是 BDUF"他们说,"BDUF 很不好。你在着手写代码之前最好不要做丝毫的设计!"

十年之内,设计的钟摆就从"设计一切"摆动到了"不做设计"。不过,BDUF 的替换方案却不是不做预先设计,而是预先做一点设计(Little Design Up Front,LDUF),或者预先做足够的设计(Enough Design Up Front,ENUF)。

那么你怎样才能判断出需要多少设计才够呢?这是一个主观判断,没有人能完美地回答它。不过,在你没有足够的信心去判断最佳设计量的时候,请记住有两种情况一定是不对的:设计所有的细节和不做任何设计。这两个由位于立场两端的极端主义者所倡导的做法,恰恰被证明是仅有的两个永远是错误的做法。

正如 P.J. Plauger 所言,"你在应用某种设计方法时越教条化,你所能解决的现实问题就会越少"(Plauger 1993)。请把设计看成是一个险恶的、杂乱的和启发式的过程。不要停留于你所想到的第一套解决方案,而是去寻求合作,探求简洁性,在需要的时候做出原型,迭代,并进一步迭代。你将对自己的设计成果感到满意。

Additional Resources 更多资源

cc2e.com/0520

软件设计是个非常富饶的领域,有大量的资源可以使用,你面临的挑战是找出哪些资源最有用。下面就此给出一些建议

Software Design, General
软件设计,一般性问题

Weisfeld, Matt. 《The Object-Oriented Thought Process》(《面向对象的思考过程(第二版)》), 2d ed. SAMS, 2004. 这是一本易于理解的介绍面向对象编程的书。如果你已经很熟悉面向对象编程,那么可能需要一本更高级的书,不过如果你刚刚涉足面向对象领域,那么这本书介绍了面向对象的一些基本概念,包括对象、类、接口、继承、多态、重载、覆盖、抽象类、聚合和联合、构造函数和析构函数、异常等等。

Riel, Arthur J. 《Object-Oriented Design Heuristics》(《OOD 启思录》). Reading, MA: Addison-Wesley, 1996. 这本书关注在类这一层次上的设计,非常容易理解。

Plauger, P.J. 《Programming on Purpose: Essays on Software Design》. Englewood Cliffs, NJ: PTR Prentice Hall, 1993. 我从这本书里学到的有关软件设计的好点子和我从所有读过的其他书中学到的一样多。Plauger 精通大量的设计方法,他很注重实效,同时也是个伟大的作家。

Meyer, Bertrand. 《Object-Oriented Software Construction》(《面向对象软件构造》), 2d ed. New York, NY: Prentice Hall PTR, 1997. Meyer 在这里极力提倡彻底的面向对象编程。

Raymond, Eric S. 《The Art of UNIX Programming》(《UNIX 编程艺术》). Boston, MA: Addison-Wesley, 2004. 这本书从 Unix 的角度很好地研究了软件设计。第 1.6 节用 12 页的篇幅简明扼要论述了 17 项关键的 Unix 设计原则。

Larman, Craig. 《Applying UML and Patterns: An Introduction to Object-Oriented Analysis and Design and the Unified Process》(《UML 和模式应用》), 2d ed. Englewood Cliffs, NJ: Prentice Hall, 2001. 这是一本很流行的基于统一过程（Unified Process）介绍面向对象设计的著作。书中同时还讨论了面向对象分析。

Software Design Theory
软件设计理论

Parnas, David L., and Paul C. Clements. "A Rational Design Process: How and Why to Fake It."（一种理性的设计过程：如何以及为何去仿制它）《IEEE Transactions on Software Engineering》 SE-12, no. 2 (February 1986): 251—257. 这篇经典文章描述了在程序的设计理想和实际之间的巨大差距。关键之处在于没有人真正经历过理性的、有序的设计过程，但是以此为目标的确能在最后产生出更好的设计方案。

我不知道是否有全面论述信息隐藏的资料。大多数的软件工程书里都只是简单地提了一下，通常都是在讲述面向对象技术的语境中提及。下面列出的 Parnas 的三篇文章，是他关于这一想法的学术论文，大概也是到目前为止有关信息隐藏的最好的资料了：

Parnas, David L. "On the Criteria to Be Used in Decomposing Systems into Modules."（论将系统分解为模块的准则） 《Communications of the ACM》 5, no. 12 (December 1972): 1053—1058.[1]

Parnas, David L. "Designing Software for Ease of Extension and Contraction."（设计易于扩展和收缩的软件） 《IEEE Transactions on Software Engineering》 SE-5, no. 2 (March 1979): 128—138.

Parnas, David L., Paul C. Clements, and D. M. Weiss. "The Modular Structure of Complex Systems."（复杂系统的模块化架构） 《IEEE Transactions on Software Engineering》 SE-11, no. 3 (March 1985): 259—266.

Design Patterns
设计模式

Gamma, Erich, et al. 《Design Patterns》(《设计模式》). Reading, MA: Addison-Wesley, 1995. 这本由"四人组（GoF）"写成的著作是设计模式领域的开山之作。

Shalloway, Alan, and James R. Trott. 《Design Patterns Explained》(《设计模式精解》). Boston, MA: Addison-Wesley, 2002. 这本书对设计模式做了深入浅出的介绍。

---

[1] 译注：这就是那篇提出抽象数据类型（ADT）的著名论文。

Design in General
广义的设计

Adams, James L. 《*Conceptual Blockbusting: A Guide to Better Ideas*》, 4th ed. Cambridge, MA: Perseus Publishing, 2001. 尽管这本书不是专门讲解软件设计的，但斯坦福大学用它来向工科学生讲解设计。哪怕你从不做任何的设计，这本书也对创新思维过程做了非常棒的描述。书中包含了很多有效设计所需的思维训练，同时还给出并且很好地评荐了一份有关设计和创造性思维的书目。如果你喜欢解决问题，那么你会喜欢这本书的。

Polya, G. 《*How to Solve It: A New Aspect of Mathematical Method*》, 2d ed. Princeton, NJ: Princeton University Press, 1957. 这本书讲解了数学领域中的启发式方法和问题求解，但是也同样适用于软件开发。Polya 的这本书首次在数学问题求解领域内引入启发式方法。他在书中清楚地区分了用于探索问题的杂乱无章的启发式方法，和一旦找到解决方案后如何呈现解法的整理方法。这本书读起来并不容易，可是如果你对启发式方法感兴趣，那么不管你想不想，最终都会去读它。Polya 在书中明确说明，问题求解并不是一个确定性的活动，如果你固执在某一种方法之上，那么无异于作茧自缚。曾经有一段时间，Microsoft 把这本书送给了她的所有新员工。

Michalewicz, Zbigniew, and David B. Fogel. 《*How to Solve It: Modern Heuristics*》（《如何求解问题——现代启发式方法》）. Berlin: Springer-Verlag, 2000. 这本书对 Polya 的书做出了更新，相比之下更容易阅读，而且包含了一些非数学领域的例子。

Simon, Herbert. 《*The Sciences of the Artificial*》, 3d ed. Cambridge, MA: MIT Press, 1996. 这本书对与自然界相关的科学（生物学、地质学等）和与人造世界相关的科学（商业、建筑以及计算机科学）之间的差异做了非常精彩的描述。接下来，书中讨论了与人造世界相关的科学的特征，并着重强调了设计科学。对于那些渴望在软件开发或者任何"人造的"领域内工作的人来说，这都是一本很好的学院派论著，值得一读。

Glass, Robert L. 《*Software Creativity*》. Englewood Cliffs, NJ: Prentice Hall PTR, 1995. 软件开发更多地是由理论指导还是由实践指导？软件开发从根本上而言是创造性的还是确定性的？软件开发人员需要什么样的智力资质？这本书针对软件开发的本质展开了有趣的讨论，并且特意关注了设计。

Petroski, Henry. 《*Design Paradigms: Case Histories of Error and Judgment in Engineering*》. Cambridge: Cambridge University Press, 1994. 这本书主要讨论土木工程领域（特别是桥梁设计）的情况，作者的观点是：成功的设计至少应该同等地依赖于从过去的失败中学习和从过去的成功中学习。

Standards
标准

IEEE Std 1016—1998, *Recommended Practice for Software Design Descriptions.* 这份文档包含了用于描述软件设计的 IEEE-ANSI 标准。它说明了应该把哪些放入软件设计文档中。

IEEE Std 1471—2000. *Recommended Practice for Architectural Description of Software Intensive Systems.* Los Alamitos, CA: IEEE Computer Society Press. 这份文档是用于创建软件架构规范的 IEEE-ANSI 指南。

cc2e.com/0527

> **CHECKLIST: Design in Construction**
> **核对表：软件构造中的设计**
>
> 设计实践
>
> ❑ 你已经做过多次迭代，并且从众多尝试结果中选择最佳的一种，而不是简单选择第一次尝试的结果吗？
>
> ❑ 你尝试用多种方案来分解系统，以确定最佳方案吗？
>
> ❑ 你同时用自下而上和自上而下的方法来解决设计问题吗？
>
> ❑ 为了解决某些特定的问题，你对系统中的风险部分或者不熟悉的部分创建过原型、写出数量最少的可抛弃的代码吗？
>
> ❑ 你的设计方案被其他人检查了吗（无论正式与否）？
>
> ❑ 你一直在展开设计，直到实施细节跃然纸上了吗？
>
> ❑ 你用某种适当的技术——比如说 Wiki、电子邮件、挂图、数码照片、UML、CRC 卡或者在代码写注释——来保留设计成果吗？
>
> 设计目标
>
> ❑ 你的设计是否充分地处理了由系统架构层定义出并且推迟确定的事项？
>
> ❑ 你的设计被划分为层次吗？
>
> ❑ 你对把这一程序分解成为子程序、包和类的方式感到满意吗？
>
> ❑ 你把对这个类分解成为子程序的方法感到满意吗？
>
> ❑ 类与类之间的交互关系是否已设计为最小化了？

> - ❏ 类和子程序是否被设计为能够在其他的系统中重用？
> - ❏ 程序是不是易于维护？
> - ❏ 设计是否精简？设计出来的每一部分都绝对必要吗？
> - ❏ 设计中是否采用了标准的技术？是否避免使用怪异且难以理解的元素？
> - ❏ 整体而言，你的设计是否有助于最小化偶然性的和本质性的复杂度吗？

Key Points
要点

- 软件的首要技术使命就是管理复杂度。以简单性作为努力目标的设计方案对此最有帮助。
- 简单性可以通过两种方式来获取：一是减少在同一时间所关注的本质性复杂度的量，二是避免生成不必要的偶然的复杂度。
- 设计是一种启发式的过程。固执于某一种单一方法会损害创新能力，从而损害你的程序。
- 好的设计都是迭代的。你尝试设计的可能性越多，你的最终设计方案就会变得越好。
- 信息隐藏是个非常有价值的概念。通过询问"我应该隐藏些什么？"能够解决很多困难的设计问题。
- 很多有用有趣的、关于设计的信息存在于本书之外。这里所给出的观点只是对这些有价值资源的一点提示而已。

Working Classes

第 6 章

可以工作的类

cc2e.com/0665

内容

- 6.1 类的基础：抽象数据类型（ADTs）：第 126 页
- 6.2 良好的类接口：第 133 页
- 6.3 有关设计和实现的问题：第 143 页
- 6.4 创建类的原因：第 152 页
- 6.5 与具体编程语言相关的问题：第 156 页
- 6.6 超越类：包：第 156 页

相关章节

- 软件构建中的设计：第 5 章
- 软件架构：第 3.5 节
- 高质量的子程序：第 7 章
- 伪代码编程过程：第 9 章
- 重构：第 24 章

在计算时代的早期，程序员基于语句思考编程问题。到了 20 世纪七八十年代，程序员开始基于子程序去思考编程。进入 21 世纪，程序员以类为基础思考编程问题。

KEY POINT

类是由一组数据和子程序构成的集合，这些数据和子程序共同拥有一组内聚的、明确定义的职责。类也可以只是由一组子程序构成的集合，这些子程序提供一组内聚的服务，哪怕其中并未涉及共用的数据。成为高效程序员的一个关键就在于，当你开发程序任一部分的代码时，都能安全地忽视程序中尽可能多的其余部分。而类就是实现这一目标的首要工具。

本章将就如何创建高质量的类提供一些精辟的建议。如果你是刚刚开始接触面向对象的概念，那会觉得本章的内容比较难懂。所以请一定先阅读第 5 章"软件构建中的设计"，然后再阅读第 6.1 节"类的基础：抽象数据类型（ADTs）"。之后，你就应该可以比较轻松地阅读剩余各节了。如果你已经对类的基础知识比较熟悉，那么可以略读第 6.1 节后深入阅读第 6.2 节关于类接口的论述。另外，在本章最后"更多资源"中还包含对其他一些初级读物、高级读物以及与特定编程语言相关的资料介绍。

6.1 Class Foundations: Abstract Data Types (ADTs)
类的基础：抽象数据类型（ADTs）

抽象数据类型（ADT, abstract data type）是指一些数据以及对这些数据所进行的操作的集合。这些操作既向程序的其余部分描述了这些数据是怎么样的，也允许程序的其余部分改变这些数据。"抽象数据类型"概念中"数据"一词的用法有些随意。一个 ADT 可能是一个图形窗体以及所有能影响该窗体的操作；也可以是一个文件以及对这个文件进行的操作；或者是一张保险费率表以及相关操作等。

> **交叉参考** 首先考虑 ADT，而后才考虑类，这是一个 "'深入一种语言去编程'而不是'在一种语言上编程'" 的例子。请参阅第 4.3 节 "你在技术浪潮中的位置" 以及第 34.4 节 "以所用语言编程，但思路不受其约束"。

要想理解面向对象编程，首先要理解 ADT。不懂 ADT 的程序员开发出来的类只是名义上的"类"而已——实际上这种"类"只不过就是把一些稍有点儿关系的数据和子程序堆在一起。然而在理解 ADT 之后，程序员就能写出在一开始很容易实现、日后也易于修改的类来。

传统的编程教科书在讲到抽象数据类型时，总会用一些数学中的事情打岔。这些书往往会像这么写："你可以把抽象数据类型想成一个定义有一组操作的数学模型。"这种书会给人一种感觉，好像你从不会真正用到抽象数据类型似的——除非拿它来催眠。

把抽象数据类型解释得这么空洞是完全丢了重点。抽象数据类型可以让你像在现实世界中一样操作实体，而不必在低层的实现上摆弄实体，这多令人兴奋啊。你不用再向链表中插入一个节点了，而是可以在电子表格中添加一个数据单元格，或向一组窗体类型中添加一个新类型，或给火车模型加挂一节车厢。深入挖掘能在问题领域工作（而非在底层实现领域工作）的能量吧！

Example of the Need for an ADT
需要用到 ADT 的例子

为了展开讨论，这里先举一个例子，看看 ADT 在什么情况下会非常有用。有了例子之后我们将继续深入细节探讨。

假设你正在写一个程序，它能用不同的字体、字号和文字属性（如粗体、斜体等）来控制显示在屏幕上的文本。程序的一部分功能是控制文本的字体。如果你用一个 ADT，你就能有捆绑在相关数据上的一组操作字体的子程序——有关的数据包括字体名称、字号和文字属性等。这些子程序和数据集合为一体，就是一个 ADT。

如果不使用 ADT，你就只能用一种拼凑的方法来操纵字体了。举例来说，如果你要把字体大小改为 12 磅（point），即高度碰巧为 16 个像素（pixel），你就要写类似这样的代码：

```
currentFont.size = 16
```

如果你已经开发了一套子程序库，那么代码可能会稍微好看一些：

```
currentFont.size = PointsToPixels(12)
```

或者你还可以给该属性起一个更特定的名字，比如说：

```
currentFont.sizeOnPixels = PointsToPixels(12)
```

但你不能同时使用 currentFont.sizeInPixels 和 currentFont.sizeInPoints，因为如果同时使用这两项数据成员，currentFont 就无从判断到底该用哪一个了。而且，如果你在程序的很多地方都需要修改字体的大小，那么这类语句就会散布在整个程序之中。

如果你需要把字体设为粗体，你或许会写出下面的语句，这里用到了一个按位 or 运算符和一个 16 进制常量 0x02：

```
currentFont.attribute = CurrentFont.attribute or 0x02
```

如果你够幸运的话，也可能代码会比这样还要干净些。但使用拼凑方法的话，你能得到的最好结果也就是写成这样：

```
currentFont.attribute = CurrentFont.attribute or BOLD
```

或者是这样：

```
currentFont.bold = True
```

就修改字体大小而言，这些做法都存在一个限制，即要求调用方代码直接控制数据成员，这无疑限制了 currentFont 的使用。

如果你这么编写程序的话，程序中的很多地方就会充斥着类似的代码。

Benefits of Using ADTs
使用 ADT 的益处

问题并不在于拼凑法是种不好的编程习惯。而是说你可以采用一种更好的编程方法来替代这种方法，从而获得下面这些好处。

可以隐藏实现细节　把关于字体数据类型的信息隐藏起来，意味着如果数据类型发生改变，你只需在一处修改而不会影响到整个程序。例如，除非你把实现细节隐藏在一个 ADT 中，否则当你需要把字体类型从粗体的第一种表示变成第二种表示时，就不可避免地要更改程序中所有设置粗体字体的语句，而不能仅在一处进行修改。把信息隐藏起来能保护程序的其余部分不受影响。即使你想把在内存里存储的数据改为在外存里存储，或者你想把所有操作字体的子程序用另一种语言重写，也都不会影响程序的其余部分。

改动不会影响到整个程序 如果想让字体更丰富，而且能支持更多操作（例如变成小型大写字母、变成上标、添加删除线等）时，你只需在程序的一处进行修改即可。这一改动也不会影响到程序的其余部分。

让接口能提供更多信息 像 `currentFont.size = 16` 这样的语句是不够明确的，因为此处 16 的单位既可能是像素也可能是磅。语句所处的上下文环境并不能告诉你到底是哪一种单位。把所有相似的操作都集中到一个 ADT 里，就可以让你基于磅数或像素数来定义整个接口，或者把二者明确地区分开，从而有助于避免混淆。

更容易提高性能 如果你想提高操作字体时的性能，就可以重新编写出一些更好的子程序，而不用来回修改整个程序。

让程序的正确性更显而易见 验证像 `currentFont.attribute = currentFont.attribute or 0x02` 这样的语句是否正确是很枯燥的，你可以替换成像 `currentFont.SetBoldOn()` 这样的语句，验证它是否正确就会更容易一些。对于前者，你可能会写错结构体或数据项的名字，或者用错运算符（用了 and 而不是 or），也可能会写错数值（写成了 0x20 而不是 0x02）。但对于后者，在调用 `currentFont.SetBoldOn()` 时，唯一可能出错的地方就是写错方法（成员函数）名字，因此识别它是否正确就更容易一些。

程序更具自我说明性 你可以改进像 `currentFont.attribute or 0x02` 这样的语句——把 0x02 换成 BOLD 或 "0x02 所代表的具体含义"，但无论怎样修改，其可读性都不如 `currentFont.SetBoldOn()` 这条语句。

HARD DATA Woodfield、Dunsmore 和 Shen 曾做过这样一项研究，他们让一些计算机科学专业的研究生和高年级本科生回答关于两个程序的问题：第一个程序按功能分解为 8 个子程序，而第二个程序分解为抽象数据类型中的 8 个子程序（1981）。结果，按那些使用抽象数据类型程序的学生的得分比使用按功能划分的程序的学生高出超过 30%。

无须在程序内到处传递数据 在刚才那个例子里，你必须直接修改 currentFont 的值，或把它传给每一个要操作字体的子程序。如果你使用了抽象数据类型，那么就不用再在程序里到处传递 currentFont 了，也无须把它变成全局数据。ADT 中可以用一个结构体来保存 currentFont 的数据，而只有 ADT 里的子程序才能直接访问这些数据。ADT 之外的子程序则不必再关心这些数据。

你可以像在现实世界中那样操作实体，而不用在底层实现上操作它 你可以定义一些针对字体的操作，这样，程序的绝大部分就能完全以"真实世界中的字体"这个概念来操作，而不再用数组访问、结构体定义、True 与 False 等这些底层的实现概念了。

这样一来，为了定义一个抽象数据类型，你只需定义一些用来控制字体的子程序——多半就像这样：

```
currentFont.SetSizeInPoints(sizeInPoints)
currentFont.SetSizeInPixels(sizeInPixels)
currentFont.SetGBoldOn()
currentFont.SetBoldOff()
currentFont.SetItalicOn()
currentFont.SetItalicOff()
currentFont.SetTypeFace(faceName)
```

KEY POINT

这些子程序里的代码可能很短——很可能就像你此前看到的那个用拼凑法控制字体时所写的代码。这里的区别在于，你已经把对字体的操作都隔离到一组子程序里了。这样就为需要操作字体的其他部分程序提供了更好的抽象层，同时它也可以在针对字体的操作发生变化时提供一层保护。

More Examples of ADTs
更多的 ADT 示例

假设你开发了一套软件来控制一个核反应堆的冷却系统。你可以为这个冷却系统规定如下一些操作，从而将其视作一个抽象数据类型：

```
coolingSystem.GetTemperature()
coolingSystem.SetCirculationRate(rate)
coolingSystem.OpenValve(valveNumber)
coolingSystem.CloseValve(valveNumber)
```

实现上述各操作的代码由具体环境决定。程序的其余部分可以用这些函数来操纵冷却系统，无须为数据结构的实现、限制及变化等内部细节而操心。

下面再举一些抽象数据类型以及它们可能提供的操作：

巡航控制	搅拌机	油罐
设置速度	开启	填充油罐
获取当前设置	关闭	排空油罐
恢复之前的速度	设置速度	获取油罐容积
解散	启动"即时粉碎器"	获取油罐状态
	停止"即时粉碎器"	

列表	灯光	堆栈
初始化列表	开启	初始化堆栈
向列表中插入条目	关闭	向堆栈中推入条目
从列表中删除条目		从堆栈中弹出条目
读取列表中的下一个条目		读取栈顶条目

帮助屏幕	菜单	文件
添加帮助项	开始新的菜单	打开文件
删除帮助项	删除菜单	读取文件
设置当前帮助项	添加菜单项	写入文件
显示帮助屏幕	删除菜单项	设置当前文件位置
关闭帮助显示	激活菜单项	关闭文件
显示帮助索引	禁用菜单项	
返回前一屏幕	显示菜单	电梯
	隐藏菜单	到上一层
指针	获取菜单选项	到下一层
获取新分配内存的指针		到指定层
用现有指针释放内存		报告当前楼层
更改已分配内存的大小		回到底层

通过研究这些例子，你可以得出一些指导建议，下面就来说明这些指导建议：

把常见的底层数据类型创建为 ADT 并使用这些 ADT，而不再使用底层数据类型 大多数关于 ADT 的论述中都会关注于把常见的底层数据类型表示为 ADT。从前面的例子中可以看到，堆栈、列表、队列以及几乎所有常见的底层数据类型都可以用 ADT 来表示。

你可能会问："这个堆栈、列表或队列又是代表什么呢？"如果堆栈代表的是一组员工，就该把它看做是一些员工而不是堆栈；如果列表代表的是一个出场演员名单，就该把它看做是出场演员名单而不是列表；如果队列代表的是电子表格中的一组单元格，就该把它看做是一组单元格而不是一个一般的队列。也就是说，要尽可能选择最高的抽象层次。

把像文件这样的常用对象当成 ADT 大部分编程语言中都包含有一些抽象数据类型，你可能对它们已经比较熟悉了，而只是可能并未将其视作 ADT。文件操作是个很好的例子。在向磁盘写入内容时，操作系统负责把读/写磁头定位到磁盘上的特定物理位置，如果扇区的空间用完了，还要重新分配新扇区，并负责解释那些神秘的错误代码。操作系统提供了第一层次的抽象以及在该层次上的 ADT。高层语言则提供了第二层次的抽象以及在这一更高层次上的 ADT。高级语言可以让你无须纠缠于调用操作系统 API 以及管理数据缓冲区等繁琐细节，从而让你可以把一块磁盘空间视作一个"文件"。

你可以采用类似的做法对 ADT 进行分层。如果你想在某一层次用 ADT 来提供数据结构的操作（比如说在堆栈中压入和弹出数据），没问题。而你也可以在这一抽象层次之上再创建一个针对现实世界中的问题的抽象层次。

简单的事物也可当做 ADT　为了证明抽象数据类型的实用价值，你不一定非要使用庞杂的数据类型。在前面的一组例子中，有一盏只支持两种操作（开启、关闭）的灯。你可能会觉得把简单的"开"、"关"操作放到单独的子程序中有些浪费功夫，不过即使这样简单的操作也可以通过使用 ADT 而获益。把灯和与之相关的操作放到一个 ADT 里，可以提高代码的自我说明能力，让代码更易于修改，还能把改动可能引起的后果封闭在 `TurnLightOn()` 和 `TurnLightOff()` 两个子程序内，并减少了需要到处传递的数据的项数。

不要让 ADT 依赖于其存储介质　假设你有一张保险费率表，它太大了，因此只能保存到磁盘上。你可能想把它称做一个"费率文件"然后编出类似 `RateFile.Read()` 这样的访问器子程序（access routine）。然而当你把它称做一个"文件"时，已经暴露了过多的数据信息。一旦对程序进行修改，把这张表存到内存中而不是磁盘上，把它当做文件的那些代码将变成不正确，而且产生误导并使人迷惑。因此，请尽量让类和访问器子程序的名字与存储数据的方式无关，并只提及抽象数据类型本身，比如说"保险费率表"。这样一来，前面这个类和访问器子程序的名字就可能是 `rateTable.Read()`，或更简单的 `rates.Read()`。

Handling Multiple Instances of Data with ADTs in Non-Object-Oriented Environments
在非面向对象环境中用 ADT 处理多份数据实例

面向对象的编程语言能自动支持对同一 ADT 的多份实例的处理。如果你只是在面向对象的环境中工作，那你根本就不用自己操心处理多个实例的实现细节了，恭喜你（你可以直接去读下一节"ADT 和类"。）!

如果你是在像 C 语言这样的非面向对象的环境中工作，你就必须自己手工实现支持处理多个实例的技术。一般来说，这就意味着你要为 ADT 添加一些用来创建和删除实例的服务操作，同时需要重新设计 ADT 的其他服务操作，使其能够支持多个实例。

前面字体那个 ADT 原来只是提供这些操作：

```
currentFont.SetSize(sizeInPoints)
currentFont.SetBoldOn()
currentFont.SetBoldOff()
currentFont.SetItalicOn()
currentFont.SetItalicOff()
currentFont.SetTypeFace(faceName)
```

在非面向对象的环境里，这些操作不能附着在某个类上，因此很可能要写成：

```
SetCurrentFontSize( sizeInPoints )
SetCurrentFontBoldOn()
SetCurrentFontBoldOff()
SetCurrentFontItalicOn()
SetCurrentFontItalicOff()
SetCurrentFontTypeFace( faceName )
```

如果你想一次使用更多的字体，那么就需要增加一些服务操作来创建和删除字体的实例了，比如说这样：

```
CreateFont(fontId)
DeleteFont(fontId)
SetCurrentFont(fontId)
```

这里引入了一个 `fontId` 变量，这是用来在创建和使用多个字体实例时分别控制每个实例的一种处理方法。对于其他操作，你可以采用下列三种方法之一对 ADT 的接口进行处理：

- **做法 1**：每次使用 ADT 服务子程序时都明确地指明实例。在这种情况下没有"当前字体"的概念。你把 `fontId` 传给每个用来操作字体的子程序。Font ADT 的服务子程序负责跟踪所有底层的数据，而调用方代码只需使用不同的 `fontId` 即可区分多份实例。这种方法需要为每个 Font 子程序都加上一个 `fontId` 参数。

- **做法 2**：明确地向 ADT 服务子程序提供所要用到的数据。采用这种方法时，你要在调用 ADT 服务的子程序里声明一个该 ADT 所要用到的数据。换句话说，你要声明一个 Font 数据类型，并把它传给 ADT 中的每一个服务子程序。你在设计时必须要让 ADT 的每个服务子程序在被调用时都使用这个传入的 Font 数据类型。用这种方法时，调用方代码无须使用 `fontId`，因为它总是自己跟踪字体数据。（虽然从 Font 数据类型即可直接取得所有数据，但你仍然应该仅通过 ADT 的服务子程序来访问它。这称为保持结构体"封闭"。）

    这种方法的优点是，ADT 中的服务子程序不需要根据 `fontId` 来查询字体的信息。而它的缺点则是向程序的其余部分暴露了字体内部的数据，从而增加了调用方代码可能利用 ADT 内部实现细节的可能性，而这些细节本应该隐藏在 ADT 的内部。

- **做法 3**：使用隐含实例（需要倍加小心）。设计一个新的服务子程序，通过调用它来让某一个特定的字体实例成为当前实例——比方说 `SetCurrentFont(fontId)`。一旦设置了当前字体，其他所有服务子程序在被调用时都会使用这个当前字体。用这种方法也无须为其他服务子程序添加 `fontId` 参数。对于简单的应用程序而言，这么做可以让使用多个实例更为顺畅。然而对于复杂的应用程序来说，这种在系统范围内对状态的依赖性就

ADTs and Classes
ADT 和类

抽象数据类型构成了"类/class"这一概念的基础。在支持类的编程语言里,你可以把每个抽象数据类型用它自己的类实现。类还涉及到继承和多态这两个额外的概念。因此,考虑类的一种方式,就是把它看做是抽象数据类型再加上继承和多态两个概念。

6.2 Good Class Interfaces
良好的类接口

创建高质量的类,第一步,可能也是最重要的一步,就是创建一个好的接口。这也包括了创建一个可以通过接口来展现的合理的抽象,并确保细节仍被隐藏在抽象背后。

Good Abstraction
好的抽象

正如第 5.3 节"形成一致的抽象"中所述,抽象是一种以简化的形式来看待复杂操作的能力。类的接口为隐藏在其后的具体实现提供了一种抽象。类的接口应能提供一组明显相关的子程序。

> **交叉参考** 本书中的各种语言的代码示例都是用一种风格相似的编码约定来格式化的。关于这种约定的细节(以及关于多种编码风格的论述)请参见第 11.4 节中的"混合语言编程的注意事项"。

你可以有一个实现雇员(Employee)这一实体的类。其中可能包含雇员的姓名、地址、电话号码等数据,以及一些用来初始化并使用雇员的服务子程序。看上去可能是这样的:

```cpp
C++示例:  展现良好抽象的类接口
class Employee {
public:
    // public constructors and destructors
    Employee();
    Employee(
        FullName name,
        String address,
        String workPhone,
        String homePhone,
        TaxId taxIdNumber,
        JobClassification jobClass
    );
    virtual ~Employee();
    // public routines
```

```
    FullName GetName() const;
    String GetAddress() const;
    String GetWorkPhone() const;
    String GetHomePhone() const;
    TaxId GetTaxIdNumber() const;
    JobClassification GetJobClassification() const;
    ...
private:
    ...
};
```

在类的内部还可能会有支持这些服务的其他子程序和数据,但类的使用者并不需要了解它们。类接口的抽象能力非常有价值,因为接口中的每个子程序都在朝着这个一致的目标而工作。

一个没有经过良好抽象的类可能会包含有大量混杂的函数,就像下面这个例子一样:

C++示例:展现不良抽象的类接口

```
class Program {
public:
    ...
    // public routines
    void InitializeCommandStack();
    void PushCommand( Command command );
    Command PopCommand();
    void ShutdownCommandStack();
    void InitializeReportFormatting();
    void FormatReport( Report report );
    void PrintReport( Report report );
    void InitializeGlobalData();
    void ShutdownGlobalData();
    ...
private:
    ...
};
```

假设有这么一个类,其中有很多个子程序,有用来操作命令栈的,有用来格式化报表的,有用来打印报表的,还有用来初始化全局数据的。在命令栈、报表和全局数据之间很难看出什么联系。类的接口不能展现出一种一致的抽象,因此它的内聚性就很弱。应该把这些子程序重新组织到几个职能更专一的类里去,在这些类的接口中提供更好的抽象。

如果这些子程序是一个叫做 Program 类的一部分,那么可以这样来修改它,以提供一种一致的抽象:

6.2 良好的类接口

C++示例：能更好展现抽象的类接口
```cpp
class Program {
public:
   ...
   // public routines
   void InitializeUserInterface();
   void ShutDownUserInterface();
   void InitializeReports();
   void ShutDownReports();
   ...
private:
   ...
};
```

在清理这一接口时，把原有的一些子程序转移到其他更合适的类里面，而把另一些转为 `InitializeUserInterface()` 和其他子程序中使用的私用子程序。

这种对类的抽象进行评估的方法是基于类所具有的公用（public）子程序所构成的集合——即类的接口。即使类的整体表现一种良好的抽象，类内部的子程序也未必就能个个表现出良好的抽象，也同样要把它们设计得可以表现出很好的抽象。你可以在第 7.2 节 "在子程序层上设计" 里获得相关的指导建议。

为了追求设计优秀，这里给出一些创建类的抽象接口的指导建议：

类的接口应该展现一致的抽象层次 在考虑类的时候有一种很好的方法，就是把类看做一种用来实现抽象数据类型（ADT，见第 6.1 节）的机制。每一个类应该实现一个 ADT，并且仅实现这个 ADT。如果你发现某个类实现了不止一个 ADT，或者你不能确定究竟它实现了何种 ADT，你就应该把这个类重新组织为一个或多个定义更加明确的 ADT。

在下面这个例子中，类的接口不够协调，因为它的抽象层次不一致：

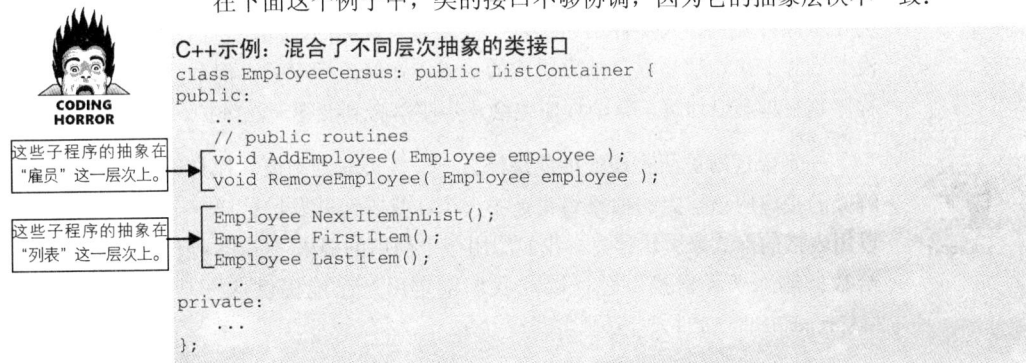

C++示例：混合了不同层次抽象的类接口
```cpp
class EmployeeCensus: public ListContainer {
public:
   ...
   // public routines
   void AddEmployee( Employee employee );      // 这些子程序的抽象在
   void RemoveEmployee( Employee employee );   // "雇员" 这一层次上。

   Employee NextItemInList();                  // 这些子程序的抽象在
   Employee FirstItem();                       // "列表" 这一层次上。
   Employee LastItem();
   ...
private:
   ...
};
```

这个类展现了两个 ADT：`Employee` 和 `ListContainer`。出现这种混合的抽象，通常是源于程序员使用容器类或其他类库来实现内部逻辑，但却没有把"使用类库"这一事实隐藏起来。请自问一下，是否应该把使用容器类这一事实也归入到抽象之中？这通常都是属于应该对程序其余部分隐藏起来的实现细节，就像下面这样：

C++示例：有着一致抽象层次的类接口

```cpp
class EmployeeCensus {
public:
    ...
    // public routines
    void AddEmployee( Employee employee );      // 所有这些子程序的抽
    void RemoveEmployee( Employee employee );   // 象现在都是在"雇员"
    Employee NextEmployee();                     // 这一层次上了。
    Employee FirstEmployee();
    Employee LastEmployee();
    ...
private:
    ListContainer m_EmployeeList;   // 使用 ListContainer 库
    ...                              // 这一实现细节现在已
};                                   // 经被隐藏起来了。
```

有的程序员可能会认为从 `ListContainer` 继承更方便，因为它支持多态，可以传递给以 `ListContainer` 对象为参数的外部查询函数或排序函数来使用。然而这一观点却经不起对"继承"合理性的主要测试："继承体现了'是一个……(is a)'关系吗？"如果从 `ListContainer` 中继承，就意味着 `EmployeeCensus` "是一个" `ListContainer`，这显然不对。如果 `EmployeeCensus` 对象的抽象是它能够被搜索或排序，这些功能就应该被明确而一致地包含在类的接口之中。

如果把类的公用子程序看做是潜水艇上用来防止进水的气锁阀（air lock），那么类中不一致的公用子程序就相当于是漏水的仪表盘。这些漏水的仪表盘可能不会让水像打开气锁阀那样迅速进入，但只要有足够的时间，它们还是能让潜艇沉没。实际上，这就是混杂抽象层次的后果。在修改程序时，混杂的抽象层次会让程序越来越难以理解，整个程序也会逐步堕落直到变得无法维护。

KEY POINT　　**一定要理解类所实现的抽象是什么**　一些类非常相像，你必须非常仔细地理解类的接口应该捕捉的抽象到底是哪一个。我曾经开发过这样一个程序，用户可以用表格的形式来编辑信息。我们想用一个简单的栅格（grid）控件，但它却不能给数据输入单元格换颜色，因此我们决定用一个能提供这一功能的电子表格（spreadsheet）控件。

电子表格控件要比栅格控件复杂得多，它提供了 150 个子程序，而栅格控件只有 15 个。由于我们的目标是使用一个栅格控件而不是电子表格控件，因此我们让一位程序员写一个包裹类（wrapper class），隐藏起"把电子表格控件用做栅格控件"这一事实。这位程序员强烈抱怨，认为这样做是在毫无必要地增加成本，是官僚作风，然后就走了。几天以后，他带来了写好的包裹类，而这个类竟然忠实地把电子表格控件所拥有的全部 150 个子程序都暴露出来了！

这并不是我们想要的。我们要的是一个栅格控件的接口，这个接口封装了"背后实际是在用一个更为复杂的电子表格控件"的事实。那位程序员应该只暴露那 15 个栅格控件的子程序，再加上第 16 个支持设置单元格颜色的子程序。他把全部 150 个子程序都暴露出来，也就意味着一旦想要修改底层实现细节，我们就得支持 150 个公用子程序。这位程序员没有实现我们所需要的封装，也给他自己带来了大量无谓的工作。

根据具体情况的不同，正确的抽象可能是一个电子表格控件，也可能是一个栅格控件。当你不得不在两个相似的抽象之间做出选择时，请确保你的选择是正确的。

提供成对的服务　大多数操作都有和其相应的、相等的以及相反的操作。如果有一个操作用来把灯打开，那很可能也需要另一个操作来把灯关闭。如果有一个操作用来向列表中添加项目，那很可能也需要另一个操作来从列表中删除项目。如果有一个操作用来激活菜单项，那很可能也需要另一个操作来屏蔽菜单项。在设计一个类的时候，要检查每一个公用子程序，决定是否需要另一个与其互补的操作。不要盲目地创建相反操作，但你一定要考虑，看看是否需要它。

把不相关的信息转移到其他类中　有时你会发现，某个类中一半子程序使用着该类的一半数据，而另一半子程序则使用另一半数据。这时你其实已经把两个类混在一起使用了，把它们拆开吧！

尽可能让接口可编程，而不是表达语义　每个接口都由一个可编程（programmatic）的部分和一个语义（semantic）部分组成。可编程的部分由接口中的数据类型和其他属性构成，编译器能强制性地要求它们（在编译时检查错误）。而语义部分则由"本接口将会被怎样使用"的假定组成，而这些是无法通过编译器来强制实施的。语义接口中包含的考虑比如"RoutineA 必须在 RoutineB 之前被调用"或"如果 dataMember 未经初始化就传给 RoutineA 的话，将会导致 RoutineA 崩溃"。语义接口应通过注释说明，但要尽可能让接口不依赖于这些说明。一个接口中任何无法通过编译器强制实施的部分，就是一个可能被误用的部分。要想办法把语义接口的元素转换为编程接口的元素，比如说用 Asserts（断言）或其他的技术。

> **交叉参考** 关于如何在修改代码时保持代码质量的建议，请参见第24章"重构"。

谨防在修改时破坏接口的抽象 在对类进行修改和扩展的过程中，你常常会发现额外所需的一些功能。这些功能并不十分适应于原有的类接口，可看上去却也很难用另一种方法来实现。举例来说，你可能会发现 Employee 类演变成了下面这个样子：

```cpp
C++语言示例：  在维护时被破坏的类接口
class Employee {
public:
    ...
    // public routines
    FullName GetName() const;
    Address GetAddress() const;
    PhoneNumber GetWorkPhone() const;
    ...
    bool IsJobClassificationValid( JobClassification jobClass );
    bool IsZipCodeValid( Address address );
    bool IsPhoneNumberValid( PhoneNumber phoneNumber );
    SqlQuery GetQueryToCreateNewEmployee() const;
    SqlQuery GetQueryToModifyEmployee() const;
    SqlQuery GetQueryToRetrieveEmployee() const;
    ...
private:
    ...
};
```

前面代码示例中的清晰抽象，现在已经变成了由一些零散功能组成的大杂烩。在雇工和检查邮政编码、电话号码或职位的子程序之间并不存在什么逻辑上的关联，那些暴露 SQL 语句查询细节的子程序所处的抽象层次比 Employee 类也要低得多，它们都破坏了 Employee 类的抽象。

不要添加与接口抽象不一致的公用成员 每次你向类的接口中添加子程序时，问问"这个子程序与现有接口所提供的抽象一致吗？"如果发现不一致，就要换另一种方法来进行修改，以便能够保持抽象的完整性。

同时考虑抽象性和内聚性 抽象性和内聚性这两个概念之间的关系非常紧密——一个呈现出很好的抽象的类接口通常也有很高的内聚性。而具有很强内聚性的类往往也会呈现为很好的抽象，尽管这种关系并不如前者那么强。

我发现，关注类的接口所表现出来的抽象，比关注类的内聚性更有助于深入地理解类的设计。如果你发现某个类的内聚性很弱，也不知道该怎么改，那就换一种方法，问问你自己这个类是否表现为一致的抽象。

Good Encapsulation
良好的封装

> **交叉参考** 关于封装的更多内容请参见第5.3节中的"封装实现细节"。

正如第 5.3 节中所论述的,封装是一个比抽象更强的概念。抽象通过提供一个可以让你忽略实现细节的模型来管理复杂度,而封装则强制阻止你看到细节——即便你想这么做。

这两个概念之所以相关,是因为没有封装时,抽象往往很容易被打破。依我的经验,要么就是封装与抽象两者皆有,要么就是两者皆失。除此之外没有其他可能。

> 设计精良的模块和设计糟糕的模块的唯一最大区别,就是对其他模块隐藏本模块内部数据和其他实现细节的程度。
> —Joshua Bloch

尽可能地限制类和成员的可访问性 让可访问性(accessibility)尽可能低是促成封装的原则之一。当你在犹豫某个子程序的可访问性应该设为公用(public)、私用(private)抑或受保护(protected)时,经验之举是应该采用最严格且可行的访问级别(Meyers 1998, Bloch 2001)。我认为这是一个很好的指导建议,但我认为还有更重要的建议,即考虑"采用哪种方式能最好地保护接口抽象的完整性?"如果暴露一个子程序不会让抽象变得不一致的话,这么做就很可能是可行的。如果你不确定,那么多隐藏通常比少隐藏要好。

不要公开暴露成员数据 暴露成员数据会破坏封装性,从而限制你对这个抽象的控制能力。正如 Arthur Riel 所指出的,一个 `Point` 类如果暴露了下面这些成员的话:

```
float x;
float y;
float z;
```

它就破坏了封装性,因为调用方代码可以自由地使用 `Point` 类里面的数据,而 `Point` 类却甚至连这些数据什么时候被改动过都不知道(Riel 1996)。然而,如果 `Point` 类暴露的是这些方法的话:

```
float GetX();
float GetY();
float GetZ();
void SetX(float x);
void SetY(float y);
void SetZ(float z);
```

那它还是封装完好的。你无法得知底层实现用的是不是 `float x`、`y`、`z`,也不会知道 `Point` 是不是把这些数据保存为 `double` 然后再转换成 `float`,也不可能知道 `Point` 是不是把它们保存在月亮上,然后再从外层空间中的卫星上把它们找回来。

避免把私用的实现细节放入类的接口中 做到真正的封装以后,程序员们是根本看不到任何实现细节的。无论是在字面上还是在喻意上,它们都被隐藏了起来。然而,包括 C++在内的一些流行编程语言却从语言结构上要求程序员在类的接口中透露实现细节。下面就是一个例子：

C++示例：暴露了类内部的实现细节
```cpp
class Employee {
public:
   ...
   Employee(
      FullName name,
      String address,
      String workPhone,
      String homePhone,
      TaxId taxIdNumber,
      JobClassification jobClass
   );
   ...
   FullName GetName() const;
   String GetAddress() const;
   ...
private:
   String m_Name;           ← 这里暴露了实现细节。
   String m_Address;
   int m_jobClass;
   ...
};
```

把 `private` 段的声明放到类的头文件中，看上去似乎只是小小地违背了原则，但它实际是在鼓励程序员们查阅实现细节。在这个例子中，客户代码本意是要使用 `Address` 类型来表示地址信息，但头文件中却把"地址信息用 `String` 来保存"的这一实现细节暴露了出来。

Scott Meyers 在《*Effective C++*》一书第 2 版中的第 34 条里介绍了可以解决这个问题的一个惯用技法（Meyers 1998）。他建议你把类的接口与类的实现隔离开，并在类的声明中包含一个指针，让该指针指向类的实现，但不能包含任何其他实现细节。

C++示例：隐藏类的实现细节
```cpp
class Employee {
public:
   ...
   Employee( ... );
   ...
   FullName GetName() const;
   String GetAddress() const;
   ...
private:
   EmployeeImplementation *m_implementation;   ← 这样就把实现细节隐藏在指针之后了。
};
```

现在你就可以把实现细节放到 `EmployeeImplementation` 类里了，这个类只对 `Employee` 类可见，而对使用 `Employee` 类的代码来说则是不可见的。

如果你已经在项目里写了很多没有采用这种方法的代码，你可能会觉得把大量的现有代码改成使用这种方法是不值得的。但是当你读到那些暴露了其实现细节的代码时，你就应该顶住诱惑，不要到类接口的私用部分去寻找关于实现细节的线索。

不要对类的使用者做出任何假设　类的设计和实现应该符合在类的接口中所隐含的契约。它不应该对接口会被如何使用或不会被如何使用做出任何假设——除非在接口中有过明确说明。像下面这样一段注释就显示出这个类过多地假定了它的使用者：

```
-- 请把 x, y 和 z 初始化为 1.0, 因为如果把它们
-- 初始化为 0.0 的话, DerivedClass 就会崩溃。
```

避免使用友元类（friend class）　有些场合下，比如说 State 模式中，按照正确的方式使用友元类会有助于管理复杂度（Gamma et al. 1995）。但在一般情况下友元类会破坏封装，因为它让你在同一时刻需要考虑更多的代码量，从而增加了复杂度。

不要因为一个子程序里仅使用公用子程序，就把它归入公开接口　一个子程序仅仅使用公用的子程序这一事实并不是十分重要的考虑要素。相反，应该问的问题是，把这个子程序暴露给外界后，接口所展示的抽象是否还是一致的。

让阅读代码比编写代码更方便　阅读代码的次数要比编写代码多得多，即使在开发的初期也是如此。因此，为了让编写代码更方便而降低代码的可读性是非常不经济的。尤其是在创建类的接口时，即使某个子程序与接口的抽象不很相配，有时人们也往往把这个子程序加到接口里，从而让正开发的这个类的某处调用代码能更方便地使用它。然而，这段子程序的添加正是代码走下坡路的开始，所以还是不要走出这一步为好。

> 如果必须要看到底层实现才能理解发生的事情，那还算不上抽象。
> ——P.J Plauger

要格外警惕从语义上破坏封装性　我曾认为，只要学会避免语法错误，就能稳操胜券。然而我很快就发现，学会避免语法错误仅仅是个开始，接踵而来的是无以计数的编码错误，而其中大多数错误都比语法错误更难于诊断和更正。

比较起来，语义上的封装性和语法上的封装性二者的难度相差无几。从语法的角度说，要想避免窥探另一个类的内部实现细节，只要把它内部的子程序和数据都声明为 `private` 就可以了，这是相对容易办到的。然而，要想达到语义上的

封装性就完全是另一码事儿了。下面是一些类的调用方代码从语义上破坏其封装性的例子。

- 不去调用 A 类的 `InitializeOperations()` 子程序，因为你知道 A 类的 `PerformFirstOperation()` 子程序会自动调用它。
- 不在调用 `employee.Retrive(database)` 之前去调用 `database.Connect()` 子程序，因为你知道在未建立数据库连接的时候 `employee.Retrive()` 会去连接数据库的。
- 不去调用 A 类的 `Terminate()` 子程序，因为你知道 A 类的 `PerformFinal-Operation()` 子程序已经调过它了。
- 即便在 `ObjectA` 离开作用域之后，你仍去使用由 `ObjectA` 创建的、指向 `ObjectB` 的指针或引用，因为你知道 `ObjectA` 把 `ObjectB` 放置在静态存储空间中了，因此 `ObjectB` 肯定还可以用。
- 使用 `ClassB.MAXIMUM_ELEMENTS` 而不用 `ClassA.MAXIMUM_ELEMENTS`，因为你知道它们两个的值是相等的。

KEY POINT

上面这些例子的问题都在于，它们让调用方代码不是依赖于类的公开接口，而是依赖于类的私用实现。每当你发现自己是通过查看类的内部实现来得知该如何使用这个类的时候，你就不是在针对接口编程了，而是在**透过**接口针对内部实现编程了。如果你**透过**接口来编程的话，封装性就被破坏了，而一旦封装性开始遭到破坏，抽象能力也就快遭殃了。

如果仅仅根据类的接口文档还是无法得知如何使用一个类的话，正确的做法不是拉出这个类的源代码，从中查看其内部实现。这是个好的初衷，但却是个错误的决断。正确的做法应该是去联系类的作者，告诉他"我不知道该怎么用这个类。"而对于类的作者来说，正确的做法不是面对面地告诉你答案，而是从代码库中 check out（签出）类的接口文件，修改类的接口文档，再把文件 check in（签入）回去，然后告诉你"看看现在你知不知道该怎么用它了。"你希望让这一次对话出现在接口代码里，这样就能留下来让以后的程序员也能看到。你不希望让这一次对话只存在于自己的脑海里，这样会给使用该类的调用方代码烙下语义上的微妙依赖性。你也不想让这一次对话只在个人之间进行，这样只能让你的代码获益，而对其他人没有好处。

留意过于紧密的耦合关系 "耦合（coupling）"是指两个类之间关联的紧密程度。通常，这种关联越松（loose）越好。根据这一概念可以得出以下一些指导建议：

- 尽可能地限制类和成员的可访问性。
- 避免友元类，因为它们之间是紧密耦合的。

- 在基类中把数据声明为 `private` 而不是 `protected`,以降低派生类和基类之间耦合的程度。
- 避免在类的公开接口中暴露成员数据。
- 要对从语义上破坏封装性保持警惕。
- 察觉"Demeter(得墨忒耳)法则"(见本章第6.3节)。

耦合性与抽象和封装性有着非常密切的联系。紧密的耦合性总是发生在抽象不严谨或封装性遭到破坏的时候。如果一个类提供了一套不完整的服务,其他的子程序就可能要去直接读写该类的内部数据。这样一来就把类给拆开了,把它从一个黑盒子变成了一个玻璃盒子,从而事实上消除了类的封装性。

6.3 Design and Implementation Issues
有关设计和实现的问题

给类定义合理的接口,对于创建高质量程序起到了关键作用。然而,类内部的设计和实现也同样重要。这一节就来论述关于包含、继承、成员函数和数据成员、类之间的耦合性、构造函数、值对象与引用对象等的问题。

Containment("has a" Relationships)
包含("有一个……"的关系)

包含是一个非常简单的概念,它表示一个类含有一个基本数据元素或对象。与包含相比,关于继承的论述要多得多,这是因为继承需要更多的技巧,而且更容易出错,而不是因为继承要比包含更好。包含才是面向对象编程中的主力技术。

通过包含来实现"有一个/has a"的关系 可以把包含想成是"有一个"关系。比如说,一名雇员"有一个"姓名、"有一个"电话号码、"有一个"税收 ID 等。通常,你可以让姓名、电话号码和税收 ID 成为 `Employee` 类的数据成员,从而建立这种关系。

在万不得已时通过 private 继承来实现"有一个"的关系 在某些情况下,你会发现根本无法用把一个对象当做另一对象的成员的办法来实现包含关系。一些专家建议此时可采用 private 继承自所要包含的对象的办法(Meyers 1998、Sutter 2000)。这么做的主要原因是要让外层的包含类能够访问内层被包含类的 protected 成员函数与数据成员。然而在实践中,这种做法会在派生类与基类之间形成一种过于紧密的关系,从而破坏了封装性。而且,这种做法也往往会带来一些设计上的错误,而这些错误是可以用"private 继承"之外的其他方法解决的。

警惕有超过约 7 个数据成员的类 研究表明,人们在做其他事情时能记住的离散项目的个数是 7±2(Miller 1956)。如果一个类包含有超过约 7 个数据成员,请考虑要不要把它分解为几个更小的类（Riel 1996）。如果数据成员都是整型或字符串这种简单数据类型，你可以按 7±2 的上限来考虑；反之，如果数据成员都是复杂对象的话，就应按 7±2 的下限来考虑了。

Inheritance（"is a" Relationships）
继承（"是一个……"关系）

继承的概念是说一个类是另一个类的一种特化（specialization）。继承的目的在于，通过"定义能为两个或更多个派生类提供共有元素的基类"的方式写出更精简的代码。其中的共有元素可以是子程序接口、内部实现、数据成员或数据类型等。继承能把这些共有的元素集中在一个基类中，从而有助于避免在多处出现重复的代码和数据。

当决定使用继承时，你必须要做如下几项决策。

- 对于每一个成员函数而言，它应该对派生类可见吗？它应该有默认的实现吗？这一默认的实现能被覆盖（override）吗？
- 对于每一个数据成员而言（包括变量、具名常量、枚举等），它应该对派生类可见吗？

下面就来详细解释如何考虑这些事项。

> 用C++进行面向对象编程时的一个最重要的法则就是：public继承代表的是"是一个"的关系。请把这一法则印在脑中。
> ——Scott Meyers

用 public 继承来实现"是一个……"的关系　当程序员决定通过继承一个现有类的方式创建一个新类时，他是在表明这个新的类是现有类的一个更为特殊的版本。基类既对派生类将会做什么设定了预期，也对派生类能怎么运作提出了限制（Meyers 1998）。

如果派生类不准备完全遵守由基类定义的同一个接口契约，继承就不是正确的实现技术了。请考虑换用包含的方式，或者对继承体系的上层做修改。

要么使用继承并进行详细说明，要么就不要用它　继承给程序增加了复杂度，因此它是一种危险的技术。正如 Java 专家 Joshua Bloch 所说，"要么使用继承并进行详细说明，要么就不要用它。"如果某个类并未设计为可被继承，就应该把它的成员定义成 non-virtual（C++）、final（Java）或 non-overridable（Microsoft Visual Basic），这样你就无法继承它了。

遵循 Liskov 替换原则（Liskov Substitution Principle，LSP）　Barbara Liskov 在一篇面向对象编程的开创性论文中提出，除非派生类真的"是一个"更特殊的基类，否则不应该从基类继承（Liskov 1988）。Andy Hunt 和 Dave Thomas 把 LSP 总结为："派生类必须能通过基类的接口而被使用，且使用者无须了解两者之间的差异。"（Hunt and Thomas 2000）。

换句话说，对于基类中定义的所有子程序，用在它的任何一个派生类中时的含义都应该是相同的。

如果你有一个 `Account` 基类以及 `CheckingAccount`、`SavingsAccount`、`AutoLoanAccount` 三个派生类，那么程序员应该能调用这三个 `Account` 派生类中从 `Account` 继承而来的任何一个子程序，而无须关心到底用的是 `Account` 的哪一个派生类的对象。

如果程序遵循 Liskov 替换原则，继承就能成为降低复杂度的一个强大工具，因为它能让程序员关注于对象的一般特性而不必担心细节。如果程序员必须要不断地思考不同派生类的实现在语义上的差异，继承就只会增加复杂度了。假如说程序员必须要记得：“如果我调用的是 `CheckingAccount` 或 `SavingsAccount` 中的 `InterestRate()` 方法的话，它返回的是银行应付给消费者的利息；但如果我调用的是 `AutoLoanAccount` 中的 `InterestRate()` 方法就必须记得变号，因为它返回的是消费者要向银行支付的利息。"根据 LSP，在这个例子中 `AutoLoanAccount` 就不应该从 `Account` 继承而来，因为它的 `InterestRate()` 方法的语义同基类中 `InterestRate()` 方法的语义是不同的。

确保只继承需要继承的部分　派生类可以继承成员函数的接口和/或实现。表 6-1 显示了子程序可以被实现和覆盖（override）的几种形式。

表 6-1　继承而来的子程序的几种形式

	可覆盖的	不可覆盖的
提供默认实现	可覆盖的子程序	不可覆盖的子程序
未提供默认实现	抽象且可覆盖的子程序	不会用到（一个未经定义但又不让覆盖的子程序是没有意义的）

正如此表所示，继承而来的子程序有三种基本情况。

- 抽象且可覆盖的子程序是指派生类只继承了该子程序的接口，但不继承其实现。

- 可覆盖的子程序是指派生类继承了该子程序的接口及其默认实现，并且可以覆盖该默认实现。

- 不可覆盖的子程序是指派生类继承了该子程序的接口及其默认实现，但不能覆盖该默认实现。

当你选择通过继承的方式来实现一个新的类时，请针对每一个子程序仔细考虑你所希望的继承方式。仅仅是因为要继承接口所以才继承实现，或仅仅是因为要继承实现所以才继承接口，这两类情况都值得注意。如果你只是想使用一个类的实现而不是接口，那么就应该采用包含方式，而不该用继承。

不要"覆盖"一个不可覆盖的成员函数 C++和Java两种语言都允许程序员"覆盖"那些不可覆盖的成员函数。如果一个成员函数在基类中是私用（private）的话，其派生类可以创建一个同名的成员函数。对于阅读派生类代码的程序员来说，这个函数是令人困惑的，因为它看上去似乎应该是多态的，但事实上却非如此，只是同名而已。换种方法来说，本指导建议就是"派生类中的成员函数不要与基类中不可覆盖的成员函数的重名。"

把共用的接口、数据及操作放到继承树中尽可能高的位置 接口、数据和操作在继承体系中的位置越高，派生类使用它们的时候就越容易。多高就算太高了呢？根据抽象性来决定吧。如果你发现把一个子程序移到更高的层次后会破坏该层对象的抽象性，就该停手了。

只有一个实例的类是值得怀疑的 只需要一个实例，这可能表明设计中把对象和类混为一谈了。考虑一下能否只创建一个新的对象而不是一个新的类。派生类中的差异能否用数据而不是新的类来表达呢？单件（Singleton）模式则是本条指导方针的一个特例。

只有一个派生类的基类也值得怀疑 每当我看到只有一个派生类的基类时，我就怀疑某个程序员又在进行"提前设计"了——也就是试图去预测未来的需要，而又常常没有真正了解未来到底需要什么。为未来要做的工作着手进行准备的最好方法，并不是去创建几层额外的、"没准以后哪天就能用得上的"基类，而是让眼下的工作成果尽可能地清晰、简单、直截了当。也就是说，不要创建任何并非绝对必要的继承结构。

派生后覆盖了某个子程序，但在其中没做任何操作，这种情况也值得怀疑 这通常表明基类的设计中有错误。举例来说，假设你有一个Cat（猫）类，它有一个Scratch()（抓）成员函数，可是最终你发现有些猫的爪尖儿没了，不能抓了。你可能想从Cat类派生一个叫ScratchlessCat（不能抓的猫）的类，然后覆盖Scratch()方法让它什么都不做。但这种做法有这么几个问题。

- 它修改了Cat类的接口所表达的语义，因此破坏了Cat类所代表的抽象（即接口契约）。
- 当你从它进一步派生出其他派生类时，采用这一做法会迅速失控。如果你又发现有只猫没有尾巴该怎么办？或者有只猫不捉老鼠呢？再或者有只猫不喝牛奶？最终你会派生出一堆类似ScratchlessTaillessMicelessMilklessCat（不能抓、没尾巴、不捉老鼠、不喝牛奶的猫）这样的派生类来。

- 采用这种做法一段时间后，代码会逐渐变得混乱而难以维护，因为基类的接口和行为几乎无法让人理解其派生类的行为。

修正这一问题的位置不是在派生类，而是在最初的 Cat 类中。应该创建一个 Claw（爪子）类并让 Cat 类包含它。问题的根源在于做了所有猫都能抓的假设，因此应该从源头上解决问题，而不是到发现问题的地方修补。

避免让继承体系过深　面向对象的编程方法提供了大量可以用来管理复杂度的技术。然而每种强大的工具都有其危险之处，甚至有些面向对象技术还有增加——而不是降低——复杂度的趋势。

在《*Object-Oriented Design Heuristics*》（《面向对象设计的启发式方法》，1996）这本优秀著作中，Arthur Riel 建议把继承层次限制在最多 6 层之内。Arthur 是基于"神奇数字 7±2"这一理论得出这一建议的，但我仍觉得这样过于乐观了。依我的经验，大多数人在脑中同时应付超过 2 到 3 层继承时就有麻烦了。用那个"神奇数字 7±2"用来限制一个基类的派生类总数——而不是继承层次的层数——可能更为合适。

人们已经发现，过深的继承层次会显著导致错误率的增长（Basili，Briand and Melo 1996）。每个曾经调试过复杂继承关系的人都应该知道个中原因。过深的继承层次增加了复杂度，而这恰恰与继承所应解决的问题相反。请牢牢记住首要的技术使命。请确保你在用继承来避免代码重复并使复杂度最小。

尽量使用多态，避免大量的类型检查　频繁重复出现的 case 语句有时是在暗示，采用继承可能是种更好的设计选择——尽管并不总是如此。下面就是一段迫切需要采用更为面向对象的方法的典型代码示例：

```cpp
C++示例：多半应该用多态来替代的case语句
switch ( shape.type ) {
    case Shape_Circle:
        shape.DrawCircle();
        break;
    case Shape_Square:
        shape.DrawSquare();
        break;
    ...
}
```

在这个例子中，对 `shape.DrawCircle()` 和 `shape.DrawSquare()` 的调用应该用一个叫 `shape.Draw()` 的方法来替代，因为无论形状是圆还是方都可以调用这个方法来绘制。

另外，`case` 语句有时也用来把种类确实不同的对象或行为分开。下面就是一个在面向对象编程中合理采用 `case` 语句的例子：

C++示例：也许不该用多态来替代的case语句
```
switch ( ui.Command() ) {
    case Command_OpenFile:
        OpenFile();
        break;
    case Command_Print:
        Print();
        break;
    case Command_Save:
        Save();
        break;
    case Command_Exit:
        ShutDown();
        break;
    ...
}
```

此时也可以创建一个基类并派生一些派生类，再用多态的 `DoCommand()` 方法来实现每一种命令（就像 Command 模式的做法一样）。但在像这个例子一样简单的场合中，`DoCommand()` 意义实在不大，因此采用 `case` 语句才是更容易理解的方案。

让所有数据都是 private（而非 protected） 正如 Joshua Bloch 所言，"继承会破坏封装"（Bloch 2001）。当你从一个对象继承时，你就拥有了能够访问该对象中的 protected 子程序和 protected 数据的特权。如果派生类真的需要访问基类的属性，就应提供 protected 访问器函数（accessor function）。

Multiple Inheritance
多重继承

> 在C++的多重继承中有一个毋庸置疑的事实就是，它打开了一个潘多拉的盒子，里面是单继承所没有的复杂度。
> ——Scott Meyers

继承是一种强大的工具。就像用电锯取代手锯来伐木一样，当小心使用时，它非常有用，但在还没能了解应该注意的事项的人手中，它也会变得非常危险。

`如果把继承比做是电锯,那么多重继承就是 20 世纪 50 年代的那种既没有防护罩、也不能自动停机的危险电锯。有时这种工具的确有用,但在大多数情况下,你最好还是把它放在仓库里为妙——至少在这儿它不会造成任何破坏。

虽然有些专家建议广泛使用多重继承(Meyer 1997),但以我的经验而言,多重继承的用途主要是定义"混合体(mixins)",也就是一些能给对象增加一组属性的简单类。之所以称其为混合体,是因为它们可以把一些属性"混合"到派生类里面。"混合体"可以是形如 Displayable(可显示),Persistant(持久化),Serializable(可序列化)或 Sortable(可排序)这样的类。它们几乎总是抽象的,也不打算独立于其他对象而被单独实例化。

混合体需要使用多重继承,但只要所有的混合体之间保持完全独立,它们也不会导致典型的菱形继承(diamond-inheritance)问题。通过把一些属性夹(chunking)在一起,还能使设计方案更容易理解。程序员会更容易理解一个用了 Displayable 和 Persistent 混合体的对象——因为这样只需要实现两个属性即可——而较难理解一个需要实现 11 个更具体的子程序的对象。

Java 和 Visual Basic 语言也都认可混合体的价值,因为它们允许多重接口继承,但只能继承一个类的实现。而 C++ 则同时支持接口和实现的多重继承。程序员在决定使用多重继承之前,应该仔细地考虑其他替代方案,并谨慎地评估它可能对系统的复杂度和可理解性产生的影响。

Why Are There So Many Rules for Inheritance
为什么有这么多关于继承的规则

KEY POINT

这一节给出了许多规则,它们能帮你远离与继承相关的麻烦。所有这些规则背后的潜台词都是在说,继承往往会让你和程序员的首要技术使命(即管理复杂度)背道而驰。从控制复杂度的角度说,你应该对继承持有非常歧视的态度。下面来总结一下何时可以使用继承,何时又该使用包含:

交叉参考 关于复杂度的更多内容,请参见第 5.2 节中的"软件的首要技术使命:管理复杂度"。

- 如果多个类共享数据而非行为,应该创建这些类可以包含的共用对象。
- 如果多个类共享行为而非数据,应该让它们从共同的基类继承而来,并在基类里定义共用的子程序。
- 如果多个类既共享数据也共享行为,应该让它们从一个共同的基类继承而来,并在基类里定义共用的数据和子程序。
- 当你想由基类控制接口时,使用继承;当你想自己控制接口时,使用包含。

Member Functions and Data
成员函数和数据成员

> **交叉参考** 关于子程序的总体论述,请参见第7章"高质量的子程序"。

下面就有效地实现成员函数和数据成员给出一些指导建议。

让类中子程序的数量尽可能少 一份针对 C++程序的研究发现,类里面的子程序的数量越多,则出错率也就越高(Basili, Briand, and Melo 1996)。然而,也发现其他一些竞争因素产生的影响更显著,包括过深的继承体系、在一个类中调用了大量的子程序,以及类之间的强耦合等。请在保持子程序数量最少和其他这些因素之间评估利弊。

禁止隐式地产生你不需要的成员函数和运算符 有时你会发现应该禁止某些成员函数——比如说你想禁止赋值,或不想让某个对象被构造。你可能会觉得,既然编译器是自动生成这些运算符的,你也就只能对它们放行。但是在这种情况下,你完全可以通过把构造函数、赋值运算符或其他成员函数或运算符定义为 private,从而禁止调用方代码访问它们(把构造函数定义为 private 也是定义单件类(singleton class)时所用的标准技术,本章后面还会讲到)。

减少类所调用的不同子程序的数量 一份研究发现,类里面的错误数量与类所调用的子程序的总数是统计相关的(Basili, Briand, and Melo 1996)。同一研究还发现,类所用到的其他类的数量越高,其出错率也往往会越高。这些概念有时也称为"扇入/fan in"。

> **推荐阅读** 关于 Demeter 法则的更多内容,推荐阅读《Pragmatic Programmer》(Hunt and Thomas 2000)、《Applied UML and Patterns》(Larman 2001)以及《Fundamentals of Object-Oriented Design in UML》(Page-Jones 2000)。

对其他类的子程序的间接调用要尽可能少 直接的关联已经够危险了。而间接的关联——如 `account.ContactPerson().DaytimeContactInfo().PhoneNumber()`——往往更加危险。研究人员就此总结出了一条"Demeter 法则"(Lieberherr and Holland 1989),基本上就是说 A 对象可以任意调用它自己的所有子程序。如果 A 对象创建了一个 B 对象,它也可以调用 B 对象的任何(公用)子程序,但是它应该避免再调用由 B 对象所提供的对象中的子程序。在前面 account 这个例子中,就是说 `account.ContactPerson()` 这一调用是合适的,但 `account.ContactPerson().DaytimeContactInfo()` 则不合适。

这只是一种简化的解释。更多详细信息请参阅本章后面的"更多资源"一节。

一般来说,应尽量减小类和类之间相互合作的范围 尽量让下面这几个数字最小:

- 所实例化的对象的种类
- 在被实例化对象上直接调用的不同子程序的数量
- 调用由其他对象返回的对象的子程序的数量

Constructors
构造函数

接下来给出一些只适用于构造函数（constructor）的指导建议。针对构造函数的这些建议对于不同的语言（C++、Java 和 Visual Basic）都差不多。但对于析构函数（destructor）而言则略有不同，因此请查阅本章"更多资源"中列出的关于析构函数的资料。

如果可能，应该在所有的构造函数中初始化所有的数据成员 在所有的构造函数中初始化所有的数据成员是一个不难做到的防御式编程实践。

> **推荐阅读** 与在C++中实现这一目的的代码十分类似。详情请参阅《More Effective C++》（Meyers 1998）中的第26号条款。

用私用（private）构造函数来强制实现单件属性（singleton property） 如果你想定义一个类，并需要强制规定它只能有唯一一个对象实例的话，可以把该类所有的构造函数都隐藏起来，然后对外提供一个 `static` 的 GetInstance()子程序来访问该类的唯一实例。它的工作方式如下例所示：

```
Java示例：用私用构造函数来实现Singleton（单件）
public class MaxId {
    // constructors and destructors
    private MaxId() {    ← 这里就是私用构造函数。
        ...
    }
    ...
    // public routines
    public static MaxId GetInstance() {    ← 这里是提供对唯一实例进行访问的公用方法。
        return m_instance;
    }
    ...
    // private members
    private static final MaxId m_instance = new MaxId();    ← 这是唯一实例。
    ...
}
```

仅在初始化 `static` 对象 m_instance 时才会调用私用构造函数。用这种方法后，当你需要引用 MaxId 单件时就只需要简单地引用 MaxId.GetInstance() 即可。

优先采用深层复本（deep copies），除非论证可行，才采用浅层复本（shallow copies） 在设计复杂对象的时候，你需要做出一项主要决策，即应为对象实现深拷贝（得到深层复本）还是浅拷贝（得到浅层复本）。对象的深层复本是对象成员数据逐项复制（member-wise copy）的结果；而其浅层复本则往往只是指向或引用同一个实际对象，当然，"深"和"浅"的具体含义可以有些出入。

实现浅层复本的动机一般是为了改善性能。尽管把大型的对象复制出多份复本从美学上看十分令人不快，但这样做很少会导致显著的性能损失。某几个对象可能会引起性能问题，但众所周知，程序员们很不擅长推测真正招致问题的代码（详见第25章"代码调整策略"）。

为了不确定的性能提高而增加复杂度是不妥的，因此，在面临选择实现深拷贝还是浅拷贝时，一种合理的方式便是优先实现深拷贝——除非能够论证浅拷贝更好。

深层复本在开发和维护方面都要比浅层复本简单。实现浅拷贝除了要用到两种方法都需要的代码之外，还要增加很多代码用于引用计数、确保安全地复制对象、安全地比较对象以及安全地删除对象等。而这些代码是很容易出错的，除非你有充分的理由，否则就应该避免它们。

如果你发现确实需要实现浅拷贝的话，Scott Meyers 写的《More Effective C++》（1996）一书的第 29 号调款就 C++ 中的这个问题进行了精辟的阐述。Martin Fowler 在《Refactoring》（《重构》，1999）一书中也论述了在深拷贝和浅拷贝之间相互转换的具体步骤（Fowler 把这两种复本对象分别称为引用对象（reference object）和值对象（value object））。

6.4 Reasons to Create a Class 创建类的原因

交叉参考 创建类的理由和创建子程序的理由有共同之处。请参见第7.1节。

交叉参考 关于识别现实对象的更多话题，见第5.3 节中的"寻找现实世界中的对象"。

如果你完全相信所读到的内容，你可能会得到这么一个概念，即认为创建类的唯一理由就是要为现实世界中的物体（object，对象）建模。而实际上，创建类的理由远远不止这一个。下面就列出一些创建类的合理原因。

为现实世界中的对象建模 为现实世界中的对象建模也许不是创建类的唯一理由，但它仍是个很好的理由！请为你程序中需要建模的每一个出现在现实世界中的对象类型创建一个类。把该对象所需的数据添加到类里面，然后编写一些服务子程序来为对象的行为建模。请参阅第 6.1 节中关于 ADT 的讨论以及其中的例子。

为抽象的对象建模 创建类的另一个合理的原因是要建立抽象对象的模型，所谓的抽象对象并不是一个现实世界中的具体对象，但它却能为另外一些具体的对象提供一种抽象。经典的 Shape（形状）对象就是一个很好的例子。Circle（圆）和 Square（正方形）都是真实存在的，但 Shape 则是对其他具体形状的一种抽象。

在程序设计中，抽象并不是像 Shape 一样现成就有的，因此我们必须努力工作以得出一些清晰的抽象。"从现实世界的实体中提炼出抽象的概念"这一过程是不确定的，不同的设计者会抽象出不同的共性（generalities）来。举例来说，假如我们并不了解诸如圆、正方形和三角形这样的几何形状，就可能会得出一些更不寻常的形状，比如说南瓜的形状、大头菜的形状、或是 Pontiac Aztek 似的形状。得出恰当的抽象对象是面向对象设计中的一项主要挑战。

KEY POINT

降低复杂度 创建类的一个最重要的理由便是降低程序的复杂度。创建一个类来把信息隐藏起来，这样你就无须再去考虑它们。当然，当你写到这个类的时候还是要考虑这些信息的。但类写好后，你就应该能够忘掉这些细节，并能在无须了解其内部工作原理的情况下使用这个类。其他那些创建类的原因——缩减代码空间、提高可维护性以及提高正确性——都是很好的,但一旦失去了类的抽象能力,那么复杂的应用程序对于我们的智力而言将是无法管理的了。

隔离复杂度　　无论复杂度表现为何种形态——复杂的算法、大型数据集、或错综复杂的通讯协议等——都容易引发错误。一旦错误发生,只要它还在类的局部而未扩散到整个程序中,找到它就会比较容易。修正错误时引起的改动不会影响到其他代码,因为只有一个类需要修改,不会碰到其他代码。如果你找到了一种更好、更简单或更可靠的算法,而原有的算法已经用类隔离起来的话,就可以很容易地把它替换掉。在开发过程中,这样做可以让你更容易地尝试更多设计方案,保留最好的一种方案。

隐藏实现细节　　想把实现细节隐藏起来的这种愿望本身便是创建类的一个绝佳理由,无论实现细节是像访问数据库那般复杂,还是像决定用数值还是字符串来存储某个特定数据成员那般寻常。

限制变动的影响范围　　把容易变动的部分隔离开来,这样就能把变动所带来的影响限制在一个或少数几个类的范围内。把最容易变动的部分设计成最容易修改的。容易变动的部分有硬件依赖性、输入/输出、复杂数据类型、业务逻辑等。在第 5.3 节的"隐藏秘密(信息隐藏)"中介绍了几种常见的引起变化的根源。

> **交叉参考**　关于使用全局数据的问题,请参见第 13.3 节"全局数据"。

隐藏全局数据　　如果你需要用到全局数据,就可以把它的实现细节隐藏到某个类的接口背后。与直接使用全局数据相比,通过访问器子程序(access routine)来操控全局数据有很多好处。你可以改变数据结构而无须修改程序本身。你可以监视对这些数据的访问。"使用访问器子程序"的这条纪律还会促使你去思考有关数据是否就应该是全局的;经常你会豁然开朗地发现,"全局数据"原来只是对象的数据而已。

让参数传递更顺畅　　如果你需要把一个参数在多个子程序之间传递,这有可能表明应该把这些子程序重构到一个类里,把这个参数当做对象数据来共享。实质上,让参数传递得更顺畅并不是目标,但把大量的数据到处传递是在暗示换一种类的组织方式可能会更好。

> **交叉参考**　关于信息隐藏的更多详细内容,请参见第 5.3 节中的"隐藏秘密(信息隐藏)"。

建立中心控制点　　在一个地方来控制一项任务是个好主意。控制可以表现为很多形式。了解一张表中记录的数目是一种形式;对文件、数据库连接、打印机等设备进行的控制又是一种。用一个类来读写数据库则是集中控制的又一种形式。如果需要把数据库转换为平坦的文件或者内存数据,有关改动也只会影响一个类。

集中控制这一概念和信息隐藏有些相似，但它具有独特的启发式功用，值得把它放到你的编程工具箱中。

让代码更易于重用　将代码放入精心分解（well-factored）的一组类中，比起把代码全部塞进某个更大的类里面，前者更容易在其他程序中重用。如果有一部分代码，它们只是在程序里的一个地方调用，只要它可以被理解为一个较大类的一部分，而且这部分代码可能会在其他程序中用到，就可以把它提出来形成一个单独的类。

HARD DATA

美国 NASA 的软件工程实验室（Software Engineering Laboratory）曾经研究了 10 个积极追求代码重用的项目（McGarry, Waligora, and McDermott 1989）。研究结果表明，无论采用面向对象的设计方法还是以功能为导向的（functionally oriented）设计方法，在最初的项目中都没能太多地重用之前项目中的代码，因为之前的项目尚未形成充分的代码基础（code base）。然而到了后来，以功能为导向进行设计（functional design）的项目能重用之前项目中约 35% 的代码。而使用面向对象方法的项目则能重用之前项目中超过 70% 的代码。如果提前规划一下就能让你少写 70% 的代码，那当然要这样做了！

交叉参考　关于实现最少所需功能的详情，参见第 24.2 节中的"程序中的一些代码似乎是在将来的某个时候才会用到的"。

值得注意的是，NASA 这种创建可重用的类的方法并未涉及"为重用而设计"。NASA 在其项目结束时挑出了可供重用的备选代码。然后，他们进行了必要的工作来让这些代码可以重用，这些工作或被当做是主项目后期的一个特殊项目，或被当做是新项目的第一个步骤。这种方法有助于避免"镀金"——增加一些并不实际需要的、但却会增加不必要的复杂度的功能。

为程序族做计划　如果你预计到某个程序会被修改，你可以把预计要被改动的部分放到单独的类里，同其他部分隔离开，这是个好主意。之后你就可以只修改这个类或用新的类来取代它，而不会影响到程序的其余部分了。仔细考虑整个程序族（family of programs）的可能情况，而不单是考虑单一程序的可能情况，这又是一种用于预先应对各种变化的强有力的启发式方法（Parnas 1976）。

几年前我管理过一个团队，我们为客户开发一系列用于保险销售的程序。我们必须按照客户特定的保险费率、报价表格式等来定制每个程序。然而这些程序的很多部分都是相同的：用来输入潜在客户的信息的类、用来把信息存到客户数据库的类、用来查询费率的类、计算一个组的全部费率的类，等等。开发团队对程序的结构进行了规划，把每个能根据客户要求进行变化的部分都放到单独的类里面。按照开始的编程任务来计算的话，我们可能要花大约三个月的时间，但在有了新客户之后，我们仅仅需要为该客户开发出一些新类，然后让这些新类同其余代码一起工作。定制一套软件只用几天的工夫！

把相关操作包装到一起　即便你无法隐藏信息、共享数据或规划灵活性，你仍然可以把相关的操作合理地分组，比如分为三角函数、统计函数、字符串处理子程序、位操作子程序以及图形子程序，等等。类是把相关操作组合在一起的一种方法。除此之外，根据你所使用的编程语言不同，你还可以使用包（package）、命名空间（namespace）或头文件等方法。

实现某种特定的重构　第 24 章"重构"中所描述的很多特定的重构方法都会生成新的类，包括把一个类转换为两个、隐藏委托、去掉中间人以及引入扩展类等。为了能更好地实现本节所描述的任何一个目标，这些都是产生各种新类的动机。

Classes to Avoid
应该避免的类

尽管通常情况下类是有用的，但你也可能会遇到一些麻烦。下面就是一些应该避免创建的类。

避免创建万能类（god class）　要避免创建什么都知道、什么都能干的万能类。如果一个类把工夫都花在用 `Get()` 方法和 `Set()` 方法向其他类索要数据（也就是说，深入到其他类的工作中并告诉它们该如何去做）的话，请考虑是否应该把这些功能组织到其他那些类中去，而不要放到万能类里（Riel 1996）。

> **交叉参考**　这种类通常也叫结构体(structure)。关于结构体的更多内容，请参见第 13.1 节"结构体"。

消除无关紧要的类　如果一个类只包含数据但不包含行为的话，应该问问自己，它真的是一个类吗？同时应该考虑把这个类降级，让它的数据成员成为一个或多个其他类的属性。

避免用动词命名的类　只有行为而没有数据的类往往不是一个真正的类。请考虑把类似 DatabaseInitialization（数据库初始化）或 StringBuilder（字符串构造器）这样的类变成其他类的一个子程序。

Summary of Reasons to Create a Class
总结：创建类的理由

下面总结一下创建类的合理原因：

- 对现实世界中的对象建模
- 对抽象对象建模
- 降低复杂度
- 隔离复杂度
- 隐藏实现细节
- 限制变化所影响的范围
- 隐藏全局数据

代码大全（第 2 版）

- 让参数传递更顺畅
- 创建中心控制点
- 让代码更易于重用
- 为程序族做计划
- 把相关操作放到一起
- 实现特定的重构

6.5 Language-Specific Issues 与具体编程语言相关的问题

不同编程语言在实现类的方法上有着很有意思的差别。请考虑一下如何在一个派生类中通过覆盖成员函数来实现多态。在 Java 中,所有的方法默认都是可以覆盖的,方法必须被定义成 final 才能阻止派生类对它进行覆盖。在 C++ 中,默认是不可以覆盖方法的,基类中的方法必须被定义成 virtual 才能被覆盖。而在 Visual Basic 中,基类中的子程序必须被定义为 overridable,而派生类中的子程序也必须要用 overrides 关键字。

下面列出跟类相关的,不同语言之间有着显著差异的一些地方:

- 在继承层次中被覆盖的构造函数和析构函数的行为
- 在异常处理时构造函数和析构函数的行为
- 默认构造函数(即无参数的构造函数)的重要性
- 析构函数或终结器(finalizer)的调用时机
- 和覆盖语言内置的运算符(包括赋值和等号)相关的知识
- 当对象被创建和销毁时,或当其被声明时,或者它所在的作用域退出时,处理内存的方式

关于这些事项的详细论述超出了本书的范围,不过在"更多资源"一节中提供了一些与特定语言相关的很好资源。

6.6 Beyond Classes: Packages 超越类:包

交叉参考 关于类和包的区别,请参见第 5.2 节中的"设计的层次"。

类是当前程序员们实现模块化(modularity)的最佳方式。不过模块化是个很庞大的话题,其影响范围要远远超出类。在过去几十年间,软件开发的进展在很

大程度上要归功于我们在编程时进行工作的粒度的增长。首先是语句，这在当时算得上是自从机器指令以来迈进的一大步。接下来就是子程序，再后来则是类。

很显然，如果我们能有更好的工具来把对象聚合起来，我们就可能更好地朝着抽象和封装的目标迈进。Ada 语言早在十多年前就已经支持包（package）的概念了，现今 Java 语言也支持包了。如果你所用的编程语言不能直接支持包的概念，你也可以自行创建自己的包（的"可怜程序员版/poor-programmer's version"），并通过遵循下列编程标准来强制实施你的包：

- 用于区分"公用的类"和"某个包私用的类"的命名规则
- 为了区分每个类所属的包而制定的命名规则和/或代码组织规则（即项目结构）
- 规定什么包可以用其他什么包的规则，包括是否可以用继承和/或包含等

这些变通之法也是展示"在一种语言上编程"和"深入一种语言去编程"之间区别的好例子。关于这一节的更多信息，请参见第 34.4 节"以所用语言编程，但思路不受其约束"。

cc2e.com/0672

交叉参考 这是关于类的质量的考虑事项的核对表。关于创建类的步骤列表，请参见第 9 章 233 页中的"伪代码编程过程"。

CHECKLIST: Class Quality
核对表：类的质量

抽象数据类型

❑ 你是否把程序中的类都看做是抽象数据类型了？是否从这个角度评估它们的接口了？

抽象

❑ 类是否有一个中心目的？
❑ 类的命名是否恰当？其名字是否表达了其中心目的？
❑ 类的接口是否展现了一致的抽象？
❑ 类的接口是否让人清楚明白地知道该如何用它？
❑ 类的接口是否足够抽象，使你能不必顾虑它是如何实现其服务的？你能把类看做黑盒子吗？
❑ 类提供的服务是否足够完整，能让其他类无须动用其内部数据？
❑ 是否已从类中除去无关信息？
❑ 是否考虑过把类进一步分解为组件类？是否已尽可能将其分解？
❑ 在修改类时是否维持了其接口的完整性？

封装

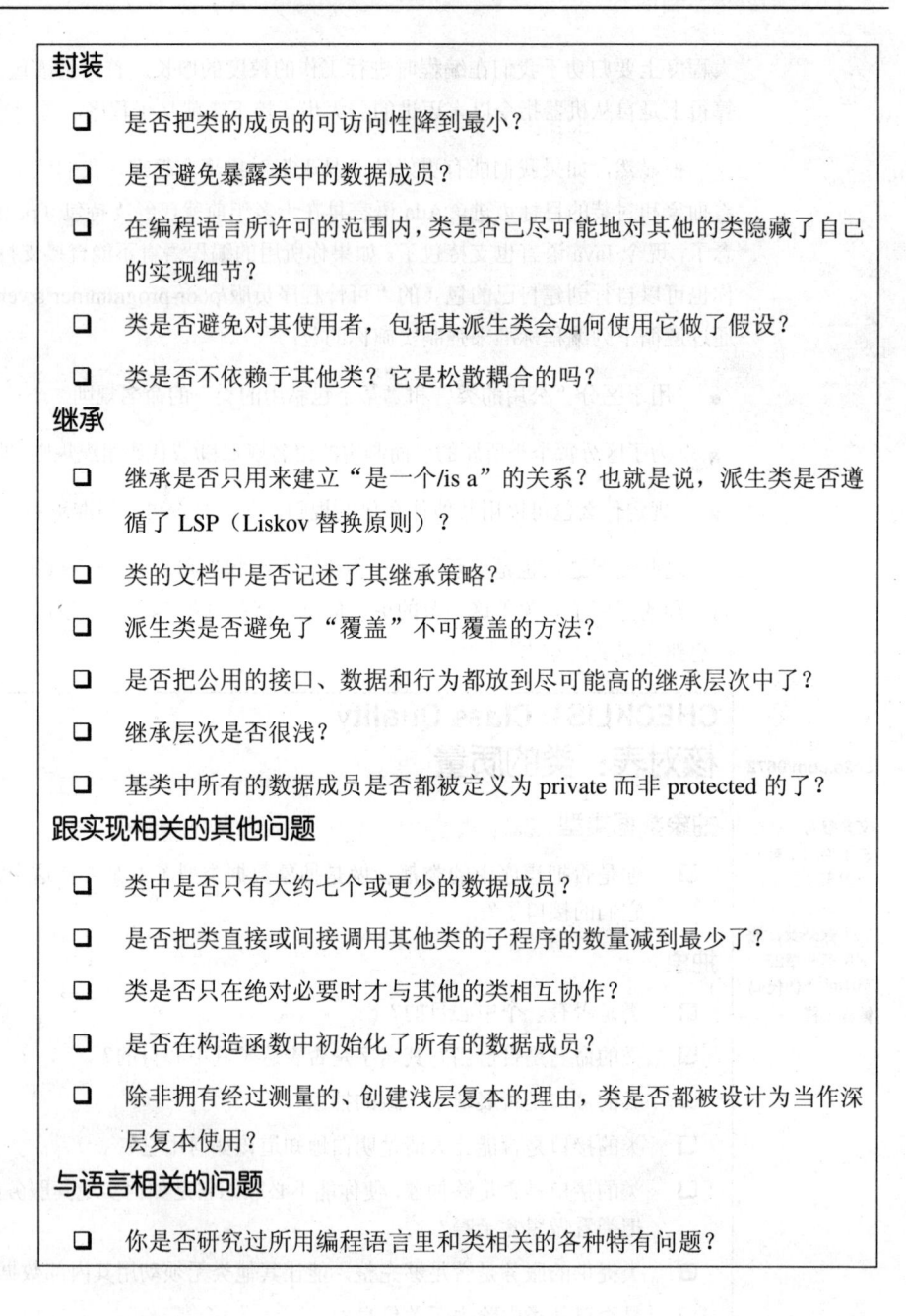

- 是否把类的成员的可访问性降到最小？
- 是否避免暴露类中的数据成员？
- 在编程语言所许可的范围内，类是否已尽可能地对其他的类隐藏了自己的实现细节？
- 类是否避免对其使用者，包括其派生类会如何使用它做了假设？
- 类是否不依赖于其他类？它是松散耦合的吗？

继承

- 继承是否只用来建立"是一个/is a"的关系？也就是说，派生类是否遵循了 LSP（Liskov 替换原则）？
- 类的文档中是否记述了其继承策略？
- 派生类是否避免了"覆盖"不可覆盖的方法？
- 是否把公用的接口、数据和行为都放到尽可能高的继承层次中了？
- 继承层次是否很浅？
- 基类中所有的数据成员是否都被定义为 private 而非 protected 的了？

跟实现相关的其他问题

- 类中是否只有大约七个或更少的数据成员？
- 是否把类直接或间接调用其他类的子程序的数量减到最少了？
- 类是否只在绝对必要时才与其他的类相互协作？
- 是否在构造函数中初始化了所有的数据成员？
- 除非拥有经过测量的、创建浅层复本的理由，类是否都被设计为当作深层复本使用？

与语言相关的问题

- 你是否研究过所用编程语言里和类相关的各种特有问题？

Additional Resources
更多资源

Classes in General
类，一般问题

cc2e.com/0679

Meyer, Bertrand. 《*Object-Oriented Software Construction*》（《面向对象软件构造》), 2d ed. New York, NY: Prentice Hall PTR, 1997. 这本书详细地讲解了抽象数据类型，并解释了它是如何构成类的基础的。第 14 至 16 章深入地讲解了继承。在第 15 章中，Meyer 提出了支持多重继承的正面论据。

Riel, Arthur J. 《*Object-Oriented Design Heuristics*》. Reading, MA: Addison-Wesley, 1996. 这本书就如何改善程序的设计给出了大量的建议，这些建议大多是从类的角度出发的。有几年时间我一直回避这本书，因为它看上去实在太庞大了。不过，这本书的主体部分只有约 200 页厚。Riel 的写作风格通俗易懂，令人赏心悦目。这本书内容集中，很有实用性。

C++
C++

cc2e.com/0686

Meyers, Scott. 《*Effective C++: 50 Specific Ways to Improve Your Programs and Designs*》（《Effective C++，第二版》), 2d ed. Reading, MA: Addision-Wesley, 1998。

Meyers, Scott, 1996, 《*More Effective C++: 35 New Ways to Improve Your Programs and Designs*》（《More Effective C++ 中文版》）. Reading, MA: Addison-Wesley, 1996. Meyers 的这两本书都可以称得上是 C++ 程序员的圣典了。他的书在诙谐之中向我们传达了一位语言大师对于 C++ 细微之处的品味。

Java
Java

cc2e.com/0693

Bloch, Joshua. 《*Effective Java Programming Language Guide*》. Boston, MA: Addison-Wesley, 2001. Bloch 在该书中给出了很多关于 Java 语言的实用建议，同时也介绍了一些更为常用的、合理的面向对象实践。

Visual Basic
Visual Basic

cc2e.com/0600

下面这几本书都是与 Visual Basic 中类相关的不错的参考资料：

- Foxall, James. 《*Practical Standards for Microsoft Visual Basic .NET*》. Redmond, WA: Microsoft Press, 2003.
- Cornell, Gary, and Jonathan Morrison. 《*Programming VB .NET: A Guide for Experienced Programmers*》. Berkeley, CA: Apress, 2002.
- Barwell, Fred, et al. 《*Professional VB .NET*》, 2d ed. Wrox, 2002.

Key Points
要点

- 类的接口应提供一致的抽象。很多问题都是由于违背该原则而引起的。
- 类的接口应隐藏一些信息——如某个系统接口、某项设计决策、或一些实现细节。
- 包含往往比继承更为可取——除非你要对"是一个/is a"的关系建模。
- 继承是一种有用的工具,但它却会增加复杂度,这有违于软件的首要技术使命——管理复杂度。
- 类是管理复杂度的首选工具。要在设计类时给予足够的关注,才能实现这一目标。

High-Quality Routines

第 7 章

高质量的子程序

cc2e.com/0778 内容

- 7.1 创建子程序的正当理由：第 164 页
- 7.2 在子程序层上设计：第 168 页
- 7.3 好的子程序名字：第 171 页
- 7.4 子程序可以写多长：第 173 页
- 7.5 如何使用子程序参数：第 174 页
- 7.6 使用函数时要特别考虑的问题：第 181 页
- 7.7 宏子程序和内联子程序：第 182 页

相关章节

- 构造子程序的步骤：第 9.3 节
- 可以工作的类：第 6 章
- 一般设计技术：第 5 章
- 软件架构：第 3.5 节

第 6 章描述了创建类的个中细节，而本章则将转向子程序（routines），关注那些关乎子程序质量好坏的特征。如果你希望在进入细节之前阅读有关能够影响子程序设计的事项，那么请先阅读第 5 章"软件构建中的设计"，然后再回到本章。第 8 章"防御式编程"也阐述了高质量的子程序的一些重要属性。如果你对创建子程序和类的步骤更感兴趣，那么从第 9 章"伪代码编程过程"开始可能会更好。

在讨论高质量的子程序的细节之前，明确下面这两个基本术语会很有帮助。首先，什么是"子程序（routine）"？子程序是为实现一个特定的目的而编写的一个可被调用的方法（method）或过程（procedure）。例如 C++中的函数（function），Java 中的方法（method），或 Microsoft Visual Basic 中的函数过程（function procedure）或子过程（sub procedure）。对于某些使用方式，C 和 C++中的宏（macro）也可认为是子程序。你可以把创建高质量子程序的很多技术应用到所有这些情况中。

那什么又是**高质量**的子程序呢？这个问题更难回答。也许回答这个问题的最

简单的办法,是来看看什么东西不是高质量的子程序。这里举一个低质量的子程序的例子:

C++示例:低质量的子程序

```cpp
void HandleStuff( CORP_DATA & inputRec, int crntQtr, EMP_DATA empRec,
    double & estimRevenue, double ytdRevenue, int screenX, int screenY,
    COLOR_TYPE & newColor, COLOR_TYPE & prevColor, StatusType & status,
    int expenseType )
{
int i;
for ( i = 0; i < 100; i++ ) {
   inputRec.revenue[i] = 0;
   inputRec.expense[i] = corpExpense[ crntQtr ][ i ];
   }
UpdateCorpDatabase( empRec );
estimRevenue = ytdRevenue * 4.0 / (double) crntQtr;
newColor = prevColor;
status = SUCCESS;
if ( expenseType == 1 ) {
    for ( i = 0; i < 12; i++ )
         profit[i] = revenue[i] - expense.type1[i];
    }
else if ( expenseType == 2 ) {
         profit[i] = revenue[i] - expense.type2[i];
         }
else if ( expenseType == 3 )
         profit[i] = revenue[i] - expense.type3[i];
```

这个子程序里有哪些不妥呢?给你一个提示:你应该能够从中发现至少 10 个不同的问题。请你先列出自己发现的问题,然后再来看下面这份清单:

- 这个子程序有个很差劲的名字。`HandleStuff()`一点也没有告诉你这个子程序究竟是做什么的。

- 这个子程序没有文档(有关文档的话题已经超出了子程序的范畴,因此将在第 32 章"自说明代码"中讨论)。

- 这个子程序的布局不好。代码的物理组织形式几乎没有给出任何关于其逻辑组织的提示。布局的使用过于随意,程序内的不同部分使用了不同的布局风格。请比较一下 `expenseType==2` 和 `expenseType==3` 这两处的代码风格。(在第 31 章"布局与风格"中会讨论布局问题。)

- 这个子程序的输入变量 `inputRec` 的值被改变了。如果它是一个输入变量,它的值就不应该被修改(而且在 C++中它应该定义为 `const`)。如果变量的值就是要被修改的,那就不要把它命名为 `inputRec`。

- 这个子程序读写了全局变量——它从 `corpExpense` 中读取数值并将其写入 `profit`。它应该更直接地与其他子程序通信,而不是去读写全局变量。

- 这个子程序没有一个单一的目的。它初始化了一些变量，向数据库写入数据，又做了一些计算——从这些事情之间看不出任何联系。子程序应该有单一而明确的目的。
- 这个子程序没有注意防范错误数据（bad data）。如果 crntQtr 等于 0，那么表达式 ytdRevenue*4.0 / (double)crntQtrh 将会导致除零错误。
- 这个子程序用了若干神秘数值（magic number）：100、4.0、12、2、3 等。神秘数值的问题会在第 12.1 节 "数值概论" 中探讨。
- 这个子程序未使用其中一些参数：screenX 和 screenY 在程序中都没有被引用过。
- 这个子程序的一个参数传递方式有误：prevColor 被标为引用参数（&），但在这个子程序内却未对其赋值。
- 这个子程序的参数太多了。合理的参数个数，其上限大概是 7 个左右，而这个子程序有 11 个。这些参数的排布方式也难以理解，估计没人想仔细研究它们、甚至没人想数数有几个参数。
- 这个子程序的参数顺序混乱且未经注释。（参数的顺序会在本章探讨。而代码注释问题会在第 32 章中阐述。）

cc2e.com/0799

交叉参考 类也算得上是计算机科学中的一项重要发明。想了解如何有效地使用类，请参考第 6 章 "可以工作的类"。

抛开计算机本身，子程序也算得上是计算机科学中一项最为重大的发明了。子程序的使用使得程序变得更加易读，更易于理解，比任何编程语言的任何功能特性都更容易。像上例那样滥用这一计算机科学中最为重要的特性，简直就是一种犯罪。

子程序也是迄今为止发明出来的用以节约空间和提高性能的最重要手段。设想，如果对每个子程序调用都重复写出代码，而不是转到相应的子程序，那么代码会变得多么臃肿。再设想一下，如果要对一段代码的性能进行改善，但这些代码反复出现在不同地方，而不是被纳入了一个子程序，那该有多困难。正是子程序使得现代化的编程成为可能。

"好吧，" 你可能会说，"我早就知道子程序很重要，而且我在编程时也一直在用它们。这里的讨论好像是要纠正什么，那么你想让我做些什么呢？"

我希望你能够理解，创建一个子程序可以有很多合理的原因，但完成它的方式却有对错之分。当我还是一名在读的计算机系大学生时，我曾认为创建子程序的主要原因不过是为了避免重复代码。我所用过的那本入门教程也告诉我说，使用子程序的好处就是因为它避免了重复的代码，从而使程序更易于开发、调试、编档和维护，等等。除了还讲了一些如何使用参数和局部变量等语法细节之外，这就是那本教程所涵盖的全部内容了。它对子程序理论和实践的解释既不够好，也不够完整。下面的几节将给你一些更好的解释。

7.1 Valid Reasons to Create a Routine
创建子程序的正当理由

这里列出的是一些创建子程序的正当理由。有些理由互有重叠,因为本来也未打算让它们形成一个正交的集合。

KEY POINT

降低复杂度 创建子程序的一个最重要的原因,就是为了降低程序的复杂度。可以通过创建子程序来隐藏一些信息,这样你就不必再去考虑这些信息了。当然,在你要编写这个子程序的时候肯定是要考虑它们的。不过一旦程序写好了,你就应该能忘记这些细节,可以直接调用该子程序而无须了解其内部工作细节。创建子程序还有其他一些原因——如缩小代码规模、改善可维护性、提高正确性等——也都是很不错的,但如果没有子程序的抽象能力,我们的智力将根本无法管理复杂的程序。

当内部循环或条件判断的嵌套层次很深时,就意味着需要从子程序中提取出新的子程序了。把嵌套的部分提取出来形成一个独立的子程序,可以降低外围子程序的复杂度。

引入中间、易懂的抽象 把一段代码放入一个命名恰当的子程序内,是说明这段代码用意最好的方法之一。与读下面这一串语句相比,

```
if ( node <> NULL ) then
  while ( node.next <> NULL ) do
    node = node.next
    leafName = node.name
  end while
else
  leafName = ""
end if
```

读懂下面这条语句就更容易:

```
leafName = GetLeafName( node )
```

这段新程序如此之短,只要给它取个好的名字就足够说明它的用意了。与上面的 8 行代码相比,这个名字提供了更高层次的抽象,从而使代码更具可读性,也更容易理解,同时也降低了原来包含着上面那段代码的子程序的复杂度。

避免代码重复 毋庸置疑,创建子程序最普遍的原因是为了避免代码重复。事实上,如果在两段子程序内编写相似的代码,就意味着代码分解(decomposition)出现了差错。这时,应该把两段子程序中的重复代码提取出来,将其中的相同部分放入一个基类,然后再把两段程序中的差异代码放入派生类中。还有另一种办法,你也可以把相同的代码放入新的子程序中,再让其余的代码来调用这个子程序。与代码的重复出现相比,让相同的代码只出现一次可以节约空间。代码改动

起来也更方便，因为你只需要在一处修改即可。这时的代码也会更加可靠，因为为了验证代码的正确性，你只需要检查一处代码。同时，这样做也会使改动更加可靠，因为你可以避免需要做相同的修改时，却做了一些略有不同的修改。

支持子类化（subclassing） 覆盖（override）简短而规整的子程序所需新代码的数量，要比覆盖冗长而遢遢的子程序更少。如果你能让可覆盖的子程序保持简单，那你在实现派生类的时候也会减少犯错的几率。

隐藏顺序 把处理事件的顺序隐藏起来是一个好主意。比如，如果一个程序通常都是先从用户那里读取数据，然后再从一个文件中读取辅助数据，那么，无论是从用户那里读取数据的子程序还是从文件中读取数据的子程序，都不应该依赖另一个子程序是否已执行。再举一个有关顺序的例子，假设你写了两行代码，先读取栈顶的数据，然后减少 `stackTop` 变量的值。你应该把这两行代码放到一个叫 `PopStack()` 的子程序中。从而把这两行代码所必须执行的顺序隐藏起来。把这种信息隐藏起来，比让它们在系统内到处散布要好很多。

隐藏指针操作 指针操作的可读性通常都很差，而且也容易出错。通过把这些操作隔离在子程序内部，你就可以把精力集中于操作的意图本身，而不是指针操作机制的细节。同时，如果此类操作都能在一个位置完成，那么你对代码的正确性就会更有把握。如果你发现了比指针更合适的数据类型，也可以对程序做出修改，而不用担心会破坏了那些原本要使用指针的代码。

提高可移植性 可以用子程序来隔离程序中不可移植的部分，从而明确识别和隔离未来的移植工作。不可移植的部分包括编程语言所提供的非标准功能、对硬件的依赖，以及对操作系统的依赖等。

简化复杂的布尔判断 为了理解程序的流程，通常并没有必要去研究那些复杂的布尔判断的细节。应该把这些判断放入函数中，以提高代码的可读性，因为：（1）这样就把判断的细节放到一边了；（2）一个具有描述性的函数名字可以概括出该判断的目的。

把布尔判断的逻辑放入单独的函数中，也强调了它的重要性。这样做也会激励人们在函数内部做出更多的努力，提高判断代码的可读性。最终，代码的主流程和判断代码都变得更加清晰。简化布尔判断也是降低复杂度的一个例子，这一点在前面就已经讨论过了。

改善性能 通过使用子程序，你可以只在一个地方优化代码。把代码集中在一处可以更方便地查出哪些代码的运行效率低下。同时，在一处进行的优化，就能使用到（无论是直接调用还是间接使用）该子程序的所有代码都从中受益。把代码集中在一处之后，想用更高效的算法或更快速高效的语言来重写代码也更容易做了。

交叉参考 关于信息隐藏的详细情况,见第 5.3 节中的"隐藏秘密(信息隐藏)"。

确保所有的子程序都很小 不是的。既然有这么多好的理由来把代码写成子程序,这一点就没必要了。事实上,有些事情写一个大的子程序来完成还会更好。(有关子程序的最佳长度,请参见第 7.4 节"子程序可以写多长"。)

Operations That Seem Too Simple to Put Into Routines
似乎过于简单而没必要写成子程序的操作

KEY POINT

编写有效的子程序时,一个最大的心理障碍是不情愿为一个简单的目的而编写一个简单子程序。写一个只有两三行代码的子程序可能看起来有些大才小用,但经验可以表明,一个很好而又小巧的子程序会多有用。

小的子程序有许多优点。其一便是它们能够提高其可读性。我曾在一个程序的十多处地方写了下面这行代码:

伪代码示例: 某种计算
```
points = deviceUnits * ( POINTS_PER_INCH / DeviceUnitsPerInch() )
```

这肯定不是你所读过的最复杂的代码。多数人最终都能看懂,它进行的是从设备单位(device unit)到磅数(point)的转换计算。人们也会看出这十几处代码都在做着同样的事情。但是,它们原本可以更清楚些,所以我创建了一个子程序,并给它起了个好的名字,使这一转换可以只在一个地方进行:

伪代码示例: 用函数来完成计算
```
Function DeviceUnitsToPoints ( deviceUnits Integer ): Integer
    DeviceUnitsToPoints = deviceUnits *
       ( POINTS_PER_INCH / DeviceUnitsPerInch() )
End Function
```

在用这个子程序取代了那些直接嵌入计算的代码(inline code)之后,程序中的那十几行代码就差不多都成了下面这样:

伪代码示例: 调用计算函数
```
points = DeviceUnitsToPoints( deviceUnits )
```

这行代码更具可读性——甚至已经达到自我注解的地步。

这个例子还暗示出把简单操作写成函数的另一个原因:简单的操作常常会变成复杂操作。写这段子程序时我还没有认识到这一点,但在某些情况下,当某个设备激活(active)时,`DeviceUnitPerInch()` 会返回 0。这意味着我必须考虑到除以零的情况,为此需要再多写 3 行代码:

伪代码示例: 维护代码时扩展了的函数
```
Function DeviceUnitsToPoints( deviceUnits: Integer ) Integer;
   if ( DeviceUnitsPerInch() <> 0 )
      DeviceUnitsToPoints = deviceUnits *
          ( POINTS_PER_INCH / DeviceUnitsPerInch() )
   else
      DeviceUnitsToPoints = 0
   end if
End Function
```

如果还是在程序中的十几处地方出现原来那样的代码行，那么这一测试也就要重复十几次，这样就需要增加总共几十行代码。用一个简单的子程序，就把那几十行代码减到了 3 行。

Summary of Reasons to Create a Routine
总结：创建子程序的理由

下面概括了创建子程序的一些理由：

- 降低复杂度
- 引入中间的、易懂的抽象
- 避免代码重复
- 支持子类化
- 隐藏顺序
- 隐藏指针操作
- 提高可移植性
- 简化复杂的逻辑判断
- 改善性能

除此之外，创建类的很多理由也是创建子程序的理由：

- 隔离复杂度
- 隐藏实现细节
- 限制变化所带来的影响
- 隐藏全局数据
- 形成中央控制点
- 促成可重用的代码
- 达到特定的重构目的

7.2 Design at the Routine Level 在子程序层上设计

内聚性（cohesion）的概念是由 Wayne Stevens、Glenford Myers 和 Larry Constantine 在 1974 年发表的一篇论文中提出来的。其他一些更为现代的概念，如抽象和封装等，通常在类这一层次的设计中更为适用（事实上，抽象和封装在类层次上已经很大程度上取代了内聚性），但内聚性的概念仍然存在，而且在单个子程序这一层次上，仍是设计时常用的启发式方法。

> **交叉参考** 关于内聚性的全面探讨，请参见第 5.3 节中的"高内聚性"。

对子程序而言，内聚性是指程序中各种操作之间联系的紧密程度。有些程序员更喜欢使用"强度（strength）"这一术语：一个子程序中各种操作之间的联系有多强？像 `Cosine()`（余弦函数）这样的函数就是极端内聚的，因为整个程序只完成一项功能。而 `CosineAndTan()`（余弦与正切）这个函数的内聚性相对较弱，因为它完成了多于一项的操作。我们的目标是让每一个子程序只把一件事做好，不再做任何其他事情。

这样做的好处是得到更高的可靠性。一项针对 450 个子程序所做的研究发现，高内聚性的子程序中有 50% 没有任何错误，而低内聚性的子程序中只有 18% 是没有错误的（Card, Carch and Agresti 1986）。另一项针对另外 450 个子程序（选取了同样数量的子程序进行研究纯属巧合）所做的研究发现，耦合度与内聚性之比最高的那些子程序[1]，其中所含的错误是耦合度与内聚性之比最低的子程序的 7 倍之多，而其修正成本则为 20 倍（Selby and Basili 1991）。

关于内聚性的讨论一般会涉及到内聚性的几个层次。理解一些概念要比记住一些特定的术语更重要。这些概念可以帮助你思考如何让子程序尽可能地内聚。

功能的内聚性（*functional cohesion*）是最强也是最好的一种内聚性，也就是说让一个子程序仅执行一项操作。例如 `sin()`、`GetCustomerName()`、`EraseFile()`、`CalculateLoanPayment()` 以及 `AgeFromBirthdate()` 这样的子程序都是高度内聚的。当然，以这种方式来评估内聚性，前提是子程序所执行的操作与其名字相符——如果它还做了其他的操作，那么它就不够内聚，同时其命名也有问题。

除此之外，还有其他一些种类的内聚性人们却通常认为是不够理想的。

- **顺序上的内聚性**（*sequential cohesion*）是指在子程序内包含有需要按特定顺序执行的操作，这些步骤需要共享数据，而且只有在全部执行完毕后才完成了一项完整的功能。

    举一个顺序上的内聚性的例子，假设某个子程序需要按照给定出生日期来计算出员工的年龄和退休时间。如果子程序先计算员工的年龄，再根据他的年龄来计算退休时间，那么它就具有顺序的内聚性。而如果子程序先计算员工的年龄，然后再重新计算他的退休时间，两次计算之间只是碰巧使用了相同的出生日期，那么这个子程序就只具有通信上的内聚性（*communicational cohesion*）。

---

[1] 译注：也就是耦合度高且内聚性低的子程序。

那么该怎样设计具有功能上的内聚性的子程序呢？你可以创建两个不同的子程序，它们能根据给定的生日分别计算员工的年龄和退休时间。其中，计算退休时间的子程序可以调用计算年龄的子程序。这样两者就都具有功能上的内聚性了。而其他的子程序则可以调用二者之一或全部。

- **通信上的内聚性**（*communicational cohesion*）是指一个子程序中的不同操作使用了同样的数据，但不存在其他任何联系。例如某个子程序先根据传给它的汇总数据打印一份汇总报表，然后再把这些汇总数据重新初始化，那么这个子程序就具有通信上的内聚性：因为这两项操作只是因为使用了相同的数据才彼此产生联系。

  要改善这个子程序的内聚性，应该让重新初始化汇总数据的操作尽可能靠近创建汇总数据的地方，而不是放在打印报表的子程序里。应该把这些子程序进一步拆分成几个独立的子程序：一个负责打印报表，一个负责在靠近创建或修改数据的代码的地方重新初始化数据。然后在原本调用那个具有通信内聚性的子程序的更高层的子程序中调用这两个子程序。

- **临时的内聚性**（*temporal cohesion*）是指含有一些因为需要同时执行才放到一起的操作的子程序。典型的例子有：`Startup()`、`CompleteNewEmployee()`、`Shutdown()`等。有些程序员认为临时的内聚性是不可取的，因为它们有时与不良的编程实践相关——比如说在`Startup()`子程序里塞进一大堆互不相关的代码等。

  为避免这个问题，可以把临时性的子程序看做是一系列事件的组织者。前面提到的`Startup()`子程序可能需要读取配置文件、初始化临时文件、设置内存管理器，再显示启动画面。要想使它最有效，应该让原来那个具有临时内聚性的子程序去调用其他的子程序，由这些子程序来完成特定的操作，而不是由它直接执行所有的操作。

  这个例子提出这样一个问题，即如何选择一个能够在恰当的抽象层次上描述子程序的名字。你可能决定把一个子程序命名为`ReadConfigFileInitScratchFileEtc()`，它可以暗示该子程序只有巧合的内聚性（*coincidental cohesion*）。而如果你把它命名为`Startup()`，那么很明显，这个子程序就只具有一个功能，且具有功能上的内聚性。

一般来说，其他类型的内聚性都是不可取的。它们都会导致代码组织混乱、难于调试、不便修改。如果一个子程序具有不良的内聚性，那最好还是花功夫重新编写，使其具有更好的内聚性，而不是再去花精力精确地诊断问题所在了。因此，知道应该避免什么是非常有用的，下面就给出一些不可取的内聚性。

- **过程上的内聚性**（*procedural cohesion*）是指一个子程序中的操作是按特定的顺序进行的。一个例子是依次获取员工的姓名、住址和电话号码的子程序。这些操作执行的顺序之所以重要，只是因为它和用户按屏幕提示而输入数据的顺序相一致。另一个子程序用来获取员工的其他数据。这段程序也具有过程上的内聚性，因为它把一组操作赋以特定的顺序，而这些操作并不需要为了除此之外的任何原因而彼此关联。

  为了得到更好的内聚性，可以把不同的操作纳入各自的子程序中。让调用方的子程序具有单一而完整的功能：`GetEmployee()` 就比 `GetFirstPartOfEmployeeData()` 更为可取。你可能还需要修改用来读取其余数据的子程序。为了让所有的子程序都具有功能上的内聚性，对两个或更多的原有子程序进行修改是很常见的。

- **逻辑上的内聚性**（*logical cohesion*）是指若干操作被放入同一个子程序中，通过传入的控制标志选择执行其中的一项操作。之所以称之为逻辑上的内聚性，是因为子程序的控制流或所谓"逻辑"是将这些操作放到一起的唯一原因——它们都被包在一个很大的 `if` 语句或 `case` 语句中，而不是因为各项操作之间有任何逻辑关联。认为是逻辑上的内聚性的标志性属性就是各项操作之间没有关联，因此，似乎更应称其为"缺乏逻辑的内聚性"。

  这方面的一个例子是名为 `InputAll()` 的子程序，它根据传入的控制标志来决定是输入客户姓名、员工考勤卡信息，还是库存数据。类似的例子还有 `ComputeAll()`、`EditAll()`、`PrintAll()` 和 `SaveAll()`。这种子程序的主要问题是你不该通过传入控制标志来控制另一个子程序的处理方式。相比之下，让三个子程序分别完成不同的操作，要比用一个"根据传入的控制标志选择执行三项不同的操作之一"的子程序清晰得多。如果这些操作中含有一些相同代码或共用了数据，那么应该把那些代码移入一个低层子程序中，这些子程序也应该包裹在一个类中。

> **交叉参考** 虽然子程序可能具有更好的内聚性，一个更高层次的设计问题则是系统是否应该用 case 语句而不用多态。关于这个问题更多的内容，请参考第 24.3 节中的"用多态来替代条件语句（尤其是重复的 case 语句）"。

  如果子程序里的代码仅由一系列的 `if` 语句或者 `case` 语句，以及调用其他子程序的语句组成，那么创建这样一个具有逻辑上的内聚性的子程序通常也是可以的。在这种情况下，如果子程序唯一的功能就是发布各种命令，其自身并不做任何处理，这通常也是一个不错的设计。这类子程序的技术术语便是"事件处理器（event handler）"。事件处理器通常用在各种交互性的环境中，例如像 Apple Macintosh、Microsoft Windows 及其他一些 GUI（图形式用户界面）环境。

- **巧合的内聚性**（*coincidental cohesion*）是指子程序中的各个操作之间没有任何可以看到的关联。它也可称为"无内聚性"或"混乱的内聚性"。本章开头给出的那个拙劣的 C++ 子程序就具有巧合的内聚性。很难从巧合的内聚性转变为任何一类更好的内聚性——通常你需要深入地重新设计和重新实现。

7.3 Good Routine Names
好的子程序名字

交叉参考 关于给变量命名的更详细探讨，请参考第11章"变量名的力量"。

好的子程序名字能清晰地描述子程序所做的一切。这里是有效地给子程序命名的一些指导原则。

描述子程序所做的所有事情 子程序的名字应当描述其所有的输出结果以及副作用（side effects）。如果一个子程序的作用是计算报表总额并打开一个输出文件，那么把它命名为 `ComputeReportTotals()` 就还不算完整。`ComputeReportTotalsAndOpenOutputFile()` 是很完整，但是又太长且显得有点傻。如果你写的是有一些副作用的子程序，那就会起出很多又长又笨的名字。解决的方法不是使用某个描述性较弱的子程序名，而应该换一种方式编写程序，直截了当地解决问题而不产生副作用。

避免使用无意义的、模糊或表述不清的动词 有些动词的含义非常灵活，可以延伸到涵盖几乎任何含义。像 `HandleCalculation()`、`PerformServices()`、`OutputUser()`、`ProcessInput()` 和 `DealWithOutput()` 这样的子程序名字根本不能说明子程序是做什么的。最多就是告诉你这些子程序所做的事情与计算、服务、用户、输入、输出有关。当然，当动词"handle（处理）"用做"事件处理（event handling）"这一特定的技术含义时是个例外。

有时一个子程序中仅有的问题就是其名字表述不清，而子程序本身也许设计得很好，但如果把它的名字由 `HandleOutput()` 改为 `FormatAndPrintOutput()`，那你就很容易看清楚这个子程序的功能了。

还有另外一些情况，其中的动词之所以含糊，是由于子程序执行的操作就是含糊不清的。这种子程序的问题在于目的不明确，而其模糊不清的名字仅是一种表象。如果是这种情况，那么最佳的解决办法便是重新组织该子程序及任何与之相关的子程序，以便使它们都具有更为明确的目的，进而赋予其能够精确描述这些目的的更为清晰的名字。

不要仅通过数字来形成不同的子程序名字 有个程序员把所有的代码都写成一个大的函数，然后为每 15 行代码创建一个函数，并把它们分别命名为 Part1、Part2 等。在此之后，他又创建了一个高层次的函数来调用这些部分（Part*n*）。这种创建程序和给子程序命名的做法实在是骇人听闻（我真希望这很少发生）。但程序员们有时会用数字来区分类似于 `OutputUser`、`OutputUser1` 和 `OutputUser2` 这样的子程序。这些名字后面的数字无法显示出子程序所代表的抽象有何不同，因此这些子程序的命名也都很糟糕。

根据需要确定子程序名字的长度 研究表明，变量名的最佳长度是 9 到 15 个字符。子程序通常比变量更为复杂，因此，好的子程序名字通常也会更长一些。另一方面，子程序名字通常是跟在对象名字之后，这实际上为其免费提供了一部分名字。总的来说，给子程序命名的重点是尽可能含义清晰，也就是说，子程序名的长短要视该名字是否清晰易懂而定。

> **交叉参考** 关于过程与函数的区别，请参阅本章7.6节"使用函数时要特别考虑的问题"。

给函数命名时要对返回值有所描述 函数有返回值，因此，函数的命名要应该针对其返回值进行。比如说，`cos()`、`customerId.Next()`、`printer.IsReady()`和`pen.CurrentColor()`都是不错的函数名，它们精确地表述了该函数将要返回的结果。

给过程起名时使用语气强烈的动词加宾语的形式 一个具有功能内聚性的过程（procedure）通常是针对一个对象执行一种操作。过程的名字应该能反映该过程所做的事情，而一个针对某对象执行的操作就需要一个动词＋宾语（verb-plus-object）形式的名字。如`PrintDocument()`、`CalcMonthlyRevenues()`、`CheckOrderInfo()`和`RepaginateDocument()`等，都是很不错的过程名。

在面向对象语言中，你不用在过程名中加入对象的名字（宾语），因为对象本身已经包含在调用语句中了。你会用`document.Print()`、`orderInfo.Check()`和`monthlyRevenues.Calc()`等语句调用子程序。而诸如`document.PrintDocument()`这样的语句则显得太臃肿，并且当它们在派生类中被调用时也容易产生误解。如果Check（支票）类是从Document（文档）类继承而来的，那么`check.Print()`就很显然表示打印一张支票，而`check.PrintDocument()`看上去像是要打印支票簿或是信用卡的对账单，而不像是打印支票本身。

> **交叉参考** 关于在变量名中使用的相似的一组对仗词，请参阅第11.1节中的"变量名中的常用对仗词"。

准确使用对仗词 命名时遵守对仗词的命名规则有助于保持一致性，从而也提高可读性。像 first/last 这样的对仗词组就很容易理解；而像 `FileOpen()`和`_lclose()`这样的组合则不对称，容易使人迷惑。下面列出一些常见的对仗词组：

add/remove	increment/decrement	open/close
begin/end	insert/delete	show/hide
create/destroy	lock/unlock	source/target
first/last	min/max	start/stop
get/put	next/previous	up/down
get/set	old/new	

为常用操作确立命名规则 在某些系统里，区分不同类别的操作非常重要。而命名规则往往是指示这种区别的最简单也是最可靠的方法。

在我做过的一个项目的代码里，每个对象都被分配了一个唯一标识。我们忽视了为返回这种对象标识的子程序建立一个命名规则，以至于有了下面这些子程序名字：

```
employee.id.Get()
dependent.GetId()
supervisor()
candidate.id()
```

其中：Employee 类提供了其 id 对象，而该对象又进而提供了 Get() 方法；Dependent 类提供了 GetId() 方法；Supervisor 类把 id 作为它的默认返回值；Candidate 类则认为 id 对象的默认返回值是 id，因此暴露了 id 对象。到了项目中期，已经没人能记住哪个对象应该用哪些子程序，但此时已经编写了太多的代码，已经无法返回再重新统一命名规则了。这样一来，项目组中每个人都不得不花费不必要的精力，去记住每个对象上采用的获取 id 的语法细节。而这些问题完全可以通过建立获取 id 的命名规则而避免。

7.4 How Long Can a Routine Be 子程序可以写多长

在前往美洲的途中，英国清教徒们（Pilgrims）就日常工作（routine）的最大长度限度展开了争论。他们争执了一路，最终到达了普利茅斯巨礁（Plymouth Rock），然后便开始起草五月花协议（Mayflower Compact）。这时，他们仍然无法就最大长度问题达成一致，而如果他们不签订五月花协议就不能登陆，因此他们放弃了争论而把这项内容排除在协议之外。而由此带来的结果就是，从此以后人们就"routine"的长度问题展开了旷日持久的讨论。

理论上认为的子程序最佳最大长度通常是一屏代码或打印出来一到两页的代码，也就是约 50~150 行代码。按这种精神，IBM 曾经把子程序的长度限制在 50 行之内，而 TRW 则把这一长度限制在两页纸之内（McCabe 1976）。现代的计算机程序通常都是由很多极短的子程序外加少量较长的子程序组成。然而很长的子程序却也仍然存在。在即将完成本书的时候，我曾在一个月的时间里登门拜访了两家客户。其中一家的程序员们正在与一段 4 000 多行代码的子程序较劲，而另一家的程序员们则在试图弄懂一段超过 12 000 行代码的子程序！

多年来，人们已经在子程序的长度问题上积累了大量的研究成果，其中一些适用于现代编程，而另一些则不尽如此。

- Basili 和 Perricone 所做的一项研究发现，子程序的长度与错误量成反比，即：随着子程序长度的增加（上至 200 行代码），每行代码所包含的错误数量就会减少（Basili 和 Perricone 1984）。
- 另一项研究则发现，子程序的长度与错误量没有关联，而结构复杂度以及数据量却与错误量有关（Shen et al. 1985）。

- 1986年所做的一项研究发现，短小的子程序（含有32行或更少代码）与更低的成本或错误率无关（Card，Church and Agresti 1986；Card and Glass 1990）。有证据表明，较长的子程序（含有65行或更多代码）使得每行代码的成本更低。
- 一项对450个子程序所做的实证研究发现，相对较长的子程序而言，短小的子程序（包括注释在内少于143行语句）中每行代码所含的错误数量要多23%，而较长子程序的修改成本却高2.4倍（Selby and Basili 1991）。
- 另一项研究发现，平均长度为100到150行代码的子程序需要被修改的几率最低（Lind and Vairavan 1989）。
- IBM所做的一项研究发现，最容易出错的是那些超过500行代码的子程序。超过500行之后，子程序的出错率就会与其长度成正比（Jones 1986a）。

那么，上述这些研究对于面向对象程序中子程序的长度又意味着什么呢？在面向对象的程序中，一大部分子程序都是访问器子程序（accessor routines），它们都非常短小。在任何时候，复杂的算法总会导致更长的子程序。在这种情况下，可以允许子程序的长度有机地增长到100至200行（不算源代码中的注释行和空行）。数十年的证据表明，这么长的子程序也和短小的子程序一样不易出错。与其对子程序的长度强加限制，还不如让下面这些因素——如子程序的内聚性、嵌套的层次、变量的数量、决策点（decision points）的数量、解释子程序用意所需的注释数量以及其他一些跟复杂度相关的考虑事项等——来决定子程序的长度。

这就是说，如果要编写一段超过200行代码的子程序，那你就要小心了。对于超过200行代码的子程序来说，没有哪项研究发现它能降低成本和/或降低出错率，而且在超过200行后，你迟早会在可读性方面遇到问题。

7.5 How to Use Routine Parameters 如何使用子程序参数

交叉参考 关于说明子程序参数的详情，请见第32.5节中的"注释子程序"。关于格式化参数的详情请见31.7节中的"子程序的布局"。

子程序之间的接口是程序中最易出错的部分之一。由Basili和Perricone（1984）所做的一项被广为引用的研究发现，程序中有39%的错误都是属于内部接口错误——也就是子程序间互相通信时所发生的错误。以下是一些可以减少接口错误的指导原则。

按照输入-修改-输出的顺序排列参数 不要随机地或按字母顺序排列参数，而应该先列出仅作为输入用途的参数，然后是既作为输入又作为输出用途的参数，最后才是仅作为输出用途的参数。这种排列方法暗含了子程序的内部操作所发生的顺序——先是输入数据，然后修改数据，最后输出结果。下面给出一些Ada语言中参数列表的示例：

7.5 如何使用子程序参数

> **Ada 示例：按照输入-修改-输出的顺序排列参数**
> ```
> procedure InvertMatrix(
>     originalMatrix: in Matrix;
>     resultMatrix: out Matrix
> );
> ...
> procedure ChangeSentenceCase(
>     desiredCase: in StringCase;
>     sentence: in out Sentence
> );
> ...
> procedure PrintPageNumber(
>     pageNumber: in Integer;
>     status: out StatusType
> );
> ```

> Ada 语言使用了 in 和 out 关键字，使输入、输出参数更为明确。

这种排列规则与 C 函数库中所用的把会被修改的参数列在最前面的规则是不同的。然而对我来说，这种输入-修改-输出的排列规则更有意义，当然，如果你总是统一地采取某种排列规则的话，那么为代码的读者考虑，你还是延用自己的规则为好。

考虑自己创建 in 和 out 关键字　其他一些现代编程语言并没有像 Ada 那样支持 in 和 out 关键字。在使用这些语言的时候，你可能还是可以通过预处理指令来自己创建 in 和 out 关键字：

> **C++示例：定义你自己的 IN 和 OUT 关键字**
> ```cpp
> #define IN
> #define OUT
> void InvertMatrix(
>     IN Matrix originalMatrix,
>     OUT Matrix *resultMatrix
> );
> ...
> void ChangeSentenceCase(
>     IN StringCase desiredCase,
>     IN OUT Sentence *sentenceToEdit
> );
> ...
> void PrintPageNumber(
>     IN int pageNumber,
>     OUT StatusType &status
> );
> ```

在这里，IN 和 OUT 这两个宏关键字只是起说明性的作用。如果你想让被调用的子程序修改某一个参数的值，那么还是得通过指针或引用参数来传递该参数。

请在应用这一技术之前,请考虑它的以下两种显著弊端。自行定义的 `IN` 和 `OUT` 关键字扩展了 C++语言,从而在某种程度上让多数阅读这一代码的人感到生疏。如果你以这种方式扩展所用的语言,请确保能够持续一致地使用该方法,最好是在整个项目的范围内。第二个弊端在于编译器并不会强制 `IN` 和 `OUT` 关键字的使用,也就是说,你有可能把某个参数标记为 `IN`,但仍在子程序中修改了该参数的值。阅读代码的人可能会误认为有关代码是正确的,然而事实却并非如此。使用 C++中的 `const` 关键字来定义输入参数通常更为适宜。

如果几个子程序都用了类似的一些参数,应该让这些参数的排列顺序保持一致 子程序的参数顺序可以产生记忆效应——不一致的顺序会让参数难以记忆。比如说在 C 语言中,`fprintf()` 函数比 `printf()` 函数就是多了一个放在开头的文件参数而已,其他都完全一样。而与之类似的函数 `fputs()`,它比 `puts()` 只多了一个放在最后的文件参数。本来应该很容易记住的参数,却因为这点儿毫无道理的可气的区别而变得难以记忆了。

而另一方面,C 语言中的 `strncpy()` 函数所接受的参数依次是目标字符串、源字符串和最大字节数,`memcpy()` 函数也是接受同样顺序相同的参数。这两个函数的相似性对记住函数中的参数不无裨益。

使用所有的参数 既然往子程序中传递了一个参数,就一定要用到这个参数。如果你不用它,就把它从子程序的接口中删去。未被用到的参数和出错率的增加不无关系。在一项研究中,不出现未被用到的变量的子程序中有 46%没有错误,而含有超过一个未被用到的变量的子程序中则仅有 17%~29%没有错误(Card, Church 和 Agresti 1986)。

这样去除未被用到的参数的规则也有一个例外。如果你是在一定条件下编译某部分程序,那么就可能只是编译了子程序中使用某个参数的那一部分。对这种做法要慎重,但如果你确信这样可行,那么这样做也没问题。总之,如果你有很好的理由不使用某个参数,那就继续留着它吧。相反,如果你没有很好的理由,那就应该花功夫来清理代码。

把状态或出错变量放在最后 按照习惯做法,状态变量和那些用于指示发生错误的变量应放在参数表的最后。它们只是附属于程序的主要功能,而且它们是仅用于输出的参数,因此这是一种很有道理的规则。

不要把子程序的参数用做工作变量 把传入子程序的参数用做工作变量是很危险的。应该使用局部变量。比如说在下面这段 Java 程序中,`inputVal` 这个参数就被不恰当地用于存储计算的中间结果:

7.5 如何使用子程序参数

Java示例：不恰当地使用输入参数
```java
int Sample( int inputVal ) {
    inputVal = inputVal * CurrentMultiplier( inputVal );
    inputVal = inputVal + CurrentAdder( inputVal );
    ...
    return inputVal;
}
```

> 此处inputVal已经不再是当初传入的值了。

在这段代码中，`inputVal` 这个名字很容易引起误解，因为当执行到最后一行代码时，`inputVal` 包含的已经不是最初的输入值了，它的值是用输入值计算出的结果，因此这个参数名起得不对。如果日后你又要修改这段程序，要在其他地方使用原有的输入值，你可能会想当然地以为 `inputVal` 是含有原始输入值的参数并使用它，而事实上并非如此。

该怎样解决这个问题呢？为 `inputVal` 换个名字行吗？不太可行。你可能想把它重命名为 `workingVal`，但这还不够，因为新的名字也无法反映出该变量的原始数值来自于子程序外部。你也可能会更荒唐地把它重命名为 `inputValThatBecomesWorkingVal`，或索性就叫它 x 或者 val，但这些方法都经不住推敲。

更好的方法是明确地引入一些工作变量，从而避免当前或日后的麻烦。下面这段代码演示了这一技术：

Java示例：正确地使用输入参数
```java
int Sample( int inputVal ) {
    int workingVal = inputVal;
    workingVal = workingVal * CurrentMultiplier( workingVal );
    workingVal = workingVal + CurrentAdder( workingVal );
    ...
    ...
    return workingVal;
}
```

> 如果在此处或其他地方还可以使用inputVal最初传入的值。

引入了新变量 `workingVal`，就澄清了 `inputVal` 的角色，同时也消除了在错误的时间误用 `inputVal` 的可能。（千万不要以此为由就把变量命名为 `inputVal` 或 `workingVal`。一般说来，`inputVal` 和 `workingVal` 都是极其糟糕的变量名，上例中用到这两个名字只是为了能够明确这两个变量的角色。）

把输入值赋给工作变量，这种方式强调了数据是来自何方的。它也能避免对于参数表中变量的值的意外修改。在 C++ 中可以利用 `const` 关键字，让编译器帮助实施这一限制。当一个参数被标记为 `const` 时，在子程序中就不能修改其值。

> **交叉参考** 关于接口假定的详情，请参考第8章"防御式编程"的介绍。关于代码文档的详情，请参见第32章"自说明代码"。

在接口中对参数的假定加以说明 如果你假定了传递给子程序的参数具有某种特征，那就要对这种假定加以说明。在子程序内部和调用子程序的地方同时对所做的假定进行说明是值得的。不要等到把子程序写完之后再回过头去写注释——你是不会记住所有这些假定的。一种比用注释还好的方法，是在代码中使用断言（assertions）。

应该对哪些接口参数的假定进行说明呢？

- 参数是仅用于输入的、要被修改的、还是仅用于输出的；
- 表示数量的参数的单位（英寸、英尺、米等）；
- 如果没有用枚举类型的话，应说明状态码和错误值的含义；
- 所能接受的数值的范围；
- 不该出现的特定数值。

HARD DATA

把子程序的参数个数限制在大约 7 个以内 对于人的理解力来说，7 是一个神奇的数字。心理学研究发现，通常人类很难同时记住超过 7 个单位的信息（Miller 1956）。这一发现已经用于各种领域之中，因此，假定人不能同时记住超过约 7 个的子程序参数，也是合适的。

在实践中，子程序中参数的个数到底应该限制在多少，取决于你所使用的编程语言如何支持复杂的数据类型。如果你使用的是一种支持结构化数据的现代编程语言，你就可以传递一个含有 13 个成员的合成数据类型，并将它看做一个大数据块。如果你使用的是一种更为原始的编程语言，那你可能需要分别传递全部 13 个成员。

> **交叉参考** 关于如何考虑接口的详细内容，请参见第6.2节中的"好的抽象"。

如果你发现自己一直需要传递很多参数，这就说明子程序之间的耦合太过紧密了。应该重新设计这个或这组子程序，降低其间的耦合度。如果你向很多不同的子程序传递相同的数据，就请把这些子程序组成一个类，并把那些经常使用的数据用作类的内部数据。

考虑对参数采用某种表示输入、修改、输出的命名规则 如果你觉得把输入、修改、输出参数区分开很重要，那么就建立一种命名规则来对它们进行区分。你可以给这些参数名字加上 i_、m_、o_前缀。如果不闲啰嗦，也可以用 Input_、Modify_ 或 Output_ 来当前缀。

为子程序传递用以维持其接口抽象的变量或对象　关于如何把对象的成员传给子程序这一问题，存在着两种互不相让的观点。比如说你有一个对象，它通过 10 个访问器子程序（access routine）暴露其中的数据，被调用的子程序只需要其中的 3 项数据就能进行操作。

持第一种观点的人们认为，只应传递子程序所需的 3 项特定数据即可。他们的论据是，这样做可以最大限度地减少子程序之间的关联，从而降低其耦合度，使它们更容易读，更便于重用，等等。他们强调说，把整个对象传递给子程序就破坏了封装的原则，因为这样做就是潜在地把所有 10 个访问器子程序都暴露给被调用的那个子程序了。

持第二种观点的人们则认为应该传递整个对象。他们认为，如果在不修改子程序接口的情况下，让被调用子程序能够灵活使用对象的其余成员，就可以保持接口更稳定。他们争辩说，只传递 3 项特定的数据破坏了封装性，因为这样做就是把特定的数据项暴露给被调用的那个子程序了。

我认为这两种规则都过于简单，并没有击中问题的要害：**子程序的接口要表达何种抽象？** 如果要表达的抽象是子程序期望 3 项特定的数据，但这 3 项数据只是碰巧由同一个对象所提供的，那就应该单独传递这 3 项数据。然而，如果子程序接口要表达的抽象是想一直拥有某个特定对象，且该子程序要对这一对象执行这样那样的操作，如果单独传递 3 项特定的数据，那就是破坏了接口的抽象。

如果你采用传递整个对象的做法，并发现自己是先创建对象，把被调用子程序所需的 3 项数据填入该对象，在调用过子程序后又从对象中取出 3 项数据的值，那就是一个证据，说明你应该只传递那 3 项数据而不是整个对象。（一般说来，如果在调用子程序之前出现进行装配（set up）的代码，或者在调用子程序之后出现拆卸（take down）的代码，都是子程序设计不佳的表现。）

如果你发现自己经常需要修改子程序的参数表，而每次修改的参数都是来自于同一个对象，那就说明你应该传递整个对象而不是个别数据项了。

使用具名参数 在某些语言中，你可以显式地把形式参数（formal parameter）和实际参数（actual parameter）对应起来。这使得参数的用法更具自我描述性，并有助于避免因为用错参数而带来的错误。下面是用 Visual Basic 语言写的一个示例：

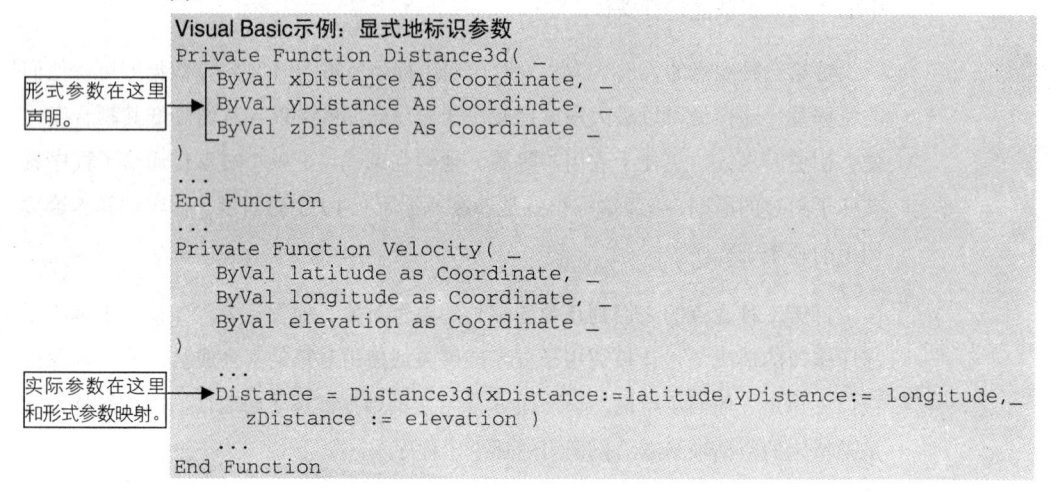

Visual Basic示例：显式地标识参数

```
Private Function Distance3d( _
    ByVal xDistance As Coordinate, _         ←形式参数在这里
    ByVal yDistance As Coordinate, _            声明。
    ByVal zDistance As Coordinate _
)
...
End Function
...
Private Function Velocity( _
    ByVal latitude as Coordinate, _
    ByVal longitude as Coordinate, _
    ByVal elevation as Coordinate _
)
    ...
    Distance = Distance3d(xDistance:=latitude,yDistance:= longitude,_   ←实际参数在这里
        zDistance := elevation )                                           和形式参数映射。
    ...
End Function
```

当你有超乎平均数量的同样类型的参数时，就可能发生参数放错位置且编译器却检测不到的情况，这时上述技术就格外有用了。在很多场合下，显式地把参数对应起来可能会有些矫枉过正，但在需要高安全性或高可靠性的情形下，花额外的功夫把参数按照设想的方式对应起来是十分值得的。

确保实际参数与形式参数相匹配 形式参数也称为"哑参数（dummy parameters）"，是指在子程序定义中声明的变量。实际参数是指在实际的子程序调用中用到的变量、常量或表达式。

一个常见的错误是在调用子程序时使用了类型错误的变量——例如，在本该使用浮点类型的地方用了整型。（只有当你使用像 C 这样的弱类型编程语言，并且没有开启全部的编译器警告功能时，才会遇到这个问题；在 C++和 Java 这样的强类型语言中不存在该问题。）如果是仅用于输入的参数，这种情况很少会带来问题；编译器在把参数传递给子程序之前，通常会将实际类型转换成形式类型。如果有问题的话，编译器通常会给出警告。但在某些情况下，特别是当所用的参数既用于输入也用于输出时，如果传错了参数类型，你就会遇上麻烦了。

请养成好的习惯，总要检查参数表中参数的类型，同时留意编译器给出的关于参数类型不匹配的警告。

7.6 Special Considerations in the Use of Functions
使用函数时要特别考虑的问题

现代的编程语言，如 C++、Java、Visual Basic 等，都同时支持函数和过程。函数是指有返回值的子程序；过程是指没有返回值的子程序。在 C++ 中，通常把所有子程序都称为"函数"；然而，那些返回值类型为 void 的函数在语义上其实就是过程。函数与过程的区别更多的是语义的区别，而不是语法的区别，你还是要以语义为准。

When to Use a Function and When to Use a Procedure
什么时候使用函数，什么时候使用过程

语言纯化论者们认为，一个函数应该只有一个返回值，就像数学函数一样。这意味着函数只能接受仅用于输入的参数，并只通过函数本身返回一项结果。函数永远应该以它所返回的值来命名，就像 sin()、CustomerID()、ScreenHeight() 一样。在另一方面，过程则可以根据所需，接受任意数量的输入、修改和输出参数。

一种常用的编程实践是让函数像过程一样执行并返回状态值。逻辑上，这种东西的工作方式和过程一样，但是由于具有返回值，它又确实是一个函数。举例来说，你可能有一个名为 FormatOutput() 的函数，它在类似下面这样的语句里用到了一个 report 对象：

```
if ( report.FormatOutput( formattedReport ) = Success ) then ...
```

在这个例子中，report.FormatOutput() 的工作方式就像是过程，因为它有一个输出参数 formattedReport，但是因为它有返回值，所以从技术角度来看它又是一个函数。这样使用函数是否正确呢？为支持这种用法，你可能保证了该函数的返回值与函数的主要目标——格式化输出——无关，也与函数的名字 report.FormatOutput() 无关。在这种意义下，尽管从技术角度来看它是个函数，但执行起来却更像是一个过程。如果能够统一地使用这种技术，用返回值来表示过程执行成功与否倒也不会让人感到困惑。

代替它的一种方法，就是写一个用状态变量作为显式参数的过程，如下面这段代码所示：

```
report.FormatOutput( formattedReport, outputStatus )
if ( outputStatus = Success ) then ...
```

我更喜欢使用第二种编码风格，倒不是因为我对函数和过程之间的分别特别敏感，而是因为这样做可以把对子程序的调用和对状态值的判断清楚地分开。把对子程序的调用和对状态值的判断写在一行代码中，增加了该条语句的密度，也相应地增加了其复杂度。下面这种使用函数的方式也是很好的：

```
outputStatus = report.FormatOutput( formattedReport )
if ( outputStatus = Success ) then ...
```

代码大全（第2版）

> 简而言之，如果一个子程序的主要用途就是返回由其名字所指明的返回值，那么就应该使用函数，否则就应该使用过程。

Setting the Function's Return Value
设置函数的返回值

使用函数时总存在返回不正确的返回值的风险。当函数内有多条可能的执行路径，而其中一条执行路径没有设置返回值时，这一错误就出现了。为了减少这一风险，请按照下面给出的建议来做。

检查所有可能的返回路径 在编写函数时，请在脑海里执行每一条执行路径，确保在所有可能的情况下该函数都会返回值。在函数开头用一个默认值来初始化返回值是个很好的做法——这种方法能够在未正确地设置返回值时提供一张保险网。

不要返回指向局部数据的引用或指针 一旦子程序执行结束，其局部数据就都出了作用域，那么任何指向局部数据的引用或指针也随之失效。如果一个对象需要返回有关其内部数据的信息，那就应该把这些信息保存为类的数据成员。然后，它还应该提供可以返回这些数据成员的访问器子程序，而不是返回对局部数据的引用或者指针。

7.1 Macro Routines and Inline Routines
宏子程序和内联子程序

> **交叉参考** 即使你所使用的语言没有支持宏的预处理器，你也可以自己创建。更多详细信息，请参见第30.5 节 "打造你自己的编程工具"。

用预处理器的宏语言（preprocessor macros）编写子程序还需要一些特别的考虑。下面的这些规则和示例适用于在 C++中使用预处理器的情形。如果你用的是其他编程语言或预处理器，请对这些规则因地制宜地加以调整。

把宏表达式整个包含在括号内 由于宏和其参数会被最终展开到代码中，因此请多加小心，确保代码是按照你所预期的方式被展开的。下面这个宏中包含了一个常见的错误：

C++示例：一个不能正确展开的宏
```
#define Cube( a ) a*a*a
```

如果传给这个宏的 a 不是不可分割的值，那它就不能正确地进行这一乘法计算了。比如说你写的表达式是 Cube(x+1)，那么它会展开成 x+1*x+1*x+1，而由于乘法运算符的优先级高于加法运算符，这显然不是你所预期的结果。这个宏的下面这种写法要好一些，但也不完美：

C++示例：仍不能正确展开的宏
```
#define Cube( a ) (a)*(a)*(a)
```

这一次要好一些，但还是存在问题。如果在使用 Cube() 的表达式里含有比乘法运算符优先级更高的运算符，那么 (a)*(a)*(a) 也会再次失效。为了防止这种情况的发生，你应该给整个表达式加上括号：

C++示例：可以正确展开的宏
```
#define Cube( a ) ((a)*(a)*(a))
```

把含有多条语句的宏用大括号括起来 一个宏可以含有多条语句，如果你把它当做一条语句使用就会出错。下面这个例子就是一个会带来麻烦的宏：

C++示例：一个无法工作的含有多条语句的宏
```
#define LookupEntry( key, index ) \
  index = (key - 10) / 5; \
  index = min( index, MAX_INDEX ); \
  index = max( index, MIN_INDEX );
...
for ( entryCount = 0; entryCount < numEntries; entryCount++ )
  LookupEntry( entryCount, tableIndex[ entryCount ] );
```

这个宏之所以会带来麻烦，是因为它和常规函数的执行方式是不同的。按照例中所示的形式，在 for 循环语句中只有宏的第一部分代码被执行：

```
index = (key - 10) / 5;
```

要避免这一问题，请把宏用大括号括起来：

C++语言示例：可以正确工作的含有多条语句的宏
```
#define LookupEntry( key, index ) { \
  index = (key - 10) / 5; \
  index = min( index, MAX_INDEX ); \
  index = max( index, MIN_INDEX ); \
}
```

通常认为，用宏来代替函数调用的做法具有风险，而且不易理解——这是一种很糟糕的编程实践——因此，除非必要，否则还是应该避免使用这种技术。

用给子程序命名的方法来给展开后代码形同子程序的宏命名，以便在需要时可以用子程序来替换宏 C++语言中给宏命名的方式是全部使用大写字母。如果能用子程序来代替宏，那在给宏命名的时候就应该采用给子程序命名的规则。这样当你想用子程序代替宏的时候，除了需要修改相关的子程序之外，无须做任何其他改动，反之亦然。

遵循这一建议也会带来一些风险。如果你常常利用到++和--运算符的副作用（side effects）（作为其他语句的一部分），那么当你误把宏当做子程序使用时就会遇上麻烦。考虑到副作用还可能引发其他问题，这也可以成为避免利用副作用的另一个原因。

Limitations on the Use of Macro Routines
宏子程序在使用上的限制

像 C++这样的现代编程语言都提供了大量可以取代宏的方案：

- `const` 可以用于定义常量
- `inline` 可以用于定义可被编译为内嵌的代码（inline code）的函数
- `template` 可以用于以类型安全的方式定义各种标准操作，如 `min`、`max` 等
- `enum` 可以用于定义枚举类型
- `typedef` 可以用于定义简单的类型替换

KEY POINT 正如 C++的设计师 Bjarne Stroustrup 所指出的，"几乎每个宏都表明在编程语言、程序或程序员身上存在问题……当你使用宏的时候，就甭指望调试器、交叉引用工具和剖测器（profiler）等工具能好好工作。"（Stroustrup 1997）。宏对于支持条件编译——见第 8.6 节 "辅助调试的代码"——非常有用，但对于细心的程序员来说，除非万不得已，否则是不会用宏来代替子程序的。

Inline Routines
内联子程序

C++支持 `inline` 关键字。inline 子程序允许程序员在编写代码时把代码当成子程序，但编译器在编译期间通常会把每一处调用 inline 子程序的地方都转换为插入内嵌的代码（inline code）。因为避免了子程序调用的开销，因此 inline 机制可以产生非常高效的代码。

节制使用 inline 子程序 inline 子程序违反了封装原则，因为 C++要求程序员把 inline 子程序的实现代码写在头文件里，从而也就把这些实现细节暴露给了所有使用该头文件的程序员。

inline 子程序要求在调用子程序的每个地方都生成该子程序的全部代码，这样无论 inline 子程序是长是短，都会增加整体代码的长度。这也会带来其自身的问题。

和为追求性能而使用的其他编程技巧一样，为性能原因而使用 inline 子程序的底线是：剖测（profile）代码并衡量性能上的改进。如果预期获得的性能收益不能说明为"剖测代码以验证性能改进"操心是值得的，那也就没有理由再牺牲代码质量而使用 inline 子程序了。

> cc2e.com/0792
>
> **交叉参考** 这是一份针对子程序质量所要考查事项的核对表。关于创建子程序的步骤列表，请参见第 9 章"伪代码编程过程"中的核对表。

CHECKLIST: High-Quality Routines
核对表：高质量的子程序

大局事项

- ☐ 创建子程序的理由充分吗？
- ☐ 一个子程序中所有适于单独提出的部分是不是已经被提出到单独的子程序中了？
- ☐ 过程的名字中是否用了强烈、清晰的"动词＋宾语"词组？函数的名字是否描述了其返回值？
- ☐ 子程序的名字是否描述了它所做的全部事情？
- ☐ 是否给常用的操作建立了命名规则？
- ☐ 子程序是否具有强烈的功能上的内聚性？即它是否做且只做一件事，并且把它做得很好？
- ☐ 子程序之间是否有较松的耦合？子程序与其他子程序之间的连接是否是小的（small）、明确的（intimate）、可见的（viaible）和灵活的（flexible）？
- ☐ 子程序的长度是否是由其功能和逻辑自然确定，而非遵循任何人为的编码标准？

参数传递事宜

- ☐ 整体来看，子程序的参数表是否表现出一种具有整体性且一致的接口抽象？
- ☐ 子程序参数的排列顺序是否合理？是否与类似的子程序的参数排列顺序相符？
- ☐ 接口假定是否已在文档中说明？
- ☐ 子程序的参数个数是否没超过 7 个？
- ☐ 是否用到了每一个输入参数？
- ☐ 是否用到了每一个输出参数？
- ☐ 子程序是否避免了把输入参数用做工作变量？
- ☐ 如果子程序是一个函数，那么它是否在所有可能的情况下都能返回一个合法的值？

Key Points
要点

- 创建子程序最主要的目的是提高程序的可管理性，当然也有其他一些好的理由。其中，节省代码空间只是一个次要原因；提高可读性、可靠性和可修改性等原因都更重要一些。
- 有时候，把一些简单的操作写成独立的子程序也非常有价值。
- 子程序可以按照其内聚性分为很多类，而你应该让大多数子程序具有功能上的内聚性，这是最佳的一种内聚性。
- 子程序的名字是它的质量的指示器。如果名字糟糕但恰如其分，那就说明这个子程序设计得很差劲。如果名字糟糕而且又不准确，那么它就反映不出程序是干什么的。不管怎样，糟糕的名字都意味着程序需要修改。
- 只有在某个子程序的主要目的是返回由其名字所描述的特定结果时，才应该使用函数。
- 细心的程序员会非常谨慎地使用宏，而且只在万不得已时才用。

Defensive Programming

第 8 章
防御式编程

cc2e.com/0861

内容

- 8.1 保护程序免遭非法输入数据的破坏：第 188 页
- 8.2 断言：第 189 页
- 8.3 错误处理技术：第 194 页
- 8.4 异常：第 198 页
- 8.5 隔离程序，使之包容由错误造成的损害：第 203 页
- 8.6 辅助调试的代码：第 205 页
- 8.7 确定在产品代码中该保留多少防御式代码：第 209 页
- 8.8 对防御式编程采取防御的姿态：第 210 页

相关章节

- 信息隐藏：第 5.3 节中的"隐藏秘密（信息隐藏）"
- 为变更而设计：第 5.3 节中的"找出容易改变的区域"
- 软件架构：第 3.5 节
- 软件构建中的设计：第 5 章
- 调试：第 23 章

KEY POINT

防御式编程并不是说让你在编程时持"防备批评或攻击"的态度——"它就是这么工作！"这一概念来自防御式驾驶。在防御式驾驶中要建立这样一种思维，那就是你永远也不能确定另一位司机将要做什么。这样才能确保在其他人做出危险动作时你也不会受到伤害。你要承担起保护自己的责任，哪怕是其他司机犯的错误。防御式编程的主要思想是：子程序应该不因传入错误数据而被破坏，哪怕是由其他子程序产生的错误数据。更一般地说，其核心想法是要承认程序都会有问题，都需要被修改，聪明的程序员应该根据这一点来编程序。

本章就是要讲述如何面对严酷的非法数据的世界、在遇到"绝不会发生"的事件以及其他程序员犯下的错误时保护你自己。如果你是一位有经验的程序员，那么可以略过下面关于对输入数据进行处理的一节，而直接进入第 8.2 节"断言"。

代码大全（第2版）

8.1 Protecting Your Program from Invalid Inputs
保护程序免遭非法输入数据的破坏

在学校里你可能听说过"垃圾进，垃圾出（garbage in, garbage out.）"这句话。这句话说的是软件开发领域的"出门概不退换"原则：让用户自己操心自己的事。

KEY POINT

对已形成产品的软件而言，仅仅"垃圾进，垃圾出"还不够。不管进来什么，好的程序都不会生成垃圾，而是做到"垃圾进，什么都不出"、"进来垃圾，出去是出错提示"或"不许垃圾进来"。按今天的标准来看，"垃圾进，垃圾出"已然成为缺乏安全性的差劲程序的标志。

通常有三种方法来处理进来垃圾的情况。

检查所有来源于外部的数据的值 当从文件、用户、网络或其他外部接口中获取数据时，应检查所获得的数据值，以确保它在允许的范围内。对于数值，要确保它在可接受的取值范围内；对于字符串，要确保其不超长。如果字符串代表的是某个特定范围内的数据（如金融交易 ID 或其他类似数据），那么要确认其取值合乎用途，否则就应该拒绝接受。如果你在开发需要确保安全的应用程序，还要格外注意那些狡猾的可能是攻击你的系统的数据，包括企图令缓冲区溢出的数据、注入的 SQL 命令、注入的 HTML 或 XML 代码、整数溢出以及传递给系统调用的数据，等等。

检查子程序所有输入参数的值 检查子程序输入参数的值，事实上和检查来源于外部的数值一样，只不过数据是来自于其他子程序而非外部接口。第 8.5 节"隔离程序，使之包容由错误造成的损害"阐述了一种实用方法可用于确定哪些子程序需要检查其输入数据。

决定如何处理错误的输入数据 一旦检测到非法的参数，你该如何处理它呢？根据情况的不同，你可以从十几种不同的方案中选择其一，在本章后面第 8.3 节"错误处理技术"中会详细描述这些技术。

防御式编程是本书所介绍的其他提高软件质量技术的有益辅助手段。防御式编码的最佳方式就是在一开始不要在代码中引入错误。使用迭代式设计、编码前先写伪代码、写代码前先写测试用例、低层设计检查等活动，都有助于防止引入错误。因此，要在防御式编程之前优先运用这些技术。所幸的是，你可以把防御式编程和其他技术结合起来使用。

正如图 8-1 所示，防范看似微小的错误，收获可能远远超出你的想象。本章的剩余部分将介绍用于检查外部数据、检查输入参数和处理错误输入数据的许多可选技术。

图8-1 西雅图90号州际浮桥的一部分在一场风暴中沉没了,原因是未遮盖浮箱,而在风暴中进水,使得桥体过重而无法继续漂浮。在建设时要防范一些小事情,它们的严重性往往会超过你的预期

8.2 Assertions 断言

断言(assertion)是指在开发期间使用的、让程序在运行时进行自检的代码(通常是一个子程序或宏)。断言为真,则表明程序运行正常,而断言为假,则意味着它已经在代码中发现了意料之外的错误。举例来说,如果系统假定一份客户信息文件所含的记录数不能超过 50 000,那么程序中可以包含一个断定记录数小于等于 50 000 的断言。只要记录数小于等于 50 000,这一断言都会默默无语。然而一旦记录数超过 50 000,它就会大声地"断言"说程序中存在一个错误。

KEY POINT

断言对于大型的复杂程序或可靠性要求极高的程序来说尤其有用。通过使用断言,程序员能更快速地排查出因修改代码或者别的原因,而弄进程序里的不匹配的接口假定和错误等。

一个断言通常含有两个参数:一个描述假设为真时的情况的布尔表达式,和一个断言为假时需要显示的信息。下面是假定变量 denominator(分母)的值应为非零值时 Java 断言的写法:

> **Java示例：断言**
>
> ```
> assert denominator != 0 : "denominator is unexpectedly equal to 0.";
> ```

这个断言声明 denominator 不会等于 0。其中第一个参数，denominator != 0，是个布尔表达式，其结果为 true 或者 false。第二个参数是当第一个参数为 false 时——即断言为假时——要打印的消息。

断言可以用于在代码中说明各种假定，澄清各种不希望的情形。可以用断言检查如下这类假定：

- 输入参数或输出参数的取值处于预期的范围内；
- 子程序开始（或者结束）执行时文件或流是处于打开（或关闭）的状态；
- 子程序开始（或者结束）执行时，文件或流的读写位置处于开头（或结尾）处；
- 文件或流已用只读、只写或可读可写方式打开；
- 仅用于输入的变量的值没有被子程序所修改；
- 指针非空；
- 传入子程序的数组或其他容器至少能容纳 X 个数据元素；
- 表已初始化，存储着真实的数值；
- 子程序开始（或结束）执行时，某个容器是空的（或满的）；
- 一个经过高度优化的复杂子程序的运算结果和相对缓慢但代码清晰的子程序的运算结果相一致。

当然，这里列出的只是一些基本假定，你在子程序中还可以包括更多可以用断言来说明的假定。

正常情况下，你并不希望用户看到产品代码中的断言信息；断言主要是用于开发和维护阶段。通常，断言只是在开发阶段被编译到目标代码中，而在生成产品代码时并不编译进去。在开发阶段，断言可以帮助查清相互矛盾的假定、预料之外的情况以及传给子程序的错误数据等。在生成产品代码时，可以不把断言编译进目标代码里去，以免降低系统的性能。

Building Your Own Assertion Mechanism
建立自己的断言机制

> **交叉参考** 建立自己的断言子程序，是"深入一种语言去编程"而不仅是"在一种语言上编程"的很好例子。关于二者的区别，请见第34.4节。

包括 C++、Java 和 Microsoft Visual Basic 在内的很多语言都支持断言。如果你用的语言不直接支持断言语句，自己写也是很容易的。C++中标准的 assert 宏并不支持文本信息。下面的例子给出了一个使用 C++宏改进的 ASSERT 实现：

C++示例：一个实现断言的宏
```
#define ASSERT( condition, message ) {          \
    if ( !(condition) ) {                       \
        LogError( "Assertion failed: ",         \
            #condition, message );              \
        exit( EXIT_FAILURE );                   \
    }                                           \
}
```

Guidelines for Using Assertions
使用断言的指导建议

下面是关于使用断言的一些指导性建议。

用错误处理代码来处理预期会发生的状况，用断言来处理绝不应该发生的状况 断言是用来检查永远不该发生的情况，而错误处理代码（error-handling code）是用来检查不太可能经常发生的非正常情况，这些情况是能在写代码时就预料到的，且在产品代码中也要处理这些情况。错误处理通常用来检查有害的输入数据，而断言是用于检查代码中的 bug。

用错误处理代码来处理反常情况，程序就能够很从容地对错误做出反映。如果在发生异常情况的时候触发了断言，那么要采取的更正的措施就不仅仅是对错误做出恰当的反映了——而是应该修改程序的源代码并重新编译，然后发布软件的新版本。

有种方式可以让你更好地理解断言，那就是把断言看做是可执行的注解——你不能依赖它来让代码正常工作，但与编程语言中的注释相比，它能更主动地对程序中的假定做出说明。

避免把需要执行的代码放到断言中 如果把代码写在断言里，那么当你关闭断言功能时，编译器很可能就把这些代码除排在外了。比如说，你写了这么一个断言：

交叉参考 你也可以把这个例子看做是把多行语句放入一行中而引起的问题。第 31.5 节 "每行只写一个语句" 中有更多的例子。

> **Visual Basic示例：一种危险的断言使用方法**
> ```
> Debug.Assert( PerformAction() ) ' Couldn't perform action
> ```

这段代码的问题在于，如果未编译断言语句，那么其中用于执行操作的代码也就不会被编译。应该把需要执行的语句提取出来，并把其运算结果赋给状态变量，再对这些状态变量进行判断。下面这样使用断言就很安全：

> **Visual Basic示例：安全地使用断言**
> ```
> actionPerformed = PerformAction()
> Debug.Assert( actionPerformed ) ' Couldn't perform action
> ```

推荐阅读 要想更深入地了解前条件和后条件，请阅读《Object-Oriented Software Construction》(Meyer 1997) 一书。

用断言来注解并验证前条件和后条件 前条件（preconditions）和后条件（postconditions）是一种名为"契约式设计（design by contract）"的程序设计和开发方法的一部分（Meyer 1997）。使用前条件和后条件时，每个子程序或类与程序的其余部分都形成了一份契约。

前条件是子程序或类的调用方代码在调用子程序或实例化对象之前要确保为真的属性。前条件是调用方代码对其所调用的代码要承担的义务。

后条件是子程序或类在执行结束后要确保为真的属性。后置条件是子程序或类对调用方代码所承担的责任。

断言是用来说明前条件和后条件的有利工具。也可以用注释来说明前条件和后条件，但断言却能动态地判断前条件和后条件是否为真。

在下面这个例子中，就使用了断言来说明 Velocity（速度）子程序的前条件和后条件：

> **Visual Basic示例：使用断言来记述前条件和后条件**
> ```
> Private Function Velocity ( _
>   ByVal latitude As Single, _
>   ByVal longitude As Single, _
>   ByVal elevation As Single _
> ) As Single
> 
>   ' Preconditions
>   Debug.Assert ( -90 <= latitude And latitude <= 90 )
>   Debug.Assert ( 0 <= longitude And longitude < 360 )
>   Debug.Assert ( -500 <= elevation And elevation <= 75000 )[1]
> ```

---

[1] 译注：latitude 是纬度，longitude 是经度，elevation 是海拔高度。

```
...
' Postconditions
Debug.Assert ( 0 <= returnVelocity And returnVelocity <= 600 )

' return value
Velocity = returnVelocity
End Function
```

如果变量 `latitude`、`longitude` 和 `elevation` 都是来源于系统外部,那么就应该用错误处理代码来检查和处理非法的数值,而不是使用断言。而如果变量的值是源于可信的系统内部,并且这段程序是基于这些值不会超出合法范围的假定而设计,使用断言则是非常合适的。

交叉参考 关于健壮性的更多内容,请参考本章 8.3 节中的"健壮性与正确性"。

对于高健壮性的代码,应该先使用断言再处理错误 对于每种可能出错的条件,通常子程序要么使用断言,要么使用错误处理代码来进行处理,但是不会同时使用二者。一些专家主张只须使用一种处理方法即可(Meyer 1997)。

然而,现实世界中的程序和项目通常都很混乱,仅仅依赖断言还是不够的。如果开发的是一个大型的、长期运行的系统,那么系统的不同部分可能会由不同的设计人员来设计,耗时可能会超过 5 到 10 年。不同设计师们将在不同的时期工作,还跨越了多个版本。在系统开发的不同时间点,他们在设计时会关注不同的技术。设计人员也可能在地理位置上相互分离,特别是当系统某些部分是外包给别的公司做的时候。程序员在系统生命周期的不同时期会采用不同的编码规范。在一个大型项目的开发团队里,有些程序员明显比其他人更谨慎,因此有的代码部分的复查会比其他代码更严格一些。有些程序员所做的单元测试比其他人更彻底。当测试团队分布在不同的地理位置,并且受到商业压力而导致每次发行版本的测试覆盖范围都不尽相同时,你根本无法指望详尽的系统级别的回归测试。

在这种环境中,可能同时用断言和错误处理代码来处理同一个错误。以 Microsoft Word 为例,在其代码中对应该始终为真的条件都加上了断言,但同时也用错误处理代码处理了这些错误,以应对断言失败的情况。对于那些像 Word 这样特大规模、复杂且生命周期很长的应用程序而言,断言是非常有用的,因为断言可以帮助在开发阶段排查出尽可能多的错误。然而这样的应用程序实在太复杂了(有着上百万行的源代码),而且都经历了多次的修改,以至于想要在软件交付之前发现并纠正一切错误是不现实的,所以在发布的产品中错误也同样需要处理。

下面就说明如何把这一规则应用到 `Velocity` 一例中去：

Visual Basic示例：使用断言来说明前条件和后条件

```vb
Private Function Velocity ( _
  ByRef latitude As Single, _
  ByRef longitude As Single, _
  ByRef elevation As Single _
  ) As Single

  ' Preconditions
  Debug.Assert ( -90 <= latitude And latitude <= 90 )
  Debug.Assert ( 0 <= longitude And longitude < 360 )
  Debug.Assert ( -500 <= elevation And elevation <= 75000 )
  ...

  ' Sanitize input data. Values should be within the ranges asserted above,
  ' but if a value is not within its valid range, it will be changed to the
  ' closest legal value
  If ( latitude < -90 ) Then
      latitude = -90
  ElseIf ( latitude > 90 ) Then
      latitude = 90
  End If
  If ( longitude < 0 ) Then
      longitude = 0
  ElseIf ( longitude > 360 ) Then
  ...
```

> 这里是断言代码。

> 这里是在运行时处理错误输入数据的代码。

8.3 Error-Handling Techniques 错误处理技术

断言可以用于处理代码中不应发生的错误。那么又该如何处理那些预料中可能要发生的错误呢？根据所处情形的不同，你可以返回中立值（neutral value）、换用下一个正确数据、返回与前次相同的值、换用最接近的有效值、在日志文件中记录警告信息、返回一个错误码、调用错误处理子程序或对象、显示出错信息或者关闭程序——或把这些技术结合起来使用。

下面就来详细说明这些可用的技术。

返回中立值 有时，处理错误数据的最佳做法就是继续执行操作并简单地返回一个没有危害的数值。比如说，数值计算可以返回 0，字符串操作可以返回空字符串，指针操作可以返回一个空指针，等等。如果视频游戏中的绘图子程序接收到了一个错误的颜色输入，那么它可以用默认的背景色或前景色继续绘制。当然，对于显示癌症病人 X 光片的绘图子程序而言，最好还是不要显示某个"中立值"。在这种情况下，关闭程序也比让它显示错误的病人数据要好。

换用下一个正确的数据 在处理数据流的时候,有时只需返回下一个正确的数据即可。如果在读数据库记录并发现其中一条记录已经损坏时,你可以继续读下去直到又找到一条正确记录为止。如果你以每秒 100 次的速度读取体温计的数据,那么如果某一次得到的数据有误,你只需再等上 1/100 秒然后继续读取即可。

返回与前次相同的数据 如果前面提到的体温计读取软件在某次读取中没有获得数据,那么它可以简单地返回前一次的读取结果。根据这一应用领域的情况,温度在 1/100 秒的时间内不会发生太大改变。而在视频游戏里,如果你发现要用一种无效的颜色重绘屏幕的某个区域,那么可以简单地使用上一次绘图时使用的颜色。但如果你正在管理自动取款机上的交易,你可能不希望用"和最后一次相同的答案"了,因为那可是前一个用户的银行账号!

换用最接近的合法值 在有些情况下,你可以选择返回最接近的那个合法值,就像前面的 `Velocity` 例子里那样。在从已经校准的仪器上取值时,这种方法往往是很合理的。比如说,温度计也许已经校准在 0 到 100 摄氏度之间。如果你检测到一次小于 0 的读取结果,那你可以把它替换为 0,即最接近的那个合法值。如果发现结果大于 100,那么你可以把它替换为 100。在操作字符串时,如果发现某个字符串的长度小于 0,你也可以用 0 代替。当我倒车时,汽车就是用这种方法来处理错误的。因为车上的速度表无法显示负的速度,所以当我倒车时它只是简单地显示 0——即最接近的合法值。

把警告信息记录到日志文件中 在检测到错误数据的时候,你可以选择在日志文件(log file)中记录一条警告信息,然后继续执行。这种方法可以同其他的错误处理技术结合使用,比如说换用最接近的合法值、换用下一个正确的数据等。如果你用到了日志文件,要考虑是否能够安全地公开它,或是否需要对其进行加密或施加其他方式的保护。

返回一个错误码 你可以决定只让系统的某些部分处理错误。其他部分则不在本地(局部)处理错误,而只是简单地报告说有错误发生,并信任调用链上游的某个子程序会处理该错误。通知系统其余部分已经发生错误可以采用下列方法之一:

- 设置一个状态变量的值
- 用状态值作为函数的返回值
- 用语言内建的异常机制抛出一个异常

在这种情况下,与确定特定的错误报告机制相比,更为重要的是要决定系统里的哪些部分应该直接处理错误,哪些部分只是报告所发生的错误。如果安全性很重要,请确认调用方的子程序总会检查返回的错误码。

调用错误处理子程序或对象 另一种方法则是把错误处理都集中在一个全局的错误处理子程序或对象中。这种方法的优点在于能把错误处理的职责集中到一起,从而让调试工作更为简单。而代价则是整个程序都要知道这个集中点并与之紧密耦合。如果你想在其他系统中重用其中的某些代码,那就得把错误处理代码一并带过去。

这种方法对代码的安全性有一个重要的影响。如果代码发生了缓冲区溢出,那么攻击者很可能已经篡改了这一处理程序或对象的地址。这样一来,一旦在应用程序运行期间发生缓冲区溢出,再使用这种方法就不再安全了。

当错误发生时显示出错消息 这种方法可以把错误处理的开销减到最少,然而它也可能会让用户界面中出现的信息散布到整个应用程序中。当你需要创建一套统一协调的用户界面时,或当你想让用户界面部分与系统的其他部分清晰地分开时,或当你想把软件本地化到另一种不同的语言时,都会面临挑战。还有,当心不要告诉系统的潜在攻击者太多东西。攻击者有时能利用错误信息来发现如何攻击这个系统。

用最妥当的方式在局部处理错误 一些设计方案要求在局部解决所有遇到的错误——而具体使用何种错误处理方法,则留给设计和实现会遇到错误的这部分系统的程序员来决定。

这种方法给予每个程序员很大的灵活度,但也带来显著的风险,即系统的整体性能将无法满足对其正确性或可靠性的需求(马上还会更具体地讲这个问题)。根据开发人员最终用以处理特定错误的方法不同,这样做也有可能导致与用户界面相关的代码散布到整个系统中,从而又使程序面临那些与显示出错消息相关的问题。

关闭程序 有些系统一旦检测到错误发生就会关闭。这一方法适用于人身安全攸关(safety-critical)的应用程序。举例来说,如果用作控制治疗癌症病人的放疗设备的软件接收到了错误的放射剂量输入数据,那么怎样处理这一错误最好呢?应该使用与上一次相同的数值吗?应该用最接近的合法值吗?应该使用中立值吗?在这种情况下,关闭程序是最佳的选择。哪怕重启机器也比冒险施放错误的放射剂量要好得多。

一种类似的做法可以用来提高 Microsoft Windows 操作系统的安全性。在默认情况下,即使系统的安全日志已经满了,Windows 仍会继续运行。但你可以配置 Windows,让它在安全日志满的时候停止服务。在信息安全攸关(security-critical)的环境中这样做是明智的。

Robustness vs. Correctness
健壮性与正确性

正如前面视频游戏和 X 光机的例子告诉我们的，处理错误最恰当的方式要根据出现错误的软件的类别而定。这两个例子还表明，错误处理方式有时更侧重于正确性，而有时则更侧重于健壮性。开发人员倾向于非形式地使用这两个术语，但严格来说，这两个术语在程度上是截然相反的。**正确性**（*correctness*）意味着永不返回不准确的结果，哪怕不返回结果也比返回不准确的结果好。然而，**健壮性**（*robustness*）则意味着要不断尝试采取某些措施，以保证软件可以持续地运转下去，哪怕有时做出一些不够准确的结果。

人身安全攸关的软件往往更倾向于正确性而非健壮性。不返回结果也比返回错误的结果要好。放射线治疗仪就是体现这一原则的好例子。

消费类应用软件往往更注重健壮性而非正确性。通常只要返回一些结果就比软件停止运行要强。我所用的字处理软件有时会在屏幕下方显示半行文字。如果它检测到这一情况，难道我期望字处理软件退出吗？当然不。我知道等下次再按 Page Up 或 Page Down 键之后屏幕就会刷新，随后显示状态也就恢复正常了。

High-Level Design Implications of Error Processing
高层次设计对错误处理方式的影响

KEY POINT

既然有这么多的选择，你就必须注意，应该在整个程序里采用一致的方式处理非法的参数。对错误进行处理的方式会直接关系到软件能否满足在正确性、健壮性和其他非功能性指标方面的要求。确定一种通用的处理错误参数的方法，是架构层次（或称高层次）的设计决策，需要在那里的某个层次上解决。

一旦确定了某种方法，就要确保始终如一地贯彻这一方法。如果你决定让高层的代码来处理错误，而低层的代码只需简单地报告错误，那么就要确保高层的代码真的处理了错误！有些语言允许你忽略"函数返回的是错误码"这一事实——在 C++中，你无须对函数的返回值做任何处理——但千万不要忽略错误信息！检查函数的返回值。即使你认定某个函数绝对不会出错，也无论如何要去检查一下。防御式编程全部的重点就在于防御那些你未曾预料到的错误。

这些指导建议对于系统函数和你自己写的函数都是成立的。除非你已确立了一套不对系统调用进行错误检查的架构性指导建议，否则请在每个系统调用后检查错误码。一旦检测到错误，就记下错误代号和它的描述信息。

8.4 Exceptions 异常

异常是把代码中的错误或异常事件传递给调用方代码的一种特殊手段。如果在一个子程序中遇到了预料之外的情况,但不知道该如何处理的话,它就可以抛出一个异常,就好比是举起双手说"我不知道该怎么处理它——我真希望有谁知道该怎么办!"一样。对出错的前因后果不甚了解的代码,可以把对控制权转交给系统中其他能更好地解释错误并采取措施的部分。

还可以用异常来清理一段代码中存在的杂乱逻辑,正如第 17.3 节中"用 try-finally 重写"一例所示。异常的基本结构是:子程序使用 throw 抛出一个异常对象,再被调用链上层其他子程序的 try-catch 语句捕获。

几种流行的编程语言在实现异常机制时各有千秋。表 8-1 总结了其中三种语言在这方面的主要差异:

表8-1 支持几种流行的编程语言的表达式

跟异常相关的特性	C++	Java	Visual Basic
支持 try-catch 语句	支持	支持	支持
支持 try-catch-finally 语句	不支持	支持	支持
能抛出什么	std::exception 对象或 std::exception 派生类的对象;对象指针;对象引用;string 或 int 等数据类型	Exception 对象或 Exception 派生类的对象	Exception 对象或 Exception 派生类的对象
未捕获的异常所造成的影响	调 std::unexpected()函数,该函数在默认情况下将调用 std::terminate(),而这一函数在默认情况下又将调用 abort()	如果是一个"受检异常(checked exception)"则终止正在执行的线程;如果是"运行时异常(runtime exception)"则不产生任何影响	终止程序执行
必须在类的接口中定义可能会抛出的异常	否	是	否
必须在类的接口中定义可能会捕获的异常	否	是	否

8.4 异常

异常和继承有一点是相同的,即:审慎明智地使用时,它们都可以降低复杂度;而草率粗心地使用时,只会让代码变得几乎无法理解。下面给出的一些建议可以让你在使用异常时扬长避短,并避免与之相关的一些难题。

> 把异常当做正常处理逻辑的一部分的那种程序,都会遭受与所有典型的意大利面条式代码同样的可读性和可维护性问题。
> —Andy Hunt 和 Dave Thomas

用异常通知程序的其他部分,发生了不可忽略的错误 异常机制的优越之处在于它能提供一种无法被忽略的错误通知机制(Meyers 1996)。其他的错误处理机制有可能会导致错误在不知不觉中向外扩散,而异常则消除了这种可能性。

只在真正例外的情况下才抛出异常 仅在真正例外的情况下才使用异常——换句话说,就是仅在其他编码实践方法无法解决的情况下才使用异常。异常的应用情形跟断言相似——都是用来处理那些不仅罕见甚至永远不该发生的情况。

异常需要你做出一个取舍:一方面它是一种强大的用来处理预料之外的情况的途径,另一方面程序的复杂度会因此增加。由于调用子程序的代码需要了解被调用代码中可能会抛出的异常,因此异常弱化了封装性。同时,代码的复杂度也有所增加,这与在第 5 章"软件构建中的设计"中提出的软件首要技术使命——管理复杂度——是背道而驰的。

不能用异常来推卸责任 如果某种的错误情况可以在局部处理,那就应该在局部处理掉它。不要把本来可以在局部处理掉的错误当成一个未被捕获的异常抛出去。

避免在构造函数和析构函数中抛出异常,除非你在同一地方把它们捕获 当从构造函数和析构函数里抛出异常时,处理异常的规则马上就会变得非常复杂。比如说在 C++ 里,只有在对象已完全构造之后才可能调用析构函数,也就是说,如果在构造函数的代码中抛出异常,就不会调用析构函数,从而造成潜在的资源泄漏(Meyers 1996,Stroustrup 1997)。在析构函数中抛出异常也有类似复杂的规则。

语言律师可能会认为记忆这些规则是小事一桩,但智力平凡的程序员很难记住这些规则。所以,应该养成好编程习惯,不要一上来就写这类代码,从而轻松地避免由此产生的额外的复杂度。

> 交叉参考 关于维护一致的接口抽象的详情,请参见第 6.2 节中的"好的抽象"。

在恰当的抽象层次抛出异常 子程序应在其接口中展现出一致的抽象,类也是如此。抛出的异常也是程序接口的一部分,和其他具体的数据类型一样。

当你决定把一个异常传给调用方时,请确保异常的抽象层次与子程序接口的抽象层次是一致的。这个例子说明了应该避免什么样的做法:

Java反例:抛出抽象层次不一致的异常的类
```
class Employee {
    ...
    public TaxId GetTaxId() throws EOFException {
        ...
    }
    ...
}
```

此处声明的异常位于不一致的抽象层次。

GetTaxId()把更低层的EOFException(文件结束,end of file)异常返回给了它的调用方。它本身并不拥有这一异常,但却通过把更低层的异常传递给其调用方,暴露了自身的一些实现细节。这就使得子程序的调用方代码不是与Employee类的代码耦合,而是与比Employee类层次更低的抛出EOFException异常的代码耦合起来了。这样做既破坏了封装性,也减低了代码的智力上的可管理性(intellectual manageability)。

与之相反,GetTaxId()代码应抛回一个与其所在类的接口相一致的异常,就像下面这样:

Java示例:一个在一致的抽象层次上抛出异常的类
```
class Employee {
    ...
    public TaxId GetTaxId() throws EmployeeDataNotAvailable {
        ...
    }
    ...
}
```

这里声明的异常则位于一致的抽象层次。

GetTaxId()里的异常处理代码可能只需要把一个io_disk_not_ready(磁盘IO未就绪)异常映射为EmployeeDataNotAvailable(雇员数据不可用)异常就好了,因为这样一来就能充分地保持接口的抽象性。

在异常消息中加入关于导致异常发生的全部信息 每个异常都是发生在代码抛出异常时所遇到的特殊情况下。这一信息对于读取异常消息的人们来说是很有价值的,因此要确保该消息中含有为理解异常抛出原因所需的信息。如果异常是因为一个数组下标错误而抛出的,就应在异常消息中包含数组的上界、下界以及非法的下标值等信息。

避免使用空的 catch 语句 有时你可能会试图敷衍一个不知该如何处理的异常,比如这个例子:

Java示例:忽略异常的错误做法
```
try {
   ...
   // 很多代码
   ...
} catch ( AnException exception ) {
}
```

这种做法就意味着:要么是 try 里的代码不对,因为它无故抛出了一个异常;要么是 catch 里的代码不对,因为它没能处理一个有效的异常。确定一下错误产生的根源,然后修改 try 或 catch 二者其一的代码。

偶尔你也可能会遇到某个较低层次上的异常,它确实无法表现为调用方抽象层次上的异常。如果确实如此,至少需要写清楚为什么采用空的 catch 语句是可行的。你也可以用注释或向日志文件中记录信息来对这一情况进行"文档化",就像下面这样:

Java示例:忽略异常的正确做法
```
try {
   ...
   // lots of code
   ...
} catch ( AnException exception ) {
   LogError( "Unexpected exception" );
}
```

了解所用函数库可能抛出的异常 如果你所用的编程语言不要求子程序或类定义它可能抛出的异常,那你一定要了解所用的函数库都会抛出哪些异常。未能捕获由函数库抛出的异常将会导致程序崩溃,就如同未能捕获由自己代码抛出的异常一样。如果函数库没有说明它可能抛出哪些异常,可以通过编写一些原型代码来演练该函数库,找出可能发生的异常。

考虑创建一个集中的异常报告机制 有种方法可以确保异常处理的一致性,即创建一个集中的异常报告机制。这个集中报告机制能够为一些与异常有关的信息提供一个集中的存储,如所发生的异常种类、每个异常该被如何处理以及如何格式化异常消息等。

下面就是一个简单的异常处理器，它只是简单地打印出诊断信息：

> **深入阅读** 关于这一技术更详细的阐述，请参见《*Practical Standards for Microsoft Visual Basic.NET*》（Foxall 2003）。

Visual Basic示例：集中的异常报告机制（第一部分）
```
Sub ReportException( _
   ByVal className, _
   ByVal thisException As Exception _
)
   Dim message As String
   Dim caption As String

   message = _
      "Exception: " & thisException.Message & "." & ControlChars.CrLf & _
      "Class: " & className & ControlChars.CrLf & _
      "Routine: " & thisException.TargetSite.Name & ControlChars.CrLf
   caption = "Exception"
   MessageBox.Show( message, caption, MessageBoxButtons.OK, _
      MessageBoxIcon.Exclamation )

End Sub
```

你可以像这样在代码中使用这个通用的异常处理器：

Visual Basic示例：集中的异常报告机制（第二部分）
```
Try
   ...
Catch exceptionObject As Exception
   ReportException( CLASS_NAME, exceptionObject )
End Try
```

这个版本的 `ReportException()` 代码非常简单。而在实际的应用程序中，你可以根据异常处理的需要开发或简或繁的代码。

如果确定要创建一个集中的异常报告机制，请一定要考虑第 8.3 节中"调用错误处理子程序或对象"所讲到的和集中错误处理相关的事宜。

把项目中对异常的使用标准化 为了保持异常处理尽可能便于管理，你可以用以下几种途径把对异常的使用标准化。

- 如果你在用一种像 C++ 一样的语言，其中允许抛出多种多样的对象、数据及指针的话，那么就应该为到底可以抛出哪些种类的异常建立一个标准。为了与其他语言相兼容，可以考虑只抛出从 `std::exception` 基类派生出的对象。

- 考虑创建项目的特定异常类,它可用做项目中所有可能抛出的异常的基类。这样就能把记录日志、报告错误等操作集中起来并标准化。
- 规定在何种场合允许代码使用 `throw-catch` 语句在局部对错误进行处理。
- 规定在何种场合允许代码抛出不在局部进行处理的异常。
- 确定是否要使用集中的异常报告机制。
- 规定是否允许在构造函数和析构函数中使用异常。

> **交叉参考** 关于错误处理的更多可选方案,请参阅本章前面第 8.3 节"错误处理技术"。

考虑异常的替换方案 一些编程语言对异常的支持已有 5~10 年甚至更久的历史了,但关于如何才能安全使用异常的传统与经验仍然很少。

有些程序员用异常来处理错误,只是因为他所用的编程语言提供了这种特殊的错误处理机制。你心里应该自始至终考虑各种各样的错误处理机制:在局部处理错误、使用错误码来传递错误、在日志文件中记录调试信息、关闭系统或其他的一些方式等。仅仅因为编程语言提供了异常处理机制而使用异常,是典型的"为用而用";这也是典型的"在一种语言上编程"而非"深入一种语言去编程"的例子。(有关这两者的区别,请参阅第 4.3 节"你在技术浪潮中的位置"和第 34.4 节"以所用语言编程,但思路不受其约束")

最后,请考虑你的程序是否真的需要处理异常。就像 Bjarne Stroustrup 所指出的,应对程序运行时发生的严重错误的最佳做法,有时就是释放所有已获得的资源并终止程序执行,而让用户去重新用正确的输入数据再次运行程序(Stroustrup 1997)。

8.5 Barricade Your Program to Contain the Damage Caused by Errors
8.5 隔离程序,使之包容由错误造成的损害

隔栏(barricade)是一种容损策略(damage-containment strategy)。这与船体外壳上装备隔离舱的原因是类似的。如果船只与冰山相撞导致船体破裂的话,隔离舱就被封闭起来,从而保证船体的其余部位不会受到影响。这也与建筑物里的防火墙很相像。在发生火灾时,建筑物里的防火墙能阻止火势从建筑物的一个部位向其他部位蔓延。(隔栏过去叫"防火墙",但现在"防火墙"这一术语常用来指代阻止恶意网络攻击的设备。)

以防御式编程为目的而进行隔离的一种方法,是把某些接口选定为"安全"区域的边界。对穿越安全区域边界的数据进行合法性校验,并当数据非法时做

出敏锐的反映。图 8-2 展示了这一概念。

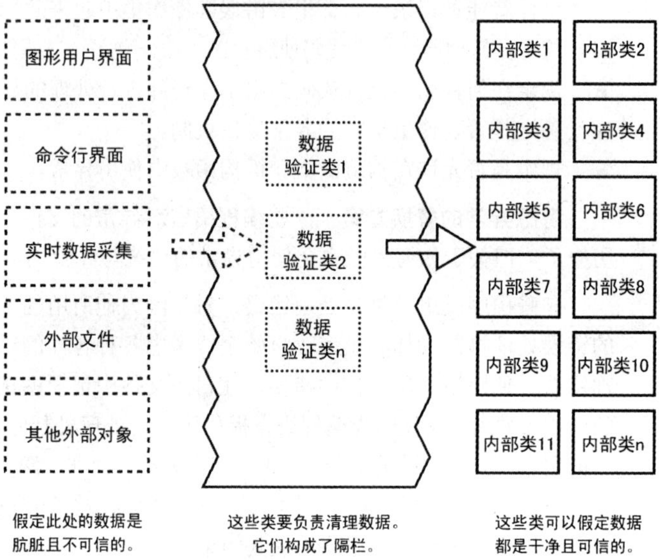

图8-2 让软件的某些部分处理"不干净的"数据，而让另一些部分处理"干净的"数据，即可让大部分代码无须再担负检查错误数据的职责

也同样可以在类的层次采用这种方法。类的公用方法可以假设数据是不安全的，它们要负责检查数据并进行清理。一旦类的公用方法接受了数据，那么类的私用方法就可以假定数据都是安全的了。

也可以把这种方法看做是手术室里使用的一种技术。任何东西在允许进入手术室之前都要经过消毒处理。因此手术室内的任何东西都可以认为是安全的。这其中最核心的设计决策是规定什么可以进入手术室，什么不可以进入，还有把手术室的门设在哪里——在编程中也就是规定，哪些子程序可认为是在安全区域里的，哪些又是在安全区域外的，哪些负责清理数据。完成这一工作最简单的方法是在得到外部数据时立即进行清理，不过数据往往需要经过一层以上的清理，因此多层清理有时也是必需的。

在输入数据时将其转换为恰当的类型 输入的数据通常都是字符串或数字的形式。这些数据有时要被映射为"是"或"否"这样的布尔类型，有时要被映射为像 Color_Red、Color_Green 和 Color_Blue 这样的枚举类型。在程序中长时间传递类型不明的数据，会增加程序的复杂度和崩溃的可能性——比如说有人在需要输入颜色枚举值的地方输入了"是"。因此，应该在输入数据后立即将其转换到恰当的类型。

Relationship Between Barricades and Assertions
隔栏与断言的关系

隔栏的使用使断言和错误处理有了清晰的区分。隔栏外部的程序应使用错误处理技术，在那里对数据做的任何假定都是不安全的。而隔栏内部的程序里就应使用断言技术，因为传进来的数据应该已在通过隔栏时被清理过了。如果隔栏内部的某个子程序检测到了错误的数据，那么这应该是程序里的错误而不是数据里的错误。

隔栏的使用还展示了"在架构层次上规定应该如何处理错误"的价值。规定隔栏内外的代码是一个架构层次上的决策。

8.6 Debugging Aids
辅助调试的代码

防御式编程的另一重要方面是使用调试助手（辅助调试的代码），调试助手非常强大，可以帮助快速地检测错误。

Don't Automatically Apply Production Constraints to the Development Version
不要自动地把产品版的限制强加于开发版之上

深入阅读 关于使用调试代码来进行防御式编程的更多内容，请参阅《Writing Solid Code》(Maguire 1993)

程序员们常常有这样一个误区，即认为产品级软件的种种限制也适用于开发中的软件。产品级的软件要求能够快速地运行，而开发中的软件则允许运行缓慢。产品级的软件要节约使用资源，而开发中的软件在使用资源时可以比较奢侈。产品级的软件不应向用户暴露可能引起危险的操作，而开发中的软件则可以提供一些额外的、没有安全网的操作。

我曾参与编写的一个程序中大量地使用了四重链表（quadruply linked list）。链表的代码是很容易出错的，链表本身的结构很容易损坏。因此我给程序加了一个菜单项来检测链表的完整性。

在调试模式下，Microsoft Word 在空闲循环中加入了一些代码，它们每隔几秒钟就检查一次 Document 对象的完整性。这样既有助于快速检测到数据的损坏，也方便了对错误的诊断。

KEY POINT 应该在开发期间牺牲一些速度和对资源的使用，来换取一些可以让开发更顺畅的内置工具。

Introduce Debugging Aids Early
尽早引入辅助调试的代码

你越早引入辅助调试的代码，它能够提供的帮助也越大。通常，除非被某个错误反复地纠缠，否则你是不愿意花精力去编写一些调试辅助的代码的。然而，如果你一遇到问题马上就编写或使用前一个项目中用过的某个调试助手的话，它就会自始至终在整个项目中帮助你。

Use Offensive Programming
采用进攻式编程

交叉参考 关于处理异常情况的更多细节，请参考第 15.2 节中的"使用 case 语句的诀窍"。

应该以这么一种方式来处理异常情况：在开发阶段让它显现出来，而在产品代码运行时让它能够自我恢复。Michael Howard 和 David LeBlanc 把这种方式称为"进攻式编程（offensive programming）"（Howard and LeBlanc 2003）。

假设你有一段 case 语句，期望用它处理 5 类事件。在开发期间，应该让针对默认情况的 case 分支（即 default case 子句）显示警告信息说："嗨！这儿还有一种没有处理的情况！改程序吧！"然而，在最终的产品代码里，针对默认情况的处理则应更稳妥一些，比如说可以在错误日志文件中记录该消息。

> 通常情况下死程序所造成的损失要比残废的程序少得多。
> —Andy Hunt 和 Dave Thomas

下面列出一些可以让你进行进攻式编程的方法。

- 确保断言语句使程序终止运行。不要让程序员养成坏习惯，一碰到已知问题就按回车键把它跳过。让问题引起的麻烦越大越好，这样它才能被修复。
- 完全填充分配到的所有内存，这样可以让你检测到内存分配错误。
- 完全填充已分配到的所有文件或流，这样可以让你排查出文件格式错误。
- 确保每一个 case 语句中的 default 分支或 else 分支都能产生严重错误（比如说让程序终止运行），或者至少让这些错误不会被忽视。
- 在删除一个对象之前把它填满垃圾数据。
- 让程序把它的错误日志文件用电子邮件发给你，这样你就能了解到在已发布的软件中还发生了哪些错误——如果这对于你所开发的软件适用的话。

有时候，最好的防守正是大胆进攻。在开发时惨痛地失败，能让你在发布产品后不会败得太惨。

Plan to Remove Debugging Aids
计划移除调试辅助的代码

如果你是写程序给自己用，那么把调试用的代码都留在程序里可能并无大碍。但如果是商用软件，则此举会使软件的体积变大且速度变慢，从而给程序造成巨大的性能影响。要事先做好计划，避免调试用的代码和程序代码纠缠不清。下面是一些可以采用的方法。

交叉参考 关于版本控制的详细情况，请参考第28.2节"配置管理"。

使用类似 ant 和 make 这样的版本控制工具和 make 工具 版本控制工具可以从同一套源码编译出不同版本的程序。在开发模式下，你可以让 make 工具把所有的调试代码都包含进来一起编译。而在产品模式下，又可以让 make 工具把那些你不希望包含在商用版本中的调试代码排除在外。

使用内置的预处理器 如果你所用的编程环境里有一个预处理器——比如 C++开发环境——你可以用编译器开关来包含或排除调试用的代码。你既可以直接使用预处理器，也可以写一个能与预处理器指令同时使用的宏。下面是一个直接使用预处理器编写代码的例子：

C++示例：直接使用预处理器来控制调试用的代码

```
#define DEBUG
...
#if defined( DEBUG )
// debugging code
...
#endif
```

> 要想在编译时包含调试用的代码，使用#define 来定义 DEBUG 符号。要想将其排除在外，则不要定义 DEBUG 符号。

这一用法可以有几种变化。比如说，除了可以直接定义 DEBUG 以外，你还可以给它赋一个值，然后就可以判断其数值，而不仅是去判断它是否已经定义了。这么做可以让你区分不同级别的调试代码。你可能希望让某些调试代码永远留在程序里，这时就可以用类似`#if DEBUG > 0`这样的语句把这些代码括起来。另一些调试代码可能只是针对一些特定的用途，你可以用类似`#if DEBUG == POINTER_ERRORR`这样的语句把这些代码括起来。在另外一些地方，你可能想设置调试级别，这时就可以写类似`#if DEBUG > LEVEL_A`这样的语句。

如果你不喜欢让`#if defined()`一类语句散布在代码里的各处，那么可以写一个预处理器宏来完成同样的任务。这里是一个例子：

C++示例：使用预处理器宏来控制调试用的代码

```
#define DEBUG
#if defined( DEBUG )
#define DebugCode( code_fragment ) { code_fragment }
#else
#define DebugCode( code_fragment )
#endif
...
DebugCode(
    statement 1;
    statement 2;
    ...
    statement n;
);
...
```

> 根据是否定义 DEBUG 符号，可选择是否编译此处的代码。

和前面第一个使用预处理器的例子一样,这种方法在使用时也可以有多种变化,这使得它能够处理更复杂的情况,而不仅仅是要么包含所有调试代码、要么排除全部调试代码这么简单。

> **交叉参考** 关于预处理器和自行编写预处理器的更多信息,请参考第 30.3 节中的"宏预处理器"。

编写你自己的预处理器 如果某种语言没有包含一个预处理器,你也可以很容易自己写一个,用于包含或排除调试代码。首先确立一套声明调试代码的规则,然后就遵循这个规则编写一个预编译器。例如,在 Java 里你可以写一个预编译器来处理//#BEGIN DEBUG 和//#END DEBUG 关键字。写一个脚本来调用该预处理器,然后再编译经过处理之后的代码。从长远看,这样做会为你节省时间,而且也可以避免"不慎编译了未经过预处理的代码"的情况。

> **交叉参考** 关于 stub 的详情,请参阅第 22.5 节中的"为测试各个子程序构造脚手架"。

使用调试存根(debuging stubs) 很多情况下,你可以调用一段子程序进行调试检查。在开发阶段,该子程序可能要执行若干操作之后才能把控制权交还给其调用方代码。而在产品代码里,你可以用一个存根子程序(stub routine)来替换这个复杂的子程序,而这段 stub 子程序要么立即把控制权交还调用方,要么是执行几项快速的操作就返回。这种方法仅会带来很小的性能损耗,并且比自己编写预处理器要快一些。把开发版本和产品版本的 stub 子程序都保留起来,以便将来可以随时在两者之间来回切换。

你可以先写一个检查传入的指针是否有效的子程序:

C++示例: 一段使用调试stub的子程序
```cpp
void DoSomething(
  SOME_TYPE *pointer;
  ...
  ) {

  // check parameters passed in
  CheckPointer( pointer );     ← 这行代码将调用检查指针的子程序。
  ...
}
```

在开发阶段,`CheckPointer()`子程序会对传入的指针进行全面检查。这一检测可能相当耗时,但一定要非常有效,比如说这样:

C++示例:在开发阶段检查指针的子程序
```cpp
void CheckPointer( void *pointer ) {    ← 这个子程序检查任何传入的指针。在开发阶段,可用它来执行你能想到的任意多项的检查。
  // 执行第1项检查——可能是检查它不为NULL
  // 执行第2项检查——可能是检查它的地址是合法的
  // 执行第3项检查——可能是检查它所指向的数据完好无损
  ...
  // 执行第n项检查——...
}
```

当代码准备妥当，即将要编译为产品时，你可能不希望这项指针检查影响性能。这时你就可以用这下面个子程序来代替前面的那段代码：

> 这个子程序仅是立即返回调用。

C++示例：在产品代码中检查指针的子程序
```
void CheckPointer( void *pointer ) {
    // no code; just return to caller
}
```

就计划移除调试代码而言，这里列出的方法还算不上完整，但它们应该已经为你提供足够多的想法，并让你了解到该如何因地制宜地使用这些方法了。

8.7 Determining How Much Defensive Programming to Leave in Production Code
确定在产品代码中该保留多少防御式代码

防御式编程中存在这么一种矛盾的观念，即在开发阶段你希望错误能引人注意——你宁愿看它的脸色，也不想冒险地去忽视它。但在产品发布阶段，你却想让错误能尽可能地偃旗息鼓，让程序能十分稳妥地恢复或停止。下面就给出一些指导建议，帮助你来决定哪些防御式编程工具可以留在产品代码里，而哪些应该排除在外。

保留那些检查重要错误的代码　你需要确定程序的哪些部分可以承担未检测出错误而造成的后果，而哪些部分不能承担。比如说你在开发一个电子表格程序，如果是在屏幕刷新部分的代码中存在未检测出的错误，你可能可以忍受，因为错误造成的主要后果无非是把屏幕搞乱。但如果是在计算引擎部分的代码中存在问题的话，你就无法接受了，因为这种错误可以导致用户的电子表格中出现难以察觉的错误结果。对于大多数用户来说，他们宁愿忍受屏幕乱作一团，也不愿意因为算错税额而被国税局审计。

去掉检查细微错误的代码　如果一个错误带来的影响确实微乎其微的话，可以把检查它的代码去掉。在前面的例子中，你可以把检查电子表格屏幕刷新的代码去掉。这里的"去掉"并不是指永久地删除代码，而是指利用版本控制、预编译器开关或其他技术手段来编译不包含这段特定代码的程序。如果程序所占的空间不是问题，你也可以把错误检查代码保留下来，但应该让它不动声色地把错误信息记录在日志文件里。

去掉可以导致程序硬性崩溃的代码　正如我所说的，当你的程序在开发阶段检测到了错误，你肯定想让它尽可能地引人注意，以便能修复它。实现这一目的的最好方法通常就是让程序在检测到错误后打印出一份调试信息，然后崩溃退出。这种方法甚至对于细微的错误也很有用。

然而在生成产品的时候,软件的用户需要在程序崩溃之前有机会保存他们的工作成果,为了让程序给他们留出足够的保存时间,用户甚至会忍受程序表现出的一些怪异行为。相反,如果程序中的一些代码导致了用户工作成果的丢失,那么无论这些代码对帮助调试程序并最终改善程序质量有多大的贡献,用户也不会心存感激的。因此,如果你的程序里存在着可能导致数据丢失的调试代码,一定要把它们从最终软件产品中去掉。

保留可以让程序稳妥地崩溃的代码 如果你的程序里有能够检测出潜在严重错误的调试代码,那么应该保留那些能让程序稳妥地崩溃的代码。以火星探路者号(Mars Pathfinder)为例,它的工程师有意地在其中保留了一些调试代码。在火星探路者号着陆之后便发生了一个故障。喷气推进实验室(JPL)的工程师们得以利用保留下来的辅助调试的代码诊断出问题所在,并把修复后的代码上传给火星探路者号,从而使得火星探路者号圆满地完成了任务(March 1999)。

为你的技术支持人员记录错误信息 可以考虑在产品代码中保留辅助调试用的代码,但要改变它们的工作方式,以便与最终产品软件相适应。如果你开发时在代码里大量地使用了断言来中止程序的执行,那么在发布产品时你可以考虑把断言子程序改为向日志文件中记录信息,而不是彻底去掉这些代码。

确认留在代码中的错误消息是友好的 如果你在程序中留下了内部错误消息,请确认这些消息的用语对用户而言是友好的。有一次,一个使用我早先编写的程序的用户打电话跟我说,她得到了这样一条消息:"出现指针分配错误,Dog Breath!"幸亏她还算有幽默感。有一种常用而且有效的方法,就是通知用户说发生了"内部错误",再留下可供报告该错误的电子邮件地址或电话号码即可。

8.8 Being Defensive About Defensive Programming
对防御式编程采取防御的姿态

什么东西太多了都不是好事——威士忌酒除外。
—Mark Twain
(马克·吐温)

过度的防御式编程也会引起问题。如果你在每一个能想到的地方用每一种想到的方法检查从参数传入的数据,那么你的程序将会变得臃肿而缓慢。更糟糕的是,防御式编程引入的额外代码增加了软件的复杂度。防御式编程引入的代码也并非不会有缺陷,和其他代码一样,你同样能轻而易举地在防御式编程添加的代码中找到错误——尤其是当你随手编写这些代码时更是如此。因此,要考虑好什么地方你需要进行防御,然后因地制宜地调整你进行防御式编程的优先级。

cc2e.com/0868

CHECKLIST: Defensive Programming
核对表：防御式编程

一般事宜

- ❑ 子程序是否保护自己免遭有害输入数据的破坏？
- ❑ 你用断言来说明编程假定吗？其中包括了前条件和后条件吗？
- ❑ 断言是否只是用来说明从不应该发生的情况？
- ❑ 你是否在架构或高层设计中规定了一组特定的错误处理技术？
- ❑ 你是否在架构或高层设计中规定了是让错误处理更倾向于健壮性还是正确性？
- ❑ 你是否建立了隔栏来遏制错误可能造成的破坏？是否减少了其他需要关注错误处理的代码的数量？
- ❑ 代码中用到辅助调试的代码了吗？
- ❑ 如果需要启用或禁用添加的辅助助手的话，是否无须大动干戈？
- ❑ 在防御式编程时引入的代码量是否适宜——既不过多，也不过少？
- ❑ 你在开发阶段是否采用了进攻式编程来使错误难以被忽视？

异常

- ❑ 你在项目中定义了一套标准化的异常处理方案吗？
- ❑ 是否考虑过异常之外的其他替代方案？
- ❑ 如果可能的话，是否在局部处理了错误而不是把它当成一个异常抛到外部？
- ❑ 代码中是否避免了在构造函数和析构函数中抛出异常？
- ❑ 所有的异常是否都与抛出它们的子程序处于同一抽象层次上？
- ❑ 每个异常是否都包含了关于异常发生的所有背景信息？
- ❑ 代码中是否没有使用空的 catch 语句？（或者如果使用空的 catch 语句确实很合适，那么明确说明了吗？）

> **安全事宜**
>
> ❑ 检查有害输入数据的代码是否也检查了故意的缓冲区溢出、SQL 注入、HTML 注入、整数溢出以及其他恶意输入数据?
> ❑ 是否检查了所有的错误返回码?
> ❑ 是否捕获了所有的异常?
> ❑ 出错消息中是否避免出现有助于攻击者攻入系统所需的信息?

Additional Resources 更多资源

cc2e.com/0875

请参阅下列有关防御式编程的资源:

Security 安全

Howard, Michael, and David LeBlanc. 《*Writing Secure Code*》, 2d Ed. Redmond, WA: Microsoft Press, 2003. Howard 和 LeBlanc 在本书中涵盖了关于信任输入的安全隐患。这本书让人大开眼界,它展现了到底有多少种方法能够攻破一个程序——其中一些与软件构建技术相关,而更多的则与之无关。本书跨越了从需求分析、设计、编码到测试的全部内容。

Assertions 断言

Maguire, Steve. 《*Writing Solid Code*》. Redmond, WA: Microsoft Press, 1993. 书中的第 2 章十分精彩地讨论了断言的使用,并列举了一些知名 Microsoft 产品中使用断言的有趣示例。

Stroustrup, Bjarne. 《*The C++ Programming Language*》, 3d Ed. Reading, Mass.: Addison Wesley, 1997. 第 24.3.7.2 节描述了在 C++ 中实现断言的若干变化,包括断言与前条件和后条件之间的关系。

Meyer, Bertrand. 《*Object-Oriented Software Construction*》, 2d Ed. New York: Prentice Hall PTR, 1997. 这本书中有关于前条件和后条件的权威论述。

Exceptions 异常

Meyer, Bertrand. 《*Object-Oriented Software Construction*》, 2d Ed. New York: Prentice Hall PTR, 1997. 本书第 12 章中有关于异常处理方法的详细讨论。

Stroustrup, Bjarne.《*The C++ Programming Language*》, 3d Ed. Reading, Mass.: Addison Wesley, 1997. 书中第 14 章有关于在 C++中处理异常的详尽阐述。其中的 14.11 小节还针对在 C++中处理异常总结出了 21 项精彩的诀窍。

Meyers, Scott.《*More Effective C++: 35 New Ways to Improve Your Programs and Designs*》. Reading, Mass.: Addison Wesley, 1996. 书中第 9-15 项描述了在 C++中进行异常处理的若干细节问题。

Arnold, Ken, James Gosling, and David Holmes.《*The Java Programming Language*》, 3d Ed. Boston, Mass.: Addison Wesley, 2000. 书中第 8 章探讨了在 Java 中进行异常处理的问题。

Bloch, Joshua.《*Effective Java Programming Language Guide*》. Boston, Mass.: Addison Wesley, 2001. 书中的第 39~47 页描述了 Java 中异常处理的各种细节问题。

Foxall, James.《*Practical Standards for Microsoft Visual Basic .NET*》. Redmond, WA: Microsoft Press, 2003. 本书第 10 章讲述了在 Visual Basic 中的异常处理。

Key Points
要点

- 最终产品代码中对错误的处理方式要比"垃圾进，垃圾出"复杂得多。
- 防御式编程技术可以让错误更容易发现、更容易修改，并减少错误对产品代码的破坏。
- 断言可以帮助人尽早发现错误，尤其是在大型系统和高可靠性的系统中，以及快速变化的代码中。
- 关于如何处理错误输入的决策是一项关键的错误处理决策，也是一项关键的高层设计决策。
- 异常提供了一种与代码正常流程角度不同的错误处理手段。如果留心使用异常，它可以成为程序员们知识工具箱中的一项有益补充，同时也应该在异常和其他错误处理手段之间进行权衡比较。
- 针对产品代码的限制并不适用于开发中的软件。你可以利用这一优势在开发中添加有助于更快地排查错误的代码。

第 9 章 The Pseudocode Programming Process 伪代码编程过程

cc2e.com/0936

内容

- 9.1 创建类和子程序的步骤概述：第 216 页
- 9.2 伪代码：第 218 页
- 9.3 通过伪代码编程过程创建子程序：第 220 页
- 9.4 伪代码编程过程的替代方案：第 232 页

相关章节

- 创建高质量的类：第 6 章
- 高质量子程序的特征：第 7 章
- 软件构建中的设计：第 5 章
- 注释风格：第 32 章

尽管可以认为本书是一本详尽描述创建类和子程序的编程过程的书，但这一章将详细论述其中的具体步骤。本章将从微观上关注编程过程——也就是关注创建单独的类及其子程序的特定步骤，这些步骤对任何规模的项目来说都十分关键。本章还将讲述伪代码编程过程（Pseudocode Programming Process，PPP），这种编程过程有助于减少设计和编写文档所需的工作量，同时提高这两项工作的质量。

如果你是一名专家级程序员，那你也可以跳过这一章，不过建议你看一看本章关于这些步骤的总结，并重温一下 9.3 节中关于使用伪代码编程过程创建子程序的秘诀。伪代码编程过程的价值重大，却很少有程序员真正挖掘出该过程的全部能量。

伪代码编程过程并不是创建类和程序的唯一过程。本章末尾的第 9.4 节中还要介绍其他一些最流行的方法，包括测试先行开发（test-first development）和契约式设计（design by contract）等。

代码大全（第2版）

9.1 Summary of Steps in Building Classes and Routines
创建类和子程序的步骤概述

创建一个类可以有多种不同的方式，但一般而言这都是一个迭代过程，先对一个类做总体设计，列出这个类内部的特定子程序，创建这些子程序，然后从整体上复查这个类的构建结果。如图 9-1 所示，创建一个类也能变成杂乱无章的过程，其原因与设计也同样杂乱无章同出一辙（这些原因在第 5.1 节"设计中的挑战"中已经讲过）。

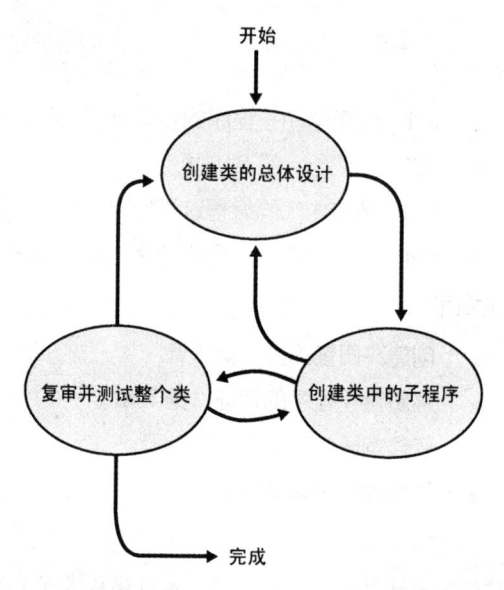

图 9-1　一个类的创建过程可以千变万化，但基本上会以本图所示的顺序发生

Steps in Creating a Class
创建一个类的步骤

创建一个类的关键步骤如下：

创建类的总体设计　设计一个类的过程中包含一些特有的设计任务——定义类的特定职责，定义类所要隐藏的"秘密"，以及精确地定义类的接口所代表的抽象概念；决定这个类是否要从其他类派生而来，以及是否允许其他类再从它派生；指出这个类中关键的公用方法，标识并设计出类所需用到的重要数据成员。上述这些设计任务可能需要反复迭代多次，直到能直截了当地设计出子程序为止。有关的考虑和许多其他事项在第 6 章"可以工作的类"已有详细的讨论。

创建类中的子程序　你在前述第一个步骤中标识出类的主要子程序之后,还需要创建这些子程序。在编写各个程序时通常还会引出更多的或重要、或次要的子程序,创建这些新加入的子程序的过程往往还会反过来波及类的总体设计。

复审并测试整个类　通常情况下,子程序在创建的同时也经过了测试。在整个类可以工作之后,应该再对其整体进行复查和测试,以便发现那些在子程序的独立测试层次上无法测出的问题。

Steps in Building a Routine
创建子程序的步骤

一个类的大部分子程序的实现都是简单的、直截了当的,例如成员访问子程序(accessor routine)、转发到其他对象的(pass-throughs)子程序等。另一些子程序的实现可能更复杂,因此采用一种系统化的方法将更益于创建这些子程序。在创建子程序的过程中涉及到的主要活动——也就是设计子程序、检查设计、编写子程序的代码、检查代码——通常会以图9-2所示的顺序进行。

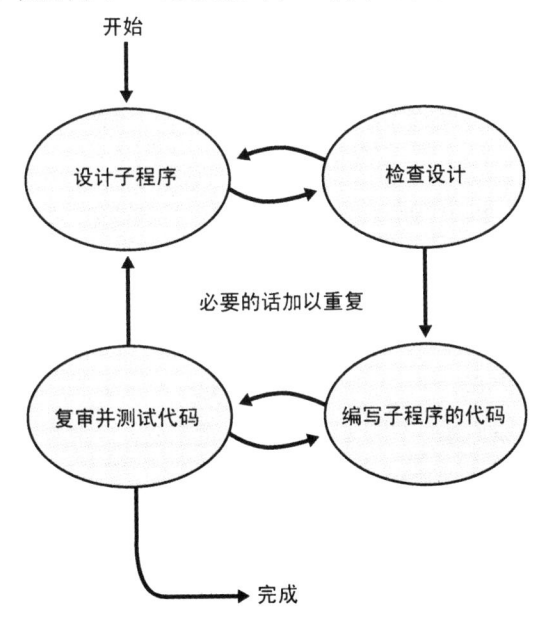

图9-2　这些是创建一个子程序所需经历的主要活动,常是以图示的顺序进行

专家们已经开发出很多创建子程序的方法,而我最喜欢的则是伪代码编程过程。下一节就来介绍这个过程。

9.2 Pseudocode for Pros 伪代码

"伪代码"这个术语是指某种用来描述算法、子程序、类或完整程序的工作逻辑的、非形式的、类似于英语的记法。伪代码编程过程则是一种通过书写伪代码而更高效地创建程序代码的专门方法。

由于伪代码看起来很像英语,你可能会很自然地认为,任何可以用来收集想法的类似英语的描述,能起的作用都是大同小异的。而实践中你则会发现,某些形式的伪代码要比其他形式的更有用。下面是一些有效使用伪代码的指导原则。

- 用类似英语的语句来精确描述特定的操作。

- 避免使用目标编程语言中的语法元素。伪代码能让你在一个比代码本身略高的层次上进行设计。当用编程语言来构建时,你就又降到了更低的层次上,这不但失去了在更高层次上设计时所能得到的主要好处,而且也会受限于不必要的语法上的约束。

交叉参考 关于在本意层面编写的注释的详情,请参见第32.4节中的"注释种类"。

- 在本意(intent,意图)的层面上编写伪代码。用伪代码去描述解决问题的方法的意图,而不是去写如何在目标语言中实现这个方法。

- 在一个足够低的层次上编写伪代码,以便可以近乎自动地从它生成代码。如果伪代码的层次太高,就会掩盖代码中的问题细节。你应该不断地精化伪代码,加入越来越多的细节,直到看起来已经很容易直接写出代码为止。

伪代码一经写好,你就可以依照它去生成代码了,同时还把伪代码变成编程语言中的注释。这样就节省了大部分注释工作。如果伪代码是按上述各项原则写成的,那么这些注释就会很完整也很有意义了。

下面是一个用伪代码做设计的示例,这里的伪代码几乎违背了上面所提到的所有原则:

一段不好的伪代码示例
```
increment resource number by 1
allocate a dlg struct using malloc
if malloc() returns NULL then return 1
invoke OSrsrc_init to initialize a resource for the operating system
*hRsrcPtr = resource number
return 0
```

这段伪代码的意图何在?很难说清吧?因为它写得太差了。之所以说这段所谓的伪代码写得差,是因为它包含了许多目标语言编码的细节,比如说`*hRsrcPtr`

（用了 C 语言独特的指针写法），还有 `malloc()`（这是 C 语言中的一个函数）。这段伪代码太关注于如何编写代码而没有突出设计意图。它还深入到了编码的细节——这个子程序是返回 1 还是返回 0？如果换一个立场来考虑这段伪代码，看看它能否转变为有用的注释，那么你就会明白它确实没有多大价值。

还是针对同样的功能所做的设计，下面这个例子所示的伪代码则大有改善：

一段好的伪代码示例
```
Keep track of current number of resources in use
 If another resource is available
    Allocate a dialog box structure
    If a dialog box structure could be allocated
        Note that one more resource is in use
        Initialize the resource
        Store the resource number at the location provided by the caller
    Endif
Endif
Return true if a new resource was created; else return false
```

这段伪代码比第一段要好，因为它都是用英语写的，也没有用到目标语言中的任何语法元素。对于第一个示例，伪代码只能用 C 语言实现。但是在第二个示例中，伪代码并没有限制对语言的选择。另外，第二段伪代码也是在意图的层面上描述的。第二段伪代码意义何在？与第一段伪代码相比，你能更容易理解它。

虽然第二段伪代码是用清晰的英语写的，但它已经足够地精确和详细，可以方便地作为编程语言代码的基础。而一旦把这些伪代码语句转换成注释，它们将很好地解释这段代码的用意。

使用这种风格的伪代码，可以得到下面这些好处。

- 伪代码使得评审更容易。你无须检查源代码就可以评审细节设计。伪代码使得底层设计的评审工作更容易，同时减少了对代码本身进行评审的需要。

- 伪代码支持反复迭代精化的思想。从一个高层设计开始，把这一设计精化为伪代码，然后再把伪代码精化为源代码。这样持续不断地小步精化，使你可以在把它推向更低的细节层次的同时，不断检查已形成的设计。这样做的结果，使你可能在最高的层次上发现最高层次的错误，在中间的层次上发现中间层次的错误，而在最低的层次上发现最低层次的错误——避免其中的任何错误变成真正的问题或者危害到更细节层次的工作。

> **深入阅读** 关于在代价最小的阶段进行变化的好处，参见 Andy Grove 写的《High Output Management》(Grove 1983)。

- 伪代码使变更更加容易。短短几行伪代码要比整页的代码更容易修改。想想看，你是愿意在蓝图上改一条线呢，还是愿意在墙面上动工呢？在软件领域，这种影响可能没有在物理过程中那么显著，但在产品最可塑的阶段进行变动的原则却是相同的。项目成功的关键因素之一，就是在"代价最小的阶段"捕获到错误，这个阶段也就是向系统投入的工作量最少的阶段。在编写伪代码阶段已投入的工作量远远少于完成编码、测试和调试阶段之后投入的总工作量，因此从经济的角度来说也应该尽早抓到错误。

- 伪代码能使给代码作注释的工作量减到最少。在典型的编码过程中，人们都是先写出代码，然后再添加注释。而在伪代码编程过程中，伪代码中的语句将会变为代码中的注释，所以实际上更多的工作是删除注释，而不是把它加进来。

- 伪代码比其他形式的设计文档更容易维护。使用其他方法时，设计和代码是分离的，当其中之一变动的时候，两者就不再一致。而使用伪代码编程过程时，伪代码中的语句将会转变为代码中的注释。因此只要维护代码间的这些注释，那么这些伪代码所形成的设计文档就仍然是准确的。

> **KEY POINT**
>
> 作为进行详细设计的工具，很难有其他方法能与使用伪代码相媲美。一项调查表明，程序员们更喜欢使用伪代码，因为它简化了用编程语言进行构建的工作，且有助于发现细节设计中的不足之处，还能简化文档的编制以及修改的工作 (Ramsey, Atwood and Van Doren 1983)。诚然，伪代码不是进行详细设计的唯一工具，但是伪代码和伪代码编程过程却都会是你非常有用的工具。先来试一下吧，下一节将告诉你具体该怎样做。

9.3 Constructing Routines by Using the PPP 通过伪代码编程过程创建子程序

本节将讲述如下这些与创建子程序有关的活动。

- 设计子程序
- 编写子程序的代码
- 检查代码
- 收尾工作
- 按照需要重复上述步骤

Design the Routine 设计子程序

> **交叉参考** 关于设计的其他方面话题，请阅读第 5 章至第 8 章。

一旦你明确了一个类有哪些子程序之后，为了创建类中较为复杂的程序，接下来要做的第一步工作就是去设计它。比如说你要写一个子程序，它能根据错误码输出错误信息，你称它为 `ReportErrorMessage()`。下面是 `ReportErrorMessage()` 程序的一个非形式的规格说明（spec）：

`ReportErrorMessage()` 接收一个代表错误码的输入参数，输出与该错误码相对应的错误信息。它应该能够处理无效的错误码。如果程序是以交互式界面运行的，那么 `ReportErrorMessage()` 需要向用户显示错误信息；如果程序是以命令行方式运行的，那么 `ReportErrorMessage()` 应把错误信息记录在一个消息文件里。在输出错误信息之后，`ReportErrorMessage()` 应返回一个状态值，以表明其操作是成功还是失败。

本章的其余部分将一直用这个子程序做示例。下面就来说明如何设计该子程序。

> **交叉参考** 关于检查先决条件方面的详情，请参阅第 3 章 "三思而后行：前期准备" 以及第 4 章 "关键的'构建'决策"。

检查先决条件 在动手去做子程序本身的任何工作之前，应该先查看一下该子程序要做的工作是不是已经定义好了，是不是能够与整体设计相匹配。另外要结合项目的需求，检查这个程序是否是真正必需的，至少是间接需要的。

定义子程序要解决的问题 陈述出该子程序将要解决的问题，叙述要足够详细，以便能去创建这个子程序。如果高层的设计已经足够详细，那么这项工作可能已经完成了。在这个高层的设计里至少应该详细说明下列信息。

- 这一子程序将要隐藏的信息
- 传给这个子程序的各项输入
- 从该子程序得到的输出

> **交叉参考** 关于前条件和后条件的更多信息，请参见第 8.2 节中的"用断言来注解并验证前条件和后条件"。

- 在调用程序之前确保有关的前条件成立（如输入数据的取值位于特定范围之内、有关的流已经初始化、文件已经打开或者关闭、缓冲区已经填满或清空等）
- 在子程序将控制权交回调用方程序之前，确保其后条件的成立（如输出数据位于特定范围之内、流已经初始化、文件已经打开或者关闭、缓冲区已填满或清空等）

下面看看在 `ReportErrorMessage()` 示例中是如何考虑这些问题的。

- 该子程序隐藏了两项事实：错误信息的文本和当前的处理方式（交互式界面或命令行）。
- 对于这个子程序，没有任何可保证的前条件。
- 给该子程序的输入数据是一个错误码。
- 存在两种输出：首先是错误信息，其次是 `ReportErrorMessage()` 返回给调用方程序的状态值。
- 该子程序保证状态值或者为 Success, 或者为 Failure。

> **交叉参考** 关于为子程序命名的详情，请参阅第 7.3 节 "好的子程序名字"。

为子程序命名 给子程序命名看似不很重要，但好的子程序名却是优秀子程序的标志之一，起个好名字也并不那么容易。一般来说，子程序应该有一个清晰、无歧义的名字。如果你在给程序起个好名字的时候犯难，通常就表明这个子程序的目标还没明确。含混不清的名称就像竞选中的政客一样，看上去他好像说了些什么，但是仔细一想，你又根本不知道他究竟说了什么。应该尽你所能让名称变得更清晰，但如果是由于含混不清的设计而导致含混不清的名称，那么就要留意这个警告信号了——回头去改善你的设计吧！

在这个例子中，`ReportErrorMessage()`这个名称很清楚，是个好名字。

> **深入阅读** 如果想了解通过先编写测试来构建程序的另一种完全不同的方法，请阅读《Test-Driven Development: By Example》（测试驱动开发，Beck 2003）。

决定如何测试子程序 在你编写一个子程序的时候，要想一想怎么才能测试它。这么做对于你——如果你做单元测试的话——以及那些要独立地测试你写的子程序的测试人员都有好处。

在这个例子中，由于输入数据很简单，你可以计划采用所有合法的及一些非法的错误代码来测试`ReportErrorMessage()`。

在标准库中搜寻可用的功能 要想提高代码的质量和生产率，有一个最重要的途径就是重用好的代码。如果你发现自己苦苦设计的一段程序实在是过于复杂，那么请查看一下在你所用的编程语言、开发平台或者工具，看看其中是否提供该程序的全部或部分功能。了解一下在你公司维护的代码库里是不是已经有这些功能了。人们已经发明、评价并改善了很多的算法，它们已经过了充分测试，在文献中也有所记录。与其在那些别人已经写成了博士论文的东西上浪费时间，还不如花几分钟时间去看看别人已经写成的代码，从而确保你不会花冤枉功夫。

考虑错误处理 考虑在子程序中所有可能出错的环节。比如说错误的输入数值、从其他子程序返回的无效数据等。

子程序可以用多种方式来处理错误，你应该特别注意去选择处理错误的方式。如果在程序架构中定义了出错处理策略，你只须遵循这一策略即可。否则，你就必须针对特定的子程序确定最佳的出错处理方式。

考虑效率问题 对于效率问题，根据有关情况，你可以从下面两种处理方式中选出一种。在第一种情况下，也是对于绝大多数系统而言，程序的效率并不是十分紧要。这时你只要看看子程序的接口是否经过很好的抽象，看程序的代码是否易读，这样在日后需要的时候可以随时对它进行改进。如果封装做得很好，你就可以用更好的算法，或者一段既快、又节省资源、用低级语言所写的实现代码来替换原来既慢又耗费资源的、用高级语言所写的实现代码，同时还不会影响其他的子程序。

9.3 通过伪代码编程过程创建子程序

交叉参考 有关效率的详情，请参阅第 25 章 "代码调整策略"，以及第 26 章 "代码调整技术"。

另一种情况只是在少数系统里出现——在那里性能非常重要。性能问题可能与稀缺的数据库连接、受限的内存、不可多得的句柄、严格的时限、或其他一些稀有的资源相关。架构应当指明每个子程序（或者类）有多少资源可使用，以及它们必须以多快的速度执行其操作。

根据所确定的资源及速度的目标来设计子程序。如果速度看上去更为重要，那么就牺牲一部分资源来换取速度，反之亦然。在程序创建的起始阶段，先将其调校到能达到预定的资源和速度，也是可以的。

除了在以上两种常见情况下采取推荐的做法之外，在每个子程序上为效率问题卖力通常是白费功夫。最主要的优化还是在于完善高层的设计，而不是完善每个子程序。通常，只有当能够证明高层设计确实无法满足系统的性能目标时，你才需要进行微观的优化——不过除非整个程序全部完成，否则你也不会知道这一点。因此，不要在微不足道的点滴改进上浪费时间，除非你知道确实有必要这样去做。

研究算法和数据类型 如果在可用的程序库里没有所需的功能，它也许会在某本算法书里介绍过。因此，在你决定从头开始编写一段复杂的代码之前，查一下算法书看看有什么可用的内容。如果要采用一个已有明确定义的算法，则要保证把这个算法正确地转换为你所使用的编程语言。

编写伪代码 在完成了前述这些步骤之后，你可能还没写太多东西。其实这些步骤的主要目的是为你确立一个思路，这在你真正编写程序的时候是很有帮助的。

交叉参考 这里的讨论假定在编写子程序的伪代码版本时使用了良好的设计技术。关于设计方面的详情，请参见第 5 章 "软件构建中的设计"。

在完成了前面这些准备步骤之后，就可以开始用高层次的伪代码来写程序了。在你的代码编辑工具或集成开发环境里写伪代码就可以了，因为很快就要用这些伪代码作为编程语言写的实际编码的基础。

从最一般情况写起，向着更具体的细节展开工作。子程序最常见的部分是一段头部注释（header comment），用于描述这段程序应该做些什么，所以首先简要地用一句话来写下该子程序的目的。写出这句话将帮助你澄清对该子程序的理解。如果连概要性的注释写起来都很困难，那就得提醒你自己，还得更好地理解这一子程序在整个程序中的角色才行。一般说来，如果很难总结出一个子程序的角色，你可能就应该考虑是否什么环节出了问题。下面的例子是描述一个子程序的简要的头部注释：

> **一个子程序的头部注释示例**
> This routine outputs an error message based on an error code supplied by the calling routine. The way it outputs the message depends on the current processing state, which it retrieves on its own. It returns a value indicating success or failure.
> 本子程序将根据调用方子程序所提供的错误码输出对应的错误信息。用于输出信息的方式与当前的处理状态有关，这将由子程序自己来判断。它会返回一个值来表明执行是成功还是失败。

写完这种一般性的注释之后，就可以为这个子程序编写高层次的伪代码。下面是这个例子的伪代码：

> **一个子程序的伪代码示例**
> This routine outputs an error message based on an error code supplied by the calling routine. The way it outputs the message depends on the current processing state, which it retrieves on its own. It returns a value indicating success or failure.
> 本子程序将根据调用方子程序所提供的错误码输出对应的错误信息。用于输出信息的方式与当前的处理状态有关，这将由子程序自己来判断。它会返回一个值来表明执行是成功还是失败。
>
> set the default status to "fail"
> look up the message based on the error code
>
> if the error code is valid
>   if doing interactive processing, display the error message interactively and declare success
>
>   if doing command line processing, log the error message to the command line and declare success
>
> if the error code isn't valid, notify the user that an internal error has been detected
>
> return status information

需要再次强调的是，这段伪代码是在一个相当高的层次上编写的。它显然不是以某种编程语言来写的。它用精确的英语表达了这段程序所要做的事情。

> **交叉参考** 关于有效地使用变量的详细情况，请阅读第 10 章至第 13 章。

考虑数据 你可以在整个过程中的几个不同环节对子程序所用的数据进行设计。在这个例子中，数据非常简单，而且对数据的操作也不是该程序的重点。如果对数据的操作是某个子程序的重点，那么值得在考虑子程序的逻辑之前，首先考虑清楚主要的数据部分。把关键的数据类型定义好，对于设计一个子程序的逻辑是很有用的。

> **交叉参考** 关于评审技术的更多内容，请见第 21 章"协同构建"。

检查伪代码 在写完伪代码并设计完数据之后，花上几分钟时间复查你写的伪代码。然后抛开这些代码，想想你该如何向别人解释这些代码。

找别人来看你写的代码，或者让他来听你的解释。你可能会想，让别人来看 11 行伪代码是不是很傻？做了之后你就会惊讶的。因为与用编程语言写成的代码相比，伪代码会让那些你自己想当然的，还有那些高层次的错误更加明显。而且，与审阅 35 行的 C++或 Java 代码相比，人们会更乐意来审阅只有寥寥几行的伪代码。

请确认你能够很容易、很自然地理解这个子程序做些什么，以及它是怎样做的。如果你在伪代码的层次上都无法从概念上理解它，那么在编程语言的层次上岂不是更无法理解？而且，如果连你自己都理解不了它，还有谁能理解呢？

> **交叉参考** 关于迭代方面的更多内容，请参见第 34.8 节 "迭代，反反复复，一次又一次"。

在伪代码中试验一些想法，留下最好的想法（迭代） 在你开始编写代码之前，应尽可能用伪代码去尝试更多的想法。一旦你真正开始编码，你和你所写下的代码就会有感情，从而就更难以抛弃不好的设计再重头来过了。

通常的想法是，用伪代码反复描述这个子程序，直到用伪代码写出的句子已经足够简单了，你可以在每个句子下面填入代码，并把原来的伪代码变为代码的文档为止。你最初尝试写出的一些伪代码可能还是层次太高，这就需要进一步分解它。一定要进一步地分解它。如果还不确定该怎样编写代码，那么就继续在伪代码上下功夫，直到你能确定为止。持续地精化和分解伪代码，直到你觉得再写伪代码（而不是真正的代码）实在是浪费时间为止。

Code the Routine
编写子程序的代码

一旦一个子程序已经设计好，就该来构建它了。你可以按一种近乎标准化的顺序来实施子程序构建的各个步骤，当然也可以根据需要灵活调整这些步骤。构建子程序的步骤如图 9-3 所示。

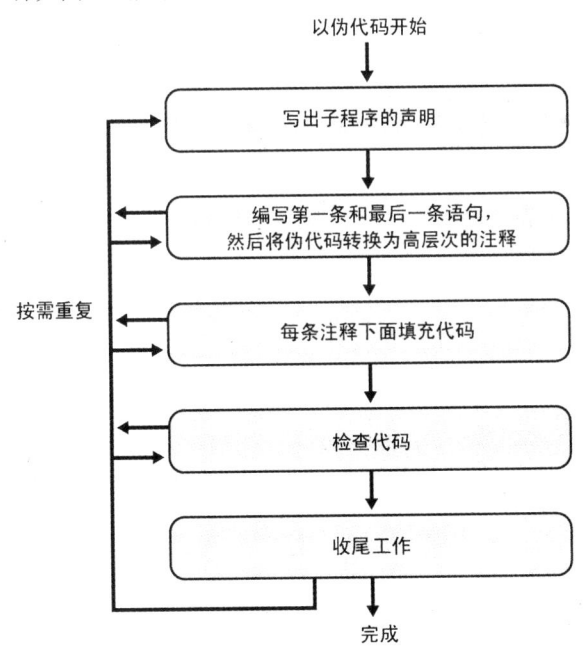

图 9-3 在构建程序的时候，你将实施所有这些步骤，但不一定要按照任何特定的顺序

写出子程序的声明　首先要写出子程序的接口（interface）声明——也就是 C++ 中的函数（function）声明、Java 中的方法（method）声明、Microsoft Visual Basic 中的函数过程（function procedure）或子过程（sub procedure）声明，或者其他编程语言中的类似声明等。把原有的头部注释变为编程语言中的注释。把它保留在你写的伪代码的上方。下面是一个关于子程序的接口声明和头部注释的示例，这段代码是用 C++ 语言写的：

C++ 示例：向伪代码添加子程序接口声明和头部注释

← 这是头部注释，已转换为 C++ 风格的注释。

```
/* This routine outputs an error message based on an error code
supplied by the calling routine. The way it outputs the message
depends on the current processing state, which it retrieves
on its own. It returns a value indicating success or failure.
*/
```

← 这是接口语句。

```
Status ReportErrorMessage(
    ErrorCode errorToReport
    )
set the default status to "fail"
look up the message based on the error code
if the error code is valid
    if doing interactive processing, display the error message
    interactively and declare success

    if doing command line processing, log the error message to the
    command line and declare success
if the error code isn't valid, notify the user that an
internal error has been detected
return status information
```

这里正好可以来说说关于接口假定（interface assumptions）的事情。在本例中，接口变量 `errorToReport` 的名字起得非常直截了当，已经表明了它的目的，因此就不用再为它写文档了。

把伪代码转变为高层次的注释　接下来，把第一条和最后一条语句写出来，在 C++ 中也就是 "{" 和 "}"。然后把伪代码转变为注释。我们以这个例子来看看：

C++ 示例：在伪代码首尾写出第一条和最后一条语句

```
/* This routine outputs an error message based on an error code
supplied by the calling routine. The way it outputs the message
depends on the current processing state, which it retrieves
on its own. It returns a value indicating success or failure.
*/

Status ReportErrorMessage(
    ErrorCode errorToReport
    ) {
```

9.3 通过伪代码编程过程创建子程序

> 从此往后的伪代码语句已转换为C++注释。

```cpp
    // set the default status to "fail"
    // look up the message based on the error code
    // if the error code is valid
        // if doing interactive processing, display the error message
        // interactively and declare success

        // if doing command line processing, log the error message
        // to the command line and declare success

    // if the error code isn't valid, notify the user that an
    // internal error has been detected

    // return status information
}
```

此时，程序的特征已经很明显了。设计工作完成了，虽然看不到任何代码，但你却能理解程序是怎么工作的。你应该能感觉到，下一步再把伪代码转变为编程语言的代码的工作应该是很机械化、很自然也是很容易的。否则，你还得继续用伪代码进行设计，直到你感觉设计方案很牢靠时为止。

> **交叉参考** 对这个例子而言，因为事情很小，所以用写作隐喻（writing metaphor）也会很管用。关于在更大的事情上应用这个隐喻的反面意见，请参见第2.3节"软件中的书法：写作代码"。

在每条注释下面填充代码 在伪代码注释中的每一句话下面填入代码。这个过程和写一篇期末论文差不多——首先，你写出一个提纲，然后再把提纲中的每个要点扩展为一个段落。每段伪代码注释都描述了一块——或一段——代码。就像文学著作中段落的长度一样，一段代码的长度也会根据所要表达的思想的不同而有长有短，其质量也与其表达的思想是否鲜明与集中相关。

在本例中，前两段伪代码注释可以展开成两行代码：

C++示例：将伪代码注释表示为代码

```cpp
/* This routine outputs an error message based on an error code supplied
   by the calling routine. The way it outputs the message depends on the
   current processing state, which it retrieves on its own. It returns a value
   indicating success or failure.
*/

Status ReportErrorMessage(
    ErrorCode errorToReport
    ) {
    // set the default status to "fail"
    Status errorMessageStatus = Status_Failure;

    // look up the message based on the error code
    Message errorMessage = LookupErrorMessage( errorToReport );

    // if the error code is valid
        // if doing interactive processing, display the error message
        // interactively and declare success

        // if doing command line processing, log the error message
        // to the command line and declare success
```

> 这是填入的代码。
>
> 这里是一个新变量errorMessage。

```
    // if the error code isn't valid, notify the user that an
    // internal error has been detected

    // return status information
}
```

这就是编码工作的开始。这里用到了 errorMessage 变量，因此需要声明它。看到这里你可能会说，用两行注释才换来两行代码的话总感觉有些不划算。然而在这种方法里，重要的是这些注释所代表的语义内容（semantic content），而不是它们所注释的代码行数。这些注释已经在那儿了，而且也解释了代码的用意，因此就把它们留在代码里吧。

在剩下的每段注释下面也需要分别填入代码：

C++示例：使用伪代码编程过程创建的完整的子程序

```
/* This routine outputs an error message based on an error code supplied
   by the calling routine. The way it outputs the message depends on the
   current processing state, which it retrieves on its own. It returns a value
   indicating success or failure.
*/

Status ReportErrorMessage(
    ErrorCode errorToReport
    ) {
    // set the default status to "fail"
    Status errorMessageStatus = Status_Failure;

    // look up the message based on the error code
    Message errorMessage = LookupErrorMessage( errorToReport );

    // if the error code is valid
    if ( errorMessage.ValidCode() ) {
        // determine the processing method
        ProcessingMethod errorProcessingMethod =
            CurrentProcessingMethod();

        // if doing interactive processing, display the error message
        // interactively and declare success
        if ( errorProcessingMethod == ProcessingMethod_Interactive ) {
            DisplayInteractiveMessage( errorMessage.Text() );
            errorMessageStatus = Status_Success;
        }

        // if doing command line processing, log the error message
        // to the command line and declare success
        else if ( errorProcessingMethod ==
            ProcessingMethod_CommandLine ) {
            CommandLine messageLog;
            if ( messageLog.Status() == CommandLineStatus_Ok ) {
                messageLog.AddToMessageQueue( errorMessage.Text() );
                messageLog.FlushMessageQueue();
                errorMessageStatus = Status_Success;
            }
```

> 每条注释下都已经填入了代码。

> 这段代码可以进一步分解为一个新的子程序：DisplayCommandLineMessage()。

9.3 通过伪代码编程过程创建子程序

```
        else {
            // can't do anything because the routine is already
            // error processing
        }
    else {
        // can't do anything because the routine is already
        // error processing
    }
}

// if the error code isn't valid, notify the user that an
// internal error has been detected
else {
    DisplayInteractiveMessage(
      "Internal Error: Invalid error code in ReportErrorMessage()"
    );
}

// return status information
return errorMessageStatus;
}
```

> 这段代码和注释是新加入的,为了充实if测试。
>
> 这段代码和注释也是新加入的。

每一段注释产生出一行或多行代码。以这些注释为基础,每一代码块都形成了一套完整的思想。这些注释仍保留下来,从一个更高的层次上对代码做出说明。所有的变量都是在靠近第一次使用的地方进行声明和定义的。每段注释通常应该展开为 2~10 行代码(由于这只是个用来演示的例子,因此其展开后的代码行数仅仅是你在实际开发中会遇到的下限而已)。

现在再次看看第 221 页上所写的规格,以及第 224 页上所写的最初的伪代码。最初只有 5 句话的规格说明展开成了 15 行的伪代码(也要看你怎么计算行数了),进而它又展开成了长达一页的子程序。尽管那个规格说明已然非常详尽,但创建这个子程序仍然需要以伪代码和实际代码的形式做大量实质性的设计工作。这种在较低层次的设计,也是"编码"并非一项简单任务的原因之一,同时也是本书的主题之所以很重要的原因之一。

检查代码是否需要进一步分解 有的时候,你会发现几行伪代码展开后形成大量的代码。在这种情况下,你应该考虑采取以下两种方法中的一种。

> **交叉参考** 关于重构的详情,请参见第 24 章"重构"。

- 把这段注释下面的代码重构(refactor)成一个新的子程序。如果你发现由一段伪代码发展形成的代码量超出了预期,那么就把这些代码重构为一个单独的子程序。写出调用这个新子程序的代码,包括为它起一个名字。如果你的伪代码编程过程用得不错,那么参考伪代码给这一新子程序命名应该是不在话下的。一旦你完成了最初正创建的那个子程序,你就可以投入这个新子程序中,再次应用伪代码编程过程去构建它。

- 递归地(recursively)应用伪代码编程过程。与其在一行伪代码下面编写数十行的代码,还不如花些时间把原来的那一行伪代码分解成更多行的伪代码,然后再在新写出的伪代码下面填入代码。

Check the Code
检查代码

在设计并实现了一个子程序之后，第三大步骤便是检查你所构建的代码是否正确。在这一阶段留下的任何错误，只能到以后的测试阶段才能发现。到那时再查找和修正这些错误可就更昂贵了，因此你应该在此尽可能地发现所有的错误。

交叉参考 关于检查架构和需求中存在的问题的详情，请见第 3 章"三思而后行：前期准备"。

有的错误可能要一直到子程序完全写好之后才能够显现出来，这里面有很多种原因。伪代码里的错误可能在细节的实现逻辑中变得更明显。一个在伪代码时看上去很雅致的设计，可能用编程语言实现时变得不堪入目了。实现具体细节的时候也可能会揭示出架构、高层次设计或者需求中存在的错误。最后，在代码中也可能会有各种各样的常见编码错误——人无完人嘛！考虑到上面列出的种种原因，请在继续下去之前再次评审代码。

在脑海里检查程序中的错误 第一种正式的程序检查方法是在脑海里检查。前面提到的清理和非正式检查步骤就是两种在脑海里做检查的方法。另外还有一种是在脑海里执行每一条代码路径。在脑海中执行一个子程序是很难的，因此你也更应该让写出来的子程序短小精悍。请确保你检查到了所有可能的执行路径、端点和所有异常条件。你不但要自己检查（这叫做"桌面检查（desk checking）"），还要和一个或多个同伴一起检查——这可以叫做"同行评审（peer review）"、"走查（walk-through）"，或者"详查（inspection）"——看你到底怎么做了。

HARD DATA

编程爱好者和专业程序员之间最大的区别之一便是从迷信到理解的转变。这里所说的"迷信"（superstition）并不是指一个程序会在月圆之时让你心生惊恐或产生什么莫名其妙的错误。指的是把对代码的感觉当作对它的理解。如果你发现自己经常怀疑某些错误是由编译器或硬件造成的，那么你就仍然处于迷信的阶段。多年以前的一份研究表明，只有约 5%的错误是由硬件、编译器或操作系统的原因造成的（Ostrand 和 Weyuker，1984）。今天这一比例甚至可能更低。已经从迷信转为理解的程序员们总会先怀疑是自己的工作出了问题，因为他们知道，正是他们制造了那 95%的错误。理解每一行代码所起的作用，理解为什么需要这行代码。没有什么东西会仅仅因为它看上去可行就是正确的。如果你不知道它为什么可以工作，那么它很可能就是不能工作的——只是你还不知道罢了。

KEY POINT

这里的底线是：只是能写出一个可以工作的子程序是不够的。如果你不知道它为什么可以工作，那就去研究它，讨论它，用其他的设计方案作试验，直到你弄明白为止。

编译子程序 完成检查之后，就可以编译这个程序了。在这么久之后才开始编译程序，看上去效率不太高，因为代码早在几页之前就都写好了。不可否认，如果你在此之前就去编译这个子程序，让计算机去检查那些未声明的变量、相互冲突的命名等，那么你也许确实可以省去一些工作。

然而，在整个构建过程的后期才开始编译能够给你带来很多的好处。主要的原因是，当你编译新写的代码时，你心中的一块秒表也就开动了。第一次编译完成以后，你就会开始给自己施压了："只要再编译一次我就把它搞定啦！"这种"只要再编译一次"的毛病会导致你对代码做出草率而可能带来错误的更改，从长远看反而要花掉你更多的时间。到你已能让自己相信一个子程序是正确时再编译它，可以避免在匆忙中完成代码。

这本书的一个目的就是告诉你怎样脱离那种先东拼西凑，然后通过运行来看看代码是否工作的怪圈。在确信程序能工作之前就开始编译它，这通常就是上面那种黑客思维的症状。如果你没有陷入这种"拼凑加编译"（hacking-and-compiling）的怪圈，那就在你觉得合适的时候再去编译吧。不过你要清楚，大多数人都是在挣扎中通过"拼凑，编译，然后修改"的方法开发能工作的程序的。

下面就如何最大限度地发挥编译子程序所产生的功效给出些指导建议。

- 把编译器的警告级别调到最高。通过让编译器来检测错误，你可以很容易地查出大量细微的错误。

- 使用验证工具（validators）。可以通过使用类似 lint 这样的工具来对 C 语言这类语言的编译器所作的检查结果进行补充检查。验证工具甚至可以检查 HTML 或 JavaScript 这样不可编译的代码。

- 消除产生错误消息和警告的所有根源。请重视由这些信息对你的代码所报告的情况。通常，大量的警告信息暗示着代码的质量欠佳，你需要尽量理解所得到的每一个警告。在实践中，你反复遇见的那些警告会产生下面两种影响之一：要么你不理它们而任由它们掩饰着其他更为重要的警告信息，要么就是它们变得十分讨厌。通常，通过重写代码来解决潜在问题并消除警告信息是更保险也更省力的。

在调试器中逐行执行代码 程序编译通过之后，要在调试器中逐行执行，以确保每行代码都在按照你所期望的方式执行。遵循这个简单易行的方法，你就能查出很多的错误。

> **交叉参考** 详情见第 22 章"开发者测试"。另外也可参考第 22.5 节中的"为测试各个类构造脚手架"。

测试代码 使用你在开发该子程序期间计划写的或已写成的测试用例（test cases）来测试代码。你可能需要开发一些脚手架（scaffolding）来支持你的测试用例——也就是说，写一些对程序测试起辅助作用，而又不纳入最终的产品中的支持代码。脚手架可以是一套用测试数据来调用你的子程序的测试夹具子程序，也可以是一些供你的子程序调用的存根（stub）。

> **交叉参考** 详情请参阅第 23 章"调试"。

消除程序中的错误 一旦检测到错误，就一定要把它除掉。如果此时你开发的程序仍是漏洞百出，那么很可能它就永远这样漏洞百出了。如果你发现一段程序的毛病不是一般的多，那请从头再来吧。不要修修补补了——重新写吧。修修补补通常表明你还未能全面地理解程序，这样做也必将不时地产生错误。对于一个毛病百出的程序而言，设计一个全新的方案是值得的。重写一个问题百出的程序，让它以后再也不出任何错误——还有什么比这更让人满意呢？

Clean Up Leftovers
收尾工作

在检查完代码中的错误之后，再按照本书所描述的优秀代码的一般特性来检查你的代码。你可以实行若干扫尾步骤来确保子程序的质量合乎标准。

- 检查子程序的接口。确认所有的输入、输出数据都参与了计算，并且所有的参数也都用到了。更多的细节请参阅第 7.5 节"如何使用子程序参数"。

- 检查整体的设计质量。确认下列事项：这个子程序只干一件事情，并且把这件事情做得很好；子程序之间是松散耦合（loosely coupled）的；子程序采用了防御式（defensive）设计。更多详情，请参阅第 7 章"高质量的子程序"。

- 检查子程序中的变量。检查是否存在不准确的变量名称、未被用到的对象、未经声明的变量，以及未经正确初始化的对象等。第 10 章到第 13 章会专门讲述使用变量方面的详细内容。

- 检查子程序的语句和逻辑。检查是否存在"偏差 1"（off-by-one）这样的错误、死循环、错误的嵌套以及资源泄漏。第 14 章到第 19 章会详细讲述关于语句方面的内容。

- 检查子程序的布局。确认你正确地使用了空白来明确子程序、表达式及参数列表的逻辑结构。有关详情，请参见第 31 章"布局与风格"。

- 检查子程序的文档。确认那些由伪代码转化而来的注释仍然是准确无误的。检查有关算法的描述、接口假定（interface assumptions）的说明、那些并非显而易见的依赖性，以及关于难以理解的编码行为的解释等。有关详情，请参见第 32 章"自说明代码"。

- 除去冗余的注释。有些时候，当与被注释所描述的代码放在一起时，那些由伪代码转变而来的注释就显得多余了，尤其是在反复应用伪代码编程的过程之中，处在命名良好的子程序的调用方代码前面的那些注释。

Repeat Steps as Needed
根据需要重复上述步骤

如果这个程序的质量不佳，那就回到伪代码那一步去。高质量的编程是一个迭代的过程，所以不要犹豫，把构建的工作再做一遍。

9.4 Alternatives to the PPP
伪代码编程过程的替代方案

在我看来，伪代码编程过程是创建类和子程序的最佳方法。下面是其他专家推荐的一些不同的方法。你既可以用这些方法来替代伪代码编程过程，也可以把它们用作对伪代码编程过程的补充。

测试先行开发（Test-first development）　测试先行是一种流行的开发方法，用该方法开发的时候，在任何代码之前先要写出测试用例（test cases）。这种方法在第 22.2 节中的"测试先行还是测试后行"中有更具体的介绍。Kent Beck 写的《Test-Driven Development: By Example》（Beck 2003）是介绍该方法的一本好书。

重构（refactoring）　重构也是一种开发方法，该方法通过对代码进行一系列保持语义的变换和调整来提高代码的质量。程序员要用不良代码的模式（patterns of bad code）或说"臭味"（smells）识别出需要改进的那部分代码。第 24 章"重构"会对这种方法展开更详细的说明。关于这一话题，也有一本好书，那就是 Martin Fowler 写的《Refactoring: Improving the Design of Existing Code》（Fowler 1999）。

契约式设计（design by contract）　契约式设计是这样一种开发方法，即认为每一段程序都具有前条件（preconditions）和后条件（postconditions）。这种方法在第 8.2 节"用断言来注解并验证前条件和后条件"中也有介绍。有关契约式设计最权威的参考书是 Bertrand Meyers 写的《Object-Oriented Software Construction》（Meyer 1997）。

东拼西凑（hacking）　有些程序员总是试图通过东拼西凑来写出能工作的代码，而不是采用一种像伪代码编程过程这样系统化的做法。如果你发现自己曾经在写一段程序的时候陷入僵局并不得不重新来过的话，那么这可能表明伪代码编程过程可能会更适合你。如果你发现自己在编写一段程序的时候会思路偏失，那么这也同样表明伪代码编程过程可能会更为适用。你是否曾经忘记过写一个类或程序的某一部分？要是你使用伪代码编程过程的话，这就不太可能发生了。如果你感觉自己坐在电脑前面却无从下手，那么伪代码编程过程肯定会让你的程序生涯变得更加轻松。

---

cc2e.com/0942

交叉参考　这份列表的目的是帮助检查看你在创建一个子程序的时候是否遵循了一套良好的步骤。如果想关注于程序自身质量，请参见第 7 章 185 页中的"高质量的子程序"的核对表。

CHECKLIST: The Pseudocode Programming Process
核对表：伪代码编程过程

- ❏ 是否检查过已满足所有的先决条件？
- ❏ 定义好这个类要解决的问题了吗？
- ❏ 高层次的设计是否足够清晰？能给这个类和其中的每一个子程序起一个好的名字吗？
- ❏ 考虑过该如何测试这个类及其中每一个子程序了吗？
- ❏ 关于效率的问题，你主要从稳定的接口和可读的实现这两个角度考虑吗？还是主要从满足资源和速度的预期目标的角度考虑过呢？
- ❏ 在标准函数库或其他代码库中寻找过可用的子程序或者组件了吗？
- ❏ 在参考书籍中查找过有用的算法了吗？

> ❏ 是否用详尽的伪代码设计好每一个子程序？
> ❏ 你在脑海里检查过伪代码吗？这些伪代码容易理解吗？
> ❏ 关注过那些可能会让你重返设计的警告信息了吗？（比如说关于全局数据的使用、一些看上去更适合放在另一个类或子程序中的操作等。）
> ❏ 是否把伪代码正确地翻译成代码了？
> ❏ 你反复使用伪代码编程过程了吗？有没有根据需要把一些子程序拆分成更小的子程序？
> ❏ 在做出假定（assumptions）的时候有没有对它们加以说明？
> ❏ 已经删除掉那些冗余的注释了吗？
> ❏ 你是否采取了几次迭代中最好的那个结果？还是在第一次迭代之后就停止了？
> ❏ 你完全理解你的代码了吗？这些代码是否容易理解？

Key Points
要点

- 创建类和子程序通常都是一个迭代的过程。在创建子程序的过程中获得的认识常常会反过来影响类的设计。

- 编写好的伪代码需要使用易懂的英语，要避免使用特定编程语言中才有的特性，同时要在意图的层面上写伪代码（即描述该做什么，而不是要怎么去做）。

- 伪代码编程过程是一个行之有效的做详细设计的工具，它同时让编码工作更容易。伪代码会直接转化为注释，从而确保了注释的准确度和实用性。

- 不要只停留在你所想到的第一个设计方案上。反复使用伪代码做出多种方案，然后选出其中最佳的一种方案再开始编码。

- 每一步完成后都要检查你的工作成果，还要鼓励其他人帮你来检查。这样你就会在投入精力最少的时候，用最低的成本发现错误。

第 3 部分

Variables

变　量

本部分内容

- 第 10 章　使用变量的一般事项 237
- 第 11 章　变量名的力量 259
- 第 12 章　基本数据类型 291
- 第 13 章　不常见的数据类型 319

General Issues in Using Variables

第 10 章 使用变量的一般事项

cc2e.com/1085

内容

- 10.1 数据认知：第 238 页
- 10.2 轻松掌握变量定义：第 239 页
- 10.3 变量初始化原则：第 240 页
- 10.4 作用域：第 244 页
- 10.5 持续性：第 251 页
- 10.6 绑定时间：第 252 页
- 10.7 数据类型和控制结构之间的关系：第 254 页
- 10.8 为变量指定单一用途：第 255 页

相关章节

- 为变量命名：第 11 章
- 基本数据类型：第 12 章
- 不常见的数据类型：第 13 章
- 格式化数据声明：第 31.5 节中的"数据声明的布局"
- 注释变量：第 32.5 节中的"注释数据声明"

利用构建活动来填补需求和架构中存在的细小间隙是一种行之有效的做法。但把蓝图设计得精细到已经能完全展现出所有的细节则实在是一种低效做法。本章将详细讲述构建活动中的基本组成成分，即变量的使用。

如果你是一位经验丰富的程序员，那么本章的内容将会对你格外有用。在全面了解其他方法之前，你很可能已经开始使用某种危险的实践方法。即使之后认识到这样做是不对的，你也可能出于惯性把这种方法延续下去。经验丰富的程序员可能会觉得第 10.6 节所讲的"绑定时间"和第 10.8 节所讲的"为变量指定单一用途"非常有意思。如果你还不确定自己是不是够得上一位"经验丰富的程序员"，那么就通过做下一节的"数据认知测试"来确定吧。

我在本章中用"变量"一词同时指代对象和内置数据类型（built-in data type），如整数和数组等。"数据类型"一词通常是指内置数据类型，而"数据"一词则可能代表对象，也可能代表内置数据类型。

10.1 Data Literacy
数据认知

创建有效数据的第一步是了解所要创建数据的种类。积累大量的数据类型对于程序员来说是至关重要的。有关数据类型的讲授超出了本书的范围，但下面的"数据认知测试"将会告诉你可能还需要了解数据类型的哪些知识。

The Data Literacy Test
数据认知测试

在你熟悉的概念前面写上 1，在你认为自己知道其含义但却不确定的概念前面写 0.5。写完以后把分数加到一起，然后根据后面的记分表来解释分数所代表的含义。

____ 抽象数据类型（abstract data type）　　____ 文字量（literal）
____ 数组（array）　　____ 局部变量（local variable）
____ 位图（bitmap）　　____ 查找表（lookup table）
____ 布尔变量（boolean variable）　　____ 数据成员（member data）
____ B-树（B-tree）　　____ 指针（pointer）
____ 字符变量（character variable）　　____ 私用（private）
____ 容器类（container class）　　____ retroactive synapse
____ 双精度（double precision）　　____ 引用完整性（referential integrity）
____ elongated stream　　____ 栈（stack）
____ 枚举类型（enumerated type）　　____ 字符串（string）
____ 浮点（floating point）　　____ 结构变量（structured variable）
____ 堆（heap）　　____ 树（tree）
____ 下标（index）　　____ typedef
____ 整数（integer）　　____ 共用体（union）
____ 链表（linked list）　　____ value chain
____ 具名常量（named constant）　　____ 变体（variant）
　　　　　　　　　　　　　　　　　　____ **总分**

你可以按照下列标准来评价自己的得分（标准并不严格）：

0—4　　你是一个写程序的新手，可能在学校里学第一年的计算机科学课程，或者在自学第一种编程语言。你可以从下面所列出的任意一本书中获益匪浅。本书这一部分所讨论的大部分技术问题都是针对高级程序员的，所以如果你读了某一本书后再来看这些内容一定会有更多收获。

15—19　你要么是一个中级程序员，要么是一个忘性很大的高级程序员。尽管你熟悉其中的很多概念，但是阅读下面列出的某本书对你的帮助也会很大。

20—24　你是一个专家级程序员，很可能已经拥有了下面的某一本书。

25—29　你知道的数据类型要比我多，可以考虑自己写一本计算机方面的书了。（可要送我一本！）

30—32　你是个绣花枕头，而且还没有说真话。"elongated stream"、"retroactive synapse"和"value chain"所指的都不是数据类型——它们是我杜撰出来的。请读第33章"个人性格"中的"诚实"一节。

Additional Resources on Data Types
有关数据类型的更多资源

下面的这些书都是学习数据结构的好资料：

Cormen, H. Thomas, Charles E. Leiseron, Ronald L. Rivest. 《Introduction to Algorithms》. New York, NY: McGraw Hill. 1990.[1]

Sedgewick, Robert. 《Algorithms in C++》, Parts 1—4, 3d ed. Boston, MA: Addison-Wesley, 1998.[2]

Sedgewick, Robert. 《Algorithms in C++》, Parts 5, 3d ed. Boston, MA: Addison-Wesley, 2002.

10.2 Making Variable Declarations Easy
轻松掌握变量定义

交叉引用　关于变量声明的布局，请阅第31.5节中的"数据声明的布局"。关于对变量声明进行说明的详情，请阅第32.5节中的"注释数据声明"。

本节将会向你讲述如何加快变量定义的工作。事实上，这是一个很简单的任务，你可能会觉得它过于简单，并不需要在本书里专门写一节出来。然而，创建变量的确占去了你很多时间，因此养成一个良好的习惯会为你在整个项目周期内省去很多时间和麻烦。

Implicit Declarations
隐式声明

有些语言支持隐式变量声明。例如，当你在 Microsoft Visual Basic 中使用一个未声明变量的时候，编译器会自动为你声明该变量（取决于你的编译器设置）。

---

[1] 译注：《算法导论》（第二版　影印版），高等教育出版社。
[2] 译注：《算法 V（C++实现）——图算法》（第三版　影印版），高等教育出版社。

隐式变量声明对于任何一种语言来说都是最具危险性的特性之一。如果你用 Visual Basic 做过开发就会明白，当你绞尽脑汁想要明白变量 `acctNo` 的值为什么不正确，最终却发现是不慎将 `acctNo` 写成 `acctNum`，而又将 `acctNum` 重新初始化为 `0` 时，你会有多么的沮丧。如果所用的语言不要求对变量预先声明，你就会很容易犯这一类的错误。

如果所用的语言要求对变量做出声明，那么你必须要先犯下两个错误，程序才会来找你的麻烦。首先你必须把 `acctNum` 和 `acctNo` 加入到子程序里来，然后声明这两个变量。要出现这样的错误并不容易。因此事实上，这也就避免了变量混淆（synonymous-variables）这类错误的发生。那些要求显式声明数据的编程语言实际上是在提醒你要更加仔细地使用这些数据，而这一点也是它们的主要优势之一。那么，如果你使用的编程语言支持隐式声明该怎么办呢？下面给出一些建议。

关闭隐式声明 有些编译器允许你把隐式声明功能关闭。比如你在 Visual Basic 里可以用 `Option Explicit` 语句来强迫程序员在使用变量之前先做出声明。

声明全部的变量 在你引入一个新变量的时候对它做出声明，哪怕编译器不要求你一定要这样做。这样做虽然不会捕捉所有的错误，但至少能发现其中的一部分。

交叉引用 如果想了解关于缩写的标准，请阅读 11.6 节中的"缩写的一般指导原则"。

遵循某种命名规则 对像 `Num` 和 `No` 这样的常见变量名后缀建立一套命名规则，从而确保在需要一个变量时不会写成两个。

检查变量名 使用编译器或第三方工具生成的交叉引用列表（cross-reference list）。很多编译器会把一个子程序内的全部变量都列出来，从而帮助你发现 `acctNum` 和 `acctNo`。它们同时还会列出那些声明了但是还没使用的变量。

10.3 Guidelines for Initializing Variables 变量初始化原则

不合理地初始化数据是产生编程错误的常见根源之一。掌握一些能够避免初始化问题的行之有效的方法能帮助你节省很多调试时间。

不恰当的变量初始化所导致的一系列问题都源于变量的默认初始值与你的预期不同。以下行为都会产生此类问题。

交叉引用 关于基于数据初始化和使用模式的测试方法，参见 22.3 节中的"数据流测试"。

- 从未对变量赋值。它的值只是程序启动时变量所处内存区域的值。
- 变量值已经过期。变量在某个地方曾经被赋值，但该值已经不再有效。
- 变量的一部分被赋值，而另一部分没有。

最后一条有几种可能的情况。你可能初始化了一个对象的部分成员,而不是全部成员。也可能忘记事先分配内存,就去初始化一个未经初始化的指针所指的"变量"。这就意味着你是随机选取了一块内存,然后对其赋值。这块内存可能存放的是数据,也可能存放的是代码。甚至可能指向操作系统内部。指针操作错误可能产生很奇怪的现象,并且每次都不相同——这也导致了调试指针错误比调试其他错误更困难。

下面给出一些避免产生初始化错误的建议。

在声明变量的时候初始化　在声明变量的同时对其初始化是一种非常方便的防御式编程方法,是一种很好的用于防范初始化错误的保险策略。在下面这一示例里,`studentGrades` 会在你每次调用其所属的子程序的时候初始化。

C++示例:在变量声明的同时初始化
```
float studentGrades[ MAX_STUDENTS ] = { 0.0 };
```

交叉引用　检查输入参数是防御式编程的一种形式。详细内容参见第8章"防御式编程"。

在靠近变量第一次使用的位置初始化它　包括 Visual Basic 在内的一些语言不支持在声明变量的同时进行初始化。这就会导致出现下面这种编码风格,即多个变量的声明语句集中放在一个地方,它们的初始化语句集中放在另一个地方——这些语句离真正使用变量的语句都还很远。

Visual Basic示例:糟糕的初始化
```
' declare all variables
Dim accountIndex As Integer
Dim total As Double
Dim done As Boolean

' initialize all variables
accountIndex = 0
total = 0.0
done = False
...

' code using accountIndex
...

' code using total
...

' code using done
While Not done
   ...
```

更好的做法是在尽可能靠近第一次使用变量的位置初始化该变量：

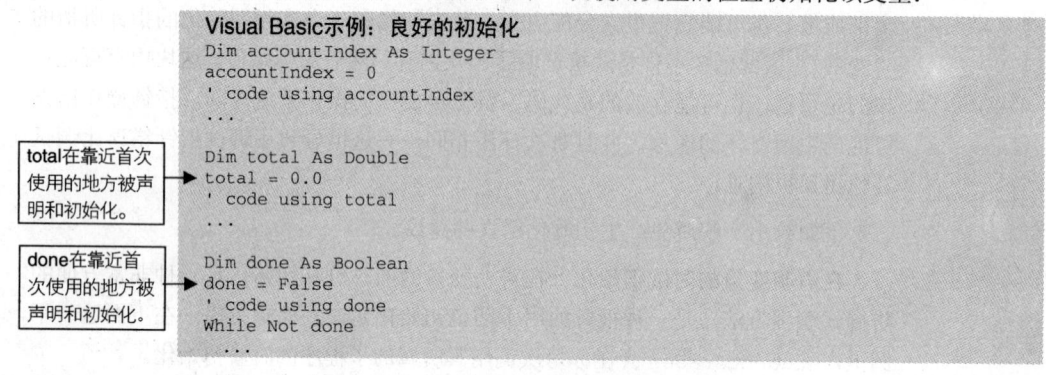

```
Visual Basic示例：良好的初始化
Dim accountIndex As Integer
accountIndex = 0
' code using accountIndex
...

Dim total As Double
total = 0.0
' code using total
...

Dim done As Boolean
done = False
' code using done
While Not done
...
```

> total在靠近首次使用的地方被声明和初始化。

> done在靠近首次使用的地方被声明和初始化。

第二个示例在多个方面优于第一个。在第一个示例中，当使用 done 变量的代码开始执行的时候，done 很可能已经被修改了。即便你在第一次写这个程序的时候不会这样，后续的修改也可能会导致出现这样的错误。这种方法的另一个问题是，一旦把所有的初始化代码都放在一起，也可能会让人产生误解，认为所有这些变量都会在子程序中一直使用——而事实上 done 只是在后面才被用到。最后，随着对程序的不断修改（可能会这样，即使只是为了调试），一些循环可能会包含使用了 done 的代码，因此 done 就需要重新初始化。对于这种情况，第二个示例需要做的改动就会少很多。第一个示例中的代码更容易产生恼人的初始化错误。

> **交叉参考** 关于如何将相关操作放在一起的详情，见第 10.4 节"作用域"。

这是就近原则（Principle of Proximity）的一个例子，即把相关的操作放在一起。这一原则也适用于让注释靠近它所描述的代码，让控制循环的代码靠近循环本身，以及把语句写成直线的代码等各个领域。

理想情况下，在靠近第一次使用变量的位置声明和定义该变量 声明指定了变量的类型，定义为变量指定特定的取值。在允许这样做的语言，如 C++和 Java 中，变量应该在靠近第一次使用的位置进行声明和定义。在理想情况下，每个变量都应该在声明的同时被定义，如下所示：

```
Java示例：良好的初始化
int accountIndex = 0;
// code using accountIndex
...
```

```
double total = 0.0;
// code using total
...
```
← total 在靠近首次使用的地方被声明和初始化。

```
boolean done = false;
// code using done
while ( ! done ) {
    ...
```
← done 也在靠近首次使用的地方声明和初始化。

交叉引用 关于将相关操作放在一起的具体做法,见第14.2节"顺序无关的语句"。

在可能的情况下使用 final 或者 const 通过在 Java 里把变量声明为 `final`,或者在 C++ 里把变量声明为 `const`,你可以防止该变量在初始化之后再被赋值。`final` 和 `const` 关键字在定义类常量(class constants)、输入参数以及任何初始化后其值不再发生改变的局部变量时非常有用。

特别注意计数器和累加器 i、j、k、sum 和 total 等变量常用做计数器(counter)或累加器(accumulator)。在下一次使用这些变量之前忘记重置其值也是一种常见错误。

在类的构造函数里初始化该类的数据成员 正如子程序的变量应该在每一个子程序内部初始化一样,类的数据也应该在其构造函数中初始化。如果在构造函数里面分配了内存,那么就应该在析构函数中释放这些内存。

检查是否需要重新初始化 问问你自己的变量是否需要重新初始化,这或者是由于子程序内的某个循环需要多次使用该变量,或者是由于该变量会在多次子程序调用之间维持其值,因此需要在每次调用时重新赋值。如果的确需要重新初始化,那么要确保初始化语句位于那些重复执行的代码内部。

一次性初始化具名常量;用可执行代码来初始化变量 如果你想用变量来模拟具名常量,那么在程序开始处对常量做一次初始化即可。你可以用一个 `Startup()` 子程序去初始化它们。对于真正的变量,则应在靠近它们使用的位置用可执行代码(executable code)对其初始化。对程序常做的修改之一就是把一个原本只调用一次的子程序修改为可以调用多次。那些由系统级的 `Startup()` 子程序进行初始化的变量不会再由该子程序重新初始化。

使用编译器设置来自动初始化所有变量 如果你用的编译器支持自动初始化所有变量的选项,那么请把它打开。这是一种靠编译器完成初始化工作的简单方式。然而,当你把代码移植到另一台机器或者编译器的时候,依赖特定的编译器设置就会带来问题。确保记下了你所使用的编译器设置;依赖于特定编译器设置的编程假定是很难以其他方式表露出来的。

利用编译器的警告信息 很多编译器会在你使用了未经初始化的变量的时候发出警告。

> **交叉参考** 关于检查输入参数的具体做法,请参考第 8.1 节"保护程序免遭非法输入数据的破坏"以及第 8 章"防御式编程"的其余部分。

检查输入参数的合法性 另一种颇有价值的初始化方法是检查输入参数的合法性。在你把输入数值赋给任何对象之前,要确保这些数值是合理的。

使用内存访问检查工具来检查错误的指针 在有些操作系统里,操作系统的代码会负责检查那些非法的内存引用;而另一些操作系统则不会这么做,需要自己来开发相应的功能。然而,你也不一定非得要自行开发,因为你可以购买内存访问检查工具(memory-access checker)来检测你的程序中的内存操作。

在程序开始时初始化工作内存 把工作内存(working memory)初始化为一个已知数值将会有助于发现初始化错误。可以采用下面的任意一种方法。

- 可以用某种在程序运行前预先填充内存的工具(memory filler)来把程序的工作内存填充为一个可以预料的值。对于某些检测目的而言,0 是个很好的填充值,因为它会确保那些尚未初始化的指针指向内存底端,很容易就能检测出误用未初始化的指针的情况。对于 Intel x86 处理器来说,`0xCC` 是一个不错的数值,因为它是断点中断(int 03h)的机器码。如果你在调试器中运行程序并且试图执行一段数据而不是执行代码的时候,就会陷入断点。使用 `0xCC` 的另一项好处是它可以很容易从内存转储(memory dump)的信息中识别出来——而且它很少有合法的用途。作为另一种选择,Brian Kernighan 和 Rob Pike 建议使用 `0xDEADBEEF` 这一常量来填充内存,因为在调试器里很容易识别它(1999)。
- 如果使用内存填充工具,那么可以偶尔改变一下用来填充内存的值。有时,这么"晃动"一下程序也许可以发现一些在背景环境保持不变的情况下无法察觉出来的错误。
- 可以让程序在启动时初始化工作内存。前面所述的使用在程序运行时预先填充内存的工具的目的是要暴露缺陷,而这种方法的目的则是隐藏缺陷。通过每次把工作内存赋以同样的值,就能保证程序不会因内存初始值的随机性而受到影响。

10.4 Scope 作用域

"作用域"可以看作是一种衡量变量的知名度的方法:它的名气有多大?作用域或者可见性(visibility)指的是变量在程序内的可见和可引用的范围。一个作用域受限的或者作用域很小的变量只能在程序的很小范围内可见——比如说,循环下标变量只能用于一个循环的小范围内。一个作用域大的变量则在程序的很多地方都是可见的——比如说,程序到处都用到的一个记录员工信息的表。

不同的语言处理作用域的方式也有所不同。在一些早期的语言里,所有的变量都是全局变量。因此你无法控制变量的作用域,从而也就带来了很多的问题。

10.4 作用域

在 C++ 及与之相似的语言里，变量可以只对某一个代码块可见（花括号围起来的一段代码）、也可以对子程序、类（可能还包括其派生类）或者整个程序可见。在 Java 和 C# 中，变量还可以在一个包（package）或者命名空间（namespace，一组类的集合）的范围内可见。

下面是一些使用作用域的规则。

Localize References to Variables
使变量引用局部化

那些介于同一变量多个引用点之间的代码可称为"攻击窗口（window of vulnerability）"。可能会有新代码加到这种窗口中，不当地修改了这个变量，或者阅读代码的人可能会忘记该变量应有的值。一般而言，把对一个变量的引用局部化，即把引用点尽可能集中在一起总是一种很好的做法。

把变量的引用点集中起来，这么做目的十分明确，但这种想法只适合有正式度量手段来判断集中程度的场合。衡量一个变量的不同引用点的靠近程度的一种方法是计算该变量的"跨度（span）"。下面举一个例子：

Java 示例：变量跨度
```
a = 0;
b = 0;
c = 0;
a = b + c;
```

在上例中，对 a 的第一次引用和第二次引用之间存在两行代码，因此变量 a 的跨度是 2。在两次对 b 的引用之间存在一行代码，因此变量 b 的跨度为 1，同理 c 变量的跨度是 0。下面再举一例：

Java 示例：跨度 0 和跨度 1
```
a = 0;
b = 0;
c = 0;
b = a + 1;
b = b / c;
```

深入阅读 关于变量跨度的更多内容，请参考《Software Engineering Metrics and Models》（《软件工程的度量标准与模型》，Conte, Dunsmore, and Shen 1986）。

在上面这个示例中，第一次对 b 的引用和第二次对 b 的引用之间存在一行代码，其跨度为 1。第二次和第三次对 b 的引用之间没有代码间隔，因此跨度为 0。

平均跨度可以通过对各个跨度计算平均值而获得。在第二个示例中，对于 b 而言，(1+0)/2 算得的平均跨度是 0.5。当把变量的引用点靠在一起的时候，也就使得代码的阅读者能每次只关注于一部分代码。而如果这些引用点之间的距离非常远，那你就要迫使阅读者的目光在程序里跳来跳去。因此，把变量的引用点集中起来的主要好处是提高程序的可读性。

Keep Variables "Live" for as Short a Time as Possible
尽可能缩短变量的"存活"时间

与变量跨度相关的一个概念是"存活时间（live time）"，即一个变量存在期间所跨越的语句总数。变量的存活时间开始于引用它的第一条语句，结束于引用它的最后一条语句。

与跨度不同的是，存活时间不受第一次和最后一次引用变量之间变量使用次数的影响。如果该变量在第 1 行被第一次引用，在第 25 行被最后一次引用，那么它的存活时间就是 25 条语句。如果对该变量只有这两行引用，那么它的平均跨度就是 23 行语句。如果第 1 行到第 25 行之间的每条语句都使用了该变量，那么它的平均跨度就是 0 行语句，不过它的存活时间仍然是 25 行语句。图 10-1 同时说明了跨度和存活时间。

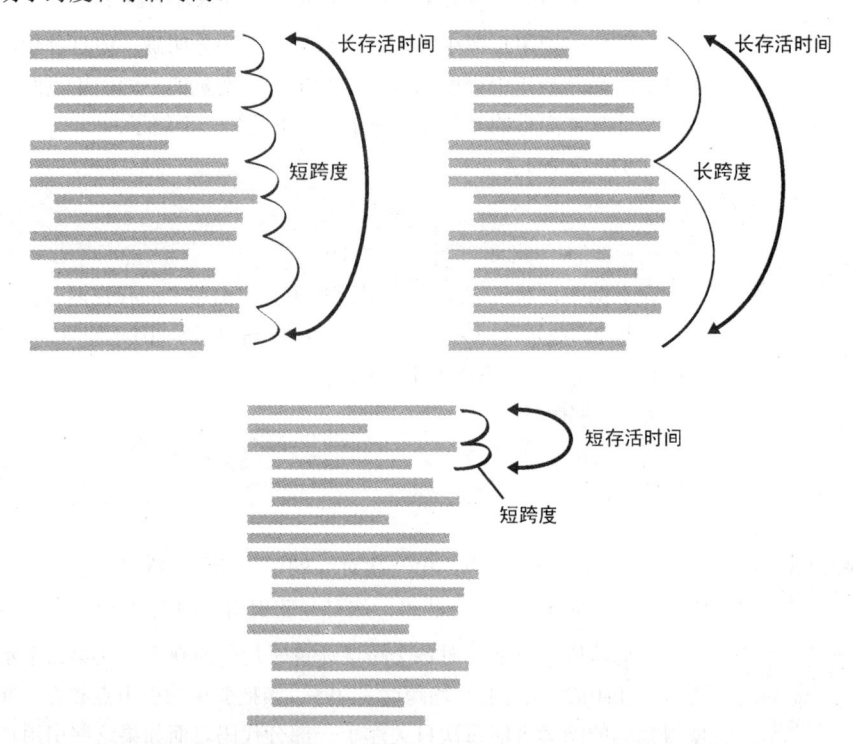

图 10-1　"长存活时间"意味着一个变量历经了许多语句，而"短存活时间"意味着它只历经很少的语句。"跨度"则表明了对一个变量引用的集中程度

与跨度类似，保持较低的存活时间也是我们的目标，应使得对象的存活时间尽可能短。与追求较小跨度的原因相同，保持短的存活时间的主要好处也是减小攻击窗口。这样，在你真正想要修改一个变量的那些位置之间的区域，该变量被

错误或无意修改的可能性就降低了。

缩短变量存活时间的另一个好处是使你能对自己的代码有更准确的认识。如果一个变量在第10行赋值，却要到第45行才再次使用它，那么介于这两个引用点之间的那一长段距离就暗示说该变量在第10行到第45行的范围内一直在使用。如果该变量是在第44行赋值，在第45行使用，那么不会有任何有关该变量使用的暗示产生，你在思考这个变量的时候也就能集中于更小范围的代码了。

短的变量存活时间同样减少了初始化错误的可能。在修改程序的时候，常会把直线型代码（顺序代码）修改为循环，这样就很容易忘记远离循环位置的那些初始化代码。通过把初始化代码和循环代码放在一起，就减少了由于修改语句而导致初始化错误的可能性。

变量存活时间短还会使代码更具可读性。阅读者在同一时间内需要考虑的代码行数越少，也就越容易理解代码。同理，如果变量的存活时间越短，当你希望在编辑和调试的过程中查看有某个变量的全部引用点的时候，需要在屏幕上显示的代码数量也就会越少。

最后，当需要把一个大的子程序拆分成多个小的子程序时，短的变量存活时间也很有价值。如果对变量的多次引用靠得非常近，那么把相关的代码片断重构为单独的子程序就会非常容易了。

Measuring the Live Time of a Variable
测量变量的生存时间

你可以计算某一变量最初引用点和最后引用点之间的代码行数（包含最初和最后一条语句），以此将生存时间这一概念形式化。下面就是一个生存时间过长的例子：

```
Java示例：变量的生存时间过长
1    // initialize all variables
2    recordIndex = 0;
3    total = 0;
4    done = false;
...
26   while ( recordIndex < recordCount ) {
27      ...
28      recordIndex = recordIndex + 1;    ← 最后一次引用 recordIndex。
     ...
64   while ( !done ) {
     ...
69      if ( total > projectedTotal ) {   ← 最后一次引用 total。
70         done = true;                    ← 最后一次引用 done。
```

本例中出现的变量的生存时间如下：

recordIndex　　　　　　　　　　（第 28 行 − 第 2 行 + 1）= 27

total　　　　　　　　　　　　　（第 69 行 − 第 3 行 + 1）= 67

done　　　　　　　　　　　　　（第 70 行 − 第 4 行 + 1）= 67

平均生存时间　　　　　　　　　（27 + 67 + 67）/ 3 ≈ 54

下面重写了该示例，从而使得变量引用点之间的距离更近了：

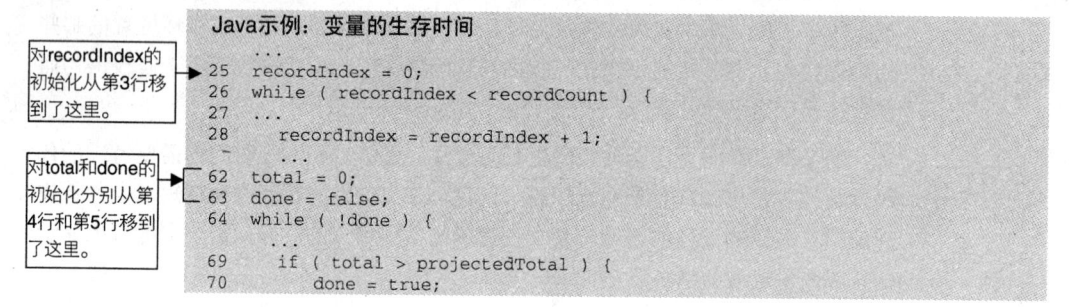

```
Java示例：变量的生存时间
   ...
25 recordIndex = 0;
26 while ( recordIndex < recordCount ) {
27    ...
28    recordIndex = recordIndex + 1;
   ...
62 total = 0;
63 done = false;
64 while ( !done ) {
   ...
69    if ( total > projectedTotal ) {
70       done = true;
```

> 对recordIndex的初始化从第3行移到了这里。

> 对total和done的初始化分别从第4行和第5行移到了这里。

示例中变量的生存时间如下：

recordIndex　　　　　　　　　　（第 28 行 − 第 25 行 + 1）= 4

total　　　　　　　　　　　　　（第 69 行 − 第 62 行 + 1）= 8

done　　　　　　　　　　　　　（第 70 行 − 第 63 行 + 1）= 8

平均生存时间　　　　　　　　　（4 + 8 + 8）/ 3 ≈ 7

> **深入阅读**　关于变量"生存"的更多内容，请参考《Software Engineering Metrics and Models》(《软件工程的度量标准与模型》)，Conte, unsmore, and Shen 1986）。

直观上看，第二个例子似乎要好于第一个，因为变量的初始化位置离变量的使用位置非常近。计算得出二者的变量平均生存时间的差异也非常显著：54 比 7 的比分为我们选择第二段代码提供了非常好的定量支持。

那么，能通过一项数字来区分存活时间的好坏吗？区分开跨度的优劣吗？研究人员目前还得不出定量数据，不过都认可同时减少变量跨度和生存时间是个好主意。

如果你用跨度和生存时间的概念来考察全局变量，就会发现全局变量的跨度和生存时间都很长——这也是要避免使用全局变量的好理由之一。

General Guidelines for Minimizing Scope
减小作用域的一般原则

以下是一些你可以用来减小作用域的特别有用的原则。

交叉参考 关于在靠近变量使用的位置对其初始化的详细情况,见10.3节"变量初始化原则"。

在循环开始之前再去初始化该循环里使用的变量,而不是在该循环所属的子程序的开始处初始化这些变量 这样做以后,当你需要修改循环的时候,会更容易记起要对循环的初始化代码做相应的修改。在你随后又修改了程序,并在最初的循环之外增加一层循环之后,这样的初始化对整个新循环的每一趟执行都生效,而不是仅对其第一趟执行有效。

交叉参考 关于这种变量声明和定义方式的描述,见第10.3节中的"理想情况下,在靠近第一次使用变量的位置声明和定义该变量"。

直到变量即将被使用时再为其赋值 你很可能经历过这样的麻烦,即绞尽脑汁想要找出某个变量究竟是在什么地方赋值的。让变量的赋值位置越明显越好。C++和Java等语言支持如下初始化变量的方式:

C++示例:良好的变量声明与初始化
```
int receiptIndex = 0;
float dailyReceipts = TodaysReceipts();
double totalReceipts = TotalReceipts( dailyReceipts );
```

交叉参考 关于把相关语句集中放置的详情,参见第14.2节"顺序无关的语句"。

把相关语句放到一起 下面这个例子展示了一个用于总结每日收入的子程序,它说明了该怎样把变量的引用点集中起来,以便能更容易找到它们。第一个例子违背了这一原则:

C++示例:使用两套变量——使人困惑的做法
```
void SummarizeData(...) {
   ...
   GetOldData( oldData, &numOldData );
   GetNewData( newData, &numNewData );
   totalOldData = Sum( oldData, numOldData );
   totalNewData = Sum( newData, numNewData );
   PrintOldDataSummary( oldData, totalOldData, numOldData );
   PrintNewDataSummary( newData, totalNewData, numNewData );
   SaveOldDataSummary( totalOldData, numOldData );
   SaveNewDataSummary( totalNewData, numNewData );
   ...
}
```

这些语句使用了两组变量。

请注意,在这个例子中,你需要同时跟踪 `oldData`、`newData`、`numOldData`、`numNewData`、`totalOldData` 及 `totalNewData`——一小段代码里就有6个变量。

下面这个例子演示如何把每个代码块包含的变量数减少到 3 个:

C++示例: 使用两套变量——更容易理解的做法

```cpp
void SummarizeData( ... ) {
    GetOldData( oldData, &numOldData );
    totalOldData = Sum( oldData, numOldData );
    PrintOldDataSummary( oldData, totalOldData, numOldData );
    SaveOldDataSummary( totalOldData, numOldData );
    ...
    GetNewData( newData, &numNewData );
    totalNewData = Sum( newData, numNewData );
    PrintNewDataSummary( newData, totalNewData, numNewData );
    SaveNewDataSummary( totalNewData, numNewData );
    ...
}
```

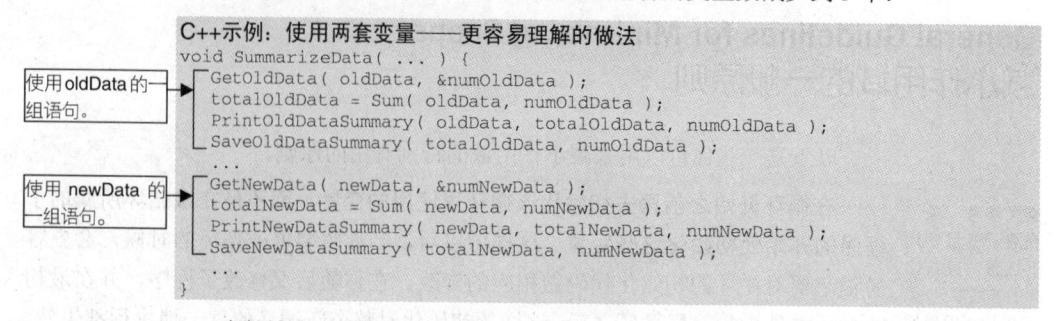

(使用 oldData 的一组语句。)
(使用 newData 的一组语句。)

在把这段代码拆分开以后,得到的两段代码都比原代码短,并且各自含有更少的变量。它们很容易理解,如果你需要把代码拆分成单独的子程序,那么从含有更少变量的更短小的代码中所拆得的子程序将会更好。

把相关语句组提取成单独的子程序 在其他条件相同的情况下,一个更短的子程序中的变量通常比更长的子程序中的变量有更小的跨度和存活时间。把相关的一组语句拆分成单独的、更小的子程序,从而缩小变量的作用域。

> **交叉引用** 关于全局变量的更多内容,见第 13.3 节 "全局数据"。

开始时采用最严格的可见性,然后根据需要扩展变量的作用域 减少变量作用域的方法之一就是尽量使变量局部化。与扩充一个作用域小的变量的作用域相比,缩减一个已经有很大作用域的变量的作用域是非常困难的——换句话说,把全局变量转变为类成员变量要比把类成员变量转变成全局变量难得多。把一个 protected 数据成员转变为 private 数据成员的难度也比逆变化要大。这样一来,当对变量的作用域犹豫不决的时候,你应该倾向于选择该变量所能具有的最小的作用域:首选将变量局限于某个特定的循环,然后是局限于某个子程序,其次成为类的 private 变量,protected 变量,再其次对包 (package) 可见 (如果你用的编程语言支持包),最后在不得已的情况下再把它作为全局变量。

Comments on Minimizing Scope
有关缩小变量作用域的说明

程序员采用哪种缩小变量作用域的方法,取决于他如何看待 "方便性" 和 "智力上的可管理性 (intellectual manageability)"。有的程序员把很多变量定义为全局的,因为全局变量访问起来非常方便,而且无须再去考虑与参数列表和类作用域有关的规则。他们更看重能在任意时间里访问变量所带来的便捷,而不是由此而带来的风险。

交叉参考 缩小作用域与信息隐藏相关。详情请见第 5.3 节中的"隐藏秘密（信息隐藏）"。

其他程序员更愿意尽可能地使变量局部化，因为这样有助于提高智力上的可管理性。你能够隐藏的信息越多，在同一时间所需要考虑的信息就越少。你需要考虑的信息越少，则忘记某一项信息而犯错误的几率也就越小。

"方便性"和"智力可管理性"两种理念之间的区别，归根结底来源于侧重写程序还是读程序之间的区别。使作用域最大化可能真的会让程序写起来比较容易，但相对于子程序功能划分明确的程序，一个允许任何其子程序在任何时间使用任何变量的程序是更难于理解的。对于这种程序，你不能只去理解一个子程序；你还必须要理解其他所有使用了相同全局数据的子程序才行。这种程序无论阅读、调试还是修改起来都很困难。

交叉参考 使用访问器子程序的具体做法，见第 13.3 节"用访问器子程序来取代全局数据"。

由此可见，你应该把每个变量定义成只对需要看到它的、最小范围的代码段可见。如果你能把变量的作用域限定到一个单独的循环或者子程序，那是再好不过的了。如果你无法把作用域限定在一个子程序里，那么就把可见性限定到某个类内部的那些子程序。如果你无法把变量的作用域限定在对该变量承担最主要的责任的那个类里面，那么就创建一些访问器子程序来让其他类共享该变量的数据。这样你就会发现自己极少（如果有的话）需要使用赤裸裸的全局数据。

10.5 Persistence 持续性

"持续性"是对一项数据的生命期的另一种描述。持续性具有多种形态：

- 特定代码段或子程序的生命期。在 C++或 Java 中的 `for` 循环里声明的变量就是这种持续性的例子。

- 只要你允许，它就会持续下去。在 Java 里，用 `new` 创建的变量会一直持续到它成为垃圾被回收为止。在 C++里，用 `new` 创建的变量会一直持续到你 `delete` 掉它。

- 程序的生命期。大多数语言的全局变量都属于这一类，C++和 Java 里的 `static` 变量也是如此。

- 永远持续。这一类变量可能包括你存储在数据库中、能够在程序的多次执行之间存留的数据。举例而言，如果你有一套用户可以自定义屏幕颜色的交互式程序，就可以把用户指定的颜色保存在文件里，然后在每次程序加载的时候把它读入。

与持久性相关的最主要问题是变量实际生命期比你想象的要短。变量就像冰箱里的牛奶一样。按理说它应该能保存一星期，但有时它又能保存一个月，而有时保存五天就会变酸。变量的生命期也一样难以预料。如果你试图在一个变量正常的生命期结束之后访问它的数据,那么它的数值还会保持吗?有的时候变量中保存的数值已经发酸了,你通过收到错误提示获知这一点。而有时,计算机会把旧的数值留在变量里,使你误认为自己用对了变量。

为了避免上述问题,可以采取以下措施。

> **交叉参考** 在访问器子程序中加入调试代码很方便,请阅第13.3节中的"访问器子程序的优势"。

- 在程序中加入调试代码或者断言来检查那些关键变量的合理取值。如果变量取值变得不合理,就发出警告信息通知你去寻找是否有不正确的初始化。
- 准备抛弃变量时给它们赋上"不合理的数值"。例如,你可以在删除一个指针后把它的值设为 null。
- 编写代码时要假设数据并没有持续性。例如,如果某个变量在你退出某个子程序的时候具有特定的值,那么当你下一次进入该子程序的时候就不要假定该变量还有同样的值。这项原则并不适用于某些语言中确保变量在子程序多次调用间维持其值的特性,例如 C++ 和 Java 中的 static。
- 养成在使用所有数据之前声明和初始化的习惯。如果你发现某项数据的使用位置与初始化位置相去甚远,那么就要小心了。

10.6 Binding Time 绑定时间

对程序维护和更改有很深远影响的一个话题就是"绑定时间":把变量和它的值绑定在一起的时间(Thimbleby 1988)。这一绑定是发生在编写代码的时候还是在编译程序时?是在程序加载的时候还是运行的时候?抑或其他时间?

采用越晚的绑定时间会越有利。通常而言,你把绑定时间定义得越晚,你的代码里就包含了越多的灵活性。下面的例子演示了在可能的最早时间,即编写代码时做绑定:

> **Java示例:在编写代码时绑定其值的变量**
> titleBar.color = 0xFF; // 0xFF is hex value for color blue

由于 0xFF 是硬编码(hard-coded)在程序里的数值,在编写代码的时候它就会被绑定到 titleBar.Color 变量上。这种硬编码技术通常总是很糟糕的,因为一旦要修改这个 0xFF,那么这个新值就无法同代码中其他那些必需和它一样的 0xFF 值保持一致了。

下面是一个绑定时间稍微靠后的例子,也就是在代码编译的时候进行绑定:

10.6 绑定时间

Java示例：在编译时绑定其值的变量
```
private static final int COLOR_BLUE = 0xFF;
private static final int TITLE_BAR_COLOR = COLOR_BLUE;
...
titleBar.color = TITLE_BAR_COLOR;
```

`TITLE_BAR_COLOR`是一个具名常量，编译器会在编译的时候把它替换为一个数值。如果你用的语言支持这种特性，那么这种方法几乎总要好于硬编码。由于`TITLE_BAR_COLOR`比`0xFF`更能反映出所代表的信息，因此增加了可读性。它也使得修改标题栏颜色变得更容易，因为一处改动就能对所有位置生效。同时也不会影响运行期的性能。

下面举一个晚期绑定的例子，即在运行期绑定：

Java示例：在运行时绑定其值的变量
```
titleBar.color = ReadTitleBarColor();
```

`ReadTitleBarColor()`是一个能在程序运行期间读入数值的子程序，数值来源可能是 Microsoft Windows 的注册表，也可能来自于一份 Java 属性文件。

与硬编码相比，上述代码更具可读性和灵活性。无须通过修改程序来改变`titleBar.Color`，只需要简单修改`ReadTitleBarColor()`子程序要读取的数据源内容即可。这种方法常用于允许用户自定义应用程序环境的交互式应用程序。

还有另一种绑定时间，即在`ReadTitleBarColor()`被调用时进行绑定。这个子程序要么在程序加载时被一次性调用，要么在每次创建窗体的时候被调用，要么在每次重绘窗体的时候被调用——这里每种方案的绑定时间都要比前一种晚。

下面对本例中变量与数值相绑定的时间进行一下总结。（具体情况可能会根据场合的不同而有所变化。）

- 编码时（使用神秘数值）
- 编译时（使用具名常量）
- 加载时（从 Windows 注册表、Java 属性文件等外部数据源中读取数据）
- 对象实例化时（例如在每次窗体创建的时候读取数据）
- 即时（例如在每次窗体重绘的时候读取数据）

一般而言，绑定时间越早灵活性就会越差，但复杂度也会越低。就前两种方案而言，使用具名常量要在很多方面好于使用神秘数值（magic number），只要养成了这样的编程习惯，你就可以享受具名常量所带来的灵活性。除此之外，希望获得的灵活性越强，那么支持这种灵活性的代码就会越复杂，出错几率也会越高。由于成功的软件开发需要依赖于将代码的复杂程度降低到最小，因此一个熟练的程序员会按照需要引入足够的灵活性来满足软件需求，但是却不会增加需求范围之外的任何灵活性以及相应的复杂度。

10.7 Relationship Between Data Types and Control Structures
数据类型和控制结构之间的关系

数据类型和控制结构之间以一种定义明确的方式相互结合，这种方式最早是由英国计算机科学家 Michael Jackson 所描述的（Jackson 1975）。本节将就数据和控制流之间的常规关系做一个概要性的分析。

Jackson 描绘出了三种类型的数据和相应控制结构之间的关系。

> **交叉参考** 关于顺序语句的详情，见第 14 章"组织直线型代码"。

序列型数据翻译为程序中的顺序语句 序列型数据（sequential data）是由一些按照特定顺序使用的数据组成的，如图 10-2 所示。如果你在一行中写有五条语句，每条语句都负责处理一项不同的数据，那么它们就是顺序语句。如果你从文件中读取了员工的姓名、社会安全号码、住址、电话号码和年龄，你的程序中就会有负责从文件中读取这些序列型数据的一系列语句。

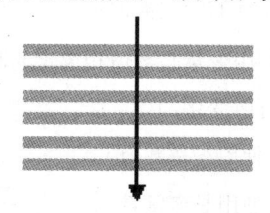

图 10-2 序列型数据就是按照一种确定顺序处理的数据

> **交叉参考** 关于条件语句的详情，见第15章"使用条件语句"。

选择型数据翻译为程序中的 if 和 case 语句 一般来说，选择型数据（selective data）指的是一组数据，这组数据在任一特定时刻有且仅有一项被使用，如图 10-3 所示。相应的程序语句必须做出实际的选择，这些语句由 if-then-else 或 case 组成。如果你在开发一套员工薪资程序，可能就需要根据员工付费方式的不同（如按小时付费和支付固定薪酬）来做不同的处理。同样，代码中的模式是符合数据中的模式的。

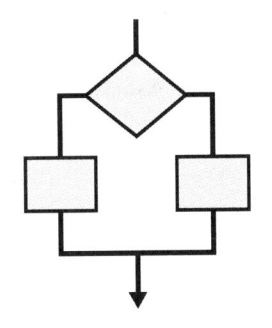

图 10-3　选择型数据允许你使用这一项或者那一项，但不会同时使用两者

交叉参考　关于循环语句的详情，见第 16 章"控制循环"。

迭代型数据翻译成程序中的 for、repeat、while 等循环结构　迭代型数据（iterative data）是需要反复进行操作的同类型的数据，如图 10-4 所示。迭代型数据通常保存为容器中的元素、文件中的记录或者数组中的元素。你可能会从文件中读出一连串社会安全号码。迭代型数据与负责读取数据的迭代型代码（即循环）相对应。

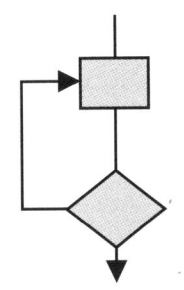

图 10-4　迭代型数据是重复性的

你使用的实际数据可能结合了序列型、选择型和迭代型数据。可以把这些简单的构造块（building block）组合起来以便描述更复杂的数据类型。

10.8　Using Each Variable for Exactly One Purpose 为变量指定单一用途

KEY POINT　通过使用一些巧妙的方法，可以给一个变量赋予多种职责。不过你最好还是远离这些奇技淫巧。

每个变量只用于单一用途　有的时候，在两个不同位置把同一变量用于不同的用途似乎颇具吸引力。常见的情况是这个变量的命名对于其中某项用途来说不适当，或者在两个场合使用同一个"临时"变量（其名字通常是毫无帮助的 x 或者 temp）。

下面例子显示了一个用于两种用途的临时变量：

C++示例：同一变量用于两种用途——糟糕的实践
```cpp
// Compute roots of a quadratic equation.
// This code assumes that (b*b-4*a*c) is positive.
temp = Sqrt( b*b - 4*a*c );
root[0] = ( -b + temp ) / ( 2 * a );
root[1] = ( -b - temp ) / ( 2 * a );
...

// swap the roots
temp = root[0];
root[0] = root[1];
root[1] = temp;
```

> **交叉参考** 子程序的每个参数的用途也应当是唯一的。第7.5节"如何使用子程序参数"详细讨论了子程序参数的使用。

问题是：前几行代码中的 `temp` 与后几行代码中的 `temp` 之间有什么关系？答案是：这两个 `temp` 之间毫无关系。在这两个位置使用同一个变量，会使得本无联系的两者看上去似乎彼此相关。如果为两种用途各建一个变量，就能增加代码的可读性。下面是改进后的代码：

C++示例：两个变量用于两种用途——良好的实践
```cpp
// Compute roots of a quadratic equation.
// This code assumes that (b*b-4*a*c) is positive.
discriminant = Sqrt( b*b - 4*a*c );
root[0] = ( -b + discriminant ) / ( 2 * a );
root[1] = ( -b - discriminant ) / ( 2 * a );
...

// swap the roots
oldRoot = root[0];
root[0] = root[1];
root[1] = oldRoot;
```

避免让代码具有隐含含义 把同一变量用于多个用途的另外一种方式是当变量代表不同事物时让其具有不同的取值集合。例如：

- 变量 `pageCount` 的取值可能表示已打印纸张的数量，除非它等于-1，在这种情况下表明有错误发生；

- 变量 `customerId` 可能代表某个客户账号，除非它的取值大于 500 000，在这种情况下，你通过减去 500 000 来得到过期账户的号码；

- 变量 `bytesWritten` 可能表示写入输出文件的字节数，除非它的取值为负，在这种情况下它表示的是用于输出的磁盘驱动器的号码。

应该避免使用具有这种隐含含义的变量。这种滥用在技术领域里被称为"混合耦合（hybrid coupling）"（Page-Jones 1988）。这样的变量用于两种以上的用途，也就意味着其类型对于其中的任何一项任务而言都是错误的。在 pageCount 一例中，pageCount 在正常情况下表示纸张的数目；这种情况下它是一个整数。然而当 pageCount 等于 -1 时，它表明有错误发生了；整数类型客串了布尔类型！

即使你对这种双重用途很清楚，别人也会感到模糊。使用两个变量保存两种信息，能带来更多的清晰度。同时，没有人吝惜你多用的那一点存储空间。

确保使用了所有已声明的变量 与同一变量多种用途相反的是声明了变量却不使用。Card、Church 和 Agresti 所做的一份研究表明，未引用的变量数量与错误率呈正相关（1986）。请养成检查代码以确认使用了所有声明过的变量的习惯。一些编译器和工具（如 lint）会就未用到的变量给出警告。

cc2e.com/1092

交叉参考 关于针对特点数据类型的核对表，请看第 12 章中的"**基本数据类型**"。关于如何为变量命名的检查表，请看第 11 章中的"**变量名的力量**"。

CHECKLIST: General Considerations In Using Data
核对表：使用数据的一般事项

初始化变量

- ❏ 每一个子程序都检查其输入参数的正确性吗？
- ❏ 变量声明位置靠近变量第一次使用的位置吗？
- ❏ 尽可能地在声明变量的同时初始化变量吗？
- ❏ 如果无法同时声明和初始化变量，有没有在靠近第一次使用变量的位置声明变量？
- ❏ 计数器和累加器经过了适当的初始化吗？如果需要再一次使用，之前重新初始化了吗？
- ❏ 适当地重新初始化"需要重复执行的代码里的变量"了吗？
- ❏ 代码在通过编译器编译的时候是不是没有警告信息？（你启用了所有可用的警告选项了吗？）
- ❏ 如果你用的语言允许隐式声明，你为由此可能引发的问题做好补偿措施了吗？

使用数据的其他事项

- ❏ 如果可能，所有变量都被定义为具有最小的作用域吗？
- ❏ 各变量的引用点都尽可能集中在一起吗？对同一变量的两次相邻引用，或者变量的整个生命期都这样做了吗？
- ❏ 控制结构符合数据类型吗？
- ❏ 所有声明的变量都用到了吗？

> ❑ 变量都在合适的时间绑定了吗？——也就是说，你有意识地在晚期绑定所带来的灵活性和增加的复杂度之间做出平衡了吗？
> ❑ 每个变量都有且仅有一项用途吗？
> ❑ 每个变量的含义都很明确且没有隐含含义吗？

Key Points
要点

- 数据初始化过程很容易出错，所以请用本章描述的初始化方法来避免由于非预期的初始值而造成的错误。

- 最小化每个变量的作用域。把同一变量的引用点集中在一起。把变量限定在子程序或类的范围之内。避免使用全局数据。

- 把使用相同变量的语句尽可能集中在一起。

- 早期绑定会减低灵活性，但有助于减小复杂度。晚期绑定可以增加灵活性，同时增加复杂度。

- 把每个变量用于唯一的用途。

The Power of Variable Names

第 11 章
变量名的力量

cc2e.com/1184

内容

- 11.1 选择好变量名的注意事项：第 259 页
- 11.2 为特定类型的数据命名：第 264 页
- 11.3 命名规则的力量：第 270 页
- 11.4 非正式命名规则：第 272 页
- 11.5 标准前缀：第 279 页
- 11.6 创建具备可读性的短名字：第 282 页
- 11.7 应该避免的名字：第 285 页

相关章节

- 子程序名字：第 7.3 节
- 类的名字：第 6.2 节
- 使用变量的一般事项：第 10 章
- 格式化数据声明：第 31.5 节中的"数据声明的布局"
- 注释变量：第 32.5 节中的"注释数据声明"

尽管讨论如何为变量取好的名字与讨论如何高效编程同样重要，我却还没看到任何资料能将创建好的名字的诸多注意事项涵盖一二。很多编程教科书只用几段的篇幅讲讲如何选择缩写，几句老生常谈，指望你自己解决这个问题。而我却要反其道而行之：就如何取一个好的名字给你大量的信息，多得你可能根本都不会用到！

本章所述原则主要适用于为变量——对象和基本数据——命名。不过它们也适用于为类、包、文件以及其他的编程实体命名。有关如何为子程序命名请参阅第 7.3 节"好的子程序名字"。

11.1 Considerations in Choosing Good Names
选择好变量名的注意事项

你可不能像给狗取名字那样给变量命名——仅仅因为它很可爱或者听上去不错。狗和狗的名字不一样，它们是不同的东西，变量和变量名就本质而言却是同一事物。这样一来，变量的好与坏就在很大程度上取决于它的命名的好坏。在给变量命名的时候需要小心谨慎。

下面举一个使用了不良变量名的例子：

Java示例：糟糕的变量名
```
x = x - xx;
xxx = fido + SalesTax( fido );
x = x + LateFee( x1, x ) + xxx;
x = x + Interest( x1, x );
```

这段代码究竟在做什么？x1、xx 和 xxx 代表什么？`fido` 又是什么意思？假如说有人告诉你这段代码基于一项余额和一组新开销来计算一位顾客的支付总额，那么你应该使用哪个变量来为该顾客的那组新的花销打印账单呢？

下面是这些代码的另一种写法，它可以使上述问题回答起来非常容易：

Java示例：良好的变量名
```
balance = balance - lastPayment;
monthlyTotal = newPurchases + SalesTax( newPurchases );
balance = balance + LateFee( customerID, balance ) + monthlyTotal;
balance = balance + Interest( customerID, balance );
```

从上述两段代码的比较中可以看出，一个好的变量名是可读的、易记的和恰如其分的。你可以通过应用多条原则来实现这些目标。

The Most Important Naming Consideration
最重要的命名注意事项

为变量命名时最重要的考虑事项是，该名字要完全、准确地描述出该变量所代表的事物。获得好名字的一种实用技巧就是用文字表达变量所代表的是什么。通常，对变量的描述就是最佳的变量名。这种名字很容易阅读，因为其中并不包含晦涩的缩写，同时也没有歧义。因为它是对该事物的完整描述，因此不会和其他事物混淆。另外，由于这一名字与所表达的概念相似，因此也很容易记忆。

对于一个表示美国奥林匹克代表团成员数量的变量，你可能会把它命名为 `numberOfPeopleOnTheUsOlympicTeam`。表示运动场中坐椅数量的变量可能会命名为 `numberOfSeatsInTheStadium`。表示某国代表团在现代奥运会上获得的最高分数的变量可能会命名为 `maximumNumberOfPointsInModernOlympics`。表示当前利率的变量最好命名为 `rate` 或 `interestRate`，而不是 `r` 或 `x`。你明白了吧。

请留意上述这些命名所共有的两个特征。首先,它们都很容易理解。事实上它们根本不需要什么解释,因为你可以很轻松地读懂它们。不过第二点,有些名字太长了——长得很不实用。下面我很快就会讲到变量名的长度问题。

表 11-1 中给出了更多变量名称的例子,其中有好的也有差的。

表 11-1　更多变量名的例子,其中有好的也有差的

变量用途	好名字,好描述	坏名字,差描述
到期的支票累计额	runningTotal,checkTotal	written,ct,checks,CHKTTL,x,x1,x2
高速列车的运行速度	velocity,trainVelocity,velocityInMph	velt,v,tv,x,x1,x2,train
当前日期	currentDate,todaysDate	cd,current,c,x,x1,x2,date
每页的行数	linesPerPage	lpp,lines,l,x,x1,x2

currentDate 和 todaysDate 都是很好的名字,因为它们都完全而且准确地描述出了"当前日期"这一概念。事实上,这两个名字都用了非常直白的词。程序员们有时候会忽视这些普通词语,而它们往往却是最明确的。cd 和 c 是很糟的命名,因为它们太短,同时又不具有描述性。current 也很糟,因为它并没有告诉你是当前什么。date 看上去不错,但经过最后推敲它也只是个坏名字,因为这里所说的日期并不是所有的日期均可,而只是特指当前日期;而 date 本身并未表达出这层含义。x、x1 和 x2 永远是坏名字——传统上用 x 代表一个未知量;如果不希望你的变量所代表的是一个未知量,那么请考虑取一个更好的名字吧。

KEY POINT

名字应该尽可能地明确。像 x、temp、i 这些名字都泛泛得可以用于多种目的,它们并没有像应该的那样提供足够信息,因此通常都是命名上的败笔。

Problem Orientation
以问题为导向

一个好记的名字反映的通常都是问题,而不是解决方案。一个好名字通常表达的是"什么"(what),而不是"如何"(how)。一般而言,如果一个名字反映了计算的某些方面而不是问题本身,那么它反映的就是"how"而非"what"了。请避免选取这样的名字,而应该在名字中反映出问题本身。

一条员工数据记录可以称作 inputRec 或者 employeeData。inputRec 是一个反映输入、记录这些计算概念的计算机术语。employeeData 则直指问题领域,与计算的世界无关。与此类似,对一个用于表示打印机状态的位域来说,bitFlag 就要比 printerReady 更具计算机特征。在财务软件里,calcVal 的计算痕迹也要比 sum 更明显。

Optimum Name Length
最适当的名字长度

变量名的最佳长度似乎应该介于 `x` 和 `maximumNumberOfPointsInModernOlympics` 之间。太短的名字无法传达足够的信息。诸如 `x1` 和 `x2` 这样的名字所存在的问题是，即使你知道了 `x` 代表什么，你也无法获知 `x1` 和 `x2` 之间的关系。太长的名字很难写，同时也会使程序的视觉结构变得模糊不清。

HARD DATA

Gorla、Benander 和 Benander 发现，当变量名的平均长度在 10 到 16 个字符的时候，调试程序所需花费的气力是最小的（1990）。平均名字长度在 8 到 20 个字符的程序也几乎同样容易调试。这项原则并不意味着你应该尽量把变量名控制在 9 到 15 或者 10 到 16 个字符长。它强调的是，如果你查看自己写的代码时发现了很多更短的名字，那么你需要认真检查，确保这些名字含义足够清晰。

你可能已经通过 Goldilocks-and-the-Three-Bears（金发姑娘与三只小熊的经典童话，寓意权衡比较）的方法理解了如何为变量命名，正如表 11-2 所示。

表 11-2 变量名太长、太短或刚好合适的示例

太长：	`numberOfPeopleOnTheUsOlympicTeam`
	`numberOfSeatsInTheStadium`
	`maximumNumberOfPointsInModernOlympics`
太短：	`n, np, ntm`
	`n, ms, nsisd`
	`m, mp, max, points`
正好：	`numTeamMembers, teamMemberCount`
	`numSeatsInStadium, seatCount`
	`teamPointsMax, pointsRecord`

The Effect of Scope on Variable Names
作用域对变量名的影响

交叉参考 关于作用域的详细讨论，见第10.4节"作用域"。

短的变量名总是不好吗？不，不总是这样。当你把一个变量名取得很短的时候，如 `i`，这一长度本身就对该变量做出了一些说明——也就是说，该变量代表的是一个临时的数据，它的作用域非常有限。

阅读该变量的程序员应该会明白，这一数值只会用于几行代码之内。当你把变量命名为 `i` 的时候，你就是在表示，"这是一个普通的循环计数器或者数组下标，在这几行代码之外它没有任何作用。"

W. J. Hansen 所做的一项研究表明，较长的名字适用于很少用到的变量或者全局变量，而较短的名字则适用于局部变量或者循环变量（Shneiderman 1980）。不过，短的变量名常常会带来一些麻烦，因此，作为一项防御式编程策略，一些细

心的程序员会避免使用短的变量名。

对位于全局命名空间中的名字加以限定词 如果你在全局命名空间中定义了一些变量（具名常量、类名等），那么请考虑你是否需要采用某种方式对全局命名空间进行划分，并避免产生命名冲突。在 C++和 C#里，你可以使用 `namespace` 关键字来划分全局命名空间。

C++示例：使用namespace关键字来划分全局命名空间
```cpp
namespace UserInterfaceSubsystem {
    ...
    // lots of declarations
    ...
}

namespace DatabaseSubsystem {
    ...
    // lots of declarations
    ...
}
```

如果你同时在 `UserInterfaceSubsystem` 和 `DatabaseSubsystem` 命名空间里声明了 `Employee` 类，那么你可以通过写 `UserInterfaceSubsystem::Employee` 或者 `DatabaseSubsystem::Employee` 来确定引用哪一个 Employee。在 Java 中，你也可以通过使用包（package）来达到同样的目的。

在那些不支持命名空间或者包的语言里，你同样也可以使用命名规则来划分全局命名空间。其中一项规则要求为全局可见的类加上带有子系统特征的前缀。用户接口部分的雇员类可能命名为 `uiEmployee`，数据库部分的雇员类可能命名为 `dbEmployee`，这样做能把全局命名空间的命名冲突降到最低。

Computed-Value Qualifiers in Variable Names
变量名中的计算值限定词

很多程序都有表示计算结果的变量：总额、平均值、最大值，等等。如果你要用类似于 `Total`、`Sum`、`Average`、`Max`、`Min`、`Record`、`String`、`Pointer` 这样的限定词来修改某个名字，那么请记住把限定词加到名字的最后。

这种方法具有很多优点。首先，变量名中最重要的那部分，即为这一变量赋予主要含义的部分应当位于最前面，这样，这一部分就可以显得最为突出，并会被首先阅读到。其次，采纳了这一规则，你将避免由于同时在程序中使用 `totalRevenue` 和 `revenueTotal` 而产生的歧义。这些名字在语义上是等价的，上述规则可以避免将它们当作不同的东西使用。还有，类似 `revenueTotal`（总收入）、`expenseTotal`（总支出）、`revenueAverage`（评价收入）、`expenseAverage`（平均支出）这组名字的变量具有非常优雅的对称性。而从 `totalRevenue`、`expenseTotal`、`revenueAverage`、`averageExpense` 这组名字中则看不出什么规律来。总之，一致性可以提高可读性，简化维护工作。

把计算的量放在名字最后的这条规则也有例外，那就是 `Num` 限定词的位置已经是约定俗成的。`Num` 放在变量名的开始位置代表一个总数：`numCustomers` 表示的是员工的总数。`Num` 放在变量名的结束位置代表一个下标：`customerNum` 表示的是当前员工的序号。通过 `numCustomers` 最后代表复数的 s 也能够看出这两种应用之间的区别。然而，由于这样使用 `Num` 常常会带来麻烦，因此可能最好的办法是避开这些问题，用 `Count` 或者 `Total` 来代表员工的总数，用 `Index` 来指代某个特定的员工。这样，`customerCount` 就代表员工的总数，`customerIndex` 代表某个特定的员工。

Common Opposites in Variable Names
变量名中的常用对仗词

交叉参考 用于子程序名的类似对仗词的清单，见第7.3节中的"准确使用对仗词"。

对仗词的使用要准确。通过应用命名规则来提高对仗词使用的一致性，从而提高其可读性。比如像 begin/end 这样的一组用词非常容易理解和记忆。而那些与常用语言相去甚远的词则通常很难记忆，有时甚至会产生歧义。下面是一些常用的对仗词：

- begin/end
- first/last
- locked/unlocked
- min/max
- next/previous
- old/new
- opened/closed
- visible/invisible
- source/target
- source/destination
- up/down

11.2 Naming Specific Types of Data
为特定类型的数据命名

在为数据命名的时候，除了通常的考虑事项之外，为一些特定类型数据的命名还要求做出一些特殊的考虑。本节将讲述与循环变量、状态变量、临时变量、布尔变量、枚举类型和具名常量有关的考虑事项。

Naming Loop Indexes
为循环下标命名

交叉参考 关于循环的详细讨论，见第16章"控制循环"。

循环是一种极为常见的计算机编程特征，为循环中的变量进行命名的原则也由此应运而生。i、j 和 k 这些名字都是约定俗成的：

Java示例：简单的循环变量名
```
for ( i = firstItem; i < lastItem; i++ ) {
   data[ i ] = 0;
}
```

如果一个变量要在循环之外使用，那么就应该为它取一个比 i、j 或者 k 更有意义的名字。举个例子，如果你在从文件中读取记录，并且需要记下所读取记录的数量，那么类似于 recordCount 这样的名字就很合适：

Java示例：描述性较好的循环变量名
```
recordCount = 0;
while ( moreScores() ) {
   score[ recordCount ] = GetNextScore();
   recordCount++;
}

// lines using recordCount
...
```

如果循环不是只有几行，那么读者会很容易忘记 i 本来具有的含义，因此你最好给循环下标换一个更有意义的名字。由于代码会经常修改、扩充，或者复制到其他程序中去，因此，很多有经验的程序员索性不使用类似于 i 这样的名字。

导致循环变长的常见原因之一是出现循环的嵌套使用。如果你使用了多个嵌套的循环，那么就应该给循环变量赋予更长的名字以提高可读性：

Java示例：嵌套循环中的好循环变量名
```
for ( teamIndex = 0; teamIndex < teamCount; teamIndex++ ){
   for ( eventIndex = 0; eventIndex < eventCount[teamIndex]; eventIndex++ ){
      score[ teamIndex ][ eventIndex ] = 0;
   }
}
```

谨慎地为循环下标变量命名可以避免产生下标串话（index cross-talk）的常见问题：想用 j 的时候写了 i，想用 i 的时候却写了 j。同时，这也使得数据访问变得更加清晰：score[teamIndex][eventIndex] 要比 score[i][j] 给出的信息更多。

如果你一定要用 i、j 和 k，那么不要把它们用于简单循环的循环下标之外的任何场合——这种传统已经太深入人心了，一旦违背该原则，将这些变量用于其他用途就可能造成误解。要想避免出现这样的问题，最简单的方法就是想出一个比 i、j 和 k 更具描述性的名字来。

Naming Status Variables
为状态变量命名

状态变量用于描述你的程序的状态。下面给出它的命名原则。

为状态变量取一个比 flag 更好的名字 最好是把标记（flag）看做状态变量。标记的名字中不应该含有 flag，因为你从中丝毫看不出该标记是做什么的。为了清楚起见，标记应该用枚举类型、具名常量，或用作具名常量的全局变量来对其赋值，而且其值应该与上面这些量做比较。下面例子中标记的命名都很差：

```
C++示例：含义模糊的标记
if ( flag ) ...
if ( statusFlag & 0x0F ) ...
if ( printFlag == 16 ) ...
if ( computeFlag == 0 ) ...

flag = 0x1;
statusFlag = 0x80;
printFlag = 16;
computeFlag = 0;
```

像 `statusFlag = 0x80` 这样的语句是反映不出这段代码能做什么的，除非你亲自写了这段代码，或者有文档能告诉你 `statusFlag` 和 `0x80` 的含义。下面是作用相同但更为清晰的代码：

```
C++示例：更好地使用状态变量
if ( dataReady ) ...
if ( characterType & PRINTABLE_CHAR ) ...
if ( reportType == ReportType_Annual ) ...
if ( recalcNeeded == false) ...

dataReady = true;
characterType = CONTROL_CHARACTER;
reportType = ReportType_Annual;
recalcNeeded = false;
```

显然，`characterType = CONTROL_CHARACTER` 要比 `statusFlag = 0x80` 更有意义。与之类似，条件判断语句 `if (reportType == ReportType_Annual)` 要比 `if (printFlag == 16)` 更为清晰。第二个例子说明你可以结合枚举类型和预定义的具名常量来使用这种方法。下面例子展示了如何使用具名常量和枚举类型来组织例子中的数值：

```
在C++中声明状态变量
// values for CharacterType
const int LETTER = 0x01;
const int DIGIT = 0x02;
const int PUNCTUATION = 0x04;
const int LINE_DRAW = 0x08;
```

```
const int PRINTABLE_CHAR = ( LETTER | DIGIT | PUNCTUATION | LINE_DRAW );
const int CONTROL_CHARACTER = 0x80;

// values for ReportType
enum ReportType {
   ReportType_Daily,
   ReportType_Monthly,
   ReportType_Quarterly,
   ReportType_Annual,
   ReportType_All
};
```

如果你发现自己需要猜测某段代码的含义的时候,就该考虑为变量重新命名。猜测谋杀案中谁是神秘凶手是可行的,但你没有必要去猜测代码。你应该能直接读懂它们。

Naming Temporary Variables
为临时变量命名

临时变量用于存储计算的中间结果,作为临时占位符,以及存储内务管理(housekeeping)值。它们常被赋予 `temp`、`x` 或者其他一些模糊且缺乏描述性的名字。通常,临时变量是一个信号,表明程序员还没有完全把问题弄清楚。而且,由于这些变量被正式地赋予了一种"临时"状态,因此程序员会倾向于比其他变量更为随意地对待这些变量,从而增加了出错的可能。

警惕"临时"变量 临时性地保存一些值常常是很有必要的。但是无论从哪种角度看,你程序中的大多数变量都是临时性的。把其中几个称为临时的,可能表明你还没有弄清它们的实际用途。请考虑下面的示例:

C++示例: 不提供信息的"临时"变量名
```
// Compute roots of a quadratic equation.
// This assumes that (b^2-4*a*c) is positive.
temp = sqrt( b^2 - 4*a*c );
root[0] = ( -b + temp ) / ( 2 * a );
root[1] = ( -b - temp ) / ( 2 * a );
```

把表达式 `sqrt(b^2 - 4 * a * c)` 的结果存储在一个变量里是很不错的,特别是当这一结果还会被随后两次用到的时候。但是名字 `temp` 却丝毫也没有反映该变量的功能。下面例子显示了一种更好的做法:

C++示例: 用真正的变量替代"临时"变量
```
// Compute roots of a quadratic equation.
// This assumes that (b^2-4*a*c) is positive.
discriminant = sqrt( b^2 - 4*a*c );
root[0] = ( -b + discriminant ) / ( 2 * a );
root[1] = ( -b - discriminant ) / ( 2 * a );
```

就本质而言，这段代码与上面一段是完全相同的，但是它却通过使用了准确而且具有描述性的变量名（discriminant，判别式）而得到了改善。

Naming Boolean Variables
为布尔变量命名

下面是为布尔变量命名时要遵循的几条原则。

谨记典型的布尔变量名 下面是一些格外有用的布尔变量名。

- *done* 用 done 表示某件事情已经完成。这一变量可用于表示循环结束或者一些其他的操作已完成。在事情完成之前把 done 设为 false，在事情完成之后把它设为 true。

- *error* 用 error 表示有错误发生。在错误发生之前把变量值设为 false，在错误已经发生时把它设为 true。

- *found* 用 found 来表明某个值已经找到了。在还没有找到该值的时候把 found 设为 false，一旦找到该值就把 found 设为 true。在一个数组中查找某个值，在文件中搜寻某员工的 ID，在一沓支票中寻找某张特定金额的支票等等的时候，都可以用 found。

- *success 或 ok* 用 success 或 ok 来表明一项操作是否成功。在操作失败的时候把该变量设为 false，在操作成功的时候把其设为 true。如果可以，请用一个更具体的名字代替 success，以便更具体地描述成功的含义。如果完成处理就表示这个程序执行成功，那么或许你应该用 processingComplete 来取而代之。如果找到某个值就是程序执行成功，那么你也许应该换用 found。

给布尔变量赋予隐含"真/假"含义的名字 像 done 和 success 这样的名字是很不错的布尔变量名，因为其状态要么是 true，要么是 false；某件事情完成了或者没有完成；成功或者失败。另一方面，像 status 和 sourceFile 这样的名字却是很糟的布尔变量名，因为它们没有明确的 true 或者 false。status 是 true 反映的是什么含义？它表明某件事情拥有一个状态吗？每件事都有状态。true 表明某件事情的状态是 OK 吗？或者说 false 表明没有任何错误吗？对于 status 这样的名字，你什么也说不出来。

为了取得更好的效果，应该把 status 替换为类似于 error 或者 statusOK 这样的名字，同时把 sourceFile 替换为 sourceFileAvailable、sourceFileFound，或者其他能体现该变量所代表含义的名字。

有些程序员喜欢在他们写的布尔变量名前加上 Is。这样，变量名就变成了一个问题：isdone? isError? isFound? isProcessingComplete? 用 true 或 false 回答问题也就为该变量给出了取值。这种方法的优点之一是它不能用于那些模糊不清的名字：isStatus? 这毫无意义。它的缺点之一是降低了简单逻辑表达式的可读性：if (isFound)的可读性要略差于 if (found)。

使用肯定的布尔变量名 否定的名字如 notFound、notdone 以及 notSuccessful 等较难阅读，特别是如果它们被求反：

```
if not notFound
```

这样的名字应该替换为 found、done 或者 processingComplete，然后再用适当的运算符求反。如果你找到了想找的结果，那么就可以用 found 而不必写双重否定的 not notFound 了。

Naming Enumerated Types
为枚举类型命名

> **交叉参考** 关于使用枚举类型的详情，见第12.6节"枚举类型"。

在使用枚举类型的时候，可以通过使用组前缀，如 Color_、Planet_或者 Month_来明确表示该类型的成员都同属于一个组。下面举一些通过前缀来确定枚举类型元素的例子：

Visual Basic示例：为枚举类型采用前缀命名约定
```
Public Enum Color
    Color_Red
    Color_Green
    Color_Blue
End Enum

Public Enum Planet
    Planet_Earth
    Planet_Mars
    Planet_Venus
End Enum

Public Enum Month
    Month_January
    Month_February
    ...
    Month_December
End Enum
```

与此同时，也有很多命名方法可用于确定枚举类型本身的名字（Color，Planet 或 Month），包括全部大写或者加以前缀（e_Color，e_Planet，e_Month）。有人可能会说，枚举从本质上而言是一个用户定义类型，因此枚举名字的格式应该与其他用户定义的类型如类等相同。与之相反的一种观点认为枚举是一种类型，但它也同时是常量，因此枚举类型名字的格式应该与常量相同。本书对枚举类型采用了大小写混合的命名方式。

在有些编程语言里，枚举类型的处理很像类，枚举成员也总是被冠以枚举名字前缀，比如 Color.Color_Red 或者 Planet.Planet_Earth。如果你正在使用这样的编程语言，那么重复上述前缀的意义就不大了，因此你可以把枚举类型自身的名字作为前缀，并把上述名字简化为 Color.Red 和 Planet.Earth。

Naming Constants
为常量命名

交叉参考 关于使用具名常量的详情，见第 12.7 节 "具名常量"。

在具名常量时，应该根据该常量所表示的含义，而不是该常量所具有的数值为该抽象事物命名。`FIVE` 是个很糟的常量名（不论它所代表的值是否为 5.0）。`CYCLES_NEEDED` 是个不错的名字。`CYCLES_NEEDED` 可以等于 5.0 或者 6.0。而 `FIVE = 6.0` 就显得太可笑了。出于同样原因，`BAKERS_DOZEN` 就是个很糟的常量名；而 `DONUTS_MAX` 则很不错。

11.3 The Power of Naming Conventions
命名规则的力量

有些程序员会抵制标准和约定（convention，规则）——并且有很好的理由：有些标准和约定非常刻板并且低效——它们会毁坏创造性和程序质量。这真让人感到遗憾，因为有效的标准是你所能掌握的最强大的工具之一。本节将讲述为什么、何时以及如何创建自己的变量命名标准。

Why Have Conventions
为什么要有规则

命名规则可以带来以下的好处。

- 要求你更多地按规矩行事。通过做一项全局决策而不是做许多局部决策，你可以集中精力关注代码更重要的特征。
- 有助于在项目之间传递知识。名字的相似性能让你更容易、更自信地理解那些不熟悉的变量原本应该是做什么的。
- 有助于你在新项目中更快速地学习代码。你无须了解 Anita 写的代码是这样的，Julia 是那样的，以及 Kristin 的代码又是另一种样子，而只须面对一组更加一致的代码。
- 有助于减少名字增生（name proliferation）。在没有命名规则的情况下，会很容易地给同一个对象起两个不同的名字。例如，你可能会把总点数既称为 `pointTotal`，也称为 `totalPoints`。在写代码的时候这可能并不会让你感到迷惑，但是它却会让一位日后阅读这段代码的新程序员感到极其困惑。
- 弥补编程语言的不足之处。你可以用规则来仿效具名常量和枚举类型。规则可以根据局部数据、类数据以及全局数据的不同而有所差别，并且可以包含编译器不直接提供的类型信息。

- 强调相关变量之间的关系。如果你使用对象，则编译器会自动照料它们。如果你用的编程语言不支持对象，你可以用命名规则来予以补充。诸如 `address`、`phone` 以及 `name` 这样的名字并不能表明这些变量是否相关。但是假设你决定所有的员工数据变量都应该以 `Employee` 作为前缀，则 `employeeAddress`、`employeePhone` 和 `employeeName` 就会毫无疑问地表明这些变量是彼此相关的。编程的命名规则可以对你所用的编程语言的不足之处做出弥补。

KEY POINT 关键之处在于，采用任何一项规则都要好于没有规则。规则可能是武断的。命名规则的威力并非来源于你所采取的某个特定规则，而是来源于以下事实：规则的存在为你的代码增加了结构，减少了你需要考虑的事情。

When You Should Have a Naming Convention
何时采用命名规则

没有金科玉律表明何时应该建立命名规则，但是在下列情况下规则是很有价值的。

- 当多个程序员合作开发一个项目时
- 当你计划把一个程序转交给另一位程序员来修改和维护的时候（这几乎总是会发生）
- 当你所在组织中的其他程序员评估你写的程序的时候
- 当你写的程序规模太大，以致于你无法在脑海里同时了解事情的全貌，而必须分而治之的时候
- 当你写的程序生命期足够长，长到你可能会在把它搁置几个星期或几个月之后又重新启动有关该程序的工作时
- 当在一个项目中存在一些不常见的术语，并且你希望在编写代码阶段使用标准的术语或者缩写的时候

你一定会因使用了某种命名规则而受益。上述诸多注意事项将会帮助你决定在一个特定项目中按照何种程度来制定规则里所使用的规则的范围。

Degrees of Formality
正式程度

交叉参考 关于小型项目和大型项目的在正式程度上的区别，见第27章"程序规模对构建的影响"。

不同规则所要求的正式程度也有所不同。一个非正式的规则可能会像"使用有意义的名字"这样简单。下一节将会讲述其他的非正式规则。通常，你所需的正式程度取决于为同一程序而工作的人员数量、程序的规模，以及程序预期的生命期。对于微小的、用完即弃的项目而言，实施严格的规则可能就太没有必要了。对于多人协作的大型项目而言，无论是在开始阶段还是贯穿整个程序的生命周期，正式规则都是成为提高可读性的必不可少的辅助手段。

11.4 Informal Naming Conventions 非正式命名规则

大多数项目采用的都是类似于本节所讲的相对非正式的命名规则。

Guidelines for a Language-Independent Convention 与语言无关的命名规则的指导原则

下面给出用于创建一种与语言无关的命名规则的指导原则。

区分变量名和子程序名字 本书所采用的命名规则要求变量名和对象名以小写字母开始，子程序名字以大写字母开始：variableName 对 RoutineName()。

区分类和对象 类名字与对象名字——或者类型与该类型的变量——之间的关系会比较棘手。有很多标准的方案可用，如下例所示：

方案1：通过大写字母开头区分类型和变量
```
Widget widget;
LongerWidget longerWidget;
```

方案2：通过全部大写区分类型和变量
```
WIDGET widget;
LONGERWIDGET longerWidget
```

方案3：通过给类型加 "t_" 前缀区分类型和变量
```
t_Widget Widget;
t_LongerWidget LongerWidget;
```

方案4：通过给变量加 "a" 前缀区分类型和变量
```
Widget aWidget;
LongerWidget aLongerWidget;
```

方案5：通过对变量采用更明确的名字区分类型和变量
```
Widget employeeWidget;
LongerWidget fullEmployeeWidget;
```

每一种方案都有其优点和不足。第一种方案是在大小写敏感语言如 C++ 和 Java 里常用的规则，但是有些程序员对仅依靠大写区分名字感到不大舒服。的确，创建两个只有第一个字母大小写不同的名字所能提供的"心理距离"太短了，二者之间的视觉差异也太小。

在多语言混合编程的环境中，如果任一种语言是大小写不敏感的，则将无法一直使用第一种命名方案。以 Microsoft Visual Basic 为例，`Dim widget as Widget` 将会引发一处语法错误，因为 `widget` 和 `Widget` 会被当做同一个标识符看待。

第二种方案使类型名和变量名之间的差异更加鲜明。然而，由于历史原因，在 C++ 和 Java 里面全部字母大写只用于表示常量，同时这种方案也会与第一种方案一样面临混合语言环境的问题。

第三种方案可用于所有语言，但是很多程序员从审美的角度出发并不喜欢增加前缀。

第四种方案有时会用作第三种方案的备选项，但是它存在的问题是需要改变类的每个实例的名字，而不是仅仅修改类名。

第五种方案要求基于每个变量的实际情况做出更多的考虑。在大多数情况下，要求程序员为每个变量想出一个特别的名字会有助于提高代码的可读性。但是有时候，一个 `widget` 确实就是一个普通的 `widget`，在这种情况下你会发现自己会想出一些并不鲜明的名字，如 `genericWidget`，它的可读性比较差。

简而言之，每一种可选方案都不是十全十美的。本书代码采用的是第五种方案，因为当不要求代码的阅读者熟悉一种不太直观的命名规则时，这种规则做是最容易理解的。

标识全局变量　有一种编程问题很常见，那就是滥用全局变量。假如你在所有的全局变量名之前加上 `g_` 前缀，那么程序员在读到变量 `g_RunningTotal` 之后就会明白这是个全局变量，并且予以相应对待。

标识成员变量　要根据名字识别出变量是类的数据成员。即明确表示该变量既不是局部变量，也不是全局变量。比如说，你可以用 `m_` 前缀来标识类的成员变量，以表明它是成员数据。

标识类型声明　为类型建立命名规则有两个好处：首先它能够明确表明一个名字是类型名，其次能够避免类型名与变量名冲突。为了满足这些要求，增加前缀或者后缀是不错的方法。C++ 的惯用方法是把类型名全部大写——例如 `COLOR` 和 `MENU`。（这一规则适用于 `typedef` 和 `struct`，不适用于类名。）但是这样就会增加与命名预处理常量发生混淆的可能。为了避免出现这样的麻烦，你可以为类型名增加 `t_` 前缀，如 `t_Color` 和 `t_Menu`。

标识具名常量　你需要对具名常量加以标识，以便明确在为一个变量赋值时你用的是另一个变量的值（该值可能变化），还是一个具名常量。在 Visual Basic 里，还会有另外的可能，那就是该值可能是一个函数的返回值。Visual Basic 不要求在调用函数时给函数名加括号，与之相反，在 C++ 里即使函数没有参数也要使用括号。

给常量命名的方法之一是给常量名增加 `c_` 前缀。这会让你写出类似 `c_RecesMax` 或者 `c_LinesPerPageMax` 这样的名字来。C++和 Java 里的规则是全部用大写,以及如果有可能,用下画线来分隔单词,例如 `RECSMAX` 或者 `RECS_MAX`,以及 `LINESPERPAGEMAX` 或者 `LINES_PER_PAGE_MAX`。

标识枚举类型的元素 与具名常量相同,枚举类型的元素也需要加以标识——以便表明该名字表示的是枚举类型,而不是一个变量、具名常量或者函数。标准方法如下:全部用大写,或者为类型名增加 `e_` 或 `E_` 前缀,同时为该类型的成员名增加基于特定类型的前缀,如 `Color_` 或者 `Planet_`。

在不能保证输入参数只读的语言里标识只读参数 有时输入参数会被意外修改。在 C++和 Visual Basic 这样的语言里,你必须明确表明是否希望把一个修改后的值返回给调用方子程序。在 C++里分别用 `*`、`&`和 `const` 指明,在 Visual Basic 里分别用 `ByRef` 和 `ByVal` 指明。

> **交叉参考** 可以通过命名方面的约定来增强某种语言的功能,从而弥补该语言自身的缺陷。这种方式正是"深入一种语言去编程"而非仅仅"在一种语言上编程"的典范。第 34.4 节 "深入一门语言去编程,不浮于表面"有对这一主题的详细论述。

在其他的语言里,如果你修改了输入变量的取值,那么无论你是否愿意,它的新值都会被返回。特别是当你传递对象的时候。举例来说,在 Java 里所有对象都是"按值(by value)"传递的,因此当你把一个对象传递给一个子程序的时候,该对象的内容就可以在被调用子程序中修改(Arnold, Gosling, Holmes 2000)。

在这些语言里,如果你制定了为输入参数增加一个 `const` 前缀(或者 `final`、`nonmodifiable` 等)的命名规则,那么当你看到 `const` 前缀出现在赋值符号左边的时候,就会知道出现了错误。如果你看到 `constMax.SetNewMax(…)`,就会知道这里有大漏洞,因为 `const` 前缀表明了该变量是不应该被修改的。

格式化命名以提高可读性 有两种常用方法可以用来提高可读性,那就是用大小写和分隔符来分隔单词。例如,`GYMNASTICSPOINTTOTAL` 就要比 `gymnasticsPointTotal` 或者 `gymnastics_point_total` 难读得多。C++、Java、Visual Basic 和其他的编程语言允许混合使用大小写字符。另外,C++、Java、Visual Basic 和其他的编程语言也允许使用下画线(`_`)作为分隔符。

尽量不要混用上述方法,那样会使代码难以阅读。如果你老老实实地坚持使用其中任意一种提高可读性的方法,你的代码质量一定会有所改善。人们曾经就诸如变量名的第一个字母是不是应该大写(`TotalPoints` 对 `totalPoints`)的做法的价值展开了非常激烈的讨论,但是只要你和你的团队在使用上保持一致,那么大写小写就没有太大区别。基于 Java 经验的影响,同时为了促进不同编程语言之间命名风格的融合,本书对首字母采用小写。

Guidelines for Language-Specific Conventions
与语言相关的命名规则的指导原则

应该遵循你所用语言的命名规则。对于大多数语言,你都可以找到描述其风格原则的参考书。下面将给出 C、C++、Java 和 Visual Basic 的指导原则。

C Conventions
C 的命名规则

> **深入阅读** 描述 C 语言编程风格的经典读物是《C Programming Guidelines》(Plum 1984)。

有很多命名规则特别适用于 C 语言。

- `c` 和 `ch` 是字符变量。
- `i` 和 `j` 是整数下标。
- `n` 表示某物的数量。
- `p` 是指针。
- `s` 是字符串。
- 预处理宏全部大写(`ALL_CAPS`)。这通常也包括 `typedef`。
- 变量名和子程序名全部小写(`all_lowercase`)。
- 下画线(`_`)用做分隔符:`letters_in_lowercase` 要比 `lettersinlowercase` 更具可读性。

这些都是属于一般性的、UNIX 风格或者 Linux 风格的 C 编程规则,C 编程规则在不同的环境下也会有所差异。开发 Microsoft Windows 应用的 C 程序员倾向于采用匈牙利命名法,并在变量名中混合使用大小写。在 Macintosh 平台下,C 程序员会倾向于在子程序的名字中混合使用大小写,这是因为 Macintosh 工具箱和操作系统子程序最初是为支持 Pascal 接口而设计的。

C++ Conventions
C++ 的命名规则

> **深入阅读**《The Elements of C++ Style》(Misfeldt, Bumgardner, and Gray 2004)一书详细描述了 C++ 编程风格。

以下是围绕着 C++ 编程形成的命名规则。

- `i` 和 `j` 是整数下标。
- `p` 是指针。
- 常量、`typedef` 和预处理宏全部大写(`ALL_CAPS`)。
- 类和其他类型的名字混合大小写(`MixedUpperAndLowerCase()`)。
- 变量名和函数名中的第一个单词小写,后续每个单词的首字母大写——例如,`variableOrRoutineName`。
- 不把下画线用做名字中的分隔符,除非用于全部大写的名字以及特定的前缀中(如用于标识全局变量的前缀)。

与 C 编程相比，上述规则还远没有形成标准，并且不同的环境也会形成不同的具体规则。

Java Conventions
Java 的规则

> **深入阅读** 《The Elements of Java Style》, 2d ed. (Vermeulen et al. 2000) 一书详细描述了 Java 编程风格。

与 C 和 C++ 不同，Java 语言的风格约定从一开始就创建好了。

- i 和 j 是整数下标。
- 常量全部大写（`ALL_CAPS`）并用下画线分隔。
- 类名和接口名中每一个单词的首字母均大写，包括第一个单词——例如，`ClassOrInterfaceName`。
- 变量名和方法名中第一个单词的首字母小写，后续单词的首字母大写——例如，`variableOrRoutineName`。
- 除用于全部大写的名字之外，不使用下画线作为名字中的分隔符。
- 访问器子程序使用 `get` 和 `set` 前缀。

Visual Basic Conventions
Visual Basic 的命名规则

Visual Basic 还没有固定的规则。下一节将就 Visual Basic 给出一份规则建议。

Mixed-Language Programming Considerations
混合语言编程的注意事项

在混合语言环境中编程时，可以对命名规则（以及格式规则、文档规则等）做出优化以提高整体的一致性和可读性——即使这意味着优化后的规则会与其中某种语言所用的规则相冲突。

在本书里，变量名均以小写开头，这符合 Java 的编程实践传统以及部分但并非全部的 C++ 传统。本书把所有子程序名的首字母大写，这遵循了 C++ 规则。在 Java 中所有的方法名都是以小写字母开始的，但是本书对所有语言的子程序名的首字母都大写，从而提高了整体可读性。

Sample Naming Conventions
命名规则示例

上述的标准规则容易使我们忽略前几页里谈论过的有关命名的若干重要事项——包括变量作用域（私用的，类的或者全局的）、类名、对象名、子程序名和变量名之间的差异等。

11.4 非正式命名规则

在命名规则的指导原则长度超过了几页之后，看上去就显得非常复杂。然而，它们没必要变得如此复杂，你也可以按实际需要来加以应用。变量名包含了以下三类信息：

- 变量的内容（它代表什么）
- 数据的种类（具名常量、简单变量、用户自定义类型或者类）
- 变量的作用域（私用的、类的、包的或者全局的作用域）

根据上述指导原则，表 11-3、表 11-4 和表 11-5 给出了 C、C++、Java 和 Visual Basic 的命名规则。这些特殊规则并非是强制性的，但是它们能帮你了解一份非正式的命名规则应包含哪些内容。

表 11-3　C++ 和 Java 的命名规则示例

实体	描述
ClassName	类名混合使用大小写，首字母大写
TypeName	类型定义，包括枚举类型和 typedef，混合使用大小写，首字母大写
EnumeratedTypes	除遵循上述规则之外，枚举类型总以复数形式表示
localVariable	局部变量混合使用大小写，首字母小写。其名字应该与底层数据类型无关，而且应该反映该变量所代表的事物
routineParameter	子程序参数的格式与局部变量相同
RoutineName()	子程序名混合使用大小写（第 7.3 节已经讨论过什么是好的子程序名）
m_ClassVariable	对类的多个子程序可见（且只对该类可见）的成员变量名用 m_ 前缀
g_GlobalVariable	全局变量名用 g_ 前缀
CONSTANT	具名常量全部大写
MACRO	宏全部大写
Base_EnumeratedType	枚举类型名用能够反映其基础类型的、单数形式的前缀——例如，Color_Red，Color_Blue

表 11-4 C 的命名规则示例

实体	描述
TypeName	类型名混合使用大小写，首字母大写
GlobalRoutineName()	公用子程序名混合使用大小写
f_FileRoutineName()	单一模块（文件）私用的子程序名用 f_ 前缀
LocalVariable	局部变量混合使用大小写。其名字应该与底层数据类型无关，而且应该反映该变量所代表的事物
RoutineParameter	子程序参数的格式与局部变量相同
f_FileStaticVariable	模块（文件）变量名用 f_ 前缀
G_GLOBAL_GlobalVariable	全局变量名以 G_ 前缀和一个能反映定义该变量的模块（文件）的、全部大写的名字开始——例如，G_SCREEN_Dimensions
LOCAL_CONSTANT	单一子程序或者模块（文件）私用的具名常量全部大写——例如，ROWS_MAX
G_GLOBALCONSTANT	全局具名常量名全部大写，并且以 G_ 前缀和一个能反映定义该具名常量的模块（文件）的、全部大写的名字开始，如 G_SCREEN_ROWS_MAX
LOCALMACRO()	单一子程序或者模块（文件）私用的宏定义全部大写
G_GLOBAL_MACRO()	全局宏定义全部大写，并且以 G_ 前缀和一个能反映定义该宏的模块（文件）的全部大写名字开始——例如，G_SCREEN_LOCATION()

由于 Visual Basic 对大小写不敏感，因此需要采取一些特殊的规则来区分类型名和变量名。请见表 11-5。

表 11-5 Visual Basic 的命名规则示例

实体	描述
C_ClassName	类名混合使用大小写，首字母大写，并且加 C_ 前缀
T_TypeName	类型定义，包括枚举类型和 typedef，混合使用大小写，首字母大写，并且加 T_ 前缀
T_EnumeratedTypes	除遵循上述规则之外，枚举类型总以复数形式表示

续表

实　体	描　述
`localVariable`	局部变量混合使用大小写，首字母小写。其名字应该与底层数据类型无关，并且应该反映该变量所代表的事物
`routineParameter`	子程序参数的格式与局部变量相同
`RoutineName()`	子程序名混合使用大小写（第 7.3 节已经讨论过什么是好的子程序名）
`m_ClassVariable`	只在一个类范围内对该类的多个子程序可见的成员变量名以 m_ 前缀打头
`g_GlobalVariable`	全局变量名以 g_ 前缀开始
`CONSTANT`	具名常量全部大写
`Base_EnumeratedType`	枚举类型名以能够反映其基础类型的、单数形式的前缀开始——例如，`Color_Red`，`Color_Blue`

11.5 Standardized Prefixes
　　 标准前缀

深入阅读 《*The Hungarian Revolution*》(Simonyi and Heller 1991)一书有对匈牙利命名法的详细描述。

对具有通用含义的前缀标准化，为数据命名提供了一种简洁、一致并且可读性好的方法。有关标准前缀最广为人知的方案是匈牙利命名法，该方案由一组用于指导变量和子程序命名（而不是指导如何给匈牙利人取名！）的详细原则组成，并且曾经一度被广泛用于 Microsoft Windows 编程。尽管目前匈牙利命名法已经不再得到广泛使用，但是使用简洁准确的缩写词的基本命名标准理念却仍然具有价值。

标准化的前缀由两部分组成：用户自定义类型（UDT）的缩写和语义前缀。

User-Defined Type Abbreviations
用户自定义类型缩写

UDT 缩写可以标识被命名对象或变量的数据类型。UDT 缩写可以被用于表示像窗体、屏幕区域以及字体一类的实体。UDT 缩写通常不会表示任何由编程语言所提供的预置数据类型。

UDT 用很短的编码描述，这些编码是为特定的程序创建的，并且经过标准化以在该程序内使用。这些编码有助于用户理解其所代表的实体，如用 wn 代表窗体，scr 代表屏幕区域。表 11-6 列出了一份 UDT 示例，你可能会在开发文字处理程序的时候用到它们。

表 11-6 用于文字处理程序的 UDT 示例

UDT 缩写	含 义
ch	字符（Character，这里的字符不是指 C++ 中的字符，而是指文字处理程序可能用于表示一份文档中的字符的数据类型）
doc	文档（Document）
pa	段落（Paragraph）
scr	屏幕区域（Screen region）
sel	选中范围（Selection）
wn	窗体（window）

当你使用 UDT 的时候，你还要按与 UDT 同样的缩写去定义编程语言的数据类型。这样，如果你有表 11-6 所列出的那些 UDT，你就会看到下面这样的数据声明：

```
CH    chCursorPosition;
SCR   scrUserWorkspace;
DOC   docActive
PA    firstPaActiveDocument;
PA    lastPaActiveDocument;
WN    wnMain;
```

同样，这些例子是与文字处理程序相关的。要把它们用于你自己的项目，你需要为环境中最常用的那些 UDT 创建 UDT 缩写。

Semantic Prefixes
语义前缀

语义前缀比 UDT 更进一步，它描述了变量或者对象是如何使用的。语义前缀与 UDT 不同，后者会根据项目的不同而不同，而前者在某种程度上对于不同的项目均是标准的。表 11-7 列出了一组标准的语义前缀。

表 11-7 语义前缀

语义前缀	含 义
c	数量（count，如记录、字符或者其他东西的个数）
first	数组中需要处理的第一个元素。first 与 min 类似，但它是相对于当前操作而不是数组本身的
g	全局变量（global variable）
i	数组的下标（index into an array）
last	数组中需要处理的最后一个元素。last 与 first 相对应

续表

语义前缀	含 义
lim	数组中需要处理的元素的上限。lim 不是一个合法的下标。它与 last 都是与 first 相对应的概念。不同之处是 lim 表示的是一个数组中并不存在的上界；而 last 表示的则是最终的、合法的元素。通常，lim 等于 last + 1
m	类一级的变量
max	数组或者其他种类的列表中绝对的最后一个元素。max 反映的是数组本身，而不是针对数组的操作
min	数组或者其他种类的列表中绝对的第一个元素
p	指针（pointer）

语义前缀可以全用小写，也可以混合使用大小写，还可以根据需要与 UDT 和其他的语义前缀结合使用。例如，文档中的第一段应该命名为 pa，以表明它是个段落，还要加上 first 以强调它是第一个段落：即 firstPa。一组段落的下标可以命名为 iPa；cPa 是相应的计数值，段落的总数量；firstPaActiveDocument 和 lastPaActiveDocument 表示当前活动文档中的第一个和最后一个段落。

Advantages of Standardized Prefixes
标准前缀的优点

除了具备命名规则所能提供的一般意义上的优点外，标准前缀还为你带来了另外一些好处。由于很多名字都已经标准化了，因此你在一个程序或者类内需要记忆的名字更少了。

标准前缀能够更为精确地描述一些含义比较模糊的名字。min、first、last 和 max 之间的严格区别就显得格外有用。

标准化的前缀使名字变得更加紧凑。例如，你可以用 cpa 而不是 totalParagraphs 表示段落总数。你可以用 ipa 表示一个段落数组的下标，而不是用 indexParagraphs 或者 paragraphsIndex。

最后，在你用的编译器不能检查你所用的抽象数据类型的时候，标准前缀能帮助你准确地对类型做出判断：paReformat = docReformat 很可能不对，因为 pa 和 doc 是不同的 UDT。

标准前缀的主要缺陷是程序员在使用前缀的同时忽略给变量起有意义的名字。如果 ipa 已经能非常明确地表示一个段落数组的下标，那么程序员就不会主动地去想类似于 ipaActiveDocument 这样有意义的名字。为了提高可读性，应该停下来为数组下标起一个具有描述性的名字。

11.6 Creating Short Names That Are Readable
创建具备可读性的短名字

从某种程度上说，要求使用短变量名是早期计算的遗留物。早期语言，如汇编、一般的 Basic 和 Fortran 都把变量名的长度限制在 2 到 8 个字符，并要求程序员创建简短的名字。早期的计算科学更多的同数学联系在一起，并大量使用求和及其他等式中的 i、j 和 k 等符号。而在现代语言如 C++、Java 和 Visual Basic 里面，实际上你可以创建任何长度的名字；几乎没有任何理由去缩短具有丰富含义的名字。

如果环境真的要求你创建简短的名字，请注意有些缩短名字的方法要好于其他的方法。你可以通过消除冗余的单词、使用简短的同义词以及使用诸多缩写策略中的任意一种来创建更好的短变量名。熟悉多种缩写技巧会很有用，因为没有哪种方法能够适用于所有的情况。

General Abbreviation Guidelines
缩写的一般指导原则

下面是几项用于创建缩写的指导原则。其中的一些原则彼此冲突，所以不要试图同时应用所有的原则。

- 使用标准的缩写（列在字典中的那些常见缩写）。
- 去掉所有非前置元音。（computer 变成 cmptr, screen 变成 scrn, apple 变成 appl, integer 变成 intgr。）
- 去掉虚词 and, or, the 等。
- 使用每个单词的第一个或前几个字母。
- 统一地在每个单词的第一、第二或者第三个（选择最合适的一个）字母后截断。
- 保留每个单词的第一个和最后一个字母。
- 使用名字中的每一个重要单词，最多不超过三个。
- 去除无用的后缀——ing, ed 等。
- 保留每个音节中最引人注意的发音。
- 确保不要改变变量的含义。
- 反复使用上述技术，直到你把每个变量名的长度缩减到了 8 到 20 个字符，或者达到你所用的编程语言对变量名的限制字符数。

Phonetic Abbreviations
语音缩写

有些人倡导基于单词的发音而不是拼写来创建缩写。于是 skating 就变成了 sk8ing，highlight 变成了 hilite，before 变成了 b4，execute 变成了 xqt，诸如此类。这样做很像是要人去猜出个性化汽车牌照的意思，我不提倡这么做。作为一项练习，请猜猜下面这些名字各表示什么：

ILV2SK8   XMEQWK   S2DTM8O   NXTC   TRMN8R

Comments on Abbreviations
有关缩写的评论

在创建缩写的时候，会有很多的陷阱在等着你。下面是一些能够用来避免犯错的规则。

不要用从每个单词中删除一个字符的方式来缩写　键入一个字符算不上是什么额外工作，而节省一个字符带来的便利却很难抵消由此而造成的可读性损失。这就像日历中的"Jun"和"Jul"。你只有在非常着急的情况下才有必要把 June 拼成"Jun"。对于大多数删除一个字母的做法而言，你很难回忆起自己是不是删了一个字符。所以，要么删除不止一个字符，要么就把单词拼写完整。

缩写要一致　应该一直使用相同的缩写。例如，要么全用 Num，要么全用 No，不要两个都用。与之类似，不要在一些名字里缩写某个单词而在其他名字里不缩写。比如，不要在有些地方使用完整的单词 Number，同时在其他地方使用 Num 缩写。

创建你能读出来的名字　用 xPos 而不用 xPstn，用 needsCompu 而不用 ndsCmptg。此处可以借助电话来测试——如果你无法在电话中向他人读出你的代码，就请重新给变量起一个更清晰的名字吧（Kernighan and Plauger 1978）。

避免使用容易看错或者读错的字符组合　为了表示 B 的结尾，ENDB 要比 BEND 更好。如果你使用了一种好的分隔技术，那么就不需要这一条原则，因为 B-END、BEnd 或者 b_end 都不会被读错。

使用辞典来解决命名冲突　创建简短名字会带来的一项麻烦就是命名冲突——缩写后名字相同。例如，如果命名长度被限制为 3 个字符，并且你需要在程序中的同一代码段使用 fired 和 full revenue disbursal，你可能会不经意地把缩写都写成了 frd。

避免命名冲突的一种简单做法是使用含义相同的不同单词，这样一来，有一部辞典就显得很方便。在本例中，可以用 dismissed 来代替 fired，以及用 complete revenue disbursal 来代替 full revenue disbursal。这样，3 个字母的缩写就分别变成了 dsm 和 crd，从而消除了命名冲突。

在代码里用缩写对照表解释极短的名字的含义　　当编程语言只允许用非常短的名字的时候，增加一张缩写对照表来为用户提示更多的变量含义。把该表格作为注释加到一段代码的开始。下面是一个例子：

```
Fortran示例：良好的名字对照表
C ****************************************************
C    Translation Table
C
C    Variable         Meaning
C    --------         -------
C    XPOS             x-Coordinate Position (in meters)
C    YPOS             Y-Coordinate Position (in meters)
C    NDSCMP           Needs Computing (=0 if no computation is needed;
C                                      =1 if computation is needed)
C    PTGTTL           Point Grand Total
C    PTVLMX           Point Value Maximum
C    PSCRMX           Possible Score Maximum
C ****************************************************
```

你可能会认为这种方法已经过时了，但是在 2003 年中期，我与一家客户合作，该客户有上万行用 RPG 语言写成的、变量名被限制在 6 个字符以内的代码。这些要求极短变量名的问题仍然时不时地出现。

在一份项目级的"标准缩写"文档中说明所有的缩写　　代码中的缩写会带来两种常见风险。

- 代码的读者可能不理解这些缩写。

- 其他程序员可能会用多个缩写来代表相同的词，从而产生不必要的混乱。

为了同时解决这两个潜在的问题，你可以创建一份"标准缩写"文档来记录项目中用到的全部编码缩写。这份文档既可以是文字处理程序的文档，也可以是电子表格文档。在很大的项目里，它还可以是一个数据库。这份文档应签入（check in）到版本控制系统里，当任何人于任意时间在代码里创建了一种新的缩写时把它签出（check out）来修改。文档中的词条应该按照完整单词排序，而不是按照缩写排序。

这看上去可能显得非常麻烦，但是除了开始的一点额外工作，它事实上是建立了一种在项目中有效地使用缩写的机制。通过对所有用到的缩写加以说明，就解决了上面描述的两种常见风险中的第一种。程序员如果不费力把标准缩写文档从版本控制系统中 check out、输入新的缩写并把它 check in 回去，就不能创建一个新的缩写。这是件好事。它表明，只有当一个缩写在代码中应用非常广泛，程序员不惜花上很多精力来为它编写缩写文档时，这一缩写才的的确确应当被创建。

这种方法通过降低程序员创建多余的缩写的可能性，从而解决了第二种风险。想创建缩写的程序员会把缩写文档 check out 并输入新的缩写。如果他想缩写的单词已经有了缩写，该程序员就会注意到它，并且去使用该现有的缩写而不是创建一个新的。

KEY POINT

本原则中体现出来的核心问题，是方便编写代码同方便阅读代码两种理念之间的差异。上面的方法很明显会带来代码编写时的麻烦，但是程序员们在整个项目生命周期里会把更多的时间花在阅读代码而不是编写代码之上。这种方法提高了阅读代码的方便性。当一个项目尘埃落定之后，它可能还会提高编写代码的方便性。

记住，名字对于代码读者的意义要比对作者更重要 去读一读你自己写的并且至少有六个月没看过的代码，注意哪些名字是你需要花功夫才能理解其含义的。应下决心改变导致这种混乱的做法。

11.7 Kinds of Names to Avoid
应该避免的名字

下面就哪些变量名应该避免给出指导原则。

避免使用令人误解的名字或缩写 要确保名字的含义是明确的。例如，FALSE 常用做 TRUE 的反义词，如果用它作为 "Fig and Almond Season" 的缩写就很糟糕了。

避免使用具有相似含义的名字 如果你能够交换两个变量的名字而不会妨碍对程序的理解，那么你就需要为这两个变量重新命名了。例如，`input` 和 `inputValue`、`recordNum` 和 `numRecords`，以及 `fileNumber` 和 `fileIndex` 在语义上非常相似，因此，如果把它们用在同一段代码里，会很容易混淆它们，并且犯下一些微妙且难以发现的错误。

交叉参考 有一个术语用来描述相似变量名之间的差异，即"心理距离（psychological distance）"。在第 23.4 节有关于它的详细叙述。

避免使用具有不同含义但却有相似名字的变量 如果你有两个名字相似但含义不同的变量，那么试着给其中之一重新命名，或者修改你的缩写。避免使用类似于 `clientRecs` 和 `clientReps` 这样的名字。它们之间只有一个字母的差异，并且这个字母很难被注意到。应该采用至少有两个字母不同的名字，或者把不同之处放在名字的开始或者结尾。`clientRecords` 和 `clientReports` 就要比原来的名字好。[1]

---

[1] 译注：即增加标识符之间的 Hamming 距离。

避免使用发音相近的名字，比如 *wrap* 和 *rap* 当你试图和别人讨论代码的时候，同音异义字就会产生麻烦。我家猫对于极限编程的抱怨之一是它过于聪明地使用了 Goal Donor 和 Gold Owner 两个概念，事实上它们读起来很难区分。你最终就会同别人展开类似于这样的对话：

我刚和 *Goal Donor* 谈过话——

你是说"*Gold Owner*"还是"*Goal Donor*"？

我是说"*Goal Donor*。"

什么？

GOAL --- DONOR！

好了，*Goal Donor*。你不应该大喊大叫，烦死了。

你是说"*Gold Donut*"吗？

记住，电话测试也适用于测试发音相近的名字，就像它适用于对付稀奇古怪的缩写名一样。

避免在名字中使用数字 如果名字中的数字真的非常重要，就请使用数组来代替一组单个的变量。如果数组不合适，那么数字就更不合适。例如，要避免使用 file1 和 file2，或者 total1 和 total2。你几乎总能想出一种比在名字的最后加上 1 或 2 更好的方法来区分两个变量。我不能说永远不要用数字。有些现实世界的事物（例如 203 国道、Route 66 或者 Interstate 405）中就嵌入了数字。不过在你创建一个含有数字的名字之前，请考虑是否还有更好的选择。

避免在名字中拼错单词 弄清楚单词实际应该怎么拼写是够难的。想让人们想出什么是"正确的"错拼更是勉为其难。比如说，把 highlight 错拼为 hilite 以省下 3 个字符，让读者很难想起这是 highlight 的错拼。是 highlite？hilite？hilight？hilit？jai-a-lai-t？天知道。

避免使用英语中常常拼错的单词 Absense，acummulate，acsend，calender，concieve，defferred，definate，independance，occassionally，prefered，reciept，superseed 以及其他很多英语单词经常会拼错。很多英语手册中会包含一份常常拼错单词的清单。避免在你的变量名中使用这些单词。

不要仅靠大小写来区分变量名 如果你在用一种大小写敏感的语言如 C++ 做开发，你也许会倾向于使用 frd 来代表 fired，用 FRD 代表 final review duty，以及用 Frd 来代表 full revenue disbursal。应该避免这样做。尽管这些名字都是唯一的，但把其中任一名字与某个特殊的含义关联起来的方式却太随心所欲，且让人感到迷惑。Frd 会很容易地与 final review duty 联系起来，FRD 也会被认为是 full revenue disbursal，没有逻辑法则能够帮助你或者其他人记住谁是谁。

11.7 应该避免的名字

避免使用多种自然语言 在多语言的项目中，对于全部代码，如类名、变量名等，要强制使用一种自然语言，阅读其他程序员的代码可以称为一种挑战；阅读用火星东南部的语言写成程序代码则是绝无可能的。

一种更微妙的问题产生于英语的变体。如果一个项目在多个说英语的国家进行，就应该以其中一种英语版本为标准，以便你不用一直为在代码中应该使用"color"还是"colour"，"check"还是"cheque"等感到迷惑。

避免使用标准类型、变量和子程序的名字 所有的编程语言指南都会包含一份该语言保留的和预定义的名字列表。请不时读一读这份列表，以确保你自己的命名没有冒犯你所用的语言。例如，下面代码在 PL/I 中是合法的，但除非你是个十足的傻瓜，否则是不会这么用的：

```
if if = then then
    then = else;
else else = if;
```

不要使用与变量含义完全无关的名字 如果你在程序中点缀着诸如 margaret 和 pookie 这样的名字，就会在事实上保证没有其他人能够理解它。避免用你男朋友的名字、妻子的名字、最喜欢的啤酒的名字或者其他自作聪明的（也就是傻的）名字来为变量命名，除非你的程序真的是与你的男朋友、妻子或者最爱的啤酒有关。即使如此，你也应该明智地认识到这其中的每一项都可能会变的，所以 boyfriend、wife 和 favoriteBeer 这些通用的名字会更好！

避免在名字中包含易混淆的字符 要意识到有些字符看上去是非常接近，很难把它们区分开来。如果两个名字的唯一区别就是这些字符中的一个，那么你区分这些名字就会变得非常困难。例如，请试着把下列每组中不属于该组的名字圈出来：

```
eyeChart1           eyeChartI           eyeChart1
TTLCONFUSION        TTLCONFUSION        TTLC0NFUSION
hard2Read           hardZRead           hard2Read
GRANDTOTAL          GRANDTOTAL          6RANDTOTAL
ttl5                ttlS                ttlS
```

很难区分的"对"包括（1(数字 1)和 l(小写字母 L))，（1 和 I(大写字母 i))，(.和,)，(0(零)和 O(大写字母 o))，(2 和 Z)，(;和:)，(S 和 5) 以及（G 和 6)。

交叉参考 关于使用数据方面的讨论，见第 10 章中"使用变量的一般事项"的核对表。

像这样的细节真有用吗？没错！Gerald Weinberg 报导说，在 20 世纪 70 年代，一条 Fortran FORMAT 语句中的句号错写成了逗号。结果科学家们算错了太空飞船的轨道，导致了太空探测器的丢失——损失高达 16 亿美元（Weinberg 1983)。

cc2e.com/1191

CHECKLIST: Naming Variables
核对表：变量命名

命名的一般注意事项

- ❏ 名字完整并准确地表达了变量所代表的含义吗？
- ❏ 名字反映了现实世界的问题而不是编程语言方案吗？
- ❏ 名字足够长，可以让你无须苦苦思索吗？
- ❏ 如果有计算值限定符，它被放在名字的最后吗？
- ❏ 名字中用 Count 或者 Index 来代替 Num 了吗？

为特定类型的数据命名

- ❏ 循环下标的名字有意义吗（如果循环的长度超出了一两行代码或者出现了嵌套循环，那么就应该是 i、j 或者 k 以外的其他名字）？
- ❏ 所有的"临时"变量都重新命以更有意义的名字了吗？
- ❏ 当布尔变量的值为真时，变量名能准确表达其含义吗？
- ❏ 枚举类型的名字中含有能够表示其类别的前缀或后缀了吗？例如，把 Color_用于 Color_Red、Color_Green、Color_Blue 等了吗？
- ❏ 具名常量是根据它所代表的抽象实体而不是它所代表的数字来命名的吗？

命名规则

- ❏ 规则能够区分局部数据、类的数据和全局数据吗？
- ❏ 规则能够区分类型名、具名常量、枚举类型和变量名吗？
- ❏ 规则能够在编译器不强制检测只读参数的语言里标识出子程序中的输入参数吗？
- ❏ 规则尽可能地与语言的标准规则兼容吗？
- ❏ 名字为了可读性而加以格式化吗？

短名字

- ❏ 代码用了长名字吗（除非有必要使用短名字）？
- ❏ 是否避免只为了省一个字符而缩写名字的情况？
- ❏ 所有单词的缩写方式都一致吗？

- ❏ 名字能够读出来吗？
- ❏ 避免使用容易被看错或者读错的名字吗？
- ❏ 在缩写对照表里对短名字做出说明吗？

常见命名问题：你避免使用……

- ❏ ……容易让人误解的名字吗？
- ❏ ……有相近含义的名字吗？
- ❏ ……只有一两个字符不同的名字吗？
- ❏ ……发音相近的名字吗？
- ❏ ……包含数字的名字吗？
- ❏ ……为了缩短而故意拼错的名字吗？
- ❏ ……英语中经常拼错的名字吗？
- ❏ ……与标准库子程序名或者预定义变量名冲突的名字吗？
- ❏ ……过于随意的名字吗？
- ❏ ……含有难读的字符的名字吗？

Key Points
要点

- 好的变量名是提高程序可读性的一项关键要素。对特殊种类的变量，比如循环下标和状态变量，需要加以特殊的考虑。
- 名字要尽可能地具体。那些太模糊或者太通用以致于能够用于多种目的的名字通常都是很不好的。
- 命名规则应该能够区分局部数据、类数据和全局数据。它们还应当可以区分类型名、具名常量、枚举类型名字和变量名。
- 无论做哪种类型项目，你都应该采用某种变量命名规则。你所采用的规则的种类取决于你的程序的规模，以及项目成员的人数。
- 现代编程语言很少需要用到缩写。如果你真的要使用缩写，请使用项目缩写词典或者标准前缀来帮助理解缩写。
- 代码阅读的次数远远多于编写的次数。确保你所取的名字更侧重于阅读方便而不是编写方便。

代码大全（第2版）

第 12 章 Fundamental Data Types
基本数据类型

cc2e.com/1278　内容

- 12.1　数值概论：第 292 页
- 12.2　整数：第 293 页
- 12.3　浮点数：第 295 页
- 12.4　字符和字符串：第 297 页
- 12.5　布尔变量：第 301 页
- 12.6　枚举类型：第 303 页
- 12.7　具名常量：第 307 页
- 12.8　数组：第 310 页
- 12.9　创建你自己的类型（类型别名）：第 311 页

相关章节

- 数据命名：第 11 章
- 不常见的数据类型：第 13 章
- 使用变量的一般事项：第 10 章
- 格式化数据声明：第 31.5 节中的"数据声明的布局"
- 注释变量：第 32.5 节中的"注释数据声明"
- 创建类：第 6 章

基本数据类型是构建其他所有数据类型的构造块（building blocks）。本章包含了使用数（普遍意义上）、整数、浮点数、字符和字符串、布尔变量、枚举类型、具名常量以及数组的一些技巧。本章的最后一节将讲述如何创建自己的数据类型。

本章也涵盖了与基本数据类型有关的问题的基本处理方法。如果你已经了解了关于基本数据类型的内容，就可以跳到本章的最后去查看需要避免的问题的列表，然后去阅读第 13 章有关不常见的数据类型的讨论。

12.1 Numbers in General
数值概论

下面一些建议能够使你在使用数的时候少犯错误。

> **交叉参考** 关于使用命名常量代替神秘数值的详情,见本章后面的第 12.7 节 "具名常量"。

避免使用"神秘数值(magic number)" 神秘数值是在程序中出现的、没有经过解释的数值文字量(litertal numbers),如 100 或者 47 523。如果你编程用的语言支持具名常量,那么就用它来代替神秘数值。如果你无法使用具名常量,在可行的情况下应该使用全局变量。

避免使用神秘数值会带来以下三点好处:

- 修改会变得更可靠。如果你使用了具名常量,就不会在修改时漏掉多个 100 中的某一个,或者修改了一个代表其他含义的 100。
- 修改会变得更容易。当记录的最大值由 100 变成 200 的时候,如果你用了神秘数值,就不得不找出所有的 100,然后把它们改成 200。如果你用的是 100+1 或者 100-1,你还是要找出所有的 101 和 99 来,并把它们改成 201 和 199。如果你用了具名常量,你只需简单地在一处把该常量的定义由 100 改成 200。
- 你的代码变得更可读。当然,对于表达式。

```
for i = 0 to 99 do ...
```

你可以猜测 99 表示的是数据项的最大数目。但是表达式

```
for i = 0 to MAX_ENTRIES-1 do ...
```

根本就不需要去猜。即使你确信某个数在代码中永远也不会改变,使用具名常量也会有助于提高可读性。

如果需要,可以使用硬编码的 0 和 1 数值 0 和 1 用于增量、减量和从数组的第一个元素开始循环。0 用于

```
for i = 0 to CONSTANT do ...
```

是可以接受的,把 1 用在

```
total = total + 1
```

也可以。一条很好的经验法则是,程序主体中仅能出现的文字量就是 0 和 1。任何其他文字量都应该换成更有描述性的表示。

预防除零(devide-by-zero)错误 每次使用除法符号的时候(在多数语言里是 "/"),都要考虑表达式的分母是否有可能为 0。如果这种可能性存在,就应该写代码防止除零错误的发生。

使类型转换变得明显 确认当不同数据类型之间的转换发生时，阅读你代码的人会注意到这点。在 C++ 里你可以使用

```
y = x + (float) i
```

在 Microsoft Visual Basic 里你可以使用

```
y = x + CSng( i )
```

这种实践还能帮助确认有关转换正是你期望发生的——不同的编译器会执行不同的转换，因此，如果不这么做，你就只有碰运气了。

> **交叉参考** 第 12.3 节的"避免等量判断"提到了本例的一种变体。

避免混合类型的比较 如果 x 是浮点数，i 是整数，那么下面的测试

```
if ( i = x ) then ...
```

不能保证可行。在编译器设法弄清了应该用什么类型去进行比较之后，它会把其中一种类型转化为另一种，执行一些四舍五入运算之后才得出结果。要是在这样的情况下你的程序还能跑起来，那就是你的运气了。请自己动手进行类型转换，这样编译器就能比较两个相同类型的数值了，你也会确切地知道它比较的是什么。

注意编译器的警告 当你在同一表达式中使用了多种类型的数值的时候，很多现代的编译器都会通知你。要小心！很多程序员都曾被请去帮助别人解决某个讨厌的错误，结果却发现编译器一直都在对这个错误发出警告。杰出的程序员会修改他们的代码来消除所有的编译器警告。通过编译器警告来发现问题要比你自己找容易得多。

12.2 Integers 整数

在用整数的时候，要记住下面的注意事项。

检查整数除法 当你使用整数的时候，7/10 不等于 0.7。它总是等于 0，或者等于负无穷大，或者等于最接近的整数，或者——你应该懂了吧。其结果会随语言的不同而不同。这一说法对中间结果也同样适用。在现实世界中 $10*(7/10) = (10*7) / 10 = 7$。但在整数运算的世界里却不同。$10*(7/10)$ 等于 0，因为整数除法 (7/10) 等于 0。对此问题最简单的补救办法是重新安排表达式的顺序，以最后执行除法：(10*7)/10。

检查整数溢出 在做整数乘法或加法的时候，你要留心可能的最大整数。允许出现的最大无符号整数经常是 $2^{32}-1$，有时候是 $2^{16}-1$，即 65 535。当你把两个整数相乘，得出的数值大于整数的最大值时，就会出现问题。比如，如果你执行 250*300，正确的答案是 75 000。但如果最大的整数是 65 535，那么你得到的答案

可能会是 9 464，因为发生了整数溢出（75 000 – 65 536 = 9 464）。表 12-1 列出了常用整数类型的取值范围。

表 12-1　不同类型整数的取值范围

整数类型	取值范围
带符号 8-bit 整数	–128 至 127
无符号 8-bit 整数	0 至 255
带符号 16-bit 整数	–32 768 至 32 767
无符号 16-bit 整数	0 至 65 535
带符号 32-bit 整数	–2 147 483 648 至 2 147 483 647
无符号 32-bit 整数	0 至 4 294 967 295
带符号 64-bit 整数	–9 223 372 036 854 775 808 至 9 223 372 036 854 775 807
无符号 64-bit 整数	0 至 18 446 744 073 709 551 615

避免整数溢出的最简单办法是考虑清楚算术表达式中的每个项，设想每项可能达到的最大值。例如，如果在整数表达式 m = j * k 中，j 可预期的最大值是 200，k 可预期的最大值是 25，那么 m 可预期的最大值就是 200 * 25 = 5000。这在 32 位计算机上是没问题的，因为最大的整数是 2 147 483 647。然而，如果 j 可预期的最大值是 200 000，k 可预期的最大值是 100 000，那么 m 可预期的最大值就是 200 000 * 100 000 = 20 000 000 000。这时就行不通了，因为 20 000 000 000 要大于 2 147 483 647。在这种情况下，你就必须使用 64 位整数或者浮点数，以容纳 m 的预期最大取值。

另外还要考虑程序在未来的扩展。如果 m 的取值永远不会超过 5 000，那很好。但如果你预计 m 的取值会在几年时间内稳定增长，那么就要把这种情况考虑进来。

检查中间结果溢出　你需要关心的不仅是一个算式的最后数值。假设你写有下述代码：

```
Java 示例：中间结果溢出
int termA = 1000000;
int termB = 1000000;
int product = termA * termB / 1000000;
System.out.println( "( " + termA + " * " + termB + " ) / 1000000 = " + product );
```

如果你认为 product 的赋值结果与 (1 000 000 * 1 000 000) / 1 000 100 相等，可能期望所得的结果为 1 000 000。但是这段代码必须先计算出 1 000 000 * 1 000 000 的中间结果，然后再除以最后面的 1 000 000，而这就意味着它需要一个像 1 000 000 000 000 这么大的数字。你觉得会怎么样？下面就是结果：

```
(1000000 * 1000000) / 1000000 = -727
```

如果整数值最高只能达到 2 147 483 647，那么中间结果对于这一整数数据类型来说实在是太大了。如此一来，本该等于 1 000 000 000 000 的中间结果实际上等于了 -727 379 968。因此，当你用 1 000 000 去除的时候，得到的是 -727，而不是 1 000 000。

你可以用处理整数溢出的相同办法来处理中间结果溢出，换用一种更长的整型或者浮点类型。

12.3 Floating-Point Numbers 浮点数

KEY POINT 使用浮点数字时主要考虑的是，很多十进制小数不能够精确地用数字计算机中的 1 和 0 来表示。像 1/3 或者 1/7 这样的无限循环小数通常只用 7 位或者 15 位精度有效数字表示。在我所用的 Microsoft Visual Basic 版本中，1/3 的 32 位浮点数表示形式为 0.33 333 330。它的精确度是小数点后 7 位。这对于大多数用途而言是足够精确的，但是有时它的不精确性也足以给你带来麻烦。

下面是一些在使用浮点数时应该遵循的指导原则。

> **交叉参考** 有一些算法方面的书籍描述了解决这些问题的方法，参见第 10.1 节中的"有关数据类型的更多资源"。

避免数量级相差巨大的数之间的加减运算 32 位浮点变量，1 000 000.00 + 0.1 可能会得到 1 000 000.00，因为 32 位不能给你足够的有效位数包容 1 000 000 和 0.1 之间的数值区间。与之类似，5 000 000.02 – 5 000 000.01 很可能会得到 0.0。

解决方案是什么？如果你必须要把一系列差异如此巨大的数相加，那么就先对这些数排序，然后从最小值开始把它们加起来。同样，如果你需要对无穷数列进行求和，那么就从最小的值开始——从本质上来说，是要做逆向的求和运算。这样做并不能消除舍入问题，但是能使这一问题的影响减少到最低限度。很多的算法书都建议采用这种处理方式。

> 1 等于 2，对充分大的 1 成立。
> ——佚名

避免等量判断 很多应该相等的浮点数值并不一定相等。这里的根本问题是，用两种不同方法来求同一数值，结果不一定总得到同一个值。举例来说，10 个 0.1 加起来很少会等于 1.0。下面例子显示了应该相等但却不等的两个变量，nominal 和 sum。

> 变量 nominal 是个 64 位实数。

> sum 是 10*0.1，应当等于 1.0。

> 这是错误的比较。

```
Java 示例：对浮点数进行错误的比较
double nominal = 1.0;
double sum = 0.0;

for ( int i = 0; i < 10; i++ ) {
    sum += 0.1;
}

if ( nominal == sum ) {
    System.out.println( "Numbers are the same." );
}
else {
    System.out.println( "Numbers are different." );
}
```

正如你可能已经猜到的那样，这个程序的输出是

```
Numbers are different.
```

按代码逐行运行，for 循环中的 sum 值是这样的：

```
0.1
0.2
0.30000000000000004
0.4
0.5
0.6
0.7
0.7999999999999999
0.8999999999999999
0.9999999999999999
```

因此，应该找一种代替对浮点数字执行等量判断的方案。一种有效的方法是先确定可接受的精确度范围，然后用布尔函数判断数值是否足够接近。通常应该写一个 Equals() 函数，如果数值足够接近就返回 true，否则就返回 false。在 Java 中，这样的函数类似下面这样：

交叉参考 这个例子印证了每条规则皆有例外这一哲理。这个实际例子里的变量名包含了数字。在第 11.7 节的"**应该避免的名字**"里提到过避免在变量名中使用数字这一规则。

Java 示例：比较浮点数的函数
```java
final double ACCEPTABLE_DELTA = 0.00001;
boolean Equals( double Term1, double Term2 ) {
    if ( Math.abs( Term1 - Term2 ) < ACCEPTABLE_DELTA ) {
        return true;
    }
    else {
        return false;
    }
}
```

如果修改了前面对浮点数做出错误比较的例子中的代码，改用上述函数来做比较，那么新的比较就会是：

```
if ( Equals( Nominal, Sum ) ) ...
```

使用了这样的比较方法后，程序的输出就会变成：

```
Numbers are the same.
```

根据程序需求，对 ACCEPTABLE_DELTA 的值进行硬编码可能是不合适的。你也许需要根据待比较的两个数的大小算出 ACCEPTABLE_DELTA。

处理舍入误差问题　由于舍入误差而导致的错误与由于数字之间数量级相差太大而导致的错误并无二致。问题相同，解决的技术也相同。除此之外，下面列出一些专门用于解决舍入问题的常见方案。

- 换用一种精确度更高的变量类型。如果你正在用单精度浮点值，那么就换用双精度浮点值，同理类推。

- 换用二进制编码的十进制（binary coded decimal, BCD）变量。BCD 模式的处理通常更慢一些，并且要占用更多的存储空间，但是它能防止很多舍入错误的发生。当你使用的变量代表的是美元、美分或者其他必须要精确结算的数量的时候，这种方法会特别有用。

> **交叉参考**　通常，将二进制编码转换为 BCD 对性能产生的影响是很小的。如果你对这一影响仍心存疑虑，可以看看第 25.6 节 "代码调整方法总结"。

- 把浮点变量变成整型变量。这是一种自力更生转到 BCD 变量的方法。你可能必须要用 64 位整数才能获得所需的精度。采用这种方法要求你自己来处理数字的小数部分。假设你原来是用浮点数处理美元，其中美分表示为美元的小数部分。这是一种常用的处理美元和美分的方式。当你转到用整数的时候，就必须要用整数来表示美分，用美分的 100 倍来表示美元。换句话说，你把美元乘以 100，并把美分保存到变量值中 0 到 99 的范围内。这样做乍一看有点别扭，但是无论从速度还是精确度的角度来看，它都是一种有效的解决方案。你可以创建一个能够隐藏整数表示并且支持必要数字运算的 `DollarsAndCents` 类，来简化这些操作。

检查语言和函数库对特定数据类型的支持　有些语言，包括 Visual Basic 在内，包含了像 Currency 这样的数据类型，专用于处理对舍入误差敏感的数据。如果你的语言中内置了提供此类功能的数据类型，那么就用它！

12.4　Characters and Strings 字符和字符串

本节给出一些使用字符串的技巧。其中的第一条适用于所有的语言。

> **交叉参考**　在第 12.1 节 "数值概论" 中有关于神秘数值的描述，里面提到的一些事项同样适用于神秘字符以及神秘字符串。

避免使用神秘字符和神秘字符串　神秘字符（magic character）是指程序中随处可见的字面形式表示的字符（literal character，例如'A'），神秘字符串（magic string）是指字面形式表示的字符串（literal string，例如 "Gigamatic Accounting Program"）。如果你用的编程语言支持具名常量，则用具名常量来加以取代。否则就用全局变量。避免使用字面形式的字符串的众多原因如下：

- 对于程序的名字、命令名称、报表标题等常常出现的字符串，你有时可能需要修改它们的内容。例如，"Gigamatic Accounting Program" 可能会在一个新版本里改为 "New and Improved! Gigamatic Accouting Program"。

- 国际市场的重要意义正在日益凸现,翻译存放在字符串资源文件中的字符串要比翻译存在于代码中的字符串容易得多。

- 字符串的字面表示形式通常都会占用较多的存储空间。它用于菜单、消息、帮助屏幕、录入表格等。如果字符串的数量太多,就会失控,并引发内存问题。在很多环境中,字符串的存储空间并不是要考虑的因素,但是在嵌入式系统开发以及其他存储空间非常珍贵的应用中,这一点就必须考虑。在那些情况下,如果字符串是相对独立于源代码的,那么针对字符串空间问题的解决方案就会更容易实施。

- 字符和字符串的字面表示形式的含义是模糊的。注释或具名常量能够澄清你的意图。在下例中,`0x1B` 的含义并不清楚。使用 `ESCAPE` 常量使得这一含义变得更加明显了。

C++示例:字符比较

糟糕! → `if ( input_char == 0x1B ) ...`

好一点! → `if ( input_char == ESCAPE ) ...`

避免 off-by-one 错误　由于子字符串的下标索引方式几乎与数组相同,因此要避免因为读写操作超出了字符串末尾而导致的 off-by-one(偏差一)错误。

cc2e.com/1285

了解你的语言和开发环境是如何支持 Unicode 的　在 Java 等语言里,所有的字符串都是 Unicode 的。在 C 和 C++等其他的语言里,处理 Unicode 就要用到与之相关的一组函数。为了标准函数库与第三方函数库之间的通信,常常需要在 Unicode 和其他的字符集之间进行转换。如果有些字符串不需要表示成 Unicode(例如,在 C 或 C++中),就要尽早决定是否采用 Unicode 字符集。如果你决定要用 Unicode 字符串,就要决定何处以及何时使用它。

在程序生命期中尽早决定国际化/本地化策略　与国际化和本地化相关的事项都是很重要的问题。关键的考虑事项包括:决定是否把所有字符串保存在外部资源里,是否为每一种语言创建单独的版本,或者在运行时确定特定的界面语言[1]。

cc2e.com/1292

如果你知道只需要支持一种文字的语言,请考虑使用 ISO 8859 字符集　对于只需要支持单一文字(例如英语)、无须支持多语言或者某种表意语言(例如汉语)的应用程序,可以使用 ISO 8859 扩展 ASCII 类型标准来很好地替代 Unicode。

---

[1] 译注:指自然语言。

如果你需要支持多种语言，请使用 Unicode　与 ISO 8859 或者其他标准相比，Unicode 对国际字符集提供了更为全面的支持。

采用某种一致的字符串类型转换策略　如果你使用了多种字符串类型，有一种常用方法能维护各种字符串类型，那就是在程序中把所有字符串都保存为一种格式，同时在尽可能靠近输入和输出操作的位置把字符串转换为其他格式。

Strings in C
C 语言中的字符串

C++的标准模板库（STL）中的 string 类已经消除了大多数与 C 中字符串相关的传统问题。下面为那些直接处理 C 字符串的程序员提供一些避免常见错误的方法。

注意字符串指针和字符数组之间的差异　与字符串指针（string pointer）和字符数组（character array）相关的问题来源于 C 处理字符串的方式。请从以下两方面留心二者之间的差异。

- 警惕任何包含字符串和等号的表达式。C 中的字符串操作差不多都是通过 strcmp()、strcpy()、strlen()及其他相关的子程序完成的。等号几乎总意味着某种指针错误。在 C 里面，赋值并不把字符串字面量（string literal）拷贝给字符串变量。假设你写有下面这行语句

  StringPtr = "Some Text String";

  在这种情况下，"Some Text String"是一个指向字面量字符串的指针，因此这个赋值的结果只是让 StringPtr 指针指向该字面字符串。这个赋值并没有把字符串内容拷贝给 StringPtr。

- 通过命名规则区分变量是字符数组还是字符串指针。一种常见的规则是用 ps 前缀来标识字符串指针，用 ach 前缀来标识字符数组。尽管同时含有 ps 和 ach 前缀的表达式不一定总是错的，但你还是应该对它们持怀疑态度。

把 C-style 字符串的长度声明为 CONSTANT + 1　在 C 和 C++中，与 C-style 字符串相关的 off-by-one 错误很常见，因为很容易忘记长度为 n 的字符串需要 n + 1 字节的存储空间，从而忘记为空结束符（位于字符串的最后取值为 0 的字节）预留空间。避免这类错误的一种有效方法是用具名常量来声明所有字符串。这种方法的关键之处在于你每次都用同样的方式使用该具名常量。把字符串的长度声明为 CONSTANT + 1，然后在余下的代码里用 CONSTANT 来指代字符串的长度。下面举一个例子：

> **C示例：好的字符串声明**
> ```c
> /* Declare the string to have length of "constant+1".
>    Every other place in the program, "constant" rather
>    than "constant+1" is used. */
> char name[ NAME_LENGTH + 1 ] = { 0 }; /* string of length NAME_LENGTH */
> ...
> /* Example 1: Set the string to all 'A's using the constant,
>    NAME_LENGTH, as the number of 'A's that can be copied.
>    Note that NAME_LENGTH rather than NAME_LENGTH + 1 is used. */
> for ( i = 0; i < NAME_LENGTH; i++ )
>     name[ i ] = 'A';
> ...
> /* Example 2: Copy another string into the first string using
>    the constant as the maximum length that can be copied. */
> strncpy( name, some_other_name, NAME_LENGTH );
> ```

这里声明的字符串长度为 NAME_LENGTH+1

在这里，对字符串的操作用到了 NAME_LENGTH

这里也用到了。

如果你没有采用上面的规则来处理这一问题，你就会有时把字符串的长度声明为 NAME_LENGTH，然后在操作中使用 NAME_LENGTH - 1；而有时你会把字符串长度声明为 NAME_LENGTH + 1，然后在操作中使用 NAME_LENGTH。每次使用字符串的时候你都不得不去想自己是如何声明它的。

当每次都用相同的方式来使用字符串的时候，你就不需要去记住每个字符串是怎么处理的，从而避免由于忘记某字符串的处理细节而导致的错误。使用规则有助于减少脑力消耗以及编程失误。

交叉参考 第 10.3 节 "变量初始化原则" 有关于数据初始化的详细介绍。

用 null 初始化字符串以避免无结束符的字符串 C 通过查找空结束符，即字符串末尾取值为 0 的字节，来判断字符串的末尾。不管你认为字符串有多长，只要 C 没有找到空结束符，它就认为字符串还没有结束。如果你忘记在字符串的最后放置一个空值，字符串操作的结果可能就会与你预想的不一样。

你可以用两种方法来避免无结束符的字符串。首先，在声明字符数组的时候把它初始化为 0：

> **C示例：声明字符数组的好做法**
> ```c
> char EventName[ MAX_NAME_LENGTH + 1 ] = { 0 };
> ```

其次，在你动态分配字符串的时候，使用 calloc() 而不是 malloc() 来把它初始化为 0。calloc() 会负责分配内存，并把它初始化为 0。malloc() 只分配内存，并不执行初始化，因此，当你使用由 malloc() 分配的内存的时候就要小心了。

用字符数组取代C中的指针 如果内存不是限制性的因素——通常都不是——那么就把你所有的字符串变量都声明为字符数组。这样做有助于避免指针错误，并且在出错的时候，编译器会给你更多的警告。

> 交叉参考 本章后面的第12.8节"数组"详细描述了数组。

用strncpy()取代strcpy()以避免无结束符的字符串 C中的字符串子程序既有安全版本，也有危险版本。较危险的子程序，如 `strcpy()` 和 `strcmp()`，会一直运行下去，直到它们遇到了一个空结束符为止。安全版本即 `strncpy()` 和 `strncmp()`，会接受一个表示最大长度的参数，因此一旦处理到此参数长度位置，即使字符串会一直延续下去，你的函数调用也会及时返回。[2]

12.5 Boolean Variables 布尔变量

要把逻辑变量或者布尔变量用错是非常困难的，而更仔细地运用它会让你的程序变得更清晰。

> 交叉参考 第32章"自说明代码"详细介绍了如何使用注释对程序做进一步说明。

用布尔变量对程序加以文档说明 不同于仅仅判断一个布尔表达式，你可以把这种表达式的结果赋给一个变量，从而使得这一判断的含义变得明显。例如，在下面的代码片断中，`if` 检查的对象到底是工作完成、错误条件还是其他什么，情况很不明确：

> 交叉参考 第19.1节"简化复杂的表达式"里有一个借助布尔函数来为程序提供说明的例子。

Java示例：目的不明确的布尔判断
```
if ( ( elementIndex < 0 ) || ( MAX_ELEMENTS < elementIndex ) ||
    ( elementIndex == lastElementIndex )
    ) {
    ...
}
```

在下面这段代码中，布尔变量的使用使得 `if` 的判断对象明确多了：

Java示例：目的明确的布尔判断
```
finished = ( ( elementIndex < 0 ) || ( MAX_ELEMENTS < elementIndex ) );
repeatedEntry = ( elementIndex == lastElementIndex );
if ( finished || repeatedEntry ) {
    ...
}
```

用布尔变量来简化复杂的判断 常有这样的情况，在需要编写一段复杂的判断时，你要尝试好几次才能成功。在你事后想要修改这一判断的时候，首先弄清楚这段判断在做什么就已经很困难了。逻辑变量可以简化这种判断。在前述示例中，程序事实上需要判断两个条件：子程序是否已经结束，以及子程序是否在重复的记录上工作。通过创建 `finished` 和 `repeatedEntry` 两个布尔变量，`if` 的判断得到了简化：读起来很容易，更不容易出错，修改起来也更加方便了。

---

[2] 译注：更安全的做法是使用 `strlcpy()` 或 `strcpy_s()`。

下面再举一个复杂判断的例子：

Visual Basic示例：复杂的判断
```
If ( ( document.AtEndOfStream() ) And ( Not inputError ) ) And _
    ( ( MIN_LINES <= lineCount ) And ( lineCount <= MAX_LINES ) ) And _
    ( Not ErrorProcessing() ) Then
    ' do something or other
    ...
End If
```

本例中的判断相当复杂，但是这种情况并不罕见。它给读者很重的思维负担。我猜你甚至不会去试着理解 `if` 判断的含义，而是看看它说，"要是需要的话，我会以后再去弄清楚。"请注意这种想法，因为这就是别人阅读你所写的含有类似判断语句代码时的真切反应。

下面是重写的代码，增加了布尔变量以简化判断：

Visual Basic示例：简化后的判断
```
allDataRead = ( document.AtEndOfStream() ) And ( Not inputError )
legalLineCount = ( MIN_LINES <= lineCount ) And ( lineCount <= MAX_LINES )
If ( allDataRead ) And ( legalLineCount ) And ( Not ErrorProcessing() ) Then
    ' do something or other
    ...
End If
```
←这是简化之后的判断。

第二个版本更简单些。我想你阅读这个 `if` 判断里的布尔表达式不会有任何困难。

如果需要的话，创建你自己的布尔类型　有些语言，比如 C++、Java 和 Visual Basic，含有预定义的布尔类型。其他语言，比如 C，却没有。在 C 这样的语言中，你可以定义你自己的布尔类型。在 C 中你可能会这样做：

C示例：用typedef定义BOOLEAN类型
```
typedef int BOOLEAN;
```

或者你也可以这么做，其额外好处是同时定义出了 `true` 和 `false`：

C示例：用枚举定义Boolean类型
```
enum Boolean {
   True=1,
   False=(!True)
};
```

把变量声明为 BOOLEAN 而非 int，可以让其用途更为明显，并且使你的程序不言自明。

12.6 Enumerated Types 枚举类型

枚举类型是一种允许用英语来描述某一类对象中每一个成员的数据类型。C++ 和 Visual Basic 都提供了枚举类型，通常用在你知道变量的所有可能取值，并且希望把它们用单词表达出来的时候。下面举一些 Visual Basic 中的枚举类型示例：

Visual Basic示例：枚举类型
```
Public Enum Color
    Color_Red
    Color_Green
    Color_Blue
End Enum

Public Enum Country
    Country_China
    Country_England
    Country_France
    Country_Germany
    Country_India
    Country_Japan
    Country_Usa
End Enum

Public Enum Output
    Output_Screen
    Output_Printer
    Output_File
End Enum
```

枚举类型是老式说明方法的强有力替代者，使用老式说明方法的时候你需要明确地说，"1 代表红色，2 代表绿色，3 代表蓝色……"。下面给出一些如何使用枚举类型的指导原则。

用枚举类型来提高可读性 与下面这个语句相比

```
if chosenColor = 1
```

你可以通过下面这样的语句来提高可读性

```
if chosenColor = Color_Red
```

每当你看到字面形式数字的时候，就应该问问自己，把它换成枚举类型是不是更合理。

枚举类型特别适用于定义子程序参数。有谁知道下面函数调用里的参数代表什么？

C++示例：函数调用——用枚举会更好
```
int result = RetrievePayrollData( data, true, false, false, true );
```

与之相反，下面函数调用里的参数更容易理解：

C++示例：函数调用——使用枚举提高可读性
```
int result = RetrievePayrollData(
    data,
    EmploymentStatus_CurrentEmployee,
    PayrollType_Salaried,
    SavingsPlan_NoDeduction,
    MedicalCoverage_IncludeDependents
);
```

用枚举类型来提高可靠性 对于少数语言而言（尤其是 Ada），枚举类型会使编译器执行比整数和常量更为彻底的类型检查。如果采用具名常量，编译器将无法知道仅有 `Color_Red`、`Color_Green` 和 `Color_Blue` 是合法的值。编译器不会反对像 `color = Country_England` 或者 `country = Output_Printer` 这样的语句。但如果你用了枚举类型，把一个变量声明为 `Color`，编译器就会只允许把该变量赋值为 `Color_Red`、`Color_Green` 或 `Color_Blue`。

用枚举类型来简化修改 枚举类型使得你的代码更容易修改。如果你在"1代表红色，2代表绿色，3代表蓝色"方案中发现了一处缺陷，你就必须从头到尾检查代码，并且修改所有的 1、2、3 等。如果用的是枚举类型，你就可以继续向列表增加元素，只要把它们加入类型定义后重新编译就可以了。

将枚举类型作为布尔变量的替换方案 布尔变量往往无法充分表达它所需要表达的含义。举例而言，假设你有一个子程序在成功地完成任务之后返回 `true`，否则返回 `false`。后来你可能发现事实上有两种 `false`。第一种表示任务失败了，并且其影响只局部于子程序自身；第二种表示任务失败了，而且产生了一个致命错误，需要把它传播到程序的其余部分。在这种情况下，一个包含 `Status_Success`、`Status_Warning` 和 `Status_FatalError` 值的枚举类型，就比一个包含 `true` 和 `false` 的布尔类型更有用。如果成功和失败的具体类型有所增加，对其进行扩展以区分这些情况也是非常容易的。

检查非法数值 在 `if` 或者 `case` 语句中测试枚举类型时，务必记得检查非法值。在 `case` 语句中用 `else` 子句捕捉非法值：

Visual Basic示例：检查枚举类型数据中的无效值

```
Select Case screenColor
    Case Color_Red
        ...
    Case Color_Blue
        ...
    Case Color_Green
        ...
    Case Else                          ← 这是对无效值的判断。
        DisplayInternalError( False, "Internal Error 752: Invalid color." )
End Select
```

定义出枚举的第一项和最后一项，以便用于循环边界　把枚举的第一个和最后一个元素定义成 Color_First, Color_Last, Country_First, Country_Last 等，以使你更方便地写出能遍历所有枚举元素的循环来。你可以用明确的数值来定义该枚举类型，如下所示：

Visual Basic示例：设置枚举类型数据第一项和最后一项

```
Public Enum Country
    Country_First = 0
    Country_China = 0
    Country_England = 1
    Country_France = 2
    Country_Germany = 3
    Country_India = 4
    Country_Japan = 5
    Country_Usa = 6
    Country_Last = 6
End Enum
```

现在就可以把 Country_First 和 Country_Last 用做循环边界了：

Visual Basic示例：遍历枚举类型数据元素

```
' compute currency conversions from US currency to target currency
Dim usaCurrencyConversionRate( Country_Last ) As Single
Dim iCountry As Country
For iCountry = Country_First To Country_Last
    usaCurrencyConversionRate( iCountry ) = ConversionRate( Country_Usa, iCountry )
Next
```

把枚举类型的第一个元素留做非法值　在你声明枚举类型的时候，把第一个值保留为非法值。很多编译器会把枚举类型中的第一个元素赋值为0。把映射到0的那个元素声明为无效会有助于捕捉那些没有合理初始化的变量，因为这些变量值更有可能为0，而不是其他的非法值。

下面就是采用了这种方法后的 Country 声明:

Visual Basic示例:将枚举中第一个元素声明为无效值
```
Public Enum Country
    Country_InvalidFirst = 0
    Country_First = 1
    Country_China = 1
    Country_England = 2
    Country_France = 3
    Country_Germany = 4
    Country_India = 5
    Country_Japan = 6
    Country_Usa = 7
    Country_Last = 7
End Enum
```

明确定义项目代码编写标准中第一个和最后一个元素的使用规则,并且在使用时保持一致 在枚举中使用 InvalidFirst, First 和 Last 元素,能使数组声明和循环更具有可读性。但是这样做也可能会造成混乱,究竟枚举中的合法项是从 0 开始还是从 1 开始的?枚举中的第一个和最后一个元素合法吗?如果使用这种技术,项目的编码标准中就应该要求在所有的枚举中都统一使用 InvalidFirst、First、Last,以减少出错。

警惕给枚举元素明确赋值而带来的失误 有些语言允许对枚举里面的各项元素明确地赋值,如下面这个 C++ 例子所示:

对枚举元素直接赋值的C++范例
```
enum Color {
    Color_InvalidFirst = 0,
    Color_First = 1,
    Color_Red = 1,
    Color_Green = 2,
    Color_Blue = 4,
    Color_Black = 8,
    Color_Last = 8
};
```

在这个例子中,如果你把一个循环的下标声明为 Color 类型,并且尝试去遍历所有的 Color,那么你在遍历 1,2,4,8 这些合法数值的同时,也会遍历 3,5,6,7 这些非法数值。

If Your Language Doesn't Have Enumerated Types
如果你的语言里没有枚举类型

如果你的语言里没有枚举类型，那么可以用全局变量或者类来模拟它。例如，可以在 Java 中使用下面这些声明：

> **交叉参考** 在我写这一章的时候，Java 还不支持枚举类型。等你阅读本章的时候，它或许能够支持了。这正是我在第 4.3 节"你在技术浪潮中的位置"中写到的"翻滚的技术潮流"的一个极好实例。

Java 示例：模拟枚举类型
```
// set up Country enumerated type
class Country {
    private Country() {}
    public static final Country China = new Country();
    public static final Country England = new Country();
    public static final Country France = new Country();
    public static final Country Germany = new Country();
    public static final Country India = new Country();
    public static final Country Japan = new Country();
}

// set up Output enumerated type
class Output {
    private Output() {}
    public static final Output Screen = new Output();
    public static final Output Printer = new Output();
    public static final Output File = new Output();
}
```

这些枚举类型会增强你的程序的可读性，因为你可以用 `Country.England` 和 `Output.Screen` 等公用类成员来代替具名常量。这种特殊的创建枚举类型的方法还是类型安全（type safe）的；因为每种类型都声明为类，因此编译器会检查非法的赋值，比如 `Output output = Country.England`（Bloch 2001）。

在不支持类的语言中，你也可以通过对全局变量的规范应用来模拟枚举类型中的每一个元素，从而获得同样的基本效果。

12.7 Named Constants
12.7 具名常量

具名常量很像变量，一旦赋值以后就不能再修改了。具名常量允许你用一个名字而不是数字——比如说 `MAXIMUM_EMPLOYEES` 而不是 1 000——来表示固定的量，比如员工人数的最大值。

使用具名常量是一种将程序"参数化"的方法——把程序中可能变化的一个方面写为一个参数，当需要对其修改时，只改动一处就可以了，而不必在程序中到处改动。如果你曾经声明过一个你认为大小肯定够用的数组，后来却因为容量不够而用光了存储空间，你就会赞美具名常量的作用了。一旦数组的大小变了，你只需要修改声明该数组时所用的那个常量的定义。这种"单点控制（single-point control）"对让软件真正地"软"了许多——用起来和改起来都很方便。

在数据声明中使用具名常量 在需要定义所用数据的大小的数据声明和其他语句里，使用具名常量可以提高程序的可读性和可维护性。在下例中，就用 LOCAL_NUMBER_LENGTH 来描述员工电话号码的长度，而不用数字 7。

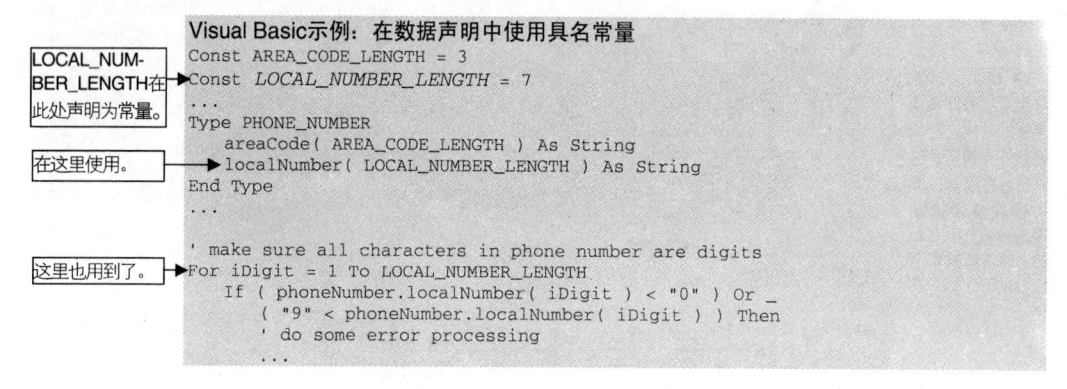

Visual Basic示例：在数据声明中使用具名常量

```
Const AREA_CODE_LENGTH = 3
Const LOCAL_NUMBER_LENGTH = 7       ← LOCAL_NUM-
...                                    BER_LENGTH在
Type PHONE_NUMBER                      此处声明为常量。
    areaCode( AREA_CODE_LENGTH ) As String
    localNumber( LOCAL_NUMBER_LENGTH ) As String   ← 在这里使用。
End Type
...
' make sure all characters in phone number are digits
For iDigit = 1 To LOCAL_NUMBER_LENGTH   ← 这里也用到了。
    If ( phoneNumber.localNumber( iDigit ) < "0" ) Or _
        ( "9" < phoneNumber.localNumber( iDigit ) ) Then
        ' do some error processing
    ...
```

这个例子很简单，但是你可以设想这样一个程序，其中很多地方都用到有关于员工电话号码的信息。

在你创建这个程序的时候，所有的员工都在同一个国家里，所以你只需要 7 位数字就能容纳他们的电话号码。随着规模的扩张，公司在很多国家都建立了分支机构，你就会用到更长的电话号码。如果你将号码长度参数化，那么就可以只修改一处：即 LOCAL_NUMBER_LENGTH 具名常量的定义。

交叉参考 单点控制的意义在《Software Conflict》(Glass 1991) 第 57 至 60 页有详细叙述。

正如你所料到的那样，使用具名常量非常有助于程序的维护。作为一项一般性的原则，任何一种能够对可能发生改变的事物进行集中控制的技术，都是减少维护工作量的好技术（Glass 1991）。

避免使用文字量，即使是"安全"的 在下面的循环里，你认为 12 代表着什么含义？

Visual Basic示例：含义模糊的代码

```
For i = 1 To 12
    profit( i ) = revenue( i ) - expense( i )
Next
```

12.7 具名常量

根据这段代码的特殊本质，看上去它可能是在遍历一年里的 12 个月。不过你能确定吗？你敢用你收藏的 Monty Python 全集来打赌吗？[3]

在这种情况下，你是不大需要用具名常量来支持将来的灵活性的：一年中月份的数量在任何时间都不太可能改变。但是如果代码的写法会让人对它的作用产生任何一丝疑虑，就应该用命名良好的常量来明确它，如下所示：

Visual Basic示例：含义清晰的代码
```
For i = 1 To NUM_MONTHS_IN_YEAR
    profit( i ) = revenue( i ) - expense( i )
Next
```

这样好多了，但是，为了完成这个例子，循环下标的名字也应该能反映出更多的信息来：

Visual Basic示例：含义更加清晰的代码
```
For month = 1 To NUM_MONTHS_IN_YEAR
    profit( month ) = revenue( month ) - expense( month )
Next
```

这看上去已经非常不错了，但是我们还可以用枚举类型来让它更上一层楼：

Visual Basic示例：含义一目了然的代码
```
For month = Month_January To Month_December
    profit( month ) = revenue( month ) - expense( month )
Next
```

对于最后的这个示例，没有人会对循环的用途产生怀疑了。即使你认为使用文字量（literal）是安全的，也应当转去使用具名常量。请成为从代码中剔除文字量的狂热者吧。用一款文本编辑器来寻找代码里的 2、3、4、5、6、7、8 和 9，以确认你没有由于不小心而使用了它们。

> **交叉参考** 前面第12.6节中的"如果你的语言里没有枚举类型"有关于如何模拟枚举类型的详细介绍。

用具有适当作用域的变量或类来模拟具名常量 如果你的语言不支持具名常量，你可以自行创建解决方案。通过使用与前面模拟枚举类型 Java 示例中建议的相似的方法，你同样可以获得具名常量的优点。需要遵循的典型的作用域原则是：优先选用局部作用域，其次是类作用域，再次是全局作用域。

统一地使用具名常量 如果需要表示的是同一个实体，在一处使用具名常量，而在另一处使用数字符号是非常危险的。有些编程实践是在自找麻烦；就像是在拨打 800 免费热线，并要求把错误送上门来。如果某个具名常量的值需要修改，

---

[3] 译注：Monty Python 为 20 世纪 60 年代英国经典电视连续剧，Python 语言由此得名。

你就会去修改它，然后自信已经做了全部所需的改动。这样就会忽略掉那些硬编码的数字符号，从而给你的程序带来难于发现的问题，而解决这些问题可要比抓起电话大声求助难得多。

12.8 Arrays 数组

数组是最简单和最常用的结构化数据类型。在有些语言里，数组是唯一的结构化数据类型。一个数组中含有一组类型完全相同，并且可以用数组下标来直接访问的条目。下面就如何使用数组给出一些建议。

确认所有的数组下标都没有超出数组的边界 在任何情况下，与数组有关的所有问题都源于一个事实：数组里的元素可以随机访问。最常见的问题就是程序试图用超出数组边界的下标去访问数组元素。在有些语言里，这种情况会产生一个错误；在其他语言里，这样做会产生一个奇怪的不可预料的结果。

考虑用容器来取代数组，或者将数组作为顺序化结构来处理 计算机科学界的一些最聪明的人士建议永远不要随机地访问数组，只能顺序地访问（Mills and Linger 1986）。他们的论点是，在数组里随机访问就像在程序里面随便使用的 goto 语句一样：这种访问很容易变得难于管理且容易出错，要证明其是否正确也很困难。他们建议使用集合、栈和队列等按顺序存取元素的数据结构来取代数组。

在一项小型试验里，Mills 和 Linger 发现按照这种方法所创建的设计中只需要更少的变量和变量引用。相对而言，这样做设计的工作效率较高，能产生高度可靠的软件。

在你习惯性地选用数组之前，考虑能否用其他可以顺序访问数据的容器类作为替换方案——如集合、栈、队列等。

交叉参考 使用数组和使用循环所遇到的问题有相似之处，二者也是紧密联系在一起的。在第 16 章"控制循环"有关于循环的详细介绍。

检查数组的边界点 正如考虑循环结构的边界是非常有用的一样，你可以通过检查数组的边界点来捕获很多错误。问问自己，代码有没有正确地访问数组的第一个元素？还是错误地去访问了第一个元素之前或者之后的那个元素？而后一个元素呢？代码会导致 off-by-one 的错误吗？最后，问问你自己代码有没有正确地访问数组中间的元素。

如果数组是多维的，确认下标的使用顺序是正确的 很容易把 Array[j][i] 写成 Array[i][j]，所以请花些时间检查下标的顺序是否正确。与其用 i 和 j 这类不明不白的东西，不如去考虑更有意义的名字。

提防下标串话　如果你在使用嵌套循环，那么会很容易把 `Array[i]` 写成了 `Array[j]`。调换循环下标称为"下标串话（cross-talk）"。请检查这种问题。更好的做法是使用比 i 和 j 更有意义的下标名，从而在一开始就降低下标串话错误的发生几率。

在 C 中结合 ARRAY_LENGTH() 宏来使用数组　通过定义类似于下面的 `ARRAY_LENGTH()` 宏，你可以更加灵活地使用数组：

C示例：定义ARRAY_LENGTH()宏
```c
#define ARRAY_LENGTH( x ) (sizeof(x)/sizeof(x[0]))
```

在你操作数组的时候，用 `ARRAY_LENGTH()` 宏取代具名常量来表示数组大小的上限。如下例所示：

C示例：借助ARRAY_LENGTH()宏对数组进行操作
```c
ConsistencyRatios[] =
    { 0.0, 0.0, 0.58, 0.90, 1.12,
      1.24, 1.32, 1.41, 1.45, 1.49,
      1.51, 1.48, 1.56, 1.57, 1.59 };
...
for ( ratioIdx = 0; ratioIdx < ARRAY_LENGTH( ConsistencyRatios ); ratioIdx++ );
...
```
← 这里使用了宏。

这种技术对于例子中出现的这种一维数组特别有用。如果你增加或者减少了数组中的条目，你不需要记着去改变用于描述数组大小的具名常量。当然，这种技术也同样适用于多维数组，并且，如果用了这种方法，你就没有必要总为定义数组而多创建一个具名常量。

12.9 Creating Your Own Types (Type Aliasing) 创建你自己的类型（类型别名）

KEY POINT

程序员自定义的数据类型是语言所能赋予你的一种最强有力的、最有助于澄清你对程序的理解的功能之一。它保护你的程序免受预料之外更改之困扰，并使得程序更容易阅读——所有这一切都不需要你去设计、构造或者测试新的类。如果你在使用 C、C++或者另外一种能够支持用户自定义类型的语言，就请好好利用这些自定义类型！

交叉参考　很多情况下，创建一个类会比创建单个数据类型好得多。在第 6 章 "可以工作的类" 里面有详细的介绍。

为了感受创建自定义类型的威力，假设你正在写一个程序，把 x、y、z 坐标系中的坐标值转化为纬度、经度和海拔高度。你觉得可能需要用双精度浮点值，但除非能对此完全肯定，否则你宁愿用单精度浮点值写程序。你可以使用 C 或 C++ 中的 `typedef` 语句或者其他语言中的相关语句来为坐标创建一个新的特殊类型。

下面是你用 C++ 创建该类型定义的代码：

> **C++示例：创建一个数据类型**
> ```
> typedef float Coordinate;  // for coordinate variables
> ```

该类型定义声明了一个新的类型，`Coordinate`，其功能与 `float` 类型完全相同。在使用这一新类型时，你就像使用 `float` 等预定义类型一样用它来声明变量。下面就是一例：

> **C++示例：使用前面创建的数据类型**
> ```
> Routine1( ... ) {
>    Coordinate latitude;   // latitude in degrees
>    Coordinate longitude;  // longitude in degrees
>    Coordinate elevation;  // elevation in meters from earth center
>    ...
> }
> ...
> Routine2( ... ) {
>    Coordinate x; // x coordinate in meters
>    Coordinate y; // y coordinate in meters
>    Coordinate z; // z coordinate in meters
>    ...
> }
> ```

在这段代码里，变量 `latitude`（纬度），`longitude`（经度），`elevation`（海拔），`x`,`y` 和 `z` 都声明为 `Coordinate` 类型。

现在假设程序发生了变化，你最终发现自己需要使用双精度变量来表示坐标。由于你已经专门为坐标数据定义了一种类型，因此唯一需要修改的就是类型的定义。而且只需要在一处做修改：`typedef` 语句里面。下面是修改后的类型定义：

> **C++示例：改变后的类型定义**
> ```
> typedef double Coordinate;  // for coordinate variables
> ```
> （最初的 float 改为 double。）

下面再举一例——这回用的是 Pascal。假设你在开发一套薪资系统，其中员工姓名的最大长度不超过 30 个字符。你的用户已经说过没有任何人的姓名超出 30 个字符。你会在你的程序里到处硬编码 30 这一数字吗？如果你这么做，那么你对你用户的信任要远远超过我对我用户的信任！更好的做法是为员工姓名定义一种类型：

> **Pascal示例：为雇员姓名创建数据类型**
> ```
> Type
>    employeeName = array[ 1..30 ] of char;
> ```

一旦涉及到使用字符串或者数组，最明智的做法通常是定义出一个能够表明该字符串或数组长度的具名常量，然后在类型定义中使用该具名常量。程序中有很多地方会用到该具名常量——这里只是第一个位置。代码如下：

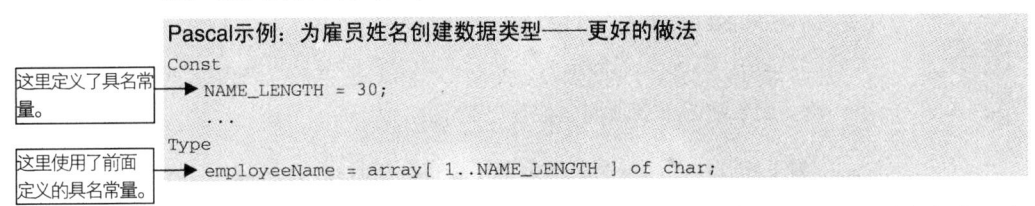

Pascal示例：为雇员姓名创建数据类型——更好的做法

```
Const
NAME_LENGTH = 30;    ← 这里定义了具名常量。
...
Type
employeeName = array[ 1..NAME_LENGTH ] of char;    ← 这里使用了前面定义的具名常量。
```

一个更强大的例子是把创建自己的类型和信息隐藏这两种理念结合起来。在一些情况下，你想要隐藏的信息就是该数据的类型信息。

上面 C++ 的坐标示例只是部分地实现了信息隐藏。如果你总是使用 `Coordinate` 而非 `float` 或者 `double`，你就有效地隐藏了数据的类型。在 C++ 里，这差不多就是语言能够为你隐藏的全部信息。除此之外，你或者你代码的后续使用者还必须遵守"不去查看 `Coordinate` 的定义"的纪律。C++ 为你提供了象征性的、而不是字面的信息隐藏的能力。

其他的语言，例如 Ada，走得更进一步，支持字面的信息隐藏（literal information hiding）。下面是一个声明了 `Coordinate` 代码段的 Ada 包（package）的样子：

Ada示例：将类型细节隐藏到包内部

```
package Transformation is
    type Coordinate is private;    ← 这条语句声明 Coordinate 是这个包的私用成员。
    ...
```

下面是另一个使用了 `Coordinate` 的包的例子：

Ada示例：使用另一个包内的类型

```
with Transformation;
...
procedure Routine1(...) ...
    latitude: Coordinate;
    longitude: Coordinate;
begin
    -- statements using latitude and longitude
    ...
end Routine1;
```

请注意，`Coordinate` 类型在包规格中声明为私用的。这意味着程序中唯一了解 `Coordinate` 类型定义的部分是 `Transformation` 包的私用部分。在一个团队开发的环境里，你可以只分发包规格，从而使开发其他包的程序员不能查看 `Coordinate` 的底层类型。该信息被字面地隐藏了。像 C++这样要求你通过头文件来分发 `Coordinate` 定义的语言里较难实现真正的信息隐藏。

这些例子阐明了多项创建你自己类型的原因。

- **易于修改**　创建一个新类型并不费事，而且它为你带来了很多灵活度。

- **避免过多的信息分发**　采用硬编码而非集中在一处管理数据的方式会导致数据类型的细节散布于程序内部。这是第 6.2 节讨论的集中化的信息隐藏原则时的一个例子。

- **增加可靠性**　在 Ada 中，你可以定义 type Age is range 0..99 这样的类型。编译器接着就会生成运行时检查，以验证所有 Age 类型变量的取值都处于 0 到 99 的范围内。

- **弥补语言的不足**　如果你的语言不具有你所需要的预定义类型，你可以自己来创建它。例如，C 没有布尔或者逻辑类型。这种不足很容易通过自己创建该类型来予以弥补：

  ```
  typedef int Boolean;
  ```

Why Are the Examples of Creating Your Own Types in Pascal and Ada
为什么创建自己的类型的示例是用 Pascal 和 Ada 写的

Pascal 和 Ada 已经在走向灭亡，而且一般来说，取代它们的语言都更好用。然而，就简单类型定义而言，我认为 C++、Java 和 Visual Basic 在这方面改善不大。Ada 声明如下：

```
currentTemperature: INTEGER range 0..212;
```

包含了下述语句所不具备的重要语义信息：

```
int temperature;
```

再进一步，像下面这样的类型声明：

```
type Temperature is range 0..212;
...
currentTemperature: Temperature;
```

使编译器能保证只把 currentTemperature 赋给其他 Temperature 类型的变量，这样只需要很少的额外代码就能为程序提供更多的安全边界。

当然，程序员可以创建一个 Temperature 类，去推行 Ada 语言里自动推行的同样的语义。但从写一行代码创建的一个简单数据类型，到创建一个类，是很大的一步。在许多情况下，程序员可能愿意创建这个简单类型，但却不愿意向前走一步，付诸更多努力去创建一个类。

Guidelines for Creating Your Own Types
创建自定义数据类型的指导原则

交叉参考 在任何情况下，都应该考虑用类是否会比用简单数据类型更好，相关内容在第 6 章 "可以工作的类" 中有详细的介绍。

请在创建自己的"用户自定义"类型时考虑下述原则。

给所创建的类型取功能导向的名字 避免使用那些代表了类型底层计算机数据类的类型名。应该用能代表该新类型所表现的现实世界问题的类型名。前面例子中的定义就为坐标和人员姓名创建了命名良好的类型——它们代表了现实世界中的事物。与之相似，你可以为货币、支付代码、年龄等——现实世界问题的方方面面——创建类型。

要提防创建了引用预定义类型的类型名。像 BigInteger 或 LongString 这样的类型名所反映的是计算机数据，而非现实世界问题。创建自定义类型的最大优点，就在于它提供了介于你的程序和实现语言之间的一层绝缘层。引用了底层编程语言类型的类型名就是在该绝缘层上戳了一个洞。它不会比使用一种预定义类型给你带来更多好处。另一方面，以现实问题为导向的名字也使自定义类型容易修改，其作用不言自明。

避免使用预定义类型 如果类型有一丝变化的可能，就应避免在除 typedef 或类型定义之外的任何位置使用预定义的类型。创建功能导向的新类型很容易，但是修改那些使用了硬编码的类型的程序里的数据却很难。更何况使用功能导向的类型声明，实际上部分地解释了那些通过它们声明的变量。像 Coordinate x 这样的声明要比 float x 这样的声明告诉你更多有关 x 的信息。请尽可能多地使用自己创建的类型。

不要重定义一个预定义的类型 改变一个标准类型的定义会引起混淆。例如，如果你的语言有一个预定义的类型 Integer，那么就不要创建名为 Integer 的自定义类型。代码的读者可能会忘记你已经重新定义了该类型，并认为他们所看到的 Integer 就是他们习惯看到的那个 Integer。

定义替代类型以便于移植 与不要修改标准类型的定义的建议相反，你可能需要为标准类型定义替代类型，以便让变量在不同的硬件平台上正确地代表相同的实体。例如，你可以定义一个 INT32 类型，用它来代替 int，或者定义 LONG64

类型来代替long。最初,这样的两个类型之间唯一的区别就是它们名字的大小写不同。但是当你把程序移植到一个新的硬件平台之上的时候,你就可以重新定义大写的那个类型版本,以便它们能够与原始硬件的数据类型相匹配。

一定不要定义容易被错认为是预定义类型的类型。或许可以定义 INT 而非 INT32,但你最好把自定义类型和语言所提供的类型明显地区分开来。

考虑创建一个类而不是使用typedef 简单的typedef对隐藏变量的底层类型信息是大有帮助的。然而,在一些情况下,你可能会需要定义类所能获得的那些额外的灵活度和控制力。详细信息请见第 6 章 "可以工作的类"。

cc2e.com/1206

交叉参考 如果想看针对普遍数据类型而非特定数据类型的核对表,请看第 10 章 257 页的 "使用变量的一般事项"。如果想看如何为变量命名的注意事项核对表,请看第 11 章 288 页的 "变量名的力量"。

CHECKLIST: Fundamental Data
核对表:基本数据类型

数值概论

❑ 代码中避免使用神秘数值吗?

❑ 代码考虑了除零错误吗?

❑ 类型转换很明显吗?

❑ 如果在一条语句中存在两个不同类型的变量,那么这条语句会像你期望的那样求值吗?

❑ 代码避免了混合类型比较吗?

❑ 程序编译时没有警告信息吗?

整数

❑ 使用整数除法的表达式能按预期的那样工作吗?

❑ 整数表达式避免整数溢出问题吗?

浮点数

❑ 代码避免了对数量级相差巨大的数字做加减运算吗?

❑ 代码系统地阻止了舍入错误的发生吗?

❑ 代码避免对浮点数做等量比较吗?

字符和字符串

❑ 代码避免使用神秘字符和神秘字符串吗?

❑ 使用字符串时避免了 off-by-one 错误吗?

- ❏ C 代码把字符串指针和字符数组区别对待了吗？
- ❏ C 代码遵循了把字符串声明为 CONSTANT + 1 长度的规则了吗？
- ❏ C 代码在适当的时候用字符数组来代替指针了吗？
- ❏ C 代码把字符串初始化为 NULL 来避免无终端的字符串了吗？
- ❏ C 代码用 strncpy() 代替 strcpy() 吗？strncat() 和 strncmp() 呢？

布尔变量

- ❏ 程序用额外的布尔变量来说明条件判断了吗？
- ❏ 程序用额外的布尔变量来简化条件判断了吗？

枚举类型

- ❏ 程序用枚举类型而非具名常量来提高可读性、可靠性和可修改性吗？
- ❏ 当变量的用法不能仅用 true 和 false 表示的时候，程序用枚举类型来取代布尔变量吗？
- ❏ 针对枚举类型的测试检测了非法数值吗？
- ❏ 把枚举类型的第一项条目保留为"非法的"了吗？

具名常量

- ❏ 程序用具名常量而不是神秘数值来声明数据和表示循环界限吗？
- ❏ 具名常量的使用一致吗？——没有在有些位置使用具名常量又在其他位置使用文字量？

数组

- ❏ 所有的数组下标都没有超出数组边界吗？
- ❏ 数组引用没有出现 off-by-one 错误吗？
- ❏ 所有多维数组的下标的顺序都正确吗？
- ❏ 在嵌套循环里，把正确的变量用于数组下标来避免循环下标串话了吗？

> **创建类型**
>
> ❑ 程序对每一种可能变化的数据分别采用不同的类型吗？
> ❑ 类型名是以该类型所表示的现实世界实体为导向，而不是以编程语言类型为导向的吗？
> ❑ 类型名的描述性足以强，可以帮助解释数据声明吗？
> ❑ 你避免重新定义预定义类型吗？
> ❑ 与简单地重定义一个类型相比，你考虑过创建一个新类吗？

Key Points 要点

- 使用特定的数据类型就意味着要记住适用于各个类型的很多独立的原则。用本章的核对表来确认你已经对常见问题做了考虑。

- 如果你的语言支持，创建自定义类型会使得你的程序更容易修改，并更具有自描述性。

- 当你用 typedef 或者其等价方式创建了一个简单类型的时候，考虑是否更应该创建一个新的类。

第13章 Unusual Data Types 不常见的数据类型

cc2e.com/1378

内容

- 13.1 结构体：第319页
- 13.2 指针：第323页
- 13.3 全局数据：第335页

相关章节

- 基本数据类型：第12章
- 防御式编程：第8章
- 不常见的控制结构：第17章
- 软件开发中的复杂度：第5.2节

有些语言除了支持第12章"基本数据类型"所讨论的那些数据类型之外，还支持一些"奇异的"数据类型。第13.1节描述了什么时候你可能会在一些场合中使用结构体而不使用类。第13.2节描述了使用指针的细节。如果你曾经被与使用全局数据有关的问题困扰，那么第13.3节将会为你解释如何避免遇到这些麻烦。如果你发现本章描述的数据类型并不是你通常在一些现代面向对象编程书籍中所读到的类型，这就对了。这正是为什么本章被命名为"不常见的数据类型"的原因。

13.1 Structures 结构体

"结构体"这一术语指的是使用其他类型组建的数据。由于数组是一个特殊情况，因此把它单独放到了第12章。本节讲述用户创建的结构化数据——C和C++中的struct，以及Microsoft Visual Basic中的Structure。在Java和C++里面，类有时表现得也像结构体一样（当类完全由公用的数据成员组成，而不包含公用子程序的时候）。

通常情况下，你会希望创建类而非结构体，这样除了能使用结构体可以提供的公用数据成员外，还能利用类所提供的私密性和功能性。但是有时直接操纵成块的数据会十分方便，下面就列出了一些使用结构体的理由。

用结构体来明确数据关系 结构体把相关联的一组数据项聚集在一起。有时了解一个程序最为困难的部分就在于理清哪些数据之间相互有联系。这就像来到一座小镇上问谁认识谁一样。你会发现每个人似乎都与其他人有关,但又并不尽然,这样你永远不会得到一个好的答案。

如果数据的组织结构非常清晰,那么弄清楚哪些数据与哪些相关联就会容易多了。下面是一个数据没有组织起来的例子:

Visual Basic示例:令人误解的、无组织的一堆变量
```
name = inputName
address = inputAddress
phone = inputPhone
title = inputTitle
department = inputDepartment
bonus = inputBonus
```

因为这些数据是无组织的(unstructured),因此看上去好像所有的赋值语句都相互有关。而事实上,`name`、`address` 和 `phone` 是与单个雇员相关联的变量,`title`、`department` 和 `bonus` 是与主管相关联的变量。这段代码并没有提示说这里有两类数据在运作。在下面的代码片段里,结构体的引入使得这些关系变得更加清晰:

Visual Basic示例:提供更多信息的结构化变量
```
employee.name = inputName
employee.address = inputAddress
employee.phone = inputPhone

supervisor.title = inputTitle
supervisor.department = inputDepartment
supervisor.bonus = inputBonus
```

在使用了结构化变量的代码里,很明显可以看出有一些数据与雇员有关,其他的数据与主管有关。

用结构体简化对数据块的操作 你可以把相关的元素组织到结构体里面,然后对该结构体执行操作。对结构体执行操作要比对各元素执行同样的操作容易得多。这样做也会更可靠,并且只需更少的代码。

假设你有一组彼此关联的数据条目——例如,是一个人事数据库中有关某雇员的数据。如果这一数据没有组织到一个结构体里,仅仅复制这组数据就会牵涉到很多条语句。下面是一个 Visual Basic 示例:

Visual Basic示例：复制一组数据项——笨拙的做法
```
newName = oldName
newAddress = oldAddress
newPhone = oldPhone
newSsn = oldSsn
newGender = oldGender
newSalary = oldSalary
```

每次想要传递雇员信息的时候，就不得不写出这样整组的语句。如果你增加一项新的雇员信息——例如，`numWithholdings`——你就不得不设法找到各块赋值语句的位置，往里面增加一条赋值语句 `newNumWithholdings = oldNumWithholdings`。

想象一下交换两个雇员的数据会多么可怕。无须运用你的想象力——下面给出了这些语句：

Visual Basic示例：交换两组数据——困难的做法
```
' swap new and old employee data
previousOldName = oldName
previousOldAddress = oldAddress
previousOldPhone = oldPhone
previousOldSsn = oldSsn
previousOldGender = oldGender
previousOldSalary = oldSalary

oldName = newName
oldAddress = newAddress
oldPhone = newPhone
oldSsn = newSsn
oldGender = newGender
oldSalary = newSalary

newName = previousOldName
newAddress = previousOldAddress
newPhone = previousOldPhone
newSsn = previousOldSsn
newGender = previousOldGender
newSalary = previousOldSalary
```

解决该问题的一种更简便的方法是声明一个 Structure 变量：

Visual Basic示例：声明Structure
```
Structure Employee
    name As String
    address As String
    phone As String
    ssn As String
    gender As String
    salary As long
```

```
End Structure
Dim newEmployee As Employee
Dim oldEmployee As Employee
Dim previousOldEmployee As Employee
```

现在你用三条语句就可以交换新旧雇员结构体中的元素了：

Visual Basic示例：交换两组数据——容易的做法
```
previousOldEmployee = oldEmployee
oldEmployee = newEmployee
newEmployee = previousOldEmployee
```

如果你想增加一个字段，比如说 `numWithholdings`，你只需要简单地把它增加到结构体声明中即可。以上这三条语句或者程序里的任何相似语句都无须改动。C++以及其他的语言都具有这样的功能。

用结构体来简化参数列表 你可以利用结构体变量简化子程序的参数列表。方法与刚才提到的相似。与单独传递每一个需要的元素相比，你可以把相关的元素组织到一个结构体里，然后把它作为一个整体传递进去。下面这个例子用了一种笨拙的方法来传递一组相关参数：

> **交叉参考** 第 5.3 节中的"保持松散耦合"详细讨论了子程序之间到底应当共享多少数据的问题。

Visual Basic示例：笨拙的子程序调用（未使用结构体）
```
HardWayRoutine( name, address, phone, ssn, gender, salary )
```

下面的方法则要简单得多。该方法在调用子程序时使用了一个包含前面参数列表中诸元素的结构体变量：

Visual Basic示例：优雅的子程序调用（使用结构体）
```
EasyWayRoutine( employee )
```

如果你想在第一种调用里增加一个 `numWithholdings` 元素，你就不得不费力地查看所有代码，修改对 `HardWayRoutine()` 的每一处调用。而如果你在 Employee 结构体中增加 `numWithholdings` 元素，你就根本不需要去修改传递给 `EasyWay-Routine()` 的参数。

> **交叉参考** 第 5.3 节"保持松散耦合"介绍了数据传递过多带来的风险。

你也可以把这种技术运用到极致，即把程序中所有的变量都放置在一个巨大的内容丰富的变量里，然后到处传递它。除非逻辑上有必要，细致的程序员会避免把数据捆扎在一起。此外，他们还会避免把一个只需要其中一两个字段的结构体作为参数传递——相反，他们只会传递那些必需的特定字段。这是信息隐藏原则的一个方面：有些信息藏在子程序里面，而有些信息是对子程序隐藏的。信息应该按照有必要了解（need-to-know）的原则进行传递。

用结构体来减少维护 由于你在使用结构体的时候是把相关的数据组织在一起的，因此对结构体的修改只会导致对程序做很小的改动。特别是对那些逻辑与结构体变化没有关联的代码来说，这一点尤为正确。由于变化容易带来错误，因此变化越少，错误也就越少。如果 Employee 结构体中含有一个 title（头衔）字段，但你又想删除它，那么不需要对任何参数列表或者用到了整个结构体的赋值语句做出修改。当然，你必须要修改那些专用于处理雇员 title 的代码，但是从概念上来说，这直接关系到删除 title 字段，因而不容易被忽略。

结构化数据所带来的最大好处体现在那些与 title 字段没有逻辑关系的代码段里。有的时候，程序中有的语句是与数据集合的整体有概念联系，而不是与其中的个别成分有联系。在这些情况下，引用其中的个别成分，比如 title 字段，只是因为它属于整体的一部分。这些代码片段与 title 字段之间并没有任何逻辑上的明确联系，当你改变了 title 的时候，很容易忘了修改这些代码段。但如果你使用了结构体，那么忽视这些代码段是没有问题的，因为这些代码引用的是相关数据的集合，而不是某个个别部分。

13.2 Pointers 指针

KEY POINT

指针的使用是现代编程中最容易出错的领域之一，以至于像 Java、C#和 Visual Basic 这些现代语言都没有提供指针数据类型。对指针的运用具有其固有的复杂性，正确使用指针要求你对所用编译器的内存管理机制有很好的理解。很多常见的安全问题，特别是缓冲区溢出，其产生都可以追溯到错误地运用指针上去（Howard and LeBlanc 2003）。

即便你的语言不要求你使用指针，很好地理解指针也会有助于你理解你的编程语言是如何工作的。丰富的防御式编程实践经验，则会为你带来更大的帮助。

Paradigm for Understanding Pointers
用来理解指针的范例

从概念上看，每一个指针都包含两个部分：内存中的某处位置，以及如何解释该位置中的内容。

Location in Memory
内存中的位置

内存中的一个位置就是一个地址，常用 16 进制形式表示。32 位处理器中的一个地址用一个 32 位的值表示，比如 0x0001EA40。指针本身只包含这个地址。为了使用该指针所指向的数据，就必须访问该地址，解释该位置的内存内容。如果去查看该地址的内存，可以发现它只是一组二进制位。必须经过解释才能使它变得有意义。

Knowledge of How to Interpret the Contents
如何解释指针所指的内容

如何解释内存中某个位置的内容,是由指针的基类型(base type)决定的。如果某指针指向整数,这就意味着编译器会把该指针所指向内存位置的数据解释为一个整数。当然,你可以让一个整数指针、一个字符串指针和一个浮点数指针都指向同一个内存位置。但是其中(至多)只有一个指针能正确地解释该位置的内容。

在理解指针的时候,应该记住内存并不包含任何与之相关联的内在的解释。只有通过使用一个特定类型的指针,一个特殊位置的比特才能解释为有意义的数据。

图 13-1 显示对内存中同一位置的几种不同观点,用几种不同的方式做出解释。

| 0A | 61 | 62 | 63 | 64 | 65 | 66 | 67 | 68 | 69 | 6A |

解释方式: 用于进一步举例的原始内存空间(用 16 进制表示)
意义: 没有与之关联的指针变量,没有任何意义

| 0A | 61 | 62 | 63 | 64 | 65 | 66 | 67 | 68 | 69 | 6A |

解释方式: String[10](以 Visual Basic 的格式表示,第一个字节存储长度)
意义: abcdefghij

| 0A | 61 | 62 | 63 | 64 | 65 | 66 | 67 | 68 | 69 | 6A |

解释方式: 双字节的整数
意义: 24842

| 0A | 61 | 62 | 63 | 64 | 65 | 66 | 67 | 68 | 69 | 6A |

解释方式: 四字节的浮点数
意义: 4.17595656202980E+0021

| 0A | 61 | 62 | 63 | 64 | 65 | 66 | 67 | 68 | 69 | 6A |

解释方式: 四字节的整数
意义: 1667391754

| 0A | 61 | 62 | 63 | 64 | 65 | 66 | 67 | 68 | 69 | 6A |

解释方式: 字符
解释: 换行符(ASCII 码 16 进制的 0A 或者 10 进制的 10)

图 13-1 各数据类型所用的内存量用双线框表示

在图 13-1 的每一种情况里,指针指向的都是以 16 进制数值 0x0A 开始的位置。0A 之后使用的字节数量取决于这片内存的解释。内存内容如何使用也要取决于内

存的解释方式。(它还取决于你用的是什么处理器,如果想把这些结果复制到你的袖珍计算器的时候,请记住这一点。)同样的原始内存空间可以解释为一个字符串、一个整数、一个浮点数,或者任何其他事物——一切都取决于指向该内存的指针的基类型。

General Tips on Pointers
使用指针的一般技巧

对解决很多类型的程序错误来说,最容易的一部分是定位错误,而难的是更正错误。然而指针错误的情况则有所不同。通常,指针错误都产生于指针指向了它不应该指向的位置。当你通过一个坏了的指针变量赋值时,会把数据写入本不该写值的内存区域。这称为"内存破坏(memory corruption)"。有时内存破坏会导致可怕、严重的系统崩溃;有时它会篡改程序其他部分的计算结果。有时它会致使你的程序不可预知地跳过某些子程序;而有时候它又什么事情都没做。在最后一种情况下,这种指针错误就像一颗嘀嗒做响的定时炸弹,等着在你把程序演示给最重要客户的前 5 分钟时引爆。指针错误的症状常常与引起指针错误的原因无关。因此,更正指针错误的大部分工作量便是找出它的位置。

正确地使用指针要求程序员采用一种双向策略。第一,要首先避免造成指针错误。指针错误很难发现,因此采取一些预防性措施是值得的。其次,在编写代码之后尽快地检测出指针错误来。指针错误的症状飘忽不定,采取一些额外措施来使得这些症状可以被预测是非常值得的。下面说明如何才能实现这些目标。

把指针操作限制在子程序或者类里面 假设你在程序中多次使用了一个链表。每次使用它的时候,不要通过手动操作指针去遍历该链表,应该编写一组诸如 `NextLink()`、`PreviousLink()`、`InsertLink()` 和 `DeleteLink()` 这样的访问器子程序来完成操作更好些。减少访问指针代码位置的数量,你也就减小了犯下遍布程序各处、永远也找不完的粗心过错的可能性。这样一来,这些代码能相对独立于数据的实现细节,因此也增大了在其他程序内重用这些代码的可能性。为指针分配编写子程序是另一种集中控制数据的方法。

同时声明和定义指针 在靠近变量声明的位置为该变量赋初始值通常是一项好的编程实践,在使用指针时,应用这条原则会更有价值。你应该避免下面这种做法:

```
C++示例: 糟糕的指针初始化
Employee *employeePtr;
// lots of code
...
employeePtr = new Employee;
```

即使这段代码一开始能正确地工作，修改时也容易出错，可能有人会试着在指针声明和指针初始化之间的位置使用 employeePtr。下面是一种更为安全的做法：

C++示例：良好的指针初始化
```
// lots of code
...
Employee *employeePtr = new Employee;
```

在与指针分配相同的作用域中删除指针　要保持指针分配和释放操作的对称性。如果你需要在一个单一作用域内使用指针，那么就应该在此作用域范围内用 new 分配指针，用 delete 释放指针。如果你在一个子程序内分配了一个指针，那么就在同一个子程序里释放它。如果你在一个对象的构造函数里面分配了一个指针，那么就在该对象的析构函数里释放它。如果一个子程序分配了内存，却指望调用它的代码来释放该内存，这样造成的不一致的处理方式很容易出错。

在使用指针之前检查指针　在程序的关键之处使用一个指针之前，要确保它所指向的内存位置是合理的。例如，如果你希望的内存位置介于 StartData 和 EndData 之间，那么你就该对一个指向 StartData 之前或者 EndData 之后的指针产生疑问。你还必须要确定在你的环境下 StartData 和 EndData 的取值。如果你是用访问器子程序来操作指针，而不是直接操作它们的话，那么这一检查工作就可以自动进行。

先检查指针所引用的变量再使用它　有时你应该对指针所指向的数据执行合理性检查。例如，如果你认为指针指向的是一个介于 0 和 1 000 之间的整数，那么你就应该对大于 1 000 的数值产生怀疑。如果指向的是一个 C++-style 的字符串，那么就应该对长度超过 100 的字符串持怀疑态度。同样，如果你是通过访问器子程序来使用指针，那么这一项工作就可以自动完成了。

用狗牌字段来检测损毁的内存　"标记字段（tag field）"或者"狗牌（dog tag）"是指你加入结构体内的一个仅仅用于检测错误的字段。在分配一个变量的时候，把一个应该保持不变的数值放在它的标记字段里。当你使用该结构的时候——特别是当你释放其内存的时候——检测这个标记字段的取值。如果这个标记字段的取值与预期不相符，那么这一数据就被破坏了。

在删除指针的时候，就破坏这个字段。这样，如果你不小心再次释放了同一个指针，就会检测到这种破坏。举例来说，假定你需要分配 100 个字节：

1. 首先，分配 104 个字节，比需要的多出 4 个字节。

104 bytes

2. 把前 4 个字节设为狗牌值，然后返回指向这 4 个字节后面的内存的指针。

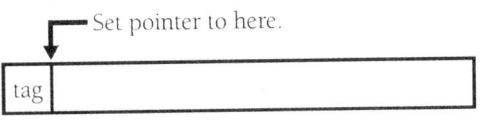

```
        ┌─ Set pointer to here.
        ▼
┌────┬─────────────────────────┐
│tag │                         │
└────┴─────────────────────────┘
```

3. 到了需要删除该指针的时候，检查这个标记。

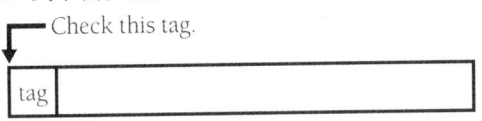

```
        ┌─ Check this tag.
        ▼
┌────┬─────────────────────────┐
│tag │                         │
└────┴─────────────────────────┘
```

4. 如果标记的值是正确的，那么就把它置为 0 或者其他你和你的程序可以识别为非法标记值的值。你当然不希望在释放该内存后还会把这个值错误地当成表示指针合法的标记。同理，也请将数据设为 0，0xCC，或者其他的非随机的数值。

5. 最后，删除该指针。

```
┌─────────────────────────────────┐
│ Free the whole 104 bytes        │
└─────────────────────────────────┘
```

把狗牌放置在你所分配的内存区域的开始位置，让你能检查是否多执行了释放该内存的操作，而无须去维护一个包含你所分配的全部内存区域的列表。把狗牌放置在内存区域的后面，让你能检查是否做过超出该内存块末尾的覆盖数据操作。你可以同时在前面和后面放狗牌，以便同时达到上述两个目标。

你可以结合使用这种方法和前面介绍到的合理性检测——检查指针位于 StartData 和 EndData 之间。为了确认指针指向的是一个合理的位置，而不单是指向一个大概的内存区间，请检查该指针是否位于已分配的指针列表里。

你可以在删除某一变量之前检查一下标记字段。损毁的标记会告诉你，在这一变量的生命期里其内容已经被损坏了。然而，你检查标记字段越频繁，就会越接近产生问题的根源。

增加明显的冗余 还有一种可以代替标记字段的方案，就是某些特定字段重复两次。如果位于冗余字段中的数据不匹配，你就可以确定数据已经破坏了。如果你直接操作指针，这么做会带来很高的成本。然而，如果你把指针操作限制在子程序里面，那么就只需要少数几处重复的代码。

用额外的指针变量来提高代码清晰度 一定不要节约使用指针变量。这个要点来自别处，那就是不要把同一个变量用于多种用途。这一点对指针变量来说尤为正确。在没弄清楚为什么要反反复复使用 genericLink 变量，也没弄清楚

pointer->next->last->next 指向什么之前，很难弄清别人在用链表做些什么。请考虑下面的代码片段：

C++示例：传统的插入节点的代码
```cpp
void InsertLink(
   Node *currentNode,
   Node *insertNode
   ) {
// insert "insertNode" after "currentNode"
insertNode->next = currentNode->next;
insertNode->previous = currentNode;
if ( currentNode->next != NULL ) {         ← 这条语句本不应该如此复杂。
    currentNode->next->previous = insertNode;
}
currentNode->next = insertNode;
}
```

这是往链表里插入一个节点的传统代码，它毫无必要地如此晦涩难解。插入一个新节点涉及到三个对象：当前节点，此时位于当前节点后面的节点，以及将要被插入到二者之间的节点。这段代码片段只明确地承认了两个对象：insertNode 和 currentNode。它要求你要弄清楚并且要记住 currentNode->next 也被包含在内了。如果你想在不画出最初跟在 currentNode 后面的那个节点的情况下，用图形表示发生的事情，会得到如下的图示：

| *currentNode* | | *insertNode* |

更好的图示是把全部三个对象都给识别出来。该图示会是这样的：

| *startNode* | *newMiddleNode* | *followingNode* |

下面的代码明确引用了操作中涉及的全部三个对象：

C++示例：更具可读性的节点插入代码
```cpp
void InsertLink(
Node *startNode,
Node *newMiddleNode
) {
// insert "newMiddleNode" between "startNode" and "followingNode"
Node *followingNode = startNode->next;
newMiddleNode->next = followingNode;
newMiddleNode->previous = startNode;
if ( followingNode != NULL ) {
    followingNode->previous = newMiddleNode;
}
startNode->next = newMiddleNode;
}
```

虽然这段代码中多了一行代码，但是由于没有了前一段代码中绕口的 `currentNode->next->previous`，因此它读起来更容易些。

简化复杂的指针表达式　复杂的指针表达式是很难读懂的。如果你的代码里含有类似于 `p->q->r->s.data` 这样的语句，那么请考虑一下这个表达式的读者的感受吧。下面举一个极端的例子：

C++示例：难以理解的指针表达式
```
for ( rateIndex = 0; rateIndex < numRates; rateIndex++ ) {
    netRate[ rateIndex ] = baseRate[ rateIndex ] *
                          rates->discounts->factors->net;
}
```

像本例中指针表达式这样复杂的代码，简单读读不可能理解，要费很多气力才能弄清楚。如果在你的代码里面包含了一个复杂的表达式，那么就把它赋给一个命名良好的变量，以明确该操作的用意。下面是该示例改进后的版本：

C++示例：简化一个复杂的指针表达式
```
quantityDiscount = rates->discounts->factors->net;
for ( rateIndex = 0; rateIndex < numRates; rateIndex++ ) {
    netRate[ rateIndex ] = baseRate[ rateIndex ] * quantityDiscount;
}
```

经过这样一番简化，不但提高了可读性，而且还可能因为简化了循环内的指针操作而改善了性能。依照惯例，你必须要先度量它的性能收益，然后再下赌注。

画一个图　用代码来解释指针可能会让读者感到困惑。画一个图通常会有所帮助。例如，有关链表插入问题的一张图示可能会像图 13-2 这样。

交叉参考　图 13-2 这样的图表可以用来对程序做额外的说明。第 32 章"自说明代码"详细介绍了一些程序文档化方面的良好实践。

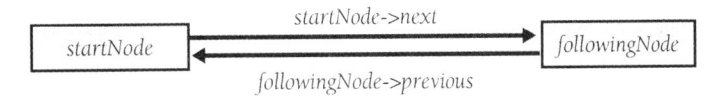

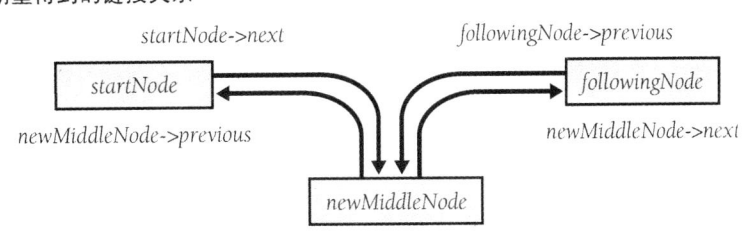

最初的链接关系

startNode　*startNode->next*　followingNode
　　　　　　followingNode->previous

期望得到的链接关系

　　　　　startNode->next　　　　*followingNode->previous*
startNode　　　　　　　　　　　　followingNode
　newMiddleNode->previous　　　*newMiddleNode->next*
　　　　　　　newMiddleNode

图 13-2　能帮助我们考虑指针链接步骤的示例图

按照正确的顺序删除链表中的指针 在使用动态分配链表时，经常遇到的一个问题是，如果先释放了链表中的第一个指针，就会致使表中的下一个指针无法访问。为了避免这一问题，在释放当前指针之前，要确保已经有指向链表中下一个元素的指针。

分配一片保留的内存后备区域 如果在你的程序中使用了动态内存，就需要避免发生程序忽然用尽了内存、把你的用户和用户的数据丢在 RAM 空间里的尴尬场景。使你的程序对这类错误留出缓冲地带的一种方法是预先分配一片内存后备区域。设法确定程序为了"保存所做的工作，执行清理并体面地退出"需要用多少内存。在程序初始化阶段把这部分内存分配出来作为后备，然后就可以不再管它。一旦你真的用光了内存，就释放保留下来的这片后备区，执行清理工作，然后退出。

> **深入阅读** 在《Writing Solid Code》(Maguire 1993)一书中有对安全操作 C 指针的精彩描述。

粉碎垃圾数据 指针错误是很难调试的，因为你无法确定指针所指向的内存何时变成非法的。有时指针已经释放了很长一段时间，相应内存的内容看起来还像是有效的。而在另一些时候，这些内存内容马上就会改变。

在 C 语言中，在释放内存区域之前用垃圾数据来覆盖这些内存区域，可以让与使用已释放的指针有关的错误的表现方式更一致。和其他很多操作相似，如果你使用了访问器子程序，那么就可以让这一功能自动执行。在 C++里面，你可以在每次删除指针的时候使用类似于下面的代码：

C++示例：强制让释放的内存包含垃圾数据
```
memset( pointer, GARBAGE_DATA, MemoryBlockSize( pointer ) );
delete pointer;
```

当然，该方法对 C++中指向对象的指针不奏效，它还要求你维持一份可以通过 `MemoryBlockSize()` 子程序来获取的记录指针大小的列表，我将在后面解释怎么做。

在删除或者释放指针之后把它们设为空值 一种常见的指针错误是"悬空指针（dangling pointer）"，即使用一个已经被 `delete` 或者 `free` 的指针。指针错误难于检测的原因之一就是，这类错误有的时候并不产生任何征兆。尽管在删除指针后再将其设为 null 并不能阻止你去读取一个空悬指针所指向的数据，但这的确可以保证当你向一个空悬指针写入数据时会产生错误。这一错误可能引发一场巨大的灾难。但至少可以由你首先发现这一错误，而不是留给其他人。

可以扩充前例中位于 `delete` 操作之前的代码，以实现这一技巧：

C++示例：在删除指针之后将其设为NULL
```
memset( pointer, GARBAGE_DATA, MemoryBlockSize( pointer ) );
delete pointer;
pointer = NULL;
```

13.2 指针

在删除变量之前检查非法指针 破坏程序的最好办法之一就是在已经删除或者释放了一个指针之后再 `delete()` 或者 `free()` 它。不幸的是,很少有语言能够检测出这类问题来。

如果把已经释放的指针设置为空,就可以在使用或试图再度删除指针之前对其进行检测。如果不把已释放的指针设为空值,就不可能拥有这项选择。这就提出了对前面删除指针的代码的另一扩充:

C++示例:在删除指针之前断言其不为NULL
```
ASSERT( pointer != NULL, "Attempting to delete null pointer." );
memset( pointer, GARBAGE_DATA, MemoryBlockSize( pointer ) );
delete pointer;
pointer = NULL;
```

跟踪指针分配情况 维护一份你已经分配的指针的列表。这样就能让你在释放一个指针之前检查它是不是位于列表里面。下面是一个例子,说明怎样修改普通指针删除代码,以增加这项功能:

C++示例:检查是否已经分配了某个指针
```
ASSERT( pointer != NULL, "Attempting to delete null pointer." );
if ( IsPointerInList( pointer ) ) {
   memset( pointer, GARBAGE_DATA, MemoryBlockSize( pointer ) );
   RemovePointerFromList( pointer );
   delete pointer;
   pointer = NULL;
}
else {
   ASSERT( FALSE, "Attempting to delete unallocated pointer." );
}
```

编写覆盖子程序,集中实现避免指针问题的策略 正如从上面这个例子里所看到的,每次新建或者删除指针的时候,都需要多写很多额外的代码。在本节所描述的技术里,有些是相互排斥或者前后重复的,而你却不希望在同一个代码库上面应用多种相互冲突的策略。比如说,如果你维护了一份自己的合法指针的列表,那么就不需要设置并检查狗牌值。

通过对常见的指针操作编写覆盖子程序(cover routine),可以减少编程的工作量,并且降低错误几率。在 C++中,你可以使用下面两个子程序。

- *SAFE_NEW* 这个子程序调用 new 来分配指针,把这一新的指针加入已分配指针列表中,然后将这一新分配的指针返回给调用方子程序。它还可以在该子程序内检查 new 操作的返回值是否为空或是否抛出异常(也就是是否发生"内存不足"错误),从而简化了程序其他部分的错误处理。

- **SAFE_DELETE** 这个子程序检查传递给它的指针是否在已分配指针的列表里。如果它在列表里,就把该指针所指向的内存设置为垃圾数值,把该指针从列表中移除,再调用 C++ 的 delete 运算符释放该指针,并且把该指针设为空值。如果该指针不在列表里,那么 SAFE_DELETE 将显示一条诊断信息,并且终止程序运行。

这里我们用宏来实现 SAFE_DELETE 子程序。代码如下:

C++示例:在删除指针的代码外加一层包裹
```
#define SAFE_DELETE( pointer ) { \
    ASSERT( pointer != NULL, "Attempting to delete null pointer."); \
    if ( IsPointerInList( pointer ) ) { \
        memset( pointer, GARBAGE_DATA, MemoryBlockSize( pointer ) ); \
        RemovePointerFromList( pointer ); \
        delete pointer; \
        pointer = NULL; \
    } \
    else { \
        ASSERT( FALSE, "Attempting to delete unallocated pointer." ); \
    } \
}
```

> **交叉参考** 第 8.6 节中的"计划移除调试辅助的代码"介绍了如何为移除辅助调试的代码做计划。

在 C++ 里,这一子程序会删除单个的指针,但是你还需要一个实现相似功能的 SAFE_DELETE_ARRAY 子程序来删除指向数组的指针。

通过把指针操作集中到这两个子程序中,你还可以使得 SAFE_NEW 和 SAFE_DELETE 在调试模式和产品模式下的表现有所不同。例如,当 SAFE_DELETE 在开发阶段检测到试图释放空指针的操作时,它可能会终止程序的执行,但是在产品阶段,它可能只简单地记录下这个错误,然后继续执行。

你可以很容易地把这种机制应用于 C 中的 calloc 和 free,以及其他使用指针的语言。

采用非指针的技术 指针比较难理解,容易用错,也容易导致依赖于具体机器的不可移植代码。如果你能想到任何替代指针的方案,而它又能工作得很合理,那么就应该去用它,避免这些令人头痛的问题。

C++-Pointer Pointers
C++指针

> **深入阅读** 关于在 C++中使用指针的诀窍,见《Effective C++》2d ed. (Meyers 1998) 和《More Effective C++》(Meyers 1996) 这两本书。

C++引入了一些特定的使用指针和引用的方法。下面介绍一些适用于在 C++ 中使用指针的指导原则。

理解指针和引用之间的区别 在 C++中,指针(*)和引用(&)都能够间接地引用对象。对新手而言,这唯一的差别似乎只是字面上 object->field 和 object.field 的不同。但事实上,最重要的区别是,引用必须总是引用一个对象,而指针则可以指向空值,还有,引用所指向的对象在该引用初始化之后不能改变。

把指针用于"按引用传递"参数,把 const 引用用于"按值传递"参数 C++向子程序传递参数的默认方式是传递值(pass by value)而不是传递引用(pass by reference)。当你以传递值的方式向一个子程序传递一个对象的时候,C++创建了该对象的一份拷贝,当该对象传递回调用方子程序的时候,又有创建了一份拷贝。对于大对象而言,这种复制可能耗费大量时间和其他的资源。因此,当你向一个子程序传递对象的时候,通常会希望避免复制该对象,这就意味着你希望按照引用来传递它而不是按值来传递。

然而,有时你可能希望具有"传值"的**语义**——也就是说,不能修改传入的对象——却用"传引用"的方式**实现**,即传递对象本身而非它的拷贝。

在 C++中,上述事项的解决方案是使用指针来实现按引用传递,同时——这一术语可能听上去挺怪——用"const 引用(const references)"来实现按值传递!下面举一个例子:

C++示例:参数传递方式——by reference和by value
```
void SomeRoutine(
    const LARGE_OBJECT &nonmodifiableObject,
    LARGE_OBJECT *modifiableObject
);
```

这种方法还有额外的好处,那就是在被调用的子程序里对可修改的和不可修改的对象做了语法上的区分。在可以修改的对象里,成员引用使用 `object->member` 的表示法;而对不可修改的对象,成员引用使用 `object.member` 表示法。

这种方法的局限性在于 const 引用难以传播。如果你控制着自己的代码库,那么就应尽可能地应用 const(Meyers 1998),而且也应该把按值传递的参数声明为 const 引用。对于库代码或者其他你无法控制的代码而言,如果使用 const 子程序参数就会遇到麻烦。这里的退路是仍然用引用来表示只读参数,但是不把它们声明为 const。采用这种方法,你无法获得编译器检测的全部好处,因为它不能帮你检查企图修改传入子程序中不可修改参数的情况,但是至少你可以清楚地看到 `object->member` 和 `object.member` 的区分。

使用 `auto_ptr` 如果你还没有养成使用 `auto_ptr` 的习惯,那么就努力吧!通过在离开作用域的时候自动释放内存,`auto_ptr` 能避免很多与常规指针相关的内存泄漏问题。Scott Meyers 的《*More Effective C++*》一书第 9 条中针对 `auto_ptr` 展开了很好的讨论(Meyers 1996)。[1]

---

[1] 译注:现在 C++已经基本抛弃了 `auto_ptr`,改为推荐使用 `shared_ptr`,见《Effective C++第三版》第 3 章"资源管理"。

灵活运用智能指针 智能指针（smart pointers）是常规指针或者"哑（dumb）"指针的一种替代品（Meyers 1996）。它用起来与常规指针十分相像，但是针对资源管理、拷贝操作、赋值操作、对象构造和对象析构提供了更多的控制。这项技术仅与 C++相关。在《More Effective C++》的第 28 条里包含了完整的讨论。

C-Pointer Pointers
C 指针

下面是特别针对 C 语言的一些指针应用技巧。

使用显式指针类型而不是默认类型 C 允许你对任何类型的变量使用 `char` 或者 `void` 指针。C 语言只关心这类指针有所指向，不会真正去关心它所指向的是什么。然而，如果你使用了显式的指针类型，编译器就会针对不相符的指针类型和不合适的解除引用（dereferences）发出警告。如果你不这样做，它就不发出警告。因此请尽可能地使用显式的指针类型。

采纳这项规则的必然结果是，当你必须进行类型转换的时候要使用显式类型转换。例如，在下面的代码段中，分配的明显是一个 `NODE_PTR` 类型的变量：

C示例：显式类型转换
```
NodePtr = (NODE_PTR) calloc( 1, sizeof( NODE ) );
```

避免强制类型转换 避免强制类型转换（type casting）与上戏剧学校或者从总是演"反面角色"中解脱出来没有丝毫关系[2]。它与避免把一种类型的变量挤压入另一种类型变量的空间有关。强制类型转换关闭了编译器检查类型不符的功能，因此在你的防御式编程的铠甲上挖了一个洞。一个需要很多强制类型转换的程序在架构方面可能就存在一些需要修正的问题。如果可能，就请重新做设计；否则，就应该尽可能地避免强制类型转换。

遵循参数传递的星号规则 在 C 语言里，只有当你在赋值语句的参数前面加了星号（*），才能把该参数从子程序中传回去。很多 C 程序员对确定什么时候 C 允许把值传回调用方子程序感到困惑。这很容易记，只要你给这个参数赋值的时候在它前面添加一个星号，那么所赋的值就会被传回调用方子程序。无论你在声明中叠加了多少个星号，如果你想回传数值，就必须在赋值语句中至少使用一个星号。举例而言，在下述代码段中，赋给 `parameter` 的数值并没有传回给调用方子程序，因为赋值语句没有使用星号：

---

[2] 译注：cast 有指定角色的含义。

13.3 Global Data 全局数据

C示例：不奏效的参数传递
```
void TryToPassBackAValue( int *parameter ) {
    parameter = SOME_VALUE;
}
```

下面，赋给 parameter 的值被传递回去了，因为在 parameter 前面有一个星号：

C示例：奏效的参数传递
```
void TryToPassBackAValue( int *parameter ) {
    *parameter = SOME_VALUE;
}
```

在内存分配中使用 sizeof() 确定变量的大小 使用 sizeof() 要比到手册里去查找大小容易得多，而且 sizeof() 能够用于你自定义的结构体，这种结构体是在手册里查不到的。由于 sizeof() 是在编译期间计算的，因此不会带来性能上的损失。它是可以移植的——在不同的环境下重新编译，将自动修改 sizeof() 计算出来的值。而且它需要的维护工作也很少，因为你可以修改已经定义的类型，而内存分配也会随之做出自动调整。

> **交叉参考** 第 5.3 节中的"把类内数据误认为全局数据"对全局数据和类数据进行了详细的比较。

全局数据可以在程序中任意一个位置访问。这一概念有时被延伸到作用域比局部变量更广的变量——例如可以在一个类内部的任意位置进行访问的类变量。但是，在一个类内部的任意位置可访问，并不意味该变量是全局的。

大多数有经验的程序员已经得出结论：使用全局数据的风险比使用局部数据大。极富经验的程序员还认为通过一些子程序来访问数据很有帮助。

不过，即便全局数据并不总是引发错误，也很难将其作为最佳的解决办法。本节的剩余部分会对有关问题展开全面讨论。

> **KEY POINT**

Common Problems with Global Data 与全局数据有关的常见问题

如果你随意使用全局数据，或者认为不能随心所欲地使用它们是一种约束，那么你可能还没有充分理解信息隐藏和模块化的意义。模块化、信息隐藏并结合使用设计良好的类可能还算不上是绝对真理，但是它们能极大地提升大型程序的可理解性和可维护性。一旦明白了这一点，你就会努力去写出与全局变量和外界联系尽可能少的子程序和类来。

人们指出了使用全局数据的许多问题，实际上这些问题都可以归结到下面几种情况。

无意间修改了全局数据 你可能会无意间在某处修改了一个全局变量的值，然后错误地认为它在其他的位置还是保持不变的。这种问题称为"副作用"（side effects）。例如，在下例中，theAnswer 是一个全局变量：

> theAnswer 是全局变量。
>
> GetOtherAnswer() 改变了 theAnswer。theAnswer 的值出错了。

Visual Basic示例：副作用的问题
```
theAnswer = GetTheAnswer()
otherAnswer = GetOtherAnswer()
averageAnswer = (theAnswer + otherAnswer) / 2
```

你也许会假定对 GetOtherAnswer() 的调用不会改变 theAnswer 的值，而如果它确实改变了，那么第三行求出的平均值就是错误的。然而，事实上，GetOtherAnswer() 的确改变了 theAnswer 的值，所以这个程序就包含了一个错误，需要更正。

与全局数据有关的奇异的和令人激动的别名问题 "别名"（aliasing）指的是两个或更多不同名字，说的是同一个变量。当一个全局变量被传递给一个子程序，然后该程序将它既用作全局变量又用作参数使用的情况下，就会出现这种情况。下面是一个使用了全局变量的子程序：

Visual Basic示例：准备好遭遇别名问题的子程序
```
Sub WriteGlobal( ByRef inputVar As Integer )
    inputVar = 0
    globalVar = inputVar + 5
    MsgBox( "Input Variable: " & Str( inputVar ) )
    MsgBox( "Global Variable: " & Str( globalVar ) )
End Sub
```

下面是调用该子程序的代码，它把全局变量用做了参数：

Visual Basic示例：调用前一个子程序，暴露出别名问题
```
WriteGlobal( globalVar )
```

由于 inputVar 被初始化为 0，而且 WriteGlobal() 把 inputVar 加上 5 来求得 globalVar，所以你可能预计 globalVar 比 inputVar 大 5。但是下面就是令人吃惊的结果：

前述Visual Basic别名问题的结果
```
Input Variable: 5
Global Variable: 5
```

这里的微妙之处在于 globalVar 和 inputVar 实际上是同一个变量！由于 globalVar 被调用方子程序传递给了 WriteGlobal()，所以它被两个不同的名字所引用或者加以"别名"了。这样一来，`MsgBox()`代码行的效果就与预期效果完全不同了：尽管引用了两个不同的名字，代码却使同一个变量显示了两次。

与全局数据有关的代码重入（re-entrant）问题　可以由一个以上的线程访问的代码正变得越来越常见。多线程代码造成了这样一种可能性，那就是全局数据将不但在多个子程序之间共享，而且也将在同一个程序的不同拷贝之间共享。在这种环境下，你必须确保即使一个程序的多个拷贝同时运行，全局数据也会保持其意义。这是一个重大问题，你可以使用本节后面将要建议的技巧来加以避免。

全局数据阻碍代码重用　要把一个程序里的代码应用于另一个程序，你必须能够把它从第一个程序里取出，然后插入到另一个程序里面。在理想状况下，你可以把一个单一子程序或者类取出来，把它插到另一个程序里面去，然后高兴地继续下去。

全局数据使这件事变得复杂了。如果你想重用的类读或写了全局数据，那么你就无法简单地把它插入到新的程序里。你将不得不修改新的程序或者旧类，以便让它们相容。如果选择上策，你应该去修改旧类，让它不再使用全局数据。如果你真的这么做了，那么下次你再需要重用这个类的时候，就可以把它插入到新程序中而无须花费额外的力气。如果选择下策，那就去修改新的程序，以创建旧有的类所需要使用的全局数据。这样做就像传播病毒；该全局数据不但影响了原来的程序，还传染到使用旧程序中的类的新程序里面。

与全局数据有关的非确定的初始化顺序事宜　有些语言，特别是 C++，没有定义不同"转译单元"（文件）里的数据初始化的顺序。如果在初始化一个文件中的全局变量的时候使用了在另一个不同文件中初始化的全局变量，那么除非你用明确的手段来确保这两个变量能按照正确的顺序初始化，否则请不要对第二个变量的取值下任何赌注。

这个问题可以用 Scott Meyers 在《*Effective C++*》第 47 条（Meyers 1998）中描述的一种办法来解决。但是这一解决方案的复杂程度也是对使用全局数据所引入的额外麻烦的一种印证。

全局数据破坏了模块化和智力上的可管理性　创建超过几百行代码的程序的核心便是管理复杂度。你能够在智力上管理一个大型程序的唯一方法就是把它拆分成几部分，从而可以在同一时间只考虑一部分。模块化就是你手中可以使用的把程序拆分成几部分的最强大工具。

全局数据使得你的模块化能力大打折扣。如果你用了全局数据，你能够在同一时间只关注一个子程序吗？不能。你不得不关注一个子程序，以及使用了同样全局数据的其他所有子程序。尽管全局数据并没有完全破坏程序的模块化,但是却削弱了它,而这已经是很充分的理由,要求你去寻找问题的更好解决方案了。

Reasons to Use Global Data
使用全局数据的理由

数据纯化论者有时争论说,程序员应该绝不使用全局数据,但是按照"全局数据"这一术语的广义解释,大多数程序都使用了它。存在于数据库中的数据是全局数据,存在于配置文件如 Windows 注册表中的数据也是。具名常量也是全局数据,只不过不是全局变量罢了。

如果遵循使用的原则,那么全局变量在一些场合下也是有用的。

保存全局数值 有时候你会有一些在概念上用于整个程序的数据。这可能是一个用于表示程序状态的变量——例如,交互式模式或者命令行模式、正常模式或者错误恢复模式等的模式标识。也可能是在整个程序里面要用到的信息——例如,程序中的每一个子程序都会用到的数据表。

> **交叉参考** 第 12.7 节"具名常量"有对具名常量更为详尽的描述。

模拟具名常量 尽管 C++、Java、Visual Basic 和多数现代语言都支持具名常量,但是 Python、Perl、Awk 以及 UNIX shell 脚本等语言却不支持。当你的语言不支持具名常量的时候,你可以用全局变量代替它们。例如,你可以用取值分别为 1 和 0 的全局变量 TRUE 和 FALSE 来代替字面量 1 和 0,或者用 `LINSES_PER_PAGE = 66` 代表每页行数的 66。一旦采用了这种方法,那么日后再修改代码就会更容易了,而且这样的代码会更方便阅读。贯彻这种对全局数据的使用原则是在一种语言上编程(programming *in* a language)和深入一种语言去编程(programming *into* a language)之间差异的一个主要示例,第 34.4 节"深入一门语言去编程,不浮于表面"对此有深入探讨。

模拟枚举类型 你还可以在 Python 等不直接支持枚举类型的语言里用全局变量来模拟枚举类型。

简化对极其常用的数据的使用 有的时候你会大量地引用一个变量,以致于它几乎出现在你所编写的每一个子程序的参数列表里。与其将它包含在每一个参数列表里面,不如把它设置成全局变量。不过,事实上很少会出现代码到处访问某一个变量的情形。通常该变量是由为数不多的一组子程序来访问的,你可以把这些子程序以及它们所用到的数据整合进一个类里面。下面会就这一问题展开讨论。

消除流浪数据 有的时候你把数据传递给一个子程序或者类,仅仅是因为想要把它传递给另一个子程序或者类。例如,你可能有一个在每个子程序里都使用的错误处理对象。当调用链中间的子程序并不使用这一对象的时候,这一对象就被称为"流浪数据(tramp data)"。使用全局变量可以消除流浪数据。

Use Global Data Only as a Last Resort
只有万不得已时才使用全局数据

在你选择使用全局数据之前，请考虑下面这些替换方案。

首先把每一个变量设置为局部的，仅当需要时才把变量设置为全局的　开始的时候先把所有的变量设置为单一子程序内部的局部变量。如果你发现还需要在其他位置用到它们，那么在一举把它们转变成全局变量之前，先把它们转变为类里的 private 或者 protected 变量。如果你最终发现必须要把它们转变成全局变量，那么就转变它们。不过请先确定除此之外别无选择。如果你一开始就把变量设置为全局的，那么你将永远不可能把它转变成局部的；反之，如果你开始时把变量设置为局部的，那么你可能永远也不需要把它转变成全局的。

区分全局变量和类变量　有些变量由于要被整个程序访问，因此是真正的全局变量。其他只在一组特定的子程序里被频繁使用的实际是类变量。在频繁使用某个类变量的子程序组里，你可以采用任何希望的方式来访问它。如果类外部的子程序需要使用该变量，那么就用访问器子程序来提供对该变量的访问。不要直接访问类变量——好像它们是全局变量一样——即便你的编程语言允许你这么做。这一建议等价于高呼："模块化！模块化！模块化！"

使用访问器子程序　创建访问器子程序是避免产生与全局数据相关问题的主要方法。下一节会对此做更多的讨论。

Using Access Routines Instead of Global Data
用访问器子程序来取代全局数据

KEY POINT

你用全局数据能做的任何事情，都可以用访问器子程序做得更好。使用访问器子程序是实现抽象数据类型和信息隐藏的一种核心方法。即使你不希望使用装备齐全的抽象数据类型，你仍然可以用访问器子程序来集中控制你的数据，并保护你免受变化的困扰。

Advantages of Access Routines
访问器子程序的优势

使用访问器子程序可以带来很多的好处。

- 你获得了对数据的集中控制。如果你日后发现了一种更合适的实现该结构的方法，那么你无须到处修改引用该数据的代码。所需做的修改不会波及整个程序。它被限制在访问器子程序的内部。

交叉参考　如果想详细了解隔栏，请参阅第 8.5 节"隔离程序，使之包容由错误造成的损害"。

- 你可以确保对变量的所有引用都得到了保护。如果你用 `stack.array[stack.top] = newElement` 这样的语句向栈中压入元素，你会很容易就忘记检查栈溢出，从而犯下严重的错误。如果你使用了访问器子程序——例如 `PushStack(newElement)`——你就可以把栈溢出检测写到 `PushStack()` 子程序里。这一检测会在每次调用该子程序的时候自动执行，你可以忘记它。

> **交叉参考** 第 5.3 节中的"隐藏秘密（信息隐藏）"有对信息隐藏的详细论述。

- 你可以自动获得信息隐藏的普遍益处。访问器子程序是信息隐藏的一个例子，哪怕你并不是出于这一理由才设计它们的。你可以修改一个访问器子程序的内部代码而无须涉及程序的其余部分。访问器子程序允许你在不改变你房子外表的情况下重新装修内部，而你的朋友们还是可以认出它来。

- 访问器子程序可以很容易地转变为抽象数据类型。访问器子程序的一项优点是，让你可以创建一个很难用全局数据来直接创建的抽象层。例如，与其写 `if lineCount > MAX_LINES`，访问器子程序让你能采用 `if PageFull()`。这样一种小修改说明了这个 `if lineCount` 检测的用意，代码也实现了所表示的用途。这是对可读性的一点小小改进，但是如果能坚持重视这些细节，就能写出同那些东拼西凑（hack）到一起的代码迥然不同的精致程序了。

How to Use Access Routines
如何使用访问器子程序

下面是有关访问器子程序的理论和实践的总结：把数据隐藏到类里面。用 `static` 关键字或者它的等价物来声明该数据，以确保只存在该数据的单一实例。写出让你可以查看并且修改该数据的子程序来。要求类外部的代码使用该访问器子程序来访问该数据，而不是直接操作它。

举例来说，如果你有一个全局的状态变量 `g_globalStatus`，用于描述这个程序整体状态，你可以创建两个访问器子程序：`globalStatus.Get()` 和 `globalStatus.Set()`，它们所执行的操作都和名字所描述的一样。这些子程序访问了隐藏在类内部的一个取代了 `g_globalStatus` 的变量。程序的其余部分可以借助 `globalStatus.Get()` 和 `globalStatus.Set()`，获得原有全局变量所能提供的所有好处。

> **交叉参考** 即使编程语言没有强制要求，限制对全局变量的访问也是一种很好的编程实践。这一实践正是"深入一种语言去编程"而非"在一种语言上编程"的极好例子。这在第 34.4 节里有详细论述。

如果你的语言不支持类，你仍然可以创建访问器子程序来操纵全局数据，但必须制定严格的代码编写标准，限制对全局数据的使用，以代替编程语言内置的约束。

下面是在你的语言没有内置对类的支持的情况下，使用访问器子程序来隐藏全局变量的一些详细的指导原则。

要求所有的代码通过访问器子程序来存取数据 一个好习惯是要求所有的全局数据都冠以 `g_` 前缀，并且除了该变量的访问器子程序以外，所有的代码都不可以访问具有 `g_` 前缀的变量。其他全部代码都通过访问器子程序来存取该数据。

不要把你所有的全局数据都扔在一处 如果把所有的全局数据都堆到一起，然后为它编写一些访问器子程序，你可以消灭所有与全局数据有关的问题，但这也使代码丧失了信息隐藏和抽象数据类型所带来的好处。既然已经在编写访问器子程序，就请花些时间考虑每一个全局数据属于哪个类，然后把该数据和它的访问器子程序以及其他的数据和子程序打包放入那个类里面。

用锁定来控制对全局变量的访问　与一个多用户数据库环境中的并发控制相类似,锁定要求在使用或者更新一个全局变量值之前,该变量必须被签出(check out)。在用完这一变量之后再把它签入(check in)回去。在使用期间(已 check out),如果程序的其余部分尝试要将它 check out,那么锁定/解锁子程序就会显示一条错误消息,或者触发一个断言。

> **交叉参考**　在第 8.6 节中的"计划移除调试辅助的代码"以及第 8.7 节"确定在产品代码中该保留多少防御式代码"里详细介绍了如何对程序的开发版本和产品版本之间的差异进行安排。

关于锁定的这种描述忽略了很多通过编写代码来充分支持并发操作的微妙之处。基于这种原因,像这样的简化的锁定方式最适用于开发阶段。除非很好地设计它,否则它可能不足以可靠到放入产品环境里面去。当把程序投入产品环境里时,这些代码就要进行修改,以执行一些比显示错误消息更安全和优雅的操作。例如,当代码检测到程序的多个组成部分都在试图锁定同一个全局变量的时候,它可能会在文件里记录下一条错误消息。

当你使用访问器子程序来取代全局数据的时候,这种开发阶段的防范措施就会相当容易实现,然而如果你直接使用全局数据,那么实现起来就会十分不便。

在你的访问器子程序里构建一个抽象层　要在问题域这一层次上构建访问器子程序,而不是在细节实现层次上。这种方法会为你的代码带来更好的可读性,同时防止在代码编写过程中不小心修改到实现细节。

比较表 13-1 中的一对对语句。

表 13-1　直接访问全局数据和通过访问器子程序访问全局数据

直接访问全局数据	通过访问器子程序来使用全局数据
node = node.next	account = NextAccount(account)
node = node.next	employee = NextEmployee(employee)
node = node.next	rateLevel = NextRateLevel(rateLevel)
event = eventQueue[queueFront]	event = HighestPriorityEvent()
event = eventQueue[queueBack]	event = LowestPriorityEvent()

前三个例子中的关键点是,一个抽象的访问器子程序所能提供的信息量要远远多于一个通用数据结构所能提供的。如果你直接使用该数据结构,那么你就在同一时间里做了太多的事情:既显示了结构体自身要做什么(移到链表中的下一个节点),又显示了该结构体所代表的实体要做什么(获取一个账户、下一个雇员或者费率等级)。对于一次简单的数据结构体赋值来说,这样做负担太重了。把这些信息隐藏在抽象访问器子程序后面,将会使得代码的作用不言自明,同时使得代码在问题域的层面上就能被理解,而不是在实现细节层上去理解它。

使得对一项数据的所有访问都发生在同一个抽象层上 如果你用一个访问器子程序对一个结构体执行了某种操作，那么在对此结构体执行任何其他操作时，你同样也应该使用一个访问器子程序。如果你用某个访问器子程序读取该结构体，那么就用另一个访问器子程序写入该结构体。如果你调用 `InitStack()` 来初始化栈，就应该调用 `PushStack()` 来往栈上压值，这样你就为该数据创建了一个一致的视角。但如果通过 `value = array[stack.top]` 来从栈中弹出数据，你所创建的对该数据的操作就不一致。这种不一致性会使得其他人很难理解该代码。应该创建一个 `PopStack()` 子程序来代替 `value = array[stack.top]`。

> **交叉参考** 针对事件队列使用访问器子程序即暗示你应该创建一个类，第 6 章 "可以工作的类"详细讲述了这一点。

在表 13-1 的示例语句对中，两个事件队列的操作是对应发生的。向队列中插入一个事件会比表中这两个操作中的任何一个都要麻烦，它要求写几行代码来找到插入该事件的位置，调整现有的事件以便为这一新的事件留出空间，同时调节该队列的前端或者后端。从队列中移除事件也同样复杂。在编写代码的时候，这些复杂的操作会被放入相应子程序里面，而剩下的功能将通过对数据直接进行操作来实现。这样一来，对这一数据结构的操作就会显得缺乏美感且不协调。现在比较一下表 13-2 中的语句。

表 13-2 对复杂数据一致和不一致的操作

对复杂数据的不一致操作	对复杂数据的一致操作
`event = EventQueue[queueFront]`	`event = HighestPriorityEvent()`
`event = EventQueue[queueBack]`	`event = LowestPriorityEvent()`
`AddEvent(event)`	`AddEvent(event)`
`eventCount = eventCount - 1`	`RemoveEvent(event)`

尽管你可能认为这些指导原则只适用于大型程序，但实践证明，访问器子程序可以成为一种能避免同全局数据相关问题的有效解决方案。除此之外，它会使得代码更具可读性，并且增加了代码的灵活度。

How to Reduce the Risks of Using Global Data
如何降低使用全局数据的风险

在许多情况下，全局数据事实上就是没有设计好或没有实现好的类中的数据。在少数情况下，一些数据的确需要作为全局数据，但是可以使用访问器子程序对其进行封装，从而最大限度地减少发生问题的可能性。在剩余的极少情况下，你真的需要使用全局数据。这时，你可以把下面的原则看做是在出游陌生国度前注射的疫苗，它们在某种程度上或许会带来些痛苦，但可以让你在旅行中更加健康。

> **交叉参考** 第 11.4 节中的 "标识全局变量"详细介绍了全局变量的命名规范。

创建一种命名规则来突出全局变量 在对全局变量进行操作时，为全局变量命以更醒目的名字可以让你少犯错误。如果你正在把全局变量用于多种用途（比如说，用做变量以及具名常量的替代品），那么就要确保你的命名规则能够区分开这些不同的用法。

为全部的全局变量创建一份注释良好的清单 一旦你的命名规则表明了某个变量是全局的，那么指出该变量的具体功能将会大有好处。一份全局变量的清单是在你的程序上工作的人所能获得的最有用的工具之一。

不要用全局变量来存放中间结果 如果你需要为一个全局变量计算新值，那么应该在计算结束后再把最终结果赋给该全局变量，而不要用它来保存计算的中间结果。

不要把所有的数据都放在一个大对象中并到处传递，以说明你没有使用全局变量 把所有一切都放在一个大对象里可能会满足不使用全局变量的要求，但是这样做纯粹是一种负担，它也无法真正带来封装所能带来的那些好处。如果你要使用全局数据，那么就公开地用。不要试图通过使用大对象来掩盖这一点。

Additional Resources
更多资源

cc2e.com/1385

下面是一些有关不常见的数据类型的更多资源。

Maguire, Steve. 《Writing Solid Code》. Redmond, WA: Microsoft Press, 1993。其第 3 章很好地讲述了使用指针的风险，并就如何避免与指针相关的问题给出了大量的具体建议。

Meyers, Scott. 《Effective C++》, 2d ed. Reading, MA: Addison-Wesley, 1998; Meyers, Scott. 《More Effective C++》. Reading, MA: Addison-Wesley, 1996。正如其书名所示，这两本书里面包含了大量用于改善 C++程序编程的具体技巧，包括安全并有效地使用指针的指导原则。《More Effective C++》特别就 C++的内存管理问题做出了精彩的描述。

cc2e.com/1392

CHECKLIST: Considerations in Using Unusual Data Types
核对表：使用不常见数据类型的注意事项

结构体

❏ 你使用结构体而不是使用单纯的变量来组织和操作相关的数据吗？

❏ 你考虑创建一个类来代替使用结构体吗？

全局数据

❏ 所有的变量是否都是局部的或者是类范围的？除非绝对有必要才是全局的？

❏ 变量的命名规则能把局部数据、类数据和全局数据区分开吗？

❏ 你对所有的全局变量都加以文档说明吗？

- ❏ 避免使用伪全局数据，即被四处传递且包含有杂乱数据的巨大对象吗？
- ❏ 用访问器子程序来取代全局数据吗？
- ❏ 把访问器子程序和数据组织到类里面吗？
- ❏ 访问器子程序提供了一个在底层数据类型实现之上的抽象层吗？
- ❏ 所有相关的访问器子程序都位于同一抽象层之上吗？

指针

- ❏ 把指针操作隔离在子程序里吗？
- ❏ 指针引用合法吗？或者说指针有可能成为空悬指针吗？
- ❏ 代码在使用指针之前检查它的有效性吗？
- ❏ 在使用指针所指向的变量之前检查其有效性吗？
- ❏ 指针用完后被设置为空值吗？
- ❏ 就可读性而言，代码用了所有需要使用的指针变量吗？
- ❏ 链表中的指针是按正确的顺序加以释放吗？
- ❏ 程序分配了一片保留的内存后备区域，以便在耗尽内存的时候能够优雅地退出吗？
- ❏ 是不是在没有其他方法可用的情况下最终才使用指针的？

Key Points
要点

- 结构体可以使得程序更简单、更容易理解，以及更容易维护。
- 每当你打算使用结构体的时候，考虑采用类是不是会工作得更好。
- 指针很容易出错。用访问器子程序或类以及防御式编程实践来保护自己的代码。
- 避免用全局变量，不只是因为它们很危险，还是因为你可以用其他更好的方法来取代它们。
- 如果你不得不使用全局变量，那么就通过访问器子程序来使用它。访问器子程序能为你带来全局变量所能带来的一切优点，还有一些额外好处。

第4部分

Statements

语　句

本部分内容

- 第14章　组织直线型代码 347
- 第15章　使用条件语句 355
- 第16章　控制循环 367
- 第17章　不常见的控制结构 391
- 第18章　表驱动法 411
- 第19章　一般控制问题 431

Organizing Straight-Line Code
第 14 章 组织直线型代码

cc2e.com/1465 内容

- 14.1 必须有明确顺序的语句：第 347 页
- 14.2 顺序无关的语句：第 351 页

相关章节

- 一般控制问题：第 19 章
- 条件代码：第 15 章
- 循环代码：第 16 章
- 变量和对象的作用域：第 10.4 节 "作用域"

本章从以数据为中心的编程观点转到以语句为中心的观点上。本章介绍最简单的控制流：即按先后顺序放置语句和语句块。

尽管组织直线型代码是一个相对简单的任务，但代码结构上的一些微妙之处还是会对代码的质量、正确性、可读性和可维护性带来影响。

14.1 Statements That Must Be in a Specific Order 必须有明确顺序的语句

最容易组织的连续语句是那些顺序相关的语句。下面举一个例子：

Java示例：有前后依赖关系的语句
```
data = ReadData();
results = CalculateResultsFromData( data );
PrintResults( results );
```

除非这段代码里发生了某些不可思议的事情，否则这些语句必须按照所显示的顺序依次执行。在计算数据之前必须要先读入数据，而在打印之前也必须先计算出结果。

这个例子中潜在的根本概念与依赖性有关。第三条语句依赖于第二条，第二条依赖于第一条。在本例中，前后语句之间的依赖关系可以很明显地从子程序名

中看出来。在下面的代码段中,依赖关系就不那么明显了:

Java示例:有不太明显的前后依赖关系的语句
```
revenue.ComputeMonthly();
revenue.ComputeQuarterly();
revenue.ComputeAnnual();
```

在这个例子中,对季度收入的计算要求假定月收入已经计算出来了。熟悉会计学的人——甚至常识——可能会告诉你必须先计算季度收入,然后才能计算年收入。这就是一种依赖,但是这一点仅仅通过阅读代码是不太看得出来的。下面代码中的顺序依赖关系也不明显——它事实上被隐藏起来了:

Visual Basic示例:隐藏了语句的前后依赖关系
```
ComputeMarketingExpense
ComputeSalesExpense
ComputeTravelExpense
ComputePersonnelExpense
DisplayExpenseSummary
```

假定 `ComputeMarketingExpense()` 会初始化类的成员变量,以便其他所有子程序都能把它们的数据放进去。在这种情况下,它需要在其他子程序之前被调用。然而仅通过阅读代码你怎么能知道这一点呢?由于这些子程序调用都不带任何参数,因此你可能会猜测这里的每一个子程序都会访问类数据。但是仅通过阅读代码,你是无法确定这一点的。

如果语句之间存在依赖关系,并且这些关系要求你把语句按照一定的顺序加以排列,那么请设法使得这些依赖关系变得明显。下面是一些用于组织语句的简单原则。

设法组织代码,使依赖关系变得非常明显 在刚刚给出的那个 Microsoft Visual Basic 示例里,`ComputeMarketingExpense()` 不应该初始化类的成员变量。那里所用的子程序名暗示 `ComputeMarketingExpense()` 类似于 `ComputeSales-Expense()`、`ComputeTravelExpense()` 和其他的子程序,只是它处理的是 **marketing** 数据而不是 **sales** 数据或者其他数据。让 `ComputeMarketingExpense()` 来初始化成员变量是一种应该避免的草率的措施。为什么要在这个子程序里执行初始化而不是由其他两个语句中的某一个来做?除非你能给出一个好的理由,否则就应该另外写一个子程序,如 `InitializeExpenseData()`,来初始化成员变量。这个子程序的名字清楚地表明了程序员应该在运行其他的开支计算子程序之前调用它。

使子程序名能凸显依赖关系 在 Visual Basic 示例里,`ComputeMarketing-Expense()` 的命名是错误的,因为它做的不仅仅是计算 Marketing 费用;它还初始化了成员数据。如果你反对再写一个子程序来初始化该数据,那么至少要给 `ComputeMarketingExpense()` 一个能够反映它所执行的全部功能的名字。在本例中，`ComputeMarketingExpenseAndInitializeMemberData()`就是一个适当的名字。你也许会说这个名字太糟糕了，因为它太长，但是它却描述了这个子程序做了什么，因此并不算糟糕。实际上是这个子程序本身太糟糕了！

> **交叉参考** 第5章"软件构建中的设计"有关于使用子程序和参数的详细介绍。

利用子程序参数明确显示依赖关系 还是针对那个 Visual Basic 示例，在那些子程序之间没有传递任何数据，由此你不知道有哪些子程序使用了相同的数据。通过重写代码让数据在子程序之间传递，你就可以暗示执行顺序是很重要的。新写的代码看上去会是这样：

Visual Basic示例：暗示顺序依赖关系的数据
```
InitializeExpenseData( expenseData )
ComputeMarketingExpense( expenseData )
ComputeSalesExpense( expenseData )
ComputeTravelExpense( expenseData )
ComputePersonnelExpense( expenseData )
DisplayExpenseSummary( expenseData )
```

由于所有的子程序都使用了 `expenseData`，你会从中得到提示，即它们可能操作了相同的数据，因此这些语句的顺序可能是重要的。

在这个特殊的例子里面，还有一种可能更好的方法，即把这些子程序转变成输入 `expenseData` 并把更新过的 `expenseData` 作为输出加以返回的函数，这样就使代码中包含顺序依赖关系的这一事实变得更加明显。

Visual Basic示例：暗示顺序依赖关系的数据和子程序调用
```
expenseData = InitializeExpenseData( expenseData )
expenseData = ComputeMarketingExpense( expenseData )
expenseData = ComputeSalesExpense( expenseData )
expenseData = ComputeTravelExpense( expenseData )
expenseData = ComputePersonnelExpense( expenseData )
DisplayExpenseSummary( expenseData )
```

也可以用数据来表明执行顺序并不重要，如下例所示：

Visual Basic示例：表示没有顺序依赖关系的数据
```
ComputeMarketingExpense( marketingData )
ComputeSalesExpense( salesData )
ComputeTravelExpense( travelData )
ComputePersonnelExpense( personnelData )
DisplayExpenseSummary( marketingData, salesData, travelData,
    personnelData )
```

前面四行中的子程序不包含任何共同的数据，因此这一代码表明它们的调用顺序并不重要。而由于第五行中的子程序使用了来自前四个子程序中每一个子程序的数据，因此你可以认为它需要在前四个子程序之后执行。

用注释对不清晰的依赖关系进行说明　首先要尽力写没有顺序依赖关系的代码。其次尽力写依赖关系明显的代码。如果你还担心某一项依赖关系不够清楚,那么就用文档说明它。对不清晰的依赖关系进行说明是描述编程意图的一个方面,它对编写出可维护、易修改的代码来说是至关重要的。在上一个 Visual Basic 示例中,给代码增加些注释会非常有用:

Visual Basic示例:语句的顺序依赖关系不明显,但借助注释加以澄清
```
' Compute expense data. Each of the routines accesses the
' member data expenseData. DisplayExpenseSummary
' should be called last because it depends on data calculated
' by the other routines.
' 计算expense数据。每个子程序都访问了expenseData数据成员。
' DisplayExpenseSummary应该最后调用,因为它依赖于其他子程序
' 计算出的数据。
InitializeExpenseData
ComputeMarketingExpense
ComputeSalesExpense
ComputeTravelExpense
ComputePersonnelExpense
DisplayExpenseSummary
```

这一代码没有使用那些让顺序依赖关系变得明显的技巧。编写代码时更应该依赖于那些技术,而不是依赖于注释。但如果你是在维护控制得非常严格的代码,或者由于一些其他的原因使你无法改进代码本身,那么就用文档来弥补代码的不足吧。

用断言或者错误处理代码来检查依赖关系　如果代码非常重要,你可以用状态变量以及错误处理代码或断言来对关键的顺序依赖关系做出说明。例如,在类的构造函数里面,你可以把一个名为 `isExpenseDataInitialized` 的类成员变量初始化为 `false`。然后在 `InitializeExpenseData()` 中,你可以把 `isExpenseDataInitialized` 设置为 `true`。每一个依赖于已初始化的 `expenseData` 的函数就可以在对 `expenseData` 做出其他操作之前,检查 `isExpenseDataInitialized` 有没有被设为 `true`。取决于依赖关系的影响范围,你可能还需要诸如 `isMarketingExpenseComputed`、`isSalesExpenseComputed` 等变量。

这种技术引入了一些新变量、新初始化代码和新错误处理代码,所有这一切都增加了出错的可能性。因此应该在由此获得的好处和由此带来的额外复杂度和所增加的二次出错几率之间做出权衡。

14.2 Statements Whose Order Doesn't Matter
顺序无关的语句

你也许见过这种情形，即代码中若干语句或语句块的先后顺序看上去完全没有关系。一条语句并不依赖于或者在逻辑上承接另一条语句。但是顺序的确对可读性、性能和可维护性有影响，而且当缺少执行顺序依赖关系的时候，你可以用第二标准来判断语句或者代码块的顺序。这其中的指导原则就是就近原则（Principle of Proximity）：把相关的操作放在一起。

Making Code Read from Top to Bottom
使代码易于自上而下地阅读

作为一条普遍性原则，要让程序易于自上而下阅读，而不是让读者的目光跳来跳去。专家们认为自上而下的顺序对提高可读性最有帮助。简单地让控制流在运行时自上而下地运行还不够。如果有人在阅读你代码的时候不得不搜索整个应用程序以便找到所需的信息，那么就应该重新组织你的代码了。下面举一个例子：

```cpp
C++示例：跳来跳去的糟糕代码
MarketingData marketingData;
SalesData salesData;
TravelData travelData;

travelData.ComputeQuarterly();
salesData.ComputeQuarterly();
marketingData.ComputeQuarterly();

salesData.ComputeAnnual();
marketingData.ComputeAnnual();
travelData.ComputeAnnual();

salesData.Print();
travelData.Print();
marketingData.Print();
```

假设你希望知道 `marketingData` 是怎么计算出来的。你就必须从最后一行开始，跟踪所有对 `marketingData` 的引用直至回到第一行。`marketingData` 只在代码中其他少数的几个位置用到，但你却不得不集中精力去想：是否在从头到尾的每行代码中都用到了 `marketingData`。换句话说，为了理解 `marketingData` 是如何计算的，你必须要查看并且考虑这段代码块中的每一行代码。更何况这个例子当然比你在实际系统里看到的代码简单得多。下面是组织得更好的完成同样功能的代码：

```cpp
C++示例：组织良好的顺序代码，能从头到尾阅读
MarketingData marketingData;
marketingData.ComputeQuarterly();
marketingData.ComputeAnnual();
marketingData.Print();
```

```
SalesData salesData;
salesData.ComputeQuarterly();
salesData.ComputeAnnual();
salesData.Print();

TravelData travelData;
travelData.ComputeQuarterly();
travelData.ComputeAnnual();
travelData.Print();
```

> **交叉参考** 第 10.4 节"测量变量的生存时间"有对"存活"更精确的技术定义。

这段代码在很多方面都好。把对每一个对象的引用都放在一起；把它们"局部化（localized）"了。对象"存活"（live）的代码行数非常少。然而也许最重要的是，这段代码现在的样子说明它可以拆分为分别计算 marketing、sales 和 travel 数据的子程序。第一段代码却没有暗示这样一种分解是可能的。

Grouping Related Statements
把相关的语句组织在一起

> **交叉参考** 如果你遵循伪代码编程过程进行开发，那么相互有联系的代码会自然而然地组织到一起。第 9 章"伪代码编程过程"对此有详细介绍。

把相关的语句放在一起。一些语句之所以相关，是因为它们都处理了相同的数据、执行了相似的任务，或者具有某种执行顺序上的依赖关系。

检查相关的语句是不是组织得很好的一种简便方法是，打印出你的子程序代码，然后把相关的语句画上框。如果这些语句排列得很好，你就会得到类似于图 14-1 那样的图形，其中的方框是不会彼此交叠的。

> **交叉参考** 第 10.4 节"作用域"有关于如何把对变量的操作集中到一起的详细说明。

图14-1 如果代码组织良好，那么围绕各段的方框就不应该交叠，但有可能嵌套

如果语句排列得不好，你就会得到类似于图 14-2 的那种图形，其中方框是有重叠的。请重新组织你的代码，使相关的语句组织得更好。

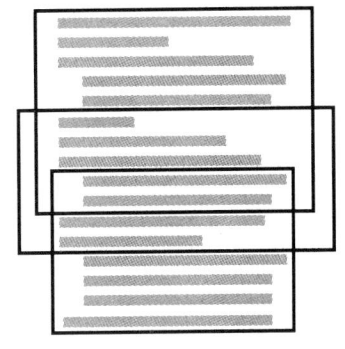

图14-2 如果代码组织不良好，那么围绕各段代码的方框就会交叠

一旦把相关的语句组织在一起，你有可能发现它们之间有很强的联系，而与它们前后的语句组没有多少有意义的联系。在这种情况下，你可能希望把这些关联度很强的语句重构成独立的子程序。

> cc2e.com/1472
>
> **Checklist: Organizing Straight-Line Code**
> **核对表：组织直线型代码**
>
> ❏ 代码使得语句之间的依赖关系变得明显吗？
> ❏ 子程序的名字使得依赖关系变得明显吗？
> ❏ 子程序的参数使得依赖关系变得明显吗？
> ❏ 如果依赖关系不明确，你是否用注释进行了说明？
> ❏ 你用"内务管理变量"（housekeeping variables）来检查代码中关键位置的顺序依赖关系了吗？
> ❏ 代码容易按照自上而下的顺序阅读吗？
> ❏ 相关的语句被组织在一起吗？
> ❏ 把相对独立的语句组放进各自的子程序里吗？

Key Points
要点

- 组织直线型代码的最主要原则是按照依赖关系进行排列。
- 可以用好的子程序名、参数列表、注释，以及——如果代码足够重要——内务管理变量来让依赖关系变得更明显。
- 如果代码之间没有顺序依赖关系，那就设法使相关的语句尽可能地接近。

Using Conditionals

第 15 章
使用条件语句

cc2e.com/1538 内容

- 15.1 *if* 语句：第 355 页
- 15.2 *case* 语句：第 361 页

相关章节

- 驯服深层嵌套：第 19.4 节
- 一般控制问题：第 19 章
- 循环代码：第 16 章
- 直线型代码：第 14 章
- 数据类型和控制结构之间的关系：第 10.7 节

条件语句用来控制其他语句是否执行；其他语句在 if、else、case、switch 等语句里时变为"有条件"执行。尽管从逻辑上说，把 while、for 等循环控制符看做条件语句也是合理的，但传统上还是把它们分别对待。第 16 章"控制循环"会仔细研究 while 和 for 语句。

15.1 *if* Statements
if 语句

根据所用语言的不同，你可能使用几种 if 语句中的任何一种。其中最简单的是简单 if 或者 if-then 语句。if-then-else 稍微复杂一点，而连续一组 if-then-else 所构成的语句串是最为复杂的。

Plain *if-then* Statements
简单 *if-then* 语句

在写 if 语句的时候请遵循下述指导原则。

KEY POINT

首先写正常代码路径；再处理不常见情况 在编写代码时，要使得正常情况的执行路径在代码中是清晰的。确认那些不常见的情况不会遮掩正常的执行路径。这对可读性和代码性能来说都很重要。

确保对于等量的分支是正确的 请不要用">"代替">="或用"<"代替"<="，这类似于在访问数组或者计算循环下标的时候犯下 off-by-one（偏差一）错误。在

循环里，要仔细考虑端点以避免犯 off-by-one 错误。在条件语句里，也要仔细考虑条件是否同实际情况相符合，避免犯同样的错误。

把正常情况的处理放在 if 后面而不要放在 else 后面　把你认为会正常出现的情况放在前面来处理。这符合把决策的结果代码放在尽可能靠近决策位置的一般原则。下面代码示例里执行了很多错误处理，并在该过程中随意地检测错误：

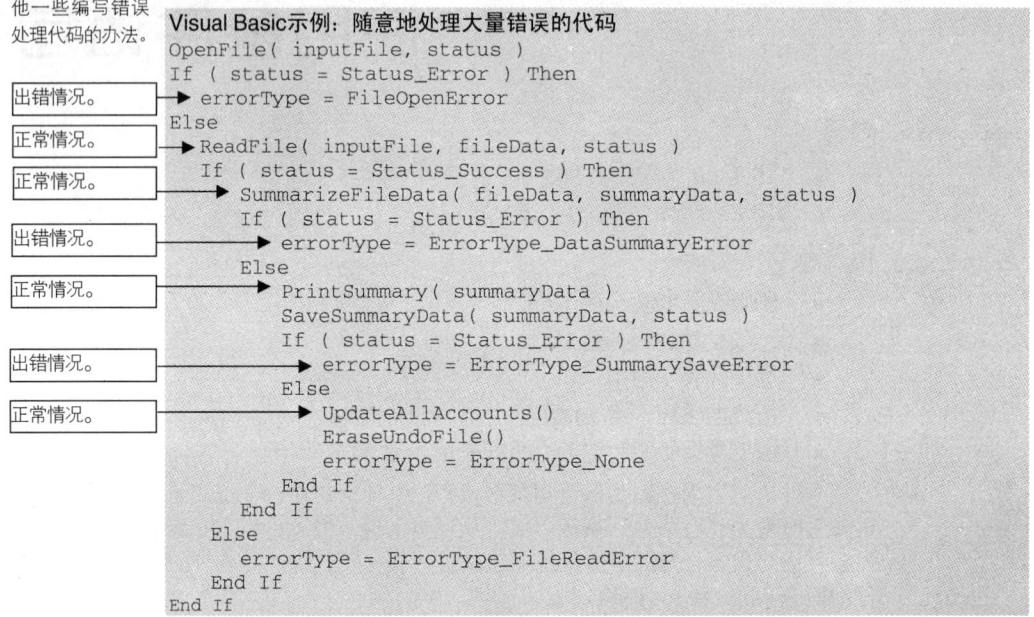

> **交叉参考**　第 19.4 节 "对减少嵌套层次的技术的总结"介绍了其他一些编写错误处理代码的办法。

Visual Basic 示例：随意地处理大量错误的代码
```
OpenFile( inputFile, status )
If ( status = Status_Error ) Then         ← 出错情况。
    errorType = FileOpenError
Else                                       ← 正常情况。
    ReadFile( inputFile, fileData, status )
    If ( status = Status_Success ) Then    ← 正常情况。
        SummarizeFileData( fileData, summaryData, status )
        If ( status = Status_Error ) Then  ← 出错情况。
            errorType = ErrorType_DataSummaryError
        Else                                ← 正常情况。
            PrintSummary( summaryData )
            SaveSummaryData( summaryData, status )
            If ( status = Status_Error ) Then  ← 出错情况。
                errorType = ErrorType_SummarySaveError
            Else                            ← 正常情况。
                UpdateAllAccounts()
                EraseUndoFile()
                errorType = ErrorType_None
            End If
        End If
    Else
        errorType = ErrorType_FileReadError
    End If
End If
```

这段代码很难理解，因为它把正常的情况和出错的情况混在了一起。很难从中找出正常代码的路径来。除此之外，因为错误条件有的时候是在 if 子句而不是 else 子句中处理的，所以很难判断到底哪一个 if 子句检测了与之相关的正常情况。在下面重写的代码里，正常的路径一致地写在前面，而所有的错误情况都写在了后面。这样就能很容易找到并且阅读正常的情况了。

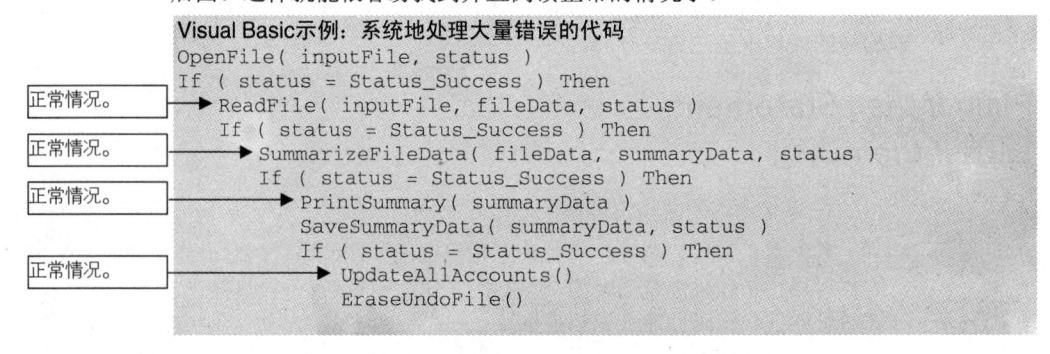

Visual Basic 示例：系统地处理大量错误的代码
```
OpenFile( inputFile, status )
If ( status = Status_Success ) Then          ← 正常情况。
    ReadFile( inputFile, fileData, status )
    If ( status = Status_Success ) Then      ← 正常情况。
        SummarizeFileData( fileData, summaryData, status )
        If ( status = Status_Success ) Then  ← 正常情况。
            PrintSummary( summaryData )
            SaveSummaryData( summaryData, status )
            If ( status = Status_Success ) Then  ← 正常情况。
                UpdateAllAccounts()
                EraseUndoFile()
```

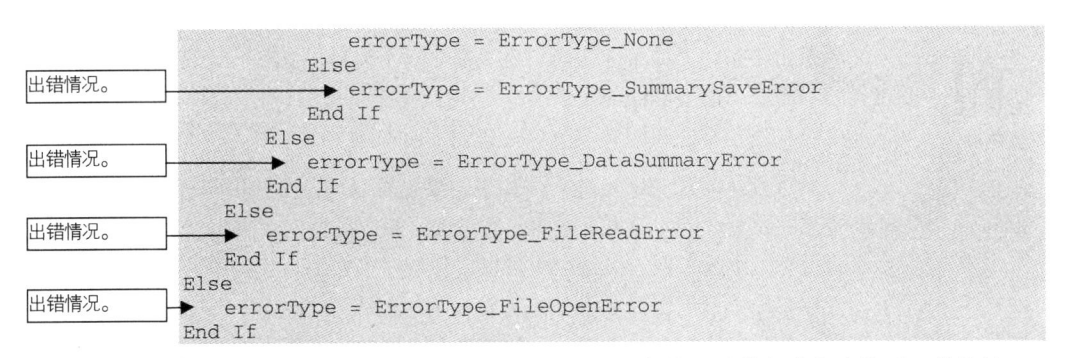

```
                      errorType = ErrorType_None
                  Else
   出错情况。 ──→   errorType = ErrorType_SummarySaveError
                  End If
               Else
   出错情况。 ──→ errorType = ErrorType_DataSummaryError
               End If
            Else
   出错情况。 ──→ errorType = ErrorType_FileReadError
            End If
         Else
   出错情况。 ──→ errorType = ErrorType_FileOpenError
         End If
```

在修改后的例子里，你可以通过阅读 if 条件测试的主流程来找到正常的情况。这一修改使人的注意力集中到了阅读代码的主流程上，而不是费力地去理解那些异常处理情况，因此整体代码更容易阅读。嵌套条件语句的下面积累了全部错误情况，这是良好错误处理代码的一个标志。

这个例子演示了一种系统化的处理正常情况和错误情况的方法。本书还会讨论多种解决这一问题的其他方法，包括使用防卫子句（guard clauses）、转为多态分派（polymorphic dispatch）、以及将测试的内部提取成为一个独立的子程序。如果想获得一份完整的可用方法的清单，请阅读第 19.4 节中的"对减少嵌套层次的技术的总结"。

让 if 子句后面跟随一个有意义的语句　有的时候你会看到下例中的这种代码，其中 if 子句是空的：

Java示例：空的if子句
```
if ( SomeTest )
    ;
else {
    // do something
    ...
}
```

交叉参考　构造一条有效的 if 语句的关键就是要正确地写出控制该语句的布尔表达式。第 19.1 节"布尔表达式"对此有详细的说明。

哪怕仅仅为了少写那个额外的空语句行和 else 代码行，大多数有经验的程序员也都会避免这么编写代码。这样写看上去很傻，而且修改起来也很容易：简单地对 if 语句中的谓词作否定，把 else 子句中的代码移到 if 子句中来，并且去掉 else 子句就可以了。下面就是修改后的代码：

Java示例：空if子句转换后的代码
```
if ( ! someTest ) {
    // do something
    ...
}
```

考虑 else 子句　如果你认为自己只需要一个简单的 if 语句，那么请考虑你是否真的不需要一个 if-then-else 语句。通用汽车公司做的一项经典分析发现，有 5 至 8 成的 if 语句都应该配有一个 else 子句（Elshoff 1976）。

一种选择是编写 else 部分——如果需要也可以用一个空语句——以表明这种 else 情况已经考虑了。仅为了表明已经考虑了相应的情况而编写空的 else 部分，似乎显得有些小题大做，但这至少可以促使程序员在编写代码的时候考虑 else 情况。当你有一个不包含 else 部分的 if 测试的时候，除非其原因显而易见，否则请用注释来解释为什么在这里 else 子句是没有必要的，就像下面一样：

```java
Java示例：有益的、带注释的else子句
// if color is valid
if ( COLOR_MIN <= color && color <= COLOR_MAX ) {
   // do something
   ...
}
else {
   // else color is invalid
   // screen not written to -- safely ignore command
}
```

测试 else 子句的正确性　在测试代码的时候，你可能会认为只有主子句（即 if 子句）需要测试。然而如果有可能测试 else 子句的话，也一定要测试它。

检查 if 和 else 子句是不是弄反了　编程中常常会犯这么一种错误，那就是要么把本应放在 if 子句后面的代码和本应放在 else 子句后面的代码给弄反了，要么就把 if 测试的逻辑弄反了。请检查你的代码中有没有这种常见错误。

Chains of *if-then-else* Statements
if-then-else 语句串

在不支持或者只是部分支持 case 语句的语言里，你会发现自己常常要写 if-then-else 检测串。例如，给字符分类的代码可能会使用如下的检测串：

> **交叉参考**　第 19.1 节 "布尔表达式" 给出了简化复杂表达式的具体方法。

```cpp
C++示例：使用if-then-else语句串对字符分类
if ( inputCharacter < SPACE ) {
    characterType = CharacterType_ControlCharacter;
}
else if (
    inputCharacter == ' ' ||
    inputCharacter == ',' ||
    inputCharacter == '.' ||
    inputCharacter == '!' ||
    inputCharacter == '(' ||
    inputCharacter == ')' ||
```

```
      inputCharacter == ':' ||
      inputCharacter == ';' ||
      inputCharacter == '?' ||
      inputCharacter == '-'
      ) {
   characterType = CharacterType_Punctuation;
}
else if ( '0' <= inputCharacter && inputCharacter <= '9' ) {
   characterType = CharacterType_Digit;
}
else if (
   ( 'a' <= inputCharacter && inputCharacter <= 'z' ) ||
   ( 'A' <= inputCharacter && inputCharacter <= 'Z' )
   ) {
   characterType = CharacterType_Letter;
}
```

在写这种if-then-else串的时候，请注意下述指导原则。

利用布尔函数调用简化复杂的检测 上面例子中的代码难读的一个原因是对字符分类的判断是很复杂的。为了提高可读性，你可以把它替换成布尔函数调用。下面就是使用布尔函数取代判断后的代码示例：

C++示例：使用了布尔函数调用的if-then-else语句串
```
if ( IsControl( inputCharacter ) ) {
   characterType = CharacterType_ControlCharacter;
}
else if ( IsPunctuation( inputCharacter ) ) {
   characterType = CharacterType_Punctuation;
}
else if ( IsDigit( inputCharacter ) ) {
   characterType = CharacterType_Digit;
}
else if ( IsLetter( inputCharacter ) ) {
   characterType = CharacterType_Letter;
}
```

把最常见的情况放在最前面 把最常见的情况放在前面，可以让阅读代码的人为找出正常情况的处理代码而必须要读的处理非常见情况的代码变得最少。同时，由于把在执行最常见情况代码之前所需的判断减到最少，代码效率也得到了提高。在上面例子中，字母比标点符号更为常见，但是对标点符号的检测却放在了前面。下面是修改后的代码，它把对字母的检测放在前面：

C++示例：首先测试最常见的情况

> 在本例中，最常见的情况会先在这里得到处理。

```
if ( IsLetter( inputCharacter ) ) {
   characterType = CharacterType_Letter;
}
```

```
else if ( IsPunctuation( inputCharacter ) ) {
    characterType = CharacterType_Punctuation;
else if ( IsDigit( inputCharacter ) ) {
    characterType = CharacterType_Digit;
}
else if ( IsControl( inputCharacter ) ) {
    characterType = CharacterType_ControlCharacter;
}
```

> 最不常见的情况则是放在最后来解决。

确保所有的情况都考虑到了 写一个放在最后的 else 子句,用出错消息或者断言来捕捉那些你不考虑的情况。这种消息是给你而不是给最终用户看的,因此请适当地措辞。下面是对前面字符分类的例子的改进,执行对"其他情况"的检测:

> **交叉参考** 这个例子同样是如何用 if-then-else 串替代深层嵌套的典范。第 19.4 节"驯服危险的深层嵌套"有详细介绍。

C++示例:检查默认情况以捕获错误
```
if ( IsLetter( inputCharacter ) ) {
    characterType = CharacterType_Letter;
}
else if ( IsPunctuation( inputCharacter ) ) {
    characterType = CharacterType_Punctuation;
}
else if ( IsDigit( inputCharacter ) ) {
    characterType = CharacterType_Digit;
}
else if ( IsControl( inputCharacter ) ) {
    characterType = CharacterType_ControlCharacter;
}
else {
    DisplayInternalError( "Unexpected type of character detected." );
}
```

如果你的语言支持,请把 if-then-else 语句串替换成其他结构 少数语言——例如 Microsoft Visual Basic 和 Ada——提供了支持字符串、枚举和逻辑函数的 case 语句。请使用它们——它们比 if-then-else 语句串更容易编写和阅读。在 Visual Basic 中用 case 语句给字符分类的代码可以写成:

Visual Basic示例:用case语句代替if-then-else语句串
```
Select Case inputCharacter
    Case "a" To "z"
        characterType = CharacterType_Letter
    Case " ", ",", ".", "!", "(", ")", ":", ";", "?", "-"
        characterType = CharacterType_Punctuation
    Case "0" To "9"
        characterType = CharacterType_Digit
    Case FIRST_CONTROL_CHARACTER To LAST_CONTROL_CHARACTER
        characterType = CharacterType_Control
    Case Else
        DisplayInternalError( "Unexpected type of character detected." )
End Select
```

15.2 *case* Statements
15.2 *case* 语句

case 语句或者 switch 语句随着编程语言的不同而有着很大的差异。C++和 Java 只支持在 case 中使用序数类型（整数），并且一次只能取一个值。Visual Basic 支持在 case 中使用序数类型，同时提供了强大的表示区间和数值集合的简化记法。很多脚本语言根本不支持 case 语句。

下面几节就如何有效地使用 case 语句给出一些指导原则。

Choosing the Most Effective Ordering of Cases
为 case 选择最有效的排列顺序

你可以有很多方式来组织 case 语句中的各种情况（cases）。如果你有一个小小的 case 语句，其中只有 3 个选项和 3 行相对应的代码，那么顺序的选择就不那么重要了。如果你的 case 语句很长——例如，一条用于处理事件驱动程序里面的数十个事件的 case 语句——那么顺序就很重要了。下面是一些可能的排列顺序。

按字母顺序或按数字顺序排列各种情况　如果所有情况的重要性都相同，那么就把它们按 A-B-C 的顺序加以排列，以便提高可读性。这样做很容易从中找出某个特定的情况来。

把正常的情况放在前面　如果有一个正常的情况和多个异常情况，那么就把那个正常的情况放在最前面。用注释来说明它是正常情况，而其他的属于非正常情况。

按执行频率排列 case 子句　把最经常执行的情况放在最前面，最不常执行的放在最后。这样做有两个方面的好处。首先，阅读程序的人可以很容易地找到最常见的情况。那些检索情况列表，找出某个具体情况的读者很可能会对最常见的情况感兴趣，而把常见的情况放在代码的上部会加速这种检索。

Tips for Using *case* Statements
使用 *case* 语句的诀窍

下面是使用 case 语句的几点提示。

> **交叉参考**　第 24 章"重构"讲了其他简化代码的诀窍。

简化每种情况对应的操作　使得与每种情况相关的代码短小精悍。简短的情况处理代码会使 case 语句的结构更加清晰。如果某种情况执行的操作非常复杂，那么就写一个子程序，并在该情况对应的 case 子句中调用它，而不要把代码本身放进这一 case 子句里。

不要为了使用 case 语句而刻意制造一个变量　case 语句应该用于处理简单的、容易分类的数据。如果你的数据并不简单，那么就使用 if-then-else 语句串。为使用 case 而刻意构造出的变量很容易把人搞糊涂，你应该避免使用这种变量。例如，不要这么做：

Java示例：刻意制造一个虚假的case变量——糟糕的实践

```java
action = userCommand[ 0 ];
switch ( action ) {
   case 'c':
      Copy();
      break;
   case 'd':
      DeleteCharacter();
      break;
   case 'f':
      Format();
      break;
   case 'h':
      Help();
      break;
   ...
   default:
      HandleUserInputError( ErrorType.InvalidUserCommand );
}
```

这里控制 case 语句的变量是 action。在本例中，action 是通过截取 userCommand 字符串——一个用户输入的字符串——的第一个字符创建的。

> **交叉参考** 同这里的建议恰好相反，有的时候你可以把某个复杂的表达式赋给一个命名准确的布尔变量或函数，由此提高代码的可读性。在第 19.1 节 "简化复杂的表达式"里有相关介绍。

这种捣乱的代码很容易带来问题。一般而言，当你为了用 case 语句而刻意去造出一个变量时，真正的数据可能不会按照你所希望的方式映射到 case 语句里。在本例中，如果用户输入的是 copy，那么 case 语句就会截取到第一个 "c"，并且正确地调用 Copy() 子程序。然而，如果用户输入的是 cement overshoes、clambake 或者 cellulite，那么这个 case 语句还是会取得 "c" 并且调用 Copy()。case 语句中的 default 子句所执行的错误命令检测也会失效，因为这个子句只能检测到第一个字母就有错的命令，不能检测整个命令。

与其刻意制造一个本不适用于 case 的假冒变量（phony variable），不如使用一个 if-then-else-if 检测串来检查整个字符串。以下是改写后的代码：

Java示例：使用if-then-else语句串替代虚假的case变量——良好的实践

```java
if ( UserCommand.equals( COMMAND_STRING_COPY ) ) {
   Copy();
}
else if ( UserCommand.equals( COMMAND_STRING_DELETE ) ) {
   DeleteCharacter();
}
else if ( UserCommand.equals( COMMAND_STRING_FORMAT ) ) {
   Format();
}
else if ( UserCommand.equals( COMMAND_STRING_HELP ) ) {
   Help();
}
...
else {
   HandleUserInputError( ErrorType_InvalidCommandInput );
}
```

把 default 子句只用于检查真正的默认情况　也许有时候你只剩下了一种情况需要处理，于是就决定把这种情况编写为 default 子句（默认子句）。尽管这么做有时候很诱人，但却是很不明智的。你将失去 case 语句的标号（label）所提供的自动说明功能，而且也丧失了使用 default 子句检测错误的能力。

这种 case 语句一经修改很容易损坏。如果你用的是真正的默认情况，那么增加一种新情况就很容易——你只需增加这种情况和相应的代码即可。但如果你所用的是伪造的默认情况，那么修改起来就会非常困难。你不得不增加新的情况，很可能还要把它变为新的默认情况，然后把原来用的默认情况改为普通情况。还是一开始就使用真正的默认情况吧。

利用 default 子句来检测错误　如果一条 case 语句中的默认子句既没有用来做其他的处理，按照正常执行顺序也不太可能会发生，那么就向里面加入一条诊断消息：

Java示例：使用default子句来检测错误——良好的实践
```
switch ( commandShortcutLetter ) {
   case 'a':
      PrintAnnualReport();
      break;
   case 'p':
      // no action required, but case was considered
      break;
   case 'q':
      PrintQuarterlyReport();
      break;
   case 's':
      PrintSummaryReport();
      break;
   default:
      DisplayInternalError(
               "Internal Error 905: Call customer support." );
}
```

像这样的消息在开发版代码和产品版代码里都很有用。与其让系统崩溃，或者产生看似正确、直到客户老板检查才发现有问题的结果，不如让用户们看到"内部错误：请致电客户支持"的消息。

如果把默认子句用于错误检测之外的其他目的，那就意味着每一种情况的选择都是正确的。请仔细检查以确认每一个可能进入 case 语句的值都是合法的。如果你发现了一些不合法的值，那么就重写这些语句，让默认子句去执行错误检测。

在 C++ 和 Java 里，避免代码执行越过一条 case 子句的末尾　类似于 C 的语言（C、C++和 Java）不会自动地跳出每一种情况的执行。相反，你必须明确地为每一 case 子句写结束语句（break 语句）。如果你不这么做，程序就会越过其末尾并继续执行下一 case 子句的代码。这导致了一些特别奇怪的编程习惯，包括下面这个糟糕的例子：

C++示例：滥用case语句
```
switch ( InputVar ) {
    case 'A': if ( test ) {
                   // statement 1
                   // statement 2
    case 'B': // statement 3
              // statement 4
              ...
              }
              ...
              break;
    ...
}
```

交叉参考 这段代码的格式有效地粉饰了这段代码。如果想知道代码格式如何才能真实反映出代码质量，请参考第31.3节中的"行尾布局"以及第31章"布局与风格"的其余部分。

这种习惯很不好，因为它把不同的控制结构搅在一起了。嵌套的控制结构已经够难理解的了，重叠的结构简直就不可能弄清楚。修改 case 'A' 或者 case 'B' 比做脑部外科手术还困难，而且很有可能需要先清理一下这些情况后才能做任何修改。这样倒不如一开始就做对的好。总之，避免代码执行路径越过 case 子句的末尾是个好主意。

在 C++里，在 case 末尾明确无误地标明需要穿越执行的程序流程 如果要你故意让代码越过某一 case 子句的末尾，那么就在相应的位置给出明确的注释，解释为什么要这样编写代码。

C++示例：对穿越case子句末尾的情况加以注释
```
switch ( errorDocumentationLevel ) {
    case DocumentationLevel_Full:
        DisplayErrorDetails( errorNumber );
        // FALLTHROUGH -- Full documentation also prints summary comments

    case DocumentationLevel_Summary:
        DisplayErrorSummary( errorNumber );
        // FALLTHROUGH -- Summary documentation also prints error number

    case DocumentationLevel_NumberOnly:
        DisplayErrorNumber( errorNumber );
        break;

    default:
        DisplayInternalError(
            "Internal Error 905: Call customer support." );
}
```

这种方法发挥作用的几率,就和你发现某个人宁愿拥有一艘旧的渡船也不愿拥有一艘新的巡洋舰的几率是一样的。一般而言,那些执行完一个 case 之后又执行到另一 case 的代码,在修改时都容易引发错误,这种代码就应该避免。

cc2e.com/1545

CHECKLIST: Using Conditionals
核对表:使用条件语句

if-then 语句

- ❏ 代码的正常路径清晰吗?
- ❏ if-then 测试对等量分支的处理方式正确吗?
- ❏ 使用了 else 子句并加以说明吗?
- ❏ else 子句用得对吗?
- ❏ 用对了 if 和 else 子句,即没把它们用反吗?
- ❏ 需要执行的正常情况是位于 if 而不是 else 子句里吗?

if-then-else-if 语句串

- ❏ 把复杂的判断封装到布尔函数调用里了吗?
- ❏ 先判断最常见的情况了吗?
- ❏ 判断包含所有的情况吗?
- ❏ if-then-else-if 是最佳的实现吗?比 case 语句还要好吗?

case 语句

- ❏ case 子句排序得有意义吗?
- ❏ 每种情况的操作简单吗?必要的时候调用了其他子程序吗?
- ❏ case 语句检测的是一个真实的变量,而不是一个只为了滥用 case 语句而刻意制造变量吗?
- ❏ 默认子句用得合法吗?
- ❏ 用默认子句来检测和报告意料之外的情况了吗?
- ❏ 在 C、C++或者 Java 里,每一个 case 的末尾都有一个 break 吗?

Key Points 要点

- 对于简单的 if-else 语句，请注意 if 子句和 else 子句的顺序，特别是用它来处理大量错误的时候。要确认正常的情况是清晰的。
- 对于 if-then-else 语句串和 case 语句，选择一种最有利于阅读的排序。
- 为了捕捉错误，可以使用 case 语句中的 default 子句（默认子句），或者使用 if-then-else 语句串中的最后那个 else 子句。
- 各种控制结构并不是生来平等的。请为代码的每个部分选用最合适的控制结构。

Controlling Loops 第 16 章
控制循环

cc2e.com/1609 内容

- 16.1 选择循环的种类：第 367 页
- 16.2 循环控制：第 373 页
- 16.3 轻松创建循环——由内而外：第 385 页
- 16.4 循环和数组的关系：第 387 页

相关章节

- 驯服深层嵌套：第 19.4 节
- 一般控制问题：第 19 章
- 条件代码：第 15 章
- 直线型代码：第 14 章
- 数据类型和控制结构之间的关系：第 10.7 节

"循环"是一个非正式的术语，用来指代任意一种迭代控制结构（iterative control structure）——任一能够导致应用程序反复执行一段代码的结构。常见的循环种类有 C++ 和 Java 中的 for、while 和 do-while，以及 Microsoft Visual Basic 中的 For-Next、While-Wend 和 Do-Loop-While。使用循环是编程中最复杂的方面之一；知道如何以及何时使用每一种循环是创建高质量软件的一个决定性因素。

16.1 Selecting the Kind of Loop
选择循环的种类

在大多数语言中，你只能用到少数几种循环。

- 计数循环（counted loop）执行的次数是一定的，可能是针对每位雇员执行一次。
- 连续求值的循环（continuously evaluated loop）预先并不知道将要执行多少次，它会在每次迭代时检查是否应该结束。例如，它会在还有剩余资金的时候继续运行，直到用户选择了退出，或者遇到了一个错误。
- 无限循环（endless loop）一旦启动就会一直执行下去。你会在心脏起搏器、微波炉以及导航控制仪等嵌入式系统里找到它。
- 迭代器循环（iterator loop）对容器类里面的每个元素执行一次操作。

代码大全（第 2 版）

这些类型的循环首先是在灵活度上有差异——要么循环执行的次数是一定的，要么就在每次迭代的时候检查循环有没有完成。

这些循环还在检查循环是否执行完毕的位置上有所不同。你可以把检查放在循环的开始、中间或者结尾处。这一特征能够告诉你该循环会不会至少执行一次。如果是在循环头进行检查，那么它的循环体就不一定会执行到。如果把检查放在循环尾，它的循环体就会至少执行一次。如果是在循环的中间检查，那么位于检查前面的那一部分循环就会至少执行一次，但是位于检查后面的那部分循环就不一定会执行到了。

灵活度和检查位置决定了如何对用作控制结构的循环种类进行选择。表 16-1 显示了多种语言中的循环种类，并且描述了其灵活度和检查位置。

表 16-1　循环的种类

语言	循环的种类	灵活度	检查位置
Visual Basic	*For-Next*	严格	开始
	While-Wend	灵活	开始
	Do-Loop-While	灵活	开始或结尾
	For-Each	严格	开始
C, C++, C#, Java	*for*	灵活	开始
	while	灵活	开始
	do-while	灵活	结尾
	foreach*	严格	开始

*目前只在 C#中可用。其他一些语言，包括 Java，在本书写作的时候也有计划要采纳这种循环。

When to Use a *while* Loop
什么时候使用 *while* 循环

编程新手有时认为 while 循环会不断地求 while 条件的值，并且会在条件变成假的时候执行结束，而不论循环里面正在执行的是哪一条语句（Curtis 等人，1986）。尽管没有这些新手所想象的那么灵活，while 循环的确是一种灵活的循环选择。如果你预先并不知道循环要迭代多少次，那么就使用 while 循环。与一些编程新手所想的正相反，执行每通过这种循环一次，while 只做一次循环终止的检测，而且有关 while 循环的最主要事项就是决定在循环开始处还是结尾处做检测。

Loop with Test at the Beginning
检测位于循环的开始

对于在开始处进行检测的循环，在 C++、C#、Java、Visual Basic 以及大多数其他的语言里，你可以使用 while 循环。在其他语言里，你也可以模拟 while 循环。

Loop with Test at the End
检测位于循环的结尾

你也许偶尔会遇到这种情况：需要一个灵活的循环，但是该循环至少需要执行一次。在这种情况下，你可以用一个在结尾处做条件检测的 while 循环。在 C++、C# 以及 Java 里，你可以用 do-while，在 Visual Basic 里用 Do-Loop-While，或者在其他语言里模拟在末尾进行条件检测的循环。

When to Use a Loop-With-Exit Loop
什么时候用带退出的循环

带退出的循环（Loop-with-exit）就是终止条件出现在循环中间而不是开始或者末尾的循环。Visual Basic 明确支持 loop-with-exit 循环，你可以在 C++、C 和 Java 中用结构化的 while 和 break 来模拟它，或者在其他语言中用 goto 来模拟它。

Normal Loop-With-Exit Loops
正常的带退出循环

一个带退出循环通常由循环头、循环体（包括终止条件）和循环尾组成，如下面的 Visual Basic 例子所示：

Visual Basic 示例：带退出循环的一般结构
```
Do
    ...                              ← 语句。
    If ( some exit condition ) Then Exit Do
    ...                              ← 更多语句。
Loop
```

带退出循环通常是在这样的场合下使用：如果把循环条件检测放在循环开始或结束处，那就需要写出一个半循环（loop-and-a-half）的代码。下面是一个应该使用带退出循环但却没有用的 C++ 例子：

C++ 示例：有重复的代码，这在维护时会出现问题
```
// Compute scores and ratings.
score = 0;
GetNextRating( &ratingIncrement );        ← 这两行在这里出现了……
rating = rating + ratingIncrement;
while ( ( score < targetScore ) && ( ratingIncrement != 0 ) ) {
    GetNextScore( &scoreIncrement );
    score = score + scoreIncrement;
    GetNextRating( &ratingIncrement );    ← ……然后在这里再次出现。
    rating = rating + ratingIncrement;
}
```

例子中的前两行代码又在 while 循环中的后两行中重复出现了。在修改的时候，你很容易忘记让这两组代码保持一致。如果别的程序员来修改这段代码，很可能不会注意到这两组代码应该同步地修改。不管怎样，其结果都是由于没有完全地修改而导致出错。你可以按照下面的样子来重写这些代码，以使之更加清晰：

C++示例：带退出循环，更容易维护
```
// Compute scores and ratings. The code uses an infinite loop
// and a break statement to emulate a loop-with-exit loop.
score = 0;
while ( true ) {
   GetNextRating( &ratingIncrement );
   rating = rating + ratingIncrement;
   if ( !( ( score < targetScore ) && ( ratingIncrement != 0 ) ) ) {
      break;
   }
   
   GetNextScore( &scoreIncrement );
   score = score + scoreIncrement;
}
```

> 这就是循环退出条件（现在你可以用第 19.1 节介绍的狄摩根定理对其进行简化）。

下面是用 Visual Basic 写的代码：

Visual Basic 示例：带退出循环
```
' Compute scores and ratings
score = 0
Do
   GetNextRating( ratingIncrement )
   rating = rating + ratingIncrement
   
   If (not(score < targetScore and ratingIncrement <> 0)) Then Exit Do
   
   GetNextScore( ScoreIncrement )
   score = score + scoreIncrement
Loop
```

在你使用这种循环的时候，请把下面这些细节考虑进去。

> **交叉参考** 循环退出条件在本章后面有详细的介绍。如果想知道如何在循环中合理使用注释，请查阅第32.5节中的"注释控制结构"。

把所有的退出条件放在一处。把它们写得到处都是，实际上就会使得某些终止条件在调试、修改或者测试的时候被忽略。

用注释来阐明操作意图。如果你在一个不直接支持带退出循环的语言里使用直接退出法，那么就应该用注释把你做的事情解释清楚。

带退出的循环也是单入单出的结构化控制结构，也是一种首选的循环控制（Software Productivity Consortium, 1989）。事实证明，它比其他种类的循环都要容易理解。一份针对程序员学员的研究把它和那些在开始或者结尾位置终止的循环做了对比（Soloway, Bonar and Ehrlich 1983）。在使用了带退出循环以后，学员们在一份理解力测试中的得分提高了 25%，研究人员得出结论称，带退出循环结构要比其他循环结构更接近于人类思考迭代型控制的方式。

在日常的编程实践中，带退出循环的应用仍然不够广泛，人们还在烟雾缭绕的房间里争论这是不是开发产品代码的好的方法。尽管人们还在讨论，但只要你小心谨慎地使用，带退出循环就是一种值得放在你的程序员工具箱中的好工具。

Abnormal Loop-With-Exit Loops
非正常的带退出循环

这里说明了用另外一种利用带退出循环避免一个半循环（loop-and-a-half）的情况。

C++示例：用goto闯入循环中间——糟糕的实践
```
goto Start;
while ( expression ) {
   // do something
   ...
   Start:
   
   // do something else
   ...
}
```

乍一看，这个例子和前面一个带退出循环的例子很像。它用在第一次循环的时候无须执行 // do something 而是执行 // do something else 的场合。这也是一个单入单出的控制结构：进入该循环的唯一方法是通过顶上的 goto 入口，而终止该循环的唯一方法是经过 while 判断。这种方法有两个问题：它使用了 goto，而且它的写法太少见，易使人感到困惑。

在 C++ 里，你可以不用 goto 而达到同样的目的，如下例所示。如果你所用的语言不支持 break 命令，那么你可以用 goto 来模拟 break。

C++示例：重写后的不用goto的代码——更好的实践
> 本例中，break 前后的语句块已经进行了交换。

```
while ( true ) {
   // do something else
   ...
```

```
if ( !( expression ) ) {
    break;
}
// do something
...
}
```

When to Use a *for* Loop
何时使用 *for* 循环

深入阅读 想知道更多关于使用 for 循环的好建议么？请阅读《*Writing Solid Code*》(Maguire 1993)。

如果你需要一个执行次数固定的循环，那么 for 循环就是一个很好的选择。在 C++、C、Java、Visual Basic 以及大多数其他语言里，你都可以使用它。

可以用 for 循环来执行那些不需要循环内部控制的简单操作。当循环控制就是简单的递增或递减，如对某一容器的元素进行迭代的时候，就可以使用 for 循环。for 循环的关键之处在于，你在循环头处把它写好后就可以忘掉它了，无须在循环的内部做任何事情去控制它。如果存在一个必须使执行从循环中跳出的条件，那么就应该改用 while 循环。

类似地，不要在 for 循环里通过直接修改下标值的方式迫使它终止，在这种情况下应该改用 while 循环。for 循环就是为了简单的用途，更复杂的循环最好用 while 循环去处理。

When to Use a *foreach* Loop
何时使用 *foreach* 循环

foreach 循环或其等价物（C#中的 foreach，Visual Basic 中的 For-Each，以及 Python 中的 for-in）很适用于对数组或者其他容器的各项元素执行操作。它的优势在于消除了循环内务处理算术，从而也就消除了任何由循环控制算术导致出错的可能性。下面举一个这种循环的例子：

C#示例：foreach循环
```
int [] fibonacciSequence = new int [] { 0, 1, 1, 2, 3, 5, 8, 13, 21, 34 };
int oddFibonacciNumbers = 0;
int evenFibonacciNumbers = 0;

// count the number of odd and even numbers in a Fibonacci sequence
foreach ( int fibonacciNumber in fibonacciSequence ) {
    if ( fibonacciNumber % 2 ) == 0 ) {
        evenFibonacciNumbers++;
    }
    else {
        oddFibonacciNumbers++;
    }
}

Console.WriteLine( "Found {0} odd numbers and {1} even numbers.",
    oddFibonacciNumbers, evenFibonacciNumbers );
```

16.2 Controlling the Loop
循环控制

循环会出什么样的错误呢？任何一种答案都可以归结到下面所说的问题之一：忽略或错误地对循环执行初始化、忽略了对累加变量或其他与循环有关的变量执行初始化、不正确的嵌套、不正确的循环终止、忽略或者错误地增加了循环变量的值、以及用不正确的循环下标访问数组元素等。

KEY POINT 你可以采取两种方法来阻止这些错误的发生。首先，减少能影响该循环各种因素的数量。简化、简化、再简化！其次，把循环内部当做一个子程序看待——把控制尽可能地放到循环体外。把循环体执行的条件表述清楚。不要让读者看了循环体以后才明白循环的控制。应该把循环看做是一个黑盒子：外围程序只知道它的控制条件，却不知道它的内容。

交叉参考 如果你使用的是前面提到的 while(true)-break 方法，那么退出条件是放在黑盒中。这样一来，即便是仅仅用到了一个退出条件，你也会无法将这个循环视为黑盒。

C++示例：将循环视为黑盒子
```
while ( !inputFile.EndOfFile() && moreDataAvailable ) {
  ▮▮▮▮▮▮▮▮▮▮▮▮▮▮▮▮▮▮▮▮▮▮▮▮▮▮▮▮
  ▮▮▮▮▮▮▮▮▮▮▮▮▮▮▮▮▮▮▮▮▮▮▮▮▮▮▮▮
  ▮▮▮▮▮▮▮▮▮▮▮▮▮▮▮▮▮▮▮▮▮▮▮▮▮▮▮▮
}
```

这个循环终止的条件是什么？很明显，要么 `inputFile.EndOfFile()` 为真，要么 `MoreDataAvailable` 为假，这就是你所需要知道的全部。

Entering the Loop
进入循环

在代码进入循环的时候使用下述指导原则。

只从一个位置进入循环 各种不同的循环控制结构允许你在循环头、循环体或者循环尾处执行测试。这些结构丰富到足以让你每次都从循环头部进入该循环。你无须从多个位置进入。

把初始化代码紧放在循环前面 就近原则主张把相关的语句放在一起。如果相关的语句分散在一个子程序里的各处，那么在修改子程序的时候就很容易忽略掉它们，导致不正确的修改。如果把相关的语句都放在一起，那么在修改的时候就容易避免出错。

交叉参考 在本章靠后部分的"将循环下标的作用域限制于循环内部"中，你可以读到关于限制循环变量作用域的详细内容。

把循环初始化语句和与它相关的循环放在一起。如果你不这样做，一旦把该循环放到一个更大的循环中，并且忘记修改相应的初始化代码，就会导致错误。在你把循环代码移动或复制到另一个子程序中，却没有移动或复制它的初始化代码的时候，也会发生同样的问题。让初始化远离循环——把它放在包含循环的子程序上方的数据声明部分或者内务处理部分里——都可能引发上述的初始化问题。

用while(true)表示无限循环　你也许有一个不需要终止的循环——例如,用在心脏起搏器或者微波炉等固件(firmware)中的循环。或者有一个只在某一事件发生时才终止的循环——一个"事件循环(event loop)"。你可以用很多种方式来实现无限循环。但用 `for i = 1 to 99 999` 这样的语句假造一个无限循环是很不好的,因为具体的循环上限模糊了循环的用意——99 999 可能是一个合乎情理的值。这种假的无限循环降低了代码的可维护性。

普遍认为 while(true) 是 C++、Java、Visual Basic 和其他支持比较结构语言中无限循环的标准写法。有些程序员倾向于使用 `for( ; ; )`,这种写法也是可以接受的。

在适当的情况下多使用 for 循环　for 循环把循环的控制代码集中在一处,从而有助于写成可读性强的循环。程序员们在修改软件的时候常会犯一个错误,那就是修改了位于 while 循环顶部的循环初始化代码,但却忘记了修改循环底部的相关代码。在 for 循环中,所有相关的代码全都写在循环的顶部,因此修改起来更加容易。如果能够很恰当地用 for 循环来替换其他类型的循环,那就这么做。

在 while 循环更适用的时候,不要使用 for 循环　对 C++、C#、Java 中 for 循环结构的一种很常见的陋习是,很随便地用 while 循环的内容来填充 for 循环的循环头。下面例子显示了这样一种用 while 循环来填充 for 循环头的用法:

C++示例:胡乱把while循环体填充到for循环头
```
// read all the records from a file
for ( inputFile.MoveToStart(), recordCount = 0; !inputFile.EndOfFile();
    recordCount++ ) {
    inputFile.GetRecord();
}
```

与其他语言里的同样结构相比,C++中的 for 循环的优势在于,它能够更加灵活地表现所能使用的初始化信息和终止信息的种类。这种灵活性所固有的不足之处在于,你也可以把与控制循环无关的语句放在循环头里面。

应该把 for 循环头的位置保留给循环控制语句——那些用于初始化循环和终止循环,或者用于使循环趋向于终止的语句。在上面的例子中,位于循环体内的 `inputFile.GetRecord()` 语句将循环推向终止,但是有关 `recordCount` 的语句却没有这种作用;它们属于内务语句,并不控制循环的进度。把 `recordCount` 语句放在循环头内,但却把 `inputFile.GetRecord()` 语句置于其外会产生误导:让人错误地认为是 `recordCount` 在控制这个循环。

如果你希望在这种情况下使用 for 循环而不是 while 循环,那么就应该只把循环控制语句放在循环头里面,把其他的都放在外面。下面是使用这里的循环头部的正确方法:

16.2 循环控制

C++示例：合乎逻辑但非常规的for循环头部
```cpp
recordCount = 0;
for ( inputFile.MoveToStart();
      !inputFile.EndOfFile();
      inputFile.GetRecord() ) {
   recordCount++;
}
```

在这个例子里，循环头部的内容全都与控制循环有关。其中 `inputFile.MoveToStart()` 语句对循环执行初始化，`!inputFile.EndOfFile()` 语句检测循环是否已经终止，`inputFile.GetRecord()` 语句把循环推向终止。对 `recordCount` 有影响的那些语句并不直接把循环推向终止，因此很适宜放在循环头部之外。用 while 循环做这件工作可能更合适些，但是至少这段代码对循环头的使用是符合逻辑的。作为比较，下面是使用 while 循环时的代码：

C++示例：while循环的适当用法
```cpp
// read all the records from a file
inputFile.MoveToStart();
recordCount = 0;
while ( !inputFile.EndOfFile() ) {
   inputFile.GetRecord();
   recordCount++;
}
```

Processing the Middle of the Loop
处理好循环体

下面讲解如何处理循环体。

用 "{" 和 "}" 把循环中的语句括起来 任何时候都要在代码中使用括号。它们不会增加任何运行时所需的时间或存储空间，只会增加可读性，并且防止修改代码时出错。它们是一种很好的预防性编程实践。

避免空循环 在 C++ 和 Java 里可以写空循环，即把循环所处理的代码和检测循环是否终止的代码写在同一行里。下面举一个例子：

C++示例：空循环
```cpp
while ( ( inputChar = dataFile.GetChar() ) != CharType_Eof ) {
   ;
}
```

在这个例子中，产生空循环的原因在于 while 表达式包含了两样操作：循环所做的工作——`inputChar = dataFile.GetChar()`——和对循环是否应该终止的检测——`inputChar != CharType_Eof`。如果重写这段循环，以让读者更清楚地了解它所做的工作，这段循环就会变得更有条理：

C++示例：将空循环改为有循环体的循环
```
do {
    inputChar = dataFile.GetChar();
} while ( inputChar != CharType_Eof );
```

新代码占用了三条完整的代码行，而不是一行代码再加一个分号，这是很合适的，因为它完成的正是三行代码而非一行代码加一个分号的工作。

把循环内务操作要么放在循环的开始，要么放在循环的末尾 循环内务操作（housekeeping）是指像 i = i + 1 或者 j++ 这样的表达式，它们的主要目的不是完成循环工作，而是控制循环。下面例子中的内务操作是在循环的最后完成的：

C++示例：在循环末尾完成内务操作
```
nameCount = 0;
totalLength = 0;
while ( !inputFile.EndOfFile() ) {
    // do the work of the loop
    inputFile >> inputString;
    names[ nameCount ] = inputString;
    ...

    // prepare for next pass through the loop--housekeeping
    nameCount++;                                              ← 这是内务操作语
    totalLength = totalLength + inputString.length();            句。
}
```

一般来说，在循环之前初始化的那些变量，也就是需要在循环内务部分里处理的变量。

> 交叉参考 第25章"代码调整策略"和第26章"代码调整技术"详细讨论了如何对代码进行优化。

一个循环只做一件事 仅靠循环可同时做两件事的这一事实，是无法充分证明这两件事是应该放在一起做的。循环应该和子程序一样，每个循环只做一件事并且把它做好。如果用两个循环会导致效率低下，而使用一个循环很合适，那么就把代码写成两个循环，并注明可以把它们合并起来以提高效率，然后等测量数据显示程序的这一部分性能低下的时候再去合并它们。

Exiting the Loop
退出循环

下面几小节讲解如何处理循环尾。

设法确认循环能够终止 这是基本要求。在脑海里模拟执行这个循环,直到你可以确认无论在何种情况下循环都能终止。要考虑到正常的情况、端点,以及每一种异常情况。

使循环终止条件看起来很明显 如果你使用 for 循环,而且没有随便修改循环下标,也没有使用 goto 或者 break 来跳出循环,那么这个循环的终止条件会是很明显的。与之类似,如果你在使用 while 或者 repeat-until 循环的时候把所有的控制语句都放在 while 子句或者 repeat-until 子句中,那么终止条件也会十分明显。关键就在于要把控制都放在一个地方。

不要为了终止循环而胡乱改动 for 循环的下标 有些程序员会随便改动 for 循环下标的取值,以达到提前终止循环的目的。下面就是一例:

```
Java示例: 胡乱改动循环下标
for ( int i = 0; i < 100; i++ ) {
   // some code
   ...
   if ( ... ) {
      i = 100;      ← 这里随便改动了循环下标。
   }
   // more code
   ...
}
```

这个例子里的用意是,通过在某些条件下把 i 赋值为 100 来终止循环——因为这个值已经超过该 for 循环从 0 到 99 的取值范围。事实上,所有好的程序员都会避免这么做;这是业余爱好者的标志。一旦你写好了 for 循环,那么它的循环记数器就不受你的控制了。你可以改用 while 循环来获得对退出条件更多的控制权。

避免出现依赖于循环下标最终取值的代码 在循环终止后使用循环下标值是很不好的。循环下标的最终取值根据语言以及实现的不同而不同。循环终止正常与否也会影响到这一数值。即使你恰好能不假思索地知道这一取值是多少,那么下一个阅读代码的人也会在上面花费时间。更好并且更具自我描述性的做法是,在循环体内某个适当的地方把这一最终取值赋给某个变量。

下面的代码滥用了下标的最终取值：

C++示例：滥用循环下标的最终取值的代码
```
for ( recordCount = 0; recordCount < MAX_RECORDS; recordCount++ ) {
   if ( entry[ recordCount ] == testValue ) {
      break;
   }
}
// lots of code
...
```
这里滥用了循环索引的终止值。→
```
if ( recordCount < MAX_RECORDS ) {
   return( true );
}
else {
   return( false );
}
```

在这段代码里，第二个 `recordCount < MaxRecords` 检测让人觉得该循环将会处理完 `entry[]` 中的所有值，如果发现与 `testValue` 相同的取值就返回 `true`，否则就返回 `false`。然而很难记住下标值是不是一直递增到超出循环的末尾，因此很容易犯 off-by-one 错误。你最好还是不要写出依赖于下标最终取值的代码。下例显示了应该怎样重写这段代码：

C++示例：没有滥用循环下标的代码
```
found = false;
for ( recordCount = 0; recordCount < MAX_RECORDS; recordCount++ ) {
   if ( entry[ recordCount ] == testValue ) {
      found = true;
      break;
   }
}
// lots of code
...
return( found );
```

第二段代码里多用了一个变量，并使对 `recordCount` 的引用变得更局部化了。正如常理，多用一个布尔变量使最终代码变得更加清晰。

考虑使用安全计数器　安全计数器是一个变量，你在每次循环之后都递增它，以便判断该循环的执行次数是不是过多。如果你有一个程序，程序中发生的错误将带来灾难性的后果，那么就可以用安全计数器来确保所有的循环都终止了。下面的 C++ 循环将会因为使用安全计数器而受益：

16.2 循环控制

C++示例：本应使用安全计数器的代码
```
do {
   node = node->Next;
   ...
} while ( node->Next != NULL );
```

下面是加上了安全计数器的同一代码段：

C++示例：使用了安全计数器的代码
```
safetyCounter = 0;
   do {
   node = node->Next;
   ...
   safetyCounter++;            ┐ 这是安全计数器代
   if ( safetyCounter >= SAFETY_LIMIT ) {  │ 码。
      Assert( false, "Internal Error: Safety-Counter Violation." );
   }
   ...
} while ( node->Next != NULL );
```

安全计数器并不能包治百病。每次都在代码里使用一个安全计数器，也会增加复杂度，并且可能引发其他的错误。由于不是每个循环都要用它的，因此当你在使用了安全计数器的那部分程序中修改循环的时候，就可能会忘记维护安全计数器的相关代码。然而，如果把安全计数器作为整个项目的一种标准应用于关键的循环，那么含有安全计数器的代码不会比其他的代码更容易出错。

Exiting Loops Early
提前退出循环

很多语言都提供"除了满足 for 或者 while 的结束条件之外"的终止循环的方法。在接下来的讨论里，术语 break 用于指代 C++、C 和 Java 中的 break、Visual Basic 中的 Exit-Do 和 Exit-For 以及类似的结构，也包括在那些不直接支持 break 的语言中使用 goto 来模拟的结构。break 语句（或者它的等价物）使循环通过正常的退出渠道退出；程序会从循环后面的第一条语句开始执行下去。

作为一种循环控制的辅助语句，continue 语句和 break 非常相似。然而，continue 不会让程序从循环退出，而是让程序跳过循环体的余下部分，从该循环的下一次迭代的开始位置继续执行。continue 语句相当于 if-then 子句的一种缩写，它将阻止循环的剩余部分的执行。

考虑在 while 循环中使用 break 语句而不用布尔标记　在有些情况下，通过往 while 循环中加入布尔标记来实现退出循环体，可能使循环变得很难理解。用 break 来取代一系列的 if 检测，有时候使你可以从循环中移除一些缩进层次，从而简化循环控制。把多个 break 条件放到一些独立的语句里，并且让它们靠近产生 break

的代码，就能减少嵌套，并且让循环更容易阅读。

小心那些有很多 break 散布其中的循环　一个循环包含很多的 break，有可能意味着程序员对该循环的结构或对循环在围绕它的代码中的角色缺乏清晰的认识。在大量使用 break 的场合中，用一系列的循环而非一个含有多个出口的循环可能会使表达更为清晰。

根据《Software Engineering Notes》中一篇文章所言，1990 年 1 月 15 日导致纽约市电话系统停机 9 个小时的软件故障就是由于一个多余的 break 语句造成的（SEN 1990）。

C++示例：在do-switch-if语句块中错误地使用了break语句
```
do {
    ...
    switch
        ...
        if () {
            ...
            break;        ← 这一break原本打算是用来退出if的，
            ...              但它实际连switch也退出了。
        }
        ...
} while ( ... );
```

使用多个 break 不一定就是错的，但是如果它们出现在循环中，那么就是一个警告的标记。它就像煤矿中的金丝雀，非但没有响亮地歌唱，反而消耗了那里的氧气。

在循环开始处用 continue 进行判断　一种使用 continue 的好方法是，在循环开始处做完条件判断后让代码越过剩下的循环体继续执行。例如，如果在循环中要阅读记录、忽略掉一种记录而处理另一种，那么你就可以在循环开始处加入下面这种判断：

伪代码示例：相对安全地使用continue
```
while ( not eof( file ) ) do
    read( record, file )
    if ( record.Type <> targetType ) then
        continue

    -- process record of targetType
    ...
end while
```

这样使用 continue，可以避免用一个能让整个循环体都缩进的 if 判断。反之，如果 continue 出现在循环中部或者末尾，那么就应该改用 if。

如果语言支持，请使用带标号 break 结构　Java 支持使用带标号的 break 语句（labeled break），以防止产生纽约市电话中断所遇到的那种问题。可以用带标号 break 语句退出 for 循环、if 语句或者任何括在大括号里的代码段（Arnold, Gosling and Holmes 2000）。

下面是对纽约市电话程序问题的一种可能解决方案，其编程语言从 C++ 转换成了 Java，以演示带标号 break 的用法：

Java 示例：更好的方法，在 do-switch-if 语句块中使用带标号的 break

```
do {
    ...
    switch
        ...
        CALL_CENTER_DOWN:
            if () {
                ...
                break CALL_CENTER_DOWN;      ← 这里的标号使得 break 语句的退出目标一目了然。
                ...
            }
            ...
} while ( ... );
```

使用 break 和 continue 时要小心谨慎　使用 break 消除了把循环看做黑盒子的可能性。把控制循环退出的条件只写在一条语句里是简化循环的有力手段。使用 break 就使阅读代码的人必须去读循环体，才能理解循环是如何控制的。这使循环变得更难理解。

除非你已经考虑过各种替换方案，否则不要使用 break。我们无法确定 continue 和 break 是好还是坏。有些计算机科学家认为它们是结构化编程中的合法技巧；有些人却不这么认为。既然你不能对 continue 和 break 究竟是对是错做出普遍意义下的判断，那么就用吧，但是前提是对由此可能产生的错误保持警惕。其实这里的建议很简单：如果你不能证明使用 break 或者 continue 的正当性，那么就不要用它们。

Checking Endpoints
检查端点

对一个简单循环，通常需要注意三种情况：开始的情况，任意选择的中间情况，以及最终的情况。在你创建循环的时候，应在脑海里运行这三种循环情况，以确认该循环不会出现任何 off-by-one 错误。如果有一些特殊情况是与第一次或者最后一次的情况都不同，那么也要检查它们。如果循环中包含了复杂的计算，那么就拿出计算器来手动地检查这些计算是否正确。

是否愿意执行这种检查，是高效程序员和低效程序员之间的一项关键差别。高效的程序员既会在脑海里进行模拟，也会手动地执行运算，因为他们知道这些手段将会有助于找出错误来。

低效的程序员会随意地做一些试验，直到他们找到了一种看上去能工作的组合。如果某个循环没有按照想象的那样去工作，低效的程序员可能会把<改成<=。如果还不行，他们就会把循环下标加 1 或者减 1。这样做最终可能会碰出正确的组合来，也可能把原有的错误改成了另一个更微妙的错误。即使这样随意的开发过程能够产生出一个正确的程序，这些程序员也不明白为什么这个程序是正确的。

你可以通过在头脑中模拟和手工运算而获益多多。这种智力训练带来的好处是：在最初的编码阶段少犯错误，在调试阶段更快地找出错误，以及从整体上更好地理解应用程序。它意味着：你能够真正理解你的代码是如何工作的，而不是瞎猜。

Using Loop Variables
使用循环变量

下面是使用循环变量的一些指导原则。

交叉参考 在第 11.2 节中的"为循环下标命名"有关于如何为循环变量命名的详细介绍。

用整数或者枚举类型表示数组和循环的边界 通常来说，循环计数器应该是整数。浮点数递增时会有问题。例如，你把 1.0 和 26 742 897.0 加起来的结果可能会是 26 742 897.0 而不是 26 742 898.0。如果这个递增值是一个循环计数器，那么你就可能有了一个死循环。

在嵌套循环中使用有意义的变量名来提高其可读性 数组的下标和循环的下标常用同一个变量。如果你有一个一维数组，那么用 i、j 或者 k 做下标可能还说得过去。但是如果你用的是二维甚至多维的数组，那么就应该用有意义的下标名来明确你的用意。有意义的数组下标名字既能表明循环的用途，也能表明所访问的那部分数组的用途。

下面是没有遵循这项原则的代码；它使用的是没有意义的 i、j 和 k：

Java示例：差劲的循环变量名
```java
for ( int i = 0; i < numPayCodes; i++ ) {
   for ( int j = 0; j < 12; j++ ) {
      for ( int k = 0; k < numDivisions; k++ ) {
         sum = sum + transaction[ j ][ i ][ k ];
      }
   }
}
```

16.2 循环控制

你认为 `transaction` 数组下标的含义是什么？透过 i、j 和 k 能看出 `transaction` 的内容吗？如果你有 `transaction` 的声明,你能很容易地判断出这些下标的使用顺序是不是正确吗？下面用可读性更好的循环变量名重写了这个循环：

Java示例：好的循环变量名
```java
for ( int payCodeIdx = 0; payCodeIdx < numPayCodes; payCodeIdx++ ){
    for (int month = 0; month < 12; month++ ) {
        for ( int divisionIdx = 0;
              divisionIdx < numDivisions;
              divisionIdx++ ){
            sum = sum + transaction[ month ][ payCodeIdx ][ divisionIdx ];
        }
    }
}
```

现在你认为 `transaction` 数组的下标代表的都是什么含义呢？在这种情况下，这个问题就很容易回答了，因为变量名 `payCodeIdx`、`month` 和 `divisionIdx` 告诉你的信息比 i、j 和 k 多得多。计算机能同样轻松地阅读这两种循环。然而对于人来说，阅读第二种循环要比第一种容易得多。第二种也要好于第一种，因为你的主要受众是人，而不是计算机。

用有意义的名字来避免循环下标串话 习惯性地使用 i、j 和 k 有可能会导致下标串话（cross-talk）——用同一下标名表示不同的用途。请看下面的例子：

C++示例：下标串话
```cpp
→ for ( i = 0; i < numPayCodes; i++ ) {          ← 在这里首次用到。
    // lots of code
    ...
    for ( j = 0; j < 12; j++ ) {
        // lots of code
        ...
      → for ( i = 0; i < numDivisions; i++ ) {    ← 在这里又出现了。
            sum = sum + transaction[ j ][ i ][ k ];
        }
    }
}
```

由于用惯了 i，所以竟在同一个嵌套结构中使用了两次。i 所控制的第二个 for 循环与前一个发生了冲突，这就是下标串话。如果使用比 j 和 k 更有意义的名字，那么这个问题是可以避免的。一般说，如果某个循环体内有着多于两三行的代码，或者它有可能会增长，或者它位于一组嵌套的循环里面，那么就应该避免使用 i、j 和 k。

把循环下标变量的作用域限制在本循环内 循环下标串话以及其他在循环外部使用循环下标的做法所带来的问题非常严重，使得 Ada 的设计者决定让 for

循环的下标在超出循环作用域后就失效；如果试图在 for 循环的外部使用这些变量就会引发编译错误。

C++和 Java 也在某种程度上实现了相同的观点——允许在循环内部声明循环下标，但是并不要求这么做。在第 378 页的例子中，recordCount 变量是可以在 for 语句内部声明，从而使其作用域限制在该 for 循环内部，如下所示：

C++示例：在for循环内部声明循环下标变量
```
for ( int recordCount = 0; recordCount < MAX_RECORDS; recordCount++ ) {
    // looping code that uses recordCount
}
```

从原则上说，这种技术允许在多个循环里重复声明 recordCount，而不会带来误用了两个不同 recordCount 的危险。采用这种用法所生成的代码会是下面这样的：

C++示例：在for循环内部声明循环下标变量并安全地重用这个变量——也许是安全的
```
for ( int recordCount = 0; recordCount < MAX_RECORDS; recordCount++ ) {
    // looping code that uses recordCount
}
// intervening code
for ( int recordCount = 0; recordCount < MAX_RECORDS; recordCount++ ) {
    // additional looping code that uses a different recordCount
}
```

这种技术有助于说明 recordCount 变量的用途；不过，请不要依赖于你的编译器对 recordCount 作用域所做的检查。《The C++ Programming Language》(Stroustrup 1997)第 6.3.3.1 节说，recordCount 的作用域限于它所在的循环。然而，当我用三种不同的 C++编译器来验证这项功能的时候，却得到了三种不同的结果：

- 第一种编译器标出了位于第二个 for 循环里的 recordCount，提示出现了多重变量声明并报错；
- 第二种编译器允许在第二个 for 循环里使用 recordCount，但却也允许在第一个 for 循环的外部使用它；
- 第三种编译器允许在两个 for 循环中使用 recordCount，同时不允许在超出所声明的作用域后再度使用它。

这也是很常见的情况。对那些比较深奥的语言特性，不同的编译器实现常常不同。

How Long Should a Loop Be
循环应该有多长

循环的长度可以用代码行数或者嵌套层次来衡量。下面给出一些指导原则。

循环要尽可能地短，以便能够一目了然　如果你常常在显示器上看循环，而你的显示器能够显示 50 行代码，那么就应该把循环的长度限制在 50 行以内。专家们曾建议把循环的长度限制在一页纸以内。不过，如果你开始接受编写简单代码这一原则，那就很少会写出超过 15 或者 20 行的循环。

> **交叉参考**　第19.4节"驯服危险的深层嵌套"有关于简化嵌套循环的说明。

把嵌套限制在 3 层以内　研究表明，当嵌套超出 3 层以后，程序员对循环的理解能力会极大地降低（Yourdon 1986a）。如果你写的嵌套层次超出了这一数字，那么应该通过把某一部分提取为子程序或者简化控制结构的方式来缩短它（在概念上）。

把长循环的内容移到子程序里　如果循环设计得好，那么通常可以把循环体内的代码移到一个或几个子程序里面，并在循环体内加以调用。

要让长循环格外清晰　长度会增加复杂度。如果你写的是短循环，那么就可以使用 break、continue、多个出口、复杂的终止条件等有风险的控制结构。如果你写的循环比较长，并且担心会给阅读者带来不便，那么就要给它写一个单一出口，并且要保持退出条件清晰无误。

16.3 Creating Loops Easily—From the Inside Out
轻松创建循环——由内而外

如果你在编写复杂循环的时候遇上麻烦——大多数程序员都会的——可以使用一种简单的技巧来让它从一开始就是正确的。下面就是一般的处理过程。从一种情况开始，用字面量（literal）来编写代码。然后缩进它，在外面加上一个循环，然后用循环下标或计算表达式替换那些字面量。如果需要，在它的外面再套上一个循环，然后再替换掉一些字面量。根据你的需要持续这一过程。等你做完以后，再加上所有需要的初始化。由于你是从简单的情况开始并且由内向外生成代码的，因此你可以把这一过程看做是由内而外的编码。

> **交叉参考**　从内到外编写循环的过程类似于第 9 章"伪代码编程过程"讲述的过程。

假设你正在为一家保险公司开发程序。其中的寿险费率要根据人员年龄和性别的不同而变化。你的职责是开发一个能够计算一组人员的人寿保险费用总额的子程序。需要写一个能够从列表中取得每个人的费率并能进行累加的循环。你应该像下面这样做。

首先，在注释里写下循环体需要执行的操作步骤。在你还没开始考虑语法、循环下标、数组下标等细节之前，把需要做的事情先写下来，会比在进入细节之后写更容易一些。

第1步：由内而外创建循环（伪代码示例）
```
-- get rate from table      （从表中取得费率）
-- add rate to total        （将费率加到总和上）
```

然后，在还没有编写整个循环之前，尽可能多地把循环体内的注释转化成代码。在本例中就是为每个人提取费率，并且把它们累加起来。使用的数据要明确、具体，而不要抽象。

> 现在`table`还没有任何下标。

第2步：由内而外创建循环（伪代码示例）
```
rate = table[ ]
totalRate = totalRate + rate
```

例子中假定 `table` 是保存了费率数据的数组。开始的时候你无须关心数组的下标。Rate 变量用于存储从费率表中取出的个人费率数据。与之相似，`totalRate` 变量用于存储总费用。

接下来，往 `table` 数组里加入下标：

第3步：由内而外创建循环（伪代码示例）
```
rate = table[ census.Age ][ census.Gender ]
totalRate = totalRate + rate
```

该数组是通过年龄和性别来访问的，因此用 `census.Age` 和 `census.Gender` 来做它的下标。在这个例子中假定 `census` 是一个结构体，其中存储着各个人的信息。

接下来的一步是给现有语句外面加上一层循环。因为该循环的目的是要计算一个组中每个人的费率，所以它的下标应该是人。

第4步：由内而外创建循环（伪代码示例）
```
For person = firstPerson to lastPerson
    rate = table[ census.Age, census.Gender ]
    totalRate = totalRate + rate
End For
```

你在这里要做的就是在现有代码的外面加一个 for 循环，然后缩进现有的代码，并把它们放在一个 begin-end 对里面。最后，检查并确认依赖于 `person` 循环下标的那些变量都已经被推广（**generalized**）了。在本例中，`census` 变量随 `person` 变化而变化，所以要适当地推广它。

第5步：由内而外创建循环（伪代码示例）
```
For person = firstPerson to lastPerson
    rate = table[ census[ person ].Age, census[ person ].Gender ]
    totalRate = totalRate + rate
End For
```

最后，写出必要的初始化代码。在本例中，`totalRate` 变量是需要初始化的。

最后一步：由内而外创建循环（伪代码示例）
```
totalRate = 0
For person = firstPerson to lastPerson
    rate = table[ census[ person ].Age, census[ person ].Gender ]
    totalRate = totalRate + rate
End For
```

如果你必须在 person 循环之外再加上一层循环，那么方法还是一样的。你不必严格地遵循上述步骤。这里的要点在于从具体事件入手，在同一时间只考虑一件事，以及从简单的部分开始创建循环。在开发更通用、更复杂循环的过程中，你迈的步子要小，并且每一步的目的要容易理解。这样一来，你就可以减少在同一时间需要关注的代码量，从而减少出错的可能。

16.4 Correspondence Between Loops and Arrays 循环和数组的关系

> **交叉参考** 在第 10.7 节 "数据类型和控制结构之间的关系" 中有对循环和数组之间关系的进一步讨论。

循环和数组之间有着密切的联系。在许多情况中，循环就是用来操纵数组的，而且循环计数器和数组下标一一对应。比如说，下面用 Java 写的 for 循环的下标就是和数组下标相对应的：

Java示例：数组乘法
```java
for ( int row = 0; row < maxRows; row++ ) {
    for ( int column = 0; column < maxCols; column++ ) {
        product[ row ][ column ] = a[ row ][ column ] * b[ row ][ column ];
    }
}
```

在 Java 中，用循环来执行这样的数组操作是必然的。不过值得一提的是，循环结构和数组并不是天生就相互关联的。有些语言，特别是 APL 和 Fortran 90 以及其后续版本，提供了强大的数组操作功能，从而无须使用上述循环。下面是用 APL 来执行相同的操作：

APL示例：数组乘法
```
product <- a x b
```

APL代码更加简单，并且更不容易出错。它只用了3个操作符，而相应的Java代码却用了17个之多。APL代码里面也不包含容易出错的循环变量、数组下标或者控制结构。

这个例子说明了一点，那就是你通过编程来解决问题，而有的时候这种解决方案是特定于语言的。你所用的语言将在相当大的程度上影响到你的解决方案。

CHECKLIST: Loops
核对表：循环

cc2e.com/1616

循环的选择和创建

- ☐ 在合适的情况下用 while 循环取代 for 循环了吗？
- ☐ 循环是由内到外创建的吗？

进入循环

- ☐ 是从循环头部进入的循环吗？
- ☐ 初始化代码是直接位于循环前面吗？
- ☐ 循环是无限循环或者事件循环吗？它的结构是否清晰？
- ☐ 避免使用像 for i = 1 to 9 999 这样的代码吗？
- ☐ 如果这是一个 C++、C 或 Java 中的 for 循环，那么把循环头留给循环控制代码了吗？

循环的内部

- ☐ 循环是否用了"{ }"或其等价物来括上循环体，以防止因修改不当而出错吗？
- ☐ 循环体内有内容吗？它是非空的吗？
- ☐ 把内务处理集中地放在循环开始或者循环结束处了吗？
- ☐ 循环像定义良好的子程序那样只执行了一件操作吗？
- ☐ 循环短得足以一目了然吗？
- ☐ 循环的嵌套层次不多于 3 层吗？
- ☐ 把长循环的内容提取成单独的子程序吗？
- ☐ 如果循环很长，那么它非常清晰吗？

> **循环下标**
>
> ❑ 如果这是一个 for 循环，那么其中的代码有没有随意修改循环下标值？
> ❑ 是否把重要的循环下标值保存在另外的变量里，而不是在循环体外使用该循环下标？
> ❑ 循环下标是序数类型（整数）或者枚举类型——而不是浮点类型——吗？
> ❑ 循环下标的名字有意义吗？
> ❑ 循环避免了下标串话问题吗？
>
> **退出循环**
>
> ❑ 循环在所有可能的条件下都能终止吗？
> ❑ 如果你建立了某种安全计数器标准，循环使用安全计数器了吗？
> ❑ 循环的退出条件清晰吗？
> ❑ 如果使用了 break 或者 continue，那么它们用对了吗？

Key Points
要点

- 循环很复杂。保持循环简单将有助于别人阅读你的代码。
- 保持循环简单的技巧包括：避免使用怪异的循环、减少嵌套层次、让入口和出口一目了然、把内务操作代码放在一处。
- 循环下标很容易被滥用。因此命名要准确，并且要把它们各自仅用于一个用途。
- 仔细地考虑循环，确认它在每一种情况下都运行正常，并且在所有可能的条件下都能退出。

Unusual Control Structures

第 17 章
不常见的控制结构

cc2e.com/1778　内容

- 17.1　子程序中的多处返回：第 391 页
- 17.2　递归：第 393 页
- 17.3　goto：第 398 页
- 17.4　针对不常见控制结构的观点：第 408 页

相关章节

- 一般控制问题：第 19 章
- 直线型代码：第 14 章
- 条件代码：第 15 章
- 循环代码：第 16 章
- 异常处理：第 8.4 节

有些控制结构处在这样的尴尬境地中：有时被人当做最前沿的编程要素，有时却又会被批判得声名狼藉——这些情况甚至常常同时发生！这些结构不是所有语言都有的，但如果在提供这些结构的语言中谨慎地使用它们，你将会获得很多帮助。

17.1 Multiple Returns from a Routine
子程序中的多处返回

多数语言都提供了某种半途退出子程序的方法。程序可以通过 return 和 exit 这类控制结构，在任何需要的时候退出子程序。它导致子程序按照正常的退出途径终止，并把控制权转交给调用方子程序。在这里，我们用 return 这一词语泛指 C++ 和 Java 中的 return，Microsoft Visual Basic 中的 Exit Sub 和 Exit Function，以及与之相似的其他结构。下面给出一些使用 return 语句的指导原则。

KEY POINT　**如果能增强可读性，那么就使用 return**　在某些子程序里，一旦知道了答案，你会希望马上返回到调用方子程序。如果子程序被定义为检测出错误以后不再做任何更多的清理操作，那么不马上返回就意味着你还得写更多的代码。

代码大全（第2版）

下面就是一个好例子,它演示了一种需要从子程序里的多个位置返回的合理情况:

C++示例:子程序中的多处返回——好做法

> 该函数返回Comparison枚举类型。

```cpp
Comparison Compare( int value1, int value2 ) {
   if ( value1 < value2 ) {
      return Comparison_LessThan;
   }
   else if ( value1 > value2 ) {
      return Comparison_GreaterThan;
   }
   return Comparison_Equal;
}
```

另外一些例子就不够鲜明,下面将会提到一些。

用防卫子句(guard clause)(早返回或早退出)来简化复杂的错误处理　　如果代码中必须要在执行正常操作之前做大量的错误条件检测,就很可能导致代码的缩进层次过深,并且遮蔽正常情况的执行路径,如下所示:

Visual Basic示例:遮盖了正常的执行路径

```vb
If file.validName() Then
   If file.Open() Then
      If encryptionKey.valid() Then
         If file.Decrypt( encryptionKey ) Then
            ' lots of code
            ...
         End If
      End If
   End If
End If
```

> 这是处理正常情况的代码。

从审美的角度来说,把子程序的主体缩在4条 `if` 语句里面很难看,尤其是当最里层 `if` 语句的代码非常多的时候。在这种情况下,如果先检查错误情况,用这些代码来为正常的执行路径清路,那么代码的布局有时可能变得更清楚。下面给出一个这种方法的示例:

Visual Basic示例:用防卫子句澄清正常路径

```vb
' set up, bailing out if errors are found
If Not file.validName() Then Exit Sub
If Not file.Open() Then Exit Sub
If Not encryptionKey.valid() Then Exit Sub
If Not file.Decrypt( encryptionKey ) Then Exit Sub

' lots of code
...
```

上述代码很简单，看来采用这种技术实现的解决方案很整洁。但是产品代码通常要求在发现错误的时候做大量的内务或者清理操作。下面是一个更符合实际的例子：

Visual Basic示例：更实际地利用防卫子句澄清正常路径的代码
```
' set up, bailing out if errors are found
If Not file.validName() Then
   errorStatus = FileError_InvalidFileName
   Exit Sub
End If

If Not file.Open() Then
   errorStatus = FileError_CantOpenFile
   Exit Sub
End If

If Not encryptionKey.valid() Then
   errorStatus = FileError_InvalidEncryptionKey
   Exit Sub
End If

If Not file.Decrypt( encryptionKey ) Then
   errorStatus = FileError_CantDecryptFile
   Exit Sub
End If

' lots of code
...
```

（这是处理正常情况的代码。）

对于产品规模代码，这种 `Exit Sub` 方法将在处理正常情况之前加入相当数量的代码。不过，这种 `Exit Sub` 方法的确避免了第一个例子里的那种深层嵌套。如果把第一个例子中的代码也扩展开来，展示其中对 `errorStatus` 变量的赋值，那么相对而言 `Exit Sub` 在集中相关语句方面做得更好。最后，`Exit Sub` 方法的可读性和可维护性也会更好，而这是一片非常大的空白区域所做不到的。

减少每个子程序中 return 的数量　　如果在读子程序的后部时，你没有意识到它从前面某个地方返回的可能性，想理解这个子程序就很困难。由此可见，使用 return 要十分审慎——只当它们能增强可读性的时候才去使用。

17.2　Recursion 递归

> **KEY POINT**　在递归（recursion）里面，一个子程序自己负责解决某个问题的一小部分，它还把问题分解成很多的小块，然后调用自己来分别解决每一小块。当问题的小部分很容易解决，而问题的大部分也很容易分解成众多的小部分时，常常会用到递归。

递归并不常用，但如果使用得谨慎，还是可以得到非常优雅的解。比如下例，其中的排序算法就很好地使用了递归：

> **Java示例: 使用递归的排序算法**
> ```java
> void QuickSort( int firstIndex, int lastIndex, String [] names ) {
>     if ( lastIndex > firstIndex ) {
>         int midPoint = Partition( firstIndex, lastIndex, names );
>         QuickSort( firstIndex, midPoint-1,names );
>         QuickSort( midPoint+1, lastIndex, names );
>     }
> }
> ```

这里用到了递归调用。

在本例中，该排序算法把数组分成两部分，然后再调用自身来分别为数组的每一部分排序。当它调用自身的时候所使用的数组太小而无须排序时——比如 (lastIndex <= firstIndex)——就会停止对自身的调用。

对于某一小范围内的问题，使用递归会带来简单、优雅的解。在稍大一些范围里，使用递归会带来简单、优雅但是难懂的解。对于大多数问题，它所带来的解将会是极其复杂的——在那些情况下，使用简单的迭代通常会比较容易理解。因此要有选择地使用递归。

Example of Recursion
递归的例子

假设你有一个表示迷宫的数据类型。从本质上来说，迷宫就是一个网格，在网格的每一个点，你都有可能向上下左右四个方向移动。你通常可以往不止一个方向移动。

那么，你如何才能写出一个能够走出如图17-1所示的迷宫的程序呢？如果用了递归，答案就会显而易见。你从入口处开始，然后尝试所有可能的路径，直到找到走出去的路来。当你第一次走到某一个点上的时候，你试着向左走。如果不能向左走，那么就试着向上走或者向下走，如果这样还不行，那么就试着向右走。你不用担心走迷了路，因为你经过某个点的时候，都会在那里留下一些面包屑，所以同一个点是不会走两次的。

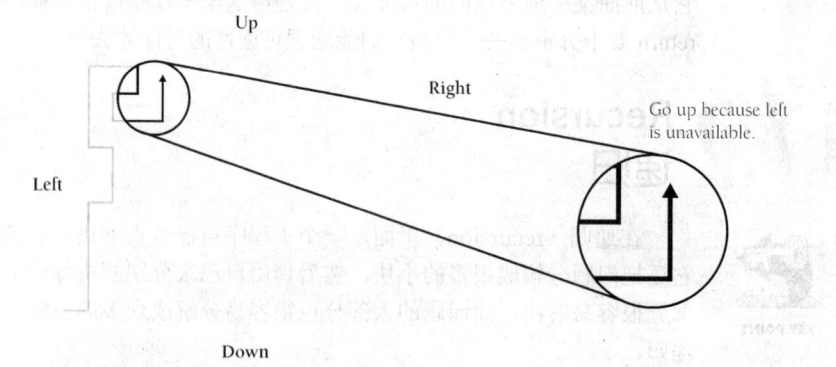

图17-1 递归式是对付复杂事物的很有价值的工具——在用于对付适当问题的时候

相应的递归代码如下：

C++示例：用递归穿越迷宫

```cpp
bool FindPathThroughMaze( Maze maze, Point position ) {
   // if the position has already been tried, don't try it again
   if ( AlreadyTried( maze, position ) ) {
      return false;
   }

   // if this position is the exit, declare success
   if ( ThisIsTheExit( maze, position ) ) {
      return true;
   }

   // remember that this position has been tried
   RememberPosition( maze, position );

   // check the paths to the left, up, down, and to the right; if
   // any path is successful, stop looking
   if ( MoveLeft( maze, position, &newPosition ) ) {
      if ( FindPathThroughMaze( maze, newPosition ) ) {
         return true;
      }
   }

   if ( MoveUp( maze, position, &newPosition ) ) {
      if ( FindPathThroughMaze( maze, newPosition ) ) {
         return true;
      }
   }

   if ( MoveDown( maze, position, &newPosition ) ) {
      if ( FindPathThroughMaze( maze, newPosition ) ) {
         return true;
      }
   }

   if ( MoveRight( maze, position, &newPosition ) ) {
      if ( FindPathThroughMaze( maze, newPosition ) ) {
         return true;
      }
   }
   return false;
}
```

第一行代码负责检查这个点有没有尝试过。编写递归子程序的关键目标之一就是要防止产生无穷递归。在本例中，如果你不对某一点是否尝试过进行检查，那么就可能无限地尝试下去。

第二条语句负责检查该点是不是迷宫的出口。如果 `ThisIsTheExit()` 返回 true，那么子程序本身就会返回 true。

第三条语句记得这一点已经尝试过了。这将消除因为产生了回环路径而出现无穷递归的可能。

子程序中其余的代码负责尝试向左、上、下、右方向移动，以找到一条路径。一旦子程序返回了 true——即当子程序找到了一条走出迷宫路径的时候——代码就会终止递归的运行。

这个子程序的逻辑是简单易懂的。大多数人在刚开始使用递归的时候会感到不适应，就是因为递归里的自我引用。不过，对于这个例子，使用其他的替换方案会更加复杂，而递归却能工作得非常好。

Tips for Using Recursion
使用递归的技巧

在使用递归的时候，需要记住以下技巧：

确认递归能够停止　检查子程序以确认其中含有一条非递归的路径。通常这意味着该子程序中含有一项判断，无须进一步递归就能停下来。在那个迷宫的例子里，`AlreadyTried()` 和 `ThisIsTheExit()` 两项判断保证递归能够停止。

使用安全计数器防止出现无穷递归　如果你在一种不允许使用上述简单测试的环境中使用递归，那么就用安全计数器来防止产生无穷递归。该安全计数器必须是一个不随每次子程序调用而重新创建的变量。可以用一个类成员变量，或者把该安全计数器作为参数加以传递。如下所示：

> 在递归函数中，必须能改变 safetyCounter 的值，因此在 VisualBasic 中它是一个 ByRef 参数。

```
Visual Basic示例：用安全计数器避免无穷递归
Public Sub RecursiveProc( ByRef safetyCounter As Integer )
    If ( safetyCounter > SAFETY_LIMIT ) Then
        Exit Sub
    End If
    safetyCounter = safetyCounter + 1
    ...
    RecursiveProc( safetyCounter )
End Sub
```

在这个例子中，如果对子程序的调用次数超出了安全上限，递归就会停止。

如果你不希望把安全计数器作为明确的参数传递，那么你可以使用 C++、Java 或者 Visual Basic 中的成员变量，或者其他语言中的等价物。

把递归限制在一个子程序内　循环递归（A 调用 B，B 调用 C，C 调用 A）非常危险，因为它很难检查。依靠脑力来管理位于一个子程序内的递归已经够困难了；理解跨越多个子程序的递归实在是勉为其难。如果你有循环递归，那么通常你可以重新设计这些子程序，以便把递归限制在一个单一的子程序内。如果你做不到这一点,并且仍然认为原来的递归是最好的解决方案,那么作为一种保险的递归策略,就请使用安全计数器吧。

留心栈空间 用了递归以后,你将无法保证你的程序会使用多少栈空间,也很难预测程序在运行期间会表现得怎样。不过,你还是可以按照下述步骤来控制程序在运行期间的表现。

首先,如果你使用了安全计数器,那么在给它设置上限时需要考虑的事项之一就是,你愿意给该递归子程序分配多少栈(stack)空间。要把它的上限设置得足够低,以防止栈溢出。

其次,应注意观察递归函数中局部变量的分配情况,特别要留意那些内存消耗大的对象。换句话说,要用 new 在堆(heap)上创建对象,而不要让编译器在栈上面自动创建对象。

不要用递归去计算阶乘或者斐波纳契数列 在计算机科学教科书中存在着这样的缺陷,那就是用愚蠢的例子来讲解递归。典型的例子就是计算阶乘或者斐波纳契数列。递归是一种强有力的工具,但是把它用在这两者中的任何一种都是愚蠢之极的。如果为我工作的程序员用递归去计算阶乘,那么我宁愿换人。下面是用递归去计算阶乘的子程序:

Java 示例:用递归计算阶乘,这种方案并不合适
```java
int Factorial( int number ) {
   if ( number == 1 ) {
      return 1;
   }
   else {
      return number * Factorial( number - 1 );
   }
}
```

除了速度缓慢,并且无法预测运行期间的内存使用状况以外,用递归写出的子程序要比用循环写出的子程序更难理解。下面就是用循环写出的子程序:

Java示例:用循环去计算阶乘,这很合适
```java
int Factorial( int number ) {
   int intermediateResult = 1;
   for ( int factor = 2; factor <= number; factor++ ) {
      intermediateResult = intermediateResult * factor;
   }
   return intermediateResult;
}
```

17.3 goto

cc2e.com/1785

你可能认为关于 goto 的争论都已经销声匿迹了，然而迅速地浏览一遍现代的源码库，比如说 SourceForge.net，你就会发现 goto 仍然活得很不错，并且深深地扎根于你公司的服务器上。进一步说，goto 争论的现代版本仍在以各种各样的形式出现，如争论多处返回、多个循环出口、具名循环出口、错误处理以及异常处理。

The Argument Against *gotos*
反对 *goto* 的论点

人们反对使用 goto 的普遍理由是：没有使用 goto 的代码就是高质量的代码。最初燃起战火的那篇著名的文章就是 Edsger Dijkstra 发表于 1968 年 3 月号的《*Communications of the ACM*》杂志上的《*Go To Statement Considered Harmful*》(《Go To 语句是有害的》) 一文。Dijkstra 认为，代码质量是与程序员所使用的 goto 数量成反比的。在其后的著作里，Dijkstra 论述说，没有使用 goto 的代码更容易证明其正确性。

含有 goto 的代码很难安排好格式。缩进应该用来显示逻辑结构，而 goto 却影响逻辑结构。用缩进来显示 goto 及其目标的逻辑结构非常难，甚至是不可能的。

使用 goto 也会破坏编译器的优化特性。有些优化要求程序的控制流程位于不多的几个语句之间。而无条件的 goto 却使得流程变得很难分析，从而削弱了编译器优化代码的能力。这样一来，即便使用 goto 提高了源代码语言一级的效率，整体效率也可能因编译器优化功能受到限制而有所降低。

goto 的支持者们有时争辩说，goto 会使得代码更小，运行更快。然而含有 goto 的代码却极少是最快或者最小的。Donald Knuth 在其经典文章《*Structured Programming with go to Statements*》(《带 go to 语句的结构化编程》) 中给出了多种应用示例，在这些示例中，使用 goto 会使运行速度更慢，而且代码也更大 (Knuth 1974)。

在实践中，使用 goto 会违背代码应该严格自上而下运行的原则。如果谨慎使用，goto 或许不会让人感到迷惑，然而一旦引入 goto 语句，它们就会遍布于代码之间，就像房子里有了白蚁。一旦允许使用 goto，那么坏的 goto 就会与好的混在一起，所以最好还是禁止使用它们。

整体而言，在 Dijkstra 的文章发表后的 20 年里，经验表明使用了 goto 的代码是笨拙且无益的。Ben Shneiderman 在一份调查中得出的结论也支持了 Dijkstra 的观点，即我们最好不要使用 goto（Shneiderman 1980），而很多现代语言，包括 Java，甚至不支持 goto。

The Argument for gotos
支持 goto 的观点

goto 的支持者们通常都会强调要在特定的场合下谨慎地使用 goto，而不要不分青红皂白地用。大部分论断都反对随意使用 goto。对 goto 的拥护始于 Fortran 最为盛行的年代。Fortran 没有提供什么像样的循环结构，在缺少关于如何使用 goto 编写循环的好指导的前提下，程序员们编写了大量的"意大利面条"式的代码。这些代码毫无疑问是与低质量程序的产生联系在一起的，但是它们却与小心谨慎使用 goto 来弥补现代语言中的不足没什么关系。

如果使用位置恰当，goto 可以减少重复的代码。如果不能一致地修改，重复的代码就会带来问题。重复代码还增加了源代码和可执行文件的体积。与代码重复所带来的问题相比，goto 所具有的一些负面影响在这种情况下就显得不那么重要了。

> **交叉参考** 在本节的"错误处理和 goto"中详细介绍了如何在分配资源的代码中使用 goto。另外，关于异常处理的讨论，见第 8.4 节"异常"。

goto 在分配资源、使用资源后再释放资源的子程序里非常有用。通过使用 goto，你可以在一段代码里执行清理操作。这将减少你在某个检测错误的位置发现问题后忘记释放资源的可能。

在某些情况下，使用 goto 会让代码的运行速度更快，体积更小。Knuth 在 1974 年的那篇文章里也提到一些使用 goto 会带来实际好处的例子。

编程水平高并不等于不使用 goto。在大多数情况下，有系统地分解、精化以及适当选择控制结构都会自动地生成没有 goto 的程序。让代码不包含 goto 并不是目的，而只是结果，把目标集中在消除 goto 上面是于事无益的。

> 这些结论仅仅证明采用杂乱不堪的控制结构会影响程序员的表现，但并不能证明任何特定改善控制流结构的方法能带来多大实际的好处。
> ——B.A.Sheil

在对 goto 做了几十年的研究之后，人们还是无法证明它们是有害的。在一份调查中，B. A. Sheil 得出结论说，不合实际的测试条件、糟糕的数据分析以及不确定的结果都无法支持 Shneiderman 和其他人的观点——代码中的 bug 数量是与 goto 数量成正比的（1981）。Sheil 也没能继续证明下去说 goto 是一种好的想法——相反，他所说的那些实验性证据也不是结论性的。

最后，很多现代语言已经包含了 goto，包括 Visual Basic、C++和有史以来设计得最仔细的 Ada 语言。Ada 是在有关 goto 的争论出现了很久以后才设计出来的，在对争论双方的观点做了全面考虑之后，Ada 的工程师们还是决定支持 goto。

The Phony *goto* Debate
关于 *goto* 的虚假辩论

大多数有关 goto 的争论的一项主要特征是：它们都是很肤浅地在面对问题。认为"goto 是罪过"的人会给出一小段使用了 goto 的意义不大的代码，然后再显示不用 goto 重写这段代码是多么地容易。其实，这么做主要证明的是，不用 goto 写那种意义不大的（trivial）代码是很容易的。

认为"我离不开 goto"的人会举出这样的例子来：去掉一个 goto 就会多一次比较或多一行重复代码。这个例子主要证明的是，用了 goto 就会少写一个比较——这对于现在的计算机来说不是什么大不了的负担。

大多数的教科书也帮不上什么忙。它会举一些不用 goto 而重写一些代码的琐碎例子，以为这样就能涵盖上面的主题。下面就假拟一个此类教科书中的小例子：

C++示例：看上去很容易就能重写为不使用goto的代码
```
do {
   GetData( inputFile, data );
   if ( eof( inputFile ) ) {
      goto LOOP_EXIT;
   }
   DoSomething( data );
} while ( data != -1 );
LOOP_EXIT:
```

书中很快就把它转换成为不用 goto 的代码，如下：

C++示例：去掉了goto的所谓等价代码
```
GetData( inputFile, data );
while ( ( !eof( inputFile ) ) && ( ( data != -1 ) ) ) {
   DoSomething( data );
   GetData( inputFile, data )
}
```

这个所谓的"琐碎"例子里面包含了一个错误。当 `data` 等于-1 并且正在进入该循环的时候，翻译之后的代码检测到这个-1，然后就会退出该循环而不执行 `DoSomething()`。而原来的代码会在检测到-1 之前执行 `DoSomething()`。那本书试图演示不用 goto 编程是多么容易，结果却把自己给出的例子给转换错了。不过书的作者也大可不必为此而烦恼，因为其他的书也会犯相似的错误。即使是支持 goto 的人们也很难把使用了 goto 的代码翻译过来。

下面这段不用 goto 的代码转换得比较准确：

C++示例：去掉了goto的真正等价代码
```
do {
   GetData( inputFile, data );
   if ( !eof( inputFile ) ) {
      DoSomething( data );
   }
} while ( ( data != -1 ) && ( !eof( inputFile ) ) );
```

即使这段代码翻译对了，这个例子还是不足以服人，因为它所显示的只是goto的一种微不足道的应用。细心的程序员是不会因为这个小例子而选择goto作为他们所青睐的控制形式的。

已经讨论了这么多，现在想再给goto的理论之争加上任何有价值的内容都已经很困难了。然而，有一点常识被忽略了，在某些情况下，一个完全知道goto不是好选择的程序员，也会为了增强可读性和可维护性而选用goto。

下面举几个有经验的程序员赞成使用goto的例子。讨论时既会给出使用goto的代码，也会给出不用goto而重写的代码，并且将评价这两个版本之间的利弊。

Error Processing and *goto*s
错误处理和 *goto*

编写高度交互式的代码要求程序员十分关注错误处理，并在发生错误的时候清理资源。下面例子中的代码会清除一组文件。该子程序首先获得一个需要清除的文件列表，然后查找其中的每一个文件，打开它，覆盖其内容，然后删掉它。该子程序将在每一步骤中检查错误状态。

Visual Basic示例：处理错误以及释放资源的带goto的代码
```
' This routine purges a group of files.
Sub PurgeFiles( ByRef errorState As Error_Code )
   Dim fileIndex As Integer
   Dim fileToPurge As Data_File
   Dim fileList As File_List
   Dim numFilesToPurge As Integer

   MakePurgeFileList( fileList, numFilesToPurge )

   errorState = FileStatus_Success
   fileIndex = 0
   While ( fileIndex < numFilesToPurge )
      fileIndex = fileIndex + 1
      If Not ( FindFile( fileList( fileIndex ), fileToPurge ) ) Then
         errorState = FileStatus_FileFindError
         GoTo END_PROC            ← 这里出现了GoTo。
      End If
```

```
        If Not OpenFile( fileToPurge ) Then
            errorState = FileStatus_FileOpenError
            GoTo END_PROC              ← 这里也出现了 GoTo。
        End If

        If Not OverwriteFile( fileToPurge ) Then
            errorState = FileStatus_FileOverwriteError
            GoTo END_PROC              ← 这里也出现了 GoTo。
        End If

        if Not Erase( fileToPurge ) Then
            errorState = FileStatus_FileEraseError
            GoTo END_PROC              ← 这里也出现了 GoTo。
        End If
    End While

END_PROC:                              ← 这是GoTo的label。
    DeletePurgeFileList( fileList, numFilesToPurge )
End Sub
```

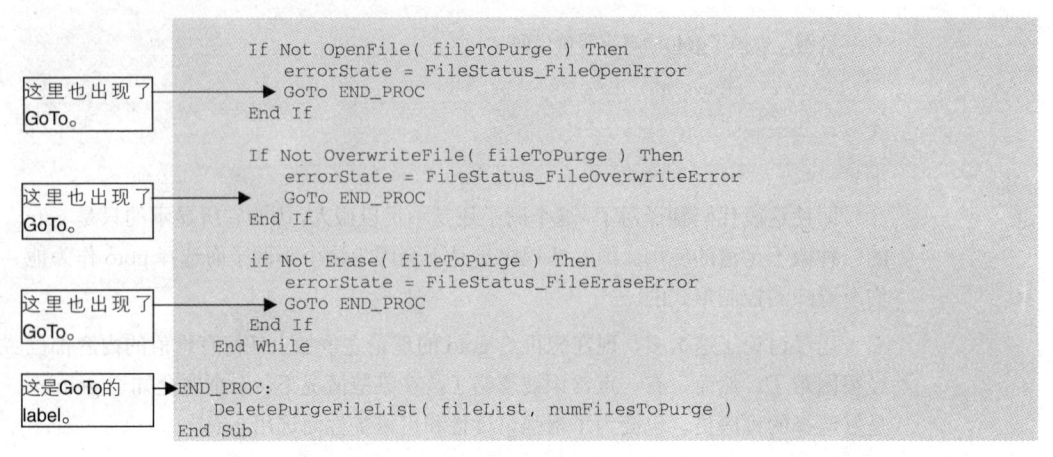

这是一个典型的有经验的程序员决定采用 goto 的应用场景。当子程序需要为数据库连接、内存或者临时文件等资源执行分配和清理操作的时候，也会发生相似的情景。在这些例子中，如果不用 goto，通常就需要重复写出清理资源的代码。这样一来，程序员就会比较使用 goto 的弊端和维护重复代码所带来的麻烦，最后或许会决定还是用 goto 更好。

你可以用好几种方法来重写上述代码，以避免使用 goto，每种方法都是有利有弊的。可能的重写策略包括以下几种：

用嵌套的 if 语句重写 为了用嵌套的 if 语句重写这段代码，你需要这样嵌套，使得仅当一条 if 语句检测成功时才执行下一条 if 语句。这是标准的、教科书式的消除 goto 的编程方法。下面就用这种标准方法来重写该子程序：

交叉参考 该函数也可以用 break 重写以消除 goto。第 16.2 节中的"提前退出循环"详细介绍了该方法。

Visual Basic示例：利用嵌套的if语句消除goto的代码
```
' This routine purges a group of files.
Sub PurgeFiles( ByRef errorState As Error_Code )
    Dim fileIndex As Integer
    Dim fileToPurge As Data_File
    Dim fileList As File_List
    Dim numFilesToPurge As Integer

    MakePurgeFileList( fileList, numFilesToPurge )

    errorState = FileStatus_Success
    fileIndex = 0
    While ( fileIndex < numFilesToPurge And errorState = FileStatus_Success )    ← 在While的判断条件中已经添加了对errorState的判断。
        fileIndex = fileIndex + 1
```

```
            If FindFile( fileList( fileIndex ), fileToPurge ) Then
                If OpenFile( fileToPurge ) Then
                    If OverwriteFile( fileToPurge ) Then
                        If Not Erase( fileToPurge ) Then
                            errorState = FileStatus_FileEraseError
                        End If
                    Else ' couldn't overwrite file
                        errorState = FileStatus_FileOverwriteError
                    End If
                Else ' couldn't open file
                    errorState = FileStatus_FileOpenError
                End If
            Else ' couldn't find file
                errorState = FileStatus_FileFindError
            End If
        End While
        DeletePurgeFileList( fileList, numFilesToPurge )
End Sub
```

(旁注：这里距设置该变量的 if 语句已经有 13 行代码之远了。)

对习惯于不用 goto 而编程的人来说，上面代码可能要比 goto 版本的代码好读一些。如果你用了这种方法，可能就没脸去面对 goto 支持者的质询了。

这种嵌套 if 方法的最大缺点在于，它的嵌套层次实在是太深了。为了理解这段代码，你必须要把整个嵌套组装入脑海。而且，错误处理代码和引发错误代码之间的距离实在是太远了：例如，把 `errorState` 设置为 `FileStatus_FileFindError` 的代码和引发它的 if 语句竟然相隔了 13 行。

在前面用的 goto 的版本里，没有任何一条语句与引发它的条件的间隔多于 4 行。同时，你也无须在同一时间把整个结构都放在脑中。你完全可以忽略掉前面已经成功的条件，只去关注于接下来的操作。在这种情况下，用 goto 的版本要比嵌套 if 的版本更具有可读性，并更容易维护。

交叉参考 在第 31 章 "布局与风格" 中有关于缩进和其他代码排版问题的描述。在第 19.4 节 "驯服危险的深层嵌套" 里面有关于嵌套层次的详细论述。

用一个状态变量重写代码 为了用状态变量重写代码，你需要创建一个表明该子程序是否处于出错状态的变量。在本例中，子程序已经使用了一个 `errorState` 状态变量，直接用它就可以了。

Visual Basic 示例：利用状态变量消除 goto 的代码
```
' This routine purges a group of files.
Sub PurgeFiles( ByRef errorState As Error_Code )
    Dim fileIndex As Integer
    Dim fileToPurge As Data_File
    Dim fileList As File_List
    Dim numFilesToPurge As Integer

    MakePurgeFileList( fileList, numFilesToPurge )

    errorState = FileStatus_Success
    fileIndex = 0
```

```
                          ┌→ While ( fileIndex < numFilesToPurge ) And ( errorState = FileStatus_Success )
While 判断增加 │
了对 errorState │        fileIndex = fileIndex + 1
的判断。       │
                              If Not FindFile( fileList( fileIndex ), fileToPurge ) Then
                                  errorState = FileStatus_FileFindError
                              End If
这里判断了状   ┌→ If ( errorState = FileStatus_Success ) Then
态变量。       │        If Not OpenFile( fileToPurge ) Then
                                  errorState = FileStatus_FileOpenError
                              End If
                          End If
这里也判断了状 ┌→ If ( errorState = FileStatus_Success ) Then
态变量。       │        If Not OverwriteFile( fileToPurge ) Then
                                  errorState = FileStatus_FileOverwriteError
                              End If
                          End If
这里也判断了状 ┌→ If ( errorState = FileStatus_Success ) Then
态变量。       │        If Not Erase( fileToPurge ) Then
                                  errorState = FileStatus_FileEraseError
                              End If
                          End If
                      End While
                      DeletePurgeFileList( fileList, numFilesToPurge )
                  End Sub
```

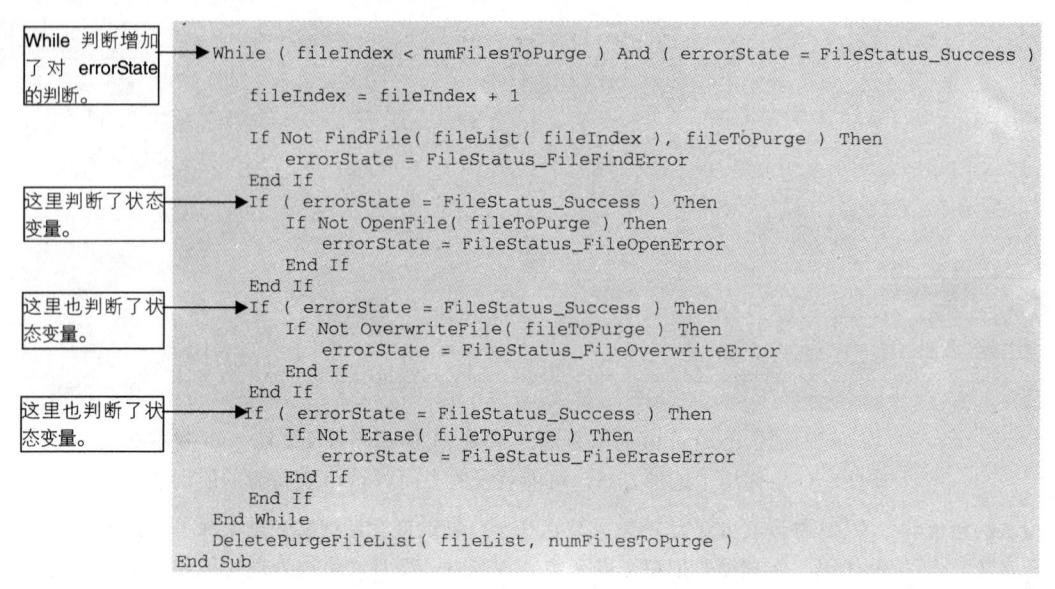

这种使用状态变量方法的优点在于，它没有像第一次重写那样使用深层的 if-then-else 嵌套，所以读起来会比较容易。同时，与嵌套 if 方法相比，if-then-else 检测后面的操作与该检测之间的距离要更近，并且完全避免了使用 else 子句。

想理解嵌套 if 的版本是需要一些智力训练的。状态变量版本则要更容易理解，因为它更接近于人们考虑问题的方式。你先找到文件。如果一切正常，那么就打开文件。如果仍然一切正常，就覆盖文件。如果还是一切正常的话……

这种方法的缺点在于，使用状态变量的方法应用还不够普遍。应该对它们的用法加以充分说明，否则有的程序员就会不懂你的意图。在这个例子里面，使用命名良好的枚举类型就能起到很重要的辅助作用。

用 try-finally 重写 有些语言，包括 Visual Basic 和 Java，提供了一套 try-finally 语句，可以用于在发生异常的情况下清理资源。

如果想用 try-finally 重写，就要把原本负责检测错误的代码括在 try 里面，然后把清理代码括在 finally 里。其中 try 代码块确定异常处理的作用域，finally 代码块负责执行所有的资源清理操作。不论有没有异常抛出，或者抛出的异常有没有被 `PurgeFiles()` 子程序捕捉到，finally 代码块都会执行。

Visual Basic示例：利用try-finally消除goto的代码

```
' This routine purges a group of files. Exceptions are passed to the caller.
Sub PurgeFiles()
    Dim fileIndex As Integer
    Dim fileToPurge As Data_File
    Dim fileList As File_List
    Dim numFilesToPurge As Integer
    MakePurgeFileList( fileList, numFilesToPurge )
    Try
        fileIndex = 0
        While ( fileIndex < numFilesToPurge )
            fileIndex = fileIndex + 1
            FindFile( fileList( fileIndex ), fileToPurge )
            OpenFile( fileToPurge )
            OverwriteFile( fileToPurge )
            Erase( fileToPurge )
        End While
    Finally
        DeletePurgeFileList( fileList, numFilesToPurge )
    End Try
End Sub
```

这种方法假定所有的函数调用在出错的时候都会抛出异常，而不是返回错误代码。

这种 try-finally 方法的优点在于，它要比使用 goto 的方法简单，而且没有用到 goto，也没有使用深层的 if-then-else 嵌套结构。

这种 try-finally 方法的局限性在于，必须在所有代码中持续一致地使用这种方法。如果早期代码既使用了错误码，又使用了异常，那么负责异常处理的代码就要为每一种可能的错误设置一个错误码，而这样一来，产生的代码就会和各种采用前面方法写出的代码一样复杂了。

Comparison of the Approaches
各方法之间的比较

> **交叉参考** 有多种方法适用于类似情况，这些方法的详细列表请阅度第 19.4 节"对减少嵌套层次的技术的总结"。

这四种方法中的每一种都值得说一说。使用 goto 的方法避免了深层的嵌套和不必要的检测，但是它确确实实地包含了 goto。嵌套 if 的方法避免了使用 goto，但它的嵌套层次太深了，并且增加了子程序的逻辑复杂度。使用状态变量的方法避免了使用 goto 和深层次嵌套，但却引入了额外的检测。使用 try-finally 既没有用到 goto，也没有用到深层次嵌套，但却不是所有的语言都支持。

对于支持 try-finally 的语言和还没有选定某种方法作为标准的代码而言，try-finally 方法是最简单的。如果 try-finally 方法不可用，那么使用状态变量要略好于使用 goto 和嵌套 if，因为它的可读性更好，并且能够更好地反映问题的本质。但这并不是说该方法在所有的情况下都是最好的。

如果能把上述任何一种技术持续地应用于一个项目中的所有代码，那么都是很不错的。请权衡利弊，然后再在项目范围内做出选择某种方法的决定。

gotos and Sharing Code in an *else* Clause
goto 和在 *else* 子句中的共享代码

有一种颇具挑战性的情况,这时一些程序员就会使用 goto:程序有两个条件检测语句和一个 else 子句,而你希望执行其中一个条件检测语句以及该 else 子句中的代码。下面举一个会让某些人选择 goto 的例子:

C++示例:借助goto共享else子句中的一段代码
```cpp
if ( statusOk ) {
    if ( dataAvailable ) {
        importantVariable = x;
        goto MID_LOOP;
    }
}
else {
    importantVariable = GetValue();

    MID_LOOP:

    // lots of code
    ...
}
```

这是个好例子,因为它的逻辑非常曲折——照这个样子,想读懂它是几乎不可能的,想不用 goto 而正确地重写也非常难。如果你认为自己能轻松地不用 goto 而重写它,那么请让别人检查看看!很多专家级的程序员都曾经重写错了。

你可以用好几种方法来重写它。你可以重复代码,把公用代码提取到一个子程序里面,然后在两处调用它,或者重新检测该条件。在大多数语言里,重写以后的代码都会比原来的略多一些,运行速度也会相对较慢,但是这种差异会非常小。除非这段代码位于一个调用特别频繁的循环里,否则在重写的时候不用考虑效率问题。

最佳的重写方法是,把// lots of code 部分移到一个单独的子程序里面去。然后你就可以在原 goto 语句出现或跳转到的地方调用该子程序,同时保留原有的条件结构。代码如下:

C++示例:将公共代码放到子程序中,由此共享else子句中的代码
```cpp
if ( statusOk ) {
    if ( dataAvailable ) {
        importantVariable = x;
        DoLotsOfCode( importantVariable );
    }
}
else {
    importantVariable = GetValue();
    DoLotsOfCode( importantVariable );
}
```

通常，写一个新的子程序是最好的办法。但有时候把重复的代码提取成单独的子程序是不现实的。在这种情况下，你可以通过重新组织条件判断语句的结构来解决该问题，从而使代码都留在一个子程序里而不是产生另一个新的子程序。

C++示例：不使用goto，共享else子句中的代码
```
if ( ( statusOk && dataAvailable ) || !statusOk ) {
    if ( statusOk && dataAvailable ) {
        importantVariable = x;
    }
    else {
        importantVariable = GetValue();
    }

    // lots of code
    ...
}
```

> **交叉参考** 解决该问题的另一种方法就是使用决策表，这种方法在第18章"表驱动法"里有详细讨论。

这种对 goto 版本代码的转换比较可靠，也很机械。它多检测了两次 `statusOK`，多检测了一次 `dataAvailable`，不过代码实现的功能是一样的。如果重复判断条件让你觉得很烦，那么请注意，在第一个 if 检测中是不需要判断两次 `statusOK` 值的。你还可以去掉第二个 if 检测中对 `dataAvailable` 的检测。

Summary of Guidelines for Using gotos
goto 使用原则总结

KEY POINT

用不用 goto 是一个信仰问题。我的信条是，在现代语言里，你可以很容易地把九成的 goto 替换成与之等价的顺序结构。对于这些简单的情况，你应该把 goto 替换掉并把这当习惯。对于复杂的情况，你仍有九成不用 goto 的可能：你可以把代码拆分成小的子程序，使用 try-finally，使用嵌套 if，检测并重新检测某个状态变量，或者重新设置条件结构。对于这些情况，想消除 goto 相对来说比较难，但这是一种很好的智力训练，本节所给出的一些技巧也能在这里派上用场。

对于剩下的那 1%的情况，即当使用 goto 是解决问题的合理办法的时候，请在使用的同时予以详细的说明。如果你穿着雨鞋，那么就没有必要绕开泥潭走路了。不过也要虚心参考别的程序员提出的不用 goto 的方法。也许他们发现了一些被你忽视的东西。

下面对使用 goto 的指导原则做一个总结。

- 在那些不直接支持结构化控制语句的语言里，用 goto 去模拟那些控制结构。在做这些的时候，应该准确地模拟。不要滥用 goto 所带来的灵活性。

- 如果语言内置了等价的控制结构，那么就不要用 goto。

> **交叉参考** 第25章"代码调整策略"以及第26章"代码调整技术"介绍了如何提高代码效率。

- 如果是为提高代码效率而使用 goto，请衡量此举实际带来的性能提升。在大多数情况下，你都可以不用 goto 而重新编写代码，这样既可以改善可读性，同时也不会损失效率。如果你的情况比较特殊，那么就对效率的提升做出说明，这样，goto 的反对者们在看见 goto 以后就不会删除它。

- 除非你要模拟结构化语句，否则尽量在每个子程序内只使用一个 goto 标号。
- 除非你要模拟结构化语句，否则尽量让 goto 向前跳转而不要向后跳转。
- 确认所有的 goto 标号都被用到了。没用到的 goto 标号表明缺少了代码，即缺少了跳向该标号的代码。如果某些标号没有用，那么就删掉它们。
- 确认 goto 不会产生某些执行不到的代码。
- 如果你是一位经理，那么就应该持这样的观点：对某一个 goto 用法所展开的争论并不是事关全局的。如果程序员知道存在替换方案，并且也愿意为使用 goto 辩解，那么用 goto 也无妨。

17.4 Perspective on Unusual Control Structures 针对不常见控制结构的观点

曾几何时，有些人认为下面列出的每一种控制结构都是很不错的想法：

- 不加限制地使用 goto
- 能动态计算出 goto 的跳转目标并且执行跳转
- 用 goto 从一个子程序的中部跳转到另一个子程序的中部的能力
- 根据行数或者标号调用子程序，从而允许代码从子程序中间的某个位置开始执行
- 具备让应用程序动态生成代码并且执行这些代码的能力

尽管现在看起来上述这些想法都是很离奇、过时或者危险的，但它们都曾经被认为是可以接受的，甚至是人们所期望的。在很大程度上，软件开发这一领域是在限制程序员对代码的使用中得到发展的。因此，我对非传统的控制结构持有很强的怀疑态度。我猜想，本章所讲述的大部分控制结构最后都只能和计算得到的 goto 标号（computed goto labels）、可变的子程序入口点（variable routine entry points）、自修改代码（self-modifying code），以及其他与此类似的注重灵活方便而忽视结构和复杂度管理能力的结构一起，存在于程序员的垃圾堆里。

Additional Resources
更多资源

cc2e.com/1792

下列资源也涉及到了不常见的控制结构。

Returns
返回

Fowler, Martin.《*Refactoring: Improving the Design of Existing Code*》. Reading, MA: Addison-Wesley, 1999. 这本书在讲述名为"用防卫子句替换嵌套条件（Replace Nested Conditional with Guard Clauses）"的重构技巧时，Fowler 建议使用多个 return 语句来从同一个子程序中返回，从而减少一组 if 语句中的嵌套层

次。Fowler 认为多个 return 是一种获得更好清晰度的手段，而让一个子程序具有多个 return 并不会带来危害。

gotos

gotos

下面这些文章中包含了有关 goto 的全部辩论。这一辩论还时不时地出现于大多数工作场所、教科书以及杂志中，但是你不会听到任何超出 20 年之前就仔细探究过的范围之外的内容。

cc2e.com/1799

Dijkstra, Edsger. "Go To Statement Considered Harmful"（Go To 语句是有害的）《Communications of the ACM》11, no. 3 (March 1968): 147—148，可以从 www.cs.utexas.edu/users/EWD/获得。这就是那篇点燃了软件开发史上持续时间最长的论战之一的文章。

Wulf, W. A. "A Case Against the GOTO"（一个反对 GOTO 的例子），《Proceedings of the 25th National ACM Conference》, August 1972: 791—797。这是另一份反对不加选择地使用 goto 的论文。Wulf 认为，如果编程语言已经提供了足够的控制结构，那么大多数情况下是不需要使用 goto 的。从 1972 年即写作这篇文章的那一年开始，C++、Java、Visual Basic 等语言都证明了 Wulf 所说的是对的。

Knuth, Donald. "Structured Programming with go to Statements"（带 go to 的结构化编程）1974。发表于 Edward Yourdon 主编的《Classics in Software Engineering》（《软件工程的经典文献》），Englewood Cliffs, NJ：Yourdon Press, 1979。这篇长文并不是全部关于 goto 的，但是其中包括了很多消除 goto 能够提高效率的代码示例，也包括了很多增加 goto 能够提高效率的代码示例。

Rubin, Frank. " 'GOTO Considered Harmful' Considered Harmful"（"GOTO 是有害的"是有害的）《Communications of the ACM》（《ACM 通讯》）30, no. 3 (March 1987): 195—196。在这篇草率地写给编辑的信中，Rubin 断言说，不用 goto 编程已经给商业带来了"上亿元的"损失。他随后给出了一小段使用了 goto 的代码，并且称这段代码要比不用 goto 的好。

Rubin 的这封信所收到的反馈要比信本身还有意思。在 5 个月内，《Communications of the ACM》(CACM) 公开了大量的信件，这些信件就 Rubin 原有的 7 行应用程序给出了不同的版本。从数量上看，这些信件平均来自 goto 的支持者和反对者。读者提出的重写建议大约有 17 种之多，而这些重写的代码也充分涵盖了避免使用 goto 的各种方法。CACM 的编辑称，截止到当时，这封信所收到的反馈数量要远远超出 CACM 上讨论过的任何一个主题。

要想阅读这些后续信件，请参见：

- *Communications of the ACM* 30, no. 5 (May 1987): 351—355.
- *Communications of the ACM* 30, no. 6 (June 1987): 475—478.
- *Communications of the ACM* 30, no. 7 (July 1987): 632—634.

- *Communications of the ACM* 30, no. 8 (August 1987): 659—662.
- *Communications of the ACM* 30, no. 12 (December 1987): 997, 1085.

cc2e.com/1706

Clark, R. Lawrence, "A Linguistic Contribution of GOTO-less Programming"（一个来自语言学的针对无 GOTO 的编程的观点），Datamation, December 1973. 这篇经典的文章幽默地表示要用 "come from（来自）" 来代替 "go to（转到）"。此文再版于 1974 年 4 月期的《*Communications of the ACM*》。

cc2e.com/1713

> **CHECKLIST: Unusual Control Structures**
> **核对表：不常见的控制结构**
>
> **return**
> ❑ 每一个子程序都仅在有必要的时候才使用 return 吗？
> ❑ 使用 return 有助于增强可读性吗？
>
> **递归**
> ❑ 递归子程序中包含了停止递归的代码吗？
> ❑ 子程序用安全计数器来确保该子程序能停下来吗？
> ❑ 递归只位于一个子程序里面吗？
> ❑ 子程序的递归深度处于程序栈容量可以满足的限度内吗？
> ❑ 递归是实现子程序的最佳方法吗？它要好于简单的迭代吗？
>
> **goto**
> ❑ 是否只有在万不得已的时候才使用 goto？如果用了 goto，是否仅仅是出于增强可读性和可维护性呢？
> ❑ 如果是出于效率因素而使用的 goto，那么对这种效率上的提升做出衡量并且加以说明了吗？
> ❑ 一个子程序里最多只用了一个 goto 标号吗？
> ❑ 所有的 goto 都向前跳转，而不是向后跳转吗？
> ❑ 所有的 goto 标号都用到了吗？

Key Points
要点

- 多个 return 可以增强子程序的可读性和可维护性，同时可以避免产生很深的嵌套逻辑。但是使用它的时候要多加小心。
- 递归能够很优雅地解决一小部分问题。对它的使用也要倍加小心。
- 在少数情况下，goto 是编写可读性和可维护代码的最佳方法。但这种情况非常罕见。除非万不得已，不要使用 goto。

Table-Driven Methods

第 18 章

表驱动法

cc2e.com/1865 内容

- 18.1 表驱动法使用总则：第 411 页
- 18.2 直接访问表：第 413 页
- 18.3 索引访问表：第 425 页
- 18.4 阶梯访问表：第 426 页
- 18.5 表查询的其他示例：第 429 页

相关章节

- 隐藏信息："隐藏秘密（信息隐藏）"第 5.3 节
- 类的设计：第 6 章
- 用决策表代替复杂的逻辑：第 19.1 节
- 用查询表替代复杂表达式：第 26.1 节

表驱动法是一种编程模式（scheme）——从表里面查找信息而不使用逻辑语句（*if* 和 *case*）。事实上，凡是能通过逻辑语句来选择的事物，都可以通过查表来选择。对简单的情况而言，使用逻辑语句更为容易和直白。但随着逻辑链的越来越复杂，查表法也就愈发显得更具吸引力。

如果你已经熟悉了表驱动法，那么本章也许只是你的一个回顾。你可以参阅第 18.2 节中的"例子：灵活的消息格式"，该示例论述了面向对象设计并不仅仅因为它是"面向对象"，就一定会好于其他的设计。接下来你可以参阅第 19 章中关于一般控制问题的讨论。

18.1 General Considerations in Using Table-Driven Methods 表驱动法使用总则

KEY POINT

在适当的环境下，采用表驱动法，所生成的代码会比复杂的逻辑代码更简单、更容易修改，而且效率更高。假设你希望把字符划分成字母、标点符号和数字三类，那么你也许会用到下面这种复杂的逻辑链：

Java示例：使用复杂的逻辑对字符分类
```java
if ( ( ( 'a' <= inputChar ) && ( inputChar <= 'z' ) ) ||
    ( ( 'A' <= inputChar ) && ( inputChar <= 'Z' ) ) ) {
   charType = CharacterType.Letter;
}
else if ( ( inputChar == ' ' ) || ( inputChar == ',' ) ||
   ( inputChar == '.' ) || ( inputChar == '!' ) || ( inputChar == '(' ) ||
   ( inputChar == ')' ) || ( inputChar == ':' ) || ( inputChar == ';' ) ||
   ( inputChar == '?' ) || ( inputChar == '-' ) ) {
   charType = CharacterType.Punctuation;
}
else if ( ( '0' <= inputChar ) && ( inputChar <= '9' ) ) {
   charType = CharacterType.Digit;
}
```

另一方面，如果用一个查询表（lookup table），就可以把每一个字符的类型保存在一个用字符编码访问的数组里。那么上述的复杂代码片段就可以替换为：

Java示例：使用查询表对字符分类
```java
charType = charTypeTable[ inputChar ];
```

这段代码假设 `charTypeTable` 数组已经提前创建好了。这时你把程序中的信息存放在数据里而不是逻辑里——也就是说，放在表中而不是 *if* 检测中。

Two Issues in Using Table-Driven Methods
使用表驱动法的两个问题

KEY POINT

在使用表驱动法的时候，必须要解决两个问题。首先，你必须要回答怎样从表中查询条目的问题。你可以用一些数据来直接访问表。比如说，如果你希望把数据按月进行分类，那么创建一个月份表是非常直截了当的。你可以用一个下标从 1 到 12 的数组实现它。

另一些数据可能很难直接用于查表。例如，假设你希望按照社会安全号码做数据分类，那么除非你可以承受在表里面存放 999-99-9999 条记录，否则就不能用社会安全号码直接查表。你会被迫采用一种更为复杂的方法。下面是从表里面查询记录的方法列表：

- 直接访问（Direct access）
- 索引访问（Indexed access）
- 阶梯访问（Stair-step access）

本章后面部分将就这其中的每一种访问方法展开详细讨论。

在使用表驱动法的时候，需要解决的第二个问题是，你应该在表里面存些什么。有的时候，表查询出来的结果是数据。如果你遇到的是这种情况，那么就可以把这些数据保存到表里面。在另外一些情况下，表查询出来的结果是动作（action）。在这种情况下，你可以保存一个描述该动作的代码，或者，在有些语言里，你可以保存对实现该动作的子程序的引用[1]。无论是哪一种情况，表都会变得更为复杂。

18.2 Direct Access Tables 直接访问表

和所有的查询表一样，直接访问表代替了更为复杂的逻辑控制结构。之所以说它们是"直接访问"的，是因为你无须绕很多复杂的圈子就能够在表里面找到你想要的信息。如图 18-1 所示，就可以直接找出你想要的条目来。

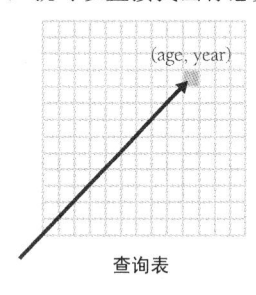

图18-1　如图名所示，直接访问表允许你访问感兴趣的表元素

Days-in-Month Example 示例：一个月中的天数

假设你需要计算每个月中的天数（为了说明起见，此处不考虑闰年）。笨做法就是写一个大的 `if` 语句：

```
Visual Basic示例：确定各月天数的笨拙做法
If ( month = 1 ) Then
   days = 31
ElseIf ( month = 2 ) Then
   days = 28
ElseIf ( month = 3 ) Then
   days = 31
ElseIf ( month = 4 ) Then
   days = 30
ElseIf ( month = 5 ) Then
   days = 31
ElseIf ( month = 6 ) Then
   days = 30
ElseIf ( month = 7 ) Then
   days = 31
```

---

[1] 译注：例如函数指针。

```
ElseIf ( month = 8 ) Then
   days = 31
ElseIf ( month = 9 ) Then
   days = 30
ElseIf ( month = 10 ) Then
   days = 31
ElseIf ( month = 11 ) Then
   days = 30
ElseIf ( month = 12 ) Then
   days = 31
End If
```

实现同样功能的一种更简单、更容易修改的方法是把这些数据存到一张表里面。在 Microsoft Visual Basic 里面，你需要首先创建出这张表：

Visual Basic示例：确定各月天数的优雅做法
```
' Initialize Table of "Days Per Month" Data
Dim daysPerMonth() As Integer = _
   { 31, 28, 31, 30, 31, 30, 31, 31, 30, 31, 30, 31 }
```

现在，你无须再写那条长长的 `if` 语句，只需要一条简单的数组访问语句就可以得出每个月中的天数了：

Visual Basic示例：确定各月天数的优雅做法（续）
```
days = daysPerMonth( month-1 )
```

如果你想在查表的版本中把闰年考虑进去，那么代码仍然会很简单，假设 `LeapYearIndex()` 的取值要么为 `0`，要么为 `1`：

Visual Basic示例：确定各月天数的优雅做法（续）
```
days = daysPerMonth( month-1, LeapYearIndex() )
```

如果把闰年也考虑进来，那么那条长长的 `if` 语句将会变得更为复杂了。

计算每月的天数是一个很适合用直接访问表描述的例子，因为你可以用 `month` 变量去表里面查询记录。一般来说，你可以用原本控制着很多 `if` 语句的数据去直接访问表。

Insurance Rates Example
示例：保险费率

假设你在写一个计算医疗保险费率的程序，这些费率是随着年龄、性别、婚姻状况以及吸烟与否的不同情况而变化的。如果你不得不用逻辑控制结构来表示不同费率的话，那么可能会写出下面的代码：

```java
Java示例：确定保险费率的笨拙做法
if ( gender == Gender.Female ) {
    if ( maritalStatus == MaritalStatus.Single ) {
        if ( smokingStatus == SmokingStatus.NonSmoking ) {
            if ( age < 18 ) {
                rate = 200.00;
            }
            else if ( age == 18 ) {
                rate = 250.00;
            }
            else if ( age == 19 ) {
                rate = 300.00;
            }
            ...
            else if ( 65 < age ) {
                rate = 450.00;
            }
        }
        else {
            if ( age < 18 ) {
                rate = 250.00;
            }
            else if ( age == 18 ) {
                rate = 300.00;
            }
            else if ( age == 19 ) {
                rate = 350.00;
            }
            ...
            else if ( 65 < age ) {
                rate = 575.00;
            }
        }
    else if ( maritalStatus == MaritalStatus.Married )
    ...
}
```

这是简化的逻辑结构，它应该已经能让你对事情的复杂度有足够的了解了。它还没有显示已婚的女士、所有的男士或者18至65岁之间的人士。你可以想象：如果要把整个费率表编写出来该有多复杂。

你也许会说，"是的，可为什么你要为每一个年龄都做一次判断呢？为什么不把这些费率放进用年龄作下标的数组里？"好问题，而一种显而易见的改进就是把在每一年龄的费率存在一个独立数组里。

然而，更好的做法是把这些费率存入所有因素索引的数组里，而不仅仅是按年龄索引。你可以在 Visual Basic 中这样声明数组：

Visual Basic示例：声明数据，用于建立保险费率表
```
Public Enum SmokingStatus
    SmokingStatus_First = 0
    SmokingStatus_Smoking = 0
    SmokingStatus_NonSmoking = 1
    SmokingStatus_Last = 1
End Enum

Public Enum Gender
    Gender_First = 0
    Gender_Male = 0
    Gender_Female = 1
    Gender_Last = 1
End Enum

Public Enum MaritalStatus
    MaritalStatus_First = 0
    MaritalStatus_Single = 0
    MaritalStatus_Married = 1
    MaritalStatus_Last = 1
End Enum

Const MAX_AGE As Integer = 125
Dim rateTable ( SmokingStatus_Last, Gender_Last, MaritalStatus_Last, _
    MAX_AGE ) As Double
```

> **交叉参考** 表驱动法的优势之一就是你可以把表里面的数据存放在文件中，在程序运行时再读取这些数据。这样一来，就可以在不改动程序本身的情况下调整保险费率等参数。第10.6节"绑定时间"有这方面的介绍。

在声明了这个数组以后，你还需要找一种把数据存进去的方法。你可以使用赋值语句、从磁盘文件中读入数据、计算出这些数据、或者执行任何合适的操作。一旦备好了这些数据，在需要计算费率时，你就可以直接获取结果了。前面那段复杂的逻辑就可以用类似于下面这样简单的语句取而代之：

Visual Basic示例：确定保险费率的优雅做法
```
rate = rateTable( smokingStatus, gender, maritalStatus, age )
```

这种方法具有用查表取代复杂逻辑的一般优点。这种查表操作的可读性更好，也更容易修改。

Flexible-Message-Format Example
例子：灵活的消息格式

你可以用表来描述那种有太多变化，多得无法用代码表示的逻辑。了解了字符分类、月中的天数和保险费这三个例子以后，你至少知道了如果需要，可以写

18.2 直接访问表

一个很长的 `if` 语句。但是,在某些情况下,数据会复杂得根本无法用硬编码的 `if` 语句来描述。

如果你认为自己已经掌握了直接访问表的要领,那么你可能想跳过下面的例子。不过,它要比前面的例子稍微复杂些,而且进一步展示了表驱动法的威力。

假设你编写一个子程序,打印存储在一份文件中的消息。通常该文件中会存储大约 500 条消息,而每份文件中会存有大约 20 种不同的消息。这些消息源自于一些浮标(Buoy),提供有关水温、浮标位置等信息。

每一条消息都有若干字段,并且每条消息都有一个消息头,其中有一个 ID,告诉你该消息属于这 20 多种消息中的哪一种。图 18-2 显示了这些消息是如何存储的。

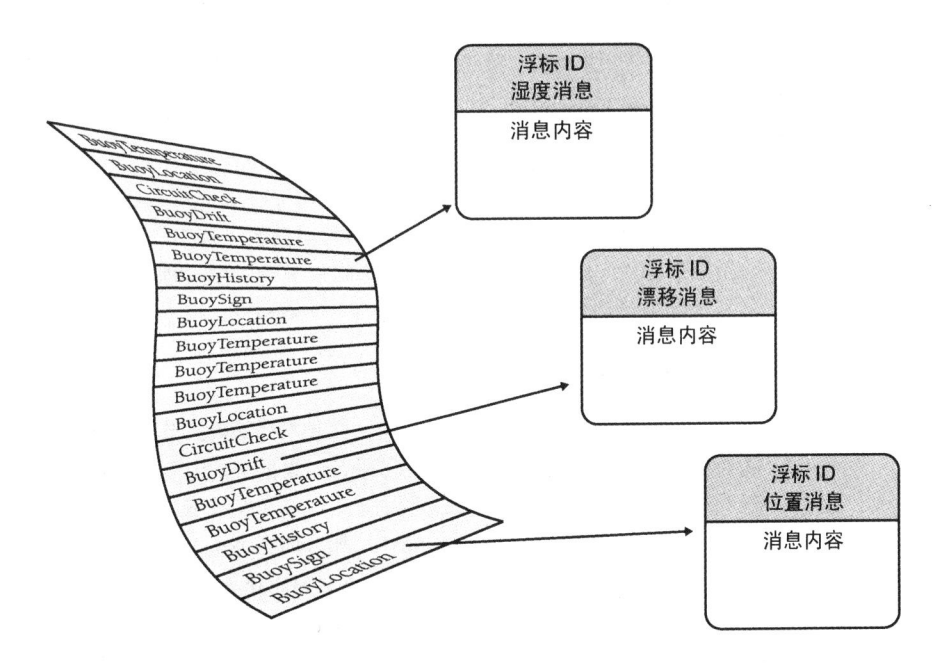

图 18-2 信息并不是按照特定顺序存储的,每条消息用 ID 标识

这些消息的格式并不是固定不变的,它们由你的客户来确定,而你也无法要求你的客户去把格式稳定住。图 18-3 显示了其中一些消息的格式细节。

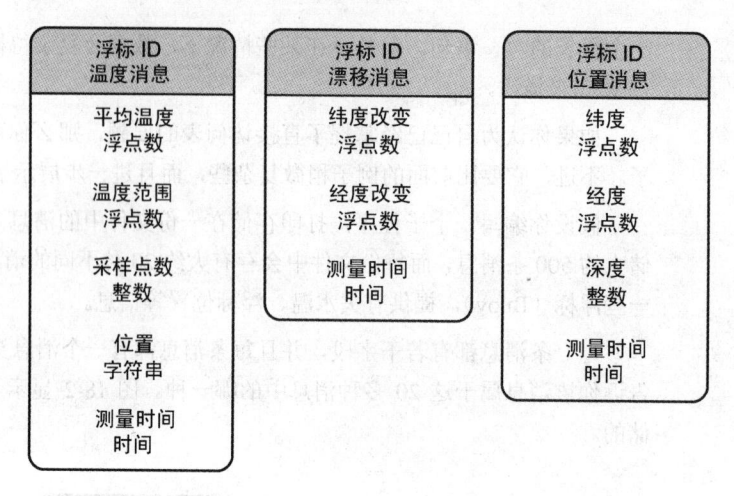

```
                浮标 ID          浮标 ID          浮标 ID
                温度消息         漂移消息         位置消息

                平均温度         纬度改变         纬度
                浮点数           浮点数           浮点数

                温度范围         经度改变         经度
                浮点数           浮点数           浮点数

                采样点数         测量时间         深度
                整数             时间             整数

                位置                              测量时间
                字符串                            时间

                测量时间
                时间
```

图 18-3　除了消息 ID 之外，每种消息有其自己的格式

Logic-Based Approach
基于逻辑的方法

如果你采用基于逻辑的方法，那么你可能会读取每一条消息，检查其 ID，然后调用一个用来阅读、解释以及打印一种消息的子程序。如果你有 20 种消息，那么就要有 20 个子程序。你还要写出不知道多少底层子程序去支持它们——例如，你可能需要一个 `PrintBuoyTemperatureMessage()` 子程序来打印浮标温度消息。用面向对象的方法也好不到哪里去：你通常会用一种抽象的消息对象，并为每种消息类别派生出一个子类。

每次有任何一种消息的格式变了，你就不得不修改负责处理该消息的子程序或者类的逻辑。在前面给出的消息细节中，如果把平均温度字段从浮点类型改成了其他类型，你就要修改 `PrintBuoyTemperatureMessage()` 的逻辑（如果浮标自身也从一个"飘浮的点"变成了其他物体，那么你将不得不再做出一种新的浮标来！）。

在基于逻辑的方法中，其消息阅读子程序包含一个循环，用来读入消息、解释其 ID，以及根据该 ID 调用 20 个子程序中的某一个。下面就是基于逻辑方法所用的伪代码：

交叉参考　这些低级伪代码的作用不同于代码设计阶段所用到的伪代码。第 9 章"伪代码编程过程"有关于后者的详细介绍。

```
While more messages to read
   Read a message header
   Decode the message ID from the message header
   If the message header is type 1 then
      Print a type 1 message
   Else if the message header is type 2 then
      Print a type 2 message
   ...
   Else if the message header is type 19 then
      Print a type 19 message
   Else if the message header is type 20 then
      Print a type 20 message
```

这段伪代码已经经过简化了,因为你无须看完所有的 20 种情况就能知道其中的路数了。

Object-Oriented Approach
面向对象的方法

如果你采用某种面向对象的方法,那么问题的逻辑将被隐藏在对象继承结构里,但是基本结构还是同样复杂:

```
While more messages to read
   Read a message header
   Decode the message ID from the message header
   If the message header is type 1 then
      Instantiate a type 1 message object
   Else if the message header is type 2 then
      Instantiate a type 2 message object
   ...
   Else if the message header is type 19 then
      Instantiate a type 19 message object
   Else if the message header is type 20 then
      Instantiate a type 20 message object
   End if
End While
```

无论是直接写逻辑,还是把它包含在特定的类里面,这 20 种消息中的每一种都要有自己的消息打印子程序。子程序也可以用伪代码表示,下面就是读取和打印浮标温度消息子程序的伪代码:

```
Print "Buoy Temperature Message"

Read a floating-point value
Print "Average Temperature"
Print the floating-point value

Read a floating-point value
Print "Temperature Range"
Print the floating-point value

Read an integer value
Print "Number of Samples"
Print the integer value

Read a character string
Print "Location"
Print the character string

Read a time of day
Print "Time of Measurement"
Print the time of day
```

这只是针对一种消息的代码。其他的 19 种消息也都需要有相似的代码。而且如果增加了第 21 种消息,那要么增加第 21 个子程序,要么增加第 21 个类——无论如何,新增一种消息类型都要求修改代码。

Table-Driven Approach
表驱动法

表驱动法要比前几种方法都经济。其中的消息阅读子程序由一个循环组成，该循环负责读入每一个消息头，对其 ID 解码，在 Message 数组中查询其消息描述，然后每次都调用同一个子程序来解释该消息。用了表驱动法之后，你可以用一张表来描述每种消息的格式，而不用再把它们硬编码进程序逻辑里。这样会降低初期编码的难度，生成更少的代码，并且无须修改代码就可以很轻松地进行维护。

为了使用该方法，你需要先列出消息种类和字段类型。在 C++ 中，你可以按照下面的方法来定义所有可能的字段类型：

C++示例：定义消息数据类型
```cpp
enum FieldType {
  FieldType_FloatingPoint,
  FieldType_Integer,
  FieldType_String,
  FieldType_TimeOfDay,
  FieldType_Boolean,
  FieldType_BitField,
  FieldType_Last = FieldType_BitField
};
```

不用再为 20 种消息中的每一种硬编码打印子程序，你可以只创建少数几个子程序，分别负责打印每一种基本数据类型——浮点、整型、字符串等。你可以把每种消息的内容描述放在一张表里（包含每个字段的名称），然后再根据该表中的描述来分别解释每一消息。下面是用于描述一种消息的表记录的示例：

示例：定义消息表中的一项
```
Message Begin
   NumFields 5
   MessageName "Buoy Temperature Message"
   Field 1, FloatingPoint, "Average Temperature"
   Field 2, FloatingPoint, "Temperature Range"
   Field 3, Integer, "Number of Samples"
   Field 4, String, "Location"
   Field 5, TimeOfDay, "Time of Measurement"
Message End
```

这张表既可以硬编码在程序里（在这种情况下，所示的每个元素都将被赋给一个变量），也可以在程序启动时或者随后从文件中读出。

一旦把消息定义读入程序，那么你就能把所有的信息嵌入在数据里面，而不必嵌入在程序的逻辑里面了。数据要比逻辑更为灵活。当消息格式改变的时候，

18.2 直接访问表

修改数据是很容易的。如果必须要新增一种消息类型,那么只须往数据表里再增加一项元素即可。

下面就是表驱动法中最上层循环的伪代码:

前三行同基于逻辑方法的伪代码一样。

```
While more messages to read
   Read a message header
   Decode the message ID from the message header
   Look up the message description in the message-description table
   Read the message fields and print them based on the message description
End While
```

与基于逻辑方法的伪代码不同,这里的伪代码并没有做任何简化,因为它的逻辑实在是太简单了。在这一层下面的逻辑里面,你会发现一个子程序就可以解释消息描述表里面的消息描述、读入消息数据并且打印消息。这个子程序比任何一个基于逻辑的消息打印子程序都要通用,它不算太复杂,而且它只是 1 个子程序,而不是 20 个:

```
While more fields to print
   Get the field type from the message description
   case ( field type )
      of ( floating point )
         read a floating-point value
         print the field label
         print the floating-point value

      of ( integer )
         read an integer value
         print the field label
         print the integer value

      of ( character string )
         read a character string
         print the field label
         print the character string

      of ( time of day )
         read a time of day
         print the field label
         print the time of day

      of ( boolean )
         read a single flag
         print the field label
         print the single flag

      of ( bit field )
         read a bit field
         print the field label
         print the bit field
   End Case
End While
```

诚然，这个有着 6 种情况的子程序要比只负责打印浮点温度消息的子程序长一些。但它是你要使用的唯一的打印子程序。你不必为了其他那 19 种消息再写 19 个子程序。这个子程序可以处理 6 种字段类型，负责处理所有的消息类型。

这个子程序也显示出了实现这类表查询操作的最复杂的一种方法，因为它用到了一个 case 语句。另外一种方法是创建一个抽象的 AbstractField 类，然后为每一种字段类型派生一个子类。这样你就无须使用 case 语句，只须调用适当类型对象的成员函数即可。

你可以按照如下方式用 C++ 来创建这些对象类型：

C++示例：建立对象类型
```cpp
class AbstractField {
  public:
    virtual void ReadAndPrint( string, FileStatus & ) = 0;
};

class FloatingPointField : public AbstractField {
  public:
    virtual void ReadAndPrint( string, FileStatus & ) {
    ...
    }
};

class IntegerField ...
class StringField ...
...
```

这段代码片段为每个类声明了一个成员函数，它具有一个字符串参数和一个 FileStatus 参数。

下一步是声明一个数组以存放这一组对象。该数组就是查询表，如下所示：

C++示例：创建一个用于持有各类型的对象的表
```cpp
AbstractField* field[ Field_Last ];
```

建立对象表的最后一步是把具体对象的名称赋给这个 Field 数组：

C++示例：建立对象清单
```cpp
field[ Field_FloatingPoint ] = new FloatingPointField();
field[ Field_Integer ] = new IntegerField();
field[ Field_String ] = new StringField();
field[ Field_TimeOfDay ] = new TimeOfDayField();
field[ Field_Boolean ] = new BooleanField();
field[ Field_BitField ] = new BitFieldField();
```

18.2 直接访问表

这段代码片段假定，位于赋值语句右边的 `FloatingPointField` 等标识符是类型为 `AbstractField` 的对象的名称。把这些对象赋给数组中的数组元素意味着，为了调用正确的 `ReadAndPrint()` 子程序，你只需要引用一个数组元素而不用直接使用某个具体类型的对象。

一旦建立了这个子程序表，要处理消息里的一个字段，你只需要访问对象表并且调用表中的一个成员函数就可以了。代码如下：

C++示例：在表中查询对象及其成员函数

```
fieldIdx = 1;
while ( ( fieldIdx <= numFieldsInMessage ) && ( fileStatus == OK ) ) {
  fieldType = fieldDescription[ fieldIdx ].FieldType;
  fieldName = fieldDescription[ fieldIdx ].FieldName;
  field[ fieldType ].ReadAndPrint( fieldName, fileStatus );
}
```

> 这些是针对消息中每个字段的维护代码。

> 这就是表查找，它通过查找对象表调用一个由字段类型所决定的函数。

还记得那 34 行含有 `case` 语句的表查询伪代码吗？如果你把 `case` 语句替换成一个对象表，那么这就是提供相同功能所需的全部代码了。难以置信的是，这也是代替基于逻辑方法中的那 20 个单独的子程序的全部代码。进一步说，如果消息描述信息是从文件中读入的，那么除非新增加了字段类型，否则根本无须为了新增加消息类型而修改代码。

你可以在任何一种面向对象语言中使用这种方法。与写长篇的 `if` 语句、`case` 语句或者大量的子类相比，这种方法更不容易出错、更容易维护并且效率更高。

使用继承和多态的设计并不一定就是好的设计。在前面"面向对象的方法"一节里用的那种生搬硬套的面向对象设计，所需的代码量和一个生硬的功能设计一样多——甚至会更多。那种方法使解决方案变得更复杂，而不是变得更简单。在这个例子里面，核心的设计理念既不是面向对象也不是面向功能——而是使用一个经过深思熟虑的查询表。

Fudging Lookup Keys
构造查询键值

在上述三个示例中，你可以将数据作为键值直接访问表。也就是说，你可以直接把 `messageID` 用作键值而无须修改，就像你在月中的天数示例中使用 `month`，以及在保险费率示例中使用 `gender`、`marialStatus` 和 `smokingStatus` 一样。

你当然希望总是能直接得到访问表的键值，因为这样既简单又快速。不过，有时候数据不是那么合作。在保险费率一例中，`age`（年龄）的表现就有些异常。原本的逻辑中为不满 18 岁者设置了一个费率，为 18 至 65 岁之间的人士设置了不同的费率,为超过 65 岁者设置了一个费率。这就意味着,对于 17 岁以下或者 66 岁以上的人,你不能直接把年龄用做表的键值,这张表只为一些年龄保存了一组费率。

从这就引出了构造查询表键值的问题。你可以用几种不同的方法来构造这些键值。

复制信息从而能够直接使用键值　使 age 能像键值一样用于费率表的一种简便方法是,为 0 至 17 岁之间的每个年龄都复制一份 18 岁以下的费率,然后直接用该 age 键值来访问表。你也可以用同样的方法来处理超过 66 岁的情况。这种方法的优点在于表自身的结构非常简单,访问表的操作也很简单。如果你需要为 17 岁以及 17 岁以下的年龄段增加一些年龄相关的费率,那么只需要修改这个表就可以了。这样做的缺点在于,复制生成的冗余信息会浪费空间,并且表中存在错误的可能性也增加了——真希望缺点仅仅是表中的冗余信息占用了空间。

转换键值以使其能够直接使用　让 age 能像一个键值那样直接使用的第二种方法是用一个函数将 age 转换为另一个数值,从而使其能像键值那样使用。在这个例子里,该函数必须把所有介于 0 至 17 岁之间的年龄转换成一个键值,比如说 17,同时把所有超过 66 的年龄都转换成另一个键值,比如说 66。这个特殊的区间很容易处理,你可以用 min() 和 max() 函数来做这一转换。例如,你可以用下述表达式:

```
max( min( 66, age ), 17 )
```

来生成一个位于 17 到 66 之间的表键值

创建这样的转换函数,要求你能够从打算用作为键值的数据中识别出某种模式来,而这不一定总是像使用 min() 和 max() 子程序一样简单。假设在另一个例子里面,保险费率是以 5 年为一个区段,而不是 1 年一个区段,那么除非你想把所有的数据都复制 5 次,否则你就要另写一个函数,把 age 正确地除以 5,然后再使用 min() 和 max() 子程序。

把键值转换提取成独立的子程序　如果你必须要构造一些数据来让它们像表键值一样使用,那么就把数据到键值的转换操作提取成独立的子程序。这样做可以避免在不同位置执行了不同的转换,也使得转换操作修改起来更加容易。给子程序起一个好的名称,比如说 KeyFromAge(),同样也会明确该数学运算的用意。

如果你的开发环境中已经提供了现成可用的键值转换功能,那么就用它。例如,Java 中提供的关联型容器 HashMap,可以用作根据键值(key)查出实值(value)。

18.3 Indexed Access Tables
索引访问表

有的时候，只用一个简单的数学运算还无法把 age 这样的数据转换成为表键值。这类情况中的一部分可以通过使用索引访问的方法加以解决。

当你使用索引的时候，先用一个基本类型的数据从一张索引表中查出一个键值，然后再用这一键值查出你感兴趣的主数据。

假设你经营着一家商店，有大约 100 种商品。再假设每种商品都有一个 4 位数字的物品编号，其范围是 0 000 到 9 999。在这种情况下，如果你想用这个编号作为键值直接查询一张描述商品信息的表，那么就要生成一个具有 10 000 条记录的索引数组（从 0 到 9 999）。该数组中除了与你商店中的货物的标志相对应的 100 条记录以外，其余记录都是空的。如图 18-4 所示，这些记录指向了一个物品描述表，而该表所含的记录数量要远远小于 10 000。

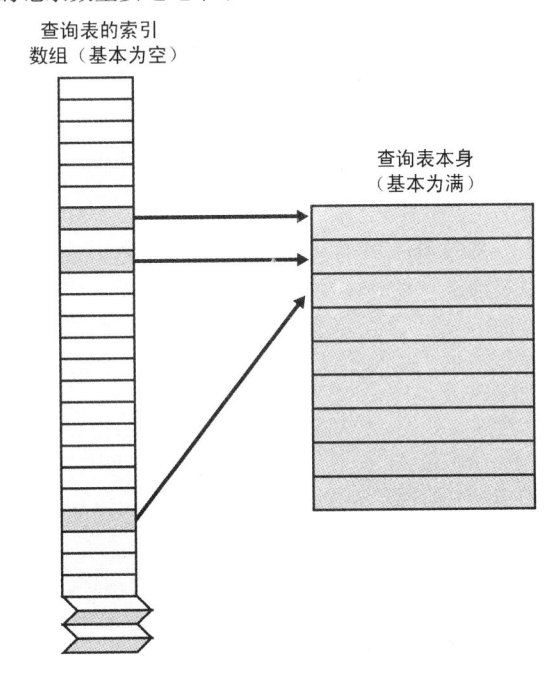

查询表的索引
数组（基本为空）

查询表本身
（基本为满）

图 18-4　索引表不是直接访问，而是经过居间的索引去访问

索引访问技术有两个主要优点：首先，如果主查询表中的每一条记录都很大，那么创建一个浪费了很多空间的索引数组所用的空间，就要比创建一个浪费了很多空间的主查询表所用的空间小得多。举例来说，如果主表中的每条记录需要占用 100 字节，而索引表中的每条记录需要占用 2 字节。假设主表中有 100 条记录，

而用来访问它的数据有 10 000 种可能取值。这样一来，你面临的就是在 10 000 条索引记录和 10 000 条主数据成员记录之间做出选择。如果你用的是一套索引，那么用掉的总内存量是 30 000 字节。如果你放弃了索引结构，而把空间耗费在主表里面，那么用掉的总内存量就会是 1 000 000 字节。

第二项优点是，即使你用了索引以后没有节省内存空间，操作位于索引中的记录有时也要比操作位于主表中的记录更方便更廉价。比如说，如果有一张含有员工姓名、雇用日期和薪水的表，你可以生成一个索引来按照员工姓名访问该表，生成另一个索引表按照雇用时间来访问该表，以及生成第三个索引按照薪水来访问该表。

索引访问技术的最后一个优点就是表查询技术在可维护性上所具有的普遍优点。编写到表里面的数据比嵌入代码中的数据更容易维护。为了使这种灵活性最大化，可以把借助索引访问数据的代码提取成单独的子程序，然后在希望通过物品编号获得表键值的时候调用该子程序。当需要修改表的时候，你可以考虑更换这种索引访问技术，或者换用另一种表查询的技术。如果你不把索引访问代码随便写到应用程序中各个地方，那么这种访问技术更改起来是非常容易的。

18.4 Stair-Step Access Tables 阶梯访问表

还有另外一种访问表的方法，那就是阶梯访问。这种访问方法不像索引结构那样直接，但是它要比索引访问方法节省空间。

如图 18-5 所示，阶梯结构的基本想法是，表中的记录对于不同的数据范围有效，而不是对不同的数据点有效。

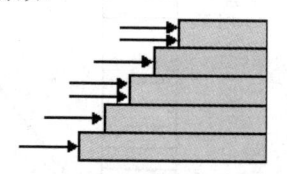

图 18-5　阶梯方法通过确定每项命中的阶梯层次确定其归类，它命中的"台阶"确定其类属

举例来说，如果你正在开发一个等级评定的应用程序，其中"B"记录所对应的范围是 75% 到 90%。下面是你某一天可能会编写到的等级区间：

≥90.0%	A
< 90.0%	B
< 75.0%	C
< 65.0%	D
< 50.0%	F

18.4 阶梯访问表

这种划分范围用在表查询中是很糟糕的,因为你不能用简单的数据转换函数来把表键值转换为 A 至 F 字母所代表的等级。用索引也不合适,因为这里用的是浮点数。你可能想到把浮点数转换成整数,从而使应用索引技术变成可能。但是为了演示起见,这个例子还会继续使用浮点数。

为了使用阶梯方法,你要把每一区间的上限写入一张表里,然后写一个循环,按照各区间的上限来检查分数。当分数第一次超过某个区间的上限时,你就知道相应的等级了。在使用阶梯方法的时候,你必须要谨慎地处理范围的端点。下面就是根据这个例子写的、用 Visual Basic 来为一组学生成绩评判等级的代码:

Visual Basic示例:阶梯表查询
```
' set up data for grading table
Dim rangeLimit() As Double = { 50.0, 65.0, 75.0, 90.0, 100.0 }
Dim grade() As String = { "F", "D", "C", "B", "A" }
maxGradeLevel = grade.Length - 1
...
' assign a grade to a student based on the student's score
gradeLevel = 0
studentGrade = "A"
While ( ( studentGrade = "A" ) and ( gradeLevel < maxGradeLevel ) )
   If ( studentScore < rangeLimit( gradeLevel ) ) Then
      studentGrade = grade( gradeLevel )
   End If
   gradeLevel = gradeLevel + 1
Wend
```

尽管这个例子很简单,但却可以很容易把它推广到处理多个学生、多种等级(例如,不同的任务对应的绩点(point level)不同,其等级也会不同),以及等级发生变化的情况。

与其他表驱动法相比,这种方法的优点在于它很适合处理那些无规则的数据。等级评定的例子很简单,因为尽管等级的划分区间是无规则的,但用的数字却都是"四舍五入过的(round)",即都是以 5 或者 0 结束的。阶梯方法处理起未经舍入的数据也同样不错。你可以把阶梯方法用于数据呈如下概率分布的统计任务:

概率	保险索赔金额
0.458747	$0.00
0.547651	$254.32
0.627764	$514.77
0.776883	$747.82
0.893211	$1,042.65

续表

概率	保险索赔金额
0.957665	$5,887.55
0.976544	$12,836.98
0.987889	$27,234.12
...	

像这样无规则分布的数据,是不可能用一个函数把它们整齐地转换成表键值的。而阶梯方法就是问题的正确解法。

使用这种方法同样也可以享受到表驱动法所具有的一般性点:它非常灵活并容易修改。如果等级评定例子中的等级区间有变化,那么只需要修改 `RangeLimit` 数组中的记录,应用程序就可以很容易适应该变化。你可以很轻松地把应用程序中赋予等级的那部分进一步推广,使其能够接受一张等级表和相应的分数线。赋予等级的那各部分也不一定必须使用百分比来表示分数;它可以使用原始的数据点而不是百分比,而应用程序也无须为此做太多改动。

下面是你在使用阶梯技术的时候需要注意的一些细节。

留心端点 确认你已经考虑到每一个阶梯区间的上界。进行阶梯查询以找出那些位于上界之外的项目来,然后把剩下的那些项目归入最上一级范围之内。这样做有时要求为最高一级区间的最高点假拟出一个值。

注意不要把<误用为<=。确认循环能够在找出最高一级的区间之后恰当地终止,同时确保正确地处理了区间的边界。

考虑用二分查找取代顺序查找 在等级评定的示例中,负责赋予等级的那个循环是在等级界限的列表中顺序查找。如果这个列表很大,那么这种顺序型查找的成本就会成为效率的一种制约。如果事实的确如此,你可以把它替换成一个准二分查找法。说它是"准"(quasi)二分查找法的原因是,大多数二分查找的主要目的都是要找到一个数值。而在这个例子里面,你要做的不是找出一个数值,而是要为某一个数值找出正确的分类来。因此二分查找的算法必须能够正确地判断出该数值的归属。同样,你要记得把端点作为一种特殊的情况看待。

考虑用索引访问来取代阶梯技术 像第18.3节中描述的那些索引访问方法可能会成为阶梯技术的很好替代品。阶梯方法中的查找操作可能会比较耗时,如果执行速度很重要,你也许会愿意用索引访问法来取代阶梯法,即以牺牲存储空间来换取速度。

很显然,这种替代方案并不是在任何时候都适用的。在等级评定示例中,你也许可以采用它;如果你只有100个非连续的百分比值,那么用于创建一个索引数组的内存成本是完全可以接受的。另一方面,如果你有的是前面给出的那样的概率数据,那么你是无法得出一种索引方案的,因为无法把 0.458 747 和 0.547 651 这样的数据用做记录的键值。

交叉参考 第5章 "软件构建中的设计"介绍了选择设计方案的好方法。

在某些情况下,上述的任何一种方法都是可行的。此时设计的关键之处就在于从一系列好的可以相互替代的方案中,根据你所面临的情况选出一种来。不要太担心选不出最佳的方案。正如 Butler Lampson,Microsoft 公司一位杰出的工程师所说,最好是去找一种好的方案而且同时避免引发灾难,而不要试图去寻找最佳的方案(Lampson 1984)。

把阶梯表查询操作提取成单独的子程序 在你创建了一个转换函数,能把像 `StudentGrade` 这样的数值转换成表的键值时,请把它提取成单独的子程序。

18.5 Other Examples of Table Lookups 表查询的其他示例

本书的其他章节中还有一些关于表查询的例子。它们出现在对其他技术的讨论过程中,其上下文也没有强调表查询问题。你可以在下列章节找到这些示例:

- 在保险表中查找费率:第 16.3 节,"轻松创建循环——由内而外"
- 用决策表代替复杂的逻辑:第 19.1 节中的"用决策表代替复杂的条件"
- 表查询过程中内存分页的成本:第 25.3 节,"蜜糖和哥斯拉"
- 布尔值的组合(A or B or C):第 26.1 节中的"用查询表替代复杂表达式"
- 预先计算贷款表中的数值:第 26.4 节,"表达式"

CHECKLIST: Table-Driven Methods
核对表:表驱动法

cc2e.com/1872

- ☐ 你考虑过把表驱动法作为复杂逻辑的替换方案吗?
- ☐ 你考虑过把表驱动法作为复杂继承结构的替换方案吗?
- ☐ 你考虑过把表数据存储在外部并在运行期间读入,以便在不修改代码的情况下就可以改变这些数据吗?
- ☐ 如果无法用一种简单的数组索引(像 `age` 示例中那样)去访问表,那么你把计算访问键值的功能提取成单独的子程序,而不是在代码中重复地计算键值吗?

Key Points
要点

- 表提供了一种复杂的逻辑和继承结构的替换方案。如果你发现自己对某个应用程序的逻辑或者继承树关系感到困惑，那么问问自己它是否可以通过一个查询表来加以简化。
- 使用表的一项关键决策是决定如何去访问表。你可以采取直接访问、索引访问或者阶梯访问。
- 使用表的另一项关键决策是决定应该把什么内容放入表中。

General Control Issues
第 19 章 一般控制问题

cc2e.com/1978 **内容**

- 19.1 布尔表达式：第 431 页
- 19.2 复合语句（语句块）：第 443 页
- 19.3 空语句：第 444 页
- 19.4 驯服危险的深层嵌套：第 445 页
- 19.5 编程基础：结构化编程：第 454 页
- 19.6 控制结构与复杂度：第 456 页

相关章节

- 直线型代码：第 14 章
- 条件代码：第 15 章
- 循环代码：第 16 章
- 不常见的控制结构：第 17 章
- 软件开发的复杂度：第 5.2 节中的"软件的首要技术使命：管理复杂度"

如果不讨论有关控制结构的一些一般性问题，那么任何关于控制的讨论都是不完整的。本章所讲述的大部分内容都十分详细，并且实用性很强。如果你更关心的不是应用细节，而是控制结构的理论，那么请阅读第 19.5 节，该节从历史的角度出发对结构化编程做了分析。还有第 19.6 节，该节关注控制结构之间的关系。

19.1 Boolean Expressions 布尔表达式

除了最简单的、要求语句按顺序执行的控制结构之外，所有的控制结构都依赖于布尔表达式的求值（evaluation）。

Using *true* and *false* for Boolean Tests
用 *true* 和 *false* 做布尔判断

在布尔表达式中应该用标识符 true 和 false，而不要用 0 和 1 等数值。大多数现代编程语言都提供了布尔数据类型，并且为真和假提供了预定义的标识符。

这样就简化了问题——有的语言甚至不允许你为布尔变量赋 true 或 false 以外的值。你需要在那些不提供布尔数据类型的语言中制订一些规则，以使得布尔表达式更可读。下面是此类问题的一个例子：

Visual Basic示例：使用含混的标记作为布尔值
```
Dim printerError As Integer
Dim reportSelected As Integer
Dim summarySelected As Integer
...
If printerError = 0 Then InitializePrinter()
If printerError = 1 Then NotifyUserOfError()

If reportSelected = 1 Then PrintReport()
If summarySelected = 1 Then PrintSummary()

If printerError = 0 Then CleanupPrinter()
```

如果使用像 0 和 1 这样的标识在代码中很普遍的话，那么这里会有什么不对吗？阅读代码时很难看出，究竟在判断结果为真还是为假时执行这些函数调用。代码根本没有反映出究竟 1 代表的是真，0 代表的是假，还是正好相反。甚至连 1 和 0 是不是代表真和假也不清楚。例如，在 If reportSelected = 1 这一行代码中，1 很可能代表的是第一份报告，如果是 2 就代表第二份报告，3 代表第三份报告；代码里根本没有反映出 1 代表真或假。在想写 0 时也很容易写成 1，或者正好相反。

请在布尔表达式的判断里采用 true 和 false 来代表真和假。如果你的语言并不直接支持这些写法，那么就用预处理宏或者全局变量来创建它们。下面就是采用 Microsoft Visual Basic 中内置的 True 和 False 重写的上面示例：

交叉参考 下一个代码示例给出了一种更好的完成相同判断的方法。

Visual Basic示例：使用True和False代替数值来作判断——很好，但不是最好
```
Dim printerError As Boolean
Dim reportSelected As ReportType
Dim summarySelected As Boolean
...
If ( printerError = False ) Then InitializePrinter()
If ( printerError = True ) Then NotifyUserOfError()

If ( reportSelected = ReportType_First ) Then PrintReport()
If ( summarySelected = True ) Then PrintSummary()

If ( printerError = False ) Then CleanupPrinter()
```

使用 True 常量和 False 常量，这些语句的用意就非常清晰了。你不再需要强记 1 和 0 代表的是什么含义，也不会不小心把它们用颠倒。此外，现在也可以很清楚地看出，前面 Visual Basic 示例中的某些 1 和 0 代表的并不是布尔标识。

其中 `If reportSelected = 1` 这一行根本就不是在做布尔判断；它判断所选取的是不是第一份报告。

这种方法可以告诉读者你正在执行一个布尔判断。另外，与把 0 误写为 1 相比，你很难会把 `false` 误写为 `true`，你也可以避免在代码中到处使用 0 和 1 这样的神秘数值。下面是一些如何定义布尔判断中的 `true` 和 `false` 的技巧。

隐式地比较布尔值与 true 和 false　把表达式当做布尔表达式，可以写出更清晰的判断语句。例如，写成

```
while ( not done ) ...
while ( a > b ) ...
```

而不要写成

```
while ( done = false ) ...
while ( (a > b) = true ) ...
```

通过使用隐式比较，能减少阅读你的代码的人必须要记住的项（term）数，这样写出的表达式读起来也更像英语中的对话。前面的那个例子还可以用更好的风格改写：

```
Visual Basic示例：隐式地判断True和False——更佳
Dim printerError As Boolean
Dim reportSelected As ReportType
Dim summarySelected As Boolean
...
If ( Not printerError ) Then InitializePrinter()
If ( printerError ) Then NotifyUserOfError()

If ( reportSelected = ReportType_First ) Then PrintReport()
If ( summarySelected ) Then PrintSummary()

If ( Not printerError ) Then CleanupPrinter()
```

> **交叉参考**　详细内容请阅第12.5节"布尔变量"。

如果你的语言不支持布尔变量，并且你不得不模拟它们，那就可能无法使用本例这种技术，因为模拟的 `true` 和 `false` 未必能用 while (not done)这样的语句进行检测。

Making Complicated Expressions Simple
简化复杂的表达式

你可以采取多种办法来简化复杂的表达式。

拆分复杂的判断并引入新的布尔变量　与其写一个庞大的、具有很多项的复杂判断，还不如把中间结果赋给变量，让你可以执行一个更简单的判断。

把复杂的表达式做成布尔函数　如果某项判断需要重复做，或者会搅乱对程序主要流程的理解，那么可以把该判断的代码提取成一个函数，然后判断该函数的返回值。例如，下面是一个复杂的判断：

Visual Basic示例：复杂的判断
```
If ( ( document.AtEndOfStream ) And ( Not inputError ) ) And _
    ( ( MIN_LINES <= lineCount ) And ( lineCount <= MAX_LINES ) ) And _
    ( Not ErrorProcessing( ) ) Then
    ' do something or other
    ...
End If
```

这是一个读起来很糟糕的判断，特别是当你对判断本身不感兴趣的时候。把这个判断放入一个布尔函数，就可以把它隔离起来，除非它非常重要，否则读者完全可以忘掉它。你可以按下面方式把这个if判断放到一个函数里面：

交叉参考　你可以借助中间变量对布尔判断进行说明，详细方法在 12.5 节的"用布尔变量对程序加以文档说明"。

Visual Basic示例：将复杂的判断移入布尔函数，用新的中间值使判断更清晰
```
Function DocumentIsValid( _
    ByRef documentToCheck As Document, _
    lineCount As Integer, _
    inputError As Boolean _
    ) As Boolean

    Dim allDataRead As Boolean
    Dim legalLineCount As Boolean

    allDataRead = (documentToCheck.AtEndOfStream) And (Not inputError)
    legalLineCount = (MIN_LINES <= lineCount) And (lineCount <= MAX_LINES)
    DocumentIsValid = allDataRead And legalLineCount
                      And( Not ErrorProcessing() )
End Function
```

这里引入了中间变量，由此对最后一行代码的判断目的进行说明。

本例假设 `ErrorProcessing()` 是一个可以表明当前处理状态的布尔函数。现在，当你顺着代码的主流程阅读时，就无须再去读那个复杂的判断了：

Visual Basic示例：去掉复杂判断后的代码的主流程
```
If ( DocumentIsValid( document, lineCount, inputError ) ) Then
    ' do something or other
    ...
End If
```

KEY POINT　如果这个判断只用一次，你可能会认为没有必要把它放入一个子程序中。不过，把这个判断放到一个命名良好的函数里能改善可读性，并且能让你清楚地了解代码在做什么，因而这样做很有必要。

新函数名为程序引入了一个抽象，可以清晰地**在代码中**说明该逻辑判断的目的。这样做比用注释好，因为人们更关心程序代码，可能不去读注释。而且这种描述更不容易过时。

> **交叉参考** 第 18 章 "表驱动法" 有关于用表代替复杂逻辑的详细介绍。

用决策表代替复杂的条件 有时候有一个很复杂的判断，其中涉及到多个变量。这时用一个决策表（decision-table）代替 if 或者 case 语句来执行判断可能非常有帮助。决策表查询操作写起来很容易，只有几行代码，也不会用到复杂难懂的控制结构。降低了复杂度，也就降低了出错的可能性。如果你用的数据变了，那么只需要修改决策表即可，而无须改动代码；你只需要更新数据结构的内容就可以了。

Forming Boolean Expressions Positively
编写肯定形式的布尔表达式

> I ann't not no undummy.（我并非不是一个不傻的人。）
> —Homer Simpson

Not a few people don't have not any trouble understanding a nonshort string of nonpositives（并不是只有不多的人在理解不太短的非肯定句子的时候不会遇到任何不方便）——这句话的意思是大多数人在理解一长串否定用语的时候都会觉得困难。你可以采取一系列措施来避免把复杂否定形式的逻辑表达式引入到程序之中：

在 if 语句中，把判断条件从否定形式转换为肯定形式，并且互换 if 和 else 子句中的代码 下面是一个否定形式的判断：

> 这是表示否定的逻辑取反运算。

Java示例：令人困惑的布尔判断
```
if ( !statusOK ) {
    // do something
    ...
}
else {
    // do something else
    ...
}
```

你可以把它改成下面这种肯定形式的判断语句：

> 这里的判断已经逆转了。
> 这段代码已经和下面一段代码交换了位置。
> 和上面代码交换位置。

Java示例：更清晰的肯定形式的布尔判断
```
if ( statusOK ) {
    // do something else
    ...
}
else {
    // do something
    ...
}
```

交叉参考 使用布尔表达式肯定形式的这条建议有时会和"在if子句中处理正常情况"的建议相抵触（请阅第15.1节"if语句"）。这时你就需要考虑两种方法的利弊，从而选择最适合的方法。

第二段代码片段在逻辑上和前一段相同，但更容易阅读，因为否定的表达式已经转换成肯定的了。

作为另外一种方案，你还可以给变量换一个名字，以表达判断真值的反义。在本例中，你可以把 `statusOK` 替换成 `ErrorDetected`，这样当 `statusOK` 为假的时候，`ErrorDetected` 就会为真了。

用狄摩根定理简化否定的布尔判断　狄摩根定理（DeMorgan's Theorems）揭示了一个表达式和另一个含义相同但却以双重否定形式表达的表达式之间的逻辑关系。例如，你可能会写包含下面判断的代码片段：

Java示例：否定型判断
```
if ( !displayOK || !printerOK ) ...
```

该判断在逻辑上等同于：

Java示例：应用狄摩根定理之后的判断
```
if ( !( displayOK && printerOK ) ) ...
```

这样就无须互换if和else子句中的代码了；上面两段表达式是逻辑等价的。为了把狄摩根定理应用于逻辑**与**运算符and或者逻辑**或**运算符or以及一对运算对象，你需要对每一个运算对象取反，把and和or互换，同时对整个表达式取反。表19-1总结出了狄摩根定理下可能的表达式转换形式。

表 19-1　狄摩根定理的逻辑表达式的转换法则

原表达式	等价表达式
not A and not B	not (A or B)
not A and B	not (A or not B)
A and not B	not (not A or B)
A and B	not (not A or not B)
not A or not B*	not (A and B)
not A or B	not (A and not B)
A or not B	not (not A and B)
A or B	not (not A and not B)

*这就是本例中所用的表达式。

Using Parentheses to Clarify Boolean Expressions
用括号使布尔表达式更清晰

> **交叉参考** 第 31.2 节中的"括号"详细介绍了如何借助括号对其他类型的表达式进行辅助说明。

如果你有一个复杂的布尔表达式,那么与其依赖于所用语言的求值顺序,不如用括号更清楚地表达你的意图。使用括号降低了对代码阅读者的要求,这些阅读者可能并不理解你的语言求布尔表达式值的微妙细节。如果你很聪明,那么就不会使代码可读性依赖于你自己或者代码阅读者对求值优先级的深度理解——特别是当你必须要使用两种或两种以上语言的时候。使用括号和发电报不一样:你不会为每一个字符付费——多写的那些字符都是免费的。

下面是一个括号用得太少的例子:

Java示例:括号过少的表达式
```
if ( a < b == c == d ) ...
```

这首先是一个含义很不清楚的表达式,而且它还会把人弄糊涂,因为你看不出写代码的人想表达的是(a < b) == (c == d)还是((a < b)== c)== d。下面这种表达式写法仍然有些含混,但是其中的括号已经起了不小的作用:

Java示例:加了括号的表达式
```
if ( ( a < b ) == ( c == d ) ) ...
```

在这个例子里,加了括号后,程序的可读性和正确性都提高了——编译器原本是不会这样来解释第一个代码片段的。如果拿不准,就使用括号。

> **交叉参考** 很多用于编写程序的文本编辑器都提供了圆括号、方括号和花括号的配对功能。第 30.2 节中的"编辑"有关于程序编辑器的介绍。

用一种简单的计数技巧来使括号对称 如果你不知道所用的括号用得是不是配对,那么下面的简单计数技巧会很有用。开始的时候说"0",然后从左到右扫描该表达式。当遇到一个左括号的时候说"1",并且每次遇到一个左括号的时候就把这一数字加 1。每次遇到一个右括号的时候把这个数字减 1。如果到表达式最后的时候所得结果为 0,那么你用的括号就是配对的。

Java示例:配对的括号

看这里。	→	`if ( ( ( a < b ) == ( c == d ) ) && !done ) ...`
嘴里念。	→	`  0 1 2 3       2    3       2 1        0`

在这个例子里,你最后得到的结果是 0,因此括号是配对的。下面的例子中出现了括号不配对的情况:

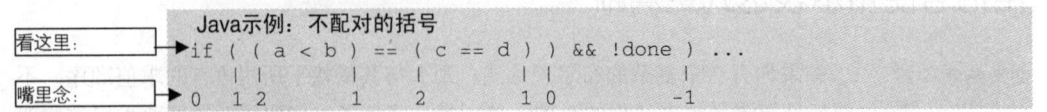

看这里:
嘴里念:

```
Java示例:不配对的括号
if ( ( a < b ) == ( c == d ) ) && !done ) ...
    | |           | |       | |
    | |           | |       | |
    0 1 2         1 2       1 0        -1
```

位于最后一个右括号之前的那个 0 表明,在这一点以前少用了一个括号。你应该在算到表达式的末尾才能得出 0。

把布尔表达式全括在括号里面　括号用起来很方便,而且能够改善可读性。在实践中,把布尔表达式整个括在括号里是一种很好的习惯。

Knowing How Boolean Expressions Are Evaluated
理解布尔表达式是如何求值的

在求布尔表达式的值的时候,很多语言都会使用一些隐含的控制方式。一些语言的编译器会先计算布尔表达式中的每个项的值,然后再把这些项组合起来求出整个表达式的值。一些语言的编译器采用"短路(short-circuit)"或者"惰性(lazy)"求值,只求出那些必须的部分。当你希望用第一个判断的结果来控制第二个判断是否执行的时候,这一点就显得尤为重要了。例如,设想你正在检查一个数组的元素,并写出下面的判断语句:

```
伪代码示例:易错的判断
while ( i < MAX_ELEMENTS and item[ i ] <> 0 ) ...
```

如果整个表达式都被求值,你就会在循环的最后一次迭代中遇到一个错误。那时变量 i 等于 maxElements,所以表达式 item[i] 就等于 item[maxElements],而这是一个数组下标越界错误。你可能会辩解说这并不碍事,因为你只是在查看数值而没有修改它。但这是一种很差的编程实践,它会让阅读你代码的人感到不解。在很多环境中,这样做要么会带来一个运行时错误,要么会引发一次内存保护违例(protection violation)。

在伪代码中,你可以重新组织这个判断的结构,使上述错误不再发生:

```
伪代码示例:重新安排结构后的正确判断
while ( i < MAX_ELEMENTS )
    if ( item[ i ] <> 0 ) then
        ...
```

这样写是对的,因为只有当 i 小于 maxElements 的时候才去计算 item[i] 的值。

19.1 布尔表达式

很多语言都提供了相应的功能,在第一时间阻止此类错误的发生。例如,C++采用短路求值:如果 and 的第一个操作数(operand)为假,那么就跳过第二个操作数,因为整个与表达式的取值反正一定为假了。换句话说,在C++中,表达式

```
if ( SomethingFalse && SomeCondition ) ...
```

中唯一被求值的部分是 `SomethingFalse`。一旦确定了 `SomethingFalse` 的取值为假,求值过程就马上结束。

对于 or 运算符来说,求值也有相似的短路行为。在C++和Java中,表达式

```
if ( somethingTrue || someCondition ) ...
```

中唯一被求值的部分是 `somethingTrue`。一旦确定了 `somethingTrue` 的取值为真,求值过程就马上结束,因为只要某一部分为真,整个**或**表达式就为真。作为采用这种求值方法的结果,下面的语句很好而且合法。

Java示例:利用短路求值的判断
```
if ( ( denominator != 0 ) && ( ( item / denominator ) > MIN_VALUE ) ) ...
```

如果在 `denominator` 等于 0 的时候求整个表达式的值,那么位于第二个操作数处的除法就会产生一个除零错误。但是由于仅当第一部分为真的时候才去求第二个部分的值,因此当 `denominator` 等于 0 的时候第二部分就不会参与计算,因此就不会产生除零错误。

另一方面,由于与运算 `&&`(and)是从左向右结合的,因此下面在逻辑上等价的语句却不能正常工作:

Java示例:短路求值不起作用的判断
```
if ( ( ( item / denominator ) > MIN_VALUE ) && ( denominator != 0 ) ) ...
```

在这个例子中,`item/denominator` 将在 `denominator != 0` 之前求值,从而会引发除零错误。

Java 提供的"逻辑"运算符又把这一问题复杂化了。Java 中的&和逻辑运算符会保证,无论整个表达式的结果能否通过部分项的真假判定而无需完全求值,所有的项都要经过完整的求值。换句话说,下面的代码在 Java 中是安全的:

Java示例:利用短路求值的正确判断
```
if ( ( denominator != 0 ) && ( ( item / denominator ) > MIN_VALUE ) ) ...
```

但是下面这样写就不安全了：

> **Java示例：错误的判断——因为不能保证采用短路求值**
> ```
> if ( ( denominator != 0 ) & ( ( item / denominator ) > MIN_VALUE ) ) ...
> ```

KEY POINT

不同语言所用的求值方法是不同的，而语言的实现者们也倾向于随意地对待表达式的求值，所以请查阅你所用语言特定版本的用户手册，以了解你的语言是如何求值的。由于你代码的读者可能不会像你这么敏锐，因此更好的做法是使用嵌套的判断语句来明确你的用意，而不要依赖于求值顺序和短路求值。

Writing Numeric Expressions in Number-Line Order
按照数轴的顺序编写数值表达式

应该很好地组织数值判断，使其顺序与数轴上的点排列顺序相符。一般来说，应该把数值判断组织好，使你能有像下面这样的比较方式：

```
MIN_ELEMENTS <= i and i <= MAX_ELEMENTS
i < MIN_ELEMENTS or MAX_ELEMENTS < i
```

这里的关键点在于要从左到右、从小到大地排列元素。在第一行中，`MIN_ELEMENTS` 和 `MAX_ELEMENTS` 是两个端点，所以把它们放在两边。变量 `i` 应该位于这两点之间，所以把它写在中间。在第二个示例中，你是想判断 `i` 是否位于范围之外，因此把 `i` 写在判断外围两端的位置，而把 `MIN_ELEMENTS` 和 `MAX_ELEMENTS` 写在里面。这种方法可以很容易地用图 19-1 中的生动图形说明：

MIN_ELEMENTS <= i and i <= MAX_ELEMENTS

i < MIN_ELEMENTS or MAX_ELEMENTS < i

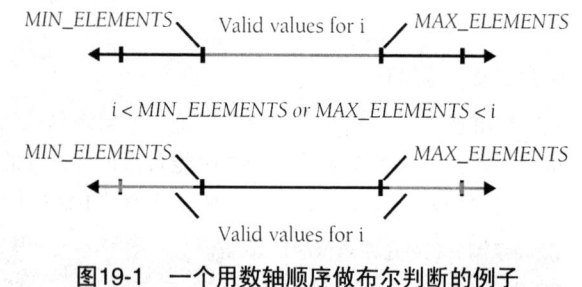

图19-1　一个用数轴顺序做布尔判断的例子

如果你只拿 `i` 来和 `MIN_ELEMENTS` 比较，那么 `i` 的位置应取决于判断成功以后 `i` 的位置在哪里。如果 `i` 应该小于 `MIN_ELEMENTS`，那么你应该这样写判断语句：

```
while ( i < MIN_ELEMENTS ) ...
```

但如果 `i` 应该大于 `MIN_ELEMENTS`，那么就要这样写判断语句了：

```
while ( MIN_ELEMENTS < i ) ...
```

这种方法要比下面这种判断语句清楚多了：

```
( i > MIN_ELEMENTS ) and ( i < MAX_ELEMENTS )
```

后面这种判断无法从直观上就"判断的是什么"给读者以提示。

Guidelines for Comparisons to 0
与 0 比较的指导原则

编程语言把 0 用做很多目的。它是一个数值，是字符串中的零终止符，是空指针的取值，是枚举的第一个元素的取值，是逻辑表达式中的 false。既然它有如此多的用途，因此你写的代码中就应该彰显 0 的特定用法。

隐式地比较逻辑变量 如前所述，编写下面这样的逻辑表达式是很合适的：

```
while ( !done ) ...
```

在这里隐式地与 0 做比较是很好的，因为它位于一个逻辑表达式中。

把数和 0 相比较 尽管与逻辑表达式比较适合采用隐式写法，在与数值表达式比较时却应该采用显式写法。对数值而言，应该写成

```
while ( balance != 0 ) ...
```

而不要写成

```
while ( balance ) ...
```

在 C 中显式地比较字符和零终止符（'\0'） 字符和数字一样，都不是逻辑表达式。所以对于字符，就应该写成

```
while ( *charPtr != '\0' ) ...
```

而不是写成

```
while ( *charPtr ) ...
```

这一建议并不符合 C 语言里常用的字符数据处理习惯（如此处的第二个例子所示），但是它进一步强调了该表达式是在处理字符数据，而不是逻辑数据。有一些 C 传统并不是基于最大化的可读性或者可维护性的，这里就是一例。所幸的是，随着越来越多的代码是用 C++ 和 STL string 写成的，这一问题也随之渐渐地消逝。

把指针与 NULL 相比较 对于指针，就应该写成

```
while ( bufferPtr != NULL ) ...
```

而不要写成

```
while ( bufferPtr ) ...
```

与使用字符的建议相似,这一项建议也有违既成的 C 传统,但由之带来的可读性的改善却说明它是值得的。

Common Problems with Boolean Expressions
布尔表达式的常见问题

布尔表达式中还含有少量与特定语言相关的缺陷:

在 C 家族语言中,应该把常量放在比较的左端 C 家族语言在布尔表达式上存在一些特殊的问题。如果你因为误把==写成了=而遇到麻烦,那么可以考虑采用把常量和字面量置于表达式左侧的编程方法,就像下面这样:

C++示例:将常量放在等号左侧——编译器会捕获这个错误
```
if ( MIN_ELEMENTS = i ) ...
```

对于这个表达式,编译器会提示=出了错,因为给常量赋任何值都是非法的。与之相反,在下面的表达式中,编译器只会给出一个警告,而且仅当你把编译器的警告完全打开时才会有:

C++示例:将常量放在等号右侧——编译器可能不会捕获这个错误
```
if ( i = MIN_ELEMENTS ) ...
```

这项建议与按照数轴顺序排列的建议相冲突。我个人偏向于使用数轴排序法,让编译器来告诉我有没有无意写出的赋值语句。

在 C++中,可以考虑创建预处理宏来替换&&、||和==(不得已才这么做) 如果你遇见过这类问题,就可以为布尔与运算和或运算创建出一些#define 宏,然后用 AND 和 OR 来取代&&和||。与之相似,把==错用成=也是一个常犯的错误。如果你常为这个问题所困扰,就可以创建一个类似于 EQUALS 的宏来表示逻辑等于(==)。

很多有经验的程序员认为,这种方法可以帮助那些无法彻底掌握编程语言细节的程序员提高其代码的可读性,但对于那些已经很熟练掌握编程语言的程序员来说,代码的可读性却降低了。另外,大多数编译器会对看起来用错了的赋值和按位运算符给出警告。把编译器警告的全部都打开通常要比创建非标准的宏更好。

在 Java 中，应理解 a==b 和 a.equals(b)之间的差异　在 Java 中，a==b 判断的是 a 和 b 是否引用了同一个对象，而 a.equals(b)判断的是这两个对象是否具有相同的值。一般来说，Java 应用程序里应该使用像 a.equals(b)这样的表达式，而不要用 a==b。

19.2　Compound Statements (Blocks) 复合语句（语句块）

"复合语句"或"语句块"指的是一组语句，该组语句被视为一条单一的语句，用于控制程序流。在 C++、C#、C 和 Java 中，可以通过在一组语句的外面括上"{"和"}"来创建复合语句。有时它们也可以用某条命令的关键字来表示，如 Visual Basic 中的 For 和 Next。下面就如何有效地使用复合语句给出一些指导原则。

> **交叉参考**　很多用于编写程序的文本编辑器都提供了圆括号、方括号和花括号的配对功能。第 30.2 节中的"编辑"有关于程序编辑器的介绍。

把括号对一起写出　先写块的开始和结束部分，然后再填充中间部分。人们常常会抱怨说匹配括号对或者 begin 和 end 对很难，而这个问题是完全可以避免的。如果你遵循了这项指导原则，那么就再也不会为这些匹配工作而犯难了。

先这么写：

```
for ( i = 0; i < maxLines; i++ )
```

再这么写：

```
for ( i = 0; i < maxLines; i++ ) { }
```

最后这么写：

```
for ( i = 0; i < maxLines; i++ ) {
    // whatever goes in here ...
}
```

这种方法适用于所有的块结构，包含 C++和 Java 中的 if、for 和 while，以及 Visual Basic 中的 If-Then-Else、For-Next 和 While-Wend 组合。

用括号来把条件表达清楚　要想读懂条件语句，就要先弄清楚哪条语句是跟在 if 判断后面的。在 if 判断后面只写一条语句可能看上去很美观，但是一经修改，这样的语句就会演变成复杂的块，而在这时用单一的语句就很容易引发错误。

请用块来清楚地表达你的用意，无论块内的代码行数是 1 还是 20。

19.3 Null Statements 空语句

在 C++ 中可以写空语句，即一条仅含有分号的语句，如下所示：

C++ 示例：传统的空语句
```
while ( recordArray.Read( index++ ) != recordArray.EmptyRecord() )
   ;
```

C++ 中的 while 循环后面必须跟一条语句，但也可以是空语句。只含有一个分号的语句就是空语句。下面就是如何在 C++ 中处理空语句的指导原则。

> **交叉参考** 处理空语句的最好方式就是拒绝使用他们。第 16.2 节中的"避免空循环"有详细的介绍。

小心使用空语句 空语句并不多见，因此应该突出这种用法。方法之一就是让空语句中的分号自占一行，并且加以缩进，就像对待其他的语句一样。这就是前面例子中用到的方式。另外，你也可以用一组空的括号来强调该空语句。下面是两个例子：

C++ 示例：加以强调的空语句
```
while ( recordArray.Read( index++ ) != recordArray.EmptyRecord() ) {}     ← 标识空语句的一种方式。

while ( recordArray.Read( index++ ) != recordArray.EmptyRecord() ) {
   ;
}     ← 另一种方式。
```

为空语句创建一个 DoNothing() 预处理宏或者内联函数 这条语句什么也不做，但却能毫无争议地表明"这里不希望做任何事情"的用意。这和在空白的文档页面上标明"本页为空白页"异曲同工。这一页其实并非完全空白，但这句话却让你知道这一页本来就不准备写东西。

下面就是在 C++ 中如何使用 `#define` 来自定义空语句（你也可以用内联函数来创建它，其效果是相同的）。

C++ 示例：用 DoNothing() 来强调空语句
```
#define DoNothing()
...
while ( recordArray.Read( index++ ) != recordArray.EmptyRecord() ) {
   DoNothing();
}
```

除了在空的 while 和 for 循环中使用 `DoNothing()`，你也可以在 switch 语句中的无意义选项中使用它；加入 `DoNothing()` 表明你已经考虑了这种 case，并且的确不需要对该 case 做什么操作。

如果你的语言不支持预处理宏或者内联函数，那么你也可以写一个 `DoNothing()` 子程序，让它简单地把控制权立即交还调用方子程序。

考虑如果换用一个非空的循环体，是否会让代码更清晰　空循环体代码的产生多数都是为了利用循环控制代码的副作用（side effects）。在大多数情况下，如果把这种副作用明显表示出来，那么代码也将会变得更加易懂，如下所示：

C++示例：更加清晰的重写后的代码，采用非空循环体
```cpp
RecordType record = recordArray.Read( index );
index++;
while ( record != recordArray.EmptyRecord() ) {
   record = recordArray.Read( index );
   index++;
}
```

这种方法引入了一个额外的循环控制变量，并要写更多的代码，但是它强调了直截了当的编程方法，而不是自作聪明地利用控制循环代码的副作用。这样强调对于产品代码是很可取的。

19.4 Taming Dangerously Deep Nesting 驯服危险的深层嵌套

过分深层的缩进，或者"嵌套"，已经困扰了计算机界达 25 年之久，并且至今仍然是产生混乱代码的罪魁祸首之一。Noam Chomsky 和 Gerald Weinberg 做过的一份研究表明，很少有人能够理解超过 3 层的 if 嵌套（Yourdon 1986a），很多研究人员建议避免使用超过 3 到 4 层的嵌套（Myers 1986、Marca 1981、Ledgard、Tauer 1987a）。深层嵌套与第 5 章"软件构建中的设计"中所讲的软件首要技术使命——管理复杂度——是相违背的。而这已经足够成为避免使用深层嵌套的理由了。

避免深层嵌套并不太难。如果你写出了深层的嵌套，那么可以重新设计 *if* 和 *else* 子句中执行的判断，或者把代码重构为更简单的子程序。下面给出一些用于避免深层嵌套的方法。

通过重复检测条件中的某一部分来简化嵌套的 if 语句　如果嵌套层次变得太深，你可以通过重复检测其中的一些条件来减少嵌套的层次。下面这个例子中的嵌套层次已经深到应该重新安排结构了：

C++示例：糟糕的深层嵌套代码
```cpp
if ( inputStatus == InputStatus_Success ) {
   // lots of code
   ...
   if ( printerRoutine != NULL ) {
```

> **交叉参考** 重新判断部分条件以简化语句的方法类似于重新判断状态变量。第 17.3 节中的"**错误处理和 goto**"有关于该方法的介绍。

```
  // lots of code
  ...
  if ( SetupPage() ) {
    // lots of code
    ...
    if ( AllocMem( &printData ) ) {
      // lots of code
      ...
    }
  }
}
```

设计这个例子是用来说明嵌套的层次的。其中 `// lots of code` 部分意指这个子程序里面含有足够多的代码,足以占满好几屏,或者超出打印纸的边界。下面是用重复检测取代嵌套后重写的代码:

C++示例:利用重复测试的非嵌套代码
```cpp
if ( inputStatus == InputStatus_Success ) {
  // lots of code
  ...
  if ( printerRoutine != NULL ) {
    // lots of code
    ...
  }
}

if ( ( inputStatus == InputStatus_Success ) &&
     ( printerRoutine != NULL ) && SetupPage() ) {
  // lots of code
  ...
  if ( AllocMem( &printData ) ) {
    // lots of code
    ...
  }
}
```

这个例子很贴近实际,因为它表明你不能无偿地减少嵌套层次;作为减少嵌套层次的代价,你必须要容忍使用一个更复杂的判断。不过,把嵌套层次从 4 层缩减到了 2 层是很大的改进,所以值得考虑。

用 break 块来简化嵌套 if 上面描述的方法的一种替代方案,是定义一段可以作为语句块来执行的代码。如果在语句块的中间某些条件没有满足,那么就让执行直接跳到块的末尾。

C++示例:使用break块
```cpp
do {
  // begin break block
  if ( inputStatus != InputStatus_Success ) {
    break; // break out of block
  }
```

```
// lots of code
...
if ( printerRoutine == NULL ) {
   break; // break out of block
}

// lots of code
...
if ( !SetupPage() ) {
   break; // break out of block
}

// lots of code
...
if ( !AllocMem( &printData ) ) {
   break; // break out of block
}

// lots of code
...
} while (FALSE); // end break block
```

这种技巧很不常见，所以只有在你的整个团队都很熟悉这种技巧，并且已经把它纳入了团队可接受的编码实践以后，才能使用。

把嵌套 if 转换成一组 if-then-else 语句　　如果持批评的眼光来看待 if 语句嵌套，那么也许会发现可以重新组织它的结构，即用 if-then-else 语句串来取代嵌套的 if 语句。假设你有这样一棵茂盛的决策树：

Java示例：茂盛的决策树
```
if ( 10 < quantity ) {
   if ( 100 < quantity ) {
      if ( 1000 < quantity ) {
         discount = 0.10;
      }
      else {
         discount = 0.05;
      }
   }
   else {
      discount = 0.025;
   }
}
else {
   discount = 0.0;
}
```

其中的判断逻辑组织得很差。首先，这些判断中有许多冗余。当判断了 quantity 是否大于 1 000 的时候，就不需要再去判断它是否大于 100 并且大于 10。因此，可以重新组织这段代码：

Java示例：将嵌套的if语句转换为一组if-then-else语句
```
if ( 1000 < quantity ) {
  discount = 0.10;
}
else if ( 100 < quantity ) {
  discount = 0.05;
}
else if ( 10 < quantity ) {
  discount = 0.025;
}
else {
  discount = 0;
}
```

这种方案比其他一些要好，因为数值是很整齐地排列的。如果有关的数值不太规整，那么你可以按下面方式重写嵌套的if语句：

Java示例：当数值"杂乱"时，将嵌套的if语句转换为一组if-then-else语句
```
if ( 1000 < quantity ) {
  discount = 0.10;
}
else if ( ( 100 < quantity ) && ( quantity <= 1000 ) ) {
  discount = 0.05;
}
else if ( ( 10 < quantity ) && ( quantity <= 100 ) ) {
  discount = 0.025;
}
else if ( quantity <= 10 ) {
  discount = 0;
}
```

这段代码与上面一段的主要区别是，else-if 子句中的表达式并不依赖于前面的判断结果。这段代码不需要 else 子句就能工作，而且这些判断之间的顺序也是无关的。代码里可以包含 4 个 if 而不包含 else。else 版本之所以是可取的，唯一原因是那样做能避免不必要的重复判断。

把嵌套 if 转换成 case 语句 你可以用 case 语句重写一些判断，特别是那些含有整数的判断，而不是去用一长串 if 和 else。在有些语言里你无法使用这种方法，但是对那些可以使用 case 的语言来说，这是一种功能强大的技术。下面是用 Visual Basic 重写后的代码：

Visual Basic示例：将嵌套if语句转换为case语句
```
Select Case quantity
  Case 0 To 10
    discount = 0.0
  Case 11 To 100
    discount = 0.025
```

```
      Case 101 To 1000
         discount = 0.05
      Case Else
         discount = 0.10
End Select
```

读这个例子就像读一本书一样。如果你拿它与前几页上的那两个有着大量缩进的例子比较，就会觉得这种方案非常整洁。

把深层嵌套的代码抽取出来放进单独的子程序 如果深层嵌套出现在循环里，你通常都可以通过把循环体提取成子程序来加以改善。当嵌套是由于条件和迭代二者共同产生的时候，这么做将特别有效。把 if-then-else 分支保留在主循环中，以便显示决策的分支，然后把分支中的语句提取成单独的子程序。下面这段代码需要用这种修改方式来改善：

C++示例：需要分入子程序的嵌套代码
```cpp
while ( !TransactionsComplete() ) {
   // read transaction record
   transaction = ReadTransaction();

   // process transaction depending on type of transaction
   if ( transaction.Type == TransactionType_Deposit ) {
      // process a deposit
      if ( transaction.AccountType == AccountType_Checking ) {
         if ( transaction.AccountSubType == AccountSubType_Business )
            MakeBusinessCheckDep(transaction.AccountNum, transaction.Amount);
         else if ( transaction.AccountSubType == AccountSubType_Personal )
            MakePersonalCheckDep(transaction.AccountNum, transaction.Amount);
         else if ( transaction.AccountSubType == AccountSubType_School )
            MakeSchoolCheckDep(transaction.AccountNum, transaction.Amount);
      }
      else if ( transaction.AccountType == AccountType_Savings )
         MakeSavingsDep( transaction.AccountNum, transaction.Amount );
      else if ( transaction.AccountType == AccountType_DebitCard )
         MakeDebitCardDep( transaction.AccountNum, transaction.Amount );
      else if ( transaction.AccountType == AccountType_MoneyMarket )
         MakeMoneyMarketDep( transaction.AccountNum, transaction.Amount );
      else if ( transaction.AccountType == AccountType_Cd )
         MakeCDDep( transaction.AccountNum, transaction.Amount );
   }
   else if ( transaction.Type == TransactionType_Withdrawal ) {
      // process a withdrawal
      if ( transaction.AccountType == AccountType_Checking )
         MakeCheckingWithdrawal(transaction.AccountNum, transaction.Amount);
      else if ( transaction.AccountType == AccountType_Savings )
         MakeSavingsWithdrawal(transaction.AccountNum, transaction.Amount);
      else if ( transaction.AccountType == AccountType_DebitCard )
         MakeDebitCardWithdrawal(transaction.AccountNum, transaction.Amount);
   }
```

> 这里是 TransactionType_Transfer 交易类型。

```
  else if ( transaction.Type == TransactionType_Transfer ) {
     MakeFundsTransfer(
        transaction.SourceAccountType,
        transaction.TargetAccountType,
        transaction.AccountNum,
        transaction.Amount
     );
  }
  else {
     // process unknown kind of transaction
     LogTransactionError( "Unknown Transaction Type", transaction );
  }
```

尽管这段代码很复杂，但它并不是你所见过的最糟糕的代码。代码里只用了 4 层嵌套，加了注释，使用了合理的缩进，并且其功能分解也很到位，特别是其中的 `TransactionType_Transfer` 交易类型。然而，尽管存在这些优点，你还是可以通过把内部 if 判断的内容拆分成单独的子程序来改善它。

> **交叉参考** 只要按照第 9 章中"伪代码编程过程"的步骤编写子程序，这样的功能分解简直易如反掌。第 5.4 节中的"分而治之"给出了功能分解的指导原则。

C++ 示例：将嵌套代码分解到子程序后的好代码

```
while ( !TransactionsComplete() ) {
  // read transaction record
  transaction = ReadTransaction();

  // process transaction depending on type of transaction
  if ( transaction.Type == TransactionType_Deposit ) {
     ProcessDeposit(
        transaction.AccountType,
        transaction.AccountSubType,
        transaction.AccountNum,
        transaction.Amount
     );
  }
  else if ( transaction.Type == TransactionType_Withdrawal ) {
     ProcessWithdrawal(
        transaction.AccountType,
        transaction.AccountNum,
        transaction.Amount
     );
  }
  else if ( transaction.Type == TransactionType_Transfer ) {
     MakeFundsTransfer(
        transaction.SourceAccountType,
        transaction.TargetAccountType,
        transaction.AccountNum,
        transaction.Amount
     );
  }
  else {
     // process unknown transaction type
     LogTransactionError("Unknown Transaction Type", transaction );
  }
}
```

新子程序中的代码只是简单地从原来的子程序中提取出来，并形成新的子程序（这里没有给出新的子程序）。新的代码具有以下优点。首先，两层嵌套使得代码结构更简单并更容易理解。其次，你可以在一个屏幕里阅读、修改和调试这个缩短了的 while 循环——它不再跨越好几屏，或者超出打印纸的边界。第三，把 `ProcessDeposit()` 和 `ProcessWithdrawal()` 的功能提取成子程序，能带来模块化的其他基本好处。第四，现在很容易看出，可以把这段代码拆分成一个 case 语句，使它更容易读，如下所示：

C++示例：分解后的嵌套代码，使用case语句

```cpp
while ( !TransactionsComplete() ) {
   // read transaction record
   transaction = ReadTransaction();

   // process transaction depending on type of transaction
   switch ( transaction.Type ) {
      case ( TransactionType_Deposit ):
         ProcessDeposit(
            transaction.AccountType,
            transaction.AccountSubType,
            transaction.AccountNum,
            transaction.Amount
            );
         break;

      case ( TransactionType_Withdrawal ):
         ProcessWithdrawal(
            transaction.AccountType,
            transaction.AccountNum,
            transaction.Amount
            );
         break;

      case ( TransactionType_Transfer ):
         MakeFundsTransfer(
            transaction.SourceAccountType,
            transaction.TargetAccountType,
            transaction.AccountNum,
            transaction.Amount
            );
         break;

      default:
         // process unknown transaction type
         LogTransactionError("Unknown Transaction Type", transaction );
         break;
   }
}
```

使用一种更面向对象的方法　在面向对象的环境中,简化这段代码的一种简单方法是创建一个抽象的 `Transaction` 基类,然后从它派生出 `Deposit`、`Withdrawal` 和 `Transfer` 子类来。

C++示例:使用多态机制的好代码
```cpp
TransactionData transactionData;
Transaction *transaction;

while ( !TransactionsComplete() ) {
   // read transaction record
   transactionData = ReadTransaction();

   // create transaction object, depending on type of transaction
   switch ( transactionData.Type ) {
      case ( TransactionType_Deposit ):
         transaction = new Deposit( transactionData );
         break;

      case ( TransactionType_Withdrawal ):
         transaction = new Withdrawal( transactionData );
         break;

      case ( TransactionType_Transfer ):
         transaction = new Transfer( transactionData );
         break;

      default:
         // process unknown transaction type
         LogTransactionError("Unknown Transaction Type", transactionData);
         return;
   }
   transaction->Complete();
   delete transaction;
}
```

对于各种规模的系统,都可以用 Factory Method 模式来替换其中的 switch 语句,该模式可以重用于系统中任何需要创建 `Transaction` 类型对象的场合。如果在这个系统里使用下面的代码,那么这一部分还会变得更加简单:

> **交叉参考**　第24章"重构"有更多类似的改善代码的方法。

C++示例:使用多态机制和Object Factory的好代码
```cpp
TransactionData transactionData;
Transaction *transaction;

while ( !TransactionsComplete() ) {
   // read transaction record and complete transaction
   transactionData = ReadTransaction();
   transaction = TransactionFactory.Create( transactionData );
   transaction->Complete();
   delete transaction;
}
```

对记录而言,`TransactionFactory.Create()`子程序中的代码可以看作识对前一个例子中 switch 语句的简单改写:

C++示例：Object Factory的好代码

```cpp
Transaction *TransactionFactory::Create(
  TransactionData transactionData
) {

// create transaction object, depending on type of transaction
switch ( transactionData.Type ) {
   case ( TransactionType_Deposit ):
      return new Deposit( transactionData );
      break;

   case ( TransactionType_Withdrawal ):
      return new Withdrawal( transactionData );
      break;

   case ( TransactionType_Transfer ):
      return new Transfer( transactionData );
      break;

   default:
      // process unknown transaction type
      LogTransactionError("Unknown Transaction Type", transactionData);
      return NULL;
}
```

重新设计深层嵌套的代码 一些专家认为，在面向对象的程序设计里出现 case 语句，就说明代码没有做好分解，因此实际上极少有必要使用 case 语句（Meyer 1997）。前面把调用子程序的 case 语句转变成一个使用多态方法调用的 object factory（对象工厂），就是这方面的一个例证。

更一般的说法是，复杂的代码表明你还没有充分地理解你的程序，所以无法简化它。深层嵌套是一个警告，它说明你要么应该拆分出一个子程序，要么应该重新设计那部分复杂代码。当然，这并不意味着你一定要修改这个子程序，但如果不修改的话，你应该能提出一个好的理由来。

Summary of Techniques for Reducing Deep Nesting
对减少嵌套层次的技术的总结

下面是一份你可以使用去减少嵌套层次的技术列表，其中还标明在本书的哪个位置讨论了相应的技术：

- 重复判断一部分条件（本节）
- 转换成 if-then-else（本节）
- 转换成 case 语句（本节）
- 把深层嵌套的代码提取成单独的子程序（本节）
- 使用对象和多态派分（polymorphic dispatch）（本节）

- 用状态变量重写代码（第 17.3 节）
- 用防卫子句来退出子程序，从而使代码的主要路径更为清晰（第 17.1 节）
- 使用异常（第 8.4 节）
- 完全重新设计深层嵌套的代码（本节）

19.5 A Programming Foundation: Structured Programming
编程基础：结构化编程

"结构化编程"这一名词始现于一篇题为《*Structured Programming*》的具有里程碑意义的文章，该文由 Edsger Dijkstra 在 1969 年 NATO 软件工程会议上发表（Dijkstra 1969）。自从结构化编程这一概念提出以后，"结构化"这一术语就被大量地应用于所有的软件开发活动中，包括结构化分析（structured analysis）、结构化设计（structured design）以及结构化混日子（structured goofing off）。除了都创建于"结构化"被广泛推崇的时代之外，这些状态各异的结构化方法学之间并没有多少相互联系。

结构化编程的核心思想很简单，那就是一个应用程序应该只采用一些单入单出的控制结构（也称为单一入口、单一出口的控制结构）。单入单出的控制结构指的就是一个代码块，它只能从一个位置开始执行，并且只能结束于一个位置。除此之外再无其他入口或出口。结构化编程和结构化的、自上而下的设计不完全一样。前者只适用于具体编码层。

一个结构化的程序将按照一种有序的且有规则的方式执行，不会做不可预知的随便跳转。你可以按自上而下的方式阅读它，而它执行起来也大体是遵循这个顺序的。使用规则性不强的方法所生成的源代码，很难有意义且形象地反映出程序是如何在机器上执行的。可读性差意味着不容易理解，最终导致应用程序的低质量。

时至今日，结构化编程的核心概念仍然很有用，在使用 break、continue、throw、catch、return，考虑其他问题时都需要这些概念。

The Three Components of Structured Programming
结构化编程的三个组成部分

下面几节将会描述结构化编程的三个组成部分。

Sequence
顺序

> **交叉参考** 想了解关于顺序结构的更多内容，请阅读第 14 章"组织直线型代码"。

"顺序"指一组按照先后顺序执行的语句。典型的顺序型语句包括赋值和调用子程序。下面是两个例子：

19.5 编程基础：结构化编程

Java示例：顺序
```java
// a sequence of assignment statements
a = "1";
b = "2";
c = "3";

// a sequence of calls to routines
System.out.println( a );
System.out.println( b );
System.out.println( c );
```

Selection
选择

> **交叉参考** 想了解关于选择结构的更多内容,请阅第 15 章 "使用条件语句"。

选择是一种有选择的执行语句的控制结构。if-then-else 语句就是一个常见的例子。要么执行 if-then 子句,要么执行 else 子句,两者不会同时执行。即"选择"其中的某一条子句加以执行。

选择控制的另一个例子是 case 语句。C++和 Java 中的 switch 语句以及 Visual Basic 中的 select 语句都是 case 的实例。在每一实例中,都只有一种情况（case）的语句选定执行。从概念上说,if 语句和 case 语句是类似的。如果你的语言不支持 case 语句,那么你可以用 if 语句来模拟。下面举两个选择的例子:

Java示例：选择
```java
// selection in an if statement
if ( totalAmount > 0.0 ) {
  // do something
  ...
}
else {
  // do something else
  ...
}

// selection in a case statement
switch ( commandShortcutLetter ) {
  case 'a':
    PrintAnnualReport();
    break;
  case 'q':
    PrintQuarterlyReport();
    break;
  case 's':
    PrintSummaryReport();
    break;
  default:
    DisplayInternalError( "Internal Error 905: Call customer
                          support." );
}
```

Iteration
迭代

> **交叉参考** 关于使用迭代的详情，请阅第 16 章"控制循环"。

迭代是一种使一组语句多次执行的控制结构。迭代常常称为"循环"。迭代的种类包括 Visual Basic 中的 For-Next，以及 C++和 Java 中的 while 和 for。下面是一个用 Visual Basic 写的迭代的例子：

Visual Basic示例：迭代
```
' example of iteration using a For loop
For index = first To last
   DoSomething( index )
Next


' example of iteration using a while loop
index = first
While ( index <= last )
   DoSomething ( index )
   index = index + 1
Wend


' example of iteration using a loop-with-exit loop
index = first
Do
   If ( index > last ) Then Exit Do
   DoSomething ( index )
   index = index + 1
Loop
```

结构化编程的中心论点是，任何一种控制流都可以由顺序、选择和迭代这三种结构生成（Böhm Jacopini 1966）。程序员有时候会倾向于使用那些更方便的语言结构，但是编程这一领域却似乎更多地是在对我们能用编程语言做些什么加以限制的过程中取得发展的。在结构化编程出现之前，使用 goto 能够最方便地控制应用程序流，但是那样写出的代码已被证明是难以理解并且不好维护的。我的观点是，对于三种标准的结构化编程结构之外的任何控制结构的使用——也就是说，使用 break、continue、return、throw-catch——都要持一种批判的态度。

19.6 Control Structures and Complexity
控制结构与复杂度

控制结构之所以受到了如此多的关注，就是因为它们对程序整体复杂度的影响非常大。控制结构用得不好就会增加复杂度；反之则能降低复杂度。

19.6 控制结构与复杂度

> **交叉参考** 让事情尽量简单——但不能过于简单。
> —Albert Einstein

"程序复杂度"的一个衡量标准是,为了理解应用程序,你必须在同一时间记住的智力实体的数量。这种智力游戏可以说是编程中最难的方面之一,这也使编程需要比其他任何活动都要专心。它也是程序员对"不时被打断"特别反感的原因——这种打断就相当于让一位杂耍艺人一边抛接三个球,一边帮你照看商店。

KEY POINT 就直觉而言,程序的复杂度看来在很大程度上决定了理解程序所需要花费的精力。Tom McCabe 发表过一篇很有影响力的论文,称应用程序的复杂度是由它的控制流来定义的(McCabe 1976)。其他一些学者找出了一些 McCabe 提出的秩复杂度量度(cyclomatic complexity metric)之外的因素(例如子程序使用的变量个数),但是他们均认同这一观点,即如果控制流不是影响复杂度的最大因素,那么至少也是最大的因素之一。

How Important Is Complexity
复杂度的重要性

> **交叉参考** 第 5.2 节中的"软件的首要技术任务:管理复杂度"对复杂度做了详细介绍。

计算机科学界的研究人员对复杂度重要性的关注至少已经有 20 年时间了。很多年以前,Edsger Dijkstra 已经就复杂度的危险提出警告:"有能力的程序员会充分地认识到自己的大脑容量是多么地有限;所以,他会非常谦卑地处理编程任务"(Dijkstra 1972)。这并不是说你必须得增加自己的脑容量才能应对巨大的复杂度,而是在说,你永远也不可能有能力应对如此巨大的复杂度,因此只有尽可能地采取措施来降低复杂度。

HARD DATA 与控制流有关的复杂度非常重要,因为它与不可靠的代码和频繁出现的错误息息相关(McCabe 1976, Shen et al.1985)。William T. Ward 的报告说,采用 McCabe 的复杂度量度标准以后,Hewlett-Packard 的软件可靠性有了大幅增长(1989b)。他们把 McCabe 的度量标准用于一个有 77 000 行代码的程序,去设法标明有问题的区域。该程序的发布后,错误率是每千行代码有 0.31 个错误。另一个具有 125 000 行代码的程序的发布后(post-release)错误率是每千行代码有 0.02 个错误。Ward 的报告称,由于这两个程序的复杂度比较低,它们中包含的缺陷要比 Hewlett-Packard 的其他程序都低。我自己的公司——Construx 软件公司——也从 2000 年开始采用复杂度量标准来定位那些存在问题的子程序,收到了同样的效果。

General Guidelines for Reducing Complexity
降低复杂度的一般原则

你可以采用以下两种方法之一来更好地处理复杂度问题。首先,你可以通过做一些脑力练习来提高你自身的脑力游戏水平。不过,编程本身的训练就已经足够多了,而且人们看上去也很难处理好超过 5 到 9 个的智力实体(Miller 1956)。提高的可能性不大。其次,你可以降低你的应用程序的复杂度,以及为了理解它所需要的专心程度。

How to Measure Complexity
如何度量复杂度

深入阅读 这里提到的方法源于 Tom McCabe 的论文 "A Complexity Measure"（一种复杂度度量法）（1976）。

你也许对到底是什么使得程序变得更复杂或者更简单有直观的感觉。研究人员已经试着把他们的直觉归纳出来，总结出了一些衡量复杂度的方法。在这些数值技术中，最著名的可能就是 Tom McCabe 的方法了。该方法通过计算子程序中"决策点（decision points）"的数量来衡量复杂度。表 19-2 给出了一种用于计算决策点的方法。

表 19-2　计算子程序中决策点数量的技术

1.	从 1 开始，一直往下通过程序
2.	一旦遇到以下关键字，或者其同类的词，就加 1： if、while、repeat、for、and、or
3.	给 case 语句中的每一种情况都加 1

下面举一个例子：

```
if ( ( (status = Success) and done ) or
  ( not done and ( numLines >= maxLines ) ) ) then ...
```

在这段代码中，从 1 算起，遇到 if 得 2，and 得 3，or 得 4，and 得 5。加起来，这段代码里总共包含了 5 个决策点。

What to Do with Your Complexity Measurement
如果处理复杂度的度量结果

计算出决策点的数量以后，你就可以用得到的数值分析你写的子程序的复杂度了：

0—5	子程序可能还不错
6—10	得想办法简化子程序了
10+	把子程序的某一部分拆分成另一个子程序并调用它

把子程序的一部分提取成另一个子程序，不会降低整个程序的复杂度，只是把决策点移到其他地方。但是这样做可以降低你在同一时间必须关注的复杂度水平。由于重点是要降低你需要在头脑中同时考虑的项目的数量，所以降低一个给定子程序的复杂度是有价值的。

10 个决策点的上限并不是绝对的。应该把决策点的数量当作一个警示，该警示说明某个子程序可能需要重新设计了。不要死守这个规则。一条情况很多的 case 语句可能会包含超过 10 个的元素。如果硬拆开它可能就是很愚蠢的，这取决于该 case 语句的用途。

Other Kinds of Complexity
其他类型的复杂度

深入阅读
《*Software Engineering Metrics and Models*》(Conte, Dunsmore, and Shen 1986) 对复杂度度量有精辟论述。

McCabe 的测量方法并不是唯一合理的方法,但它却是计算机文献中讨论最多的方法,并且非常有助于你去考虑控制流的问题。其他度量方法包括:所用的数据量、控制结构中的嵌套层数、代码行数、对同一变量的先后引用之间的代码行数(跨度)、变量生存的代码行数(生存期),以及输入和输出的量。有些研究人员基于这些相对简单数据的组合,归纳出了一些复合量度。

cc2e.com/1985

CHECKLIST: Control-Structure Issues
核对表:控制结构相关事宜

- ❑ 表达式中用的是 true 和 false,而不是 1 和 0 吗?
- ❑ 布尔值和 true 以及 false 做比较是隐式进行的吗?
- ❑ 对数值做比较是显式进行的吗?
- ❑ 有没有通过增加新的布尔变量、使用布尔函数和决策表来简化表达式?
- ❑ 布尔表达式是用肯定形式表达的吗?
- ❑ 括号配对吗?
- ❑ 在需要用括号来明确的地方都使用了括号吗?
- ❑ 把逻辑表达式全括起来了吗?
- ❑ 判断是按照数轴顺序编写的吗?
- ❑ 如果适当的话,Java 中的判断用的是 a.equals(b) 方式,而没有用 a==b 方式吗?
- ❑ 空语句表述得明显吗?
- ❑ 用重新判断部分条件、转换成 if-then-else 或者 case 语句、把嵌套代码提取成单独的子程序、换用一种更面向对象的设计或者其他的改进方法来简化嵌套语句了吗?
- ❑ 如果一个子程序的决策点超过 10 个,那么能提出不重新设计的理由吗?

Key Points
要点

- 使布尔表达式简单可读,将非常有助于提高你的代码的质量。
- 深层次的嵌套使得子程序变得难以理解。所幸的是,你可以相对容易地避免这么做。
- 结构化编程是一种简单并且仍然适用的思想:你可以通过把顺序、选择和循环三者组合起来而开发出任何程序。
- 将复杂度降低到最低水平是编写高质量代码的关键。

第 5 部分

Code Improvement

代码改善

本部分内容

- 第 20 章　软件质量概述 463
- 第 21 章　协同构建 479
- 第 22 章　开发者测试 499
- 第 23 章　调试 535
- 第 24 章　重构 563
- 第 25 章　代码调整策略 587
- 第 26 章　代码调整技术 609

第 20 章 软件质量概述
The Software-Quality Landscape

内容

- 20.1 软件质量的特性：第 463 页
- 20.2 改善软件质量的技术：第 466 页
- 20.3 不同质量保障技术的相对效能：第 469 页
- 20.4 什么时候进行质量保证工作：第 473 页
- 20.5 软件质量的普遍原理：第 474 页

相关章节

- 协同构建：第 21 章
- 开发者测试：第 22 章
- 调试：第 23 章
- 软件构建的前期准备：第 3、4 章
- 前期准备适用于现代软件项目么：第 3.1 节

本章从构建（construction）的角度来审视保障软件质量的技术。当然，这整本书都是关于提高软件质量的，但是本章注重的是质量和保证质量本身。相对于那些手把手就可以教会的方法来说，本章更注重从整体看问题。如果你需要的是关于协同构建、测试和调试的实用建议，请直接看接下来的三章。

20.1 Characteristics of Software Quality 软件质量的特性

软件同时拥有外在的和内在的质量特性。外在特性指的是该产品的用户所能够感受到的部分，包括下列内容。

- 正确性（Correctness） 指系统规范、设计和实现方面的错误的稀少程度。
- 可用性（Usability） 指用户学习和使用一个系统的容易程度。

- 效率（Efficiency） 指软件是否尽可能少地占用系统资源，包括内存和执行时间。
- 可靠性（Reliability） 指在指定的必需条件下，一个系统完成所需要功能的能力——应该有很长的平均无故障时间。
- 完整性（Integrity） 指系统阻止对程序或者数据进行未经验证或者不正确访问的能力。这里的完整性除了包括限制未经授权用户的访问外，还包括确保数据能够正确访问，例如：保证那些保存着并行数据的表格能够正确地并行修改，确保日期字段一定含有效的日期，等等。
- 适应性（Adaptability） 指为特定的应用或者环境设计的系统，在不做修改的情况下，能够在其他应用或者环境中使用的范围。
- 精确性（Accuracy） 指对于一个已经开发出的系统，输出结果的误差程度，尤其在输出的是数量值的时候。精确性和正确性的不同在于，前者是用来判断系统完成工作的优劣程度，而后者则是判断系统是否被正确开发出来。
- 健壮性（Robustness） 这指的是系统在接收无效输入或者处于压力环境时继续正常运行的能力。

以上这些特性中，有一部分是互相重叠的，但它们都有不同的含义，并且在不同的场合下，重要性也有所不同。

质量的外在特性是用户关心的唯一软件特性。用户只会关心软件是否容易使用，而不会关心对于程序员来说修改起来是否容易。他们关心软件是否能正确运行，而不关心里面的代码是否可读，或者是否有良好的结构。

而程序员除了关心软件质量的外在特性之外，还要关心它的内在特性。本书的核心是代码，所以它更关注软件内在的质量特性。

- 可维护性（Maintainability） 指是否能够很容易对系统进行修改，改变或者增加功能，提高性能，以及修正缺陷。
- 灵活性（Flexibility） 指假如一个系统是为特定用途或者环境而设计的，那么当该系统被用于其他目的或者环境的时候，需要对系统做修改的程度。
- 可移植性（Portability） 指为了在原来设计的特定环境之外运行，对系统所进行修改的难易程度。
- 可重用性（Reusability） 指系统的某些部分可被应用到其他系统中的程度，以及此项工作的难易程度。
- 可读性（Readability） 指阅读并理解系统代码的难易程度，尤其是在细节语句的层次上。

- **可测试性**（Testability） 指的是你可以进行何种程度的单元测试或者系统测试，以及在何种程度上验证系统是否符合需求。
- **可理解性**（Understandability） 指在系统组织和细节语句的层次上理解整个系统的难易程度。与可读性相比，可理解性对系统提出了更高的内在一致性要求。

同外在质量特性相仿，一些内在质量特性之间也是有所重叠的，同样，它们中的每一个在特定场合有着不同的重要性。

系统质量的内在特性是本书的主要内容，但本章不准备对这个问题展开更进一步的讨论。

内在和外在特性并不能完全割裂开来，因为在某些层次上，内在特性会影响某些外在特性。一个无法从系统内部理解或者维护的软件，其缺陷也是很难修正的，而这又会影响正确性和可靠性等外在特性。一个刻板的软件无法根据用户需要进行改进，这就影响了可用性这一外在特性。关键在于，某些特性强调软件要让用户用起来方便，而另一些特性则强调软件要让程序员维护起来方便。我们需要弄清楚的问题是：哪一种特性是什么，什么时候这些特性之间会发生什么样的相互作用。

要让所有特性都能表现得尽善尽美是绝无可能的。需要根据一组互相竞争的目标寻找出一套优化的解决方案，正是这种情况使软件开发成为一个真正的工程学科。图 20-1 显示了关注某些外在特性会如何影响另一些外在特性。软件质量的内在特性之间也存在类似的相互关系。

这个图里最有趣的情况是：关注某一个特性并非意味着必须牺牲另一个特性。有时一个特性会对另一个特性有所损害，有时候二者相互促进，而有时候它们毫不相干。举一个例子，正确性是描述实际功能与说明是否完全一致的特性，健壮性是指系统即使遇到了预料之外的条件，它仍然能够继续发挥功能的特性。强调正确性会损害健壮性，反之亦然。与此相反，关注适应性却会对健壮性有所帮助，反之亦然。

图 20-1 所示的仅仅是一些质量特性之间的典型关系。在任何一个项目中，两个特性之间的关系可能会与典型的关系不同。思考一下软件的特定质量目标，以及每一对目标之间的相互关系，是相互促进还是相互制约，这将是很有意义的一件事情。

How focusing on the factor below affects the factor to the right	正确性	可用性	效率	可靠性	完整性	适应性	精确性	健壮性
正确性	↑		↑	↑			↑	↓
可用性		↑				↑	↑	
效率	↓		↑	↓		↓	↓	
可靠性	↑			↑	↑		↑	↓
完整性			↓		↑			
适应性						↑		↑
精确性	↑		↓	↑			↓	↓
健壮性		↓	↑	↓	↓		↑	↑

Helps it ↑
Hurts it ↓

图 20-1　强调软件的某个外在特性,可能会对另一些特性产生正面或者负面的影响,也可能没有任何影响

20.2　Techniques for Improving Software Quality 改善软件质量的技术

软件质量保证是一个需要预先计划的、系统性的活动,其目标就是为了确保系统具备人们所期望的特性。虽然开发一个高质量产品的最好方法似乎就是专注于产品本身,但就软件质量保证而言,你还需要关心软件开发的过程。下面一些小节将会描述软件质量中的某些要素。

软件质量目标　改善软件质量的一种强有力的方法,就是根据前面章节所提到的各种外在特性和内在特性,明确定义出软件质量的目标。如果没有一个明确的目标,那么程序员去极力增强的特性就可能同你所强调的特性有别。本节稍后部分将对设置明确目标所带来的好处进行详细讨论。

明确定义质量保证工作　在保证质量的工作中,一个最常见的问题是质量被认为是次要目标。没错,在某些组织当中,快速而糟糕(quick and dirty)的编程已经成了普遍现象,而非另类。在这种组织当中,有像"Global Gray"这种胡乱堆砌劣质代码并能快速"完成"程序的程序员,也有像"High-Quality Henry"这种编写完善程序,并在程序发布之前确保程序能正常工作的程序员,而前者在组织中获得的报酬有可能会高于后者。如果你发现这些组织里面的程序员没有把质量作为他们工作的头等大事,没什么好奇怪的。组织本身必须向程序员们说明,质量应当放在第一位。因此,将质量保证工作明确下来,可以清楚地表明这件事情的优先程度,如此一来,程序员就会据此做出响应。

测试策略 执行测试可以为产品的可靠性进行详细的评估。质量保证的一部分就是制订出一套与产品需求、架构以及设计相关联的测试策略。许多项目开发商把测试作为质量评估和质量改善的首要方法,本章其余部分将会详细证明,这样的想法将使得测试不堪重负。

> **交叉参考** 在第22章"开发者测试"中有对测试的详细讨论。

软件工程指南 在开发过程中,指南应当控制软件的技术特性,它应当贯彻到所有的开发活动中去,包括问题定义、需求分析、架构设计、构建以及系统测试。本书里讨论的指南,从某种意义上就是一套软件工程的构建指南。

> **交叉参考** 在第4.2节"编程约定"里介绍了一些适合于软件构建的软件工程指南。

非正式技术复查 许多软件开发人员会在正式复查之前自行检查自己的工作。非正式复查(review)包括对设计或代码的桌面检查(desk-checking),或者和若干同事一起将代码走查(walk-through)一遍。

正式技术复查 管理一个软件工程过程的工作之一,就是要在低成本的环节里抓出问题——即,在投资最小并且修正问题成本最小的时候。要实现这一目标,开发人员周期性使用"质量门(quality gates)"测试或者复查,以检验某一阶段的产品是否已经具备了进入下一阶段前所要求的质量。质量门通常用于从需求分析到架构,从架构到构建,以及从构建到系统测试之间的转换过程。所谓"门"可能是一次检查,也可能是一次同事互查,或一次客户复查,或者一次独立审查。

> **交叉参考** 在第21章"协同构建"里有对复查和检查的介绍。

到达一个"门"并不是说架构或需求必须要尽善尽美,或必须持久稳定在某一水平。它的实际意义在于可以用它来判断需求或者架构是否已经足够的好,从而决定是否进入下游的开发工作。"足够好"既可能指大致实现了需求或架构中最重要的20%,也可能指你已经给出了其中95%的规范说明——到底是何种程度应当根据特定项目的性质来决定。

> **交叉参考** 开发方法随着项目类型的不同会有很大的差异,在第3.2节"辨明你所从事的软件的类型"有详细介绍。

外部审查 外部审查是一种用于确定一个已开发项目或产品的状态的特殊技术复查方法。一个审查小组由开发组织以外的人员构成,并且向委托人汇报审查结果,这个委托人通常是经理。

Development Process
开发过程

> **深入阅读** 《*Professional Software Development*》(McConnell 1994).一书将软件开发作为一个过程详加讨论。

到目前为止所提到的每一要素,都同软件质量保证有着明确关系,同软件开发流程也暗含脉络。相对于没有质量保证活动的开发流程,具备该活动的开发流程能生产出更好的软件。而其他并非显而易见的软件质量保证活动,也一样会对软件质量产生影响。

> 交叉参考 第 28.2 节 "配置管理"对变更控制进行了说明。

对变更进行控制的过程 实现软件质量目标的拦路虎之一就是失控的变更。需求变更的失控可能使设计和编码工作前功尽弃；设计变更的失控则会造成代码与需求背离，或代码自相矛盾，或是程序员为达到变更后的设计要求，不得不耗费比推进项目更多的时间来修改代码。代码变更的失控则可能造成内部冲突，程序员无法确定哪些代码已经过完全复查和测试，而哪些没有。变来变去的自然影响就是质量不稳定和恶化，因此，有效地管理变更是实现高质量的一个关键。

结果的量化 除非质量保证计划的结果经过实际测量，否则你将完全不知道这个计划是否有实效。量化结果能告诉你计划成功与否，并且允许你用可控的方式来调整你的计划，去看你能如何改善它。你也可以度量各种质量特性本身——正确性、可用性以及效率等，这么做是很有用的。有关度量质量特性的详细内容，请参见《*Principles of software Engineering*》(Gilb 1988) 第 9 章。

制作原型（*Prototyping*） 制作原型是指开发出系统中关键功能的实际模型。对一个开发者来说，开发出一部分用户界面的原型可以判断系统的可用性，开发出关键算法的原型可以确定功能的执行时间，开发出典型数据集的原型能知道程序的内存需求。有一项研究对 16 个已公布和 8 个未公布的个案进行了分析，以便对原型开发方法和传统的依照规范开发的方法进行了对比。结果表明，构建原型能产生更完善的设计，更贴近用户的需求，以及更好的可维护性（Gordon and Bieman 1991）。

Setting Objectives
设置目标

明确设置质量目标是开发高质量软件的一个简单而清晰的步骤，但它常常被忽视。你可能会问，如果设置了明确的质量目标，程序员是否就会真的朝着这个方向努力，并得到预期的结果呢？答案是肯定的，一旦程序员知道目标是什么，并且这些目标合理的话，他们将会这么做。当然，程序员无法对一堆天天都在改变，或者无法实现的目标做出反映。

Gerald Weinberg 和 Edward Schulman 完成了一个反响强烈的试验（1974 年），该试验就是为了调查设置质量目标对于程序员的工作表现的影响。他们把程序员分成 5 个小组，分别开发同一个程序的 5 个版本。5 个相同的质量目标交给了各个小组，但每组都被要求强调对特定目标的最优实现。第一个小组需要尽可能减少程序对内存的需求，第二个小组需要实现最清晰的输出，第三个需要编写出最具可读性的代码，第四个小组要求尽可能地减少语句的数量，最后一个小组则要求在尽可能短的时间内运行完整的程序。表 20-1 展示了每个小组如何在每个目标上的排名。

表 20-1　各个小组在每个目标上的排名

小组被要求优化的目标	减少内存占用	输出可读性	程序可读性	最少代码量	减少计算时间
减少内存占用	1	4	4	2	5
输出可读性	5	1	1	5	3
程序可读性	3	2	2	3	4
最少代码量	2	5	3	1	3
减少计算时间	4	3	5	4	1

来源：修改自《计算机编程的目标和成绩》（Weinberg 和 Schulman，1974 年）

HARD DATA

研究的结果很值得注意。在实现各自所要求的优化目标方面，有四组都取得了第一，剩下一组则取得了第二，并且没有任何一组能在所有的方面都做得很好。

这一令人惊奇的结果暗示了人们确实会做要求他们去做的事情。程序员有很高的成就激励：他们会向明确的目标进发，但必须有人告诉他们目标是什么。此外，这一结果还暗示我们，不同目标之间是有冲突的，并且软件通常都不可能在所有方面都做得很好，这也符合我们的预期。

20.3　Relative Effectiveness of Quality Techniques 不同质量保障技术的相对效能

各种质量保证方法的效能并不相同。人们已经研究过许多技术，并且理解它们在检测和排除缺陷方面的效能。本节将讨论质量保证方法的"效能"的方方面面问题。

Percentage of Defects Detected 缺陷检测率

> 如果建筑工人像程序员写程序那样造房子，那么第一只飞到房顶上的啄木鸟就足以毁掉人类文明。
> ―Gerald Weinberg

某些方法在检测缺陷方面比其他方法更加有效，而且不同的方法能找出不同类型的缺陷。测定所找到的缺陷占该项目当时所有存在缺陷的百分比，是评估各种缺陷检测方法的一种途径。表 20-2 展示了几种常见的缺陷检测技术的缺陷检测率。

表 20-2　缺陷检测率

检错措施	最低检出率	典型检出率	最好检出率
非正式设计复查	25%	35%	40%
正式设计检查	45%	55%	65%
非正式代码复查	20%	25%	35%
正式代码检查	45%	60%	70%
建立模型或原型	35%	65%	80%
个人桌面代码检查	20%	40%	60%
单元测试	15%	30%	50%
新功能（组件）测试	20%	30%	35%
集成测试	25%	35%	40%
回归测试	15%	25%	30%
系统测试	25%	40%	55%
小规模 Beta 测试（小于 10 人参与）	25%	35%	40%
大规模 Beta 测试（大于 1000 人参与）	60%	75%	85%

来源：修改自《*Programming Productivity*》(Jones 1986a)，《*Software Detect-Removal Efficiency*》(Jones 1996)，以及《*What We Have Learned About Fighting Defects*》(Shull et al. 2002)

这一数据所展示出来的最有趣的事实是，单独使用任何一个方法，其典型检出率都没有超过 75%，并且平均来说这一数值在 40% 左右。更有趣的是，最常用的缺陷方法——单元测试以及集成测试，它们的一般检测率仅仅在 30% 到 35% 之间。典型的组织会借助一项大规模测试来检测缺陷，这也仅仅能达到 85% 的缺陷排除效率。先进的组织则使用范围广泛的更多方法，能够获得 95% 或者更高的缺陷排除效率（Jones 2000）。

这些数据强烈提醒我们，如果项目的开发者要向更高的缺陷检测率发起冲击，他们需要综合运用各种技术。Glenford Myers 所做的一个经典研究证实了这一命题。Myers 研究了一组程序员，这些人具有至少 7 年、平均 11 年的专业经验。他给出一个已知有 15 个错误的程序，然后让每个程序员单独使用下列技术中的一种来找出这些错误：

- 针对规格说明进行测试
- 参考源代码根据规格说明进行测试
- 结合规格说明和源代码来逐行检查

Myers 发现，程序员们找出的错误数量的变化范围非常大，从 1.0 到 9.0 不等，其平均值是 5.1，或者说只找出了三分之一的错误。

这些方法单独使用的时候，没有任何一个方法在统计意义上被认为明显好于其他方法。人们所发现错误的数量变化如此之大，然而，一旦组合使用任意两种方法，包括让两个独立的小组使用相同的方法，都能将所发现缺陷的总量提高几乎一倍。根据 NASA（美国国家航空航天局）Software Engineering Laboratory（软件工程实验室）、波音和其他公司的报告，不同的人更有可能找出不同的缺陷。这些报告还分析了所找到的错误，发现其中只有大约 20% 被一个以上的测试者找出来（Kouchakdjian, Green and Basili 1989；Tripp, Struck and Pflug 1991；Schneider, Martin and Tsai 1992）。

Glenford Myers 指出，在查找某些特定类型的错误时，人工方法（比如检查和通读代码）往往比用计算机更得心应手，而对另外一些错误类型则正好相反（1979年）。这个结果在后来的一项研究中得到了肯定，该研究发现，阅读代码能够找出较多的接口缺陷，而功能测试则可以检测出更多的控制缺陷（Basili, Selby and Hutchens 1986）。测试大师 Boris Beizer 的报告指出，非正式的测试方法通常只能够获得 50% 到 60% 的测试覆盖率，除非程序员使用覆盖率分析工具（Johnson 1994）。

这一结果表明，采用多种缺陷检测方法联合作战，效果比某种方法单打独斗要好。Jones 观察到，不同方法累积产生的缺陷检出率明显高于任意一种方法，由此也得出了相同的结论。仅仅使用测试所达到的效能是惨不忍睹的。Jones 还认为，即使把单元测试、功能测试以及系统测试等方法结合到一起，累积起来的缺陷检出率一般也不会超过 60%，对于产品级的软件来说，这通常是不够的。

这些数据还可以解释为什么使用具备更规范缺陷检测技术的开发方法——例如极限编程，能够让程序员体验到比过去更高的缺陷排除水平。从表 20-3 中可以看到，极限编程中使用的那一套缺陷排除方法，在一般情况下可实现 90% 的缺陷检出率，而在最好的情况下可以达到 97%，这比 85% 这一业界平均水平来说要好多了。虽然有些人将这一效率归功于极限编程实践中的协作，但只要使用了这些特定的缺陷排除方法，这样的结果并非遥不可及。结合使用多种实践的其他组合也可以达到同样甚至更好的效果，而确定使用哪些缺陷排除方法来达到期望的质量水平，正是有效的项目计划的一部分。

表 20-3 极限编程的缺陷检出率评估值

检错措施	最低检出率	典型检出率	最好检出率
非正式设计复查（结对编程）	25%	35%	40%
非正式代码复查（结对编程）	20%	25%	35%
个人桌面代码检查	20%	40%	60%
单元测试	15%	30%	50%
集成测试	25%	35%	40%
回归测试	15%	25%	30%
缺陷排除的预期累积效率值	约 74%	约 90%	约 97%

Cost of Finding Defects
找出缺陷的成本

某些缺陷检测方法的成本比其他方法要高。最经济的方法应当是找出缺陷的成本最低，而在其他方面同别的方法并无二致。后一个条件很重要，因为查找单个缺陷的成本受到了很多因素的影响，例如特定的缺陷检测技术所能找到的缺陷总量，缺陷被发现时所处的开发阶段，以及经济因素之外的其他因素。

HARD DATA

大部分研究都发现，检查比测试的成本更小。NASA 软件工程实验室的一项研究发现，阅读代码每小时能够检测出的缺陷要比测试高出 80% 左右（Basili and Selby 1987），另一个组织则发现使用测试来检测缺陷的成本是检查的 6 倍（Ackerman, Buchwald and Lewski 1989）。后来，IBM 的一项研究又发现，检查发现一个错误只需要 3.5 个工作时，而测试则需要花费 15~25 个工作时（Kaplan 1995）。

Cost of Fixing Defects
修正缺陷的成本

找出缺陷的成本只是综合成本的一部分，另一部分就是修正缺陷的成本。也许看上去就如何找到缺陷并不会影响修正缺陷的成本——因为修正相同缺陷的成本应该相同。

交叉参考 缺陷在系统中存在的时间越长，修正缺陷的成本也越高。这一点在第 3.1 节中的"诉诸数据"中有详细的讨论。第 22.4 节"典型错误"对错误本身展开了讨论。

事实并非如此。因为一个缺陷存在的时间越长，消除它的代价就越高昂，因此能够尽早发现错误的检测方法可以降低修正缺陷的成本。而更重要的是，有的方法如代码检查，一举可以确定问题的现象和原因；而另一些方法如测试，则只能发现问题表象，而要找到并从根本上修正缺陷还需要额外的工作。我们可以得到的结论是，一步到位的方法明显比两步走的方法更划算。

HARD DATA

微软的应用程序部门发现，用代码检查这种一步到位的方法找出并修正一个错误要花费 3 个工作时，而通过测试这种两步完成的方法则要花费 12 个工作时（Moore 1992）。Collofello 和 Woodfield 报告称，在一个由超过 400 名程序员创建的有 70 万行代码的程序中，代码复查（review）的成本效益要比测试高出好几倍——前者的投资回报率达到 1.38，而后者只有 0.17。

一个有效的软件质量项目的底线，必须包括在开发的所有阶段联合使用多种技术。下面是一套推荐阵容，通过它们可以获取高于平均水平的质量：

- 对所有的需求、架构以及系统关键部分的设计进行正式检查
- 建模或者创建原型
- 代码阅读或者检查
- 执行测试

20.4 When to Do Quality Assurance 什么时候进行质量保证工作

交叉参考 前期准备工作——需求和构架方面的质量保证不在本书讨论范围之内。你可以从本章末尾"更多资源"部分列出的书目中找到同这一主题相关的描述。

正如第 3 章"三思而后行：前期准备"当中提到的那样，错误越早引入到软件当中，问题就会越复杂，修正这个错误的代价也更高，因为错误会牵涉到系统的更多部分。需求中的一个缺陷会孕育出设计上的一个或多个缺陷，而这些设计错误又会繁殖出更多的代码缺陷。需求中的一个错误会导致多余的架构设计或者错误的架构决策。多余的架构设计又导致多余的代码、测试用例和文档，一个需求上的错误可能产生最终不得不被抛弃的架构、代码以及测试用例。这就如同是在浇注地基之前，应当先在建筑图纸上把问题解决了。在需求或者架构的缺陷影响到后续工作之前将其拿下不失为上策。

此外，相对于编码阶段的错误，需求或架构上的错误往往会产生更为广泛的影响。单个架构错误可以影响多个类以及几十个子程序，而单个构造错误的杀伤范围则不会超过一个子程序或者类。也正是基于这一理由，尽早捕捉错误才能有效地节省成本。

KEY POINT

缺陷可能在任何阶段渗透到软件中。因此，你需要在早期阶段就开始强调质量保证工作，并且将其贯彻到项目的余下部分中。在开工之时，这一工作就应当添加到项目计划中，在项目进行中作为技术脉络的一部分，并且应该作为项目的结束点，当整个工作结束的时候检验产品的质量。

20.5 The General Principle of Software Quality
软件质量的普遍原理

KEY POINT

世界上没有免费的午餐，即使有，味道也一定不会好到哪里去。但是软件开发跟高级烹调技术差之十万八千里，并且软件质量是如此的与众不同。软件质量的普遍原理就是改善质量以降低开发成本。

理解这一原理依赖于理解一个很容易观察到的关键事实：提高生产效率和改善质量的最佳途径就是减少花在这种代码返工上的时间，无论返工的代码是由需求、设计改变还是调试引起的。软件产品的业界平均生产效率大约是每人每天 10 到 50 行最终交付代码（包括所有非编码开支）。敲出 10 到 50 行的代码也就只是几分钟的事情，那么每天剩下的时间是怎么度过的呢？

交叉参考 编写单个程序和编写软件产品是有区别的，第 27.5 节 "程序、产品、系统和系统产品" 对此做了说明。

这一生产力数据显得如此低下，部分原因是这样的业界平均值把非程序员所花费的时间也纳入 "每天代码行数" 的计算里了。测试人员、项目经理、行政支持的时间都包含在里面。诸如需求开发和架构设计这种非编码工作，也会在计算时被考虑进去。但这些都不是时间花费如此惊人的主要原因。

绝大多数项目的最大规模的一种活动就是调试以及修正那些无法正常工作的代码。调试和与此相关的重构或者其他返工工作，在传统的不成熟的软件开发周期当中可能消耗大约 50% 的时间（详细内容请参见 3.1 小节，"前期准备的重要性"）。只要避免引入错误，就可以减少调试时间，从而提高生产力。因此，效果最明显的缩短开发周期的办法就是改善产品的质量，由此减少花费在调试和软件返工上面的时间总量。

HARD DATA

相关领域的数据可以证明这一分析结论。NASA 软件工程实验室在分析了总计 400 人年工作量的 50 个开发项目的 300 万行代码后发现，更多的质量保证工作能降低错误率，但不会增加开发的总成本（Card 1987）。

IBM 的一个研究也得到了类似的结论：

> 缺陷最少的软件项目的开发计划时间最短，并拥有最高的开发生产率……消除软件缺陷实际上是最昂贵且最耗时的一种软件工作（Jones 2000）。

在最小的尺度上这一结论同样正确。1985 年有人进行了一项研究，要求 166 个专业程序员根据相同的规范来写程序，他们写出来的程序平均有 220 行代码，每个人平均花费时间略少于 5 个小时。令人十分惊奇的是，那些花费时间不多不少的程序员编写的程序错误最多，而那些花费时间较多或较少的程序员编写的程序所含错误则明显要少得多（DeMarco and Lister 1985）。图 20-2 显示了这一结果。

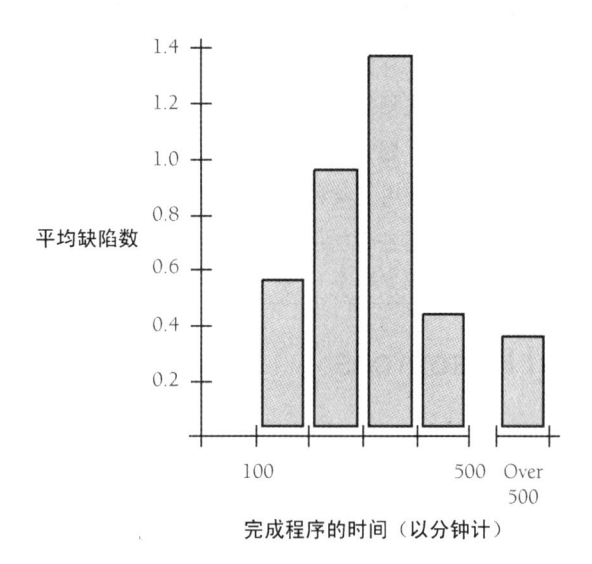

图 20-2　既不是最快的，也不是最慢的开发方法生产出的软件缺陷最多

最慢的两个小组花费的时间大约是最快小组的 5 倍，缺陷率却不相上下。因此，编写无缺陷软件并不一定会比编写富含缺陷的软件花更多的时间。正如图中所示的结果，编写无缺陷的软件可能让我们花费更少的时间。

不可否认的是，某些特定类型项目的质量保证是需要花费大量金钱的。如果你正在为航天飞机或者某个医疗生命维持系统编写程序，所要求的可靠程度将会使程序变得更加昂贵。

与传统的"编码—测试—调试"相比，先进的软件质量计划可能更省钱。这种计划把投入到调试和重构的资源重新分配到前期的质量保证工作中，而前期工作在产品质量上体现的作用会比后期工作更为明显，因此把时间投入到前期工作中，能让程序员在后期工作中节省更多的时间。这一方法的最终效果是软件的缺陷更少，开发时间更短，成本也更低。在接下来的三章中，你还可以看到更多体现这一软件质量普遍原理的例子。

> **CHECKLIST: A Quality-Assurance Plan**
> **核对表：质量保证计划**
>
> cc2e.com/2043
>
> ❑ 是否确定出对项目至关重要的特定质量特性了？
> ❑ 是否让其他人意识到项目的质量目标了？
> ❑ 是否能够区分质量的外在特性和内在特性？
> ❑ 是否考虑过某些特性与其他特性相互制约或相互促进的具体方式？
> ❑ 在软件开发的每一个阶段，项目是否要求针对不同错误类型使用不同的错误检测技术？
> ❑ 项目计划中是否有计划有步骤地保证了软件在开发各阶段的质量？
> ❑ 是否使用了某种质量评估方法，并由此确定质量是改善了还是下降了？
> ❑ 管理层是否能理解为了质量保证在前期消耗额外成本，目的就是在项目后期减少成本？

Additional Resources
更多资源

cc2e.com/2050

要列出同本章主题有关的书目并不困难，因为事实上任何关于高效软件方法论的著作都会提到各种能够改善软件质量和生产率的方法。真正困难的是要找出从本质上讨论软件质量的书籍，下面有两本。

Ginac, Frank P. 《*Customer Oriented Software Quality Assurance*》(《面向用户的软件质量保证》), Englewood Cliffs, NJ: Prentice Hall, 1998. 这是一本言简意赅的书，其中描述了质量特性、规律、质量保证计划、测试在质量保证中的角色以及著名的质量改善计划，包括软件工程研究所制订的 CMM 和 ISO 9000 标准。

Lewis, William E. 《*Software Testing and Continuous Quality Improvement*》(《软件测试和连续质量改进》), 2d ed. Auerbach Publishing, 2000. 这本书广泛讨论了质量生命周期，包含有关测试技术的深入讨论，它还提供了大量的表格和核对表。

Relevant Standards
相关标准

cc2e.com/2057

IEEE Std 730—2002,《IEEE Standard for Software Quality Assurance Plans》

IEEE Std 1061—1998,《IEEE Standard for Software Quality Metrics Methodology》

IEEE Std 1028—1997,《Standard for Software Review》

IEEE Std 1008—1987(R1993),《Standard for Software Unit Testing》

IEEE Std 829—1998,《Standard for Software Test Documentation》

Key Points
要点

- 开发高质量代码最终并没有要求你付出更多,只是你需要对资源进行重新分配,以低廉的成本来防止缺陷出现,从而避免代价高昂的修正工作。

- 并非所有的质量保证目标都可以全部实现。明确哪些目标是你希望达到的,并就这些目标和团队成员进行沟通。

- 没有任何一种错误检测方法能够解决全部问题,测试本身并不是排除错误的最有效方法。成功的质量保证计划应该使用多种不同的技术来检查各种不同类型的错误。

- 在构建期间应当使用一些有效的质量保证技术,但在这之前,一些具有同样强大功能的质量保证技术也是必不可少的。错误发现越早,它与其余代码的纠缠就越少,由此造成的损失也越小。

- 软件领域的质量保证是面向过程的。软件开发与制造业不一样,在这里并不存在会影响最终产品的重复的阶段,因此,最终产品的质量受到开发软件所用的过程的控制。

Collaborative Construction

第 21 章 协同构建

cc2e.com/2185 内容

- 21.1 协同开发实践概要：第 480 页
- 21.2 结对编程：第 483 页
- 21.3 正式检查：第 485 页
- 21.4 其他类型的协同开发实践：第 492 页

相关章节

- 软件质量概述：第 20 章
- 开发者测试：第 22 章
- 调试：第 23 章
- 软件构建的前期准备：第 3、4 章

你可能与很多程序员有类似的经历，你走到另一个程序员的工作间并说："你可以帮我看看这段代码么？它让我感到很棘手。"然后你开始解释这个问题："这个问题不可能是由这里引起的，因为我做了这些。它也不可能是由这里造成的，因为我做了那些。并且它也不可能由……，它*也许*就是由那儿的代码造成的，谢谢！"在你的"帮手"还没有机会发言时，你已经解决了自己的问题。

所有的协同构建技术都试图通过这样或那样的途径，将展示你工作的过程正式化，以便把错误暴露出来。

如果你以前阅读过有关正式检查和结对编程的文章，你会发现本章所讲述的内容并不算新奇。在 21.3 小节中提到的关于检查效能的一些客观数据，其变化范围却可能会让你大吃一惊，同时你可能也没有注意过 21.4 小节所描述的替代方案——代码阅读。你可能还应该看看本章末尾的表 21-1 "协同构建技术的比较"。假如你所有的知识都来自于你的亲身经历，那么请继续读下去！其他人也许有着不同的经历，你可以从中得到一些新想法。

21.1 Overview of Collaborative Development Practices 协同开发实践概要

"协同构建"包括结对编程、正式检查、非正式技术复查、文档阅读,以及其他让开发人员共同承担创建代码及其他工作产品责任的技术。在我的公司里面,"协同构建"这一术语是在 2000 年前后由 Matt Peloquin 杜撰出来的。在那一段时间内,也有其他人独立提出过这一术语。

各种协同构建技术之间尽管存在着一些差异,但它们都基于一个相同的思想,那就是在工作中开发人员总会对某些错误点视而不见,而其他人不会有相同的盲点,所以开发人员让其他人来检查自己的工作是很有好处的。CMU 软件工程研究所(Software Engineering Institute)的调查表明,在设计过程中开发人员平均每个小时会引入 1 到 3 个缺陷,在编码阶段则会平均每小时引入 5 到 8 个(Humphrey,1997 年),因此攻击这些盲点就成为了有效构建的关键。

Collaborative Construction Complements Other Quality-Assurance Techniques 协同构建是其他质量保证技术的补充

协同构建的首要目的就是改善软件的质量。正如第 20 章"软件质量概述"当中提到的那样,软件测试在单独运用的时候效果比较有限,单元测试的平均缺陷检出率只有大约 30%,集成测试大约是 35%,小规模 Beta 测试是 35%。与此相反,对设计和代码进行详细检查的平均效能为 55%和 60%(Jones 1996)。协同构建的另一个好处是,它可以缩短开发周期,从而降低开发成本。

关于结对编程的早期报告指出,它的代码质量能够达到与正式检查相近的水平(Shull et al. 2002)。全程采用结对编程的成本可能比单人开发要高大约 10%~25%,但开发周期大概会缩短 45%。虽然很多情况下这样的结果相对于代码检查来说并无优势,但却大大超越了单人开发的效率(Boehm and Turner 2004)。

人们对技术性复查的研究历史比结对编程要长得多,并且许多案例研究及其他地方所描述的结论已经给人留下了深刻的印象:

- IBM 发现,一小时的代码检查能够节省大约 100 小时的相关工作(测试和缺陷修正)(Holland 1999)。
- 通过一个关注检查工作的创意,Raytheon 将修正缺陷的成本占项目总成本的比例,从约 40%降至约 20%(Haley 1996)。

- 惠普公司报告称，它的正式检查计划大约每年会为公司节省 2150 万美元（Grady and Van Slack 1994）。

- 帝国化工（Imperial Chemical Industries）发现维护 400 个程序所有文档的费用，仅仅是维护与之类似但未经检查的程序的费用的十分之一。

- 对一些大型程序的一项研究发现，在正式检查上面花一个小时，平均可以避免 33 个小时的维护工作，并且检查的效能是测试的 20 倍以上（Russell 1991）。

- 在引入代码复查之前，一个软件维护组织的 55% 的单行修改是有错误的。而在引入代码复查之后，这一数字降低到了 2%（Freedman and Weinberg 1990）。如果考虑所有类型的变更，在引入复查之后 95% 的修正是一次性正确的，而没有引入复查时只有 20% 是一次性正确的。

- 同一组人员开发了 11 个程序，并将它们发布到产品当中。其中的前 5 个没有进行复查，其平均每百行代码存在 4.5 个错误。另外 6 个经过了代码检查，平均每百行代码只有 0.82 个错误。复查消灭了超过 80% 的错误（Freedman and Weinberg 1990）。

- Capers Jones 的报告称，他所研究过的所有排错率达到或超过 99% 的项目，都采用了正式的代码检查。同样的，排错率低于 75% 的项目都未采用正式的代码检查（Jones 2000）。

这些例子阐释了软件质量的普遍原理，该原理告诉我们，在减少软件中的缺陷数量的同时，开发周期也能得到缩短。

KEY POINT

各种不同的研究表明，协同开发不但在捕获错误方面比测试的效能更高，所能发现的错误类型也不同于测试（Myers 1978；Basili, Selby and Hutchens 1986）。正如 Karl Wiegers 所指出的那样，"由人进行的复查能够发现不明显的错误信息、不恰当的注释、硬编码的变量值，以及重复出现的需要进行统一的代码模式，这些是测试发现不了的"（Wiegers 2002）。协同开发的另一个作用是让人们意识到他们的工作会被复查，这样他们会小心谨慎地检查自己的工作。因此，即使测试工作完成得很有效率，作为完整的质量计划的一部分，复查或者其他类型的协作同样很有必要。

Collaborative Construction Provides Mentoring in Corporate Culture and Programming Expertise
协同构建有利于传授公司文化以及编程专业知识

> 在得到认可并形成文字之前,非正式的复查过程往往会在多年的开发文化中为程序员们代代传授。强调复查的理由显而易见,因为对最优秀的程序员来说,他们自己极少会在文字中提到复查;而对那些水平很差的程序员而言,他们往往又坚信自己的代码无懈可击,认定复查毫无必要。
>
> —Daniel Freedman 和 Gerald Weinberg

软件标准可以写下来并发布出去,但是如果无人去讨论它们,也不鼓励使用这些标准,那么就不会有人去按照这些标准做事情。复查是一个很重要的机制,它可以让程序员得到关于他们自己代码的反馈。代码、标准以及让代码符合标准的理由等,都是复查讨论中的好主题。

程序员除了需要得到他们是否很好地遵循了标准的反馈之外,还需要得到程序设计主观方面的回馈,例如格式、注释、变量名、局部变量和全局变量的使用、设计方法以及"我们这里采用的解决方法(the-way-we-do-things-around-here)"等。刚出道的编程人员需要那些有更丰富知识的前辈给予指导,而资深程序员们往往太忙而没时间同他人分享他们的知识。复查为这两种人提供了一个技术交流的平台,所以,无论在未来还是现在,复查都是培养新人以提高其代码质量的好机会。

一个采用正式检查的团队报告称,复查可以快速地将所有开发者的水平提升到最优秀的开发者的高度(Tackett and Van Doren 1999)。

Collective Ownership Applies to All Forms of Collaborative Construction
集体所有权适用于所有形式的协同构建

交叉参考 将所有的协同构建技术扩展开来正是集体所有权的思想。在一些开发模型中,程序员拥有自己编写的代码,对别人已有代码的修改往往则会受到正式或非正式的限制。集体所有权对协调程序员之间工作(尤其是配置管理)提出了更高的要求。在第 28.2 节"配置管理"中对此有详细的说明。

在集体所有权下,所有的代码都属于团队而不是某一个人,并且团队中的所有成员都可以对其进行访问和修改。这会带来一些很有价值的好处。

- 众多双眼睛的检查,以及众多程序员的协力编写,可以使代码的质量变得更好。
- 某个人离开项目所造成的影响更小了,因为每一段代码都有多个人熟悉它。
- 总体上缺陷修正周期变短了,因为几个程序员中的任何一个有空,就能随时被指派去修正缺陷。

有些方法论,例如极限编程,建议正式将程序员进行结对组合,并且在进程中时常交换他们的工作安排。在我的公司里面,我们发现要达到良好的代码覆盖率,并不一定需要正式将程序员进行结对组合。我们通过结合正式的和非正式的技术复查,在必要时进行结对编程,以及轮换指派修正缺陷的任务,从而逐渐达到交叉覆盖。

Collaboration Applies As Much Before Construction As After
在构建前后都应保持协作

本书的内容是关于构建的，因此在详细设计和编码阶段使用协作是本章的重点。但是本章有关协同构建的思想同样适用于评估、计划、需求、架构、测试以及维护工作等阶段。通过学习本章末尾的参考资料，你可以将协作技术应用在绝大多数的软件开发活动中。

21.2 Pair Programming
21.2 结对编程

在进行结对编程的时候，一位程序员敲代码，另外一位注意有没有出现错误，并考虑某些策略性的问题，例如代码的编写是否正确，正在编写的代码是否所需等。结对编程最初是由极限编程（Extreme Programming）所普及推广的（Beck 2000），现在已经使用得相当广泛了（Williams and Kessler 2002）。

Keys to Success with Pair Programming
成功运用结对编程的关键

虽然结对编程的基本概念很简单，但是要从中获得收益，就需要遵守下述几条准则。

用编码规范来支持结对编程　如果两个人整天把时间浪费在争论代码风格的问题上，那么结对编程就不可能发挥它的威力。应该尝试对风格进行标准化，在第 5 章 "构建期间进行设计" 里面将其称为 "偶然属性"，以便程序员将精力集中到 "本质" 任务上。

不要让结对编程变成旁观　不掌握键盘的那个人应该主动参与到编程当中，他应该分析代码，提前思考接下来的代码应该做些什么，对设计进行评估，并对如何测试代码做出计划。

不要强迫在简单的问题上使用结对编程　一个运用结对编程来解决最复杂问题的小组发现，如果一起在白板上面画 15 分钟，然后再分别独立编程会更有利（Manzo 2002）。绝大多数尝试过结对编程的组织最终都是对部分工作采用结对编程，而不是全部（Boehm and Turner 2004）。

有规律地对结对人员和分配的工作任务进行轮换　如同在其他的协同开发实践一样，结对编程的好处在于能够让不同的人熟悉系统的不同部分。有规律地进行轮换有助于知识的互相转播——有些专家建议尽可能经常进行人员轮换，甚至每天进行（Reifer 2002）。

鼓励双方跟上对方的步伐　要是其中一个人相对走得太快的话，那就会大大限制了其结对搭档的作用。速度太快的人需要放慢步伐，否则这对组合应当被拆开，然后和其他人重新组合。

确认两个人都能够看到显示器 即使是无法看到显示器、使用了太小的字体等细枝末节,都可能造成问题。

不要强迫程序员与自己关系紧张的人组对 有时个人性格之间的冲突会导致组合的效能出问题,强迫无法配对的两个人进行组合是毫无意义的,因此请对个性匹配的问题保持警觉(Beck 2000, Reifer 2002)。

避免新手组合 两个人当中至少一个有结对经历时,结对编程的效果最好(Larman 2004)。

指定一个组长 即使你的整个队伍希望所有工作都通过结对编程的方法来做,你还是需要指定一个人来协调工作的分配,对结果负责以及负责与项目外其他人的联系。

Benefits of Pair Programming
结对编程的好处

结对编程有许多好处。

- 与单独开发相比,结对能够使人们在压力之下保持更好的状态。结对编程鼓励双方保持代码的高质量,即使在出现了让人不得不飞快地编写代码的压力时仍然如此。
- 它能够改善代码质量。代码的可读性和可理解性都倾向于上升至团队中最优秀程序员的水平。
- 它能缩短进度时间表。结对往往能够更快地编写代码,代码的错误也更少。这样一来,项目组在项目后期花费在修正缺陷的时间会更少。
- 它还具有协同构建的其他常见好处,包括传播公司文化,指导初级程序员,以及培养集体归属感。

---

cc2e.com/2192

CHECKLIST: Effective Pair Programming
核对表:有效的结对编程

- ❑ 是否已经有一个编码规范,以便让程序员始终把精力集中到编程,而不是编码风格的讨论上?
- ❑ 结对的双方是否都积极地参与?
- ❑ 是否避免了滥用结对编程,而是选择那些能够从中获得好处的工作进行结对编程?
- ❑ 是否有规律地对人员和工作任务进行轮换?
- ❑ 结对组合是否在开发速度和个性方面互相匹配?
- ❑ 是否有一个组长专注于项目管理以及与项目外其他人的沟通?

21.3 Formal Inspections 正式检查

> **深入阅读**
> 《Design and Code Inspections to Reduce Errors in Program Development》
> （《在程序开发中使用设计检查和代码检查来减少错误》）（Fagan 1976）是最早对检查进行研究的一篇论文。

详查（正式检查）是一种特殊的复查，种种迹象表明它在侦测缺陷方面特别有效，并且相对测试来说更加经济合理。详查是由 Michael Fagan 首先提出来的，并且在 Fagan 发表相关论文并公诸于众之前已经在 IBM 内部应用多年。虽然任何复查都涉及了阅读设计或者代码，但是详查还是在几个关键问题上与普通复查有所区别。

- 详查表关注的是复查者过去所遇到的问题。
- 详查专注于缺陷的检测，而非修正。
- 复查人员要为详查会议做好预先准备，并且带来一份他们所发现的已知问题列表。
- 参与者都被赋予了明确的角色。
- 详查的主持人不是被检查产品的作者。
- 详查的主持人应该已经接受过主持详查会议方面的培训。
- 只有在与会者都做好充分准备之后才会召开详查会议。
- 每次详查所收集的数据都会被应用到以后的详查当中，以便对详查进行改进。
- 高层管理人员不参加详查会议，除非你们正在详查一个项目的计划，或者其他管理方面的资料。但技术负责人可能参加。

What Results Can You Expect from Inspections 你期望详查能够带来什么结果

HARD DATA — 独立的详查通常能够捕捉到 60% 的缺陷，这比除了原型和大规模 beta 测试之外的其他技术都要好。这一结论已经多次被不同的组织所证实，包括 Harris BCSD，美国国家软件质量实验室（National Software Quality Experiment）、CMU 软件工程研究所（Software Engineering Institute）以及惠普公司等（Shull et al. 2002）。

设计和代码的联合详查通常能够去除产品中 70% 到 85%，甚至是更多的缺陷（Jones 1996）。详查能够在早期识别出容易产生错误的类。Capers Jones 的报告称，使用正式检查后，每千行代码的缺陷比不使用该实践时要低 20% 到 30%。通过参加详查，设计师和程序员们学会了如何改善自己的工作，而详查也让生产效率提高了 20% 左右（Fagan 1976; Humphrey 1989; Gilb and Graham 1993; Wiegers 2002）。对设计和代码都进行详查的项目，详查会占到项目预算的 10% 到 15%，并且通常会降低项目的整体成本。

详查还可以用来评估进度，不过评估的只是技术层面的进度。这通常意味着回答了两个问题：技术层面的工作是否已经完成？以及技术层面的工作是否完成良好？这两个问题的答案都是正式检查的副产品。

Roles During an Inspection
详查中的人员角色

详查的一个关键特征就是每个人都要扮演某一个明确的角色。下面是各种角色的列表：

主持人　主持人负责保证详查以特定的速度进行，使其既能保证效率，又能发现尽可能多的错误。主持人在技术上面必须能够胜任——虽然不一定是被检查的特定设计或者代码方面的专家，但必须能够理解有关的细节。这个人负责管理详查的其他方面，例如分派复查设计和代码的任务，分发详查所需的核对表，预定会议室，报告详查结果，以及负责跟踪详查会议上指派的任务。

作者　直接参与设计或者代码的人，这种人在详查中扮演相对次要的角色。详查的目标之一就是让设计或者代码本身能够表达自己。如果它不够明晰，那么就需要向作者分配任务，使其更加清晰。除此之外，作者的责任就是解释设计和代码中不清晰的部分，偶尔还需要解释那些看起来好像有错的地方为什么实际上是可以接受的。如果参与评论的人对项目不熟悉，作者可能还需要陈述项目的概况，为详查会议做准备。

评论员（reviewer）　评论员是同设计和代码有直接关系，但又不是作者的人。设计的评论员可以是实现这个设计的程序员。测试人员或者高层架构师也可以参与。评论员的职责是找出缺陷，他们通常在为详查会议做准备的时候就已经找出了部分缺陷，然后，随着详查会议中对设计或者代码的讨论，他们应该能找出更多的缺陷。

记录员　记录员将详查会议期间发现的错误，以及指派的任务记录下来。作者和主持人都不应该担任记录员。

经理　在详查的时候让经理参与通常不是一个好主意。软件详查的要点是，这是一个纯技术性的复查。经理的出席会对交流产生影响：人们会觉得它们不是在详查各种材料，而是在被评估，关注的焦点就会从技术问题转换到行政问题上了。不过经理有权知道详查的结果，应当准备一份详查报告让经理了解情况。

类似的，无论在任何情况下，详查的结果都不应当作为员工表现的评估标准，这种杀鸡取卵的行为不可取。在详查中被检验的代码仍处于开发阶段。对员工表现的评估应当基于最终产品，而不是尚未完成的工作。

一般说来，参与详查的人数不应少于三个人，少于三个人就不可能有单独的主持人、作者和评论员了，因为这三种角色不应当被合并。传统的建议是限制参与详查的人数在六人左右，因为如果人数过多，那么这个小组就变得难以管理。研究人员发现，通常情况下再增加两三个评论员并不会增加发现缺陷的数量（Bush and Kelly 1989；Porter and Votta 1997）。但是这种说法并未得到公认，并且实际结果因需要详查材料的类型不同而变化（Wiegers 2002）。无论如何，这是已有的经验，你应根据情况调整自己的方式。

General Procedure for an Inspection
详查的一般步骤

详查由几个明显的阶段组成。

计划（planning） 作者将设计或者代码提交给主持人，而主持人则决定哪些人复查这些材料，并决定会议在什么时间什么地点召开。接下来主持人会将设计或代码，以及一个要求与会者注意的核对表分发给各人。材料应该打印出来，并且应当有行号，以便在会议中更快标识出错误的位置。

概述（overview） 当评论员不熟悉他们所要详查的项目时，作者可以花大约一个小时来描述一下这些设计或代码的技术背景。加入概述也许有风险，因为这往往会导致被检查的设计或代码中不清晰的地方被掩饰。设计或者代码本身应该可以自我表达，在概述中不应该谈论它们。

> **交叉参考** 第 xxix 页有一份核对表的清单，你可以参考它来提升代码质量。

准备（Preparation） 每一个评论员独立地对设计或者代码进行详查，找出其中的错误。评论员使用核对表来激励和指导他们对材料的详查。

对于用高级语言编写的应用程序代码，评论员可以准备每小时检查 500 行代码。对于用高级语言编写的系统级代码，评论员可以准备每小时只检查 125 行代码（Humphrey 1989）。最高效的详查速度的变化范围可以很大，因此，要保留所在组织的详查速度记录，以便于确定你所在环境中最高效的详查速度。

有些组织发现，当每一个评论员都被赋予某一特定视角的时候，详查会更有效。例如，一个评论员可以被要求以下列视角来准备详查：负责维护工作的程序员、客户,或者是设计师。对基于视角的复查的研究工作还不全面,但已有的成果表明,与常规复查相比,基于视角的复查可以发现更多的错误。

详查准备工作的另一种方法是,对每一个评论员赋予一个以上的待详查场景。场景可以涉及一些特定的问题,评论员需要回答它们,例如:这种设计是否满足了所有的需求?场景还可能对评论员赋予一些需要完成的特定任务,例如列出某个特殊的设计元素所满足的特定需求。你还可以让某些评论员从头到尾阅读材料,或者从后往前阅读,又或者从里到外等。

详查会议 主持人挑选出除作者之外的某个人来阐述设计或者阅读代码(Wieger 2003)。所有的逻辑都应当解释,包括每个逻辑结构的每个分支。在陈述期间,记录员需要记录他们发现的错误,但是所有的讨论应当在确认这是一个错误的时候就停止。当记录员将错误的类型和严重程度记录下来之后,详查工作继续向下进行。如果一直在对某些问题不停地争论,那么主持人就应当敲桌子(摇铃)引起大家注意,以使讨论回到正轨。

对设计或者代码的思考速度不能够太慢或者太快。如果速度太慢,那么大家的注意力就会不集中,会议不会是富有成效的。如果速度太快,那么小组可能会忽视某些本应被发现的问题。一个理想的详查速度如准备的速度一样,会随着环境的不同有很大的变化。保留以前的记录,这样以后就可以逐渐知道你所在环境的最佳速度是什么。有些组织发现,对于系统级代码,理想的速度是每小时 90 行代码。而对于应用程序代码,速度可以高达每小时 500 行(Humphrey 1989)。每小时平均 150 到 200 行非空非注释的代码是个不错的开始(Wiegers 2002)。

不要在开会的过程当中讨论解决方案,小组应该把注意力保持在识别缺陷上。某些详查小组甚至不允许讨论某个缺陷是否确实是一个缺陷。他们认为如果使某个人困惑,那么就应该认为是一个缺陷了,设计、代码或者文档应该进一步清理。

通常会议不应该超过两个小时,这并不是说你两个小时一到就拉响火警,把人们都赶出会议室。根据 IBM 和其他公司的经验,评论员不能够在连续超过两个小时的时间里保持精力集中。同理,一天安排超过一个详查会议也是很不明智的。

详查报告 一天的详查会议之后,主持人要写出一份详查报告(以 email 或者其他类似的形式),列出每一个缺陷,包括它的类型和严重级别。详查报告有助于确保所有的缺陷都将得到修正,它还可以用来开发一份核对表,强调与该组织相关的特定问题。如果你收集了历次详查花费的时间和所发现错误数量的数据，你就可以用这种客观数据来应对有关详查效率的质询。否则你只能够表示：详查"看上去更好"。这对那些相信测试更有效的人来说毫无说服力。或者你也可以以此断定在你所处的环境下，详查没什么用，然后对方法进行适当的修改或者干脆放弃。之所以说收集数据很重要，是因为任何新的方法论都需要事实来证明它存在的必要性。

返工 主持人将缺陷分配给某人来修复，这个人通常是作者。得到任务的人负责修正列表中的每个缺陷。

跟进 主持人负责监督在详查过程中分配的返工任务。根据发现错误的数量和这些错误的严重级别，你跟踪工作进展的方式可以是让评论员重新详查整个工作成果，或者让评论员只重新详查修复的部分，或者允许作者完成修改而不做任何跟进。

第三个小时的会议 虽然在进行详查的期间，与会者不允许讨论所发现问题的解决方案，但还是可能有人想对此进行讨论。你可以主持一个非正式的第三个小时的会议，允许有兴趣参与的人在正式检查结束之后讨论解决方案。

Fine-Tuning the Inspection
对详查进行细调

在你已经能够熟练地"丢掉书本"主持详查活动之后，通常你会发现一些改进它的途径。但是切忌胡乱地引入任何变化，应当对详查过程精雕细琢，这样才能够知道你做出的更改是否有益。

许多公司常常发现，去掉或者合并某些步骤往往是增加而不是降低了成本（Fagan 1986）。如果你在未对改变的影响进行衡量的前提下，就试图改变详查的流程，千万别那么做！如果你对流程进行定量分析，并且清楚地知道改变之后的方法比这里所描述的方法更有利于你的工作，那就放心去做吧。

只要你做过详查，你就会注意到某些类型的错误比其他类型的错误更容易出现。因此需要建立一个核对表，让人对那些常见错误保持警惕，这样评论员就可以更关注它们。随着时间的流逝，你会发现某些类型的错误不在这份列表当中，那就应该把它添加进去。经过若干次详查后，你的组织就会拥有一份适应自身需求的核对表，它还能提供一些线索，帮助弄清程序员需要在哪些麻烦领域中得到更多的训练和支持。应该将核对表的长度限制在一页以内。从详查所需要的详细程度来看，过长的核对表很难使用。

Egos in Inspections
详查中的自尊心

> 深入阅读 《The Psychology of Computer Programming》, 2d ed.(《程序开发心理学》)(Weinberg 1998)一书有对无我编程(egoless programming)的详细介绍。

进行详查的目的是发现设计或者代码中的缺陷,而不是探索替代方案,或者争论谁对谁错,其目的绝不应该是批评作者的设计或者代码。对于作者来说,详查的过程应该是正面的,在这一过程中的团队参与使程序得到了明显改善,对所有参与者都是一个学习的过程。这一过程不应该让作者认为团队里面某些人是白痴,或者认为自己应该另谋高就。"任何懂Java的人都知道,从0开始循环至num−1要比从1开始到num效率要高得多",像这样的评论是极不恰当的。如果发生这种状况,主持人就应当明确纠正这种不恰当的评论。

因为设计或代码受到了批评,作者可能感到自己难辞其咎,所以很自然地,作者会觉得代码让他脸上无光。作者应该预料到他会听到对某些缺陷的批评,而那些其实并不是缺陷,还有许多是有争议的。尽管如此,作者应该承认每一个所谓的缺陷,然后继续详查。承认一个批评并不意味着作者认同批评的内容。在复查工作中,作者不应该试图为正在被检查的工作辩护。在复查之后,作者可以独自对每一个问题进行思考,判断它是否真的是一个缺陷。

评论员必须记住,最终是由作者来负责决定如何处理缺陷。我们应该享受寻找缺陷的乐趣(并且可以在复查之后,享受为解决方案提供建议的乐趣),但每一个评论员必须尊重作者决定如何解决某个错误的最终权力。

Inspections and *Code Complete*
详查和《代码大全》

在编写《代码大全(第2版)》的过程中,我对于使用详查有着切身的体会。对于本书的第1版,我最初先写了一个很粗陋的草稿。让这堆粗稿在抽屉里面呆了一两个礼拜之后,我重新阅读了每一章并修正了所发现的所有错误,身上直冒冷汗。然后我把修改好的各章送给十来个人去复查(review,评阅),其中几位进行了非常彻底的复查,我把他们发现的错误也修正了。几个礼拜之后,我再次阅读并修正了更多的错误。最后我将手稿提交给出版社,在那里有一位审稿员、一位技术编辑以及一位校对进行复查。从那本书出版以来已经过了10年,在此期间读者们已经提供了大约200处错误的修正。

你可能在想,经过这么多的复查活动之后,这本书应当没有很多错误了,但事实并非如此。为了这个第2版,我对第1版运用了正式检查的技术,以找出那些需要在第2版中解决的问题。根据本章所描述的指导步骤成立了一个由三到四个评论员组成的小组。让我感到非常意外的是,我们的正式检查在第1版的正文中就发现了数百处错误,它们在过去多次复查活动中从未被发现过。

如果说我过去还对正式检查的价值心存疑虑，那么我编写《代码大全（第 2 版）》的经历已经让我心服口服了。

Inspection Summary
详查总结

用于详查的核对表有助于集中注意力。由于详查有标准的核对表和标准的角色，因此它是一个系统化过程。同时它也是可以自我优化的，因为它采用一个正式的反馈循环来改进核对表，并跟踪准备和详查的速度。在这种全程控制和持续优化的努力下，无论刚开始的时候状况如何，详查都很快就能成为一种非常强大的技术。

> **深入阅读**
> 《Managing the Software Process》（《管理软件过程》）(Humphrey 1989)一书详细介绍了 SEI 提出的可发展成熟度的概念。

CMU 软件工程研究所（Software Engineering Institute，SEI）定义了一个能力成熟度模型（CMM），用于衡量一个组织的软件开发过程的效率（SEI 1995）。详查过程展示了该模型的最高级别的状况。这一过程是系统化的和可重复的，并且使用了量化的反馈方法来自我改进。你可以将这种思想应用在本书所描述的许多技术当中。如果这一思想被推广到整个开发组织，简而言之，它会把这个组织的质量和生产力提升到到最高的水平。

> cc2e.com/2199

CHECKLIST: Effective Inspections
核对表：有效的详查

- ❏ 你是否有一个核对表，能让评论员将注意力集中于曾经发生过问题的领域？
- ❏ 你是否专注于找出错误，而不是修正它们？
- ❏ 你是否考虑制定某些视角或者场景，以帮助评论员在准备工作的时候集中注意力？
- ❏ 你是否给予评论员足够的时间在详查会议之前进行准备，是否每一个人都做了准备？
- ❏ 是否每一个参与者都扮演一个明确的角色——主持人、评论员及记录员等？
- ❏ 会议是否以某种高效的速度进行？
- ❏ 会议是否限制在两个小时以内？
- ❏ 是否所有详查会议的参与者都接受了如何进行详查的针对性培训，是否主持人接受了有关主持技巧方面的针对性培训？
- ❏ 是否将每次详查所发现的错误数据都收集起来，使你能调整本组织以后使用的核对表？

> ❑ 是否收集了准备速度和详查速度方面的数据，以便你去优化以后的准备和详查工作？
> ❑ 是否每次详查中被指派下去的活动都被正确跟进了，无论是通过主持人自己还是一次重新详查？
> ❑ 管理层是否理解他们不应该参与详查会议？
> ❑ 是否有一个用于保证修正正确性的跟进计划？

21.4 Other Kinds of Collaborative Development Practices 其他类型的协同开发实践

与结对编程相比，其他类型的协作方法还没有积累足够的实践经验作为支持，因此在这里不进行很深入的讨论。本节所覆盖的协作技术包括走查、阅读代码和公开演示。

Walk-Throughs
走查

走查是一种很流行的复查方式，这个词的定义很随意，其流行在于在某种程度上，人们把任何形式的复查都称为"走查"。

由于这个术语的定义实在是太随意了，因此很难准确地说出什么是走查。可以肯定的是，走查会涉及两个或者更多的人，进行设计或者代码的相关讨论。它可能如同一个在白板前面的随兴闲聊那样不正式；它也可以如同一个计划好的会议一样正式，由美工部门准备好一段荧屏演示，最后给经理呈上一份正式的总结。总之，三三两两小聚，即为走查。走查的鼓吹者喜欢这种宽松的定义方式，因此我仅仅指出所有走查的几个共同点，而剩下的细节就留给你了。

- 走查通常由需要复查的设计或者代码的作者举行和主持。
- 走查的焦点在技术事宜上——这是一个工作会议。
- 走查的所有参与者通过阅读设计或者代码来进行准备，并从中找出错误。
- 对于高级程序员来说，走查是一个向新手们传授经验与协作精神的机会。与此同时，对于新手们来说这也是一个机会，可以阐述新的方法论，挑战那些陈腐的、很可能已经过时的假设。
- 走查通常持续30到60分钟。
- 重点在于检测错误，而非修正它们。

- 经理不会参加。
- 走查的概念很灵活，能适应采纳它的组织的各种特殊需要。

What Results Can You Expect from a Walk-Through
你期望走查能够得到什么样的结果

聪明的、有纪律地进行走查，你可以得到与正式检查相类似的结果——即通常可以找到程序中 20% 到 40% 的错误（Myers 1979; Boehm 1987b; Yourdon 1989b; Jones 1996）。但是一般而言，人们发现走查远没有详查来得有效（Jones 1996）。

如果不动脑筋的话，走查带来的麻烦比好处要多。在效率的低端——20%，可以说没有太大的价值，至少有一个组织（波音计算机服务中心，Boeing Computer Services）发现对代码进行同事互查的成本"极端地高"。波音发现要持续地激励项目中的雇员应用走查非常困难，而当项目的压力增加的时候，走查就变得几乎不可能了（Glass 1982）。

过去的 10 年里，根据我在公司的咨询业务中看到的情况，使我对于走查越来越倾向于持批评态度。我发现，人们拥有糟糕的技术复查经历的原因，几乎都是由于使用了如走查那样的非正式实践，而不是进行正式的检查。复查通常需要举行一次会议，而会议的成本是很高的。如果你决心承受召开会议的代价，那么将此会议组织成正式检查是非常值得的。如果你要详查的工作成果不能为一次正式检查的开销提供正当理由，那就根本没有理由召开一次会议。在这种情况下，运用文档阅读或者其他交互性较少的方法是更好的途径。

与走查相比，详查在消除错误方面似乎更有效。因此，为什么会有人选择使用走查呢？

如果你有一个很大的复查团队，那么走查是一种不错的复查方式，因为它能为接受复查的事项带来许多不同的观点。如果参与走查的每一个人都能够被说服，相信这一解决方案完全没问题，那么这个解决方案通常不会有重大的缺陷。

如果有其他组织的评审员参与进来，那么走查或许会更好。在详查中的角色更加正式，并且要求人们先接受一定的训练，这样才能够有效地进行详查。没有先期详查经历的评审员在详查中无法施展拳脚，如果你希望获得他们的帮助，选择走查可能更好。

正式检查比走查更需要集中精力，同时通常有更高的回报。因此，如果你正在为组织的复查策略做选择的话，将正式检查作为第一选择，除非你有充足的反对理由。

Code Reading
代码阅读

代码阅读是详查和走查的另一种替代方案。在代码阅读中,你直接阅读原代码并从中找出错误。同时你也从质量的角度对代码做出评价,例如代码的设计、风格、可读性、可维护性以及效率等。

NASA 软件工程实验室的一项研究表明,通过代码阅读,每小时能够发现 3.3 个缺陷。而测试每小时只能够发现 1.8 个错误(Card 1987)。而且,在整个项目的生命周期中,代码阅读能够比各种测试方法多发现 20% 到 60% 的错误。

像走查一样,代码阅读的定义也是相当宽松的。代码阅读通常会有两到三个人参与,他们独立地阅读代码,然后与代码的作者开会进行讨论。下面说一下如何进行代码阅读。

- 在会议的准备阶段,代码的作者将源代码分发给代码阅读人员。这份代码清单的长度在 1 000 行到 10 000 行之间,4 000 行是典型的长度。

- 两个以上的人阅读代码。至少用两个人是为了鼓励评论员之间的竞争。如果你使用了超过两个人,那就应该量化每一个人的贡献,以便让你知道其他人员的贡献。

- 评论员独立地进行代码阅读,阅读速度估计为每天 1 000 行代码。

- 当评论员结束代码阅读之后,由代码的作者组织召开代码阅读会议。会议持续一到两个小时,注意力集中在代码读者所发现的问题上面。不用一行一行地遍历代码。这样的会议并非必不可少。

- 代码的作者将评论员识别出来的问题一一修正。

代码阅读与详查、走查之间的区别,就在于代码阅读更多地关注对代码进行的独立复查,而不是关注会议本身。其结果是每一个评论员的时间更多地花费在从代码中找出错误上面,而将较少的时间花费在会议上。在会议里,每个人只在部分时间做贡献,很大一部分精力用于保持团队的活力。会议通常不得不被推迟少许时间,直到团队中所有人都有两个小时的时间来开会。对于人员所处地理位置分散的情况,代码阅读尤其有价值。

针对 AT&T 的 13 次复查的一份研究发现,人们对复查会议本身的重要性评价过高了。90% 的缺陷是在为复查会议做准备的时候发现的,剩下的 10% 才是在会议上发现的(Votta 1991;Glass 1999)。

Dog-and-Pony Shows
公开演示

公开演示（宠物秀）是向客户展示软件产品的另一种复查形式。客户复查的形式在政府项目中比较常见，项目合约通常规定需要为需求、设计以及代码召开复查会议。公开演示的目的是向客户证明项目一切顺利，因此这是一种管理层的复查，而不是技术复查。

不要指望公开演示能成为提高产品技术质量的灵丹妙药。为展示做准备可能会对技术质量带来间接的正面影响，但通常更多的准备时间用于制作漂亮的演讲幻灯片，而不是改善软件品质。要改善技术品质应当依靠详查、走查或者代码阅读。

Comparison of Collaborative Construction Techniques
协同构建技术的比较

这么多不同的协同构建技术之间有什么区别呢？表 21-1 为我们提供了各种技术主要特征的概要。

表 21-1　协同构建技术的比较

内　容	结对编程	正式检查	非正式复查（走查）
对参与者角色做出定义	是	是	否
包含有关如何执行角色的正式训练	有可能，通过指导	是	否
谁"驾驭"协作	掌握键盘的人	主持人	通常是作者
协作的焦点	设计、编码、测试以及错误修正	仅仅是检测缺陷	多方面
复查注意力集中在最常见类型的错误	即使能够做到，也只能算是非正式的	是	否
采取跟进措施以减少不正确的修正	是	是	否
由于每个程序员都得到详细的错误反馈，未来出现的错误更少了	偶尔如此	是	偶尔如此
对结果的分析提高了流程效率	否	是	否
对非构建活动有用	有可能	是	是
典型的缺陷检出率	40%~60%	45%~70%	20%~40%

有数十年的数据对正式检查的有效性提供事实证据支持，结对编程则没有。但初始的数据表明它的效果与详查不相上下，并且各种有趣的报告都给出了积极的结论。

如果结对编程与正式检查在品质、成本以及进度方面能够产生类似的结果，那么在这两者之间进行选择与其说是技术性问题，还不如说是个人风格问题。有些人更喜欢单独工作，仅仅需要偶尔为了详查会议从个人模式切换出来，而其他人更喜欢花大部分时间直接与其他人共同工作。可以依据团队中特定开发人员的工作风格，在这两种技术之间进行选择，甚至可以允许团队中的小团体选择以他们所喜欢的方式来完成大部分工作。你也应该在项目中适当地运用不同的技术。

Additional Resources
更多资源

cc2e.com/2106　　下面是有关协同构建的更多资料。

Pair Programming
结对编程

Williams, Laurie and Robert Kessler. 《*Pair Programming Illuminated*》. Boston, MA: Addison Wesley, 2002. 本书揭示了结对编程里里外外的各种细节，包括如何处理各种个性匹配问题（例如，专家和非专家、内向和外向的人），以及其他实施细节。

Beck, Kent. 《*Extreme Programming Explained: Embrace Change*》. Reading, MA: Addison Wesley, 2000. 本书简要地介绍了结对编程，并展示如何联合其他辅助技术一起运用，包括编码标准、频繁集成以及回归测试。

Reifer, Donald. 《*How to Get the Most Out of Extreme Programming/Agile Methods*》（《从极限编程/敏捷方法中获得最大利益》）《*Proceedings, XP/Agile Universe 2002*》. New York, NY: Springer; pp. 185—196.这篇论文总结了极限编程和敏捷方法在业界的应用经验，并介绍了成功实施结对编程的关键。

Inspections
详查

Wiegers, Karl. 《*Peer Reviews in Software: A Practical Guide*》（《软件中的同行评审：实用指南》）. Boston, MA: Addison Wesley, 2002.这本书写得很好，描述了各种复查方法的细节，包括正式检查和其他不那么正式的实践方法。这本书基于认真的研究，关注实践，并易于阅读。

Gilb, Tom and Dorothy Graham. 《*Software Inspection*》(《软件详查》). Wokingham, England: Addison-Wesley, 1993.这本书包含了20世纪90年代初有关详查的彻底讨论，它关注实践，并包含了一些研究案例，这些案例描述了几个组织建立详查机制的经验。

Fagan, Michael E. "Design and Code Inspections to Reduce Errors in Program Development"（在程序开发中使用设计详查和代码详查来减少错误）.《*IBM Systems Journal*》15, no. 3 (1976): 182—211.

Fagan, Michael E. "Advances in Software Inspections"(高级软件详查).《*IEEE Transactions on Software Engineering*》, SE-12, no. 7 (July 1986): 744—751.这两篇文章是由使用详查的开发人员所写，它们包含了有关如何实施详查的精华，包括所有的标准详查形式。

Relevant Standards
相关标准

IEEE Std 1028—1997, 《*Standard for Software Reviews*》

IEEE Std 730—2002, 《*Standard for Software Quality Assurance Plans*》

Key Points
要点

- 协同开发实践往往能比测试发现更多的缺陷，并且更有效率。
- 协同开发实践所发现错误的类型通常跟测试所发现的不同，这意味着你需要同时使用详查和测试来保证你软件的质量。
- 正式检查通过运用核对表、准备工作、明确定义的角色以及对方法的持续改善，将缺陷侦测的效率提升至最高。它往往能比走查发现更多的缺陷。
- 通常，结对编程拥有和详查相同的成本，并能产生质量相当的代码。当需要缩短开发周期的时候，结对编程就非常有价值。相对于单独工作来说，有些开发人员更喜欢结对工作。
- 正式检查可以应用在除代码之外的很多工作成果上，例如需求、设计以及测试用例等。
- 走查和代码阅读是详查的替代方案。代码阅读更富有弹性，能有效地利用每个人的时间。

第 22 章 Developer Testing 开发者测试

cc2e.com/2261 **内容**

- 22.1 开发者测试在软件质量中的角色：第 500 页
- 22.2 开发者测试的推荐方法：第 503 页
- 22.3 测试技巧锦囊：第 505 页
- 22.4 典型错误：第 517 页
- 22.5 测试支持工具：第 523 页
- 22.6 改善测试过程：第 528 页
- 22.7 保留测试记录：第 529 页

相关章节

- 软件质量概述：第 20 章
- 协同构建实践：第 21 章
- 调试：第 23 章
- 集成：第 29 章
- 软件构建的前期准备：第 3 章

测试是最常见的改善质量的活动——这种实践得到许多业界和学界研究，以及商业经验的支持。软件可以通过许多的方法进行测试，某些测试通常由开发人员进行，而有些则更多由专门的测试人员进行。

- 单元测试（Unit testing）是将一个程序员或者一个开发团队所编写的，一个完整的类、子程序或者小程序，从完整的系统中隔离出来进行测试。
- 组件测试（Component testing）是将一个类、包、小程序或者其他程序元素，从一个更加完整的系统中隔离出来进行测试，这些被测代码涉及到多个程序员或者多个团队。
- 集成测试（Integration testing）是对两个或更多的类、包、组件或者子系统进行的联合测试，这些组件由多个程序员或者开发团队所创建。这种测试通常在有了两个可以进行测试的类的时候就应该尽快开始，并且一直持续到整个系统开发完成。

代码大全（第 2 版）

- 回归测试（Regression testing）是指重复执行以前的测试用例，以便在原先通过了相同测试集合的软件中查找缺陷。
- 系统测试（System testing）是在最终的配置下（包括同其他软硬件系统的集成）运行整个软件。以便测试安全、性能、资源消耗、时序方面的问题，以及其他无法在低级集成上测试的问题。

在本章，"测试"指的是由开发者进行的测试，这通常包括单元测试、组件测试和集成测试，但有的时候还会包括回归测试和系统测试。许多进一步的测试由专门的测试人员进行，很少由开发人员来完成，包括 beta 测试、客户验收测试、性能测试、配置测试、平台测试、压力测试以及易用性测试等。这些类型的测试本章中不再赘述。

KEY POINT

测试通常分为两大类：黑盒测试（black-box testing）和白盒（white-box，或者玻璃盒 glass-box）测试。"黑盒测试"指的是测试者无法了解测试对象内部工作机制的测试。很明显，当你测试自己编写的代码时这种方法并不适用！"白盒测试"指的是测试者清楚待测试对象内部工作机制的测试。这是你测试自己开发的代码的那种测试。黑盒测试和白盒测试各有优劣，本章关注的是白盒测试，即由开发者完成的测试。

有些程序员会将术语"测试（testing）"和"调试（debugging）"混用，但是严谨的程序员会区分这两种活动。测试是一种检查错误的方法，而调试意味着错误已经被发现，要做的是诊断错误并消灭造成这些错误的根本原因。本章专门讨论检测错误，修正错误将在第 23 章"调试"里详细讨论。

测试主题所涵盖的全部范围比构建期间的测试要广得多。其他关于系统测试、压力测试、黑盒测试以及测试专家的讨论请见本章末尾的"更多资源"小节。

22.1 Role of Developer Testing in Software Quality 开发者测试在软件质量中的角色

交叉参考 有关复查的细节，请参见第 21 章"协同构建"。

对于任何软件质量规划来说，测试都是一个重要的组成部分，并且在许多情况下它是唯一的组成部分。这是非常不幸的，因为各种形式的协同开发实践都表现出比测试更高的错误检测率，而且发现一条错误的成本不到测试的二分之一（Card 1987; Russell 1991; Kaplan 1995）。每个独立的测试步骤（单元测试、组件测试以及集成测试）通常只能够找到现有错误的 50% 不到，联合多个测试步骤通常只能够找到少于 60% 的现有错误（Jone 1998）。

22.1 开发者测试在软件质量中的角色

> 与其他臭虫成灾的程序放在一起时，程序并不会像人感染细菌那样感染bug。Bug都是程序员自己引入的。
>
> —Harlan Mills

如果你在"芝麻街"的节目（译注：美国著名儿童电视节目）上列出软件开发活动的列表，然后问"这些东西当中有哪一个长得与众不同？"，答案很可能会是"测试"。测试对于绝大多数开发人员来说都是一种煎熬，这里有很多理由。

- 测试的目标与其他开发活动背道而驰，测试的目标是找出错误。一个成功的测试应该弄垮软件，而其他开发活动的目标是避免程序错误和软件的崩溃。

- 测试永远不可能彻底证明程序中没有错误。如果你做了很广泛的测试并且已经发现数以千计的错误，这代表的是你已经找到所有的错误呢，还是有数以千计的更多的错误等着你去发现呢？测试没有发现错误可能意味着软件完美无缺，但也同样有可能暗示测试用例是无效的或者不完整的。

- 测试本身并不能改善软件的质量。测试的结果是软件质量的一个指示器，但是结果本身并不改善软件质量。想通过更多测试来改善软件的质量，就跟妄想通过天天称体重来减肥一样。你站到秤台上之前吃了多少东西，就决定了你秤出来的重量是多少。同样的，你所使用的软件开发方法决定了测试的时候会找到多少的错误。假如你希望减肥，不是应该买一个新的秤，而是应该改变你的饮食习惯。假如希望改善你的软件，仅用更多的测试是没用的，你需要的是更高质量的开发。

HARD DATA

- 测试时要求你假设会在代码里面找到错误。假如你找不到，那么很可能就真的找不到，但这仅仅是因为你建立了一个自我实现的预言。如果你执行一个程序并期望它没有有任何错误，那么你就很容易对已经发现的错误视而不见。有一项研究很经典，Glenford Myers曾经召集了一群有经验的程序员来对一个程序进行测试，该程序有15个已知的错误。平均每一个程序员找到15个错误中的5个，最好的找到了9个。未被发现的错误主要是那些没有仔细检查的输出错误，其实这些错误都是可以发现的，但程序员们却没有注意到它们（Myers 1978）。

你必须期望在你的代码里有错误。尽管这种期望似乎有悖常理，但是你应该期望找到这个错误的人是你，而不是别人。

一个关键的问题是，在一个典型的项目里面，开发者测试应该占多少时间？一张被普遍引用的图表显示，所有的测试应该占用整个项目50%的时间，但这是带有误导性的。首先，那个图将测试和调试混为一谈了，如果仅仅考虑测试，占用的时间会少一些。其次，该图所表现的是测试的典型占用时间，而不是测试应该占用的时间。再次，该图包含了独立测试和开发者测试。

正如图 22-1 所示，根据项目大小和复杂程度的不同，开发者测试应该占整个项目时间的 8%～25%，这与许多已有数据相一致。

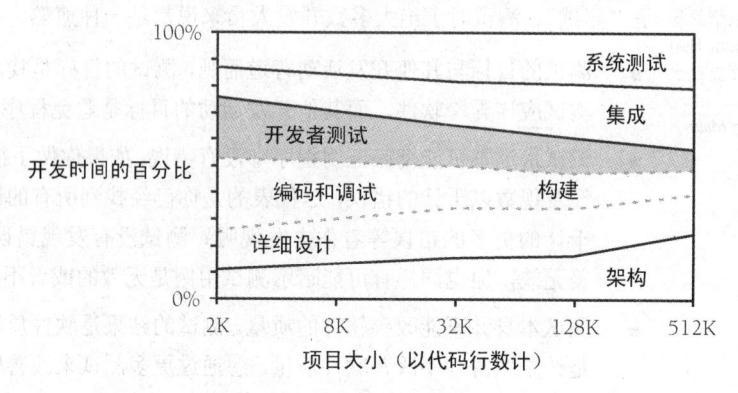

图22-1　随着项目规模的增大，开发者测试所耗费的开发时间百分比会更少。程序规模对测试的影响将在第27章"程序规模对构建的影响"做出详细描述

第二个问题是，怎样利用开发者测试的结果？最直接地，你可以用这个结果来评估正在开发的产品的可靠性。即使你根本不修正测试所发现的错误，测试结果也可以描述该软件的可靠性情况。测试结果的另一用途是，它可以用于指导对软件的修正，并且通常也是如此。最后，测试发现缺陷的记录有助于你归纳出程序中最常见错误的类型。你可以用这一信息去选择适当的培训课程、指引今后的技术复查活动，设计未来的测试用例。

Testing During Construction
构建中测试

在测试这一大千世界里，人们有时候会忽略本章的主题："白盒"或者"玻璃盒"测试。通常，你希望将一个类设计为一个黑盒——这个类的用户不需要穿越接口窥探类内部来了解类的功能。但是在测试一个类的时候，将它视为玻璃盒是有好处的，你除了观察它的输入输出，还要察看内部的源代码。如果知道盒子里面的情况，可以更彻底地测试这个类。当然，如果你在写代码的时候有盲点，测试的时候也会有同样的盲点，所以黑盒测试也有它的优势。

在构建期间，通常你会写一个子程序或者类，先在头脑中检查它，然后对它进行复查或者测试。无论你的集成测试或者系统测试策略如何，在将一个部分同其他部分组合之前，你都需要对它进行彻底的单元测试。假如你正在写几个子程序，那么你应该一个一个地对它们进行测试。独立进行子程序的测试不是一件容易的事情，但是单独调试它们，比集成之后再进行测试要简单得多。如果将几个没有经过测试的子程序放到一起，结果发现了一个错误，那么这几个子程序都有嫌疑。假如每次只将一个子程序加入到此前经过测试的子程序集合中，那么一旦发现了新的错误，你就会知道这是新子程序或者其接口所引发的问题，调试工作就轻松多了。

协同构建的实践拥有许多测试望尘莫及的优点。但是测试的部分问题在于它通常并没有发挥应有的效力。一个开发人员执行了数以百计的测试，却只获得很低的代码覆盖率。感觉上有好的代码覆盖率并不意味着实际的测试覆盖率就令人满意。理解测试基本概念可以更好地支持测试，也能提升测试的效率。

22.2 Recommended Approach to Developer Testing 开发者测试的推荐方法

采用系统化的开发者测试方法，能最大限度提高你发现各种错误的能力，同时让你的花费也最少。请确保下面所有要点你都能做到。

- 对每一项相关的需求进行测试，以确保需求都已经被实现。在需求阶段就计划好这一部分的测试用例，或者至少尽早开始——最好在你开始编写待测试的单元之前。注意对需求里面常见的疏漏进行测试。安全级别、数据存储、安装过程以及系统可靠性等，这些都是测试的绝佳素材，并且常常在需求阶段被忽略。
- 对每一个相关的设计关注点进行测试，以确保设计已经被实现。在设计阶段就计划好这一部分的测试用例，或者尽早开始——在你开始编写待测试子程序或者类的具体代码之前。
- 用基础测试（basis testing）来扩充针对需求和设计的详细测试用例。增加数据流测试（data-flow test），然后补充其他所需的测试用例，以便对代码进行彻底的考验。至少，你应该测试到每一行代码。基础测试和数据流测试将在本章稍后部分讨论。
- 使用一个检查表，其中记录着你在本项目迄今为止所犯的，以及在过去的项目中所犯的错误类型。

在设计产品的时候设计测试用例，这样可以帮助避免在需求和设计中产生错误，修正这些错误的代价往往比修正编码错误更昂贵。越早修复这些缺陷，成本就越低，因此，要尽可能早地对测试进行规划并找出缺陷。

Test First or Test Last 测试先行还是测试后行

有的时候开发人员也很疑惑，到底是编写完代码之后写测试用例比较好呢，还是预先写测试用例比较好（Beck 2003）。第 30 页的图 3-1 那个缺陷成本增长图已经表明，首先写测试用例可以将从引入缺陷到发现并排除缺陷之间的时间缩减至最短。这正是首先写测试用例的诸多原因之一。

- 在开始写代码之前先写测试用例，并不比之后再写要多花功夫，只是调整了一下测试用例编写活动的工作顺序而已。

- 假如你首先编写测试用例，那么你将可以更早发现缺陷，同时也更容易修正它们。

- 首先编写测试用例，将迫使你在开始写代码之前至少思考一下需求和设计，而这往往会催生更高质量的代码。

- 在编写代码之前先编写测试用例，能更早地把需求上的问题暴露出来，因为对于一个糟糕的需求来说，要写出测试用例是一件困难的事情。

- 如果你保存了最初编写的测试用例——这是你应该做的，那么先进行测试并非唯一选择，你仍然可以最后再进行测试。

总而言之，我认为测试先行的编程是过去十年中所形成的最有用的软件开发实践之一，同时也是一个非常好的通用方法。但这并不是一种测试万能药，正如接下来将要说明的那样，它同样受制于开发者测试本身的局限性。

Limitations of Developer Testing
开发者测试的局限性

应注意到开发者测试的下述局限性。

开发者测试倾向于"干净测试" 开发人员往往去做一些检验代码能否工作的测试（干净测试，clean tests），而不是做所有可能让代码失效的测试（肮脏测试，dirty tests）。在不成熟的测试机构里，肮脏测试同干净测试的数量比例是 1∶5。成熟的测试机构倾向于让肮脏测试的数量是干净测试的 5 倍。这个比率不能够通过减少干净测试的方式来扭转，应该让肮脏测试的量增至目前的 25 倍（Boris Beizer in Johnson 1994）。

开发者测试对覆盖率有过于乐观的估计 平均而言，程序员坚信他们的测试覆盖率达到了 95%，但通常，最佳情况下这一数字也只能达到大约 80%，而在最糟糕的情况下只有 30%。平均而言大约在 50%～60%。

开发者测试往往会忽略一些更复杂的测试覆盖率类型 大多数开发人员看到的测试覆盖率应该称作"100%的语句覆盖率"。这是一个好的开始，但这还远远不够。更好的覆盖率标准是所谓的"100%分支覆盖率"，也就是对每一个判断语句都至少测试一个真值和一个假值。第 22.3 节"测试技巧锦囊"里面详细描述了如何做到这一要求。

上面这些讨论绝不是想要贬低开发者测试的价值，相反，它们促使我们用正确的观点来看待开发者测试。开发者测试是有价值的，但对于提供足够的质量保证而言，仅仅进行开发者测试是不够的。我们需要补充其他的实践，包括独立测试（independent testing）技术以及协同构建（collaborative construction）技术。

22.3 Bag of Testing Tricks
测试技巧锦囊

为什么说要通过测试来证明程序的正确性是不可能的呢？如果要用测试来证明一个程序的正确性，你需要对程序的每一种可能的输入值，以及它们之间的所有可以想象的组合进行测试。即使是一个简单的程序，这样庞大的任务都会让人望而却步。假设你有一个程序，它取一个姓名、一个地址及一个电话号码，并将这些数据保存到文件当中。很明显这是个简单的程序，简单到你根本就不会担心它的正确性。让我们做进一步的假设，其中的姓名和地址都是 20 个字符长度，每一个字符有 26 个可选的字母，那么下面是可能的输入数量：

名字　　　　　　　　　　26^{20}（20 个字符，每个字符有 26 种选择）

地址　　　　　　　　　　26^{20}（20 个字符，每个字符有 26 种选择）

电话号码　　　　　　　　10^{10}（10 个数字，每一个数字有 10 种选择）

总共可能出现的情况　　　$= 26^{20} * 26^{20} * 10^{10} \approx 10^{66}$

即使是这种输入量很少的情况，你也需要 1 后面跟 66 个零这么多的测试用例。为了让这个数据更直观，我们假设从诺亚走出方舟的时候就开始测试这个程序，并且以每秒钟 1 万亿个测试用例的速度进行，那么到今天为止，所完成的数量还远远不到总量的百分之一。显然，如果你添加一些更贴近现实的数据量，完全测试所有可能的情况就变得更加不可能了。

Incomplete Testing
不完整的测试

交叉参考 知道你是否已经覆盖所有代码的方法之一是使用一个覆盖率监视器。详情请见本章稍后部分的 22.5 节"测试支持工具"的"覆盖率监视器"。

　　由于进行完全测试实际上是不可能的，因此测试的窍门就在于选择那些最有可能找到错误的测试用例。在上面的 10^{66} 个可能的测试用例当中，只有极少数有可能把错误揪出来，剩下的则不会。你需要集中注意力挑选出那些能告诉你不同答案的测试用例，而不选出一堆总是告诉你相同答案的测试用例。

　　当你规划测试的时候，要去除那些不会告诉你任何新情况的测试用例，也就是说，如果测试的某个数据没有产生错误，那么新的类似数据可能也不会产生错误。不同的人会建议使用不同的方法来有效地覆盖程序基本情况，下面的几节将会讨论其中的一些方法。

Structured Basis Testing
结构化的基础测试

　　尽管名字有点唬人，结构化的基础测试其实是一个相当简单的概念。其思想是，你需要去测试程序中的每一条语句至少一次。如果语句是一个逻辑语句——

代码大全（第 2 版）

例如 if 语句或者 while 语句，那么你就需要根据 if 或者 while 中表达式的复杂程度来修改测试，以确保这个语句完全经过了测试。要确保你已经覆盖了所有的基础情况，最简单的方法就是算一算有多少条通过程序的路径，然后据此开发出能通过程序里每条路径的最少数量的测试用例。

你可能已经听说过"代码覆盖"测试或者"逻辑覆盖"测试，这是测试穿过程序里的所有路径的两种方法。由于它们覆盖了所有的路径，因此，它们和结构化的基础测试很相似，但是它们并不蕴涵着以最小数量的测试用例覆盖所有路径的思想。如果使用代码覆盖测试或者逻辑覆盖测试，在覆盖相同逻辑的情况下，你需要创建的测试用例远多于结构化的基础测试。

> **交叉参考** 这一方法与第 19.6 节"如何度量复杂度"中的方法相类似。

所需基础测试用例的最少数量可以用下面的简单方法计算。

1. 对通过子程序的直路，开始的时候记 1。
2. 遇到下面的每个关键字或者其等价物时，加 1：if、while、repeat、for、and 以及 or。
3. 遇到每一个 case 语句就加 1，如果 case 语句没有缺省情况，则再加 1。

下面是一个例子：

在 Java 程序中计算路径数的简单例子

```
Statement1;
Statement2;
if ( x < 10 ) {
    Statement3;
}
Statement4;
```

> 子程序本身记作 1。
> 遇到 if，记作 2。

在这个例子中，你以 1 作为开始，然后遇到了一次 if，使得总数变成了 2。这就是说，你至少需要两个测试用例来覆盖这段程序的所有路径。对于这个例子，我们需要如下两个测试用例。

- 由 if 控制的语句执行（x<10）；
- 由 if 控制的语句不执行（x>=10）。

或许这个简单例子需要更贴近现实一点，这样你才能够有一个更准确的认识，知道这种测试方式为什么可行。现实中的情况包括了存在缺陷的代码。

下面是一个稍微复杂一点的例子,这一段代码将在本章中不断使用,并且包含了一些可能的错误。

示例:计算一个Java程序的基础测试所需的用例数量

子程序自身计1。 →
```
1  // Compute Net Pay
2  totalWithholdings = 0;
3
```
for 语句计2。 →
```
4  for ( id = 0; id < numEmployees; id++ ) {
5
6     // compute social security withholding, if below the maximum
```
if 语句计3。 →
```
7     if ( m_employee[ id ].governmentRetirementWithheld <
          MAX_GOVT_RETIREMENT ) {
8        governmentRetirement =
          ComputeGovernmentRetirement( m_employee[ id ] );
9     }
10
11    // set default to no retirement contribution
12    companyRetirement = 0;
13
14    // determine discretionary employee retirement contribution
```
if 语句计4,
&&计5。 →
```
15    if ( m_employee[ id ].WantsRetirement &&
16       EligibleForRetirement( m_employee[ id ] ) ) {
17       companyRetirement = GetRetirement( m_employee[ id ] );
18    }
19
20    grossPay = ComputeGrossPay ( m_employee[ id ] );
21
22    // determine IRA contribution
23    personalRetirement = 0;
```
if 语句计6。 →
```
24    if ( EligibleForPersonalRetirement( m_employee[ id ] ) ) {
25       personalRetirement =
         PersonalRetirementContribution( m_employee[ id ],
26          companyRetirement, grossPay );
27    }
28
29    // make weekly paycheck
30    withholding = ComputeWithholding( m_employee[ id ] );
31    netPay = grossPay - withholding - companyRetirement -
      governmentRetirement -
32      personalRetirement;
33    PayEmployee( m_employee[ id ], netPay );
```

```
34
35      // add this employee's paycheck to total for accounting
36      totalWithholdings = totalWithholdings + withholding;
37      totalGovernmentRetirement = totalGovernmentRetirement +
        governmentRetirement;
38      totalRetirement = totalRetirement + companyRetirement;
39   }
40
41   SavePayRecords( totalWithholdings, totalGovernmentRetirement,
        totalRetirement );
```

对这段例子而言，最开始你需要一个测试用例，然后为遇到的 5 个关键字分别添加一个测试用例，总共需要 6 个。这并不意味着任意 6 个测试用例都能覆盖所有的基本情况。它的意思是至少需要 6 个测试用例。除非很小心仔细地构造测试用例，否则几乎可以肯定它们无法覆盖所有的基本情况。这里有一个技巧，就是注意那些导致你用例数量增加的关键字。代码中的每一个关键字都描述了非真即假的情况。因此，需要确保对每一种真的情况至少有一个测试用例，对每一种假的情况也至少有一个测试用例。

下面是一套能够覆盖这一例子中所有基本情况的测试用例：

用例	测试用例描述	测试数据
1	正常情况	所有的布尔条件都为真
2	初始 *for* 条件为假	numEmployee < 1
3	第一个 *if* 为假	m_employee[id].governmentRetirement-Withheld >= MAX_GOVT_RETIREMENT
4	第二个 *if* 由于 *and* 之前的部分为假，结果为假	not m_employee[id].WantsRetirement
5	第二个 *if* 由于 *and* 后半部分为假，结果为假	not EligibleForRetirement(m_employee[id])
6	第三个 *if* 为假	not EligibleForPersonalRetirement(m_employee[id])

注意：在本章中，我们会不断地对该表增添更多的测试用例。

如果子程序比这个更复杂，那么覆盖全部路径所需要的测试用例数量将会急速增加。较短子程序所需的测试路径数量往往较少。没有大量 *and* 和 *or* 的布尔表达式需要的测试用例数量也较少。因此，保持子程序和布尔表达式简短能让程序更易于测试。

现在你已经为该子程序创建了 6 个测试用例，这满足了结构化的基础测试的要求，那么你认为这一个子程序已经经过完整的测试了吗？很可能并非如此。

这种测试能够向你保证所有的代码都得到执行，但它并不能说明数据的变化情况。

Data-Flow Testing
数据流测试

将上一节和本节的内容综合起来考虑，给出了另一个例子，该例显示控制流和数据流在计算机程序设计中的重要性不分伯仲。

数据流测试基于如下观念：数据使用的出错几率至少不亚于控制流。Boris Beizer 声称全部代码中至少有一半是数据声明和初始化（Beizer 1990）。

数据的状态可以是下列三种状态中的一种。

- **已定义(defined)**　数据已经初始化了，但是还没有使用。
- **已使用(used)**　数据已经用于计算，或作为某子程序调用的一个参数，或者用于其他用途。
- **已销毁(killed)**　数据曾经定义过，但是现在已经通过某种途径取消了对它的定义。例如，如果是一个指针数据，可能这个指针已经被释放（free）。如果是一个 for 循环的下标，可能程序已经执行到循环外面了，并且程序设计语言不会在 for 循环外面继续维持该循环下标变量的定义。如果它是一个指向文件记录的指针，那么可能该文件已经被关闭，该记录指针就不再有效了。

除了"已定义"、"已使用"和"已销毁"这几个术语之外，为了方便起见，还应该有一些术语来描述对变量进行某种操作之前或之后，控制流进入或退出某个子程序的状态。

- **已进入(entered)**　控制流已经进入一个子程序，但还没有使用该变量。例如一个在子程序中使用的变量在子程序开始处进行初始化。
- **已退出(exited)**　在对变量产生影响之后，控制流立即退出子程序。例如在子程序的结尾处把返回值赋给一个状态变量。

Combinations of Data States
数据状态的组合

正常的数据状态的组合是变量已定义，已经一次或多次使用，并且可能已经销毁。请注意下面各种搭配形式：

- **已定义-已定义**　如果在对变量赋值之前将其定义了两次，那么你需要的不是一个更好的程序，而是一台更好的计算机！其实这是多此一举，就算当时没有出错，也是非常危险的。

- **已定义-已退出** 如果这是一个局部变量，那完全没有理由在定义后却不使用就退出。如果是一个子程序的参数或者全局变量，那还说得过去。

- **已定义-已销毁** 定义一个变量然后就销毁它，这意味着要么这个变量对程序没什么意义，要么就是程序员忘记写使用这个变量的代码了。

- **已进入-已销毁** 如果这是一个局部变量，那就有问题了。如果局部变量未定义或者未使用，那么它完全不需要被销毁。而另一方面，如果这是一个子程序的参数或者全局变量，只要在销毁之前确定该变量已经在别的什么地方定义过，那么使用这种组合就没有问题。

- **已进入-已使用** 还是一样，如果这是一个局部变量就有问题。这个变量应该在使用之前被定义。反之，如果这是一个子程序的参数或者是一个全局变量，那么只要这个变量在使用之前已经在别的地方被定义过，那么就没有任何问题。

- **已销毁-已销毁** 一个变量不应该被销毁两次。变量不能死而复生，如果变量复活，那说明程序写得太随意了。同样，对指针销毁两次是致命的——想要让你的计算机崩溃的最好方法就是两次释放同一个指针。

- **已销毁-已使用** 使用一个已销毁的变量，从逻辑上就讲不通。如果这样的代码似乎还能正常工作（例如一个指针继续指向已释放的内存），这只是一种例外情况，墨菲定律（译注：Murphy's Law，任何可能出错的事都会出错。）也说代码如果停止工作将要引起极大混乱，那这时它就会停止工作。

- **已使用-已定义** 对一个变量先使用后定义，可能是问题也可能不是，这就要看这个变量在使用之前是否已经定义过。当然，如果你看到某个已使用-已定义的模式，那么检查一下之前的定义是非常有必要的。

在开始测试之前，首先要检查一下，看看是否出现了这些反常的数据状态顺序。在做过这些检查之后，编写数据流测试用例的关键是要对所有可能的定义-使用路径进行测试。你可以采用彻底程度不同的测试：

- **所有的定义。** 测试每一个变量的每一个定义——在每个变量被赋值的地方。这是一个很弱的策略，因为如果你曾经尝试对每一行代码进行测试，那么就已经做过这件事了。

- **所有已定义-已使用的组合。** 对每一个变量测试所有在某处定义而在另一处使用的组合，与测试所有定义相比，这是一个更强的策略，因为仅仅执行每一行代码并不能保证测试到每一种已定义-已使用的组合。

下面是一个例子：

Java示例：用于数据流测试的一段代码
```java
if ( Condition 1 ) {
    x = a;
}
else {
    x = b;
}
if ( Condition 2 ) {
    y = x + 1;
}
else {
    y = x - 1;
}
```

要覆盖程序里的每条路径，你需要一个使 Condition 1 为真的测试用例，同时需要一个使 Condition 1 为假的用例。对于 Condition 2，你同样需要一个使之为真的测试用例和一个使之为假的测试用例。这可以通过两个测试用例实现：用例 1（Condition 1 为真，Condition 2 为真）以及用例 2（Condition 1 为假，Condition 2 为假）。这两个用例就是你进行结构化的基础测试所需的全部。依靠这两个用例，你也能测试每一行定义变量的代码。这两个用例自动提供了数据流测试的弱形式。

但如果要覆盖每一个已定义-已使用组合，就需要添加一些额外的用例。现在你已经处理了两个情况，一个是 Condition 1 和 Condition 2 同时为真，另一个是 Condition 1 和 Condition 2 都为假：

```
x = a
...
y = x + 1
```

以及

```
x = b
...
y = x - 1
```

要测试每一种已定义-已使用的组合，你还需要另外两种情况：（1）x = a 并且接着 y = x - 1，以及；（2）x = b 并且接着 y = x + 1。在这个例子里面，你可以通过增加两个用例来得到这些组合：用例 3（Condition 1 为真，Condition 2 为假），以及用例 4（Condition 1 为假，Condition 2 为真）。

开发测试用例的一个好方法是首先进行结构化的基础测试，即使它没有测试所有的已定义-已使用数据流形式，但至少也完成了其中的一部分。然后你需要添加完整的已定义-已使用数据流测试所需的用例。

正如前一节所讨论的那样，结构化的基础测试已经为第 507 页的子程序提供了 6 个测试用例。如果要对每一对已定义-已使用组合进行数据流测试，则需要更多的测试用例，其中一部分已经被已有的测试用例所覆盖了，而其余部分并没有被处理。下面是所有的数据流组合，正是它们补充了由结构化的基础测试所产生的测试用例：

用例	测试用例描述
7	在第 12 行定义 companyRetirement，并在第 26 行首次使用它。前面的测试用例并没有覆盖这种情况
8	在第 12 行定义 companyRetirement，并在第 31 行首次使用它。前面的测试用例并没有覆盖这种情况
9	在第 17 行定义 companyRetirement，并在第 31 行首次使用它。前面的测试用例并没有覆盖这种情况

如果你尝试过几次按这种方法列出数据流测试用例之后，你就能够找到感觉，知道哪些用例是富有成效的，而哪些用例的测试范围已经被之前的用例覆盖到了。当工作毫无进展的时候，就应该列出所有的已定义-已使用组合。这样做看起来工作量很大，但它保证你能够获得用基础测试方法并不能轻松发现的用例。

Equivalence Partitioning
等价类划分

交叉参考 本章末尾的"更多资源"列出了很多深入讨论等价类划分的书籍。

一个好的测试用例应该覆盖可输入数据中的很大一部分。如果两个用例能揭示的错误完全相同，那么只要一个就够了。"等价类划分"的概念是这一想法的严格表达形式，应用它有助于减少所需用例的数量。

在第 507 页开始的表中，第 7 行是使用等价类划分的好地方，这里需要测试的条件是 m_employee[ID].governmentRetirementWithheld < MAX_GOVT_RETIREMENT。在这一情况中，有两个等价类：一个是 m_employee[ID].governmentRetirementWithheld 小于 MAX_GOVT_RETIREMENT，而另一个是 employee[ID].governmentRetirementWithheld 大于或等于 MAX_GOVT_RETIREMENT。也许在程序的其他部分还会有许多类似的情况，那就意味着需要对 m_employee[ID].governmentRetirementWithheld 测试的数据不止两种，但就目前我们所看到的这段程序来说，两种情况就已经足够了。

如果你已经通过基础测试和数据流测试覆盖了整个程序，那么对等价类划分的研究并不会让你对程序产生多少新的认识。然而，如果你从程序的外部来审视（从规格说明而非源代码角度），或是数据很复杂且程序的逻辑并未完全体现这种复杂性的时候，等价类划分还是大有好处的。

Error Guessing
猜测错误

交叉参考 有关启发式方法的细节，请参见第 2.2 节"如何使用软件隐喻"。

作为正式测试方法的补充，优秀的程序员会使用各种不太规矩的、启发式的方法去寻找他们代码中的错误，其中一种启发式方法就是猜测错误。"猜测错误"这一措辞表现了对这一睿智概念的浅薄理解。它的真正含义应该是在猜测程序会在哪里出错的基础之上建立测试用例，尽管这也意味着猜测中会有一些牵强附会的成分。

猜测可以基于直觉或者过去的经验。第 21 章"协同构建"提到，详细检查的一个好处是，这一过程能产生并维护一份常见错误列表，而该列表可以用于检查新的代码。如果你保留了一份记录过去所犯错误种类的列表，那么你就能提高"猜测错误"的命中率。

下面几个小节描述了一些特定的错误类型，这些错误很容易通过猜测错误的方法发现。

Boundary Analysis
边界值分析

运用边界值条件进行测试最丰硕的战果之一就是 off-by-one 错误。这种错误即当你想用 num 的时候写成了 num-1，当你想用 ">" 的时候写成了 ">="，这些都是最常见的失误。

边界值分析的思想就是写一些测试用例来测试边界值条件。假如你要对小于 max 的某个范围的数值进行测试，那么你会遇到下图所示的三种可能情况：

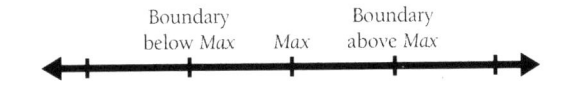

正如图中所示，这三种边界情况是：刚好小于 max、等于 max 本身以及刚好大于 max。需要三个测试用例去保证代码里没有出现任何一种常见错误。

在第 507 页的实例代码里面有一个判断：m_employee[ID].governmentRetirementWithheld< MAX_GOVT_RETIREMENT，而根据边界值分析原理，我们需要测试三种情况：

用例	测试用例描述
1	用例 1 检查测试条件 m_employee[ID].governmentRetirementWithheld < MAX_GOVT_RETIREMENT 结果为真的那一边的情形，于是在用例 1 中需要将 m_employee[ID].governmentRetirementWithheld 设置为 MAX_GOVT_RETIREMENT - 1，这个测试用例已经有了

用例	测试用例描述
3	用例3检查测试条件 m_employee[ID].governmentRetirementWithheld < MAX_GOVT_RETIREMENT 处于结果为假的那一边的情形,它需要将 m_employee[ID].governmentRetirementWithheld 设置为 MAX_GOVT_RETIREMENT + 1,这个测试用例也有了
10	还要加上一个测试用例,测试正好在边界值上面的情形,也就是 m_employee[ID].governmentRetirementWithheld == MAX_GOVT_RETIREMENT 的时候

Compound Boundaries
复合边界值

边界值分析也适用于允许的最大最小值。在这个例子里面,可能会出现 grossPay、companyRetirement 以及 RetirementContribution 的最小值或最大值,但是由于对这些值的计算在子程序考虑范围之外,因此它们的测试用例不在这里做进一步的讨论。

有一种边界条件更加隐蔽,就是当边界条件涉及到互相关联的多个变量的时候。例如,两个变量相乘,它们的值都是大的正数,会出现什么情况呢?都是大负数呢?零呢?如果传入子程序的字符串都长得很不寻常呢?

在我们的例子里面,你可能希望看一下,当一大群员工都有巨额月薪的时候——比如说每个程序员都有 25 万美元的月薪(我们梦寐以求的数字!),变量 totalWithholding、totalGovernmentRetirement 以及 totalRetirement 会发生什么情况。这就需要另外的测试用例了:

用例	测试用例描述
11	有一大群的员工,他们每个人都有很高的薪水(多少才算大取决于所开发的特定系统)——比如说,我们有 1000 位员工,每人有$250 000 的月薪,他们都不需要交社会保险税,同时所有人都希望得到退休金

基于同样的道理,也可以站在相反的方向问问看,我们也需要一个只有很少人、每个人薪水都为 0 的测试用例:

用例	测试用例描述
12	10 个员工,每个人的薪水都是$0.00

Classes of Bad Data
几类坏数据

除了假设错误会在边界条件上出现之外,你可以猜测并测试几种类型的坏数据。典型的坏数据测试用例包括:

- 数据太少(没有数据)
- 太多的数据

- 错误的数据情况（无效数据）
- 长度错误的数据
- 未初始化的数据

你遵从这些建议所能想到的一些测试用例早已被前面的用例覆盖了。比如说，"数据太少"就已经被用例 2 和 12 覆盖了，此外我们也很难提出任何"数据长度错误"的情形。尽管如此，关于这几种坏数据的想法还是会带来如下几个新的用例：

用例	测试用例描述
13	100 000 000 个员工，测试太多数据的情况。当然，多少才能称之为"太多"要根据系统的不同做出不同的定义，但是为了举例说明，我们就假设这已经太多了
14	薪水是负数，错误的数据情况
15	员工数量是负数，错误的数据情况

Classes of Good Data
几类好数据

当你试图在程序中寻找错误的时候，这样一个事实很可能从你的眼皮底下溜过去：正常的情况也可能暗含错误。通常来说，基础测试一节所提到的正常情形所描述的就是一种好数据。下面是其他几种值得测试的好数据，根据待测试对象的情况，测试下面每种数据类型时可能会有所收获。

- 正常的情形——大路正中间，所期望的值
- 最小的正常局面
- 最大的正常局面
- 与旧数据的兼容性

最小的正常局面在测试一组对象而非一个对象的时候比较有用。它和测试多个边界条件的最小值的思想差不多，但还是有所区别，这里我们测试的是一组正常期望值中的最小值的集合。比如说测试电子表格的时候保存一个空表格，测试字处理软件的时候保存一个空的文档。而在本书中的例子里面，为了测试最小的正常局面需要添加下面的测试用例：

用例	测试用例描述
16	只有一个员工。用于测试最小的正常局面

最大的正常局面是最小局面的对立面，它与边界测试的思想很像，但同样，它测试的是一组期望值中所有最大值的集合。比如说测试电子表格的时候就应该

试试能否保存像产品包装上所说的"最大电子表格"那样的表格,或者打印一个可容许的最大表格。对于字处理软件来说,则是保存一个所容许的最大规模的文档。而在本例当中,测试最大正常形式需要看允许的最大员工数量是多少,比如我们假设是 500 个,那么你可以添加下面这个测试用例:

用例	测试用例描述
17	500 个员工。用于测试最大的正常局面

最后一种对正常数据的测试——测试与旧数据的兼容性,这是在新程序或子程序替代旧版本的时候才需要进行。除非旧的子程序有缺陷,否则新的子程序应该和旧的子程序有着相同的处理结果。版本间的连续性是回归测试的基础,回归测试的目的是保证程序的修正和增强仍然保持了原有程序的质量水平而没有发生倒退。在本例中不存在兼容性的问题,因此不需要添加任何测试用例。

Use Test Cases That Make Hand-Checks Convenient
采用容易手工检查的测试用例

让我们假设你正在写一个有关正常薪水的测试用例,你需要一个普通的薪水值,得到这个数字的其中一种方法是随手敲几个数字,让我们来试试看:

1239078382346

好,这个薪水有点高,事实上比万亿元多一点。但是如果把它剪裁一下,使数值看起来比较贴近现实,我可以得到$90 783.82。

现在我们进一步假设这个测试用例很成功——也就是说它发现了一个错误。怎么知道确实发现了一个错误呢?嗯,你很可能是通过手工计算得知这个答案是错误的,同时还算出了正确答案应该是多少。但当你试着手工计算$90 783.82 这样丑陋的数时,手工计算过程犯错的几率跟你在程序中发现错误的几率差不多。在另一方面,一个好的数值,像$20 000 这样的数值也会让你的手工计算倍感轻松。在计算器上面敲几个零不过是小菜一碟,而大多数程序员在做乘以 2 的运算时都无须数手指和脚趾头。

你可能会想,那种像$90 783.82 的丑八怪应该更有可能把错误揪出来,但实际上它发现错误的几率并不会比其他数值高。

22.4 Typical Errors
典型错误

本节所想要说的是，你如果越了解你的对手——错误，你的测试就越有可能做得更好。

Which Classes Contain the Most Errors
哪些类包含最多的错误

我们很自然会有这样的假设：缺陷在代码里面是均匀分布的。假如你的代码平均每 1000 行就会有 10 个缺陷，你可能会假设一个有 100 行代码的类里面会存在 1 个错误。做出这种假设是很自然的，但事实上是错误的。

Caper Jones 的报告中写到，IBM 的一个质量改善的计划发现了在 IMS 系统 425 个类中的 31 个容易出错。为了解决问题，这 31 个类要么被修正过，要么经过了彻底的重新开发。在不到一年的时间里，客户所报告的 IMS 缺陷数量降低到了原来的十分之一，整体维护成本也减少了 45%，客户的满意度也从"不可接受"上升至"良好"（Jones 2000）。

绝大多数错误往往与少数几个具有严重缺陷的子程序有关。下面是错误和代码之间的普遍关系。

- 80% 的错误存在于项目 20% 的类或者子程序当中（Endres 1975；Gremillion 1984；Boehm 1987b；Shull et al. 2002）。
- 50% 的错误被发现存在于项目 5% 的类当中（Jones 2000）。

如果你认为这些关系无关紧要，很可能是因为你对下面几个结论一无所知。首先，项目中 20% 的子程序占用了 80% 的开发成本（Boehm 1987b）。虽然这并不是说成本最高的 20% 的代码就是有最多缺陷的 20% 的代码，但这很有启发性。

其次，无论高缺陷率子程序在成本中所占的具体比例如何，这些子程序的成本的确是异常高昂的。20 世纪 60 年代 IBM 做了一个经典的研究，对 OS/360 操作系统所做的一次分析发现，错误并非平均地分布在所有的子程序里面，而是集中在少数几个子程序里面。人们还发现这些容易出问题的子程序是"程序中最昂贵的部分"（Jones 1986a），它们每一千行代码包含的缺陷达到 50 个之多，修复它们的代价是开发整个系统的成本的十倍（这里的成本包括客户支持以及现场维护）。

再次,子程序开发成本昂贵带来的影响也显而易见。俗话说"时间就是金钱",我的推论是"金钱也是时间",也就是说,如果能避免卷入到那些烦人的子程序中,那么你就可以省下近80%的成本,从而节约一大段开发时间。这清晰地描述了软件质量的普遍原则:提高质量就能缩短开发周期,同时降低开发成本。

> **交叉参考** 另一种倾向于包含很多错误的子程序,就是那些极度复杂的子程序。有关识别并简化这些子程序的细节,请参见19.6节的"降低复杂度的一般原则"。

最后,避免维护惹人厌烦的子程序同样具有明显的重要意义。维护工作应该围绕如何确定容易出问题的子程序,如何把这些部分推倒重来,重新设计并编写代码。在前面提到的IMS项目中,替换了这些容易出错的类之后,IMS发布版的运行效率提升了15%(Jones 2000)。

Errors by Classification
错误的分类

> **交叉参考** 在本书目录后面,有本书所有核对表的一份清单。

很多研究者都尝试着对错误进行分类,并对每种错误的出现范围做出判定。每一个程序员都有一份让自己感到棘手的错误列表:off-by-one 错误以及忘记对循环变量重新初始化等。遍布本书各处的核对表能够为你提供更多的检查细节。Boris Beizer 将多个研究的数据综合起来,得到一种非常详尽的错误分类方法(Beizer 1990)。下面是对他的研究结果的一个总结:

25.18%	结构方面的问题
22.44%	数据
16.19%	已实现的功能
9.88%	构建
8.98%	集成
8.12%	功能需求
2.76%	测试的定义或者执行
1.74%	整个系统,软件架构
4.71%	未归类

Beizer 报告的结果精确到了小数点后两位,但其对错误类型的研究至今仍然不是结论性的。不同研究所报告的错误类型就有很大差别,针对类似的错误类型进行的不同研究也得到了非常不同的结果,并且差异可以达到50% 而不止是百分之几。

由于各种研究结果千差万别,因此像 Beizer 所做的这种将多个研究结果合并起来所得到的数据也许并没有意义。但即便不能将其作为定论,这些数据中的某些部分还是很有启发的。下面是这些数据给我们的提示。

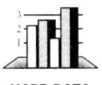

大多数错误的影响范围是相当有限的 一项研究发现，85%的错误可以在修改不超过一个子程序的范围内得以修正。

许多错误发生在构建的范畴之外 有一次研究人员组织了一系列的调查，这97次调查发现了三种最为常见错误的源头，它们分别是：缺乏应用领域知识，频繁变动且相互矛盾的需求，以及沟通和协调的失效。

大多数的构建期错误是编程人员的失误造成的 许多年前的两个研究发现，所有报告的错误中，由程序员造成的占了大约95%，由系统软件（包括编译器和操作系统）造成的占了2%，由其他软件造成的占2%，还有1%是硬件造成的（Brown and Sampson 1973；Ostrand and Weyuker 1984）。与20世纪七八十年代相比，今天有更多的人使用着系统软件和开发工具，因此我估计现在由程序员失误造成的错误所占的百分比会更高。

> 如果你看到地上的马蹄印，应当设想是马而不应想成斑马。操作系统可能并没有崩溃，数据库可能还是好好的。
> —Andy Hunt 和 Dave Thomas

让人惊奇的是，笔误（拼写错误）是一个常见的问题根源 一项研究发现在构建阶段产生的错误中，有36%是拼写错误（Weiss 1975）。在1987年，对一个有着接近300万行代码的飞行动力学软件的研究发现，其中18%的错误是拼写错误（Card 1987）。另一研究发现所有错误中的4%是消息拼写错误（Endres 1975）。我的一位同事仅仅借助一个拼写检查工具对可执行文件中的所有字符串进行检查，就在我写的一个程序里发现了许多的错误。要小心这些细节问题可能产生的后果。如果你对此有所怀疑的话，想一想三个有史以来最昂贵的软件错误——其代价分别为16亿美元、9亿美元和2.45亿美元，都是因为原本正确的程序中的一个不正确的字符造成的（Weinberg 1983）。

研究程序员所犯错误原因时，错误理解设计这条会经常出现 Beizer的汇总研究的价值之一在于，他发现有16%的错误是由于对设计的错误解释所造成的（Beizer 1990）。另一个研究则发现19%的错误是对设计的误解的产物（Weiss 1975）。因此，花点时间来彻底理解设计是很值得的。所花的时间并不会立竿见影——你不必像编写代码一样全力投入，但你会因此在整个项目的生命周期中持续获得回报。

大多数错误都很容易修正 大约85%的错误可以在几个小时的时间内修正，大约15%的错误可以在几个小时到几天之内修正，只有大约1%的错误需要花更长的时间（Weiss 1975；Ostrand and Weyuker 1984；Grady 1992）。这个结论在Barry Boehm的观察中得到了印证，他发现修正大约20%的错误花费了大约80%的资源（Boehm 1987b）。因此，你应当尽可能地通过早期对需求和设计的复查来避免软件中的硬伤，以及尽可能有效地处理大量存在的小错误。

总结所在组织中对付错误的经验　本节所引用的各种结论，正好说明了不同组织的人会有完全不同的错误处理经验，因此，很难将在其他组织所获得的经验应用到你所在的组织中。有些结论或许有违日常直觉，因此，你可能需要借助各种工具来帮助你的直觉。一个良好的开始就是评估你的开发方法，以便了解问题出在什么地方。

Proportion of Errors Resulting from Faulty Construction
不完善的构建过程引发错误所占的比例

如果说对错误进行分类的数据不是结论性的话，那么将错误归结于不同的开发活动的多数数据也一样。但有一点是确定的，那就是构建总会出现大量的错误。有些人会争辩说，修正构建中产生的错误的成本，比修正需求或者设计的错误的成本要低。修正单个构建错误的成本可能确实会低一些，但是没有证据证明总成本也比较低。

下面是我的一些结论。

- 在小型项目里面，构建中的缺陷占了所有错误的大多数。对一个小型项目（1 000 行代码）中错误的研究发现，75%的错误由编码造成。与此相比较，另外有10%的错误源自需求，以及15%源自设计（Jones 1986a）。这一错误分类对许多小型项目而言非常有代表性。

- 无论项目规模如何，构建缺陷至少占了总缺陷的35%。尽管在大型项目里面构建缺陷所占的比例相对小一些，但它们仍然占有至少35%的比例（Beizer 1990；Jones 2000），有研究人员甚至报告在一些巨无霸项目里这一比例能达到75%（Grady 1987）。总的来说，对于应用领域的理解越好，所设计的总体架构也就越好。由此，错误往往更多地出现在详细设计和编码上（Basili and Perricone 1984）。

- 修正构建错误的代价虽然要比修正需求和设计的错误相对低廉，但从绝对值来看仍然是高昂的。对惠普公司两个巨型项目的研究发现，修正构建缺陷的平均成本相当于修正设计缺陷平均成本的25%至50%（Grady 1987）。在我们将较大的构建缺陷数量纳入到构建缺陷总成本计算公式后，可以发现修正构建缺陷的总成本相当于修正设计缺陷的总成本的一至两倍。

图 22-2 展示了项目规模和错误来源之间的大致关系。

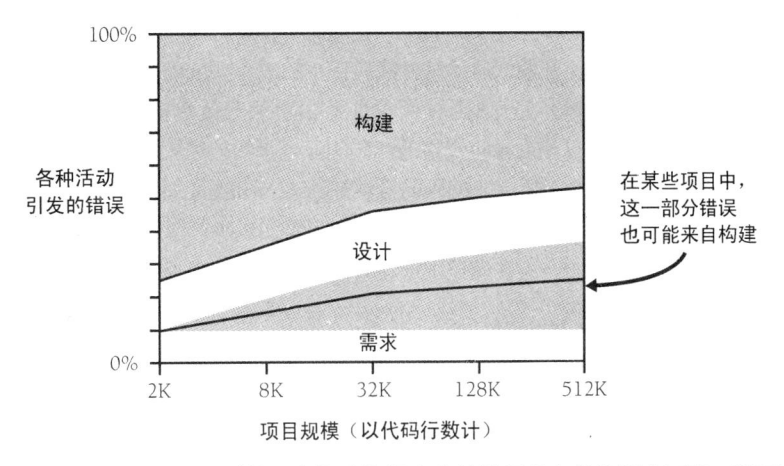

图 22-2　随着项目规模的增长，在构建期间产生的错误所占的比例会下降，然而即使是在巨型项目里面，构建错误也会占全部错误的 45%至 75%

How Many Errors Should You Expect to Find
你期望能发现多少错误

预期发现错误的数量会根据你所使用开发过程的质量而变化。下面列出可能的范围。

- 业界的经验是，在已发行的软件中平均 1 000 行代码发现 1~25 个错误。软件开发通常会使用各种各样的技术（Boehm 1981；Gremillion 1984；Yourdon 1989a；Jones 1998；Jones 2000；Weber 2003）。错误发生率只有上述数值的十分之一的情形非常少见，而十倍于此的情形似乎从未听说（这些项目很可能根本无法完成）。

- 微软应用程序部门的经验是，内部测试程序大约每 1 000 行代码有 10 至 20 个缺陷，而对于已发布产品则大约是每 1 000 行代码 0.5 个缺陷。要达到这一水平，需要结合运用第 21.4 节"其他类型的协同开发实践"中所描述的代码阅读技术，以及独立测试技术。

- Harlan Mills 所倡导的"净室开发"的技术，可以获得低至每 1 000 行代码 3 个缺陷（内部测试阶段），以及每 1 000 行代码 0.1 个缺陷（产品发布阶段）的错误率（Cobb and Mills 1990）。只有少数几个项目，例如航天飞机的软件，能够达到每 50 万行代码 0 缺陷的水平。这需要使用一个系统的形式化开发方法、同事复查（peer review），以及统计测试（Fishman 1996）。

- Watts Humphrey 报告称，使用"团队软件开发过程"（Team Software Process，TSP）的开发小组，可以达到大约每 1 000 行代码 0.06 个缺陷的水平。TSP 把训练开发人员如何避免缺陷放在了第一位（Weber 2003）。

TSP 和净室开发项目的结论从另一角度证明了软件质量的普遍原则：开发高质量的软件，比开发低质量软件然后修正的成本要低廉。一个使用净室开发技术、经过全面检验合格并拥有 8 万行代码的项目，其生产效率相当于平均每个工作月 740 行代码。而开发经过全面检验合格的代码的业界平均效率大约是平均每工作月 250 到 300 行代码，这包含了所有非编码的日常开销（Cusumano et al. 2003）。这里我们所看到的成本节约和生产效率提升，其源泉在于使用 TSP 或者净室技术的项目几乎没有将时间投入到调试当中。不在调试上面花时间？那真是一个很有价值的目标！

Errors in Testing Itself
测试本身的错误

KEY POINT

你可能有过这样的经验：发现软件有错误，直觉立刻告诉自己一定是软件的某个部分出错了，然而你猜测的所有地方看起来都是正确的。于是你增加了几个测试用例，尝试定位这个错误的根源，但是所有新增加的测试用例却都产生了正确的结果。你花了好几个小时一遍又一遍地阅读代码，并手动计算结果，这些都被证实是正确的。又过了几个小时，其他的一些事情让你再次检查测试数据。找到了！是测试数据本身的错误！花了无数小时跟踪调试，最终却发现错误存在于测试数据而非代码中，这个时候真觉得自己是白痴！

HARD DATA

这是一种非常普遍的经历，测试用例可能包含同被测代码同样多，甚至是更多的错误（Weiland 1983；Jones 1986a；Johnson 1994）。原因很简单——尤其是由开发人员在编写测试用例的时候。测试用例往往是临时抱佛脚的成果，没有经过仔细的设计和构建。这些测试用例通常被认为是只测试一次，并且开发它们的人是抱着用后即弃的心态来开发的。

你可以通过下列几项工作来减少测试用例当中的错误量。

检查你的工作 要以开发代码般的谨慎态度来开发测试用例，这种谨慎当然包括对测试进行双重检查。在调试器当中单步跟踪测试代码，要一行一行的来，就像你对待产品级代码那样。对测试数据进行走查和详细检查也是适当的做法。

开发软件的时候就要计划好测试用例 在需求阶段或者刚刚接手该程序时，就应该开始对测试做出有效的计划。这有助于将基于错误假定的测试用例扼杀在摇篮中。

保留你的测试用例 花上点时间来管理测试用例，把它们保存起来，这些东西在回归测试或者开发下一个版本的时候还用得上。如果你知道应该保留这些测试用例而非将其抛弃，就很容易努力去避免一些麻烦。

将单元测试纳入测试框架 首先写单元测试中使用的代码，在每完成一次单元测试后，记得将它们集成到一个系统级测试框架中去（例如 JUnit）。有了这样的集成测试框架，就可以减少丢弃测试用例的可能性。

22.5 Test-Support Tools
22.5 测试支持工具

本节将概述几种你可以买得到，或者可以自己开发的测试工具。不过这里并不会写出特定产品的名称，因为在你阅读本书的时候它们很可能已经过时了。关于最新的产品，请参考你所钟爱的程序员杂志。

Building Scaffolding to Test Individual Classes
为测试各个类构造脚手架

"脚手架（scaffolding）"是个建筑界的术语。建筑工人如果要对建筑的某个部分进行施工，就必须搭建脚手架，除此之外别无他法。在软件中搭建脚手架只有一个目的，那就是更方便地测试代码。

> **深入阅读** 在 Jon Bentley 所著的《Programming Pearls, 2d ed》（2000年）书中，"A Small Matter of Programming" 一节里面有几个有关脚手架的好例子。

有一种脚手架是所谓的哑类（dummy class），待测试的类可以使用它。这样的类也被称为"模仿对象（mock object）"或者"桩对象（stub object）"（Mackinnon, Freemand and Craig 2000；Thomas and Hunt 2002）。对于低层的子程序也可以用类似的方法，那就是"桩函数（stub routines）"。在制作 mock 对象或者桩函数的时候，你可以根据所需的真实性来决定它们与现实的近似程度。在这些情况中，脚手架可以：

- 立刻返回控制权，不做任何动作；
- 检查传给它的数据；
- 输出诊断信息，可能是显示所传入的参数，或者是将信息记录到日志文件中；
- 返回用户交互输入的值；
- 不管输入是什么都返回一个标准的响应；
- 消耗原本分配给真实对象或者真实子程序的时钟周期；
- 以某种慢速、臃肿、简单或粗略的方式实现真实对象或者子程序的功能。

另一种脚手架类型，是调用待测试的真实函数的伪造函数。这种脚手架称为"驱动函数"，有时也称为"测试夹具"。这种脚手架可以：

- 用固定的一组输入调用对象；
- 提示用户输入，然后根据输入去调用对象；
- 从命令行取得参数（如果操作系统支持）去调用对象；
- 从文件中读入参数，并据此调用对象；
- 用一集预先定义的输入数据去多次调用有关的对象。

> **交叉参考** 测试工具和调试工具之间的界限是模糊的。关于测试工具的详细信息请参见23.5节"调试工具——明显的和不那么明显的"。
>
> cc2e.com/2268

最后一种脚手架是所谓的哑文件,即真实文件的一个小尺寸版本,它的构成和全尺寸文件一模一样。一个小的哑文件有一些好处:首先,因为它尺寸小,你对它的内容一清二楚,并且可以毫不犹豫地断定这个文件本身没有错误。其次,因为它是为了测试而被特别制作出来的,你可以设计它的内容,使任何使用文件的错误都能暴露出来。

显然,构造脚手架也需要付出一些劳动,但一旦在某个类当中发现了一个错误,你就可以重用这些脚手架了。并且有很多能流水线般创建假对象和其他脚手架的工具。同时,被测试的类与其他类的交互可能会影响测试的结果,而如果使用脚手架,就不用冒这样的风险。在遇到晦涩的算法时,脚手架会相当有用。还有一种常见的情况:由于所测试的代码是嵌入在其他代码当中,因此,执行每一个测试用例都需要花费好几分钟的时间。而脚手架则可以让你直接测试那些需要测试的代码。制作脚手架花不了多少时间,但它可以直接测试非常底层的代码,从而为你节约很多的调试时间。

目前已有许多现成的测试框架可以提供脚手架功能(JUnit、CppUnit、NUnit等),你可以使用任意一款来测试你的程序。如果你的开发环境不支持任何一种现存的测试框架,你可以在写完某个类的若干子程序之后,在该文件当中添加一个`main()`脚手架子程序来测试这个类,而被测试的类甚至不需要为此做任何准备。这个`main()`子程序可以从命令行当中读取参数,然后将参数传递给被测试的子程序,这样你就可以在这份代码集成到整个程序中之前首先自行测试一遍。集成的时候,这些脚手架子程序可以和被测试子程序一同保留在文件当中,然后通过预处理指令或者注释,使脚手架子程序处于非激活的状态。由于在预处理阶段已经把它们排除在外,因此并不会影响可执行代码。同时由于它位于源代码文件的底部,因此也不会在你阅读代码的时候干扰你的视线。把脚手架子程序保留在集成代码中并无坏处。相反,当你再次需要的时候,它已经在那里等待召唤了。同时,这么做也可以避免耗费时间来删除脚手架,或者对它进行归档。

Diff Tools
Diff 工具

> **交叉参考** 有关回归测试的更多细节,请参见第22.6小节的"重新测试(回归测试)"。

如果你有一个能自动对比实际输出与期望输出的工具,那么进行回归测试——或者被称为重新测试的时候就会容易得多了。一种检查输出数据的简单方法是,将程序的输出重定向到一个文件当中,把预计输出也存放到一个文件中,然后用一个文件比较工具如 diff 对二者进行比较。如果两个输出不一致,你就已经发现了一个回归错误。

Test-Data Generators
测试数据生成器

cc2e.com/2275

为了系统地对程序的某些部分进行测试,你可能会写一些代码。几年前我开发了一个自己的加密算法,然后写了一个使用该算法的文件加密程序。该程序的作用是对文件加密，加密后，除非输入正确的密码，否则无法对其解密。这个加密算法并非只对文件稍加粉饰，而是彻底改变了里面的内容。因此，正确解密文件是这个程序的关键，否则文件就遭到了破坏。

为了能够对程序的加密和解密部分做一个完整的测试，我设计了一个测试数据生成器。它产生包含随机字符的文件，其长度是随机的，从 0 到 500K 字节不等。它还产生由随机字符组成的密码，长度也是随机的，从 1 到 255 个字符不等。对每一个随机生成的测试用例，该测试数据生成器所产生的文件都是一式两份。程序首先对其中的一份进行加密，然后重新初始化并对加密后的内容解密，最后将结果与另一份文件进行对比。如果有任何不相同的字节，这个生成器就会输出所有有用信息，而根据这些信息我就可以重现这个错误了。

我将测试文件的平均长度控制在 30K 左右，与我的文件的平均长度差不多，远比最大文件长度 500K 要小。如果我没有将测试用例的长度控制在一个较小的长度，那么文件的长度就会均匀地分布在 0 到 500K 之间，其平均长度也就变成了 250K。更小的平均长度意味着我可以做更多的测试，包括更多的文件、密码、文件结束状态、奇怪的文件长度以及考虑其他的各种可能造成错误的情况。

最后的结果让我感到满意，因为仅仅在运行了 100 个测试用例之后，我就发现了程序里的两个错误。虽然这两个错误都是源自特例，实际上可能根本就不会发生，但是这毕竟是错误，我非常高兴能够发现它们。在修正了这些错误之后，我让这个程序花了几个星期对多达 10 万个文件进行加密和解密，没有出现任何错误。我可以很自信地宣布，在我测试过的文件内容、长度以及密码的范围之内，这个程序是正确的。

从这个故事当中我们可以得到如下经验。

- 正确设计的随机数据生成器可以产生让你意想不到的、不寻常的测试数据组合。
- 比起手工构造测试数据，随机数据生成器可以更加彻底地对程序进行测试。
- 你可以在很长时间中进一步精炼随机生成的测试用例，以强化所生成的输入的真实性。这样就可以集中测试用户最可能使用到的范围，从而最大限度地增强程序在这一输入范围内的可靠性。
- 在测试期间，模块化设计就显现出它的优势来了。我可以将加密和解密部分的代码提取出来，独立于用户界面代码进行测试，这使得编写测试驱动程序的工作变得非常简单。
- 甚至在你修改了被测试的代码之后，你还可以重用测试驱动程序。当时，我修改完最早的两个错误之后，就可以立刻重新对程序进行测试了。

Coverage Monitors
覆盖率监视器

cc2e.com/2282

Karl Wiegers 的报告称,那些没有测量代码覆盖率的测试,通常只测试到了大约 50% 到 60% 的代码(Wiegers 2002)。覆盖率监视器就是用来跟踪哪些代码已经测试过了,而哪些代码还没有。它在系统化测试的时候尤其有用,因为它会告诉你某一组测试用例是否能够彻底地对代码进行测试。如果你在运行了一组完整测试用例之后,覆盖率监视器还显示某些代码没有执行过,你就知道还需要进行更多的测试。

Data Recorder/Logging
数据记录器/日志记录器

有些工具可以监视你的程序,并在发生错误的时候为你收集程序状态信息,这就像飞机上用来分析空难原因的黑匣子一样。详细完整的日志记录可以为诊断错误提供帮助,还可以在产品发布之后为客户提供有效的服务。

你可以编写一个自己的数据记录工具,把关键事件记录到某个文件里,其中要记录的是发生错误前的系统状态,以及发生错误的确切条件等详细信息。你可以把这一功能编译进开发版本中,而在发布版本中去掉。另一个方案是,如果你能使日志实现自动裁剪记录长度,并妥善考虑记录存放的位置以及错误信息的内容,那么将此项功能纳入发布版也未偿不可。

Symbolic Debuggers
符号调试器

交叉参考 调试器的可用性随着技术环境的成熟而不断变化,有关这个现象的更多信息,请参见 4.3 节 "你在技术浪潮中的位置"。

符号调试器可以作为走查和详查代码的技术辅助工具。调试器可以一行行地对代码进行单步调试,跟踪变量的值,并能完全按照计算机的方式来演绎代码的执行情况。在调试器中对某段代码进行单步调试,并观察其运行情况是很有价值的。

从很多方面来看,在调试器当中走查代码,就像是其他许多程序员同你一起对代码进行逐行检查一样。调试器和你的同事们一样,不会有与你一模一样的盲点。使用调试器还有一个额外的好处,那就是它不需要像团队复查那样集中大量人力。在各种输入数据组合下观察代码的执行情况,就可以知道你实现的是否正是自己想要的东西。

优秀的调试器甚至是了解你所用语言的一个很好的工具,因为你可以通过它准确地看到代码是如何被执行的;你可以在高级语言代码和汇编代码这两个视图之间进行切换,据此了解高级语言是如何翻译成汇编的;你还可以监视寄存器和堆栈的情况,看看参数是如何传递的;也可以查看编译器优化之后的代码,分析编译器实施进行了哪几种优化。上述的优点都与调试器的基本作用——分析已经发现的错误没有多大关系,然而这些对调试器的创造性运用所带来的好处,远远超越了其本来的用途。

System Perturbers
系统干扰器

cc2e.com/2289

另一类测试支持工具是用来对系统进行干扰的。许多人都遇到过这样的事情:对同样的数据测试了 100 遍,其中 99 次都成功了,但就是有 1 次失败了。这种问题几乎总是源于忘记对某处变量进行初始化了,这种问题通常很难重现,因为 100 次中的 99 次,这个没有初始化的变量的值都正好是 0。

这类测试支持工具有如下多种功能。

- **内存填充** 你可能想要确认程序中的所有变量都已经初始化了。有些工具可以在你运行程序之前将任意数值填充到内存当中,这样没有初始化的变量就不会正好是 0。在某些情况下,内存也可以设置成某指定数值。例如在 x86 处理器中,数值 0xCC 是断点中断(int 03h)的机器码。如果你用 0xCC 来填充内存,那么当代码访问到本不该访问的内存区域时,你就能够在调试器上捕捉断点从而发现这个错误。

- **内存抖动** 在多任务系统里面,有些工具可以在你的程序运行的时候重新组织内存,使用这种工具可以让你确信所有代码都只依赖存放在相对位置的数据,而非某些绝对位置。

- **选择性内存失败** 一个内存驱动程序可以模拟内存容量不足的情况。程序在这种情况下有可能遇到各种内存问题,包括内存耗尽,内存请求失败,若干次请求成功之后遭遇失败,或是若干次请求失败后才能成功等。在测试那些动态分配内存的复杂程序的时候,这种工具就特别有用。

- **内存访问检查(边界检查)** 边界检查监视着各种指针操作,确保所有指针都工作正常。这种工具在寻找未初始化的或者悬空的指针方面非常有用。

Error Databases
错误数据库

cc2e.com/2296

存放以往错误的数据库是另一种强大的测试工具,这样一个数据库既是管理工具,又是技术工具。它让你能检查重复出现的错误,即时获取已纠正错误和已发现错误之比率,以及跟踪错误的处理状态和严重级别。第 22 章第 7 节"保留测试记录"详细说明了错误数据库里面应该保存什么样的信息。

22.6 Improving Your Testing
改善测试过程

改善测试过程的步骤同改善任何其他过程的步骤类似。你必须清楚地知道这一过程是干什么的,这样你才能对其略做调整,然后看看这样改变会产生什么效果。当你观察到某种改变产生了积极的效果时,你就可以继续下去,使其锦上添花。下面的小节描述了在测试中应该如何去做。

Planning to Test
有计划的测试

交叉参考 有计划的测试包括了编写正式的测试计划。关于测试文档的更多信息,请参考 32 章末尾部分的"更多资源"。

有效测试的关键之一,就是在待测试项目开始之初就拟定测试计划。就重要性而言,测试应当与设计和编码平起平坐,这就要求项目为测试分配时间,重视测试并保障这一过程的质量。测试计划也是使测试过程可重复的一个要素,如果你无法重复它,那么就不可能改善它。

Retesting (Regression Testing)
重新测试(回归测试)

假设你已经对某产品进行了彻底的检查,而且没有发现任何错误。在此之后该产品的某个部分被修改,你想确定修改后的产品仍然能通过此前的所有测试——也就是说,这次的修改没有给产品引入任何新的错误。为确保软件没有倒退,或者没有"回归"而设计的测试,被称为"回归测试"。

除非在每次修改后重新对程序进行系统化的测试,否则要开发出一个高质量的软件产品几乎是痴人说梦。而如果每次修改后你都使用了不同的测试用例,那么你将无法保证本次修改没有给程序引入任何新的错误。因此回归测试每次都应该使用相同的测试用例。有时候,随着产品的不断成熟,你会添加新的测试用例,但仍然应当保留旧的测试用例。

Automated Testing
自动化测试

KEY POINT 管理回归测试唯一可行的方法,就是将其变成一个自动化的过程。在一遍遍执行相同的测试并观察到相同的测试结果后,人们常常会开始变得麻木,对所出现的错误视而不见。这直接违背了回归测试的目的。测试大师 Boriz Beizer 的报告表明,手动测试发生错误的几率,与被测代码中错误存在的几率有得一拼。他估计,手动测试的时候,只有一半的测试被正确地执行了(Johnson 1994)。

自动化测试的好处如下。

- 自动化测试发生错误的几率比手动测试要小。
- 一旦你把一个测试自动化了,那么你只需稍下功夫,就很容易在项目的剩余部分继续实施自动化。

- 如果测试是自动进行的，那么就可以频繁地运行，看看新 check in 的代码是否破坏了原有的程序。测试自动化是各种测试实践的基础部分之一，这些测试实践包括 daily build、冒烟测试以及极限编程，等等。
- 自动化测试可以提高问题刚产生就被发现的可能性，这可能显著减少分析和修正错误所需要的工作量。
- 由于自动化测试能够提升快速发现修改所引入错误的几率，因此它为大规模代码修改提供了一张安全网。
- 自动化测试在那些新的、不稳定的技术环境当中特别有价值，因为它提早稀释了环境改变对系统的影响，而非事后补救。

交叉参考 想要更详细地了解技术成熟度与开发实践之间的关系，请参见 4.3 节 "你在技术浪潮中的位置"。

进行自动化测试所需要的工具应该提供脚手架、生成输入、捕获输出，以及比较实际输出与预期输出等功能。这些工具在前面的小节当中已经提到过了，它们在自动化测试中会发挥部分甚至全部的功能。

22.7 Keeping Test Records 保留测试记录

KEY POINT 除了使测试过程有重复之外，你还需要对整个项目进行量化评估，以确定所做的修改是使程序质量有所提高还是降低。为了评估整个项目，你需要收集下列几种数据：

- 缺陷的管理方面描述（报告日期、报告人、描述或标题、生成编号以及修正错误的日期等）
- 问题的完整描述
- 复现错误所需要的步骤
- 绕过该问题的建议
- 相关的缺陷
- 问题的严重程度——例如致命的、严重的或者表面的
- 缺陷根源：需求、设计、编码还是测试
- 对编码缺陷的分类：off-by-one 错误、错误赋值、错误数组下标，以及子程序调用错误等
- 修正错误所改变的类和子程序
- 缺陷所影响的代码行数
- 查找该错误所花的小时数
- 修正错误所花费的小时数

一旦你收集到了这些数据，你就可以对其中部分细加思考，从而判断项目是向着更健康，还是更糟糕的趋势发展。

- 每一个类中的缺陷数目,从最糟糕的类到最好的类依次列出,如果类的规模不同,可能需要对这一数字进行归一化处理。
- 按照同样的方式列出每个子程序中的缺陷数,也可能需要根据子程序大小归一化处理。
- 发现一个错误平均所需要花费的测试时间。
- 每个测试用例所发现缺陷的平均数。
- 修正一个缺陷花费的平均编程时间。
- 全部测试用例的代码覆盖率。
- 在各个严重级别中未处理缺陷的数量。

Personal Test Records
个人测试记录

除了保留项目级的测试记录之外,你或许还会发现坚持编写个人的测试记录也很有用。这份列表除了记录你最常犯的错误之外,还可以记录编写代码、测试代码以及修正代码所花费的时间。

Additional Resources
更多资源

cc2e.com/2203

联邦诚信法案迫使我向大家透露,有几本书比本章更深入地讨论了测试。这些书专注于测试讨论系统,以及黑盒测试,这些都是本章所没有提到的。这些书也与在开发者有关的主题上走得更远,讨论了诸如因果图等形式化测试方法,以及建立独立测试组织的细节。

Testing
测试

Kaner, Cem, Jack Falk, and Hung Q. Nguyen. 《*Testing Computer Software*》, 2d ed.(《计算机软件测试》) New York, NY: John Wiley & Sons, 1999。这可能是现今软件测试方面最好的书了。其内容最适用于指导测试那些用户基数很大的应用程序,例如高流量的网站以及各种流行软件,在其他方面也很有用。

Kaner, Cem, James Bach, and Bret Pettichord. 《*Lessons Learned in Software Testing*》(《软件测试:经验与教训》). New York, NY: John Wiley & Sons, 2002.这本书是对《*Testing Computer Software,2d, ed*》的一个很好的补充。该书共有11章,列举了作者们收获的250条经验教训。

Tamre, Louise. 《*Introducing Software Testing*》(《软件测试导引》). Boston, MA: Addison-Wesley, 2002。这是一本通俗易懂的测试书籍,面向的是那些需要理解测试的开发人员。不要被这本书的标题所误导,这本书深入讨论了许多测试细节,这些内容甚至对有经验的测试人员都非常有用。

Whittaker, James A. 《*How to Break Software: A Practical Guide to Testing*》(《怎样摧毁软件：测试实用指南》). Boston, MA:Addison-Wesley, 2002.这本书列举了23种测试人员可以尝试让软件崩溃的攻击方法，并且通过流行的软件包为每个攻击方法给出了例子。你可以将这本书作为测试的第一手资料，或者将它作为其他测试书籍的一个补充，因为该书中描述的方法太有特色了。

Whittaker, James A. "What Is Software Testing? And Why Is It So Hard?"（"什么是软件测试？为什么它使人头痛？"）《*IEEE Software*》, January 2000, pp. 70—79.这篇文章对软件测试进行了精彩的介绍，并解释了有效测试所面临的一些挑战。

Myers, Glenford J. 《*The Art of Software Testing*》(《软件测试的艺术》). New York, NY: John Wiley, 1979.这是软件测试方面的一本经典图书，到今天它仍然在出版（虽然非常贵）。这本书内容丰富：自评估测试；程序测试的心理学和经济学；程序的评审、走查以及复查；测试用例设计；类的测试；高阶测试；调试；测试工具和其他技术。它很薄（177页），也很易读，开篇的提问让你从测试人员的角度去思考哪几种情况会导致一段代码出错，该书随后进行了演示。

Test Scaffolding
测试脚手架

Bentley, Jon. "A Small Matter of Programming" in 《*Programming Pearls*》, 2d ed（《编程珠玑 第二版》）. Boston, MA: Addison-Wesley, 2000.这篇短评包含了一些很好的测试脚手架例子。

Mackinnon, Tim, Steve Freeman, and Philip Craig. "Endo-Testing: Unit Testing with Mock Objects," *eXtreme Programming and Flexible Processes Software Engineering* -XP2000 *Conference*, 2000. 这是最早讨论用mock对象辅助开发人员测试的论文。

Thomas, Dave and Andy Hunt. "Mock Objects,"《*IEEE Software*》, May/June 2002. 这篇文章很容易读懂，它介绍了如何用mock对象帮助开发人员进行测试。

cc2e.com/2217　www.junit.org，这个网站为开发人员使用JUnit提供了支持，cppunit.sourceforge.net 和 nunit.sourceforge.net 也有类似的资源。

Test First Development
测试先行开发

Beck, Kent. 《*Test-Driven Development: By Example*》(《测试驱动开发：示例导引》). Boston, MA: Addison-Wesley, 2003. Beck在这里描述了测试驱动开发的细节，这种开发方法的特征是首先写测试用例，然后再写代码来满足这些测试用例。尽管Beck不时会对自己的方法表现出布道者的狂热，但他的建议还是很合理的。

这本书较薄，却击中要点，此外还有大量的例子，都是可以运行的真实代码。

Relevant Standards
相关标准

IEEE Std 1008—1987 (R1993), Standard for Software Unit Testing

IEEE Std 829—1998, Standard for Software Test Documentation

IEEE Std 730—2002, Standard for Software Quality Assurance Plans

---

CHECKLIST: Test Cases
核对表：测试用例

cc2e.com/2210

- ❑ 类和子程序所对应的每一项需求是否都有相应的测试用例？
- ❑ 类和子程序所对应的每一个设计元素是否都有相应的测试用例？
- ❑ 每行代码是否被至少一个测试用例所测试？你是否通过计算测试到每行代码所需的最少测试用例数量来验证这一点？
- ❑ 所有已定义-已使用路径是否至少被一个测试用例测试过了？
- ❑ 是否测试过那些不太可能正确的数据流模式，例如已定义-已定义、已定义-已退出以及已定义-已销毁？
- ❑ 是否有一张常见错误列表，并据此编写测试用例以检测过去经常出现的错误？
- ❑ 所有的简单边界是否都已经测试过了：最大、最小以及 off-by-one？
- ❑ 是否测试了组合边界——即，多个输入数据的组合导致输出数据过小或者过大？
- ❑ 测试用例是否检查了数据类型错误，例如一个薪水记账程序里的雇员数量是负数？
- ❑ 是否测试了那些中规中矩的典型数值？
- ❑ 是否测试了最小正常形式？
- ❑ 是否测试了最大正常形式？
- ❑ 是否检查了与旧数据的兼容性？以及是否对旧硬件、旧操作系统版本以及其他旧版本软件的接口进行了测试？
- ❑ 测试用例是否容易手工检验？

Key Points
要点

- 开发人员测试是完整测试策略的一个关键部分。独立测试也很重要，但这一主题超出了本书的范围。

- 同编码之后编写测试用例相比较，编码开始之前编写测试用例，工作量和花费的时间差不多，但是后者可以缩短缺陷-侦测-调试-修正这一周期。

- 即使考虑到了各种可用的测试手段，测试仍然只是良好软件质量计划的一部分。高质量的开发方法至少和测试一样重要，这包括尽可能减少需求和设计阶段的缺陷。在检测错误方面，协同开发的成效至少与测试相当。这些方法所检测错误的类型也各不相同。

- 你可以根据各种不同的思路来产生很多测试用例，这些思路包括基础测试、数据流分析、边界分析、错误数据类型以及正确数据类型等。你还可以通过猜测错误的方式得到更多的测试用例。

- 错误往往集中在少数几个容易出错的类和子程序上。找出这部分代码，重新设计和编写它们。

- 测试数据本身出错的密度往往比被测代码还要高。查找这种错误完全是浪费时间，又不能对代码有所改善，因此测试数据里面的错误更加让人烦恼。要像写代码一样小心地开发测试用例，这样才能避免产生这种问题。

- 自动化测试总体来说是很有用的，也是进行回归测试的基础。

- 从长远来看，改善测试过程的最好办法就是将其规范化，并对其进行评估，然后用从评估中获得的经验教训来改善这个过程。

第 23 章 Debugging 调试

cc2e.com/2361

内容

- 23.1 调试概述：第 535 页
- 23.2 寻找缺陷：第 540 页
- 23.3 修正缺陷：第 550 页
- 23.4 调试中的心理因素：第 554 页
- 23.5 调试工具——明显的和不那么明显的：第 556 页

相关章节

- 软件质量概述：第 20 章
- 开发者测试：第 22 章
- 重构：第 24 章

> 调试代码的难度是首次编写这些代码的两倍。因此，如果你在编写代码的时候就已经发挥了全部聪明才智，那么从概念上讲，你将无法凭借自己的智慧去调试这些代码。
> ——Brian Kernighan

调试是确定错误根本原因并纠正此错误的过程。同测试不同，后者是检测错误的过程。在一些项目中，调试可能占到整个开发周期的 50%。对很多程序员来说，调试是程序设计中最为困难的部分。

调试原本不应成为最难解决的问题。如果严格遵照本书所提供的建议，你几乎没有什么错误需要调试。你所面对的绝大多数问题将都是一些微小的疏忽和拼写错误，这些很容易通过阅读源代码列表或在调试器中单步跟踪来发现。针对剩下的一些难于解决的 bug，本章将为你介绍一些调试手段，这些手段比通常的一些方法为你节省更多精力。

23.1 Overview of Debugging Issues 调试概述

已故海军少将 Grace Hopper，COBOL 的发明者之一，坚信"bug"一词可以追溯到第一台大型数字计算机，即 Mark I（IEEE 1992）。程序员们在一次解决电路故障的时候看到了一只大飞蛾，并发现这只飞蛾飞到了计算机里面。从此计算机故障就被归咎于"bug/虫子"。在软件领域之外，"bug"一词最早源自托马斯·爱迪生。他早在 1878 年就用这个词表达过现在我们常见的含义（Tenner 1997）。

"bug"一词是一个生动的词汇，它勾勒出如下的画面：

然而，看看软件缺陷的真实面目。虫子们（bugs）并不是那些在你忘了喷洒杀虫剂时溜进代码的有机生物。它们是软件错误（errors）。软件中的 bug 意味着程序员出了错。错误的结果并不像上面的图画那样可爱，而更像下面这张便笺纸：

在本书的上下文中，为保持术语的精确性，代码中的错误都称为"errors"（错误）、"defects"（缺陷）或"faults"（失误）。

Role of Debugging in Software Quality
调试在软件质量中所扮演的角色

同测试一样，调试本身并不是改进代码质量的方法，而是诊断代码缺陷的一种方法。软件的质量必须从开始逐步建立：开发高质量软件产品的最佳途径是精确描述需求，完善设计，并使用高质量的代码编写规范。调试只是迫不得已时采用的手段。

Variations in Debugging Performance
调试效率的巨大差异

为什么还要讨论调试？难道还有人不知道怎么调试么？

的确如此，并不是每个人都知道怎么调试。一项研究表明，针对同样一组缺陷，经验丰富的程序员找出缺陷所用的时间大约只是缺乏经验的程序员们的 1/20。并且一些程序员能够找出更多的缺陷，且能更为准确地对这些缺陷进行修改。下面是一项经典调查的结果：展示了一组具备四年以上工作经验的程序员，调试一个带有 12 个缺陷的程序时的效率。

	最快的三位 程序员	最慢的三位 程序员
平均调试时间/min	5.0	14.1
未被发现缺陷的平均数量	0.7	1.7
修改缺陷时引入新缺陷的平均数量	3.0	7.7

数据来源："Some Psychological Evidence on How People Debug Computer Programs"（关于人们如何调试计算机程序的一些心理上的证据）(Gould 1975)。

HARD DATA

对于那三位精于调试的程序员来说，他们发现缺陷的速度是那些在这方面表现拙劣的程序员们的三倍，而所引入的缺陷仅仅是后者的 2/5。最优秀的程序员在发现所有缺陷并进行改正的同时没有引入任何新的缺陷。而最差的程序员漏掉了 12 个缺陷中的 4 个，并且在改正所发现的 8 个缺陷的同时引入了 11 个新的缺陷。

但这项研究并没有实际反映出所有的情况。在第一轮调试之后，最快的三个程序员仍然在代码中留下了 3.7 个缺陷，最慢的三个程序员还有 9.4 个。然后两个组没有继续调试。我很想知道，假设在后续调试循环中双方维持各自发现缺陷和错误修正的概率不变，会出现什么情况。我的说法未必合乎统计结果，但这些还是很有趣。在维持各自发现缺陷和错误修正的概率不变的情况下，到每个组剩下的缺陷不到一半，最快的一组需要三轮循环，而最慢的一组则需要 14 轮。不要忘了，最慢一组每一轮的调试时间是最快一组的三倍。因此根据我不甚科学的推断，如果要彻底调试程序，最慢的一组所花费的时间将是最快一组的 13 倍。类似的巨大差异已经被其他一些研究所证实（Gilb 1977，Curtis 1981）。

交叉参考 想要知道关于软件质量和成本之间关系的详细信息，请阅读第 20.5 节 "软件质量的普遍原理"。

除了让我们深入了解调试效率的巨大差异之外，这项研究还印证了软件质量的普遍性原则：提高软件质量能够减少开发成本。最好的程序员能够找出最多的错误，最快的找出错误，并且往往能够正确改正错误。不需要硬着头皮在质量、成本和开发周期之间做出选择——鱼和熊掌尽可能兼得。

Defects as Opportunities
让你有所收获的缺陷

代码里面有缺陷意味着什么？如果你希望程序里面一个缺陷（defect）也没有，那意味着你还没有完全理解程序的功能。这个观点可能让人有些费解。毕竟，如果这个程序是你开发的，它就应当按照你的意愿来运行。如果你并不知道你到底想让计算机做些什么，那么你的做法同胡乱尝试不同的东西直到结果看起来正确没什么差别——也就是通过反复尝试来完成编程。如果按照这样的方式,代码就必然会有缺陷。你并不需要学会如何修正缺陷。你应该学会如何在一开始就避免缺陷的产生。

绝大多数的人或多或少都会犯错,然而,如果只是适度的疏忽,你还是可能会成为一位优秀的程序员。这时,程序中的错误为你提供了学习很多东西的绝好机会。你可以从错误中得到以下好处。

理解你正在编写的程序 你所面对的程序一定有一些东西需要你去了解。因为如果你确实已经透彻地理解了它,这个程序就不应该还有缺陷,你应该早就纠正了这些缺陷。

> **深入阅读** 一些方法可以帮助你确定你更容易犯下哪种类型的错误。详细资料请阅读《A Discipline for Software Engineering》(《软件工程规范》)(Humphrey 1995)

明确你犯了哪种类型的错误 如果是你写的程序,缺陷就是你引进的。并不是每天都有聚光灯把你的弱点照得一清二楚。但如果有这么一天,这就是个机会,因此你要利用它。一旦你发现了错误,请问问自己为什么会犯这样的错误。你如何才能更快地发现这个错误?你如何才能预防此类错误的发生?代码里面还有类似的错误么?你能在这些错误造成麻烦之前改正它们么?

从代码阅读者的角度分析代码质量 你必须阅读自己的代码,以便发现其中的缺陷。这就使你有了带着挑剔的眼光审视自己代码的质量的机会。代码易读么?它怎样才能更好?用你的结论重构你现在的代码,并让自己下次编写的代码更好。

审视自己解决问题的方法 你自己解决调试问题时用到的方法使你感到自信吗?你的方法管用么?你能够很快地发现缺陷么?或者正是你的方法导致调试工作成效很差?调试过程中你有痛苦和挫败感么?你是在胡乱猜测么?你的调试方法需要改进么?想想那么多项目已经在调试上耗费了大量时间,如果你注意审视自己的调试方法,你或许就不会耗费那么多时间。花点时间来分析并改进你的调试方法,可能就是减少程序开发时间的最有效方法。

审视自己修正缺陷的方法 除了审视自己如何发现缺陷,你还需要关注自己如何修正缺陷。你是否用了 goto 这样的绷带或对一些处理特殊情况进行简单包扎(这或许是最容易的修改方式),从而仅仅治标却不治本呢?还是从系统角度进行修正,通过精确的分析对问题的根本原因对症下药呢?

想想所有这些,调试其实是一片极其富饶的土地,它孕育着你进步的种子。这片土地也是所有软件构建之路所交织的地方:可读性、设计、软件质量,凡是你能想到的无所不包。编写优秀代码所得到的回报,如果你能精于此道,你甚至无须频繁调试。

An Ineffective Approach
一种效率低下的调试方法

不幸的是,学院和大学的编程课程中几乎没有关于调试的内容。如果你是在学校里学习编程的,那么你可能已经听过关于调试的几节课。尽管我受到了极好的计算机科学教育,所获得的调试建议也仅仅是"在程序中加上 print 语句来找出缺陷"。这并不够。如果其他程序员在这方面所获得的教育经历同我相似,那么有很多程序员都将不得不彻底改变自己对调试概念的理解。这是多么大的浪费!

The Devil's Guide to Debugging
调试之魔鬼指南

> 程序员们往往不愿意使用现成的数据来约束他们的推理。他们往往喜欢进行琐碎和无理性的修改,而且他们通常不愿意推翻以前不正确的修改。
>
> —Iris Vessey

在诗人但丁关于地狱的描述中,最深的一层留给了撒旦自己。如今,《旧约》已经同意让那些不学习如何有效调试的程序员来共享这层最深的地狱了。他让程序员们使用这些传统的调试方法,让他们受尽折磨。

凭猜测找出缺陷　要找出缺陷,请把 print 语句随机地散布在程序中。检查这些语句的输出来确定缺陷到底在哪里。如果通过 print 语句还是不能找到缺陷,那么就在程序中修改点什么,直到有些东西好像能干活了。不要备份程序的原始版本,也不要记录你做了哪些改变。只有在你无法确定自己的程序正在干什么的时候,编程才比较刺激。请提早准备一些可乐和糖果,因为你会在显示器前度过一个漫漫长夜。

不要把时间浪费在理解问题上　出现的问题不值一提,要解决它们并不需要彻底弄懂程序。只要找出问题就行了。

用最唾手可得的方式修正错误　与其把时间浪费在一个庞大、雄心万丈的,甚至可能影响整个程序的修正工作上,还不如直接去解决你所面对的那个特殊问题。下面是一个完美的例子:

```
x = Compute( y )
if ( y = 17 )
   x = $25.15 -- 当 y=17 的时候,Compute()没有起到作用,因此需要修改
```

如果在这里写一段特例处理代码就可以解决问题,谁会去对 Compute() 寻根究底,弄清与值 17 有关的棘手问题究竟是什么。

Debugging by Superstition
迷信式调试

撒旦已慷慨地将地狱的某个部分租给那些在调试时怨天尤人的程序员了。每个团队里都也许有这样一个程序员,他总会遇到无穷的问题:不听话的机器,奇怪的编译器错误,月圆时才会出现的编程语言的隐藏缺陷,失效的数据,忘记做的重要改动,一个不能正常保存程序的疯狂的编辑器——你怎么描述这种行为好

呢。这就是"迷信式编程（programming by superstition）"。

要知道，如果你写的程序出了问题，那就是你的原因，不是计算机的，也不是编译器的。程序不会每次都产生不同的结果。它不是自己写出来的，是你写的，所以，请对它负责。

即使某个错误初看似乎不能归咎于你，但出于你自身的利益，最好还是假设它的产生同你有关。这样的假设将有助于你的调试。你集中注意去寻找，要在程序里发现问题就已经够困难了，更何况在你认为自己的代码完美无缺的时候。如果你宣称某个错误源自别人的代码，其他的程序员将会相信你已经仔细研究过这个问题。因此，如果你从一开始就假设错误是你引发的，就能避免陷入这样的尴尬境地：在公众面前先指责别人犯了错，最终却发现错误其实由你而生。

23.2 Finding a Defect
寻找缺陷

调试包括了寻找缺陷和修正缺陷。寻找缺陷——并且理解缺陷——通常占到了整个调试工作的 90%。

幸运的是，你并不需要随机猜测，也不需要求助于撒旦。相对于借助蝾螈的眼睛和青蛙耳朵上的尘土完成调试，思考问题本身将会更加有效，也更为有趣。

假设你要调查一桩谋杀悬案，下面两种做法哪一种会更为有趣？是在整个城镇里挨家挨户确认每个人是否有 10 月 17 日晚不在现场的证据，还是通过蛛丝马迹推断凶手的身份？绝大多数人都会选择后者，绝大多数的程序员也会发现开动脑筋进行调试会给自己带来更多的满足感。更何况，高效的程序员只需花费低效程序员的 1/20 的时间，他们并不是随机地猜测如何修正程序。他们使用科学的方法——即所有科学探索所必需的发现和实证的过程。

The Scientific Method of Debugging
科学的调试方法

在运用经典的科学调试方法时，你会经历如下步骤：

1. 通过可重复的试验收集数据；
2. 根据相关数据的统计构造一个假说；
3. 设计一个实验来证明或反证这个假说；

4. 证明或反证假说；

5. 根据需要重复进行上面的步骤。

KEY POINT

就科学调试方法而言，条条道路通罗马。下面给出了一种寻找缺陷的有效方法：

1. 将错误状态稳定下来；

2. 确定错误的来源（即那个失误"fault"）——

    a. 收集产生缺陷的相关数据，

    b. 分析所收集的数据，并构造对缺陷的假设，

    c. 确定怎样去证实或证伪这个假设，可以对程序进行测试或是通过检查代码，

    d. 按照 2（c）确定的方法对假设做出最终结论；

3. 修补缺陷；

4. 对所修补的地方进行测试；

5. 查找是否还有类似的错误。

第一个步骤同科学方法第一步类似，它们都依赖于可重复性。如果能把症状稳定下来，确诊就会容易一些，也就是说让缺陷可以稳定地重现。第二个步骤借用了科学方法的第二步骤。收集同缺陷相关的测试数据，分析已经得到的这些数据，然后对错误的原因提出假设。你可以设计一个测试用例，或者对代码进行仔细检查，以便评价这个假设，然后，根据情况，要么你可以宣布大功告成（前提是成功证明了你的假设），要么就是再做一次尝试。一旦已经证明了你的假设，你就可以修正这个缺陷，对修正后的代码进行测试，然后搜索你的代码中还有没有类似错误。

现在让我们结合一个例子来分析这些步骤。假设手头有一个时不时会出错的员工数据库程序。该程序原本应该按照字母顺序打印一份员工名称和交税金额列表。以下内容是输出的一部分：

```
Formatting, Fred Freeform    $5,877
Global, Gary                 $1,666
Modula, Mildred             $10,788
Many-Loop, Mavis             $8,889
Statement, Sue Switch        $4,000
Whileloop, Wendy             $7,860
```

问题是 `Many-Loop, Mavis` 以及 `Modula, Mildred` 排列顺序颠倒了。

Stabilize the Error
把错误的发生稳定下来

如果错误只是时不时地出现，那么几乎没有可能找出它发生的原因。在调试工作中，让某个不定期出现的错误有规律地重现几乎是最具挑战性的任务之一。

> **交叉参考** 如果想知道如何安全地使用指针，请参阅第 13.2 节"指针"。

如果一个错误无法重现，这通常会是一个初始化错误，或者是一个同时间有关的问题，或者是悬空指针（dangling-pointer）问题。如果某个求和结果时对时错，很有可能是参与计算的某个变量未能正确地初始化——可能正好在大多数情况它是从 0 开始。如果这个问题诡异且变幻莫测，并且你又在使用指针，那么几乎可以肯定是你的代码中有未初始化的指针，或者用了所指向的内存区域已经被释放的指针。

同建立能引发错误的测试用例相比，将一个错误的发生稳定下来需要更多的技巧。这包括生成能产生错误的最小化测试用例。简化测试用例的目标是使它尽可能简单，其任何方面的修改都会改变相关错误的行为。这样一来，你就可以在可控的条件，改变测试用例并仔细观察系统的变化，你就可能确定问题产生的根源。如果你在某个拥有独立测试团队的组织中工作，简化测试用例有时会是测试组的工作。但绝大部分时候，你需要自己来完成它。

在简化测试用例时，你需要再度祭起科学方法。假设在有 10 个因素组合的情况下产生了错误。你可以做一个假设，假定某些因素同错误的发生有关。改变你假设无关的那些因素，然后重新运行测试用例。如果错误仍然出现，你就可以在测试用例中去掉这些因素，并由此简化了测试。然后，你可以尝试进一步的简化测试用例。如果错误不出现了，那么就是否证了你对特定因素做出的假设，由此你也对工作有了更深的认识。有可能一些稍微不同的改动还是会引发错误，但是你至少弄明白了一点：某种特定的改动不会出错。

在上面员工纳税的例子中，当程序最初运行时，`Many-Loop, Mavis` 被列在 `Modula, Mildred` 之后。而当程序第二次运行时，结果又对了：

```
Formatting, Fred Freeform    $5,877
Global, Gary                 $1,666
Many-Loop, Mavis             $8,889
Modula, Mildred             $10,788
Statement, Sue Switch        $4,000
Whileloop, Wendy             $7,860
```

在输入 `Fruit-Loop, Frita` 后，显示的位置又出现了错误，这时你想起了在输入 `Modula, Mildred` 之后也出现了同样的错误。奇怪的是这两个测试用例都是被单独输入的。通常，员工信息都是一组一组地输入的。

你可以假设：问题同输入单个新员工的信息有关。如果这个假设成立，那么再次运行程序，`Fruit-Loop, Frita` 将会在正确的位置上出现。下面就是第二次运行的结果：

```
Formatting, Fred Freeform    $5,877
Fruit-Loop, Frita            $5,771
Global, Gary                 $1,666
Many-Loop, Mavis             $8,889
Modula, Mildred             $10,788
Statement, Sue Switch        $4,000
Whileloop, Wendy             $7,860
```

这一次的运行结果成功地支持了假设。为了确认有关假设，还需要加入一些新的员工信息，每次只加一条，看看次序是否出现了错误，在第二次运行时次序是否有了改变。

Locate the Source of the Error
确定错误原因

确定错误原因同样需要运用科学方法。你或许开始会怀疑缺陷是某个特定问题的结果，例如某个 off-by-one 错误。这时你可以修改怀疑是导致问题的参数——让参数取值位于边界之外，恰好是边界值，或位于边界值以内——以验证你的假设是否正确。

在上面的例子中，问题的原因可能是某个 off-by-one 缺陷，即在添加一条员工信息的时候就会出问题，而添加两条或两条以上则不会出现。然而，检查代码，你并没有发现某个明显的 off-by-one 缺陷。根据 B 方案，需要运行一个含有单个新员工信息的测试用例。于是将 `Hardcase, Henry` 作为一条单独的员工信息添加进去，并假设这条记录将会不按次序排列。下面是测试用例的结果：

```
Formatting, Fred Freeform    $5,877
Fruit-Loop, Frita            $5,771
Global, Gary                 $1,666
Hardcase, Henry                $493
Many-Loop, Mavis             $8,889
Modula, Mildred             $10,788
Statement, Sue Switch        $4,000
Whileloop, Wendy             $7,860
```

`Hardcase, Henry` 这行出现在了它应该出现的位置，这表明你最初的假设是错误的。问题并不是简单的由于每次添加了一条员工信息而产生的。它要么是一个更为复杂的问题，要么就是同之前的假设完全不同。

检查测试运行的输出，你注意到 `Fruit-Loop, Frita` 和 `Many-Loop, Mavis` 有连字号，而其他的名字都没有。但是 `Fruit-Loop` 在第一次被输入时就乱序了，而 `Many-Loop` 却没有，对吧？尽管你没有打印出最初的条目，但你应当还记得，在最初的错误中，`Modula, Mildred` 似乎就乱序了，而它紧接着 `Many-Loop`。或许是 `Many-Loop` 乱序了，而 `Modula` 是正确的。

你再次假设：问题是连字号引发的，不是由于每次输入了单个条目。

但是如何解释问题只在第一次输入单个员工信息的时候出现呢？你看看代码，发现里面有两个不同的排序循环。一个用在员工信息输入的时候，另一个用在保存数据的时候。仔细看看代码，在输入一条员工信息的时候，程序并不对数据进行完整的排序。它只是将数据大致按顺序放置，以加速在保存数据时的排序。因此，问题是数据在排序前被打印出来了。连字号问题是因为粗略排序循环并没有精确处理标点等细节情况。好了，现在你可以进一步提炼你的假设。

现在，你开始了最后一次假设：对于有标点符号的员工姓名，在数据保存之前的存放顺序都是乱的。

随后，你通过另外的测试用例验证了这一假设。

Tips for Finding Defects
寻找缺陷的一些小建议

一旦将错误的发生稳定下来并精简了产生该错误的测试用例，那么寻觅错误根源对你要么是小事一桩，要么会让你绞尽脑汁，这取决于你的代码编写质量。如果在寻找缺陷的时候遇到了麻烦，很可能是因为你的代码写得不好。你或许不大喜欢听到这句话，但这是事实。如果有了麻烦，请考虑下面的建议。

在构造假设时考虑所有的可用数据 在对缺陷原因创建某个假设时，考虑尽可能多的数据。例如，你或许会注意到 `Fruit-Loop`,`Frita` 乱序了，于是你就假设以字母"F"打头的名字都会出问题。这个假设很没水平，因为它没有包括第二次 `Modula`,`Mildred` 也是乱序排列的这一事实。因此，如果数据无法满足假设，不要将它弃置一旁，思考一下为什么这些数据不符合假设，然后再来构造新的假设。

例子中的第二个假设认为问题产生于含有连字号的姓名，而不是被单个输入的条目——最初这一假设也无法解释第二次的姓名为什么能够正确地排列。然而，第二个假设引导我们照着正确的方向对假设进行提炼。即使最初的假设无法圆满解释所有的数据，这也没什么，只要你能够保持不断对假设进行提炼，它终究会给你满意的答案。

提炼产生错误的测试用例 如果无法确定错误的根源，那么可以尝试重新提炼测试用例。你可以尝试在更大的范围内调整参数，而不局限于之前的假设。在关注众多参数中的某一个时可能带来关键性的突破。

23.2 寻找缺陷

交叉参考 如果想了解关于单元测试框架的更多消息，请参阅第 22.4 节中的"将单元测试纳入测试框架"。

在自己的单元测试族（unit test suite）中测试代码 相对于一个较大的集成程序，在一个小型代码片段中发现问题会容易得多。你应当独立地对代码进行单元测试。

利用可用的工具 有很多各种各样的工具可以为你的调试工作带来方便：交互式的调试器、"吹毛求疵"型编译器、内存检查工具、带有语法提示的编辑器等。选择适当的工具可以使棘手的问题迎刃而解。例如，有一个难于发现原因的错误：程序的某个模块覆盖了另一模块使用的内存。如果使用传统的调试手段，程序员将很难诊断这个错误，因为无法准确地定位程序错误覆盖的内存位置。这时，可以使用内存中断点来监视特定的内存地址。当程序对该内存位置写入数据时，调试器就停止执行代码，这样一来，过错代码就浮出水面了。

这只是一个例子，说明只要应用了适当的工具，难于分析的调试问题可以变得容易解决。

采用多种不同的方法重现错误 有时，尝试一些能够产生相似错误，而本身又不尽相同的测试用例或许能让调试过程柳暗花明。这种方法就如同对缺陷进行三角定位。如果从某个点可以定位这个缺陷，从另一个点也能定位这个缺陷，那么你对缺陷的位置就会有更为精准的把握。

如图 23-1 所示，用不同方法重现错误将有助于确定错误的原因。你一旦认为自己已经找出了问题，就运行一个与产生错误的那个测试用例很类似的用例，但这个新的测试用例应该不产生错误。如果新的测试用例也产生了错误，那么看来你还没有彻底理解问题本身。错误常常是由多种因素交织产生，仅仅通过一个测试用例通常无法确定问题的根本原因。

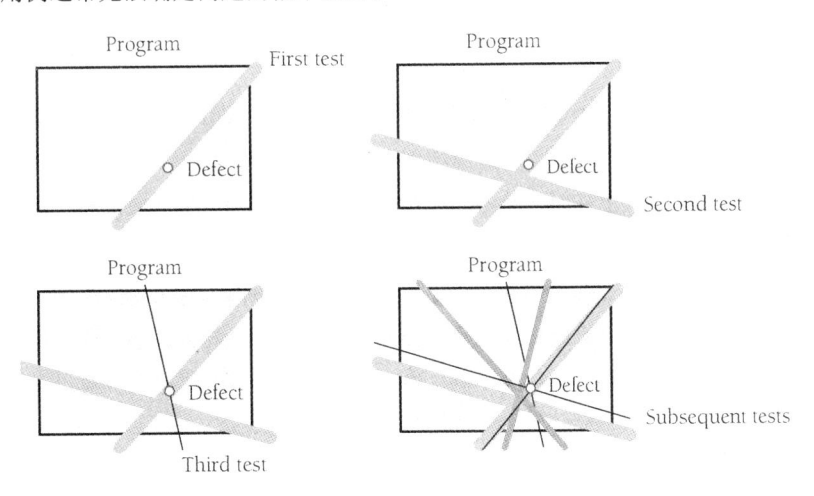

图23-1 尝试用多种方法重现错误以准确判定错误原因

用更多的数据生成更多的假设 在选择测试用例的时候,要让新的测试用例不同于你已确知正确或者出错的那些用例。这些新的测试用例将生成更多的数据,有了这些数据你就可以扩充可能的假设列表了。

利用否定性测试用例的结果 假定你提出了某个假设并运行测试用例去证实它,再进一步假定这个测试用例推翻了该假设,因此你还是不知道错误的根源。但是你从这次的尝试中知道了一些此前不曾了解的东西,即,你知道了问题并不在你此前所关注的那个部分。这一结果将你的搜索领域进一步地压缩,剩下需要考虑的假设也更少了。

对可能的假设尝试头脑风暴 不要把自己禁锢于想到的第一种假设,试试其他的。最初不要去分析它们,只是看看自己在几分钟的时间里能想出多少种不同的东西。然后再逐一研究各种假设,考虑能证实或推翻该假设的测试用例。不要使劲在一个地方钻牛角尖,上述这样的智力练习可能有助于你从调试僵局中解脱出来。

在桌上放一个记事本,把需要尝试的事情逐条列出 程序员们在调试中陷入困境的一个原因是他们在一条死胡同里面走得太久。把要尝试的事情列出来,如果某种方法不能奏效,那就换一种方法。

缩小嫌疑代码的范围 如果你一直在对整个程序或是整个类或子程序进行测试,请关注于一个更小的部分。使用打印语句、日志记录或跟踪工具来确定到底是代码中的哪个部分出了问题。

如果需要更强力的手段来缩小嫌疑代码的范围,请尝试从系统组织的角度逐步去掉程序的各个部分,来看看错误是否仍然存在。如果错误消失,你能确定它就在刚刚被去掉的部分中。如果错误仍然存在,它一定还在剩下的代码中。

与其随便地删除某段代码,不如对整个代码分而治之。可以使用二分查找法则来进行搜索。首先去掉代码中的一半。找出问题所在的一部分代码,继续将该部分代码对分。如此继续下去,直到发现问题。

如果面对许多个小的子程序,你可以简单地通过将对子程序的调用注释掉来削减代码。你还可以用注释或预编译命令来移除代码。

如果使用调试器,那么就不必一段段地将代码移除。你可以在程序的运行流程中间设置断点,在那里检查是否错误已经发生。如果调试器允许你跳过对子程序的调用,那么可以跳过特定子程序的执行,检查错误是否仍然存在,以排除一些嫌疑。通过调试器实现的这一过程,同实际将代码一段段移除是类似的。

23.2 寻找缺陷

> **交叉参考** 如果想了解什么样的代码更容易犯错，可以参考 24.5 节中的"关注易于出错的模块"。

对之前出现过缺陷的类和子程序保持警惕 如果此前某些类已经有过问题，那么它们很可能还会有其他问题。相对于一个完善的类而言，一个之前就让你棘手无比的类更容易包含新的缺陷。因此要反复检查容易出问题的类和子程序。

检查最近修改过的代码 如果出现了一个难于确诊的新错误，这个错误通常是同那些最近修改的代码相关的。错误或许是来自全新写出的代码，也可能来自于修改过的旧代码。如果无法发现错误，那么请运行一下程序的老版本，看看错误是否仍然会发生。如果没有，那么就可以确认错误是新版本引入的，或是源于旧代码同新代码的交互。请仔细对比新旧版本的代码。通过检查版本控制日志文件来确定到底哪些代码最近被改变。如果无法这样做，就用比较工具来比较旧的可工作代码与新的、有问题的代码。

扩展嫌疑代码的范围 要专注于很小的一部分代码很容易，但前提是"问题必须就在这个部分内。"如果你在这个部分没有找到问题，请考虑是否有可能问题的确不在该代码段内。如果有所怀疑，请扩展被分析的代码区域，然后采用之前所述的二分查找法来对所扩展的区域分而治之。

> **交叉参考** 在第 29 章 "集成" 中有对集成的完整描述。

增量式集成 当你一次只对系统添加一个代码片段，调试将会变得很容易。如果在这一过程中出现了新错误，则应将所添加的代码提取出来单独测试。

检查常见缺陷 使用代码质量核对表来激发你对可能发生的缺陷的思考。如果你按照 21.3 节 "正式检查" 所描述的检查方法，你可以针对自己的开发环境列出一张精心定义的常见问题列表。你还可以借助遍布在本书中的核对表。请从本书目录中查阅 "核对表清单"。

> **交叉参考** 要了解如何借助其他开发人员的力量尽快解决问题，请阅读第 21.1 节 "协同开发实践概要"。

同其他人讨论问题 有人会把这种方法称之为 "忏悔式调试"。当你向别人解释自己的程序时，常常能发现自己犯下的一些错误。举个例子，如果你向别人解释上面的关于薪水的例子，你或许会这样对别人说：

嗨，Jennifer，你有空么？我现在遇到了一个麻烦。这张员工薪水列表本来应当是按照顺序排列的，但里面有些名字乱序了。我原本打算看看是不是新输入的名字就会出现这种情况，但有时是对的，有时又不是。我想这些数据在我输入他们的时候就应当被排序，因为程序会在我输入数据的时候对其排序，然后在数据保存的时候再排一遍。等一下，不对，它没有在输入数据的时候对其排序。就是这里。程序只是粗略地对这些数据进行了排序。谢谢你，Jennifer，你帮了我个大忙。

Jennifer 没有说一个字，你就解决了自己的问题。这样的结果是很典型的，这种方法是解决棘手问题的有力工具。

抛开问题，休息一下 有时你太关注于你的问题了，已经到了无法思考的程度。你有多少次从工作中暂停下来去泡一杯咖啡，在你走向咖啡机的路上却灵光一现解决了问题。或者是正在吃午饭的时候，或者是在回家的路上？甚至在第二天清晨冲澡的时候？如果你调试了很久却毫无进展，只要你尝试完所有的可能，把问题放在一边吧！出去散散步，做些其他的事情。回家休息一天。让你的神经在潜意识中释放出问题的解决方案。

暂时放弃思考的好处是可以减少调试带来的焦虑。不时潜入头脑中的焦虑感是一个明确的信号：到了该休息的时候了。

Brute-Force Debugging
蛮力调试

在调试软件故障的时候，蛮力调试常常是一种被忽视的方法。"蛮力"指的是一种或许会被认为乏味、费神、耗时但能确保最终可以解决问题的方法。保证解决问题的特定技术需要结合具体情况来考虑，但这里还是可以给出一些普遍的方法：

- 对崩溃代码的设计和编码进行彻底检查
- 抛弃有问题的代码，从头开始设计和编程
- 抛弃整个程序，从头开始设计和编程
- 编译代码时生成全部的调试信息
- 在最为苛刻的警告级别中编译代码，不放过任何一个细微的编译器警告
- 全面执行单元测试，并将新的代码隔离起来单独测试
- 开发自动化测试工具，通宵达旦地对代码进行测试
- 在调试器中手动地遍历一个大的循环，直到发现错误条件
- 在代码中加入打印、显示和其他日志记录语句
- 用另一个不同的编译器来编译代码
- 在另一个不同的环境里编译和运行程序
- 在代码运行不正确的时候，使用能够产生警告信息的特殊库或者执行环境来链接和运行代码
- 复制最终用户的完整系统配置信息
- 将新的代码分小段进行集成，对每段集成的代码段进行完整的测试

在使用"快速肮脏调试法"的时候设置一个时间上限　对每一种蛮力调试方法，你的反应都可能是："我做不了！工作太多了！"但关键是，只有当调试工作耗费的时间比我所说的"快速肮脏（quick and dirty）调试法"更多时，那才算得上是太多的工作。人们往往会放弃让缺陷无处遁形的彻底系统分析，而去进行快速的尝试。我们每个人的投机心理都宁愿去用一种有可能在五分钟内发现缺陷的高风险方法，也不愿意为某种保证能找出缺陷的方法花上半个小时。这里的风险就是如果五分钟的方法没有奏效，你也变得麻木了。一旦把使用这种"简便"的查找缺陷方法作为信条，那么几个小时也许就在无所建树中流逝了，甚至是几天、几周、几个月……有多少次你花上了两个小时来调试原本只用三十分钟就写出来的代码？这样耗费程序员的劳动力是非常糟糕的，因此你会想，与其花这么多时间调试这一堆垃圾，还不如早就动手重写代码更好。

如果打算通过捷径摘取胜利果实，那么请为你尝试捷径的时间设置一个上限。如果耗时超过了上限，就应老老实实地承认问题比你最初想象的要更加难于分析，应该转到困难的路上重新开始。这种方法使你可以很快地解决一些比较简单的问题，而对那些比较困难的问题只是稍微多花了一点时间。

做出一张蛮力调试方法列表　在开始调试一个难于解决的错误之前，问问自己："如果我在调试这个错误的时候被缠住了，有什么方法能够确保解决问题么？"如果你可以确定地写出至少一种解决问题的蛮力技术——包括重写存在问题的代码，那么你就不太可能为一种貌似更简便的方法浪费数小时甚至数天的时间。

Syntax Errors
语法错误

语法错误的问题已经就如剑齿虎与猛犸象一样将要退出历史舞台了。在显示诊断信息方面，编译器做得越来越好。以前花上两个小时在 Pascal 中寻找一个位置错误的分号的日子几乎已经一去不复返了。你可以参考下面一些建议来加速这一稀有物种的灭绝。

不要过分信任编译器信息中的行号　在编译器报告了一个令人困惑的语法错误时，请看看错误行的前后代码——编译器有可能没有正确理解问题，或者只是简单地执行了一些拙劣的分析。一旦发现了真凶，请尝试分析为什么编译器会提供错误的信息。更好地理解自己的编译器有助于查找将来的缺陷。

不要迷信编译器信息　编译器总是锲而不舍地想要告诉你到底是什么出了错，但它也会掩饰自己的无赖。你常常只能通过在字里行间寻找蛛丝马迹，才能知道这些信息的真正含义。举个例子，在 UNIX C 中，你将一个整数与零相除会得到一条"floating exception"的消息。在使用 C++标准模板库时，你可能会收到两条错误消息：第一条是使用 STL 时真正的错误信息；第二条则是编译器在说"错误消息太长而无法打印；消息有删节。"你自己或许还能想到很多例子。

不要轻信编译器的第二条信息　有的编译器在处理多个错误的时候要比其他编译器表现更好。有的编译器找到了第一个错误就会激动万分，些许沾沾自喜和自负了。其他的一些编译器则行事稳健，尽管发现错误时感觉快要大功告成，还是会保持厚道而不轻易打印出不甚准确的信息。当你的编译器输出了一大堆的错误信息时，如果无法迅速找出第二条或第三条错误信息的源头，不要担心。先把第一条处理了，再重新编译。

分而治之　将程序划分为几个部分的方法有助于寻找缺陷，尤其是那些语法错误。如果碰到了一个麻烦的语法错误，尝试去掉代码的一部分，然后重新编译。接下来会有三种可能：错误消失了（因为错误就在你去除的部分里），还是这个错误（意味着你需要去掉另一个部分），有了一个不同的错误（你成功地诱使编译器给出了一条更有意义的信息）。

> **交叉参考**　具有语法分析能力的编辑器是开发环境成熟与否的标志。想要了解更多内容，请参阅第 4.3 节"你在技术浪潮中的位置"。

找出没有配对的注释或者引号　很多的程序文本编辑器都会自动对注释和字符串以及其他的语法元素自动套用格式。在较为原始的开发环境中，一个没有配对的注释或引号就足以绊倒编译器。如果要找出额外的注释或引号，可以把下面这一行加入到你的 C、C++或 Java 代码中：

```
/*"/*/
```

这行代码能终结注释或字符串。在查找注释或字符串中止符号的时候，可以有效地缩小搜索范围。

23.3 Fixing a Defect 修正缺陷

调试过程中最让人头疼的部分是寻找缺陷。修正缺陷则是较为简单的部分。但如同很多简单的任务一样，正是因为它太过简单才让人们经常对它掉以轻心。至少已经有一项调查发现程序员在第一次对缺陷进行修正的时候，有超过 50%的几率出错（Yourdon 1986b）。下面给出一些如何减少出错几率的建议。

> **KEY POINT**

在动手之前先要理解问题　"调试之魔鬼指南"说得很对：如果想让自己的生活潦倒，让自己的代码质量一塌糊涂的最好方法，就是不懂装懂地动手修补程序缺陷。在修补问题之前，请保证你已经很透彻地理解了它。通过那些能重现和不能重现错误的测试用例，对缺陷进行三角定位。直到你能真正地理解问题，每次都能正确地预测出运行结果为止。

理解程序本身，而不仅仅是问题　与对问题只知皮毛相比，如果理解了整个问题的来龙去脉，你就能更容易解决它。一项对短小程序的研究发现，那些对整个程序有着全局性理解的程序员们成功修改程序的可能性要比那些仅仅关注于局部程序的程序员们高得多（Littman et al. 1986）。由于在此次研究中使用的程序很小（280 行），因此这项研究并不是要说服你在解决问题之前尝试去彻底理解一个拥有五万行代码的程序。但它建议你至少应当理解问题附近的代码——这个"附近"指的不是几行，而应该是几百行。

验证对错误的分析　在匆匆下手之前，需要确认你对问题的分析是正确的。花点时间运行测试用例，证明你的假设，并证伪你的假设的逆命题。如果仅仅证明了错误是由多个因素之中的一种所引起的，那就仍然缺乏足够的证据说明应该对这个因素采取措施。请先把其他因素排除掉。

> 绝对不要站着调试。
> ——Gerald Weinberg

放松一下　一位程序员已经准备着自己的滑雪度假了。他所参与开发的产品即将上市，而他的任务已经拖了项目的后腿。还好，他只有一个错误需要修正。于是他修改了原文件，然后把代码签入到版本控制系统中去。他并没有重新编译程序，也没有验证自己所做的改动是否正确。

不幸的是，改动并不正确。于是他的经理暴怒了。程序员怎么能够改动即将发布产品中的代码而不经检查？还有什么比这更糟糕的事情么？难道这不是职业程序员登峰造极的鲁莽行径么？

如果这还不算是，那也是很接近了，而且这样的情况屡见不鲜。匆忙动手解决问题是你所能做的最低效的事情之一。这将导致草率判断，片面分析，还有并不彻底地改正。如果妄想一蹴而就，没有问题也会弄出问题。压力——通常是来自自身——将会使程序员更倾向于采用随机测试查找错误，并且让程序员在没经过验证的情况下武断判定这种方法能奏效。

与此形成鲜明对比，在 Microsoft Windows 2000 开发的最后阶段，一位程序员需要修补一个错误。而这个错误是创建发行版本之前整个开发所剩下的最后的错误。这位程序员修改了自己的代码，对修改进行了检查，然后在自己的本地编译环境下进行了测试。但这时他并没有把代码签入到版本控制系统中去。他选择了去玩篮球。他说道："现在我压力太大了，我没办法确信我已经考虑到了所有需要考虑的问题。我要让大脑在一个小时时间里什么都不想，然后再回来检查代码——直到我能确信自己所做的修改彻底无误。"

休息足够长的时间能让你肯定自己的解决方案是对的。不要受到所谓捷径的诱惑。休息一下或许会让你花掉更多时间，但在多数情况下，你为问题所付出的成本会更少。如果没有其他意外，休息之后你将会正确地改正程序中的错误，你的经理也决不会在你享受滑雪度假的时候打电话让你回到公司。

交叉参考 第24章"重构"对修改代码的相关事项进行了深入讨论。

保存最初的源代码 在对缺陷动手之前,一定要把原始版本的代码打包存放起来,这样你才能在出问题的时候恢复到原始版本。如果拥有最初的源代码,至少你能对新旧文件进行比较,看看自己到底改了哪些地方。

治本,而不是治标 你也应该解决问题的表象,但更应该把注意力放在解决更深层次的问题上,而不是把编程绷带将代码裹起来。没有彻底理解问题,就不要去修改代码。如果仅仅是治标,你只会把代码搞得更糟糕。假设你有下面这些代码:

Java示例:待修正的代码
```java
for ( claimNumber = 0; claimNumber < numClaims[ client ]; claimNumber++ )
{
    sum[ client ] = sum[ client ] + claimAmount[ claimNumber ];
}
```

进一步假设,当`client`等于`45`的时候,`sum`得出的结果有$3.45的误差。下面就是解决问题的错误方法:

Java示例:"修正"代码,使之更糟
```java
for ( claimNumber = 0; claimNumber < numClaims[ client ]; claimNumber++ ) {
    sum[ client ] = sum[ client ] + claimAmount[ claimNumber ];
}
if ( client == 45 ) {              ← 这是"解决办法"。
    sum[ 45 ] = sum[ 45 ] + 3.45;
}
```

现在假设当`client`等于`37`的时候,该`client`的`claimNumber`为`0`。但你得到的并不是`0`。下面也是解决问题的错误方法:

Java示例:"修正"代码,使之更糟(续)
```java
for ( claimNumber = 0; claimNumber < numClaims[ client ]; claimNumber++ )
{
    sum[ client ] = sum[ client ] + claimAmount[ claimNumber ];
}
if ( client == 45 ) {
    sum[ 45 ] = sum[ 45 ] + 3.45;
}
else if ( ( client == 37 ) && ( numClaims[ client ] == 0 ) ) {   ← 这是第二步"解决办法"。
    sum[ 37 ] = 0.0;
}
```

如果这样的结果仍然不会让你感到一阵寒意从你的脊柱蔓延开来,你一定也不会被这本书中的其他内容所打动。在这本大约 1 000 页的书中要列出这种方法所产生的所有问题是不可能的。现在给出最常见的三种。

- 这样的修改在多数情况下不管用。问题似乎是由于初始化的毛病造成的。从概念上讲，初始化带来的问题无法预测，因此，对 client 为 45 时的 sum 所进行的$3.45 修正只能解决目前问题，而对将来无济于事。下一次或许需要对结果进行$10 000.02 的修正，或者结果本身已经是对的。这就是初始化问题的本质。
- 这样的代码根本无法维护。当代码试图通过处理某些特例来绕过错误，这样的特例将会成为代码最碍眼的一个特性。修正值不会总是$3.45，另一个错误迟早会冒出来。如果代码因兼容新的特例而被再度修改，那么针对$3.45 的修改也不能移除。代码总是被特例所纠缠。直到最终代码被束缚得无法再对新的特例提供支持，它将会沉没到海底——那才是这段代码最好的归宿。
- 通过这样的方法麻烦计算机，还不如手工做更好些。计算机适合用于可预测的系统性的计算。而人在数据的创造性使用上更胜一筹。与其这样胡乱地修补代码，还不如老老实实地用修正液和打字机来处理输出数据。

修改代码时一定要有恰当的理由 就解决问题的表象而言，一种方法是随机地修改代码，直到你的代码看起来能工作。典型的思维逻辑是这样的："这个循环好像有问题。可能是一个 off-by-one 错误。让我先来写一个–1 试试。哦，这样不行。那么我就写个+1 试试。哈，看来程序正常工作了。我可以宣布问题搞定了。"

尽管这种方法受到了很多程序员的追捧，但它非常低效。随机地修改代码就如同是把一辆 Pontiac Aztek 汽车转来转去，以为这样能修复它的引擎故障。你学不到任何东西，你只是在晃来晃去地浪费时间。你会争辩说随机修改程序是有效的，因为"我不知道这段代码到底出了什么事，我想试试这样修改，希望它有用。"不要随机修改代码。这就是所谓的"voodoo programming（巫毒编程）"。在没有理解代码的时候对它所做的修改越大，你对它能正确工作的信心就越低。

在做一项改动之前，先确信自己的修改能起作用。改错了代码只会让你目瞪口呆愣在一旁。这会让你自我怀疑，甚至想重新衡量自己的价值并对自己的内心进行深入剖析。这样的情况越少越好。

一次只做一个改动 在一次只完成一个改动的情况下，你会发现错误已经够狡猾了。如果同时进行两个，所做的修改可能引入微妙的错误，而这些错误看上去很像原来的那个错误。这时你就会弄不清你是没有修复掉原来的错误，还是你改了原来的错误但又引入了相似的错误，或者不但没有修复原来的错误而且还引入了相似的错误。这会把你置于万分尴尬的境地。让问题简单一点：一次只改一个地方。

交叉参考 如果要了解关于自动化回归测试的详细内容，请参阅第22.6节的"重新测试（回归测试）"。

检查自己的改动 自己检查程序，再让别人帮你检查程序，或者是同别人一道检查程序。运行你在分析问题时所使用的三角定位测试用例，确保与问题相关的方方面面都被考虑到了。如果你仅仅解决了问题的一部分，你会发现还有很多工作正在等着你。

重新运行整个程序，看看你的修改是否产生了什么副作用。最为简单的方法就是通过自动回归测试工具对程序进行测试，你可以使用 JUnit、CppUnit 或其他类似的工具。

增加能暴露问题的单元测试 如果你的测试工具集无法检测出某个错误，那么就往里面加入一个能揭示该错误的测试用例。这样一来，相同的错误就不会在后面的阶段中被再次引入了。

搜索类似的缺陷 找到一个缺陷以后，应该看看还有没有与之类似的缺陷。缺陷常常会成群结队的出现，如果能抓住这一类里的一个，你就能改掉这一类缺陷。但要找出这些类似的缺陷，需要你对整个程序有透彻的理解。请留意这样一个警告信息：如果你想不出如何查找类似缺陷，这就意味着你还没有完全理解问题。

23.4 Psychological Considerations in Debugging 调试中的心理因素

> **深入阅读** 在《The Psychology of Computer programming》(程序开发心理学)(Weinberg 1998)一书中，作者对调试过程中的心理问题以及软件开发其他方面有精彩的论述。

如同任何其他的软件开发活动一样，调试是一种要求程序员花费大量脑力的工作。就算是已经看到了一个缺陷，你的自负还是会让你觉得自己的代码完美无缺。你必须仔细思考——构思假设，收集数据，分析假设，然后通过各种方法证伪这些假设——这些刻板的方法对很多人来说并不自然。如果你既编写代码又对它进行调试，你不得不让自己的大脑不停地在流畅的创造性设计和刻板的调试过程之间疲于奔命。在阅读自己所编写的代码时，你不得不同这些非常熟悉的东西保持距离，并对自己希望出现的运行结果有所警惕。

How "Psychological Set" Contributes to Debugging Blindness 心理取向如何导致调试时的盲目

如果在程序里有一个名为"Num"的符号，你会把它看做是什么？会把它当成是被拼错的"Numb"（麻木）一词么？或者认为它是"Number"的简写？绝大多数情况下你的答案会是后者。这种现象就是"psychological set（心理取向）"——你会看到你所希望看到的。下面写的是什么？

> Paris in the
> the Spring

在这个经典问题中，人们常常只能看到一个"the"。人们看到的是他们所希望看到的东西。请考虑下面的问题。

- 学生们在学习 while 循环时，常常希望一个循环能持续不断地对循环条件进行判断，也就是说，只要 while 条件一旦为 false，循环就立即终止，而不是

23.4 调试中的心理因素

循环运行到循环体的顶部或底部(Curtis et al. 1986)。他们希望 while 循环的表现和日常生活中的"while"一样。

HARD DATA

- 一位程序员不小心写出了 SYSTSTS 和 SYSSTSTS 两个变量,而他原本只要用一个。直到他的程序运行了上百次,甚至错误的结果已经被写入书中,他才意识到这点。

- 程序员阅读下面这样的代码:

```
if ( x < y )
  swap = x;
  x = y;
  y = swap;
```

有时看到的是另一种代码:

```
if ( x < y ) {
  swap = x;
  x = y;
  y = swap;
  }
```

人总期望一个新的现象类似于他们见到过的某种现象。他们希望新的控制结构像老的控制结构一样工作;程序设计语言(programming-langauge)中的"while"语句就像现实生活中的"while"一样工作;变量的名字也和之前所看到的一样。你只看到你希望看到的东西,因而忽视了它们之间的差别,就如同你没有发现前面一句话中被拼错的"language"一样。

心理取向对调试有什么影响?首先,它证明了养成良好的编程习惯的重要性。规范的格式、恰当的注释、良好的变量和子程序命名方式,以及其他编程风格要素都有助于构建编程的良好基础。在这样的基础之上,可能发生的错误将因为与众不同而变得格外引人注目。

第二个影响表现在当发现错误的时候,程序员对于需要检查的程序部分的选择方面。研究表明,调试程序最高效的程序员们能够在调试时对程序中的无关部分视而不见(Basili, Selby, and Hutchens 1986)。一般而言,这种方法使优秀的程序员们收缩他们的研究范围,从而更快地发现问题。然而,有时包含错误的程序部分也会被程序员们错误地排除在外。你在一段代码上花很多时间,希望从中找出问题,但却忽视了真正含有问题的代码。这就像在马路上转错了路口方向,只有转回来之后才能继续前进。23.2 节里关于查找错误的提示的一些讨论,就是为了帮助你避免这种"调试盲区"。

How "Psychological Distance" Can Help
"心理距离"在调试中的作用

交叉参考 如何才能让变量名称不会被混淆?可以在第 11.7 节中的"应该避免的名字"找到详细答案。

心理距离可以定义为区分两事物的难易程度。如果你正在看着一个常见的单词表,此前被告知这些词都是有关鸭子的,那么你就很容易把"Queck"看做是"Quack"(鸭子的呱呱叫声),因为二者太相似了。二者的心理距离很小。但你不大可能将"Tuack"看做是"Quack",即使二者只有一个字母不同。相对于"Queck","Tuack"更不像"Quack",因为单词首字母要比中间字母更能引起人的注意。

表 23-1 列出了一些变量名之间的心理距离。

表23-1 变量名之间的心理距离示例

第一个变量	第二个变量	心理距离
stoppt	stcppt	几乎不可见
shiftrn	shiftrm	几乎没有
dcount	bcount	小
claims1	claims2	小
product	sum	大

在做调试的时候,要警惕那些没有足够心理距离的相似变量名或者子程序名。而在编写代码的时候,应该为变量或子程序选择差别较大的名字,这样你就可以避免此类问题的发生。

23.5 Debugging Tools—Obvious and Not-So-Obvious
调试工具——明显的和不那么明显的

交叉参考 测试工具和调试工具之间的界限很模糊。在本书中,第 22.5 节重点介绍测试工具,而第 30 章重点介绍软件开发工具。

利用今天程序员们随处可得的调试工具,你已经能做很多纷繁芜杂的细致的调试工作了。尽管那种能让缺陷一招毙命的调试工具还未问世,但每一年,现有的调试工具的功能都能得到逐步的改进。

Source-Code Comparators
源代码比较工具

如果修改了程序结果却出了错,诸如 diff 这样的源代码比较工具就会非常有用。当你做了很多修改,又需要恢复其中你已经忘得差不多的部分时,一个比较工具能够指出新旧代码的差异,从而唤醒你的记忆。如果在新版本中发现了一个错误,而你不记得在旧版本中也有,那么就可以通过类似工具进行比较,看看自己到底做了哪些修改。

Compiler Warning Messages
编译器的警告消息

最为简单同时也是最为高效的调试工具就是你手中的编译器。

KEY POINT **将编译器的警告级别设置为最高级，尽可能不放过任何一个警告，然后修正编译器所报告的全部错误** 忽略编译器所提示的程序错误太过草率，关掉编译器的警告功能则无异于掩耳盗铃。就像小孩子们有时会认为自己闭上眼睛看不到你，就会让你消失了。关掉编译器的警告功能仅仅意味着你看不到错误，并不表示这些错误就此消失，正如同小孩闭上眼睛并不能让面前的父母从此消失一样。

要有这样一种假设：那些编写编译器的人对你所使用的语言的了解要远远胜过你自己。如果他们对你的程序提出了警告，这常常会表示你现在有了一个学习你所使用语言更多知识的良机。要努力去理解这些警告信息的真正含义。

用对待错误的态度来处理警告 一些编译器允许将警告看做是错误。使用这一功能的意义在于它能够提升警告信息所显示出的重要性。正如把手表拨快5分钟会让你感觉到你的动作已经迟了5分钟一样，将编译器设置为将警告看做是错误能够让你更为严肃地对待警告。另一个理由是这样做能够让警告对编译过程产生影响。当你编译并链接程序的时候，通常警告不会终止程序的链接，而错误则可以。如果你希望在链接之前就检查是否会产生警告，那么就打开这项功能吧。

在项目组范围内使用统一的编译设置 对项目设置一套编译规范，让团队中的每个人在编译代码的时候都使用相同的编译器设置。否则，在集成不同程序员用不同设置编译的代码的时候，你就会遭遇洪水般的错误信息，并不得不享受一个噩梦般的集成过程。这件事很容易贯彻，只要在项目中使用统一的编译配置文件或者编译脚本。

Extended Syntax and Logic Checking
增强的语法检查和逻辑检查

你可以使用其他工具对代码进行进一步的检查，这些检查将比编译器所提供的更为全面。例如，对C程序员来说，lint工具能非常仔细检查出对未初始化变量的使用（错把==写成=）以及其他类似的微妙问题。

Execution Profilers
执行性能剖测器

或许你不会认为执行性能剖测器是一种调试工具，但花上几分钟来研究某个程序的性能分析结果，或许可以让你发现一些令人惊奇的隐藏错误。

例如，我曾经怀疑我程序中的某个内存管理子程序是程序的性能瓶颈。内存管理原来是由一些组件构成，这些组件使用一个指向内存的线性有序指针数组。我用hash表代替线性有序队列，希望执行时间至少能减少一半。但对代码进行性能分析之后，我发现性能根本没有变化。我更为仔细地检查了程序，终于在资源分配算法中找到了一个消耗大量时间的缺陷。性能瓶颈不是我的线性搜索方法，而是这个缺陷。我其实根本就不需要对搜索算法进行优化。请检查一下执行性能剖测器的输出结果，如果发现你的程序在每个区域内花费的时间都很合理，那么你就可以放心了。

Test Frameworks/Scaffolding
测试框架/脚手架

交叉参考 如果想知道关于测试框架的详细内容，可以参阅本第22.5节中的"为测试各个类构造脚手架"。

正如第23.2节所描述的那样，找出有问题的代码，对其编写测试程序，然后通过运行程序找出问题，常常是对付麻烦程序里的恶魔的最有效方法。

Debuggers
调试器

这些年来，商业级的调试器一直在稳步发展，由此带来的新的功能已经改变了当今程序员们的编程方式。优秀的调试器允许程序员设置断点，在某一行代码执行时或循环执行 n 次之后使程序中断。全局变量发生改变，或变量被赋予特定值也能够触发调试器的中断。这些工具还允许逐行运行代码，步入或执行通过子程序。还允许回溯执行程序，一步步回到产生缺陷的那一点。你还可以通过这些工具记录特定语句的执行——就像是在程序中四处放置一些"我到这里了！"一类的打印语句。

优秀的调试器允许程序员对数据进行全面的检查，包括结构化的和动态分配的数据。程序员可以很方便地查看指针链表或者动态分配的数组的内容。调试器还能够智能化地适应用户定义的数据类型，允许程序员通过特殊查询方法检索数据，为其指定新值，然后继续运行程序。

你还可以通过这些工具查看高级语言或者由编译器所生成的汇编代码。如果使用了多种语言，调试器将为各个部分的代码自动显示出相应的语言。你可以查看对一系列子程序的调用链，迅速看到任一子程序的源代码。你还可以在调试环境中改变程序的参数。

现在，最为出色的调试器还能够针对每一个单独的程序保存你的调试参数（比如断点、需要监视的变量等）。这样在调试每个程序的时候你就不需要重新设置调试参数了。

系统调试器在系统一级上工作，而不是应用程序一级，因此这些工具并不会干扰正被调试的程序的执行。如果你所调试的程序需要苛刻的运行速度或内存资

> 交互式调试器极好地代表了那些程序员们并不需要的调试器——它鼓励程序员采用随机试验查找错误的方法,而不是对程序进行系统的分析。同时,这样的工具也给了那些几乎没有资格从事细致的程序设计的人滥竽充数的机会。
> —Harlan Mills

源,这种类型的调试器是必需的。

看到上面对如今调试器强大功能的介绍,你或许会奇怪居然会有人批评这些调试器。但计算机科学领域中的某些泰山北斗的确建议完全不要使用调试器。他们主张使用你的大脑,避免使用调试工具。他们的论据在于,调试工具就像拐杖一样,如果不依赖于这些工具,依靠自己的思考你能更为快速更为准确地发现问题。他们建议,与其使用调试器,你不如在头脑里执行程序,把其中的缺陷清理出来。

抛开一些经验主义的证据,那些反对调试器的基本理由其实并不成立。某种工具可能被错误地使用,但这并不表示这种工具应该被抛弃。人们不会因为存在服药过量的可能就放弃使用阿斯匹林,同样不会因为割草机可能伤到自己就不用它修剪草坪。任何其他的强有力工具都可能被正确使用或者乱用,调试器也是一样。

调试器当然无法代替良好的思维。但是在一些情况下,思维也无法取代优秀的调试器。因此,最为有效的组合是良好的思维加上优秀的调试器。

KEY POINT

cc2e.com/2368

CHECKLISTS: Debugging Reminders
核对表:关于调试的建议

寻找缺陷的方法

- ❑ 使用所有可用数据来构造你的假设。
- ❑ 不断提炼产生错误的测试用例。
- ❑ 在自己的单元测试族中测试代码。
- ❑ 借助可以获得的任何工具。
- ❑ 用不同的方式重现错误。
- ❑ 通过产生更多的数据来构造更多的假设。
- ❑ 利用证伪假设的测试结果。
- ❑ 用头脑风暴的方式找出可能的假设。
- ❑ 在桌上放一个记事本,把需要尝试的事情列出来。
- ❑ 缩小被怀疑有问题的代码区域。
- ❑ 对之前出现过问题的类和子程序保持警惕。
- ❑ 检查最近修改的代码。
- ❑ 扩展被怀疑有问题的代码区域。

- ❏ 采用增量集成。
- ❏ 检查常见的缺陷。
- ❏ 和其他人一起讨论你的问题。
- ❏ 抛开问题休息一下。
- ❏ 在使用快速肮脏调试法的时候,要设置一个时间上限。
- ❏ 列出所有的蛮力调试方法,逐条应用。

解决语法错误的方法

- ❏ 不要太信任编译器信息中给出的行号。
- ❏ 不要太信任编译器信息。
- ❏ 不要太信任编译器所给出的第二条出错信息。
- ❏ 分而治之,各个击破。
- ❏ 使用具有语法分析功能的编辑器来找出位置错误的注释和引号。

修正缺陷的方法

- ❏ 在动手之前先理解程序。
- ❏ 理解整个程序而非具体问题。
- ❏ 验证对错误的分析。
- ❏ 放松一下。
- ❏ 要保存最初的源代码。
- ❏ 治本,而非治标。
- ❏ 只有当理由充分的时候才去修改代码。
- ❏ 一次只做一个改动。
- ❏ 检查自己所做的修订。
- ❏ 添加单元测试来暴露代码中的缺陷。
- ❏ 找出类似的缺陷。

调试的一般方法

- ❏ 你是否会把调试看做是能让你更好地理解程序、错误、代码质量和解决问题方法的良机?
- ❏ 你是否会避免采用随机尝试查找错误或迷信式的调试方法?

> - ❏ 你是否假设错误是你自己造成的?
> - ❏ 你是否使用了科学的方法将间歇性的错误稳定下来?
> - ❏ 你是否使用了科学的方法来寻找缺陷?
> - ❏ 你在寻找缺陷的时候会使用多种不同的方法么?还是每次都是用相同的方法?
> - ❏ 你会验证你的修改是否正确么?
> - ❏ 你会在调试中使用编译器警告信息、执行性能分析、利用测试框架和交互式调试方法么?

Additional Resources 更多资源

cc2e.com/2375

下面的这些资料同样谈到了调试。

Agans, David J. 《*Debugging: The Nine Indispensable Rules for Finding Even the Most Elusive Software and Hardware Problems*》(《调试:发现最难以琢磨的软件和硬件问题的九条金科玉律》). Amacom, 2003. 这本书介绍了能够应用于任何编程语言或者环境的通用调试原则。

Myers, Glenford J. 《*The Art of Software Testing*》(《软件测试的艺术》). New York, NY: John Wiley & Sons, 1979. 这本经典著作的第 7 章是专门讲述关于调试的。

Allen, Eric. 《*Bug Patterns In Java*》(《Java 的 bug 模式》). Berkeley, CA: Apress, 2002. 这本书提出了一种对 Java 程序进行调试的方法,从概念上来讲与本章所介绍的相当类似,包括了"调试的科学方法",区分调试与测试以及识别常见的错误模式。

接下来的两本书比较类似,它们的标题表明了其只适用于 Microsoft Windows 与 .NET 程序,但是它们都包含了对通用的调试方法的讨论,断言的使用,以及帮助在前期防止错误产生的编码标准。

Robbins, John. 《*Debugging Applications for Microsoft .NET and Microsoft Windows*》. Redmond, WA: Microsoft Press, 2003.

McKay, Everett N. and Mike Woodring. 《*Debugging Windows Programs: Strategies, Tools, and Techniques for Visual C++ Programmers*》. Boston, MA: Addison-Wesley, 2000.

Key Points 要点

- 调试同整个软件开发的成败息息相关。最好的解决之道是使用本书中介绍的其他方法来避免缺陷的产生。然而,花点时间来提高自己的调试技能还是很划算的,因为优秀和拙劣的调试表现之间的差距至少是 10:1。
- 要想成功,系统化地查找和改正错误的方法至关重要。要专注于你的调试工作,让每一次测试都能让你朝着正确的方向前进一步。要使用科学的调试方法。
- 在动手解决问题之前,要理解问题的根本。胡乱猜测错误的来源和随机修改将会让你的程序陷入比刚开始调试时更为糟糕的境地。
- 将编译器警告级别设置为最严格,把警告信息所报告的错误都改正。如果你忽略了明显的错误,那么要改正那些微妙的错误就会非常麻烦。
- 调试工具对软件开发而言是强有力的支持手段。找出这些工具并加以应用,当然,请记得在调试的时候开动脑筋。

第 24 章 重构

cc2e.com/2436

内容

- 24.1 软件演化的类型：第 564 页
- 24.2 重构简介：第 565 页
- 24.3 特定的重构：第 571 页
- 24.4 安全的重构：第 579 页
- 24.5 重构策略：第 582 页

相关章节

- 修正缺陷的技巧：第 23.3 节
- 代码调整方法：第 25.6 节
- 软件构建中的设计：第 5 章
- 可以工作的类：第 6 章
- 高质量的子程序：第 7 章
- 协同构建：第 21 章
- 开发者测试：第 22 章
- 很可能变化的区域：第 5.3 节中的"找出容易改变的区域"

> 所有成功的软件都经历过改变。
> —Fred Brooks

神话：一个管理很完善的软件项目，应该首先以系统化的方法进行需求开发，定义一份严谨的列表来描述程序的功能。设计完全遵循需求，并且完成得相当仔细，这样就让程序员的代码编写工作能够从头至尾直线型地工作。这也表明绝大多数代码首次编写后就已完美，测试通过即可被抛到脑后。如果这样的神话是真的，那么代码被修改的唯一时机就是在软件维护阶段，而这一阶段只会在系统的最初版本交付用户之后。

现实情况：在初始开发阶段，代码会有实质性的进化。在初始的代码编写过程中，就会出现很多剧烈的改变，如同在代码维护阶段可以看到的那样。根据项目的规模不同，典型的项目花在编码、调试和单元测试上的时间会占到整个项目的 30%到 65%不等（请阅第 27 章"程序规模对构建的影响"）。如果代码编写和单元测试能够一帆风顺，这两个阶段所占整个项目时间的比例不会超过 20%到 30%。即使是管理完善的项目，每个月都有大约 1/4 的需求发生变化（Jones 2000）。需求的变化将不可避免地导致相关代码的改变——有时是实质性的代码改变。

代码大全（第2版）

> 另一个事实：现在的开发方法增强了代码在构造阶段中改变的潜力。在旧式的软件生命周期中，项目成功与否的关键在于能否避免代码的改变。越来越多的现代开发方法已经放弃了对代码的前瞻性。如今的开发方法更多地以代码为中心。在整个项目生命周期中代码都会不断地演化。你可以期望代码的演化比以往任何时候更频繁。

24.1 Kinds of Software Evolution 软件演化的类型

软件演化就像生物进化一样，有些突变对物种是有益的，另外一些则是有害的。良性的软件演化使代码得到了发展，就像猴子进化到穴居人再进化到我们这样身份高贵的软件工程师。然而，有时演化的力量也会以另一种方式打击你的程序，甚至将它送入不断退化的螺旋形轨道。

> 区分软件演化类型的关键，就是程序的质量在这一过程中是提高了还是降低了。如果采用逻辑除尘器或是迷信式的方法修正错误，程序质量就会降低。而如果将修改看做是对程序原始设计的升华，程序质量则会提高。如果发现程序质量正在降低，如同我之前提到过的煤矿坑道中停止歌唱的金丝雀，你就应该意识到，这正是程序朝着错误方向演化的警告。

区分软件演化类型的第二个标准，就是这样的演化是源于程序构建过程中的修改，还是维护过程中的修改。这两种演化在很多方面都有所不同。构建中的修改通常是由最初的开发人员完成，在这一阶段程序还没有被人们彻底遗忘。这时系统也未上线待售，因此，完成修正压力仅仅来自于时间表——绝不会有 500 个愤怒的用户质问你为什么他们的系统会崩溃。出于同样的原因，构建期间的修改常常是随心所欲之作——系统处于高度动态阶段，出现错误的代价较小。这样的环境孕育着与维护期不同的软件演化风格。

Philosophy of Software Evolution 软件演化的哲学

> 再庞大复杂的代码都可以通过重构加以改善。
> ——Gerald Weinberg

程序员在参与到软件演化时有一个普遍的弱点，这就是将其作为一种并非有意而为的过程。如果你能在开发过程中认识到软件演化是无法避免且具有重要意义的现象，并对其细加谋划，就可能使这一过程有益于你的开发。

演化一开始就充满危险，但同时也是使你的软件开发接近完美的天赐良机。当你迫不得已需要对代码进行改变时，就努力对代码进行改进，这样未来在开发中调整就会更容易。在刚开始编写程序时，你绝对不会对程序有深入的理解。一旦有机会重新审视你的程序，就要用自己的全部所学去改进它。要考虑你原来的代码和现在的改变在将来可能如何变化。

> 软件演化的基本准则就是，演化应当提升程序的内在质量。下面几节将讲述如何实现这一目标。

24.2 Introduction to Refactoring
24.2 重构简介

要实现软件演化基本准则，最关键的策略就是重构，Martin Fowler 将其定义为"在不改变软件外部行为的前提下，对其内部结构进行改变，使之更容易理解并便于修改"(Fowler 1999)。在现代编程理论中，"重构（refactoring）"一词源自 Larry Constantine 在结构化程序设计中首次使用的"factoring"。当时指尽可能地将一个程序分解为多个组成部分。

Reasons to Refactor
重构的理由

有时，代码在维护过程中质量会降低，而有时代码在最初诞生的时候就先天不良。无论是哪种情况，都会有一些警告信号，这些信号有时称为"臭味（smells）"（Fowler 1999）——这些信号标志着程序需要重构。

代码重复 重复的代码几乎总是代表着对最初设计里彻底分解方面的一个失误。无论何时，如果需要对某个地方进行修改，你都不得不在另一个地方完成同样的修改——重复代码总会将你置于一种两线作战的尴尬境地。重复的代码同样违背了 Andrew Hunt 和 Dave Thomas 所提出的"DRY 原则"：不要重复自己"Don't Repeat Yourself"（Hunt and Thomas 2000）。我想还是 David Parnas 说得最为精辟："复制粘贴即设计之谬。"（McConnell 1998b）

冗长的子程序 在面向对象的编程中，很少会需要用到长度超过一个屏幕的子程序。这样的子程序通常暗示程序员是在把一个结构化程序的脚塞进一只面向对象的鞋子里。

我的一位客户曾接手一个任务，分解某个旧系统中最长的子程序，这个子程序超过了 12 000 行。费了九牛二虎之力，他总算把这个最长的子程序缩减到了 4 000 行。

改善系统的方法之一就是提升其模块性——增加定义完善、命名准确的子程序，让它们各自集中力量做好一件事情。如果对代码的修改需要重新检查某段代码，就该利用这个机会看看这段代码是否已经模块化了。如果把子程序的一部分提出来作为另一个独立的子程序，能让这一部分代码更为清晰，那么就创建一个独立的子程序。

循环过长或嵌套过深 循环内部的复杂代码常常具备转换为子程序的潜质，这样的改动将有助于对代码的分解，并减少循环的复杂性。

内聚性太差的类 如果看到有某个类大包大揽了许多彼此无关的任务,那么这个类就该被拆分成多个类,每个类负责一组具有内在的相互关联的任务。

类的接口未能提供层次一致的抽象 即使是那些从诞生之日起就具有内聚接口的类也可能渐渐失去最初的一致性。为了维护接口的完整性,程序员常常会在一怒之下对类动手,这样的草率修改会使得类随着时间的推移不断地发生变化。最终,类的接口会变成吃掉主人的人造怪物,对程序的可管理性毫无裨益。

拥有太多参数的参数列表 如果一个程序被分解得很好,那么它的子程序应当小巧、定义精确,且不需要庞大的参数列表。长长的参数列表是在警告程序员的子程序接口抽象未经斟酌。

类的内部修改往往被局限于某个部分 有时一个类会有这两种或更多独立的功能。如果你发现自己要么修改类里的这一部分,要么修改另一部分,但极少的修改会同时影响类中的两个部分,这就表明该类应该根据相互独立的功能被拆分为多个类。

变化导致对多个类的相同修改 我曾经遇到过一个项目,只要在程序中加入一种新的输出类型,检查表上就会有 15 个类需要修改。如果发现自己常常对同一组类进行修改,这表明这些类中的代码应当被重新组织,使修改仅影响到其中的一个类。根据我的经验,这往往是一个难于实现的理想,但仍不失为你努力的目标。

对继承体系的同样修改 每次为某个类添加派生类时,都会发现自己不得不对另一个类做同样的操作。这就是一种特殊的相同修改,应该避免这种情况。

case 语句需要做相同的修改 尽管使用 case 语句本身不是坏事,但如果不得不在程序的多个部分里对类似的一组 case 语句做出相同的修改,那么就应当问问自己,使用继承是否更明智的选择。

同时使用的相关数据并未以类的方式进行组织 如果看到自己常常对同样一组数据进行操作,你也应当问问自己是否该将这些数据及其操作组织到一个类里面。

成员函数使用其他类的特征比使用自身类的特征还要多 这一状况暗示着这一子程序应该被放到另一个类中,然后在原来的类里调用。

过多使用基本数据类型 基本数据类型可用于表示真实世界中实体的任意数量。如果程序中使用了整型这样的基本数据类型表示某种常见的实体，如货币，请考虑创建一个简单的 Money 类，这样编译器就可以对 Money 变量执行类型检查，你也可以对赋给 Money 的值添加安全检查等功能。如果 Money 和 Temperature 都是整型，那么编译器就不会在你错误地使用 bankBalance = recordLowTemperature 这样的赋值语句时提出警告。

某个类无所事事 有时，代码的重构会导致某个已有的类无事可做。如果一个类看起来名不符实，那么问问自己能否将该类的功能转交给其他的类，然后将这个类彻底去掉。

一系列传递流浪数据的子程序 看看自己的代码，把数据传递给某个子程序，是否仅仅就为了让该子程序把数据转交给另一个子程序。这样传来传去的数据被称为"流浪数据/tramp data"（Page-Jones 1988）。这样做也不是不行，但要问问自己，如此传递特定数据，是否与每个子程序接口所表示的抽象概念一致。如果这些子程序接口的抽象概念相同，那么在它们之间传递数据并无不妥。如果不是这样，那么就想些其他的办法让各子程序的接口更加一致。

中间人对象无事可做 如果看到某个类中的绝大部分代码只是去调用其他类中的成员函数，请考虑是否应该把这样的中间人（middleman）去掉，转而直接调用其他的类。

某个类同其他类关系过于亲密 如果需要使程序具备更强的可管理性，并最大限度地减少更改代码对周围的连带影响，那么封装（信息隐藏）可能是最强有力的工具。只要发现某个类对另一个类的了解超过了应该的程度——包括派生类了解了基类中过多的东西，那么宁可让代码因较强的封装而出错，也不要减弱封装。

子程序命名不恰当 如果一个子程序的名字取得不好，请改变其定义的名字，并对所有调用该子程序的地方做相应的修改，然后重新编译。现在做这件事情或许有点麻烦，但如果拖到以后来做会更让你心烦。因此只要看到某个子程序名有问题，就应该立刻着手修改。

数据成员被设置为公用 在我眼中，把数据成员设置为公用（public）绝对是一个糟糕的主意。这样会模糊接口和实现之间的界限，其本身也违背了封装的原则，限制了类在未来可以发挥的灵活性。因此，请认真考虑把 public 数据成员藏在访问器子程序背后。

某个派生类仅使用了基类的很少一部分成员函数 通常，这样的情况表明，这一派生类的创建仅仅是由于基类碰巧有了该类所需要的子程序，而不是出于逻辑上的派生关系。因此应当考虑进行更完善的封装：把派生类相对于基类的关系从"is-a"转变为"has-a"。即把基类转换成原来的派生类的数据成员,然后仅仅为原来的派生类提供所需要的成员函数。

注释被用于解释难懂的代码 注释在程序中扮演了重要的角色,但它不应当被用来为拙劣代码的存在而辩护。有箴言为证:"不要为拙劣的代码编写文档——应当重写代码"(Kernighan and Plauger 1978)。

> **交叉参考** 第13.3节"全局数据"中给出了全局变量的使用指南;第5.3节解释了全局数据和类数据的差别。

使用了全局变量 当你再度遇到某段使用了全局变量的代码时,请花点时间来重新检查一下这些代码。或许自从上次看到这段代码之后,你已经想到过一种方法来避免使用全局变量。但问题在于与最初编写代码的时候相比,现在你对这些代码已经感到有些陌生了,因此你会发现全局变量把你的思维搅乱了,你更愿意找一种清晰的方法。你应该知道如何将全局变量隔离出来,通过访问器子程序来调用这些数据,你更清楚如果不这样做,以后会遇到多大的麻烦。因此,请咬紧牙关坚持一下,完成这些对整个程序有益的修改。与最初编码阶段间隔的时间应足够长,以便你能用更客观的眼光审视它们;另一方面,也要保证你能回忆起所需的大部分东西,保证修改能正确进行。因此,早期修订阶段是提升代码质量的最佳时机。

在子程序调用前使用了设置代码(setup code),或在调用后使用了收尾代码(takedown code) 这样的代码应当看作是一种警告:

> 这种"设置"代码是一种警告。

C++示例:子程序调用前后的设置代码和收尾代码——糟糕的做法
```
WithdrawalTransaction withdrawal;
withdrawal.SetCustomerId( customerId );
withdrawal.SetBalance( balance );
withdrawal.SetWithdrawalAmount( withdrawalAmount );
withdrawal.SetWithdrawalDate( withdrawalDate );

ProcessWithdrawal( withdrawal );

customerId = withdrawal.GetCustomerId();
balance = withdrawal.GetBalance();
withdrawalAmount = withdrawal.GetWithdrawalAmount();
withdrawalDate = withdrawal.GetWithdrawalDate();
```

> 这种"收尾"代码是另一种警告。

另外一个类似的警告是你发现自己为 `WithdrawalTransaction` 创建了一个特殊的构造函数,完成一系列简单的数据初始化。你的代码可能像下面这样:

C++示例:成员函数调用前后的设置代码和收尾代码——糟糕的做法
```
withdrawal = new WithdrawalTransaction( customerId, balance,
    withdrawalAmount, withdrawalDate );
withdrawal.ProcessWithdrawal();
delete withdrawal;
```

只要发现在一个子程序调用之前使用了设置代码，或者在调用后使用收尾代码，就应该问问自己，这个子程序的接口是否体现了正确的抽象。在本例中，`ProcessWithdrawal` 的参数列表或许应当做如下修改：

C++示例：无需设置代码和收尾代码的子程序——良好的做法
```cpp
ProcessWithdrawal( customerId, balance, withdrawalAmount,
                   withdrawalDate );
```

请注意，如果情况与上例相反，类似的问题同样存在。如果发现自己拥有了一个 `WithdrawalTransaction` 对象之后，还常常需要传递该对象的多个值去调用一个子程序，就像这里的例子一样，你就应该考虑对 `ProcessWithdrawal` 接口进行重构，使该接口传递 `WithdrawalTransaction` 对象，而非单独的对象成员。

C++示例：需要若干成员函数调用的子程序
```cpp
ProcessWithdrawal( withdrawal.GetCustomerId(),
                   withdrawal.GetBalance(),
                   withdrawal.GetWithdrawalAmount(),
                   withdrawal.GetWithdrawalDate() );
```

这些方法有可能是对的，也有可能是错的——这要看 `ProcessWithdrawal()` 的接口抽象：子程序调用是需要四个单独的数据，还是需要一个 `WithdrawalTransaction` 对象。

程序中的一些代码似乎是在将来的某个时候才会用到 在猜测程序将来有哪些功能可能被用到这方面，程序员已经声名狼藉了。"超前设计（Designing ahead）"常常会遭遇很多可预见的问题。

- 对这些"超前设计"的代码而言，需求不可能定义得很完备。这就意味着程序员对于未来需求的猜测很可能是错误的。因此，程序员所进行的"超前编码"的工作最终将会被丢弃。

- 即使程序员对未来需求的前瞻几近完全准确，他也不可能广泛预见未来需求所有的复杂脉络。这些错综复杂的关系将会埋葬程序员的基本设计构思，也就是说"超前设计"的工作也将不得不抛弃。

- 那些使用"超前设计"代码的未来程序员们并不知道自己手中的代码原本是经过"超前设计"的，或许他们会期望这些代码能比实际情况表现得更好。他们假设这些代码的编码、测试和检查与其他代码进行得同样完美。这些程序员耗费了大量时间来让这些所谓的"超前设计"的代码工作起来，到最后却发现这些代码根本没什么用。

- "超前设计"的代码是画蛇添足，增加了程序的复杂性，带来了额外的测试、修补缺陷等工作量。其整体效应就是拖了项目的后腿。

专家们认为，对未来需求有所准备的办法并不是去编写空中楼阁式的代码，而是尽可能将满足当前需求的代码清晰直白地表现出来，使未来的程序员理解这些代码到底完成了什么功能，没有完成什么功能，从而根据他们的需要进行修改。

CHECKLIST: Reasons to Refactor
核对表：重构的理由

cc2e.com/2443

- ❑ 代码重复。
- ❑ 子程序太长。
- ❑ 循环太长或者嵌套太深。
- ❑ 类的内聚性太差。
- ❑ 类的接口的抽象层次不一致。
- ❑ 参数表中参数太多。
- ❑ 类的内部修改往往局限于某个部分。
- ❑ 需要对多个类进行并行修改。
- ❑ 对继承体系的并行修改。
- ❑ 需要对多个 case 语句进行并行修改。
- ❑ 相关的数据项只是被放在一起，没有组织到类中。
- ❑ 成员函数更多地使用了其他类的功能，而非自身类的。
- ❑ 过于依赖基本数据类型。
- ❑ 一个类不做什么事。
- ❑ 一连串传递流浪数据的子程序。
- ❑ 中间人对象什么也不干。
- ❑ 某个类同其他类关系过于密切。
- ❑ 子程序的命名太差。
- ❑ 数据成员被设置为公用。
- ❑ 派生类仅仅使用了基类的一小部分成员函数。
- ❑ 用注释来掩饰拙劣的代码。
- ❑ 使用了全局变量。
- ❑ 在子程序调用前使用设置代码，调用后使用收尾代码。
- ❑ 程序包含的某些代码似乎在将来某个时候才会被用到。

Reasons Not to Refactor
拒绝重构的理由

在日常的讨论中,"重构"一词更多被用来指那些弥补缺陷、增加功能、修改设计等工作,全然成为了对代码做了任何修改的同义词。这一术语的深刻内涵已惨遭稀释。修改本身并不是什么了不得的好事,但如果是程序员深思熟虑而为之,且遵循规范恰如其分,那么在不断的维护下,这样的修改必将成为代码质量稳步提升之关键,且能避免如今随处可见的代码因质量不断下降而最终灭亡的趋势。

24.3 Specific Refactorings
特定的重构

在本部分,我将列出一份重构目录,其中很多都是总结自《Refactoring》(Fowler 1999)中的详尽描述。但是我无意使这份目录将各种重构全部包容。为便于理解,本书的每一个例子都给出了一个"拙劣代码"的例子,而"优秀代码"的例子则可被读者在重构中借鉴。由于篇幅所限,我将重点关注自己认为最为有用的重构方法。

Data-Level Refactorings
数据级的重构

以下的重构方法可用于改进变量和其他数据类型的使用。

用具名常量替代神秘数值 如果使用了数字或字符表示形式,例如 3.14,那么请将这样的字符使用具名常量来替代,例如 PI。

使变量的名字更为清晰且传递更多信息 如果一个变量的名字容易让人对其产生误解,就换个好点的名字。当然,这条建议同样适用于常量、类、子程序。

将表达式内联化 把一个中间变量换成给它赋值的那个表达式本身。

用函数来代替表达式 用一个函数来代替表达式(这样一来,表达式就不会在代码中重复出现了)。

引入中间变量 将表达式的值赋给中间变量,要记住,给这个中间变量的命名应能准确概括表达式的用途。

用多个单一用途变量代替某个多用途变量 如果某个变量身兼数职——通常是 i、j、temp、x——请用多个变量来让它们各司其职吧,各个变量还应该具有更为准确的变量名。

在局部用途中使用局部变量而不是参数 如果一个被用做输入的子程序参数在其内部又被用作局部变量,那么请直接创建一个局部变量来代替它。

将基础数据类型转化为类 如果一个基础数据类型需要额外的功能（例如更为严格的类型检查）或额外的数据，那么就把该数据转换为一个对象，然后再添加你所需要的类行为。这条建议适用于类似 `Money` 和 `Temperature` 这样的简单数值类型。当然，类似于 `Color`、`Shape`、`Country` 和 `OutputType` 这样的枚举类型也同样适用。

将一组类型码（type codes）转化为类或枚举类型 在古董程序中，下面这样的用法随处可见：

```
const int SCREEN = 0;
const int PRINTER = 1;
const int FILE = 2;
```

与其定义这些单独的常量，不如定义一个类，这样你就可以享受严格类型检查所带来的好处，同时，如果需要，你还可以对 `OutputType` 进行更为详细的命名。有时也可以用一个枚举类型替代这样的类。

将一组类型码转换为一个基类及其相应派生类 如果与不同类型相关联的不同代码片段有着不一样的功能，请考虑为该类型创建一个基类，然后针对每个类型码创建派生类。例如对 `OutputType` 基类，就可以创建 `Screen`、`Printer` 和 `File` 这样的派生类。

将数组转换为对象 如果正在使用一个数组，其中的不同元素具有不同的类型，那么就应该用一个对象来替代它。将数组中的各个元素转化为该类的各个成员。

把群集（collection）封装起来 如果一个类返回一个群集，到处散布的多个群集实例将会带来同步问题。请让你的类返回一个只读群集，并且提供相应的为群集添加和删除元素的子程序。

用数据类来代替传统记录 建立一个包含记录成员的类。这样你可以集中完成对记录的错误检查、持久化和其他与该记录相关的操作。

Statement-Level Refactorings
语句级的重构

下面的重构方法可用于改善单个语句的使用。

分解布尔表达式 通过引入命名准确的中间变量来简化复杂的布尔表达式，通过变量名更好地说明表达式的含义。

将复杂布尔表达式转换成命名准确的布尔函数 如果表达式过于复杂，那么这项重构可以提高可读性。如果表达式被多次使用，重构还能减少并行修改的需要，并降低使用该表达式的出错几率。

合并条件语句不同部分中的重复代码片段　如果你有完全相同的代码同时出现在一个条件语句的 if 语句块和 else 语句块中，那么就应将这段代码移到整个 if-then-else 语句块的后面。

使用 break 或 return 而不是循环控制变量　如果在循环中用到了一个类似 done 这样控制循环的变量，请用 break 或 return 来代替它。

在嵌套的 if-then-else 语句中一旦知道答案就立即返回，而不是去赋一个返回值　一旦知道返回值就迅速退出子程序，这样的代码最容易分析，也不容易出错。如果设置一个返回值，再通过啰嗦的逻辑判断退出循环，你的代码就会难于理解。

用多态来替代条件语句（尤其是重复的 case 语句）　结构化程序里很多的 case 语句中的逻辑都可以被放到继承关系中，通过多态函数调用实现。

创建和使用 null 对象而不是去检测空值　有时，null 对象可以有一些相关的通用功能或数据，诸如引用一个不知名字的 resident 对象时把它作为 "occupant"。遇到这种情况，应该把处理 null 值的功能从客户代码中提出来，放到相应的类中。做法如下：设计一个 Customer 类，在 resident 未知时将其定义为 "occupant"；而不是让 Customer 类的客户代码反复检测对象的名字是否已知，并在未知时用 "occupant" 代替它。

Routine-Level Refactorings
子程序级重构

下面的重构方法可以用于改善单个子程序一级的代码。

提取子程序或者方法　把内嵌的代码（inline code）从一个子程序中提取出来，并将其提炼为单独的子程序。

将子程序的代码内联化　如果子程序的程序体很简单，且含义不言自明，那么就在使用的时候直接使用这些代码。

将冗长的子程序转换为类　如果子程序太长，可以将其转换为类，然后进一步对之前的子程序进行分解，通过所得到的多个子程序来改善该代码的可读性。

用简单算法替代复杂算法　用更为简单的算法来替代复杂的算法。

增加参数　如果子程序需要从调用方获得更多的信息，可以增加它的参数从而为其提供信息。

删除参数　如果子程序已经不再使用某个参数，就删掉它。

将查询操作从修改操作中独立出来 通常，查询操作并不改变对象的状态。因此，一旦有类似 `GetTotals()` 的操作改变了对象的状态，就应该将查询功能从状态改变功能中独立出来，提供两个独立的子程序。

合并相似的子程序，通过参数区分它们的功能 两个相似子程序的唯一区别或许只是其中用到的常量值不同。请把它们合并到一起，然后将常量值通过参数传入。

将行为取决于参数的子程序拆分开来 如果一个子程序根据输入参数的值执行了不同的代码，请考虑将它拆分成可几个以被单独调用的、无须传递特定参数的子程序。

传递整个对象而非特定成员 如果发现有同一对象的多个值被传递给了一个子程序，考虑是否可修改其接口使之接收整个对象。

传递特定成员而非整个对象 如果发现创建对象的唯一理由只是你需要将它传入某个子程序，那么就考虑一下是否可以修改这个子程序，使之接收特定数据成员而非整个对象。

包装向下转型的操作 通常当子程序返回一个对象时，应当返回其已知的最精确的对象类型。这尤其适用于返回迭代器、群集、群集元素等的情况。

Class Implementation Refactorings
类实现的重构

下面的方法可用于类一级的重构。

将值对象转化为引用对象 如果发现自己创建并维护着多个一模一样的大型复杂对象，请改变对这些对象的使用方式。即仅仅保存一份主拷贝（值对象），然后其他地方使用对该对象的引用（引用对象）。

将引用对象转化为值对象 如果看到自己对某个小型的简单对象进行了多次引用操作，请将这些对象都设置为值对象。

用数据初始化替代虚函数 如果有一组派生类，差别仅仅是虚函数返回的常量不同。与其在派生类中覆盖成员函数，不如让派生类在初始化时设定适当的常量值，然后使用基类中的通用代码处理这些值。

改变成员函数或成员数据的位置 请考虑对类的继承体系做出修改。这些修改通常可以减少派生类的重复工作：

- 将子程序上移到基类中。
- 将成员上移到基类中。
- 将构造函数中的部分代码上移到基类中。

下面这些改变则可以用来对派生类进行特殊化：

- 将子程序下移到派生类中。
- 将成员下移派生类中。
- 将构造函数下移到派生类中。

将特殊代码提取为派生类 如果某类里的一部分代码仅仅被其部分实例所使用，应该把这部分特殊的代码放到其派生类中。

将相似的代码结合起来放置到基类中 如果两个派生类有相似的代码，将这些代码结合起来并放到基类中。

Class Interface Refactorings
类接口的重构

下面的重构方法可以为你带来更好的类接口。

将成员函数放到另一个类中 在目标类中创建一个新的成员函数，然后从原类中将函数体移到目标类中。然后在旧的成员函数中调用新的成员函数。

将一个类变成两个 如果一个类同时具备了两种或更多的截然不同的功能，请把这样的类转化为多个类，使得每个类完成一种明确定义的功能。

删除类 如果某个类无所事事，就应该把该类的代码放到与所完成功能关系更为密切的另一个类中，然后把这个类删掉。

去除委托关系 有时类 A 调用了类 B 和类 C，而实际上类 A 只应该调用类 B，而 B 类应该调用类 C。在这种情况下就应当考虑 A 对 B 的接口抽象是否合适。如果应该由 B 负责调用 C，那么就应该只有 B 调用 C。

去掉中间人 如果存在类 A 调用类 B，类 B 调用类 C 的情况，有时让类 A 直接调用类 C 会更好。是否应当去掉类 B，取决于怎么做才能最好地维护类 B 接口的完整性。

用委托代替继承 如果某类需要用到另一个类,但又打算获取对该类接口更多的控制权,那么可以让基类成为原派生类的一个成员,并公开它的一组成员函数,以完成一种内聚的抽象。

用继承代替委托 如果某个类公开了委托类(成员类)所有的成员函数,那么该类应该从委托类继承而来,而不是使用该类。

引入外部的成员函数 如果一个客户类需要被调用类的某个额外的成员函数,而你又无法去修改被调用类,那么可以通过在客户类(client class)中创建新成员函数的方式来提供此功能。

引入扩展类 如果一个类需要多个额外的成员函数,你同样无法修改该类,你可以创建一个新类。该类包括了原类的功能以及新增加的功能。要实现这点,你既可通过从原类派生新类然后添加新的成员函数,也可以将原类进行包装,使新类调用所需要的成员函数。

对暴露在外的成员变量进行封装 如果数据成员是公用的,请将其改为私用,然后通过成员函数来访问该数据成员的值。

对于不能修改的类成员,删除相关的 Set()成员函数 如果某个成员在对象创建之时被设值,之后便不能修改,那么就应该在对象的构造函数中对该成员初始化,而不是使用可能产生误导的 `Set()` 成员函数。

隐藏那些不会在类之外被用到的成员函数 如果没有某个成员函数,类的接口更能呈现出内聚性,那就应该隐藏这个成员函数。

封装不使用的成员函数 如果发现自己往往只使用类接口的一部分,那么就为类创建新的接口,仅仅把那些必须的成员函数暴露给类的外部。需要注意,新的接口应该为类提供一致的抽象。

合并那些实现非常类似的基类和派生类 如果派生类并未提供更多的特殊化,那么就应该把它合并回基类中。

System-Level Refactorings
系统级重构

这里的重构方法可以在整个系统一级改善代码。

为无法控制的数据创建明确的索引源 有时,你需要让特定系统来维护数据,而在其他需要使用该数据的对象中,你却无法方便或一致地访问这些数据。常见的例子如在 GUI 控件中维护的数据。在这样的情况下,你需要创建一个类,由该类里映射 GUI 控件中的数据,然后让 GUI 控件和其他代码将此类作为该数据的明确来源。

将单向的类联系改为双向的类联系 如果你有两个类,且它们各自需要用到对方的功能,但仅有一个类能访问另一个类。这时就应该将对两个类进行修改,使其能互相调用。

将双向的类联系改为单向的类联系 如果有两个类,彼此都知道到对方,但实际上只有一个类需要访问另一个类。这时就应该只让那个有实际需要的类能访问另一个类,而另一个类无法访问该类。

用Factory Method模式而不是简单地构造函数 在需要基于类型码创建对象,或者希望使用引用对象而非值对象的时候,应当使用Factory Method(函数)。

用异常取代错误处理代码,或者做相反方向的变换 这取决于你的错误处理策略,请确保代码使用了标准的处理方法。

---

cc2e.com/2450

CHECKLIST: Summary of Refactorings
核对表:重构总结

数据级的重构

- ☐ 用具名常量来代替神秘数值。
- ☐ 用更明确或更具信息量的名字来重命名变量。
- ☐ 将表达式内联化。
- ☐ 用函数来代替表达式。
- ☐ 引入中间变量。
- ☐ 将多用途变量转换为多个单一用途变量。
- ☐ 使用局部变量实现局部用途而不是使用参数。
- ☐ 将基础数据类型转化为类。
- ☐ 将一组类型码转化为类或是枚举类型。
- ☐ 将一组类型码转化为含派生类的类。
- ☐ 将数组转化为对象。
- ☐ 封装群集。
- ☐ 用数据类替代传统记录。

语句级的重构

- ☐ 分解布尔表达式。
- ☐ 将复杂的的布尔表达式转换为命名精确的布尔函数。

- ❏ 将条件语句中不同部分中的重复代码合并。
- ❏ 使用 break 或 return 而不是循环控制变量。
- ❏ 在嵌套的 if-then-else 语句中一旦知道结果就立刻退出,而不是仅仅赋一个返回值。
- ❏ 用多态来代替条件语句(尤其是重复的 case 语句)。
- ❏ 创建并使用空对象代替对空值的检测。

子程序级的重构

- ❏ 提取子程序。
- ❏ 将子程序代码内联化。
- ❏ 将冗长的子程序转化为类。
- ❏ 用简单的算法替代复杂算法。
- ❏ 增加参数。
- ❏ 减少参数。
- ❏ 将查询操作同修改操作区分开来。
- ❏ 合并功能相似的子程序,并用参数来区分他们。
- ❏ 通过传递不同的参数使子程序体现不同的功能。
- ❏ 传递整个对象而非特定成员。
- ❏ 传递特定成员而非整个对象。
- ❏ 封装向下转型操作。

类实现的重构

- ❏ 将值对象改为引用对象。
- ❏ 将引用对象改为值对象。
- ❏ 用数据初始化来代替虚函数。
- ❏ 改变成员函数或数据的位置。
- ❏ 将特定代码提出生成派生类。
- ❏ 将相似的代码合并起来放到基类中。

类接口的重构

- 将某成员子程序放到另一个类中。
- 将一个类转化成两个。
- 删除某个类。
- 隐藏委托关系。
- 去掉中间人。
- 用委托代替继承。
- 用继承代替委托。
- 引入外部子程序。
- 引入扩展类。
- 封装暴露在外的成员变量。
- 对不能修改的成员去掉 Set() 函数。
- 隐藏在类的外部不会使用的成员函数。
- 封装不会用到的成员函数。
- 如果基类和派生类的代码实现相似,将二者合并。

系统级的重构

- 为无法控制的数据创建明确的索引源。
- 将单向类联系改为双向类联系。
- 将双向的类联系改为单向类联系。
- 使用工厂函数而非简单的构造函数。
- 用异常代替错误代码,或者反其道而行之。

24.4 Refactoring Safely 安全的重构

> 与其将分解一个正常工作的系统比做替换水槽里面的塞子,倒不如把它看成是替换大脑中的一根神经。如果我们把软件维护称为"软件脑部外科手术",工作起来会不会要轻松一些?
> —Gerald Weinberg

重构是一种改善代码质量的强有力的技术。但正如所有功能强大的工具一样,如果使用不当,重构给你带来的麻烦会比它所带来的好处还要多。下面一些简短的建议能够让你避免错误地使用重构。

保存初始代码 在开始重构之前,要保证你还能回到代码的初始状态。用你的版本控制系统保存一个初始版本,或是把最初正确的文件复制到备份目录中去。

重构的步伐请小些 有的重构的步法比其他重构更大,到底什么能算成是一次重构并不明确。因此请把重构的步伐放小些,这样才能理解所做修改对程序的全部影响。关于这点,在详细论述重构的 Refactoring (Fowler 1999)一书中有很多非常好的例子。

同一时间只做一项重构 有的重构会比其他的重构更为复杂。除非是对付那些最为简单的重构,否则请在同一时间只做一项重构,在进入下一项重构之前,对代码重新编译并测试。

把要做的事情一条条列出来 伪代码编程过程的自然延伸就是列出一份重构列表,然后你应当按照这份列表从 A 点一步步走到 B 点。写出一份重构列表能够让你在修改时保持思路连贯。

设置一个停车场 在某次重构的路途中,你可能会发现你需要进行另一次重构。正在着手这次新的重构时,或许又会发现第三个重构将会给程序带来很多好处。为了处理这些并不需要立即对付的修改工作,你最好设置一个"停车场",把你需要在未来某个时间进行而现在可以先放在一边的修改工作列出来。

多使用检查点 在重构的时候,很容易出现代码没有按照设想正常运行的情况。除了保存初始代码外,在重构中还应在多个地方设置检查点。这样一来,即使你编码时钻进了死胡同,你仍然可以让程序回到正常工作的状态。

利用编译器警告信息 要让一些小错误逃过编译器的目光很容易。你最好把编译器的警告级别设置为尽可能苛刻,一旦输入中有这些小错误,编译器就能立即把它们找出来。

重新测试 应该把重新测试作为检查所修改代码工作的补充。当然,这点要取决于从一开始你是否就有一套优秀的测试用例。在第 22 章"开发者测试"中有关于回归测试和其他的测试主题的详细介绍。

增加测试用例 除了重新运行过去做过的那些测试,还应该增加新的单元测试来检验新引入的代码。如果重构使得一些测试用例已经过时,那么就删除这些用例。

交叉参考 如果想了解关于详细检查代码的更多信息,请参阅第 21 章"协同构建"。

检查对代码的修改 如果说在第一次运行程序的时候检查代码是必需的,那么在接下来的修改工作中,时刻关注代码则更为重要。Ed Yourdon 的研究表明,程序员在对代码尝试第一次修改的时候,有超过 50% 的可能性出错。有趣的是,如果程序员处理一大部分代码而不是区区几行,那么他们的修改是正确的几率则会有所提高，如图 24-1 所示。特殊的情况是，当代码修改行数从 1 增加到 5 的时候，改错的可能性大大增加。在这之后，随着行数的增加，出错的几率开始逐渐降低了。

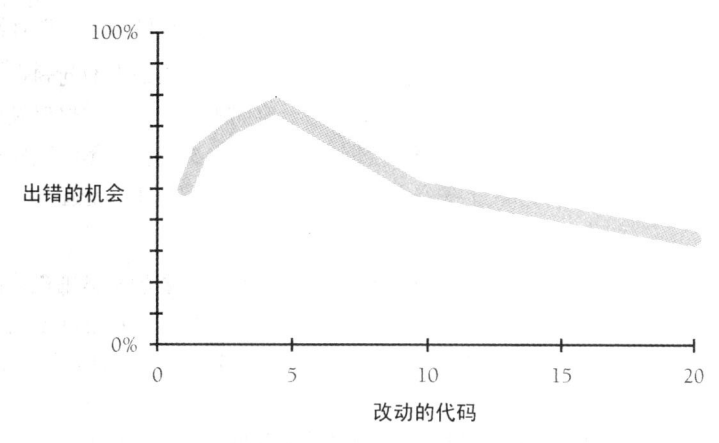

图 24-1　相对于大规模修改，小的改动更容易出错(Weinberg 1983)

程序员们对于很小的修改常常不以为然。他们不会用纸和笔来推敲程序，也不会让其他人来检查代码。有时甚至根本不会运行这些代码来验证修改工作的正确性。

HARD DATA

事情很简单：应该把简单的修改当做复杂修改加以对待。有一家企业，在引入对单行代码修改的检查之前，修改发生错误的几率是 55%，而在引入之后，错误几率降低到了 2%（Freedman and Weinberg 1982）。一家电信企业在引入代码检查后，程序的正确率从 86% 上升到了 99.6%（Perrott 2004）。

根据重构风险级别来调整重构方法　有一些重构实施起来会比其他重构更为危险。而类似于"用具名常量替代神秘数值"一类的重构则几乎不会出现什么问题。涉及到类、成员函数接口、数据库构架等改变，或是对布尔判断等进行修改的重构则极具风险。对于简单的重构而言，你只需要简化整个重构过程，然后简单地对代码重新测试，而不用一次只去完成一个重构，也不用进行正式的检查工作。

对于那些有一定风险的重构，谨慎才能避免出错。务必一次只处理一项重构。除了完成通常要做的编译检查和单元测试之外，还应该让其他人来检查你的重构工作，或是针对重构采用结对编程。

Bad Times to Refactor
不宜重构的情况

> 不要只实现一部分功能，并指望将来的重构能完成它。
> ——John Manzo

重构是一剂良药，但不是保治百病的灵丹妙药。它也有被滥用的可能性。

不要把重构当做先写后改的代名词 重构最大的问题在于被滥用。程序员们有时会说自己是在重构，而实际上他们所完成的工作仅仅是对无法运行的代码修修补补，希望能让程序跑起来。重构的含义是在不影响程序行为的前提下改进可运行的代码。那些修补破烂代码的程序员们不是在重构，而是在拼凑代码（hacking）。

> 大规模的重构孕育着灾难。
> ——Kent Beck

避免用重构代替重写 有时，代码所需要的不是细微修改，而是直接一脚踢出门外，这样你就可以全部重新开始。如果发现自己处于大规模的重构之中，就应该问问自己是否应该把这部分代码推倒重来，重新设计，重新开发。

24.5 Refactoring Strategies
重构策略

对任何特定程序都能带来好处的重构方法本应是无穷无尽的。和其他的编程行为一样，重构同样受制于收益递减定律，同样也符合 80/20 法则。在斟酌哪种重构方法最为重要的时候，不妨考虑一下下面这些建议。

在增加子程序时进行重构 在增加子程序时，检查一下相关的子程序是否都被合理地组织起来了。如果没有，那么就重构这些子程序。

在添加类的时候进行重构 添加一个类往往会使已有代码中的问题浮出水面。应当借此机会对其他的类进行重构，使其与你所添加的类结合得更为紧密。

在修补缺陷的时候进行重构 如果你在修补缺陷中有了一些心得体会，请把它运用到改善其他易于产生相似错误的代码上。

> **交叉参考** 要了解关于易于出错代码的更多信息，请参阅第 22.4 节中的"哪些类包含最多的错误"。

关注易于出错的模块 有的模块更容易出错，健壮性远逊于其他模块。程序里面是不是有一部分代码让你和开发团队的其他人都觉得烫手？这很可能就是容易出错的模块了。尽管绝大部分人对这部分富于挑战性代码的自然反应都会是敬而远之，但集中处理这样的代码将是最为有效的重构策略。

关注高度复杂的模块 另外一种方法就是关注最为复杂的模块（第19.6节中的"如何度量复杂度"详细叙述了复杂度的度量）。一项经典研究表明，当做维护的程序员们把改善代码的精力集中放在那些最为复杂的模块上时，程序的质量会有显著提升（Henry and Kafura 1984）。

在维护环境下，改善你手中正在处理的代码 未予修改的代码是没有必要进行重构的。但如果你正在维护某部分代码，请确保代码在离开你的时候比来之前更健康。

定义清楚干净代码和拙劣代码之间的边界，然后尝试把代码移过这条边界 "现实世界"通常会比你想象的更加混乱。这种状态或是源于复杂的业务规则，或是来自软硬件接口。对那些古董系统而言，常见的麻烦就是人们会要求那些拙劣编写的产品代码自始至终都能工作下去。

让古董系统产品重新焕发青春的有效方法，就是让一些代码待在混乱不堪的真实世界里，让另一些驻扎在理想中的新世界里，让一些代码居于两者之间。图24-2描述了这样的思想。

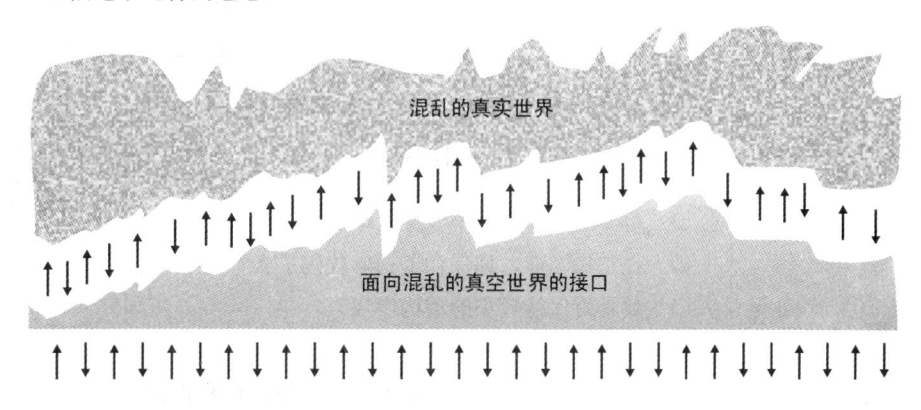

图 24-2 真实世界混乱不堪并不等于你的代码也得同样糟糕。将你的系统看做理想代码、混乱的真实世界，以及从前者到后者的接口的结合

在你处理这一系统的时候,你可以设法把代码移过"真实世界接口",转移到更为有序的理想世界中。在处理一个旧的系统时,几乎整个系统可能都是那些写得非常糟糕的代码拼凑起来的。当你对付某段混乱代码的时候,一种屡试不爽的办法使这些代码靠近当前的代码规范,例如使用含义明确的变量名等,从而有效地将这部分代码引入到理想世界中。一次次这样处理下去,代码的基础质量就能迅速提升。如图24-3所示。

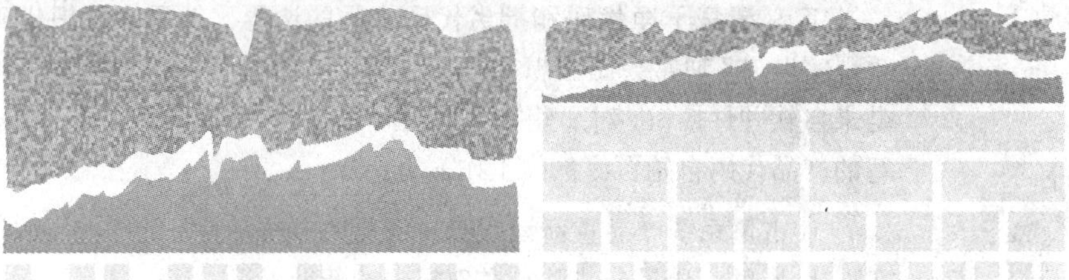

最初状态
大多数写得很糟糕的遗产代码

目标状态
大多数写得很好的重构后的代码

图24-3 改善产品代码的策略之一就是在拿到拙劣的遗产代码时对其重构,由此使其告别混乱不堪的真实世界

CHECKLIST: Refactoring Safely
核对表:安全的重构

cc2e.com/2457

- ❏ 每一改变都是系统改变策略的一部分么?
- ❏ 在重构之前,你保存了初始代码了么?
- ❏ 你是否保持较小的重构步伐?
- ❏ 你是否同一时间只处理一项重构?
- ❏ 在重构时你是否把要做的事情一条条列了出来?
- ❏ 你是否设置了一个停车场,把你在重构时所想到的任何东西记下来?
- ❏ 在每次重构后你会重新测试么?
- ❏ 如果所做的修改非常复杂,或者影响到了关键代码,你会重新检查这些修改么?
- ❏ 你是否考虑过特定重构的风险,并以此来调整你的重构方法?
- ❏ 你所做的修改是提升还是降低了程序的内在质量?
- ❏ 你是否避免了将重构作为先写后改的代名词,或者作为拒绝重写拙劣代码的托词?

Additional Resources
更多资源

cc2e.com/2464

重构的过程在很多方面同修补缺陷有着相同之处。在第 23.3 节 "修正缺陷" 有很多关于修补缺陷的内容。重构的风险则类似于代码调整的风险。如果想了解如何管理代码调整的风险，请参阅第 25.6 节 "代码调整方法总结"。

Fowler, Martin. 《*Refactoring: Improving the Design of Existing Code*》. Reading, MA：Addison Wesley，1999。该书是重构的权威指南。它包括了对本章所总结的很多特定重构的详细讨论，同时还提供了一些本章没有涉及的重构方法。Fowler 还为如何一步步进行重构给出了众多代码示例。[1]

Key Points
要点

- 修改是程序一生都要面对的事情，不仅包括最初的开发阶段，还包括首次发布之后。
- 在修改中软件的质量要么改进，要么恶化。软件演化的首要法则就是代码演化应当提升程序的内在质量。
- 重构成功之关键在于程序员应学会关注那些标志着代码需要重构的众多的警告或 "代码臭味"。
- 重构成功的另一要素是程序员应当掌握大量特定的重构方法。
- 重构成功的最后要点在于要有安全重构的策略。一些重构方法会比其他重构方法要好。
- 开发阶段的重构是提升程序质量的最佳时机，因为你可以立刻让刚刚产生的改变梦想变成现实。请珍惜这些开发阶段的天赐良机！

---

[1]译注：中译本《重构：改善既有代码的设计》，中国电力出版社。

Code-Tuning Strategies

第 25 章 代码调整策略

cc2e.com/2578

内容

- 25.1 性能概述：第 588 页
- 25.2 代码调整简介：第 591 页
- 25.3 蜜糖和哥斯拉：第 597 页
- 25.4 性能测量：第 603 页
- 25.5 反复调整：第 605 页
- 25.6 代码调整方法总结：第 606 页

相关章节

- 代码调整技术：第 26 章
- 软件架构：第 3.5 节

  本章讨论程序性能调整问题——这一直以来都是一个富有争议的话题。在 20 世纪 60 年代，计算机资源非常有限，因此效率成了人们极为关注的一个问题。到了 70 年代，随着计算机的功能越来越强大，程序员们意识到过分专注于性能会损害程序的可读性和可维护性，因而代码调整受到的重视程度有所下降。性能限制随着 80 年代微型计算机革命的开始而重新提了出来，效率问题又被推到台前，在整个 90 年代中它被人关注的程度则逐渐下降。21 世纪初，移动电话和 PDA 等设备上嵌入式软件受到的内存限制，以及解释型代码的执行时间过长，使效率再度成为了一个热点话题。

  你可以在两个层面上考虑性能问题：策略上和技术上。本章要解决的是策略层面上的性能问题：什么是性能，它的重要性，以及提高性能的一般性方法。如果你已经理解了性能调整的策略，只是寻求在代码一级提高性能的具体技术，那么请跳到第 26 章 "代码调整技术"。当然，在着手任何较大规模的性能调整工作之前，最好浏览一下本章的内容，这样你就不会在原本应当去做其他工作的时候耗费时间对代码做优化了。

代码大全（第 2 版）

25.1 Performance Overview 性能概述

代码调整只是提高程序性能的一种方法。除此之外,你还可以找到提高性能的其他方法,这些方法能让你以更少的时间和对代码更少的负面影响来实现你的目标。本部分就描述了这些方法。

Quality Characteristics and Performance 质量特性和性能

> 相对于其他单个因素——包括瞎搅蛮干,计算之罪更多的归咎于效率(即使效率并非关键所在)。
> —W. A. Wulf

人们常常透过有色眼镜来观察这个世界。像你我这样的程序员也喜欢透过代码这副有色眼镜来观察世界。我们猜想,如果能编写出更好的代码,就会有更多的客户和消费者喜欢上我们的软件。

这就像是现实中的邮件地址,但这个地址没有街道门牌号,也没有实际的建筑来容纳它。相对于代码质量(quality),用户更关心的是程序的外在特性。有时,人们也会在乎纯粹的性能,但这仅仅是在性能影响到了用户工作的时候。相对于纯粹的性能,用户更为重视的是程序的处理能力(throughput,吞吐量)。对用户来说,程序员按时交付软件,提供一个清爽的用户界面,避免系统死机常常比程序的性能更为重要。

来看一个说明情况的例子。我每周会用自己的数码相机拍下至少 50 张照片。为了把这些照片上传到我的计算机,我需要使用同相机配套的软件来逐一挑选照片,即在一个仅能同时显示六张照片的窗口里面查看这些照片。这样一来,上传 50 张照片就成了一项烦人的工作,需要无数次单击鼠标并在这样一个六张照片大小的窗口里不停地前后浏览。在容忍这样的麻烦长达几个月后,我购买了一个读卡器,可直接把它插到我的计算机上,而计算机会把它当做一个磁盘驱动器来处理。现在我就可以直接使用 Windows 资源管理器把这些照片复制到我的计算机里。以前需要无数次点击和长时间等待的工作,现在只需两次单击鼠标、按一下 Ctrl+A、然后拖放就能完成了。我毫不介意读卡器传输每个文件的时间是别的软件的一半还是两倍,因为我自己的吞吐量更大了。无论读卡器代码运行得是快是慢,其"表现/performance"显然都好于前一方式。

KEY POINT 性能同代码速度之间存在着很松散的联系。如果只是关注于代码的运行速度,你的工作不免顾此失彼。要特别当心放弃其他功能去让你的代码跑得更快。如果过分强调速度,程序的整体性能(表现)常常不升反降。

Performance and Code Tuning 性能和代码调整

一旦你选择把效率作为头等大事,无论重点是在处理速度还是在处理代码所占用的资源上,你都应该考虑一下其他可能选择,而且应当是在代码一级选择提高速度还是减少资源占用之前去做。请从以下方面来思考效率问题:

- 程序需求
- 程序的设计
- 类和子程序的设计
- 程序同操作系统的交互
- 代码编译
- 硬件
- 代码调整

Program Requirements
程序需求

Barry Boehm 为我们讲述了一个故事，TRW 公司开发一套系统，客户最初要求该系统响应时间不能超过 1 秒。这样的需求直接导致了一套极其复杂的设计方案以及 1 亿美元的预算。公司经过进一步的研究，认为在 90% 的情况下，即使是 4 秒的系统实际响应时间，也能满足客户需求。经过如此修改的系统需求为公司节省了大约 7000 万美元（Boehm 2000b）。

在花费时间处理一个性能问题之前，请想清楚你的确是在解决一个确实需要解决的问题。

Program Design
程序的设计

> **交叉参考** 在本章最后的"更多资源"中你可以找到如何通过设计改善程序性能的详细介绍。

程序的设计包括了设计单个程序的主要框架，主要包括程序如何被分解为类。有时程序的设计会使一个高性能的系统难于实现。其他一些设计则使实现这样的系统易如反掌。

来看一个真实世界里数据采集程序的例子，在最高层的设计中我们明确了数据的测量处理能力将是产品的关键属性。每次测量都包括：记录电子测量的时间、按测量标准读出测量值、按比例转换测量值、将传感器所用的数据单位（例如毫伏）转换为工程数据单位（例如摄氏度）。

在这种情况下，如果不考虑高层设计中存在的风险，程序员会发现自己试图在软件中优化一个 13 阶多项式的计算——也就是计算一个有 14 项自变量的幂次最大为 13 的多项式。后来找到了一种替代方案，他们采用不同的硬件和另一种高层设计，其中用了多个 3 阶多项式解决这一问题。这样的改变是无法通过代码调整来实现的，再多的代码调整似乎也无济于事。这就是一个需要从程序的设计一级来解决的问题。

> **交叉参考** 第20.2节中的"设置目标"详细讲述了程序员以目标为导向的工作方法。

如果你知道程序的资源占用量和速度至关重要,那么就应该仔细设计程序架构来满足这些要求。在设计架构时优先考虑整体性能,然后再为单个的子系统、特征和类设置要达到的资源占用目标。这种方法有如下的好处。

- 设置单独的资源占用目标将使得系统的最终性能可预测。如果单个特征可以满足资源占用目标,那么整个系统也应该满足系统相应的目标。你可以在早期就发现那些无法满足目标的子系统,然后对这些子系统进行重新设计或代码调整。

- 把这些目标描述得越明确,越有可能来使子系统满足这些指标。程序员只有在了解目标后才能实现这些目标,目标定义得越清晰,工作就越容易做。

- 你可以设定一些目标,尽管借助这些目标无法直接实现高效率,但从长远来看却能促进效率的提升。通常,在考虑效率问题时应将其同其他因素相结合。例如,实现高度可修改性就为满足效率目标提供了很好的基础,这比明确设置一个效率目标更好。有了高度模块化的可修改设计,你就能毫不费力地用更高效的模块来替换那些低效的模块。

Class and Routine Design
类和子程序设计

> **交叉参考** 在本章末尾的"更多资源"中有关于数据类型和算法的更多信息。

设计类和子程序的内部机制为高性能的设计提供了另一个机会。在这一层次的处理中,是否选择了合适的数据类型和算法将对性能产生重要影响。因为这两者通常会同时影响程序的内存占用和执行速度。在这一层次,你可以用快速排序来替代冒泡排序,用折半查找代替线性查找。

Operating-System Interactions
同操作系统的交互

> **交叉参考** 如果在代码一级需要对缓慢或臃肿的操作系统例程进行处理,你可以参阅第26章"代码调整技术"获取相关信息。

如果你的程序要同外部文件、动态内存或输出设备打交道,那么程序很可能需要同操作系统进行交互。如果程序性能不尽人意,很可能是操作系统的子程序(例程)过于低效或臃肿。你或许没有注意到你的程序正同操作系统进行交互,因为有时你的编译器会生成系统调用,或是程序库使用了你未曾想到的系统调用。稍后我们会谈到这一问题。

Code Compilation
代码编译

优秀的编译器能将清晰的高级语言代码转换为经过优化后的机器码。如果选择了合适的编译器,你可能无须再考虑如何进一步优化程序的运行速度,直接就能获得满意的程序性能了。

第26章提供了很多编译器优化示例,相对于手动的代码调整,这种优化方法能生成更高效的代码。

Hardware
硬件

有时，最经济也是最有效的提升程序性能的方法就是购买新的硬件设备。如果你是针对全国范围成百上千的客户发布程序，那么购买新硬件是不现实的。但如果你是为了个别内部客户开发定制软件，那么硬件升级或许会是最方便的办法。它节省了性能优化工作的初期投资，也省下了将来对付性能问题的成本。同时，它还改善了硬件上运行的其他所有程序的性能。

Code Tuning
代码调整

代码调整是一种对正确代码进行调整的实践，它可以使得代码的运行更为高效。这也是本章剩余部分的主题。"调整（Tuning）"一词指的是较小规模的修改，这种修改可能会影响到单个的类、单个子程序，更为普遍的情况是寥寥几行代码。"调整"并不是指大型的设计修改或其他在概要层次上对性能的改进。

从系统设计到代码调整的各个层面上，你都有可能极大地提高程序性能。Jon Bentley 坚持认为，在某些系统中，各个层次的优化可以被累乘起来（Bentley 1982）。因为在一个六层系统中如果每一个层面都实现了 10 倍的优化，那么可能的性能提升就应该是百万倍。尽管要实现这样的累乘性能改进，需要程序各层的优化同其他层的优化无关，而这是几乎不可能的，但考虑到可能产生的效果，这样的潜力还是很鼓舞人心的。

25.2 Introduction to Code Tuning
25.2 代码调整简介

代码调整对程序员到底有什么魅力？它并不是改进性能的最为有效的方法，完善程序架构，修改类的设计，选择更好的算法常常能带来更大幅度的性能提升。它同样不是最方便的改善性能的方法——购买新的硬件或使用具有更好优化特性的编译器会更方便。它也不是成本最低的方法——在初期阶段你耗费在手工调整代码上的时间越多，这些代码在后期就会越难于维护。

代码调整出于以下几个原因而受到了程序员们的青睐。这种方法似乎是在藐视自然法则。调整几行代码，就能把原本运行起来会花上 20 微秒的程序优化到运行时间只有 2 微秒，这给程序员们带来了不可思议的成就感。

它富有吸引力还在于掌握编写高效代码的这门艺术是成为严肃意义上程序员所需的加冕仪式。如同在网球比赛中，你不会因为拣球的方式而得分，但你仍然需要学会正确的拣球方法。你不能仅仅弯下身子用手拾起网球。如果你做得漂亮，你可以球拍顶部敲一下地上的网球,然后在它反弹到齐腰高的时候抓住它。敲了超过三次,甚至是第一次球没有弹起来,都是无法容忍的失败。尽管拣球本身无足轻重,但你优雅的拣球方式承载着你在网球文化中特定的个人魅力。与之类似,只有你和其他程序员才会在乎你的代码是否紧凑,尽管如此,在程序设计这种文化中,编写出可以节省几微秒的代码还是能证明你很酷。

代码调整的问题在于,高效的代码并不一定就是"更好"的代码。在下面的几节中我们会讨论这一问题。

The Pareto Principle
Pareto 法则

KEY POINT

Pareto 法则也就是众所周知的 80/20 法则。它讲述的是你可以用 20% 的努力取得 80% 的成效。这一法则适用于程序设计之外的众多领域,它对程序优化也绝对有效。

Barry Boehm 的研究表明,程序中 20% 的子程序耗费了 80% 的执行时间(1987b)。在 Donald Knuth 的经典论文 "An Empirical Study of Fortran Programs" 中,作者发现程序中不足 4% 的部分常常占用了超过 50% 的运行时间(1971)。

Knuth 通过一个代码行剖测器发现了这一惊人的关系,这一结论对优化工作的影响显而易见。程序员们应当衡量代码的各个部分,找出最需要关注的地方,然后集中火力来对付占用了绝大部分资源的少量代码。Knuth 对自己的代码行剖测器进行了性能分析,发现其中两个循环占用了整个程序一半的执行时间。于是他花不到一个小时对这部分代码中的几行进行了修改,整个程序的速度就翻了一倍。

Jon Bentley 也提到了一个案例,在一个拥有 1 000 行代码的程序中,80% 的运行时间都花费在了一个只有 5 行的平方根计算子程序中。把这一子程序的运算速度提高三倍之后,整个程序的运行速度也提高了一倍(1998)。根据 Pareto 法则,当某个程序绝大多数的代码都是由诸如 Python 这样的解释型语言编写时,程序员同样应该把其中最关键的部分用 C 这样的编译型语言重写。

Bentley 还描述了另一个情况,某个开发团队发现操作系统一半的运行时间都花费在一个小循环上。于是他们重新编写了由几行代码所构成的循环,从而让这个循环的速度提升了 10 倍。但这一举动并没有改变系统的性能——因为他们重新编写的是系统的空转循环!

曾设计了 ALGOL 语言的团队(Algol 是绝大部分现代语言的开山鼻祖,也是有史以来最具影响力的语言之一)得到了下面的建议:"The best is the enemy of the good."(完美是优良之大敌)。愈是追求完美,越有可能完不成任务。程序员们首先应该实现程序应该具备的所有功能,然后再使程序臻于完美。而这时,需要精益求精的部分通常是很少的。

Old Wives' Tales
一些无稽之谈

你所听到过的很多关于代码调整的观点都是错误的,这些观点包括了如下这些常见的误解。

在高级语言中,减少代码的行数就可以提升所生成的机器代码的运行速度,或是减少其资源占用——错误! 很多的程序员都顽固不化地坚持这样的信念:如果他们能写出只有一两行代码的程序,那么这个程序将会最大限度的高效。让我们看看下面一段对10个元素数组进行初始化的代码:

```
for i = 1 to 10
    a[ i ] = i
end for
```

你猜想下面这些完成了同样工作的代码比上面的代码是快还是慢?

```
a[ 1 ] = 1
a[ 2 ] = 2
a[ 3 ] = 3
a[ 4 ] = 4
a[ 5 ] = 5
a[ 6 ] = 6
a[ 7 ] = 7
a[ 8 ] = 8
a[ 9 ] = 9
a[ 10 ] = 10
```

如果你对"行数越少程序就越快"的古板教条深信不疑,那么你将认为第一段代码要快些。但在 Microsoft Visual Basic 和 Java 中的测试表明,第二段代码比第一段快了至少60%。下面就是统计数据:

语言	for循环的运行时间	直接赋值语句的运行时间	所节省的时间	效率比
Visual Basic	8.47	3.16	63%	2.5:1
Java	12.6	3.23	74%	4:1

注意:(1) 该表和下面表格中的时间都以秒为单位,测试数据仅用于对比表中各行结果。实际所用的时间随编译器种类、编译器选项和测试环境不同而有所差别。(2) 测试结果通常都是由代码片段的数千次到数百万次的运行生成的,这样的目的是为了平滑样本的测量结果波动。(3) 我们并没有指明编译器的种类和版本,因为性能随编译器品牌和版本不同会表现出巨大的差异。(4) 在不同语言之间进行比较通常没有太大意义,因为不同语言编译器的代码生成选项没有可比性。(5) 解释型语言(PHP和Python)的结果通常是基于不到其他语言1%的测试循环次数得出的。(6) 表格中的"节省时间"比例或许无法精确再现,因为"直接运行时间"和"代码调整运行时间"是四舍五入所得。

显然，这一结果并没有证明在高级语言中增加代码行数就必然会提升所生成机器语言的运行速度，或者减少机器语言的资源占用。它只是表明，抛开最简洁代码所具备的美感不谈，高级语言代码行数和程序最终的资源占用和运行速度之间并无必然联系。

特定运算可能比其他的快，代码规模也较小——错误！ 在讨论程序性能的时候，没有"可能"一词的位置。你应该实际地测量程序的性能，这样才能知道你的改动到底是提升还是降低了程序性能。这条游戏规则在你改变了所使用的语言、编译器种类、编译器版本、库种类、库版本、中央处理器、机器内存、还有你当时所穿衬衫颜色（哦，不，这条不算）的时候都会改变。在某台机器某种特定环境下对的东西很可能在另一台机器的不同环境下就变成了谬论。

这一现象也为拒绝通过代码调整来提高程序性能提供了几条理由。如果你希望自己的程序是可以移植的，那么就应当知道，在某个环境下提升程序性能的方法放到另一个环境中有可能会损害程序性能。如果改变了编译器或选用了更高版本的编译器，新的编译器或许会自动优化代码，以前自己的手动调整工作可能就付之东流了。更为糟糕的是，之前的代码调整或许还削弱了强大编译器原本针对直截了当的代码的优化能力。

在调整代码的时候你实际上隐含了一个承诺，即你将根据环境的变化（包括编译器种类、版本、库版本的改变等）重新进行剖测和调整。如果你没有这样做，那么在某版本编译器或某库环境下优化所带来的性能提升在另一种编译环境下或许会削弱性能。

> 我们应当忘记那些琐屑的效率提升，因为在 97% 的场合下，不成熟的优化乃万恶之源。
> —Donald Knuth

应当随时随地进行优化——错误！ 一种理论认为，如果你努力使每一个子程序达到最快和最小，那么你的程序也一定会非常小并且运行得很快。这样的方法会让程序员们陷入一叶障目的境地，程序员为微观范围的优化忙得不可开交，而对整个系统全局性的重要优化视而不见。在应用这一理论的时候，你会遇到下面这些麻烦。

- 几乎不可能在程序所有功能都运转之前确定出程序的性能瓶颈。程序员在猜测哪一个 4% 的代码占用了 50% 的执行时间方面常常出错。因此，平均而言，那些随时随地都在优化程序的程序员们会有 96% 的时间是在对付那些原本就不需要优化的代码。这使得程序员用在处理真正导致瓶颈的 4% 代码上的时间所剩无几。
- 在极少情况下，程序员能正确确定出程序的瓶颈。但他们可能对这一部分代码痛下重手而顾此失彼，让另一部分代码成为制约性能的关键因素。这样，最终的结果是性能的下降。而如果优化放在整个系统完成之后，那么程序员就可以明确各个问题域以及各自的相对重要性，从而有效地对全部优化所用时间进行分配。

- 在最初的开发阶段中，程序员老是把目光集中在优化上面会干扰自己对其他程序目标的理解和判断，让自己沉浸在那些最终并没有为用户提供多大价值的算法分析和晦涩的讨论中，把对正确性、信息隐藏、可读性等的考虑放到了第二位。实际上，在重视这些之后会更容易实施性能优化。如果首先考虑前者，那么后期优化工作通常只会影响到不足 5% 的程序代码。你是愿意回过头去处理 5% 代码的效能，还是去改善 100% 的程序的可读性？

一句话，不成熟优化的主要缺陷在于它缺乏前瞻性。受到损害的包括最终代码的运行速度、比代码速度更为重要的性能特性、程序质量，直至最终软件用户。如果能将开发最简单程序所节省下来的时间放到优化可运行程序上面，结果得到的程序必然会比那些未经斟酌便去优化的程序更快（Stevens 1981）。

偶然有这样的情况，后期优化还无法全部满足性能目标，你不得不对已经完工的代码进行大规模改动。这时，小型的局部优化无论如何也无法提供所需的性能。造成这种局面的原因并不是代码质量不高——而是软件架构的先天不足。

如果需要在程序完成之前做优化，那就应该在优化过程中建立一种全局观点，这样才能降低风险。方法之一就是为某项程序功能确定一些资源占用和速度的目标，在优化过程中使程序满足这些目标。这样一来，程序员在思考眼前这棵大树到底有多高的时候，还能留意一下整个森林。

深入阅读 如果想了解其他富于哲理的逸闻趣事，可以阅读 Gerald Weinberg 所著的《Psychology of Computer Programming》（程序开发心理学）(1998)。

程序的运行速度同其正确性同等重要——错误！ 在程序无法正确运行的时候，不可能去要求程序应当更小巧或是运行得更快。Gerald Weinberg 为我们讲述了一个故事。一位程序员乘飞机到底特律帮助某个开发小组调试一个有问题的程序。他们一起开始了工作，经过几天的研究，他们绝望了。

在回程的飞机上，这位程序员重新分析了一下所碰到的麻烦，发现了问题之所在。在抵达终点的时候，他脑海中已经有了新代码的轮廓。在接下来的几天里他测试了自己的新代码。正当他打算重返底特律的时候，一个电话来了，告诉他项目已经被取消，取消原因是开发团队认为这个项目根本就不可能开发出来。他还是赶回了底特律，说服执行主管们相信这一项目是可以完成的。

接下来他需要做的就是说服该项目的程序员。这群人听取了他的陈述。在他说完之后，旧系统的设计师提了一个问题："那么你的程序需要运行多少时间？"

"每次不定，大约是每个输入处理 10 秒。"

"哈！但我的程序只需要一秒！"老手大笑，其他的项目元老也侧着身，满意地看看这位新手被这个难题所困扰。其他的程序员们似乎也同意这样的看法。但是我们的这位新程序员并没有屈服。

"的确如此，但你的程序根本就算不出正确答案。如果你能容忍我的程序有错，我也能让它立刻输出结果！"

对于特定类型的项目，运行速度或资源占用是程序员需要重点考虑的问题。这种类型的项目比人们通常所认为的要少，并且随着时间的推移会越来越少。这类项目的性能风险必须通过初期的设计来规避。对其他项目而言，过早地优化则会对软件的整体质量产生严重威胁，受到影响的甚至会包括软件的性能。

When to Tune
何时调整代码

> Jackson 的优化法则。法则一：不要对代码进行优化。法则二（仅限于高手使用）：不要优化——除非你已经有了一个非常清晰，而且未经优化的解决方案。
> ——M. A. Jackson

程序员应当使用高质量的设计，把程序编写正确。使之模块化并易于修改，将让后期的维护工作变得很容易。在程序已经完成并正确之后，再去检查系统的性能。如果程序运行迟钝，那么再设法让它更快更小。除非你对需要完成的工作一清二楚，否则绝不要对程序做优化。

几年前，我曾经在一个 C++ 项目中工作。该项目要求对投资数据进行分析，并产生图形化的输出。在我的团队得到生成的第一个图像时，测试报告表明我们的程序花了 45 分钟来绘制此图，这显然是让人无法接受的。于是我们开了一个会，来决定应该如何处理这一问题。一位开发工程师开始暴跳如雷："如果我们还指望能发布任何可以被用户接受的产品，那么就应该从现在开始用汇编来重新编写整个代码框架。"我回应说我并不这样认为——或许只有 4% 的代码造成了 50% 甚至更多的性能瓶颈。想让项目结束，最好的办法就是找出那个 4%。在听完工程师之间的一通大喊大叫之后，我们的经理指派我来完成初期的性能优化工作（我几乎已经听见自己在大喊"噢，不！别把我扔进风暴中心！"）。

正如大家常常遇到的情况一样，我一天的工作就是对付代码中几个引人注目的性能瓶颈。通过一系列的代码调整，我们把图像的绘制时间从 45 分钟缩减到了不到 30 秒。远不到 1% 的代码占用了 90% 的运行时间。几个月后发布该软件的时候，我们通过一系列额外的代码调整已经使绘制时间减小到 1 秒之内。

Compiler Optimizations
编译器优化

如今编译器的优化功能可能比你想象的要强大得多。在我之前描述过的例子中，我的编译器能很好地优化深层嵌套的循环，其效果不亚于我所能想到的更高效的方式来重写代码。在购买某种编译器时，请比较不同编译器在你的程序上所体现的优化性能。每一种编译器都拥有和别的编译器所不同的优势和弱点，就你的程序而言，某些编译器可能比别的更胜一筹。

与那些充满技巧的代码相比，编译器的优化功能对那些平铺直叙的代码更见效。如果你在编写代码时自作聪明，例如在循环下标上玩些花招，那么你的编译器在优化这些代码的时候会痛苦不堪，结果是你的程序倒霉。第 31.5 节 "每行仅写一条语句" 就给出了一个例子。直白的代码通过编译器得到了优化，所生成的代码比从技巧性代码中优化生成的代码快了 11%。

如果有了优化能力很强的编译器，你的代码速度通常可以提高 40% 甚至翻上一倍。而在下面一章中所描述的技巧通常只能带来 15%~30% 的速度提升。为什么程序员们不去编写直白的代码，然后让编译器来完成优化工作呢？下面的一组测试结果显示了编译器是如何提升一个插入排序程序的运行速度的。

语言	使用编译器优化前程序的执行时间	使用编译器优化后程序的执行时间	所节省的时间比率	性能比
C++编译器1	2.21	1.05	52%	2:1
C++编译器2	2.78	1.15	59%	2.5:1
C++编译器3	2.43	1.25	49%	2:1
C# 编译器	1.55	1.55	0%	1:1
Visual Basic	1.78	1.78	0%	1:1
Java VM 1	2.77	2.77	0%	1:1
Java VM 2	1.39	1.38	<1%	1:1
Java VM 3	2.63	2.63	0%	1:1

两组不同程序的唯一差别就是编译器的优化选项是否打开。显然，一些编译器的优化功能要强于其他的编译器，一些编译器在最初没有使用优化选项的时候表现就已经很突出。一些 Java 虚拟机（JVM）显然要比其他的虚拟机更好。因此，你需要检查一下自己所使用的编译器或 JVM，或者两者都有，由此来比较这些不同选择所带来的效果。

25.3 Kinds of Fat and Molasses
蜜糖和哥斯拉

在调整代码的时候，你会发现程序某个部分运行起来如同是寒冬罐子里的蜜糖一般粘乎乎，体积同哥斯拉一样，而你的目标就是让它运行起来像加了润滑油，快如闪电，小得能藏在 RAM 中字节间的缝隙里。这时，你需要仔细完成程序的性能剖测，明确哪一个部分的代码是笨拙不堪的。有些操作长期以来都是如此，你可以从它们开始入手。

Common Sources of Inefficiency
常见的低效率之源

下面是一些常见的低效元凶。

输入/输出操作 程序效率低下的根源之一就是不必要的输入/输出。如果你可以选择在内存中处理文件，就不要费力地通过磁盘、数据库，或是跨越网络访问相同的文件。除非程序对空间占用非常敏感，否则数据都应放在内存里面。

下面就比较了两段代码，他们都访问了100个随机元素。不同在于一段代码所访问的元素存放在内存的数组中，另一段代码所访问的元素则是在一个磁盘文件里。

语言	访问外部文件数据	访问内存数据	节省的时间	性能比
C++	6.04	0.000	100%	n/a
C#	12.80	0.010	100%	1000:1

按上面的数据，访问内存比访问文件快上1 000倍。的确，在我所使用的C++编译器中，访问内存的时间甚至短得无法测量。

对顺序访问时间所进行的类似测试显示了相似的结果：

语言	以外部文件形式存放	以内存数据形式存放	节省的时间	性能比
C++	3.29	0.021	99%	150:1
C#	2.60	0.030	99%	85:1

如果测试中涉及速度很慢的外部访问环节，例如通过网络连接去读取硬盘——差异将更为明显。我们在网络和本地计算机上做了相同的随机访问测试，结果如下：

Language	访问本地文件时间	访问网络文件时间	节省的时间
C++	6.04	6.64	−10%
C#	12.80	14.10	−10%

当然，测试结果会随着网络速度、网络负载、本地计算机到网络硬盘距离、相对于本地硬盘速度的网络硬盘速度等因素产生剧烈的变化，你甚至还需要考虑当时月亮的阴晴圆缺，以及其他各种因素。[1]

---

[1]译注：上面顺序测试所用到的数据总量是随机访问测试所用数据的13倍，因此这两种测试的结果不是直接可比的。

总之，内存访问所带来的高效，已经足够让你对是否将 I/O 引入到一个对速度要求苛刻的程序中再三斟酌了。

分页 引发操作系统交换内存页面的运算会比在内存同一页中进行的运算慢许多。因此，有时一点简单的修改也能让你的程序性能焕然一新。在下面这个例子中，一个程序员写下了一个初始化循环，这段程序在一个内存页面大小为 4k 的系统上将产生很多的缺页中断（page faults）。

Java 示例：导致许多缺页中断的初始化循环
```
for ( column = 0; column < MAX_COLUMNS; column++ ) {
   for ( row = 0; row < MAX_ROWS; row++ ) {
      table[ row ][ column ] = BlankTableElement();
   }
}
```

这是一个书写工整的循环，变量名也不错，问题在哪儿？问题出在 table 中的每一个元素都有大约 4 000 字节长。如果该 table 的行太多，那么每一次程序访问不同行元素的时候，操作系统都需要做页交换。按照这样的循环组织方式，每一次的数组访问都需要切换所读取的行，这就意味着每一次的数组访问都会造成磁盘和内存之间的页面交换。

于是程序员按照如下的方式修改了循环：

Java 示例：导致较少缺页中断的初始化循环
```
for ( row = 0; row < MAX_ROWS; row++ ) {
   for ( column = 0; column < MAX_COLUMNS; column++ ) {
      table[ row ][ column ] = BlankTableElement();
   }
}
```

这段代码在切换所读取的行的时候仍然会引发缺页中断，但只会发生 MAX_ROWS 次，而非原来的 MAX_ROWS * MAX_COLUMNS 次。

在某些特定的情况下，代码调整会让性能表现出惊人的变化。在一台内存较少的计算机上，第二段代码的运行速度比第一段快了 1 000 倍。而在一台内存很大的计算机上，我测出的速度差异不过两倍。并且除非 MAX_ROWS 和 MAX_COLUMNS 的值非常大，否则两种方法并不会显示出很大差异。

系统调用 调用系统子程序的代价常常是十分可观的。这些调用通常会涉及系统的上下文切换（context switch）——保存程序状态、恢复内核状态，以及相反的操作。系统调用还包括对磁盘、键盘、屏幕、打印机或其他设备的输入输出，以及运行内存管理程序和特定的工具程序。如果性能对程序来说已经成了一个问题，那么就应找出系统调用到底让你付出了多大的代价。如果发现付出不菲，那么请考虑以下办法。

- 编写自己的服务程序。有时，你所需要的仅仅是某个系统调用所提功能中的一小部分，这时你就可以自己基于更底层的系统子程序编写所需的程序。这样的替代方式能够为你提供更快、更小巧、更能满足需要的功能。
- 避免进入系统。
- 尝试同系统软件商沟通，让他们来把你所需的调用修改得更快。很多的软件商都希望能改进自己的产品，他们会很高兴地看到你指出他们系统中性能较差的部分（最初他们看起来会有些不爽，但是他们的确对你的意见很感兴趣）。

在第 25.2 节的"何时调整代码"中，我描述了某次代码调整经历。程序所使用的 AppTime 类是从一个可用的商业类 BaseTime 上派生出的（为了保护肇事者，类名称有所改变）。AppTime 对象是该应用程序中最为常见的对象，因此我们初始化了大约一万个 AppTime 对象。在几个月之后，我们发现在其构造函数中，BaseTime 竟然需要用系统时间来初始化自己。而系统时间和程序所要完成的功能简直风马牛不相及，这意味着我们产生了数千次根本就不需要的系统级调用。我们直接切入到 BaseTime 的构造函数中，然后把 time 域初始化为 0 而非系统时间，这样一来，所得到的性能提升一举逼平了我们之前所有努力得到成果之总和。

解释型语言 解释型语言似乎应当为系统性能所受到的损害做出解释，在机器代码创建和执行之前，解释型语言必须要处理每一条程序指令。在本章和第 26 章所进行的性能比较中，我观察到了不同语言之间大致的性能差异，如表 25-1 所示。

表 25-1 编程语言的相对执行时间

语言	语言类型	相对于C++的执行时间
C++	编译型	1:1
Visual Basic	编译型	1:1
C#	编译型	1:1
Java	字节码	1.5:1
PHP	解释型	>100:1
Python	解释型	>100:1

如你所见，C++、Visual Basic 和 C#的执行时间旗鼓相当。Java 接近以上三者，但要慢一些。PHP 和 Python 是解释型语言，这些语言代码的执行速度不到 C++、Visual Basic、C#和 Java 的 1/100。上面表中的数据需要谨慎对待。对于某些特定的代码，C++、Visual Basic、C#或 Java 的执行速度相对于另外两种语言或许会

快上一倍,也可能只有后者的一半(在第 26 章中,你可以找到详细的例子)。

错误 程序性能的终极麻烦就是代码中的错误。这些错误可能是没有去掉调试代码(例如继续把调试信息记录到文件中去)、忘了释放内存、数据库表设计失误、轮询并不存在的设备直至超时,等等。

我曾经遇到过某个程序,1.0 版本中的某个操作要比其他相似的操作慢很多。为了说明为什么会有这么笨拙的操作,很多天花乱坠的解释便诞生了。在没有彻底搞明白这个操作为什么这么慢的情况下,我们发布了 1.0 版本。在开发 1.1 发布版的时候,我发现这项操作所用到的数据库表格居然没有索引!于是我们简单地为该表格加上索引,一些操作一下就快了 30 倍。为经常使用的表格定义索引根本不算优化,这只是一种很好的编程习惯罢了。

Relative Performance Costs of Common Operations
常见操作的相对效率

如果没有实际测量,你通常无法知道哪些操作会比其他的操作更为费时。尽管如此,一些特定的操作似乎总是比较慢。当你寻觅代码中粘乎乎的蜜糖时,表 25-2 能为你助上一臂之力。

表 25-2 常见操作所用时间

操作	例子	相对使用时间	
		C++	Java
基准(整数赋值)	i = j	1	1
函数调用			
调用无参数函数	foo()	1	n/a
调用无参数私用成员函数	this.foo()	1	0.5
调用一个参数的私用成员函数	this.foo(i)	1.5	0.5
调用两个参数的私用成员函数	this.foo(i, j)	2	0.5
对象成员函数调用	bar.foo()	2	1
派生成员函数调用	derivedBar.foo()	2	1
多态成员函数调用	abstractBar.foo()	2.5	2
对象引用			
一层对象解引用	i = obj.num	1	1
两层对象解引用	i = obj1.obj2. num	1	1
每次增加解引用	i = obj1.obj2.obj3...	无法测量	无法测量

续表

操作	例子	相对使用时间	
		C++	Java
整数运算			
整数赋值（局部）	i = j	1	1
整数赋值（继承）	i = j	1	1
整数加	i = j + k	1	1
整数减	i = j − k	1	1
整数乘	i = j * k	1	1
整数除	i = j \ k	5	1.5
浮点运算			
浮点赋值	x = y	1	1
浮点加	x = y + z	1	1
浮点减	x = y − z	1	1
浮点乘	x = y * z	1	1
浮点除	x = y / z	4	1
超越函数			
浮点方根	x = sqrt(y)	15	4
浮点正弦	x = sin(y)	25	20
浮点对数	x = log(y)	25	20
浮点指数	x = exp(y)	50	20
数组			
用常量下标访问整数数组	i=a[5]	1	1
用变量下标访问整数数组	i=a[j]	1	1
用常量下标访问二维整数数组	i=a[3, 5]	1	1
用变量下标访问二维整数数组	i=a[j, k]	1	1
用常量下标访问浮点数组	x=z[5]	1	1
用整数变量下标访问浮点数组	x=z[j]	1	1
用常量下标访问二维浮点数组	x=z[3, 5]	1	1
用整数常量下标访问二维浮点数组	x=z[j, k]	1	1

注意：以上相对测量值会随着计算机配置、所使用的编译器优化选项以及生成代码的特定编译器的不同而产生巨大的差异。测量数据在C++和Java之间没有直接可比性。

在第 1 版《代码大全》出版至今的这段时间中，以上操作的相对效率已经发生了很大变化，因此，如果还沿用着十年前对性能的理解来调整代码，那么应该对你的思想升级了。

绝大部分常用操作所耗费的时间相差无几——成员函数调用、赋值、整型运算和浮点运算等等之间都差不多。超越函数[2]的计算则会用去非常多的时间。多态函数调用比其他函数调用略微费时。

表 25-2 或你自己所总结的类似表格就是用来解开代码性能约束的钥匙。这些具体的改进在第 26 章会有叙述。在实际开发中，性能的每一次提高都源自用耗时较少的操作替换费时的操作。第 26 章的例子就讲述了如何去这样做。

25.4 Measurement 性能测量

由于程序中某些一小部分常常会耗费同自己体积不成比例的运算时间，所以你应当测量代码性能，找出代码中的热点（hot spots）。一旦发现了这样的区域并对该处的代码进行了优化，就再一次进行测量，看看你到底有了多少改进。性能问题的很多方面都是违反直觉的。在本章前面的一个例子，你看到了一个 10 行程序远远要比另一个只有 1 行的程序速度要快。还有很多代码会以类似的方法让你大吃一惊。

KEY POINT

经验对性能优化也没有太大的帮助。一个人的经验或许来源于一台老掉牙的计算机，或许来自于过时的语言或编译器——在任何一种因素发生改变后，所有的经验之谈也会成为狗屁。除非对效果进行测量评估，否则你永远也无法确定某次优化所带来的影响。

很多年以前我写过一个对矩阵元素求和的程序。最初的代码就像下面这样：

C++示例：对矩阵元素求和的直接代码
```
sum = 0;
for ( row = 0; row < rowCount; row++ ) {
    for ( column = 0; column < columnCount; column++ ) {
        sum = sum + matrix[ row ][ column ];
    }
}
```

代码很容易懂，但矩阵求和子程序的效率是一个关键问题。我知道，所有的数组访问和循环条件判断都会花掉很多时间。我也从计算机科学的课堂里面学到

---

[2] 译注：这里指加减乘除之外的运算。

> **深入阅读** Jon Bentley 有过类似的经验，在改为指针实现后代码性能下降了 10%。而在另一环境下相同的改变却带来了超过 50% 的性能提升。在 "Software Exploratorium: Writing Efficient C Programs"（Bentley 1991）一书中对这一例子有着详细的说明。

了代码每执行一次二维数组访问，就会进行费时的乘法和加法运算。对于一个 100*100 的矩阵而言，总共就会有一万次的乘法和加法，还要算上循环的开支。于是我很小心地把上面的代码改为用指针来实现，如下：

```cpp
C++示例：调整矩阵元素求和代码的一次尝试
sum = 0;
elementPointer = matrix;
lastElementPointer = matrix[ rowCount - 1 ][ columnCount - 1 ] + 1;
while ( elementPointer < lastElementPointer ) {
    sum = sum + *elementPointer++;
}
```

尽管这段代码不如第一段易懂（尤其对于不是 C++ 专家的程序员来说），我还是很为自己骄傲。通过计算，我为这个 100*100 矩阵的计算节省了一万次的乘法操作和众多的循环处理。我很高兴，我决定测量一下运行速度的改善。并不是每次我都会这样做，但这样我就会有更多理由来沾沾自喜了。

> 如果没有数据，任何程序员都无法预测或分析出性能瓶颈在哪里。无论你猜测性能如何变化，你都会惊奇地发现事实与你的设想背道而驰。
> —Joseph M. Newcomer

知道我发现了什么吗？无论用何种方式测量，性能都没有丝毫改进。100*100 的矩阵不行，10*10 的也不行。任何大小的矩阵都不行。我极度失望，于是深入到编译器所产生的汇编代码中寻觅优化失效的原因。令我吃惊的是，我的发现表明我并不是第一个需要遍历数组中所有元素的程序员：编译器的优化功能早已将数组访问改用指针实现。我得到了一个教训，如果没有测量性能变化，那么你想当然的优化结果不过是代码变得更为晦涩难懂了。如果你认为没有必要通过测量来证实哪种方法更为有效，那么同样也没有必要牺牲代码可读性，而把赌注押在性能的提高上。

Measurements Need to Be Precise
性能测量应当精确

> **交叉参考** 第 30.3 节 "代码剖测" 有关于代码剖测工具的讨论。

性能测量应当精确。用秒表或数着 "一头大象，两头大象，三头大象" [3] 来计算程序的运行时间，根本不准确。性能剖测工具这就能派上用场，你也可以使用系统时钟和函数来记录运算操作所耗费的时间。

无论是使用其他工具还是自己编写代码来测量，都应该明确：你仅仅是在测量你现在正在调整的代码的运行时间。应当用分配给程序的 CPU 时钟来计算，而不是日期时钟。否则，当系统从你自己的程序切换到其他程序的时候，算到你的某个程序头上的时间实际上是被其他程序所占用了。与之类似，应该明确测量以及程序初始化所带来的额外系统负担，否则无论是对最初代码还是调整后代码的性能测量都是不甚公平的。

---

[3] 译注：读出 "elephant（大象）" 这个单词大约会耗时 1 秒，这是一种生活中常用的粗略计时方法。

25.5 Iteration 反复调整

一旦确定了性能瓶颈，你一定会为自己通过代码调整而获得的代码性能提升吃惊不已。尽管几乎不可能从一种方法中获得 10 倍的性能改进，但你可以将多种方法有效地结合起来。在优化时应当反复尝试，直到发现了有用的方法。

有一次我写了一个实现 DES（数据加密标准）加密的程序。实际上并不是只写了一次，我写了大约 30 次。在不知道密码的情况下，仅有经过 DES 加密的密文是无法得到明文的。这个加密算法是非常复杂，似乎算法本身都被加密过。我的 DES 实现的性能目标是在一台原始的 IBM PC 上用 37 秒以内的时间完成一个 18K 文件的加密。第一个实现执行起来需要 21 分 40 秒。因此，我还有很长一段路要走。

尽管绝大部分优化方法单独看起来都收效甚微，但累计起来，效果是惊人的。从提升百分比来看，没有三四种优化方法能达到我的性能目标。但这些方法结合起来最终收到了很好的效果。这一例子所蕴含的哲理就是，如果你的坑挖得足够深，你总会看到惊人的宝藏。

这次所进行的代码调整是我所遇到的最为棘手的。同时，最终生成的代码也是我所写出的最难阅读和维护的代码。最初的算法很复杂，因此由高级语言生成的汇编代码几乎无法阅读。这个 500 行的汇编函数我连看都不敢看。从整体而言，代码调整和代码质量之间的关系印证了本章前面的描述。这里有张表，你可以看到整个优化过程：

交叉参考 该表格中的方法在第 26 章"代码调整技术"中有着详细的叙述。

优化	基准时间	改进
最初的实现（未经优化）	21:40	—
将位域转化为数组	7:30	65%
解开最内层的for循环	6:00	20%
去除最终排列	5:24	10%
将两个变量结合起来	5:06	5%
使用逻辑标识将DES算法的前两步组合起来	4:30	12%
使两个变量共享相同的内存空间,从而减少内层循环内的数据传递	3:36	20%
使两个变量共享相同的内存空间,从而减少外层循环内的数据传递	3:09	13%
解开所有循环，并使用文字量下标	1:36	49%

续表

优化	基准时间	改进
去除函数调用，使用内联代码	0:45	53%
用汇编重写整个程序	0:22	51%
最终	0:22	98%

注意：在表中，稳步上升的性能优化并不表示所有的优化工作都起了作用。我并没有列出我所尝试的让运行时间增加一倍的优化工作。在我试过的优化方法中，至少有2/3没有起作用。

25.6 Summary of the Approach to Code Tuning 代码调整方法总结

如果还对代码调整能否有助于提高某个程序的性能心存疑虑，按照以下的步骤去做吧。

1. 用设计良好的代码来开发软件，从而使程序易于理解和修改。
2. 如果程序性能很差。
   a. 保存代码的可运行版本，这样你才能回到"最近的已知正常状态"；
   b. 对系统进行分析测量，找出热点；
   c. 判断性能拙劣是否源于设计、数据类型或算法上的缺陷，确定是否应该做代码调整，如果不是，请跳回到第一步；
   d. 对步骤 c 中所确定的瓶颈代码进行调整；
   e. 每次调整后都对性能提升进行测量；
   f. 如果调整没有改进代码的性能，就恢复到步骤 a 保存的代码（通常而言，超过一半的调整尝试都只能稍微改善性能甚至造成性能恶化）。
3. 重复步骤 2。

Additional Resources 更多资源

cc2e.com/2585

本部分包括了同性能改善有关的通用读物。如果需要关于某特定的代码调整技术的资料，可以参阅第 26 章末尾的"更多资源"部分。

Performance 性能

Smith, Connie U. and Lloyd G. Williams. 《*Performance Solutions: A Practical Guide to Creating Responsive, Scalable Software*》(《性能解决方案：创建反应迅速的可伸缩软件的实用指南》). Boston, MA: Addison-Wesley, 2002. 该书内容包括了软件性能工程，以及在开发过程的所有阶段将性能增强引入到软件系统中的方法。

它针对几类应用程序给出了大量示例和案例研究，为如何开发 Web 应用给出了具体的建议，同时还特意强调了程序的可扩展性。

cc2e.com/2592

Newcomer, Joseph M. "Optimization: Your Worst Enemy."（优化：你的大敌）May 2000, www.flounder.com/optimization.htm. Newcomer 是一位资深系统程序员，他在该书中用图解的方式详细描述了低效优化存在的各种缺陷。

Algorithms and Data Types
算法和数据类型

cc2e.com/2599

Knuth, Donald. 《*The Art of Computer Programming, vol. 1, Fundamental Algorithms*》, 3d ed. Reading, MA: Addison-Wesley, 1997.

Knuth, Donald. 《*The Art of Computer Programming, vol. 2, Seminumerical Algorithms*》, 3d ed. Reading, MA: Addison-Wesley, 1997.

Knuth, Donald. 《*The Art of Computer Programming, vol. 3, Sorting and Searching*》, 2d ed. Reading, MA: Addison-Wesley, 1998.

这是一系列丛书[4]的前三卷，这一系列丛书最初打算出 7 卷。似乎这三卷已经取得了某种震撼效果。除了英语，该书还用数学符号或 MIX（一种针对虚构的 MIX 计算机的汇编语言）描述了算法。该书包括了对数量庞大的各种主题的巨细无遗的描述，因此，如果你对某种算法有着强烈的兴趣，你不会找到比这更好的参考资料了。

Sedgewick, Robert. 《*Algorithms in Java, Parts 1-4*》, 3d ed. Boston, MA: Addison-Wesley, 2002.该书共四卷包括了对解决各种类型问题的最佳方法的研究。内容包括了基本原理、排序、搜索、抽象数据类型的实现和一些高级主题等。Sedgewick 的《*Algorithms in Java, Part 5*》, 3d ed. (2003) 还包括了图论算法。Sedgewick 的《*Algorithms in C++, Parts 1-4*》, 3d ed. (1998)、《*Algorithms in C++, Part 5*》, 3d ed. (2002)、《*Algorithms in C, Parts 1-4*》, 3d ed. (1997)以及《*Algorithms in C, Part 5*》, 3d ed. (2001)四本书的组织方式相仿。Sedgewick 是 Knuth 指导的博士生。

cc2e.com/2506

CHECKLIST: Code-Tuning Strategies
核对表：代码调整策略

程序整体性能

- ❑ 你是否考虑通过修改需求来提高性能？
- ❑ 你是否考虑通过修改程序的设计来提高性能？
- ❑ 你是否考虑通过修改类的设计来提高性能？

---

[4] 译注：影印版《计算机程序设计艺术》，清华大学出版社，中译本，国防工业出版社。

- ☐ 你是否考虑过减少程序同操作系统的交互从而提高性能?
- ☐ 是否考虑过避免 I/O 操作以提高性能?
- ☐ 是否考虑使用编译型语言替代解释型语言以提高性能?
- ☐ 是否考虑过使用编译器优化选项来提高性能?
- ☐ 是否考虑过使用不同的硬件来提高性能?
- ☐ 是否仅仅将代码调整看做是解决问题的最后一招?

代码调整方法

- ☐ 在开始调整代码之前,程序是完全正确的么?
- ☐ 在调整之前是否测量过性能瓶颈在什么地方?
- ☐ 是否记录了每一次修改所产生的效果?
- ☐ 如果没有带来预期的性能提高,你是否放弃了所做的代码调整改变?
- ☐ 你是否对每一个性能瓶颈进行不止一次的修改尝试——也就是说,你是在反复进行代码调整么?

Key Points 要点

- 性能只是软件整体质量的一个方面,通常不是最重要的。精细的代码调整也只是实现整体性能的一种方法,通常也不是决定性的。相对于代码本身的效率而言,程序的架构、细节设计以及数据结构和算法选择对程序的运行速度和资源占用的影响通常会更大。
- 定量测量是实现性能最优化的关键。定量测量需要找出能真正决定程序性能的部分,在修改之后,应当通过重复测量来明确修改是提高还是降低了软件的性能。
- 绝大多数的程序都有那么一小部分代码耗费了绝大部分的运行时间。如果没有测量,你不会知道是哪一部分代码。
- 代码调整需要反复尝试,这样才能获得理想的性能提高。
- 为性能优化工作做好准备的最佳方式就是在最初阶段编写清晰的代码,从而使代码在后续工作中易于理解和修改。

Code-Tuning Techniques
第 26 章
代码调整技术

cc2e.com/2665 **内容**

- 26.1 逻辑：第 610 页
- 26.2 循环：第 616 页
- 26.3 数据变换：第 624 页
- 26.4 表达式：第 630 页
- 26.5 子程序：第 639 页
- 26.6 用低级语言重写代码：第 640 页
- 26.7 变得越多，事情反而越没变：第 643 页

相关章节

- 代码调整策略：第 25 章
- 重构：第 24 章

在计算机程序设计史的绝大部分阶段中，代码调整都是一个广受追捧的话题。如果决定对程序的性能进行改进并准备在代码一级动手（同时需要将第 25 章"代码调整策略"中的警示铭记在心），你的手中其实有一大把的方法可以使用。

本章重点讲述提高代码运行速度的方法，同时也对如何减小代码的资源占用给出了一些建议。程序性能通常同代码的速度和资源占用相关，但减小代码资源占用更主要的是通过对类和数据结构的重新设计来实现，而非代码调整。代码调整更多的是指小规模的修改，而非大范围的设计变更。

本章几乎没有什么放之四海皆准的方法，因此，你不要在自己的程序中直接照葫芦画瓢。本章的主要目的是示范一些代码调整方法，以便你在遇到的具体情况中对其灵活运用。

本章所讲述的代码调整似乎同第 24 章 "重构" 有些相似，但重构是去改善程序的内部结构（Fowler 1999）。而本章所述的内容，将其称之为 "反重构" 而非 "改善内部结构" 或许更恰如其分。这种改变是以牺牲程序内部结构的某些特性

来换取更高的性能。就定义而言，这种说法并无不妥。即使所做改变没有损害程序的内部结构，我们也不应认为这是一种优化。我们就是这样使用，而且把这种改变当做是标准编程实践的一部分。

> **交叉参考** 关于代码调整的启发式方法的更多信息请参阅 5.3 节"设计构造块：启发式方法"。

一些书将代码调整方法描述为灵丹妙药，或是引用某项研究结论证明特定的调整方法能为你的程序带来理想的效果。正如你即将看到的一样，灵丹妙药一词应用到代码调整上根本就不合适。唯一可以信赖的法则就是每次都应当在具体的环境下评估代码调整所带来的效果。因此，本章列出的都是"可以尝试的"方法，有的或许在你的环境根本不起作用，而有的则能实实在在产生很好的效果。

26.1 Logic
逻辑

> **交叉参考** 关于语句逻辑，见第 14 至 19 章。

很多程序都由逻辑操作构成。本节描述了如何因势利导运用逻辑表达式。

Stop Testing When You Know the Answer
在知道答案后停止判断

假如你写下了这样的语句：

```
if ( 5 < x ) and ( x < 10 ) then ...
```

一旦你确定 x 不大于 5，你就不需要执行第二部分判断了。

> **交叉参考** 想了解更多关于"短路求值"的内容，请参阅第 19.1 节的"理解布尔表达式是如何求值的"。

一些语言提供了所谓的"短路求值"的表达式求值形式，这就意味着编译器所产生的代码一旦知道了判断的结果就会自动停止继续判断。短路求值是 C++ 的标准运算符功能的一部分，Java 的"条件（conditional）"运算符也是这样。

如果你的语言本身并不支持短路求值，那么就应当避免使用 and 或 or，而应当进一步使用逻辑判断。根据短路求值规则，上面的代码等同于：

```
if ( 5 < x ) then
    if ( x < 10 ) then ...
```

一旦知道答案就停止判断的原则同样适用于其他很多场合。一种常见的情况就是搜索循环。如果你在一个存放输入数据的数组中寻找负数，并且仅仅需要知道是否有负数存在，那么一种办法是检查每一个值，在找到负数后将 negativeFound 变量设置为真。下面就是这种搜索方法。

26.1 逻辑

C++示例：在知道答案之后不停下
```
negativeInputFound = false;
for ( i = 0; i < count; i++ ) {
    if ( input[ i ] < 0 ) {
        negativeInputFound = true;
    }
}
```

更好的方式是在找到负值后就立即停止查找。下面的任何一种方案都可以解决问题。

- 在 negativeInputFound = true 之后添加一个 break 语句。
- 如果你使用的语言不支持 break，那么就用 goto 跳转到循环体结束后的第一行语句，模拟 break 的行为。
- 将 for 循环改为 while 循环，然后每次除了像 for 循环检查循环计数是否超过 count 外，还要检查 negativeInputFound 的值。
- 将 for 循环改为 while 循环，在输入数组的最后一项之后第一个空位置设置一个哨兵值（sentinel value），然后简单地在 while 测试中检测负值。在循环结束后，看看首先发现的值是在原数组的范围内还是在哨兵位置。本章靠后部分有关于哨兵值的详细介绍。

下面的结果显示了在 C++ 和 Java 中使用 break 后所带来的效率改变：

语言	调整前用时	调整后用时	节省的时间
C++	4.27	3.68	14%
Java	4.85	3.46	29%

> **注意**：(1)本表和下面表格中的时间都是以秒为单位，测试数据仅用于对比表中同一行的结果。实际所用的时间随编译器种类、编译器选项和测试环境不同而有所差别。(2) 测试结果通常都是由数千次到数百万次的代码片段运行所生成，这样的目的是为了平滑不同样本之间的测量结果波动。(3)我们并没有指明编译器的种类和版本。性能随种类和版本不同会表现出巨大的差异。(4) 在不同语言之间进行比较并没有太大意义，因为不同语言编译器的代码生成选项没有可比性。(5) 解释型语言（PHP和Python）的结果通常是基于不到其他语言1%的测试循环次数得出的。(6) 表格中的"节省时间"比例或许无法精确再现，因为"直接运行时间"和"代码调整运行时间"都是舍入所得。

这种代码调整所带来的效果取决于你有多少个数值以及找到负数的几率。本次测试平均假定采用了 100 个值，并假定程序有一半的可能能找到负数。

Order Tests by Frequency
按照出现频率来调整判断顺序

安排判断的顺序，让运行最快和判断结果最有可能为真的判断首先被执行。也就是说，让程序更容易进入常见情况的处理，如果有低效率的情况，那就应该出现在处理非常见的情况时。这样的原则适用于 `case` 语句以及 `if-then-elses` 语句串。

下面就是一个 `Select-Case` 语句，它负责在字处理程序中对键盘输入进行响应：

Visual Basic示例：顺序差劲的逻辑判断
```
Select inputCharacter
    Case "+", "="
        ProcessMathSymbol( inputCharacter )
    Case "0" To "9"
        ProcessDigit( inputCharacter )
    Case ",", ".", ":", ";", "!", "?"
        ProcessPunctuation( inputCharacter )
    Case " "
        ProcessSpace( inputCharacter )
    Case "A" To "Z", "a" To "z"
        ProcessAlpha( inputCharacter )
    Case Else
        ProcessError( inputCharacter )
End Select
```

上例的 case 是按某种接近于 ASCII 码排列顺序的组织方式放置的。然而，case 语句的效率常常与你写了一大堆的 `if-then-elses` 的情况一样：如果输入了"a"，程序首先要判断它是否是一个数学符号，然后看是不是标点，再次是不是数字或空格，最后才判断它是否是一个字母。如果你能知道输入字符的出现频率，就可以把最常见的情况放在最前面。下面就是重新组织后的 case 语句：

Visual Basic示例：顺序合理的逻辑判断
```
Select inputCharacter
    Case "A" To "Z", "a" To "z"
        ProcessAlpha( inputCharacter )
    Case " "
        ProcessSpace( inputCharacter )
    Case ",", ".", ":", ";", "!", "?"
        ProcessPunctuation( inputCharacter )
    Case "0" To "9"
        ProcessDigit( inputCharacter )
    Case "+", "="
        ProcessMathSymbol( inputCharacter )
    Case Else
        ProcessError( inputCharacter )
End Select
```

在优化后的代码中,由于最常见的情况通常会很快被发现,直接效果就是更少的判断所带来的性能提升。下面就是针对标准混合字符的优化结果:

语言	调整前用时	调整后用时	节省的时间
C#	0.220	0.260	−18%
Java	2.56	2.56	0%
Visual Basic	**0.280**	**0.260**	**7%**

注意:测试基准数据是一组混合字符,里面有78%的字母,17%的空格,还有5%的标点符号。

Microsoft Visual Basic 的结果同预期的相同,但 Java 和 C#的表现却出乎我们的意料。显然,原因在于 C#和 Java 中 `switch-case` 语句的组织方式——每一个值都必须单独枚举出来,而不是放在一个范围中处理,因此,这两种语言无法像 Visual Basic 一样从这种优化中得到好处。这样的结果也强调了不要盲从于任何优化建议的重要性——特定编译器实现将会极大地影响到优化结果。

或许你会认为,在 Visual Basic 编译器下,对一系列与上面 case 语句等价的 `if-then-elses` 语句而言,优化所产生的效果是相似的。请看看下面的结果:

语言	调整前用时	调整后用时	节省的时间
C#	0.630	0.330	48%
Java	0.922	0.460	50%
Visual Basic	**1.36**	**1.00**	**26%**

结果大不相同。对相同数量的判断,Visual Basic 在代码优化前后所花费的时间是 5:4。这表明编译器为 `case` 和 `if-then-else` 产生了不同的代码。

对 `if-then-else` 的改进结果要比 `case` 语句更为一致,这样的结果对程序员来说可谓喜忧参半。对 C#和 Visual Basic 来说,两者的 `case` 语句方案都会比各自的 `if-then-else` 方案要快,而在 Java 中,两个版本的 `case` 都要慢一些。结果的差异也暗示了有第三种可能的优化方法,我们将在下一节进行讨论。

Compare Performance of Similar Logic Structures
相似逻辑结构之间的性能比较

上面所说的示例可以用 `case` 语句或 `if-then-else` 语句组实现。考虑到开发环境的差异,任何一种方法都有可能更为高效。下表将上面两张表中的数据重新进行了组织,给出了 `case` 语句和 `if-then-else` 语句在"代码调整"上的性能差异。

语言	case	if-then-else	所节省的时间	性能比率
C#	0.260	0.330	−27%	1:1
Java	2.56	0.460	82%	6:1
Visual Basic	0.260	1.00	258%	1:4

这样的结果似乎不合逻辑。在一种语言中,`case` 的效率显然高于 `if-then-else`,而在另一种语言中,`if-then-else` 又明显好于 `case`。对第三种语言,两者不相上下。你或许还猜测,既然 C#和 Java 的 `case` 语句语法相似,结果也应该差不多,但实际上它们却大相径庭。

这个示例清楚地表明了要实现代码调整的某种"黄金法则"或是"逻辑准则"是多么的困难——简而言之,没有什么能替代测量得出的结论。

Substitute Table Lookups for Complicated Expressions
用查询表替代复杂表达式

> **交叉参考** 第18章"表驱动法"有用查表法替代复杂逻辑的详细说明。

在一些情况下,使用一张查询表会比穿梭在复杂的逻辑链路中更为高效。复杂逻辑链路的要点通常是对一些对象分类,然后根据类别采取相应动作。举一个抽象的例子,假设所有对象属于 A、B、C 三个组,你需要对这些对象指定一个类别号,规则如下。

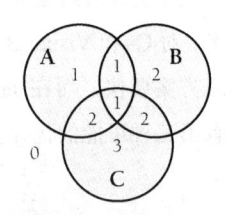

可以通过复杂的逻辑结构指定类别号如下:

C++示例:复杂的逻辑链
```
if ( ( a && !c ) || ( a && b && c ) ) {
   category = 1;
}
else if ( ( b && !a ) || ( a && c && !b ) ) {
   category = 2;
}
else if ( c && !a && !b ) {
   category = 3;
}
else {
   category = 0;
}
```

如果使用查询表,修改起来更容易,代码性能也会更高,如下:

> 表的定义理解起来多少有些困难。任何能让表定义更易懂的注释都是有益的。

C++示例:使用查表法替换复杂逻辑
```
// define categoryTable
static int categoryTable[ 2 ][ 2 ][ 2 ] = {
   // !b!c    !bc   b!c   bc
      0,      3,    2,    2,      // !a
      1,      2,    1,    1       // a
};
...
category = categoryTable[ a ][ b ][ c ];[1]
```

尽管要读懂这张表的含义有些困难,但如果附以适当文档说明,这不会比阅读一段复杂的逻辑链路要麻烦。如果类别定义有所改变,这张表也会比前面的逻辑判断更易于维护。下面是性能测试结果:

语言	调整前用时	调整后用时	节省的时间	性能比率
C++	5.04	3.39	33%	1.5:1
Visual Basic	5.21	2.60	50%	2:1

Use Lazy Evaluation
使用惰性求值

我的前室友是个超级懒人。一些让别人感到十万火急的事情,在他看来根本就不需要去做,他的拖沓可见一斑。他宣称,如果那些事情根本就不重要,那么自然而然会在记忆中湮灭,也就没有必要去浪费时间了。

惰性求值(Lazy evaluation)就是基于我室友所使用的原则。如果程序采用了这一方法,那么它会避免做任何事情,直到迫不得已。惰性求值类似于即时完成策略(just-in-time),即仅到工作必须完成的时候才去处理。

---

[1] 译注:该表用三维数组直接描述了上图中各种对象所在的类别,以首数字 0 为例,处于表中 !a、!b、!c 之交点(注释"// !a"、"// !b!c"),故类别为 !A!B!C 组。其余类似。

举个例子,假设你的程序有一张表,里面有 5 000 个值。程序在启动时生成这张表,然后在运行中使用它。如果程序仅仅用到整张表的很小一部分,那么与其在最开始计算表中的全部内容,还不如到需要的时候再计算。一旦某个条目被计算出来,仍然可以把它存放起来,以备后用(即所谓"缓存")。

26.2 Loops 循环

交叉参考 想要了解关于循环的详情,请阅第 16 章"控制循环"。

循环会被执行很多次,由此它也是程序热点最常见的藏身之处。本节所讨论的方法能让循环本身更快。

Unswitching 将判断外提

切换(Switching)一词指代循环中的判断,该判断每次循环中都会被执行。如果在循环运行时某个判断结果不会改变,你就可以把这个判断提到循环的外面,从而避免在循环中进行判断。这样做时通常需要把循环的里面翻出来,把循环放在条件语句内,而不是把条件语句放到循环内。下面的例子就是一个切换前的循环。

C++示例:在循环内做判断
```
for ( i = 0; i < count; i++ ) {
   if ( sumType == SUMTYPE_NET ) {
      netSum = netSum + amount[ i ];
   }
   else {
      grossSum = grossSum + amount[ i ];
   }
}
```

在这段代码中,测试语句 `if ( sumType == SUMTYPE_NET )` 在每一次的循环中都会重复执行,尽管在整个循环中它都取相同的值。你可以用下面的方式来重写代码,以获得性能提升:

C++示例:将判断外提后的循环
```
if ( sumType == SUMTYPE_NET ) {
   for ( i = 0; i < count; i++ ) {
      netSum = netSum + amount[ i ];
   }
}
else {
   for ( i = 0; i < count; i++ ) {
      grossSum = grossSum + amount[ i ];
   }
}
```

> **注意**：这段代码有悖于多条所提倡的编程规范。在很多情况下，代码的可读性和可维护性都要比运行速度或资源占用更为重要，但本章的主题是性能，这也暗示了本章中提到的一些方法是以牺牲代码其他特性为代价的。如同最后一章提到的某些例子一样，这里的一些代码实例也不符合在本书其他部分提出的编程规范。

嗯，省了 20% 的时间，还不错：

语言	调整前用时	调整后用时	节省的时间
C++	2.81	2.27	19%
Java	3.97	3.12	21%
Visual Basic	2.78	2.77	<1%
Python	8.14	5.87	28%

在该例中，一个显而易见的风险就是在维护代码的时候，两段循环需要同步修改。如果你把 `count` 改为了 `clientCount`，你就得记住两个地方都要做相同的修改。对你而言这只是个麻烦，而对其他需要维护该段代码的人而言就是一件很头疼的事情了。

这段代码同样让我们看到了代码调整工作的关键性挑战：任何特定代码调整所带来的效果都是无法预计的。在四种编程语言的三种里，这一代码调整都带来了巨大的性能提升，但对 Visual Basic 却是个例外。在该特定版本的 Visual Basic 中进行这样的优化，代码变得更难于维护了，而且这样的牺牲并没有换来程序性能任何程度的提高。这个例子所给出的启示就是，你必须通过测量每一种特定优化方法所带来的性能提升来确定优化效果——没有例外。

Jamming
合并

合并（jamming），或融合（fusion），就是把两个对相同一组元素进行操作的循环合并在一起。此举所带来的好处就是把两个循环的总开销减少至单个循环的开销。下面的代码就适合做循环融合：

Visual Basic 示例：可以合并的两个独立循环
```
For i = 0 to employeeCount - 1
   employeeName( i ) = ""
Next
...
For i = 0 to employeeCount - 1
   employeeEarnings( i ) = 0
Next
```

在合并循环的时候，你需要看到两个循环里的代码可以合而为一。通常而言，这意味着二者的循环计数器需要相同。在本例中，两个循环都是从 `0` 到 `employeeCount - 1`，因此，你可以做如下的合并：

```
Visual Basic示例：合并后的循环
For i = 0 to employeeCount - 1
    employeeName( i ) = ""
    employeeEarnings( i ) = 0
Next
```

下表是所节省的时间：

语言	调整前用时	调整后用时	节省的时间
C++	3.68	2.65	28%
PHP	3.97	2.42	32%
Visual Basic	3.75	3.56	4%

注意：本例中，测量基准 *employeeCount* 为100。

同前面的例子一样，结果随语言不同而差异显著。

循环合并有两种主要风险。首先，要合并的两个循环各自的下标有可能被改变，此后二者将无法共用一个循环下标。其次，你或许没有那么容易就能把循环合并在一起。在合并之前，你要保证合并后二者相对于其他代码的先后次序仍然正确。

Unrolling
展开

循环展开的目的是减少维护循环所需要做的工作。在第 25 章，一个循环被完全展开，所生成的 10 行代码表现出比之前更快的速度。在那个例子中，3 行的循环代码被解开为 10 行，使得所有 10 次数组访问都单独执行。

尽管完全展开循环是一种快速的解决办法，并且在对付少量元素时屡试不爽，但如果你遭遇大量元素或者无法预知元素数量，这样的方法就不适用了。下面是一个常见循环的例子：

> 通常你可能会写 for 循环来完成这项工作。出于优化目的，你需要将其转化为 while 循环。为简明起见，这里直接给出了 while 循环。

```
Java示例：可以展开的循环
i = 0;
while ( i < count ) {
    a[ i ] = i;
    i = i + 1;
}
```

要部分地将该循环展开，你要在每次遍历循环时进行两次或更多的处理而非一次。这样展开循环会损害程序可读性，但并不影响循环的通用性。下面是展开一次后的循环：

26.2 循环

Java示例：展开一次后的循环
```
i = 0;
while ( i < count - 1 ) {
    a[ i ] = i;
    a[ i + 1 ] = i + 1;
    i = i + 2;
}
if ( i == count - 1 ) {
    a[ count - 1 ] = count - 1;
}
```

> 这段用线框框起来的代码负责处理循环递增 2 时无法处理的情况。

这里的技术就是用两行语句替代了原来的 `a[ i ] = i`，并且 `i` 每次递增 2 而不是 1。While 循环后的附加代码处理，当 count 是奇数时，在循环结束后可能还要进行一次迭代。

当区区 5 行直白代码被扩展为 9 行的技巧性代码之后，代码阅读和维护就更为困难了。抛开性能收益不谈，这段代码质量并不怎么样。然而，任何设计准则都包括权衡取舍的成分。因此，尽管某种特定的方法通常被看做不良的编程实践，然而在特定场合下它仍是不二之选。

下面是展开循环的结果：

语言	调整前用时	调整后用时	节省的时间
C++	1.75	1.15	34%
Java	**1.01**	**0.581**	**43%**
PHP	5.33	4.49	16%
Python	2.51	3.21	−27%

注意：本例中，测量基准 count 为 100。

百分之 16 到 43 的性能提高是很可观的，但也要提防落得像 Python 那样性能受损的可怜下场。解开循环的主要风险是在循环结束后处理最后情况的代码中，有可能出现 off-by-one 错误。

如果进一步展开这个循环，那又会如何呢？比如两次或更多次的展开循环？如果展开两次，效果会更好么？

Java示例：展开两次后的循环
```
i = 0;
while ( i < count - 2 ) {
    a[ i ] = i;
    a[ i + 1 ] = i+1;
    a[ i + 2 ] = i+2;
    i = i + 3;
}
```

```
if ( i <= count - 1 ) {
   a[ count - 1 ] = count - 1;
}
if ( i == count - 2 ) {
   a[ count -2 ] = count - 2;
}
```

下面是第二次展开循环的结果:

语言	调整前用时	调整后用时	节省的时间
C++	1.75	1.01	42%
Java	**1.01**	**0.581**	**43%**
PHP	5.33	3.70	31%
Python	2.51	2.79	−12%

注意: 本例中,测量基准count为100。

结果表明,进一步的解循环能进一步地节省时间,但这并不是必然的,正如 Java 测量结果所示。这种方法主要的问题在于代码变得更诡异了。看看上面的代码,你或许认为这看起来还不算绝顶复杂,但如果认识到这段代码在几页之前仅仅是一个 5 行的循环,你就会更深刻地体会到性能和可读性之间的此消彼长了。

Minimizing the Work Inside Loops
尽可能减少在循环内部做的工作

编写高效循环的关键在于尽可能减少循环内部所做的工作。如果你可以在循环外面计算某语句或某部分语句,而在循环内部只是使用计算结果,那么就把它们放到外面。这是一种很好的编程实践,在很多情况下还可以改善程序的可读性。

假设某频繁使用的循环,其内部有一个复杂的指针表达式,就像下面这个例子:

C++示例: 循环内部的复杂指针表达式
```
for ( i = 0; i < rateCount; i++ ) {
   netRate[ i ] = baseRate[ i ] * rates->discounts->factors->net;
}
```

这时,把复杂的指针表达式赋给一个命名准确的变量,不但可以改善代码的可读性,还能提高代码性能。

C++示例: 简化复杂的指针表达式
```
quantityDiscount = rates->discounts->factors->net;
for ( i = 0; i < rateCount; i++ ) {
   netRate[ i ] = baseRate[ i ] * quantityDiscount;
}
```

所引入的新变量 `quantityDiscount` 清楚地说明了 `baseRate` 数组中的元素逐个同数量折扣（quantity-discount）因子相乘，计算出了净费用。而在最初的循环表达式中，这样的含义并没有清晰地表达出来。把复杂指针表达式转化为循环外变量，同样使得程序在每次循环时节省了指针三次解引用所花费的时间，由此带来了下面表格中的改进：

语言	调整前用时	调整后用时	节省的时间
C++	3.69	2.97	19%
C#	2.27	1.97	13%
Java	4.13	2.35	43%
注意：本例中，测量基准rateCount为100。			

除了对于 Java 编译器，本例中的代码调整在其他语言上的效果并无太值得夸耀之处。这些数据还暗示了在最初的代码编写阶段，你可以尽情地使用可读性更好的方法，而把代码运行速度放到稍后来处理。

Sentinel Values
哨兵值

当循环的判断条件是一个复合判断的时候，你可以通过简化判断来节省代码运行时间。如果该循环是一个查找循环，简化方法之一就是使用一个哨兵值（sentinel value），你可以把它放到循环范围的末尾，从而保证循环一定能够中止。

这里是一个通过引入哨兵值来改善代码的复合判断的经典例子：该循环一方面要检查它是否发现了所要找的值，另一方面要检查它是否遍历了所有的值。代码如下：

```
C#示例：搜索循环中的组合判断
found = FALSE;
i = 0;
while ( ( !found ) && ( i < count ) ) {     ← 这里是复合判断。
    if ( item[ i ] == testValue ) {
        found = TRUE;
    }
    else {
        i++;
    }
}

if ( found ) {
...
```

在这段代码里面，每一次的循环迭代都要判断`!found` 和 `i < count`。前者判断是否找到了所需的元素，后者避免循环超出数组末尾。在循环内部，每一

个 `item[]` 又要单独判断。因此,对每一次迭代来说,循环中实际上有三次判断。

在这种类型的查找循环里,你可以把三次判断合并起来,通过在查找范围的末尾设置哨兵值的方式中止循环,使每一次的迭代只执行一次判断就可以了。你可以简单地把需要查找的值赋给超过查找范围之外的那个元素(在声明数组的时候,切记为该元素留出空间),然后再去检查各个元素。如果是在数组的最后发现了你塞进去的元素,你会明白这实际上并不是需要查找的值。代码如下:

C#示例:使用哨兵值来加速循环

```
// set sentinel value, preserving the original value
initialValue = item[ count ];
item[ count ] = testValue;

i = 0;
while ( item[ i ] != testValue ) {
    i++;
}

// check if value was found
if ( i < count ) {
    ...
```

记住在数组末尾为哨兵值预留空间。

当 `item` 是一个整数数组的时候,所节省的时间是非常惊人的:

语言	调整前用时	调整后用时	节省的时间	性能比率
C#	**0.771**	**0.590**	**23%**	**1.3:1**
Java	1.63	0.912	44%	2:1
Visual Basic	1.34	0.470	65%	3:1

注意:查找对象是一个拥有100个整数元素的数组。

所有的结果很好,其中 Visual Basic 尤为突出。当数组类型改变的时候,结果也出现了变化。当 `item` 是单精度浮点数时,结果如下:

语言	调整前用时	调整后用时	节省的时间
C#	**1.351**	**1.021**	**24%**
Java	1.923	1.282	33%
Visual Basic	1.752	1.011	42%

注意:查找对象是一个拥有100个4字节浮点数的数组。

同以前的测试一样,结果的变化是非常显著的。

事实上，在任何使用线性查找的场合你都可以使用哨兵法——从链表到数组。需要注意的是你必须仔细选择哨兵值，并小心地把它放到数据结构中去。

Putting the Busiest Loop on the Inside
把最忙的循环放在最内层

在循环嵌套时，需要考虑把哪一个循环放在外面，哪一个放在里面。下面这个循环嵌套的例子就有改进的余地：

Java示例：可以改进的嵌套循环
```java
for ( column = 0; column < 100; column++ ) {
    for ( row = 0; row < 5; row++ ) {
        sum = sum + table[ row ][ column ];
    }
}
```

改进的关键在于解决外层循环执行的次数远远多于内层循环这一问题。每次执行的时候，循环都要初始化循环的下标，在执行一遍循环代码后将它递增，然后进行检查。循环所执行的总次数是 100 次外部循环，100*5 即 500 次内部循环，一共是 600 次。如果把内外循环交换，那么将会是 5 次外部循环，5*100 次内部循环，一共是 505 次。通过分析，你预期此举能节省下(600 – 505) / 600 即 16% 的时间。下面是性能测量给出的不同结果：

语言	调整前用时	调整后用时	节省的时间
C++	4.75	3.19	33%
Java	**5.39**	**3.56**	**34%**
PHP	4.16	3.65	12%
Python	3.48	3.33	4%

结果同样存在很大的差异，这再次证明在你确信自己的优化工作卓有成效之前，应当在特定的环境下实际测量优化效果。

Strength Reduction
削减强度

削减强度意味着用多次轻量级运算（例如加法）来代替一次代价高昂的运算（例如乘法）。有时，你的循环内部有一个表达式，里面需要把循环下标同某个因子相乘。加法通常会比乘法快，因此如果你能够用把每次迭代的数据相加得出相同的结果而避免使用乘法，那么代码通常会快一些。使用乘法的例子如下：

> **Visual Basic示例：乘以循环下标**
> ```
> For i = 0 to saleCount - 1
>     commission( i ) = (i + 1) * revenue * baseCommission * discount
> Next
> ```

这段代码简单明了，但代价有些高。你可以重写这个循环，通过累加得到乘积，而不是每次去计算。这就把计算乘法的代价减少到了使用加法的水平上。

> **Visual Basic示例：用加不用乘**
> ```
> incrementalCommission = revenue * baseCommission * discount
> cumulativeCommission = incrementalCommission
> For i = 0 to saleCount - 1
>     commission( i ) = cumulativeCommission
>     cumulativeCommission = cumulativeCommission + incrementalCommission
> Next
> ```

使用乘法的代价十分昂贵。这样的改变就像是商家的优惠券，让你在为循环所支付的费用上打个折。在最初的代码中，`i`每一次迭代都会增加，并且需要乘以`revenue`、`baseCommission`和`discount`，首先是1，接下来是2，然后是3，这样继续下去。优化之后，`incrementalCommission`就等于`revenue`。代码会在每一次循环时把`incrementalCommission`加到`cumulativeCommission`上面。在第一次遍历的时候，需要加一次，第二次的时候就已经加了两次，第三次的时候就已经加了三次，依此类推。这样的效果同`incrementalCommission`乘以1、乘依2、乘以3等的效果相同，但代价低很多。

关键在于在原来的循环里，乘法依赖于循环下标，而循环下标是表达式中唯一变化的部分，因此这个表达式可以写得更为经济。下面的数据显示了代码调整在示例中所起到的作用：

语言	调整前用时	调整后用时	节省的时间
C++	4.33	3.80	12%
Visual Basic	**3.54**	**1.80**	**49%**

注意：测试基准 *saleCount* 为20。所有被计算的变量都是浮点类型。

26.3 Data Transformations 数据变换

数据类型的改变同样可以成为减少程序规模和改进执行速度方面的利器。本书并不打算介绍数据结构设计，但对某种特定数据类型实现进行恰如其分的调整，同样也能提高代码的性能，因此下面给出一些调整数据类型的方法。

Use Integers Rather Than Floating-Point Numbers
使用整型数而不是浮点数

交叉参考 在第 12 章 "基本数据类型" 有关于整数和浮点数的详细介绍。

整型数的加法和乘法要比浮点数的相应运算快很多。因此，例如把循环下标从浮点类型改为整型这样的方法能够为代码运行节省很多时间：

Visual Basic示例：使用耗时的浮点循环下标
```
Dim x As Single
For x = 0 to 99
   a( x ) = 0
Next
```

与之相对，使用整型下标的 Visual Basic 循环：

Visual Basic示例：使用省时的整数循环下标
```
Dim i As Integer
For i = 0 to 99
   a( i ) = 0
Next
```

有多少差别？下面就是 Visual Basic 代码以及 C++和 PHP 类似代码的结果：

语言	调整前用时	调整后用时	所节省的时间	性能比率
C++	2.80	0.801	71%	3.5:1
PHP	5.01	4.65	7%	1:1
Visual Basic	**6.84**	**0.280**	**96%**	**25:1**

Use the Fewest Array Dimensions Possible
数组维度尽可能少

交叉参考 在第 12.8 节 "数组" 中有关于数组的详细介绍。

多年来积累的编程智慧表明，处理多维数组的代价是惊人的。如果你使用一维数组组织你的数据而非二维或三维，或许能够节省一些时间。假设最初有如下代码：

Java示例：标准的二维数组初始化
```
for ( row = 0; row < numRows; row++ ) {
   for ( column = 0; column < numColumns; column++ ) {
      matrix[ row ][ column ] = 0;
   }
}
```

如果这行代码需要遍历 50 行 20 列的数组,那么用我手中的 Java 编译器,运行该段代码的时间将会是调整为一维数组之后的两倍。

Java 示例:数组的一维表示法
```
for ( entry = 0; entry < numRows * numColumns; entry++ ) {
    matrix[ entry ] = 0;
}
```

下面的表格除了 Java 代码测试结果外,还有其他一些语言代码的测试结果:

语言	调整前用时	调整后用时	所节省的时间	性能比率
C++	8.75	7.82	11%	1:1
C#	3.28	2.99	9%	1:1
Java	**7.78**	**4.14**	**47%**	**2:1**
PHP	6.24	4.10	34%	1.5:1
Python	3.31	2.23	32%	1.5:1
Visual Basic	9.43	3.22	66%	3:1

注意:Python 和 PHP 所用的时间无法直接同其他语言进行比较,因为它们所执行的迭代次数不到其他语言的1%。

结果显示,优化对 Visual Basic 和 Java 来说效果极佳,对 PHP 和 Python 有些改善,对 C++ 和 C# 则不尽人意。当然,C# 编译器产生的代码在未优化状态的性能就已经傲然全部测试代码之首,因此你不能对它太过苛求。

测试结果迥异也再一次证明了盲目采纳各种代码调整建议会有多么危险。除非在自己特定的环境下尝试了这种方法,否则你永远不能对它带来的效果信以为真。

Minimize Array References
尽可能减少数组引用

除了避免对二维或三维数组的访问,减少对数组的访问总是有好处的。用这种方法对付重复使用数组里同一元素的循环就是很好的选择。下面的例子使用了不必要的数组访问:

C++ 示例:在循环内部不必要地引用数组元素
```
for ( discountType = 0; discountType < typeCount; discountType++ ) {
    for ( discountLevel = 0; discountLevel < levelCount; discountLevel++ ){
        rate[discountLevel] = rate[discountLevel] *
         discount[ discountType ];
    }
}
```

在内层循环中，虽然 discountLevel 发生了改变，但对 discount[discountType]的引用没有变。因此你可以把它从内层循环里面提出来，这样在每一次外层循环中就只需要执行一次数组访问，而不是在每次内层循环中都要执行一次数组访问。下面的例子是调整后的代码：

C++示例，将数组引用提出循环
```cpp
for ( discountType = 0; discountType < typeCount; discountType++ ) {
    thisDiscount = discount[ discountType ];
    for (discountLevel = 0; discountLevel < levelCount;discountLevel++){
        rate[ discountLevel ] = rate[ discountLevel ] * thisDiscount;
    }
}
```

下面是结果：

语言	调整前用时	调整后用时	所节省的时间
C++	32.1	34.5	−7%
C#	18.3	17.0	7%
Visual Basic	23.2	18.4	20%

注意：每一次测试基准typeCount为10，levelCount为100。

同上面的例子一样，结果随编译器不同呈现出了巨大的差异。

Use Supplementary Indexes
使用辅助索引

使用辅助索引的意思就是添加相关数据，使得对某种数据类型的访问更为高效。你可以把相关数据添加到主数据类型中，或者存放到并行结构中。

String-Length Index
字符串长度索引

你可以在不同的字符串存储策略中发现辅助索引的身影。在 C 语言中，字符串是被一个值为 0 的字节中止。对 Visual Basic 字符串而言，在每个字符串的开始位置隐藏有一个长度字节，标识该字符串的长度。要确定 C 语言字符串的长度，程序需要从字符串开始位置对各个字节计数，直到发现值为 0 的字节为止。要确定 Visual Basic 字符串长度，程序只需要看看长度字节就可以了。Visual Basic 长度字节就是一个例子，说明给数据结构增加一个索引，有可能让一些特定操作——例如计算字符串长度——变得更快。

你可以把这种为长度添加索引的思想应用到任何可变长度的数据类型上面。在需要知道数据长度的时候，相对于临时计算，提早维护这样的结构长度数据显然更为有效。

Independent, Parallel Index Structure
独立的平行的索引结构

有时，与操作数据类型本身相比，操作数据类型的索引会更为有效。尤其是如果数据类型中的条目很大或是难于移动（或许存放在磁盘上），那么对索引排序和查找会比直接对数据进行相同操作要快。当每一个数据条目都很大的时候，你可以创建一个辅助结构，里面存放关键码和指向详细信息的指针。如果数据结构条目和辅助结构条目的大小差异足够显著，你可以把关键码条目存放在内存里，而把数据存放在外部。这使所有的查找和排序都可以在内存里完成，知道了所需访问条目的具体地址之后，进行一次磁盘访问就够了。

Use Caching
使用缓存机制

缓存机制就是把某些值存起来，使得最常用的值会比不太常用的值更容易被获取。例如，一个程序随机从磁盘上读取记录，某子程序会使用缓存来存放读取最为频繁的记录。当该子程序收到了记录访问请求时，它首先会检查缓存里面是否有这条记录，如果有，那么该记录就会直接从内存中返回，无须通过硬盘。

除了用来缓存磁盘上的记录，缓存机制还能应用到其他领域。在 Microsoft Windows 的字体描绘程序中，一度的性能瓶颈就是在显示每一个字符的时候获取字符宽度。在将最近所使用的字符宽度缓存之后，显示速度即提升了大约一倍。

你也可以缓存那些需要耗费大量时间进行计算的结果——尤其是在参与计算的参数很简单的时候。假设你需要在给出两条直角边的情况下，计算直角三角形的斜边长。直接实现的代码如下：

```
Java示例：受益于缓存的子程序
double Hypotenuse(
    double sideA,
    double sideB
) {
    return Math.sqrt( ( sideA * sideA ) + ( sideB * sideB ) );
}
```

如果你知道有相同的值常常被重复请求计算，那么你可以按照如下方式把这些值缓存起来：

26.3 数据变换

Java示例：缓存以避免昂贵的计算

```java
private double cachedHypotenuse = 0;
private double cachedSideA = 0;
private double cachedSideB = 0;

public double Hypotenuse(
   double sideA,
   double sideB
   ) {

   // check to see if the triangle is already in the cache
   if ( ( sideA == cachedSideA ) && ( sideB == cachedSideB ) ) {
      return cachedHypotenuse;
   }

   // compute new hypotenuse and cache it
   cachedHypotenuse = Math.sqrt( ( sideA * sideA ) + ( sideB * sideB ) );
   cachedSideA = sideA;
   cachedSideB = sideB;

   return cachedHypotenuse;
}
```

该程序的第二个版本比第一个要复杂，代码量也更大，但第二个版本以提升执行速度作为补偿。很多缓存机制会缓存一个以上的元素，相关的开销也会更大。下面就是两个版本的执行速度差异：

语言	调整前用时	调整后用时	所节省的时间	性能比率
C++	4.06	1.05	74%	4:1
Java	**2.54**	**1.40**	**45%**	**2:1**
Python	8.16	4.17	49%	2:1
Visual Basic	24.0	12.9	47%	2:1

注意：假设一旦缓存某值后，该值会被命中两次。

缓存的成功取决于访问被缓存元素、创建未缓存元素，以及在缓存中保存新元素等动作相关的代价。同样，缓存信息被请求访问的频率也是重要的因素。在某些情况下，成功或许还依赖于硬件所做的缓存。一般而言，如果创建新元素的代价越大，请求相同信息的次数越多，那么缓存就越有价值。同样，访问缓存元素或将新元素存放到缓存中的开销越小，缓存体现出的价值就越大。同其他优化技术一样，缓存增加了程序的复杂性，使得程序更容易出错。

26.4 Expressions 表达式

交叉参考 在第 19.1 节"布尔表达式"部分有关于表达式的更多信息。

程序里的很多工作都是在数学或逻辑表达式中实现的。复杂的表达式往往代价昂贵,本章就将讨论减少其代价的方法。

Exploit Algebraic Identities
利用代数恒等式

你可以通过代数恒等式,用低代价的操作替代复杂操作。例如,下面两个表达式在逻辑上是等价的:

```
not a and not b
not (a or b)
```

如果选择第二个表达式,你就避免了一次 not 操作。

尽管避免执行一次 not 操作节省的时间可能微不足道,但这种普遍原则是具有强大威力的。Jon Bentley 描述过一个判断 sqrt(x) < sqrt(y) 的程序(1982)。由于只有当 x 小于 y 的时候,sqrt(x) 才会小于 sqrt(y),因此,你可以用 x<y 来替代前面那个判断。由于 sqrt() 程序的代价很高,你可以预计此举的效果是激动人心的。的确如此。下面就是结果:

语言	调整前用时	调整后用时	所节省的时间	性能比率
C++	7.43	0.010	99.9%	750:1
Visual Basic	4.59	0.220	95%	20:1
Python	4.21	0.401	90%	10:1

Use Strength Reduction
削弱运算强度

前面已经提过,削弱运算强度就是用代价低廉的运算代替代价高昂的运算。下面就是可能的替代方法:

- 用加法代替乘法。
- 用乘法代替幂乘。
- 利用三角恒等式代换等价的三角函数。
- 用 long 或 int 来代替 longlong 整数(但请注意使用机器字长的整数和非机器字长整数所带来的差异)。
- 用定点数或整型数代替浮点数。
- 用单精度数代替双精度数。
- 用移位操作代替整数乘 2 或除 2。

假设你需要计算一个多项式。如果你已经忘了它们的模样，我得告诉你它们长得就像 $Ax^2 + Bx + C$。字母 A、B、C 都是系数，x 是自变量。计算 n 阶多项式的代码一般都像下面这样：

Visual Basic示例：多项式求值
```
value = coefficient( 0 )
For power = 1 To order
    value = value + coefficient( power ) * x^power
Next
```

如果想削减这一计算的强度，你或许会认为求幂这个操作不太顺眼。一种解决办法就是把求幂代换为每次循环做一次的乘法，这也类似于几个小节以前我们用加法代替乘法，削减计算强度的示例。下面就是削减计算强度后的多项式求值代码：

Visual Basic示例：多项式求值的强度削减法
```
value = coefficient( 0 )
powerOfX = x
For power = 1 to order
    value = value + coefficient( power ) * powerOfX
    powerOfX = powerOfX * x
Next
```

这样的改动对二次多项式或高次多项式的效果非常显著。二次多项式就是最高次项为平方的多项式。

语言	调整前用时	调整后用时	所节省的时间	性能比率
Python	3.24	2.60	20%	1:1
Visual Basic	**6.26**	**0.160**	**97%**	**40:1**

如果你对削减运算强度的态度十分坚决，那么你同样无法容忍两个浮点乘法。运算强度削减的原则暗示你，可以进一步用累计乘幂的循环来代替每次做乘法，由此进一步削减运算强度。

Visual Basic示例：进一步削减多项式求值的计算强度
```
value = 0
For power = order to 1 Step -1
    value = ( value + coefficient( power ) ) * x
Next
value = value + coefficient( 0 )
```

这种方法减少了额外的 powerOfX 变量，在循环中的每一步计算中用一次乘法替换了两次乘法。结果如下：

语言	调整前用时	第一次优化	第二次优化	相对于第一次优化的改进
Python	3.24	2.60	2.53	3%
Visual Basic	**6.26**	**0.16**	**0.31**	**–94%**

这是一个很好的例子，说明理论上很好的东西实践中却未必。削减强度的代码应当跑得更快，但这段代码却并非如此。一种可能的解释是在 Visual Basic 中，循环索引递减 1 而非递增 1 会损害程序的性能。当然，你需要对这一假设进行验证才能确定。

Initialize at Compile Time
编译期初始化

如果在一个子程序调用中使用了一个具名常量或是神秘数值，而且它是子程序唯一的参数，这就是一种暗示，你应当提前计算这一数值，把它放到某个常量中，从而避免上面那种子程序调用。相同的原则也可以应用到乘法、除法、加法等其他的操作上。

有一次我需要计算某个以 2 为底的整数对数，并将结果截断为整数。系统没有计算 2 为底的对数函数，我就自己写了一个。最方便的方法就是用下面这个对数换底公式：

$$\log_b x = \frac{\log x}{\log b}$$

根据这一等式，我写了如下的子程序：

交叉参考 绑定变量及其值的详细方法请阅第10.6节。"绑定时间"。

C++示例：用系统函数实现的以2为底的对数函数
```
unsigned int Log2( unsigned int x ) {
    return (unsigned int) ( log( x ) / log( 2 ) );
}
```

这个函数运行得太慢了。既然 log(2) 的值不会改变，我就用计算出的 0.69314718 来代替 log(2)，就像下面这样：

C++示例：用系统函数和常量实现的以2为底的对数函数
```
const double LOG2 = 0.69314718;
...
unsigned int Log2( unsigned int x ) {
    return (unsigned int) ( log( x ) / LOG2 );
}
```

log()似乎是最花时间的子程序——比类型转换或除法还要奢侈——你或许希望把对 log() 的调用砍掉一半,就能省下一半的时间。下面是测量后的结果:

语言	调整前用时	调整后用时	所节省的时间
C++	9.66	5.97	38%
Java	17.0	12.3	28%
PHP	2.45	1.50	39%

在这个例子中,对除法和类型转换相对重要性的合理推测,以及对 50% 的时间节省的估计,都非常接近现实。考虑到本章提到的结果不可预测性,我在本例中所做的精确预测不过是瞎猫碰到死老鼠罢了。

Be Wary of System Routines
小心系统函数

系统函数运行起来很慢,提供的精度常常也是根本不需要的。举例说,标准的系统数学函数是按照把宇航员送上月球着陆点的误差不超过两英尺的精度设计的。如果你的程序无须如此精确,那么你也根本不用耗费时间去计算它。

在上一个例子里面,Log2() 子程序返回了一个整型值,但却通过一个浮点 log() 得到这一结果。对一个整数结果而言,这样做未免小题大做,因此,在我的第一次尝试之后,我写出了一系列的整数判断,对计算整数结果的 log2 而言已经足够精确了。下面就是改进后的代码:

C++ 示例: 使用整数的以2为底的对数函数
```
unsigned int Log2( unsigned int x ) {
   if ( x < 2 ) return 0 ;
   if ( x < 4 ) return 1 ;
   if ( x < 8 ) return 2 ;
   if ( x < 16 ) return 3 ;
   if ( x < 32 ) return 4 ;
   if ( x < 64 ) return 5 ;
   if ( x < 128 ) return 6 ;
   if ( x < 256 ) return 7 ;
   if ( x < 512 ) return 8 ;
   if ( x < 1024 ) return 9 ;
   ...
   if ( x < 2147483648 ) return 30;
   return 31 ;
}
```

这个函数只用到了整数运算，根本没有把数据转换为浮点，其效率一举击败两个使用浮点数的版本：

语言	调整前用时	调整后用时	所节省的时间	性能比率
C++	9.66	0.662	93%	15:1
Java	17.0	0.882	95%	20:1
PHP	2.45	3.45	-41%	2:3

绝大多数所谓的"超越"（transcendental）函数都是为了最糟糕的情况设计的，也就是说，即便你引入的是整型参数，这些函数在内部还是会把数据转换为双精度浮点数去处理。如果在某段占用资源较多的代码中发现了此类函数，而你又无须用到这样的精度，那么就应当立即有所警惕了。

另一种方法是借助右移位操作等同于除以 2 的事实减少运算。在结果非零的情况下，你能对这个数字执行多少次除以 2，那么对该数字进行 log2 运算的结果就会是多少。下面就是根据以上分析写出来的代码：

C++示例：使用右移运算的以2为底的对数函数

```
unsigned int Log2( unsigned int x ) {
   unsigned int i = 0;
   while ( ( x = ( x >> 1 ) ) != 0 ) {
      i++;
   }
   return i ;
}
```

对那些非 C++程序员来说，这样的代码太难读懂了。While 条件中复杂的表达式是典型的你应当避免的编码实践，除非你有很好的理由写出它。

这个子函数比前面那个稍长版本的函数要慢，多耗费了 350%的时间，即 2.4 秒而非 0.66 秒。但它要比第一种方法快，并且该函数很容易适应 32 位、64 位以及其他的环境。

这个例子提醒我们，如果略尝到优化甜头就止步不前，你会蒙受多大的损失。第一次的优化带来了可观的 30%到 40%的时间节省，但根本无法同第二次和第三次的优化效果相提并论。

Use the Correct Type of Constants
使用正确的常量类型

所使用的具名常量和应该同被赋值的相应变量具有相同的类型。当常量和相关变量的类型不一致时,那么编译器就不得不先对常量进行类型转换,然后才能将其赋给变量。优秀的编译器可以在编译时完成转换,这样就不会影响程序运行时的性能。

稍逊一筹的编译器或解释器生成的代码则会在运行时进行类型转换,这时你就麻烦了。下面就是在两种情况下初始化浮点变量 x 以及初始化整型变量 i 的性能差异。在第一种情况下,初始化代码如下:

```
x = 5
i = 3.14
```

假设 x 是一个浮点变量,i 是一个整型变量,在上面的语句中就需要进行类型转换。第二种情况:

```
x = 3.14
i = 5
```

则无须进行类型转换。下面就是结果,不同编译器的差异再次引起了我们的注意:

语言	调整前用时	调整后用时	所节省的时间	性能比率
C++	1.11	0.000	100%	无法测量
C#	1.49	1.48	<1%	1:1
Java	1.66	1.11	33%	1.5:1
Visual Basic	0.721	0.000	100%	无法测量
PHP	0.872	0.847	3%	1:1

Precompute Results
预先算出结果

在详细设计阶段,常常需要做出的决定就是选择即时计算有关结果,还是提早把它们算好并保存起来,在需要的时候再来查找。如果结果会用到很多次,通常提前计算出结果然后再查找会为你节省一些时间。

这种选择从很多方面都证明了自己的价值。在最简单的情况下,你可以在循环外计算某个表达式的部分值,而不是在循环内部。在本章前面有一个这样的例子。在更为复杂的层面上,你可以在程序执行开始的时候算出一张查询表,在之后每次需要的时候使用这一表格。你或许还可以把结果存放到数据文件中,或是直接将其嵌入到程序中。

> **交叉参考** 第 18 章"表驱动法"有关于使用数据表格代替复杂逻辑的具体做法。

举个例子,在太空大战视频游戏中,程序员最初是针对离太阳的距离远近来计算不同位置的重力系数。对重力系数的计算非常麻烦,并且会影响到性能。后来,程序员发现要用到的相对于太阳的距离只有不多的几个,因此,程序可以预先计算出这些重力系数,然后把它们存放到一个 10 元素的数组中。与执行复杂的计算相比,在这个数组中找出想要的值就快得多了。

假设你有一个计算汽车贷款支付金额的函数,其代码或许像下面这个样子:

Java示例:复杂的计算,本可以预先计算
```java
double ComputePayment(
   long loanAmount,
   int months,
   double interestRate
) {
return loanAmount /
   (
   ( 1.0 - Math.pow( ( 1.0 + ( interestRate / 12.0 ) ), -months ) ) /
   ( interestRate / 12.0 )
   );
}
```

支付金额计算公式比较复杂,计算的代价很高。把数据放到一张表格里,而不是每次去计算,或许更便宜些。

那么这张表会有多大呢?最大范围变量就是 `loanAmount`。变量 `interestRate` 可能从 5% 到 20% 以 0.25% 递增,这也只有 61 个不同的值。Months 会从 12 到 72,也只有 61 种不同还款周期。较为可信的 `loanAmount` 范围应当是从 $1 000 到 $100 000,这一数字比你通常想在查询表中处理的条目数要大得多。

然而大部分计算并不依赖于 `loanAmount`,因此你可以把计算中最难看的那个部分(大表达式里的那个分母)放入一个表里,用 `interestRate` 和 `months` 作为索引下标;而后每次重新计算 `loanAmount` 那一部分。

Java示例:预先计算某个复杂的计算
```java
double ComputePayment(
   long loanAmount,
   int months,
   double interestRate
   ) {
int interestIndex =
    Math.round( ( interestRate - LOWEST_RATE ) * GRANULARITY * 100.00 );
return loanAmount / loanDivisor[ interestIndex ][ months ];
}
```

> 新创建的 interestIndex 变量为loanDivisor 数组提供了一个下标。

在这段代码中，复杂的计算被对数组索引的计算和单个数组访问所替代。下面就是改变后的结果：

语言	调整前用时	调整后用时	所节省的时间	性能比率
Java	2.97	0.251	92%	10:1
Python	3.86	4.63	−20%	1:1

根据环境的情况，你可以在程序的初始化阶段预先计算出 `loanDivisor` 数组，或是从一个磁盘文件中把数组读进来。换一种方式，你也可以先把数组初始化为0，在每个元素被首次访问时再来计算，并把结果保存起来以备下一次查询。这就是某种形式的缓存，我们曾经在前面讨论过。

如果预先计算表达式也能获得性能的提升，你就不需要创建表格了。下面代码与前面有些例子里的代码类似，让我们进一步体会到了在开发中使用不同类型预先计算的可能性。假设你有一段代码，计算各种数额贷款的支付金额，就像下面这样：

Java示例：第二个复杂的计算本可以预先进行
```
double ComputePayments(
   int months,
   double interestRate
   ) {
   for ( long loanAmount = MIN_LOAN_AMOUNT; loanAmount < MAX_LOAN_AMOUNT;
      loanAmount++ ) {
      payment = loanAmount / (
         ( 1.0 - Math.pow( 1.0+(interestRate/12.0), - months ) ) /
         ( interestRate/12.0 )
         );
      ...
   }
}
```
（下面这些代码应该对payment进行处理，但就本例而言，已经无关紧要了。）

就算没有预先计算生成的表格，你也可以在循环外预先计算表达式中的复杂部分，然后在循环内部使用计算结果，如下：

Java示例：预先计算第二个复杂的计算
```
double ComputePayments(
   int months,
   double interestRate
   ) {
   long loanAmount;
   double divisor = (1.0 - Math.pow(1.0+(interestRate/12.0) - months))
      / ( interestRate/12.0 );
   for ( long loanAmount = MIN_LOAN_AMOUNT;
      loanAmount <= MAX_LOAN_AMOUNT;
      loanAmount++ ) {
      payment = loanAmount / divisor;
      ...
   }
}
```
（这里就是预先计算的部分。）

这类似于我们在前面讨论过的把数组下标和指针引用放在循环外面的方法。对 Java 而言，如此改动的效果可以同第一次预计算表格的优化效果相媲美：

语言	调整前用时	调整后用时	所节省的时间	性能比率
Java	7.43	0.24	97%	30:1
Python	5.00	1.69	66%	3:1

这次 Python 表现不错，是我们在第一次优化中没有看到的。很多情况下，某次优化的效果可能不尽人意，但另一次看起来很相像的优化或许就会给你带来惊喜。

通过预先计算优化程序可以有如下几种形式：

- 在程序执行之前算出结果，然后把结果写入常量，在编译时赋值；
- 在程序执行之前计算结果，然后把它们硬编码在运行时使用的变量里；
- 在程序执行之前计算结果，把结果存放在文件中，在运行时载入；
- 在程序启动时一次性计算出全部结果，每当需要时去引用；
- 尽可能在循环开始之前计算，最大限度地减少循环内部需要做的工作；
- 在第一次需要结果时进行计算，然后将结果保存起来以备后用。

Eliminate Common Subexpressions
删除公共子表达式

如果发现某个表达式老是在你面前出现，就把它赋给一个变量，然后在需要的地方引用该变量，而非重新计算这个表达式。下面这个计算贷款支付金额程序里就有一个应该去掉的子表达式，原始代码如下：

Java示例：公共子表达式
```
payment = loanAmount / (
    ( 1.0 - Math.pow( 1.0 + ( interestRate / 12.0 ), -months ) ) /
    ( interestRate / 12.0 )
);
```

在上面这个例子中，你可以把 `interestRate/12.0` 赋值给一个变量，然后在程序中对它进行两次引用，而无须计算两次表达式。如果变量的名字取得还不错，在性能得到提升的同时，代码的可读性还能有所改善。这就是修改后的代码：

Java示例：删除公共子表达式
```java
monthlyInterest = interestRate / 12.0;
payment = loanAmount / (
    ( 1.0 - Math.pow( 1.0 + monthlyInterest, -months ) ) /
    monthlyInterest
);
```

此举所节省的时间似乎并不那么惊人：

语言	调整前用时	调整后用时	所节省的时间
Java	2.94	2.83	4%
Python	3.91	3.94	−1%

似乎 `Math.pow()` 函数消耗过大，削弱了删除子表达式带来的效果。另一种可能是编译器在处理代码的时候已经将子表达式去掉了。但是，如果子表达式在整个表达式中所占用的资源更多一些，或者编译器的优化不么有效，这种优化带来的效果或许会更显著。

26.5 Routines 子程序

> **交叉参考** 关于处理子程序细节的问题，请阅第7章"高质量的子程序"。

代码调整的利器之一就是良好的子程序分解。短小、定义明确的子程序能够代替多处单独执行相同操作的代码，因而能够节省空间。这些子程序也使得优化更为简单，因为重构某子程序的代码就可以惠及各处。短小的子程序更容易用低级语言重写。而冗长的子程序本身就够难理解了，如果放在低级语言例如汇编中，要读懂简直是不可能的。

Rewrite Routines Inline 将子程序重写为内联

在计算机编程历史的早期阶段，在一些机器中调用子程序就可能严重地影响性能。子程序调用意味着操作系统需要把程序从内存交换出去，换入一个子程序目录，换入特定的子程序，执行子程序，然后再把这个子程序换出去，最后把调用方子程序交换回来。所有的这些交换操作都要吞噬大量资源，让程序变慢。

对今天的计算机来说，调用一个子程序要付出的代价小多了。下面是把某个字符串拷贝函数写为内联子程序后的性能改善结果：

语言	子程序用时	内联代码用时	所节省的时间
C++	0.471	0.431	8%
Java	13.1	14.4	−10%

有的时候，利用诸如 C++ 的 inline 关键字这样的语言特性，把某个子程序的代码直接放到程序内部，还能省下若干纳秒的时间。如果你所用的语言并不直接支持 inline，但你的编译器支持宏预编译，你可以借助宏把子程序代码放进去，根据需要进行转换。事实上，现代计算机——"现代"意味着你正使用的任何机器——并不会为你调用了某个子程序而开出一张罚款单。正如上面例子所示，把子程序代码写为内联或许还会降低性能。

26.6 Recoding in a Low-Level Language 用低级语言重写代码

有一句亘古不变的箴言也不能不提：当程序遭遇性能瓶颈的时候，你应当用低级语言重写代码。如果程序是用 C++ 写的，低级语言或许是汇编；如果是 Python 写的，那么低级语言可能是 C。在低级语言中重新编写代码更有可能改善速度和减少代码规模。下面是使用低级语言优化代码的标准方法。

1. 用高级语言编写整个应用程序。

2. 对程序进行完整的测试，验证其正确性。

交叉参考 程序中的很小一部分会占用绝大部分的运行时间，第 25.2 节 "pareto 法则" 有对这一现象的详细描述。

3. 如果测试后发现需要改进程序性能，就对程序进行分析，确定出热点。由于 5% 的程序往往可以占用 50% 的运行时间，通常你能够将程序中很小的一部分确定为热点。

4. 把几小段代码在低级语言中重写，以此提高整体性能。你是否需要沿着这条充满荆棘的道路走下去，取决于你对低级语言有多么得心应手，相关问题有多么适合使用低级语言来解决，以及你有多大的勇气去冒险。我第一次用这种方法是在前面提到的 DES 程序里面。我已经试过了自己知道的所有优化方法，程序仍然比预定目标慢了一倍。在汇编中重新编写部分程序是最后一招了。作为汇编新手，我唯一能做的只是把高级语言所写的代码直接翻译成为汇编语言。就这样，代码竟然得到了 50% 的性能提升，而且我仅仅是翻译，并没有对代码进行改进。

假设你有一个子程序，它把二进制数据转化为大写 ASCII 字符，下面就是用 Delphi 编写的代码：

Delphi示例：更适合用汇编语言编写的代码
```
procedure HexExpand(
   var source: ByteArray;
   var target: WordArray;
   byteCount: word
);
var
   index: integer;
   lowerByte: byte;
   upperByte: byte;
   targetIndex: integer;
begin
   targetIndex := 1;
   for index := 1 to byteCount do begin
      target[ targetIndex ] := ( (source[ index ] and $F0) shr 4 ) + $41;
      target[ targetIndex+1 ] := (source[ index ] and $0f) + $41;
      targetIndex := targetIndex + 2;
   end;
end;
```

尽管要找到代码中最消耗资源的地方有些困难，但可以看到代码包含了许多位操作，这显然不是 Delphi 所擅长的。但位操作是汇编语言的拿手好戏，因此这段代码是用低级语言重写的极好对象。下面就是汇编代码：

Example of a Routine Recoded in Assembler
```
procedure HexExpand(
   var source;
   var target;
   byteCount : Integer
);
   label
   EXPAND;

   asm
         MOV ECX,byteCount      // load number of bytes to expand
         MOV ESI,source         // source offset
         MOV EDI,target         // target offset
         XOR EAX,EAX            // zero out array offset

   EXPAND:
         MOV EBX,EAX            // array offset
         MOV DL,[ESI+EBX]       // get source byte
         MOV DH,DL              // copy source byte

         AND DH,$F              // get msbs
         ADD DH,$41             // add 65 to make upper case

         SHR DL,4               // move lsbs into position
         AND DL,$F              // get lsbs
         ADD DL,$41             // add 65 to make upper case
```

```
        SHL BX,1                // double offset for target array offset
        MOV [EDI+EBX],DX        // put target word

        INC EAX                 // increment array offset
        LOOP EXPAND             // repeat until finished
end;
```

用汇编重写这一例子物有所值,直接为你省下了41%的时间。从逻辑上分析,我们认为最初编写代码的语言如果更适合进行位操作,例如C++,那么此举带来的优化效果会小于对Delphi代码的优化效果。下面就是测试结果:

语言	高级语言用时	汇编语言用时	所节省的时间
C++	4.25	3.02	29%
Delphi	5.18	3.04	41%

在测量结果中,调整前的数据反映出两种语言在位操作上的不同实力。调整后数据看起来一样,它表明汇编代码最大限度地缩小了Delphi和C++之前的性能差异。

这个汇编语言的子程序让我们看到用汇编语言重写的代码未必会生成丑陋的巨无霸,相反,生成的子程序大小适中,正如此例所示。有时,汇编语言代码同其实现等价功能的高级语言一样紧凑。

有一种相对简单有效的汇编重编码方法,即启用一个能顺带输出汇编代码列表的编译器。把需要调整子程序的汇编代码提取出来,保存到单独的源文件中。将这段汇编代码作为优化工作的基础,手动调整代码,在接下来每一步工作中检查代码的正确性并量化所取得的改进。一些编译器还可以将高级语言的语句作为注释嵌入到汇编代码中。如果你的编译器提供了这项功能,你可以把高级语言代码留下来,作为汇编代码的说明。

cc2e.com/2672

CHECKLIST: Code-Tuning Techniques
核对表:代码调整方法

同时改善代码执行速度和规模

- ❏ 用查询表替换复杂逻辑。
- ❏ 合并循环。
- ❏ 使用整型变量而非浮点变量。
- ❏ 在编译时初始化数据。
- ❏ 使用正确的常量类型。
- ❏ 预先计算结果。
- ❏ 删除公共子表达式。
- ❏ 将关键子程序代码转化为某种低级语言代码。

> **仅仅提高代码执行速度**
>
> - 在知道答案后就停止执行判断。
> - 根据各种情况的出现频率对 *case* 语句和 *if-then-else* 串排序。
> - 比较相似逻辑结构的性能。
> - 使用惰性求值。
> - 将循环中的 *if* 判断转到外部。
> - 展开循环。
> - 将循环内部所做的工作减少到最低限度。
> - 在查找循环中使用哨兵。
> - 把执行最为频繁的循环放在嵌套循环的最里面。
> - 减轻内层循环的强度。
> - 将多维数组改为一维数组。
> - 最大限度减少数组索引。
> - 为数据类型扩充索引。
> - 对频繁使用的值进行缓存。
> - 利用代数恒等式。
> - 降低逻辑和数学表达式的强度。
> - 注意系统调用。
> - 用内联子程序重写代码。

26.7 The More Things Change, the More They Stay the Same
变得越多，事情反而越没变

你可能会希望，在我写《代码大全》的第 1 版之后的十年时间里，系统的性能特性已经以某种方式发生了变化。计算机的运行速度已经发生了翻天覆地的改变，可用的内存对很多程序而言也绰绰有余。在第 1 版中，我通常会运行本章的测试一万次到五万次，由此得出有意义的可度量结果。而在第 2 版中，绝大多数测试会运行一百万次到一亿次。当你需要让某个测试跑上一亿次才能得出一个可测量的结果时，你不得不产生疑问，有谁会注意这些优化工作对实际程序所产生的影响。如今的计算机已经如此强悍，对很多常见类型的程序来说，本章所讨论的性能优化提升的意义已如明日黄花。

另一方面，性能也是一个永恒的话题。编写桌面应用程序的人可以对优化毫不关心，但那些为嵌入式系统、实时系统和其他对代码有着严格速度和资源限制的系统编写代码的人仍然可以从中获益。

自 Donald Knuth 在 1971 年公布了他对 Fortran 程序的研究成果之后，对每一次代码调整所产生的影响进行量化评估已经成了性能优化工作的永恒信条。根据本章的测量结果，比起 10 年以前，任何特定优化的效果实际上都更加不可预测。每一步代码调整所产生的影响都受制于编程语言、编译器、编译器的版本、代码库、库版本以及编译器设置等各种因素。

代码调整无可避免地为性能改善的良好愿望而付出复杂性、可读性、简单性、可维护性方面的代价。由于每一次调整后需要对性能进行重新评估，代码调整还引入了巨额的管理维护开销。

我已经体会到，恪守"对每一次的改进进行量化"的准则，是抵御思考成熟前匆忙优化之诱惑的法宝，这一准则也帮助我坚守编写清晰简单代码的一贯作风。如果某项优化非常重要，值得为它付出剖析和对优化效果进行量化测量的代价，那么只要优化有效，我们还是可以去做的。但是，如果某项优化的重要性不够，不值得为它去做效能剖析，那么就不值得为它付出可读性、可维护性和其他代码特性恶化等方面的代价。未经测量的代码优化对性能上的改善充其量是一次投机，然而，其对可读性等产生的负面影响则确凿无疑。

Additional Resources
更多资源

cc2e.com/2679   我最喜欢的关于代码调整的参考资料就是《*Writing Efficient Programs*》(Bentley, Englewood Cliffs, NJ: Prentice Hall, 1982)。该书已经绝版，但如果你能找得到，绝对值得一读。该书对代码调整领域涉猎甚广，乃此主题抗鼎之作。Bentley 给出了用执行速度换取空间，和用空间换取执行速度的方法，并提供了许多通过重新设计数据类型来提高速度和减小空间占用的实例。他的论述方式比这里的更为有趣，他的趣闻轶事也极吸引人。他描述了对几个子程序的一系列优化步骤，使你可以看到针对一个问题的第一次、第二次和第三次优化尝试。Bentley 在这本 135 页的书中围绕代码调整这一主题自由挥洒，闲庭信步。这本书的信噪比异乎寻常的高——这本书是真正值得每位一线程序员所拥有的珍宝。

Bentley 的《*Programming Pearls*》, 2d ed.的附录 4 (Boston, MA: Addison-Wesley, 2000) 本书包含了该书作者对早期著作中代码调整规则的总结。

cc2e.com/2686

你还可以找到一系列讨论特定优化方法的书籍。有的已经列在下面了，旁边的链接还能够提供最新的书目列表。

Booth, Rick.《*Inner Loops: A Sourcebook for Fast 32-bit Software Development*》. Boston, MA: Addison-Wesley, 1997.

Gerber, Richard.《*Software Optimization Cookbook: High-Performance Recipes for the Intel Architecture*》. Intel Press, 2002.

Hasan, Jeffrey and Kenneth Tu.《*Performance Tuning and Optimizing ASP.NET Applications*》. Berkeley, CA: Apress, 2003.

Killelea, Patrick.《*Web Performance Tuning*》, 2d ed. Sebastopol, CA: O'Reilly & Associates, 2002.

Larman, Craig and Rhett Guthrie. Java 2 Performance and Idiom Guide. Englewood Cliffs, NJ: Prentice Hall, 2000.

Shirazi, Jack.《*Java Performance Tuning*》. Sebastopol, CA: O'Reilly & Associates, 2000.

Wilson, Steve and Jeff Kesselman.《*Java Platform Performance: Strategies and Tactics*》. Boston, MA: Addison-Wesley, 2000.

Key Points
要点

- 优化结果在不同的语言、编译器和环境下有很大差异。如果没有对每一次的优化进行测量，你将无法判断优化到底是帮助还是损害了这个程序。

- 第一次优化通常不会是最好的。即使找到了效果很不错的，也不要停下扩大战果的步伐。

- 代码调整这一话题有点类似于核能，富有争议，甚至会让人冲动。一些人认为代码调整损害了代码可读性和可维护性，他们绝对会将其弃之不用。其他人则认为只要有适当的安全保障，代码调整对程序是有益的。如果你决定使用本章所述的调整方法，请务必谨慎行事。

第 6 部分

System Considerations

系统考虑

本部分内容

- 第 27 章 程序规模对构建的影响 649
- 第 28 章 管理构建 661
- 第 29 章 集成 689
- 第 30 章 编程工具 709

How Program Size Affects Construction

第 27 章

程序规模对构建的影响

cc2e.com/2761　内容

- 27.1　交流和规模：第 650 页
- 27.2　项目规模的范围：第 651 页
- 27.3　项目规模对错误的影响：第 651 页
- 27.4　项目规模对生产率的影响：第 653 页
- 27.5　项目规模对开发活动的影响：第 654 页

相关章节

- 软件构建的前期准备：第 3 章
- 辨明确定你所从事的软件类型：第 3.2 节
- 管理构建：第 28 章

软件开发的规模扩大并不是像"拿一个小项目来，然后增大它的每一部分"那样简单。假设你花费 20 个人月开发了一套有 2 5000 行代码的 Gigatron（千兆子）软件包，并在领域测试中找出了 500 个错误。再假设 Gigatron 1.0 很成功，Gigatron 2.0 也一样成功，现在你正在着手开发 Gigatron Deluxe 版，该版本将对该程序做出重大更新，预计将有 250 000 行代码。

虽然它的规模是最初 Gigatron 的 10 倍，但是开发 Gigatron Deluxe 版的工作量却不是原有工作量的 10 倍；而是 30 倍。此外，整体工作量增长为 30 倍并不意味着构建活动的工作量就会增长为 30 倍。很可能是，构建活动的工作量增长为 25 倍，架构和系统测试工作量增长为 40 倍。你所得到的错误数量也不会增长为 10 倍，而会是 15 倍甚至更高。

如果你习惯于开发小项目，那么你的第一个中大型项目有可能严重失控，它不会像你憧憬的那样成功，而会变成一头无法控制的野兽。本章将告诉你会遇到些什么野兽，以及到哪里去找鞭子和铁链来驯服它。与此相对的是，如果你已经习惯于开发大型项目，那么你所用的方法可能对小项目来说太正规了。本章将讲述怎样进行节约，防止小项目被自己的额外负担压垮。

27.1 Communication and Size 交流和规模

如果项目中只有你一个人,那么唯一的交流路径就是你和你顾客的交流,除非你把连接左右大脑半球的胼胝体也算做交流路径。随着项目成员数目的增加,交流路径的数量也随之增加。但是二者的关系并不是加性的,而是乘性的。即交流路径的条数大致正比于人数的平方,如图 27-1 所示。

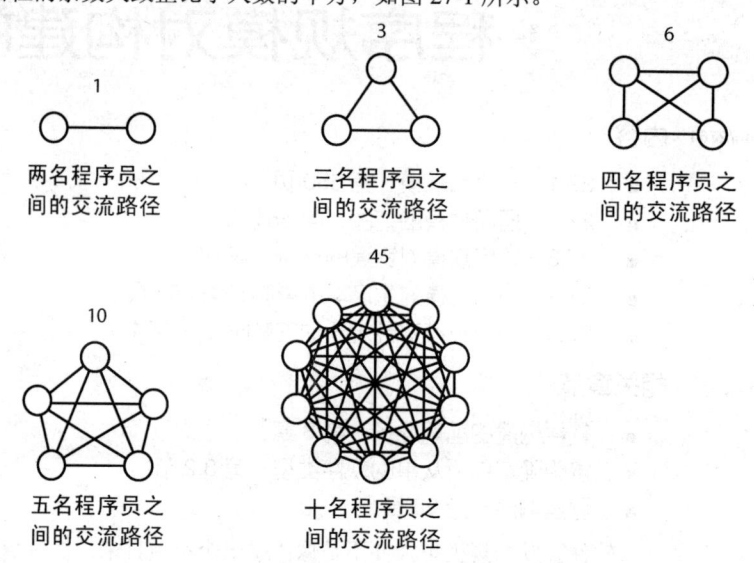

1
两名程序员之间的交流路径

3
三名程序员之间的交流路径

6
四名程序员之间的交流路径

10
五名程序员之间的交流路径

45
十名程序员之间的交流路径

图 27-1 交流路径的数量与项目成员数量的平方大致成正比

KEY POINT

可以看出,两人项目的交流路径只有 1 条。五人项目的交流路径有 10 条。十人项目的交流路径有 45 条,前提是每个人都会与其他所有人交谈。有 10% 的项目里的程序员超过 50 名,其潜在的交流路径就至少有 1 200 条。交流路径越多,你花在交流上的时间就越多,因交流而出错的机会也就越大。更大的项目要求采取一些组织技术来改善交流效率,或者有意识地对其加以限制。

改善交流效率的常用方法是采用正式的文档。不是让 50 个人以各种可能方式相互交流,而让他们阅读和撰写文档。有些文档是文本,有些是图形。有些文档需要打印出来,有些则是电子格式。

27.2 Range of Project Sizes 项目规模的范围

你所从事的项目的规模具有典型性吗？项目规模的范围很宽，这也就意味着不能把任何一种规模视为典型。评估项目规模的方法之一是考虑项目团队的规模。以下是不同规模的团队所完成项目百分比的粗略统计：

团队规模	占项目总数的粗略比例
1-3	25%
4-10	30%
11-25	20%
26-50	15%
50+	10%

来源：节选自 "A Survey of Software Engineering Practice: Tools, Methods, and Results" (Beck and Perkins 1983)、《Agile Software Development Ecosystems》(Highsmith 2002)、《Balancing Agility and Discipline》(Boehm and Turner 2003)。

项目规模的数据中有一点可能不太直观，那就是"不同规模的项目百分比"和"不同规模项目中程序员的数量的百分比"是有区别的。由于一个大型项目雇佣的程序员人数多于小项目，因此，大项目的用人数量占全部程序员数量的很大比重。下面是在各种规模项目中工作的程序员的粗略比例：

团队规模	占程序员总数的粗略比例
1-3	5%
4-10	10%
11-25	15%
26-50	20%
50+	50%

来源：数据来自"A Survey of Software Engineering Practice: Tools, Methods, and Results" (Beck and Perkins 1983)、《Agile Software Development Ecosystems》(Highsmith 2002)、《Balancing Agility and Discipline》(Boehm and Turner 2003)。[1]

27.3 Effect of Project Size on Errors 项目规模对错误的影响

> **交叉参考** 关于"错误"的更多细节，参见第 22.4 节"典型错误"。

项目的规模既会影响错误的数量，也会影响错误的类型。你也许不曾想到错误类型也会受到影响，然而随着项目规模的增大，通常更大一部分错误要归咎于需求和设计，如图 27-2 所示。

---

[1] 译注：《Agile Software Development Ecosystems》，中译本《敏捷软件开发生态系统》，机械工业出版社。另一本书见章末"更多资源"一节。

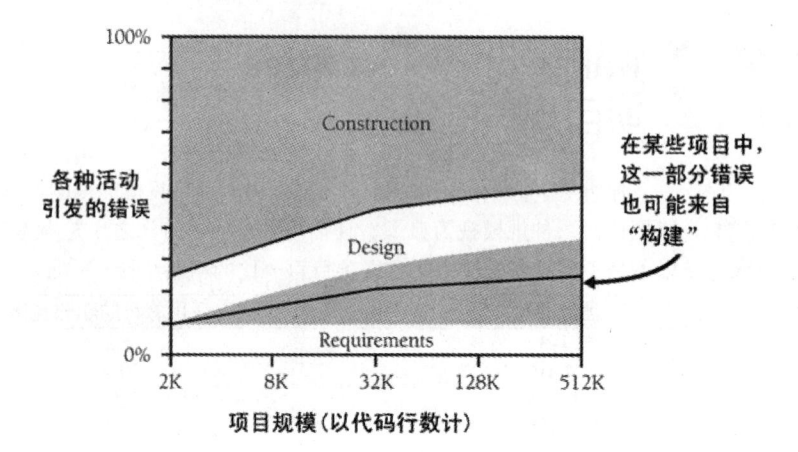

图 27-2 随着项目规模的增大,通常需求和设计犯的错误会更多。有些时候,错误仍然主要来自构建(Boehm 1981,Grady 1987,Jones 1998)

在小项目中,构建错误大约占所有被发现错误的 75%。方法论对于代码质量的影响不大,对应用程序质量影响最大的通常是编写程序的各个开发者的技能(Jones 1998)。

在更大的项目中,构建错误占错误总数的比例逐步下降到 50% 左右;而需求错误和架构错误则弥补了其中差额。推测起来大概是因为项目越大,所需的需求分析和架构设计也就越多,所以这些活动产生错误的机会就会相应地增加了。然而,在一些非常大的项目里,构建错误所占的比重仍然很大;有时候就是在包含 500 000 行代码的项目中,甚至会有 75% 的错误来源于构建活动(Grady 1987)。

正如缺陷的种类会随项目规模而变一样,缺陷的数量也会随之变化。你也许会很自然地认为,如果一个项目的规模是另一个项目的两倍,那么其中错误的数量也会是两倍。但是缺陷密度——每 1 000 行代码所包含的缺陷数量——会增加。项目规模变成原来的两倍,其错误数量很可能会不止是两倍。表 27-1 显示了不同规模的项目中,缺陷密度的预期范围。

表 27-1 项目规模和典型的错误密度

项目大小(以代码行数计)	典型的错误密度
少于 2 000 行	每千行 0 到 25 个错误
2 000 到 16 000 行	每千行 0 到 40 个错误
16 000 到 64 000 行	每千行 0.5 到 50 个错误
64 000 到 512 000 行	每千行 2 到 70 个错误
512 000 行或者更多	每千行 4 到 100 个错误

来源:"Program Quality and Programmer Productivity"(Jones 1977),《Estimating Software Costs》(Jones 1998)。

交叉参考 表中数据代表的是平均情况。一些机构报告的错误率要比本表中最低的错误率低。请参考第 22.4 节"你应该期望能出现多少错误"。

本表数据来源于一些特定的项目，这些数字很可能与你所开发的项目的实际数据不太相似。不过，作为行业的一个侧影，这些数据还是很能说明问题的。它表明随着项目规模的增长，错误的数量也会随之显著增长，特大型项目的每千行错误数量甚至会达到小项目的四倍。对于大项目，需要比小项目花更多的精力，才能维持同样的错误率。

27.4 Effect of Project Size on Productivity
项目规模对生产率的影响

在与项目规模的关系方面，生产率的情况与软件质量很相似。对于小项目（2 000 行代码或者更少），影响生产率的最大因素莫过于单个程序员的技巧（Jones 1998）。随着项目规模和团队规模的增大，组织方式对生产率的影响也将随之增大。

项目多大时团队规模就会开始影响生产率呢？在"Prototyping Versus Specifying: a Multiproject Experiment（原型 vs.详细说明：多个项目的实验）"一文中，Boehm、Gray 和 Seewaldt 报告说，完成项目的小型团队的生产率要比大型团队高出 39%。那么这些团队各有多少人呢？答案是：小项目两个人，大项目三个人（1984）。表 27-2 就项目规模和生产率的一般关系做了进一步说明。

表 27-2 项目规模和生产率

项目大小（以代码行数表示）	每人年的代码行数（括号里是Cocomo II均值）
1K	2 500～25 000（4 000）
10K	2 000～25 000（3 200）
100K	1 000～20 000（2 600）
1000K	700～10 000（2 000）
10000K	300～5 000（1 600）

来源：数据选自《Measures for Excellence》（Putnam and Meyers, 1992），《Industrial Strength Software》（Putnam and Meyers, 1997），《Software Cost Estimation with Cocomo II》（Boehm et al. 2000），"Software Development Worldwide: The State of the Practice"（Cusumano et al. 200）。

生产率主要取决于你所从事的软件类型、人员素质、编程语言、方法论、产品复杂度、编程环境、工具支持、计算"代码行数"的方法、把非程序员的支持工作计入"每人年的代码行数"的方法，以及许多其他因素，因此表 27-2 中的数据呈现出了很大的差异性。

不过，表中数据显示出的一般趋势还是很明显的。小项目的生产率会比大项目高出 2 至 3 倍，并且最小的项目和最大的项目的生产率差距可能达到 5 到 10 倍之巨。

27.5 Effect of Project Size on Development Activities
项目规模对开发活动的影响

如果你从事的是一个单人项目，那么对项目成败影响最大的因素就是你自己。如果你在一个具有 25 个人的项目中工作，那么你仍然可能是最大的影响因素；但更有可能的是，没人能够独享成功的奖牌；组织结构对项目成败的影响力更大。

Activity Proportions and Size
活动比例和项目规模

项目越大，所需要的正式交流越多，所需进行的各种活动的种类也会急剧变化。图 27-3 展示了不同规模项目中的各种开发活动所占的比例。

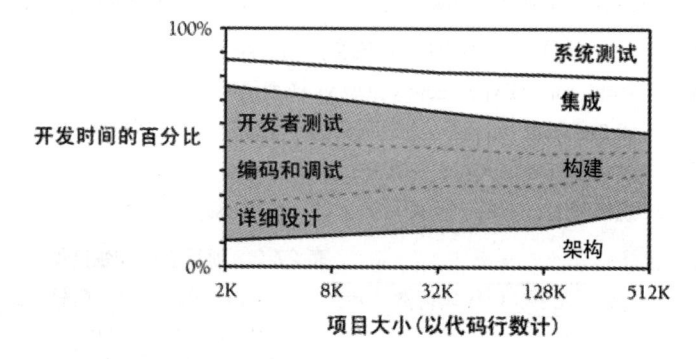

图 27-3 小项目以构建活动为主。更大的项目需要做更多的架构、集成工作和系统测试工作才能成功。图中并未显示"需求工作"，因为其工作量并不（像其他活动那样）直接是程序大小的函数（Albrecht 1979；Glass 1982；Boehm、Gray and Seewaldt 1984；Boddie 1987；Card 1987；McGarry、Waligora and McDermott 1989；Brooks 1995；Jones 1998；Jones 2000；Boehm et al. 2000）

KEY POINT

对于小型项目，构建尤为最主要的活动，它占了整个开发时间的差不多 65%。对于中型项目，构建仍是处于主导地位的活动，但是它所占的比例已经下降到了大约 50%。对于非常大型的项目，架构、集成和系统测试占去了更多的时间，而构建活动则变得不再那么占主导地位了。简而言之，随着项目规模的增大，构建活动在整个工作量中所占的比重将逐渐减小。从这幅图来看，如果一直往右延伸的话，构建似乎就会最终消失，因此，为了保住我的工作，我就把它画到 512K 处为止。

构建活动的主导地位下降的原因是，随着项目增大，构建活动——详细设计、编码、调试和单元测试——将会按比例增长，但是其他很多活动增长得更快。图 27-4 显示了这一点。

27.5 项目规模对开发活动的影响

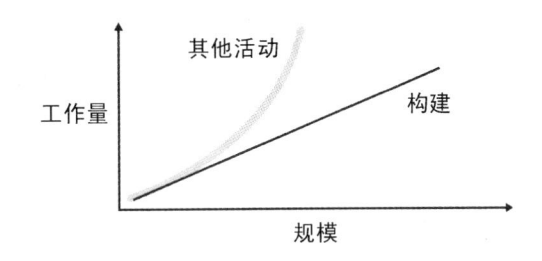

图 27-4 软件构建的工作量与项目大小呈近似线性的关系。其他活动的工作量随项目规模扩大而非线性地增加

规模相近的项目会执行相似的活动，但是随着项目规模不同，其所需要进行的活动的种类也会有很明显的差异。正如在本章引言中提到的，当 Gigatron Deluxe 版的规模达到最初 Gigatron 的 10 倍时，其构建活动的工作量是原来的 25 倍，计划的工作量是原来的 25 到 50 倍，集成的工作量是 30 倍，而架构和系统测试的工作量则为 40 倍。

不同活动的比例发生变化，是因为它们对于不同规模的项目的重要性不一样。Barry Boehm 和 Richard Turner 发现，对于 10 000 行代码左右的项目来说，把 5% 的项目成本花在架构上会使整个项目的成本最低。但是对于 100 000 行代码左右的项目而言，需要在架构上耗去 15% 到 20% 的工作量才能产生最佳结果（Boehm and Turner 2004）。

HARD DATA

随着项目规模的增加，下面这些活动的工作量增长超过线性：

- 交流
- 计划
- 管理
- 需求分析
- 系统功能设计
- 接口设计和规格说明
- 架构
- 集成
- 消除缺陷
- 系统测试
- 文档生成

不论项目的规模如何，有些技术总是很有价值的：有训练的编码实践、让其他开发者审查设计和代码、好的工具支持，以及使用高级语言。这些技术对小项目很有价值，对大项目的价值更是无法衡量。

Programs, Products, Systems, and System Products
程序、产品、系统和系统产品

> **深入阅读** 关于这一观点的另一种解释,请参阅《人月神话》(Brooks 1995)第1章。

代码行数和团队规模并不是影响项目大小的仅有的因素。另一个更敏感的影响因素是最终软件的质量和复杂度。Gigatron 的最初版本,即 Gigatron 初级版,可能连开发带调试只花了 1 个月时间。它是由一个人开发、测试并撰写文档的程序。那么,既然开发 2 500 行的 Gigatron 初级版只用了 1 个月,为什么开发完整的、具有 25 000 行代码的 Gigatron 要花 20 个月呢?

最简单的一类软件是一个单一的"程序",只有它的开发者使用它,或者其他少数几个人非正式地使用它。

稍复杂些的一类程序是软件"产品",它打算供给最初开发者以外的人员使用。软件产品的使用环境也与开发环境不同。在发布之前要做充分的测试,要有文档,并且可以由其他人来维护。开发软件产品的成本大约是开发"软件程序"的 3 倍。

更复杂一些的是开发一组能够结合起来工作的程序。这样一组程序通常称为软件"系统"。开发一个系统要比开发一个简单的程序复杂得多,因为开发各个组成部分之间的接口并把它们集成起来会很复杂。大体上,系统的开发成本也是简单程序的开发成本的 3 倍。

HARD DATA

如果开发的是"系统产品",它既要具有单一产品的精致特征,又要拥有一套系统所需具备的多个成分。系统产品的开发成本大约是简单程序的 9 倍(Brooks 1995, Shull et al. 2000)。

没能认识到程序、产品、系统以及系统产品在精致度和复杂度上的区别,是导致估算出偏差的一个常见原因。程序员用他们开发"程序"的经验来估计开发一套系统产品的进度,可能会低估 10 倍。当你考虑下面这个例子时,请参考图 27-3(在第 654 页)。如果你依据自己写 2 000 行代码的经验来估计开发一个 2 000 行的程序需要多长时间,那么你估计的时间将只是"为了开发该程序而实际需要进行的全部活动的总耗时"的 65%。写 2 000 行代码的时间不等于开发一个具有 2 000 行代码的程序的时间。如果你不把"非构建"活动的用时考虑进去,开发时间将会比你的估计要多出 50%。

随着项目规模的增长,构建活动将只占项目总工作量的一小部分。如果你完全依照构建的经验来做估算,估算误差就会增加。如果你用自己 2 000 行代码的构建经验来估算开发 32 000 行代码程序所需的时间,你的估算结果将只是所需全部时间的 50%;开发过程的耗时将比你估计的多 100%。

这里所说的估算误差，其产生原因全在于你不理解"项目规模对开发大型程序所造成的影响"。如果除此之外你还没有考虑到开发一个"产品"比仅仅开发一个"程序"需要做更多的"抛光"工作，那么误差将会再增长至 3 倍，甚至更多。

Methodology and Size
方法论和规模

各种方法论都被用于不同大小的项目。对于小项目，方法论的应用显得很不经意并且趋于本能。对于大项目，它们的应用变得十分严格，并且计划得非常仔细。

有些方法论是很宽松的，程序员察觉不到自己正在使用它。也有些程序员说一些方法论太刻板了，他们不会去碰。程序员可能的确没有有意识地选择某种方法论，然而，任何一种编程方法都可以算是方法论，而不论该编程方法有多随意或者原始。早上爬出被窝后去上班就是一种最初级的方法论，尽管它不是特别有创意。那些坚持不用方法论的程序员，事实上只是在避免明确地选择某种方法论——没有谁能做到完全不用方法。

KEY POINT　形式化的方法不一定总是有趣，而且如果用得不合适也可能得不偿失。然而，项目越大，复杂度也越大，也就越要求有意识地去关注方法论。建造摩天大楼的方法和搭狗窝的方法是不一样的。不同规模的软件项目也是如此。对于大项目来说，如果不有意识地去选择方法论，就将无法完成任务。成功的项目计划人员会明确为大型项目选择合适的策略。

在社交场合，活动越正式，你所穿的服装就会越不舒服（高跟鞋、领带等等）。在软件开发领域里，项目越正规，你不得不写的文件的数量也会越多，用于确认你已经完成了自己的工作。Capers Jones 指出，代码量为 1 000 行的项目需要在文书工作(paperwork)上花费 7% 的精力，而代码量为 100 000 行的项目的这一比例则是 26%（Jones 1998）。

做这些文书工作可不是因为文档写起来有趣。撰写它们是由于图 27-1 所示的现象直接引起的：你要协调的人员越多，那么为了与他们相互协调，所需要写的文档也就越正规。

你撰写文档的目的并不在于文档本身。比如，写配置管理计划的目的不是要锻炼你的写作肌。先写计划的关键在于，它能迫使你仔细考虑配置管理，并且把你的计划向每个人解释。文档只是你在计划并构建软件系统过程中所做的那些真实工作的一种有形的副产品罢了。如果你感觉自己只是在履行写作手续，写出来的内容也很泛泛无奇，那肯定是什么地方出了问题。

KEY POINT — 并不是越"多"越好,至少对于方法论而言是这样的。Barry Boehm 和 Richard Turner 对比了敏捷(agile)和计划驱动(plan-driven)的方法论,他们警告说,如果你以小的方法论为起点,把它逐渐扩充为适用于大项目,那么其效果会好于以一个囊括一切的方法论为起点,把它缩减到适用于小项目(Boehm 和 Turner 2004)。有些软件学究们会谈到"轻量级"和"重量级"的方法论,但在实践中最关键的是要考虑你的项目的实际规模和类型,然后找出"适量级"的方法论。

Additional Resources
更多资源

cc2e.com/2768　　请使用以下资料,以进一步探索本章的主题。

Boehm, Barry and Richard Turner. 《*Balancing Agility and Discipline: A Guide for the Perplexed*》. Boston, MA: Addison-Wesley, 2004. Boehm 和 Turner 描述了项目规模对使用敏捷和计划驱动的方法有何影响,也涉及其他一些与敏捷和计划驱动有关的话题。[2]

Cockburn, Alistair. 《*Agile Software Development*》. Boston, MA: Addison-Wesley, 2002. 第 4 章描述与选取适当的项目方法论有关的问题,包括项目规模。第 6 章介绍了 Cockburn 的 Crystal 系列方法论,即一系列用于开发不同规模、不同危险程度的项目的详细方法。[3]

Boehm, Barry W. 《*Software Engineering Economics*》. Englewood Cliffs, NJ: Prentice Hall, 1981. Boehm 在此书中广泛地讨论了软件开发过程中的成本、生产率、项目规模及其他变量对质量的影响。书中讨论了项目规模对构建和其他活动的影响。第 11 章非常精彩地解释了软件因规模扩大而增加成本费用的现象。有关项目规模的其他信息散布于书中的其他章节。Boehm 在其 2000 年出版的《*Software Cost Estimation with Cocomo II*》一书中对他的 Cocomo 评估模型给出了更多最新的资料,但是前一本书就该模型的背景讨论更为深入,这些信息仍然适用。[4]

Jones, Capers. 《*Estimating Software Costs*》. New York, NY: McGraw-Hill, 1998. 这本书用了很多的图表来深入解析软件开发生产率的根源。如果特别关心"项目规模带来的影响",那么 Jones 1986 年出版的《*Programming Productivity*》一书第 3 章的"The Impact of Program Size"一节中就此做出了精彩论述。

Brooks, Frederick P., Jr. 《*The Mythical Man-Month: Essays on Software Engineering, Anniversary Edition*》(2d ed.). Reading, MA: Addison-Wesley, 1995. Brooks 是 IBM 的 OS/360 开发项目经理,这是一个花费了 5000 人年的庞大项目。他讲述了与大、小团队相关的管理问题,并在这本精彩的散文集中非常生动地描绘出了一个首席程序员团队的样子。[5]

---

[2] 译注:影印版《平衡敏捷和纪律》,中国电力出版社;中译本《平衡敏捷与规范》,清华大学出版社。
[3] 译注:中译本《敏捷软件开发》,人民邮电出版社。
[4] 译注:中译本分别为《软件工程经济学》、《软件成本估算:COCOMO II 模型方法》,机械工业出版社。
[5] 译注:中译本《人月神话》,清华大学出版社。

DeGrace, Peter, and Leslie Stahl. 《*Wicked Problems, Righteous Solutions: A Catalogue of Modern Software Engineering Paradigms*》. Englewood Cliffs, NJ: Yourdon Press, 1990. 正如书名所示，这本书收编了软件众多开发方法。如本章所说明的那样，你使用的方法应该随着项目规模的变化而变化，DeGrace 和 Stahl 更清晰地说明了这一点。第 5 章的"Attenuating and Truncating"一节讲述了如何根据项目的规模和正规程度来定制软件开发过程。书中包含了对 NASA 和美国国防部的模型的讲解，并且举了很多启发性的例子。

Jones, T. Capers. "Program Quality and Programmer Productivity." *IBM Technical Report TR 02.764* (January 1977): 42—78. 也见于 Jones 的《*Tutorial: Programming Productivity: Issues for the Eighties*》, 2d ed. Los Angeles, CA: IEEE Computer Society Press, 1986. 这是首篇深入分析大项目与小项目的支出形态（工作量分配模式）不同的原因的文章。其中深入讲述了大项目和小项目的诸多不同之处，包括需求、质量保证手段等。其内容有些陈旧，但仍然很有趣。

Key Points
要点

- 随着项目规模的扩大，交流需要加以支持。大多数方法论的关键点都在于减少交流中的问题，而一项方法论的存亡关键也应取决于它能否促进交流。
- 在其他条件都相等的时候，大项目的生产率会低于小项目。
- 在其他条件都相等的时候，大项目的每千行代码错误率会高于小项目。
- 在小项目里的一些看起来"理当如此"的活动在大项目中必须仔细地计划。随着项目规模扩大，构建活动的主导地位逐渐降低。
- 放大轻量级的方法论要好于缩小重量级的方法论。最有效的办法是使用"适量级"方法论。

Managing Construction
第 28 章
管理构建

cc2e.com/2836 **内容**

- 28.1 鼓励良好的编码实践：第 662 页
- 28.2 配置管理：第 664 页
- 28.3 评估构建进度表：第 671 页
- 28.4 度量：第 677 页
- 28.5 把程序员当人看：第 680 页
- 28.6 管理你的管理者：第 686 页

相关章节

- 软件构建的前期准备：第 3 章
- 辨明你所从事的软件的类型：第 3.2 节
- 程序规模：第 27 章
- 软件质量：第 20 章

在过去的几十年里，软件开发的管理已经变成一项令人生畏的挑战。如图 28-1 所示，有关软件项目管理的一般论题超出了本书的范围，但是本章将讨论与构建直接相关的一些特定管理论题。如果你是一名开发人员，本章将帮助你了解管理者需要考虑的一些问题。如果你是一名管理者，本章将帮助你了解开发人员是如何看待管理者的，以及如何才能有效地管理构建。由于本章涵盖的内容范围非常广，其中的几小节还将告诉你到哪里去找更多的资料。

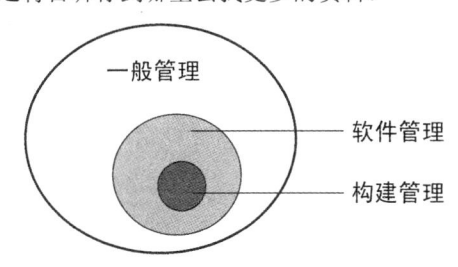

图28-1 本章讲述与构建相关的软件管理话题

如果你对软件管理有兴趣，那么一定要读第 3.2 节"辨明你所从事的软件类型"，以便能够理解传统的顺序型开发方法和现代的迭代式开发方法之间的差异。另外还要读第 20 章"软件质量概述"以及第 27 章"程序规模对构建的影响"。质量目标和项目规模都会显著影响这个软件项目的管理方式。

28.1 Encouraging Good Coding 鼓励良好的编码实践

由于代码是构建活动最主要的产出，因此，管理构建中的一个关键问题就是"如何鼓励良好的编码实践？"一般而言，从管理的角度出发，强制采用一套严格的技术标准并不是个好主意。程序员倾向于将管理者视为技术进化的低级层次，认为他们大概处于单细胞生物和冰川期灭绝的猛犸象之间。如果建立一套编程标准，程序员就必须遵循之。

如果项目中有人要制定标准，那么应该由一位受人尊敬的架构师来做，而不应该由管理者来做。在软件项目中，"专家层"起的作用至少与"管理层"相同。如果项目组把这位架构师视为该项目的精神领袖，那么通常就会接受他制订的标准。

如果你决定这么做的话，一定要保证这位架构师真是受人尊敬的。有时项目的架构师只是一名在项目中待的时间非常长的资深闲杂人士，他已经不再接触与产品编码有关的事务了。由这种"架构师"定义出来的标准是会受到程序员怨恨的，因为他根本不了解程序员正在做的工作。

Considerations in Setting Standards 设定标准的考虑事项

标准对于有些组织非常有用，而对于其他组织则用处不大。一些程序员很乐意接受标准，因为标准有助于减少项目中随意出现的诸多分歧。如果你的团队反对采用严格的标准，那么可以考虑一些其他的选择，如灵活的指导原则、一些建议（而非指导原则），或者一组能够表现最佳实践的例子。

Techniques for Encouraging Good Coding 鼓励良好的编码实践的技术

本节讲解推行良好的编码实践的若干技术，这些编码实践比呆板的编码标准更容易实行。

交叉参考 关于结对编程的更多细节，请参阅第 21.2 节 "结对编程"。

给项目的每一部分分派两个人 如果每行代码都由两个人共同完成，那么你可以保证至少有两个人认为这段代码是能工作的，而且是可读的。两人组队的办法有结对编程、导师带学生、buddy-system（伙伴系统，各负责另一人之安全的两人同行制）复审等。

交叉参考 有关复查(review)的更多细节，请参阅第 21.3 节"正式检查"和第 21.4 节"其他类型的协同开发实践"。

逐行复查代码 代码复查通常包括程序员本人和至少两名评审员。这表明至少有 3 个人会逐行阅读全部代码。同事复查（peer review）的另一种称法是"同事压力"。除了能为"原程序员离开项目"这一情况提供一层安全保障外，复查还能改善代码的质量，因为程序员知道会有其他人阅读他的代码。即使你的小组还没有明确地制定出编码标准，复查也会以一种微妙的方式促成小组的编码标准——小组成员会在复查过程中做出一些决定，而随着时间的推移，小组会得出自己的编码标准。

要求代码签名 在其他领域里，技术图纸是要由管理工程师来认可和签字的。一经签字就表明，该工程师所知这些图纸在技术上是可行的并且没有错误。一些公司也用相同的方法来管理代码。在认定代码完成（code complete）之前，高级技术人员必须在代码清单上签字。

安排一些好的代码示例供人参考 优良管理中的一个重要方面就是清楚地表达你的目标。传达你的这种目标的一条途径是给程序员传阅一些好的代码，或者公开张贴出来。这样一来，你就用一份清楚的样例说明了自己的质量目标。类似地，编码标准手册里也可以主要包含一份"最佳代码清单"。将一些代码列表选定为"最佳的"，为别人树立起效仿的榜样。这种手册更新起来要比用英语书写的标准手册容易得多，而且它能很容易地将编码风格中的细微之处表达清楚，而这些用文字描述起来却是无比困难的。

交叉参考 编程在很大程度上是将你的工作与别人沟通。如果想做深入的了解，请参考第 33.5 节和第 34.3 节。

HARD DATA

强调代码是公有财产 程序员有时候会认为他写的代码是他"自己的代码"，就像私有财产一样。尽管这的确是他们的工作成果，但是代码属于项目的一部分，应该对项目组的其他人公开。即使其他时间都不公开，至少在代码复查和维护时也要让别人看到。

曾经报道过的最成功的一个项目是用 11 个工作年开发了 83 000 行代码。在投入运行后的前 13 个月里只找出了一个导致系统失灵的错误。如果你得知这个项目是在 20 世纪 60 年代后期完成的——当时还没有联机编译（online compilation）或者交互式调试设施——就更会觉得它所取得的成就很了不起了。该项目所具有的生产力——在 20 世纪 60 年代末期每工作年编写 7 500 行代码——即使按照今天的标准来看也仍然令人印象深刻。该项目的首席程序员在报告中说，项目成功的关键因素之一就是把所有计算机的运行记录（无论有没有出错）都视为公有资产而非私有财产（Backer and Mills 1973）。这一观点延伸到了当今的很多环境（contexts）中，如开源软件（Raymond 2000）和极限编程所倡导的集体所有权（Beck 2000）等。

奖励好代码 运用你所在机构的奖励机制来激励良好的编码实践。在开发你的激励体制的时候，请把以下这些方面纳入考量：

- 所给予的奖励应该是程序员想要的。(很多程序员讨厌那种夸一句"好样的！"式的奖励，特别是当它来自于非技术的管理人员的时候。)
- 只有非常出色的代码才应得到奖励。如果你奖励一个大家都知道他工作干得不好的程序员，那么你看起来就像是正试图操作核反应堆的霍默·辛普森。[1] 至于这位程序员是否有良好的合作态度或者上班是否准时都不重要。如果你的奖励不符合技术标准，你将失去信誉。如果你的技术水平还没有高到足以判断代码的优劣，那么就不要判断！这时候千万不要奖励，或者让你的团队来选择该奖励谁。

一份简单的标准 如果你正在管理一个编程项目，并且你具有编程的背景，那么有一种方法可以简单有效地获得好的工作成果，你宣称"我必须能阅读并理解这个项目里的所有代码。"管理者不是技术尖子这一事实反而有助于阻止产生"聪明的"或者难理解的代码。

The Role of This Book
本书的角色

本书的大部分篇幅是在讨论良好的编程实践。其目的并不是想为呆板的标准做辩护，更不想被用做一份呆板的标准。请用本书作为讨论的基础，把它看做良好的编程实践的资料集，同时用它来找出那些可能对你的环境有益的实践。

28.2 Configuration Management
配置管理

软件项目是不断变化的。代码在变、设计在变、需求也在变。而且需求的变化会引起设计上的更多变化，设计上的变化又会引起代码和测试用例的更多得多的变化。

What Is Configuration Management
什么是配置管理

配置管理是"系统化地定义项目工件(project artifacts)和处理变化，以使项目一直保持其完整性"的实践活动。它的另一种说法是"变更控制"。其中的技术包括评估所提交的更改、追踪更改、保留系统在不同时间点的各历史版本。

如果你不对需求变更加以控制，那么就会为系统中某些最终会被去除的部件

---

[1] 译注：霍默·辛普森是美国卡通连续剧"辛普森一家"中的父亲，担任春田核电厂安全检查员，他非常喜欢开玩笑，经常有一些令人啼笑皆非的举动。

编写代码，也会去写出一些可能与系统中新的部件不兼容的代码。可能直到集成时你才会发现这些不兼容的问题，这会导致一种手忙脚乱的局面，没人能知道将会发生些什么。

如果不对代码的变更加以控制，你就可能会修改某个别人也正在修改的子程序；想把两个人的改动成功地合并到一起将成为问题。不加控制的代码变更会让代码看上去得到了更充分的测试。测试的可能是旧的、没修改过的版本；而改过的版本也许还没有测试。如果没有良好的变更控制，你可能会修改某个子程序，发现新的错误，但却再也无法恢复当初可以工作的老版本了。

这些问题产生的时间是不确定的。如果没有系统地对变更加以控制，你就相当于在迷雾中随意游走，而不是直接向着一个清晰的目标迈进。如果没有好的变更控制，与其说你是在开发代码，不如说是在浪费时间。配置管理会帮助你有效地利用时间。

HARD DATA 尽管配置管理的必要性是如此明显，几十年来还是有很多程序员不做这种管理。20多年前的一份调查表明，超过三分之一的程序员甚至还不熟悉这一概念（Beck and Perkins 1983），而且也几乎没有迹象表明这一情况有所改变。CMU软件工程研究所（Software Engineering Institute）最近做的一份研究表明，在那些采用非正规的软件开发实践的组织之中，不足 20% 的组织里有适当的配置管理（SEI 2003）。

配置管理不是由程序员发明的，但由于编程项目是相当不稳定的，配置管理对程序员特别有用。将其应用于软件项目，配置管理也通常称做"软件配置管理"（SCM）。SCM 关注于程序的需求、源代码、文档和测试数据。

SCM 自身也有"过度控制"的问题。诚然，避免发生交通事故的最稳当办法就是不让人们驾驶车辆，而一个肯定能防止产生软件开发问题的办法是停止所有的软件开发活动。然而尽管这也是一种控制变更的方法，它却是开发软件的极端糟糕的方法。因此你必须仔细地对 SCM 做出计划，发挥它的优势，避免给你带来负担。

交叉参考 如果想深入了解项目规模对"构建"的影响，请参阅第 27 章"程序规模对'构建'的影响"。

在小型的单人项目中，除了为非正式的周期性备份做出计划以外，你不用 SCM 或许还能做得不错。然而，配置管理仍然是很有用的（而且事实上，我在撰写本书手稿的时候就用到了配置管理）。在一个大型的 50 人的项目里，你多半需要使用全套的 SCM 方案，包括相当正规的备份过程、控制需求变更和设计变更，以及对文档、源代码、内容、测试用例和其他项目工件全面进行控制。如果你的项目不大不小，你就需要在以上两个极端情况之间某种正规（formality）的程度。下面描述 SCM 实施中的一些可选项。

Requirements and Design Changes
需求变更和设计变更

交叉参考 某些开发方法能更好地支持变更。如果想对此做深入了解，请参考第 3.2 节 "辨明你所从事的软件的类型"。

在开发过程中，你一定会有很多关于如何改善系统的想法。如果每产生一个想法就实施相应的变更，你会发现自己走上了软件开发的 treadmill（一系列似乎永不完结的工作）——虽然系统在发生变化，但却没有向着"完成"的方向迈进。以下是一些用于控制设计变更的指导原则。

遵循某种系统化的变更控制手续 如第 3.4 节所述，当你面临很多变更请求的时候，系统化的变更控制手续宛如天赐之物。通过建立一套系统化的手续，你就能将变更放在"在对系统整体最为有利"的环境下进行考虑。

成组地处理变更请求 人们倾向于一有想法就去实现那些较容易的变更。这种处理变更的方法的问题在于，那些好的变更可能反而被丢掉了。如果你在项目进行到 25% 的时候想起一项简单的变更，当时一切都正按计划进行，你就会去实现该变更。如果你在项目进行到 50% 并且进度已经滞后的时候又想到了另外一项简单的变更，你多半不会去实现它。等到项目进行到最后，时间差不多用完了，这时不管后一项变更是不是比前一项好上 10 倍，你都没有机会去做任何非本质性的变更。有一些最好的变更就这样"逃过处理"，其原因仅仅是因为你想到它的时候为时已晚。

解决该问题的一种方法是，记下所有的想法和建议，不管它实现起来有多容易。把它记录下来，直到你有时间去处理它们。到那时，把它当做整体(group)来看待，从中选中最有益的一些变更来加以实施。

评估每项变更的成本 每当你的客户、你的老板或者自己想要修改系统的时候，请评估做这些修改所需要花费的时间，包括对修改的代码做复查以及重新测试整个系统的时间。在评估耗时的时候还要把这一变更导致的连锁反映（需求、设计、编码、测试以及修改用户文档）的耗时考虑进去。让所有相关的人员知道软件是杂乱地交织在一起的，让他们知道评估变更的耗时是必要的，哪怕要做的变更看上去微不足道。

交叉参考 如果想从另外一个角度了解如何处理变更，请参阅第 3.4 节中的 "在构建期间处理需求变更"。如果想了解如何安全地处理代码变更，请参阅第 24 章 "重构"。

无论第一次建议实施变更的时候你的感觉有多乐观，都不要草率地做出评估。这种评估的误差通常会有 2 倍甚至更高。

提防大量的变更请求 尽管变更在一定程度上是不可避免的，变更请求的数量太大仍然是一个很关键的警报信号，它表明需求、架构或者上层设计做得不够好，从而无法有效地支持构建活动。对需求或者架构进行返工也许看上去代价昂贵，但是与"多次构建软件"或者"扔掉不需要的功能的代码"的高昂代价相比，还是值得考虑的。

成立变更控制委员会或者类似机构 变更控制委员会的职责是在收到变更请求的时候去芜存精。任何想提出更改的人都要把变更请求提交给变更控制委员会。这里的"变更请求"是指任何可能改变软件的请求：有关一个新功能的想法，对现有功能的更改，一份"错误报告"（可能报告了真正的错误，也可能没有）等等。委员会成员定期开会复查提交的请求。它可能同意或不同意，也可能推迟有关请求。人们认为变更控制委员会是一项"设定需求变更的优先级"以及"控制需求变更"的最佳实践；然而，它们在商业环境中仍然应用得不够广泛（Jones 1998, Jones 2000）。

警惕官僚主义，但也不要因为害怕官僚主义而排斥有效的变更控制 缺乏规范的变更控制是当今软件业面临的主要管理难题之一。有相当大一部分进度落后的项目本来是可以按时完成的，如果他们原来就考虑了那些"未做跟踪但却同意执行的变更"的话。糟糕的变更控制会导致变更堆积如山，从而破坏了项目状态的能见度、长期的可预见性、项目计划，尤其破坏风险管理，破坏了一般意义上的项目管理。

变更控制倾向于滋生官僚主义，所以重要的是要找到一些简化变更控制过程的方法。如果你不愿意采用传统的变更请求，那么就简单地设置一个名为"变更委员会/Change Board"电子邮件账号，然后让大家把他们的更改请求发送到这个地址。或者是让人们在变更委员会的会议上互动地提出他们的变更建议。有一种特别有效的方法是把所有的变更请求都作为缺陷记录在你的缺陷跟踪系统里。有些纯化论者会把这些变更归入"需求缺陷"一类，你也可以把它们归为"变更"而不是缺陷。

你既可以正式地实施变更控制委员会制度，也可以设立一个产品计划组或者作战委员会，由它们来执行变更控制委员会的传统职责。再者，你也可以指派某一个人来当"变更独裁者"。无论怎么称呼，都要去做！

KEY POINT 偶尔我也会遇到因为变更控制做得笨手笨脚而饱受折磨的项目。不过我见过的由于没做有意义的变更控制因而饱受折磨的项目是前者的 10 倍。变更控制的实质就是确定什么最重要，所以不要因为害怕官僚主义就不去享受变更控制的诸多益处。

Software Code Changes
软件代码变更

配置管理的另一项内容是源代码控制。如果在你修改代码以后新产生了一个错误，并且看上去与你所做的更改无关，那么在你寻找问题的根源的时候，很可能希望拿代码的新版本与老版本做对比。如果从比较中看不出什么线索，你可能还想看更早的版本。如果你使用了能够记录源代码的各个版本的版本控制工具(version-control tools)，那么这种版本历史回溯的操作就会是小菜一碟。

版本控制软件 优良的版本控制软件用起来很轻松,你几乎察觉不到自己在使用它。此类软件尤其适用于团队项目。有一种风格的版本控制会锁住源文件,以确保同一时间只能有一个人修改该文件。通常,当你希望编辑某一个文件中的源代码的时候,你要把这个文件从版本控制系统中 check out(签出)。如果已经有人将它 check out,你会得到提示说你无法 check out。一旦你能 check out 该文件,对其进行修改和"没有使用版本控制软件时"没什么两样——直到你准备把它 check in(签入)。另一种风格的系统允许多人同时编辑文件,然后在 check in 代码的时候处理"合并改动"的问题。对于任何一种情况,当你签入文件的时候,版本控制软件都会询问你更改的原因,你得回答一个理由。

从这样一种适度的投入中,你可以获得如下一些重大益处。

- 别人正在修改某一文件的同时,你修改这个文件不会和他发生冲突(如果冲突了,至少你能知道这一点)。
- 你能方便地将你机器上的全部项目文件的复本更新到当前版本,通常这只需要执行一条简单的命令。
- 你可以回溯到任何文件的任意版本,只要它曾经被 check in 到版本控制系统中。
- 你可以获得一份对任何文件的任意版本所做的更改的清单。
- 你无须担心个人文件备份,因为版本控制提供了安全保障。

版本控制对于团队项目来说是必不可少的。当把版本控制、缺陷跟踪和变更管理整合到一起的时候,其威力会更大。Microsoft 公司的应用程序部门甚至认为其专有的版本控制工具是一项"主要竞争优势"(Moore 1992)。

Tool Versions
工具版本

对于某些种类的项目而言,可能需要有"重新构造出'创建软件的各个特定版本'的原样环境"的能力,包括编译器、链接器、代码库等。在这种情况下,你也要把所有这些工具也都纳入版本控制之中。

Machine Configurations
机器配置

很多公司(包括我的公司)都因创建了标准的开发机器配置而受益。这些公司会为标准的开发工作站生成一份磁盘映像,其中包括全部常用的开发工具和办公软件等软件。然后将这一映像文件加载到每位开发者的机器上。采取标准化配置有助于避免因为"配置略有不同"或者"使用工具的版本不同"等等原因造成的许多麻烦。与单独安装每一种软件相比，使用标准化的磁盘映像还极大地简化了机器的安装过程。

Backup Plan
备份计划

备份计划（backup plan）并不是个全新的概念；它指的是定期备份你的工作。如果你正在手写一本书，那么是不会把书稿堆在走廊里的。不然的话，书稿可能被雨淋湿，被风吹走，或者被你邻居家的小狗借回去垫窝。你把它放在某个安全的地方。软件不像纸张一样真实有形，所以你可能容易忘记了自己把一些非常重要的东西只放在了一台机器上。

对计算机里的数据而言，各种情况都有可能发生：磁盘可能会损坏；你或别人可能会意外地删掉了某个关键的文件；一位愤怒的员工可能会破坏你的机器；你也可能会遭遇盗窃、洪水或者火灾等事件而失去一台机器。请采取一些措施来保护你的工作成果。你的备份计划应该包括定期进行备份，并且定期地将备份介质转移到脱机存储设施里。除了源代码以外，还应该备份你项目中的所有重要资料——文档、图表、笔记等。

在制定备份计划的时候，人们常常忽略的一点是：要测试你的备份过程。应该找个机会试着进行一次数据恢复，以确认备份数据中包含了你所需要的全部数据，并且可以成功地恢复。

在你做完一个项目后，要对该项目进行归档。把所有的东西都保存下来：源代码、编译器、工具、需求、设计、文档——重新创建该产品所需的一切事物。要把它都放在一个安全的地方。

CHECKLIST: Configuration Management
核对表：配置管理

cc2e.com/2843

概要

- ❑ 你的软件配置管理计划是否用于帮助程序员，并能将额外负担降至最低？
- ❑ 你的软件配置管理方法是否避免了对项目的过度控制？
- ❑ 你是否将一些变更请求聚成一组？无论采用非正式的方法（如创建一份未决更改的列表）还是更加系统的方法（如设立变更控制委员会）。
- ❑ 你系统地评估了每一项提交的更改对成本、计划和质量的影响吗？
- ❑ 你是否把重大的变更看做是需求分析还不够完备的警报信号？

> **工具**
> - ❏ 你用版本控制软件来促进配置管理吗?
> - ❏ 你用版本控制软件来减少团队工作中的协调问题吗?
>
> **备份**
> - ❏ 你定期地备份项目中的所有资料吗?
> - ❏ 你定期地把项目备份数据转移到 off-site storage 里了吗?
> - ❏ 所有的资料,包括源代码、文档、图表和重要的笔记都得到备份了吗?
> - ❏ 你测试过备份与恢复的过程吗?

Additional Resources on Configuration Management
有关配置管理的更多资源

cc2e.com/2850

因为本书是关于软件构建的,所以这一节是从构建的眼光看待变更控制。但是变更会从各个层次上对项目造成影响,因此一个全面的变更控制策略也要考虑各个层次的问题。

Hass, Anne Mette Jonassen.《Configuration Management Principles and Practices》. Boston MA Addison-Wesley 2003 这本书描述了软件配置管理的全景,也讲述了如何把软件配置管理融入你的软件开发过程之中的实践细节。其着眼点在于配置项(configuration items)的管理和控制。[2]

Berczuk, Stephen P. and Brad Appleton.《Software Configuration Management Patterns: Effective Teamwork, Practical Integration》. Boston, MA: Addison-Wesley, 2003. 与 Hass 的那本书相似,这本书就软件配置管理的全景做出了描述,颇具实用性。作为对 Hass 一书内容的补充,书中提出了一些实用的指导原则,用于指导团队中开发者分隔并且协调他们的工作。[3]

cc2e.com/2857

SPMN.《Little Book of Configuration Management》. Arlington VA Software Program Managers Network, 1998 这是一本介绍配置管理活动的小册子,其中详细说明了评判成功的各个因素。你可以在 SPMN 网站 www.spmn.com/products_guidebooks.html 免费下载该手册。

Bays, Michael.《Software Release Methodology》. Englewood Cliffs, NJ: Prentice Hall, 1999. 本书侧重于从"将软件作为产品来发布"的角度讲解软件配置管理。

Bersoff, Edward H., and Alan M. Davis. "Impacts of Life Cycle Models on Software Configuration Management." Communications of the ACM 34, no. 8 (August 1991):104—118. 这篇文章描述了软件开发的一些新方法——特别是原型(prototyping)法——是如何影响软件配置管理的。本文尤其适用于那些采取敏捷开发实践的环境。

---

[2] 译注:影印版《配置管理原理与实践(影印版)》,清华大学出版社;中译本《配置管理原理与实践》,清华大学出版社。

[3] 译注:中译本《软件配置管理模式》,中国电力出版社。

28.3 Estimating a Construction Schedule 评估构建进度表

HARD DATA

软件项目管理是人类在 21 世纪面临的一项重大挑战。评估项目的规模和完成项目所需的工作量是软件项目管理中最具挑战性的方面之一。平均水平的大型软件项目都要超时一年,并且超过预算经费 100% 才能完成(Standish Group 1994,Jones 1997,Johnson 1999)。在个人层面上,对预估进度表和实际进度表的调查显示,开发人员的估计值比实际值要乐观 20%~30%(van Genuchten 1991)。这既与"对项目规模和工作量的评估"不准确有关,也与开发不力有关。本节将讨论评估软件项目所涉及的一些问题,并指出到何处去获取更多的信息。

Estimation Approaches
评估的方法

你可以采取以下几种方法来评估项目的规模和完成它所需要的工作量。

> **深入阅读** 若想了解更多的进度评估技巧,请参见《Rapid Development》(McConnell 1996)第 8 章和《Software Cost Estimation with Cocomo II》(Boehm et al. 2000)。【译注:中译本分别为《快速软件开发》,电子工业出版社;《软件成本估算:COCOMO II 模型方法》,机械工业出版社。】

- 使用评估软件。
- 使用算法方法,如 Cocomo II,这是 Barry Boehm 提出的评估模型(Boehm et al. 2000)。
- 聘请外界的评估专家来评估有关项目。
- 为评估举行排练(walk-through)会议。
- 评估项目的每一部分,然后把它们加起来。
- 让成员评估各自的任务,然后再把各任务的评估值加起来。
- 参考以往项目的经验。
- 保留以往项目的评估,查看其准确度。用它来调整新的评估。

你可以在本节最后"有关软件评估的额外资源"部分获取有关这些方法的更多信息。下面是一套评估项目的好方法。

> **深入阅读** 这种方法取自《Software Engineering Economics》(Boehm 1981)。【译注:中译本《软件工程经济学》,机械工业出版社。】

建立目标 你为什么需要评估?你在评估什么?你只评估构建活动还是评估所有的开发活动?你只评估项目需要的工作量,还是把休假、节假日、培训和其他非项目(nonproject)的活动也都算进去?需要什么样的评估准确度才能达到你的目标?评估需要达到什么样的确定度?乐观评估与悲观评估会产生截然不同的结果吗?

为评估留出时间,并且做出计划 匆匆忙忙的评估是不准确的。如果你在评估一个大型项目,那么就要把评估当作一个"迷你项目/mini project"来做,并且要花时间为评估制定"迷你计划/miniplan",以使你能做得好。

交叉参考 关于软件需求的更多信息，请参阅第3.4节"需求的先决条件"。

清楚地说明软件需求 就像建筑师无法估算一座"相当大"的房子要花费几何一样，你也无法可靠地评估一个"相当大"的软件项目。当要做的事情还没确定下来的时候，无论是谁想让你对完成这些事情所需要的工作量做出评估的都是不切实际的。在评估之前要先定义需求，或者计划出一个预估过程。

在底层细节层面进行评估 依据你瞄准的目标的不同，评估要建立在对项目各项活动做出详细考查的基础之上。一般而言，你考查得越详细，你的评估结果就会越准确。大数定律说的是，如果估计有10%的误差，而你只对整体做一次估计的话，结果可能高出10%也可能低出10%。如果分成50个小块再估计，某些块的估计会偏高，某些块的估计会偏低，而这些误差趋向于相互抵消。

交叉参考 在软件开发中，很难找出一个不适合采用迭代法的领域。迭代对于评估非常有用。第34.8节"迭代，反反复复，一次又一次"对各种迭代技术作了总结。

使用若干不同的评估方法，并且比较其结果 本节一开始列出了许多评估方法。它们的评估结果并不完全一样，所以请试着多用几种方法，并研究不同方法所产生的不同结果。小孩们很早就知道，如果分别向父母两个人索要一碗冰淇淋，比仅仅向父亲或母亲索要的成功率要高些（而且可能要到两碗）。有些时候家长们也会聪明起来，给出一致的回答；但有时却不会。看看你能从不同的评估方法中获得哪些不同的回答吧。

没有哪种方法在所有情况下都是最佳的，研究这些方法之间的不同之处会得出很多启示。例如，在写本书第一版时，我最初粗略估计书的厚度会是250至300页。当我最终做了一次深入的评估之后，评估结果变成了873页。"这不可能。"我当时想，于是我又用另外一种截然不同的方法去评估。这第二次评估的结果是828页。考虑到这些评估之间的差距大约在5%以内，我得出结论，认为书的厚度会更接近于850页（而不是250页），于是我又对我的写作计划做了相应的调整。

定期做重新评估 软件项目的一些因素会在最初评估后有所变化，因此要计划好定期进行重新评估。如图28-2所示，项目越接近完成，评估的准确度应该越高。要不时地将评估结果和实际结果进行比较衡量，用这一衡量结果来改善你对项目剩余部分的评估。

cc2e.com/2864　项目评估的变化范围
（工作量，成本或特征）

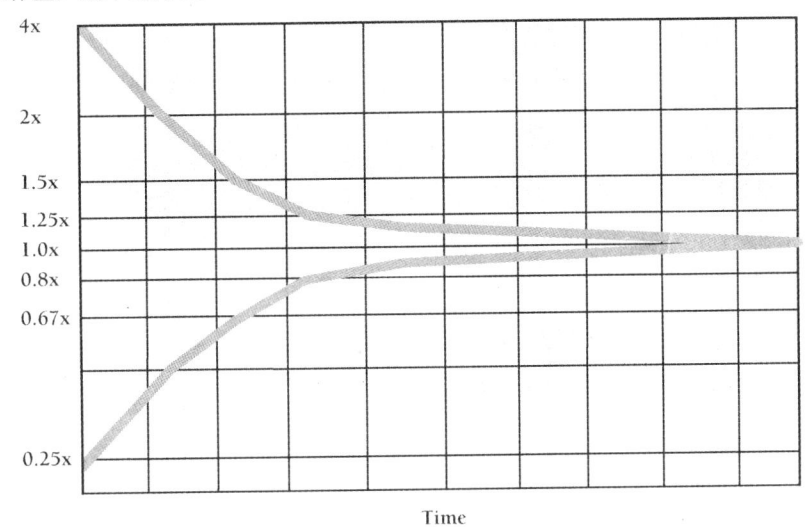

图 28-2　项目早期的评估结果注定不会很准确。随着项目推进，评估的准确度会越来越高。在项目进行过程中要定期地重新评估，用你在每一项活动中学到的知识去改进你对下一项活动的评估

Estimating the Amount of Construction
评估构建的工作量

> 交叉参考　如果想详细了解不同规模的项目的编码工作量，请参阅第 27.5 节中的"活动比例和项目规模"。

构建能给项目进度造成多大范围的影响，部分地取决于"构建"在项目中所占的比例。"构建"可以理解为详细设计、编码与调试、单元测试等。请再看一下第 654 页上的图 27-3。图中显示，"构建"所占的比例随着项目规模的不同而变化。除非你的公司保存有以往项目的历史数据，否则图中显示的"各种活动所占时间的比例"是进行新项目评估的不错的出发点。

关于"项目中'构建'活动占多大比例"这一问题，最佳的答案是：这个比例会随着项目以及组织机构的不同而不同。请把你的组织的项目经验记录下来，然后用它来评估未来项目需要花费多少时间。

Influences on Schedule
对进度的影响

> **交叉参考** 程序的规模对生产力和质量的影响并不总是很直观的。请参阅第 27 章"程序规模对'构建'的影响"以了解具体情况。

对软件项目进度影响最大的是所开发的程序的规模。但是很多其他因素也会对软件开发的进度造成影响。一些针对商业应用程序做的研究已将部分因素的影响效果做了量化,如表 28-1 所示。

表28-1 影响软件项目工作量的因素

因素	潜在的有益的影响	潜在的有害的影响
集中开发 vs. 分散开发	−14%	22%
数据库大小	−10%	28%
满足项目需要的文档	−19%	23%
在解释需求方面的灵活度	−9%	10%
处理风险的积极程度	−12%	14%
语言经验和工具经验	−16%	20%
人员连贯性(流动性)	−19%	29%
平台稳定性	−13%	30%
过程成熟度	−13%	15%
产品复杂度	−27%	74%
程序员个人能力	−24	34%
所需的可靠度	−18%	26%
需求分析师的个人能力	−29%	42%
对重用的要求	−5%	24%
最新技术水准的应用程序	−11%	12%
存储限制(要使用多少可用的存储资源)	−0%	46%
团队凝聚力	−10%	11%
团队在该应用领域的经验	−19%	22%
团队在该技术平台上的经验	−15%	19%
(应用程序自身的)时间限制	0%	63%
对软件工具的使用	−22%	17%

来源:《*Software Cost Estimation with Cocomo II*》(Boehm et al. 2000)。

以下是一些能影响软件开发进度,但不易被量化的因素。这些因素选自于 Barry Boehm 的《*Software Cost Estimation with Cocomo II*》(2000)和 Capers Jones 的《*Estimating Software Costs*》(1998)。

- 需求开发者(Requirements developer)的经验和能力
- 程序员的经验和能力

- 团队的动力
- 管理的质量
- 重用的代码数量
- 人员流动性
- 需求变更
- 客户关系的质量
- 用户对需求的参与度
- 客户对此类应用软件的经验
- 程序员对需求开发（requirements development）的参与程度
- 计算机、程序和数据的分级安全环境
- 文档量
- 项目目标（进度、质量、可用性以及其他可能的目标）

这里列出的每一项因素都可能很重要，因此请与表 28-1 中列出的因素（其中也包括了这里的某些因素）一同考虑。

Estimation vs. Control
评估与控制

> 重要问题是 你是想预测，还是想控制？
> ——Tom Gilb

为了按时完成软件项目而做的"计划"中，评估是很重要的组成部分。一旦你确定了交付日期和产品规格书，剩下的主要问题就是如何控制人员和技术资源的开销，以便能按时交付产品。从这个角度上来说，最初评估的准确度的重要性远远比不上你"随后为了完成进度而成功地控制资源"的重要性。

What to Do If You're Behind
如果你落后了该怎么办

本章前面曾提到，项目平均会超出原定完成时间的 100%。当你落后的时候，增加时间通常并不可行。如果可行的话，就那么做。否则你可以采取以下的一种或者几种解决方案。

希望自己能赶上 当项目落后于进度安排时，人们通常的反应是对此抱有乐观态度。通常人们的理由是："'需求'所用的时间比我们预期的要长，但是现在需求已经固定下来了，所以我们一定会在后面省下时间。我们将会在编码和测试阶段把时间补回来。"这种情况几乎不会发生。一项对 300 个软件项目展开的调查显示，越接近项目后期，延误和超支的现象就越严重（van Genuchten 1991）。项目并不能在后期把时间补回来；而是会越来越落后。

扩充团队 根据 Fred Brooks 定律，往一个已经落后的软件项目里加人手只会使得它更加落后（Brooks 1995）。这无异于火上浇油。Brooks 的解释是很有说服力的：新手需要先花时间熟悉项目，然后才能发挥出生产率。培训他们就要占用已受训人员的时间。而且，仅仅增加人员数量，会导致项目交流的复杂度和数量也增加。Brooks 指出，一位妇女可以怀胎十月诞下一子，并不意味着 10 位妇女能只用一个月时间生下一个孩子。

毫无疑问，Brooks 定律中的警告应该更多地引起关注。人们往往乐意往一个项目中增派人手，希望他们能让项目按时完成。管理者们需要了解，开发软件和铆接金属板是不一样的：更多的工人在工作并不一定意味着能做更多的工作。

然而，简单地说，"往一个延期的项目里增加人手会让它延期更久"却掩盖了这样一个事实，那就是在某些场合下，往延期的项目里增加人手是能够让它提速的。正如 Brooks 在分析这一定律时所说的，如果一个项目中的任务不可分割、不能个个击破，那么增加人手是无济于事的。但如果项目中的任务可以分割，那么你就可以把它进一步分细，然后分配给不同的人来做，甚至可以分配给项目后期才加入进来的人。其他一些研究人员已经正式地定义出了"在哪些场合下你可以往一个延期的项目中增加人手，而不会导致该项目更加落后"（Abdel-Hamid 1989，McConnell 1999）。

> **深入阅读** 如果想了解"只构建最需要的特性"的话题，请参考《Rapid Development》（McConnell 1996）的第 14 章"Feature-Set Control"。

缩减项目范围 缩减项目范围这一强大的技术常会为人们所忽略。如果你去掉了一项特性，你就除去了相应的设计、编码、调试、测试和编写文档工作。你也删除了该特性和其他特性之间的接口。

当你最初做产品计划的时候，要把产品的功能划分成"必须有"、"有了更好"和"可选择"三类。如果进度落后了，那么就调整"可选择"和"有了更好"的优先级，并仍掉那些最不重要的功能。

如果做不到完整地去掉某项特征，那么还可以提供一个该功能的简化版本。你可以按时地交付一个尚未进行性能调校的版本。你也可以提供一个版本，其中最不重要的功能的实现相当粗略。你可以放松对速度的要求，因为提供一个速度较慢的版本会容易得多。你也可以放松对空间的要求，因为提供一个占用更多内存的版本会容易得多。

重新评估实现那些非重要特性的开发时间。在两小时、两天或者两星期之内你能提供什么功能？"花两星期打造的版本"比"花两天打造的版本"好在哪里？"花两天打造的版本"比"花两小时打造的版本"好在哪里？

Additional Resources on Software Estimation
有关软件评估的更多资源

cc2e.com/2871

下面是一些关于软件评估的额外资源：

Boehm, Barry, et al. 《*Software Cost Estimation with Cocomo II*》. Boston, MA: Addison-Wesley, 2000. 这本书全面讲述了当今最流行的 Cocomo II 评估模型的来龙去脉。

Boehm, Barry W. 《*Software Engineering Economics*》. Englewood Cliffs, NJ: Prentice Hall, 1981. 这本较早的书对软件项目评估做出了详细的描述，其内容要比 Boehm 的新书的内容更为通用。

Humphrey, Watts S. 《*A Discipline for Software Engineering*》. Reading, MA: Addison-Wesley, 1995. 书中的第 5 章讲述了 Humphrey 的探查（Probe）方法，该方法可在开发者个人层面上评估工作量。

Conte, S. D., H. E. Dunsmore, and V. Y. Shen. 《*Software Engineering Metrics and Models*》. Menlo Park, CA: Benjamin/Cummings, 1986. 第 6 章包含一份有关各种评估方法的很不错的综述，其中包括评估的历史、统计模型、基于理论的模型以及复合模型。本书还展示了各种评估方法的应用，针对一个项目的数据库，并且相对于项目的实际长度比较了有关评估结果。

Gilb, Tom. 《*Principles of Software Engineering Management*》. Wokingham, England: Addison-Wesley, 1988. 第 16 章的标题"评估软件特性的 10 项原则"有点半开玩笑。Gilb 反对进行项目评估，赞成进行项目控制。他指出，人们并不是真正希望进行准确的预测，而是希望能控制最终的结果。Gilb 给出了 10 条原则，用来控制项目以使其满足最后期限、成本目标或者其他项目目标。

28.4 Measurement 度量

度量软件项目有很多种方法。以下是对项目进行度量的两项根本原因。

KEY POINT

任何一种项目特征(attribute)都是可以用某种方法来度量的，而且总会比根本不度量好得多 度量结果也许不会完全精确，度量也许很难做，而且也许需要持续地改善结果，但是它能使你对软件开发过程进行控制，而如果不度量就根本不可能控制（Gilb 2004）。

如果有些数据要用于科学实验，那么就必须进行量化。你能想象一位科学家建议禁止某种新食品，仅仅因为一组小白鼠比另一组"看上去更病态"吗？这太荒谬了。你会要求一个量化的理由，比如"吃了新食品的小鼠每月的生病时间要比对照组的小鼠多 3.7 天"。为了评价软件开发方法，你就必须对它进行度量。类似"这种新方法看上去生产率更高"的说法是欠妥的。

代码大全（第2版）

> 量得到才能做得出。
> —Tom Peters

留心度量的副作用 度量会对动机产生影响。人们会对那些被度量的事物更加用心，他们认为度量的目标是在评价他们。要谨慎地选择哪些环节需要被度量。人们会倾向于集中做那些被度量的工作，而忽视未被度量的工作。

反对度量就是认为最好不要去了解项目中到底在发生什么 在你度量项目的某个环节时，你会获得一些前所未有的认识。你能看出这一环节是变大了、变小了还是没有变。透过度量，你至少打开了一扇能看到项目的这一环节的窗户。如果你不对度量做出精化的话，那么这扇窗户可能会很小、很朦胧，但是总比没有窗户好得多。由于某些因素不确定就反对进行一切度量，就像因为某些窗户碰巧很朦胧就反对所有窗户一样。

事实上，你可以对软件开发过程中的任何环节进行度量。表28-2列出了一些其他从业者认为有用的量度。

表28-2　有用的软件开发的度量环节

规模	整体质量
编写的代码总行数	缺陷总数
注释总行数	每个类或子程序的缺陷数
类或者子程序的总数	每千行代码的平均缺陷量
数据声明的总数	两次系统"失灵"之间的平均时间
空行总数	编译器检测到的错误数量

缺陷跟踪	可维护性
每个缺陷的严重级别	每个类的public子程序数量
每个缺陷的位置（类或子程序）	传给每个子程序的参数数量
每个缺陷的根源（需求、设计、构造、测试）	每个类的private子程序和/或private变量的数量
更正每个缺陷的方法	每个子程序使用的局部变量的数量
每个缺陷的责任人	每个类或子程序调用的子程序的数量
每更正一个缺陷所涉及的代码行数	每个子程序中决策点的数量
更正每一个缺陷所花费的工作小时数	每个子程序中控制流的复杂度
找出每一个缺陷所需的平均时间	每个类或子程序中包含的代码行数
更正每一个缺陷的平均用时	每个类或子程序中的注释行数
更正每个缺陷的尝试次数	每个类或子程序中数据声明的数量
因更正缺陷而引发的新错误数量	每个类或子程序中的空行数量
	每个类或子程序中使用goto的数量
	每个类或子程序中输入语句或输出语句的数量

生产率
项目花费的工作小时数
每个类或子程序花费的工作小时数
每个类或子程序的修改次数
项目花费的钱数
每行代码花费的钱数
每个缺陷花费的钱数

你可以使用当前已有的软件工具来获得这其中的大多数度量数据。贯穿本书的讨论指出了"每一种度量都很有用"的理由。目前，这其中的大多数度量都还不能区分程序、类、子程序的细致差别（Shepperd and Ince 1989）。它最主要的作用是识别出那些看起来像"局外人"的子程序；如果某个子程序的度量数据很离奇，这就是一个警告信号，说明你应该重新审视该子程序，查明导致其质量显著偏低的原因。

不要一开始就收集全部可能得到的度量数据——你将会置身于复杂数据的汪洋大海中，而无法领悟哪怕其中任何一项数据的含义。应当从一组简单的度量数据开始，比如缺陷数量、工作月数、总费用以及代码总行数。在你的项目范围内为这些度量进行标准化，然后加以精化，随着你对'希望度量什么'的理解的进展加入一些新的度量内容（Pietrasanta 1990）。

确认你收集的数据是有理由的。制定目标，确定为了实现这一目标需要问哪些问题，然后再做度量，以此回答这些问题（Basili and Weiss 1984）。你问的信息必须是可以获得的，还要记住，项目的最后期限永远比收集数据更重要（Basili et al. 2002）。

Additional Resources on Software Measurement
有关软件度量的额外资源

cc2e.com/2878

下面是一些额外资源。

Oman, Paul and Shari Lawrence Pfleeger, eds. 《*Applying Software Metrics*》. Los Alamitos, CA: IEEE Computer Society Press, 1996. 本集收录了超过 25 篇有关软件度量的关键论文。

Jones, Capers. 《*Applied Software Measurement: Assuring Productivity and Quality*》, 2d ed. New York, NY: McGraw-Hill, 1997. Jones 是软件度量界的领袖，他的书籍中汇集了这一领域的知识。书中讲述了当今度量方法的权威理论和实践，并描述了传统度量手段的缺陷。书中给出了一个完整的用于收集"功能点数据"的程序。Jones 曾收集分析大量有关质量和生产力的数据，并将分析结果提炼到本书中——其中有一章非常精彩地描述了美国软件开发的平均水平。

第 28 章　管理构建

Grady, Robert B.《Practical Software Metrics for Project Management and Process Improvement》. Englewood Cliffs, NJ: Prentice Hall PTR, 1992. Grady 讲述了惠普公司在建立软件度量程序时获得的经验和教训，并且告诉你该如何在你的组织。

Conte, S. D., H. E. Dunsmore, and V. Y. Shen.《Software Engineering Metrics and Models》. Menlo Park, CA: Benjamin/Cummings, 1986. 本书编录了截止到 1986 年的软件度量方面的知识，包括常用的度量方法、实验技术以及实验结果的评判标准。

Basili, Victor R., et al. 2002. "Lessons learned from 25 years of process improvement: The Rise and Fall of the NASA Software Engineering Laboratory,"《Proceedings of the 24th International Conference on Software Engineering.》Orlando, FL, 2002. 这篇文章收录了世界上最尖端的软件开发组织之一（指 NASA 软件工程实验室）的经验和教训，集中反映在度量这个话题上。

cc2e.com/2892

NASA Software Engineering Laboratory.《Software Measurement Guidebook》, June 1995, NASA-GB-001-94. 这本大约 100 页的手册可能是有关"建立和运作度量程序"的实用信息的最佳来源。该手册可以从 NASA 的网站上下载。

cc2e.com/2899

Gilb, Tom.《Competitive Engineering》. Boston, MA: Addison-Wesley, 2004. 本书讲述了一种以度量为中心的方法，可以用该方法来定义需求、评估设计、度量质量，以及一般意义上的项目管理。本书可以从 Gilb 的网站上下载。

28.5 Treating Programmers as People 把程序员当人看

KEY POINT

由于编程活动的抽象性，人们提倡更自然的办公环境以及合作者之间的充分交流。高科技公司常会向其员工提供公园般的公司园区、有机的组织结构、舒服的办公室以及其他"high-touch"的环境，借此平衡这种有时显得枯燥的智力密集型工作。最成功的科技公司能将高科技(high-tech)和 high-touch 的元素糅合到一起（Naisbitt 1982）。本节将会从多个视角出发，说明程序员并非只是与硅芯片打交道的有机物。

How Do Programmers Spend Their Time
程序员们怎样花费时间

程序员不仅在编程上花时间，也要花时间去开会、培训、阅读邮件以及纯粹思考。Bell 实验室在 1964 年做的一份研究显示，程序员在各方面所花的时间如表 28-3 所列。

表28-3　有关程序员如何分配时间的一种观点

活动	源代码	业务	个人	会议	培训	邮件/各种文件	技术手册	工作方法等	程序测试	总计
说或者听	4%	17%	7%	3%				1%		32%
和管理人员谈话		1%								1%
打电话		2%	1%							3%
阅读	14%					2%	2%			18%
写/记录	13%					1%				14%
离开或外出		4%	1%	4%	6%					15%
步行	2%	2%	1%			1%				6%
杂项	2%	3%	3%			1%		1%	1%	11%
总计	35%	29%	13%	7%	6%	5%	2%	2%	1%	100%

来源：《Research Studies of Programmers and Programming》（Bairdain 1964，载于 Boehm 1981）。

以上数据基于一项针对 70 位程序员的时间和活动所进行的研究。这些数据已经很旧，而且不同的程序员花费在各项活动上的时间比例也不尽相同，但是其结果还是发人深省的。一个程序员大约有 30%的时间花费在"对项目没有直接好处"的非技术活动之上：步行、个人事务等。这份调查中，程序员有 6%的时间花费在走路上；这相当于一星期有 2.5 个小时、一年有 125 个小时会花费在走路上。这看上去似乎不算什么，但是一旦你认识到程序员每年花费在走路上的时间和花费在培训上的时间相等，并且三倍于他们阅读技术手册的时间，六倍于他们和管理人员谈话的时间之后，你就会有所感悟了。我个人至今也没有看到这一模式有多大改变。

Variation in Performance and Quality
性能差异与质量差异

不同程序员在天分和努力程度方面的差别十分巨大，这一点与其他所有领域都一样。一项对不同职业——写作、橄榄球、发明、治安和飞行器导航——做的调查研究表明，最顶尖的 20%人员的产出占全部的 50%（Augustine 1979）。这一研究结果基于对生产率数据的分析，如触地得分、专利数量、侦破的案件数量等。由于有些人因为没有做出切实的贡献而未被包括在调查当中（如没有得分的橄榄球运动员、没有专利的发明家、没有破案子的侦探等），因此，这份数据可能还低估了生产率的实际差异。

具体到编程领域，很多研究都已表明，在编写的程序的质量、编写的程序的大小以及程序员的生产率等方面，（最好的与最坏的）都有着一个数量级的差异。

Individual Variation
个体差异

有关程序员编程生产力的个体差异的最早一项研究是由 Sackman、Erikson 和 Grant 在 20 世纪 60 年代末期做出的（Sackman, Erikson, and Grant 1968）。他们对平均工作经验为 7 年的专业程序员进行了调查，发现最好和最差程序员的初始编码用时比例为 20:1，调试用时比例为 25:1，程序规模比例为 5:1，程序执行速度比例为 10:1。他们并未发现程序员的经验与其代码质量或生产率之间有什么关联。

尽管像 25:1 这样具体的比例并不是特别有意义，但是像"程序员之间有着数量级的差异"这样更一般的陈述的意义却是很明确的，并且已经被其他许多针对专业程序员的研究所证实（Curtis 1981，Mills 1983，DeMarco and Lister 1985，Curtis et al. 1986，Card 1987，Boehm and Papaccio 1988，Valett and McGarry 1989，Boehm et al. 2000）。

Team Variation
团队差异

不同的编程团队在软件质量和生产率上也存在着相当大的差异。好的程序员倾向于聚集在一起，差的程序员也是一样，这一观察已由一项针对 18 个组织中的 166 名专业程序员所做的研究所证实（Demarco and Lister 1999）。

一项针对 7 个相同的项目做的研究表明，其花费的工作量的变化范围大到 3.4:1，程序规模之比为 3:1（Boehm, Gray and Seewaldt 1984）。尽管存在这样的生产率差异，上述研究中的程序员的差别却并不大。他们都是有多年经验的专业程序员，并且都是计算机科学专业的研究生毕业。由此可以合理地推断出，如果被研究的团队并不是特别地相像，那么存在的差异将会更加巨大。

更早的一份对多个编程团队做的研究发现，不同团队完成相同的项目，其程序规模之比为 5:1，花费的时间之比为 2.6:1（Weinberg and Schulman 1974）。

在为了创建 Cocomo II 评估模型而对超过 20 年的数据进行了研究之后，Barry Boehm 和其他的研究人员得出结论，认为一个由"程序员能力等级在第 15 个百分点"的人员组成的团队，其开发应用程序需要花费的工作月数是"程序员能力等级在第 90 个百分点"的人员组成的团队的 3.5 倍（Boehm et al. 2000）。Boehm 和其他研究人员发现，80% 的贡献来源于 20% 的贡献者（Boehm 1987b）。

这其中的含义对于招聘和录用来说是非常清晰的。如果你为了聘请到前 10% 最优秀的程序员而需要（比雇佣后 10%最差劲的程序员）多支付报酬，那么就请欣然接受这一现实。你会因为所聘用的程序员的高品质和高生产力而迅速得到回报，而且这么做还有一个剩余效应，那就是你的组织中其他程序员的品质和生产力不会下降，因为好的程序员倾向于聚到一起。

Religious Issues
信仰问题

不是所有编程项目的管理者们都会认识到，有一些编程问题与信仰有关。如果你是一名管理者，并且试图要求统一某些编程实践，那么就可能会激怒你的程序员。下面就是事关信仰的一些问题：

- 编程语言
- 缩进风格
- 大括号的摆放位置
- 所用的集成开发环境
- 注释风格
- 效率与可读性的取舍
- 对方法的选择——例如，Scrum、极限编程、渐进交付
- 编程工具
- 命名习惯
- 对 goto 的使用
- 对全局变量的使用
- 量度，特别是有关生产力的量度，如每天编写的代码行数

以上问题的共同特征是，每一项都是程序员个人风格的反映。如果你认为有必要控制程序员的某些信仰，请考虑这些要点。

要清楚地知道你是在处理一个敏感的问题　在全心全意投入之前要先试探程序员们对有关敏感问题的看法。

对这些领域要使用"建议"或者"指导原则"　避免制定僵硬的"规则"或者"标准"。

避免流露明显的意图　为了规整缩进风格或者大括号的摆放位置，可以要求在源代码宣告完成之前先通过一个格式美化工具来处理。让格式美化工具来处理格式。为了规整注释风格，可以要求对所有的代码进行复查，修改那些不清晰的代码，直到代码变得清晰为止。

让程序员们制定他们自己的标准 正如在其他地方所提到的,"特定标准的细节"往往没有"存在某个标准"重要。不要给你的程序员们设立标准,但一定要坚持让他们在"那些对你来说非常重要的领域里"标准化。

有哪些信仰的话题值得引发一场激战呢?要求在任何领域里的所有微小细节上都步调一致,其收效恐怕无法弥补由此而对士气造成的影响。如果你发现有人"不分青红皂白地使用 goto 或全局变量"、程序风格的可读性差、或者有其他影响整个项目的实践行为,那么就得为了提高代码质量而不怕一些摩擦了。如果你的程序员是负责任的,那么这很少会成为问题。最大的斗争往往只在编码风格的一些细微差异上,你完全可以置身事外——只要这对项目没有损失。

Physical Environment
物理环境

以下是一个实验:到乡间去,找到一个农场,见到农场主,问他为每个工人在装备上花费了多少钱。农场主会去看他的谷仓,看看里面的几台拖拉机、一些小货车、一台联合收割机、一台豌豆收割机等,然后他会告诉你,算到每个工人头上的花费超过 100 000 美元。

接着再到城里,找到一家软件公司,见到一位程序开发经理,然后问他为每个工作者在设备上投入了多少钱。这位程序经理会扫视一下办公室,,一张桌子、一把椅子、几本书和一台电脑,然后告诉你,每个工作者身上花费不足 25 000 美元。

物理环境对生产率有着巨大的影响。DeMarco 和 Lister 向来自 35 个组织的 166 名程序员询问了其所处的物理环境的质量。大多数雇员都对其工作环境感到不满。在此后举行的一次编程竞赛中,排名在前 25% 的程序员都具有宽敞、安静、更为私密的办公室,并且较少受到其他人员和电话的干扰。下面对最好和最差的参赛者所处的办公环境的差异做出总结:

环境因素	最好的25%	最差的25%
专属的办公空间	78平方英尺(合7.2平方米)	46平方英尺(合4.3平方米)
可接受的安静的工作场所	57% yes	29% yes
可接受的私人工作场所	62% yes	19% yes
电话可以静音	52% yes	10% yes
电话可以呼叫转移	76% yes	19% yes
经常会被不必要地打断	38% yes	76% yes
工作场所得到程序员赞许	57% yes	29% yes

来源:《Peopleware》(DeMarco and Lister 1999)。

HARD DATA 以上数据显示,在生产力与工作场所质量之间有着很强的相关性。前 25%最优秀的程序员的生产力是后 25%最差劲的程序员的 2.6 倍。DeMarco 和 Lister 以为由于好的程序员获得了晋升,因此,他们自然会拥有更好的办公室。然而进一步的调查却显示事实并非如此。来自同一组织的程序员,不论表现好坏,他们所拥有的办公设施均相差无几。

大型软件密集型组织均有类似的经历。Xerox、TRW、IBM 和 Bell 实验室都指出,他们认识到,给每个人 10 000 到 30 000 美元的基础建设投资能显著地提高生产力,投入比强征暴敛更有助于提高生产率(Boehm 1987a)"生产力办公室(productivity offices)"自己估计生产力提高了 39%~47%(Boehm et al. 1984)。

总而言之,如果你的工作环境属于最差的那 25%,那么你有机会给生产率带来 100%的提升,办法是把环境改善为最佳的那 25%。如果你的工作环境处于平均水平,你还是可以通过把环境改善为最佳的那 25%,从而把生产率提升 40%甚至更多。

Additional Resources on Programmers as Human Beings
有关"把程序员当人看"的额外资源

cc2e.com/2806　下面是一些额外资源。

Weinberg, Gerald M. 《*The Psychology of Computer Programming*》, 2d ed. New York, NY: Van Nostrand Reinhold, 1998. 这是第一本明确提出把程序员当做人来看的书籍,而且到目前为止仍然是论述"编程活动作为人的活动"的最佳书籍。书中饱含对"程序员的人性"的敏锐观察,并且解释了其隐含含义。[4] DeMarco, Tom and Timothy Lister. 《*Peopleware: Productive Projects and Teams*, 2d ed》. New York, NY: Dorset House, 1999. 正如书名所示,这本书所关注的同样是编程活动中的人员因素。其中包括很多奇闻逸事,内容涉及人员管理、办公环境、雇用和培养正确的人员、团队成长以及享受工作。作者依靠一些奇闻轶事来支撑自己的一些不寻常的观点,不过有些地方的逻辑显得比较牵强。但是书中以人为中心的思想却是最为重要的,作者毫不犹豫地把这一思想阐述出来。[5]

cc2e.com/2820　McCue, Gerald M. "IBM's Santa Teresa Laboratory—Architectural Design for Program Development," IBM Systems Journal 17, no. 1(1978):4—25. McCue 讲述了 IBM 创建其 Santa Teresa 办公室(office complex)的过程。IBM 研究了程序员的需求,以此创建出了建筑指导方案,并且为程序员设身处地着想,设计了办公设施。程序员们自始至终地参与了整个过程。其结果是,在每年的意见调查中,员工对 Santa Teresa 的物理设施的满意度是全公司最高的。

---

[4] 译注:中译本《程序开发心理学》,清华大学出版社。
[5] 译注:中译本《人件》,清华大学出版社。

McConnell, Steve. 《Professional Software Development》. Boston, MA: Addison-Wesley, 2004. 第7章"Orphans Preferred（首选孤儿）"总结了一些针对程序员的人口统计学研究的结果，内容包括个性种类、教育背景和工作期望。

Carnegie, Dale. 《How to Win Friends and Influence People》, Revised Edition. New York, NY: Pocket Books, 1981. 当 Dale Carnegie 在 1936 年写下本书第一版的书名的时候，他无法想象该书的内容在今天会具有什么样的含义。看上去这应该是一本被 Machiavelli 放在他的书架上的书。[6] 然而，本书的思想与 Machiavellian 的控制手段是针锋相对的，Carnegie 的其中一个核心观点是：真诚地去了解他人(developing a genuine interest in other people)是十分重要的。Carnegie 对如何处理日常关系具有敏锐的洞察力，他讲述了怎样通过更好地了解他人，从而与之共事。书中提供了大量令人难忘的奇闻逸事，有时一页上甚至有两三个之多。每一个需要和他人一起工作的人都应该在适当的时候读一读这本书，而每一位管理人员更应该现在就去读它。[7]

28.6 Managing Your Manager
管理你的管理者

在软件开发中，非技术出身的管理者随处可见，具有技术经验但却落后于这个时代 10 年（以上）的管理者也比比皆是。技术出色并且其技术与时俱进的管理者实属凤毛麟角。如果你正在为一位这样的管理者工作，那么就尽可能地保住你的工作吧。这可是非常难得的待遇。

> 在等级制度中，每位员工都倾向于被提升到他不能胜任的角色上去。
> —Peter 原则

如果你的管理者是很典型的那种，那么你将不得不肩负一项不值得羡慕的责任——管理你的管理者。"管理你的管理者"意味着，你需要告诉他应该这样做而不应该那样做。其要诀在于，你要表现得使你的管理者认为他仍然在管理你。下面就是一些应对管理者的方法：

- 把你希望做什么的念头先藏起来，等着你的管理者组织一场有关你希望什么的头脑风暴/集体讨论（你的想法）。
- 把做事情的正确方法传授给你的管理者。这是一项需要持之以恒的工作，因为管理人员经常会被提升、调迁或者解聘。
- 关注你的管理者的兴趣，按照他的真正意图去做，而不要用一些不必要的实现细节来分散其注意力。（请把它设想成是对你工作的一种"封装"。）
- 拒绝按照你的管理者所说的去做，坚持用正确的方法做自己的事。
- 换工作。

最佳的长远的解决方案是教育你的管理者。这样做通常很难，但是你可以通过阅读卡内基的《人性的弱点》一书来做好必要的准备。

---

[6] 译注：马基雅维利(1469—1527)，意大利政治家和历史学家，他的著作《君主论》(1513 年)阐述了一个意志坚定的统治者不顾道德观念的约束如何获得并保持其权力。

[7] 译注：这本书是戴尔·卡内基的《怎样广结善缘并影响他人》，国内译本名为《人性的弱点》，机械工业出版社。

Additional Resources on Managing Construction
有关管理构造的额外资源

cc2e.com/2813

下面介绍几本涵盖了软件项目管理中的通常的利害关系的书籍。

Gilb, Tom. 《*Principles of Software Engineering Management*》. Wokingham, England: Addison-Wesley, 1988. Gilb 用图表的方式展现了自己 30 年的经历,并且在大多数时间里他的见解都要领先于其他人(无论其他人是否认识到这一点)。本书就是一个很好的例子。本书是最先讨论进化的/渐进式的开发实践、风险管合理并使用形式化检查的书籍之一。Gilb 熟知那些尖端的方法;而且事实上,这本在 15 年前出版的书籍中已经包含了当今敏捷开发阵营中的大多数好的实践。Gilb 非常注重实效(pragmatic),而本书目前也仍然是最佳的软件管理书籍之一。

McConnell, Steve. 《*Rapid Development*》. Redmond, WA: Microsoft Press, 1996. 本书讲述了项目领导(project-leadership)和项目管理的相关问题。其着眼点在于那些正在承受巨大进度压力的项目。据我观察,这符合绝大多数项目的情况。

Brooks, Frederick P., Jr. 《*The Mythical Man-Month: Essays on Software Engineering, Anniversary Edition*》 (2d ed). Reading, MA: Addison-Wesley, 1995. 本书汇集了有关编程项目管理的隐喻及民间传说。书的内容趣味横生,并且对你认知自己的项目也颇有启示作用。本书是基于 Brooks 开发 OS/360 操作系统这一挑战性任务而写成,虽然我对这一点还持有一些保留意见。书中充满了诸如"我们这样做但是失败了"和"我们本该这样做,因为它应该能行"这样的建议。Brooks 对那些不成功的技术所做的评论很让人信服,但是他宣称其他的技术能够行得通的时候却太带有猜测性了。阅读本书的时候一定要持批判的眼光,才能把他的观察和猜测区分开。但这一警告并不会缩减本书的基本价值。它仍然是计算机书籍中引用次数最多的书籍,而且即便本书最初出版于 1975 年,其内容至今仍未过时。在阅读的时候,每隔几页不说一句"对极了!"是很难受的。

Relevant Standards
相关标准

IEEE Std 1058—1998, Standard for Software Project Management Plans

IEEE Std 12207—1997, Information Technology—Software Life Cycle Processes

IEEE Std 1045—1992, Standard for Software Productivity Metrics

IEEE Std 1062—1998, Recommended Practice for Software Acquisition

IEEE Std 1540—2001, Standard for Software Life Cycle Processes—Risk Management

IEEE Std 828—1998, Standard for Software Configuration Management Plans

IEEE Std 1490—1998, Guide—Adoption of PMI Standard—A Guide to the Project Management Body of Knowledge

Key Points
要点

- 好的编码实践可以通过"贯彻标准"或者"使用更为灵活的方法"来达到。
- 配置管理,如果应用得当,会使程序员的工作变得更加轻松。特别包括变更控制。
- 好的软件评估是一项重大挑战。成功的关键包括采用多种方法、随着项目的开展而修缮评估结果,以及很好地利用数据来创建评估等。
- 度量是构建管理成功的关键。你可以采取措施度量项目的任何方面,而这要比根本不度量好得多。准确的度量是制定准确的进度表、质量控制和改进开发过程的关键。
- 程序员和管理人员都是人,在把他们当人看的时候工作得最好。

Integration 第29章 集成

cc2e.com/2985

内容

- 29.1 集成方式的重要性：第689页
- 29.2 集成频率——阶段式集成还是增量集成：第691页
- 29.3 增量集成的策略：第694页
- 29.4 Daily Build 与冒烟测试：第702页

相关章节

- 开发者测试：第22章
- 调试：第23章
- 管理构建：第28章

术语"集成"指的是一种软件开发行为：将一些独立的软件组件组合为一个完整系统。对小项目，集成也许意味着花一上午的时间就可以把一些类编织到一起。对大项目，集成也许要花数周或数月时间，把一组程序编织为一个整体。任务无论大小，适用共同的原则。

"集成"这个主题与"构建的先后次序"这个主题相互纠缠。你构建类或组件的顺序肯定会影响你将它们集成到一起的顺序——你总不能集成还没有构建出来的东西吧。集成和构建次序都是重要的主题。本章从集成的观点讨论这两个主题。

29.1 Importance of the Integration Approach 集成方式的重要性

在软件以外的工程领域，正确集成的重要性已广为人知。在我生活的地方，一起事故戏剧性地展示了糟糕的集成的危险：华盛顿大学的露天足球场在建设时中途坍塌，参见图29-1。

图 29-1　华盛顿大学的露天足球场坍塌了，因为它在建造时不能支撑自己的重量。很可能在完工后它会足够牢固，但是它的建造顺序是错的——这是一个"集成"错误

　　就算这个足球场在建造完成之后会足够牢固，它也必须在每一步都要足够牢固才行。如果你按错误的顺序构建并集成软件，那么会难于编码、难于测试、难于调试。如果只有全部造好才能工作，那么这个软件看起来永远也做不完。在构建期间，它可能由于自身的重量而坍塌——bug 的数目看起来不可克服、看不到进步、或者无法抗拒复杂度——即便完成后的产品是能运转的。

　　因为集成是在开发人员完成开发者测试之后才进行的，而且集成过程是与系统测试一道进行的，所以集成有时也被认为是一种测试行为。然而，集成本身就足够复杂了，因此应该被看做一项独立的行动。

　　从周到的集成中，你能预期获得某些下列的益处：

- 更容易诊断缺陷
- 缺陷更少
- 脚手架更少
- 花费更少的时间获得第一个能工作的产品
- 更短的整体开发(overall development)进度表
- 更好的顾客关系
- 增强士气
- 增加项目完成的机会
- 更可靠地估计进度表
- 更准确的现状报告
- 改善代码质量
- 较少的文档

29.2 Integration Frequency—Phased or Incremental
29.2 集成频率——阶段式集成还是增量集成

程序集成有两种方式：阶段式集成和增量集成。

Phased Integration
阶段式集成

阶段式集成以前一直是规范，直到几年前情况才有所改变。它遵循下列明确的步骤，又称"阶段"。

1. 设计、编码、测试、调试各个类。这一步称为"单元开发"。

2. 将这些类组合为一个庞大的系统（"系统集成/system integration"）。

3. 测试并调试整个系统。这称为"系统瓦解/system dis-integration"。（感谢 Meilir Page-Jones 的诙谐观察。）

阶段式集成的一个问题是，当第一次把系统中的类放到一起时，新的问题会不可避免地大量浮现，而问题的成因可能是方方面面的。既然这一大堆类以前从来没有在一起工作过，造成问题的"罪犯"就可能是某个未经严格测试的类、两个类之间的接口中的错误、或者两个类交互作用导致的错误等。总之，所有的类都是疑犯。

"出现问题的位置的不确定性"加上"所有问题都是一下子出现"这一事实，让你不仅要处理由于各个类之间的交互导致的问题，还要处理那些难于诊断的，由于"问题"之间相互影响而导致的问题。因此，阶段式集成的另一个名称是"大爆炸集成"，如图 29-2 所示。

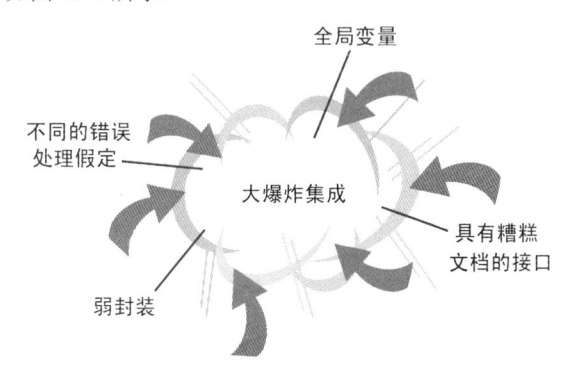

图 29-2 阶段式集成也称为大爆炸集成，其理由很充分

必须到项目的后期,所有的类都经过开发者测试之后,才能开始阶段式集成。当最终把这些类组装到一起、错误大量涌现时,程序员立即转入惊惶失措的"调试状态"而不能有条理地检测并纠正错误。

对小程序——不,对微型程序——而言,阶段式集成或许是最佳方法。如果程序只有两三个类,阶段式集成或许能节约你的时间——如果你走运的话。但是对绝大多数情况,另一种方法更好。

Incremental Integration
增量集成

交叉参考 第2.3节的"软件的牡蛎养殖观点:系统生长"和"软件构建:建造软件"小节描述了供增量集成使用的"隐喻"。

在增量集成中,你一小块一小块地编写并测试你的程序,然后一次一块地将它拼接起来。在这种"一次一块"的集成方式中,遵循以下步骤:

1. 开发一个小的系统功能部件。它可能是最小的功能部件、最难的部件、关键部件、或者以上的某种组合。对它彻底地测试并调试。将它作为骨架,稍后附着肌肉、神经、皮肤等系统的其余部件。

2. 设计、编码、测试、调试某个类。

3. 将这个新的类集成到系统骨架上。测试并调试"骨架和新类的结合体"。在进一步添加任何新类之前,确保该结合休能工作。如果做完了剩余的所有工作,就回到步骤 2 开始重复这一过程。

偶尔,你也可能想要集成某些"大于单个类的单元"。比如,如果某个组件经过彻底测试,其中每个类经过了迷你(mini)集成,那么你可以集成这整个组件,并仍然使用增量集成的方式。随着你不断地添加部件,系统增大,动量增加;就像雪球从山上滚下来时体积和动量不断增大一样,如图 29-3 所示。

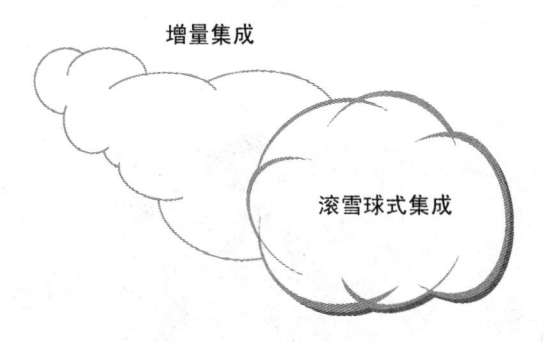

图 29-3 增量集成有助于项目增长,就像雪球从山上滚下来时那样

Benefits of Incremental Integration
增量集成的益处

无论你使用何种增量策略，增量集成都比传统的阶段式集成有更多优势。

易于定位错误　如果在增量集成中新的问题浮出水面，那个新的类明显脱不了干系。要么在"它面向程序其余部分的接口"中包含有错误，要么是它与某个已经集成的类的交互产生了错误。无论哪种情况，如图 29-4 所示，你都知道到哪去查错。此外，因为每次只需面对少量问题，那么"多个问题之间相互影响"或"一个问题将另一个问题掩盖"的风险也就降低了。出现的接口错误越多，那么增量集成对项目的优势越明显。有统计表明，某个项目中有 39%的错误是模块间的接口错误（Basili and Perricone 1984）。因为很多项目中，开发人员花费多至 50%的时间用于调试，使定位错误变容易，就能将调试的效率最大化，从而提高项目的质量与生产率。

阶段式集成　　　　　　增量集成

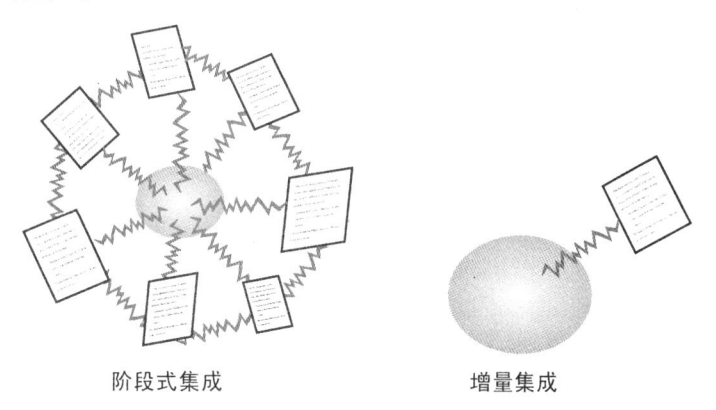

图 29-4　在阶段式集成中，你一次集成许多组件，很难知道错误在哪。错误既可能位于其中任何一个组件，也可能位于组件之间的连接处。在增量集成中，错误通常要么是在新的组件中，要么是位于新组件和系统之间的连接中

及早在项目里取得系统级的成果　一旦代码被集成并运转起来，即便整个系统还不可用，那么它看起来就像是很快就可用了。使用增量集成，程序员能更早地看到工作的成果，比原来怀疑项目永远也不能吸入第一口气的时期，士气也会更高。

改善对进度的监控　在频繁地进行集成时，"哪些功能是有的，哪些功能还没实现"都是很明显的。管理层对进度会有更好的判断，"看到系统 50%的功能已经能工作"总比"听到编码'已经完成了 99%'"更有说服力。

改善客户关系 如果频繁地集成对提高开发人员的士气有作用,那么它也能提高客户的士气。客户喜欢看到进度增加的迹象,而增量式的 build 能频繁地产生这种迹象。

更加充分地测试系统中的各个单元 项目及早开始集成。每开发一个类就集成一个类,而不是等到最后那个喧闹的"集成"狂欢节。在这两种开发模式下,类都经过了开发者测试,但是在增量集成中(比起阶段式集成而言),每个类作为整个系统的一部分的演练次数更多。

能在更短的开发进度计划内建造出整个系统 如果仔细地安排集成过程,那么你可以在设计某个部件的同时,对另一个部件进行编码。这样并不能减少开发出完整的设计和代码的总工作时数,但它能让一部分工作并行进行,当"日历时间"非常珍贵时,这一点就非常宝贵了。

增量集成支持并鼓励使用其他增量策略。"渐进主义"施于"集成"的益处还只是初见端倪。

29.3 Incremental Integration Strategies 增量集成的策略

使用阶段式集成时,你无须安排项目中各组件的构建顺序。所有组件都是同时集成的,所以你可以按任意顺序构建它们,只要在发起总攻的那一天准备好就行。

使用增量集成时,就得仔细计划了。大多数系统要求先集成某些组件,再集成其他组件。因此,为集成做计划也会影响为构建做计划;构建组件的顺序要合乎集成这些组件的顺序。

集成顺序的策略有多种多样的形状和规模,没有哪一种对所有情况而言都是最佳的。最佳集成步骤随项目不同而变化,最佳解决方案总是为了满足特定项目的特定需求而制定的。了解了方法论数轴上的这一点,会让你洞察各种可能的解决方案。

Top-Down Integration 自顶向下集成

在自顶向下的集成中,首先编写并集成位于层次体系(hierarchy)顶部的类。顶层类可能是主窗口、程序的控制循环、Java 中包含 `main()` 的对象、Microsoft Windows 应用程序的 `WinMain()`,或类似的东西。为了能演练该顶层类,需要编写一些存根(stub)。然后,随着从上而下地集成各个类,这些"存根类"逐渐替换为实际的类。图 29-5 说明了这种集成过程。

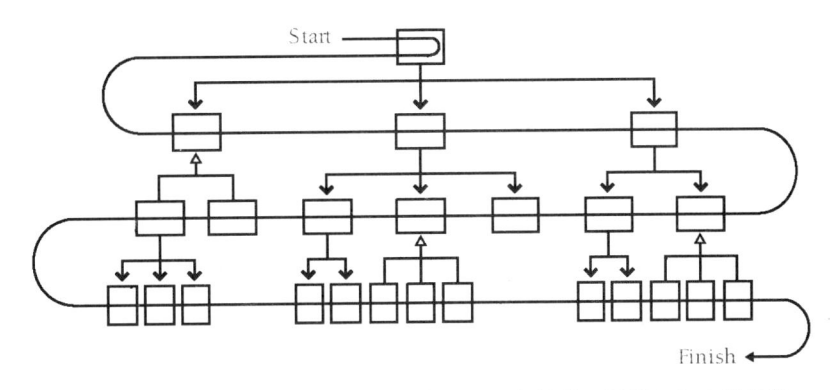

图 29-5 在自顶向下的集成中，首先加入顶部的类，最后加入底部的类

自顶向下集成的一个重要方面是，类之间的接口必须仔细定义。调试起来最棘手的错误不是那种影响单个类的错误，而是那种由于类之间微妙的交互作用而出现的错误。仔细地进行接口规格说明(specification)能减少这一问题。接口规格说明不是一项集成行为，但要确保明确地说明了接口的规格。

除了具有增量集成的一般优点，自顶向下集成的一个额外优点是，能相对较早地测试系统的控制逻辑。继承体系顶部的所有类都进行了大量演练，因此较大的、概念上的设计问题就能及早暴露出来。

自顶向下集成的另一个优点是，如果你认真地进行了计划，你能在项目早期就完成一个能部分工作的系统。如果用户界面位于顶层，那么你能很快获得一个基本的操作界面，然后再填充细节。"让某些看得见的东西早点工作起来"能提高用户和程序员双方的士气。

自顶向下的增量集成也能让你在完成底层的设计细节之前就开始编码。一旦各个部分都开始进行相当底层的细节设计，那么就可以开始实现并集成那些位于更高层的类，不必等到万事俱备（每个"i"都打上点，每个"t"都画上短横线）。

尽管有以上优点，但是纯粹的自顶向下集成通常也具有一些令人难以容忍的缺点。纯粹的自顶向下集成将棘手的系统接口的演练留到最后才进行。如果系统接口有很多 bug，或者性能有问题，那么你通常希望很早就能开始处理它们，而不要等到项目结束。"底层的问题冒上来影响顶层系统"的情况并不罕见，这一情况会导致高层的变动，从而减少进行早期集成的收益。为使冒出这种问题的机会减到最少，须对那些"演练系统接口的类"及早（并仔细地）开展开发者测试和性能分析。

纯粹的自顶向下集成的另一个问题是,你需要满满一卡车的"存根/stub",用于从上而下的集成工作。很多底层的类尚未被集成,这意味着集成的中间步骤需要用很多的 stub。stub 本身也是问题,因为它是测试代码,比起精心设计的产品代码来,它更有可能包含着错误。为了支持(集成)新的类,就要编写一些新的 stub,而这些新的 stub 又可能包含错误,这就破坏了增量集成"将错误的来源限制在单个新的类中"这一目的。

> **交叉参考** "自上而下集成"和"自上而下设计"的关系是有"名"无实的。关于自上而下设计的细节,请参见第 5.4 节"自上而下和自下而上的设计法"。

实现纯粹的自顶向下集成也是近乎不可能的。按常规的自顶向下集成方法,你从顶层开始——称为第 1 层——然后集成位于下一层(第 2 层)的所有类。当集成完第 2 层的全都类之后,才能开始集成第 3 层的类。纯粹的自顶向下集成的这种僵化形式完全没有道理。很难想象有人会不怕麻烦特意使用纯粹的自顶向下集成。大多数人使用一种混合的(hybrid)方法,例如自上而下地分部件集成。

最后,如果系统没有顶层类,那么就不能使用自顶向下集成。在许多交互式系统中,"顶层"的位置带有主观性。在许多系统中,用户界面是顶层。在另外的系统中,`main()` 是顶层。

相对于纯粹的自顶向下集成,图 29-6 所示的"竖直分块/vertical-slice"集成是一种很好的替代品。按这种集成步骤,系统是分部件自上而下实现的,多半先充实(完成)一块功能,再转而进行下一块功能。

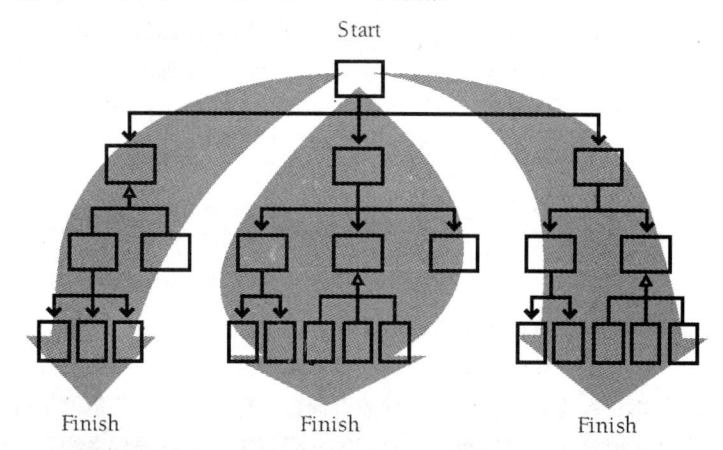

图 29-6 除了严格的自顶向下进行集成,你也可以在各个竖直划分的功能块中自上而下地进行集成

尽管纯粹的自顶向下集成行不通,但是思考它也有助于你决定使用哪种通用的方式。某些适用于纯粹的自顶向下集成的益处和风险同样适用于(虽然不太明显)较为宽松的自顶向下集成方法(例如竖直分块集成),所以请谨记这些益处和风险。

Bottom-Up Integration
自底向上集成

在自底向上的集成中,首先编写并集成位于 hierarchy 底部的类。自底向上集成采用一次一个地添加底层类的方式(而不是一次添加全部底层类),因此它是一种增量集成策略。最初你需要编写 test driver(驱动测试的类)来演练这些底层类,随着开发的进行,将开发出的类添加到 test driver 脚手架中。随着高层类的加入,driver 类被替换为"真家伙"。图 29-7 展示了自底向上集成过程中类被集成的顺序。

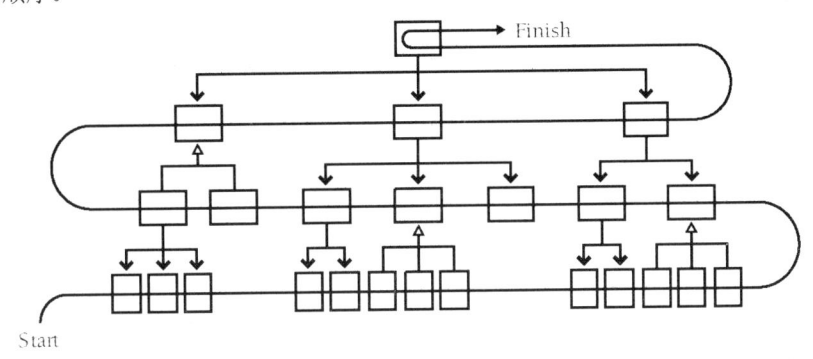

图 29-7 在自底向上集成中,先集成底部的类,后集成顶部的类

自底向上集成只具有增量集成的一部分优点。它能将错误的可能来源限制到"正在被集成的那一个类"上,因此容易定位错误。可以在项目的早期便开始集成。自底向上集成也能及早演练"可能存在问题的系统接口"。既然系统的局限通常能决定你是否能达到系统的设计目标,那么让系统先完成全套热身运动也是值得去做的。

自底向上集成的主要问题在于,它将重要的高层系统接口的集成工作留到最后才进行。如果系统在高层存在概念上的设计问题,那么要把所有的细节工作都做完,构建才能发现这些问题。如果必需对设计做重大修改,那么底层的一些工作多半就得扔掉了。

自底向上集成要求你在开始集成之前,已经完成整个系统的设计工作。如果你不这么做,那么那些不应该支配设计的假设(assumptions)最终会深深地嵌在底层代码中,引起一种很尴尬的局面:在设计高层的类时,需要想办法绕过(work around)底层类中的问题。"让底层细节驱动高层类的设计"违反了信息隐藏原则和面向对象设计的原则。如果你在开始底层编码之时尚未完成高层类的设计,那么一定会出现大量的问题,与之相比,集成高层类时遇到的问题不过是沧海一粟罢了。

与自顶向下集成的情况一样，纯粹的自底向上集成也非常罕见，你可以代之以某种混合式的方法，包括图 29-8 所示的分块集成法。

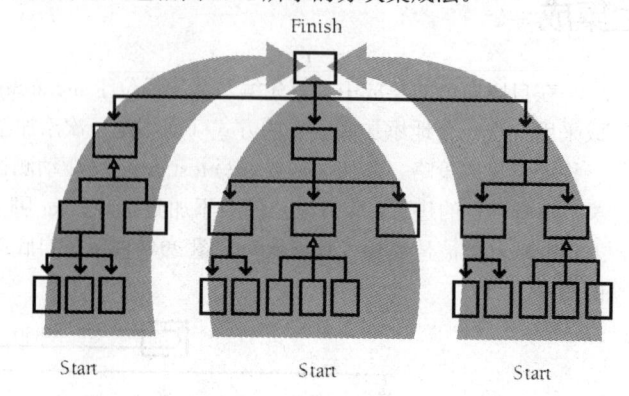

图 29-8　除了按纯粹的自底向上的步骤进行集成，你也可以分块进行这种集成。这样做模糊了自底向上集成和功能导向的集成（本章稍后将描述）之间的界线

Sandwich Integration
三明治集成

鉴于纯粹的自顶向下集成和纯粹的自底向上集成（本身）所具有的问题，某些专家推荐三明治集成法（Myers 1976）。首先集成层次体系（hierarchy）顶部的高层业务对象（business-object）类。然后集成底部的与设备接口的类和广泛使用的工具类。这些高层类和底层类是三明治的那两片面包。

稍后开始集成中间层的类。这些类组成了三明治中的猪肉、奶酪和番茄。如果你是一名素食主义者，那么这些类组成了三明治中的豆腐和豆芽，不过三明治集成的作者对此不置一语——或许他的嘴里已经塞满了。图 29-9 解释了三明治集成法。

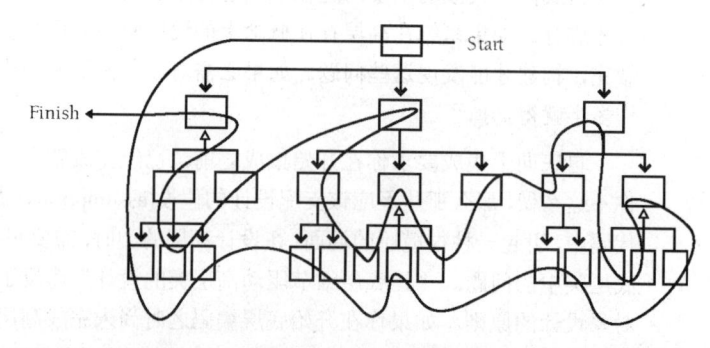

图 29-9　在三明治集成中，首先集成顶层类和广泛使用的底层类，然后集成中间层类

这种集成方法避免了纯粹的自底向上或自顶向下集成的僵化做法。它先集成通常比较棘手的类，而且具有"能让项目所需的脚手架数目最少"这一潜在优势。这是现实的、实用的方法。下一种方法与之类似，但另有侧重。

Risk-Oriented Integration
风险导向的集成

风险导向的集成也称为"困难部件优先集成法"。与三明治集成类似，它也试图避免"纯粹的自顶向下集成"或"纯粹的自底向上集成"的固有问题。巧合的是，它也趋向于先集成顶层类和底层类，将中间层类留后处理。然而，其动机不同。

在风险导向的集成中，需要先鉴别各个类对应的风险级别。确定哪些部件实现起来是最有挑战的，然后先实现这些部件。经验表明顶层的接口是有风险的，因此它通常位于风险清单的顶部。系统接口，通常位于继承体系的底层，也是有风险的，因此它也在风险清单的顶部。另外，你或许知道中间层有一些具有挑战的类。可能是某个实现了未被透彻理解的算法的类，或者某个具有雄心勃勃的性能目标的类。这样的类也可标为"高风险"，应及早集成。

余下的代码就是那些比较轻松的东西，可以等到以后再下手。其中的某些最终可能比你想象的要困难，但这是不可避免的。图 29-10 展示了一个风险导向集成的例子。

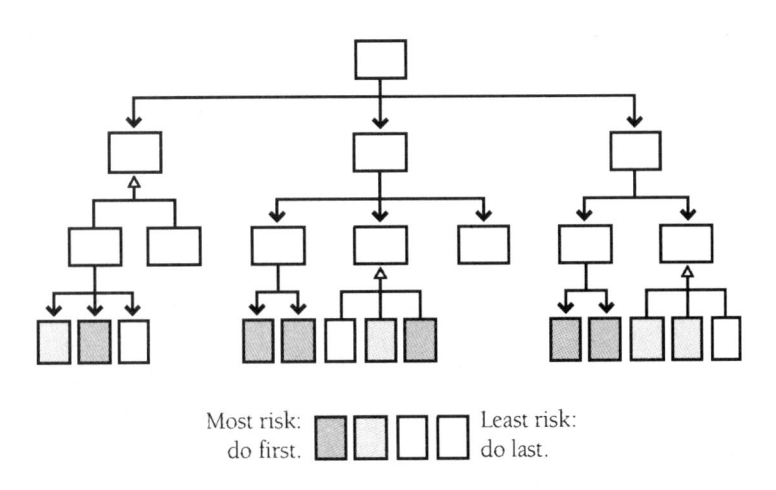

Most risk: do first.　　Least risk: do last.

图 29-10　在风险导向集成中，首先集成你认为最棘手的类，然后实现较容易的类

Feature-Oriented Integration
功能导向的集成

另一种方法是一次集成一项功能。术语"功能（feature，特征）"不代表任何奇异的事物，它就是系统中一项可确认的功能（function）。如果你正在编写一个字处理软件，一项功能可能是在屏幕上显示下画线，或者自动对文档进行格式重排——诸如此类的事情。

如果待集成的功能不止一个类，那么"增量集成"中的"增量"就大于一个类。这稍微减少了"渐进主义"的益处，因为它降低了新错误的来源的确定程度。但是在集成之前，你彻底测试了实现新功能的那些类，那么这只是一个小小的缺点。你可以递归地使用增量集成策略，将一些小的代码块集成为"功能"，然后增量地将一些"功能"集成为系统。

通常你需要先搭好一个骨架，选择"骨架"的标准是它能支撑其他功能。在交互式系统中，首要的功能多半是交互式的菜单系统。你可以把其他功能挂在这个首先集成的功能上。图 29-11 是这种做法的图示。

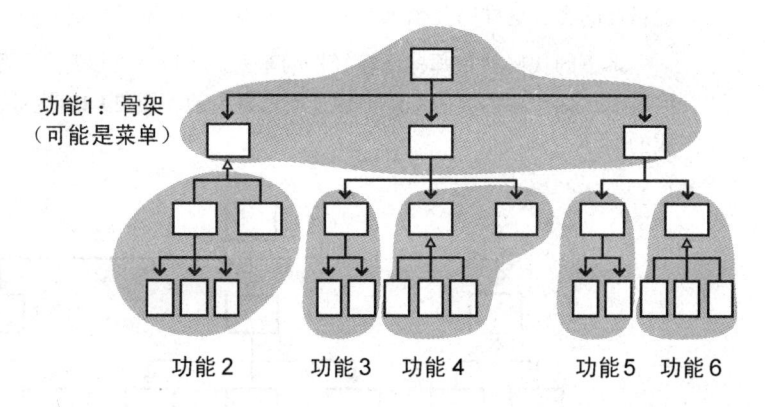

图 29-11 在功能导向的集成中，以一组"构成一项'可确认的功能'"的类为单位进行集成——通常（但不总是）一次集成多个类

组件被添加到"功能树"中，功能树是一组组类（每组类实现一个功能）的层次化结构。如果各个功能是相对独立的，那么集成就会比较容易，不同功能可以调用相同的底层程序库代码，但是绝不与其他功能调用同样的中间层代码。（图 29-11 中没有绘出共享的底层程序库类。）

功能导向的集成具有三个主要优点。首先，它基本上不用脚手架（底层的程序库类除外）。搭"骨架"时可能要用一点脚手架，否则在添加特定的功能之前，骨架中的某些部件可能根本无法使用。

无论如何，把各个功能挂在骨架上之后，就无需脚手架了。既然每个功能都是自成一体的，那么它会包含自己所需的支持代码。

第二个主要的优点是，每个新集成的功能都增加了系统的功能性(functionality)。这证明了"项目正在坚定不移地前进"。这样也就做出了你可以提供给用户评估的功能性软件，或者你可以较早发布一个功能比原计划少一些的软件。

第三个优点是，功能导向的集成与面向对象设计能很好地协同工作。"对象"通常能很好地映射为"功能"，这使得功能导向的集成成为面向对象系统的自然选择。

纯粹的功能导向的集成和纯粹的自顶向下或自底向上集成一样困难。通常需要先集成某些底层的代码，之后才能集成某些重要的功能。

T-Shaped Integration
T-型集成

最后一种集成方法叫"T-型集成"，它希望解决自顶向下集成和自底向上集成的问题。在这种集成方法中，选中某个特定的"竖直块/vertical slice"，对它及早开发并集成。这个功能块应该能从头到尾地演练系统，而且这个演练过程应该能找出系统设计所做的假设中的全部主要问题。一旦实现了这个"竖直块"——并纠正了所有相关问题——那么就可以开发系统的挑大梁部件(overall breadth)了（例如桌面应用程序中的菜单系统）。这种方法，如图 29-12 所示，常常与"风险导向的集成"或"功能导向的集成"结合使用。

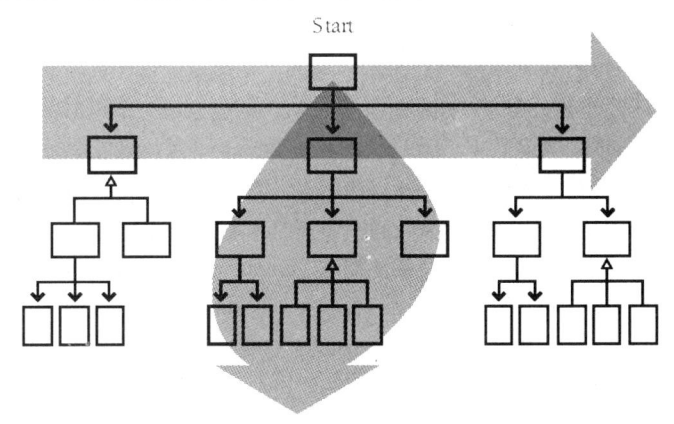

图 29-12　在 T-型集成中，你建造并集成系统的一个直插到底层的块，以验证架构的假设，然后建造并集成系统的挑大梁部件，为开发余下的功能提供一个框架

Summary of Integration Approaches
集成方法小结

自底向上、自顶向下、三明治、风险导向、功能导向、T-型——你是否觉得人们在他们没事干的时候杜撰出这些名字？确实是。这些方法中没有哪个是硬性条例——你按部就班地从步骤 1 进行到步骤 47，然后宣称自己完成了。就像软件设计方法一样，更多的是启发而非算法。请不要像教条一样遵循前面提到的任何过程，而应该为特定项目剪裁一套独一无二的策略。

29.4 Daily Build and Smoke Test
Daily Build 与冒烟测试

深入阅读 这里的讨论大部分取自《Rapid Development》(McConnell 1996)【译注：中译本《快速软件开发》，电子工业出版社。】第18章。如果你已经阅读过，那么可以往前跳到"持续集成"一节。

无论你选用哪种集成策略，daily build 和冒烟测试都是软件集成的好方法。每天都将各个（源）文件编译、链接并组合为一个可执行程序，然后对这个程序进行冒烟测试，即执行一种相对简单的检查，看看产品在运行时是否"冒烟"。

这一简单的过程具有若干重大的优点。它降低了低质量的风险，这是一种与"不成功的集成"或"问题多多的集成"相关的风险。通过每天对所有代码进行冒烟测试，可以防止质量问题遍布（占领）整个项目。这就将系统带入了一种已知的良好状态，并一直保持这种状态。这样你就能防止系统恶化到出现耗时的质量问题的地步。

这一过程也便于诊断缺陷。当产品每天都会 build 出来并进行测试时，就很容易查明为什么它在某一天坏掉了。如果产品在 17 号能工作，到了 18 号就坏掉了，那么一定是这两次 build 之间的发生了什么破坏产品的事件。

它能提高士气。看到产品的工作成果能极大地提高士气。而且几乎与产品能做什么无关——开发者只要看到产品能显示一个矩形都会兴奋！使用 daily build 的话，每天产品能工作的部分都会多一点点，这能保持高昂的士气。

频繁集成的另一个副作用是，它会使一些工作浮出水面，否则这些看不见的工作会累积起来，直到项目快结束时才出人意料地出现。这些累积的未曾浮出水面的工作会转为项目末尾的焦油坑（tar pit），要花数周或数月实际才能挣扎解脱。那些不曾用过这种方法的团队有时会觉得 daily build 将他们的进展减慢到蜗牛爬行的速度。而实际发生的情况是，daily build 有规则地将工作均匀分担在项目的整个生命周期中，项目的开发团队自始至终对工作的速度有了更准确的图景。

以下是使用 daily build 的一些详情。

每日构建（daily build） 每日构建最关键的部分是"daily/每天"。Jim McCarthy 说过，可以把 daily build 视为项目的脉搏（McCarthy 1995）。

如果没有脉搏，项目就完蛋了。还有一个稍微差一点的比喻，Michael Cusumano 和 Richard W. Selby 将 daily build 描述为项目的同步脉冲(Cusumano and Selby 1995)。在相邻两个同步脉冲之间，不同开发者的代码允许有一点 out of sync（脱离同步），不过在每遇到一个同步脉冲时，所有代码都必须回到校准（对齐）状态。如果你坚持发送密集的同步脉冲，那么就能防止某些开发者完全失去同步。

某些组织不是每天 build 而是每周进行 build。这样做的问题在于，如果某次 build 失败了，那么下一次成功的 build 多半要等上数周时间。这种情况一旦发生，那就实际上失去了频繁 build 的全部益处。

检查失败的 build　为了能让 daily build 过程工作起来，那么 build 的软件要能工作。如果软件不可用，那么 build 应被视为失败了，而修复它就成了优先级最高的事情。

每个项目应该对"什么算是'破坏了 build'"建立自己的标准。这个标准需要设立一套质量等级，这套等级要严格到"将'使开发活动中断的缺陷'排除在外"，同时宽松到"忽视细小的缺陷"。（不适当地过分关注这些细小的缺陷，会使项目进展瘫痪。）

至少，"好"的 build 应该：

- 成功地编译所有文件、库和其他组件；
- 成功地链接所有文件、库和其他组件；
- 不包含任何"使程序无法启动，或者操作起来全凭运气"的毁灭性 bug，换言之，好的 build 应该能通过冒烟测试。

每天进行冒烟测试　冒烟测试应该从头至尾地演练整个系统。它不必做到毫无遗漏，但是应该能够暴露主要的问题。冒烟测试应该足够彻底：如果这一 build 通过了测试，那么就能假定它已经足够稳定，可以接受更加彻底的测试了。

如果没有冒烟测试，那么 daily build 就没什么价值了。冒烟测试能预防产品质量恶化和集成问题蔓延。如果没有冒烟测试，那么 daily build 就变成了一项浪费时间的演习：确定每天的编译都是干净的。

让冒烟测试与时俱进　冒烟测试必须随着系统的发展而发展。在一开始，冒烟测试可能只测试某些简单的事情，例如系统是否能印出"Hello, World."等。随着系统的开发，冒烟测试变得更加彻底。最初的测试多半只花几秒钟运行时间；随着系统增大，冒烟测试可能花费 10 分钟、一小时、或者更多时间。如果冒烟测试没有与时俱进，那么 daily build 就会变成自欺欺人的演练，少量的测试用例造成了"对产品质量的自信"这一虚假判断。

将 daily build 和冒烟测试自动化 照料并给 build 喂食是耗时的事。让 daily build 和冒烟测试自动进行，才能确保代码能 build、冒烟测试能运行。如果不能自动化，那么每天进行 build 和冒烟测试是不切实际的。

成立 build 小组 在大多数项目中，"看护 daily build 并让冒烟测试保持更新"的任务大到需要专门找个人来（兼职）做。在大型的项目中，需要多人全职为之工作。例如，在 Microsoft Windows NT 的首次发布中，build 小组有 4 个全职的工作人员(Zachary 1994)。

仅当有意义时，才将修订(revisions)加入 build 中…… 通常独立工作的开发人员们编写代码的速度不会快到使系统每天都有明显的进展。他们需要在一大块代码上工作，然后才进行集成——当有一套具有一致性的状态的代码时，通常每几天集成一次。

……但是别等太久才将修订加入进来 对"check in 代码次数较少"的情况要当心。有可能出现这种情况：某个开发人员陷入一组纠缠不清的修订(revision)中——系统中的每个文件看起来都被牵扯到了。这破坏了 daily build 的价值。不过团队的其他人（除了这名开发人员）会继续享受增量集成的益处。如果某个开发人员接连两三天都不 check in 他做的改动，那么这名开发人员所做的工作就是有风险的。Kent Beck 指出，频繁的集成有时迫使你将单一功能的构建分为若干阶段进行。这一额外开销是可接受的，是为"减小集成的风险、改善项目状况的能见度、改善可测试性，以及频繁集成的其他益处"而付出的代价(Beck 2000)。

要求开发人员在把他的代码添加到系统之前，进行冒烟测试 开发人员在将自己的代码添加到 build 中之前，需要先测试。开发人员可以在自己的机器上建立系统的一套私有 build，然后由开发人员独自进行测试。或者开发人员将这套私有 build 发布给他的"测试伙伴"——一名专门负责这位开发人员的测试人员。这两种做法的目的都是确保新的代码，在它影响其他的部件之前，能通过冒烟测试。

为即将添加到 build 的代码准备一块暂存区 "daily build 过程的成功"部分取决于"知晓哪些 build 是好的，哪些是坏的"。在测试自己的代码时，开发人员需要依赖"好的系统"。

大多数团队解决这个问题的办法是，为开发人员认为"已准备好添加到 build 中"的代码准备一块暂存区。新的代码进入暂存区，build 出新的 build，如果新的 build 是可接受的，那么将新的代码合并到主源码中。

在小型和中型项目中，版本控制系统可提供这一功能。开发人员将新的代码 check in 到版本控制系统中。对于那些想要使用已知是好的 build 的开发人员，他们只需在 check out 文件时设置一个日期选项，让版本控制系统根据所设日期取回上次的好的 build。

在大型项目或者使用简易版本控制软件的项目中，暂存区功能是手工处理的。新代码的作者给 build 小组发电子邮件，告诉他们到哪去找即将被 check in 的新文件。或者 build 小组在某个文件服务器上建立一个"check in"区域，开发人员将新版的源文件放在那里。build 小组在验证了新代码不会破坏 build 之后，负责将它 check in 到版本控制中。

惩罚破坏 build 的人　大多数使用 daily build 的团队对破坏 build 的人加以惩罚。从一开始就说清楚，保持 build 的健康是本项目优先级最高的事情之一。破坏 build 应该是异常情况，而不是惯例。应强调：如果某些开发人员破坏了 build，就要停止他们的其他工作——直到他们修复了 build。如果破坏 build 的情况经常发生，人们就会很难认真对待"不要破坏 build"这项职责。

轻松的惩罚有助于强调这件应该优先注意的事。某些团队给每个破坏 build 的"菜鸟/sucker"分发棒棒糖。这位开发者须将这个棒棒糖系在他的办公室门上，直到他修正问题后才能拿下来。其他团队则给有罪的开发者带山羊角，或者令其捐 5 块钱给"风纪基金"。

某些项目采用更刺激的惩罚。Microsoft 的高价值项目（如 Windows 2000 和 Microsoft Office）中，在项目的后期，开发者都要养成带上 BP 机的习惯。如果他们破坏了 build，那么会被召回来修正缺陷，即便该缺陷是在凌晨 3 点发现的。

在早上发布 build　某些团队发现自己喜欢整夜地做 build，在清晨做冒烟测试，然后在早上发布新的 build，不会拖到中午。在早上进行冒烟测试并发布 build 有若干优点。

首先，如果你在早上发布 build，测试人员当天就能测试新鲜的 build。而如果通常在下午发布 build，那么测试人员会感到自己"被强迫在下班之前启动自动测试"。如果 build 延迟了（这是常事），那么测试人员就必须等到很晚，以便启动自动测试。由于自己并没有过错而又必须待到很晚，这样的 build 过程就会挫伤士气。

而如果在早上完成了 build，即使 build 中有问题，那么找到开发人员来解决问题的机会也更大。白天开发人员都在岗位上。到了夜里，开发人员可能去任何地方。即便给他 BP 机，也不是总能揪住他。

"在每天快结束时开始冒烟测试，如果发现问题，就在半夜把人召集起来"的做法似乎更有男子气概，但这样做对团队过于刻薄，浪费了时间，得不偿失。

即使有压力,也要进行 daily build 和冒烟测试 当进度压力变大时,维护 daily build 所需的工作看起来就像是奢侈的额外开销了。其实相反的观点才是对的。在压力下,开发人员可能不遵守某些纪律。他感到压力,想走构建的捷径,在压力较小的环境里他是不会这么做的。复审并测试自己代码也没有原来用心了。代码趋向混乱(熵增加)的速度比平时(压力较小时)快得多。

在这一背景下,daily build 强调了纪律,并让处于高压锅里的项目不出轨。代码仍然会有变混乱的倾向,不过 build 过程每天都在把这种倾向拉回来。

What Kinds of Projects Can Use the Daily Build Process
哪种项目能用 daily build 过程

某些开发人员抗议说,每天进行 build 是不切实际的,因为他们的项目太大了。但是,某种可能是近代历史上最复杂的软件项目成功地应用了 daily build。在发布时,Microsoft Windows 2000 有 5 000 万行代码,散布于好几万个源文件中。完整地 build 一次需要用若干台机器运行 19 小时,但是 Windows 2000 开发团队仍然设法每天都 build。daily build 不是麻烦事,相反,Windows 2000 团队将这一超大型项目的成功很大程度上归功于 daily build。项目越大,增量集成就越重要。

一项对美国、印度、日本和欧洲总共 104 个项目的调查表明,仅有 20%~25% 的项目在项目早期或项目中期使用 daily build(Cusumano et al. 2003),这就表示还有很大的改进空间。

Continuous Integration
持续集成

某些软件作者以 daily build 为出发点,推荐"持续"集成(Beck 2000)。大多数已发表的有关持续集成的文献中,"持续"一词的含义都是"至少是每天一次"(Beck 2000),我认为这是合理的。不过我偶尔会遇到按字面意思理解"持续"的人。他打算将每个改动集成到最近的 build 中,每两三个小时就集成一次。对大多数项目,我认为这种按字面意思的持续集成真是好得过分了。

在空余时间里,我开了一个讨论组,参与人员都是顶级的技术主管,来自像 Amazon.com、Boeing、Expedia、Microsoft、Nordstrom 以及其他西雅图地区的公司。在某一次投票中,这些顶级的技术主管没有哪一个认为持续集成优于每天集成。在中型和大型项目中,让代码在短时间内处于"脱离同步"的状态是有价值的。开发者在做大的修改时,常会脱离同步。在短时间之后,他们又会重新同步。Daily build 让项目组"汇合/rendezvous"的频率已经足够高了。只要每天整个开发组都能同步,那么他们就不需要持续地汇合。

> cc2e.com/2992
>
> **CHECKLIST: Integration**
> **核对表：集成**
>
> **集成策略**
>
> - ❏ 该策略是否指明了集成子系统、类、子程序时应该采用的最优顺序？
> - ❏ 集成的顺序是否与构建顺序协调，以便在适当的时候准备好供集成的类？
> - ❏ 该策略是否易于诊断缺陷？
> - ❏ 该策略是否使脚手架最少？
> - ❏ 所选的策略是否好于其他方式？
> - ❏ 组件之间的接口是否有明确定义？（定义接口不是集成的任务，但要验证这些接口的定义是否明确。）
>
> **Daily build 与冒烟测试**
>
> - ❏ 项目是否经常 build——理想情况下，每天 build 一次——以支持增量集成？
> - ❏ 每次 build 后是否都运行冒烟测试，让你知道这个 build 能否工作？
> - ❏ 你是否已使 build 和冒烟测试自动进行？
> - ❏ 开发人员是否频繁地 check in 他们的代码——两次 check in 之间最多间隔一两天？
> - ❏ 冒烟测试是否与代码同步更新，随代码发展而发展？
> - ❏ 破坏 build 是罕见事件吗？
> - ❏ 是否在有压力的情况下，也对软件进行 build 和冒烟测试？

Additional Resources
更多资源

cc2e.com/2999   以下是与本章主题相关的额外资源。

Integration
集成

Lakos, John.《*Large-Scale C++ Software Design*》[1]. Boston, MA: Addison-Wesley, 1996。Lakos 主张：系统的"物理设计"——其文件、目录、程序库等的层次结构——对开发团队建造软件的能力有着重大影响。如果你不注重物理设计，那么 build 所花的时间会长到破坏了频繁的集成。Lakos 的讨论主要针对 C++，但是"物理设计"的观点同样适用于使用其他语言的项目。

---

[1] 译注：中译本：《大规模 C++ 程序设计》，中国电力出版社。

Myers, Glenford J. 《*The Art of Software Testing*》. New York, NY: John Wiley & Sons, 1979. 这本经典的讲测试的书把集成作为一项测试活动来讨论。

Incrementalism
渐进主义

McConnell, Steve. 《*Rapid Development*》. Redmond, WA: Microsoft Press, 1996. 第 7 章"编制生命周期计划"详细讨论了在灵活的生命周期模型与不灵活的生命周期模型之间的权衡。第 20、21、35、36 章讨论了"支持不同程度的'渐进主义'"的各种生命周期模型。第 19 章描述"为改变而做设计",这是一项"支持迭代与增量开发模型"的关键行动。

Boehm, Barry W. "A Spiral Model of Software Development and Enhancement." 《Computer》,May 1988: 61—72.在这篇论文中,Boehm 描述了软件开发的"螺旋模型"。他提出的这一模型是"软件开发项目的风险管理"的一种方法,因此这篇论文讲的是一般开发,而非只针对集成。Boehm 是世界上研究"软件开发的'big picture/全局'问题"的最重要的专家之一,他的清晰解释反映了他的深刻理解。

Gilb, Tom. 《*Principles of Software Engineering Management*》. Wokingham, England: Addison-Wesley, 1988. 第 7 章和第 15 章透彻讨论了"evolutionary delivery/逐步交付",这是最早的增量开发方法之一。

Beck, Kent. 《*Extreme Programming Explained: Embrace Change*》Reading, MA: Addison-Wesley, 2000. 这本书包含对 Gilb 的书中很多观点的更现代、更简明、更具有传道风格的表述。我个人更喜欢 Gilb 的书中的深入分析,不过某些读者可能觉得 Beck 的表述更容易接受,或者能更直接地应用到他们正在开发的那种项目中。[2]

Key Points
要点

- 构建的先后次序和集成的步骤会影响设计、编码、测试各类的顺序。
- 一个经过充分思考的集成顺序能减少测试的工作量,并使调试变容易。
- 增量集成有若干变型,而且——除非项目是微不足道的——任何一种形式的增量集成都比阶段式集成好。
- 针对每个特定的项目,最佳的集成步骤通常是自顶向下、自底向上、风险导向及其他集成方法的某种组合。T-型集成和竖直分块集成通常都能工作得很好。
- daily build 能减少集成的问题,提升开发人员的士气,并提供非常有用的项目管理信息。

---

[2] 译注:中译本《解析极限编程——拥抱变化》,人民邮电出版社。

Programming Tools
第 30 章
编程工具

cc2e.com/3084

内容

- 30.1 设计工具：第 710 页
- 30.2 源代码工具：第 710 页
- 30.3 可执行码工具：第 716 页
- 30.4 工具导向的环境：第 720 页
- 30.5 打造你自己的编程工具：第 721 页
- 30.6 工具幻境：第 722 页

相关章节

- 版本控制工具：第 28.2 节
- 调试工具：第 23.5 节
- 测试支持工具：第 22.5 节

现代化的编程工具减少了构建所需的时间。使用最前沿的工具集——并熟悉你所用的工具——能使生产力增加 50%还不止（Jones 2000; Boehm et al. 2000）。编程工具也能降低编程中必须的单调乏味的琐碎事务的劳动量。

HARD DATA

犬类也许是人类最好的朋友，但鲜有好工具是程序员最好的朋友。正如 Barry Boehm 很早以前发现的那样，20%的工具往往占据了 80%的工具使用量（Barry Boehm 1987b）。如果你错过了某款更有用的工具，那么你就是错过了一种原本可能大量使用的东西。

本章关注的焦点有两个特色。首先，本章只涵盖构建用的工具。而说明需求规格的工具、管理工具、全程（end-to-end）开发工具等都超出了本书的范围。参见章末的"更多资源"一节，了解为软件开发的这些方面而准备的工具更多的信息。其次，本章谈论各类工具，而不涉及具体品牌。有少量工具非常常见，那么我们就会提到它们的名称，但是特定的版本、产品和公司等信息变化非常快，纸上的墨迹还没干，这些信息多半就过时了。

一个程序员可能工作了很多年，但也没有发现并使用某些最有价值的工具。本章的任务就是纵览目前可用的工具，看看你有没有忽视了某些可能非常有用的工具。

代码大全（第 2 版）

30.1 Design Tools 设计工具

> **交叉参考** 有关设计的细节，请参阅第 5 章至第 9 章。

目前的设计工具主要就是那些"能创建设计图表"的图形化工具。设计工具时常内含于"计算机辅助软件工程"（CASE）工具中，而且功能更宽泛；某些厂商把单独的设计工具当做 CASE 工具来宣传。图形化的设计工具通常能让你用标准的图形符号来表述你的设计，包括：UML、架构方块图、继承体系图、实体关系图、类图等。某些图形化的设计工具只能用一种表示法。另一些工具可以支持多种不同的表示法。

从一个角度看，这些设计工具都只不过是华丽的绘图软件包。使用简单的图形软件包或者用纸和笔，你也能绘制该工具所能绘制的一切事物。但是这些工具提供了那些简单的图形软件包所不具备的颇有价值的功能。如果你绘制了一幅泡泡图（bubble chart），然后删除其中一个泡泡，那么图形化的设计工具就会自动地重新安排其他泡泡，包括连接箭头和那些"原来连接到被删除的泡泡的低层泡泡"。当你添加泡泡时，工具也能帮你照料各种琐事。设计工具能让你在高层抽象和低层抽象之间来回移动。设计工具能检查你的设计的一致性，某些工具还能直接根据你的设计产生源代码。

30.2 Source-Code Tools 源代码工具

针对源代码的工具比针对设计的工具更丰富，而且也更加成熟。

Editing 编辑

本组工具与编辑源代码有关。

Integrated Development Environments (IDEs) 集成开发环境（IDE）

HARD DATA 据某些程序员的估计，他们有差不多 40% 的时间用来编辑源代码（Parikh 1986, Ratliff 1987）。如果情况真的如此，额外花点钱购买最好的 IDE 就是很好的投资。

除了基本的文字处理功能，好的 IDE 还有下面这些特色：

- 在编辑器中进行编译和错误检测
- 与源代码控制工具、build 工具、测试工具、调试工具集成

- 显示程序的扼要视图或大纲视图（只显示类名称或逻辑结构，不显示内容，也称为"代码折叠"）
- 跳转到类的定义、子程序定义、变量定义处
- 跳转到使用某个类、子程序、变量的全部位置
- 针对特定语言的格式编排
- 针对正在编辑的语言的交互式帮助
- 花括号（begin-end）匹配
- 常用语言的结构模板（例如，编辑器在程序员键入 for 之后，自动填完 for 循环的结构）
- 智能缩进（包括在代码的逻辑发生变化时，能很方便地改变一整块语句的缩进）
- 自动化的代码转换或重构
- 可以用熟悉的编程语言进行宏编程
- 列出查找的字符串，使常用的字符串无需重新键入
- 在查找和替换时可用正则表达式
- 在一组文件中进行查找和替换
- 同时编辑多个文件
- 双列式的 diff 对比
- 多级编辑动作撤销

鉴于还有人使用某些原始的编辑器，你也许会惊讶地发现：某些编辑器包含以上所有功能。

Multiple-File String Searching and Replacing
针对多个文件的字符串查找和替换

如果你用的编辑器不支持对多个文件进行查找和替换，那么你仍然能找到替补工具来做这件事。这些工具可以用来搜索某个类名或子程序名的所有出现位置。当你在代码中发现了一个错误，你可以使用这种工具来检查其他文件中有无类似错误。

你可以搜索：准确字符串、相似字符串（忽略大小写区别）或正则表达式。正则表达式非常强大，因为你能用它搜索复杂的字符串模式。如果你想找出代码中数组下标里包含"神秘数值"（数字"0"到数字"9"）的所有地方，那么就可以去搜索"字符'['，后跟零个或多个空格，后跟一个或多个数字，后跟零个或多个空格，后跟字符']'"这一字符串模式。"grep"是一个广泛使用的搜索工具。用 grep 查找神秘数值的命令大致如下：

```
grep "\[ *[0-9]+ *\]" *.cpp
```

你还可以使用更精巧的搜索条件，对搜索进行细调。

在多个文件中替换字符串的能力也非常有用。例如，假设你想给某个子程序、常量、全局变量起个更好的名字，那么多半就需要在若干文件中更改这个名字。能对多个文件进行字符串替换的工具让这项工作简单易行；这是很棒的，因为你希望在创作出色的类名、子程序名、常量名时，受到的阻碍越小越好。常用的能处理多个文件的字符串替换工具包括 Perl、AWK、sed 等。

Diff Tools
diff 工具

程序员时常需要比较两个文件。如果你为了纠正一个错误而对源代码进行了若干修改，之后又想去掉其中不必要的改动，那么可以使用文件比较器，它能比较原始文件和修改后的文件，并列出你改动了哪些行。如果你与其他人一起开发一个程序，想知道自从上次你修改代码之后，别人又做了哪些改动，文件比较工具（如 diff）能比较当前版本的代码和你最后一次修改的代码，显示它们的区别。如果你发现了一个新的缺陷，而你记得在较早版本的程序中没有遇到过它，那么不用去看主治健忘症的神经科医生，用"比较器"比较当前版本的源代码和较早版本的源代码，测定到底做了哪些修改，然后找到问题的根源。"比较器"这一功能通常集成在版本控制工具中。

Merge Tools
Merge 工具

有一种形式的版本控制系统会锁住源文件，这样文件每次只能由一个人修改。另一种风格允许多人同时对文件进行修改，并在 check-in 时将这些改动合并(merge)到一起。在这种工作模式下，用来合并改动的工具至关重要。这些工具通常能自动执行简单的合并，遇到合并时发生冲突的情况（或者更复杂的情况）则会向用户问讯。

Source-Code Beautifiers
源代码美化器

交叉参考 关于程序排布(layout)的细节，参见第31章"布局与风格"。

源代码美化器将你的源代码打扮整齐，让它们看起来整洁如一。这种工具能突出显示(highlight) 类名和子程序名，使缩进风格合乎标准，一致地安排注释的格局，并执行其他类似的功能。某些美化器还能将各个子程序放入单独的 Web 页面或者单独打印出来，或者执行更色彩鲜明的格式化操作。许多美化器允许你定制美化代码的方式。

源代码美化器至少有两类。一类以源代码为输入，产生更美观的输出，而且不改变原来的代码。另一类直接对源代码本身做修改——使缩进合乎标准、调整子程序参数列表的格式等。当面对大量的遗产代码时，这一功能就很有用了。这种工具能做大量单调乏味的格式调整工作，使这些老代码符合你的编码风格约定。

Interface Documentation Tools
生成接口文档的工具

某些工具能从源代码文件中提取详细的接口文档。源文件中的代码先放入类似"@tag"之类的标记，标明需要提取为文档的文字。接下来就可以用生成接口文档的工具从中提取被标记的文字，并以优良的格式展示出来。Javadoc 是此类工具的杰出代表。

Templates
模板

模板帮助你简化"经常从键盘输入的格式系统的内容"这一类工作。假设你想在每个子程序前放置一个标准的注释块。那么你可以先写一个框架(skeleton)，其中放上你需要的所有项目，留好空白。这样的框架就是"模板"，可以存放在文件中，也可以保存为键盘宏命令。当编写一个新的子程序时，可以很方便地在源文件中插入该模板。使用模板技术也能设立更大的实体(entity)，例如类和文件；当然也适用于较小的实体，例如循环。

如果项目由一组人开发，那么"模板"是促进一致的编码与文档风格的简便途径。在项目的一开始就让整个团队都能用上模板，那么团队的人就会使用这些模板，因为这使得工作变简单——而你能获得"一致性"这个附加效益。

Cross-Reference Tools
交叉引用工具

交叉引用工具能列出所有的变量和子程序，以及使用这些变量和子程序的所有位置——通常放在 Web 页面上。

Class Hierarchy Generators
类的继承体系生成器

类的继承体系生成器能提供关于继承树(inheritance trees)的信息。调试中有时会用到这种信息，不过更常用于分析程序的结构，或者划分程序的模块，将系统分解为软件包(package)或子系统。某些 IDE 也提供这一功能。

Analyzing Code Quality
分析代码质量

本类工具对源代码进行静态检查，评定其质量。

Picky Syntax and Semantics Checkers
吹毛求疵的语法/语义检查器

语法/语义检查器是编译器的补充，它能执行比通常的编译器更彻底的代码检查。你所用的编译器多半只检查基本的语法错误。而"吹毛求疵"的语法检查器能利用语言的细枝末节查出更微妙的错误——从编译器的观点来看不算是错误，

但多半不是你真正打算写的。例如，在 C++ 中，下列语句是完全合法的，

```
while ( i = 0 ) ...
```

但它想表达的常常是

```
while ( i == 0 ) ...
```

第一行代码在语法上是正确的，但是错写了=和==是很常见的错误，这行代码多半错了。Lint 是一个"吹毛求疵"的语法/语义检查器，在许多 C/C++ 编程环境中都能找到它。Lint 会提醒你：未初始化的变量、完全没有用到的变量、赋了值却没有用过的变量、没有对子程序的传出参数赋值、可疑的指针运算、可疑的逻辑比较（比如刚才的例子）、不可达的代码、以及许多其他常见的问题。其他语言也提供了类似的工具。

Metrics Reporters
尺度报告器

> **交叉参考** 关于"尺度/metrics"的更多信息，参见第 28.4 节"度量"。

某些工具能分析你的代码，并报告其质量。例如，可以用这类工具检查和报告各个子程序的复杂度，这样你能对最复杂的子程序(s)进行额外的复审、测试或者重新设计。某些工具统计代码行、数据声明行、注释行、空行的行数，它既可以对整个程序进行统计，也能对各个子程序进行统计。它能跟踪程序的缺陷，并能找出是谁制造了这些缺陷、改正缺陷需要哪些改动、谁进行的改正等。它能统计对软件的修改，并找出改动最频繁的子程序。据报道，复杂性分析工具在系统维护的生产率方面有大约 20% 的正面效应(Jones 2000)。

Refactoring Source Code
重构源代码

有一些工具可以帮助你把源代码从一种格式转换为另一种格式。

Refactorers
重构器

> **交叉参考** 关于重构，参见第 24 章"重构"。

重构软件能执行常见的代码重构任务，它既可以是单独的工具，也可能集成到 IDE 中。重构浏览器(Refactoring browsers)让你能很方便地（在整个项目中）改变某个类的名字。你如果希望把一段代码变成新的子程序（析出函数/extract a routine），只需在重构器中选中这段代码、输入新子程序的名称、调整参数列表中的参数顺序就行了。重构器让更改代码更快捷，而且不易出错。Java 和 Smalltalk 已经有重构器，其他语言的重构器正陆续出现。关于重构工具的更多信息，见《Refactoring》(Fowler 1999)[1] 一书第 14 章"重构工具"。

---

[1] 译注：中译本《重构》，中国电力出版社出版。

Restructurers
结构改组工具

结构改组工具能将一盘充斥着 goto 的意大利面条式的代码,转换为更有营养的正餐——结构更佳的代码(没有 goto)。Capers Jones 报告说,在系统维护环境中,改组代码结构的工具在系统维护的生产率方面能有 25%~30% 的正面效果(Jones 2000)。在转换代码时,结构改组器需要做很多假设,如果代码原来的逻辑就很糟糕,那么转换后的逻辑依然会很糟糕。然而,如果你正在手工进行转换,那么你可以用"改组器"来应对一般的情况,而用手动去调整那些困难的情况。另一种做法是,用"改组器"处理一遍代码,以获得手工转换的灵感。

Code Translators
代码翻译器

某些工具能将代码从一种语言翻译为另一种语言。当你有一个大的代码基础(code base),现在需要转向另一个开发环境时,代码翻译器就能发挥作用了。使用代码翻译器的风险在于,如果你的代码一开始就是烂的,那么翻译器只是简单地将这堆烂代码翻译为一种你不熟悉的语言(的烂代码)。

Version Control
版本控制

> **交叉参考** 第 28.2 节"软件代码变更"描述了这些工具及其益处。

为了应对软件版本的"增生扩散"状况,使用版本控制工具进行:

- 源代码控制;
- 依赖关系控制,类似 UNIX 下提供的 make 工具;
- 项目文档的版本管理;
- 将项目的工件(artifacts)(如需求、代码、测试用例等)关联到一起,这样当发生需求变更时,你能找出受影响的代码和 test cases。

Data Dictionaries
数据字典

数据字典是描述项目中所有重要数据的数据库。在很多情况下,数据字典主要关注数据库模式(schema)。在大项目中,数据字典也用来跟踪记录成百上千的类的定义。在大型的团队项目中,它也能用来避免命名冲突。命名冲突可能是语法上的直接冲突,即两次使用了相同的名称;也可能是更加隐晦的冲突(或裂隙),即用不同的名称来表示同一事物,或者用相同名称表示一些有细微差别的事物。对每个数据项(数据库表格或类),数据字典包含其名称和描述。字典中也可能包含关于如何使用该数据项的注意事项。

30.3 Executable-Code Tools
可执行码工具

针对可执行码的工具与针对源代码的工具一样丰富。

Code Creation
产生目标码

本节描述产生目标码的工具。

Compilers and Linkers
编译器与链接器

编译器将源代码转化为可执行码。大多数程序都是编译执行的,当然也有一些仍然是解释执行的。

标准的链接器将一个或多个目标文件(目标文件是编译器从源文件生成的)与"生成可执行程序所需的"标准代码进行链接。链接器常常可以链接多种语言生成的目标文件,这样你就能为程序的各个部件选择最合适的语言,而不必自己去处理代码集成的细节。

覆盖(overlay)链接器能让你用 5 磅的口袋装 10 磅物品,即让程序在机器内存比"它需要消耗的内存总量"少一些的情况下也能运行。覆盖型链接器创建一种特殊的可执行文件,在任何时刻,该可执行文件只把自己的一部分加载到内存中,其余部分放在磁盘上,需要时再调入。

Build Tools
Build 工具

build 工具的目的是,让"使用当前版本的源文件来 build 出程序"这一过程花费的时间最少。对项目中的每个目标文件(target file),你需要指明它依赖哪些源文件,以及如何生成之。build 工具也能消除由于"源文件状态不一致"导致的错误;build 工具确保源文件处于一致的状态。常见的 build 工具包括 UNIX 附带的 make 工具和用于 Java 程序的 ant 工具。

假设你有一个名为 userface.obj 的目标文件。在相应的 Makefile 里,你指明为了生成 userface.obj,就需要编译 userface.cpp。你还同时指明 userface.cpp 依赖于 userface.h、stdlib.h、project.h。"依赖"这个概念就是说,如果 userface.h、stdlib.h、project.h 之一发生改变,那么 userface.cpp 就需要重新编译。

当 build 你的程序时,make 工具先检查你描述的所有依赖关系,并确定需要重新编译哪些文件。如果 250 个源文件中有 5 个依赖于 userface.h 中的数据定义,而 userface.h 发生了改变,那么 make 会自动重新编译这 5 个文件。它不会重新编译另外 245 个文件（因为它们并不依赖于 userface.h）。使用 make 或 ant 时就不必重新编译全部 250 个文件，也避免了重新手工编译每个源文件，不小心遗漏了一个，由于没有同步而导致的怪异错误。总的来说，类似 make 或 ant 这样的 build 工具大大改进了平常的"编译-链接-运行"循环的耗时和可靠性。

某些团队找到了一些代替 make 这类依赖性检查工具的有趣途径。例如，Microsoft Word 团队发现，直接重新 build 所有源文件比使用 make 执行大量的依赖性检查更快——只要这些源文件本身是优化过的（优化头文件的内容，等等）。借助这一方法，Word 项目中普通开发人员的机器就能在 13 分钟内重新 build 出整个 Word 可执行文件——它有数百万行代码。

Code Libraries
程序库

在短时间内编写高质量代码的一种好方法是不要全部自己编写，而去找一个开源的版本（或者购买一个）。你至少能在以下领域找到高质量的程序库：

- 容器类
- 信用卡交易服务（电子商务服务）
- 跨平台的开发工具，你可以让编写的代码在 Microsoft Windows、Apple Macintosh、X Window System 上都能运行——只需为各个环境重新编译一次源代码
- 数据压缩工具
- 数据结构与算法
- 数据库操作工具与数据文件操控工具
- 图解/图示/图表工具
- 图像工具
- 许可证管理器
- 数学运算
- 网络与互联网通信工具
- 报表生成器与报表查询（report query）生成器
- 安全与加密工具
- 电子表格和数据网格工具
- 文本与拼写工具
- 语音、电话与传真工具

Code-Generation Wizards
代码生成向导

如果你不能找到想要的代码,那么让别人来写怎么样?你不必穿上一件黄色的格子花呢坎肩,学着汽车推销员那样喋喋不休,哀求某人替你编写代码。你可以寻找为你编写代码的工具,而这样的工具通常集成在 IDE 中。

代码生成工具往往把焦点瞄向数据库应用程序,但这已经包括了许许多多的应用。常见的代码生成工具能生成数据库代码、用户界面代码和编译器代码。它生成的代码通常不如程序员编写的代码好,但是许多应用场合并不需要手工雕琢的代码。对某些用户来说,"10 个能工作的应用程序"比"一个极为出色的应用程序"更有价值。

代码生成器在制造"产品代码的原型"方面也很有用。利用代码生成器,你或许能在数小时之内就拼凑(hack)出一个产品原形,它能示范用户界面的关键点,或者你能用它试验多种设计方案。如果手工编码,或许要花上数周时间才能实现同样的功能。如果你只是想做试验,为何不使用最便宜的方式呢?

代码生成器的共有缺点是,它们生成的基本上都是几乎不可读的代码。如果你曾经不得不维护这样的代码,或许你会非常后悔:为什么一开始不手写这些代码呢。

Setup and Installation
安装

许多厂商都提供创建安装程序的工具。这些工具通常能创建磁盘安装程序、CD 安装程序、DVD 安装程序以及 Web 安装程序。它能检查目标机器上有无常用的库文件,进行版本检查等。

Preprocessors
预处理器

交叉参考 关于在代码中添加或移除调试助手,参见第 8.6 节 "计划移除调试辅助的代码"。

预处理器和预处理器的"宏"功能对程序除错很有帮助,因为它使得"在开发版代码和产品版代码之间切换"变得更容易。在开发过程中,如果你想在每个子程序的起始处检查内存碎片,那么可以在每个子程序的开头放置一个宏。你多半不希望将这些检查措施留在产品代码中,那么就在产品代码中重新定义这个宏,使它不产生任何代码。基于类似的理由,在编写能在多个环境下编译的代码(例如,同时在 Windows 和 Linux 下编译)时,预处理宏也能发挥很大作用。

如果你使用的语言只有最基本的控制结构（例如汇编语言），那么可以编写一个"控制流（control-flow）预处理器"，用该语言模拟结构化程序的构建，如 if-then-else 和 while 循环。

cc2e.com/3091

如果语言没有带预处理器，那么你可以在 build 过程中使用独立的预处理器。M4 是一种很不错的选择，可以从 www.gnu.org/software/m4/ 获得。

Debugging
调试

下列工具有助于程序调试：

交叉参考 第 23.5 节"调试工具——明显的和不那么明显的"描述了这些工具及其益处。

- 编译器的警告信息
- 测试用的脚手架
- Diff 工具（用来比较不同版本的源代码文件）
- 执行剖测器
- 追踪监视器
- 交互式调试器——软件版和硬件版

接下来讨论的测试工具也与调试工具相关。

Testing
测试

下列功能特性和工具有助于你进行有效的测试：

交叉参考 第 22.5 节"测试支持工具"描述了这些工具及其益处。

- 自动测试框架，如 JUnit、NUnit、CppUnit 等
- 自动化的测试生成器
- 测试用例的记录和回放工具
- 覆盖率监视器（逻辑分析器和执行剖测器）
- 符号调试器
- 系统扰动器（内存填充工具、内存"抖动"工具、选择性的内存失效的工具、内存访问检查器）
- Diff 工具（比较数据文件、截获的输出、屏幕图像等）
- 脚手架
- 缺陷注入工具
- 缺陷跟踪软件

Code Tuning
代码调整

下列工具能帮你调整自己的代码。

Execution Profilers
执行剖测器

执行情况剖测器观察运行中的代码，并报告每条语句执行了多少次，或者程序在每条语句（或每条执行路径）上花费了多少时间。剖测（profiling）运行中的代码就像医生用听诊器贴在你的胸口并让你咳嗽几声。它能帮助你深入了解程序的运作，找出热点(hot spot)所在，告诉你应该针对哪些代码着力进行调整等。

Assembler Listings and Disassemblers
汇编代码清单和反汇编

可能有一天你需要阅读高级语言生成的汇编代码。某些高级语言编译器会生成汇编代码清单。其他的编译器则不会这么做，那么你就得用反汇编器将编译器生成的机器码反汇编成汇编代码。阅读编译器生成的汇编代码，你可以知道编译器将高级语言代码翻译得到的机器码的效率如何。它还能告诉你有些什么高级代码看起来快却跑起来慢。在第 26 章"代码调整技术"中，某些 benchmark（基准测试）的结果是违反直觉的。当需要对这些违反直觉的代码进行 benchmarking 时，我时常会去参阅汇编代码清单，以求更好地理解结果，这些结果在高级语言里看简直就没道理。

如果你还不习惯汇编语言，又想入门的话，那么找不到比这更好的途径了：将你编写的每条高级语言语句和编译器对应生成的汇编指令比对。第一次暴露在汇编代码面前就往往会不知所措。当你看到编译器生成了多少代码时——包括它生成了多少不必要的代码时——你就再也不会像原来那样看待所用的编译器了。

相反地，在某些环境下，编译器必须生成极度复杂的代码。研究编译器的输出，你会对它产生感激之情：要是用低级语言编程，那得要做多少工作啊。

30.4 Tool-Oriented Environments
工具导向的环境

业已证明，某些环境更适合于"工具导向(tool-oriented)"的编程。

UNIX 环境因此而著名：它有一堆名称古怪的小工具：grep、diff、sort、make、crypt、tar、line、ctags、sed、awk、vi，等等，而这些小工具彼此能很好地配合工作。C/C++语言与 UNIX 紧密耦合，体现了相同的哲学；C++标准库由许多小子程序组成，这些子程序能很容易地组合成大子程序，因为它们能彼此很好地配合。

cc2e.com/3026

某些程序员在 UNIX 环境下有着非凡的生产力，因为他们善于使用工具。在 Windows 或其他环境中，他们也使用功能与 UNIX 类似的工具，以维持他们在 UNIX 下养成的习惯。UNIX 哲学成功的表现之一是，这些工具将 UNIX 习俗带到了别的机器上。例如，cygwin 提供了能在 Windows 下使用的"UNIX 工具的等价物"。

Eric Raymond 写的《The Art of Unix Programming》(2004)[2]。一书对 UNIX 编程文化有见地深刻的讨论。

30.5 Building Your Own Programming Tools 打造你自己的编程工具

假设给你 5 小时完成一项任务，你有两种选择：

- 用 5 个小时的时间舒舒服服地完成任务；
- 兴奋地花 4 小时 45 分钟时间打造一个工具，然后利用该工具在剩下的 15 分钟内完成任务。

绝大多数优秀的程序员在一百万次机会里只会有一次选择第一种方案，而其他时候都使用第二种方案。建造工具是编程的基本活动的一部分。几乎所有的大型组织（拥有超过 1 000 名程序员）都有内部工具及支持团队。许多组织的私有需求工具和设计工具比市场卖的还要优越(Jones 2000)。

你能编写本章中描述的许多工具。这么做不一定划算，不过编写这些工具并没有高不可攀的技术壁垒。

Project-Specific Tools 项目特有的工具

大多数中型和大型项目需要独特的项目专用工具。比如，你可能需要有生成特定种类的测试数据的工具，以此验证数据文件的质量，或者仿真尚未到位的硬件。以下是支持特定项目的工具的一些例子。

- 某个航天工作团队负责开发一个飞行控制软件，用来控制红外传感器，并分析其数据。为了验证该软件的性能，有一个飞行数据记录器记录飞行控制软件的各项工作。工程师们编写了定制的数据分析工具来分析这一系统的性能。在每次飞行之后，他们使用这个定制的工具对主要系统进行检查。

- Microsoft 曾经计划在其 Windows 图形环境的某个新版本中加入新的字体技术。既然字体数据文件和用来显示字体的软件都是新做的，那么数据可能有错，软件也可能有错。Microsoft 的开发人员编写了若干定制的工具，用来检查数据文件是否有错；这样他们就能辨别到底是字体数据文件出错还是软件出错。

---

[2] 译注：中译本《UNIX 编程艺术》，电子工业出版社。

- 一家保险公司开发了一套雄心勃勃的系统,用来计算其保险费率的增长。因为该系统很复杂,而准确性又是首要的,所以需要仔细检查数百个计算出的保险费率,但是即便手工计算一个费率也要花费数分钟时间。于是这家公司编写了一个独立的软件工具,用来计算费率(每次一个)。借助这一工具,该公司能在数秒钟内计算一个费率,并用它核对主程序算出的费率,而花费的时间比用手工核对少得多。

在为项目做计划时,就应该花一部分时间来思考需要哪些工具,并为制造这些工具分配时间。

Scripts
脚本

脚本是一种能自动执行重复性杂务的工具。在某些系统中,脚本也称为"批处理文件"或"宏"。脚本既有简单的也有复杂的,而其中一些最有用的脚本写起来却极为简单。例如,我写日记,为了保护隐私,每次写完我都会对它加密。为了确保每次都正确地进行了加密与解密,我编写了一个脚本:先解密日记,然后调用文字处理软件,再对它加密。脚本看起来像这个样子:

```
crypto c:\word\journal.* %1 /d /Es /s
word c:\word\journal.doc
crypto c:\word\journal.* %1 /Es /s
```

其中的 %1 是密码占的位置,很明显密码不能出现在脚本中。这个脚本节约了键入这些命令和参数的工作量,还不会敲错,而且确保我总是执行了所有的操作,执行的顺序也总是正确的。

如果你发现自己每天多次键入某个长度超过 5 个字母的命令,那么它就是脚本或批处理文件不错的候选者。例子包括编译/连接命令序列、备份命令、以及任何带一大堆参数的命令。

30.6 Tool Fantasyland
工具幻境

交叉参考 工具的可用性部分地依赖于技术环境的成熟度。关于这点,请参见第 4.3 节"你在技术浪潮中的位置"。

过去数十年里,工具提供商和业界的权威人士都曾经许诺:用来消除编程的工具就在不远的地平线处。可能最具有讽刺意味的是,第一个获得这一绰号的工具就是 Fortran。Fortran 代表 "Formula Translation Language/公式翻译语言",人们设想科学家和工程师只需简单地输入公式就能做计算,据此推测能消除对程序员的需求。

Fortran 确实使科学家和工程师都能成功地写程序了,但是从我们今天的有利位置看,Fortran 看来是相对低级的编程语言。它根本不可能消除对程序员的需求,业界在 Fortran 方面的经历也是整个软件工业的发展过程的缩影。

软件工业界不断地开发出新的工具，用于减少或消除编程过程中某些最单调乏味的工作的数量，像是：源代码中语句的排布细节、编辑/编译/链接/运行程序所需的一堆步骤、查找不匹配的括号、创建标准的消息框所需的若干步骤等等。每个新工具开始证明它对生产率有增益的时候，某些鼓吹者就会将这些增益外推至无穷大，设想这些增益最终能"消除对编程的需求"。但是实际上发生情况是，每一项新的编程改革都带有些许瑕疵。随着时间流逝，瑕疵被排除，该项改革的全部潜力都弄清楚了。无论如何，一旦了解了这种基本工具的概念，获得更大的增益的办法就是去除一些偶然性的困难(accidental difficulties)，这样做的副作用就是创建出一些新的工具。消除这些偶然性的困难并不能从本质上提高生产率；它不过去掉了典型的"进两步、退一步"情况中的"退一步"而已。

在过去的数十年中，程序员已经看到到过无数的号称能"消除编程"的工具。先是第三代语言，其次是第四代语言，然后是自动编程，再然后是 CASE 工具，最后是可视化编程。以上各项进步都对计算机编程产生了价值可观的、增量式的改进——它们整体效应使得现在的"编程"对于那些在出现这些进步之前就学会编程的人来说已是面目全非了。但是，没有哪项改革成功地消除了编程。

交叉参考 第5.2节"偶然的难题和本质的难题"描述了出现编程的困难的原因。

出现这一对抗性态势的原因在于，就其本质而言，编程从根本上说就是困难的——即便有好的工具支援。无论能用到哪些工具，程序员都必须与凌乱的真实世界较力；我们须得严密地思考前后次序、依赖关系、异常情况；而且我们还要与无法说清楚自己想法的最终用户交往。我们始终要应对连接到其他软件或硬件的定义不清的接口，还要解决规章制度、业务规则以及其他复杂性之源，这些复杂性来自计算机编程之外的世界。

始终需要人来填补真实世界里需要解决的问题和准备用来解决问题的计算机之间的鸿沟。这些人将会被称做程序员，无论他是以汇编语言操控机器寄存器，还是用 Microsoft Visual Basic 操控对话框。只要有计算机，就需要能告诉计算机该去做什么的人，这一活动将会被称做编程。

当你听到某个工具厂商宣称"这一新工具将会消除计算机程序设计"时，躲开它！或者对这种厂商的幼稚的乐观主义一笑置之。

Additional Resources
更多资源

cc2e.com/3098

看看这些额外的资源，更多地了解编程工具：

cc2e.com/3005

www.sdmagazine.com/jolts. 《Software Development Magazine》的年度 Jolt 生产力大奖网站是了解目前最佳的编程工具的一个很好的消息源。

Hunt, Andrew and David Thomas. 《The Pragmatic Programmer》Boston, MA: Addison-Wesley, 2000.[3] 这本书第 3 章深入地讨论了编程工具，包括：编辑器、代码生成器、除错器、源代码控制、以及相关工具。

cc2e.com/3012

Vaughn-Nichols, Steven. "Building Better Software with Better Tools,"《IEEE Computer》, September 2003, pp. 12—14. 这篇文章综述了由 IBM、Microsoft Research、Sun Research 等机构的工具创新项目。

Glass, Robert L.《Software Conflict: Essays on the Art and Science of Software Engineering》. Englewood Cliffs, NJ: Yourdon Press, 1991. 其中一章名为 "Recommended: A Minimum Standard Software Toolset"，对"工具越多越好"这一观点提出了自己深思熟虑的不同看法。Glass 赞成"确定一套适合所有开发者的最小工具集"，并将这套工具作为起始的工具箱(starting kit)。

Jones, Capers. 《Estimating Software Costs》. New York, NY: McGraw-Hill, 1998.

Boehm, Barry, et al. 《Software Cost Estimation with Cocomo II》. Reading, MA: Addison-Wesley, 2000. Jones 的书和 Boehm 的书都有专门讨论"工具对生产力的影响"的章节。

cc2e.com/3019

> **CHECKLIST: Programming Tools**
> **核对表：编程工具**
>
> ❑ 你有一套有效的 IDE 吗？
> ❑ 你的 IDE 集成了：源代码控制、build/测试/除错工具，以及其他有用的功能吗？
> ❑ 你有能自动进行常用的重构操作的工具吗？
> ❑ 你是否使用版本控制工具，对源代码、内容、需求、设计、项目计划及其他的项目构件进行管理？
> ❑ 如果你正面对超大型的项目，你是否使用了数据字典或者其他"包含系统中使用的各个类的权威描述"的中央知识库。
> ❑ 当可以用到代码库时，你是否考虑用它来代替"编写定制代码"？

---

[3] 译注：中译本《程序员修炼之道》，电子工业出版社。

> ❏ 你是否充分利用了交互式除错器？
> ❏ 你是否使用 make 或其他"依赖关系控制软件"，用来高效并可靠地 build 程序？
> ❏ 你的测试环境包含有自动化的测试框架、自动测试生成器、覆盖率监视器、系统扰动器、diff 工具，以及缺陷跟踪软件吗？
> ❏ 你有没有制造过定制工具——能满足特定项目的需求的那种，特别是能自动执行重复任务的工具？
> ❏ 总而言之，你的工作环境有没有从"充足的工具支援"中获益？

Key Points
要点

- 程序员有时会在长达数年的时间里忽视某些最强大的工具，之后才发现并使用之。
- 好的工具能让你的日子过得安逸得多。
- 下面这些工具已经可用了：编辑、分析代码质量、重构、版本控制、除错、测试、代码调整。
- 你能打造许多自己用的专用工具。
- 好的工具能减少软件开发中最单调乏味的工作的量，但它不能消除对"编程"的需要，虽然它会持续地重塑(reshape)"编程"的含义。

第 7 部分

Software Craftsmanship

软件工艺

本部分内容

- 第 31 章 布局与风格 729
- 第 32 章 自说明代码 777
- 第 33 章 个人性格 819
- 第 34 章 软件工艺的话题 837
- 第 35 章 何处有更多信息 855

Layout and Style

第 31 章

布局与风格

cc2e.com/3187

内容

- 31.1 基本原则：第 730 页
- 31.2 布局技术：第 736 页
- 31.3 布局风格：第 738 页
- 31.4 控制结构的布局：第 745 页
- 31.5 单条语句的布局：第 753 页
- 31.6 注释的布局：第 763 页
- 31.7 子程序的布局：第 766 页
- 31.8 类的布局：第 768 页

相关章节

- 自说明代码：第 32 章
- 代码格式化工具：第 30.2 节中的 "编辑"

本章转向计算机编程的美学话题——程序源代码的布局。编排出色的代码会带来视觉上和思维上的愉悦，这是非程序员的人不能感受到的。而精雕细琢代码、使之达到美观的程序员们，却会从这一过程得到艺术上的满足。

本章介绍的技巧并不影响执行速度、内存使用量等方面的程序性能。但它却会让你日后理解代码、检查代码以及修改代码变得更容易，也使其他人在你缺位的时候更容易阅读、理解和修改你的代码。

本章充斥着各种需要讲究的细节，也就是人们说到 "注意细微之处" 时所指的那些事项。贯穿项目的生命期，在意这些细节将使你写的代码在初始质量和最终维护性能上都出类拔萃。这些细节是编码过程的有机组成部分，以至于晚了就很难做好了。要想完全实现这些细节规定，在最初建构时就要着手去做。如果你干的是合作项目，请让团队的人阅读本章内容，并在开始编码之前统一大家的风格。

你大概不会赞成此处给出的每个细节，但我的出发点是引起你对布局风格的思考，而不是赢得你对与格式化风格有关的问题的认同。要是你有高血压，还是转到下一章吧，那里的争议少一点。

31.1 Layout Fundamentals 基本原则

本节阐述好的布局的原理，随后的各节讨论实例。

Layout Extremes 布局的极端情况

请思考清单 31-1 给出的子程序。

清单 31-1　Java 程序布局示例 1

```
/* Use the insertion sort technique to sort the "data" array in ascending
order.
This routine assumes that data[ firstElement ] is not the first element
in data and that data[ firstElement-1 ] can be accessed. */ public void
InsertionSort( int[] data, int firstElement, int lastElement ) { /* Replace
element at lower boundary with an element guaranteed to be first in a sorted
list. */ int lowerBoundary = data[ firstElement-1 ]; data[ firstElement-1 ]
= SORT_MIN; /* The elements in positions firstElement through sortBoundary-1
are always sorted. In each pass through the loop, sortBoundary is increased,
and the element at the position of the new sortBoundary probably isn't
in its sorted place in the array, so it's inserted into the proper place
somewhere between firstElement and sortBoundary. */ for ( int sortBoundary
= firstElement+1; sortBoundary <= lastElement; sortBoundary++ ) { int
insertVal = data[ sortBoundary ]; int insertPos = sortBoundary; while (
insertVal < data[ insertPos-1 ] ) { data[ insertPos ] = data[ insertPos-1 ];
insertPos = insertPos-1; } data[ insertPos ] = insertVal; } /* Replace
original lower-boundary element */ data[ firstElement-1 ] = lowerBoundary; }
```

该子程序在语法上是正确的。程序各处都有注释，变量名有意义，逻辑也很清晰。不相信的话，你读一读，看能否找出一个错误来！然而它所缺乏的正是合理的布局。这是一个极端的例子，在布局优劣程度的坐标轴上位于"负无穷大"。清单 31-2 中的例子就不那么极端了。

清单 31-2　Java 程序布局示例 2

```
/* Use the insertion sort technique to sort the "data" array in ascending
order. This routine assumes that data[ firstElement ] is not the first
element in data and that data[ firstElement-1 ] can be accessed. */
public void InsertionSort( int[] data, int firstElement, int lastElement ) {
/* Replace element at lower boundary with an element guaranteed to be first
in a sorted list. */
int lowerBoundary = data[ firstElement-1 ];
data[ firstElement-1 ] = SORT_MIN;
/* The elements in positions firstElement through sortBoundary-1 are
always sorted. In each pass through the loop, sortBoundary
is increased, and the element at the position of the
new sortBoundary probably isn't in its sorted place in the
array, so it's inserted into the proper place somewhere
between firstElement and sortBoundary. */
for (
int sortBoundary = firstElement+1;
sortBoundary <= lastElement;
```

```
sortBoundary++
) {
int insertVal = data[ sortBoundary ];
int insertPos = sortBoundary;
while ( insertVal < data[ insertPos-1 ] ) {
data[ insertPos ] = data[ insertPos-1 ];
insertPos = insertPos-1;
}
data[ insertPos ] = insertVal;
}
/* Replace original lower-boundary element */
data[ firstElement-1 ] = lowerBoundary;
}
```

这段代码和清单 31-1 中的一样。尽管人们多半会认为这段代码的布局比前一个例子要好，但其可读性仍欠佳。布局还是显得拥挤，没有为子程序的逻辑组织提供有益的提示。在布局优劣程度的坐标轴上，它位于原点附近的位置。前一个例子是我们有意给出的，而第二个例子则不鲜见。我曾见过某些长达数千行的程序，其布局的糟糕程度绝不亚于这个示例——没有文档说明，变量命名很糟糕，整体可读性比这个例子还差。这段代码是为计算机做的布局，想必其作者并不指望有人去看。清单 31-3 的代码又有所改进。

清单 31-3　Java 程序布局示例 3

```
/* Use the insertion sort technique to sort the "data" array in ascending
order. This routine assumes that data[ firstElement ] is not the
first element in data and that data[ firstElement-1 ] can be accessed.
*/
public void InsertionSort( int[] data, int firstElement, int lastElement ){
   // Replace element at lower boundary with an element guaranteed to be
   // first in a sorted list.
   int lowerBoundary = data[ firstElement-1 ];
   data[ firstElement-1 ] = SORT_MIN;

   /* The elements in positions firstElement through sortBoundary-1 are
   always sorted. In each pass through the loop, sortBoundary
   is increased, and the element at the position of the
   new sortBoundary probably isn't in its sorted place in the
   array, so it's inserted into the proper place somewhere
   between firstElement and sortBoundary.
   */
   for ( int sortBoundary = firstElement + 1; sortBoundary <= lastElement;
      sortBoundary++ ) {
      int insertVal = data[ sortBoundary ];
      int insertPos = sortBoundary;
      while ( insertVal < data[ insertPos - 1 ] ) {
         data[ insertPos ] = data[ insertPos - 1 ];
         insertPos = insertPos - 1;
      }
```

```
    data[ insertPos ] = insertVal;
}

// Replace original lower-boundary element
data[ firstElement - 1 ] = lowerBoundary;
}
```

该子程序在布局优劣程度的坐标轴上处于很"正"的位置。它的布局比较符合本章所讲述的原则,可读性比前两个好得多,明显可以看出对文档说明和变量名下了功夫。先前例子中的变量名与这里同样有意义,但程序拙劣的布局使其形同虚设。

这一示例与前两个例子的唯一不同之处,就在于运用了空白——而代码和注释完全一样。空白的使用仅仅是有助于人的阅读——对计算机来说,解释这三个片段都一样的容易做。你不必因为这方面不如电脑而难过!

The Fundamental Theorem of Formatting
格式化的基本原理

格式化的基本原理指出,好的布局凸现程序的逻辑结构。

KEY POINT

使代码看起来有条理的最大意义莫过于展示出代码的结构。如果有某种方法能够更好地给出代码结构,而另一种方法可以使代码更悦目,那么还是选择前者为好。本章将给出许多编程风格的示例,它们看上去也挺好,但却没有正确地表现代码的逻辑关系。实际上,着重逻辑表现通常并不会做出难看的代码——除非代码的逻辑原本就很丑陋。能让好代码美观,而使差代码难看的技术,比那些能让良莠不齐的代码看起来都很漂亮的技术更有用。

Human and Computer Interpretations of a Program
人和计算机对程序的解读

> 傻子都会写让计算机理解的代码;而优秀程序员写的是人能看懂的代码。
> —Martin Fowler

布局是关于程序结构的有用暗示。计算机可能只关心花括号或 begin/end,而人看程序时却总倾向于从代码的视觉外观获取提示。请思考清单 31-4 中的代码段,其缩进格式给了人这三条语句在每轮循环里都执行的错觉。

清单 31-4 Java 布局的例子,人和计算机对它的理解并非一回事

```
// swap left and right elements for whole array
for ( i = 0; i < MAX_ELEMENTS; i++ )
    leftElement = left[ i ];
    left[ i ] = right[ i ];
    right[ i ] = leftElement;
```

由于代码中没有包含一对的花括号，编译器会执行第一条语句 MAX_ELEMENTS 次，执行第二、三条语句各一次。缩进结构清晰地表明作者是希望这三条语句一起执行，打算为它们围上一对花括号，但是编译器可不这么认为。清单 31-5 是另一个例子。

清单 31-5　Java 布局的又一示例，说明人和计算机对布局的理解截然不同

```
x = 3+4 * 2+7;
```

读代码的人通常倾向于认为该语句 x 的值等于 (3+4)*(2+7)，即 63；而计算机则会忽略其中的空格，按照优先级规则将其解读为 3+(4*2)+7，也就是 18。好布局方案的关键是能使程序的外观与逻辑结构相符，换句话说，也就是要让人和计算机对其有同样的理解。

How Much Is Good Layout Worth
好布局有什么用

> 我们的研究支持这么一个说法，即程序规划知识和编程论述规则对我们理解程序有着深远影响。在《*The Elements of Programming Style*》一书中，作者 Kernighan 和 Plauger 阐明了我们所称的"论述之规矩"。经验与规矩是吻合的：以某种风格来写程序并不仅仅是出于美观考虑。用习惯的方式写程序有着心理因素——程序员有着强烈的意识，觉得其他程序员都会遵循这些论述规矩。如果这些规矩未被遵守，程序员日渐积累起来的期望效用就会前功尽弃。本论文所描述的对新手、高级学生程序员以及专业程序员的实验结果，有力地支持了这些说法。
>
> ——Elliot Soloway 和 Kate Ehrlich

交叉参考　好的布局是可读性的关键。关于可读性的重要意义，请参见 34.3 节 "首先为人写程序，其次才是为机器"。

关于与计算机交流和与人交流的差异，布局问题大概比编程中的其他任何方面都更明显。编程工作量的一小部分是写让机器读的程序，大部分工作是写能让他人看懂的程序。

1973 年 Chase 和 Simon 在其经典论文《*Perception in Chess*》(《对弈中的感知》) 中，提到有一项研究对国际象棋高手和新手记忆棋子位置的能力做了对比。正在对弈时，棋子排列在棋盘上，高手的记性远远好于新手；而当棋子只是随意摆在棋盘上时，两者的记性就没有多大差别。对此的传统解释是：高手的记性并非天生优于新手，但高手具备某种知识结构，这些结构有助于高手记住特定种类的信息。当新信息符合这些知识结构时——也即棋子的布置有意义时，高手可以很容易地记住它们；若新的信息与不符合相关知识结构——比如棋子被随意摆放，则高手的记性一点也不比新手强。

几年后，Ben Shneiderman 将 Chase 和 Simon 的结论套用到计算机编程领域。1976 年他在论文《*Exploratory Experiments in Programmer Behavior*》(《程序员行为的探索试验》) 中报道了其研究结果。Shneiderman 发现，如果程序语句按照有意义的方式布局，高手能比新手更好地记住语句；而当语句乱七八糟时，高手的优势就不明显了。Shneiderman 的结论也由其他研究证实（McKeithen et al. 1981；Soloway and Ehrlich 1984）。1981 年 McKeithen 等人还在围棋、电子学、音乐以及物理领域确认了这一基本思想。

本书发表第一版后，程序员 Hank 在阅读了手稿之后对我说："你居然没有起劲鼓吹下面这种使用括号的风格，真让人吃惊：

```
for (…)
   {
   }
```

"你的书里竟然还有这种括号使用风格：

```
for (…) {
}
```

"我和 Tony 为第一种形式有过争论，我还以为你会觉得第一种好呢。"

我回答道："看来你是赞成第一种风格，而 Tony 赞成第二种，对吧？"

Hank 应道："真有意思，我和 Tony 合作上一个项目时，我偏爱风格 2，Tony 却对风格 1 情有独钟。我们一直都在争论哪种风格最好。我想我们都让对方喜欢上了各自的风格！"

KEY POINT 这件事情连同上面提到的研究，都表明结构能帮助高手去感知、理解和记住程序的重要特性。编程高手通常会恪守自己的风格，即使和其他高手的风格迥然不同。底线是前后如一地组织程序，相比而言，关于程序细节特定的方法就次要得多了。

Layout as Religion
把布局作为一种信仰

强调对程序理解的重要性,并把程序结构化成熟知的形式,已使一些研究者在考虑,如若一个程序的风格与某高手的风格不同时,是否会影响他对程序的理解能力呢(Sheil 1981;Soloway and Ehrlich 1984)?这个问题说明布局不仅涉及美学,同时也有了逻辑问题的味道,意即对编程格式的争论听起来更像是宗教斗争,而非在讨论哲学。

> **交叉参考** 如果你将软件与信仰混为一谈,可以在继续本章其他部分之前,先阅读34.9 节"汝当分离软件与信仰。"

一般说来,有些形式的布局显然好于另外一些。本章前面一些例子里的布局较好,这就是明证。本书不打算明确指出哪一种更好,因为在这里存在争议。出色的程序员在布局实践方面应当头脑开放,接受已证实为更好的方法,即使调适过程最初会感觉有些不舒服。

Objectives of Good Layout
良好布局的目标

> 这实际上指出了编程知识的脆弱——高级程序员对程序外观有着强烈的期望,当这些期望不能如愿时——甚至是看起来微不足道的改变——都会让他们的业绩急剧下降。
> ——Elliot Soloway 和 Kate Ehrlich

很多有关布局细节的结论都有主观美学的因素。人们达到目的常常可以通过多种方法。如果明确了喜好的标准,对问题的争论就会客观一些。所以,好的布局方案应当是明确的,应当这样做。

准确表现代码的逻辑结构 这重申了格式化的基本理论——好的布局主要是为了展现代码的逻辑结构。典型的例子就是,程序员利用缩进等空白来表达逻辑关系。

始终如一地表现代码的逻辑结构 有些布局风格的规则会遇到许多例外,以至很难一直遵守。好的风格能够适应大多数情况。

改善可读性 如果有一种缩进策略合乎逻辑,但却令程序更难看懂,那么它就毫无用处。只在编译器要求之处插入空白的布局方案的逻辑并不错,但却并不易读。好的布局方案就该增强代码的可读性。

经得起修改 理想的布局方案应该能经得起代码修改的考验。修改某行时不必连带修改其他行的代码。

除了这些原则,还应不时地考虑尽量减少实现简单语句或语句块的代码行数目。

How to Put the Layout Objectives to Use
如何将布局目标付诸实施

KEY POINT

你可以基于这些准则作为讨论布局的基础,这样喜欢某种布局而不是由另一种的主观理由就能说得很清楚。

采用不同的方法来衡量这些准则,结论或许会有些不同。例如,假设你很在意将屏幕上用的行数达到最少——或许因为你的计算机屏幕比较小,你就会批评那种需要额外再用两行来放子程序参数列表的风格。

31.2 Layout Techniques 布局技术

通过不多的集中布局手段就能实现良好的布局,本节就一一介绍它们。

White Space
空白

空白能够增强可读性。空白包括空格、制表符、换行、空行,是展现程序结构的主要手段。

交叉参考 研究人员探讨了书的结构与程序结构的相似性。这方面的信息请参看 32.5 节中的"程序注释以书本为范例"。

你无法想象会有这样一本书:其中没有空格隔开单词,不分段落,也没有章节之分。这样的书或许从头至尾还是可以读的,但几乎不可能翻阅去找到某个关键句,或者定位某个重要的段落。更致命的大概是,书的这种布局不能对读者展示作者打算如何组织信息,而作者的组织方法正是理解有关主题逻辑结构的最重要线索。

将书分成一些章节、段落以及句子,就向读者展现出了作者组织主题的思路。如果这一组织不够明确,读者就必须自己去摸索,这将极大地增加读者的负担,或许他们自始至终都无法搞清有关主题的组织方式。

程序里包含的信息密度超过多数书籍里的信息密度。你也许一两分钟就能读完并理解书的一页内容,大部分程序员却不能以类似的速度看懂未经修饰的程序代码清单。程序应该比书提供更多的组织线索,而不是相反。

分组　从另一个角度看，空白也是分组，也是确保相关的语句成组放在一起。

我们写作时，思路以段落分组。写得出色的段落只会包含与某些特定思想相关的句子，而不是风马牛不相及的句子。同样，一段代码只应由完成某任务的语句组成，这些语句彼此相关。

空行　正如将相关语句分组很重要一样，将不相关的语句分隔开也很有必要。在英语中，段落的开始用缩进或者空行表示；代码中的一个段落的前面也应该加入空行。

空行是指示一个程序如何组织的手段。可以用空行将相关语句各自划分成段落、分开各子程序、突出注释部分。

尽管特定的统计可能很难实施，由 Gorla 和 Benander 于 1990 年完成的研究还是发现，程序中空行的最佳比例约为 8%~16%。高于 16% 后调试时间将显著延长。

缩进　请用缩进形式显示程序的逻辑结构。作为一项守则，那些逻辑上隶属某语句的语句都应缩进。

已经证实缩进确能提高程序员的理解能力。有篇名为《*Program Indentation and Comprehensibility*》(《程序缩进和可理解性》)的文章报道说，多项研究发现缩进和理解力的提高有关（Miaria et al. 1983）。当程序有两到四个空格的缩进时，受试者对程序的理解分数会比对毫无缩进的程序高出 20% 到 30%。

同一个研究还发现，对程序的逻辑结构强调不足或过分都不合适。对根本没有缩进的程序得到了理解程度的最低分；缩进了六个空格的程序则次之。该研究的结论说缩进二到四个空格最得当。有趣的是，许多受试者觉得缩进六个空格比少些的空格更好用，即便它们的分数较低。这大概归因于六个空格的缩进看起来更舒服。但不管怎样，如此缩进的可读性并不高。这个例子反映出美观和可读性之间的矛盾。

Parentheses
括号

括号应该用得比你觉得需要的更多。对包含两个以上的项的表达式,应该用括号去澄清之。或许有些括号并非必需,但它们使语义更加清晰且不会损失你什么。打个比方,以下表达式如何求值?

C++: `12 + 4 % 3 * 7 / 8`
Microsoft Visual Basic: `12 + 4 mod 3 * 7 / 8`

关键问题是,你是否不得不去想想这些式子是怎样运算的?能不参考任何材料就很自信地给出回答吗?即使经验丰富的程序员也无法做到。这正是应该为那些求值顺序有疑问的表达式加括号的原因。

31.3 Layout Styles
布局风格

多数布局问题都涉及到块结构——即跟在控制语句后面的那些语句组。块结构被花括号或关键字括起来(例如 C++和 Java 中的"{"和"}"、Visual Basic 中的"if-then-endif"和其他语言的类似结构)。为叙述方便,这里的讨论多数采用"begin"和"end",并假定你懂得如何将讨论运用于 C++和 Java 中的花括号,或者其他语言中的块结构。下面介绍四种常见的布局风格。

- 纯块结构
- 模仿纯块结构
- 使用"*begin-end*"对(花括号)指定块边界
- 行尾布局

Pure Blocks
纯块结构

许多关于布局的争论源于许多常用语言的内在缺陷。一个设计精良的语言的块结构非常清晰,适于一种自然而然的缩进风格。例如在 Visual Basic 中,各个控制结构都有自己的结束符,你用某种控制结构时不能没有结束符。代码分块是很自然的事。Visual Basic 的例子在清单 31-6、清单 31-7、清单 31-8 中给出。

31.3 布局风格

清单 31-6　纯 if 块的 Visual Basic 示例

```
If pixelColor = Color_Red Then
   statement1
   statement2
   ...
End If
```

清单 31-7　纯 while 块的 Visual Basic 示例

```
While pixelColor = Color_Red
   statement1
   statement2
   ...
Wend
```

清单 31-8　纯 case 块的 Visual Basic 示例

```
Select Case pixelColor
   Case Color_Red
      statement1
      statement2
      ...
   Case Color_Green
      statement1
      statement2
      ...
   Case Else
      statement1
      statement2
      ...
End Select
```

Visual Basic 的控制结构总有一个开始语句——比如上面例子中的 "`If-Then`"、"`While`"、"`Select-Case`"，而且有相应的结束语句。将控制结构中的语句按缩进格式组织没有任何争议，对其他关键字的对齐方式的选择也产生了一定的限制。

清单 31-9 是这类格式化方法的抽象表现形式。

清单 31-9　纯块布局风格的概例

```
A ████████████████████
B   ████████████████
C   ████████████████████
D   ████
```

在本例中，语句 A 和语句 D 分别是控制结构的开始和结束语句。对齐这两句能给人以明确的前后照应的印象。

关于控制结构格式化的争议，部分源于有些语言并不要求块结构。你可以在 *if-then* 后面只跟一条语句，而不必有正规的块。你必须为程序加上 "begin-end" 对或者一对括号来构成代码块，而控制结构是不会自动产生代码块的。控制结构中 begin 和 end 不成对——在 C++和 Java 程序中就是 "{" 和 "}" 没有成对出现——将会导致不知道 begin 和 end 位于何处的问题。故而，很多缩进问题之所以存在，就是因为你得去弥补语言结构的不良设计。后面几节描述了若干种补救的方法。

Emulating Pure Blocks
模仿纯块结构

如果所用的语言不支持纯块结构，那么一个好的办法是：将关键字 begin 和 end（或者 "{" 和 "}" 标记）看成是所在控制结构的扩展。因而在此类语言中应该模仿 Visual Basic 的格式化方式。清单 31-10 为欲模仿的结构的抽象视图。

清单 31-10　纯块布局风格的概例

在此风格中，控制结构以语句 A 开头，以语句 D 收尾。意即 begin 应该放在语句 A 的后面，end 应为语句 D。理论上要模仿纯块，应像清单 31-11 那样做。

清单 31-11　模仿纯块风格的概例

31.3 布局风格

这种风格用 C++ 表示的例子参见清单 31-12、清单 31-13 以及清单 31-14。

清单 31-12 模仿纯 if 块的 C++ 示例

```cpp
if ( pixelColor == Color_Red ) {
   statement1;
   statement2;
   ...
}
```

清单 31-13 模仿纯 while 块的 C++ 示例

```cpp
while ( pixelColor == Color_Red ) {
   statement1;
   statement2;
   ...
}
```

清单 31-14 模仿纯 switch/case 块的 C++ 示例

```cpp
switch ( pixelColor ) {
   case Color_Red:
      statement1;
      statement2;
      ...
      break;
   case Color_Green:
      statement1;
      statement2;
      ...
      break;
   default:
      statement1;
      statement2;
      ...
      break;
}
```

这种对齐风格很好用，美观大方，可以一致地采用，可维护性也好。它符合格式化的基本原理，有助于展现代码的逻辑结构，所以是恰当的风格选择。这种风格在 Java 中是标准，在 C++ 里用得也很普遍。

Using *begin-end* Pairs (Braces) to Designate Block Boundaries
使用 *begin - end* 对（花括号）指定块边界

纯块结构的替代方案是将 begin-end 视为块边界（后面的讨论均用"begin-end"来泛指 begin-end 对、花括号，以及类似的语言结构）。采用这种方法时，应该将 begin 和 end 视为控制结构下的语句，而非控制语句的一部分。就像前面在模仿纯块结构中所做的那样，理想的图形表示再次在清单 31-15 中给出。

清单 31-15 纯块布局的风格概例

然而在这种风格中，要想把 begin 和 end 作为块结构的一部分而非控制语句，必须将 begin 置于块首（而不是控制语句的结尾），将 end 置于块尾（而不是结束控制语句）。理论上，应该如清单 31-16 中那么做。

清单 31-16 以 begin 和 end 为代码块边界的概例

以 begin 和 end 作为块边界的 C++ 示例如清单 31-17、清单 31-18 和清单 31-19 所示。

清单 31-17 使用 begin 和 end 作为 if 块边界的 C++ 例子

```
if ( pixelColor == Color_Red )
    {
    statement1;
    statement2;
    ...
    }
```

清单 31-18 使用 begin 和 end 作为 while 块边界的 C++ 例子

```
while ( pixelColor == Color_Red )
    {
    statement1;
    statement2;
    ...
    }
```

清单 31-19　使用 begin 和 end 作为 switch/case 代码块边界的 C++ 例子

```cpp
switch ( pixelColor )
   {
   case Color_Red:
      statement1;
      statement2;
      ...
      break;
   case Color_Green:
      statement1;
      statement2;
      ...
      break;
   default:
      statement1;
      statement2;
      ...
      break;
   }
```

这种对齐风格挺好，符合格式化的基本原理（同样也展示出代码的内在逻辑结构）。唯一不足是无法精确适用于 C++ 和 Java 中的 `switch/case` 语句，如清单 31-19 所示（关键字 `break` 代替右括号，而左括号没有等价表示）。

Endline Layout
行尾布局

另一种布局策略是"行尾布局"，即一大组代码缩进至行中间或结尾的布局策略。行尾缩进用来将代码块与作为该块开始的关键字对齐，使子程序的其余参数与第一个参数对齐，或者在 `case` 语句中将各种情况对齐等类似目的。清单 31-20 给出了抽象的例子。

清单 31-20　行尾布局风格的概例

```
A ▬▬▬▬▬  ▬▬▬▬▬▬▬▬▬▬▬▬▬▬▬
B         ▬▬▬▬▬▬▬▬▬▬▬▬▬▬
C         ▬▬▬▬▬▬▬▬▬▬▬
D    ▬▬
```

这个例子中的语句 A 和 D 分别是控制结构的开始和结束语句，语句 B、C 和 D 与语句 A 中的代码块开始关键字对齐。语句 B、C、D 的一致缩进表明它们为一组。清单 31-21 为采用这种格式化策略的较为直观的例子。

清单 31-21　Visual Basic 使用行尾布局的 while 代码块示例

```
While ( pixelColor = Color_Red )
      statement1;
      statement2;
      ...
      Wend
```

在这个例子中，begin 位于行尾而非关键字的下面。有些人喜欢将 begin 置于关键字的下面，但选择哪种方案只是一个细节问题。

在某些情况下行尾布局风格能很好的工作。清单 31-22 就是一个它适用的例子。

清单 31-22　Visual Basic 中较少见但看上去相当好的行尾布局示例

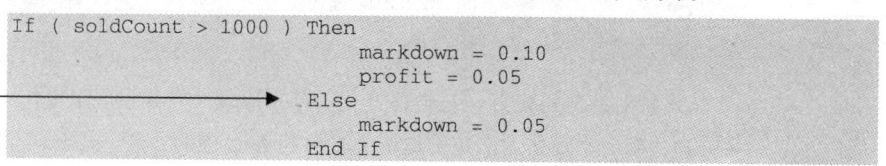

```
If ( soldCount > 1000 ) Then
                  markdown = 0.10
                  profit = 0.05
            Else
                  markdown = 0.05
            End If
```

（else 关键字对齐于其上的 then 关键字。）

此例中的关键字 Then、Else 和 End If 对齐，其后的代码也对齐。视觉上显示出清晰的逻辑结构。

如果你挑剔地审视先前的 case 语句示例，可能会预见到这种风格的不完善。当条件语句较复杂时，这种风格会提供无用或误导的逻辑结构信息。清单 31-23 就是条件较复杂时该风格失效的示例。

清单 31-23　更典型的 Visual Basic 示例，其行尾布局已失去应有的作用

```
If ( soldCount > 10 And prevMonthSales > 10 ) Then
   If ( soldCount > 100 And prevMonthSales > 10 ) Then
      If ( soldCount > 1000 ) Then
                        markdown = 0.1
                        profit = 0.05
                  Else
                        markdown = 0.05
                  End If
                                    Else
                                       markdown = 0.025
                                    End If
                                 Else
                                    markdown = 0.0
                                 End If
```

示例末尾 Else 从句的格式安排为何如此奇怪？因为它们总是与各自相应的关键字缩进对齐。但是很难说缩进结构就清楚地显示了逻辑结构。如果代码有所修改，以致于改变了第一行的长度，行尾风格就要求相关的多条语句也调整缩进，从而产生维护性问题，而在纯代码块、模仿纯代码块以及使用 begin-end 指定块边界的布局风格中都不存在类似问题。

你可能觉得拼凑这些例子只是出于讨论需要。尽管这种风格有不足之处，它却一直沿用至今。大量课本和编程参考资料都推荐这种风格。我所见过的推荐这种风格的书最早出版于 20 世纪 70 年代中期，最近则有 2003 年的。

总体来说，行尾布局不精确，很难持久地应用，不易维护。你还会在本章的余下部分看到行尾布局的其他问题。

Which Style Is Best
哪种风格最优

如果你用 Visual Basic 语言，那就用纯块缩进结构（Visual Basic 的集成开发环境使你不用这一风格都很难）。

对于 Java，标准操作就是使用纯块缩进结构。

对于 C++，你可能任由自己，或者采用团队中多数人喜欢的风格。模仿纯块结构和使用 begin-end 指定块边界都能够工作得很好。对其唯一的研究比较了这两种风格，发现两者在可理解性方面并没有统计上的显著差别（Hansen and Yim 1987）。

所有风格都不绝对可靠，都偶尔需要进行"合理而明显"的折中。出于美观原因你可能会更喜欢这种或那种。本书中的代码示例采用纯块风格，所以只要浏览这些例子，你就能领会很多有关该风格如何工作的说明。一旦你选择并持久地应用某种风格，就能从良好的布局中受益匪浅。

31.4 Laying Out Control Structures
控制结构的布局

交叉参考 有关对控制结构做文档说明的详细内容，请参见 32.5 节中的"注释控制结构"；有关控制结构的其他讨论，请参阅第 14 章到第 19 章。

有些程序元素的布局主要牵涉美观问题。然而，控制结构的布局却会影响可读性和可理解性，故而实践中应优先考虑之。

Fine Points of Formatting Control-Structure Blocks
格式化控制结构块的要点

与控制结构块打交道时应该注意一些细节，这里有若干基本原则。

不要用未缩进的 begin-end 对 在清单 31-24 所示的格式中，begin-end 对和控制结构对齐，其间的语句在 begin 下缩进。

清单 31-24 Java 中 begin-end 对没有缩进结构的例子

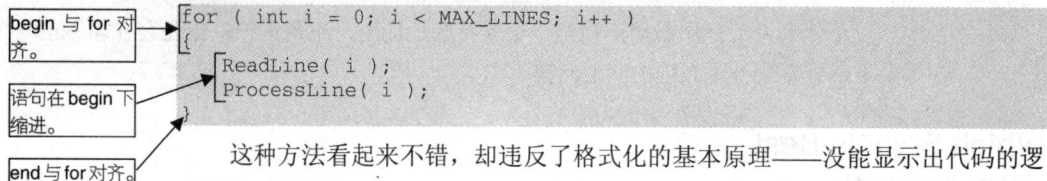

```
for ( int i = 0; i < MAX_LINES; i++ )
{
    ReadLine( i );
    ProcessLine( i );
}
```

（begin 与 for 对齐。语句在 begin 下缩进。end 与 for 对齐。）

这种方法看起来不错，却违反了格式化的基本原理——没能显示出代码的逻辑结构。这样的话，begin 和 end 既不是控制结构的一部分，也不是其后语句的一部分。

清单 31-25 是该方法的抽象表示。

清单 31-25 错误缩进结构的抽象例子

```
A ■■■■■■■■■■■■■■
B ■■■■■■■■■■
C ■■■■■■■■■■■■
D ■■■■■■■■■■■■■
E ■■
```

在这个例子中，语句 B 从属于语句 A 吗？它好像既非语句 A 的一部分，也不从属于语句 A。如果你用这种方法，就请改用先前介绍的那两种布局风格之一吧，这样你的布局将会更加统一。

别让 begin 和 end 两次缩进 不要用无缩进的 begin-end，其一个推论就是不要让 begin-end 两次缩进。清单 31-26 所示的两次缩进，begin 和 end 缩进，而其间的语句又进一步缩进。

清单 31-26 begin-end 代码块不恰当地缩进两次的 Java 例子

```
for ( int i = 0; i < MAX_LINES; i++ )
    {
        ReadLine( i );
        ProcessLine( i );
    }
```

（begin 下面的语句缩进了，似乎它们从属于 begin。）

这个例子采用的风格虽好看,但却违反了格式化基本理论。一项研究表明:人们对于缩进一次的程序和缩进两次的程序的理解并无区别(Miaria et al. 1983)。然而这种风格不能准确地给出程序的逻辑结构。`ReadLine()`和`ProcessLine()`像是逻辑上从属于begin-end对,但事实并非如此。

这一方法还扩大了程序逻辑结构的复杂度。清单31-27和清单31-28所示的例子看起来哪个更复杂呢?

清单31-27 抽象结构1

清单31-28 抽象结构2

两者都是`for`循环结构的抽象表示。尽管抽象结构1的代码与抽象结构2相同,但其模样却更复杂。如果语句有两三层的嵌套,那么两次缩进会使代码有四或六级缩进,导致布局看起来比实际代码复杂多了。通过使用模仿纯块结构,或将`begin-end`作为块边界,并将其间语句对齐,都可以避免这一问题。

Other Considerations
其他考虑

尽管块缩进是格式化控制结构的主要问题,你还是会遇到一些另类的难题,这里再给一些指导原则。

段落之间要使用空行 有些代码块没有用`begin-end`对界定。逻辑代码块(即属于一个整体的语句组)应该像英语中的段落那样对待——用空行将它们各自分开。清单31-29中的不同段落就应该分开。

清单 31-29　应该分组并隔开的 C++代码示例

```
cursor.start       = startingScanLine;
cursor.end         = endingScanLine;
window.title       = editWindow.title;
window.dimensions        = editWindow.dimensions;
window.foregroundColor = userPreferences.foregroundColor;
cursor.blinkRate         = editMode.blinkRate;
window.backgroundColor = userPreferences.backgroundColor;
SaveCursor( cursor );
SetCursor( cursor );
```

交叉参考　如果使用伪代码编程过程，代码块会被自动分隔。详情请参见第 9 章 "伪代码编程过程"。

这段代码看起来不错，但加入空行可以在两个方面得到改进。其一，如果有一组语句并不需按某种特定的顺序执行，人们常常会像这里的样子把它们随便混在一起。你不必为计算机去改善语句的顺序，但是人却愿意看到更多线索，包括哪些语句需按特定顺序执行，哪些语句则不需要。在程序中加入空行，能促使你更努力地去把哪些语句应属于一组的事情想清楚。清单 31-30 是修正之后的片段，显示了这段代码究竟该如何组织。

清单 31-30　恰当分组和分隔的 C++代码示例

这些行产生一个文本窗。

```
window.dimensions = editWindow.dimensions;
window.title = editWindow.title;
window.backgroundColor = userPreferences.backgroundColor;
window.foregroundColor = userPreferences.foregroundColor;
```

这些行产生光标，应与前面那些行分隔开。

```
cursor.start = startingScanLine;
cursor.end = endingScanLine;
cursor.blinkRate = editMode.blinkRate;
SaveCursor( cursor );
SetCursor( cursor );
```

这段重排后的代码表明它要做两件事。在上一个例子中，由于缺乏语句组织和空行，加上过时的按等号对齐的技巧——使那些语句看起来比实际情况复杂得多。

用空行改善代码的另一方面，是它自然而然地为注释提供了空间。在清单 31-30 中，若在每个代码块上面添加注释，可以使布局锦上添花。

单语句代码块的格式要前后统一　单语句代码块就是控制结构后面只有一条语句，比如 `if` 测试语句后仅有的一条语句。这种情况下，正确编译并不需要 `begin` 和 `end`，有三种风格可选，示于清单 31-31。

31.4 控制结构的布局

清单 31-31　Java 中单语句代码块风格选择示例

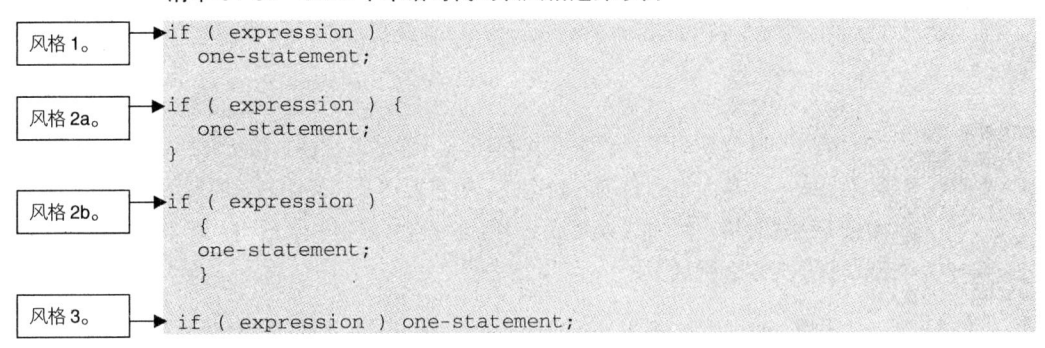

风格 1。
```
if ( expression )
   one-statement;
```

风格 2a。
```
if ( expression ) {
   one-statement;
}
```

风格 2b。
```
if ( expression )
   {
   one-statement;
   }
```

风格 3。
```
if ( expression ) one-statement;
```

　　这些方法孰优孰劣还存在争议。风格 1 追随代码块所用的缩进方案，所以和其他的方法一致。风格 2（2a 或者 2b）也具有一致性，有 begin-end 对就能减少在 if 条件后添加语句却忘了加上 begin、end 的可能性。这是特别细微的错误，因为缩进结构会让你自以为代码正确，但是编译器可不这么想。相对于风格 2 而言，风格 3 的主要优点就是键入比较方便。与风格 1 相比的优势是：如果需要拷贝到程序里的其他地方，拷贝工作似乎更不容易出错。其缺点是：基于行的调试器会把它当做一行，它将无法告知 if 条件后面的语句到底执行了没有。

　　我用过风格 1，但多次错误的修改使我深受其害。而风格 3 会造成缩进策略的例外，所以我也从不使用这种风格。在团队项目中，我喜欢风格 2 中的任一种，因为它们有一致性和修改安全性。不管你选用哪种风格，都应该一贯使用它，在 if 条件和所有循环中采用同一种风格。

　　对于复杂的表达式，将条件分隔放在几行上　要将一个复杂表达式的各个部分放在各自的一行里。清单 31-32 所示的例子表明，编程者格式化该语句时没有考虑可读性。

清单 31-32　对复杂表达式毫无编排（也无可读性）的 Java 示例

```
if ((('0' <= inChar) && (inChar <= '9')) || (('a' <= inChar) &&
   (inChar <= 'z')) || (('A' <= inChar) && (inChar <= 'Z')))
   ...
```

　　这样的格式完全是供计算机用的，而不是让人看的。如果像清单 31-33 那样将表达式分成几行，就能改善可读性。

清单 31-33 容易看懂的表达式的 Java 示例

```
if ( ( ( '0' <= inChar ) && ( inChar <= '9' ) ) ||
     ( ( 'a' <= inChar ) && ( inChar <= 'z' ) ) ||
     ( ( 'A' <= inChar ) && ( inChar <= 'Z' ) ) )
   ...
```

> **交叉参考** 要将复杂表达式组织得容易看懂，另一项技术是将其放到布尔函数中。有关内容以及其他可读性技术，见第 19.1 节"布尔表达式"。

第二个片段使用了几种格式化技巧——缩进、空格、按行排序以及让不完整行很显眼——从而得到易读的表达式。更重要的是，条件测试的意图也清晰可见。如果表达式有错，例如 Z 误写成 z，用这种格式就很容易看出。若不操心格式化，错误就不会那么明显了。

> **交叉参考** 关于 goto 用法的细节，请参阅 17.3 节"goto"。

不用 goto 早先不用 goto 的理由是，goto 会让程序的正确性验证变得很困难。这种说法被所有愿意程序正确的人所接受。对大部分程序员更具压力的问题则是，goto 使得格式代码布局很不好办。难道把 goto 语句和其转向标号之间的代码统统缩进吗？如果有好几个转向同一标号的 goto 又怎么办呢？是不是让下一个 goto 进一步缩进？下面是对格式化 goto 的几点建议。

> goto 标号应完全大写并左对齐于行，应包含编程者的名字、家庭电话号码和信用卡号。
> ——Abdul Nizar

- 不用 goto，也就一并消除了相关的格式化问题。

- 转到的标号名全部使用大写字母表示，这样能使标号显眼。

- 包含 goto 的语句单独为一行，也为了使 goto 显眼。

- 将 goto 语句转到的标号单独为一行，上下也为空行，从而使标号很显眼。将含有标号的行突出，使其尽量显眼。

清单 31-34 给出了恰当的 goto 布局惯例。

> **交叉参考** 关于解决该问题的其他方法，请参见 17.3 节中的"错误处理和 goto"。

清单 31-34 C++中不良状况（即使用了 goto）的最佳弥补方法

```
void PurgeFiles( ErrorCode & errorCode ) {
   FileList fileList;
   int numFilesToPurge = 0;
   MakePurgeFileList( fileList, numFilesToPurge );

   errorCode = FileError_Success;
   int fileIndex = 0;
   while ( fileIndex < numFilesToPurge ) {
      DataFile fileToPurge;
      if ( !FindFile( fileList[ fileIndex ], fileToPurge ) ) {
         errorCode = FileError_NotFound;
         goto END_PROC;
      }
```

← 这里有个 goto。

31.4 控制结构的布局

```
      if ( !OpenFile( fileToPurge ) ) {
         errorCode = FileError_NotOpen;
         goto END_PROC;
      }

      if ( !OverwriteFile( fileToPurge ) ) {
         errorCode = FileError_CantOverwrite;
         goto END_PROC;
      }

      if ( !Erase( fileToPurge ) ) {
         errorCode = FileError_CantErase;
         goto END_PROC;
      }
      fileIndex++;
   }
END_PROC:
   DeletePurgeFileList( fileList, numFilesToPurge );
}
```

> 这里有个 goto。（指向第一个 goto END_PROC;）
>
> 这里有个 goto。（指向第二个 goto END_PROC;）
>
> 这里有个 goto。（指向第三个 goto END_PROC;）
>
> 这里的大写 goto 标号及其布局的意图都是为了让标号不易被忽视。（指向 END_PROC:）

交叉参考 有关使用 case 语句的内容，请参看第 15.2 节 "case 语句"。

这一 C++ 示例比较长，在这种情形下高手或许认为 goto 就是最好的选择。格式化布局充其量也不过如此。

case 语句不要有行尾布局的例外 行尾布局的风险之一就是 case 语句的格式化。case 语句格式化的一种流行方法是将其都缩进于 case 说明的右边，如清单 31-35 所示。维护太麻烦是这种风格的一大弊端。

清单 31-35 case 语句采用行尾布局难以维护的 C++ 示例

```
switch ( ballColor ) {
   case BallColor_Blue:                  Rollout();
                                         break;
   case BallColor_Orange:                SpinOnFinger();
                                         break;
   case BallColor_FluorescentGreen:      Spike();
                                         break;
   case BallColor_White:                 KnockCoverOff();
                                         break;
   case BallColor_WhiteAndBlue:          if(mainColor == BallColor_White){
                                            KnockCoverOff();
                                         }
                                         else if( mainColor == BallColor_Blue){
                                            RollOut();
                                         }
                                         break;
   default:                              FatalError("Unrecognized kind of ball.");
                                         break;
}
```

如果新加一个 case，其名字比现有的 case 名都长，就得将所有的 case 及其后的代码移位。大量的初始缩进很难容纳更多的逻辑代码，正如 WhiteAndBlue 条件所示的那样。解决之道是改成标准缩进增量。如果循环使语句缩进三个空格，就应像清单 31-36 那样对 case 语句缩进同样数目的空格。

清单 31-36　case 语句按标准数目缩进的 C++示例

```
switch ( ballColor ) {
   case BallColor_Blue:
      Rollout();
      break;
   case BallColor_Orange:
      SpinOnFinger();
      break;
   case BallColor_FluorescentGreen:
      Spike();
      break;
   case BallColor_White:
      KnockCoverOff();
      break;
   case BallColor_WhiteAndBlue:
      if ( mainColor == BallColor_White ) {
         KnockCoverOff();
      }
      else if ( mainColor == BallColor_Blue ) {
         RollOut();
      }
      break;
   default:
      FatalError( "Unrecognized kind of ball." );
      break;
}
```

很多人可能觉得前一个例子更美观。但以容纳更长语句、持久性和可维护性的能力等来衡量，第二种方法才是赢家。

如果 case 语句里面所有的情况都是平行的，且操作都很短，可以考虑将 case 和操作放在一行。但多数情况下你注定不能这样。这样格式化最初就很麻烦，修改也会将它打乱，当短操作变长时很难再保持所有情况平行的结构。

31.5 Laying Out Individual Statements
31.5 单条语句的布局

本节说明在程序中改善单条语句布局的多种方法。

Statement Length
语句长度

交叉参考 关于文档化单条语句的详细内容,请参看32.5节中的"注释单行"。

一条常见但有点过时的规则,就是语句长度应限制在 80 个字符以内,理由如下。

- 超过 80 个字符的语句很难读。
- 80 个字符的限制不鼓励深度嵌套。
- 长于 80 字符的语句行在 8.5×11 英寸规格纸张上放不下,特别是当一面打印两栏代码时(每张物理输出页面打印两页代码)。

有了大幅面的显示器、窄的字体和横向打印模式,80 个字符/行的限制日益显得武断了。一行上有 90 个字符常比为避免超出 80 个字符将其拆分为两行要容易读得多。通过现代技术的帮助,偶尔超过 80 个字符也没多大关系。

Using Spaces for Clarity
用空格使语句显得清楚

在语句中加入空格可以提高可读性。

使用空格会让逻辑表达式更易读 下列表示:

```
While(pathname[startPath+position]<>';')and
   ((startPath+position)<length(pathname)) do
```

读起来和"Idareyoutoreadthis"(我赌你读不懂这个)一样糟糕。

作为规则,应用空格来分隔标识符。这样的话,上述 while 语句就该是:

```
While ( pathname [ startPath + position ] <> ';' ) and
   (( startPath + position ) < length ( pathname )) do
```

一些软件艺术家或许会建议再加些空格,来强调特定表达式以突出其逻辑结构,也就是:

```
While ( pathname [ startPath + position ] <> ';' ) and
   ( ( startPath + position ) < length ( pathname ) ) do
```

这样做是好,不过前一种用空格的方法已经足够保证了可读性。话又说回来,额外的空格极少起负面作用,所以尽量多用吧。

使用空格让数组引用更容易读 下列表达式:

```
grossRate[census[groupId],gender,census[groupId],ageGroup]
```

比起前面密密麻麻的 while 表达式,其可读性好不到哪里去。在数组下标前后应加上空格使其易读。采用这一规则时,上面表达式就应该如下:

```
grossRate[ census [ groupId ], gender , census [ groupId ], ageGroup ]
```

使用空格让子程序参数更容易读 下面子程序的第四个参数是什么?

```
ReadEmployeeDate(maxEmps,empDate,inputFile,empCount,inputError);
```

那么下面这个子程序的第四个参数又是什么呢?

```
GetCensus ( inputFile, empCount, empData, maxEmps, inputRrror );
```

哪个容易看到?这是一个有意义的现实问题,因为参数位置对所有主要的过程化语言都是很重要的。很常见的做法是将子程序说明放在半个屏幕,而其调用位于另半个屏幕,以便对照形参和实参。

Formatting Continuation Lines
格式化后续行

程序布局中最恼人的一个问题,就是需要确定如何将较长语句延续到下一行。是该按照一般的缩进量对其缩进?还是将其关键字对齐?对赋值语句怎么处理?

这里有一个合理而特别耐用的方法,特别适宜于 Java、C、C++、Visual Basic 等提倡长变量名的语言。

使续行明显 语句有时需分为几行,要么由于太长,超过了允许的编程标准,要么因为占据一行会让行长得离谱。这时放在第一行中的那部分要清清楚楚地表明它仅是语句的一部分。断句最简单的方法是将第一行部分做成若其单独时就有明显语法错误的样子。清单 31-37 是一些示例。

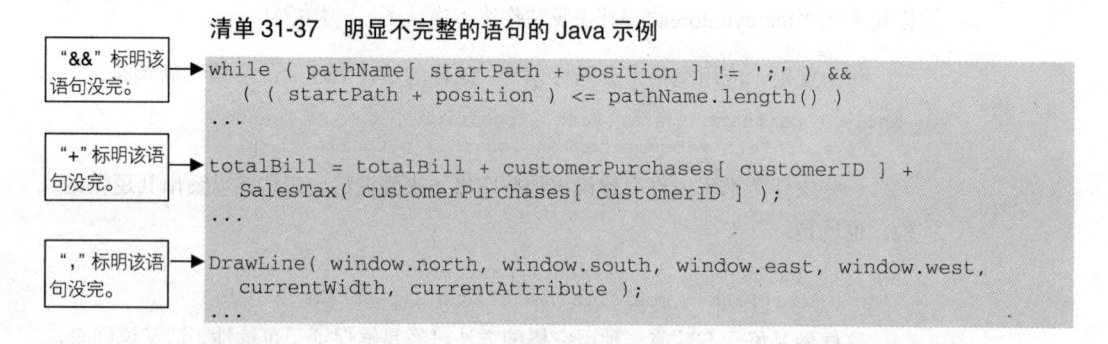

清单 31-37 明显不完整的语句的 Java 示例

"&&" 标明该语句没完。
```
while ( pathName[ startPath + position ] != ';' ) &&
   ( ( startPath + position ) <= pathName.length() )
...
```

"+" 标明该语句没完。
```
totalBill = totalBill + customerPurchases[ customerID ] +
   SalesTax( customerPurchases[ customerID ] );
...
```

"," 标明该语句没完。
```
DrawLine( window.north, window.south, window.east, window.west,
   currentWidth, currentAttribute );
...
```

31.5 单条语句的布局

除了告诉读者第一行的语句不完整外,断句也有助于防止不当的修改。如果语句其他部分删除,第一行看起来不只是忘加了括号或分号——显然后面还有不少内容。

另一个办法是将后续的字符置于后续行的开头,如清单 31-38 中所示,这种方式也工作得不错。

清单 31-38　另一种明显不完整的语句的 Java 示例

```
while ( pathName[ startPath + position ] != ';' )
  && ( ( startPath + position ) <= pathName.length() )
...
totalBill = totalBill + customerPurchases[ customerID ]
  + SalesTax( customerPurchases[ customerID ] );
```

尽管这种风格不会导致以"&&"或"+"结尾的语法错误,但扫视文本对齐的左边界的运算符比右边界位置容易,后者较拥挤。另一个好处是标明运算的结构,如清单 31-39 所示。

清单 31-39　能够清楚说明复杂运算风格的 Java 示例

```
totalBill = totalBill
  + customerPurchases[ customerID ]
  + CitySalesTax( customerPurchases[ customerID ] )
  + StateSalesTax( customerPurchases[ customerID ] )
  + FootballStadiumTax()
  - SalesTaxExemption( customerPurchases[ customerID ] );
```

把紧密关联的元素放在一起　如果要断句,应将属于一体的东西放在一起,例如数组下标、子程序参数等。清单 31-40 中的例子做得就不好。

清单 31-40　中断句拙劣的 Java 示例

```
customerBill = PreviousBalance( paymentHistory[ customerID ] ) +
LateCharge(
  paymentHistory[ customerID ] );
```

说实话,这样断句确实遵守了将语句的不完整性明显标识的原则,但它使语句无谓地难以读懂。有些情况下这样断句还可以,但本例则没有必要。最好是将数组引用也放在同一行。清单 31-41 中的格式比较好。

清单 31-41 恰当断句的 Java 示例

```
customerBill = PreviousBalance( paymentHistory[ customerID ] ) +
   LateCharge( paymentHistory[ customerID ] );
```

将子程序调用的后续行按标准量缩进 如果在循环或条件语句中通常缩进三个空格,就应将子程序调用语句的后续行也缩进三个空格。清单 31-42 给出了一些例子。

清单 31-42 Java 示例:按标准缩进量对子程序调用语句的后续行缩进

```
DrawLine( window.north, window.south, window.east, window.west,
   currentWidth, currentAttribute );
SetFontAttributes( faceName[ fontId ], size[ fontId ], bold[ fontId ],
   italic[ fontId ], syntheticAttribute[ fontId ].underline,
   syntheticAttribute[ fontId ].strikeout );
```

另一个办法是将后续行对齐于子程序的首个参数处,如清单 31-43 所示。

清单 31-43 Java 示例:缩进子程序调用语句的后续部分,以强调子程序名

```
DrawLine( window.north, window.south, window.east, window.west,
          currentWidth, currentAttribute );
SetFontAttributes( faceName[ fontId ], size[ fontId ], bold[ fontId ],
                   italic[ fontId ],
syntheticAttribute[ fontId ].underline,
                   syntheticAttribute[ fontId ].strikeout );
```

从美观角度看,这样做不如第一个办法整齐,而且当子程序名、参数名之类改变时,维护也麻烦些。多数程序员用一段时间后会被第一个办法吸引过去。

让后续行的结尾易于发现 上述的方法有一个问题,那就是不易找到一个行的结尾。还有一个办法是每个参数占一行,最后用右括号括起来以示参数结束。清单 31-44 给出了其外观。

清单 31-44 Java 中将子程序调用后续行中的单个参数作为一行的例子

```
DrawLine(
   window.north,
   window.south,
   window.east,
   window.west,
   currentWidth,
```

31.5 单条语句的布局

```
    currentAttribute
);
SetFontAttributes(
   faceName[ fontId ],
   size[ fontId ],
   bold[ fontId ],
   italic[ fontId ],
   syntheticAttribute[ fontId ].underline,
   syntheticAttribute[ fontId ].strikeout
);
```

显然该方法要占用大量篇幅。如果子程序参数是长长的对象域引用或指针名，就像上面例子中最后两个参数那样，则每行仅有一个参数会从根本上增强可读性。块结尾处的");"清楚地标明了调用结束。如果要增加参数，只需插入新行而不必重新编排。

实际上，一般只有少数的子程序需分成几行，多数情况下都可以只用一行。只要持久不变地使用这三个办法中的一个，都可以很好地格式化多行子程序调用。

将控制语句的后续行缩进以标准的空格数 如果 `for` 循环、`while` 循环或者 `if` 语句头部太长，请将后续行与循环体或 `if` 后的语句一样缩进。清单 31-45 给出了两个示例。

清单 31-45 控制语句后续行缩进的 Java 例子

> 后续行按标准空格数缩进。

```java
while ( ( pathName[ startPath + position ] != ';' ) &&
   ( ( startPath + position ) <= pathName.length() ) ) {
   ...
}
```

> 这里也一样。

```java
for ( int employeeNum = employee.first + employee.offset;
   employeeNum < employee.first + employee.offset + employee.total;
   employeeNum++ ) {
   ...
}
```

交叉参考 有时对复杂条件的最好解决办法是将其置于布尔函数中。有关示例可参看第 19.1 节中的"简化复杂的表达式"。

这迎合了本章前面的规则，语句后续部分的布局很合乎逻辑——它总是在所接续的语句下面缩进。缩进可以一贯进行下去——只比首行多几个空格而已，同样易读、可维护。有时微调缩进或者空白可以改善可读性，但微调时要务必兼顾可维护性。

不要将赋值语句按等号对齐　在本书的第 1 版中，曾建议将含有赋值的语句按等号对齐，如清单 31-46 所示。

清单 31-46　Java 示例：对赋值语句后续行按行尾原则布局，这是不当的做法

```
customerPurchases    = customerPurchases + CustomerSales( CustomerID );
customerBill         = customerBill + customerPurchases;
totalCustomerBill    = customerBill + PreviousBalance( customerID ) +
                       LateCharge( customerID );
customerRating       = Rating( customerID, totalCustomerBill );
```

经过十年的实践我才发现，尽管这种缩进看上去不错，但若变量名称改变，或运行将制表符换作空格和以空格换作制表符的工具时，要维持以等号对齐就会很麻烦。还有，将程序行移往其他不同缩进级别的位置时，也很不好维护。

为了与其他缩进规则保持一致，也为了可维护性，应将包含赋值操作的语句组与其他语句同等看待，如清单 31-47 所示。

清单 31-47　Java 示例：对赋值语句后续部分缩进标准量，这是正确的做法

```
customerPurchases = customerPurchases + CustomerSales( CustomerID );
customerBill = customerBill + customerPurchases;
totalCustomerBill = customerBill + PreviousBalance( customerID ) +
   LateCharge( customerID );
customerRating = Rating( customerID, totalCustomerBill );
```

对赋值语句后续行按标准量缩进　在清单 31-47 中，第三个赋值语句的后续行以标准数量缩进。不对其以特殊方式格式化赋值语句还是基于同样理由：通用的可读性和可维护性。

Using Only One Statement Per Line
每行仅写一条语句

诸如 C++ 语言和 Java 的现代语言允许每行有多条语句。然而，在一行里放上几条语句，对这种随心所欲的格式化风格褒贬不一。包含若干语句的行在逻辑上可分解为各语句单独占一行：

```
i = 0; j = 0; k = 0; DestroyBadLoopNames(i, j, k);
```

31.5 单条语句的布局

将多个语句放在一行的理由是，这样可以少占屏幕或者打印纸篇幅，从而一次能多看些代码；它也能将相关语句集中在一起。有些程序员还觉得能为编译器提供优化线索。

这些理由都有道理，但每行只写一个语句的理由更具说服力。

- 将每个语句单独置于一行，能够提供有关程序复杂性的准确观点。这样就不会因为使复杂的语句看起来简单而隐藏了程序的复杂性。应该让复杂的语句一看就是复杂的，简单语句一看就是简单的。

> **交叉参考** 第25章"代码调整策略"和第26章"代码调整技术"讨论了代码级的执行优化。

- 对于现代编译器，将多个语句放在一行不能提供任何优化线索。不要指望格式编排来优化编译过程。本节后面还会有所说明。

- 各语句单独占一行，则代码仅需自上而下读，而不必自上而下，还要从左往右去读。当寻找某特定行的代码时，你只用盯着代码的左边界，不再由于某一行可能包括两条语句而去深入每一行。

- 各语句单独占一行，在编译器以行号指出某行有错误时，你将更容易找出语法错误。如果一行有多条语句，行号并不能告诉你究竟是哪一条语句出了错。

- 各语句单独占一行，在基于行的调试器中就容易单步地执行代码。如果一行有多条语句，调试器就会一次执行这些语句，你必须切换到汇编程序中才能单步执行各语句。

- 各语句单独占一行，编辑单个语句也更容易——删除一行或者临时将某行改为注释。如果一行有多条语句，就只能在语句间做这些编辑工作。

C++中，不要让一行里有多个操作（副作用） "副作用"指语句除了主要结果之外还有其他效用。对于C++，如果一行里既有"++"操作符又有其他操作，则"++"就是副作用。类似地，向变量赋值，将赋值语句的左边作为条件也是副作用。

副作用使代码难以看懂。例如，如果 n 等于 4，清单 31-48 示例中的语句会打印输出什么呢？

清单 31-48 意义不明的有副作用的 C++示例

```
PrintMessage( ++n, n + 2 );
```

是4和6吗？是5和7吗？抑或是5和6？这些答案都不对。第一个参数"++n"是 5，但 C++并未定义表达式的运算次序，也没有定义子程序参数的求值次序。所以编译器在第一个参数或前或后，来计算第二个参数 n+2，结果可能是 6 或 7，依编译器而定。清单 31-49 给出该如何重写此语句，以便使意图清楚。

清单 31-49　避免意图不清的有副作用的 C++ 示例

```
++n;
PrintMessage( n, n + 2 );
```

如果你对"让有副作用的语句单独占一行"不以为然，就试着说明清单 31-50 中的子程序做的什么。

清单 31-50　一行上有过多操作的 C 示例

```
strcpy( char * t, char * s ) {
   while ( *++t = *++s )
      ;
}
```

一些经验丰富的 C 语言程序员并不觉得例子复杂，因为这是个常见的函数。他们会瞥一眼，说道："不就是 `strcpy()` 嘛"。然而它并不完全是 `strcpy()`，因为这里有个错误。如果你看着这些代码说"是 `strcpy()`"，说明你认出了代码，而没有理解之，这正是你调试程序时的情景：正因为你"认得"这些代码而没有理解它们，你就不会注意到，其实它还有难以发现的错误。

清单 31-51 所示片段的功能和上例相同，也容易读懂。

清单 31-51　把各操作放在各自的行中，从而改善了可读性的 C 语言示例

```
strcpy( char * t, char * s ) {
   do {
      ++t;
      ++s;
      *t = *s;
   }
   while ( *t != '\0' );
}
```

在这样改编后的代码，错误是显而易见的。显然，在*s 拷贝给*t 之前，t 和 s 就已递增了，所以错过了第一个字符的拷贝。

第二个例子看起来比第一个例子啰嗦，尽管两者完成的操作一样。之所以显得啰嗦，是因为它没有掩饰操作的复杂性。

> **交叉参考** 有关代码调整的细节,请参看第25章"代码调整策略"和第26章"代码调整技术"。

性能的改善并不靠将多个操作置于一行实现。由于这两个 `strcpy()` 子程序逻辑上等效,你可能认为编译器会产生相同的代码。然而,在测量这两个版本的子程序时发现,要拷贝五百万个字符串,第一个版本需花费 4.81 秒的时间,而第二个版本只需耗时 4.35 秒。

在本例中,"聪明"的版本反而多花了11%的时间,使其显得不怎样了。结果因编译器而异,但通常建议最好还是先求清晰正确,其次才是执行效率,除非你对性能收益已经了如指掌。

即使你能轻松地看懂有副作用的语句,你也得照顾那些将来要读你的代码的人。多数优秀的程序员在理解带副作用的表达式时都会三思。让他们的脑袋去考虑你的代码如何工作等大问题吧,而不是去思考其中的特殊表达式的语法细节。

Laying Out Data Declarations
数据声明的布局

> **交叉参考** 有关数据声明的文档化,请参看32.5节中的"注释数据声明";有关数据的使用,请参看第10章到第13章。

每行只声明一个数据 前面示例已说明,应将每个数据声明单独列一行。这样的话,就容易在声明旁添加注释;每个声明自成一体也便于修改;只需按列查找而不必通读每一行,从而找到特定变量会容易些;由于编译器只给出错误行号,所以定位并改正语法错误也方便了。

看清单31-52中的数据声明,快说变量 `currentBottom` 是什么类型?

清单 31-52 将多个变量的声明堆在一起的 C++ 示例

```
int rowIndex, columnIdx; Color previousColor, currentColor, nextColor; Point
previousTop, previousBottom, currentTop, currentBottom, nextTop, nextBottom; Font
previousTypeface, currentTypeface, nextTypeface; Color choices[ NUM_COLORS ];
```

这个例子比较极端,而清单31-53中的风格则很常见。

清单 31-53 将多个变量的声明堆在一起的 C++ 示例

```
int rowIndex, columnIdx;
Color previousColor, currentColor, nextColor;
Point previousTop, previousBottom, currentTop, currentBottom, nextTop,
nextBottom;
Font previousTypeface, currentTypeface, nextTypeface;
Color choices[ NUM_COLORS ];
```

这种变量声明的风格并不鲜见，变量依旧难以查找，因为所有声明都挤在一起。变量类型同样也难查清。那么，清单 31-54 中的 `nextColor` 是什么类型呢？

清单 31-54　每行只声明一个变量来获得可读性的 C++ 示例

```
int rowIndex;
int columnIdx;
Color previousColor;
Color currentColor;
Color nextColor;
Point previousTop;
Point previousBottom;
Point currentTop;
Point currentBottom;
Point nextTop;
Point nextBottom;
Font previousTypeface;
Font currentTypeface;
Font nextTypeface;
Color choices[ NUM_COLORS ];
```

而在清单 31-53 中，变量 `nextColor` 找起来大概比变量 `nextTypeface` 容易。这一风格的特点是，每行一个变量，每行的声明也完整，都包含有变量类型。

坦白地说，这种风格占用了大量屏幕空间——20 行，而第一个例子只有 3 行。尽管后者看上去有些丑陋。我不是说这种风格会让 bug 少一点或者理解更容易。但是如果程序员 Sally 请我审代码，而其数据声明看起来像第一个例子，我会说："算了吧——你的代码太难看懂了。"；如果代码像第二个例子，我会说："好吧……我会尽快答复你的。"；如果看起来像最后的例子，我会说："当然——我很乐意帮助你。"

变量声明应尽量接近其首次使用的位置　比起将所有变量集中声明，将变量在其首次使用的附近位置声明是更好的风格。这样减少了"跨度"和"生存期"，便于必要时将代码重构为更小的子程序。详细内容请参见第 10.4 节中的"尽可能缩短变量的'存活'时间"。

合理组织声明顺序　清单 31-54 中，声明按类型分组。由于同类型的变量常在相关操作中使用，按类型分组往往合乎情理。另一种情况是，你可能选择按照变量名称的字母顺序排列。尽管按字母顺序编排有众多鼓吹者，但我感觉它会花费太多精力，以致超过了它带来的好处。假如变量清单太长，按字母排序会有所帮助，但也表明你的子程序也许太大了。请将其分成几个子程序，让它们各自只有较少的变量。

> C++中，声明指针变量时请把星号（*）靠近变量名，或者是去声明指针类型

声明指针变量时将星号写在类型旁边是很常见的，如清单 31-55 所示。

清单 31-55　C++指针声明中的星号使用示例

```
EmployeeList* employees;
File* inputFile;
```

将星号写在类型名而非变量名旁边的问题是，如果一行上有多个声明，星号只作用于第一个变量。即便声明看上去像对行上所有变量都有效。避免这个问题的办法是将星号置于变量名而非类型名旁，如清单 31-56 所示。

清单 31-56　C++指针声明中的星号使用示例

```
EmployeeList *employees;
File *inputFile;
```

这一方法的不足之处在于，似乎星号是变量名的一部分，其实并不是。变量可以和星号一起使用，也可以单独使用。

最好的办法是先声明指针类型名，再用类型名来声明变量，清单 31-57 就是一个例子。

清单 31-57　C++在声明中合理运用指针类型的示例

```
EmployeeListPointer employees;
FilePointer inputFile;
```

解决前面方法提出的特殊问题，要么要求所有指针都用指针类型声明（如清单 31-57 所示），要么要求每行只声明一个变量。应确保采用这两种解决方案中的一种。

31.6 Laying Out Comments 注释的布局

交叉参考　关于注释的其他内容，请参看第 32 章"自说明代码"。

注释做得好可大大增进程序的可读性，而糟糕的注释却会帮倒忙。注释的布局与其作用的好坏关系甚大。

注释的缩进要与相应代码一致　缩进效果是理解程序逻辑结构的辅助工具，好的注释不会妨碍缩进效果。打个比方，清单 31-58 中子程序的逻辑结构是怎样的呢？

清单 31-58　注释缩进不当的 Visual Basic 例子

```vb
For transactionId = 1 To totalTransactions
' get transaction data
  GetTransactionType( transactionType )
  GetTransactionAmount( transactionAmount )

' process transaction based on transaction type
  If transactionType = Transaction_Sale Then
    AcceptCustomerSale( transactionAmount )

  Else
    If transactionType = Transaction_CustomerReturn Then

' either process return automatically or get manager approval, if required
      If transactionAmount >= MANAGER_APPROVAL_LEVEL Then

' try to get manager approval and then accept or reject the return
' based on whether approval is granted
        GetMgrApproval( isTransactionApproved )
        If ( isTransactionApproved ) Then
          AcceptCustomerReturn( transactionAmount )
        Else
          RejectCustomerReturn( transactionAmount )
        End If
      Else

' manager approval not required, so accept return
        AcceptCustomerReturn( transactionAmount )
      End If
    End If
  End If
Next
```

从本例中，你无法获取有关程序结构的较多提示，因为注释彻底扰乱了代码的缩进外观。也许你很难相信有人会故意这样缩进，但我确实在专业程序中见过，还获悉至少有一本教材里推荐这么做。

清单 31-59 中的代码和清单 31-58 完全相同，只是改进了注释的缩进。

清单 31-59 注释合理缩进的 Visual Basic 例子

```vb
For transactionId = 1 To totalTransactions
  ' get transaction data
  GetTransactionType( transactionType )
  GetTransactionAmount( transactionAmount )

  ' process transaction based on transaction type
  If transactionType = Transaction_Sale Then
    AcceptCustomerSale( transactionAmount )

  Else
    If transactionType = Transaction_CustomerReturn Then

     'either process return automatically or get manager approval,
      if required If transactionAmount >= MANAGER_APPROVAL_LEVEL Then

        ' try to get manager approval and then accept or reject the return
        ' based on whether approval is granted
        GetMgrApproval( isTransactionApproved )
        If ( isTransactionApproved ) Then
          AcceptCustomerReturn( transactionAmount )
        Else
          RejectCustomerReturn( transactionAmount )
        End If
      Else
        ' manager approval not required, so accept return
        AcceptCustomerReturn( transactionAmount )
      End If
    End If
  End If
Next
```

在清单 31-59 中，逻辑结构更加鲜明。Shneiderman 于 1980 年开展了一项有关注释效果的研究，发现有注释未必就是好事。研究者认为这是由于它们"干扰了对程序的扫视"。从这些例子可以明显看出，注释的风格有力地影响着注释是否具有负面作用。

每行注释用至少一个空行分开 如果有人想对你的程序有总体认识，最有效的办法是看你的注释而非代码。将注释用空行分开有利于读者扫视代码。清单 31-60 给出了一个例子。

清单 31-60 用空行分开注释的 Java 示例

```java
// comment zero
CodeStatementZero;
CodeStatementOne;

// comment one
CodeStatementTwo;
CodeStatementThree;
```

有的人在注释前后都加一空行。两个空行占用了更多显示区域，但是一些人认为这样的代码看起来更好。清单 31-61 就是这个样子。

清单 31-61　用两个空行分开注释的 Java 示例

```
// comment zero

CodeStatementZero;
CodeStatementOne;

// comment one

CodeStatementTwo;
CodeStatementThree;
```

除非显示空间非常珍贵，否则这就纯粹是美观方面的看法，你可以自行决定。就像在其他许多领域一样，有约定比约定的某个特定细节更重要。

31.7 Laying Out Routines 子程序的布局

交叉参考　关于文档化子程序的详细内容，请参考 32.5 节中的"注释子程序"；关于编写子程序的过程，请参考 9.3 节的"通过伪代码编程过程创建子程序"；有关优劣子程序的差异，请参看第 7 章"高质量的子程序"。

子程序由一些独立的语句、数据、控制结构、注释组成，所有这些部件都已在本章其余部分讨论过了。本节只介绍有关程序布局的原则。

用空行分隔子程序的各部分　请在子程序的头、数据和常量名声明（如果有的话）以及子程序体之间插入空行。

将子程序参数按标准缩进　与其他区域的布局情况一样，可选的子程序头布局有：任意布局、行尾布局或标准缩进。在大多数情况下，标准缩进更准确、连贯、可读、易维护。清单 31-62 给出了两个未注意子程序头布局的例子。

清单 31-62　子程序头没有用心布局的 C++ 示例

```
bool ReadEmployeeData(int maxEmployees,EmployeeList *employees,
   EmployeeFile *inputFile,int *employeeCount,bool *isInputError)
...
void InsertionSort(SortArray data,int firstElement,int lastElement)
```

这样的子程序头纯粹只是为了使用，计算机肯定能读，但对人呢？没意识到程序还需供人看，会让看的人叫苦不迭，还有比这更糟糕的事吗？

子程序头的第二种布局方式是行尾布局,它通常显得很不错。清单 31-63 给出了同样子程序头重排后的表现。

清单 31-63　C++中使用普通行尾布局的子程序头的示例

```
bool ReadEmployeeData( int           maxEmployees,
                       EmployeeList  *employees,
                       EmployeeFile  *inputFile,
                       int           *employeeCount,
                       bool *isInputError )
...
void InsertionSort( SortArray   data,
                    int         firstElement,
                    int         lastElement
```

交叉参考　有关子程序参数的更多细节,请参看第 7.5 节"如何使用子程序参数"。

行尾布局整齐美观。其主要问题是维护要花费很多气力,而人们常常由于这种风格维护起来太麻烦就不维护。设想上面函数名由 ReadEmployeeData() 被改为 ReadNewEmplyeeData(),就会让下面四行不再与第一行对齐,你只好对它们重排,以便与更长函数名引起的 maxEmployees 的新位置对齐。这样做也许会因为其中的元素已经太靠右,而跑到了右侧的外面。

清单 31-64 给出的例子采用标准缩进布局,既美观,维护量也小。

清单 31-64　子程序头采用易读、易维护的标准缩进布局的 C++例子

```
public bool ReadEmployeeData(
   int maxEmployees,
   EmployeeList *employees,
   EmployeeFile *inputFile,
   int *employeeCount,
   bool *isInputError
)
...
public void InsertionSort(
   SortArray data,
   int firstElement,
   int lastElement
)
```

这种风格经得起修改。子程序名的变化不会对参数产生任何影响,增删参数只需要修改一行——增加或去掉一个逗号。视觉效果与循环或 if 语句的缩进一致。眼睛不必扫视代码页的各部分,就能找到每个子程序的有用信息,因为信息就在那儿。

该风格在 Visual Basic 中可直观地表现出来,不过要有续行符,如清单 31-65 所示。

清单 31-65 子程序头采用易读、易维护的标准缩进布局的 Visual Basic 示例

> 此处的字符 "_" 是续行符。

```
Public Sub ReadEmployeeData ( _
    ByVal maxEmployees As Integer, _
    ByRef employees As EmployeeList, _
    ByRef inputFile As EmployeeFile, _
    ByRef employeeCount As Integer, _
    ByRef isInputError As Boolean _
)
```

31.8 Laying Out Classes 类的布局

本节说明类代码的布局原则。第一小节描述如何布局类接口,第二小节阐释怎样编排类实现,最后一小节讨论文件与程序的布局。

Laying Out Class Interfaces 类接口的布局

> **交叉参考** 有关文档化类的详细内容,请参看 32.5 节中的"注释类、文件和程序"。关于区别类优劣的讨论,可以参看第 6 章 "可以工作的类"。

在布局类接口时,一般应将类成员按如下顺序表示:

1. 说明类及其完整用法的头部注释
2. 构造函数与析构函数
3. public 子程序
4. protected 子程序
5. private 子程序和数据成员

Laying Out Class Implementations 类实现的布局

类实现通常应按以下顺序排布:

1. 描述类所在文件之内容的头部注释
2. 类数据
3. public 子程序
4. protected 子程序
5. private 子程序

31.8 类的布局

　　如果文件包含多个类,要清楚地标出每一个类　相关子程序应分组放到类中。别人看了你的代码后应能很容易说得头头是道。用空行将类与相邻类分开,以便使其井井有条。类就像书的"章",书都是新起一页开始一章,章名采用大字号印刷。请以类似手法强调每个类的开头。清单 31-66 给出将类分隔开来的例子。

清单 31-66　将类分开布局的 C++ 示例

_{这是某类的最后一个子程序。}

```cpp
// create a string identical to sourceString except that the
// blanks are replaced with underscores.
void EditString::ConvertBlanks(
  char *sourceString,
  char *targetString
  ) {
  Assert( strlen( sourceString ) <= MAX_STRING_LENGTH );
  Assert( sourceString != NULL );
  Assert( targetString != NULL );
  int charIndex = 0;
  do {
    if ( sourceString[ charIndex ] == " " ) {
      targetString[ charIndex ] = '_';
    }
    else {
      targetString[ charIndex ] = sourceString[ charIndex ];
    }
    charIndex++;
  } while sourceString[ charIndex ] != '\0';
}
```

_{在下一个类的开头标记若干空行和类名。}

```cpp
//-----------------------------------------------------------
// MATHEMATICAL FUNCTIONS
//
// This class contains the program's mathematical functions.
//-----------------------------------------------------------
```

_{这是新类的第一个子程序。}

```cpp
// find the arithmetic maximum of arg1 and arg2
int Math::Max( int arg1, int arg2 ) {
  if ( arg1 > arg2 ) {
    return arg1;
  }
  else {
    return arg2;
  }
}
```

_{这个子程序与上一个子程序以空行分隔。}

```cpp
// find the arithmetic minimum of arg1 and arg2
int Math::Min( int arg1, int arg2 ) {
  if ( arg1 < arg2 ) {
    return arg1;
  }
  else {
    return arg2;
  }
}
```

不要在类里过度注释。如果对每个子程序都做标记，且用一行星号而非空行作为注释，要找到能有效强调新类开始的方式就很困难了。清单 31-67 给出了一个示例。

清单 31-67　C++中对类过度布局格式的例子

```
//****************************************************************
//****************************************************************
// MATHEMATICAL FUNCTIONS
//
// This class contains the program's mathematical functions.
//****************************************************************
//****************************************************************

//****************************************************************
// find the arithmetic maximum of arg1 and arg2
//****************************************************************
int Math::Max( int arg1, int arg2 ) {
//****************************************************************
   if ( arg1 > arg2 ) {
      return arg1;
   }
   else {
      return arg2;
   }
}

//****************************************************************
// find the arithmetic maximum of arg1 and arg2
//****************************************************************
int Math::Min( int arg1, int arg2 ) {
//****************************************************************
   if ( arg1 < arg2 ) {
      return arg1;
   }
   else {
      return arg2;
   }
}
```

在此例中，很多内容用星号突出，以至于没有什么东西被真正强调了。程序通身都是星号。尽管这是美观方面的评价而非技术评价，但在格式化时还是少这么做为好。

如果确实要用专门的字符行将程序各部分划开，那就采用一系列的符号（从紧到松），不要老是只用星号。例如，类分隔用星号，子程序间用连字号（减号），而重要的注释使用空行。避免将两行星号或者连字号放在一块。清单 31-68 给出了示例。

清单 31-68　格式化较好的有节制的 C++ 示例

> 该行相对于星号行较疏松，视觉突出了子程序属于此类的事实。

```cpp
//*****************************************************************
// MATHEMATICAL FUNCTIONS
//
// This class contains the program's mathematical functions.
//*****************************************************************

//-----------------------------------------------------------------
// find the arithmetic maximum of arg1 and arg2
//-----------------------------------------------------------------
int Math::Max( int arg1, int arg2 ) {
   if ( arg1 > arg2 ) {
      return arg1;
   }
   else {
      return arg2;
   }
}

//-----------------------------------------------------------------
// find the arithmetic minimum of arg1 and arg2
//-----------------------------------------------------------------
int Math::Min( int arg1, int arg2 ) {
   if ( arg1 < arg2 ) {
      return arg1;
   }
   else {
      return arg2;
   }
}
```

这个在单一文件中怎样标识多个类的建议，只适合于那些限制了你在一个程序里可使用的文件数目的语言。如果用的是 C++、Java、Visual Basic 等支持多个源文件的语言，那么除非确有充足理由（例如将若干小类组织到一起），请在一个文件中只放一个类。不过，在一个类里可能有若干个子程序组，你仍可用这里介绍的技术将其分开。

Laying Out Files and Programs
文件和程序布局

> **交叉参考**　有关文档化类的详细内容，请参见 32.5 节中的"注释类、文件和程序"。

在类的布局技术之外，还有更大的格式化话题：如何组织文件中的类和子程序？怎样决定哪个类应该放到一个文件的最前面？

一个文件应只有一个类　文件不能只是存放代码的大筐。如果所用语言允许的话，一个文件应该是"支持且仅支持一项目的"的一组子程序的集合。文件应该强化这一子程序集合同属于一个类的思想。

交叉参考 有关类与子程序之间的区别,以及如何将子程序集合放入类的详细内容,请参看第6章"可以工作的类"。

一个文件中的所有子程序构成了这个类。这样的类才真正得到了本程序的认可,否则该类不过就是设计时创建的一个逻辑实体而已。

类是语言里的语义概念,文件则是操作系统中的物理概念。类和文件之间的对应只是一种巧合,并且随着时间的推移,越来越多的环境支持将代码放入数据库,从而模糊了子程序、类以及文件的联系,也使这一对应关系日益弱化。

文件的命名应与类名有关 多数项目的类名和文件名之间具有一一对应的关系。例如名为 `CustomerAccount` 的类,其文件名应为 `CustomerAccount.cpp` 和 `CustomerAccount.h`。

在文件中清晰地分隔各子程序 至少用两个空行将各子程序分开。空行与星号行、连字号行一样有效,而其输入和维护却容易得多。采用两到三行空格,可以清楚地表现出有关空行是子程序里的一部分,还是子程序之间的分隔。清单31-69 给出了例子。

清单 31-69　在子程序间使用空行的 Visual Basic 示例

```
'find the arithmetic maximum of arg1 and arg2
Function Max( arg1 As Integer, arg2 As Integer ) As Integer
   If ( arg1 > arg2 ) Then
      Max = arg1
   Else
      Max = arg2
   End If
End Function



'find the arithmetic minimum of arg1 and arg2
Function Min( arg1 As Integer, arg2 As Integer ) As Integer
   If ( arg1 < arg2 ) Then
      Min = arg1
   Else
      Min = arg2
   End If
end Function
```

用至少两个空行来区分这两个子程序。

空行比其他任何分隔符行都更容易键入,看上去也一点儿不差。此例中用了三个空行,其分隔效果比子程序内的空行明显得多。

按字母顺序排列子程序 将相关子程序在文件中分组的替代方案是按字母顺序排列这些子程序。如果无法将程序分解为若干类,或者你的编辑器不能方便地查找函数,则按字母排序能够节约查找时间。

对于 C++，请仔细组织源文件中内容的次序 C++源文件内容的典型顺序应为：

1. 文件的描述性注释
2. `#include` 文件行
3. 在多个类里使用的常量定义（如果文件里有多个类）
4. 在多个类里使用的枚举（如果文件里有多个类）
5. 宏函数定义
6. 在多个类里使用的类型定义（如果文件里有多个类）
7. 导入的全局变量和函数
8. 导出的全局变量和函数
9. 本文件私用的变量和函数
10. 各个类，包括各个类中的常量定义、枚举以及类型定义

CHECKLIST: Layout
核对表：布局

cc2e.com/3194

一般问题

- ❑ 格式化主要是为了展现代码的逻辑结构吗？
- ❑ 你的布局方案能统一地运用吗？
- ❑ 你的布局方案能让代码易于维护吗？
- ❑ 你的布局方案是否有利于代码的可读性？

控制结构的布局

- ❑ 你的代码中避免 `begin-end` 对或`{}`的双重缩进了吗？
- ❑ 相邻的块之间用空行分隔了吗？
- ❑ 对复杂表达式格式化时考虑到可读性吗？
- ❑ 对只有一条语句的块的布局始终如一吗？
- ❑ `case` 语句与其他控制结构的格式化保持一致了吗？
- ❑ 对 `goto` 语句的格式化是否让其显眼了呢？

> **单条语句的布局**
> - ❏ 为逻辑表达式、数组下标和子程序参数的可读性而使用空格了吗?
> - ❏ 不完整的语句在行末是以明显有错的方式结束吗?
> - ❏ 后续行按照标准数目缩进了吗?
> - ❏ 每行顶多只有一条语句吗?
> - ❏ 所写的每个语句都没有副作用吗?
> - ❏ 每行顶多只声明一个数据吗?
>
> **注释的布局**
> - ❏ 注释与其所注释的代码的缩进量相同吗?
> - ❏ 注释的风格便于维护吗?
>
> **子程序的布局**
> - ❏ 你对每个子程序参数的格式化方式便于看懂、修改、注释吗?
> - ❏ 采用空行分隔子程序的各部分了吗?
>
> **类、文件和程序的布局**
> - ❏ 多数类和文件之间是一一对应的关系吗?
> - ❏ 如果文件内有多个类,各类中的子程序按类分组了吗?各类都清楚标识了吗?
> - ❏ 文件中的子程序用空行清楚地分开了吗?
> - ❏ 在没有更好的组织形式的场合,所有子程序都按字母顺序排列了吗?

Additional Resources
更多资源

cc2e.com/3101

多数编程教材对布局和风格都是只言片语,很少有深究编程风格的,讨论布局的就更少了。下面这些书谈到布局和编程风格。

Kernighan, Brian W. and Rob Pike. 《*The Practice of Programming*》. Reading, MA: Addison-Wesley, 1999. 该书的第 1 章着重讨论了 C 和 C++ 的编程风格。[1]

---

[1] 译注: 中译本《程序设计实践》,机械工业出版社。

Vermeulen, Allan, et al. 《*The Elements of Java Style*》. Cambridge University Press, 2000.

Misfeldt, Trevor, Greg Bumgardner, and Andrew Gray. 《*The Elements of C++ Style*》. Cambridge University Press, 2004.

Kernighan, Brian W., and P. J. Plauger. 《*The Elements of Programming Style*》, 2d ed. New York, NY: McGraw-Hill, 1978. 该书是编程风格方面的经典书籍,是探讨编程风格的第一本书。

要了解一种对可读性理解迥然不同的方法,可参看下面这本书。

Knuth, Donald E. 《*Literate Programming*》. Cambridge University Press, 2001. 这本书收集了描述文学化编程法的多篇论文,其中将编程语言和书面语言相结合。Knuth 写文学化编程的优点已经有 20 年左右了,尽管他自称为世上最好的程序员,但文学化编程并不流行。读读他的代码,用你的脑袋去想想为什么会这样。

Key Points
要点

- 可视化布局的首要任务是指明代码的逻辑组织。评估该任务是否实现的指标包括准确性、一致性、易读性和易维护性。

- 外表悦目比起其他指标是最不重要的。然而,如果其他指标都达到了,代码又质量好,那么布局效果看上去也会不错。

- Visual Basic 具有纯代码块风格,而 Java 的传统做法就是使用纯块风格,所以若用这些语言编程,就请使用纯代码块风格。C++中,模拟纯代码块或者 begin-end 块边界都行之有效。

- 结构化代码有其自身目的。始终如一地沿用某个习惯而少来创新。不能持久的布局规范只会损害可读性。

- 布局的很多方面涉及信仰问题。应试着将客观需要和主观偏好区分开来。定出明确的指标,在此基础上再讨论风格参数的选择。

Self-Documenting Code
第 32 章 自说明代码

cc2e.com/3245

内容

- 32.1 外部文档：第 777 页
- 32.2 编程风格作文档：第 778 页
- 32.3 注释或不注释：第 781 页
- 32.4 高效注释之关键：第 785 页
- 32.5 注释技术：第 792 页
- 32.6 IEEE 标准：第 813 页

相关章节

- 布局：第 31 章
- 伪代码编程过程：第 9 章
- 可以工作的类：第 6 章
- 高质量的子程序：第 7 章
- 编程是交流过程：33.5 节和 34.3 节

> 编码时要把维护你程序的人想象成知道你住址的有严重暴力倾向的精神病人。
> ——佚名

只要文档标准合情合理，多数程序员都喜欢写文档。和布局一样，好的文档说明是程序员放在程序里面、体现其专业成就的标志。软件文档说明有多种形式，本章在综述文档的有关情况后，将专注于文档的特殊补充，即"注释"。

32.1 External Documentation 外部文档

> 交叉参考 关于外部文档的更多内容，请见 32.6 节 "IEEE 标准"。

软件项目的文档涵盖了源码清单内外的各种信息——常见的形式有独立的文件或者单元开发文件夹。对于大型的正规项目，多数文档位于源码之外（Jones 1998）。外部结构文档通常比编码的层次更高，但比问题定义、需求和架构活动的层次低一些。

> **深入阅读** 对此的详细讲解请参见《The Unit Development Folder (UDF): An Effective Management Tool for Software Development》(Ingrassla 1976)、《The Unit Development Folder (UDF): A Ten-Year Perspective》(Ingrassia 1987)。

单元开发文件夹 "单元开发文件夹（unit-development folder，UDF）"又称"软件开发文件夹（software-development folder，SDF）"，是一种非正式文档，其中包含了供开发者在编程期间使用的记录。"单元"没有严格的定义，一般指类，也可指程序包或者组件。UDF 主要用途是提供在其他地方没有说明的设计决策踪迹。很多项目都有标准来指定 UDF 最少该有什么内容，例如相关需求的复本、某个单元实现的顶层设计的组成部分、开发标准的复本、当前代码清单，以及单元开发者的设计记录。尽管用户有时会要求软件开发者提供项目的 UDF，但它通常仅限于内部使用。

详细设计文档 详细设计文档是低层次的设计文档，描述在类层或子程序层的设计决定，曾考虑过的其他方案，以及采用所选方案的理由。有时候这些信息含在某个正式文档中，在这种情况下，通常的考虑是将详细设计和构建过程分开。有时它主要包含收集于 UDF 的开发者记录；在另一些时候（经常如此），设计细节说明就存在于代码本身中。

32.2 Programming Style as Documentation 编程风格作文档

与外部文档相比，内部文档嵌入于程序清单本身，是最详细的文档，位于源码层次上。由于内部文档与代码的联系最密切，故也是代码修正后最可能保持正确的那种文档。

在代码层文档中起主要作用的因素并非注释，而是好的编程风格。编程风格包括良好的程序结构、直率易懂的方法、有意义的变量名和子程序名、具名常量（而非文字量）、清晰的布局，以及最低复杂度的控制流及数据结构。

这里有一糟糕风格的代码段：

Java示例：不好的编程风格导致差劲文档说明
```java
for ( i = 2; i <= num; i++ ) {
    meetsCriteria[ i ] = true;
}
for ( i = 2; i <= num / 2; i++ ) {
    j = i + i;
    while ( j <= num ) {
```

```
meetsCriteria[ j ] = false;
j = j + i;
}
}
for ( i = 2; i <= num; i++ ) {
if ( meetsCriteria[ i ] ) {
System.out.println ( i + " meets criteria." );
}
}
```

这个子程序在干什么呢？它的难读完全没有必要。这段代码的文档作用之所以差劲不在于没有注释，而在于缺乏好的编程风格。变量名没有传达任何有价值的信息，布局粗糙。同样的代码写成下面的样子——只是改进了编程风格，就能使其含义清楚得多。

Java示例：没有注释（但编排风格很好）的文档

> **交叉参考** 该段代码加入 factorable-Number 变量就是为了使操作清晰。有关通过添加变量来澄清操作的详细内容，请参看 19.1 节中的"简化复杂的表达式"。

```
for ( primeCandidate = 2; primeCandidate <= num; primeCandidate++ ) {
  isPrime[ primeCandidate ] = true;
}

for ( int factor = 2; factor < ( num / 2 ); factor++ ) {
  int factorableNumber = factor + factor;
  while ( factorableNumber <= num ) {
    isPrime[ factorableNumber ] = false;
    factorableNumber = factorableNumber + factor;
  }
}

for ( primeCandidate = 2; primeCandidate <= num; primeCandidate++ ) {
  if ( isPrime[ primeCandidate ] ) {
    System.out.println( primeCandidate + " is prime." );
  }
}
```

与前面那段代码不同，这段代码让人一眼就能看出是与质数有关的。再仔细看就能知道它用于找出 1 到 Num 之间的质数。而前一段代码，光是找到循环在哪儿结束就得至少读上两遍。

这两段代码的差异与注释毫不相干——它们都没有注释。然而第二段代码更容易理解，接近了易读性的最高水平：自说明代码。这些代码通过好的编程风格承担文档说明的很大一部分任务。对于精心编写的代码而言，注释不过是美丽衣裳上的小饰物而已。

cc2e.com/3252

CHECKLIST: Self-Documenting Code
核对表：自说明代码

类

- ❑ 你的类接口体现出某种一致的抽象吗？
- ❑ 你的类名有意义吗，能表明其中心意图吗？
- ❑ 你的类接口对于如何使用该类显而易见吗？
- ❑ 你的类接口能抽象到不需考虑其实现过程吗？能把类看成是黑盒吗？

子程序

- ❑ 你的每个子程序名都能准确地指示该子程序确切干些什么吗？
- ❑ 你的各子程序的任务明确吗？
- ❑ 若各子程序中自成一体后更有用，你都将其各自独立出来了吗？
- ❑ 每个子程序的接口都清晰明了吗？

数据名

- ❑ 类型名描述有助于说明数据声明吗？
- ❑ 你的变量名有意义吗？
- ❑ 变量只用在其名字所代表意义的场合吗？
- ❑ 你的循环变量名能给出更多信息，而不是 i、j、k 之类的吗？
- ❑ 你用了名字有意义的枚举类型，而非临时拼凑的标识或者布尔变量吗？
- ❑ 用具名常量代替神秘数值或者字符串了吗？
- ❑ 你的命名规范能区分类型名、枚举类型、具名常量、局部变量、类变量以及全局变量吗？

数据组织

- ❑ 你根据编程清晰的需要，使用了额外变量来提高清晰度吗？
- ❑ 你对某变量的引用集中吗？
- ❑ 数据类型简化到了最低复杂度吗？
- ❑ 你是通过抽象访问子程序（抽象数据类型）来访问复杂数据吗？

控制

- ❑ 代码中的正常执行路径很清晰吗？
- ❑ 相关语句放在一起了吗？

- ☐ 相对独立的语句组打包为子程序了吗？
- ☐ 正常情况的处理位于 `if` 语句之后，而非在 `else` 子句中吗？
- ☐ 控制结构简单明了，以使复杂度最低吗？
- ☐ 每个循环完成且仅完成一个功能，是像定义良好的子程序那么做吗？
- ☐ 嵌套层次是最少吗？
- ☐ 逻辑表达式通过额外添加布尔变量、布尔函数和功能表简化了吗？

布局
- ☐ 程序的布局能表现出其逻辑结构吗？

设计
- ☐ 代码直截了当吗？是不是避免了自作聪明或新花样？
- ☐ 实现细节尽可能隐藏了吗？
- ☐ 程序是尽可能采用问题领域的术语，而非按照计算机科学或者编程语言的术语编写的吗？

32.3 To Comment or Not to Comment 注释或不注释

注释写得糟糕很容易，写得出色就难了。注释不好只会帮倒忙。关于注释有什么效力的热烈讨论通常像是对精神有哪些作用的哲学争论。我觉得如果苏格拉底（Socrates）是程序员，或许他和他的学生就曾有下面这段对话。

关于注释的讨论

人物：

Thrasymachus	没有经验的纯理论家，相信自己读过的所有东西
Callicles	从古老学校里经实战磨练出来的老手，"真正"的程序员
Glaucon	年轻自信、热情洋溢的电脑玩家
Ismene	资深程序员，讨厌吹牛皮，热衷于做实事
Socrates	博学的老程序员

第 32 章 自说明代码

场景:

小组每天例行的吹风会即将结束

Socrates：散会前谁还有问题吗？

Thrasymachus：我提议项目该有个注释标准。我们有些程序员几乎从不注释代码，谁都知道没注释的代码是没法阅读的。

Callicles：你一定是刚大学毕业的新手，比我想象的更没有经验。注释被当作是万灵药，可是任何实际编过程序的人都知道，注释反而使代码更难读懂。英语可不像 Java、Visual Basic 那么精确，它会产生大批废话。而编程语言的语句简短扼要。如果代码不清晰，又怎能注释得清楚呢？再说，代码一变，注释就过时。要是相信过时的注释，你就该倒霉了。

Glaucon：是这回事！注释过多的代码更难读懂，因为这意味着增大了阅读量。我已经有够多的代码要读，何必再去读一大堆注释呢？"

Ismene：（把她的咖啡杯里放入两块糖……）别这么说嘛。我知道注释会被滥用，可注释用得好时却妙不可言。有注释和没有注释的代码我都维护过，我还是愿意维护有注释的代码。我想没必要有标准来规定多少行代码就得有一个注释，但我们该提倡大家注释自己的代码。

Socrates：要是注释只会浪费时间，为啥还有人用呢？Callicles？

Callicles：要么是因为有人要求他们这样，要么因为他们读到什么东西，里面说这是有用的。好好想过的人都不会觉得注释有什么用。

Socrates：Ismene 认为注释有好处，她在这里已经呆三年了，维护着你们有注释和没注释的代码，而她更喜欢有注释的代码，你对此如何解释呢？

Callicles：注释只不过以啰嗦的方式又重复一遍代码，所以没什么用……

Thrasymachus：得了吧，好注释可不是重复代码，或是解释代码。它们会让其意图清晰。注释应能在更高抽象层上解释你想干什么。

KEY POINT

32.3 注释或不注释

Ismene：太对了。我扫视注释来找出我要修改或调整的地方。你说得对，重复代码的注释根本没用，因为代码足以说明一切。我读注释时，希望它就像书的标题或者目录那样提纲挈领。注释帮我找到需要的地方，然后我再开始读代码。读一句注释比分析二十行代码快多了。

（**Ismene** 又给自己倒了一杯咖啡……）我想有人不愿写注释有这么几个原因，一是觉得自己的代码已经清晰得没法再清晰了，二是总以为别人对其代码有浓厚兴趣，三是高估了其他程序员的智商，四就是懒惰，还有就是害怕别人知道其代码工作的机理。

代码审查对写注释很起作用，**Socrates**。如果谁自称没必要编写注释，在审查时就会被同仁们一串串"你这段代码到底做什么？"的提问折磨得焦头烂额，于是就会去写注释了。如果不主动这样，至少他们的上司会迫使他们这么做的。

我不是说你懒惰，**Callicles**，也不是说你害怕别人搞懂你的代码。我用过你的代码，你真是公司最优秀的程序员之一。但是请你发发慈悲吧，如果你有注释，我用起来就会容易些。

Callicles：可这是在浪费资源。好程序员的代码应该是自说明的，你想知道的全部信息都在代码里面。

Thrasymachus：（从座位上站起来）不可能！编译器要知道的东西是全在代码中！你也可以说，你想知道的每件事都在二进制可执行文件中，如果你足够聪明可以读懂的话！你的意图就不在代码里。

（意识到自己站着，便又坐下了）**Socrates**，这真是太荒唐了。争论注释有无价值干啥呢？我看过的每样东西都说注释有用，应该不受限制地使用。我们是在浪费时间！

> 显然，在某个层次上注释确实有用。不信这个的话，就说明你所认为的程序的可理解性跟读者对程序的理解程度无关。
> ——B.A.Sheil

Socrates：冷静些，**Thrasymachus**，你问问 Callicles 写程序多久了。

Thrasymachus：Callicles，多久了？

Callicles：这个嘛，我在十五年前就在 Acropolis IV 开始职业生涯。我经历过十多个重要系统从问世到淘汰的整个过程。我工作过的系统就更多了。其中两个系统有五十万行以上的代码，所以我很清楚，注释其实没啥用。

Socrates：（看着年轻的程序员 Thrasymachus）Callicles 说得好，注释确有很多实际问题，如果没有太多经验你是体会不到的。注释写得不合适只会起反作用。

Callicles：即便写得好也没有。注释不像编程语言那么精确，我情愿彻底没有注释。

Socrates：不是吧。Ismene 也认同注释是不很精确。她的意思是注释能给你更高层次的抽象，而大家都知道抽象层次是程序员最有力的工具之一。

Glaucon：我可不这么想。我们应该注意让代码更可读，而不是在注释上花费太多精力。重构能消除我的大部分注释，重构之后，我的代码里写了二三十个子程序调用都不需要注释了。高手读代码就能明白意图。如果你明知别人的代码有错，还去了解其意图会有什么好处？（他对自己的发言很得意，Callicles 点点头。）

Ismene（忽然像是对顶棚装饰块上的铅笔痕迹有了特别的兴趣）：好像你们这些人从不需要修改别人的代码。一年半载后再读读自己写的代码，你试试！这样能提高阅读能力，改进你的注释。没必要专门挑选哪个程序去试验。读小说或许不看章节标题还行，但如果是看技术类的书，就想能很快找到期望的部分。我可不想为了找到想要修改的那两行，而耗费大量注意力去读懂几百行代码。

Glaucon：不错，我明白注释能使扫视代码更方便。（他看过 Ismene 的程序，印象很深）可是说说看，Callicles 还有其他观点，比如代码改变后注释过时怎么办？我只编过几年程序，但据我所知，没人更新程序的注释。

Ismene：嗯，Callicles 的话只说对了一半。如果把注释看得太严肃，反而去怀疑代码，那就麻烦了。实际上，发现注释和代码的含义有差异，往往意味着两者都不对。某些注释不好并不代表写注释就有错。我得去餐厅倒杯咖啡。

Callicles：我反对注释主要是因为浪费资源。

Socrates：谁能想出尽量少花时间注释的办法？

Glaucon：用伪代码设计子程序，然后把伪代码转换成注释，在其中填入代码。

Callicles：好吧，只要注释不是重复代码，应该可以。

Ismene：（从餐厅回来）写注释能让你更好地思考代码在干什么。如果注释困难，要么是因为代码差劲，要么是没有理解透彻代码。不管怎样，都得对代码再花时间。所以写注释并非在做无用功，而是指出你该做的工作。

Socrates：好了，没什么问题吧。我想今天 Ismene 的发言最正确。我们该提倡加注释，但也不能滥用注释。我们还要审查代码，这样每个人都将了解有益的注释该是什么样。如果你们理解别人的代码时遇到麻烦，要告诉他如何改进。

32.4 Keys to Effective Comments 高效注释之关键

> 只要有不合理的目标、古怪的缺陷和不切实际的进度安排，就会有"真正的程序员"挺身而出"解决问题"，节省后面的文档工作。Fortran 万岁！
>
> —Ed Post

下面这个子程序在干什么？

Java神秘子程序：第1号
```java
//write out the sums 1..n for all n from 1 to num
current = 1;
previous = 0;
sum = 1;
for ( int i = 0; i < num; i++ ) {
  System.out.println( "Sum = " + sum );
  sum = current + previous;
  previous = current;
  current = sum;
}
```

猜出来了吗？

这段代码计算的是斐波纳契（Fibonacci），数列的前 num 个值。其编码风格比本章开头的子程序好一些，但注释错了。如果盲目相信注释，就会南辕北辙。

下面这段代码呢？

Java神秘子程序：第2号
```java
// set product to "base"
product = base;

// loop from 2 to "num"
for ( int i = 2; i <= num; i++ ) {
  // multiply "base" by "product"
  product = product * base;
}
System.out.println( "Product = " + product );
```

这段代码计算整数 base 的 num 次方。注释正确，但没有给代码带来信息，只是用啰嗦的方式又说明了一遍代码。

Java神秘子程序：第3号
```java
// compute the square root of Num using the Newton-Raphson approximation
r = num / 2;
while ( abs( r - (num/r) ) > TOLERANCE ) {
   r = 0.5 * ( r + (num/r) );
}
System.out.println( "r = " + r );
```

它用来计算 num 的平方根，代码一般般，不过注释写得很准确。

哪个例程最易理解呢？这三个例程没有哪个写得特别好——变量名尤其不怎样。但它们毕竟展示了内部注释的优缺点。第一个例程的注释不对；第二个例程的注释只是重复代码而毫无价值；只有第三个例程的注释真正有用。拙劣的注释还不如没有好，前两个例程就是这样。

下面将说明撰写高效注释的关键。

Kinds of Comments
注释种类

注释的作用可以分为六种。

Repeat of the Code
重复代码

重复性注释只是用不同文字把代码的工作又描述一次。它除了给读者增加阅读量外，没有提供更多信息。

Explanation of the Code
解释代码

解释性注释通常用于解释复杂、有巧、敏感的代码块。在这些场合它们能派上用场，但通常正是因为代码含混不清，才体现出这类注释的价值。如果代码过于复杂而需要解释，最好是改进代码，而不是添加注释。使代码清晰后再用概述性注释或者意图性注释。

Marker in the Code
代码标记

标记性注释并非有意留在代码中,它提醒开发者某处的工作未做完。有的开发者在程序中打上句法不对的标记(例如******),以便编译器就会标记之,并提醒还有更多工作要做。还有的开发者在注释中放入特定的字符串,既不影响编译又能搜索到它们。

如果用户报告了某个代码问题,你调试跟踪到诸如下面这样的代码:

```
return NULL; // ****** NOT DONE! FIX BEFORE RELEASE!!!
```

向用户发布有缺陷的代码已经够倒霉了;如果你早就知道发布的代码有缺陷,则更糟糕。

我发现很有必要规范标记型注释的风格。若不规范,程序员有的会用"*******",有的用"!!!!!!",有的用"TBD"(To Be Done)等五花八门的方式。各种各样标记的并存,只会让机器在搜索不完整的代码时很容易出错,甚至无法进行。统一为特定的标记风格后,就可以将机器搜索不完整代码段的操作,作为发布前检查清单的步骤之一,以避免前面所说的"FIX BEFORE RELEASE!!!"(发布前必须修正)问题。有些编辑器支持"to do"标记,还能容易地定位到这种标记。

Summary of the Code
概述代码

概述性注释是这么做的:将若干代码行的意思以一两句话说出来。这种注释比重复性注释强多了,因为读者读注释能比读代码更快。概述性注释对于要修改你代码的其他人来说尤其有用。

Description of the Code's Intent
代码意图说明

目的性注释用来指明一段代码的意图,它指出要解决的问题,而非解决的方法。比如:

```
-- get current employee information
```

就是一条意图性注释,然而

```
-- update employeeRecord object
```

则是有关解决方案的概述性注释。IBM 曾进行过一项长达六个月的研究,发现负责维护的程序员老爱说"领会代码作者的意图是最困难的事情"(Fjelstad and Hamlen 1979)。意图性注释和概述性注释并没有明显的界限,其差异也无关紧要。本章到处都有意图性注释的例子。

Information That Cannot Possibly Be Expressed by the Code Itself
传达代码无法表述的信息

某些信息不能通过代码来表达,但又必须包含在源代码中。这种注释包括版权声明、保密要求、版本号等杂项信息;与代码设计有关的注意事项;相关要求或者架构文件的索引;联机参考链接;优化注记;诸如 Javadoc、Doxygen 等编辑器要求有的注释,等等。

对于完工的代码,只允许有的三种注释类型:代码无法表述的信息、目的性注释和概述性注释。

Commenting Efficiently
高效注释

高效注释并不费时。注释太多并不比注释太少好,你很容易达到折中点。

注释占用太多时间通常归因于两点。一是,注释的风格可能耗时或枯燥乏味。如果这样,请另谋新的风格。需要庞大工作量的注释风格维护起来也会令人头痛。如果注释不便修改,人们就不愿意修改。于是乎,注释就会变得不准确,起到误导作用,反而还不如没有注释。

二是因为说明程序干什么的话不好想出来,所以写注释太难。这通常是你没有真正理解程序的信号。"写注释"所占用的时间其实都用在了更好地理解程序上面,而不管你写不写注释,这些时间注定是得花的。

下面是高效注释的几条指导原则。

采用不会打断或抑制修改的注释风格 任何太具想象力的风格维护起来都会烦人。例如,请指出下面注释中何处不易维护:

```
Java示例:难以维护的注释风格
// Variable        Meaning
// --------        -------
// xPos .......... XCoordinate Position (in meters)
// yPos .......... YCoordinate Position (in meters)
```

32.4 高效注释之关键

```
// ndsCmptng...... Needs Computing ( = 0 if no computation is needed,
//                                  = 1 if computation is needed)
// ptGrdTtl....... Point Grand Total
// ptValMax....... Point Value Maximum
// psblScrMax..... Possible Score Maximum
```

你要是说那些前导字符（…）难以维护，就回答对了！它们是好看，但没有也不碍事。修改注释时，它们会平添大量工作。如果必须选择其一，你应该力求使注释准确甚于好看——而通常确需做出这种选择。

下面是注释风格难以维护的又一例子：

C++示例：难以维护的注释风格
```
/***************************************************************
* class: GigaTron (GIGATRON.CPP)                               *
*                                                              *
* author: Dwight K. Coder                                      *
* date: July 4, 2014                                           *
*                                                              *
* Routines to control the twenty-first century's code evaluation *
* tool. The entry point to these routines is the EvaluateCode() *
* routine at the bottom of this file.                          *
***************************************************************/
```

这段注释看上去挺美观，显然是一个整体，头尾也很明显。修改这个注释段的难易程度则不好说。如果想在注释内容的最后一行加入文件名，就得仔细调整其右边的星号。假如要改变这段注释，左右两边的星号都需小心翼翼地设置。实际上意味着整段注释都不便维护，因为工作量太大了。如果你按一下键就能得到整齐排列的星号，那自然好，就用它吧。可星号本身并不是问题，整段注释都不好维护。下面的注释看上去几乎和它一样美观，但维护却容易得多。

注释风格易于维护的 C++ 示例：

C++示例：易于维护的注释风格
```
/****************************************************************
    class: GigaTron (GIGATRON.CPP)

    author: Dwight K. Coder
    date: July 4, 2014

    Routines to control the twenty-first century's code evaluation
    tool. The entry point to these routines is the EvaluateCode()
    routine at the bottom of this file.
****************************************************************/
```

下面示例的风格也特别难于维护：

Microsoft Visual Basic示例：难以维护的注释风格
```
' set up Color enumerated type
' +--------------------------+
...

' set up Vegetable enumerated type
' +------------------------------+
...
```

很难搞清注释里各横线头尾位置的加号有何意义，但容易猜出每当注释改变时，都得调整横线，以便尾部加号的位置能继续对齐。如果某行注释太长，因而溢出为两行，该怎么办呢？加号如何对齐呢？难道去掉几个词让其只占一行？或者按长度均分为两行？如果你试图持久地应用这种风格，就会更麻烦。

对Java和C++的一般编程原则就是遇到类似问题时，应对单行注释使用"//"，而对较长注释应用"/*...*/"，如下所示。

Java示例：不同用途采用不同的注释语法
```
// This is a short comment
...
/* This is a much longer comment. Four score and seven years ago our
   fathers brought forth on this continent a new nation, conceived in
   liberty and dedicated to the proposition that all men are created
   equal. Now we are engaged in a great civil war, testing whether that
   nation or any nation so conceived and so dedicated can long endure.
   We are met on a great battlefield of that war. We have come to
   dedicate a portion of that field as a final resting-place for those
   who here gave their lives that that nation might live. It is
   altogether fitting and proper that we should do this.
*/
```

第一个注释只要简短，就很容易维护。对于较长的注释，要是各行都要打双斜线、手工断行，这么做就得不偿失了。所以，对于多行注释来说，"/*...*/"正合适。

关键是要注意如何分配你的时间。如果花大量时间增删横线，只是为了对齐加号，你就不是在编程，而是浪费时光。去找个高效点的风格吧！对于那个用加号的横线的情况，就该选用没有横线的注释。如果需用横线强调，就找其他办法，别用横线与加号的方式。有个办法是采取固定长度的横线,不管注释内容有多长。这样的线不必维护,还能用文本编辑器的宏命令方便地添加。

用伪代码编程法减少注释时间　假如写代码前以注释先勾勒出代码,你就会占尽先机。完成代码之日,也是注释写好之时,不必再去专门花时间注释。由于在填充低层次的编程语言代码前,就已写出高层次的伪代码,因而可以获得所有设计方面的好处。

交叉参考　有关伪代码编程过程的详细内容,请参看第9章"伪代码编程过程"。

将注释集成到你的开发风格中　把注释集成到开发风格的相反做法是,项目临结束才开始写注释,这么做缺点太多了。写注释成了专门的任务,工作量看起来会比点滴积累的方式更大。事后再写注释将花费较长时间,因为你还得回忆或思考某行代码干什么,不能像边编程边注释那样把正在考虑的内容写下来。由于容易忘掉设计中的假设或细节问题,写出来的注释也不够准确。

反对注释的最常见理由是"当精力集中在代码上时,不该分心去写注释。"对此的适当回答是,如果你编程时集中精力这么难,以至于写写注释就会打断思路,那么你就该先用伪代码写,之后再把伪码转换成注释。要求注意力太过集中就是一个警告信号。

KEY POINT

如果你的设计很难进行编程,请在你担忧注释或代码之前先着手去简化设计。若你用伪代码理清自己的思路,编码就容易了,注释也自然而然就做好了。

性能不是逃避注释的好借口　在 4.3 节中的讨论了"你在技术浪潮中的位置",那里把技术浪潮解释为一种环境,在其中加入注释会付出性能下降的代价。在 20 世纪 80 年代的早期 IBM PC 里,Basic 程序中的注释会让程序跑慢;90 年代的 asp 页面也是这样。到了 21 世纪初,JavaScript 等需通过网络连接来传输的代码又表现出类似的问题。

对于这些情况,最终的解决方案都不是不要注释,而是创建区别于开发版的发布版代码,通常由专门对代码运行一次的工具完成,由它在把注释全清除掉,作为构建过程的一部分。

Optimum Number of Comments
最佳注释量

Capers Jones 指出，IBM 的研究发现，约每十条语句有一个注释，这样的密度时程序清晰度最高。比这小的注释密度会让代码难以理解；更多的注释也会导致同样效果（Jones 2000）。

这类研究会被滥用，项目有时会采取诸如"程序必须每五行至少有一条注释"的标准。这种标准应付的只是程序员代码不清的表象，而没有剖析其根源。

如果熟练运用伪代码编程法，日久天长你就会每几行有个注释。不过，注释数目对方法本身起到副作用。与其操心注释数目，倒不如倾力于检查每个注释有无效用。如果注释说明了写某代码的来由，又符合本章确立的各原则，这样的注释就足够了。

32.5 Commenting Techniques
注释技术

依据注释所在的层次——程序、文件、子程序或单独行，有若干种不同的注释技术。

Commenting Individual Lines
注释单行

对于好的代码，很少需要注释单条语句。要注释一行代码，有两个可能的理由：

- 该行代码太复杂，因而需要解释；
- 该行语句出过错，你想记下这个错。

关于单行注释，下面有些指导原则。

不要随意添加无关注释　多年前我听过一个故事：有位负责维护的程序员半夜里被叫起来，去修复一个出了毛病的程序。程序的作者已离开公司，没法联系上。这个维护程序员从未接触过这个程序。在仔细检查所有说明后，他只发现了一条注释，注释大致如下：

```
MOV AX, 723h ; R. I. P. L. V. B.
```

这个维护程序员彻夜研究程序，还是对注释百思不得其解。不过还是成功地打了个补丁，又回家睡觉了。几个月后，他在一个会上遇到了程序作者，才知道注释的意思是"安息吧，贝多芬（Rest in peace, Ludwig van Beethoven）"。贝多芬于 1827 年逝世，1827 的十六进制正是 723h。那个地方需要的 723h 跟注释毫无干系。真让人哭笑不得!

Endline Comments and Their Problems
行尾注释及其问题

行尾注释就是在代码行尾出现的注释。

Visual Basic示例：行尾注释
```
For employeeId = 1 To employeeCount
  GetBonus( employeeId, employeeType, bonusAmount )
  If employeeType = EmployeeType_Manager Then
    PayManagerBonus( employeeId, bonusAmount ) ' pay full amount
  Else
    If employeeType = EmployeeType_Programmer Then
      If bonusAmount >= MANAGER_APPROVAL_LEVEL Then
        PayProgrammerBonus( employeeId, StdAmt() ) ' pay std. amount
      Else
        PayProgrammerBonus( employeeId, bonusAmount ) ' pay full amount
      End If
    End If
  End If
Next
```

虽然在某些情况下有用，行尾注释还是会引起若干问题。这种注释位于代码右边，不会影响代码的外观结构。但如果没把它们整齐布放，就会影响代码的视觉结构。行尾注释往往很难格式化，如果你使用较多，光是对齐就需要花时间。这些时间你本该用来加深代码理解的，却花到了不停按动空格或制表键的枯燥任务上。

行尾注释维护起来也很困难。如果有行尾注释的某行代码增长了，它就会把注释挤出去。难以维护的风格实际上就没人维护，因此这种注释将随着修改而不断恶化，而不会得到改进。

行尾注释还含混不清。因为代码行尾通常不会留下多少空间，要想保留注释就意味着注释要短。工作变为让注释尽可能地短，而不是尽可能地清晰。

不要对单行代码做行尾注释　除了实施问题，行尾注释还有若干概念性问题，下面的示例有许多行尾注释：

C++示例：毫无用处行尾注释
```
memoryToInitialize = MemoryAvailable(); // get amount of memory available
pointer = GetMemory( memoryToInitialize );  // get a ptr to the available memory
ZeroMemory( pointer, memoryToInitialize );  // set memory to 0
...
FreeMemory( pointer );                      // free memory allocated
```

> 这些注释只不过是对代码的重复。

行尾注释的系统性问题是,难以对每行代码都写一句有意义的注释。多数行尾注释只是重复本行代码,这样起不了好的作用,坏处倒不少。

不要对多行代码做行尾注释　如果企图用行尾注释说明多行代码,其格式将很难说明它究竟应用于哪几行代码:

Visual Basic示例:针对多行代码的含糊不清的行尾注释
```
For rateIdx = 1 to rateCount          ' Compute discounted rates
   LookupRegularRate( rateIdx, regularRate )
   rate( rateIdx ) = regularRate * discount( rateIdx )
Next
```

即便此特定注释的内容是对的,其位置也不合适。人们必须得读懂代码和注释,才能了解该注释是专门为一条语句还是为整个循环体而设的。

When to Use Endline Comments
何时该用行尾注释

尽管前面反对行尾注释,但这些原则有下列三种例外情况。

行尾注释用于数据声明　如果右边的空间有充裕,行尾注释对于数据声明的标注正合适,这时不存在像代码行上的行尾注释那样的系统问题。如果一行有132个字符,通常就能在数据声明旁边对其做出清楚的解释说明。

交叉参考　有关对数据声明做行尾注释的其他内容将在本节后面的"注释数据声明"中介绍。

Java示例:针对数据声明的良好行尾注释
```
int boundary = 0;              // upper index of sorted part of array
String insertVal = BLANK;      // data elmt to insert in sorted part of array
int insertPos = 0;             // position to insert elmt in sorted part of array
```

避免用行尾注释存放维护注记　行尾注释有时用于在初始开发中记录修改。这种注释通常由日期和程序员姓名的首字母组成,有时还包括错误报告编号,下面是个示例:

```
for i = 1 to maxElmts - 1 -- fixed error #A423 10/1/05 (scm)
```

对软件产品调试一整晚后,加入这种注释能给人以满足感。但在产品代码中确实不应有这种注释。此类注释还是由版本控制程序处理最好。注释应该解释代码为什么现在能用,而不是过去某个时候为何不工作。

32.5 注释技术

> **交叉参考** 关于在块尾标记行尾注释的用法,将在本节后面"注释控制结构"进一步讨论。

用行尾注释标记块尾 用行尾注释标记大的代码块的结束位置是很合适的——例如对于 while 循环或者 if 语句。本章后面会对此详细叙述。

除了这几种特殊情况外,行尾注释有着概念性的问题,而且常常用于很复杂的代码,带来编排和维护困难。总之,最好不要用行尾注释。

Commenting Paragraphs of Code
注释代码段

在精心说明的程序中,多数注释都只要一两句话就能阐释一段代码:

Java示例:针对一段代码的良好注释
```java
// swap the roots
oldRoot = root[0];
root[0] = root[1];
root[1] = oldRoot;
```

该注释没有重复代码——而是说明了代码的意图。这样的注释维护起来相对容易。比如,即便发现两个 root 数组元素的值互换的方法有误,注释也无须更改。非意图的注释就不那么好维护了。

注释应表达代码的意图 注释应说明其后代码段的意图。下面是一个例子,其注释由于描述的并非意图而效果欠佳:

> **交叉参考** 该代码段完成简单的字符串查找功能,只是为了说明用。实际编程时,可使用 Java 内置的字符串库函数。对所用语言的理解有多重要?请参见33.3节中的"阅读文档"。

Java示例:低效的注释
```java
/* check each character in "inputString" until a dollar sign
   is found or all characters have been checked
*/
done = false;
maxLen = inputString.length();
i = 0;
while ( !done && ( i < maxLen ) ) {
   if ( inputString[ i ] == '$' ) {
      done = true;
   }
   else {
      i++;
   }
}
```

读了代码后,可以得知循环在查找 "$"(注释要是这样写就会有帮助意义)。这个注释只不过重复了代码内容,并没有明了代码想干什么。下面的注释则好一些。

```
// find '$' in inputString
```

这个注释之所以好一点，是因为它指明了循环的目标是找到"$"。不过，它还是没能给出再深层次的信息——为什么循环要找"$"？接下来的注释又进了一步：

```
// find the command-word terminator ($)
```

该注释实际包含了代码中没有的信息，即"$"是命令字的结束符。仅读代码是没法知道这个事实的，因此这样的注释才真正有帮助。

另一种在意图层写注释的办法，就是想象如果将这段代码换成同样功能的子程序，会怎样命名它。如果各段代码目的单一，这件事就不难做到。前面示例代码段里的注释是说明问题的很好实例。"FindCommandWordTerminator()"就是相当好的子程序名。其他诸如"Find$InInputString()"、"CheckEach-CharacterInInputStrUntilADollarSignIsFoundOrAllCharactersHaveBeen-Checked()"（检查输入字符串中的每个字符直到找到$或者所有字符都检查过）显然都不像样（甚至没法用）。应该把它以未经缩写或简写地描述出来，就像为子程序命名一样。这种说明就是注释，很可能描述的正是意图。

代码本身应尽力做好说明 代码自身总是应首要检查的说明记录。前面例子中，字符$应以具名常量代替，变量取名也应提供正在干什么的更多提示。如果想再提高可读性，请添加一个存放搜索结果的变量。这样能将循环变量与循环结果清楚地区分开。下面是采用好的风格和注释重写这段代码的结果：

Java示例：好注释、好代码
```
// find the command-word terminator
foundTheTerminator = false;
commandStringLength = inputString.length();
testCharPosition = 0;
while ( !foundTheTerminator && ( testCharPosition < commandStringLength ) )
{
   if ( inputString[ testCharPosition ] == COMMAND_WORD_TERMINATOR ) {
      foundTheTerminator = true;
      terminatorPosition = testCharPosition;    ← 该变量存放搜索结果。
   }
   else {
      testCharPosition = testCharPosition + 1;
   }
}
```

32.5 注释技术

如果代码写得足够好，读起来就能接近意图的层次，以至能代替注释来说明意图。到了这种程度，注释和代码呈现出某种重复性，不过很少有程序能好到出现这种问题。

交叉参考 关于将一些代码独立为子程序的更多内容，请参见 24.3 节中的"提取子程序或者方法"。

改进代码的另一步骤是创建名为 `FindCommandWordTerminator()` 之类的子程序，将上面示例中的代码放进去。用注释说明思路是有用，但随着软件的进展，注释比子程序名更容易变得不准确。

注释代码段时应注重"为何做（why）"而不是"怎么做（how）" 说明"怎么做"的注释一般停留在编程语言的层次，而不是为了说明问题。尽力阐述"怎么做"的注释不大可能会告诉我们操作的意图，而且指明"怎么做"的注释通常是冗余的。下面注释给出的信息有哪些是代码没有提到的呢？

Java 示例：着眼于"如何"的注释
```java
// if account flag is zero
if ( accountFlag == 0 ) ...
```

代码已经说出了该注释的意思。下面的注释怎么样？

Java 示例：着眼于"为何"的注释
```java
// if establishing a new account
if ( accountFlag == 0 ) ...
```

这个注释好得多，因为它给出了代码没能提供的信息。代码自身仍可以继续改善——用有意义的枚举类型名来代替 0，变量再换好一些的名。下面是注释和代码最好的表现：

Java 示例：着眼于"为何"的注释，并有良好编码风格
```java
// if establishing a new account
if ( accountType == AccountType.NewAccount ) ...
```

若代码的可读性达到这种程度，注释的作用就受到了动摇。由于改善了代码，注释显得多余，以至于可能被删掉。注释的出路是，其功能可以微妙地变换一下，就像这样：

Java 示例：使用"小节标题"注释
```java
// establish a new account
if ( accountType == AccountType.NewAccount ) {
   ...
}
```

如果注释说明的是 if 条件语句后面的整段代码，它就成为概述性注释，于是将它留作小节标题还是比较合适的。

用注释为后面的内容做铺垫　好的注释会告诉读者后面有什么内容。读者只要浏览注释就能够了解代码在做什么，到哪去找特定的操作。这一规则必然要求注释总应出现在它作用的代码前面。这个思路不应只在编程课上学学而已，还应是商业实践明确树立的标准。

让每个注释都有用　过度注释不是优点——太多的注释只会把其要阐明的代码搞得含混不清。与其写很多注释，还不如对代码本身的可读性下功夫。

说明非常规做法　假如代码本身有些含义未表达明显，就把这些含义放在注释里。若是用了拐弯抹角的技巧而非直截了当的办法，以求获得性能的提升，请用注释指出直接方法该怎样做，并量化出你那个花招到底能提高多少性能。下面是一个例子：

C++示例：说明非常规做法
```cpp
for ( element = 0; element < elementCount; element++ ) {
  // Use right shift to divide by two. Substituting the
  // right-shift operation cuts the loop time by 75%.
  elementList[ element ] = elementList[ element ] >> 1;
}
```

其中的向右移位操作是有意为之的。整数向右移 1 位等于将其除以 2，这对有经验的程序员来说是个常识。

既然是常识，还说明它干什么？因为此处并不是要向右移位，而是执行除以二的操作。代码没有采取与其目的相匹配的方式。而大部分编译器都会将整数除以二操作优化为向右移位操作，大可不必用这种降低程序清晰度的做法。在这一特例中，由于已知编译器不会优化整数除以二操作，所以能节约可观的时间。有了这个标记，读代码的程序员就能理解为何要用这种隐晦的技术。如果没有注释，他就会抱怨代码没必要耍"小聪明"，又不能带来性能提升。这种抱怨通常是有道理的，因此确有必要把出乎意料之处标记出来。

别用缩略语 注释不应有歧义，应当易读而无须猜测缩写为何意。注释里不要用缩略语，除非后者很常见。除了行尾注释，缩略语一般没有用场；即使是行尾注释，也应意识到缩略语不利于可读性。

将主次注释区分开 有时，你也许想把不同层次的注释区分开，以指明某个细节注释是先前某个注释（概括）的一部分。用多种方式可以做到这一点。可以尝试对主注释加下画线，而次注释不加的办法。

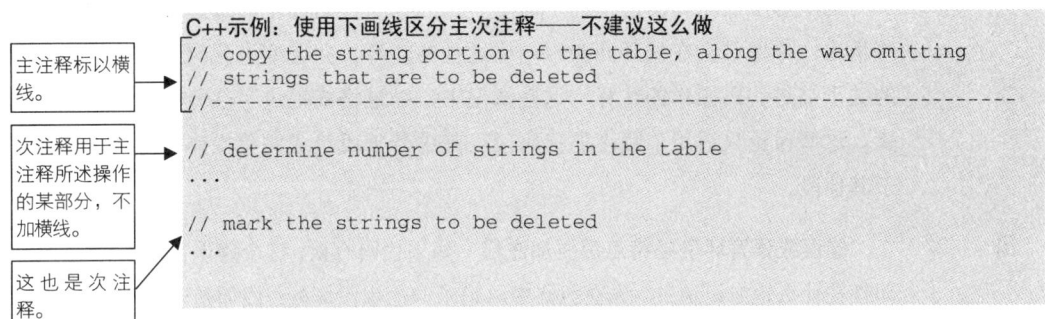

> **C++示例：使用下画线区分主次注释——不建议这么做**
> ```
> // copy the string portion of the table, along the way omitting
> // strings that are to be deleted
> //------------------------------------------------------------------
> // determine number of strings in the table
> ...
> // mark the strings to be deleted
> ...
> ```

（主注释标以横线。）
（次注释用于主注释所述操作的某部分，不加横线。）
（这也是次注释。）

该办法的缺点是，你不得不对太多的注释加下画线。如果为某注释加了下画线，那么其后所有没有下画线的注释都似乎从属于它。因此在写注释时，只要不从属于前面有下画线的注释，都得加下画线，这种情况到处都会有。结果，代码中会有太多下画线。或者因为某些地方有，而另一些没有，导致格式不统一。

该方案的很多变通办法都有同样的问题。例如主注释的字母都大写，而次注释都小写，跟太多下画线类似，你会有太多的大写字母。有的程序员对主注释的首字母大写，而次注释仍小写，但其视觉差别很容易被忽视。

好些办法是在次注释前面加入省略号；主注释以普通方式编排。

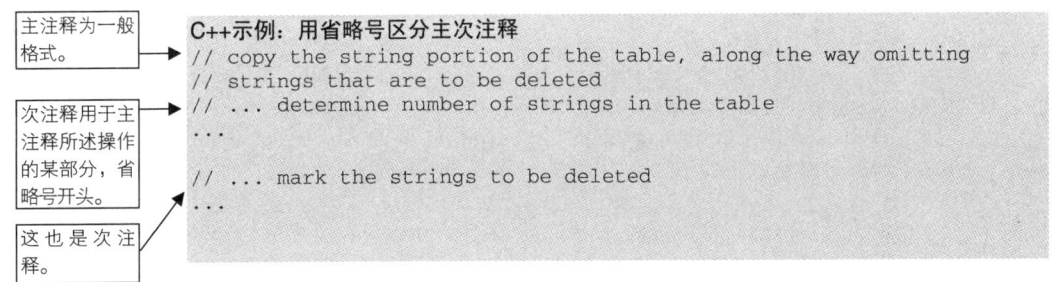

> **C++示例：用省略号区分主次注释**
> ```
> // copy the string portion of the table, along the way omitting
> // strings that are to be deleted
> // ... determine number of strings in the table
> ...
> // ... mark the strings to be deleted
> ...
> ```

（主注释为一般格式。）
（次注释用于主注释所述操作的某部分，省略号开头。）
（这也是次注释。）

还有一种通常是最好的办法——将主注释所述的操作独立为子程序。子程序逻辑上应是"扁平的",其所有行为都在同一个逻辑层次。如果子程序区分主行为和次行为,该子程序就不是扁平的。通过将复杂行为打包放进各自的子程序,可以使其成为两个逻辑上平行的子程序,而不是一个逻辑上跌宕起伏的子程序。

这里对主次注释的讨论并不适用于循环和条件语句中的缩进代码。对于这些情况,你通常会在循环开头给一概述性的注释,并在缩进代码处给出更详细的关于缩进代码操作的注释。这些情况下,缩进格式提供了注释的逻辑组织线索。这些讨论只适用于顺序的代码段,其中若干段组成完整操作,一些段从属于其他段。

错误或语言环境独特点都要加注释 如果代码有误,这个错误也许没有记录。即使在什么地方记录过,你在代码中再记录一次也没坏处;假如是未说明的特性,根据其阐述得知从未在别的地方记录过,你就应该记录在代码里面。

假设你发现库函数 WriteData(data, numItems,blockSize) 只要 blockSize 不等于 500 就能正常工作。对于 499、501 等你试过的所有数都没错;仅当 blockSize 为 500 时,才会表现某个缺陷。那么在用到 WriteData() 的代码处,请说明你为何要特殊对待 blockSize 等于 500 的情况。正如下面的例子那样:

```java
Java示例:说明绕过某个错误的方法
blockSize = optimalBlockSize( numItems, sizePerItem );

/* The following code is necessary to work around an error in
WriteData() that appears only when the third parameter
equals 500. '500' has been replaced with a named constant
for clarity.
*/
if ( blockSize == WRITEDATA_BROKEN_SIZE ) {
  blockSize = WRITEDATA_WORKAROUND_SIZE;
}
WriteData ( file, data, blockSize );
```

32.5 注释技术

给出违背良好编程风格的理由 如果你不得不违背良好的编程风格,要解释其原因。以免善意的程序员去改善代码的风格,从而破坏你的代码。该解释要说清你是故意那么做的,而非马虎造成的——免得给别人留下不好的印象。

不要注释投机取巧的代码,应重写之 下面的注释源于我工作过的某个项目。

C++示例:注释"聪明"的代码
```
// VERY IMPORTANT NOTE:
// The constructor for this class takes a reference to a UiPublication.
// The UiPublication object MUST NOT BE DESTROYED before the
// DatabasePublication object. If it is, the DatabasePublication
// object will cause the program to die a horrible death.
```

该例体现了一个盛行而危险的编程说法——注释该用来说明特别"技巧性的/tricky"或者"敏感的/sensitive"的代码部分。理由是让人们知道,在那些地方操作时应小心。

这个想法真可怕!!!

对投机取巧的代码注释是错误的。注释不应帮扶难度大的代码,就像Kernighan 和 Plauger 强调的:"不要注释糟糕的代码——应重写之。"(1978)

一项研究表明:源代码中有大量注释时,也容易存在许多毛病,并耗费不少开发精力(Lind and Vairavan 1989)。两位作者认定程序员总会对难度大的代码标注大量注释。

当有人说"这些代码富于技巧(tricky)"时,我会认为他们的意思是"这些代码实在糟糕"。若某事对你来说像是技巧,对别人来说会难以理解。甚至某事对你似乎不算技巧,也许对那些未见过的人来说是不可能解决的。假如你需要问问自己:"这富于技巧吗?"那么它肯定是富于技巧的。你总会找到不用技巧的方法,因而请重写代码。将代码完善到没有注释的最好程度,然后添加注释使其更完善。

这个建议主要适用于你首次写代码。如果你在维护程序,不负责重写坏的代码,那么注释那些技巧性的部分就是好的做法。

Commenting Data Declarations
注释数据声明

> **交叉参考** 有关格式化数据的详细内容,请参看 31.5 节中的"数据声明的布局";关于如何高效地使用数据,请参看第 10 章至第 13 章。

变量声明的注释应给出变量名未表达出来的各种信息。数据应小心说明,这很关键。至少有一家公司根据自身实践得出结论——对数据注释比对使用数据的过程做注释更重要(SDC 1982)。下面是注释数据的指导原则。

注释数值单位 如果某数值表示长度,请指明长度单位是英寸、英尺、米还是千米;如果为时间,应指明是 1980 年 1 月 1 日到此时刻之间的秒数,还是程序启动后到此时刻的毫秒数,等等;如果为坐标,应指明是纬度、经度、海拔高度中的哪一个,以及是弧度还是角度,是否表示 XYZ 坐标系,原点是否位于地球中心,等等。不要觉得单位是不言自明的——新手不知道;工作于系统另一部分的人也不知道;要是程序经历实质性修改,也难保单位没有改动过。

替代做法是,很多情况可以将单位写进变量名,而不再用注释。表达式 "`distanceToSurface = marsLanderAltidude`" 也许正确,但 "`distanceToSurfaceInMeters = marsLanderAltitudeInFeet`" 则明显不对。

> **交叉参考** 说明变量允许值范围的更有力的技术是在子程序首尾处确保变量的值应在指定范围内。详细内容请参看 8.2 节"断言"。

对数值的允许范围给出注释 如果变量值有一个期望范围,就该说明这个范围。Ada 编程语言有个强大特性,就是能限制数值变量的值应在指定范围内。如果你的语言不支持这种功能(多数语言都不支持),就应该用注释来说明范围。例如,如果变量代表以元为单位的钱数,可以指明期望范围是 1 元到 100 元;如果变量表示电压,则其期望的范围可为 105 伏到 125 伏。

注释编码含义 如果你的语言支持枚举类型——例如 C++、Visual Basic,请用它表达编码含义;如果不支持枚举类型,可用注释来指出各值的含义——请用具名常量表示,而非文字量。比如某变量表示电流类型,应当注释说明 1 代表交流电,2 是直流电,3 是未确定。

下面是注释变量声明的示例,它描述了这三个建议——变量的范围信息都通过注释说明。

32.5 注释技术

Visual Basic示例：注释良好的变量声明

```
Dim cursorX As Integer ' horizontal cursor position; ranges from 1..MaxCols
Dim cursorY As Integer ' vertical cursor position; ranges from 1..MaxRows

Dim antennaLength As Long ' length of antenna in meters; range is >=2
Dim signalStrength As Integer ' strength of signal in kilowatts;range is>=1

Dim characterCode As Integer ' ASCII character code; ranges from 0..255
Dim characterAttribute As Integer ' 0=Plain; 1=Italic; 2=Bold; 3=BoldItalic
Dim characterSize As Integer ' size of character in points; ranges from 4..127
```

注释对输入数据的限制 数据输入来源包括传入的参数、文件和用户的直接键入。前一条原则适用于包括子程序参数在内的数据。应将希望输入的值与不希望的值都说明出来。注释是说明某子程序不愿接收某些数据的一种方法。而ASSERT是另一种说明有效范围的方法，采用这种方法更能让代码具自检能力。

注释"位标志" 若变量用作位域，就应该对每个数据位的含义做出说明。

> **交叉参考** 有关标志变量命名的详细内容，请参见 11.2 节中的"为状态变量命名"。

Visual Basic 示例：说明"位标志"的代码

```
' The meanings of the bits in statusFlags are as follows, from most
' significant bit to least significant bit:
' MSB 0 error detected: 1=yes, 0=no
' 1-2 kind of error: 0=syntax, 1=warning, 2=severe, 3=fatal
' 3 reserved (should be 0)
' 4 printer status: 1=ready, 0=not ready
' ...
' 14 not used (should be 0)
' LSB 15-32 not used (should be 0)
Dim statusFlags As Integer
```

如果示例用的是 C++，应采取位操作语法，以表明其位意义。

将与变量有关的注释通过变量名关联起来 如果注释提到特定的变量，应确保变量名更改后，该注释也随之更新。要提高这种一致性修改的可能性，就应将变量名放在注释中。这样，通过字符串查找，就能在搜索变量名时，连同找出含有变量名的注释。

> **交叉参考** 有关使用全局数据的详细内容，请参看 13.3 节"全局数据"。

注释全局数据 如果用了全局数据，要在其声明处做出注释。注释要指出该数据的目的、为何必须是全局数据。在使用此数据的每一处，都突出它是全局数据。好的命名规范是凸现变量全局性的首选办法，如果欠缺这样的规范，则可以用注释代劳。

Commenting Control Structures
注释控制结构

> **交叉参考** 关于控制结构的其他细节，请参考 31.3 节 "布局风格"、31.4 节 "控制结构的布局" 及第 14 章至第 19 章。

控制结构前面的位置通常是放置注释的一个天然空间。如果是一个 if 或者 case 语句，你可以提供为什么要进行判断的理由，以及执行结果的一个总结。如果是一个循环结构，你可以指出这个循环的目的是什么。

> 下面循环的目的

> 循环结尾（对较长或嵌套的循环很有用，尽管需要这种注释意味着代码过于复杂了）。

> 这里指出了循环的目的。注释位置清楚标明 inputString 是在为循环做准备的。

C++示例：注释一个控制结构的意图
```
// copy input field up to comma
while ( ( *inputString != ',' ) && ( *inputString != END_OF_STRING ) )
{
  *field = *inputString;
  field++;
  inputString++;
} // while -- copy input field

*field = END_OF_STRING;

if ( *inputString != END_OF_STRING ) {
  // read past comma and subsequent blanks to get to the next input field
  inputString++;
  while ( ( *inputString == ' ' ) && ( *inputString != END_OF_STRING ) )
  {
      inputString++;
  }
} // if -- at end of string
```

这个例子建议了若干原则。

应在每个 if、case、循环或者代码段前面加上注释 这个位置放注释再合适不过了，而且这些结构往往需要解释。注释起到阐明控制结构意图的作用。

应在每个控制结构后加上注释 注释说明结局如何，举个例子：

```
} // for clientIndex - process record for each client
```

长循环或嵌套循环结尾处的注释尤其有用。下面是用注释指明循环结构结束的 Java 示例。

> 这些注释指示结尾是哪个控制结构的。

Java示例：使用注释标明嵌套
```
for ( tableIndex = 0; tableIndex < tableCount; tableIndex++ ) {
  while ( recordIndex < recordCount ) {
    if ( !IllegalRecordNumber( recordIndex ) ) {
      ...
    } // if
  } // while
} // for
```

该注释技术为代码缩进所给出的逻辑结构补充了视觉线索。对未嵌套的短循环无须使用这种技术。但当嵌套层次较多，或循环体较长时，这一技术就有用武之地了。

将循环结束处的注释看成是代码太复杂的征兆 如果循环复杂到要在末尾注释，就该把后者看作为警告——循环体大概得简化。这一原则同样适用于复杂的 if 和 case 语句。

循环结束处的注释提供关于逻辑结构的有用线索，但开始时就加上，之后还得维护是很令人头痛的事情。避免麻烦的最好办法就是重写代码，使之不再复杂到需要费劲注释的程度。

Commenting Routines
注释子程序

交叉引用 有关格式化子程序的详细内容，请参看 31.7 节"子程序的布局"；关于如何创建高质量的子程序，请参看第 7 章"高质量的子程序"。

注释子程序级的代码，是计算机学典型教材给出的最坏建议。许多教科书怂恿人们无视子程序的大小和复杂程度，在每个开头都放置一大堆信息。

Visual Basic示例：庞杂累赘的子程序导言
```
'*******************************************************************
' Name:         CopyString
'
' Purpose:      This routine copies a string from the source
'               string (source) to the target string (target).
'
' Algorithm:    It gets the length of "source" and then copies each
'               character, one at a time, into "target". It uses
'               the loop index as an array index into both "source"
'               and "target" and increments the loop/array index
'               after each character is copied.
'
' Inputs:       input The string to be copied
'
' Outputs:      output The string to receive the copy of "input"
'
' Interface Assumptions: None
'
' Modification History: None
'
' Author:         Dwight K. Coder
' Date Created:   10/1/04
' Phone:          (555) 222-2255
' SSN:            111-22-3333
' Eye Color:      Green
' Maiden Name:    None
' Blood Type:     AB-
' Mother's Maiden Name: None
' Favorite Car:   Pontiac Aztek
' Personalized License Plate: "Tek-ie"
'*******************************************************************
```

真可笑！一想便知 CopyString 只是简单的子程序——代码可能连 5 行都不到。这样的注释完全是喧宾夺主。子程序的意图和算法那两部分只是摆设，因为对于 CopyString，很难再找到比"复制字符串"和代码本身更详细的解释了。还有接口假定和修改历史的花俏注释也毫无用处，只是多占了几行空间。标注作者姓名的要求是多余的，通过版本控制系统可以获得更精确的信息。如果对每个子程序都要求有这些内容，会导致注释不准确、无法维护，还空耗了许多工作量。

庞大的子程序头还带来另一个问题：抑制了好的代码分解过程——因为生成子程序的额外开销太大了，程序员将会（错误地）倾向于少创建子程序，而非多创建一些。编程规范应鼓励好的做法，而庞大的子程序头则是唱反调。

下面是注释子程序的一些指导原则。

注释应靠近其说明的代码　子程序不该有庞大的注释头，原因之一是注释头太大会把注释距其说明的对象较远，不便于随代码一起维护，从而注释和代码开始不一致，然后某个时候注释就失去了存在的价值。相反，遵循靠近原则，尽可能地拉近注释和其说明的代码之间的距离，它们就容易得到维护，从而持久发挥其作用。

后面将介绍子程序头注释的若干组件，可根据需要选用。为方便起见，请创建一个头注释的样板文件。不要以为各种情况下都将所有信息都加进去，只取其中要紧的东西，其余部分弃之不用即可。

> **交叉参考**　好的子程序名字对注释子程序很关键。关于命名方法的详细内容，请参见 7.3 节"好的子程序名字"。

在子程序上部用一两句话说明之　如果不能用一两句话说清楚，有必要考虑你到底想让子程序做什么。要是不便做出简短的说明，就意味着设计还嫌不足。请回到设计提纲再试试。原则上所有子程序都应附概述性说明，除非已有很简单的 Get/Set 访问器子程序。

在声明参数处注释这些参数　说明输入输出变量的最简便方式，就是把注释放在各参数声明的后面。

32.5 注释技术

> **Java示例：在声明输入输出数据时就加以注释——良好的实践**
> ```
> public void InsertionSort(
>    int[] dataToSort, // elements to sort in locations firstElement..lastElement
>    int firstElement, // index of first element to sort (>=0)
>    int lastElement // index of last element to sort (<= MAX_ELEMENTS)
> )
> ```

交叉参考 行尾注释在前面的"行尾注释及其问题"中曾详细讨论过。

该做法是"不要用行尾注释"原则的恰当例外，在用来说明输入输出参数的时候相当好。这一特定例外也有力说明，对于子程序参数清单使用标准缩进，而非行尾缩进的意义——如果采用行尾缩进，将没有空间放入能说清问题的注释，即使本例采取标准缩进都嫌紧张。从这个示例还可以看出，注释并非说明的唯一形式。变量名取得足够好就能省掉注释。最后一点是，对输入输出变量标有说明，可作为避免使用全局数据的充分理由——在哪儿注释它们呢？或许，你会在庞大的序言中说明全局数据，造成更多的工作，可惜这样实际意味着全局数据没有说明。那真是太糟了，因为对全局数据的标注量起码不应少于其他东西。

利用诸如 Javadoc 之类的代码说明工具 假如前一例子实际以 Java 编写，可以利用 Java 的文档抽取工具——Javadoc 来获得配备代码的额外能力。则"在声明参数处说明之"就变成：

> **Java示例：利用Javadoc标注输入输出数据**
> ```
> /**
> * ... <description of the routine> ...
> *
> * @param dataToSort elements to sort in locations firstElement..lastElement
> * @param firstElement index of first element to sort (>=0)
> * @param lastElement index of last element to sort (<= MAX_ELEMENTS)
> */
> public void InsertionSort(
>    int[] dataToSort,
>    int firstElement,
>    int lastElement
> )
> ```

有了 Javadoc 这样的工具，通过其配置代码以便抽取说明的好处，可以胜过把参数描述从参数声明中分离的风险。如果你的工作环境不支持说明抽取功能，最好让注释离参数名近些，以免不一致的更动及参数名重复。

分清输入和输出数据　知道哪个数据作为输入,哪个作为输出是很有用的。Visual Basic 中区分相对容易,因为输出数据以 `ByRef` 关键字打头,输入数据则以 `ByVal` 关键字打头。若所用语言不支持自动区分,就将区分说明放入注释。下面是一个 C++ 示例:

> **交叉参考**　这些参数的顺序是按 C++ 子程序标准来的,但有悖于更一般的做法。有关细节请参见 7.5 节中的"按照输入-修改-输出的顺序排列参数";关于用命名规范区分输入输出数据的详细内容,请参见 11.4 节。

```
C++示例:区分输入输出数据
void StringCopy(
    char *target,          // out: string to copy to
    const char *source     // in:  string to copy from
)
...
```

C++ 的子程序声明有些玄机,因为某些时候星号(*)表明参数用来输出,更多时候只是表示变量作为指针,处理起来会比非指针类型容易。通常应将输入和输出参数明确区分开。

子程序较短,你又能维持对输入输出数据的清晰区分时,大可不必注释数据的输入输出状态。然而,如果子程序较长,这些注释对读子程序的人会很有用。

注释接口假设　注释接口假设可被看作其他注释原则的一部分。假如你做了变量状态的假设——合法和不合法的值、排过序的数组、初始化过的或只包含正确值的数据成员,等等——应在子程序前面或数据声明的地方说明。这种注释理应表现在所有的子程序中。

> **交叉参考**　子程序接口的其他考虑可参见 7.5 节"如何使用子程序参数";要用断言说明假设,请参见 8.2 节中的"用断言来注解并验证前条件和后条件"。

要确保注释了所有的全局变量。全局变量与其他东西一样,也是子程序的接口。但它有时看上去不像变量,所以是很危险的。

写子程序时,若意识到自己在做接口假设,应立即将其记录下来。

对子程序的局限性作注释　如果子程序提供数值结果,请指出结果的精确度;要是某些条件下的计算没有定义,请标注这些条件;假定子程序碰到麻烦时有默认行为,请说明此行为;若希望子程序只工作于特定大小的数组或表格,请指出这一情况;如果你知道对程序做某些修改会损坏此子程序,请说明是哪些修改;如若开发子程序时想起什么问题,也请注释出来。

说明子程序的全局效果 如果子程序会修改全局数据,要确切描述它对全局数据做了些什么。正如 13.3 节中"全局数据"提到的那样,改动全局数据至少会比只读它危险,因此应谨慎对待全局数据的修改。该做的部分工作就是说明要清晰。若注释变得吃力,照例得重写代码,以减少全局数据。

记录所用算法的来源 如果用了从一本书或杂志上得来的算法,请注释其出处的卷号和页码。如果是自行开发的算法,要指出在何处读者可以找到对其的解释。

用注释标记程序的各部分 有些程序员用注释来标记程序的各部分,从而便于他们查找之。这一技术在 C++ 和 Java 中,就是于子程序前面标注如下字符串开头的注释:

/**

这样就可以通过查找字符串 "/**",在子程序间跳转。如果编辑器能够支持,则可实现自动跳转。

与此类似的技术是,根据注释说明内容的不同对其使用不同的标记。例如,C++ 中可用 "@keyword",其中 "keyword" 是用来指示注释种类的编码;"@param"指示注释说明的是子程序参数;"@version"指示文件的版本信息;"@throws"指示子程序抛出的异常……。这一技术允许用工具从源文件中抽取各种各样的信息。比如通过查找 @throws,可取得对程序里所有子程序抛出异常的说明。

cc2e.com/3259

此 C++ 规范基于专为 Java 程序建立的、完善的接口说明规范——Javadoc 规范(java.sun.com/j2se/javadoc/)。在其他语言里,你可以自定义规范。

Commenting Classes, Files, and Programs
注释类、文件和程序

交叉参考 有关布局的细节请参看 31.8 节"类的布局";有关使用类的细节请参看第 6 章"可以工作的类"。

类、文件和程序的共同特征是它们都包含多个子程序。文件或类应包含彼此相关的一组子程序;程序包含了所有的子程序。各情况下注释的任务就是要对文件、类或程序内容提供有意义的概括说明。

General Guidelines for Class Documentation
标注类的一般原则

对每个类使用注释块来说明类的一般属性。

说明该类的设计方法 有的信息通过编码细节"逆向工程"是难以获得的，如果概述性注释能提供这些信息，将会特别有用。在其中应说明类的设计思路、总体设计方法、曾考虑过后又放弃的其他方案，等等。

说明局限性、用法假设等 类似于子程序，应确保说明类设计的局限性，还应说明输入输出数据的假设、出错处理的责任划分、全局效果和算法来源，等等。

注释类接口 其他程序员不看类实现就能明白类的用法吗？如果不是，类的封装就有严重问题。类接口应该包含别人使用该类时所需的全部信息。Javadoc规范要求为每个参数和返回值都有起码的说明（Sun Microsystems 2000），而Bloch呼吁各个类的公用子程序都应该这样做（Bloch 2001）。

不要在类接口处说明实现细节 封装最重要的一个规则是仅公开那些"需要知道"的信息。若拿不定是否应公开某项信息，就隐藏之。因此，类接口文件应当只有类的用法信息，而不应有需要实现或维护类内操作的信息。

General Guidelines for File Documentation
注释文件的一般原则

在文件开头处用注释块说明文件的内容。

说明各文件的意图和内容 文件头注释应说明文件中的类或者子程序。如果程序的所有子程序都在一个文件里，则该文件的意图就不言而喻了——文件就是整个程序。要是文件包含有某个类，其意图也很明显——同名类正是包含在此文件中。

倘若文件包含多个类，请解释为何这些类需要放到一个文件中。

假如将程序划分为多个源文件并非出于模块化的考虑，则对各文件用意的说明将对修改程序的程序员更有帮助。如果别人要找出做某事的子程序在哪儿，文件头注释有助于确定该文件含不含此子程序吗？

将姓名、电子邮件及电话号码放到注释块中　　对于大型项目，源代码中的作者信息，特别是责任者信息，是很重要的。少于 10 人的小项目可以采用"协同开发"的方法——例如共享代码所有权——使小组各成员对于全部代码承担均等责任。而大型系统需要程序员各自专心于不同区域的代码，从而使整个团队共享代码所有权的做法不可行。

在此情况下，源代码中的作者信息就很重要，后者能够让其他程序员了解编程风格、联系方式，以便在需要帮助时联系。根据你工作于单个子程序、类还是程序，请在对应位置加入作者信息。

包含版本控制标记　　许多版本控制工具会对文件插入版本信息。以 CVS 为例，字符

```
// $Id$
```

会自动扩展为

```
// $Id: ClassName.java,v 1.1 2004/02/05 00:36:43 ismene Exp $
```

从而只要插入"Id"初始注释，无需额外操作就可以在文件中维护当前版本信息。

请在注释块中包含法律通告　　许多公司喜欢在程序中包含版权声明、保密声明及其他法律方面的通告。若贵公司也这样，可以将如下所示的行加到注释里。请与公司的法律顾问协商，决定哪些信息（如果有的话）应包含在文件中。

> **Java示例：版权声明**
> ```
> // (c) Copyright 1993-2004 Steven C. McConnell. All Rights Reserved.
> ...
> ```

将文件命名为与其内容相关的名字　　文件名一般应与其中的公开类的类名有紧切关系。例如类名为 `Employee`，则文件名就应是 `Employee.cpp`。有些语言特别是 Java，要求文件名和类名相同。

The Book Paradigm for Program Documentation
程序注释以书本为范例

深入阅读 该讨论节选自 Oman 和 Cook 于 1990 年写的两篇文章《The Book Paradigm for Improved Maintenance》（以书本作为改善维护性的范例）和《Typographic Style Is More Than Cosmetic》（版面风格不只是装饰）。类似分析在 Baecker 和 Marcus 于 1990 年所著的《Human Factors and Typography for More Readable Programs》（人性因素与更可读的程序版面之关系）中有详细介绍。

多数有经验的程序员会赞成前面各节所述的注释技术很有用。实际上哪项技术都少有科学的、确凿的证据，然而，当这些技术组合使用时，则能有力证明其效果。

1990 年，Paul Oman 和 Curtis Cook 发表了有关对注释应"以书本为范例"的两个研究成果（1990a、1990b）。他们试图找到一种能够支持不同代码阅读方式的编程风格，其目标是同时支持自上而下、自下而上和中心搜索。另一个目标则是将程序分成便于记忆的块，而不是铁板一块的长长清单。Oman 和 Cook 希望这个风格能同时提供高层次和低层次的代码组织线索。

他们发现，将代码看作是一类特殊的书籍，并据此进行编排，就能够实现其目标。按照书籍的风范，代码及其说明应组织成若干组件，就像一本书的内容分为几个部分，可以帮助程序员获得对程序的高层次认识。

"序"为一组常见于文件头的注释，起到介绍程序的作用。它和书的序功能相通，提供有关程序的概况。

"目录"给出顶层文件、类和子程序（即"章"）。它们可以是清单形式，就如同书本列出章节那样，也可以结构图的形式表示。

"节"，则是子程序内的各单位，例如子程序声明、数据声明和可执行语句。

"交叉引用"是代码的"参阅……"映射，其中含有行号。

Oman 和 Cook 利用书籍和源代码的相似性，创造出各种低层技术。这些技术与第 31 章"布局与风格"和本章提出的技术有异曲同工之处。

HARD DATA 为了验证这些组织代码技术的效果，Oman 和 Cook 交给一组有经验的专业编程员一个任务——维护长达 1 000 行的程序。结果发现，程序员维护采用这些技术的程序时，所花的时间只是维护传统程序清单时的四分之三，而维护质量则平均高出 20%。Oman 和 Cook 于是得出结论：通过注意运用书本设计的编排原则，对程度的理解将能改善 10% 到 20%。一项由多伦多大学的程序员参与的研究也得到类似结果（Baecker and Marcus 1990）。

"以书本为范例"强调了对程序组织同时提供高低层说明的重要性。

32.6 IEEE Standards
IEEE 标准

对于源代码层以外的说明，IEEE（电子与电器工程师协会）的软件工程标准是很有价值的信息源。IEEE 标准是由一组专注于特定领域的专家和学者协同开发出来的。每个标准都有其涵盖领域的概述，通常还有在这些领域说明的纲要。

一些国内和国际组织主持标准制定的工作。IEEE 在定义软件工程的标准化方面走在前列，其许多标准被 ISO（国际标准化组织）、EIA（电子工业协会）和 IEC（国际电工委员会）采纳。

标准的全称由编号、采用年份以及标准名组成。所以"IEEE/EIA Std 12207—1997, Information Technology—Software Life Cycle Processes"意指标准编号为 12207.2，1997 年被 IEEE 和 EIA 采纳。

对软件项目最有用的（美国）国家标准以及国际标准是：

cc2e.com/3266

顶层标准"ISO/IEC Std 12207, Information Technology—Software Life Cycle Processes"，是定义开发和管理软件项目时的生命周期框架的国际标准。它被美国采纳为"IEEE/EIA Std 12207, Information Technology—Software Life Cycle Processes"国家标准。

Software-Development Standards
软件开发标准

cc2e.com/3273

下面是应考虑的一些软件开发标准：

IEEE Std 830—1998, Recommended Practice for Software Requirements Specifications

IEEE Std 1233—1998, Guide for Developing System Requirements Specifications

IEEE Std 1016—1998, Recommended Practice for Software Design Descriptions

IEEE Std 828—1998, Standard for Software Configuration Management Plans

IEEE Std 1063—2001, Standard for Software User Documentation

IEEE Std 1219—1998, Standard for Software Maintenance

Software Quality-Assurance Standards
软件质量保证标准

cc2e.com/3280

下面是一些软件质量保证的有关标准：
IEEE Std 730—2002, Standard for Software Quality Assurance Plans
IEEE Std 1028—1997, Standard for Software Reviews
IEEE Std 1008—1987 (R1993), Standard for Software Unit Testing
IEEE Std 829—1998, Standard for Software Test Documentation
IEEE Std 1061—1998, Standard for a Software Quality Metrics Methodology

Management Standards
管理标准

cc2e.com/3287

下面是一些软件管理方面的标准：
IEEE Std 1058—1998, Standard for Software Project Management Plans
IEEE Std 1074—1997, Standard for Developing Software Life Cycle Processes
IEEE Std 1045—1992, Standard for Software Productivity Metrics
IEEE Std 1062—1998, Recommended Practice for Software Acquisition
IEEE Std 1540—2001, Standard for Software Life Cycle Processes - Risk Management
IEEE Std 1490—1998, Guide - Adoption of PMI Standard - A Guide to the Project Management Body of Knowledge

Overview of Standards
标准综述

cc2e.com/3294

这些地方可以提供标准的综述性信息。

cc2e.com/3201

《*IEEE Software Engineering Standards Collection, 2003 Edition*》（《IEEE 软件工程标准大全，2003 版》）. New York, NY: Institute of Electrical and Electronics Engineers (IEEE). 该书包含了截止 2003 年 40 个 ANSI/IEEE 软件开发标准的最新版本。每个标准包括提纲、纲要的组件说明，以及各组件的基本原理。这本书包含了质量保证计划、配置管理计划、测试文档、需求说明书、验证与确认计划、设计描述、项目管理计划以及用户文档等标准。这本书是数百人专业知识的结晶，这些人在各自领域里都堪称顶级专家，因而此书可谓是无价之宝。有些标准可以单独获得。所有标准都可以到位于加利福尼亚州 Los Alamitos 的 IEEE 计算机社区，或 www.computer.org/cspress 网站获取。

Moore, James W. 《*Software Engineering Standards: A User's Road Map*》（《软件 工程标准：用户路线图》）. Los Alamitos, CA: IEEE Computer Society Press, 1997. Moore 在其中概述了 IEEE 软件工程标准。

Additional Resources
更多资源

cc2e.com/3208

除了 IEEE 标准，还有其他许多有关程序说明的资源。

Spinellis, Diomidis.《*Code Reading: The Open Source Perspective*》 Boston, MA: Addison-Wesley, 2003. 该书探讨了阅读代码的技术，包括如何找到要阅读的代码、读懂大块代码的技术，以及支持代码阅读的工具，还有许多有益的建议。

cc2e.com/3215

我不知道，能有几个大文学家从未读别人的作品？能有几个大画家从未研究别人的笔法？能有几个名医从不学习同事的技能……我们希望程序员也能够这么做。
—Dave Thomas

SourceForge.net。几十年来有个问题一直困绕着软件开发的教学，即寻找产品级规模的完整代码示例给同学们共享。许多人通过真实例子进步很快，但大多数真实代码库专有于创作它们的公司。在互联网和开源软件运行汇集一起后，形势发生了显著变化。Source Forge 网站提供几千个 C、C++、Java、Visual Basic、PHP、Perl、Python 等语言的程序代码，全都可以免费下载。程序员可以看到比《代码大全（第2版）》中简短示例大得多的真实代码，从中可获得不少收获。没见过什么产品代码例子的新手会发现这个网站特别有用，因为它提供了各种良莠不齐的代码。

cc2e.com/3222

Sun Microsystems. "How to Write Doc Comments for the Javadoc Tool," 2000. Available from http://java.sun.com/j2se/javadoc/writingdoccomments/。该文说明了 Javadoc 注释 Java 程序的用法，还包括如何用"@tag"风格符标记注释的详细建议，还有许多组织注释的方法细节。Javadoc 规范也许是目前代码级说明标准中发展最为充分的。

下面是软件文档其他话题的信息来源。

McConnell, Steve. 《*Software Project Survival Guide*》（《软件项目生存指南》）. Redmond, WA: Microsoft Press, 1998. 这本书说明了中等规模的关键商业项目所要求的文档说明，相关网站提供了许多相关的文档模板。

cc2e.com/3229

www.construx.com 是我公司的网站，有很多文档模板、编码规范等软件开发相关资源，包括软件说明资料。

cc2e.com/3236

Post, Ed. "Real Programmers Don't Use Pascal,"（真正的程序员不用 Pascal 语言） Datamation, July 1983, pp. 263—265. 这篇文章开玩笑似地要"昔日重来"，回到 Fortran 编程时代，那时的程序员无需操心诸如可读性之类的恼人问题。

CHECKLIST: Good Commenting Technique
检查表：好的注释技术

cc2e.com/3243

一般问题

- ❑ 别人拿起你的代码就能立刻明白其意吗？
- ❑ 你的注释是在解释代码用意，或概括代码在做什么，而非简单重复代码吗？
- ❑ 采用了伪代码编程法来减少注释时间吗？
- ❑ 是重写有玄机的代码，而非为其做注释吗？
- ❑ 你的注释能否同代码一起更新？
- ❑ 注释清楚正确吗？
- ❑ 你的注释风格便于修改注释吗？

语句和段落

- ❑ 代码避免用行尾注释了吗？
- ❑ 注释是着力说明为什么而非怎么样吗？
- ❑ 注释为将要阅读代码的人们做好准备了吗？
- ❑ 每个注释都其用处吗？删掉抑或改进了多余的、无关紧要的或随意的注释没有？
- ❑ 是否注释了代码的非常规之处？
- ❑ 避免使用缩略语了吗？
- ❑ 主次注释区别明显吗？
- ❑ 含错代码和未公开的代码特性有注释吗？

数据声明

- ❑ 对数据声明的注释说明了数值单位吗？
- ❑ 数值数据的取值范围注释出来了吗？
- ❑ 注释出了编码含义吗？
- ❑ 对输入数据的限制有注释吗？
- ❑ 对位标志做注释了吗？
- ❑ 在各全局变量声明的地方对其做注释了吗？
- ❑ 各全局变量是通过命名规范、注释（或者两者兼用）来标识其意义吗？
- ❑ 神秘数值是否以具名常量或变量代替，而非只是标注之？

控制结构

- ❏ 控制语句都注释了吗?
- ❏ 冗长或者复杂的控制结构结尾处有注释吗?抑或可能的话,简化之从而省去注释了吗?

子程序

- ❏ 各子程序的意图都注释出了吗?
- ❏ 子程序的其他有关情况(诸如输入输出数据、接口假设、局限性、纠错、全局效果和算法来源)都注释出来了吗?

文件、类和程序

- ❏ 程序有简短的文档(就像在"以书本为范例"中说明的那样)给出程序组织的概述吗?
- ❏ 每个文件的用途都有说明吗?
- ❏ 作者姓名、email 及电话号码在代码清单中都有吗?

Key Points
要点

- 该不该注释是个需要认真对待的问题。差劲的注释只会浪费时间,帮倒忙;好的注释才有价值。
- 源代码应当含有程序大部分的关键信息。只要程序依然在用,源代码比其他资料都能保持更新,故而将重要信息融入代码是很有用处的。
- 好代码本身就是最好的说明。如果代码太糟,需要大量注释,应先试着改进代码,直至无须过多注释为止。
- 注释应说出代码无法说出的东西——例如概述或用意等信息。
- 有的注释风格需要许多重复性劳动,应舍弃之,改用易于维护的注释风格。

Personal Character
第 33 章 个人性格

cc2e.com/3313

内容

- 33.1 个人性格是否和本书话题无关：第 820 页
- 33.2 聪明和谦虚：第 821 页
- 33.3 求知欲：第 822 页
- 33.4 诚实：第 826 页
- 33.5 交流与合作：第 828 页
- 33.6 创造力和纪律：第 829 页
- 33.7 懒惰：第 830 页
- 33.8 不如你想象中那样起作用的性格因素：第 830 页
- 33.9 习惯：第 833 页

相关章节

- 软件工艺的话题：第 34 章
- 复杂度：第 5.2 节和第 19.6 节

在软件开发过程中，人们很少注意个人性格问题。自从 1965 年 Edsger Dijkstra 发表具有里程碑意义的文章《*Programming Considered as a Human Activity*》（《程序开发是一种人类活动》）以来，对程序员性格的研究成为合理而卓有成效的领域。在计算机领域，不像"桥梁建设心理学"和"对律师行为的探索试验"之类的话题听起来很荒唐，"程序设计心理学"、"对程序员行为的探索试验"等却是正统的课题。

每个行业的工程人员都了解其工作用的工具及材料的各种限制。如果是电气工程师，就该知道各种金属的电导率，以及电压表的上百种用法；如果是建筑工程师，就该知道木材、混凝土和钢铁的承载量。

假如你是软件工程师，基本的建造材料就是你的聪明才智，主要工具就是你自己。建筑工程师对建筑物结构进行详细的设计，然后将设计蓝图交给其他人施工；而你一旦从细节上对软件做好设计后，软件就生成出来了。编程的整个过程如同建造空中楼阁一样——这是人们能做的纯粹脑力劳动之一。

代码大全（第2版）

因此，当软件工程师研究其工具和原材料的本质时，会发现其实是在研究人的智力、性格，这些可不像木材、混凝土和钢材是有形的东西。

如果你想寻求具体的编程技巧，那么本章显得太抽象，没多大用途。然而一旦你接受了本书其余部分的专项建议，本章就能向你清楚地说明怎样再进一步改善编程方法。请看看下一节，再决定要不要跳过本章。

33.1 Isn't Personal Character Off the Topic 个人性格是否和本书话题无关

编程过程非常耗用脑力，这种特性使得个人性格显得很重要。人们都知道聚精会神地一天工作八小时有多么困难！也许你有过某天精力过分集中，以至于第二天无精打采的体会，或由于上月过分投入而本月没有一点精神。你可能某天从上午 8 点工作到下午 2 点，就感到累得不行了。但你还是坚持下来，又从下午 2 点拼命干到 5 点。之后的一周时间，你却在修改这三小时里写出来的东西。

编程工作本质上是项无法监督的工作，因为没人真正清楚你正在做什么。我们都经常有这样的经历——耗用 80% 的时间着力于项目的个别地方，而花费 20% 的时间来完成其余 80% 的工作。

老板无法强迫你成为好的程序员，很多时候他甚至无法判断你是否合格。如果你想有所成就，只能全凭自己，这涉及到你的个人性格。

HARD DATA

一旦决心成为出色的程序员，你的发展潜力是很大的。各种研究发现，不同程序员创建某个程序所需的时间差异可达 10∶1；同时还发现，不同程序员调试程序所需的时间、程序实现规模、速度、错误率和检查出的错误数目也能达到 10:1（Sackman, Erikson, and Grant 1968; Curtis 1981; Mills 1983; DeMarco and Lister 1985; Curtis et al. 1986; Card 1987; Valett and McGarry 1989）。

你无法提升自己的聪明程度，但性格在一定程度上能够改进。事实证明，个人性格对于造就出程序员高手更具有决定性意义。

33.2 Intelligence and Humility
聪明和谦虚

> 经过大量而长期的零零碎碎工作，我们才成为实践与科学领域的权威专家。如果你能满怀信心地每天辛勤工作，早晚有一天会发现自己已成为这代人的佼佼者。
> —William James

聪明不像是个人性格的一个方面，也确实不是。碰巧的是，高智商与优秀程序员之间并无太密切的联系。

什么？！难道不需要智商很高吗？

对，是不需要。没人能同计算机那样迅速敏捷。要充分理解一个普通的程序，你得有很强的吸取细节的能力并同时消化它们。如何专注你的聪明才智，比你有多聪明更重要。

正如第 5 章"软件构建中的设计"所提到的，Edsger Dijkstra 在 1972 年的图灵奖演讲会上宣读了一篇名为《*The Humble Programmer*》(《谦卑的程序员》)的文章。他认为大部分编程工作都旨在弥补我们有限的智力。精通编程的人是那些了解自己头脑有多大局限性的人，都很谦虚。而那些编程糟糕的人，总是拒绝接受自己脑瓜不能胜任工作的事实，自负使得他们无法成为优秀的程序员。承认自己智力有限并通过学习来弥补，你会成为更好的程序员。你越是谦虚，进步就越快。

很多好的编程做法能减轻你的脑力负担。

- 将系统"分解"，是为了使之易于理解（更多细节请参见第 5.2 节中的"设计的层次"）。
- 进行复查（评审）、详查和测试正是为了减少人为失误。这些检查技术源于"无我编程（egoless programming）"（Weinberg 1998）。如果你从不犯错，就无须复审自己的软件。但要知道，人的智力是有限的，所以应和他人沟通，来提高软件质量。
- 将子程序编写得短小，以减轻大脑负荷。
- 基于问题而不是低层实现细节来编程，从而减少工作量。
- 通过各种各样的规范，将思路从相对繁琐的编程事务中解放出来。

你也许会觉得开发更高的智力方是正途，所以无需这些编程拐棍；你也可能对利用这些智力拐棍的程序员不屑一顾。然而实际上，研究表明谦虚的程序员善于弥补其不足之处，所编写的代码让自己和他人都易看懂，其中的错误也较少。满是错误和延误的开发过程才是邪门歪道。

33.3 Curiosity 求知欲

一旦承认自己的脑袋要理解多数程序还有难度，并意识到有效的编程就是去追寻改善这一境况的方式时，你就会开始需要付出毕生精力的漫长求索过程。在成长为高手的过程中，对技术事物的求知欲具有压倒一切的重要性。相关的技术信息在持续变化。很多 Web 程序员从不在微软 Windows 下编程，很多 Windows 下的程序员也从不与 DOS、UNIX、穿孔卡片打交道。技术环境的特定特征每 5 到 10 年就变化一番，如果没有足够的求知欲来跟上这些变化，你就面临落伍的威胁。

程序员都是大忙人，常常没有时间去考虑怎样改进自己的工作。如果你是这种情况，你并不孤独，很多人和你一样。下面是一些培养求知欲和把学习当做第一要务的特定方法。

> **交叉参考** 有关软件开发过程的重要性，会在 34.2 节"精选开发过程"充分讨论。

在开发过程中建立自我意识 你越了解软件开发过程，无论通过阅读还是通过自己对软件开发的观察，你就越能理解变化，使团队朝着正确的方向发展。

如果分配给你的工作净是些不能提高自身技能的短期任务，你理应表示不满。如果正处于竞争激烈的软件市场，则目前工作用到的一半知识将在三年后过时。假如不持续学习，你就会落伍。

其实你这样的人很受欢迎，没有必要花时间去为管理层干些不感兴趣的工作。尽管就业形势跌宕起伏，有些就业岗位转向国外，但从 2002 到 2012 年，美国平均软件从业职位数目将显著增长。系统分析师的工作机会有望增加约 60%，软件工程师增长 50%。将所有计算机岗位加在一起，能够将现有的 300 万个职位再增加 100 万个（Hecker 2001; BLS 2004）。如果在工作中学不到什么，就找一份新工作吧。

> **交叉参考** 有关试验这一思路涉及到若干关键的方面。其细节请参看 34.9 节中的"试验"。

试验 对编程和开发过程做试验，是学习编程的有效途径之一。如果不了解所用语言的某一特性是怎么回事，可编写一个小程序来检验，看看它是如何工作的。请在调试器中观察程序的执行情况。用个小程序来检验某一概念，总比编写大程序时运用不太了解的特性要好。

如果小程序表现的特性与你的设想不一样，怎么办呢？那正是你要研究的问题。最好通过小程序找出答案，而不要用大程序。有效编程的关键之一就是要学会迅速制造错误，并且每次都能从中有所收获。犯错不是罪过，从中学不到什么才是罪过。

> **深入阅读**
> James Adams 的《*Conceptual Blockbusting*》是一本讲述解决问题方法的很出色的书（2001）。

阅读解决问题的有关方法 解决问题是软件创作过程中的核心行为。Herbert Simon 报告了关于人类解决问题的一系列试验，发现人们并不总能自行找出解决问题的巧妙办法，即使这些办法很容易传授给他们（Simon 1996）。换句话说，就算你想再发明个车轮，也不会注定成功，你发明的也许是方车轮。

在行动之前做分析和计划 在分析和行动之间有着矛盾关系。有时必须停止收集数据马上行动，然而多数程序员的问题不在于分析过度。钟摆现在距离弧的那个"行动"半边还比较远，至少可以等到它快到中央时，你再担心别总呆在"分析停滞"的位置上。

> cc2e.com/3320

学习成功项目的开发经验 学习编程的一个特别好的途径是研究高手的程序。Jon Bentley 认为你应该坐下来，准备一杯白兰地，点一根上好的雪茄，像看优秀小说那样来阅读程序。实际做起来可能不会这么惬意。大部分人不愿意花休息时间深究长达 500 页的源程序，但是许多人乐意研究高层设计，并有选择地去研究某些地方的细节源代码。

软件工程领域里利用成败的先例相当有限制。如果对建筑学感兴趣，你会研究 Louis Sullivan、Frank Lloyd Wright 和贝聿铭的设计图，参观他们设计的建筑物。如果对结构工程感兴趣，你会研究 Brooklyn 大桥、Tacoma Narrows 大桥等混凝土、钢铁和木材建筑。你会学习所在行业中成败的各种例子。

Thomas Kuhn 指出，凡是成熟的学科都是从解决问题发展起来的。这些问题不仅被作为本行业卓越成就的例子，而且还是继往开来的榜样（Kuhn 1996）。软件工程刚刚只能达到这种程度。计算机科学和技术委员会（Computer Science and Technology Board）总结道，软件工程行业鲜有成败案例的文献可供研究（CSTB 1990）。

《Communications of the ACM》的一篇文章主张人们对别人的编程问题案例进行研究（Linn and Clancy 1992）。这一主张的提出具有深远意义。另外，该杂志最受欢迎的计算机专栏——"编程珠玑（Programming Pearls）"——专门研究编程中出现的问题案例，也具有启发作用。《The Mythical Man-Month》(《人月神话》)一书因其讲的是对 IBM 公司 OS/360 项目中编程管理的案例研究，而成为软件工程行业最热门的书籍之一。

不管有没有关于编程案例研究的书，你都应找些高手编的代码读读。看看你敬佩的程序员的代码，再看看你不喜欢的程序员的代码，比较它们之间的异同，比比你的代码，有什么差异？为什么会有差异？哪个更好？为什么？

不仅要阅读别人的代码，还应渴望了解专家对你的代码的看法。找一些一流程序员评论你的代码，滤除其言语中的主观成分，注重解决切中要害的问题，从而改善编程质量。

阅读文档　程序员普遍有文档恐惧症。计算机文档通常写得很差，组织得也糟糕。尽管有这些问题，只要克服过度的恐惧，还是能从屏幕或纸质文档受益匪浅。文档中有许多有用的东西，值得花时间去看。要是忽视其中显而易见的信息，会在新闻组和 BBS 上得到 "RTFM!" 这样的缩略语，意指 "去读那该死的手册！(Read the !#*%*@ Manual!)"。

现代语言产品一般都带有大量函数库，很有必要投入时间去浏览其说明。通常提供产品的公司都生成了许多你用得着的类，如果是这样，应确信你了解这些类，每两个月翻翻其文档。

交叉参考　有关个人读书计划能用哪些书，请参看 35.4 节 "软件开发者的阅读计划"。

阅读其他书本期刊　你愿意阅读本书就很值得称赞。你已经学到了比软件业中多数人都更多的知识，因为大部分程序员一年下来还看不完一本书（DeMarco and Lister 1999）。只要稍稍看一些书就会使你的专业知识又迈进一步。如果每两月看一本计算机好书，大约每周 35 页，过不了多久，你就能把握本行业的脉搏，并脱颖而出。

同专业人士交往　和希望提高其软件开发技能的人为伍。参加某个交流会，加入某个用户群，或者参与网上讨论。

深入阅读 关于程序员水平的其他讨论,可参看《专业软件开发(*Profession-al Software Development*)》(McConnell 2004)第16章"Construx公司的专业开发规程(Con-strux's Professional Development Program)"。

向专业开发看齐 好的程序员总是不断寻找机会来提高自己。下面是我公司等多家企业采用的专业开发阶梯。

- **第一级:入门级** 入门者会利用某语言的基本功能,能够编写类、子程序、循环和条件语句,会使用语言的许多特性。

- **第二级:中级** 中级的程序员已经度过入门期,能利用多种语言的基本功能,并会得心应手地使用至少一种语言。

- **第三级:熟练级** 熟练级的程序员对语言或环境(或两者兼具)有着专业技能。这一级的程序员也许精通 J2EE 的盘根错节,或者对《*Annotated C++ Reference Manual*》如数家珍。这些程序员都是所在公司的活宝,很多程序员再也不能超越该层次。

- **第四级:技术带头人级** 技术带头人具有第三级的专业才学,并明白编程工作中只有 15%用来和计算机交互,其余都是与人打交道的。程序员一般只花 30%的时间单独工作,与计算机交互的时间则更少(McCue 1978)。技术带头人会为人写代码,而非为机器。真正高手所写的代码,像水晶一样晶莹剔透,还配有文档。他们可不会浪费其宝贵的脑力,去重新组织用一句注释就能说清楚的某块代码逻辑。

再厉害的编码者若不重视可读性的,通常只能呆在第三级,但这并不常见。依据我的经验,有人之所以写出难以看懂的代码,主要还是因为其代码质量太差,他们不会自言自语道:"我的代码不好,所以我得让它们不好懂。"他们只是没有了解透所写的代码,自然无法使之易读,从而将自己困在较低的级别。

我曾见过最糟糕的代码,其作者不让任何人看懂她的程序。最后,她的上司威胁要解雇她,如果她还不合作的话。她的代码没有注释,变量名尽是些 x、xx、xxx、xx1 和 xx2 之类的东西,而且都是全局变量。上司的老板却以为她是个高手,因为她能很快改正错误。其实正是其低劣的代码质量给了她表现纠错能力的大量机会。

当初学者或中级程序员不是错,当熟练级程序员而非技术带头人也无可厚非。但如果知道自己该如何改进后,还总是在初学者或者中级程序员阶段徘徊,就是你的不对了。

33.4 Intellectual Honesty 诚实

编程生涯成熟的部分标志就是发展出一种不屈不挠的诚实感。通常表现为以下几个方面：

- 不是高手时不假装是高手。
- 乐于承认错误。
- 力图理解编译器的警告，而非弃之不理。
- 透彻理解自己的程序，而不要只是编译看看能否运行。
- 提供实际的状况报告。
- 提供现实的进度方案，在上司面前坚持自己的意见。

前两项——承认你"不知道"或"是你的错"——与前面讨论的"谦虚"遥相呼应。如果你不懂装懂，还怎么学习新东西呢？最好还是装作自己啥都不懂，听听别人咋说，从他们那里学到新内容，并能了解他们是否真的清楚所讨论的东西。

经常考量自己对某些问题的确定程度。如果总是毋庸置疑，那可是个不妙的信号。

> 傻子都会为其失误辩护，而多数傻瓜也确实这么做。
> —Dale Carnegie
> （卡耐基）

拒绝认错是一个让人特别讨厌的习惯。如果 Sally 不愿认错，她显然以为这么做别人就相信她不错。但事实正好相反。每个人都知道她有错。复杂的智力活动有潮起潮落，因此错误有情可原。只要她不熟视无睹，没人会抓住错误不放的。

要是她不愿认错，到头来她只会骗自己。别人都会知道她是个不诚实的、高傲的程序员。与小小的错误相比，给人们这种印象可要糟多了。如果你犯了错误，应立即主动承认。

对编译器给出的消息不懂装懂是另一个常见盲点。如果你不明白某个编译器警告，或者自认为已经搞懂了但时间紧迫无法核实，猜猜时间实际浪费到哪儿了？最终你可能为了解决问题而从头检查一遍，而编译器早已把解决方案给出来了。一些人曾在调试方面向我求助。我问他们编译有没有问题，他们回答说没有，然后解释问题的症状。于是我说："嗯，看来像是指针没有初始化，编译器应该有警告信息呀？"他们这才说："噢，对……编译器是给了警告信息，我们还以为指其他意思呢。"你犯的错误很难骗他人，更难愚弄计算机，所以不要浪费时间做这样的事

与此类似的还有，当你对自己的程序并不很了解时，就"先编译看看能否运行再说"。一个例子是对于该用"<"还是"<="，通过运行程序来决定。这种情况下，程序能否运行并没有太大意义，因为你并不理解它能工作的原因。要知道，测试只能找出错误，不能确保"不存在错误"。要是不理解程序，就不能彻底测试。"先编译看看程序会干什么"的想法是个警告信号，也许意味着你该回到规划阶段，或者你在着手编程时还不清楚要做什么。请确保在将程序丢给编译器之前，你已对其有了较大的把握。

> 前 90%代码值得占用前 90%的开发时间；剩下的 10%代码同样值得另外占用 90%的开发时间。
> ——Tom Cargill

状态报告也是令人反感的领域。如果程序员声称项目"已经完成了 90%"，而实际进度还有 50%，那么他们就会声名狼藉。如果问题在于你对自己的进度缺乏感觉，那么可以通过加强对工作的了解来解决。但如果是为了取悦上司而不说出想说的话，性质就完全不同了。上司通常愿意得到对项目状态的真实汇报，即使那可能并非他们想听到的内容。如果你的汇报经过深思熟虑，应尽量冷静地在私下说出来。管理者需要准确的信息，以便协调开发活动，充分地配合是必要的。

cc2e.com/3341

与不准确的状态报告相关的问题是不准确的估计。典型情况是这样：经理要 Bert 算算开发某个新的数据库产品需要投入多少人力。Bert 和几个程序员碰一下头，算了几个数，认为需要 8 个程序员花 6 个月时间。经理说："这可不行，能否少用几个程序员花更短时间搞定？" Bert 想了想，决定取消培训时间和假期，再让大家稍微加点班来实现这个目标。于是他估计需要 6 个程序员、4 个月时间。经理说："很好，这是个优先级较低的项目，所以尽量准时完成，不要拖延，因为预算不允许。"

Bert 错在他未意识到评估是无法协商的。他可以让估计更精确，但和上司商量并不会改变开发软件项目需要的时间。IBM 公司的 Bill Weimer 说："我们发现，技术人员大都能很好地估计项目需求和进度。但问题是他们不会坚持自己的决定，需要学习如何坚守其立场。"（Weimer in Metzger and Boddie 1996）Bert 许诺在 4

个月完成项目却花了 6 个月,肯定不会让上司高兴。妥协让他失去信用,而坚持自己的估计会赢得尊敬。

如果上司施压要你改变估计,你应明白是他最终决定要不要做这个项目。你可以说:"瞧,该项目的费用就是这么多。我不能说这对公司是否值得,因为是你说了算。但我可以告诉你开发软件需要的时间,这是我份内的事。我无法跟你'商量'项目该花多少时间,就像不能商量确定一英里有几码一样,自然规律是不能商量的。不过,我们可以协商影响项目进度的其他方面,重新评估进度。我们可以少一些特性,降低性能,分阶段开发项目,少些人但时间延长一些,或者多些人手时间短些。"

我听到过的最引起恐慌的交流之一是在一场关于软件项目管理的演讲上。演讲者是一本畅销的软件项目管理书籍的作者。一位听众问到:"让你评估某项目,你明知道如果给出准确的估计,上司会觉得成本太高而放弃,你会怎么办呢?"这位演讲者回答道,那得耍点花招,你必须先对成本估计偏低,来让上司投入该项目。他说,一旦他们开始对项目有投入,就得不断追加投入直到项目结束。

这是完全错误的回答!管理者是负责整个公司运营的。如果某个软件给公司带来 25 万元的价值,而你估计需要 75 万元来开发,公司就不该开发此软件。管理者有责任做出这样的决定。上面这位演讲人隐瞒项目成本,告诉管理者需要比实际少的成本,他是在损害管理者的权威。如果你对某项目感兴趣,或者将为公司带来突破,或者能提供有价值的锻炼,就应该将这些想法说出来,管理者会权衡这些因素。但哄骗上司做出错误决定,将使公司蒙受损失。如果你因而丢了饭碗,那纯粹是活该。

33.5 Communication and Cooperation 交流与合作

真正优秀的程序员知道怎样同别人融洽地工作和娱乐。代码便于看懂是对团队成员的要求之一。计算机可能和别人一样频繁地读你的代码,但是它读质量差的程序可比人强多了。作为一项可读性原则,应该把修改你代码的人记在心上。编程首先是与人交流,其次才是与计算机交流。

33.6 Creativity and Discipline 创造力和纪律

> 我走出校园时,自以为是世上最好的程序员。我可以使用 5 种计算机语言写出无与伦比的三连棋游戏,还能编写长达 1 000 行的可用程序(真的!)。我进了 Real World 公司,第一个任务是就阅读并理解用 Fortran 语言编写的 20 万行程序,再设法将其运行速度提高 1 倍。任何真正的程序员会告诉你,世界上所有的结构化编程技术都无助于解决这样的问题——它需要的是天分。
>
> ——Ed Post

向刚毕业的计算机科学学生很难解释为何需要规范和工程纪律。当我还没毕业时,我写过的最长程序也就 500 行的可执行代码。作为专业程序员,我也编过不少 500 行以下的实用工具,但是一般项目的长度都在 5 000 到 25 000 行之间。我还参与过长达 50 万行代码以上的某些项目开发工作。这类工作需要的技能不仅是规模大些而已,而是一套全新的技巧。

一些有创新精神的程序员将各种标准和规范的纪律看成束缚其创造力的东西,事实正好相反。难道网站的每个网页采用不同字体、颜色、对齐方式、图形风格及导航条,效果会好吗?效果只会是一片乱七八糟,而非有创意。大型项目若没有标准和规范,完成都有困难,更谈不上创新了。不要将创造力花到无关紧要的事物上,在非关键之处建立规范,从而在重要地方倾力发挥你的创造性。

McGarry 和 Pajerski 对其在美国宇航局(NASA)软件工程试验室工作的 15 年时间做了回顾,说强调纪律的方法和工具非常有效(McGarry and Pajerski 1990)。许多有很强创造力的人都极其遵守纪律,正如俗话所说:"Form is liberating(形式就是解放)"。建筑大师总是在材料物理性能、时间和成本的可承受范围内工作,艺术大师同样如此。看过 Leonardoda Vinci(达·芬奇)作品的人,都会钦佩他在细节上遵守约定;Michelangelo(米开朗基罗)设计西斯廷教堂的顶篷时,将其划分为各种对称几何形状,如三角形、圆形和正方形。他将顶篷分成三个区域,对应柏拉图哲学的三个阶段。如果没有自我的结构和约束意识,三百个人物的排列将会混乱不堪,不可能成为内涵丰富的艺术瑰宝。

精致的程序作品也要求许多约束。如果编程之前不分析需求也不设计,编写代码的过程中你会发现要了解许多东西。你的工作成果与其说是艺术品,不如说是幼儿画。

33.7 Laziness 懒惰

> 懒惰这种品性能促使你努力减少整体花销；使你编写节省劳力的程序，别人也会觉得这些程序有用；使你编些说明，免得人们老是问你。
> —Larry Wall

偷懒表现在以下方面：

- 拖延不喜欢的任务。
- 迅速做完不喜欢的任务，以摆脱之。
- 编写某个工具来完成不喜欢的任务，以便再也不用做这样的事情了。

有的偷懒表现形式较好。第一种表现没有任何益处。你可能有过这样经历：为了不必做一些琐事，你可能宁愿花几个钟头做一些其实不必要的工作。"我讨厌输入数据，而很多程序需要少量的数据输入。大家都知道我在某个程序上已经拖延了数天，仅仅是不想用手输入几页数字。"——这样的习惯叫"实在懒"。编译某个类看看其是否工作，省得整理一下思绪，这显然也是偷懒的表现。

琐事并不像看上去的那样麻烦。如果养成立即把它做完的习惯，你就能避免这种偷懒，于是就成为第二种偷懒形式——叫做"开明懒"。尽管仍是偷懒，但毕竟用最少时间做完不喜欢的事情，解决了问题。

第三种形式是编写某个工具来完成烦人的任务，这是"一劳永逸的懒"，无疑是最具产值的偷懒形式（如果这个工具最终节省了时间）。由此可以看到，某种程度的懒惰还是有好处的。

在你不通过有色玻璃看问题时，你就看到了懒惰的另一面。"硬干"或者"苦干"并没有带着光环。"硬干"是种徒劳的、大可不必的努力，只会说明你急切但并不是在完成工作。人们容易混淆行动与进展，混淆忙碌与多产。有效编程中最重要的工作是思考，而人思考时通常不会看上去很忙。如果和我共事的程序员总是忙个不停，我会认为他并非优秀的程序员，因为他没用最有价值的工具——自己的脑袋。

33.8 Characteristics That Don't Matter As Much As You Might Think 不如你想象中那样起作用的性格因素

"硬干"并不是在生活的其他方面备受推崇，而在软件开发中失灵的唯一性格因素。

Persistence
坚持

根据环境的不同，坚持可能是财富，也可能是负担。和大部分的中性词一样，依据你的褒贬意图而有不同的意思。如果你想表达贬意，可以说是"固执己见"或"顽固不化"；如果你要表达褒意，可以说是"坚韧不拔"或"持之以恒"。

多数时候软件开发中的坚持其实就是没有好处的"固执"。当在某段新代码上卡壳时，坚持很难让人称道。不妨另辟蹊径，尝试重新设计类，或者绕过去，以后回头再试。当一种办法行不通时，正好可以换个办法试试（Pirsig 1974）。

交叉参考 有关调试时的坚持问题，其详细讨论请参看23.2节"寻找缺陷"。

调试时，花四个小时干掉某一错误肯定会很有满足感；但通常最好只要有一段时间没有进展，比如说15分钟，就该放弃排错过程，让潜意识仔细品味。想个其他法子将问题绕开；从头编写有麻烦的代码段；理清思绪后再来做。和计算机错误斗气是不明智的，更好的方法是避开它们。

知道何时放弃很难，但这是必须面对的问题。当你遭受挫折时，提出此问题正是时候。提出并不是说这时就放弃，而是该为目前的行为设置底牌了："要是这种方法三十分钟之内还不解决问题，我就会花十分钟想些其他办法，再用一个钟头尝试最可行的办法。"

Experience
经验

与其他行业相比，软件开发行业的经验比书本知识价值要小，这有几个原因：在其他许多行业里，基础知识变化得很慢。即便晚你10年毕业的人，他所学的基础知识还和你那时学的一模一样；而软件开发，即使基础知识也变化很快，晚于你10年毕业的人所学的有效编程技术，其数量有可能是你的两倍。一些老程序员往往被看作另类，不仅是因为从未接触某些专项技术，还因为他们没有用过从学校毕业之后出名的基本编程概念。

在其他行业中，今天工作中的收获很可能有助于明天的工作；在软件行业中，如果不改掉使用先前编程语言时的思维模式，或者不放弃在旧机器上能用的代码性能优化技术，你的经验将还不如没有好。很多软件开发者花时间去准备应付上一次战争,却不花时间去准备下一次战争。如果你不能与时俱进,经验不但不会有所帮助,反而是个累赘。

抛开软件开发中的迅速变化不谈,人们还常常依据经验得出错误结论。要客观评价自己的人生很难。忽视经验中的一些关键因素与否,你可能会得出迥然不同的结论。读读其他程序员的研究材料是有好处的,因为这些材料展示了其他人的经验——它们都经过充分的提炼,可供你客观地检验。

人们还荒唐地强调程序员有**多少经验**。"我们需要有五年以上 C 语言编程经验的程序员"就是愚蠢的说法。如果程序员过了前一两年还没有学好 C 语言,那么再加三年也没什么意义。这种"经验"和工作效能关系不大。

程序开发中的信息快速更新,导致"经验"也跟着高速变化。在很多行业中,有成就的专业人士可以度假、休息,尽享成功带来的荣誉;而在软件开发行业,任何人放松下来就很快跟不上形势。为了让自己仍然有用,你必须紧跟潮流。对于求知欲强的年轻程序员来说,这会是他们的优势;而老程序员常常自认为有资历,讨厌年复一年地证明自己的能力。

最后一个问题是:如果你工作 10 年,你会得到 10 年经验还是 1 年经验的 10 次重复?必须检讨自己的行为,才能获得真正的经验。只有坚持不懈地学习,才能获取经验;如果不这样做,就无法得到经验,无论你工作多少年。

Gonzo Programming
编程狂人

> 如果你还没有对某个程序花费至少一个月的时间——一天工作 16 小时,其余 8 小时也睡得不安稳,老是梦到它,为解决"最后错误"连熬几夜——你就算没有编过真正复杂的程序,你也不会感受到编程中激动人心的东西。
>
> —Edward Yourdon

这种对编程的痴迷简直是胡闹,几乎注定会失败。彻夜编程让你感觉像是世上最好的程序员,却要花几个星期去纠正你在短暂辉煌时埋下的失误。可以热爱编程,但热情不能代替熟练的能力,请想明白什么更重要。

33.9 Habits 习惯

> 我们的精神品德既非与生俱来，也非逆于天性……其发展归因于习惯……我们要学的任何东西都通过实际做的过程学到……如果人们建的房子好，他们就成为好的建设者；而造的房子不好时，他们就是差的建设者……所以小时候形成了怎样的习惯关系很大——正是它会造成天壤之别，或者说就是世上所有差异之源。
>
> —亚里士多德

好习惯很重要，因为程序员做的大部分事情都是无意识完成的。例如，你曾想过该如何格式化缩进的循环体，但现在每当写新的循环体时就不再去想了，而以习惯的方式来做。对程序格式的方方面面几乎都是如此。你上次质疑编排风格是什么时候？如果你有五年编程经验，最后一次提出这个问题可能是在四年半之前，其余时间都是按习惯编程的。

> **交叉参考** 有关赋值语句的错误，请参看节22.4节中的"错误的分类"。

人在很多方面都有习惯。程序员倾向于仔细检查循环下标，而对赋值语句并不在意，以致于赋值语句中的错误比循环下标中的更难发现（Gould 1975）；你对别人的批评以友好或不友好的方式回应；总是或从不想办法让代码更易读或更快；如果经常要在速度和易读性之间做出选择，你的决定总是一样，实际上你并未选择，而是在习惯性地做出反映。

我们要学习源于亚里士多德[1]"精神品德"的"编程品德"。他指出人们并非天生好或坏，而是设定的道路使人成为或优或劣的程序员。你做得好坏主要靠你的所作所为。建筑师要通过建筑，程序员则要通过编程。行为养成习惯，年复日久这些好坏习惯就决定了你作为程序员的优劣。

比尔·盖茨说，任何日后出色的程序员前几年就做得很好。从那以后，程序员好坏就定型了（Lammers 1986）。在你搞编程颇有些年头后，很难会突然说"怎样才能使这个循环再快些呢？"或者"如何让这段代码更好看懂呢？"优秀的程序员早就养成了这些习惯。

初涉某事时，就应端正态度来学。开始做事情时，你还会积极思考，轻松决定做得好坏。干了一段时间后，就会习以为常，"习惯的力量"开始起作用。请确保这些习惯是你所希望的东西。

---

[1] 译注：Aristotle：亚里士多德（公元前384—公元前322年），古希腊大哲学家、科学家。其著作涉及逻辑学、形而上学、伦理学、自然科学、政治学和诗学，对西方思想产生了深远影响。

如果没养成最有效的习惯，该怎么办呢？如何改掉坏习惯？如果有明确的答案，我就能在夜晚的电视节目上兜售自助录影带了。不过我有少许答案——不能用"没有习惯"来代替"坏习惯"——这就是人们骤然停止抽烟、停止咒骂或者停止多食时会很难受的原因，除非有了替代方法，如嚼口香糖。以新习惯来代替老习惯，要比干脆戒除老习惯容易。对于编程，要试着养成有用的新习惯。举个例子，要培养先以伪代码编写类再改用实际代码，以及编译前认真检查代码的习惯。不必为失去坏习惯而多虑，有了新习惯，坏习惯自然就会消失。

Additional Resources 更多资源

cc2e.com/3327　关于软件开发的人为因素，还有更多资源可供参考。

cc2e.com/3334　Edsger Dijkstra 的图灵奖发言稿《*The Humble Programmer*》，登载于《*Communications of the ACM*》 15, no. 10 (October 1972): 859—866. 这一经典论文拉开了探究程序员心理与计算机编程之间到底有多大关系的研究序幕。Dijkstra 一直强调，编程的本质任务就是驾驭计算机科学的极端复杂性。他认为编程是唯一要求掌握最底层到最高层 9 个数量级上细节差异的人类活动。由于其历史意义，这篇文章值得读读，而且几十年后，其很多提法仍令人耳目一新。该文还展现了在计算机科学发展早期程序员的一些情况。

Weinberg, Gerald M. 《*The Psychology of Computer Programming: Silver Anniversary Edition*》. New York, NY: Dorset House, 1998. 这本经典著作谈了"无我编程"的思想，以及编程时人的因素的方方面面。此书还包含了很多轶闻趣事，是有关软件开发的最通俗易读的书本之一。

Pirsig, Robert M. Zen and the Art of Motorcycle Maintenance: An Inquiry into Values. William Morrow, 1974. Pirsig 借摩托车维护展开讨论了"质量"。Pirsig 写这本书的时候正是一位软件技术作家，其非凡见识既适用于摩托车维护，也对软件项目心理学成立。

Curtis, Bill, ed. 《*Tutorial: Human Factors in Software Development*》. Los Angeles, CA: IEEE Computer Society Press, 1985. 该书是一部很好的论文集，收录了许多谈论编程中人的因素的论文。其 45 篇论文依据心理模型分为若干节，有编程知识、编程指导、问题解决和设计、设计表现的影响、语言特性、错误诊断以及方法论。如果说编程是人类面临的最难的一项智力挑战，那么对人类心理容限多加了解是努力成功的关键。这些关于心理因素的文章也有助你调整心态，了解自己应该如何更有效地编程。

McConnell, Steve.《*Professional Software Development*》. Boston, MA: Addison-Wesley, 2004。其第 7 章 "*Orphans Preferred*" 仔细谈论了程序员的个性及其作用。

Key Points
要点

- 人的个性对其编程能力有直接影响。

- 最有关系的性格为：谦虚、求知欲、诚实、创造性和纪律，以及高明的偷懒。

- 程序员高手的性格与天分无关，而任何事都与个人发展相关。

- 出乎意料的是，小聪明、经验、坚持和疯狂既有助也有害。

- 很多程序员不愿主动吸收新知识和技术，只依靠工作时偶尔接触新的信息。如果你能抽出少量时间阅读和学习编程知识，要不了多久就能鹤立鸡群。

- 好性格与培养正确的习惯关系甚大。要成为杰出的程序员，先要养成良好习惯，其他自然水到渠成。

Themes in Software Craftsmanship

第 34 章 软件工艺的话题

cc2e.com/3444　内容

- 34.1　征服复杂性：第 837 页
- 34.2　精选开发过程：第 839 页
- 34.3　首先为人写程序，其次才是为机器：第 841 页
- 34.4　深入一门语言去编程，不浮于表面：第 843 页
- 34.5　借助规范集中注意力：第 844 页
- 34.6　基于问题域编程：第 845 页
- 34.7　当心落石：第 848 页
- 34.8　迭代，反反复复，一次又一次：第 850 页
- 34.9　汝当分离软件与信仰：第 851 页

相关章节

- 本书全部内容

本书着重于软件构建的细节：高质量的类、变量命名、循环、源代码布局、系统集成等。对抽象的话题谈得不多，以便突出具体的内容。

一旦你对本书前面的具体话题有所了解，要想领会有关抽象概念，只需从各章选取主题并摸清它们的关联。本章将这些抽象话题明确化——复杂性、抽象、过程、可读性、迭代，等等。这些内容对软件的塑造有着相当大的影响。

34.1　Conquer Complexity 征服复杂性

交叉参考　关于征服复杂性的态度有多重要，其细节请参看 33.2 节"聪明和谦虚"。

致力于降低复杂度是软件开发的核心。第 5 章"软件构建中的设计"说明了管理复杂度是软件的首要技术使命。尽管谁都希望成为英雄，自如地应对各种计算机问题，但没有人的大脑真正有能力跨越 9 个数量级的细节。计算机科学和软件工程已经开发了许多智力工具，来处理这种复杂性，本书谈到的其他话题里也

曾触及过其中的一些。

- 在架构层将系统划分为多个子系统，以便让思绪在某段时间内能专注于系统的一小部分。

- 仔细定义类接口，从而可以忽略类内部的工作机理。

- 保持类接口的抽象性，从而不必记住不必要的细节。

- 避免全局变量，因为它会大大增加总是需要兼顾的代码比例。

- 避免深层次的继承，因为这样会耗费很大精力。

- 避免深度嵌套的循环或条件判断，因为它们都能用简单的控制结构取代，后者占用较少的大脑资源。

- 别用 goto，因为它们引入了非顺序执行，多数人都不容易弄懂。

- 小心定义错误处理的方法，不要滥用不同的错误处理技术。

- 以系统的观点对待内置的异常机制，后者会成为非线性的控制结构。异常如果不受约束地使用，会和 goto 一样难以理解。

- 不要让类过度膨胀，以致于占据整个程序。

- 子程序应保持短小。

- 使用清楚、不言自明的变量名，从而大脑不必费力记住诸如 "i 代表账号下标，j 代表顾客下标，还是另有它意？"之类的细节。

- 传递给子程序的参数数目应尽量少。更重要的是，只传递保持子程序接口抽象所必需的参数。

- 用规范和约定来使大脑从记忆不同代码段的随意性、偶然性差异中解脱出来。

- 只要有可能，一般情况下应避免第 5 章所说的"偶然性困难"。

如果将复杂的测试代码放入布尔函数，并将其意图概括出来，就可以降低代码的复杂程度。用查找表代替繁琐的逻辑链，也能达到同样目的。如果采用定义良好的一致的类接口，你就无须操心类的实现细节，从而整体上简化自己的工作。

采用编码规范主要也是为了降低复杂度。如果在格式编排、循环、变量命名、建模表示法等方面有统一的考虑，就能将精力集中于更具挑战性的编码问题上。有人声称规范存在争议性，既限制了审美方面的选择，又颇为武断。人们总是对规范的细枝末节有着热烈争论。规范最有用之处在于它们能免于你做出任意决定，省却了为之辩解的麻烦。要是它们在更有意义的地方反而成为桎梏，就没那么有用了。

各种形式的抽象对于管理复杂度都是很强大的工具。通过增强程序组件的抽象性，编程领域已经取得了很大的进步。Fred Brook 指出，计算机的科学最了不起的成就，就是从机器语言跃进到高级语言，解放了程序员——后者不用再操心某种特定的硬件细节，而能够专心于编程（Brooks 1995）。子程序的想法则是另一个巨大的进步，随后的重要进步是类和程序包。

以其功能对变量命名，说明问题是什么，而非其怎样实现，能提升其抽象层次。如果你说："这是弹出栈，意味着我在取最近雇员的信息"，那么抽象使你可以省掉记住"弹出栈"的脑力步骤，你只需简单地说"我在取最近雇员的信息。"这一长进是微不足道的，但当你要减少从 1 到 10^9 这么大范围的复杂度时，任何措施都是值得的。采用具名常量而非文字量也能提高抽象级别。面向对象的编程方法提供同时适用于算法和数据的抽象层，单靠功能分解做不到这一点。

总而言之，软件设计与构建的主要目标就是征服复杂性。许多编程实践背后的动机正是为了降低程序的复杂度。降低复杂度几乎是衡量程序员成果的最重要依据。

34.2 Pick Your Process 精选开发过程

本书第二个主要思路就是软件开发与其过程有着很大关系。对于小的项目，程序员的个人才能对软件质量影响最大。程序员成功与否部分取决于其对开发过程的选择。

对于多个程序员参与的项目，组织性的重要程度超过了个人技能。即便你有一个庞大的团队，其合力并不等于每个人能力的简单相加。人们一起工作时的方式将决定其能力是珠联璧合还是相互抵消。某个成员对其他人的工作是支持还是拖后腿，取决于团队采取的开发过程。

> **交叉参考** 有关把需求稳定下来的详情，请参看 3.4 节"需求的先决条件"。有关开发方法的若干变通形式，可参见 3.2 节"辨明你所从事的软件的类型"。

关于开发过程的重要性，一个明显的例子是看看在需求还未确定就开始设计和编码的后果。如果不知道要构建什么，就无法为其设计出最佳的方案。要是软件在开发过程中需要改动需求，进而导致设计跟着变化，代码也就必须更改，这样会带来降低系统质量的风险。

"说的不错，"你会说，"但现实情况中，需求不可能稳定，所以这和软件质量不相干。"再次重申，你所用的过程将决定需要的稳定程度，以及它能承受怎样的不稳定。如果你需要让需求更具灵活性，可以采取增量开发方法，分几次发布功能渐强的软件，而不是将其一次统统做完。这在过程中要注意把握，而所用开发过程将最终决定项目的成败。从 3.1 节中的表 3-1 能够清楚地看出，需求失误导致的成本远高于建构错误，所以注重过程的这一部分也将影响成本和进度。

> 我想对严肃的程序员说的话就是：要花工作时间的一部分来检讨和提炼自己的方法。即使程序员总是奋力赶进度，或者满足最后期限的要求，对方法的抽象是更明智的长远投资。
> ——Robert W. Floyd

对过程的有意识掌控同理也适用于设计。在盖房子之前要打牢地基。如果地基还没完工就匆忙建造，系统架构中的基础改动起来将变得困难。人们只好再在设计上费神，因为他们已经为之写了代码。你开始盖房子后就很难摆脱糟糕的地基了。

开发过程之所以重要，主要原因是软件开发中，质量一开始就要逐步建立起来。这与那种先拼凑代码，再通过测试剔除缺陷的思路相悖。后者是完全错误的。测试仅仅说明软件所用的特定方法有缺陷，并不能让软件更有用、更快、更可读或更有扩展性。

不成熟的优化是另一个过程性错误。行之有效的开发过程是在开始时粗调，后来再进行精调。如果你是个雕刻匠，应在打磨细节前就将大致的轮廓刻画出来。过早优化浪费时间，因为你会花时间去精雕细琢原本不必做的代码段。你可能会打磨本已足够短小足够快速的代码段；你可能会润色日后将要丢弃的代码；也许你舍不得扔掉某些坏代码，因为你已花费了时间推敲它们。应该总是想想"我这样做，顺序合适吗？次序改变影响大吗？"从而有意识地沿用好的开发过程。

交叉参考 有关迭代的细节，请参看本章后面的34.8节"迭代，反反复复，一次又一次"。

低层的过程也很重要。如果遵照写伪代码再对其填充代码的步骤，就能享受到自上而下的设计好处。你也应确保向代码中加入注释，而不是以后再添加进去。

关注大型过程和小型过程，意味着应暂停一下去留意自己构建软件的方式，这是值得花时间的。那种"真正重要的是代码，应当关注代码质量，而不是某个抽象过程。"的说法是鼠目寸光，无视实验和实际中的无数与之相悖的证据。软件开发是创造性的活动，如果不理解这一创造性的过程，就无法利用最主要的工具——大脑——来创建软件。坏的过程只会损耗脑力，好的过程则能将脑力充分发挥到极致。

34.3 Write Programs for People First, Computers Second
首先为人写程序，其次才是为机器

> **你的程序** （名词） 好似迷宫一样令人摸不清方向，夹杂着各种花招和无关注释。对比：**我的程序**
>
> **我的程序** （名词） 算法精准，结构紧凑，性能好，注释清晰得体。对比：**你的程序**
>
> ——Stan Kelly-Bootle

另一个贯穿本书的主题是强调代码可读性。暗含于 Holy Grail "自说明代码"的终极目标是为了便于同别人交流。

计算机不关心你的代码是否好读。它更善于读二进制指令，而非高级语言的代码。编写可读性好的代码，是为了便于别人看懂。可读性对程序的以下方面都有正面影响：

- 可理解性
- 容易复查
- 错误率
- 调试
- 可修改性
- 开发时间——上述因素之综合
- 外在质量——上述因素之综合

> 在编程的早些年,程序被看作是程序员的个人财产。未经邀请,人们是不会读同事代码的(就像不会看别人情书一样)。而程序本质上是程序员写给硬件的情书,充满了只有配偶之间才知晓的细节。因此,程序里尽是些昵称和口语表达法,只有处于热恋的、以为世界只有他们两个的爱侣之间才能看懂。这样的程序对于外界来说简直就是天书。
>
> ——Michael Marcotty

可读的代码写起来并不比含糊的代码多花时间,运行时至少不比后者慢。如果你能轻松阅读自己写的代码,确保该代码能工作也会更容易,这就是应该写可读性好的代码的充分理由。不仅如此,代码在复审过程中也要阅读它;你或别人修改错误时也要读;改动代码时还要读;当别人利用你代码的一部分编写类似的程序时也要读。

使代码可读性好并非是开发过程中的可有可无部分,为了节省编写代码的时间而不顾阅读它的时间,是不经济的。你应该努力写好代码,这可以一次做到的;这远比你努力去读坏代码划算,因为那不得不一次次地反复做。

"如果我写代码只是自己用,还需这样做吗?我有必要让它可读性好吗?"因为一两周后你要进行下个程序了。"嘿!我上个星期刚写了这个类,只要放入一些经过测试的、调好的代码,就能节约时间。"如果代码不容易看懂,那就祝你好运吧!

因为只有你一人在干某个项目就去编写不易读的代码的想法,开了一个危险的先例。母亲过去常常说:"你咋老是僵在这种表情?"父亲则说:"习惯成自然。"习惯影响着人的所有活动,你不能随意地支配它,所以要确保每一件事的做法就是你想成为习惯的那种做法。专业的程序员总是写可读性好的代码。

还要认识到,"某段代码专属于你"这一说法也有歧义。Douglas Comer 对私用和公用程序提出了相当有用的区分(Comer 1981):"私用程序"是程序员自用的程序,别人不用,也不会修改,甚至不知道这些程序存在。通常这些程序很小,很少有异议。"公用程序"则是供作者之外的人修改和使用的程序。

公用程序和私用程序的标准可以有所不同。私用程序可以写得邋遢,充满了限制。不过这些限制都是针对作者本人而非别人的。公用程序则一定要小心编写,对它的限制应当有说明,它应当可靠、容易修改。要当心!私用程序经常会变成公用的,这时该对其有所转换,其中部分工作就是使其可读。

HARD DATA

即使你觉得只有自己才会读自己的代码,现实生活中,经常还可能有人需要修改你的代码。一项研究发现,程序在重写前平均要经过 10 代维护程序员的修改(Thomas 1984)。维护程序员要花其 50% 到 60% 的时间,去搞懂他们要维护的代码的含义(Parikh and Zvegintzov 1983)。如果你能在代码中加入说明,他们会感激涕零的。

本书前些章提出了一些技术，它们可以帮助你提高可读性：好的类名（及子程序名、变量名）、精心的布局、短小的子程序；将复杂的逻辑测试隐藏在布尔函数中；把中间结果赋值给变量，以使复杂运算清晰化等等。任何单一的技术对程序可读性的改善都是些许的，但许多微小的改进迭加起来，就能使程序面貌一新。

倘若你还是觉得无需把代码写得可读，因为别人从来不会看，那么请确信你没有本末倒置。

34.4 Program into Your Language, Not in It
深入一门语言去编程，不浮于表面

不要将编程思路局限到所用语言能自动支持的范围。杰出的程序员会考虑他们要干什么，然后才是怎样用手头的工具去实现他们的目标。

如果某个类的子程序成员与类的抽象不一致，你会为图省事用它，而不用更一致的子程序吗？应以尽量保持类接口抽象的方式写代码。不必因为语言支持全局数据和 goto，就使用它们。要避免用这些有危险的编程特性，而代之以编程规范来弥补语言的弱项。编程要使用所用语言里最显而易见的方式。这等于说是"如果 Freddie 从桥上跳下来，难道你也愿意跳吗？"认真考虑你的技术目标，然后确定如何用你的语言最好地实现这些目标。

你的语言不支持断言？那就编写自己的 assert() 子程序，也许功能上与内置的 assert() 不完全一样，但你仍能实现其大部分用处。你的语言不支持枚举类型或具名常量？不碍事，可以按一定方式用全局变量定义自己的枚举或具名常量，只要有清楚的命名规范。

在一些极端情况下，特别是在新技术环境中，工具也许会原始到你不得不对所期望的编程方法有重大改变。这时，所用语言可能使你难以采用自己期望的方法，这时你可能不得不在愿望与方法之间求得某种折中。但即便是这种情况，仍能受益于编程规范，利用它帮助你理清环境中的危险特性。更常见的情况是，你想做的事与工具的稳定支持差距不大，你只需对环境做出一些较小让步即可。

34.5 Focus Your Attention with the Help of Conventions
借助规范集中注意力

交叉参考 关于规范有什么用的分析,请参看 31.1 节中的"好布局有什么用"和"良好布局的目标"。

规范是一套用于管理复杂度的智力工具。前面有些章谈到了专门的规范。本节将通过例子罗列出规范有哪些好处。

许多编程细节都有一定程度的随意性。循环体中该缩进几个空格?怎样格式化注释?如何排列类的子程序?这些问题多数都有若干种正确答案。每次回答同样内容比起只是回答正确更重要。规范能够节省程序员回答同一问题的麻烦——应该总是重复使用同样的方案。当许多程序员工作于一个项目时,使用规范能避免各程序员随意决定导致的理解困难。

规范能够精确地传达重要信息。采用命名规范后,区区一个字符就可以区分局部变量、类变量和全局变量;大小写字母能精确区别类型、具名常量和变量;对齐规范能够精确指示出语句间的关系。

规范可以使你免除各种风险。通过建立禁止使用危险做法的规范,可以在需要用它们时限制这些做法,或者防范它们可能的危险。例如,通过禁止全局变量或在一行里写多条语句,避免这些危险的用法。通过要求对复杂表达式加括号、在指针被删除后要置空以防误用,防范可能的危险。

规范增加了对低层工作的可预见性。对存储器请求、错误、输入/输出和类接口有规范的处理,能够为代码加入有意义的结构,便于其他程序员弄懂你的程序——只要他们知道你的规范。正如前面章节提到的那样,消除全局变量的最大好处就是没有了各类和子系统之间潜在的交互。看程序的人能大致了解局部数据和类数据被用于做什么,但很难搞清楚改变全局变量会影响到多个子系统。全局变量让读者变得没有把握。有了好的规范,你和你的读者就有了更好的默契,就能减少必须消化的细节数量,反过来又进一步加深了对程序的理解。

规范能够弥补语言的不足之处。对于不支持具名常量的语言(例如 Python、

Perl、UNIX 的 shell 脚本等），规范可以区分用来读写的变量和用于只读的常量。限用全局变量和指针的规范则是以规范弥补语言缺点的另一个例子。

在大型项目工作中，有时程序员们会规范过了头。由于设立许多规范和原则，光是记住这些东西都颇花时间。但小型项目的程序员常常缺少规范，则是因为没有充分体会到自觉遵守规范时的好处。应理解其真正价值，并充分利用规范；使用规范以提供所需的结构。

34.6 Program in Terms of the Problem Domain 基于问题域编程

另一个处理复杂性的特殊方式就是尽可能工作于最高的抽象层次。其中一种方法就是针对编程所要解决的问题来工作，而非针对计算机科学的解决方案。

顶层代码不应充斥与文件、栈、队列、数组、字符有关的细节，程序员总不能除了 i、j、k 之类外实在想不出有意义的名字。顶层代码要说明想解决的问题，应当包括描述性的类名和确切说明干什么的子程序调用，不应有"将文件以'只读'方式打开"之类的细节。顶层代码不要包含诸如"变量 i 在这儿表示雇员文件中某记录的索引号，稍后则用来表示顾客账户的索引号"之类的注释。

那是个蠢笨的编程做法。在程序的顶层，无须知道雇员数据以记录形式访问，或者以文件形式存储。细节层的信息应隐藏起来。最高层不必关心数据如何保存，也无须读某个注释，靠后者解释 i 的含义及其两个用处。对这两个用途应该分别使用变量，例如 `employeeIndex` 和 `clientIndex` 两个截然不同的变量名。

Separating a Program into Levels of Abstraction 将程序划分为不同层次的抽象

显然，你必须在某些层次上按照实现层的概念去工作，但是你可以隔离开工作在实现层次的程序部分和工作在问题域的部分。在设计程序时，应考虑图 34-1 给出的那些抽象层次。

```
         ┌─────────────────┐
         │        4        │
         │    高层问题域    │
         ├─────────────────┤
         │        3        │
         │    低层问题域    │
         ├─────────────────┤
         │        2        │
         │   低层实现结构   │
         ├─────────────────┤
         │        1        │
         │ 编程语言结构和工具│
         ├─────────────────┤
         │        0        │
         │操作系统的操作和机器指令│
         └─────────────────┘
```

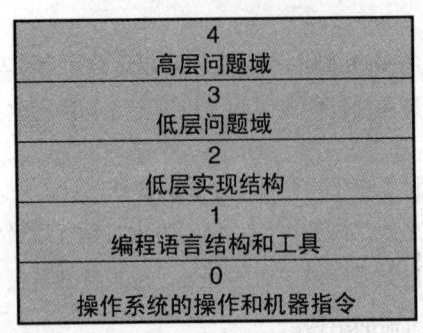

图 34-1　程序可划分为多个抽象层。好的设计使你可以把很多时间集中在较高层，而忽略较低层的细节

Level 0: Operating-System Operations and Machine Instructions
第 0 层：操作系统的操作和机器指令

若是使用高级语言，你就不必操心最底层——所用语言会自动替你打理好；如果你用的是低级语言，就需要自己试着创建一些较高的抽象层次，以便在其上工作，尽管许多程序员不这么做。

Level 1: Programming-Language Structures and Tools
第 1 层：编程语言结构和工具

编程语言结构即该语言的基础数据类型、控制结构等。大多数常见语言多数还提供了一些库文件、对操作系统调用的访问等。使用这些结构和工具是很自然的，因为你编程时不能没有它们。许多程序员从不会超越此抽象层工作，所以常常活得挺累，其实完全不必如此。

Level 2: Low-Level Implementation Structures
第 2 层：低层实现结构

与编程语言相比，低层实现结构就是更高层次的结构。它们通常为你在大学课程里学到的算法和数据结构——栈、队列、链表、树、索引文件、顺序文件、排序算法、查找算法，等等。如果你的程序完全以这一层的代码组成，你仍要处理太多的细节，以征服复杂性。

Level 3: Low-Level Problem-Domain Terms
第 3 层：低层问题域

在这一层次上，已经有与问题域相关的原语可用。它是下面的计算机科学结构与上层问题域代码之间的粘接层。要写这一层的代码，需要构思出解决问题的方法，并创建用以解决问题的各种基本构件。许多应用程序中，这一层就是业务对象层或服务层。位于该层的类提供基本词汇表和构件。这些类也许太基本，不易直接用于解决问题，但它们为用于构造解决方案的更高层的类提供框架。

Level 4: High-Level Problem-Domain Terms
第 4 层：高层问题域

这一层基于问题域的术语提供了对问题工作的抽象能力。本层代码对于非计算机专业的人员——可能是你的非技术用户——在某种程度上应是可以看懂的。它并不怎么依赖编程语言的某些特性，因为你已经自己创建了一套处理问题的工具。故而这一层上的代码更依赖于你在第 3 层创建的工具，而非你所用语言提供的那些功能。

实现细节应隐藏在其下第两层——在计算机科学结构层，从而使硬件或操作系统的变化对其不会有任何影响。这一层要包含用户的视角，因为程序变动时，该层也会随用户视角而改变。问题域的变化会对这层影响很大，但是通过在下一层编制问题域的基本构件，这种影响应该是容易应付的。

除了这些概念层，许多程序员发现将程序分解成其他一些"层"也很有用。这些"层"有可能穿过前面说明的层。例如，典型的三层结构就穿过这里提出的层次，还提供了进一步的工具，使设计和代码都便于管理。

Low-Level Techniques for Working in the Problem Domain
问题域的低层技术

即使没有完整的、构架性的方法用于问题域，你仍可以使用本书中提出的许多技术来解决实际问题（非计算机科学问题）。

- 在问题域使用类，来实现有实际意义的结构。
- 隐藏低层数据类型及其实现细节的信息。
- 使用具名常量来说明字符串和文字量的意义。
- 对中间计算结果使用中间变量。
- 用布尔函数使复杂逻辑判断更清晰。

34.7 Watch for Falling Rocks 当心落石

编程既非完全的艺术也非完全的科学。通常实践中，它是介于二者之间的"工艺/craft"。编程至多也就是艺术与科学相互融合产生的一个工程学科（McConnell 2004）。不管是艺术、科学、手艺，或是工程，在创建软件产品的过程中，它仍需要大量的个人判断。程序编制时，要有好的判断力，需要对程序细微问题的警告信息做出反应。编程中的警告信息能提醒程序中可能的错误，但它们一般不会像路标"当心落石"那样显眼。

当你或其他人说"这段代码暗藏玄机"时，这是个危险的征兆，通常说明代码编得不好。"玄机代码"意味着"差劲代码"。如果你觉得代码有玄机（tricky，富于技巧），就应考虑重写之。

类中含有比平均数目更多的错误也是个危险信号。少数容易出错的类通常是程序最费精力的部分。如果哪个类有比通常情况更多的错误，则很可能以后还会这样，应考虑重写之。

如果说编程是门科学，每个警告信号就暗示着一个专门的、明确定义的纠正动作。但由于编程仍然是一门工艺，警告信号只是指出你需要考虑某个问题，你也不是非得重写玄机代码，或者必须去改进易于出错的类。

只有当类中有超乎寻常数量的缺陷时，才表明其质量很次；程序中有异常多的缺陷时也会说明编程过程有问题。好的过程不可能开发出易错的代码。编程过程还应包括对架构进行检查和平衡之后进行的复查，设计之后应该有设计评审，编码之后应进行代码评审（复查）。到测试代码阶段，大多数错误应当已消除。出色的性能源于巧干加实干。对项目的过多调试意味着大家的工作不是很巧。一天写了一大堆代码，之后花了两个星期去调试决不是巧妙的干活方法。

设计度量也可作为一种警告。多数设计度量都对设计质量颇有启发性：成员多于七个的类并不一定就意味着设计得不好，但能说明类有些复杂。同样，子程序中有多于十个的判断点、三层以上的逻辑嵌套、过多的变量，或者与其他类联系过于紧密，或者内部代码内聚性不强……都是警告标志。所有这些虽不等于类设计不当，但应引起你的怀疑。

34.7 当心落石

任何警告信号都应让你质疑程序的质量。正如 Charles Saunders Peirce 说的那样,"怀疑使我们不舒服而且不满意,所以我们总想努力摆脱之,达到放心的境界"。将警告信息看成是"质疑之源",将促使你去寻求更满意的解决之道。

如果发现自己的代码有重复,或者在若干做的修改很相似,你也应觉得"不自在和不惬意",而去质疑子程序或类中的控制是否得当。倘若发现不能很方便地单独使用某个类,很难为其创建测试脚手架,就应质疑该类是否和其他类耦合过紧。要是因为某些类缺乏独立性而不能重用至其他程序,这也是类耦合过紧的警告信号。

深入一个程序时,应注意那些指示程序中某些地方设计欠佳的警告信息。不容易写注释,不容易命名变量,不容易将问题分解成接口清晰的几个类,都说明编码前还需要再考虑设计。无聊的命名或者无法在注释中精确地描述一段代码的意思,同样是不好的信号。到你对设计胸有成竹时,低层的细节代码就会如泉涌而来。

警惕程序出现难以理解的迹象。任何不安都是暗示。要是连你都觉得难,以后的程序员就更不用提了。如果你能费神地改进程序,他们会感激你的。不是看懂代码,而是靠猜测来理解代码,同样也说明代码太复杂。有难度就说明有问题,所以应设法简化之。

HARD DATA　要想充分利用警告信息,可在编程时创建自己的错误警告。这很有用,因为即使你知道警告是什么意思,也很容易忽视它们。Glenford Myers 曾做过有关纠错的研究。他发现,找不到错误的最常见原因仅仅是因为忽视,这些错误在测试输出中能够看到,却没人注意(Myers 1978)。

应该在编程时使问题难以遁形。例如,释放指针后将其置为空,从而使误用会导致糟糕的问题。指针释放后仍可能指向有效的存储单元,将其置空以指向无效位置,可避免错误被忽视。

编译警告是文字警告,易被忽视。如果程序出现警告或错误,决不能对其睁一只眼闭一只眼。连明明白白的"WARNING"都视而不见,你就不大可能注意到其他细微的错误。

软件开发中，为什么注意警告信息这般重要呢？因为考虑程序的缜密程度会对程序质量有决定性作用，所以关注警告信息与否也直接影响到最终产品的质量。

34.8 Iterate, Repeatedly, Again and Again 迭代，反反复复，一次又一次

在许多软件开发活动中，迭代是正常现象：开始规划系统时，要和用户商讨若干需求方案，直到大家达成一致为止，这就是一个迭代过程；为了获取更好的灵活性，以累积方式逐步建构和交付系统，也是个迭代过程；在形成最终产品前，以原型方法快速开发出几种替代解决方案，还是一种迭代过程。对需求的反复至少与软件开发过程的其他方面一样重要。如果局限于某种解决方案，不考虑替代方案，项目就可能失败。生成产品前的反复是加深了解产品的一种途径。

正如第28章"管理构建"指出的那样，在项目初始规划时，依据所用方法的不同，评估出的进度会有很大差别。使用反复方法评估能够比单一方法来得精确。

软件设计是一个逐步精化的过程，和其他类似过程一样，需要经过反复修正和改进。软件往往要通过实证而不是证明，这意味着它就得反复测试和开发，直至能正确解决问题为止。高层和低层设计都需反复。首次尝试的方案可能行得通，但往往不会一下子达到完美。通过几次重复和不同的方法，能得到有关问题的由单一方法无法得到的认识。

迭代法对代码调整同样有益。一旦软件能够工作，对少部分代码精雕细琢就能显著改善整个系统的性能。然而，许多优化尝试也可能只会帮倒忙。这个过程并不是凭直觉就能把握的。有些方法看起来会使系统变小、运行变快，实则让系统更大更慢。优化效果的不确定性要求调整、测量、再调整的反复过程。如果某处是系统性能提高的瓶颈，就要对代码反复调整，多试几次可能比头一次的效果更好。

复审使开发过程少走弯路，它在编码的任意阶段中引入迭代。复审旨在检查特定位置的工作质量，如果复审通不过，就要返工；否则就不需要迭代了。

工程学的一个任务,就是要事半功倍。最后开发阶段的反复,就如同别人只用一元钱就能做的事,你却要用两元钱。Fred Brooks 说"你要做一个而后扔掉,总归你会扔掉一个,无论如何"(Brooks 1995)。软件工程的诀窍在于,在早期开发阶段的迭代过程中,需要快速地构建尽量多的东西,之后丢弃之也不会花费多大代价。

34.9 Thou Shalt Rend Software and Religion Asunder
34.9 汝当分离软件与信仰

"宗教信仰"在软件开发中有着多种表现形式——非要坚持某种设计方法,笃信特定的布局或注释风格,极力避免全局数据。不管是哪种情况,都是不合适的。

Software Oracles
软件先知

> **交叉参考** 管理者如何处理编程"信仰"的细节请参看 28.5 节中的"信仰问题"。

糟糕的是,一些专业优秀人员往往更容易偏执。革新方法需要公开,才能让别人尝试。尝试这些方法后才能充分证实或反驳之。研究结果向实践者的传播称为"技术转移",对于推动软件开发的实践水平有重要作用。然而,传播新方法和兜售狗皮膏药是不同的概念。对于后者,兜售者只是不懈地让你确信他们的方法如何灵验、如何放至四海而皆准。他们要你忘掉所学的一切,因为新方法如此伟大,能在任何方面将你的效率提高 100%。

不要盲目跟风,而应使用一种混合的方法。可用激动人心的最新方法做做试验,但仍扎根于传统的可靠的方法。

Eclecticism
折中主义

> **交叉参考** 关于确定式和启发式方法的不同点,请参看 2.2 节 "如何使用软件隐喻"。有关设计的挑选之道,请参看 5.4 节中的 "迭代"。

要对编程问题找出最有效的解决方案时,盲目迷信某种方法只会缩小你的选择余地。要是软件开发是确定的精确过程,就能按固定的套路解决问题;但软件开发并非确定过程,是需要逐步细化的,因而生硬的过程是不合适的,很难指望会成功。例如,设计中有时自顶向下分解法行得通,有时面向对象的方法、自底向上综合法或数据结构法会更好些。你应有意识地尝试几种途径,明知这些方法中有的可能成功、有的可能失败,但只有通过实践才能知道哪些好使。你必须采取折中的态度。

一味坚持某种方法,还会将问题强行塞到其解决方案中。如果没有充分了解问题就定下解决方法,说明你还不够成熟。受限于所坚持的思路,你很可能与最有效的方法失之交臂。

刚开始接触任何新方法时,人们会感到不自在。而建议你不要有编程"信仰",并不是说用新方法解决问题遇到麻烦时就马上停用新方法。对新方法有个合适的定位,但同样也要对老方法有合适定位。

交叉参考 有关工具箱的比喻,请参看2.3节中的"应用软件技术:智慧工具箱"。

对于本书展示的技术,和其他途径所给出的技术一样,折中主义都是一种有益的态度。这里对若干问题的讨论提供了许多可以相互替代的高级方法,但毕竟不能同时用。对于每个特定问题,你需要选择这种或者那种方法。你应该将这些方法视为工具箱中的工具,工作时自己判断挑选最好的工具。多数时候工具的选择关系不大,你可以选择老虎钳或者尖嘴钳。但有些场合,工具选择至关重要,故而要仔细做出取舍。工程学的规则之一就是权衡各种技术。如果早早将自己的选择限制在单一工具上,就无法做出权衡。

由于"工具箱"形象地比喻出抽象的折中思想,所以这个比喻很有用。设想你是个机械师,你的伙伴 Simple Simon 老爱用老虎钳,假如他不愿使用其他种类的钳子,你可能会觉得这家伙真稀奇,因为他不会用给他配的那么多工具。软件开发中的道理也是一样。在高层会有几种可用的设计方法;在较细化的层次,可以选择若干数据类型中的一种,来实现给定设计;再细化,可对布局方案、代码注释、变量命名、定义类接口和传递子程序参数方面有多种选择。

顽固的态度与软件创建中的可选择工具箱方法背道而驰,也不是创建高质量软件所应持的态度。

Experimentation
试验

折中主义和试验之间有着密切联系。试验应贯穿于整个开发过程,但固执会妨碍你这么做。要想有效地试验,应能基于试验结果改变思路;否则试验只会白白浪费时间。

软件开发中许多顽固的方法源于对错误的畏惧心理。"试图没有错误"是最大的错误。设计正是仔细地规划小错误以避免大错误的过程。软件开发中的试验是为了验证某种方法是否可行——只要它解决了问题,就算成功了。

试验可以用在许多层次上，和折中主义一样。每一层上，当你要做出选择时，就要搞个相应的试验，看看哪个方法最佳。在架构设计层，试验可以是对软件结构的勾勒（使用三种不同方法）；在详细设计层，试验也许是对上层结构指示的遵循（对应使用三种不同的低层设计方法）；在编程语言层，试验是能够编个简短的测试程序，以验证自己不太熟悉的语言特性。试验还包括调整代码，并测量其效率，看程序是否真变短变快了。在软件开发过程的整体层上，可能通过试验收集质量和效率数据，以了解正式检查是不是比走查找出的错误更多。

关键是对软件开发的各方面，你都应保持开放的心态。这样才能从开发过程和产品中有所收获。开放性的试验和顽固坚持某种方法可完全是两码事。

Key Points
要点

- 编程的主要目的之一是管理复杂性。

- 编程过程对最终产品有深远影响。

- 合作开发要求团队成员之间进行广泛沟通，甚于同计算机的交互；而单人开发则是自我交流，其次才是与计算机。

- 编程规范一旦滥用，只会雪上加霜；使用得当则能为开发环境带来良好机制，有助于管理复杂性和相互沟通。

- 编程应基于问题域而非解决方案，这样便于复杂性管理。

- 注意警告信息，将其作为编程的疑点，因为编程几乎是纯粹的智力活动。

- 开发时迭代次数越多，产品的质量越好。

- 墨守成规的方法有悖于高质量的软件开发。请将编程工具箱中填满各种编程工具，不断提高自己挑选合适工具的能力。

Where to Find More Information

第 35 章 何处有更多信息

cc2e.com/3560 **内容**

- 35.1 关于软件构建的信息：第 856 页
- 35.2 构建之外的话题：第 857 页
- 35.3 期刊：第 859 页
- 35.4 软件开发者的阅读计划：第 860 页
- 35.5 参加专业组织：第 862 页

相关章节

- Web 资源：www.cc2e.com.cn

读到这儿时，你应已对行之有效的软件开发实践有了不少了解。实际上你还能获取比这些多得多的信息。你犯的错误别人早已犯过，要是不想自讨苦吃，就读读他们的书吧，这样能够避免再走弯路，并找出解决问题的新方法。

由于本书提到过软件开发的几百本书籍（或文章），很难说该先读哪一本。软件开发资料库由几类信息构成：一类核心书籍解释有效编程的基础概念；相关的书籍解释编程技术管理及知识背景；还有关于编程语言、操作系统、环境和硬件等面向特定主题的参考书等。

cc2e.com/3581
最后一类书通常都有着与一个项目相同的生命期，它们多多少少都只是暂时的，我们不再予以讨论。而对于其他类书籍，你有必要拥有一套核心书籍，能深入讨论各种主要的软件开发活动，即关于需求、设计、构建、管理和测试等方面的书籍。本章后面几节将说明有深度的构建资源，而后列出其他软件知识领域的综述性资料。35.4 节把这些资源组织成井然有序的清单，作为软件开发人员的阅读计划。

35.1 Information About Software Construction 关于软件构建的信息

cc2e.com/3588

我写这本书的最初原因是当时还没有一本透彻讨论软件构建的书。自从发表了本书的第一版后，市面上有了一些好书。

《*Pragmatic Programmer*》（《实用主义程序员》）(Hunt and Thomas 2000) 着眼于与编码紧密相关的活动，包括测试、调试、断言的用法等等。该书对代码本身并没有深入，但包含了许多关于生成优质代码的原则。

Jon Bentley 的《*Programming Pearls*》, 2d ed. (Bentley 2000)以小程序为背景讨论了软件设计的艺术和科学。该书由许多短文组成。这些短文写得很好，表现出对有效构建技术的深邃眼光和真挚热情。我几乎每天都能从 Bently 的短文中有所收获。

交叉引用 关于极限编程和敏捷编程的经济性，请参考 cc2e.com/3545。

Kent Beck 的《*Extreme Programming Explained: Embrace Change*》(Beck 2000)对软件开发提出了以构建为中心的方法。正如 3.1 节（"前期准备的重要性"）中解释的那样，极限编程的经济性并未被产业研究所证实，但其许多建议都有益于构建过程，不管开发团队采用极限编程还是别的什么方法。

Steve Maguire 的《*Writing Solid Code – Microsoft's Techniquesfor Developing Bug-Free C Software*》(Maguire 1993)是一本较专门的书籍。它注重商用级应用软件的生产实践，大部分基于作者开发 Office 软件的专业知识。该书的技术是在 C 语言下用的，基本上不关心面向对象编程方面的问题，但其提及的话题可适用于有关的各种环境。

Brian Kernighan 和 Rob Pike 合著的《*The Practice of Programming*》(Kernighan and Pike 1999)则是另一本较专门的书籍。它着重于编程的本质和实践方面，架起了连接计算机科学理论与动手实践的桥梁。该书包括有编程风格讨论、设计、调试和测试，其读者应熟悉 C、C++。

cc2e.com/3549

尽管已经绝版，很难寻觅，Susan Lammers 的《*Programmers at Work*》(Lammers 1986)仍值得一看。书中有对业界最顶尖的程序员的采访记录。这些采访揭示了他们的个性、工作习惯和编程哲学。受访者有 Bill Gates（Microsoft 公司创始人）、John Warnock（Adobe 公司创始人）、Andy Hertzfeld（Macintosh 操作系统的主要开发者）、Butler Lampson（原 DEC 高级工程师，现为 Microsoft 效力）、Wayne Ratliff（dBase 的发明者）、Dan Bricklin（VisiCalc 的发明者）诸多人士。

35.2 Topics Beyond Construction
构建之外的话题

除了上一节提到的核心书籍，有些书还涉及软件构建之外的话题。

Overview Material
综述资料

cc2e.com/3595

下列书籍从各种角度给出了软件开发的总体说明。

Robert L. Glass 的《*Facts and Fallacies of Software Engineering*》(Glass 2003) 介绍传统软件开发的规则与戒律。该书研究透彻，并给出了附带资源的链接。

我自己的《*Professional Sofware Development*》(《专业软件开发》) (McConnell 2004) 探讨了软件开发领域的现状，以及如果还按老模式发展，现在会是什么样子。

《*Swebok: Guide to the Software Engineering Body of Knowledge*》(Abran 2001) (Swebok：软件工程知识体指南) 详细分析了软件工程的知识，并深入到软件生成方面的细节。该指南揭示了此领域知识的丰厚积蕴。

Gerald Weinberg 的《*The Psychology of Computer Programming*》(Weinberg 1998) 充满了编程的轶闻趣事。它涉及的面很宽，因为编撰该书的时候，人们把任何关于软件的事都看成是"程序开发"。在《*ACM Computing Reviews*》杂志上有对该书的评论，即便现在，对该书的赞许仍不减当年。

> 每个程序员的上司都该有一本，应当认真读读，用心去记，按其中的训诫行事；放在办公桌上供其程序员去偷。但他仍要继续再放一本，直到没人拿为止。
>
> —Weiss 于 1972 年

如果你找不到《程序开发心理学》，就去找《*The Mythical Man-Month*》(Brooks 1995)，或《*PeopleWare*》(DeMarco and Lister 1999)。两本书都极力主张编程压倒一切的是人之间的活动，其次才涉及计算机。

最后要推荐的优秀软件开发综述类书籍，《*Software Creativity*》(Glass 1995)。该书如同《人件》对于软件开发团队一样，堪称是软件创新性的突破性书籍。Glass 探讨比较了创新与规矩、理论与实践、启发与方法论、过程与结果等许多软件领域的事物两面。我和手下的程序员经过几年的讨论，认为该书的难度在于其中的短文是 Glass 收集编纂的，而非他所写。对于有些读者，此书好像意犹未尽。尽管如此，我仍要求公司里的每个开发人员都看这本书。该书已经绝版，很难找到，但要是能找到，也不会枉费你的辛劳。

Software-Engineering Overviews
软件工程综述

计算机程序员和软件工程师都该有一本关于软件工程的高级读本。这种书应是对方法的综览，而非描述特定的细节。它们提供有效软件工程的概括，并总结特定的软件工程技术。综述没有详尽到训练你使用某个技术，否则，单单一本书就有几千页厚。这些书提供足够的信息，供你了解技术间的关联，可以有选择地深究某些技术。

Roger S. Pressman 的《Software Engineering: A Practitioner's Approach》, 6th ed. (Pressman 2004)恰当处理了软件需求、设计、质量验证和管理等方面。其长达 900 页的内容很少涉及编程实践，但这是微不足道的问题，尤其在你已经有了类似本书的软件构建书籍后。

Ian Sommerville 的《Software Engineering》第 6 版 (Sommerville 2000)与 Pressman 的书内容类似，除此之外还提供了软件开发过程的高层综述。

Other Annotated Bibliographies
其他注释过的参考书目

cc2e.com/3502

好的计算机参考文献汇编很少。这里列出的书值得努力获取。

《ACM Computing Reviews》，是美国计算机协会(Association for Computing Machinery, ACM)的专题出版物，致力于评价所有计算机和编程方面的图书。该书依据一个广泛的分类方案组织信息，你很容易就能找到所在领域中感兴趣的书籍。有关该出版物的信息，以及如何成为 ACM 会员，请参看 www.acm.org 网站。

cc2e.com/3509

Construx 软件专业开发阶梯（Construx Software's Professional Development Ladder，其网址为 www.construx.com/ladder/。它有许多推荐的程序，可供软件开发人员、测试人员和管理人员阅读。

35.3 Periodicals 期刊

Lowbrow Programmer Magazines
初阶程序员技术杂志

以下杂志在当地书报亭有售。

cc2e.com/3516 　《*Software Development*》，其网址为 www.sdmagazine.com。该杂志专注于编程问题，除了主要涉及专业程序员的一般性问题外，还有一些特定环境的技巧。文章的质量相当好，也有一些对软件产品的评论。

cc2e.com/3523 　《*Dr. Dobb's Journal*》，其网址为 www.ddj.com。该杂志面向铁杆程序员。其文章多是处理细节问题，还提供大量的源代码。

如果不能在当地书报亭买到，许多出版商可以免费赠送你一份，很多文章还能够在网上找到。

Highbrow Programmer Journals
高阶程序员学术期刊

这类杂志一般不通过书报亭零售，可去大学图书馆查询或订阅。

cc2e.com/3530 　《*IEEE Software*》，其网址为 www.computer.org/software/。该双月刊关注软件之构造、管理、需求、设计以及其他前卫的软件话题。其任务是"建设软件带头人的社区"。1993年，我发表的文章提到它是"程序员该订阅的最有价值的杂志"。从那时起，我成了该杂志的主编。到现在我还认为对于严肃的软件实践者，它是最好的期刊。

cc2e.com/3537 　《*IEEE Computer*》，其网址为 www.computer.org/computer/。该双月刊是电子与电气工程师协会（Institute of Electrical and Electronics Engineers, IEEE）计算机社区（Computer Society）的权威出版物。它发表的文章涉及广泛的计算机话题，对所发表的文章有严格的审核标准以保证其质量。由于其广度，你感兴趣的文章可能会比《*IEEE Software*》少。

cc2e.com/3544 　《*Communications of the ACM*》，其网址为 www.acm.org/cacm/。该杂志是最久远最受尊敬的计算机出版物之一，具有发表深度和广度的计算机科学文章的优势。计算机科学是一个远比几年前浩瀚的话题。同《*IEEE Computer*》类似，由于它涉猎广泛，你可能会发现许多文章是在你感兴趣的领域之外。这本杂志有学术味道，这既是好事也是坏事。坏的方面是某些作者的学术文章有点晦涩；好的方面是能包含领先潮流的信息，这些信息往往数年之后才会出现在初阶杂志上。

Special-Interest Publications
专题出版物

若干出版物能够深度涵盖一些专门的话题。

Professional Publications
专业出版物

cc2e.com/3551　　IEEE Computer Society 出版专题期刊,涉及软件工程、安全与隐私、计算机图形学与动画、互联网开发、多媒体、智能系统、计算史等方面。可访问 www.computer.org 了解更多信息。

cc2e.com/3558　　ACM 也有专门的出版物,探讨人工智能、计算机与人的交互、数据库、嵌入式系统、图形学、编程语言、数学软件、网络、软件工程等话题,可访问 www.acm.org 了解更多信息。

Popular-Market Publications
通俗出版物

cc2e.com/3565　　下列杂志涵盖的领域已由其名称指明:

杂志名	网址
The C/C++ Users Journal	www.cuj.com
Java Developer's Journal	www.sys-con.com/java/
Embedded Systems Programming	www.embedded.com
Linux Journal	www.linuxjournal.com
Unix Review	www.unixreview.com
Windows Developer's Network	www.wd-mag.com

35.4 A Software Developer's Reading Plan
软件开发者的阅读计划

cc2e.com/3507　　在我们 Construx 软件公司,软件开发人员要站稳脚跟,必须历经一个阅读大纲,本节就来说明之。该规划只是想要成为职业软件人的一般性底线。我们那富有人情味的大纲也会依据个人兴趣,提供量体裁衣的深入计划。在 Construx 内部,还辅以培训和直接的专业实习。

Introductory Level
入门级

在 Construx,要迈过"入门级",开发人员必须看以下书籍。

Adams, James L. 《Conceptual Blockbusting: A Guide to Better Ideas》, 4th ed. Cambridge, MA: Perseus Publishing, 2001.

Bentley, Jon. 《Programming Pearls》, 2d ed. Reading, MA: Addison-Wesley, 2000.

Glass, Robert L. 《Facts and Fallacies of Software Engineering》. Boston, MA: Addison-Wesley, 2003.

McConnell, Steve. 《Software Project Survival Guide》. Redmond, WA: Microsoft Press, 1998.

McConnell, Steve. 《Code Complete》, 2d ed. Redmond, WA: Microsoft Press, 2004.

Practitioner Level
熟练级

要达到"中级"水平，程序员需要阅读以下材料。

Berczuk, Stephen P. and Brad Appleton. 《Software Configuration Management Patterns: Effective Teamwork, Practical Integration》. Boston, MA: Addison-Wesley, 2003.

Fowler, Martin. 《UML Distilled: A Brief Guide to the Standard Object Modeling Language》, 3d ed. Boston, MA: Addison-Wesley, 2003.

Glass, Robert L. 《Software Creativity》. Reading, MA: Addison-Wesley, 1995.

Kaner, Cem, Jack Falk, Hung Q. Nguyen. 《Testing Computer Software》, 2d ed. New York, NY: John Wiley & Sons, 1999.

Larman, Craig. 《Applying UML and Patterns: An Introduction to Object-Oriented Analysis and Design and the Unified Process》, 2d ed. Englewood Cliffs, NJ: Prentice Hall, 2001.

McConnell, Steve. 《Rapid Development》. Redmond, WA: Microsoft Press, 1996.

Wiegers, Karl. 《Software Requirements》, 2d ed. Redmond, WA: Microsoft Press, 2003.

cc2e.com/3514　"Manager's Handbook for Software Development," NASA Goddard Space Flight Center. Downloadable from sel.gsfc.nasa.gov/website/documents/online-doc.htm。

Professional Level
专业级

在 Construx，软件开发者要读了下列资料才能达到专业级水平（领导阶层）。除了对开发者有一般性要求外，对各人还有特定要求。本节说明一般要求。

Bass, Len, Paul Clements, and Rick Kazman. 《Software Architecture in Practice》, 2d ed. Boston, MA: Addison-Wesley, 2003.

Fowler, Martin. 《Refactoring: Improving the Design of Existing Code》. Reading, MA: Addison-Wesley, 1999.

Gamma, Erich, et al. 《Design Patterns》. Reading, MA: Addison-Wesley, 1995.

Gilb, Tom.《Principles of Software Engineering Management》. Wokingham, England: Addison-Wesley, 1988.

Maguire, Steve.《Writing Solid Code》. Redmond, WA: Microsoft Press, 1993.

Meyer, Bertrand.《Object-Oriented Software Construction》, 2d ed. New York, NY: Prentice Hall PTR, 1997.

cc2e.com/3521 "Software Measurement Guidebook," NASA Goddard Space Flight Center. Available from sel.gsfc.nasa.gov/website/documents/online-doc.htm.

cc2e.com/3528 要了解此专业发展计划及阅读清单的最新更新情况，请访问我们的专业开发网站 www.construx.com/professionaldev/。

35.5 Joining a Professional Organization 参加专业组织

cc2e.com/3535 了解编程的最好途径是与其他程序员交往。当地专门的硬件和编程语言用户群就是其中的一种团体，另外还有国家或国际的专业机构。最好的面向实践者的组织是 IEEE 计算机社区。它办有《IEEE Computer》和《IEEE Software》期刊。有关其入会信息，请访问 www.computer.org。

cc2e.com/3542 美国计算机协会一度是最本源的专业组织，现办有《ACM 通讯》及许多专题杂志。它比 IEEE 计算机社区倾向于学术研究。有关其入会信息，请访问 www.acm.org。

Bibliography

参考文献

"A C Coding Standard." 1991. *Unix Review* 9, no. 9 (September): 42–43.

Abdel-Hamid, Tarek K. 1989. "The Dynamics of Software Project Staffing: A System Dynamics Based Simulation Approach." *IEEE Transactions on Software Engineering* SE-15, no. 2 (February): 109–19.

Abran, Alain, et al. 2001. *Swebok: Guide to the Software Engineering Body of Knowledge: Trial Version 1.00-May 2001*. Los Alamitos, CA: IEEE Computer Society Press.

Abrash, Michael. 1992. "Flooring It: The Optimization Challenge." *PC Techniques* 2, no. 6 (February/March): 82–88.

Ackerman, A. Frank, Lynne S. Buchwald, and Frank H. Lewski. 1989. "Software Inspections: An Effective Verification Process." *IEEE Software*, May/June 1989, 31–36.

Adams, James L. 2001. *Conceptual Blockbusting: A Guide to Better Ideas*, 4th ed. Cambridge, MA: Perseus Publishing.

Aho, Alfred V., Brian W. Kernighan, and Peter J. Weinberg. 1977. *The AWK Programming Language*. Reading, MA: Addison-Wesley.

Aho, Alfred V., John E. Hopcroft, and Jeffrey D. Ullman. 1983. *Data Structures and Algorithms*. Reading, MA: Addison-Wesley.

Albrecht, Allan J. 1979. "Measuring Application Development Productivity." *Proceedings of the Joint SHARE/GUIDE/IBM Application Development Symposium, October 1979*: 83–92.

Ambler, Scott. 2003. *Agile Database Techniques*. New York, NY: John Wiley & Sons.

Anand, N. 1988. "Clarify Function!" *ACM Sigplan Notices* 23, no. 6 (June): 69–79.

Aristotle. *The Ethics of Aristotle: The Nicomachean Ethics*. Trans. by J.A.K. Thomson. Rev. by Hugh Tredennick. Harmondsworth, Middlesex, England: Penguin, 1976.

Armenise, Pasquale. 1989. "A Structured Approach to Program Optimization." *IEEE Transactions on Software Engineering* SE-15, no. 2 (February): 101–8.

Arnold, Ken, James Gosling, and David Holmes. 2000. *The Java Programming Language*, 3d ed. Boston, MA: Addison-Wesley.

Arthur, Lowell J. 1988. *Software Evolution: The Software Maintenance Challenge*. New York, NY: John Wiley & Sons.

Augustine, N. R. 1979. "Augustine's Laws and Major System Development Programs." *Defense Systems Management Review*: 50–76.

Babich, W. 1986. *Software Configuration Management*. Reading, MA: Addison-Wesley.

Bachman, Charles W. 1973. "The Programmer as Navigator." Turing Award Lecture. *Communications of the ACM* 16, no. 11 (November): 653.

Baecker, Ronald M., and Aaron Marcus. 1990. *Human Factors and Typography for More Readable Programs*. Reading, MA: Addison-Wesley.

Bairdain, E. F. 1964. "Research Studies of Programmers and Programming." Unpublished studies reported in Boehm 1981.

Baker, F. Terry, and Harlan D. Mills. 1973. "Chief Programmer Teams." *Datamation* 19, no. 12 (December): 58–61.

Barbour, Ian G. 1966. *Issues in Science and Religion*. New York, NY: Harper & Row.

Barbour, Ian G. 1974. *Myths, Models, and Paradigms: A Comparative Study in Science and Religion*. New York, NY: Harper & Row.

Barwell, Fred, et al. 2002. *Professional VB.NET*, 2d ed. Birmingham, UK: Wrox.

Basili, V. R., and B. T. Perricone. 1984. "Software Errors and Complexity: An Empirical Investigation." *Communications of the ACM* 27, no. 1 (January): 42–52.

Basili, Victor R., and Albert J. Turner. 1975. "Iterative Enhancement: A Practical Technique for Software Development." *IEEE Transactions on Software Engineering* SE-1, no. 4 (December): 390–96.

Basili, Victor R., and David M. Weiss. 1984. "A Methodology for Collecting Valid Software Engineering Data." *IEEE Transactions on Software Engineering* SE-10, no. 6 (November): 728–38.

Basili, Victor R., and Richard W. Selby. 1987. "Comparing the Effectiveness of Software Testing Strategies." *IEEE Transactions on Software Engineering* SE-13, no. 12 (December): 1278–96.

Basili, Victor R., et al. 2002. "Lessons learned from 25 years of process improvement: The Rise and Fall of the NASA Software Engineering Laboratory," *Proceedings of the 24th International Conference on Software Engineering*, Orlando, FL.

Basili, Victor R., Richard W. Selby, and David H. Hutchens. 1986. "Experimentation in Software Engineering." *IEEE Transactions on Software Engineering* SE-12, no. 7 (July): 733–43.

Basili, Victor, L. Briand, and W.L. Melo. 1996. "A Validation of Object-Oriented Design Metrics as Quality Indicators," *IEEE Transactions on Software Engineering*, October 1996, 751-761.

Bass, Len, Paul Clements, and Rick Kazman. 2003. *Software Architecture in Practice*, 2d ed. Boston, MA: Addison-Wesley.

Bastani, Farokh, and Sitharama Iyengar. 1987. "The Effect of Data Structures on the Logical Complexity of Programs." *Communications of the ACM* 30, no. 3 (March): 250–59.

Bays, Michael. 1999. *Software Release Methodology*. Englewood Cliffs, NJ: Prentice Hall.

Beck, Kent. 2000. *Extreme Programming Explained: Embrace Change*. Reading, MA: Addison-Wesley.

Beck, Kent. 2003. *Test-Driven Development: By Example*. Boston, MA: Addison-Wesley.

Beck, Kent. 1991. "Think Like An Object." *Unix Review* 9, no. 10 (October): 39–43.

Beck, Leland L., and Thomas E. Perkins. 1983. "A Survey of Software Engineering Practice: Tools, Methods, and Results." *IEEE Transactions on Software Engineering* SE-9, no. 5 (September): 541–61.

Beizer, Boris. 1990. *Software Testing Techniques*, 2d ed. New York, NY: Van Nostrand Reinhold.

Bentley, Jon, and Donald Knuth. 1986. "Literate Programming." *Communications of the ACM* 29, no. 5 (May): 364–69.

Bentley, Jon, Donald Knuth, and Doug McIlroy. 1986. "A Literate Program." *Communications of the ACM* 29, no. 5 (May): 471–83.

Bentley, Jon. 1982. *Writing Efficient Programs*. Englewood Cliffs, NJ: Prentice Hall.

Bentley, Jon. 1988. *More Programming Pearls: Confessions of a Coder*. Reading, MA: Addison-Wesley.

Bentley, Jon. 1991. "Software Exploratorium: Writing Efficient C Programs." *Unix Review* 9, no. 8 (August): 62–73.

Bentley, Jon. 2000. *Programming Pearls*, 2d ed. Reading, MA: Addison-Wesley.

Berczuk, Stephen P. and Brad Appleton. 2003. *Software Configuration Management Patterns: Effective Teamwork, Practical Integration*. Boston, MA: Addison-Wesley.

Berry, R. E., and B. A. E. Meekings. 1985. "A Style Analysis of C Programs." *Communications of the ACM* 28, no. 1 (January): 80–88.

Bersoff, Edward H. 1984. "Elements of Software Configuration Management." *IEEE Transactions on Software Engineering* SE-10, no. 1 (January): 79–87.

Bersoff, Edward H., and Alan M. Davis. 1991. "Impacts of Life Cycle Models on Software Configuration Management." *Communications of the ACM* 34, no. 8 (August): 104–18.

Bersoff, Edward H., et al. 1980. *Software Configuration Management*. Englewood Cliffs, NJ: Prentice Hall.

Birrell, N. D., and M. A. Ould. 1985. *A Practical Handbook for Software Development*. Cambridge, England: Cambridge University Press.

Bloch, Joshua. 2001. *Effective Java Programming Language Guide*. Boston, MA: Addison-Wesley.

BLS 2002. *Occupational Outlook Handbook 2002-03 Edition*, Bureau of Labor Statistics.

BLS 2004. *Occupational Outlook Handbook 2004-05 Edition*, Bureau of Labor Statistics.

Blum, Bruce I. 1989. "A Software Environment: Some Surprising Empirical Results." *Proceedings of the Fourteenth Annual Software Engineering Workshop, November 29, 1989*. Greenbelt, MD: Goddard Space Flight Center. Document SEL-89-007.

Boddie, John. 1987. *Crunch Mode*. New York, NY: Yourdon Press.

Boehm, Barry and Richard Turner. 2004. *Balancing Agility and Discipline: A Guide for the Perplexed*. Boston, MA: Addison-Wesley.

Boehm, Barry W. 1981. *Software Engineering Economics*. Englewood Cliffs, NJ: Prentice Hall.

Boehm, Barry W. 1984. "Software Engineering Economics." *IEEE Transactions on Software Engineering* SE-10, no. 1 (January): 4–21.

Boehm, Barry W. 1987a. "Improving Software Productivity." *IEEE Computer*, September, 43–57.

Boehm, Barry W. 1987b. "Industrial Software Metrics Top 10 List." *IEEE Software* 4, no. 9 (September): 84–85.

Boehm, Barry W. 1988. "A Spiral Model of Software Development and Enhancement." *Computer*, May, 61–72.

Boehm, Barry W., and Philip N. Papaccio. 1988. "Understanding and Controlling Software Costs." *IEEE Transactions on Software Engineering* SE-14, no. 10 (October): 1462–77.

Boehm, Barry W., ed. 1989. *Tutorial: Software Risk Management*. Washington, DC: IEEE Computer Society Press.

Boehm, Barry W., et al. 1978. *Characteristics of Software Quality*. New York, NY: North-Holland.

Boehm, Barry W., et al. 1984. "A Software Development Environment for Improving Productivity." *Computer*, June, 30–44.

Boehm, Barry W., T. E. Gray, and T. Seewaldt. 1984. "Prototyping Versus Specifying: A Multiproject Experiment." *IEEE Transactions on Software Engineering* SE-10, no. 3 (May): 290–303. Also in Jones 1986b.

Boehm, Barry, et al. 2000a. *Software Cost Estimation with Cocomo II*. Boston, MA: Addison-Wesley.

Boehm, Barry. 2000b. "Unifying Software Engineering and Systems Engineering," *IEEE Computer*, March 2000, 114–116.

Boehm-Davis, Deborah, Sylvia Sheppard, and John Bailey. 1987. "Program Design Languages: How Much Detail Should They Include?" *International Journal of Man-Machine Studies* 27, no. 4: 337–47.

Böhm, C., and G. Jacopini. 1966. "Flow Diagrams, Turing Machines and Languages with Only Two Formation Rules." *Communications of the ACM* 9, no. 5 (May): 366–71.

Booch, Grady. 1987. *Software Engineering with Ada*, 2d ed. Menlo Park, CA: Benjamin/Cummings.

Booch, Grady. 1994. *Object Oriented Analysis and Design with Applications*, 2d ed. Boston, MA: Addison-Wesley.

Booth, Rick. 1997. *Inner Loops : A Sourcebook for Fast 32-bit Software Development*. Boston, MA: Addison-Wesley.

Boundy, David. 1991. "A Taxonomy of Programmers." *ACM SIGSOFT Software Engineering Notes* 16, no. 4 (October): 23–30.

Brand, Stewart. 1995. *How Buildings Learn: What Happens After They're Built*. Penguin USA.

Branstad, Martha A., John C. Cherniavsky, and W. Richards Adrion. 1980. "Validation, Verification, and Testing for the Individual Programmer." *Computer*, December, 24–30.

Brockmann, R. John. 1990. *Writing Better Computer User Documentation: From Paper to Hypertext: Version 2.0*. New York, NY: John Wiley & Sons.

Brooks, Frederick P., Jr. 1987. "No Silver Bullets—Essence and Accidents of Software Engineering." *Computer*, April, 10–19.

Brooks, Frederick P., Jr. 1995. *The Mythical Man-Month: Essays on Software Engineering, Anniversary Edition* (2d ed.). Reading, MA: Addison-Wesley.

Brooks, Ruven. 1977. "Towards a Theory of the Cognitive Processes in Computer Programming." *International Journal of Man-Machine Studies* 9:737–51.

Brooks, W. Douglas. 1981. "Software Technology Payoff—Some Statistical Evidence." *The Journal of Systems and Software* 2:3–9.

Brown, A. R., and W. A. Sampson. 1973. *Program Debugging*. New York, NY: American Elsevier.

Buschman, Frank, et al. 1996. *Pattern-Oriented Software Architecture, Volume 1: A System of Patterns*. New York, NY: John Wiley & Sons.

Bush, Marilyn, and John Kelly. 1989. "The Jet Propulsion Laboratory's Experience with Formal Inspections." *Proceedings of the Fourteenth Annual Software Engineering Workshop, November 29, 1989*. Greenbelt, MD: Goddard Space Flight Center. Document SEL-89-007.

Caine, S. H., and E. K. Gordon. 1975. "PDL—A Tool for Software Design." *AFIPS Proceedings of the 1975 National Computer Conference 44*. Montvale, NJ: AFIPS Press, 271–76.

Card, David N. 1987. "A Software Technology Evaluation Program." *Information and Software Technology* 29, no. 6 (July/August): 291–300.

Card, David N., Frank E. McGarry, and Gerald T. Page. 1987. "Evaluating Software Engineering Technologies." *IEEE Transactions on Software Engineering* SE-13, no. 7 (July): 845–51.

Card, David N., Victor E. Church, and William W. Agresti. 1986. "An Empirical Study of Software Design Practices." *IEEE Transactions on Software Engineering* SE-12, no. 2 (February): 264–71.

Card, David N., with Robert L. Glass. 1990. *Measuring Software Design Quality*. Englewood Cliffs, NJ: Prentice Hall.

Card, David, Gerald Page, and Frank McGarry. 1985. "Criteria for Software Modularization." *Proceedings of the 8th International Conference on Software Engineering*. Washington, DC: IEEE Computer Society Press, 372–77.

Carnegie, Dale. 1981. *How to Win Friends and Influence People*, Revised Edition. New York, NY: Pocket Books.

Chase, William G., and Herbert A. Simon. 1973. "Perception in Chess." *Cognitive Psychology* 4:55–81.

Clark, R. Lawrence. 1973. "A Linguistic Contribution of GOTO-less Programming," *Datamation*, December 1973.

Clements, Paul, ed. 2003. *Documenting Software Architectures: Views and Beyond*. Boston, MA: Addison-Wesley.

Clements, Paul, Rick Kazman, and Mark Klein. 2002. *Evaluating Software Architectures: Methods and Case Studies*. Boston, MA: Addison-Wesley.

Coad, Peter, and Edward Yourdon. 1991. *Object-Oriented Design*. Englewood Cliffs, NJ: Yourdon Press.

Cobb, Richard H., and Harlan D. Mills. 1990. "Engineering Software Under Statistical Quality Control." *IEEE Software* 7, no. 6 (November): 45–54.

Cockburn, Alistair. 2000. *Writing Effective Use Cases*. Boston, MA: Addison-Wesley.

Cockburn, Alistair. 2002. *Agile Software Development*. Boston, MA: Addison-Wesley.

Collofello, Jim, and Scott Woodfield. 1989. "Evaluating the Effectiveness of Reliability Assurance Techniques." *Journal of Systems and Software* 9, no. 3 (March).

Comer, Douglas. 1981. "Principles of Program Design Induced from Experience with Small Public Programs." *IEEE Transactions on Software Engineering* SE-7, no. 2 (March): 169–74.

Constantine, Larry L. 1990a. "Comments on 'On Criteria for Module Interfaces.'" *IEEE Transactions on Software Engineering* SE-16, no. 12 (December): 1440.

Constantine, Larry L. 1990b. "Objects, Functions, and Program Extensibility." *Computer Language*, January, 34–56.

Conte, S. D., H. E. Dunsmore, and V. Y. Shen. 1986. *Software Engineering Metrics and Models*. Menlo Park, CA: Benjamin/Cummings.

Cooper, Doug, and Michael Clancy. 1982. *Oh! Pascal!* 2d ed. New York, NY: Norton.

Cooper, Kenneth G. and Thomas W. Mullen. 1993. "Swords and Plowshares: The Rework Cycles of Defense and Commercial Software Development Projects," *American Programmer*, May 1993, 41–51.

Corbató, Fernando J. 1991. "On Building Systems That Will Fail." 1991 Turing Award Lecture. *Communications of the ACM* 34, no. 9 (September): 72–81.

Cornell, Gary and Jonathan Morrison. 2002. *Programming VB .NET: A Guide for Experienced Programmers*, Berkeley, CA: Apress.

Corwin, Al. 1991. Private communication.

CSTB 1990. "Scaling Up: A Research Agenda for Software Engineering." Excerpts from a report by the Computer Science and Technology Board. *Communications of the ACM* 33, no. 3 (March): 281–93.

Curtis, Bill, ed. 1985. *Tutorial: Human Factors in Software Development*. Los Angeles, CA: IEEE Computer Society Press.

Curtis, Bill, et al. 1986. "Software Psychology: The Need for an Interdisciplinary Program." *Proceedings of the IEEE* 74, no. 8: 1092–1106.

Curtis, Bill, et al. 1989. "Experimentation of Software Documentation Formats." *Journal of Systems and Software* 9, no. 2 (February): 167–207.

Curtis, Bill, H. Krasner, and N. Iscoe. 1988. "A Field Study of the Software Design Process for Large Systems." *Communications of the ACM* 31, no. 11 (November): 1268–87.

Curtis, Bill. 1981. "Substantiating Programmer Variability." *Proceedings of the IEEE* 69, no. 7: 846.

Cusumano, Michael and Richard W. Selby. 1995. *Microsoft Secrets*. New York, NY: The Free Press.

Cusumano, Michael, et al. 2003. "Software Development Worldwide: The State of the Practice," *IEEE Software*, November/December 2003, 28–34.

Dahl, O. J., E. W. Dijkstra, and C. A. R. Hoare. 1972. *Structured Programming*. New York, NY: Academic Press.

Date, Chris. 1977. *An Introduction to Database Systems*. Reading, MA: Addison-Wesley.

Davidson, Jack W., and Anne M. Holler. 1992. "Subprogram Inlining: A Study of Its Effects on Program Execution Time." *IEEE Transactions on Software Engineering* SE-18, no. 2 (February): 89–102.

Davis, P. J. 1972. "Fidelity in Mathematical Discourse: Is One and One Really Two?" *American Mathematical Monthly*, March, 252–63.

DeGrace, Peter, and Leslie Stahl. 1990. *Wicked Problems, Righteous Solutions: A Catalogue of Modern Software Engineering Paradigms*. Englewood Cliffs, NJ: Yourdon Press.

DeMarco, Tom and Timothy Lister. 1999. *Peopleware: Productive Projects and Teams*, 2d ed. New York, NY: Dorset House.

DeMarco, Tom, and Timothy Lister. 1985. "Programmer Performance and the Effects of the Workplace." *Proceedings of the 8th International Conference on Software Engineering*. Washington, DC: IEEE Computer Society Press, 268–72.

DeMarco, Tom. 1979. *Structured Analysis and Systems Specification: Tools and Techniques*. Englewood Cliffs, NJ: Prentice Hall.

DeMarco, Tom. 1982. *Controlling Software Projects*. New York, NY: Yourdon Press.

DeMillo, Richard A., Richard J. Lipton, and Alan J. Perlis. 1979. "Social Processes and Proofs of Theorems and Programs." *Communications of the ACM* 22, no. 5 (May): 271–80.

Dijkstra, Edsger. 1965. "Programming Considered as a Human Activity." *Proceedings of the 1965 IFIP Congress*. Amsterdam: North-Holland, 213–17. Reprinted in Yourdon 1982.

Dijkstra, Edsger. 1968. "Go To Statement Considered Harmful." *Communications of the ACM* 11, no. 3 (March): 147–48.

Dijkstra, Edsger. 1969. "Structured Programming." Reprinted in Yourdon 1979.

Dijkstra, Edsger. 1972. "The Humble Programmer." *Communications of the ACM* 15, no. 10 (October): 859–66.

Dijkstra, Edsger. 1985. "Fruits of Misunderstanding." *Datamation*, February 15, 86–87.

Dijkstra, Edsger. 1989. "On the Cruelty of Really Teaching Computer Science." *Communications of the ACM* 32, no. 12 (December): 1397–1414.

Dunn, Robert H. 1984. *Software Defect Removal*. New York, NY: McGraw-Hill.

Ellis, Margaret A., and Bjarne Stroustrup. 1990. *The Annotated C++ Reference Manual*. Boston, MA: Addison-Wesley.

Elmasri, Ramez, and Shamkant B. Navathe. 1989. *Fundamentals of Database Systems*. Redwood City, CA: Benjamin/Cummings.

Elshoff, James L. 1976. "An Analysis of Some Commercial PL/I Programs." *IEEE Transactions on Software Engineering* SE-2, no. 2 (June): 113–20.

Elshoff, James L. 1977. "The Influence of Structured Programming on PL/I Program Profiles." *IEEE Transactions on Software Engineering* SE-3, no. 5 (September): 364–68.

Elshoff, James L., and Michael Marcotty. 1982. "Improving Computer Program Readability to Aid Modification." *Communications of the ACM* 25, no. 8 (August): 512–21.

Endres, Albert. 1975. "An Analysis of Errors and Their Causes in System Programs." *IEEE Transactions on Software Engineering* SE-1, no. 2 (June): 140–49.

Evangelist, Michael. 1984. "Program Complexity and Programming Style." *Proceedings of the First International Conference on Data Engineering*. New York, NY: IEEE Computer Society Press, 534–41.

Fagan, Michael E. 1976. "Design and Code Inspections to Reduce Errors in Program Development." *IBM Systems Journal* 15, no. 3: 182–211.

Fagan, Michael E. 1986. "Advances in Software Inspections." *IEEE Transactions on Software Engineering* SE-12, no. 7 (July): 744–51.

Federal Software Management Support Center. 1986. *Programmers Work-bench Handbook*. Falls Church, VA: Office of Software Development and Information Technology.

Feiman, J., and M. Driver. 2002. "Leading Programming Languages for IT Portfolio Planning," Gartner Research report SPA-17-6636, September 27, 2002.

Fetzer, James H. 1988. "Program Verification: The Very Idea." *Communications of the ACM* 31, no. 9 (September): 1048–63.

FIPS PUB 38, *Guidelines for Documentation of Computer Programs and Automated Data Systems*. 1976. U.S. Department of Commerce. National Bureau of Standards. Washington, DC: U.S. Government Printing Office, Feb. 15.

Fishman, Charles. 1996. "They Write the Right Stuff," *Fast Company*, December 1996.

Fjelstad, R. K., and W. T. Hamlen. 1979. "Applications Program Maintenance Study: Report to our Respondents." *Proceedings Guide 48*, Philadelphia. Reprinted in *Tutorial on Software Maintenance*, G. Parikh and N. Zvegintzov, eds. Los Alamitos, CA: CS Press, 1983: 13–27.

Floyd, Robert. 1979. "The Paradigms of Programming." *Communications of the ACM* 22, no. 8 (August): 455–60.

Fowler, Martin. 1999. *Refactoring: Improving the Design of Existing Code*. Reading, MA: Addison-Wesley.

Fowler, Martin. 2002. *Patterns of Enterprise Application Architecture*. Boston, MA: Addison-Wesley.

Fowler, Martin. 2003. *UML Distilled: A Brief Guide to the Standard Object Modeling Language*, 3d ed. Boston, MA: Addison-Wesley.

Fowler, Martin. 2004. *UML Distilled*, 3d ed. Boston, MA: Addison-Wesley.

Fowler, Priscilla J. 1986. "In-Process Inspections of Work Products at AT&T." *AT&T Technical Journal*, March/April, 102–12.

Foxall, James. 2003. *Practical Standards for Microsoft Visual Basic .NET*. Redmond, WA: Microsoft Press.

Freedman, Daniel P., and Gerald M. Weinberg. 1990. *Handbook of Walkthroughs, Inspections and Technical Reviews*, 3d ed. New York, NY: Dorset House.

Freeman, Peter, and Anthony I. Wasserman, eds. 1983. *Tutorial on Software Design Techniques*, 4th ed. Silver Spring, MD: IEEE Computer Society Press.

Gamma, Erich, et al. 1995. *Design Patterns*. Reading, MA: Addison-Wesley.

Gerber, Richard. 2002. *Software Optimization Cookbook: High-Performance Recipes for the Intel Architecture*. Intel Press.

Gibson, Elizabeth. 1990. "Objects—Born and Bred." *BYTE*, October, 245–54.

Gilb, Tom, and Dorothy Graham. 1993. *Software Inspection*. Wokingham, England: Addison-Wesley.

Gilb, Tom. 1977. *Software Metrics*. Cambridge, MA: Winthrop.

Gilb, Tom. 1988. *Principles of Software Engineering Management*. Wokingham, England: Addison-Wesley.

Gilb, Tom. 2004. *Competitive Engineering*. Boston, MA: Addison-Wesley. Downloadable from www.result-planning.com.

Ginac, Frank P. 1998. *Customer Oriented Software Quality Assurance*. Englewood Cliffs, NJ: Prentice Hall.

Glass, Robert L. 1982. *Modern Programming Practices: A Report from Industry*. Englewood Cliffs, NJ: Prentice Hall.

Glass, Robert L. 1988. *Software Communication Skills*. Englewood Cliffs, NJ: Prentice Hall.

Glass, Robert L. 1991. *Software Conflict: Essays on the Art and Science of Software Engineering*. Englewood Cliffs, NJ: Yourdon Press.

Glass, Robert L. 1995. *Software Creativity*. Reading, MA: Addison-Wesley.

Glass, Robert L. 1999. "Inspections—Some Surprising Findings," *Communications of the ACM*, April 1999, 17-19.

Glass, Robert L. 1999. "The realities of software technology payoffs," *Communications of the ACM*, February 1999, 74-79.

Glass, Robert L. 2003. *Facts and Fallacies of Software Engineering*. Boston, MA: Addison-Wesley.

Glass, Robert L., and Ronald A. Noiseux. 1981. *Software Maintenance Guidebook*. Englewood Cliffs, NJ: Prentice Hall.

Gordon, Ronald D. 1979. "Measuring Improvements in Program Clarity." *IEEE Transactions on Software Engineering* SE-5, no. 2 (March): 79-90.

Gordon, Scott V., and James M. Bieman. 1991. "Rapid Prototyping and Software Quality: Lessons from Industry." *Ninth Annual Pacific Northwest Software Quality Conference, October 7-8*. Oregon Convention Center, Portland, OR.

Gorla, N., A. C. Benander, and B. A. Benander. 1990. "Debugging Effort Estimation Using Software Metrics." *IEEE Transactions on Software Engineering* SE-16, no. 2 (February): 223-31.

Gould, John D. 1975. "Some Psychological Evidence on How People Debug Computer Programs." *International Journal of Man-Machine Studies* 7:151-82.

Grady, Robert B. 1987. "Measuring and Managing Software Maintenance." *IEEE Software* 4, no. 9 (September): 34-45.

Grady, Robert B. 1993. "Practical Rules of Thumb for Software Managers." *The Software Practitioner* 3, no. 1 (January/February): 4-6.

Grady, Robert B. 1999. "An Economic Release Decision Model: Insights into Software Project Management." In *Proceedings of the Applications of Software Measurement Conference*, 227-239. Orange Park, FL: Software Quality Engineering.

Grady, Robert B., and Tom Van Slack. 1994. "Key Lessons in Achieving Widespread Inspection Use," *IEEE Software*, July 1994.

Grady, Robert B. 1992. *Practical Software Metrics For Project Management And Process Improvement*. Englewood Cliffs, NJ: Prentice Hall.

Grady, Robert B., and Deborah L. Caswell. 1987. *Software Metrics: Establishing a Company-Wide Program*. Englewood Cliffs, NJ: Prentice Hall.

Green, Paul. 1987. "Human Factors in Computer Systems, Some Useful Readings." *Sigchi Bulletin* 19, no. 2: 15-20.

Gremillion, Lee L. 1984. "Determinants of Program Repair Maintenance Requirements." *Communications of the ACM* 27, no. 8 (August): 826–32.

Gries, David. 1981. *The Science of Programming*. New York, NY: Springer-Verlag.

Grove, Andrew S. 1983. *High Output Management*. New York, NY: Random House.

Haley, Thomas J. 1996. "Software Process Improvement at Raytheon." *IEEE Software*, November 1996.

Hansen, John C., and Roger Yim. 1987. "Indentation Styles in C." *SIGSMALL/PC Notes* 13, no. 3 (August): 20–23.

Hanson, Dines. 1984. *Up and Running*. New York, NY: Yourdon Press.

Harrison, Warren, and Curtis Cook. 1986. "Are Deeply Nested Conditionals Less Readable?" *Journal of Systems and Software* 6, no. 4 (November): 335–42.

Hasan, Jeffrey and Kenneth Tu. 2003. *Performance Tuning and Optimizing ASP.NET Applications*. Apress.

Hass, Anne Mette Jonassen. 2003. *Configuration Management Principles and Practices*, Boston, MA: Addison-Wesley.

Hatley, Derek J., and Imtiaz A. Pirbhai. 1988. *Strategies for Real-Time System Specification*. New York, NY: Dorset House.

Hecht, Alan. 1990. "Cute Object-oriented Acronyms Considered FOOlish." *Software Engineering Notes*, January, 48.

Heckel, Paul. 1994. *The Elements of Friendly Software Design*. Alameda, CA: Sybex.

Hecker, Daniel E. 2001. "Occupational Employment Projections to 2010." *Monthly Labor Review*, November 2001.

Hecker, Daniel E. 2004. "Occupational Employment Projections to 2012." *Monthly Labor Review*, February 2004, Vol. 127, No. 2, pp. 80-105.

Henry, Sallie, and Dennis Kafura. 1984. "The Evaluation of Software Systems' Structure Using Quantitative Software Metrics." *Software–Practice and Experience* 14, no. 6 (June): 561–73.

Hetzel, Bill. 1988. *The Complete Guide to Software Testing*, 2d ed. Wellesley, MA: QED Information Systems.

Highsmith, James A., III. 2000. *Adaptive Software Development: A Collaborative Approach to Managing Complex Systems*. New York, NY: Dorset House.

Highsmith, Jim. 2002. *Agile Software Development Ecosystems*. Boston, MA: Addison-Wesley.

Hildebrand, J. D. 1989. "An Engineer's Approach." *Computer Language*, October, 5–7.

Hoare, Charles Anthony Richard, 1981. "The Emperor's Old Clothes." *Communications of the ACM*, February 1981, 75–83.

Hollocker, Charles P. 1990. *Software Reviews and Audits Handbook*. New York, NY: John Wiley & Sons.

Houghton, Raymond C. 1990. "An Office Library for Software Engineering Professionals." *Software Engineering: Tools, Techniques, Practice*, May/June, 35–38.

Howard, Michael, and David LeBlanc. 2003. *Writing Secure Code*, 2d ed. Redmond, WA: Microsoft Press.

Hughes, Charles E., Charles P. Pfleeger, and Lawrence L. Rose. 1978. *Advanced Programming Techniques: A Second Course in Programming Using Fortran*. New York, NY: John Wiley & Sons.

Humphrey, Watts S. 1989. *Managing the Software Process*. Reading, MA: Addison-Wesley.

Humphrey, Watts S. 1995. *A Discipline for Software Engineering*. Reading, MA: Addison-Wesley.

Humphrey, Watts S., Terry R. Snyder, and Ronald R. Willis. 1991. "Software Process Improvement at Hughes Aircraft." *IEEE Software* 8, no. 4 (July): 11–23.

Humphrey, Watts. 1997. *Introduction to the Personal Software Process*. Reading, MA: Addison-Wesley.

Humphrey, Watts. 2002. *Winning with Software: An Executive Strategy.* Boston, MA: Addison-Wesley.

Hunt, Andrew, and David Thomas. 2000. *The Pragmatic Programmer.* Boston, MA: Addison-Wesley.

Ichbiah, Jean D., et al. 1986. *Rationale for Design of the Ada Programming Language.* Minneapolis, MN: Honeywell Systems and Research Center.

IEEE Software 7, no. 3 (May 1990).

IEEE Std 1008-1987 (R1993), Standard for Software Unit Testing

IEEE Std 1016-1998, Recommended Practice for Software Design Descriptions

IEEE Std 1028-1997, Standard for Software Reviews

IEEE Std 1045-1992, Standard for Software Productivity Metrics

IEEE Std 1058-1998, Standard for Software Project Management Plans

IEEE Std 1061-1998, Standard for a Software Quality Metrics Methodology

IEEE Std 1062-1998, Recommended Practice for Software Acquisition

IEEE Std 1063-2001, Standard for Software User Documentation

IEEE Std 1074-1997, Standard for Developing Software Life Cycle Processes

IEEE Std 1219-1998, Standard for Software Maintenance

IEEE Std 1233-1998, Guide for Developing System Requirements Specifications

IEEE Std 1233-1998. IEEE Guide for Developing System Requirements Specifications

IEEE Std 1471-2000. Recommended Practice for Architectural Description of Software Intensive Systems

IEEE Std 1490-1998, Guide - Adoption of PMI Standard - A Guide to the Project Management Body of Knowledge

IEEE Std 1540-2001, Standard for Software Life Cycle Processes - Risk Management

IEEE Std 730-2002, Standard for Software Quality Assurance Plans

IEEE Std 828-1998, Standard for Software Configuration Management Plans

IEEE Std 829-1998, Standard for Software Test Documentation

IEEE Std 830-1998, Recommended Practice for Software Requirements Specifications

IEEE Std 830-1998. IEEE Recommended Practice for Software Requirements Specifications. Los Alamitos, CA: IEEE Computer Society Press.

IEEE, 1991. *IEEE Software Engineering Standards Collection, Spring 1991 Edition.* New York, NY: Institute of Electrical and Electronics Engineers.

IEEE, 1992. "Rear Adm. Grace Hopper dies at 85." *IEEE Computer,* February, 84.

Ingrassia, Frank S. 1976. "The Unit Development Folder (UDF): An Effective Management Tool for Software Development." TRW Technical Report TRW-SS-76-11. Also reprinted in Reifer 1986, 366–79.

Ingrassia, Frank S. 1987. "The Unit Development Folder (UDF): A Ten-Year Perspective." *Tutorial: Software Engineering Project Management,* ed. Richard H. Thayer. Los Alamitos, CA: IEEE Computer Society Press, 405–15.

Jackson, Michael A. 1975. *Principles of Program Design.* New York, NY: Academic Press.

Jacobson, Ivar, Grady Booch, and James Rumbaugh. 1999. *The Unified Software Development Process.* Reading, MA: Addison-Wesley.

Johnson, Jim. 1999. "Turning Chaos into Success," *Software Magazine,* December 1999, 30–39.

Johnson, Mark. 1994a. "Dr. Boris Beizer on Software Testing: An Interview Part 1," *The Software QA Quarterly,* Spring 1994, 7–13.

Johnson, Mark. 1994b. "Dr. Boris Beizer on Software Testing: An Interview Part 2," *The Software QA Quarterly*, Summer 1994, 41–45.

Johnson, Walter L. 1987. "Some Comments on Coding Practice." *ACM SIGSOFT Software Engineering Notes* 12, no. 2 (April): 32–35.

Jones, T. Capers. 1977. "Program Quality and Programmer Productivity." *IBM Technical Report TR 02.764*, January, 42–78. Also in Jones 1986b.

Jones, Capers. 1986a. *Programming Productivity*. New York, NY: McGraw-Hill.

Jones, T. Capers, ed. 1986b. *Tutorial: Programming Productivity: Issues for the Eighties*, 2d ed. Los Angeles, CA: IEEE Computer Society Press.

Jones, Capers. 1996. "Software Defect-Removal Efficiency," *IEEE Computer*, April 1996.

Jones, Capers. 1997. *Applied Software Measurement: Assuring Productivity and Quality*, 2d ed. New York, NY: McGraw-Hill.

Jones, Capers. 1998. *Estimating Software Costs*. New York, NY: McGraw-Hill.

Jones, Capers. 2000. *Software Assessments, Benchmarks, and Best Practices*. Reading, MA: Addison-Wesley.

Jones, Capers. 2003. "Variations in Software Development Practices," *IEEE Software*, November/December 2003, 22–27.

Jonsson, Dan. 1989. "Next: The Elimination of GoTo-Patches?" *ACM Sigplan Notices* 24, no. 3 (March): 85–92.

Kaelbling, Michael. 1988. "Programming Languages Should NOT Have Comment Statements." *ACM Sigplan Notices* 23, no. 10 (October): 59–60.

Kaner, Cem, Jack Falk, and Hung Q. Nguyen. 1999. *Testing Computer Software*, 2d ed. New York, NY: John Wiley & Sons.

Kaner, Cem, James Bach, and Bret Pettichord. 2002. *Lessons Learned in Software Testing*. New York, NY: John Wiley & Sons.

Keller, Daniel. 1990. "A Guide to Natural Naming." *ACM Sigplan Notices* 25, no. 5 (May): 95–102.

Kelly, John C. 1987. "A Comparison of Four Design Methods for Real-Time Systems." *Proceedings of the Ninth International Conference on Software Engineering*. 238–52.

Kelly-Bootle, Stan. 1981. *The Devil's DP Dictionary*. New York, NY: McGraw-Hill.

Kernighan, Brian W., and Rob Pike. 1999. *The Practice of Programming*. Reading, MA: Addison-Wesley.

Kernighan, Brian W., and P. J. Plauger. 1976. *Software Tools*. Reading, MA: Addison-Wesley.

Kernighan, Brian W., and P. J. Plauger. 1978. *The Elements of Programming Style*. 2d ed. New York, NY: McGraw-Hill.

Kernighan, Brian W., and P. J. Plauger. 1981. *Software Tools in Pascal*. Reading, MA: Addison-Wesley.

Kernighan, Brian W., and Dennis M. Ritchie. 1988. *The C Programming Language*, 2d ed. Englewood Cliffs, NJ: Prentice Hall.

Killelea, Patrick. 2002. *Web Performance Tuning*, 2d ed. Sebastopol, CA: O'Reilly & Associates.

King, David. 1988. *Creating Effective Software: Computer Program Design Using the Jackson Methodology*. New York, NY: Yourdon Press.

Knuth, Donald. 1971. "An Empirical Study of FORTRAN programs," *Software–Practice and Experience* 1:105–33.

Knuth, Donald. 1974. "Structured Programming with go to Statements." In *Classics in Software Engineering*, edited by Edward Yourdon. Englewood Cliffs, NJ: Yourdon Press, 1979.

Knuth, Donald. 1986. *Computers and Typesetting, Volume B, TEX: The Program.* Reading, MA: Addison-Wesley.

Knuth, Donald. 1997a. *The Art of Computer Programming*, vol. 1, *Fundamental Algorithms*, 3d ed. Reading, MA: Addison-Wesley.

Knuth, Donald. 1997b. *The Art of Computer Programming*, vol. 2, *Seminumerical Algorithms*, 3d ed. Reading, MA: Addison-Wesley.

Knuth, Donald. 1998. *The Art of Computer Programming*, vol. 3, *Sorting and Searching*, 2d ed. Reading, MA: Addison-Wesley.

Knuth, Donald. 2001. *Literate Programming.* Cambridge University Press.

Korson, Timothy D., and Vijay K. Vaishnavi. 1986. "An Empirical Study of Modularity on Program Modifiability." In Soloway and Iyengar 1986: 168–86.

Kouchakdjian, Ara, Scott Green, and Victor Basili. 1989. "Evaluation of the Cleanroom Methodology in the Software Engineering Laboratory." *Proceedings of the Fourteenth Annual Software Engineering Workshop, November 29, 1989.* Greenbelt, MD: Goddard Space Flight Center. Document SEL-89-007.

Kovitz, Benjamin, L. 1998 *Practical Software Requirements: A Manual of Content and Style*, Manning Publications Company.

Kreitzberg, C. B., and B. Shneiderman. 1972. *The Elements of Fortran Style.* New York, NY: Harcourt Brace Jovanovich.

Kruchten, Philippe B. "The 4+1 View Model of Architecture." *IEEE Software*, pages 42–50, November 1995.

Kruchten, Philippe. 2000. *The Rational Unified Process: An Introduction, 2d Ed.*, Reading, MA: Addison-Wesley.

Kuhn, Thomas S. 1996. *The Structure of Scientific Revolutions*, 3d ed. Chicago: University of Chicago Press.

Lammers, Susan. 1986. *Programmers at Work.* Redmond, WA: Microsoft Press.

Lampson, Butler. 1984. "Hints for Computer System Design." *IEEE Software* 1, no. 1 (January): 11–28.

Larman, Craig and Rhett Guthrie. 2000. *Java 2 Performance and Idiom Guide.* Englewood Cliffs, NJ: Prentice Hall.

Larman, Craig. 2001. *Applying UML and Patterns: An Introduction to Object-Oriented Analysis and Design and the Unified Process*, 2d ed. Englewood Cliffs, NJ: Prentice Hall.

Larman, Craig. 2004. *Agile and Iterative Development: A Manager's Guide.* Boston, MA: Addison-Wesley, 2004.

Lauesen, Soren. *Software Requirements: Styles and Techniques.* Boston, MA: Addison-Wesley, 2002.

Laurel, Brenda, ed. 1990. *The Art of Human-Computer Interface Design.* Reading, MA: Addison-Wesley.

Ledgard, Henry F., with John Tauer. 1987a. *C With Excellence: Programming Proverbs.* Indianapolis: Hayden Books.

Ledgard, Henry F., with John Tauer. 1987b. *Professional Software*, vol. 2, *Programming Practice.* Indianapolis: Hayden Books.

Ledgard, Henry, and Michael Marcotty. 1986. *The Programming Language Landscape: Syntax, Semantics, and Implementation*, 2d ed. Chicago: Science Research Associates.

Ledgard, Henry. 1985. "Programmers: The Amateur vs. the Professional." *Abacus* 2, no. 4 (Summer): 29–35.

Leffingwell, Dean. 1997. "Calculating the Return on Investment from More Effective Requirements Management," *American Programmer*, 10(4):13–16.

Lewis, Daniel W. 1979. "A Review of Approaches to Teaching Fortran." *IEEE Transactions on Education*, E-22, no. 1: 23–25.

Lewis, William E. 2000. *Software Testing and Continuous Quality Improvement*, 2d ed. Auerbach Publishing.

Lieberherr, Karl J. and Ian Holland. 1989. "Assuring Good Style for Object-Oriented Programs." *IEEE Software*, September 1989, pp. 38f.

Lientz, B. P., and E. B. Swanson. 1980. *Software Maintenance Management*. Reading, MA: Addison-Wesley.

Lind, Randy K., and K. Vairavan. 1989. "An Experimental Investigation of Software Metrics and Their Relationship to Software Development Effort." *IEEE Transactions on Software Engineering* SE-15, no. 5 (May): 649–53.

Linger, Richard C., Harlan D. Mills, and Bernard I. Witt. 1979. *Structured Programming: Theory and Practice*. Reading, MA: Addison-Wesley.

Linn, Marcia C., and Michael J. Clancy. 1992. "The Case for Case Studies of Programming Problems." *Communications of the ACM* 35, no. 3 (March): 121–32.

Liskov, Barbara, and Stephen Zilles. 1974. "Programming with Abstract Data Types." *ACM Sigplan Notices* 9, no. 4: 50–59.

Liskov, Barbara. "Data Abstraction and Hierarchy," *ACM SIGPLAN Notices*, May 1988.

Littman, David C., et al. 1986. "Mental Models and Software Maintenance." In Soloway and Iyengar 1986: 80–98.

Longstreet, David H., ed. 1990. *Software Maintenance and Computers*. Los Alamitos, CA: IEEE Computer Society Press.

Loy, Patrick H. 1990. "A Comparison of Object-Oriented and Structured Development Methods." *Software Engineering Notes* 15, no. 1 (January): 44–48.

Mackinnon, Tim, Steve Freeman, and Philip Craig. 2000. "Endo-Testing: Unit Testing with Mock Objects," *eXtreme Programming* and Flexible Processes Software Engineering - XP2000 Conference.

Maguire, Steve. 1993. *Writing Solid Code*. Redmond, WA: Microsoft Press.

Mannino, P. 1987. "A Presentation and Comparison of Four Information System Development Methodologies." *Software Engineering Notes* 12, no. 2 (April): 26–29.

Manzo, John. 2002. "Odyssey and Other Code Science Success Stories." *Crosstalk*, October 2002.

Marca, David. 1981. "Some Pascal Style Guidelines." *ACM Sigplan Notices* 16, no. 4 (April): 70–80.

March, Steve. 1999. "Learning from Pathfinder's Bumpy Start." *Software Testing and Quality Engineering*, September/October 1999, pp. 10f.

Marcotty, Michael. 1991. *Software Implementation*. New York, NY: Prentice Hall.

Martin, Robert C. 2003. *Agile Software Development: Principles, Patterns, and Practices*. Upper Saddle River, NJ: Pearson Education.

McCabe, Tom. 1976. "A Complexity Measure." *IEEE Transactions on Software Engineering*, SE-2, no. 4 (December): 308–20.

McCarthy, Jim. 1995. *Dynamics of Software Development*. Redmond, WA: Microsoft Press.

McConnell, Steve. 1996. *Rapid Development*. Redmond, WA: Microsoft Press.

McConnell, Steve. 1997a. "The Programmer Writing," *IEEE Software*, July/August 1997.

McConnell, Steve. 1997b. "Achieving Leaner Software," *IEEE Software*, November/December 1997.

McConnell, Steve. 1998a. *Software Project Survival Guide*. Redmond, WA: Microsoft Press.

McConnell, Steve. 1998b. "Why You Should Use Routines, Routinely," *IEEE Software*, Vol. 15, No. 4, July/August 1998.

McConnell, Steve. 1999. "Brooks Law Repealed?" *IEEE Software*, November/December 1999.

McConnell, Steve. 2004. *Professional Software Development*. Boston, MA: Addison-Wesley.

McCue, Gerald M. 1978. "IBM's Santa Teresa Laboratory—Architectural Design for Program Development." *IBM Systems Journal* 17, no. 1:4–25.

McGarry, Frank, and Rose Pajerski. 1990. "Towards Understanding Software—15 Years in the SEL." *Proceedings of the Fifteenth Annual Software Engineering Workshop, November 28–29, 1990*. Greenbelt, MD: Goddard Space Flight Center. Document SEL-90-006.

McGarry, Frank, Sharon Waligora, and Tim McDermott. 1989. "Experiences in the Software Engineering Laboratory (SEL) Applying Software Measurement." *Proceedings of the Fourteenth Annual Software Engineering Workshop, November 29, 1989*. Greenbelt, MD: Goddard Space Flight Center. Document SEL-89-007.

McGarry, John, et al. 2001. *Practical Software Measurement: Objective Information for Decision Makers*. Boston, MA: Addison-Wesley.

McKeithen, Katherine B., et al. 1981. "Knowledge Organization and Skill Differences in Computer Programmers." *Cognitive Psychology* 13:307–25.

Metzger, Philip W., and John Boddie. 1996. *Managing a Programming Project: Processes and People*, 3d ed. Englewood Cliffs, NJ: Prentice Hall, 1996.

Meyer, Bertrand. 1997. *Object-Oriented Software Construction*, 2d ed. New York, NY: Prentice Hall.

Meyers, Scott. 1996. *More Effective C++: 35 New Ways to Improve Your Programs and Designs*. Reading, MA: Addison-Wesley.

Meyers, Scott. 1998. *Effective C++: 50 Specific Ways to Improve Your Programs and Designs*, 2d ed. Reading, MA: Addison-Wesley.

Miaria, Richard J., et al. 1983. "Program Indentation and Comprehensibility." *Communications of the ACM* 26, no. 11 (November): 861–67.

Michalewicz, Zbigniew, and David B. Fogel. 2000. *How to Solve It: Modern Heuristics*. Berlin: Springer-Verlag.

Miller, G. A. 1956. "The Magical Number Seven, Plus or Minus Two: Some Limits on Our Capacity for Processing Information." *The Psychological Review* 63, no. 2 (March): 81–97.

Mills, Harlan D. 1983. *Software Productivity*. Boston, MA: Little, Brown.

Mills, Harlan D. 1986. "Structured Programming: Retrospect and Prospect." *IEEE Software*, November, 58–66.

Mills, Harlan D., and Richard C. Linger. 1986. "Data Structured Programming: Program Design Without Arrays and Pointers." *IEEE Transactions on Software Engineering* SE-12, no. 2 (February): 192–97.

Mills, Harlan D., Michael Dyer, and Richard C. Linger. 1987. "Cleanroom Software Engineering." *IEEE Software*, September, 19–25.

Misfeldt, Trevor, Greg Bumgardner, and Andrew Gray. 2004. *The Elements of C++ Style*. Cambridge University Press.

Mitchell, Jeffrey, Joseph Urban, and Robert McDonald. 1987. "The Effect of Abstract Data Types on Program Development." *IEEE Computer* 20, no. 9 (September): 85–88.

Mody, R. P. 1991. "C in Education and Software Engineering." *SIGCSE Bulletin* 23, no. 3 (September): 45–56.

Moore, Dave. 1992. Private communication.

Moore, James W. 1997. *Software Engineering Standards: A User's Road Map*. Los Alamitos, CA: IEEE Computer Society Press.

Morales, Alexandra Weber. 2003. "The Consummate Coach: Watts Humphrey, Father of Cmm and Author of Winning with Software, Explains How to Get Better at What You Do," *SD Show Daily*, September 16, 2003.

Myers, Glenford J. 1976. *Software Reliability*. New York, NY: John Wiley & Sons.

Myers, Glenford J. 1978a. *Composite/Structural Design*. New York, NY: Van Nostrand Reinhold.

Myers, Glenford J. 1978b. "A Controlled Experiment in Program Testing and Code Walkthroughs/Inspections." *Communications of the ACM* 21, no. 9 (September): 760-68.

Myers, Glenford J. 1979. *The Art of Software Testing*. New York, NY: John Wiley & Sons.

Myers, Ware. 1992. "Good Software Practices Pay Off—Or Do They?" *IEEE Software*, March, 96-97.

Naisbitt, John. 1982. *Megatrends*. New York, NY: Warner Books.

NASA Software Engineering Laboratory, 1994. *Software Measurement Guidebook*, June 1995, NASA-GB-001-94. Available from http://sel.gsfc.nasa.gov/website/documents/online-doc/94-102.pdf.

NCES 2002. National Center for Education Statistics, *2001 Digest of Educational Statistics*, Document Number NCES 2002130, April 2002.

Nevison, John M. 1978. *The Little Book of BASIC Style*. Reading, MA: Addison-Wesley.

Newcomer, Joseph M. 2000. "Optimization: Your Worst Enemy," May 2000, *www.flounder.com/optimization.htm*.

Norcio, A. F. 1982. "Indentation, Documentation and Programmer Comprehension." *Proceedings: Human Factors in Computer Systems, March 15-17, 1982, Gaithersburg, MD*: 118-20.

Norman, Donald A. 1988. *The Psychology of Everyday Things*. New York, NY: Basic Books. (Also published in paperback as *The Design of Everyday Things*. New York, NY: Doubleday, 1990.)

Oman, Paul and Shari Lawrence Pfleeger, eds. 1996. *Applying Software Metrics*. Los Alamitos, CA: IEEE Computer Society Press.

Oman, Paul W., and Curtis R. Cook. 1990a. "The Book Paradigm for Improved Maintenance." *IEEE Software*, January, 39-45.

Oman, Paul W., and Curtis R. Cook. 1990b. "Typographic Style Is More Than Cosmetic." *Communications of the ACM* 33, no. 5 (May): 506-20.

Ostrand, Thomas J., and Elaine J. Weyuker. 1984. "Collecting and Categorizing Software Error Data in an Industrial Environment." *Journal of Systems and Software* 4, no. 4 (November): 289-300.

Page-Jones, Meilir. 2000. *Fundamentals of Object-Oriented Design in UML*. Boston, MA: Addison-Wesley.

Page-Jones, Meilir. 1988. *The Practical Guide to Structured Systems Design*. Englewood Cliffs, NJ: Yourdon Press.

Parikh, G., and N. Zvegintzov, eds. 1983. *Tutorial on Software Maintenance*. Los Alamitos, CA: IEEE Computer Society Press.

Parikh, Girish. 1986. *Handbook of Software Maintenance*. New York, NY: John Wiley & Sons.

Parnas, David L. 1972. "On the Criteria to Be Used in Decomposing Systems into Modules." *Communications of the ACM* 5, no. 12 (December): 1053-58.

Parnas, David L. 1976. "On the Design and Development of Program Families." *IEEE Transactions on Software Engineering* SE-2, 1 (March): 1-9.

Parnas, David L. 1979. "Designing Software for Ease of Extension and Contraction." *IEEE Transactions on Software Engineering* SE-5, no. 2 (March): 128-38.

Parnas, David L. 1999. ACM Fellow Profile: David Lorge Parnas," *ACM Software Engineering Notes*, May 1999, 10–14.

Parnas, David L., and Paul C. Clements. 1986. "A Rational Design Process: How and Why to Fake It." *IEEE Transactions on Software Engineering* SE-12, no. 2 (February): 251–57.

Parnas, David L., Paul C. Clements, and D. M. Weiss. 1985. "The Modular Structure of Complex Systems." *IEEE Transactions on Software Engineering* SE-11, no. 3 (March): 259–66.

Perrott, Pamela. 2004. Private communication.

Peters, L. J., and L. L. Tripp. 1976. "Is Software Design Wicked" *Datamation*, Vol. 22, No. 5 (May 1976), 127–136.

Peters, Lawrence J. 1981. *Handbook of Software Design: Methods and Techniques*. New York, NY: Yourdon Press.

Peters, Lawrence J., and Leonard L. Tripp. 1977. "Comparing Software Design Methodologies." *Datamation*, November, 89–94.

Peters, Tom. 1987. *Thriving on Chaos: Handbook for a Management Revolution*. New York, NY: Knopf.

Petroski, Henry. 1994. *Design Paradigms: Case Histories of Error and Judgment in Engineering*. Cambridge, U.K.: Cambridge University Press.

Pietrasanta, Alfred M. 1990. "Alfred M. Pietrasanta on Improving the Software Process." *Software Engineering: Tools, Techniques, Practices* 1, no. 1 (May/June): 29–34.

Pietrasanta, Alfred M. 1991a. "A Strategy for Software Process Improvement." *Ninth Annual Pacific Northwest Software Quality Conference, October 7–8, 1991*. Oregon Convention Center, Portland, OR

Pietrasanta, Alfred M. 1991b. "Implementing Software Engineering in IBM." Keynote address. *Ninth Annual Pacific Northwest Software Quality Conference, October 7–8, 1991*. Oregon Convention Center, Portland, OR.

Pigoski, Thomas M. 1997. *Practical Software Maintenance*. New York, NY: John Wiley & Sons.

Pirsig, Robert M. 1974. *Zen and the Art of Motorcycle Maintenance: An Inquiry into Values*. William Morrow.

Plauger, P. J. 1988. "A Designer's Bibliography." *Computer Language*, July, 17–22.

Plauger, P. J. 1993. *Programming on Purpose: Essays on Software Design*. New York, NY: Prentice Hall.

Plum, Thomas. 1984. *C Programming Guidelines*. Cardiff, NJ: Plum Hall.

Polya, G. 1957. *How to Solve It: A New Aspect of Mathematical Method*, 2d ed. Princeton, NJ: Princeton University Press.

Post, Ed. 1983. "Real Programmers Don't Use Pascal," *Datamation*, July 1983, 263–265.

Prechelt, Lutz. 2000. "An Empirical Comparison of Seven Programming Languages," *IEEE Computer*, October 2000, 23–29.

Pressman, Roger S. 1987. *Software Engineering: A Practitioner's Approach*. New York, NY: McGraw-Hill.

Pressman, Roger S. 1988. *Making Software Engineering Happen: A Guide for Instituting the Technology*. Englewood Cliffs, NJ: Prentice Hall.

Putnam, Lawrence H. 2000. "Familiar Metric Management – Effort, Development Time, and Defects Interact." Downloadable from www.qsm.com.

Putnam, Lawrence H., and Ware Myers. 1992. *Measures for Excellence: Reliable Software On Time, Within Budget*. Englewood Cliffs, NJ: Yourdon Press, 1992.

Putnam, Lawrence H., and Ware Myers. 1997. *Industrial Strength Software: Effective Management Using Measurement*. Washington, DC: IEEE Computer Society Press.

Putnam, Lawrence H., and Ware Myers. 2000. "What We Have Learned." Downloadable from *www.qsm.com*, June 2000.

Raghavan, Sridhar A., and Donald R. Chand. 1989. "Diffusing Software-Engineering Methods." *IEEE Software*, July, 81–90.

Ramsey, H. Rudy, Michael E. Atwood, and James R. Van Doren. 1983. "Flowcharts Versus Program Design Languages: An Experimental Comparison." *Communications of the ACM* 26, no. 6 (June): 445–49.

Ratliff, Wayne. 1987. Interview in *Solution System*.

Raymond, E. S. 2000. "The Cathedral and the Bazaar," *www.catb.org/~esr/writings/cathedral-bazaar*.

Raymond, Eric S. 2004. *The Art of Unix Programming*. Boston, MA: Addison-Wesley.

Rees, Michael J. 1982. "Automatic Assessment Aids for Pascal Programs." *ACM Sigplan Notices* 17, no. 10 (October): 33–42.

Reifer, Donald. 2002. "How to Get the Most Out of Extreme Programming/Agile Methods," *Proceedings, XP/Agile Universe 2002*. New York, NY: Springer; 185–196.

Reingold, Edward M., and Wilfred J. Hansen. 1983. *Data Structures*. Boston, MA: Little, Brown.

Rettig, Marc. 1991. "Testing Made Palatable." *Communications of the ACM* 34, no. 5 (May): 25–29.

Riel, Arthur J. 1996. *Object-Oriented Design Heuristics*. Reading, MA: Addison-Wesley.

Rittel, Horst, and Melvin Webber. 1973. "Dilemmas in a General Theory of Planning." *Policy Sciences* 4:155–69.

Robertson, Suzanne, and James Robertson, 1999. *Mastering the Requirements Process*. Reading, MA: Addison-Wesley.

Rogers, Everett M. 1995. *Diffusion of Innovations*, 4th ed. New York, NY: The Free Press.

Rombach, H. Dieter. 1990. "Design Measurements: Some Lessons Learned." *IEEE Software*, March, 17–25.

Rubin, Frank. 1987. "'GOTO Considered Harmful' Considered Harmful." Letter to the editor. *Communications of the ACM* 30, no. 3 (March): 195–96. Follow-up letters in 30, no. 5 (May 1987): 351–55; 30, no. 6 (June 1987): 475–78; 30, no. 7 (July 1987): 632–34; 30, no. 8 (August 1987): 659–62; 30, no. 12 (December 1987): 997, 1085.

Sackman, H., W. J. Erikson, and E. E. Grant. 1968. "Exploratory Experimental Studies Comparing Online and Offline Programming Performance." *Communications of the ACM* 11, no. 1 (January): 3–11.

Schneider, G. Michael, Johnny Martin, and W. T. Tsai. 1992. "An Experimental Study of Fault Detection in User Requirements Documents," *ACM Transactions on Software Engineering and Methodology*, vol 1, no. 2, 188–204.

Schulmeyer, G. Gordon. 1990. *Zero Defect Software*. New York, NY: McGraw-Hill.

Sedgewick, Robert. 1997. *Algorithms in C, Parts 1-4*, 3d ed. Boston, MA: Addison-Wesley.

Sedgewick, Robert. 2001. *Algorithms in C, Part 5*, 3d ed. Boston, MA: Addison-Wesley.

Sedgewick, Robert. 1998. *Algorithms in C++, Parts 1-4*, 3d ed. Boston, MA: Addison-Wesley.

Sedgewick, Robert. 2002. *Algorithms in C++, Part 5*, 3d ed. Boston, MA: Addison-Wesley.

Sedgewick, Robert. 2002. *Algorithms in Java, Parts 1-4*, 3d ed. Boston, MA: Addison-Wesley.

Sedgewick, Robert. 2003. *Algorithms in Java, Part 5*, 3d ed. Boston, MA: Addison-Wesley.

SEI 1995. *The Capability Maturity Model: Guidelines for Improving the Software Process*, Software Engineering Institute, Reading, MA: Addison-Wesley, 1995.

SEI, 2003. "Process Maturity Profile: Software CMM®, CBA IPI and SPA Appraisal Results: 2002 Year End Update," Software Engineering Institute, April 2003.

Selby, Richard W., and Victor R. Basili. 1991. "Analyzing Error-Prone System Structure." *IEEE Transactions on Software Engineering* SE-17, no. 2 (February): 141-52.

SEN 1990. "Subsection on Telephone Systems," *Software Engineering Notes*, April 1990, 11-14.

Shalloway, Alan, and James R. Trott. 2002. *Design Patterns Explained*. Boston, MA: Addison-Wesley.

Sheil, B. A. 1981. "The Psychological Study of Programming." *Computing Surveys* 13, no. 1 (March): 101-20.

Shen, Vincent Y., et al. 1985. "Identifying Error-Prone Software—An Empirical Study." *IEEE Transactions on Software Engineering* SE-11, no. 4 (April): 317-24.

Sheppard, S. B., et al. 1978. "Predicting Programmers' Ability to Modify Software." *TR 78-388100-3*, General Electric Company, May.

Sheppard, S. B., et al. 1979. "Modern Coding Practices and Programmer Performance." *IEEE Computer* 12, no. 12 (December): 41-49.

Shepperd, M., and D. Ince. 1989. "Metrics, Outlier Analysis and the Software Design Process." *Information and Software Technology* 31, no. 2 (March): 91-98.

Shirazi, Jack. 2000. *Java Performance Tuning*. Sebastopol, CA: O'Reilly & Associates.

Shlaer, Sally, and Stephen J. Mellor. 1988. *Object Oriented Systems Analysis–Modeling the World in Data*. Englewood Cliffs, NJ: Prentice Hall.

Shneiderman, Ben, and Richard Mayer. 1979. "Syntactic/Semantic Interactions in Programmer Behavior: A Model and Experimental Results." *International Journal of Computer and Information Sciences* 8, no. 3: 219-38.

Shneiderman, Ben. 1976. "Exploratory Experiments in Programmer Behavior." *International Journal of Computing and Information Science* 5:123-43.

Shneiderman, Ben. 1980. *Software Psychology: Human Factors in Computer and Information Systems*. Cambridge, MA: Winthrop.

Shneiderman, Ben. 1987. *Designing the User Interface: Strategies for Effective Human-Computer Interaction*. Reading, MA: Addison-Wesley.

Shull, et al. 2002. "What We Have Learned About Fighting Defects," *Proceedings, Metrics 2002*. IEEE; 249-258.

Simon, Herbert. 1996. *The Sciences of the Artificial*, 3d ed. Cambridge, MA: MIT Press.

Simon, Herbert. *The Shape of Automation for Men and Management*. Harper and Row, 1965.

Simonyi, Charles, and Martin Heller. 1991. "The Hungarian Revolution." *BYTE*, August, 131-38.

Smith, Connie U., and Lloyd G. Williams. 2002. *Performance Solutions: A Practical Guide to Creating Responsive, Scalable Software*. Boston, MA: Addison-Wesley.

Software Productivity Consortium. 1989. *Ada Quality and Style: Guidelines for Professional Programmers*. New York, NY: Van Nostrand Reinhold.

Soloway, Elliot, and Kate Ehrlich. 1984. "Empirical Studies of Programming Knowledge." *IEEE Transactions on Software Engineering* SE-10, no. 5 (September): 595-609.

Soloway, Elliot, and Sitharama Iyengar, eds. 1986. *Empirical Studies of Programmers*. Norwood, NJ: Ablex.

Soloway, Elliot, Jeffrey Bonar, and Kate Ehrlich. 1983. "Cognitive Strategies and Looping Constructs: An Empirical Study." *Communications of the ACM* 26, no. 11 (November): 853–60.

Solution Systems. 1987. *World-Class Programmers' Editing Techniques: Interviews with Seven Programmers*. South Weymouth, MA: Solution Systems.

Sommerville, Ian. 1989. *Software Engineering*, 3d ed. Reading, MA: Addison-Wesley.

Spier, Michael J. 1976. "Software Malpractice—A Distasteful Experience." *Software—Practice and Experience* 6:293–99.

Spinellis, Diomidis. 2003. *Code Reading: The Open Source Perspective*. Boston, MA: Addison-Wesley.

SPMN. 1998. *Little Book of Configuration Management*. Arlington, VA; Software Program Managers Network.

Starr, Daniel. 2003. "What Supports the Roof?" *Software Development*. July 2003, 38–41.

Stephens, Matt. 2003. "Emergent Design vs. Early Prototyping," May 26, 2003, *www.softwarereality.com/design/early_prototyping.jsp*.

Stevens, Scott M. 1989. "Intelligent Interactive Video Simulation of a Code Inspection." *Communications of the ACM* 32, no. 7 (July): 832–43.

Stevens, W., G. Myers, and L. Constantine. 1974. "Structured Design." *IBM Systems Journal* 13, no. 2 (May): 115–39.

Stevens, Wayne. 1981. *Using Structured Design*. New York, NY: John Wiley & Sons.

Stroustrup, Bjarne. 1997. *The C++ Programming Language*, 3d ed. Reading, MA: Addison-Wesley.

Strunk, William, and E. B. White. 2000. *Elements of Style*, 4th ed. Pearson.

Sun Microsystems, Inc. 2000. "How to Write Doc Comments for the Javadoc Tool," 2000. Available from *http://java.sun.com/j2se/javadoc/writingdoccomments/*.

Sutter, Herb. 2000. *Exceptional C++: 47 Engineering Puzzles, Programming Problems, and Solutions*. Boston, MA: Addison-Wesley.

Tackett, Buford D., III, and Buddy Van Doren. 1999. "Process Control for Error Free Software: A Software Success Story," *IEEE Software*, May 1999.

Tenner, Edward. 1997. *Why Things Bite Back: Technology and the Revenge of Unintended Consequences*. Vintage Books.

Tenny, Ted. 1988. "Program Readability: Procedures versus Comments." *IEEE Transactions on Software Engineering* SE-14, no. 9 (September): 1271–79.

Thayer, Richard H., ed. 1990. *Tutorial: Software Engineering Project Management*. Los Alamitos, CA: IEEE Computer Society Press.

Thimbleby, Harold. 1988. "Delaying Commitment." *IEEE Software*, May, 78–86.

Thomas, Dave, and Andy Hunt. 2002. "Mock Objects," *IEEE Software*, May/June 2002.

Thomas, Edward J., and Paul W. Oman. 1990. "A Bibliography of Programming Style." *ACM Sigplan Notices* 25, no. 2 (February): 7–16.

Thomas, Richard A. 1984. "Using Comments to Aid Program Maintenance." *BYTE*, May, 415–22.

Tripp, Leonard L., William F. Struck, and Bryan K. Pflug. 1991. "The Application of Multiple Team Inspections on a Safety-Critical Software Standard," *Proceedings of the 4th Software Engineering Standards Application Workshop*, Los Alamitos, CA: IEEE Computer Society Press.

U.S. Department of Labor. 1990. "The 1990–91 Job Outlook in Brief." *Occupational Outlook Quarterly, Spring*. U.S. Government Printing Office. Document 1990-282-086/20007.

Valett, J., and F. E. McGarry. 1989. "A Summary of Software Measurement Experiences in the Software Engineering Laboratory." *Journal of Systems and Software* 9, no. 2 (February): 137–48.

Van Genuchten, Michiel. 1991. "Why Is Software Late? An Empirical Study of Reasons for Delay in Software Development." *IEEE Transactions on Software Engineering* SE-17, no. 6 (June): 582–90.

Van Tassel, Dennie. 1978. *Program Style, Design, Efficiency, Debugging, and Testing,* 2d ed. Englewood Cliffs, NJ: Prentice Hall.

Vaughn-Nichols, Steven. 2003. "Building Better Software with Better Tools," *IEEE Computer,* September 2003, 12–14.

Vermeulen, Allan, et al. 2000. *The Elements of Java Style.* Cambridge University Press.

Vessey, Iris, Sirkka L. Jarvenpaa, and Noam Tractinsky. 1992. "Evaluation of Vendor Products: CASE Tools as Methodological Companions." *Communications of the ACM* 35, no. 4 (April): 91–105.

Vessey, Iris. 1986. "Expertise in Debugging Computer Programs: An Analysis of the Content of Verbal Protocols." *IEEE Transactions on Systems, Man, and Cybernetics* SMC-16, no. 5 (September/October): 621–37.

Votta, Lawrence G., et al. 1991. "Investigating the Application of Capture-Recapture Techniques to Requirements and Design Reviews." *Proceedings of the Sixteenth Annual Software Engineering Workshop, December 4–5, 1991.* Greenbelt, MD: Goddard Space Flight Center. Document SEL-91-006.

Walston, C. E., and C. P. Felix. 1977. "A Method of Programming Measurement and Estimation." *IBM Systems Journal* 16, no. 1: 54–73.

Ward, Robert. 1989. *A Programmer's Introduction to Debugging C.* Lawrence, KS: R & D Publications.

Ward, William T. 1989. "Software Defect Prevention Using McCabe's Complexity Metric." *Hewlett-Packard Journal,* April, 64–68.

Webster, Dallas E. 1988. "Mapping the Design Information Representation Terrain." *IEEE Computer,* December, 8–23.

Weeks, Kevin. 1992. "Is Your Code Done Yet?" *Computer Language,* April, 63–72.

Weiland, Richard J. 1983. *The Programmer's Craft: Program Construction, Computer Architecture, and Data Management.* Reston, VA: Reston Publishing.

Weinberg, Gerald M. 1983. "Kill That Code!" *Infosystems,* August, 48–49.

Weinberg, Gerald M. 1998. *The Psychology of Computer Programming: Silver Anniversary Edition.* New York, NY: Dorset House.

Weinberg, Gerald M., and Edward L. Schulman. 1974. "Goals and Performance in Computer Programming." *Human Factors* 16, no. 1 (February): 70–77.

Weinberg, Gerald. 1988. *Rethinking Systems Analysis and Design.* New York, NY: Dorset House.

Weisfeld, Matt. 2004. *The Object-Oriented Thought Process,* 2d ed. SAMS, 2004.

Weiss, David M. 1975. "Evaluating Software Development by Error Analysis: The Data from the Architecture Research Facility." *Journal of Systems and Software* 1, no. 2 (June): 57–70.

Weiss, Eric A. 1972. "Review of *The Psychology of Computer Programming,* by Gerald M. Weinberg." *ACM Computing Reviews* 13, no. 4 (April): 175–76.

Wheeler, David, Bill Brykczynski, and Reginald Meeson. 1996. *Software Inspection: An Industry Best Practice.* Los Alamitos, CA: IEEE Computer Society Press.

Whittaker, James A. 2000 "What Is Software Testing? And Why Is It So Hard?" *IEEE Software,* January 2000, 70–79.

Whittaker, James A. 2002. *How to Break Software: A Practical Guide to Testing*. Boston, MA: Addison-Wesley.

Whorf, Benjamin. 1956. *Language, Thought and Reality*. Cambridge, MA: MIT Press.

Wiegers, Karl. 2002. *Peer Reviews in Software: A Practical Guide*. Boston, MA: Addison-Wesley.

Wiegers, Karl. 2003. *Software Requirements*, 2d ed. Redmond, WA: Microsoft Press.

Williams, Laurie, and Robert Kessler. 2002. *Pair Programming Illuminated*. Boston, MA: Addison-Wesley.

Willis, Ron R., et al. 1998. "Hughes Aircraft's Widespread Deployment of a Continuously Improving Software Process," Software Engineering Institute/Carnegie Mellon University, CMU/SEI-98-TR-006, May 1998.

Wilson, Steve, and Jeff Kesselman. 2000. *Java Platform Performance: Strategies and Tactics*. Boston, MA: Addison-Wesley.

Wirth, Niklaus. 1995. "A Plea for Lean Software," *IEEE Computer*, February 1995.

Wirth, Niklaus. 1971. "Program Development by Stepwise Refinement." *Communications of the ACM* 14, no. 4 (April): 221–27.

Wirth, Niklaus. 1986. *Algorithms and Data Structures*. Englewood Cliffs, NJ: Prentice Hall.

Woodcock, Jim, and Martin Loomes. 1988. *Software Engineering Mathematics*. Reading, MA: Addison-Wesley.

Woodfield, S. N., H. E. Dunsmore, and V. Y. Shen. 1981. "The Effect of Modularization and Comments on Program Comprehension." *Proceedings of the Fifth International Conference on Software Engineering*, March 1981, 215–23.

Wulf, W. A. 1972. "A Case Against the GOTO." *Proceedings of the 25th National ACM Conference*, August 1972, 791–97.

Youngs, Edward A. 1974. "Human Errors in Programming." *International Journal of Man-Machine Studies* 6:361–76.

Yourdon, Edward, and Larry L. Constantine. 1979. *Structured Design: Fundamentals of a Discipline of Computer Program and Systems Design*. Englewood Cliffs, NJ: Yourdon Press.

Yourdon, Edward, ed. 1979. *Classics in Software Engineering*. Englewood Cliffs, NJ: Yourdon Press.

Yourdon, Edward, ed. 1982. *Writings of the Revolution: Selected Readings on Software Engineering*. New York, NY: Yourdon Press.

Yourdon, Edward. 1986a. *Managing the Structured Techniques: Strategies for Software Development in the 1990s*, 3d ed. New York, NY: Yourdon Press.

Yourdon, Edward. 1986b. *Nations at Risk*. New York, NY: Yourdon Press.

Yourdon, Edward. 1988. "The 63 Greatest Software Books." *American Programmer*, September.

Yourdon, Edward. 1989a. *Modern Structured Analysis*. New York, NY: Yourdon Press.

Yourdon, Edward. 1989b. *Structured Walk-Throughs*, 4th ed. New York, NY: Yourdon Press.

Yourdon, Edward. 1992. *Decline & Fall of the American Programmer*. Englewood Cliffs, NJ: Yourdon Press.

Zachary, Pascal. 1994. *Showstopper!* The Free Press.

Zahniser, Richard A. 1992. "A Massively Parallel Software Development Approach." *American Programmer*, January, 34–41.

Index 索引

Symbols and Numbers
* (pointer declaration symbol), 332, 334-335, 763
& (pointer reference symbol), 332
-> (pointer symbol), 328
80/20 rule, 592

A
abbreviation of names, 283-285
abstract data types. *See* ADTs
Abstract Factory pattern, 104
abstraction
   access routines for, 340-342
   ADTs for. *See* ADTs
   air lock analogy, 136
   checklist, 157
   classes for, 152, 157
   cohesion with, 138
   complexity, for handling, 839
   consistent level for class interfaces, 135-136
   defined, 89
   erosion under modification problem, 138
   evaluating, 135
   exactness goal, 136-137
   forming consistently, 89-90
   good example for class interfaces, 133-134
   guidelines for creating class interfaces, 135-138
   high-level problem domain terms, 847
   implementation structures, low-level, 846
   inconsistent, 135-136, 138
   interfaces, goals for, 133-138
   levels of, 845-847
   opposites, pairs of, 137
   OS level, 846
   patterns for, 103
   placing items in inheritance trees, 146
   poor example for class interfaces, 134-135
   problem domain terms, low-level, 846
   programming-language level, 846
   routines for, 164

access routines
   abstraction benefit, 340
   abstraction, level of, 341-342
   advantages of, 339-340
   barricaded variables benefit, 339
   centralized control from, 339
   creating, 340
   g_ prefix guideline, 340
   information hiding benefit, 340
   lack of support for, overcoming, 340-342
   locking, 341
   parallelism from, 342
   requiring, 340
accidental problems, 77-78
accreting a system metaphor, 15-16
accuracy, 464
Ada
   description of, 63
   parameter order, 174-175
adaptability, 464
Adapter pattern, 104
addition, dangers of, 295
ADTs (abstract data types)
   abstraction with, 130
   access routines, 339-342
   benefits of, 126-129
   changes not propagating benefit, 128
   classes based on, 133
   cooling system example, 129-130
   data, meaning of, 126
   defined, 126
   documentation benefit, 128
   explicit instancing, 132
   files as, 130
   guidelines, 130-131
   hiding information with, 127
   instancing, 132
   implicit instancing, 132
   interfaces, making more informative, 128
   low-level data types as, 130
   media independence with, 131
   multiple instances, handling, 131-133
   need for, example of, 126-127
   non-object-oriented languages with, 131-133
   objects as, 130

   operations examples, table of, 129-130
   passing of data, minimization of, 128
   performance improvements with, 128
   purpose of, 126
   real-world entities, working with, 128-129
   representation question, 130
   simple items as, 131
   verification of code benefit, 128
agile development, 58, 658
algebraic identities, 630
algorithms
   commenting, 809
   heuristics compared to, 12
   metaphors serving as, 11-12
   resources on, 607
   routines, planning for, 223
aliasing, 311-316
analysis skills development, 823
approaches to development
   agile development, 58, 658
   bottom-up approaches, 112-113, 697-698
   Extreme Programming, 58, 471-472, 482, 708, 856
   importance of, 839-841
   iterative approach. *See* iteration in development
   premature optimization problem, 840
   quality control, 840. *See also* quality of software
   resources for, 58-59
   sequential approach, 35-36
   team processes, 839-840
   top-down approaches, 111-113, 694-696
architecture
   building block definition, 45
   business rules, 46
   buying vs. building components, 51
   changes, 44, 52
   checklist for, 54-55
   class design, 46
   commitment delay strategy, 52
   conceptual integrity of, 52

索 引

architecture, *continued*
    data design, 46
    defined, 43
    error handling, 49-50
    fault tolerance, 50
    GUIs, 47
    importance of, 44
    input/output, 49
    internationalization planning, 48
    interoperability, 48
    key point for, 60
    localization planning, 48
    machine independence, 53
    overengineering, 51
    percent of total activity, by size of project, 654-655
    performance goals, 48
    performance-oriented, 590
    prerequisite nature of, 44
    program organization, 45-46
    quality, 52-53, 55
    resource management, 47
    resources on developing, 57
    reuse decisions, 52
    risky areas, identifying, 53
    scalability, 48
    security design, 47
    technical feasibility, 51
    time allowed for, 56
    user interface design, 47
    validation design, 50
arithmetic expressions
    misleading precedence example, 733
    magnitudes, greatly different, 295
    multiplication, changing to addition, 623-624
    rounding errors, 297
arrays
    C language macro for, 311
    checklist, 317
    containers as an alternative, 310
    costs of operations, 602
    cross-talk, 311
    defined, 310
    dimensions, minimizing, 625-626
    end points, checking, 310
    foreach loops with, 372
    indexes of, 310-311
    layout of references, 754
    loops with, 387-388
    multidimensional, 310
    naming conventions for, 280-281

performance tuning, 593-594, 603-604
refactoring, 572
references, minimizing, 626-627
semantic prefixes for, 280-281
sentinel tests for loops, 621-623
sequential access guideline, 310
assembly language
    description of, 63
    listing tools, 720
    recoding to, 640-642
assertions
    aborting program recommended, 206
    arguments for, 189
    assumptions to check, list of, 190
    barricades, relation to, 205
    benefits of, 189
    building your own mechanism for, 191
    C++ example, 191
    dangerous use of example, 192
    defined, 189
    dependencies, checking for, 350
    error handling with, 191, 193-194
    executable code in, 191-192
    guidelines for, 191-193
    Java example of, 190
    postcondition verification, 192-193
    precondition verification, 192-193
    removing from code, 190
    resources for, 212
    Visual Basic examples, 192-194
assignment statements, 249, 758
author role in inspections, 486
auto_ptrs, 333
automated testing, 528-529

B

backup plans, 669, 670
bad data, testing for, 514-515
barricades
    assertions, relation to, 205
    class-level, 204
    input data conversions, 204
    interfaces as boundaries, 203
    operating room analogy, 204
    purpose of, 203
base classes
    abstract overridable routines, 145
    abstraction aspect of, 89
    coupling, too tight, 143

Liskov Substitution Principle, 144-145
    overridable vs. non-overridable routines, 145-146
    protected data, 143
    routines overridden to do nothing, 146-147
    single classes from, 146
Basic, 65. *See also* Visual Basic
basis testing, structured, 503, 505-509
BCD (binary coded decimal) type, 297
BDUF (big design up front), 119
beauty, 80
begin-end pairs, 742-743
bibliographies, software, 858
big-bang integration, 691
big design up front (BDUF), 119
binary searches, 428
binding
    in code, 252
    compile time, 252-253
    heuristic design with, 107
    just in time, 253
    key point, 258
    load time, 253
    run time, 253
    variables, timing of, 252-254
black-box testing, 500
blank lines for formatting, 747-748, 765-766
blocks
    braces writing rule, 443
    comments on, 795-796
    conditionals, clarifying, 443
    defined, 443
    emulated pure layout style, 740-743
    pure, layout style, 738-740
    single statements, 748-749
Book Paradigm, 812-813
boolean expressions
    0, comparisons to, 441-442
    0s and 1s as values, 432
    breaking into partial tests, 433
    C languages syntax, 442-443
    characters, comparisons to zero, 441
    checklist for, 459
    constants in comparisons, 442-443
    decision tables, moving to, 435
    DeMorgan's Theorems, applying, 436-437

evaluation guidelines, 438-440
functions, moving to, 434-435
identifiers for, 431-433
if statements, negatives in, 435-436
implicit comparisons, 433
Java syntax, 439, 443
layout guidelines, 749-750
logical identities, 630
negatives in, 435-437
numeric, structuring, 440-441
parentheses for clarifying, 437-438
pointers, comparisons with, 441
positive form recommended, 435-437
refactoring, 572
short circuit evaluation, 438-440
simplifying, 433-435
variables in. *See* boolean variables
zero, comparisons to, 441-442
boolean functions
creating from expressions, 434-435
if statements, used in, 359
boolean tests
breaking into partial tests, 433
hiding with routines, 165
simplifying, 301-302
zero, comparisons to, 441-442
boolean variables
0s and 1s as values, 432
C, creating data type, 302-303
checklist, 317
documentation with, 301
enumerated types as alternative, 304
expressions with. *See* boolean expressions
identifiers for, 431-433
naming, 268-269
simplifying tests with, 301-302
zeros and ones as values, 432
boss readiness test on prerequisites, 30-31
bottom-up approach to design, 112-113
bottom-up integration, 697-698
boundary analysis, 513-514
braces
block layout with, 740-743
styles compared, 734
break statements
C++ loops, 371-372
caution about, 381
guidelines, 379-380

labeled, 381
multiple in one loop, 380
nested-if simplification with, 446-447
while loops with, 379
bridge failure, Tacoma Narrows, 74
Bridge pattern, 104
brute-force debugging, 548-549
buffer overruns, 196
bugs. *See* debugging; defects in code; errors
build tools, 716-717. *See also* compilers
building metaphor, 16-19
building vs. buying components, 18
builds, daily. *See* daily build and smoke tests
business rules
architecture prerequisites, 46
change, identifying areas of, 98
good practices table for, 31-32
subsystem design, 85
buying components, 18, 51

C

C language
ADTs with, 131
boolean expression syntax, 442-443
description of, 64
naming conventions for, 275, 278
pointers, 334-335
string data types, 299-301, 317
string index errors, 299-300
C#, 64
C++
assertion example, 191
boolean expression syntax, 442-443
debugging stubs with, 208-209
description of, 64
DoNothing() macros, 444-445
exceptions in, 198-199
inline routines, 184-185
interface considerations, 139-141
layout recommended, 745
macro routines, 182-184
naming conventions for, 275-277
null statements, 444-445
parameters, by reference vs. by value, 333
pointers, 325, 328-334, 763
preprocessors, excluding debug code, 207-208
resources for, 159

side effects, 759-761
source files, layout in, 773
caching, code tuning with, 628-629
Capability Maturity Model (CMM), 491
capturing design work, 117-118
Cardinal Rule of Software Evolution, 565
CASE (computer-aided software engineering) tools, 710
case statements
alpha ordering, 361
checklist, 365
debugging, 206
default clauses, 363
drop-throughs, 363-365
end of case statements, 363-365
endline layout, 751-752
error detection in, 363
frequency of execution ordering, 361, 612-613
if statements, comparing performance with, 614
key points, 366
language support for, 361
nested ifs, converting from, 448-449, 451
normal case first rule, 361
numeric ordering, 361
ordering cases, 361
parallel modifications to, 566
phony variables, 361-362
polymorphism preferable to, 147-148
redesigning, 453
refactoring, 566, 573
simple action guideline, 361
table-driven methods using, 421-422
change control. *See* configuration management
character arrays, 299-300. *See also* string data types
character data types
arrays vs. string pointers, 299
C language, 299-301
character sets, 298
checklist, 316-317
conversion strategies, 299
magic (literal) characters, 297-298
Unicode, 298, 299
character, personal
analysis skills, 823
communication skills, 828

character, personal, *continued*
  compiler messages, treatment of, 826–827
  computer-science graduates, 829
  cooperation skills, 828
  creativity, 829, 857
  curiosity, 822–825
  development process awareness, 822
  discipline, 829
  estimations, 827–828
  experience, 831–832
  experimentation, 822–823
  gonzo programming, 832
  habits, 833–834
  humility, 821, 826, 834
  importance of, 819–820
  intellectual honesty, 826–828
  intelligence, 821
  judgment, 848
  key points, 835
  laziness, 830
  mistakes, admitting to, 826
  persistence, 831
  practices compensating for weakness, 821
  problem solving, 823
  professional development, 824–825
  reading, 824
  religion in programming, harmful effects of, 851–853
  resources on, 834–835
  status reporting, 827
  successful projects, learning from, 823–824
checklists
  abstraction, 157
  architecture, 54–55
  arrays, 317
  backups, 670
  boolean expressions, 459
  case statements, 365
  character data types, 316–317
  classes, 157–158, 233–234, 578–579, 774, 780
  coding practices, 69
  code tuning, 607–608, 642–643
  comments, 774, 816–817
  conditional statements, 365
  configuration management, 669–670
  constants, 317
  construction practices, 69–70
  control structures, 459, 773, 780

daily build and smoke tests, 707
data organization, 780
data types, 316–318
debugging, 559–561
defects, 489, 559–560
defensive programming, 211–212
design, 122–123, 781
documentation, 780–781, 816–817
encapsulation, 158
enumerated types, 317
fixing defects, 560
formal inspections, 489, 491–492
formatting, 773–774
goto statements, 410
if statements, 365
inheritance, 158
initialization, 257
integration, 707
interfaces, 579
layout, 773–774
list of, xxix–xxx
loops, 388–389
names, 288–289, 780
pair programming, 484
parameters, 185
performance tuning, 607–608
pointers, 344
prerequisites, 59
pseudocoding, 233–234
programming tools, 724–725
quality assurance, 42–43, 70, 476
refactoring, 570, 577–579, 584
requirements, 40, 42–43
routines, 185, 774, 780
speed, tuning for, 642–643
statements, 774
straight-line code, 353
strings, 316–317
structures, 343
table-driven methods, 429
testing, 503, 532
tools, 70
type creation, 318
variables, 257–258, 288–289, 343–344
circular dependencies, 95
classes
  abstract data types. *See* ADTs
  abstract objects, modeling, 152
  abstraction checklist, 157
  alternates to PPP, 232–233
  architecture prerequisites, 46
  assumptions about users, 141
  base. *See* base classes

bidirectional associations, 577
calls to, refactoring, 575
case statements vs. inheritance, 147–148
centralizing control with, 153
changes, limiting effects of, 153
checklists, 157–158, 774, 780
coding routines from pseudocode, 225–229
cohesion as refactoring indicator, 566
complexity issues, 152–153
constant values returned, 574
constructors, 151–152
containment, 143–144
coupling considerations, 100–102, 142–143
data-free, 155
deep inheritance trees, 147
defined, 125
delegation vs. inheritance, refactoring, 576
descendants, refactoring indicator for, 567
designing, 86, 216, 220–225, 233
disallowing functions and operators, 150
documenting, 780, 810
encapsulation, 139–143, 158
extension, refactoring with, 576
factoring, benefit of, 154
files containing, 771–772
foreign routines, refactoring with, 576
formalizing contracts for interfaces, 106
formatting, 768–771
friend, encapsulation violation concern, 141
functions in. *See* functions; routines
global data, hiding, 153
god classes, 155
hacking approach to, 233
hiding implementation details, 153
implementation checklist, 158
indirect calls to other classes, 150
information hiding, 92–93
inheritance, 144–149, 158
initializing members, 243
integration, 691, 694, 697
irrelevant classes, 155
is a relationships, 144
key points for, 160, 234

language-specific issues, 156
layout of, 768–771
limiting collaboration, 150
Liskov Substitution Principle, 144–145
member variables, naming, 273, 279
methods of. See routines
minimizing accessibility rule, 139
mixins, 149
modeling real-world objects, 152
multiple per file, layout of, 769–770
naming, 277, 278
number of members, 143
number of routines, 150
object names, differentiating from, 272–273
objects, contrasted with, 86
overformatting, 770
overriding routines, 145–146, 156
packages, 155–157
parallel modifications refactoring indicator, 566
planning for program families, 154
private vs. protected data, 148
private, declaring members as, 150
procedures in. See routines
protected data, 148
pseudocode for designing, 232–234
public members, 139, 141, 576
read-time convenience rule, 141
reasons for creating, 152–156
refactoring, 155, 574–576, 578–579, 582
resources, 159
reusability benefit of, 154
review and test step, 217
routine construction step, 217
routines in. See routines
routines, unused, 146–147, 576
semantic violations of encapsulation, 141–142
Set() routines, unnecessary, 576
similar sub and superclasses, 576
single-instance, 146
singleton property, enforcing, 151
steps in creating, 216–217
streamlining parameter passing, 153
subclasses, 165, 575

superclasses for common code, 575
test-first development, 233
testing with stub objects, 523
unidirectional associations, 577
visibility of, 93
warning signs for, 848, 849
class-hierarchy generators, 713
cleanup steps, PPP, 232
cleanroom development, 521
CMM (Capability Maturity Model), 491
Cobol, 64
code coverage testing, 506
code libraries, 222, 717
code quality analysis tools, 713–714
code reading method, 494
code tuning
  80/20 rule, 592
  advantages from, 591
  algebraic identities, 630
  appeal of, 591–592
  arrays, 593–594, 603–604, 625–627
  assembler, listing tools, 720
  assembler, recoding to, 640–642
  bottleneck identification, 594
  caching data, 628–629
  checklists, 607–608, 642–643
  comparing logic structures, 614
  competing objectives dilemma, 595
  compiler considerations, 590, 596–597
  converting data types, 635
  correctness, importance of, 595–596
  data transformations, 624–629
  data type choices, 635
  database indexing, 601
  defects in code, 601
  defined, 591
  DES example, 605–606
  design view, 589–590
  disadvantages of, 591
  disassemblers, 720
  execution profiler tools, 720
  expressions, 630–639
  feature specific, 595
  frequency, testing in order of, 612–613
  frequently used code spots, 592
  hardware considerations, 591
  improvements possible, 605
  indexing data, 627–628

inefficiency, sources of, 598–601
initializing at compile time, 632–633
inline routines, 639–640
input/output, 598–599
integers preferred to floating, 625
interpreted vs. compiled languages, 592, 600–601
iteration of, 608, 850
jamming loops, 617–618
key points, 608, 645
language specificity, 644
lazy evaluation, 615–616
lines of code, minimizing number of, 593–594
logic manipulation guidelines, 610–616
lookup tables for, 614–615, 635
loops, 616–624
low-level language, recoding to, 640–642
measurement to locate hot spots, 603–604, 644
memory vs. file operations, 598–599
minimizing work inside loops, 620–621
multiplication, changing to addition, 623–624
nested loop order, 623
old wives' tales, 593–596
operating system considerations, 590
operation speeds, presumptions about, 594
operations, costs of common, 601–603
optimizing as you go, 594–595
overview of, 643–644
paging operations, 599
Pareto Principle, 592
precomputing results, 635–638
program requirements view of, 589
refactoring, compared to, 609
resource goals, 590
resources on, 606–607, 644–645
right shifting, 634
routines, 590, 639–640
sentinel tests for loops, 621–623
short-circuit evaluation, 610
speed, importance of, 595–596
strength reduction, 623–624, 630–632

code tuning, *continued*
  subexpression elimination, 638–639
  summary of approach for, 606
  system calls, 599–600, 633–634
  tools, 720
  unrolling loops, 618–620
  unswitching loops, 616–617
  variations in environments for, 594
  when to tune, 596
code-generation wizards, 718
coding. *See also* construction; software construction overview
  conventions. *See* conventions, coding
  practices checklist, 69
  sequential. *See* straight-line code
  software construction as, 5
  style. *See* layout
cohesion
  interfaces, class, 138
  routines, designing with, 168–171
  strength reduction, 623–624, 630–632
coincidental cohesion, 170
collaboration
  code reading, 494
  collective ownership benefits, 482
  comparisons of techniques, table of, 495–496
  cost advantage, 480–481
  defined, 479, 480
  design phase, 115
  development time benefit, 480
  dog-and-pony shows, 495
  extending beyond construction, 483
  Extreme Programming method, 482
  formal inspections. *See* formal inspections
  General Principle of Software Quality, 481
  inspections. *See* formal inspections
  key points, 497
  mentoring aspect of, 482
  pair programming. *See* pair programming
  purpose of, 480
  standards, IEEE, 497
  testing, compared to, 481
  walk-throughs, 492–493
collections, refactoring, 572

collective ownership, 482. *See also* collaboration
comments. *See also* documentation
  /* vs. //, 790
  abbreviations in, 799
  algorithms, 809
  argument against, 782
  authorship, 811
  bad code, on, 568
  blank lines around, 765–766
  Book Paradigm for, 812–813
  categories of, 786–788
  checklists, 774, 816–817
  classes, 810
  coded meanings, 802–803
  control structures, 804–805, 817
  declarations with, 794, 802–803, 816
  descriptions of code intent, 787
  distance to code guideline, 806
  efficient creation of, 788–791
  endline comments, 793–795
  errors, marking workarounds, 800
  explanatory, 786
  files, 810–811
  flags, bit level, 803
  global variables, 803, 809
  indentation guidelines, 764–765
  individual lines with, 792–795
  input data, 803, 808
  integrating into development, 791
  interfaces, class, 810
  interfaces, routine, 808
  Javadoc, 807, 815
  key points, 817
  layout guidelines, 763–766
  legal notices, 811
  length of descriptions, 806
  level of code intent, 795–796
  loops, 804–805
  maintenance of, 220, 788–791, 794
  major vs. minor, 799–800
  markers, 787
  non-code essential information, 788
  numerical data, 802
  optimum density of, 792
  output data, 808
  paragraphs of code with, 795–801, 816
  parameter declarations, 806–807
  parts of programs, 809
  performance considerations, 791

  preceding code rule, 798
  proportionality of, 806
  pseudocode, deriving from, 220, 784, 791
  purpose of, 782
  repeating code with, 786
  resources on, 815
  routines with, 805–809, 817
  self-commenting code, 796–797
  Socratic dialog about, 781–785
  standards, IEEE, 813–814
  style differences, managing, 683
  style violations, 801
  summaries of code, 787
  surprises, 798
  tricky code, 798, 801
  undocumented features, 800
  variables, 803
  version control, 811
  why vs. how, 797–798
  workarounds, 800
commitment delay strategy, 52
communication skills, importance of, 828
communicational cohesion, 169
communications, development team, 650
comparisons
  boolean. *See* boolean tests
  floating-point equality, 295–296
  mixed data types, 293
compilers
  binding during compilation, 252–253
  broken builds, 703
  data type warnings, 293
  debugging tools, as, 557, 827
  errors, finding in routines, 230–231
  line numbers, debugging with, 549
  messages, treatment of, 549, 826–827
  multiple error messages, 550
  optimizations by, 596–597
  performance tuning considerations, 590
  project-wide standards for, 557
  speeds from optimization, table of, 597
  tools for, 716
  tricky code optimization, 597
  validators with, 231
  warnings, 293, 557

completeness of requirements
    checklist, 43
complex data types. *See* structures
complexity
    abstraction for handling, 839
    classes for reducing, 152
    coding conventions for reducing,
        839
    control structure contributions to,
        456-459
    conventions for managing,
        844-845
    decision points, counting, 458
    importance of, 457
    isolation, classes for, 153
    live time, 459
    management, 77-79, 844-845
    McCabe's metric, 457-458
    mental objects held, measure of,
        457
    methods for handling, 837-839
    minimization goal, 80
    patterns, reducing with, 103
    problem domain, working at, 845
    reliability correlated with, 457
    routines for reducing, 164
    size of projects, effect on,
        656-657
    span, 459
component testing, 499
components, buying, 18, 51
Composite pattern, 104
compound boundaries, 514
compound statements. *See* blocks
computed-value qualifiers of
    variable names, 263-264
computer-aided software
    engineering (CASE) tools, 710
conditional statements
    boolean function calls with, 359
    boolean variables recommended,
        301-302
    case statements. *See* case
        statements
    chained if-then-else statements,
        358-360
    checklist, 365
    common cases first guideline,
        359-360
    comparing performance of, 614
    covering all cases, 360
    defined, 355
    eliminating testing redundancy,
        610-611
    else clauses, 358-360

equality, branching on, 355
error processing examples,
    356-357
frequency, testing in order of,
    612-613
if statements. *See* if statements
key points, 366
lookup tables, substituting,
    614-615
looping, conditional. *See* loops
normal case first guideline,
    356-357
normal path first guideline, 355
null if clauses, 357
plain if-then statements, 355-357
refactoring, 573
short-circuit evaluation, 610
switch statements. *See* case
    statements
confessional debugging, 547-548
configuration management
    architectural anticipation of
        change, 52
    backup plans, 669, 670
    boards, change-control, 667
    bureaucratic considerations, 667
    checklist, 669-670
    code changes, 667-668
    cost, estimating, 666
    defined, 664
    design changes, 666-667
    estimating change costs, 666
    grouping change requests, 666
    high change volumes, 666
    identifying areas of change, 97-99
    machine configurations,
        reproducing, 668
    purpose of, 664-665
    requirements changes, 41, 664,
        666-667
    resources on, 670
    SCM, 665
    tool version control, 668
    version-control software, 668
const keyword, C++, 176, 177, 243,
    274, 333
constants
    checklist, 317
    consistency rule, 309
    declarations using, 308
    defined, 307
    emulation by global variables, 338
    initializing, 243
    literals, avoiding with, 308-309
    naming, 270, 273, 277-279

purpose of, 307
refactoring, 571
simulating in languages lacking,
    309
construction. *See also* software
    construction overview
    collaborative. *See* collaboration
    decisions. *See* construction
        decisions
    guidelines, 66
    managing. *See* managing
        construction
    percent of total activity, by size of
        project, 654-655
    prerequisites. *See* prerequisites,
        upstream
    quality of. *See* quality of software
    resources on, 856
    schedules, estimating. *See*
        construction schedules,
        estimating
    size of projects, effects on. *See* size
        of projects
    tools for. *See* programming tools
construction decisions
    checklist of major construction
        practices, 69-70
    coding practices checklist, 69
    early-wave environments, 67
    key points for, 70
    major construction practices,
        selecting, 69-70
    mature technology environments,
        67
    programming conventions, 66-66
    programming into languages,
        68-69
    programming languages. *See*
        programming language choice
    quality assurance checklist, 70
    teamwork checklist, 69
    technology waves, determining
        your location in, 66-69
    tools checklist, 70
construction schedules, estimating
    approaches to, list of, 671
    catching up from behind,
        675-676
    controlling vs. estimating, 675
    factors influencing, 674-675
    level of detail for, 672
    multiple techniques with
        comparisons, 672
    objectives, establishing, 671
    optimism, 675

索 引

construction schedules, estimating, *continued*
  overview, 671
  planning estimation time, 671
  reduction of scope, 676
  reestimating, 672
  requirements specification, 672
  resources for, 677
  teams, expanding, 676
constructors
  deep vs. shallow copies, 151–152
  exceptions with, 199
  guidelines for, 151–152
  initializing data members, 151
  refactoring, 577
  singleton property, enforcing, 151
container classes, 310
containment, 88, 143
continuation lines, 754–758
continue statements, 379, 380, 381
continuous integration, 706
control structures
  boolean expressions in. *See* boolean expressions
  case. *See* case statements
  checklists, 459, 773, 780
  commenting, 804–805, 817
  complexity, contributions to, 456–459
  compound statements, 443
  conditional flow. *See* conditional statements
  continuation lines in, 757
  data types, relationship to, 254–255
  documentation, 780
  double indented begin-end pairs, 746–747
  gotos. *See* goto statements
  if statements. *See* if statements
  iteration, 255, 456
  key points, 460
  layout styles, 745–752
  loops. *See* loops
  multiple returns from routines, 391–393
  null statements, 444–445
  recursive. *See* recursion
  reliability correlated with complexity, 457
  returns as. *See* return statements
  selective data with, 254
  sequential data with, 254
  structured programming, 454–455
  unindented begin-end pairs, 746
  unusual, overview of, 408
conventions, coding
  benefits of, 844–845
  checklist, 69
  formatting. *See* layout
  hazards, avoiding with, 844
  predictability benefit, 844
converting data types, 635
cooperation skills, importance of, 828
correctness, 197, 463
costs. *See also* performance tuning
  change estimates, 666
  collaboration benefits, 480–481
  debugging, time consumed by, 474–475
  defects contributing to, 519–520
  detection of defects, 472
  error-prone routines, 518
  estimating, 658, 828
  fixing of defects, 472–473, 519
  General Principle of Software Quality, 474–475, 522
  pair programming vs. inspections, 480–481
  resources on, 658
counted loops. *See* for loops
coupling
  base classes to derived classes, 143
  classes, too tightly, 142–143
  design considerations, 100–102
  flexibility of, 100–101
  goals of, 100
  loose, 80, 100–102
  object-parameter type, 101
  semantic type, 102
  simple-data-parameter type, 101
  simple-object type, 101
  size of, 100
  visibility of, 100
coverage
  monitoring tools, 526
  structured basis testing, 505–509
CRC (Class, Responsibility, Collaboration) cards, 118
creativity, importance of, 829, 857
cross-reference tools, 713
curiosity, role in character, 822–825
Currency data types, 297
customization, building metaphor for, 18

D

daily build and smoke tests
  automation of, 704
  benefits of, 702
  broken builds, 703, 705
  build groups, 704
  checklist, 707
  defined, 702
  diagnosis benefit, 702
  holding area for additions, 704–705
  importance of, 706
  morning releases, 705
  pressure, 706
  pretest requirement, 704
  revisions, 704
  smoke tests, 703
  unsurfaced work, 702
data
  architecture prerequisites, 46
  bad classes, testing for, 514–515
  change, identifying areas of, 99
  code tuning. *See* data transformations for code tuning
  combined states, 509–510
  defined state, 509–510
  defined-used paths, testing, 510–512
  design, 46
  entered state, 509
  exited state, 509
  good classes, testing, 515–516
  killed state, 509–510
  legacy, compatibility with, 516
  nominal case errors, 515
  test, generators for, 524–525
  types. *See* data types
  used state, 509–510
data dictionaries, 715
data flow testing, 509–512
data literacy test, 238–239
data recorder tools, 526
data structures. *See* structures
data transformations for code tuning
  array dimension minimization, 625–626
  array reference minimization, 626–627
  caching data, 628–629
  floating point to integers, 625
  indexing data, 627–628
  purpose of, 624

data types
  "a" prefix convention, 272
  abstract data types. See ADTs
  arrays. See arrays
  BCD, 297
  boolean. See boolean variables
  change, identifying areas of, 99
  characters. See character data types
  checklist, 316–318
  complex. See structures
  control structures, relationship to, 254–255
  creating. See type creation
  Currency, 297
  definitions, 278
  enumerated types. See enumerated types
  floating-point. See floating-point data types
  integers. See integer data types
  iterative data, 255
  key points for, 318
  naming, 273, 277, 278
  numeric. See numeric data types
  overloaded primitives, 567
  pointers. See pointers
  refactoring to classes, 567, 572
  resources on, 239
  selective data, 254
  sequential data, 254
  strings. See string data types
  structures. See structures
  t_ prefix convention, 272
  user-defined. See type creation
  variables of, differentiating from, 272–273
databases
  performance issues, 601
  SQL, 65
  subsystem design, 85
data-level refactoring, 571–572, 577
days-in-month, determining, 413–414
deallocation
  goto statements for, 399
  pointers, of, 326, 330, 332
Debug.Assert statements, 191–193
debugging
  aids to. See debugging aids
  binary searches of code, 546
  blindness, sources of, 554–555
  breakpoints, 558
  breaks, taking, 548
  brute-force, 548–549

changes, recent, 547
checklist, 559–561
comments, misplaced, 550
common defects lists, 547
compilers as tools for, 549, 557
confessional debugging, 547–548
costs of, 29–30, 474–475
debugger tools, 526–527, 545, 556–559, 719. See also debugging aids
defects as opportunities, 537–538
defensive. See debugging aids
defined, 535
Diff tool, 556
execution profilers for, 557–558
expanding suspicious regions, 547
experience of programmers, effects of, 537
finding defects, 540, 559–560
fixing defects, 550–554
guessing, 539
history of, 535–536
hypothesis testing, 543–544, 546
incremental approach, 547
ineffective approach to, 539–540
key points, 562
line numbers from compilers, 549
lint tool, 557
listing possibilities, 546
locating error sources, 543–544
logic checking tools, 557
multiple compiler messages, 550
narrowing code searches, 546
obvious fixes, 539
performance variations, 536–537
project-wide compilers settings, 557
psychological considerations, 554–556
quality of software, role in, 536
quotation marks, misplaced, 550
readability improvements, 538
recommended approach, 541
reexamining defect-prone code, 547
resources for, 561
Satan's helpers, 539–540
scaffolding for, 558
scientific method of, 540–544
self-knowledge from, 538
source-code comparators, 556
stabilizing errors, 542–543
superstitious approaches, 539–540

symbolic debuggers, 526–527
syntax checking, 549–550, 557, 560
system debuggers, 558
test case creation, 544
testing, compared to, 500
time for, setting maximums, 549
tools for, 526–527, 545, 556–559, 719. See also debugging aids
understanding the problems, 539
unit tests, 545
varying test cases, 545
warnings, treating as errors, 557
debugging aids
  C++ preprocessors, 207–208
  case statements, 206
  early introduction recommended, 206
  offensive programming, 206
  planning removal of, 206–209
  pointers, checking, 208–209
  preprocessors, 207–208
  production constraints in development versions, 205
  purpose of, 205
  stubs, 208–209
  version control tools, 207
decision tables. See table-driven methods
declarations
  commenting, 794, 802–803, 816
  const recommended, 243
  declare and define near first use rule, 242–243
  define near first use rule, 242–243
  final recommended, 243
  formatting, 761–763
  implicit declarations, 239–240
  multiple on one line, 761–762
  naming. See naming conventions
  numerical data, commenting, 802
  order of, 762
  placement of, 762
  pointers, 325–326, 763
  using all declared, 257
Decorator pattern, 104
defects in code
  classes prone to error, 517–518
  classifications of, 518–520
  clerical errors (typos), 519
  Code Complete example, 490–491
  construction, proportion resulting from, 520–521

defects in code, *continued*
    cost of detection, 472
    cost of fixing, 472-473
    databases of, 527
    detection by various techniques, table of, 470
    distribution of, 517-518
    ease of fixing defects, 519
    error checklists, 489
    expected rate of, 521-522
    finding, checklist, 559-560
    fixing. *See* debugging; fixing defects
    formal inspections for detecting. *See* formal inspections
    intermittent, 542-543
    misunderstood designs as sources for, 519
    opportunities presented by, 537-538
    outside of construction domain, 519
    percentage of, measurement, 469-472
    performance issues, 601
    programmers at fault for, 519
    readability improvements, 538
    refactoring after fixing, 582
    scope of, 519
    self-knowledge from, 538
    size of projects, effects on, 651-653
    sources of, table, 518
    stabilizing, 542-543
defensive programming
    assertions, 189-194
    assumptions to check, list of, 190
    barricades, 203-205
    checklist, 211-212
    debugging aids, 205-209
    defined, 187
    error handling for, 194-197
    exceptions, 198-203, 211
    friendly messages guideline, 210
    graceful crashing guideline, 210
    guidelines for production code, 209-210
    hard crash errors guideline, 209
    important errors guideline, 209
    key points for, 213
    logging guideline, 210
    problems caused by, 210
    quality improvement techniques, other, 188
    robustness vs. correctness, 197
    security issues, 212
    trivial errors guideline, 209
    validating input, 188
defined data state, 509-510
defining variables. *See* declarations
Delphi, recoding to assembler, 640-642
DeMorgan's Theorems, applying, 436-437
dependencies, code-ordering
    checker tools, 716
    circular, 95
    clarifying, 348-350
    concept of, 347
    documentation, 350
    error checking, 350
    hidden, 348
    initialization order, 348
    naming routines, 348-349
    non-obvious, 348
    organization of code, 348
    parameters, effective, 349
design
    abstractions, forming consistent, 89-90
    accidental problems, 77-78
    BDUF, 119
    beauty, 80
    bottom-up approach to design, 112-113
    business logic subsystem, 85
    capturing work, 117-118
    central points of control, 107
    change, identifying areas of, 97-99
    changes, management of, 666-667
    characteristics of high quality, 80-81
    checklists, 122-123, 781
    classes, division into, 86
    collaboration, 115
    communications among subsystems, 83-84
    completion of, determining, 115-117
    complexity management, 77-80
    construction activity, as, 73-74
    contract, by, 233
    coupling considerations, 100-102
    database access subsystem, 85
    defined, 74
    diagrams, drawing, 107
    discussion, summarizing, 117
    divide and conquer technique, 111
    documentation, as, 781
    documentation overkill, 117
    emergent nature of, 76
    encapsulation, 90-91
    enough, determining, 118-119
    essential problems, 77-78
    extensibility goal, 80
    formality of, determining, 115-117
    formalizing class contracts, 106
    goals checklist, 122-123
    good practices table for, 31-32
    heuristic. *See* heuristic design
    hierarchies for, 105-106
    high fan-in goal, 80
    IEEE standards, 122
    information hiding, 92-97, 120
    inheritance, 91-92
    iteration practice, 111-117
    key points, 123
    leanness goal, 81
    level of detail needed, 115-117
    levels of, 82-87
    loose coupling goal, 80
    low-to-medium fan-out goal, 81
    maintenance goals, 80
    mental limitations of humans, 79
    metrics, warning signs from, 848
    nondeterministic nature of, 76, 87
    object-oriented, resource for, 119
    objects, real world, finding, 87-89
    packages level, 82-85
    patterns, common. *See* patterns
    performance tuning considerations, 589-590
    portability goal, 81
    practice heuristics. *See* heuristic design
    practices, 110-118, 122
    prioritizing during, 76
    prototyping, 114-115
    resources for, 119-121
    restrictive nature of, 76
    reusability goal, 80
    routines, of, 86-87
    sloppy process nature of, 75-76
    software system level, 82
    standard techniques goal, 81
    standards, IEEE, 122
    stratification goal, 81
    strong cohesion, 105
    subsystem level, 82-85

system dependencies subsystem, 85
testing for implementation, 503
tools for, 710
top-down approach, 111–113
tradeoffs, 76
UML diagrams, 118
user interface subsystem, 85
visual documentation of, 118
wicked problem nature of, 74–75
Wikis, capturing on, 117
destructors, exceptions with, 199
detailed-design documents, 778
developer testing. *See* testing
development processes. *See* approaches to development
development standards, IEEE, 813
diagrams
heuristic design use of, 107
UML, 118
Diff tools, 556, 712
direct access tables
advantages of, 420
arrays for, 414
case statement approach, 421–422
days-in-month example, 413–414
defined, 413
design method for, 420
flexible-message-format example, 416–423
fudging keys for, 423–424
insurance rates example, 415–416
keys for, 423–424
object approach, 422–423
transforming keys, 424
disassemblers, 720
discipline, importance of, 829
discourse rules, 733
disposing of objects, 206
divide and conquer technique, 111
division, 292–293
Do loops, 369–370. *See also* loops
documentation
abbreviation of names, 284–285
ADTs for, 128
bad code, of, 568
Book Paradigm for, 812–813
capturing work, 117–118
checklists, 780–781, 816–817
classes, 780
comments. *See* comments
control structures, 780
CRC cards for, 118
dependencies, clarifying, 350

design as, 117, 781
detailed-design documents, 778
external, 777–778
Javadoc, 807, 815
key points, 817
names as, 284–285, 778–779, 780
organization of data, 780
parameter assumptions, 178
pseudocode, deriving from, 220
resources on, 815
routine parameter assumptions, 178
routines, 780
SDFs, 778
self-documenting code, 778–781
size of projects, effects of, 657
source code as, 7
standards, IEEE, 813–814
style differences, managing, 683
UDFs, 778
visual, of designs, 118
why vs. how, 797–798
dog-and-pony shows, 495
dog tag fields, 326–327
DoNothing() macros, 444–445
DRY (Don't Repeat Yourself) principle, 565
duplication
avoiding with routines, 164–165
code as refactoring indicator, 565

E

early-wave environments, 67
ease of maintenance design goal, 80
eclecticism, 851–852
editing tools
beautifiers, 712
class-hierarchy generators, 713
cross-reference tools, 713
Diff tools, 712
grep, 711
IDEs, 710–711
interface documentation, 713
merge tools, 712
multiple-file string searches, 711–712
templates, 713
efficiency, 464
eighty/twenty (80/20) rule, 592
else clauses
boolean function calls with, 359
case statements instead of, 360
chains, in, 358–360

common cases first guideline, 359–360
correctness testing, 358
default for covering all cases, 360
gotos with, 406–407
null, 358
embedded life-critical systems, 31–32
emergent nature of design process, 76
emulated pure blocks layout style, 740–743
encapsulation
assumptions about users, 141
checklist, 158
classes, role for, 139–143
coupling classes too tightly, 142–143
downcast objects, 574
friend class concern, 141
heuristic design with, 90–91
minimizing accessibility, 139
private details in class interfaces, 139–141
public data members, 567
public members of classes, 139
public routines in interfaces concern, 141
semantic violations of, 141–142
weak, 567
endless loops, 367, 374
endline comments, 793–795
endline layout, 743–745, 751–752, 767
enumerated types
benefits of, 303
booleans, alternative to, 304
C++, 303–304, 306
changes benefit, 304
checklist, 317
comments substituting for, 802–803
creating for Java, 307
defined, 303
emulation by global variables, 338
explicit value pitfalls, 306
first entry invalid trick, 305–306
iterating through, 305
Java, creating for, 307
languages available in, 303
loop limits with, 305
naming, 269, 274, 277–279
parameters using, 303
readability from, 303
reliability benefit, 304

enumerated types, *continued*
　　standard for, 306
　　validation with, 304–305
　　Visual Basic, 303–306
equality, floating-point, 295–296
equivalence partitioning, 512
error codes, 195
error detection, doing early, 29–30
error guessing, 513
error handling. *See also* exceptions
　　architecture prerequisites, 49–50
　　assertions, compared to, 191
　　barricades, 203–205
　　buffer overruns compromising, 196
　　closest legal value, 195
　　defensive programming, techniques for, 194–197
　　error codes, returning, 195
　　error-processing routines, calling, 196
　　high-level design implication, 197
　　local handling, 196
　　logging warning messages, 195
　　messages, 49, 195–196, 210
　　next valid data, returning, 195
　　previous answers, reusing, 195
　　propagation design, 49
　　refactoring, 577
　　returning neutral values, 194
　　robustness, 51, 197
　　routines, designing along with, 222
　　shutting down, 196
　　validation design, 50
error messages
　　codes, returning, 195
　　design, 49
　　displaying, 196
　　friendly messages guideline, 210
errors. *See also* defects in code; exceptions
　　classifications of, 518–520
　　coding. *See* defects in code
　　dog tag fields, 326–327
　　exceptions. *See* exceptions
　　handling. *See* error handling
　　goto statements for processing, 401–402
　　sources of, table, 518
essential problems, 77–78
estimating schedules
　　approaches to, list of, 671
　　change costs, 666
　　control, compared to, 675

factors influencing, 674–675
level of detail for, 672
inaccuracy, character-based, 827–828
multiple techniques with comparisons, 672
objectives, establishing, 671
optimism, 675
overview, 671
planning for estimation time, 671
redoing periodically, 672
reduction of scope, 676
requirements specification, 672
resources for, 677
teams, expanding, 676
event handlers, 170
evolution. *See* software evolution
Evolutionary Delivery. *See* incremental development metaphor
exceptions. *See also* error handling
　　abstraction issues, 199–200
　　alternatives to, 203
　　base classes for, project specific, 203
　　C++, 198–199
　　centralized reporters, 201–202
　　constructors with, 199
　　defensive programming checklist, 211
　　destructors with, 199
　　empty catch blocks rule, 201
　　encapsulation, breaking, 200
　　full information rule, 200
　　Java, 198–201
　　languages, table comparing, 198–199
　　level of abstraction rule, 199–200
　　library code generation of, 201
　　local handling rule, 199
　　non-exceptional conditions, 199
　　purpose of, 198, 199
　　readability of code using, 199
　　refactoring, 577
　　resources for, 212–213
　　standardizing use of, 202–203
　　Visual Basic, 198–199, 202
execution profilers, 557–558, 720
executable-code tools
　　build tools, 716–717
　　code libraries, 717
　　code-generation wizards, 718
　　compilers. *See* compilers
　　installation tools, 718
　　linkers, 716

preprocessors, 718–719
　　setup tools, 718
Exit Function, 391. *See also* return statements
Exit statements. *See* break statements
Exit Sub, 392–393. *See also* return statements
exiting loops, 369–372, 377–381
experience, personal, 831–832
experimental prototyping, 114–115
experimentation as learning, 822–823, 852–853
exponential expressions, 631–632
expressions
　　boolean. *See* boolean expressions
　　constants, data types for, 635
　　initializing at compile time, 632–633
　　layout guidelines, 749–750
　　precomputing results, 635–638
　　right shifting, 634
　　strength reduction, 630–632
　　subexpression elimination, 638–639
　　system calls, performance of, 633–634
extensibility design goal, 80
external audits, 467
external documentation, 777–778
Extreme Programming
　　collaboration component of, 482
　　defect detection, 471–472
　　defined, 58
　　resources on, 708, 856

F

Facade pattern, 104
factorials, 397–398
factoring, 154. *See also* refactoring
factory methods
　　Factory Method pattern, 103–104
　　nested ifs refactoring example, 452–453
　　refactoring to, 577
fan-in, 80
fan-out, 81
farming metaphor, 14–15
fault tolerance, 50
feature-oriented integration, 700–701
Fibonacci numbers, 397–398
figures, list of, xxxiii

files
  ADTs, treating as, 130
  authorship records for, 811
  C++ source file order, 773
  deleting multiple example, 401-402
  documenting, 810-811
  layout within, 771-773
  naming, 772, 811
  routines in, 772
final keyword, Java, 243
finally statements, 404-405
fixing defects
  checking fixes, 553
  checklist, 560
  diagnosis confirmation, 551
  hurrying, impact of, 551
  initialization defects, 553
  maintenance issues, 553
  one change at a time rule, 553
  reasoning for changes, 553
  saving unfixed code, 552
  similar defects, looking for, 554
  special cases, 553
  symptoms, fixing instead of problems, 552-553
  understand first guideline, 550-551
  unit tests for, 554
flags
  change, identifying areas of, 98-99
  comments for bit-level meanings, 803
  enumerated types for, 266-267
  gotos, rewriting with, 403-404
  names for, 266-267
  semantic coupling with, 102
flexibility
  coupling criteria for, 100-101
  defined, 464
floating-point data types
  accuracy limitations, 295
  BCD, 297
  checklist, 316
  costs of operations, 602
  equality comparisons, 295-296
  magnitudes, greatly different, operations with, 295
  rounding errors, 297
  Visual Basic types, 297
for loops
  advantages of, 374
  formatting, 732-733, 746-747
  indexes, 377-378
  purpose of, 372

foreach loops, 367, 372
formal inspections
  author role, 486
  benefit summary, 491
  blame game, 490
  checklist, 491-492
  CMM, 491
  Code Complete example, 490-491
  compared to other collaboration, 495-496
  defined, 485
  egos in, 490
  error checklists, 489
  expected results from, 485-486
  fine-tuning, 489
  follow-up stage, 489
  inspection meetings, 488
  key points, 497
  management role, 486-487
  moderator role, 486
  overview stage, 487
  performance appraisals from, 487
  planning stage, 487
  preparation stage, 487-488
  procedure for, 487-489
  rate of code review, 488
  reports, 488-489
  resources for, 496-497
  reviewer role, 486
  reviews, compared to, 485
  rework stage, 489
  roles in, 486-487
  scenarios approach, 488
  scribe role, 486
  stages of, 487-489
  three-hour solutions meeting, 489
formal technical reviews, 467
formatting code. *See* layout
Fortran, 64
functional cohesion, 168-169
functional specification. *See* requirements
functions. *See also* routines
  calculations converted to example, 166-167
  defined, 181
  disallowing, 150
  key point for, 186
  naming conventions for, 172, 181
  private, overriding, 146
  return values, setting, 182
  status as return value, 181
  when to use, 181-182
Fundamental Theorem of Formatting, 732

G
General Principle of Software Quality
  collaboration effects, 481
  costs, 522
  debugging, 537
  defined, 474-475
global variables
  access routines for. *See* access routines
  aliasing problems with, 336-337
  alternatives to, 339-342
  annotating, 343
  changes to, inadvertent, 336
  checklist for, 343-344
  class variable alternatives, 339
  code reuse problems, 337
  commenting, 803, 809
  enumerated types emulation by, 338
  g_ prefix guideline, 340
  hiding implementation in classes, 153
  information hiding problems with, 95-96
  initialization problems, 337
  intermediate results, avoiding, 343
  key points, 344
  local first guideline, 339
  locking, 341
  modularity damaged by, 337-338
  named constants emulation by, 338
  naming, 263, 273, 277, 278, 279, 342
  objects for, monster, 343
  overview of, 335-336
  persistence of, 251
  preservation of values with, 338
  re-entrant code problems, 337
  refactoring, 568
  risk reduction strategies, 342-343
  routines using as parameters, 336
  semantic coupling with, 102
  streamlining data use with, 338
  tramp data, eliminating with, 338
god classes, 155
gonzo programming, 832
good data, testing, 515-516
goto statements
  Ada, inclusion in, 399
  advantages of, 399
  alternatives compared with, 405
  checklist, 410

goto statements, *continued*
  deallocation with, 399
  disadvantages of, 398-399
  duplicate code, eliminating with, 399
  else clauses with, 406-407
  error processing with, 401-402
  Fortran's use of, 399
  forward direction guideline, 408
  guidelines, 407-408
  indentation problem with, 398
  key points, 410
  layout guidelines, 750-751
  legitimate uses of, 407-408
  optimization problem with, 398
  phony debating about, 400-401
  readability issue, 398
  resources for, 409-410
  rewritten with nested ifs, 402-403
  rewritten with status variables, 403-404
  rewritten with try-finally, 404-405
  trivial rewrite example, 400-401
  unused labels, 408
graphical design tools, 710
grep, 711
growing a system metaphor, 14-15
GUIs (graphical user interfaces)
  architecture prerequisites, 47
  refactoring data from, 576
  subsystem design, 85

H

habits of programmers, 833-834
hacking approach to design, 233
hardware
  dependencies, changing, 98
  performance enhancement with, 591
has a relationships, 143
heuristic design
  abstractions, forming consistent, 89-90
  alternatives from patterns, 103
  avoiding failure, 106-107
  binding time considerations, 107
  bottom-up approach to design, 112-113
  brute force, 107
  capturing work, 117-118
  central points of control, 107
  change, identifying areas of, 97-99
  checklist for, 122-123
  collaboration, 115
  communications benefit from patterns, 104
  completion of, determining, 115-117
  coupling considerations, 100-102
  diagrams, drawing, 107
  divide and conquer technique, 111
  encapsulation, 90-91
  error reduction with patterns, 103
  formality of, determining, 115-117
  formalizing class contracts, 106
  goals checklist, 122-123
  guidelines for using, 109-110
  hierarchies for, 105-106
  information hiding, 92-97, 120
  inheritance, 91-92
  interfaces, formalizing as contracts, 106
  iteration practice, 111-117
  key points, 123
  level of detail needed, 115-117
  modularity, 107
  multiple approach suggestion, 110
  nature of design process, 76
  nondeterministic basis for, 87
  object-oriented, resource for, 119
  objects, real world, finding, 87-89
  patterns, 103-105, 120
  practices, 110-118, 122
  prototyping, 114-115
  resources for, 121
  responsibilities, assigning to objects, 106
  strong cohesion, 105
  summary list of rules, 108
  testing, anticipating, 106
  top-down approach, 111-112, 113
heuristics
  algorithms compared to, 12
  design with. *See* heuristic design
  error guessing, 513
hiding. *See* information hiding
hierarchies, benefits of, 105-106
high fan-in design goal, 80
human aspects of software development. *See* character, personal
humility, role in character, 821, 826, 834
Hungarian naming convention, 279
hybrid coupling of variables, 256-257

I

I/O (input/output)
  architecture prerequisites, 49
  change, identifying areas of, 98
  performance considerations, 598-599
IDEs (Integrated Development Environments), 710-711
IEEE (Institute for Electric and Electrical Engineers), 813
if statements
  boolean function calls with, 359
  break blocks, simplification with, 446-447
  case statements, compared to, 360, 614
  case statements, converting to, 448-449, 451
  chains of, 358-360
  checklist, 365
  common cases first guideline, 359-360
  continuation lines in, 757
  covering all cases, 360
  else clauses, 358-360, 406-407
  equality, branching on, 355
  error processing examples, 356-357
  factoring to routines, 449-451
  flipped, 358
  frequency, testing in order of, 612-613
  gotos rewritten with, 402-403, 406-407
  if-then-else statements, converting to, 447-448
  key points, 366
  lookup tables, substituting, 614-615
  multiple returns nested in, 392-393
  negatives in, making positive, 435-436
  nested. *See* nested if statements
  normal case first guideline, 356-357
  normal path first guideline, 355
  null if clauses, 357

plain if-then statements, 355-357
refactoring, 573
simplification, 445-447
single-statement layout, 748-749
tables, replacing with, 413-414
types of, 355
implicit declarations, 239-240
implicit instancing, 132
in keyword, creating, 175-176
incomplete preparation, causes of, 25-27
incremental development metaphor, 15-16
incremental integration
  benefits of, 693-694
  bottom-up strategy, 697-698
  classes, 694, 697
  customer relations benefit, 694
  defined, 692
  disadvantages of top-down strategy, 695-696
  errors, locating, 693
  feature-oriented integration, 700-701
  interface specification, 695, 697
  progress monitoring benefit, 693
  resources on, 708
  results, early, 693
  risk-oriented integration, 699
  sandwich strategy, 698-699
  scheduling benefits, 694
  slices approach, 698
  steps in, 692
  strategies for, overview, 694
  stubs, 694, 696
  summary of approaches, 702
  test drivers, 697
  top-down strategy for, 694-696
  T-shaped integration, 701
  vertical-slice approach, 696
indentation, 737, 764-768
indexed access tables, 425-426, 428-429
indexes, supplementing data types with, 627-628
indexes, loop
  alterations, 377
  checklist, 389
  enumerated types for, 305
  final values, 377-378
  scope of, 383-384
  variable names, 265
infinite loops, 367, 374
informal reviews, 467, 492-493

information hiding
  access routines for, 340
  ADTs for, 127
  barriers to, 95-96
  categories of secrets, 94
  circular dependencies problem, 95
  class data mistaken for global data, 95-96
  class design considerations, 93
  class implementation details, 153
  example, 93-94
  excessive distribution problem, 95
  importance of, 92
  interfaces, class, 93
  performance issues, 96
  privacy rights of classes, 92-93
  resources for, 120
  secrets concept, 92
  type creation for, 313-314
inheritance
  access privileges from, 148
  case statements, 147-148
  checklist, 158
  containment compared to, 143
  decisions involved in, 144
  deep trees, 147
  defined, 144
  design rule for, 144
  functions, private, overriding, 146
  guidelines, list of, 149
  heuristic design with, 91-92
  identifying as a design step, 88
  is a relationships, 144
  key points for, 160
  Liskov Substitution Principle, 144-145
  main goal of, 136
  mixins, 149
  multiple, 148-149
  overridable vs. non-overridable routines, 145-146
  parallel modifications refactoring indicator, 566
  placement of common items in tree, 146
  private vs. protected data, 148
  private, avoiding, 143
  recommended bias against, 149
  routines overridden to do nothing, 146-147
  single-instance classes, 146
  similar sub and super classes, 576

initializing variables
  accumulators, 243
  at declaration guideline, 241
  C++ example, 241
  checklist for, 257
  class members, 243
  compiler settings, 243
  consequences of failing to, 240
  const recommended, 243
  constants, 243
  counters, 243
  declare and define near first use rule, 242-243
  final recommended, 243
  first use guideline, 241-242
  fixing defects, 553
  global variables, 337
  importance of, 240-241
  Java example, 242-243
  key point, 258
  loops, variables used in, 249
  parameter validity, 244
  pointer problems, 241, 244, 325-326
  Principle of Proximity, 242
  reinitialization, 243
  strings, 300
  system perturbers, testing with, 527
  Visual Basic examples, 241-242
initializing working memory, 244
inline routines, 184-185
input parameters, 274
input/output. See I/O
inspections. See formal inspections
installation tools, 718
instancing objects
  ADTs, 132
  factory method, 103-104
  singleton, 104, 151
integer data types
  checklist, 316
  costs of operations, 602
  division considerations, 293
  overflows, 293-295
  ranges of, 294
Integrated Development Environments (IDEs), 710-711
integration
  benefits of, 690-691, 693-694
  big-bang, 691
  bottom-up strategy, 697-698
  broken builds, 703
  checklist, 707

integration, *continued*
  classes, 691, 694, 697
  continuous, 706
  customer relations, 694
  daily build and smoke test, 702-706
  defined, 689
  disadvantages of top-down strategy, 695-696
  errors, locating, 693
  feature-oriented strategy, 700-701
  importance of approach methods, 689-691
  incremental. *See* incremental integration
  interface specification, 695, 697
  key points, 708
  monitoring, 693
  phased, 691-692
  resources on, 707-708
  risk-oriented strategy, 699
  sandwich strategy, 698-699
  scheduling, 694
  slices approach, 698
  smoke tests, 703
  strategies for, overview, 694
  stubs, 694, 696
  summary of approaches, 702
  testing, 499, 697
  top-down strategy for, 694-696
  T-shaped integration, 701
  unsurfaced work, 702
  vertical-slice approach, 696
integrity, 464
intellectual honesty, 826-828
intellectual toolbox approach, 20
intelligence, role in character, 821
interfaces, class
  abstraction aspect of, 89, 133-138, 566
  calls to classes, refactoring, 575
  cohesion, 138
  consistent level of abstraction, 135-136
  delegation vs. inheritance, refactoring, 576
  documenting, 713, 810
  erosion under modification problem, 138
  evaluating abstraction of, 135
  extension classes, refactoring with, 576
  formalizing as contracts, 106
  good abstraction example, 133-134

  guidelines for creating, 135-138
  foreign routines, refactoring with, 576
  inconsistency with members problem, 138
  inconsistent abstraction, example of, 135-136
  information hiding role, 93
  integration, specification during, 695, 697
  key points for, 160
  layout of, 768
  mixins, 149
  objects, designing for, 89
  opposites, pairs of, 137
  poor abstraction example, 134-135
  private details in, 139-141
  programmatic preferred to semantic, 137
  public routines in interfaces concern, 141
  read-time convenience rule, 141
  refactoring, 575-576, 579
  routines, moving to refactor, 575
  routines, unused, 576
  semantic violations of encapsulation, 141-142
  unrelated information, handling, 137
interfaces, graphic. *See* GUIs
interfaces, routine. *See also* parameters of routines
  commenting, 808
  foreign routines, refactoring with, 576
  pseudocode for, 226
  public member variables, 576
  routines, hiding, 576
  routines, moving to refactor, 575
internationalization, 48
interoperability, 48
interpreted languages, performance of, 600-601
invalid input. *See* validation
iteration, code. *See also* loops
  foreach loops, 367, 372
  iterative data, 255
  iterator loops, defined, 367
  Iterator pattern, 104
  structured programming concept of, 456
iteration in development
  choosing, reasons for, 35-36
  code tuning, 850

  design practice, 111-117
  Extreme Programming, 58
  importance of, 850-851
  prerequisites, 28, 33-34
  sequential approach compared, 33-34
  pseudocode component of, 219

J

jamming loops, 617-618
Java
  assertion example in, 190
  boolean expression syntax, 443
  description of, 65
  exceptions, 198-201
  layout recommended, 745
  live time examples, 247-248
  naming conventions for, 276, 277
  parameters example, 176-177
  persistence of variables, 251
  resources for, 159
Javadoc, 807, 815
JavaScript, 65
JUnit, 531
just in time binding, 253

K

key construction decisions. *See* construction decisions
killed data state, 509-510
kinds of software projects, 31-33

L

languages, programming. *See* programming language choice
Law of Demeter, 150
layout
  array references, 754
  assignment statement continuations, 758
  begin-end pairs, 742-743
  blank lines, 737, 747-748
  block style, 738-743
  brace styles, 734, 740-743
  C++ side effects, 759-761
  checklist, 773-774
  classes, 768-771
  closely related statement elements, 755-756
  comments, 763-766
  complicated expressions, 749-750
  consistency requirement, 735

continuing statements, 754-758
control statement continuations, 757
control structure styles, 745-752
declarations, 761-763
discourse rules, 733
documentation in code, 763-766
double indented begin-end pairs, 746-747
emulating pure blocks, 740-743
endline layout, 743-745, 751-752
ends of continuations, 756-757
files, within, 771-773
Fundamental Theorem of Formatting, 732
gotos, 750-751
incomplete statements, 754-755
indentation, 737
interfaces, 768
key points, 775
language-specific guidelines, 745
logical expressions, 753
logical structure, reflecting, 732, 735
mediocre example, 731-732
misleading indentation example, 732-733
misleading precedence, 733
modifications guideline, 736
multiple statements per line, 758-761
negative examples, 730-731
objectives of, 735-736
parentheses for, 738
pointers, C++, 763
pure blocks style, 738-740
readability goal, 735
religious aspects of, 735
resources on, 774-775
routine arguments, 754
routine call continuations, 756
routine guidelines, 766-768
self-documenting code, 778-781
single-statement blocks, 748-749
statement continuation, 754-758
statement length, 753
structures, importance of, 733-734
styles overview, 738
unindented begin-end pairs, 746
violations of, commenting, 801
Visual Basic blocking style, 738
white space, 732, 736-737, 753-754
laziness, 830
lazy evaluation, 615-616

leanness design goal, 81
legal notices, 811
length of variable names, optimum, 262
levels of design
  business logic subsystem, 85
  classes, divisions into, 86
  database access subsystem, 85
  overview of, 82
  packages, 82-85
  routines, 86-87
  software system, 82
  subsystems, 82-85
  system dependencies subsystem, 85
  user interface subsystem, 85
libraries, code
  purpose of, 717
  using functionality from, 222
libraries, book. *See* software-development libraries
life-cycle models
  good practices table for, 31-32
  development standard, 813
linked lists
  deleting pointers, 330
  node insertion, 327-329
  pointers, isolating operations of, 325
linkers, 716
lint tool, 557
Liskov Substitution Principle (LSP), 144-145
lists
  of checklists, xxix-xxx
  of figures, xxxiii
  of tables, xxxi-xxxii
literal data, 297-298, 308-309
literate programs, 13
live time of variables, 246-248, 459
load time, binding during, 253
localization
  architecture prerequisites, 48
  string data types, 298
locking global data, 341
logarithms, 632-634
logging
  defensive programming guideline, 210
  tools for testing, 526
logic coverage testing, 506
logical cohesion, 170
logical expressions. *See also* boolean expressions
  code tuning, 610-616
  comparing performance of, 614

eliminating testing redundancy, 610-611
frequency, testing in order of, 612-613
identities, 630
layout of, 753
lazy evaluation, 615-616
lookup tables, substituting, 614-615
short-circuit evaluation, 610
loops
  abnormal, 371
  arrays with, 387-388
  bodies of, processing, 375-376, 388
  brackets recommended, 375
  break statements, 371-372, 379-380, 381
  checklist, 388-389
  code tuning, 616-624
  commenting, 804-805
  completion tests, location of, 368
  compound, simplifying, 621-623
  continuously evaluated loops, 367. *See also* while loops
  continuation lines in, 757
  continue statements, 379, 380, 381
  counted loops, 367. *See also* for loops
  cross talk, 383
  defined, 367
  designing, process for, 385-387
  do loops, 369-370
  empty, avoiding, 375-376
  endless loops, 367, 374
  endpoint considerations, 381-382
  entering, guidelines for, 373-375, 388
  enumerated types for, 305
  exit guidelines, 369-372, 377-381, 389
  for loops, 372, 374-378, 732-733, 746-747
  foreach loops, 367, 372
  fusion of, 617-618
  goto with, 371
  housekeeping statements, 376
  index alterations, 377
  index checklist, 389
  index final values, 377-378
  index variable names, 265
  index scope, 383-384
  infinite loops, 367, 374

loops, *continued*
    initialization code for, 373, 374
    iterative data structures with, 255
    iterator loops, 367, 456
    jamming, 617-618
    key points, 389
    kinds of, generalized, 367-368
    labeled break statements, 381
    language-specific, table of, 368
    length of, 385
    minimizing work inside, 620-621
    multiple break statements, 380
    naming variables, 382-383
    nested, 382-383, 385, 623
    null statements, rewriting, 445
    off-by-one errors, 381-382
    one-function guideline, 376
    order of nesting, 623
    performance considerations, 599
    pointers inside, 620
    problems with, overview of, 373
    pseudocode method, 385-387
    refactoring, 565, 573
    repeat until clauses, 377
    routines in, 385
    safety counters with, 378-379
    scope of indexes, 383-384
    sentinel tests for, 621-623
    size as refactoring indicator, 565
    strength reduction, 623-624
    switching, 616
    termination, making obvious, 377
    testing redundancy, eliminating, 610-611
    unrolling, 618-620
    unswitching, 616-617
    variable guidelines, 382-384
    variable initializations, 249
    variables checklist, 389
    verifying termination, 377
    while loops, 368-369
loose coupling
    design goal, as, 80
    strategies for, 100-102
low-to-medium fan-out design goal, 81
LSP (Liskov Substitution Principle), 144-145

M

Macintosh naming conventions, 275
macro routines. *See also* routines
    alternatives for, 184
    limitations on, 184
    multiple statements in, 183
    naming, 183, 277-278
    parentheses with, 182-183
magazines on programming, 859-860
magic variables, avoiding, 292, 297-298, 308-309
maintenance
    comments requiring, 788-791
    design goal for, 80
    error-prone routines, prioritizing for, 518
    fixing defects, problems from, 553
    maintainability defined, 464
    readability benefit for, 842
    structures for reducing, 323
major construction practices checklist, 69-70
managing construction
    approaches. *See* approaches to development
    change control. *See* configuration management
    code ownership attitudes, 663
    complexity, 77-79
    configuration management. *See* configuration management
    good coding, encouraging, 662-664
    inspections, management role in, 486-487
    key points, 688
    managers, 686
    measurements, 677-680
    programmers, treatment of, 680-686
    readability standard, 664
    resources on, 687
    reviewing all code, 663
    rewarding good practices, 664
    schedules, estimating, 671-677
    signing off on code, 663
    size of projects, effects of. *See* size of projects
    standards, authority to set, 662
    standards, IEEE, 687, 814
    two-person teams, 662
markers, defects from, 787
matrices. *See* arrays
mature technology environments, 67
maximum normal configurations, 515
maze recursion example, 394-396
McCabe's complexity metric, 457, 458
measure twice, cut once, 23
measurement
    advantages of, 677
    arguing against, 678
    goals for, 679
    outlier identification, 679
    resources for, 679-680
    side effects of, 678
    table of useful types of, 678-679
memory
    allocation, error detection for, 206
    corruption by pointers, 325
    fillers, 244
    initializing working, 244
    paging operation performance impact, 599
    pointers, corruption by, 325
    tools for, 527
mentoring, 482
merge tools, 712
metaphors, software
    accreting a system, 15-16
    algorithmic use of, 11, 12
    building metaphor, 16-19
    building vs. buying components, 18
    combining, 20
    computer-centric vs. data-centric views, 11
    customization, 18
    discoveries based on, 9-10
    earth centric vs. sun centric views, 10-11
    examples of, 13-20
    farming, 14-15
    growing a system, 14-15
    heuristic use of, 12
    importance of, 9-11
    incremental development, 15-16
    key points for, 21
    modeling use for, 9
    overextension of, 10
    oyster farming, 15-16
    pendulum example, 10
    power of, 10
    readability, 13
    relative merits of, 10, 11
    simple vs. complex structures, 16-17
    size of projects, 19
    throwing one away, 13-14
    toolbox approach, 20
    using, 11-12
    writing code example, 13-14
methodologies, 657-659. *See also* approaches to development
methods. *See* routines

metrics reporters, 714
minimum normal configurations, 515
mission-critical systems, 31-32
mixed-language environments, 276
mixins, 149
mock objects, 523
modeling, metaphors as. *See* metaphors, software
moderator role in inspections, 486
modularity
　design goal of, 107
　global variables, damage from, 337-338
modules, coupling considerations, 100-102
multiple inheritance, 148-149
multiple returns from routines, 391-393
multiple-file string search capability, 711-712

N

named constants. *See* constants
naming conventions
　"a" prefix convention, 272
　abbreviating names, 282-285
　abbreviation guidelines, 282
　arrays, 280-281
　benefits of, 270-271
　C language, 275, 278
　C++, 275-277
　capitalization, 274, 286
　case-insensitive languages, 273
　characters, hard to read, 287
　checklist, 288-289, 780
　class member variables, 273
　class vs. object names, 272-273
　common operations, for, 172-173
　constants, 273-274
　cross-project benefits, 270
　descriptiveness guideline, 171
　documentation, 284-285, 778-780
　enumerated types, 269, 274, 277-279
　formality, degrees of, 271
　files, 811
　function return values, 172
　global variables, 273, 342
　homonyms, 286
　Hungarian, 279
　informal, 272-279
　input parameters, 274
　Java, 276, 277

key points, 289
kinds of information in names, 277
language-independence guidelines, 272-274
length, not limiting, 171
Macintosh, 275
meanings in names, too similar, 285
misleading names, 285
misspelled words, 286
mixed-language considerations, 276
multiple natural languages, 287
numbers, differentiating solely by, 171
numerals, 286
opposites, use of, 172
parameters, 178
phonic abbreviations, 283
prefix standardization, 279-281
procedure descriptions, 172
proliferation reduction benefit, 270
pronunciation guideline, 283
purpose of, 270-271
readability, 274
relationships, emphasis of, 271
reserved names, 287
routines, 171-173, 222
semantic prefixes, 280-281
short names, 282-285, 288-289
similarity of names, too much, 285
spacing characters, 274
t_ prefix convention, 272
thesaurus, using, 283
types vs. variables names, 272-273
UDT abbreviations, 279-280
variables, for. *See* variable names
Visual Basic, 278-279
when to use, 271
nested if statements
　case statements, converting to, 448-449, 451
　converting to if-then-else statements, 447-448
　factoring to routines, 449-451
　factory method approach, converting to, 452-453
　functional decomposition of, 450-451
　object-oriented approach, converting to, 452-453

redesigning, 453
simplification by retesting conditions, 445-446
simplification with break blocks, 446-447
summary of techniques for reducing, 453-454
too many levels of, 445-454
nested loops
　designing, 382-383, 385
　ordering for performance, 623
nondeterministic nature of design process, 76, 87
nonstandard language features, 98
null objects, refactoring, 573
null statements, 444-445
numbers, literal, 292
numeric data types
　BCD, 297
　checklist, 316
　compiler warnings, 293
　comparisons, 440-442
　conversions, showing, 293
　costs of operations, 602
　declarations, commenting, 802
　floating-point types, 295-297, 316, 602
　hard coded 0s and 1s, 292
　integers, 293-295
　literal numbers, avoiding, 292
　magic numbers, avoiding, 292
　magnitudes, greatly different, operations with, 295
　mixed-type comparisons, 293
　overflows, 293-295
　ranges of integers, 294
　zero, dividing by, 292

O

objectives, software quality, 466, 468-469
object-oriented programming
　hiding information. *See* information hiding
　inheritance. *See* inheritance
　objects. *See* classes; objects
　polymorphism. *See* polymorphism
　resources for, 119, 159
object-parameter coupling, 101
objects
　ADTs as, 130
　attribute identification, 88

objects, continued
　class names, differentiating from, 272-273
　classes, contrasted to, 86
　containment, identifying, 88
　deleting objects, 206
　factory methods, 103-104, 452-453, 577
　identifying, 88
　inheritance, identifying, 88. See also inheritance
　interfaces, designing, 89. See also interfaces, class
　operations, identifying, 88
　parameters, using as, 179, 574
　protected interfaces, designing, 89
　public vs. private members, designing, 89
　real world, finding, 87-89
　refactoring, 574-576
　reference objects, 574
　responsibilities, assigning to, 106
　singleton property, enforcing, 151
　steps in designing, 87-89
Observer pattern, 104
off-by-one errors
　boundary analysis, 513-514
　fixing, approaches to, 553
offensive programming, 206
one-in, one-out control constructs, 454
operating systems, 590
operations, costs of common, 601-603
opposites for variable names, 264
optimization, premature, 840. See also performance tuning
oracles, software, 851
out keyword creation, 175-176
overengineering, 51
overflows, integer, 293-295
overlay linkers, 716
overridable routines, 145-146, 156
oyster farming metaphor, 15-16

P

packages, 156-157
paging operations, 599
pair programming
　benefits of, 484
　checklist, 484
　coding standards support for, 483
　compared to other collaboration, 495-496

　defined, 483
　inexperienced pairs, 484
　key points, 497
　pace, matching, 483
　personality conflicts, 484
　resources, 496
　rotating pairs, 483
　team leaders, 484
　visibility of monitor, 484
　watching, 483
　when not to use, 483
parameters of routines
　abstraction and object parameters, 179
　actual, matching to formal, 180
　asterisk (*) rule for pointers, 334-335
　behavior dependence on, 574
　by reference vs. by value, 333
　checklist for, 185
　C-library order, 175
　commenting, 806-807
　const prefix, 176, 177, 274
　dependencies, clarifying, 349
　documentation, 178
　enumerated types for, 303
　error variables, 176
　formal, matching to actual, 180
　global variables for, 336
　guidelines for use in routines, 174-180
　in keyword creation, 175-176
　input-modify-output order, 174-175
　Java, 176-177
　list size as refactoring indicator, 566
　matching actual to formal, 180
　naming, 178, 180, 274, 277, 278, 279
　number of, limiting, 178
　objects, passing, 179
　order for, 174-176
　out keyword creation, 175-176
　passing, types of, 333
　refactoring, 571, 573
　status, 176
　structures as, 322
　using all of rule, 176
　variables, using as, 176-177
　Visual Basic, 180
parentheses
　balancing technique, 437-438
　layout with, 738
Pareto Principle, 592

passing parameters, 333
patterns
　advantages of, 103-104
　alternatives suggested by, 103
　communications benefit, 104
　complexity reduction with, 103
　disadvantages of, 105
　error reduction benefit, 103
　Factory Method, 103-104
　resource for, 120
　table of, 104
people first theme. See readability
performance appraisals, 487
performance tuning
　algorithm choice, 590
　architecture prerequisites, 48
　arrays, 593-594, 603-604
　checklist, 607-608
　code tuning for. See code tuning
　comments, effects on, 791
　competing objectives dilemma, 595, 605
　compiler considerations, 590, 596-597
　correctness, importance of, 595-596
　database indexing, 601
　defects in code, 601
　DES example, 605-606
　design view, 589-590
　feature specific, 595
　hardware considerations, 591
　inefficiency, sources of, 598-601
　information hiding considerations of, 96
　input/output, 598-599
　interpreted vs. compiled languages, 600-601
　key points, 608
　lines of code, minimizing number of, 593-594
　measurement of, 603-604
　memory vs. file operations, 598-599
　old wives' tales, 593-596
　operating system considerations, 590
　operations, costs of common, 601-603
　overview of, 643-644
　paging operations, 599
　premature optimization, 840
　program requirements view of, 589
　purpose of, 587

quality of code, impact on, 588
resource goals, 590
resources, 606-607
routine design, 165, 222-223, 590
speed, importance of, 595-596
summary of approach for, 606
system calls, 599-600
timing issues, 604
user view of coding, 588
when to tune, 596
periodicals on programming, 859-860
Perl, 65
persistence of variables, 251-252, 831
personal character. See character, personal
perturbers. See system perturbers
phased integration, 691-692
phonic abbreviations of names, 283
PHP (PHP Hypertext Processor), 65, 600
physical environment for programmers, 684-685
planning
  analogy argument for, 27-28
  building metaphor for, 18-19
  data arguing for, 28-30
  good practices table for, 31-32
  logical argument for, 27
pointers
  * (pointer declaration symbol), 332, 334-335, 763
  & (pointer reference symbol), 332
  -> (pointer symbol), 328
  address of, 323, 326
  allocation of, 326, 330, 331
  alternatives to, 332
  as function return values, 182
  asterisk (*) rule, 334-335
  auto_ptrs, 333
  bounds checking tools, 527
  C language, 334-335
  C++ examples, 325, 328-334
  C++ guidelines, 332-334
  checking before using, 326, 331
  checklist for, 344
  comparisons with, 441
  contents, interpretation of, 324-325
  cover routines for, 331-332
  dangers of, 323, 325
  data types pointed to, 324-325
  deallocation of, 326, 330, 332

  debugging aids, 208-209
  declaring, 325-326, 763
  deleting, 330-331, 332
  diagramming, 329
  dog tag fields, 326-327
  explicit typing of, 334
  explicitly redundant fields, 327
  extra variables for clarity, 327-329
  hiding operations with routines, 165
  initializing, 241, 244, 325-326
  interpretation of address contents, 324-325
  isolating operations of, 325
  key points, 344
  languages not providing, 323
  linked lists, deleting in, 330
  location in memory, 323
  memory corruption by, 325-327
  memory parachutes, 330
  null, setting to after deleting, 330
  null, using as warnings, 849
  overwriting memory with junk, 330
  parts of, 323
  passing by reference, 333
  references, C++, 332
  resources for, 343
  SAFE_ routines for, 331-332
  simplifying complicated expressions, 329
  sizeof(), 335
  smart, 334
  string operations in C, 299
  type casting, avoiding, 334
  variables referenced by, checking, 326
polymorphism
  case statements, replacing with, 147-148
  defined, 92
  language-specific rules, 156
  nested ifs, converting to, 452-453
polynomial expressions, 631-632
portability
  data types, defining for, 315-316
  defined, 464
  routines for, 165
postconditions
  routine design with, 221
  verification, 192-193
PPP (Pseudocode Programming Process)
  algorithms, researching, 223

  alternates to, 232-233
  checking for errors, 230-231
  checklist for, 233-234
  cleanup steps, 232
  coding below comments, 227-229
  coding routines from, 225-229
  data structure for routines, 224
  declarations from, 226
  defined, 218
  designing routines, 220-225
  error handling considerations, 222
  example for routines, 224
  functionality from libraries, 222
  header comments for routines, 223
  high-level comments from, 226-227
  iterating, 225
  key points for, 234
  naming routines, 222
  performance considerations, 222-223
  prerequisites, 221
  problem definition, 221
  refactoring, 229
  removing errors, 231
  repeating steps, 232
  reviewing pseudocode, 224-225
  stepping through code, 231
  testing the code, 222, 231
  writing pseudocode step, 223-224
precedence, misleading, 733
preconditions
  routine design with, 221
  verification, 192-193
prefixes, standardization of, 279-281
premature optimization, 840
preparation. See prerequisites, upstream
preprocessors
  C++, 207-208
  debugging aids, removing with, 207-208
  purpose of, 718-719
  writing, 208
prerequisites, upstream
  analogy argument for, 27-28
  architectural. See architecture
  boss readiness test, 30-31
  checklist for, 59

prerequisites, upstream, *continued*
 choosing between iterative and sequential approaches, 35-36
 coding too early mistake, 25
 compelling argument for, 27-31
 data arguing for, 28-30
 error detection, doing early, 29-30
 goal of, 25
 good practices table for, 31-32
 importance of, 24
 incomplete preparation, causes of, 25-27
 iterative and sequential mixes, 34-35
 iterative methods with, 28, 33-34
 key points for, 59-60
 kinds of projects, 31-33
 logical argument for, 27
 manager ignorance problem, 26
 problem definition, 36-38
 requirements development. *See* requirements
 risk reduction goal, 25
 skills required for success, 25
 time allowed for, 55-56
 WIMP syndrome, 26
 WISCA syndrome, 26
Principle of Proximity, 242, 351
private data, 148
problem-definition prerequisites, 36-38
problem domain, programming at, 845-847
problem-solving skills development, 823
procedural cohesion, 170
procedures. *See also* routines
 naming guidelines for, 172
 when to use, 181-182
processes, development. *See* approaches to development
productivity
 effects of good construction practice, 7
 industry average, 474
 size of projects, effects on, 653
professional development, 824-825
professional organizations, 862
program flow
 control of. *See* control structures
 sequential. *See* straight-line code
program organization prerequisite, 45-46
program size. *See* size of projects

programmers, character of. *See* character, personal
programmers, treatment of. *See also* teams
 overview, 680
 physical environment, 684-685
 privacy of offices, 684
 religious issues, 683-684
 resources on, 685-686
 style issues, 683-684
 time allocations, 681
 variations in performance, 681-683
programming conventions
 choosing, 66
 coding practices checklist, 69
 formatting rules. *See* layout
programming into languages, 68-69, 843
programming language choice
 Ada, 63
 assembly language, 63
 Basic, 65
 C, 64
 C#, 64
 C++, 64
 Cobol, 64
 expressiveness of concepts, 63
 familiar vs. unfamiliar languages, 62
 Fortran, 64
 higher- vs. lower-level language productivity, 62
 importance of, 61-63
 Java, 65
 JavaScript, 65
 Perl, 65
 PHP, 65
 productivity from, 62
 programming into languages, 68-69, 843
 Python, 65
 ratio of statements compared to C code, table of, 62
 SQL, 65
 thinking, effects on, 63
 Visual Basic, 65
programming tools
 assembler listing tools, 720
 beautifiers, 712
 build tools, 716-717
 building your own, 721-722
 CASE tools, 710
 checklist, 724-725
 class-hierarchy generators, 713

 code libraries, 717
 code tuning, 720
 code-generation wizards, 718
 compilers, 716
 cross-reference tools, 713
 data dictionaries, 715
 debugging tools, 526-527, 545, 558-559, 719
 dependency checkers, 716
 design tools, 710
 Diff tools, 712
 disassemblers, 720
 editing tools, 710-713
 executable-code tools, 716-720
 execution profiler tools, 720
 fantasyland, 722-723
 graphical design tools, 710
 grep, 711
 IDEs, 710-711
 interface documentation, 713
 key points, 725
 linkers, 716
 merge tools, 712
 metrics reporters, 714
 multiple-file string searches, 711-712
 preprocessors, 718-719
 project-specific tools, 721-722
 purpose of, 709
 quality analysis, 713-714
 refactoring tools, 714-715
 resources on, 724
 restructuring tools, 715
 scripts, 722
 semantics checkers, 713-714
 source-code tools, 710-715
 syntax checkers, 713-714
 templates, 713
 testing tools, 719
 tool-oriented environments, 720-721
 translators, 715
 version control tools, 715
project types, prerequisites corresponding to, 31-33
protected data, 148
prototyping, 114-115, 468
Proximity, Principle of, 242, 351
pseudocode
 algorithms, researching, 223
 bad, example of, 218-219
 benefits from, 219-220
 changing, efficiency of, 220
 checking for errors, 230-231
 checklist for PPP, 233-234

classes, steps in creating, 216-217
coding below comments, 227-229
coding from, 225-229
comments from, 220, 791
data structure for routines, 224
declarations from, 226
defined, 218
designing routines, 220-225
error handling considerations, 222
example for routines, 224
functionality from libraries, 222
good, example of, 219
guidelines for effective use, 218
header comments for routines, 223
high-level comments from, 226-227
iterative refinement, 219, 225
key points for creating, 234
loop design, 385-387
naming routines, 222
performance considerations, 222-223
PPP. *See* PPP
prerequisites, 221
problem definition, 221
refactoring, 229
reviewing, 224-225
routines, steps in creating, 217, 223-224
testing, planning for, 222
Pseudocode Programming Process. *See* PPP
psychological distance, 556
psychological set, 554-555
psychological factors. *See* character, personal
public data members, 567
pure blocks layout style, 738-740
Python
description of, 65
performance issues, 600

Q

quality assurance. *See also* quality of software
checklist, 70
good practices table for, 31-32
prerequisites role in, 24
requirements checklist, 42-43
quality gates, 467

quality of software
accuracy, 464
adaptability, 464
change-control procedures, 468
checklist for, 476
collaborative construction. *See* collaboration
correctness, 463
costs of finding defects, 472
costs of fixing defects, 472-473
debugging, role of, 474-475, 536
detection of defects by various techniques, table of, 470
development process assurance activities, 467-468
efficiency, 464
engineering guidelines, 467
explicit activity for, 466
external audits, 467
external characteristics of, 463-464
Extreme Programming, 471-472
flexibility, 464
gates, 467
General Principle of Software Quality, 474-475
integrity, 464
internal characteristics, 464-465
key points, 477
maintainability, 464
measurement of results, 468
multiple defect detection techniques recommended, 470-471
objectives, setting, 466, 468-469
optimization conflicts, 465-466
percentage of defects measurement, 469-472
portability, 464
programmer performance, objectives based, 468-469
prototyping, 468
readability, 464
recommended combination for, 473
relationships of characteristics, 465-466
reliability, 464
resources for, 476
reusability, 464
reviews, 467
robustness, 464
standards, IEEE, 477, 814
testing, 465, 467, 500-502

understandability, 465
usability, 463
when to do assurance of, 473

R

random-data generators, 525
readability
as management standard, 664
defects exposing lack of, 538
defined, 464
formatting for. *See* layout
importance of, 13, 841-843
maintenance benefit from, 842
naming variables for. *See* naming conventions; variable names
positive effects from, 841
private vs. public programs, 842
professional development, importance to, 825
structures, importance of, 733-734
warning sign, as a, 849
reading as a skill, 824
reading plan for software developers, 860-862
records, refactoring, 572
recursion
alternatives to, 398
checklist, 410
defined, 393
factorials using, 397-398
Fibonacci numbers using, 397-398
guidelines for, 394
key points, 410
maze example, 394-396
safety counters for, 396
single routine guideline, 396
sorting example, 393-394
stack space concerns, 397
terminating, 396
refactoring
80/20 rule, 582
adding routines, 582
algorithms, 573
arrays, 572
backing up old code, 579
bidirectional class associations, 577
boolean expressions, 572
case statements, 573
checklists for, 570, 577-579
checkpoints for, 580

refactoring, *continued*
    class cohesion indicator, 566
    class interfaces, 575-576
    classes, 566-567, 574-576, 578-579, 582
    code tuning, compared to, 609
    collections, 572
    comments on bad code, 568
    complex modules, 583
    conditional expressions, 573
    constant values varying among subclass, 574
    constructors to factory methods, 577
    data from uncontrolled sources, 576
    data sets, related, as indicator, 566
    data types to classes, 572
    data-level, 571-572, 577
    defects, fixes of, 582
    defined, 565
    designing code for future needs, 569-570
    Don't Repeat Yourself principle, 565
    duplicate code indicator, 565
    error-prone modules, 582
    expressions, 571
    global variables, 568
    GUI data, 576
    if statements, 573
    interfaces, 566, 575-576, 579
    key points, 585
    listing planned steps, 580
    literal constants, 571
    loops, 565, 573
    maintenance triggering, 583
    middleman classes, 567
    misuse of, 582
    null objects, 573
    objects, 574-576
    one-at-a-time rule, 580
    overloaded primitive data types, 567
    parallel modifications required indicator, 566
    parameters, 566, 571, 573
    PPP coding step, 229
    public data members, 567
    queries, 574
    reasons not to, 571
    records, 572
    redesigning instead of, 582
    reference objects, 574
    resources on, 585

    reviews of, 580-581
    risk levels of, 581
    routines, 565-567, 573-574, 578, 582
    safety guidelines, 579-581, 584
    setup code, 568-569
    size guideline, 580
    statement-level, 572-573, 577-578
    strategies for, 582-584
    subclasses, 567, 575
    superclasses, 575
    system-level, 576-577, 579
    takedown code, 568-569
    testing, 580
    to do lists for, 580
    tools for, 714-715
    tramp data, 567
    ugly code, interfaces to, 583-584
    unidirectional class associations, 577
    unit tests for, 580
    variables, 571
    warnings, compiler, 580
references (&), C++, 332
regression testing
    diff tools for, 524
    defined, 500
    purpose of, 528
reliability
    cohesive routines, 168
    defined, 464
religious attitude toward programming
    eclecticism, 851-852
    experimentation compared to, 852-853
    harmful effects of, 851-853
    layout styles becoming, 735
    managing people, 683-684
    software oracles, 851
reports. *See* formal inspections
requirements
    benefits of, 38-39
    business cases for, 41
    change-control procedures, 40-41
    checklists for, 40, 42-43
    coding without, 26
    communicating changes in, 40-41
    completeness, checklist, 43
    configuration management of, 664, 666-667
    defined, 38
    development approaches with, 41

    development process effects on, 40
    dumping projects, 41
    errors in, effects of, 38-39
    functional, checklist, 42
    good practices table for, 31-32
    importance of, 38-39
    key point for, 60
    nonfunctional, checklist, 42
    performance tuning, 589
    quality, checklist, 42-43
    rate of change, typical, 563
    resources on developing, 56-57
    stability of, 39-40, 840
    testing for, 503
    time allowed for, 55-56
resource management
    architecture for, 47
    cleanup example, 401-402
restrictive nature of design, 76
restructuring tools, 715
retesting. *See* regression testing
return statements
    checklist, 410
    guard clauses, 392-393
    key points, 410
    multiple, from one routine, 391-393
    readability, 391-392
    resources for, 408
reusability
    defined, 464
    architecture prerequisites, 52
reviewer role in inspections, 486
reviews
    code reading, 494
    dog-and-pony shows, 495
    educational aspect of, 482
    every line of code rule, 663
    formal inspections, compared to, 485
    formal, quality from, 467
    informal, defined, 467
    iteration process, place in, 850
    refactoring conducting after, 580-581
    walk-throughs, 492-493
right shifting, 634
risk-oriented integration, 699
robustness
    architecture prerequisites, 51
    assertions with error handling, 193-194
    correctness, balanced against, 197
    defined, 197, 464

rounding errors, 297
routines
    abstract overridable, 145
    abstraction benefit, 164
    abstraction with object
        parameters, 179, 574
    access. See access routines
    algorithm selection for, 223, 573
    alternates to PPP, 232-233
    black-box testing of, 502
    blank lines in, 766
    boolean test benefit, 165
    calculation to function example, 166-167
    calls, costs of, 601
    checking for errors, 230-231
    checklists, 185, 774, 780
    classes, converting to, criteria for, 573
    cleanup steps, 232
    code tuning, 639-640
    coding from pseudocode, 225-229
    cohesion, 168-171
    coincidental cohesion, 170
    commenting, 805-809, 817
    communicational cohesion, 169
    compiling for errors, 230-231
    complexity metric, 458
    complexity reduction benefit, 164
    construction step for classes, 217
    continuations in call lines, 756
    coupling considerations, 100-102
    data states, 509
    data structures for, 224
    declarations, 226
    defined, 161
    descriptiveness guideline for naming, 171
    design by contract, 233
    designing, 86, 220-225
    documentation, 178, 780
    downcast objects, 574
    duplication benefit, 164-165
    endline layout, 767
    error handling considerations, 222
    errors in, relation to length of, 173
    event handlers, 170
    fields of objects, passing to, 574
    files, layout in, 772
    functional cohesion, 168-169
    functionality from libraries, 222

functions, special considerations for, 181-182
hacking approach to, 233
header comments for, 223
high quality, counterexample, 161-163
high-level comments from pseudocode, 226-227
importance of, 163
in keyword creation, 175-176
indentation of, 766-768
internal design, 87
inline, 184-185
input-modify-output parameter order, 174-175
interface statements, 226
iterating pseudocode, 225
key points for, 186, 234
layout of, 754, 766-768
length of, guideline for, 173-174
limitations, documenting, 808
logical cohesion, 170
low-quality example, 161-163
macro. See macro routines
mentally checking for errors, 230
multiple returns from, 391-393
named parameters in, 180
naming, 171-173, 222, 277-278, 567
nested deeply, 164
objects, passing to, 179, 574
out keyword creation, 175-176
overridable vs. non-overridable routines, 145-146
overridden to do nothing, 146-147
overriding, 156
parameters. See parameters of routines
performance considerations, 165, 222-223
pointer hiding benefit, 165
portability benefit, 165
postconditions, 221
PPP checklist for, 233-234
preconditions, 221
prerequisites, 221
problem definition, 221
procedural cohesion, 170
procedure naming guideline, 172
pseudocode writing step, 223-224
public, using in interfaces concern, 141
queries, refactoring, 574

reasons for creating, list of, 167
refactoring, 229, 573-575, 578, 582
reliability from cohesiveness, 168
removing errors, 231
repeating steps, 232
returns from, multiple, 391-393
reviewing pseudocode, 224-225
sequence hiding benefit, 165
sequential cohesion, 168
setup code for, refactoring, 568-569
similar parameters, order for, 176
similar, refactoring, 574
simple, usefulness of, 166-167
size as refactoring indicator, 565-566
small vs. large, 166, 173-174
specification example, 221
stepping through code, 231
strength, 168
subclassing benefit, 165
temporal cohesion, 169
test-first development, 233
testing, 222, 231, 523
tramp data in, 567
unused, refactoring, 576
valid reasons for creating, 164-167
variable names, differentiating from, 272
wrong class, indicator for, 566
run time, binding during, 253

S

safety counters in loops, 378-379
sandwich integration, 698-699
scaffolding
    debugging with, 558
    testing, 523-524, 531
scalability, 48. See also size of projects
scientific method, classic steps in, 540
SCM (software configuration management), 665. See also configuration management
schedules, estimating. See estimating schedules
scope of variables
    convenience argument, 250
    defined, 244
    global scope, problems with, 251

scope of variables, *continued*
  grouping related statements, 249-250
  key point, 258
  language differences, 244
  live time, minimizing, 246-248
  localizing references to variables, 245
  loop initializations, 249
  manageability argument, 251
  minimizing, guidelines for, 249-251
  restrict and expand tactic, 250
  span of variables, 245
  value assignments, 249
  variable names, effects on, 262-263
scribe role in inspections, 486
scripts
  programming tools, as, 722
  slowness of, 600-601
SDFs (software development folders), 778
security, 47
selections, code, 455
selective data, 254
self-documenting code, 778-781, 796-797
semantic coupling, 102
semantic prefixes, 280-281
semantics checkers, 713-714
sentinel tests for loops, 621-623
sequences, code. *See also* blocks
  hiding with routines, 165
  order of. *See* dependencies, code-ordering
  structured programming concept of, 454
sequential approach, 33-36
sequential cohesion, 168
Set() routines, 576
setup code, refactoring, 568-569
setup tools, 718
short-circuit evaluation, 438-440, 610
side effects, C++, 759-761
signing off on code, 663
simple-data-parameter coupling, 101
simple-object coupling, 101
single points of control, 308
single-statement blocks, 748-749
singleton property, enforcing, 104, 151

size of projects
  activities, list of fastest growing, 655
  activity types, effects on, 654-655
  building metaphor for, 19
  communications between people, 650
  complexity, effect of, 656-657
  defects created, effects on, 651-653
  documentation requirements, 657
  estimation errors, 656-657
  formality requirements, 657
  key points, 659
  methodology considerations, 657-658
  overview, 649
  productivity, effects on, 653
  ranges in, 651
  resources on, 658-659
  single product, multiple users, 656
  single program, single user, 656
  system products, 656
  systems, 656
sizeof(), 335
sloppy processes, 75-76
smart pointers, 334
smoke tests, 703
software accretion metaphor, 15-16
software construction overview
  activities excluded from, 6
  activities in, list of, 3
  centralness to development process, 7
  defined, 3-6
  documentation by source code, 7
  guaranteed done nature of, 7
  importance of, 6-7
  key points for, 8
  main activities of, 4
  percent of total development process, 7
  productivity, importance in, 7
  programming as, 5
  programming vs., 4
  source code as documentation, 7
  tasks in, list of, 5
software design. *See* design
software development folders (SDFs), 778
software engineering overview of resources, 858

software evolution
  background for, 563-564
  Cardinal Rule of, 565
  construction vs. maintenance, 564
  improving vs. degrading direction of, 564
  philosophy of, 564-565
software metaphors. *See* metaphors, software
software oracles, 851
software quality. *See* quality of software
Software's Primary Technical Imperative, 92
software-development libraries
  bibliographies, 858
  construction, 856
  magazines, 859-860
  overview, 855, 857-858
  reading plan, 860-862
  software engineering overviews, 858
software-engineering guidelines, 467
sorting, recursive algorithm for, 393-394
source code
  documentation aspect of, 7
  resource for, 815
source-code tools
  analyzing quality, 713-714
  beautifiers, 712
  class-hierarchy generators, 713
  comparators, 556
  cross-reference tools, 713
  data dictionaries, 715
  Diff tools, 712
  editing tools, 710-713
  grep, 711
  IDEs, 710-711
  interface documentation, 713
  merge tools, 712
  metrics reporters, 714
  multiple-file string searches, 711-712
  refactoring tools, 714-715
  restructuring tools, 715
  semantics checkers, 713-714
  syntax checkers, 713-714
  templates, 713
  translators, 715
  version control tools, 715
span, 245, 459

specific functional requirements
    checklist, 42
specific nonfunctional requirements
    checklist, 42
specification. See requirements
speed improvement checklist,
    642-643. See also code tuning;
    performance tuning
SQL, 65
stabilizing errors, 542-543
stair-step access tables, 426-429
standards, overview of, 814
state variables. See status variables
statements
    checklist, 774
    closely-related elements, 755-756
    continuation layout, 754-758
    ends of continuations, 756-757
    incomplete, 754-755
    length of, 753
    refactoring, 572-573, 577-578
    sequential. See straight-line code
status reporting, 827
status variables
    bit-level meanings, 803
    change, identifying areas of,
        98-99
    enumerated types for, 266-267
    gotos rewritten with, 403-404
    names for, 266-267
    semantic coupling of, 102
straight-line code
    checklist, 353
    clarifying dependencies, 348-350
    dependencies concept, 347
    documentation, 350
    error checking, 350
    grouping related statements,
        352-353
    hidden dependencies, 348
    initialization order, 348
    naming routines, 348-349
    non-obvious dependencies, 348
    organization to show
        dependencies, 348
    parameters, effective, 349
    proximity principle, 351
    specific order, required, 347-350
    top to bottom readability
        guideline, 351-352
Strategy pattern, 104
stratification design goal, 81
strcpy(), 301
streams, 206
strength. See cohesion

string data types
    C language, 299-301
    character sets, 298
    checklist, 316-317
    conversion strategies, 299
    indexes, 298, 299-300, 627
    initializing, 300
    localization, 298
    magic (literal) strings, 297-298
    memory concerns, 298, 300
    pointers vs. character arrays, 299
    Unicode, 298, 299
string pointers, 299
strncpy(), 301
strong cohesion, 105
structs. See structures
structured basis testing
    recommended, 503
    theory of, 505-509
structured programming
    core thesis of, 456
    iteration, 456
    overview, 454
    selections, 455
    sequences, 454
structures
    blocks of data, operations on,
        320-322
    checklist for, 343
    clarifying data relationships with,
        320
    classes performing as, 319
    defined, 319
    key points, 344
    maintenance reduction with, 323
    overdoing, 322
    parameter simplification with,
        322
    relationships, clear example of,
        320
    routine calls with, 322
    simplifying data operations with,
        320-322
    swapping data, 321-322
    unstructured data example, 320
    Visual Basic examples, 320-322
stub objects, testing with, 523
stubs as integration aids, 694, 696
stubs with debugging aids, 208-209
style issues
    formatting. See layout
    self-documenting code, 778-781
    human aspects of, 683-684
sub procedures, 161. See also
    routines

subsystem design level, 82-85
subtraction, 295
swapping data using structures,
    321-322
switch statements. See case
    statements
symbolic debuggers, 526-527
syntax, errors in, 549-550, 560,
    713-714
system architecture. See architecture
system calls
    code tuning, 633-634
    performance issues, 599-600
system dependencies, 85
system perturbers, 527
system testing, 500
system-level refactoring, 576-577,
    579

T
table-driven methods
    advantages of, 420
    binary searches with, 428
    case statement approach,
        421-422
    checklist, 429
    code-tuning with, 614-615
    creating from expressions, 435
    days-in-month example, 413-414
    defined, 411
    design method, 420
    direct access. See direct access
        tables
    endpoints of ranges, 428
    flexible-message-format example,
        416-423
    fudging keys for, 423-424
    indexed access tables, 425-426,
        428-429
    insurance rates example, 415-416
    issues in, 412-413
    key points, 430
    keys for, 423-424
    lookup issue, 412
    miscellaneous examples, 429
    object approach, 422-423
    precomputing calculations, 635
    purpose of, 411-412
    stair-step access tables, 426-429
    storage issue, 413
    transforming keys, 424
Tacoma Narrows bridge, 74
takedown code, refactoring,
    568-569
Team Software Process (TSP), 521

teams. *See also* managing construction
  build groups, 704
  checklist, 69
  development processes used by, 840
  expanding to meet schedules, 676
  managers, 686
  physical environment, 684-685
  privacy of offices, 684
  process, importance to, 839-840
  religious issues, 683-684
  resources on, 685-686
  size of projects, effects of, 650-653
  style issues, 683-684
  time allocations, 681
  variations in performance, 681-683
technology waves, determining your location in, 66-69
Template Method pattern, 104
template tools, 713
temporal cohesion, 169
temporary variables, 267-268
testability
  defined, 465
  strategies for, 467
test-data generators, 524-525
test-first development, 233
testing
  automated testing, 528-529
  bad data classes, 514-515
  black-box testing, 500
  boundary analysis, 513-514
  bounds checking tools, 527
  cases, creating, 506-508, 522-525, 532
  characteristics of, troublesome, 501
  checklist, 532
  classes prone to error, 517-518
  classifications of errors, 518-520
  clean test limitation, 504
  clerical errors (typos), 519
  code coverage testing, 506
  component testing, 499
  compound boundaries, 514
  construction defects, proportion of, 520-521
  coverage of code, 505-509, 526
  data flow testing, 509-512
  data generators for, 524-525
  data recorder tools, 526
  debuggers, 526-527
  debugging, compared to, 500

defined-used data paths, 510-512
design concerns, 503
designs, misunderstanding, 519
developer-view limitations, 504
developing tests, 522
diff tools for, 524
driver routines, 523
dummy classes, 523
dummy files for, 524
during construction, 502-503
ease of fixing defects, 519
equivalence partitioning, 512
error checklists for, 503
error databases, 527
error guessing, 513
error presence assumption, 501
errors in testing itself, 522
expected defect rate, 521-522
first or last recommendation, 503-504, 531
frameworks for, 522, 524
goals of, 501
good data classes, 515-516
integration testing, 499
JUnit for, 531
key points, 533
limitations on developer testing, 504
logging tools for, 526
logic coverage testing, 506
maximum normal configurations, 515
measurement of, 520, 529
memory tools, 527
minimum normal configurations, 515
mock objects, 523
nominal case errors, 515
old data, compatibility with, 516
optimistic programmers limitation, 504
outside of construction domain defects, 519
planning for, 528
prioritizing coverage, 505
provability of correctness, 501, 505
quality not affected by, 501
random-data generators, 525
recommended approach to, 503-504
record keeping for, 529-530
regression testing, 500, 528
requirements, 503
resources for, 530-531

results, uses for, 502
role in software quality assurance, 500-502
routines, black-box testing of, 502
scaffolding, 523-524, 531
scope of defects, 519
selecting cases for convenience, 516
stabilizing errors, 542
standards, IEEE, 532
structured basis testing, 503, 505-509
stub objects, 523
symbolic debuggers, 526-527
system perturbers, 527
system testing, 500
testability, 465, 467
test case errors, 522
time commitment to, 501-502
test-first development, 233
tools, list of, 719
unit testing, 499, 545
varying cases, 545
white-box testing, 500, 502
threading, 337
throwaway code, 114
throwing one away metaphor, 13-14
time allowances, 55-56
tool version control, 668
toolbox approach, 20
tools
  checklist, 70
  debugging. *See* debugging
  editing. *See* editing tools
  programming. *See* programming tools
  source code. *See* source-code tools
top-down approach to design, 111-113
top-down integration, 694-696
transcendental functions, 602, 634
translator tools, 715
try-finally statements, 404-405
T-shaped integration, 701
type casting, avoiding, 334
type creation
  C++, 312
  centralization benefit, 314
  checklist, 318
  classes, compared to, 316
  example of, 313-315
  guidelines for, 315-316
  information hiding aspect of, 313-314

languages with, evaluation of, 314-315
modification benefit, 314
naming conventions, 315
Pascal example, 312-313
portability benefit, 315-316
predefined types, avoiding, 315
purpose of, 311-312
reasons for, 314
redefining predefined, 315
reliability benefit, 314
validation benefit, 314
type definitions, 278

U

UDFs (unit development folders), 778
UDT (user-defined type) abbreviations, 279-280
UML diagrams, 118, 120
understandability, 465. See also readability
Unicode, 288-299
unit development folders (UDFs), 778
unit testing, 499
UNIX programming environment, 720
unrolling loops, 618-620
unswitching loops, 616-617
upstream prerequisites. See prerequisites, upstream
usability, 463
used data state, 509-510
user-defined type (UDT) abbreviations, 279-280
user interfaces
architecture prerequisites, 47
refactoring data from, 576
subsystem design, 85

V

validation
assumptions to check, list of, 190
data types, suspicious, 188
enumerated types for, 304-305
external data sources rule, 188
input parameters rule, 188
variable names
abbreviation guidelines, 282

accurate description rule, 260-261
bad names, examples of, 259-260, 261
boolean variables, 268-269
C language, 275, 278
C++, 263, 275-277
capitalization, 286
characters, hard to read, 287
checklist, 288-289
class member variables, 273
computed-value qualifiers, 263-264
constants, 270
enumerated types, 269
full description rule, 260-261
global, qualifiers for, 263
good names, examples of, 260, 261
homonyms, 286
Java conventions, 277
key points, 289
kinds of information in, 277
length, optimum, 262
loop indexes, 265
misspelled words, 286
multiple natural languages, 287
namespaces, 263
numerals in, 286
opposite pairs for, 264
phonic abbreviations, 283
problem orientation rule, 261
psychological distance, 556
purpose of, 240
reserved names, 287
routine names, differentiating from, 272
scope, effects of, 262-263
similarity of names, too much, 285
specificity rule, 261
status variables, 266-267
temporary variables, 267-268
type names, differentiating from, 272-273
Visual Basic, 279
variables
binding time for, 252-254
change, identifying areas of, 98-99
checklist for using, 257-258
comments for, 803
counters, 243

data literacy test, 238-239
data type relationship to control structures, 254-255
declaring. See declarations
global. See global variables
hidden meanings, avoiding, 256-257
hybrid coupling, 256-257
implicit declarations, 239-240
initializing, 240-244, 257
iterative data, 255
key points, 258
live time, 246-248, 459
localizing references to, 245
looping, 382-384
naming. See variable names
persistence of, 251-252
Principle of Proximity, 242
public class members, 576
refactoring, 571, 576
reusing, 255-257
scope of. See scope of variables
selective data, 254
sequential data, 254
span of, 245
types of. See data types
using all declared, 257
version control
commenting, 811
debugging aid removal, 207
tools for, 668, 715
visibility. See also scope of variables
coupling criteria for, 100
classes, of, 93
vision statement prerequisites. See problem definition prerequisites
Visual Basic
assertion examples, 192-194
blocking style, 738
case-insensitivity, 273
description of, 65
enumerated types, 303-306
exceptions in, 198-199, 202
implicit declarations, turning off, 240
layout recommended, 745
naming conventions for, 278-279
parameters example, 180
resources for, 159
structures, 320-322

W

walk-throughs, 492–493, 495–496
warning signs, 848–850
while loops
   advantages of, 374–375
   break statements, 379
   do-while loops, 369
   exits in, 369–372
   infinite loops, 374
   misconception of evaluation, 554
   null statements with, 444
   purpose of, 368
   tests, position of, 369
white space
   blank lines, 737, 747–748
   defined, 732
   grouping with, 737
   importance of, 736
   indentation, 737
   individual statements with, 753–754
white-box testing, 500, 502
wicked problems, 74–75
Wikis, 117
WIMP syndrome, 26
WISCA syndrome, 26
workarounds, documenting, 800
writing metaphor for coding, 13-14

Z

zero, dividing by, 292

索　引

（符号/数字/字母）

& （指针引用符），332
* （指针声明符），332, 334-335, 763
-> （指针符），328
0，除以 0，292
80/20 法则，592
Ada 语言
　　参数顺序，174-175
　　介绍，63
ADT (Abstract Data Type)，参见：抽象数据类型
auto_ptrs，333
Basic 语言，65；参见：Visual Basic
BCD（binary coded decimal，二进制编码的十进制）类型，297
BDUF（Big Design Up Front，预先做大量的设计），119
begin-end，742-743
break 语句
　　while 循环，379
　　带标号的（labeled），381
　　简化嵌套的 if 语句，446-447
　　一个循环中出现多次，380
　　在 C++语言中退出循环，371-372
　　指导建议，379-380
　　注意事项，381
Bug，参见：调试、代码中的缺陷、错误
build 工具，716-717；参见：编译器
C# 语言，64
C++ 语言
　　DoNothing()宏，444-445
　　布尔表达式（boolean expression）语法，442-443
　　参考资源，159
　　参数，按引用传递（by reference）与按值传递（by value），333
　　调试存根（debugging stubs），208-209
　　断言（assertion）示例，191
　　副作用（side effects），759-761
　　宏（macro），182-184
　　接口（interface）所需的考虑事项，139-141
　　介绍，64
　　空语句，444-445
　　命名约定，275-277
　　内联（inline）子程序，184-185

推荐的布局（layout），745
异常（exceptions），198-199
预处理器（preprocessors），排除调试代码，207-208
源文件的布局（layout），773
指针（pointer），325, 328-334, 763
CASE（Computer Assisted Software Engineer，计算机辅助软件工程）工具，710
case 语句
　　default 子句，363
　　按数字顺序排列，361
　　按执行频率（frequency of execution）排列，361, 612-613
　　按字母顺序排列（alpha ordering），361
　　编程语言的支持，361
　　表驱动法（table-driven methods），421-422
　　重构（refactoring），566, 573
　　重新设计（redesigning），453
　　错误检测，363
　　改用多态（polymorphism），147-148
　　行尾布局（endline layout），751-752
　　核对表，365
　　简化动作的指导建议（simple action guideline），361
　　刻意制造的变量（phony variables），361-362
　　末尾的 case 语句，363-365
　　调试，206
　　要点，366
　　与 if 语句的性能比较，614
　　越过（drop-through）case 的末尾，363-365
　　正常情况置先（normal case first）原则，361
　　转换为嵌套的 if 语句，448-449, 451
　　组织各种情况（case）的顺序，361
　　做相同的修改（parallel modifications to），566
CMM（能力成熟度模型），491
Cobol 语言，64
const 关键字，C++中，176, 177, 243, 274, 333

continue 语句，379, 380, 381
CRC（类、职责、合作者）卡片，118
Currency（货币）数据类型，297
C 语言
　　布尔表达式（boolean expression）语法，442-443
　　抽象数据类型（ADT），131
　　介绍，64
　　命名约定（naming conventions），275, 278
　　指针（pointers），334-335
　　字符串（string）数据类型，299-301, 317
　　字符串索引（string index）错误，299-300
Debug.Assert（断言调试）语句，191-193
Decorator 模式（Decorator pattern），104
Delphi 示例，以汇编语言重写（recoding to assembler），640-642
Demeter 原则，150
diff 工具，556, 712
DoNothing()宏，444-445
do 循环，369-370；参见：循环
DRY（Don't Repeat Yourself，不要重复自己）原则，565
else 子句
　　常见情况置先（common cases first）原则，359-360
　　调用布尔函数（boolean function）进行判断，359
　　判断链（chains），358-360
　　空语句（null statement），358
　　用 case 语句代替，360
　　用默认情况覆盖所有情况（default for covering all cases），360
　　与 goto 语句共用，406-407
　　正确性测试（correctness testing），358
Exit Function 语句，391；参见：return 语句
Exit Sub 语句，392-393；参见：return 语句
Exit 语句，参见：break 语句
finally 语句，404-405
final 关键字，Java 语言，243
foreach 循环，367, 372
Fortran 语言，64
for 循环
　　格式化（formatting），732-733，

746-747
目的，372
下标（index），377-378
优点，374
goto 语句
比较若干替代方案，405
布局（layout）指导建议，750-751
参考资源，409-410
重写代码 的琐碎示例，400-401
共享 else 子句中的代码，406-407
合理使用，407-408
核对表，410
可读性问题（readability issues），398
缺点，398-399
缩进问题（indentation problem），398
未用到的标号（unused labels），408
无谓的辩论（phony debating），400-401
向前跳转（forward direction）的指导建议，408
要点，410
用 try-finally 结构重写，404-405
用嵌套的 if 语句重写，402-403
用于错误处理，401-402
用于释放资源（deallocation），399
用于消除重复代码，399
用状态变量（status variables）重写，403-404
优点，399
优化问题（optimization problem），398
在 Ada 语言中，399
在 Fortran 语言中，399
指导建议，407-408
grep 工具，711
GUI（Graphic User Interface），参见：图形用户界面
I/O（Input/Output），参见：输入/输出
IDE（Integrated Development Environment），参见：集成开发环境
IEEE（电子与电器工程师协会），813
if 语句
else 子句，358-360，406-407
常见情况置于（common cases first）原则，359-360

重构，573
从嵌套 if 语句的多处返回，392-393
错误处理（error processing）示例，356-357
单语句布局，748-749
颠倒顺序，358
调用布尔函数（boolean expression）进行判断，359
覆盖所有情况，360
核对表，365
后续行，757
简单的（plain）if-then 语句，355-357
简化，445-447
将其中的否定（negative）判断转换为肯定（positive）判断，435-436
空的 if 子句，357
类型，355
嵌套，参见：嵌套的 if 语句
提取到子程序中，449-451
替代查询表（lookup table），614-615
相等（equality）情况时的分支（branching），355
要点，366
以频率（frequency）的顺序进行判断，612-613
用 break 语句块简化，446-447
用表（table）替代，413-414
用其重写含有 goto 语句的代码，402-403，406-407
与 case 语句的比较，360，614
语句串，358-360
正常路径置于（normal path first）原则，355
正常情况置于（normal case first）原则，356-357
转换为 case 语句，448-449，451
转换为 if-then-else 语句，447-448
in 关键字，自行创建，175-176
Javadoc，807，815
JavaScript 语言，65
Java 语言
变量的持续性（persistence），251
布尔表达式（boolean expression）语法，443
布局（layout）建议，745
参考资源，159
参数（parameter）示例，176-177
断言（assertion）示例，190

介绍，65
命名约定，276，277
生存时间（live time）示例，247-248
异常（exception），198-201
JUnit，531
lint 工具，557
Liskov 替换原则（LSP），144-145
LSP（Liskov Substitution Principle），参见：Liskov 替换原则
Macintosh 命名约定，275
McCabe 的复杂度量度（complexity metric），457，458
mock 对象，523
null 对象，重构，573
null 语句，444-445
Observer（观察者）模式，104
Pareto 法则，592
Perl 语言，65
PHP 语言（PHP: Hypertext Processor，PHP：超文本处理器），65，600
Python 语言
介绍，65
性能问题，600
return 语句
参考资源，408
从子程序的多处返回，391-393
防卫子句（guard clauses），392-393
核对表，410
可读性（readability），391-392
要点，410
SCM（Software Configuration Management，软件配置管理），665；参见：配置管理
SDF（Software Development Folder，软件开发文件夹），778
Set()子程序，576
sizeof()，335
strcpy()，301
strncpy()，301
struct 关键字，参见：结构体
switch 语句；参见：case 语句
Tacoma Narrows 大桥坍塌，74
try-finally 语句，404-405
T 型集成（T-Shaped integration），701
UDF（Unit Development Folder，单元开发文件夹），778
UDT（User-Defined Type，用户自定义类型）
缩写，279-280
UML（Unified Modeling Language，统一建模语言）图（diagram），118，120
Unicode，288-299

索 引

UNIX 编程环境，720
Visual Basic 语言
　　参考资源，159
　　参数（parameter）示例，180
　　大小写不敏感
　　　（case-insensitivity），273
　　断言（assertion）示例，192-194
　　关闭隐式声明（implicit
　　　declaration），240
　　结构体（structure），320-322
　　介绍，65
　　块风格（blocking style），738
　　枚举类型（enumeration type），
　　　303-306
　　命名约定，278-279
　　推荐布局，745
　　异常（exception），198-199，
　　　202
while 循环
　　break 语句，379
　　do-while 循环，369
　　出口（exit），369-372
　　对判断（evaluation）的误解
　　　（misconception），554
　　检测，所处位置，369
　　空语句，444
　　目的，368
　　无限循环（infinite loops），374
　　优势，374-375
Wiki（维基），117
WIMP（为什么 Mary 不在编程？！）
　　综合症，26
WISCA（为什么 Sam 不在写代
　　码？！）综合症，26

　　　　　　（A）
安全性，47
安装工具，718

　　　　　　（B）
白盒测试（whitebox testing），500，502
版本控制（version control）
　　工具，668，715
　　移除调试辅助代码，207
　　注释，811
绑定（binding）
　　编译时（compile time），
　　　252-253
　　变量的绑定时间，252-254
　　代码中，252
　　即时（just in time），253
　　加载时（load time），253
　　启发式（heuristic）设计，107
　　要点，258
　　运行时（run time），253
包，156-157

包含（containment），88，143
报告，参见：正式检查
备份计划（backup plans），669，670
本地化
　　架构的前期准备，48
　　字符串数据类型，298
本质的问题（essential problems），
　　77-78
比较（comparisons）
　　布尔（boolean），参见：布尔
　　　测试
　　浮点数等量判断（floating-point
　　　equality），295-296
　　混杂的（mixed）数据类型，
　　　293
边界值分析（boundary analysis），
　　513-514
编程的信仰态度（religious attitude）
　　布局风格成为信仰，735
　　管人，683-684
　　软件先知（software oracles），
　　　851
　　与试验（experimentation）相
　　　比，852-853
　　折中主义（eclecticism），
　　　851-852
编程工具
　　build 工具，716-717
　　diff 工具，712
　　grep 工具，711
　　merge 工具，712
　　版本控制（version control）工
　　　具，715
　　编辑器，710-713
　　编译器（compiler），716
　　参考资源，724
　　测试工具，719
　　尺度报告器，714
　　重构器（refactorer），714-715
　　打造自己的编程工具，
　　　721-722
　　代码调整，720
　　代码库，717
　　代码生成向导，718
　　多个文件中查找字符串，
　　　711-712
　　翻译器（translator），715
　　反汇编器（disassembler），720
　　工具导向的（tool-oriented）环
　　　境，720-721
　　核对表，724-725
　　幻境（fantasyland），722-723
　　汇编代码清单生成（assembler
　　　listing）工具，720
　　集成开发环境（IDE），710-711
　　计算机辅助软件工程（CASE）

　　　工具，710
　　交叉引用（cross-reference）工
　　　具，713
　　脚本（script），722
　　接口文档，713
　　结构改组（restructurer）工具，
　　　715
　　可执行代码（executable-code）
　　　工具，716-720
　　类的继承体系生成器（class
　　　hierarchy generator），713
　　链接器（linker），716
　　美化器（beautifier），712
　　模板（template），713
　　目的，709
　　设计工具，710
　　数据字典（data dictionary），
　　　715
　　调试工具，526-527，545，
　　　558-559，719
　　图形化的设计工具，710
　　项目特有的工具，721-722
　　要点，725
　　依赖关系检查器（dependency
　　　checker），716
　　语法（syntax）检查器，713-714
　　语义（semantic）检查器，
　　　713-714
　　预处理器，718-719
　　源代码工具，710-715
　　执行剖测器（execution
　　　profiler），720
　　质量分析，713-714
编程狂人（gonzo programming），832
编程方面的期刊（periodicals），
　　859-860
编程语言选择
　　Ada 语言，63
　　Basic 语言，6
　　C#语言，64
　　C++语言，64
　　Cobol 语言，64
　　C 语言，64
　　Fortran 语言，64
　　JavaScript 语言，65
　　Java 语言，65
　　Perl 语言，65
　　PHP 语言，65
　　Python 语言，65
　　SQL 语言，65
　　Visual Basic 语言，65
　　表达概念，63
　　高级语言与低级语言的生产
　　　率，62
　　汇编语言，63
　　深入语言去编程（programming

into language), 68-69, 843
　生产率来源, 62
　熟悉的语言与不熟悉的语言,
　　　62
　思维, 影响, 63
　相对于 C 语言的等级, 表格,
　　　62
　重要性, 61-63
编程约定 (convention)
　编码实践的核对表, 69
　格式化规则, 参见: 布局
　选择, 66
编辑工具
　diff 工具, 712
　grep 工具, 711
　merge 工具, 712
　多个文件中查找字符串,
　　　711-712
　集成开发工具 (IDE), 710-711
　交叉引用 (cross-reference) 工
　　　具, 713
　接口文档 (interface
　　　documentation), 713
　类的继承体系生成器 (class
　　　hierarchy generator), 713
　美化器 (beautifier), 712
　模板, 713
编码 (coding); 参见: 构建; 软件
　构建概述
　风格 (style); 参见: 布局
　软件构建, 5
　实践核对表, 69
　序列式 (sequential); 参见:
　　　直线代码
　约定; 参见: 编码约定
编码的"写作隐喻 (writing
　　　metaphor)", 13-14
编码约定 (convention)
　风险 (hazard) 规避, 844
　格式化 (formatting); 参见:
　　　布局
　好处, 844-845
　核对表, 69
　可预期的好处, 844
编译器 (compiler)
　编译时绑定, 252-253
　在子程序中寻找错误,
　　　230-231
　把调试工具当作编译器, 557,
　　　827
　多条出错信息, 550
　富于技巧的 (tricky) 代码优
　　　化, 597
　工具, 716
　警告 (warnings), 293, 557
　破损的 (broken) build, 703

适合整个项目的标准, 557
数据类型警告, 293
信息, 对待, 549, 826-827
行号, 用以调试, 549
性能调整的考虑, 590
验证器, 231
优化, 596-597
优化的速度, 表格, 597
变更控制 (change-control), 参见:
　　配置管理
变量 (variable)
　绑定时间 (binding time),
　　　252-254
　变化, 标识区域, 98-99
　变量类型; 参见: 数据类型
　持续性 (persistence), 251-252
　重构, 571, 576
　重用, 255-257
　初始化 (initialization),
　　　240-244, 257
　存活时间, 246-248, 459
　迭代数据, 255
　公用类成员, 576
　混合耦合, 256-257
　计数器, 243
　就近原则, 242
　局部化引用, 245
　跨度, 245
　命名; 参见: 变量名
　全局变量; 参见: 全局变量
　声明变量; 参见: 声明
　使用变量的核对表, 257-258
　使用所有已声明的变量, 257
　数据类型与控制结构之间的
　　　关系, 254-255
　数据认知测试, 238-239
　序列型数据, 254
　选择型数据, 254
　循环变量, 382-384
　要点, 258
　隐含含义, 避免, 256-257
　隐式声明, 239-240
　注释, 803
　作用域; 参见: 变量的作用域
变量的持续性 (persistence),
　　251-252, 831
变量的存活时间(lifetime), 246-248,
　　459
变量的作用域 (scope)
　把相关语句放在一起,
　　　249-250
　变量跨度, 245
　变量名, 影响, 262-263
　变量引用局部化, 245
　存活时间, 最短化, 246-248
　定义, 244

"方便性"论据, 250
赋值, 249
"可管理性"论据, 251
全局作用域, 问题, 251
限制与扩展策略, 250
循环初始化, 249
要点, 258
语言差异, 244
最小化, 指导原则, 249-251
变量名
　C++语言, 263, 275-277
　C 语言, 275, 278
　Java 命名规则, 277
　Visual Basic 语言, 279
　保留的名字, 287
　布尔变量, 268-269
　长度, 最适当的, 262
　常量, 270
　大小写, 286
　对仗词, 264
　多种自然语言, 287
　核对表, 288-289
　计算值限定词 (computed-value
　　　qualifiers), 263-264
　精确描述的原则, 260-261
　类成员变量, 273
　类型名, 区分, 272-273
　良好的变量名, 示例, 260,
　　　261
　临时变量, 267-268
　枚举类型, 269
　名字的相似处, 过多, 285
　命名空间 (namespace), 263
　目的, 240
　拼错单词, 286
　全局, 限定词, 263
　数字, 286
　缩写的指导原则, 282
　特征性原则, 261
　同音异义字, 286
　完全描述的原则, 260-261
　心理距离, 556
　信息分类, 277
　循环下标 (loop index), 265
　要点, 289
　以问题为导向的原则, 261
　语音 (phonic) 缩写, 283
　"糟糕的变量名"示例,
　　　259-260, 261
　状态变量, 266-267
　子程序名, 区分, 272
　字符, 易混淆, 287
　作用域, 影响, 262-263
变量名长度, 最适当的, 262
变量名的对仗, 264

索　引

标记，缺陷，787
标志（flag）
　　goto 语句，重写，403-404
　　变更，标明区域，98-99
　　枚举类型（enumerated type），266-267
　　名称，266-267
　　语义耦合（semantic coupling），102
　　注释标志位的含义（bit-level meanings），803
标准，概述，814
表达式（expression）
　　布尔（boolean），参见：布尔表达式
　　布局指导建议，749-750
　　常量，数据类型，635
　　初始化，编译时，632-633
　　公共表达式的消除（subexpression elimination），638-639
　　强度削减，630-632
　　系统调用的性能，633-634
　　右移（right shifting），634
　　预先计算的结果（precomputing results），635-638
表驱动法（table-driven method）
　　case 语句法，421-422
　　保险费率示例，415-416
　　查询问题，412
　　从表达式创建，435
　　存放问题，413
　　代码调整，614-615
　　定义，411
　　对象法，422-423
　　二分查找（binary search），428
　　构造键值，423-424
　　核对表，429
　　键值，423-424
　　阶梯访问表，426-429
　　例子：灵活的消息格式，416-423
　　目的，411-412
　　其他示例，429
　　区间的端点，428
　　设计方法，420
　　示例：一月中的天数，413-414
　　索引访问表，425-426，428-429
　　问题，412-413
　　要点，430
　　优点，420
　　预先计算某些运算，635
　　直接访问；参见：直接访问表
　　转换键值，424
别名（aliasing），311-316

不成熟的优化，840
不要重复自己（DRY, Don't Repeat Yourself）原则，565
布尔变量（boolean variables）
　　C 语言，创建数据类型，302-303
　　标识符，431-433
　　表达式，参见：布尔表达式
　　核对表，317
　　简化判断，301-302
　　枚举类型作为替代方案，304
　　命名，268-269
　　文档，301
　　以 0 和 1 为值，432
布尔表达式（boolean expressions）
　　C 语言语法，442-443
　　if 语句中的否定，435-436
　　Java 语法，439，443
　　把 0 和 1 作为值，432
　　比较时常量的位置，442-443
　　变量，参见：布尔变量
　　标识符，431-433
　　布局指导建议，749-750
　　拆分为多个部分判断，433
　　重构，572
　　狄摩根定理（DeMorgan's Theorems）的应用，436-437
　　短路求值（short circuit evaluation），438-440
　　否定，435-437
　　函数，移入，434-435
　　核对表，459
　　简化，433-435
　　决策表（decision tables），移入，435
　　肯定（positive form）形式，建议，435-437
　　括号用以明示，437-438
　　逻辑恒等式（logical identities），630
　　求值的指导建议，438-440
　　数值，结构，440-441
　　隐式比较（implicit comparisons），433
　　与 0 比较，441-442
　　指针，比较，441
　　字符，与 0 比较，441
布尔函数（boolean functions）
　　if 语句，用于，359
　　从表达式创建，434-435
布尔判断（boolean tests）
　　拆分为多个部分判断，433
　　简化，301-302
　　用子程序隐藏，165
　　与 0 比较，441-442

布局（layout）
　　begin-end，742-743
　　begin-end 两次缩进，746-747
　　C++中的副作用，759-761
　　goto，750-751
　　Visual Basic 的块风格，738
　　不完整的语句，754-755
　　纯块风格（pure blocks style），738-740
　　代码中的文档说明，763-766
　　单语句代码块，748-749
　　对特定语言的布局建议，745
　　风格概述，738
　　负面示例，730-731
　　复杂表达式，749-750
　　赋值语句后续部分，758
　　格式化的基本原理，732
　　行尾布局，743-745，751-752
　　核对表，773-774
　　花括号的布局风格，734，740-743
　　会引起误导的缩进示例，732-733
　　会引起误导的优先级计算顺序，733
　　接口，768
　　结构风格，重要性，733-734
　　紧密关联的语句元素，755-756
　　可读性目标，735
　　空白，732，736-737，753-754
　　空行，737，747-748
　　控制结构的布局风格，745-752
　　控制语句的后续行，757
　　括号，738
　　类，768-771
　　论述的规矩，733
　　逻辑表达式，753
　　逻辑结构，展现，732，735
　　每行有多条语句，758-761
　　模仿纯块结构（emulating pure blocks），740-743
　　目标，735-736
　　普通布局的示例，731-732
　　声明，761-763
　　始终如一的要求，735
　　数组引用，754
　　缩进（indentation），737
　　违背良好编程风格，注释，801
　　未缩进的 begin-end 对，746
　　文件，内部，771-773
　　信仰方面，735
　　修改建议，736
　　续行的结尾，756-757
　　要点，775

语句长度, 753
语句的后续行, 754-758
语句接续, 754-758
语句块的布局风格, 738-743
指针, C++, 763
注释, 763-766
资源, 774-775
子程序的布局原则, 766-768
子程序调用语句的后续行, 756
子程序实参（routine argument）, 754
自说明代码（self-documenting code）, 778-781

（C）

操作, 常见操作的开销, 601-603
操作系统, 590
测试（test）
　　diff 工具, 524
　　JUnit, 531
　　把错误的发生稳定下来, 542
　　白盒（white-box）测试, 500, 502
　　保留测试记录, 529-530
　　笔误（拼写错误）, 519
　　边界检查工具, 527
　　边界值分析, 513-514
　　标准, IEEE, 532
　　猜测错误, 513
　　采用多种不同的方法, 545
　　采用容易检查的测试用例, 516
　　测试本身的错误, 522
　　测试数据生成器, 524-525
　　测试先行或后行的建议, 503-504, 531
　　测试先行开发（test-first development）, 233
　　测试影响不到的特性, 501
　　测试用例（test case）, 创建, 506-508, 522-525, 532
　　测试用例的错误, 522
　　测试在软件质量中的角色, 500-502
　　从开发者角度测试的局限性, 504
　　"存在错误"假设, 501
　　错误的分类, 518-520
　　错误的影响范围, 519
　　错误检查表, 503
　　错误数据库, 527
　　大多数错误都很容易修正, 519
　　代码覆盖, 505-509, 526
　　"代码覆盖"测试, 506

单元（unit）测试, 499, 545
等价类划分（equivalence partitioning）, 512
符号调试器, 526-527
复合边界值, 514
覆盖率优先级排序, 505
干净测试的局限, 504
工具, 清单, 719
构建范畴之外的错误, 519
构建中测试, 502-503
构建中的缺陷, 比例, 520-521
核对表, 532
黑盒（black-box）测试, 500
回归（regression）测试, 500, 528
集成（integration）测试, 499
几类好数据, 515-516
几类坏数据, 514-515
计划, 528
脚手架（scaffolding）, 523-524, 531
结构化基础测试, 503, 505-509
旧数据, 兼容性, 516
开发测试, 522
开发者测试的局限性, 504
可测试性, 465, 467
框架, 522, 524
乐观程序员的限制, 504
量化, 520, 529
"逻辑覆盖"测试, 506
模仿对象, 527
目标, 501
内存工具, 527
期望的错误发生率, 521-522
驱动函数（driver routine）, 523
惹人厌烦的特性, 501
日志记录器, 526
容易出错的类, 517-518
设计, 错误理解, 519
设计要点, 503
数据记录工具, 526
数据流测试, 509-512
随机数据生成器, 525
调试, 与测试对比, 500
调试器, 526-527
推荐方法, 503-504
系统测试, 500
系统干扰器, 527
相关资源, 530-531
需求, 503
哑类（dummy classes）, 523
哑文件（dummy files）, 524
要点, 533
"已定义-已使用"的数据路

径, 510-512
用于测试的结果, 502
占据的时间, 501-502
正常情形的错误, 515
正确性的可证明性, 501, 505
桩对象（stub object）, 523
子程序, 黑盒测试, 502
自动化测试, 528-529
组件（component）测试, 499
最大的正常局面, 515
最小的正常局面, 515
测试数据生成器, 524-525
测试先行开发, 233
策略模式, 104
层次性设计目标, 81
"差一"（off-by-one）错误
　边界值分析（boundary analysis）, 513-514
　修改方法, 553
忏悔式调试（confessional debugging）, 547-548
常量（constants）
　重构, 571
　初始化, 243
　定义, 307
　核对表, 317
　命名, 270, 273, 277-279
　模拟, 309
　目的, 307
　声明, 308
　一致性原则, 309
　由全局变量模拟, 338
　字面量, 避免（literals, avoiding with）, 308-309
超越函数, 602, 634
成熟的技术环境, 67
诚实, 826-828
程序规模, 参见：项目规模
程序流
　控制, 参见：控制结构
　序列式, 参见：直线型代码
程序员, 看待, 参见：团队
　分配时间, 681
　风格问题, 683-684
　概述, 680
　私密的办公室, 684
　物理环境, 684-685
　相关资源, 685-686
　信仰问题, 683-684
　性能差异, 681-683
程序员, 性格, 参见：性格, 个人
程序员所处的物理环境, 684-685
程序组织的先决条件, 45-46
持续集成（continuous integration）, 706
尺度报告器（metric reporter）, 714

索 引

重复（duplication）
　　避免，借助子程序，164-165
　　代码，作为重构指标，565
重构（refactoring）
　　80/20 法则，582
　　case 语句，573
　　DRY（不要重复自己）原则，565
　　GUI（图形化用户界面）数据，576
　　if 语句，573
　　null 对象，573
　　PPP（伪代码编程过程）编码步骤，229
　　"安全重构"的指导建议，579-581，584
　　把要做的事情一条条列出来，580
　　备份老代码，579
　　变量，571
　　表达式，571
　　布尔表达式，572
　　参数，566，571，573
　　测试，580
　　策略，582-584
　　查询，574
　　代码调整，与重构作比，609
　　"代码重复"的指示，565
　　单向的类联系，577
　　单元测试，580
　　定义，565
　　对象，574-576
　　风险级别，581
　　复杂模块，583
　　工具，714-715
　　公用数据成员，567
　　构造函数改为工厂方法（Factory Method），577
　　规模的指导建议，580
　　过多使用基本数据类型，567
　　核对表，570，577-579
　　基类，575
　　记录，572
　　检查，580-581
　　检查点，580
　　接口，566，575-576，579
　　警告信息，编译器，580
　　拒绝重构的理由，571
　　滥用，582
　　类，566-567，574-576，578-579，582
　　类的数据类型，572
　　类接口，575-576
　　类内聚性的指示，566
　　流浪数据（tramp data），567
　　派生类，567，575

　　派生类间的不同常量，574
　　全局变量，568
　　缺陷，修补，582
　　群集，572
　　设计供将来某个时候用到的代码，569-570
　　设置代码，568-569
　　收尾代码，568-569
　　数据级，571-572，577
　　数据设置，相对，指示，566
　　数组，572
　　双向的类联系，577
　　算法，573
　　条件表达式，573
　　"同一时间只做一项重构"原则，580
　　无法控制来源的数据，576
　　系统级，576-577，579
　　相关资源，585
　　循环，565，573
　　要点，585
　　"要求多个相同修改"的指示，566
　　易于出错的模块，582
　　引发的维护，583
　　引用对象，574
　　语句级，572-573，577-578
　　增加子程序，582
　　"中间人（middleman）"类，567
　　重新设计而非重构，582
　　注释于拙劣代码，568
　　拙劣代码，接口，583-584
　　子程序，565-567，573-574，578，582
　　字面形式表示的常量，571
重新测试，参见：回归测试
抽象（abstraction）
　　不好的类接口的示例，134-135
　　不一致，135-136，138
　　层次，845-847
　　成对的操作，137
　　抽象数据类型；参见：抽象数据类型
　　创建类接口的指导建议，135-138
　　定义，89
　　访问器（accessor）子程序，340-342
　　复杂度（complexity），839
　　高层问题域中的术语，847
　　好的类接口的示例，133-134
　　核对表，157
　　接口，抽象的目标，133-138
　　类，152，157

　　力求精确（exactness goal），136-137
　　模式（pattern），103
　　内聚性（cohesion），138
　　评估，135
　　气锁阀（air lock）的比喻，136
　　实现结构，底层，846
　　问题域中的术语（problem domain term），底层，846
　　形成一致的抽象，89-90
　　修改时破坏抽象，138
　　一致的类接口抽象层次，135-136
　　在编程语言层次上（programming-language level），846
　　在操作系统的层次上，846
　　在继承树中的放置位置，146
　　子程序（routine），164
抽象工厂（Abstract Factory）模式，104
抽象数据类型（ADT）
　　把底层数据类型当成抽象数据类型，130
　　把文件当成抽象数据类型，130
　　操作示例表，129-130
　　抽象，130
　　代表什么的问题，130
　　定义，126
　　独立于存储介质，131
　　对象，130
　　多重实例的处理方法，131-133
　　访问器子程序，339-342
　　改动不会扩散的好处，128
　　基于抽象数据类型的类，133
　　简单事物当作抽象数据类型，131
　　接口，提供更多信息，128
　　冷却系统的示例，129-130
　　目的，126
　　实例化，132
　　使数据传递最少，128
　　使用非面向对象语言，131-133
　　数据的含义，126
　　文档的好处，128
　　显式地实例化，132
　　性能提升，128
　　需要抽象数据类型的例子，126-127
　　验证代码的好处，128
　　益处，126-129
　　隐藏信息，127
　　隐式地实例化，132
　　真实世界中的实体（entities），128-129

指导建议, 130-131
出错信息 (error messages)
　　代码, 返回, 195
　　设计, 49
　　显示, 196
　　友好出错信息的指导建议, 210
初始化变量
　　C++示例, 241
　　Java 示例, 242-243
　　Visual Basic 示例, 241-242
　　编译器设置, 243
　　不恰当初始化的后果, 240
　　参数合法性, 244
　　常量, 243
　　重新初始化, 243
　　第一次使用的建议, 241-242
　　核对表, 257
　　计数器, 243
　　建议使用 const, 243
　　建议使用 final, 243
　　就近原则, 242
　　类成员, 243
　　累加器, 243
　　全局变量, 337
　　声明时的建议, 241
　　系统干扰器, 测试, 527
　　修复缺陷, 553
　　循环, 其中用到的变量, 249
　　要点, 258
　　在靠近第一次使用变量的位置声明和定义变量, 242-243
　　指针问题, 241, 244, 325-326
　　重要性, 240-241
　　字符串, 300
初始化工作内存, 244
除法 (division), 292-293
传递参数, 333
创建 out 关键字, 175-176
创造力的重要性, 829, 857
纯块布局风格, 738-740
聪明, 在性格中之角色, 821
存根用来辅助调试, 208-209
存根用来辅助集成, 694, 696
错误; 参见: 代码中的缺陷; 异常
　　goto 语句, 用于处理, 401-402
　　编码, 参见: 代码中的缺陷
　　处理, 参见: 错误处理
　　分类, 518-520
　　根源, 表, 518
　　狗牌字段 (dog tag fields), 326-327
　　异常; 参见: 异常
错误, 猜测, 513
错误处理, 参见: 异常

重构, 577
传播 (propagation) 的设计, 49
错误处理子程序, 调用, 196
错误码, 返回, 195
断言 (assertion), 比较, 191
返回中立值 (neutral value), 194
防御式编程 (defensive programming), 技术, 194-197
高层设计的影响, 197
隔栏 (barricades), 203-205
关闭系统, 196
缓冲区溢出 (buffer overrun) 的威胁, 196
记录警告信息, 195
架构的前期准备, 49-50
局部处理, 196
可靠性 (robustness), 51, 197
前次答案, 重用, 195
下一有效数据, 返回, 195
消息, 49, 195-196, 210
验证设计, 50
子程序, 设计, 222
最接近的合法值, 195
错误检测, 及早进行, 29-30
错误码, 195

(D)
大爆炸集成 (big-bang integration), 691
大桥坍塌 (bridge failure, Tacoma Narrows), 74
代码调整 (code tuning)
　　80/20 法则, 592
　　DES 示例, 605-606
　　Pareto 法则, 592
　　比较逻辑结构, 614
　　编译器方面的考虑, 590, 596-597
　　表达式 (expression), 630-639
　　操作系统方面的考虑, 590
　　测量以定位热点 (hot spots), 603-604, 644
　　查询表 (lookup table), 614-615, 635
　　常见操作的开销, 601-603
　　乘法, 改为加法, 623-624
　　重构, 比较, 609
　　初始化, 在编译时, 632-633
　　从程序需求的角度看, 589
　　代码中的缺陷 (defect), 601
　　代码行数, 使之最少, 593-594
　　代数恒等式 (algebraic identities), 630

低级语言, 重新编码为, 640-642
低效的根源, 598-601
迭代 (iteration), 608, 850
定义, 591
短路求值 (short-circuit evaluation), 610
惰性求值 (lazy evaluation), 615-616
反汇编器, 720
方法总结, 606
分页 (paging) 操作, 599
改进的可能性, 605
概述, 643-644
工具, 720
功能细节, 595
合并循环 (jamming loops), 617-618
何时调整, 596
核对表, 607-608, 642-643
缓存 (caching) 数据, 628-629
汇编代码, 列清单工具, 720
汇编语言, 重新编码为, 640-642
将判断外提后的循环 (unswitching loops), 616-617
解释型语言与编译型语言, 592, 600-601
逻辑操作 (logic manipulation) 的指导建议, 610-616
内存操作还是文件操作, 598-599
内联子程序, 639-640
频繁使用的代码, 592
频率, 作为测试顺序, 612-613
嵌套循环的顺序, 623
强度削减 (strength reduction), 623-624, 630-632
缺点, 591
哨兵测试 (sentinel test), 循环, 621-623
设计的视角看, 589-590
使循环内的工作最少, 620-621
输入/输出, 598-599
数据变换 (data transformations), 624-629
数据库索引 (indexing), 601
数据类型的选择, 635
数组 (array), 593-594, 603-604, 625-627
诉求 (appeal of), 591-592
速度的重要性, 595-596
随时随地优化, 594-595

索 引

索引数据（indexing data），627-628
无稽之谈（old wives' tales），593-596
系统调用，599-600，633-634
消除公共子表达式（subexpression elimination），638-639
循环，616-624
循环展开，618-620
要点，608，645
硬件方面的考虑，591
优点，591
右移（right shifting），634
鱼和熊掌，595
语言细节，644
预先算出的结果，635-638
运算速度，假定，594
找出瓶颈，594
针对环境的变化进行调整，594
整数优于浮点数，625
正确性的重要性，595-596
执行剖测器（execution profiler）工具，720
转换数据类型，635
资源，606-607，644-645
资源目标（resource goals），590
子程序，590，639-640
代码覆盖率测试（code coverage testing），506
代码库（code libraries），222，717
代码生成向导（code-generation wizards），718
代码阅读方法（code reading method），494
代码质量分析工具，713-714
代数恒等式（algebraic identities），630
单点控制，308
单件属性（singleton property），强制，104，151
单进单出（FIFO，First-In First-Out）的控制结构，454
单语句代码块，748-749
单元测试（unit testing），499
单元开发文件夹（UDF, Unit Development Folder），778
等价类划分（equivalence partitioning），512
狄摩根定理（DeMorgan's Theorems），436-437
递归（recursion）
安全计数器，396
定义，393

核对表，410
留心栈空间，397
迷宫示例，394-396
排序示例，393-394
替代方案，398
停止递归，396
限制到一个子程序内，396
要点，410
用递归计算斐波纳契（Fibonacci）数列，397-398
用递归计算阶乘，397-398
指导建议，394
迭代（iteration），代码，参见：循环
foreach 循环，368，372
迭代器（Iterator）模式，104
迭代器循环，定义，367
迭代型数据，255
结构化编程的概念，456
迭代在开发中
代码调整，850
极限编程，58
前期准备，28，33-34
设计实践，111-117
伪代码成分，219
选择，理由，35-36
与序列式开发法的比较，33-34
重要性，850-851
定义变量，参见：声明
定制，创建隐喻，18
度量（measurement）
反对的争论，678
副作用，678
目标，679
识别出"局外人（outlier）"，679
优点，677
有用度量类型的表格，678-679
资源，679-680
短路求值（short-circuit evaluation），438-440，610
断言（assertion）
C++示例，191
Java 示例，190
Visual Basic 示例，192-194
创建自己的机制，191
从代码中移除，190
错误处理，191，193-194
定义，189
后条件（postcondition）验证，192-193
其中的可执行代码，191-192
前条件（precondition）验证，192-193
实参（argument），189

危险的使用方法示例，192
依赖性（dependency），检查，350
益处，189
应检查的假定，清单，190
与隔栏（barricade）的关系，205
指导建议，191-193
中止程序，建议，206
资源，212
对代码签字（signing off on code），663
对数（logarithm），632-634
对系统的依赖性，85
对象（object）
protected 接口，设计，89
包含，辨识，88
辨识，88
参数，用作，179，574
操作，辨识，88
重构，574-576
抽象数据类型（ADT），130
单件属性（singleton property），强制，151
工厂方法（Factory Method）模式，103-104，452-453，577
公用成员与私用成员的比较，设计，89
继承，辨识，88；参见：继承
接口，设计，89；参考：接口，类
类，比较，86
类名，区分，272-273
删除对象，206
设计步骤，87-89
现实世界，寻找，87-89
引用对象，574
职责，分配，106
属性辨识，88
对象参数耦合，101
多个文件中查找字符串，711-712
多态（polymorphism）
case 语句，替代，147-148
if 嵌套，转换，452-453
定义，92
与具体语言相关的规则，156
多项式（polynomial expression），631-632
多重继承（multiple inheritance），148-149
惰性求值（lazy evaluation），615-616

（E）

二分查找（binary search），428

（F）

发展解决问题的技能，823

法律通告（legal notices），811
翻译器工具（translator tool），715
反汇编器（disassembler），720
方法（method），参见：子程序
方法论（methodology），657-659；
　　参见：开发方法
防御式编程（defensive
　　programming）
　　　安全问题，212
　　　产品代码（production code）
　　　　指导建议，209-210
　　　错误处理，194-197
　　　导致的问题，210
　　　调制助手（debugging aids），
　　　　205-209
　　　定义，187
　　　断言（assertion），189-194
　　　隔栏（barricade），203-205
　　　核对表，211-212
　　　检查假定（assumption），列表，
　　　　190
　　　健壮性与正确性（robustness
　　　　vs. correctness），197
　　　日志的指导建议，210
　　　稳妥崩溃的指导建议，210
　　　细微（trivial）错误的指导建
　　　　议，209
　　　验证输入，188
　　　要点，213
　　　异常，198-203，211
　　　硬性崩溃错误的指导建议，
　　　　209
　　　友好提示消息的指导建议，
　　　　210
　　　质量改善技术，其他，188
　　　重要错误的指导建议，209
访问器子程序（accessor routine）
　　　"g_"前缀，340
　　　抽象的层次，341-342
　　　抽象的好处，340
　　　创建，340
　　　当编程语言不支持时，克服，
　　　　340-342
　　　隔离变量带来的好处，339
　　　集中控制，339
　　　锁定，341
　　　信息隐藏的好处，340
　　　要求，340
　　　一致化（parallelism），342
　　　优点，339-340
非标准的语言特性，98
非正式技术复查（informal review），
　　467，492-493
斐波纳契数列（Fibonacci numbers），
　　397-398
分层结构的（hierarchy）优点，

105-106
分而治之（divide and conquer）技术，
　　111
分解（factoring），154；参见：重构
分析技能的培养，823
分页操作，599
风格问题
　　格式化；参见：布局
　　人为因素，683-684
　　自说明代码，778-781
风险导向的集成，699
封装（encapsulation）
　　对用户的假定，141
　　公用数据成员，567
　　核对表，158
　　接口中的公用子程序，141
　　类，角色，139-143
　　类的公用成员，139
　　类的耦合太紧，142-143
　　类接口中的私用细节，
　　　139-141
　　启发式设计（heuristic
　　　design），90-91
　　让可访问性（accessibility）最
　　　小，139
　　弱的封装，567
　　向下转型（downcast），对象，
　　　574
　　友元类（friend class），141
　　语义上的破坏（semantic
　　　violation），141-142
浮点（floating-point）数据类型
　　Visual Basic 类型，297
　　二进制编码的十进制数
　　　（BCD），297
　　核对表，316
　　精度限制，295
　　舍入误差（rounding errors），
　　　297
　　数量级（magnitudes）相差巨
　　　大的运算，295
　　相等比较（equality
　　　comparisons），295-296
　　运算开销，602
符号调试器，526-527
复合边界值（compound boundaries），
　　514
复合语句（compound statements）；
　　参见：语句块
复杂（complex）数据类型，参见：
　　结构
复杂度（complexity）
　　McCabe 度量，457-458
　　编码约定，用以削减，839
　　抽象，处理，839
　　范围（span），459

隔离，借助类，153
管理，77-79，844-845
决策点（decision points），计
　　数，458
可靠性（reliability），457
控制结构对其的影响，
　　456-459
类，用以削减，152
模式，用以削减，103
生存期（live time），459
问题域（problem domain），工
　　作在，845
项目规模的影响，656-657
应对的方法，837-839
约定，以管理，844-845
智力实体数量的测算（mental
　　objects held, measure of），
　　457
重要性，457
子程序，用以削减，164
最小化的目标，80
复审（review）
　　代码阅读，494
　　迭代法（iteration），在复审中
　　　的位置，850
　　非正式，定义，467
　　教育（educational）方面，482
　　公开演示（dog-and-pony
　　　show），495
　　正式，质量，467
　　正式检查（formal inspection），
　　　比较，485
　　重构后的检查，580-581
　　"逐行复审代码"原则，663
　　走查（walk-through），492-493
副作用（side effect），C++，759-761
赋值（assignment）语句，249，758
覆盖率（coverage）
　　监控（monitoring）工具，526
　　结构化基础测试（structured
　　　basis testing），505-509
覆盖型链接器（overlay linker），716

（G）

改善代码执行速度的核对表，642-643；
　　参见：代码调整、性能调整
干扰器，参见：系统干扰器
高内聚性，105
高扇入（high fan-in）的设计目标，80
格式化代码（formatting code），参见：
　　布局
格式化的基本定理（Fundamental
　　Theorem of Formatting），732
隔栏（barricade）
　　接口作为边界，203
　　类层次，204

索 引

目的，203
手术室类比（analogy），204
输入数据的转换，204
与断言（assertion）的关系，205
个人性格（personal character）
　编译器信息，对待，826-827
　成功的项目，从中学习，823-824
　诚实（intellectual honesty），826-828
　创造力（creativity），829，857
　错误，承认，826
　分析技能（analysis skills），823
　疯狂编程（gonzo programming），832
　沟通技能（communication skills），828
　估计（estimations），827-828
　好奇心（curiosity），822-825
　合作技能（cooperation skills），828
　计算机科学系的毕业生，829
　纪律（discipline），829
　坚持（persistence），831
　解决问题，823
　经验，831-832
　懒惰，830
　弥补缺陷的手段，821
　判断，848
　谦卑，821，826，834
　试验，822-823
　习惯，833-834
　要点，835
　阅读，824
　知晓开发过程，822
　智力，821
　重要性，819-820
　专业开发（professional development），824-825
　状态报告，827
　资源，834-835
　宗教信仰，有害方面，851-853
个人性格，参见：性格，个人
耕作隐喻（farming metaphor），14-15
工厂方法（Factory Methods）
　重构为，577
　工厂方法（Factory Method）模式，103-104
　嵌套if语句，重构示例，452-453
工具
　编程；参见：编程工具
　编辑；参见：编辑工具
　核对表，70
　调试；参见：调试

源代码；参见：源代码工具
工具的版本控制，668
工具箱法，20
公开演示（dog-and-pony shows），495
公用数据成员，567
功能导向的集成（feature-oriented integration），700-701
功能的内聚性（functional cohesion），168-169
功能规格书（functional specification），参见：需求
沟通，开发团队，650
沟通技能的重要性，828
狗牌字段（dog tag fields），326-327
构建（construction），参见：软件构建概览
　各项活动的比例，按项目规模，654-655
　工具，参见：编程工具
　管理，参见：管理构建
　进度估计（schedules estimating），参见：构建进度表，评估
　决策（decision），参见：构件的决策
　前期准备（prerequisites），参见：前期准备
　项目规模带来的影响；参见：项目规模
　协作（collaborative），参见：协作
　指导建议，66
　质量，参见：软件的质量
　资源，856
构建，每日，参见：每日构建，冒烟测试
构建的决策（construction decisions）
　编程语言，参见：编程语言的选择
　编程约定，66-66
　编码实践核对表，69
　成熟的技术环境，67
　工具核对表，70
　核对表，主要的构建实践，69-70
　技术浪潮，确定你在其中的位置，66-69
　浪潮早期的环境，67
　深入语言编程（programming into languages），68-69
　团队合作核对表，69
　要点，70
　质量保证核对表，70
　主要构建实践的选择，69-70
构建进度表，评估（construction

schedules，estimating）
　比较多种技术，672
　重新估计，672
　方法列表，671
　概述，671
　赶上，675-676
　计划估计时间，671
　控制还是估计，675
　乐观主义（optimism），675
　确立目标，671
　缩小范围，676
　团队扩张，676
　细致程度，672
　需求规格（requirements specification），672
　影响因素，674-675
　资源，677
构造函数（constructor）
　重构，577
　初始化数据成员，151
　单体属性（singleton property），确保，151
　深拷贝与浅拷贝（deep vs. shallow copies），151-152
　异常，199
　指导建议，151-152
购买组件（components），18，51
估计进度（estimating schedules）
　变更的成本，666
　不准确，性格原因，827-828
　定期重新评估，672
　多种技术比较，672
　方法列表，671
　概述，671
　控制，比较，675
　扩充团队，676
　乐观主义（optimism），675
　目标，确立，671
　缩减范围，676
　为评估时间制定计划，671
　细致程度，672
　需求规格（requirements specification），672
　影响因素，674-675
　资源，677
关键构建决策，参见：构建决策
观察者（Observer）模式，104
管理构建
　变更控制，参见：配置管理
　标准，IEEE，687，814
　标准，权威人士设定，662
　程序员，对待态度，680-686
　代码所有权的态度，663
　度量，677-680
　对代码签字，663

代码大全（第2版）

索 引

方法，参见：开发方法
复查所有代码，663
复杂度，77-79
奖励好的做法，664
进度，评估，671-677
经理，686
可读性的标准，664
良好编码实践，鼓励，662-664
两人组队，662
配置管理，参见：配置管理
详查，其中的经理角色，486-487
项目规模，影响，参见：项目规模
要点，688
资源，687
规格说明，参见：需求
国际化，48
过程，参见：子程序
何时采用，181-182
命名的指导原则，172
过程上的内聚性，170
过度工程，51

（H）

函数（functions），参见：子程序
不允许，150
定义，181
返回值，设置，182
何时使用，181-182
计算转换位函数，示例，166-167
命名约定，172，181
私用（private），覆盖（overriding），146
要点，186
状态作为返回值，181
行尾布局（endline layout），743-745，751-752，767
行尾注释（endline comments），793-795
好奇心，在性格中的角色，822-825
好数据，测试，515-516
合并（merge）工具，712
合并循环，617-618
合法性校验
对输入参数的原则，188
对外部数据源的原则，188
检查假定，清单，190
枚举类型，304-305
数据类型，质疑，188
合作技能（cooperation skills）的重要性，828
核对表（checklists）
case 语句，365
goto 语句，410

if 语句，365
备份，670
编程工具，724-725
编码实践，69
变量（variable），257-258，288-289，343-344
表驱动法（table-driven method），429
布尔表达式（boolean expression），459
布局（layout），773-774
参数（parameter），185
测试（testing），503，532
常量（constant），317
抽象（abstraction），157
初始化（initialization），257
代码调整（code tuning），607-608，642-643
调试（debugging），559-561
防御式编程（defensive programming），211-212
封装（encapsulation），158
格式化（formatting），773-774
工具，70
构建实践（construction practices），69-70
集成（integration），707
继承（inheritance），158
架构（architecture），54-55
接口（interface），579
结对编程（pair programming），484
结构（structure），343
控制结构（control structure），459，773，780
类（class），157-158，233-234，578-579，774，780
类型（type）创建，318
枚举类型（enumerated type），317
每日构建（daily build）与冒烟测试（smoke test），707
名称，288-289，780
配置管理（configuration management），669-670
前期准备（prerequisites），59
清单，xxix-xxx
缺陷（defect），489，559-560
设计（design），122-123，781
数据类型（data type），316-318
数据组织（data organization），780
数组（array），317
速度，调优，642-643
条件语句（conditional statement），365

伪代码编程（pseudocoding），233-234
文档（documentation），780-781，816-817
性能调整，607-608
修复缺陷（defects），560
需求（requirements），40，42-43
循环（loop），388-389
语句（statement），774
正式检查（formal inspection），489，491-492
直线（straight-line）代码，353
指针（pointer），344
质量保证（quality assurance），42-43，70，476
重构（refactoring），570，577-579，584
注释（comment），774，816-817
子程序（routine），185，774，780
字符串（string），316-317
字符（character）数据类型，316-317
黑盒测试（black-box testing），500
宏（macro）子程序，参见：子程序
多条语句，183
命名，183，277-278
使用括号，182-183
替代方案，184
限制，184
后条件（postcondition）
验证，192-193
子程序设计，221
后续行（continuation lines），754-758
互用性，48
花括号（braces）
风格比较，734
语句块布局，740-743
坏数据的检测，514-515
缓冲区溢出（buffer overrun），196
缓存（caching），代码调整，628-629
回归测试（regression test）
diff 工具，524
定义，500
目的，528
汇编语言（assembly language）
介绍，63
清单工具，720
重新编码，640-642
混合耦合（hybrid coupling），变量的，256-257
混合体，149
混合语言环境，276

（J）

基类（base class）

Liskov 替换原则，144-145
protected 的数据，143
抽象的可覆盖（overridable）子程序，145
抽象方面，89
单一派生类，146
覆盖了却无所事事的子程序，146-147
可覆盖与不可覆盖的（overridable vs. non-overridable）子程序，145-146
耦合（coupling），太紧，143
基准测试，结构化的（basis testing, structured），503，505-509
即时绑定（just in time binding），253
极限编程（Extreme Programming）
  定义，58
  缺陷检测，471-472
  协作，482
  资源，708，856
集成（integration）
  T-型集成，701
  测试，499，697
  策略，概述，694
  持续集成，706
  垂直分块法，696
  存根，694，696
  错误，定位，693
  大爆炸，691
  定义，689
  方法小结，702
  分块法，698
  风险导向的集成，699
  功能导向的集成，700-701
  核对表，707
  集成方式的重要性，689-691
  监控，693
  阶段式，691-692
  接口规格，695，697
  进度，694
  客户关系，694
  类，691，694，697
  冒烟测试，703
  每日构建（daily build）与冒烟测试（smoke test），702-706
  破损的生成结果（build），703
  三明治策略，698-699
  未浮出水面的工作，702
  要点，708
  益处，690-691，693-649
  增量，参见：增量集成
  资源，707-708
  自下而上策略，697-698
  自上而下策略，694-696

自上而下策略的缺点，695-696
集成开发环境（IDE），710-711
集合（collection），重构，572
集体所有权（collective ownership），482；参见：协作
计划（planning）
  建筑隐喻，18-19
  类比论据，27-28
  论述数据，28-30
  逻辑论据，27
  软件项目的良好实践表，31-32
计数循环（counted loops）；参见：循环
计算机辅助软件工程（CASE）工具，710
记录，重构，572
记录设计成果，117-118
纪律（discipline）的重要性，829
技术浪潮，确定你在其中的位置，66-69
继承（inheritance）
  case 语句，147-148
  Liskov 替换原则，144-145
  并行修改作为重构指标，566
  定义，144
  多重继承，148-149
  覆盖的子程序没做任何操作，146-147
  过深的继承体系，147
  函数，私用，覆盖，146
  核对表，158
  混合体，149
  继承与访问权限，148
  将共用项放在继承树中，146
  将继承看作设计的一步，88
  敬而远之，149
  可覆盖与不可覆盖子程序的比较，145-146
  启发式设计，91-92
  设计规则，144
  涉及的决策，144
  "是一个……"关系，144
  私用，避免，143
  私用数据与受保护数据之对比，148
  相似的派生类和基类，576
  要点，160
  与包含关系的比较，143
  只有一个派生类，146
  指导建议，清单，149
  主要目标，136
加法的危险，295
加载时，绑定，253
架构（architecture）

安全性（security）设计，47
本地化（localization）规划，48
变更，44，52
程序组织（program organization），45-46
错误处理，49-50
定义，43
风险领域（risky area），明确，53
复用的决策（reuse decisions），52
概念完整性，52
构造块（building block）的定义，45
国际化（internationalization）规划，48
过度工程（overengineering），51
核对表，54-55
互用性（interoperability），48
机器无关性（machine independence），53
技术可行性（feasibility），51
开发相关资源，57
可伸缩性（scalability），48
类的设计，46
买（buying）组件还是造（building）组件，51
前期准备，44
容错（fault tolerance），50
输入/输出（input/output），49
数据设计，46
所占百分比，按项目规模，654-655
图形用户界面（GUI），47
性能导向（performance-oriented），590
性能目标，48
延迟提交的策略（commitment delay strategy），52
验证设计，50
要点，60
业务规则（business rules），46
用户界面设计，47
允许耗时，56
质量（quality），52-53，55
重要性，44
资源管理，47
减法，295
简单对象耦合，101
简单数据参数耦合，101
建模，隐喻。参见：隐喻，软件
建筑隐喻（building metaphor），16-19
健壮性
  定义，197，464

架构的前期准备，51
用断言处理错误，193-194
正确性，权衡，197
将循环的判断外提，616-617
交叉引用工具（cross-reference tools），713
脚本
　　编程工具，772
　　运行缓慢，600-601
脚手架
　　测试，523-524，531
　　调用，558
阶乘（factorials），397-398
阶段式集成，691-692
阶梯访问表，426-429
接口，类（interface, class）
　　不良抽象示例，134-135
　　不相关的信息，处理，137
　　布局，768
　　抽象层次不一致，示例，135-136
　　抽象方面，89，133-138，566
　　创建的建议，135-138
　　从语义上破坏封装性，141-142
　　调用类，重构，575
　　对象，设计，89
　　反操作，成对，137
　　混合体，149
　　集成，期间的接口规格说明，695，697
　　接口中的公用子程序，141
　　可编程优于语义，137
　　扩展类，用以重构，576
　　良好抽象的示例，133-134
　　内聚性，138
　　评估抽象性，135
　　让阅读时更便利的原则，141
　　私用的实现细节，139-141
　　外部子程序，用其重构，576
　　委托与继承，重构，576
　　文档化，713，810
　　信息隐藏的任务，93
　　修改时破坏接口抽象性，138
　　严格描述类契约，106
　　要点，160
　　一致的抽象层次，135-136
　　移入子程序重构法，575
　　与接口抽象不一致的成员，138
　　重构，575-576，579
　　子程序，未使用的，576
接口，子程序，参见：子程序的参数
　　公用的成员变量，576
　　外部子程序，用以重构，576
　　伪代码，226

移入子程序重构法，575
注释，808
子程序，隐藏，576
结对编程
　　编码规范，提供支持，483
　　步伐，跟上，483
　　定义，483
　　个人性格冲突，484
　　好处，484
　　何时不用结对编程，483
　　核对表，484
　　轮换结对人员的工作，483
　　旁观，483
　　显示器的可见性，484
　　新手结对，484
　　要点，497
　　与其它协作形式相比，495-496
　　资源，496
　　组长，484
结构化编程
　　迭代，456
　　概述，454
　　顺序，454
　　选择，455
　　中心论点，456
结构化查询语言（SQL），65
结构化基础测试
　　理论，505-509
　　推荐，503
结构体
　　Visual Basic 示例，320-322
　　定义，319
　　非结构化数据示例，320
　　过度使用，322
　　核对表，343
　　减少维护，323
　　交换数据，321-322
　　类当作结构体，319
　　明确数据关系，320
　　使用结构体调用子程序，322
　　使用结构体简化参数列表，322
　　使用结构体简化数据操作，320-322
　　数据关系，关系清晰的示例，320
　　数据块，操作，320-322
　　要点，344
结构重组工具，715
解释型语言，性能，600-601
界面，图形，参见"图形化用户界面（GUI）"
进度，估算，参见：估算进度
进攻式编程，206
经验，个人的，831-832

精简性设计目标，81
精确性（accuracy），464
警告标志，848-850
净室开发（cleanroom development），521
就近原则，242，351
矩阵，参见：数组
具名常量，参见：常量
决策表（decision table），参见：表驱动法

（K）
开发标准，IEEE，813
开发方法
　　不成熟的优化的问题，840
　　迭代式（iterative）方法；参见：开发过程中的迭代
　　极限编程（Extreme Programming），58，471-472，482，708，856
　　敏捷开发（agile development），58，658
　　团队过程（team processes），839-840
　　序列式（sequential）方法，35-36
　　质量控制（quality control），840；参见：软件的质量
　　重要性，839-841
　　资源，58-59
　　自上向下（top-down）的方法，111-113，694-696
　　自下而上（bottom-up）的方法，112-113，697-698
开发过程（development processes），参见：开发方法
开发者测试（developer testing），参见：测试
开销（costs），参见：性能调整
　　变更的估计，666
　　调试，消耗的时间，474-475
　　估计，658，828
　　检测缺陷（defect），472
　　结对编程还是详查（pair programming vs. inspections），480-481
　　缺陷，519-520
　　软件质量的普遍规律（General Principle of Software Quality），474-475，522
　　协作的好处，480-481
　　修复缺陷，472-473，519
　　易错的（error-prone）子程序，518
　　资源，658
科学的方法，经典步骤，540

索　引

可测试性（testability）
　　策略，467
　　定义，465
可读性（readability）
　　暴露出缺乏可读性的缺陷，538
　　带来的维护好处，842
　　当作管理标准，664
　　定义，464
　　基于可读性而格式化，参见：布局
　　基于可读性而命名变量，参见：命名规则，变量命名
　　将可读性当作警告信号，849
　　结构，重要性，733-734
　　私用程序与公用程序的比较，842
　　正面影响，841
　　重要性，13，841-843
　　专业开发，重要性，825
可覆盖的子程序，145-146，156
可见性（visibility）；参考：变量的作用域
　　类，93
　　耦合标准，100
可靠性（reliability）
　　定义，464
　　内聚性子程序，168
可扩展性（extensibility）的设计目标，80
可理解性，465；参见：可读性
可伸缩性，48；参见：项目规模
可移植性（portability）
　　定义，464
　　数据类型，定义数据类型以便移植，315-316
　　子程序，165
可用性（usability），463
可执行码工具（executable-code tools）
　　build 工具，716-717
　　安装（installation）工具，718
　　安装（setup）工具，718
　　编译器（compiler），参见：编译器
　　代码库（code libraries），717
　　代码生成向导（code-generation wizards），718
　　链接器（linker），716
　　预处理器（preprocessor），718-719
可重用性（reusability）
　　定义，464
　　架构的前期准备，52
空（null）对象，重构，573

空白
　　单条语句，753-754
　　定义，732
　　分组，737
　　空行，737，747-748
　　缩进，737
　　重要性，736
空行，用作格式化，747-748，765-766
控制结构（control structure）
　　case 语句，参见：case 语句
　　goto 语句，参见：goto 语句
　　if 语句，参见：if 语句
　　不常用的，概述，408
　　布尔表达式（boolean expressions），参见：布尔表达式
　　布局风格（layout style），745-752
　　递归（recursive），参见：递归
　　迭代（iteration），255，456
　　返回，参见：return 语句
　　复合语句（compound statements）443
　　复杂度（complexity），456-459
　　核对表，459，773，780
　　后续行（continuation lines），757
　　结构化编程（structured programming），454-455
　　可靠性与复杂度（complexity），457
　　空语句（null statements），444-445
　　两次缩进 begin-end 对，746-747
　　数据类型的关系，254-255
　　条件流程（conditional flow），参见：条件语句
　　未缩进的 begin-end 对，746
　　文档（documentation），780
　　序列型数据（sequential data），254
　　选择型数据（selective data），254
　　循环（loop），参见：循环
　　要点，460
　　注解（commenting），804-805，817
　　子程序多处返回，391-393
库，代码
　　目的，717
　　使用其中的功能，222
跨度，245，459
括号
　　布局，738
　　对称技巧，437-438

（L）
懒惰，830
浪潮的前期环境（early-wave environments），67
老板就绪测试，对前期准备（boss readiness test on prerequisites），30-31
类（class）
　　case 语句与继承，147-148
　　Liskov 替换原则，144-145
　　PPP 的替代，232-233
　　private 成员，150
　　private 数据与 protected 数据，148
　　protected 数据，148
　　public 成员，139，141，576
　　Set()子程序，不必要的，576
　　包（package），155-157
　　包含（containment），143-144
　　编码子程序，从伪代码（pseudocode），225-229
　　变更，153
　　并行修改（parallel modifications），重构指标，566
　　不相关的类，155
　　布局，768-771
　　参数传递，顺畅（streamlining），153
　　测试先行开发（test-first development），233
　　常量值，返回，574
　　成员变量（member variables），命名，273，279
　　成员数目，143
　　抽象，核对表，157
　　抽象对象，建模，152
　　抽象数据类型（abstract data type），参见：抽象数据类型
　　初始化成员，243
　　创建的步骤，216-217
　　创建的理由，152-156
　　单体属性（singleton property），确保，151
　　单向关联（unidirectional association），577
　　单一实例（single-instance），146
　　调用，重构，575
　　定义，125
　　对象，对比，86
　　对象名称，区别，272-273
　　对用户的假定（assumption），141
　　方法（method），参见：子程

序
分解（factoring）的好处，154
封装（encapsulation），139-143, 158
复杂度（complexity）问题，152-153
覆盖（overriding）子程序，145-146, 156
格式化（formatting），768-771
构造函数（constructor），151-152
规定接口契约（contract），106
过程（procedure），参见：子程序
过度格式化（overformatting），770
函数（function，参见：函数、子程序
核对表，157-158, 774, 780
混合体（mixins），149
基类（base），参见：基类
基类（superclasse），为共有代码（common code），575
集成（integration），691, 694, 697
集中控制，153
继承（inheritance），144-149, 158
架构的前期准备，46
间接调用其他类，150
建模真实世界的对象，152
禁止函数与操作符，150
警告标记（warning sign），848, 849
可复用性（reusability）的好处，154
可见性（visibility），93
扩充（extension），重构，576
命名，277, 278
内聚性（cohesion），作为重构指标，566
耦合（coupling）方面的考虑，100-102, 142-143
派生类（subclass），165, 575
派生类（descendant），重构的指标，567
拼凑（hacking）法，233
评审（review）与测试（test）的步骤，217
全局数据（global data），隐藏，153
让阅读时更方便（read-time convenience）的法则，141
设计，86, 216, 220-225, 233
深继承树（deep inheritance tree），147

实现（implementation）的核对表，158
"是一个（is a）……"的关系，144
双向联系（bidirectional association），577
外部（foreign）子程序，重构，576
万能（god）类，155
为程序族（program families）做计划，154
伪代码（pseudocode），为设计，232-234
委托还是继承（delegation vs. inheritance），重构，576
文档，780, 810
文件，771-772
无数据（data-free），155
限制合作（collaboration），150
相似的基类与派生类，576
信息隐藏（information hiding），92-93
要点，160, 234
一个文件多个类，布局，769-770
隐藏实现细节，153
用存根对象（stub object）测试，523
友元（friend class），涉及违反封装（encapsulation violation），141
语义上破坏封装（semantic violations of encapsulation），141-142
针对特定语言的问题，156
重构（refactoring），155, 574-576, 578-579, 582
资源，159
子程序，参见：子程序
子程序，未使用的，146-147, 576
子程序构建的步骤，217
子程序数目，150
最小化可访问性（accessibility）原则，139
类、职责、合作者（CRC, Class-Responsibility-Collaborator）卡片，118
类的继承体系生成器（class-hierarchy generators），713
类型创建
C++, 312
Pascal 示例，312-313
合法性校验的好处，314
核对表，318
集中化的好处，314

可靠性的好处，314
可移植性的好处，315-316
类，与类型作比，316
命名规则，315
目的，311-312
示例，313-315
所用语言，评价，314-315
信息隐藏，313-314
易于修改的好处，314
预定义类型，避免，315
原因，314
指导原则，315-316
重定义一个预定义的类型，315
类型定义，278
链表
插入节点，327-329
删除指针，330
指针，隔离操作，325
链接器，716
了无章法的过程（sloppy process），75-76
临时变量，267-268
临时的内聚性，169
灵活性（flexibility）
定义（defined），464
耦合标准化（coupling criteria for），100-101
流，206
流程，开发，参见：开发方法
论述之规矩（discourse rules），733
逻辑表达式，参见：布尔表达式
布局，753
查询表，替代，614-615
代码调整，610-616
短路求值，610
惰性求值，615-616
恒等式，630
频率，以出现频率调整判断顺序，612-613
消除冗余测试，610-611
性能比较，614
逻辑覆盖率测试，506
逻辑内聚性，170

（M）

买组件还是造组件（building vs. buying components），18
蛮力调试（brute-force debugging），548-549
冒烟测试，703
枚举类型（enumerated type）
C++, 303-304, 306
Java 语言中，创建，307
Visual Basic 语言，303-306
变更的好处，304

索　引

遍历，305
标准，306
布尔类型，替代，304
参数，303
创建，为 Java，307
定义，303
好处，303
核对表，317
可读性（readability），303
可靠性（reliability）的好处，304
可用的语言，303
明确赋值（explicit value）的缺点，306
命名，269，274，277-279
首项无效（first entry invalid）技巧，305-306
循环限制，305
验证，304-305
用全局变量模拟，338
用注释代替，802-803
每日构建（daily build）和冒烟测试（smoke tests）
　　build 小组，704
　　定义，702
　　好处，702
　　核对表，707
　　冒烟测试（smoke tests），703
　　破损的生成结果（broken builds），703，705
　　未浮出水面的工作（unsurfaced work），702
　　修订版本（revisions），704
　　压力（pressure），706
　　预先测试，要求（pretest, requirement），704
　　暂存候补区（holding area for additions），704-705
　　早上发布（morning releases），705
　　诊断（diagnosis）的好处，702
　　重要性，706
　　自动化，704
美感（beauty），80
面向对象的编程（object-oriented programming）
　　对象，参见：类，对象
　　多态，参见：多态
　　继承，参见：继承
　　相关资源，119，159
　　隐藏信息，参见：信息隐藏
敏捷开发（agile development），58，658
名称的缩写，283-285
名字的语音缩写，283
命名规则（naming convention）

a 前缀的命名规则，272
C++，275-277
C 语言，275，278
Java，276，277
Macintosh，275
"t_" 前缀的命名规则，272
Visual Basic，278-279
保留名，287
变量命名，参见"变量名"
标准前缀，279-281
参数，178
长度，不限制，171
常量，273-274
常用操作，172-173
辞典，使用，283
大小写，274，286
大小写不敏感的语言，273
短变量名，282-285，288-289
对仗，使用，172
多种自然语言，287
发音指导原则，283
非正式，272-279
分隔符，274
关系，强调，271
过程描述，172
函数返回值，172
好处，270-271
何时采用，271
核对表，288-289，780
混合语言的注意事项，276
减少命名增生的好处，270
仅通过数字区分，171
可读性，274
跨项目方面的好处，270
类成员变量，273
类名与对象名，272-273
令人误解的名字，285
枚举类型，269，274，277-279
描述性的指导原则，171
名字包含的信息种类，277
名字的相似处，过多，285
命名含义，太相似，285
目的，270-271
拼错单词，286
全局变量，273，342
输入参数，274
数据类型与变量名，272-273
数字，286
数组，280-281
缩写的指导原则，282
缩写名称，282-285
同音异义字，287
文档说明，284-285，778-780
文件，811
匈牙利命名法，279

要点，289
用户自定义类型（UDT）缩写，279-280
与语言无关的指导原则，272-274
语义前缀，280-281
语音缩写，283
正式程度，271
子程序，171-173，222
字符，易混淆，287
模板方法模式，104
模板工具，713
模仿的纯块布局风格（emulated pure blocks layout style），740-743
模块，耦合的注意事项，100-102
模块化
　　全局变量，对模块化的害处，337-338
　　设计目标，107
模式（pattern）
　　表格，104
　　工厂方法（Factory Method），103-104
　　减少出错的好处，103
　　减少复杂度，103
　　建议的替代模式，103
　　交流方面的好处，104
　　缺点，105
　　相关资源，120
　　益处，103-104
牡蛎养殖隐喻，15-16
目标，软件质量，466，468-469
目录
　　表，xxxi-xxxii
　　核对表，xxix-xxx
　　图，xxxiii-xxxvii

（N）

内存（memory）
　　初始化工作内存，244
　　分配，错误检测，206
　　分页操作对内存性能的影响，599
　　工具，527
　　破坏，指针造成，325
　　填充工具，244
　　指针，造成的内存破坏，325
内聚（cohesion）
　　接口，类，138
　　强度削减（strength reduction），623-624，630-632
　　巧合的内聚性（coincidental cohesion），170
　　子程序，设计，168-171
内联子程序（inline routine），184-185

能够随时扔掉的代码，114
能力成熟度模型（CMM, Capability Maturity Model），491

（O）

偶然（次要）的问题（accidental problems），77-78
耦合（coupling）
　　大小，100
　　对象参数类型（object-parameter type），101
　　基类与派生类之间的，143
　　简单对象类型，101
　　简单数据参数类型（simple-data-parameter type），101
　　可见性（visibility），100
　　类，太紧，142-143
　　灵活性（flexibility），100-101
　　目标，100
　　设计方面的考虑，100-102
　　松散（loose），80，100-102
　　语义类型（semantic type），102

（P）

排序，递归算法，393-394
"抛弃一个"之隐喻，13-14
培植系统，隐喻（growing a system metaphor），14-15
配置管理（configuration management）
　　SCM（Software Configuration Management），665
　　版本控制（version-control）软件，668
　　备份计划，669，670
　　变更控制委员会（change-control boards），667
　　标明变更区域，97-99
　　成本，估计，666
　　成组处理变更请求，666
　　大量变更，666
　　代码改动，667-668
　　定义，664
　　估计变更成本，666
　　官僚主义（bureaucratic）方面的考虑，667
　　核对表，669-670
　　机器配置（machine configurations），重现（reproducing），668
　　架构预料变更（architectural anticipation of change），52
　　目的，664-665
　　设计变更，666-667
　　需求变更，41，664，666-667

资源（resources on），670
拼凑式设计（hacking approach to design），233

（Q）

启发式方法（heuristics）
　　错误猜测，513
　　设计，参见：启发式设计
　　与算法（algorithm）比较，12
启发式设计（heuristic design）
　　绑定时间（binding time）方面的考虑，107
　　避免失败，106-107
　　变更，标明区域，97-99
　　测试，预料，106
　　抽象，形成一致的，89-90
　　迭代实践（iteration practice），111-113
　　对象，真实世界，寻找，87-89
　　非确定性（nondeterministic），87
　　分层结构（hierarchies），105-106
　　分而治之（divide and conquer）技术，111
　　封装（encapsulation），90-91
　　规则总结，108
　　核对表，122-123
　　画图，107
　　记录工作，117-118
　　继承（inheritance），91-92
　　建议多种方法，110
　　接口，用契约（contracts）严格描述，106
　　蛮力（brute force），107
　　面向对象（object-oriented）相关的资源，119
　　模块化（modularity），107
　　模式（pattern），103-105，120
　　模式的替代方案，103
　　模式在沟通方面的好处，104
　　目标，核对表，122-123
　　耦合方面的考虑，100-102
　　强内聚（strong cohesion），105
　　设计过程的本质，76
　　实践，110-118，122
　　完备度（completion），确定，115-117
　　详细程度（level of detail），所需的，115-117
　　协作（collaboration），115
　　信息隐藏（information hiding），92-97，120
　　严格描述类的契约（class contracts），106
　　要点，123

用模式减少错误，103
原型（prototyping），114-115
责任（responsibilities），赋予对象，106
正式程度（formality），确定，115-117
指导建议，109-110
中心控制点，107
资源，121
自下而上设计法，112-113
自上而下设计法，111-112，113
谦卑（humility）在性格中的角色，821，826，834
前期准备，前期
　　WIMP 综合症（为什么 Mary 不在编程？！），26
　　WISCA 综合症（为什么 Sam 不在写代码？！），26
　　不周全的准备，诱因，25-27
　　成功需要的技能，25
　　错误检测，及早进行，29-30
　　迭代式开发法，28，33-34
　　"管理者无知"的问题，26
　　"过早编码"之错误，25
　　核对表，59
　　混合使用序列式开发法和迭代式开发法，34-35
　　架构，参见：架构
　　老板就绪测试，30-31
　　类比论据，27-28
　　逻辑论据，27
　　目标，25
　　目标是降低风险，25
　　软件项目的良好实践表，31-32
　　数据论述，28-30
　　问题定义，36-38
　　项目种类，31-33
　　需求开发，参见：需求
　　要点，59-60
　　有力论据，27-31
　　允许的时间，55-56
　　在序列式开发法和迭代式开发法之间做出选择，35-36
　　重要性，24
前期准备，参见：前期准备，前期
前条件
　　验证，192-193
　　子程序设计，221
前缀，标准化，279-281
嵌入式，性命攸关的系统（embedded life-critical systems），31-32
嵌套的 if 语句
　　过多的嵌套层次，445-454
　　将其按功能分解（functional

索 引

decomposition), 450-451
提取到子程序中，449-451
用 break 语句块简化之，446-447
用于减少嵌套的技术的总结，453-454
重新测试条件（retesting conditions）使之简化，445-446
重新设计，453
转换为 case 语句，448-449, 451
转换为 if-then-else 语句，447-448
转换为采用工厂方法（Factory Method）模式的方法，452-453
转换为采用面向对象（object-oriented）的方法，452-453
嵌套循环
出于性能考虑的循环次序，623
设计，382-383, 385
强度，参见：内聚性
强制类型转换，避免，334
桥接（Bridge）模式，104
全局变量（global variables）
"g_"前缀原则，340
别名问题（aliasing problems），336-337
持久性（persistence），251
初始化（initialization）问题，337
大型对象，343
代码复用（code reuse）问题，337
代码重入（re-entrant code）问题，337
访问器子程序，参见：访问器子程序
改变，无意中的，336
概述，335-336
核对表，343-344
降低风险的策略，342-343
局部变量优先的指导建议，339
具名常量，模拟，338
类变量，替代方案，339
流浪数据，消除，338
命名，263, 273, 277, 278, 279, 342
模块化（modularity），破坏，337-338
模拟枚举类型，338
锁定（locking），341
替代方案，339-342

信息隐藏问题，95-96
要点，344
用以保存值，338
语义耦合（semantic coupling），102
在类中隐藏实现，153
中间结果，避免，343
重构（refactoring），568
注释（annotating），343
注释（commenting），803, 809
子程序用作参数，336
缺陷，代码中的（defects in code）
《代码大全》示例，490-491
百分比，测量，469-472
查找，核对表，559-560
程序员失误（programmers at fault），519
错误核对表，489
范围，519
分布（distribution），517-518
分类（classification），518-520
根源，表格，518
构建，比例，520-521
构建领域之外，519
间断（intermittent），542-543
检测的成本，472
可读性改善（readability improvements），538
拼写错误（clerical errors (typos）），519
期望率（expected rate），521-522
容易修正的缺陷，519
数据库（database），527
通过各种技术检测，表格，470
稳定（stabilizing），542-543
误解设计，根源，519
项目规模的影响，651-653
性能问题，601
修复，参见：调试，修复缺陷
修复的成本，472-473
易错的类，517-518
益处，537-538
正式检查（formal inspections），检测缺陷，参见：详查（formal inspections）
重构，在修复之后，582
自己从中学到知识，538

（R）

绕弯解决（workaround），说明（commenting），800
人的方面（human aspects），软件中个人的
开发，参见：性格

日志
测试工具，526
防御式编程指南，210
容错（fault tolerance），50
容器类（container classes），310
软件参考书目（bibliographies, software），858
软件的首要技术使命（Software's Primary Technical Imperative），92
软件的质量（software quality）
标准，IEEE，477, 814
测试，465, 467, 500-502
程序员的工作表现，基于的目标，468-469
调试，所扮演的角色，474-475, 536
对变更进行控制的过程，468
发展质量保证活动，467-468
复查，467
核对表，476
极限编程，471-472
建议联合使用多种技术，473
建议综合各种缺陷检测技术，470-471
健壮性，464
结果的量化，468
精确性，464
可读性，464
可靠性，464
可理解性，465
可维护性，464
可移植性，464
可用性，463
可重用性，464
灵活性，464
门，467
明确定义质量保证工作，466
目标，设置，466, 468-469
内在特性，464-465
缺陷度量百分比，469-472
缺陷检测的若干技术，表格，470
软件工程指南，467
软件质量的普遍原理，474-475
什么时候进行质量保证工作，473
适应性，464
特性之间的联系，465-466
外部审查，467
外在特性，463-464
完整性，464
相关资源，476
效率，464
协作构建，参见：协作
修正缺陷的成本，472-473

要点，477
　　优化竞争关系，465-466
　　原型制作，468
　　找出缺陷的成本，472
　　正确性，463
软件工程的资源综述，858
软件工程指南，467
软件构建概述
　　编程就是构建，5
　　编程与构建的比较，4
　　定义，3-6
　　非构建活动，6
　　构建活动，清单，3
　　"确保完成"之本性，7
　　任务，清单，5
　　软件开发的核心活动，7
　　软件开发总时间的比例，7
　　生产率，重要性，7
　　要点，8
　　源代码对软件的描述，7
　　源代码即为软件描述，7
　　重要性，6-7
　　主要活动，4
软件开发文件夹（SDF, Software Development Folder），778
软件开发者的阅读计划，860-862
软件开发资料库
　　参考书目，858
　　概述，855，857-858
　　构建，856
　　软件工程综述，858
　　阅读计划，860-862
　　杂志，859-860
软件设计，参见：设计
软件生长隐喻，15-16
软件先知，851
软件项目类型，31-33
软件演化
　　背景，563-564
　　构建与维护，564
　　基本准则，565
　　哲学，564-565
　　质量提高与降低，564
软件演化的基本准则（Cardinal Rule of Software Evolution），565
软件隐喻，参见：隐喻，软件
软件质量，参见：软件的质量
软件质量的普遍原理（General Principle of Software Quality）
　　成本，522
　　调试，537
　　定义，474-475
　　协作效果，481

（S）

三明治集成（sandwich integration），698-699
三思而后行，23
扇出（fan-out），81
扇入（fan-in），80
舍入误差，297
设计（design）
　　BDUF（Big Design Up Front），119
　　IEEE 标准，122
　　UML 图，118
　　包的层次，82-85
　　本质问题（essential problems），77-78
　　变更，标明区域，97-99
　　变更的管理，666-667
　　标准，IEEE，122
　　标准技术目标，81
　　测试实现，503
　　层次（hierarchies），105-106
　　层次（levels），82-87
　　层次性目标（stratification goal），81
　　抽象，形成一致的，89-90
　　低、中扇出的目标（low-to-medium fan-out goal），81
　　迭代实践，111-117
　　定义，74
　　对象，真实世界，找出，87-89
　　非确定性的本质（nondeterministic nature），76，87
　　分而治之（divide and conquer）技术，111
　　封装（encapsulation），90-91
　　高扇入目标（high fan-in goal），80
　　高质量的特性，80-81
　　工具，710
　　构建活动，73-74
　　管理复杂度，77-80
　　核对表，122-123，781
　　绘制图表，107
　　记录工作，117-118
　　继承（inheritance），91-92
　　精简性目标（leanness goal），81
　　可复用性目标（reusability goal），80
　　可扩展性目标（extensibility goal），80
　　可视化文档（visual documentation），118
　　可移植性目标（portability goal），81
　　类，分解为，86
　　了无章法的过程（sloppy process），75-76
　　量度（metrics），警告信号，848
　　美感（beauty），80
　　面向对象（object-oriented）的资源，119
　　模式，常用，参见：模式
　　目标核对表，122-123
　　偶然（次要）的问题（accidental problems），77-78
　　耦合（coupling）方面的考虑，100-102
　　启发式（heuristic），参见：启发式设计
　　契约式（contract），233
　　强内聚（strong cohesion），105
　　权衡（tradeoff），76
　　软件系统层次，82
　　实践，110-118，122
　　实践启发式方法，参见：启发式设计
　　受限，76
　　数据库访问子系统，85
　　松耦合目标（loose coupling goal），80
　　讨论，总结，117
　　完备度，确定，115-117
　　维护性目标（maintenance goals），80
　　维基（wiki），记录，117
　　文档，当作，781
　　文档，过度，117
　　系统依赖子系统，85
　　险恶的问题（wicked problem），本质，74-75
　　详细程度，115-117
　　协作（collaboration），115
　　信息隐藏（information hiding），92-97，120
　　性能调整方面的考虑，589-590
　　严格描述类的契约（class contracts），106
　　要点，123
　　业务逻辑子系统，85
　　用户界面子系统，85
　　优良实践表，31-32
　　优先级的确定（prioritizing），76
　　原型（prototyping），114-115
　　正式程度（formality），确定，115-117
　　智力限制（mental limitations），人类，79
　　中央控制点，107

索 引

资源，119-121
子程序，86-87
子系统层次，82-85
子系统之间的通信，83-84
自上而下的方法，111-113
自然形成（emergent nature），76
自下而上设计法，112-113
足够，确定，118-119
设计的层次
　　包，82-85
　　对系统有依赖性的子系统，85
　　概述，82
　　类，分解为，86
　　软件系统，82
　　数据库访问子系统，85
　　业务逻辑子系统，85
　　用户界面子系统，85
　　子程序，86-87
　　子系统，82-85
设计的受限制特性，76
设计过程的不确定性，76，87
设想陈述的先决条件，参见：问题定义的先决条件
设置代码，重构，568-569
深入语言去编程，68-69，843
神秘变量，避免，292，297-298，308-309
生产率
　　良好构建活动的作用，7
　　项目规模，影响，653
　　业界平均值，474
生命周期模型
　　开发标准，813
　　优良实践表，31-32
声明（declaration）
　　const，建议，243
　　final，建议，243
　　放置，762
　　格式化（formatting），761-763
　　靠近第一次使用的地方定义的原则，242-243
　　命名，参见：命名约定
　　使用全部已声明的变量，257
　　数值数据，注释，802
　　顺序，762
　　一行多个，761-762
　　隐式声明（implicit declaration），239-240
　　指针（pointer），325-326，763
　　注释（commenting），794，802-803，816
实例化对象
　　抽象数据类型（ADT），132
　　单件（singleton），104，151

工厂方法（Factory Method）模式，103-104
"使代码易于自上而下地阅读"的指导建议，351-352
性命攸关的系统，31-32
使用结构体交换数据，321-322
事件处理器（event handlers），170
试验，作为学习方法（experimentation as learning），822-823，852-853
试验性原型（experimental prototyping），114-115
适配器（Adapter）模式，104
适应性（adaptability），464
释放（deallocation）
　　goto 语句，399
　　指针（pointer），of，326，330，332
释放对象（disposing of object），206
收尾步骤（cleanup step），伪代码编程过程，232
收尾代码，重构，568-569
受保护数据，148
书本范例（book paradigm），812-813
输入/输出（I/O）
　　架构的先决条件，49
　　识别容易变化的区域，98
　　性能考虑，598-599
输入/输出，参见：I/O（输入/输出）
输入参数，274
数据（data）
　　变更，确定区域，99
　　测试，生成器，524-525
　　代码调整，参见：数据变换，为代码调整
　　好数据，测试，515-516
　　坏数据，测试，514-515
　　架构的前期准备，46
　　旧数据，兼容性，516
　　类型（type），参见：数据类型
　　设计，46
　　已定义的状态（defined state），509-510
　　已定义-已使用路径（defined-used path），测试，510-512
　　已进入的状态（entered state），509
　　已使用的状态（used state），509-510
　　已推出的状态（exited state），509
　　已销毁的状态（killed state），509-510
　　正常情况的错误（nominal case errors），515

组合状态（combined states），509-510
数据变换（data transformation），为代码调整
　　浮点转为整形，625
　　缓存数据，628-629
　　目的，624
　　让数组维度最小，625-626
　　让数组引用最少，626-627
　　索引数据，627-628
数据级重构，571-572，577
数据记录工具，526
数据结构（data structure），参见：结构
数据库（database）
　　SQL 语言，65
　　性能问题，601
　　子系统设计，85
数据类型（data type）
　　"a"前缀，272
　　"t_"前缀，272
　　变更，标明区域，99
　　变量，区分，272-273
　　布尔（boolean），参见：布尔变量
　　抽象数据类型（abstract data type），参见：抽象数据类型（ADT）
　　创建，参见：类型创建
　　迭代型数据（iterative data），255
　　定义，278
　　二进制编码的十进制数（BCD），297
　　浮点（floating-point），参见：浮点数据类型
　　复杂（complex），参见：结构
　　过多使用的基本数据类型（primitives），567
　　核对表，316-318
　　货币数据类型（Currency），297
　　结构，参见：结构
　　枚举类型（enumerated type），参见：枚举类型
　　命名，273，277，278
　　数值，参见：数值数据类型
　　数组（array），参见：数组
　　序列型数据（sequential data），254
　　选择型数据（selective data），254
　　要点，318
　　用户定义的（user-defined），参见：类型创建
　　与控制结构的关系，254-255

代码大全（第2版）

整型（integer），参见：整数数据类型
指针（pointer），参见：指针
重构为类，567，572
资源，239
字符，参见：字符数据类型
字符串，参见：字符串数据类型
数据流测试（data flow testing），509-512
数据认知测试（data literacy test），238-239
数据字典（data dictionaries），715
数值，文字量，292
数值数据类型
  0，除以 0，292
  BCD（二进制编码的十进制），297
  比较，440-442
  编译器警告，293
  操作开销，602
  浮点类型，295-297，316，602
  核对表，316
  混合类型的比较，293
  神秘数值，避免，292
  声明，注释，802
  数量级，相差巨大，运算，295
  数值文字量，避免，292
  溢出，293-295
  硬编码的 0 和 1，292
  整数，293-295
  整数取值范围，294
  转换，展示，293
数组（array）
  C 语言中的宏，311
  foreach 循环，372
  操作代价，602
  串话（cross-talk），311
  定义，310
  端点（end points），检查，310
  多维（multidimensional），310
  核对表，317
  命名约定，280-281
  容器作为替补，310
  哨兵值（sentinel），循环检测，621-623
  顺序访问的指导建议，310
  维数（dimension），最小化，625-626
  下标（index），310-311
  性能调整，593-594，603-604
  循环，387-388
  引用（reference），最小化，626-627
  引用的布局（layout of references），754

语义前缀（semantic prefixes），280-281
重构（refactor），572
顺序上的内聚性，168
私用数据，148
松散耦合
  策略，100-102
  作为设计目标，80
算法（algorithm）
  隐喻（metaphor），11-12
  与启发式方法/试探法（heuristics）的比较，12
  注释，809
  资源，607
  子程序，223
算术表达式（arithmetic expression）
  乘法，改为加法，623-624
  含入误差（rounding errors），297
  数量级相差巨大的数之间的加减运算，295
  误导的优先级（precedence）示例，733
随机数据生成器，525
缩进，737，764-768
索引，辅助以数据类型，627-628
索引访问表，425-426，428-429
锁定全局数据，341

（T）
调试（debugging）
  diff 工具，556
  lint 工具，557
  编译器，作为调试工具，549，557
  变更，最近的，547
  表现上的差异，536-537
  猜测，539
  测试，比较，500
  测试用例创建，544
  查找缺陷（defects），540，559-560
  忏悔式调试（confessional debugging），547-548
  常见的缺陷清单，547
  成本（cost），29-30，474-475
  程序员经验的影响，537
  重新检查易错代码（defect-prone code），547
  单元测试，545
  低效方法，539-540
  定位错误源，543-544
  定义，535
  断点（breakpoint），558
  多条编译信息，550
  二分查找（binary search），代码，546
  防御式（defensive），参见：调试助手
  符号调试器（symbolic debuggers），526-527
  各种测试用例，545
  工具，526-527，545，556-559，719；参见：调试助手
  行数，549
  核对表，559-561
  假想测试（hypothesis testing），543-544，546
  脚手架（scaffolding），558
  警告，视为错误，557
  科学方法，540-544
  可读性的改进，538
  扩大嫌疑范围，547
  理解问题，539
  历史，535-536
  列出可能性，546
  逻辑检查工具，557
  蛮力（brute-force），548-549
  盲目的根源，554-555
  迷信的方法，539-540
  "魔鬼的助手"（Satan's helpers），539-540
  缺陷当作机遇，537-538
  软件质量中的角色，536
  时间，设置上限，549
  缩小代码搜索范围，546
  调试工具，526-527，545，556-559，719；参见：调试助手
  推荐的方法，541
  唾手可得的修复，539
  稳定错误（stabilizing errors），542-543
  系统调试器，558
  项目范围的编译器设置，557
  心理方面（psychological）的考虑，554-556
  休息一下，548
  修复缺陷，550-554
  要点，562
  引号，误置的，550
  语法检查，549-550，557，560
  源代码比较器（source-code comparator），556
  增量的方法，547
  执行剖测器（execution profiler），557-558
  助手，参见：调试助手
  注释，误置的，550
  资源，561
  自己从中学到知识，538

索 引

调试助手（debugging aids）
　C++的预处理器
　　（preprocessors），207-208
　case 语句，206
　版本控制（version control）工具，207
　产品约束，开发版本，205
　存根（stub），208-209
　攻击式编程（offensive programming），206
　计划移除，206-209
　尽早引入，建议，206
　目的，205
　预处理器（preprocessor），207-208
　指针，检查，208-209
条件语句（conditional statement）
　case 语句，参见：case 语句
　else 子句，358-360
　if-then-else 语句串（chain），358-360
　if 语句，参见：if 语句
　switch 语句，参见：case 语句
　按频率顺序进行判断，612-613
　布尔变量（boolean variable），推荐，301-302
　调用布尔函数（boolean function），359
　查询表（lookup table），替代，614-615
　常见情况置先（common cases first）原则，359-360
　错误处理示例，356-357
　定义，355
　短路求值（short-circuit evaluation），610
　覆盖所有情况，360
　核对表，365
　空 if 子句，357
　普通 if-then 语句，355-357
　相等（equality），分支，355
　消除测试冗余（testing redundancy），610-611
　性能比较，614
　循环，条件（conditional），参见：循环
　要点，366
　正常路径置先（normal path first）建议，355
　正常情况置先（normal case first）建议，356-357
　重构（refactoring），573
通信上的内聚（communicational cohesion），169
图表（diagram）

UML（Unified Modeling Language），118
启发式设计（heuristic design），使用，107
图目录，xxxiii
图形化设计工具，710
图形用户界面（GUI）
　架构（architecture）的前期准备（prerequisites），47
　重构（refactor）其中的数据，576
　子系统（subsystem）设计，85
团队（team），参见：管理构建
　build 小组，704
　分配时间，681
　风格问题，683-684
　管理者，686
　过程，重要性，839-840
　核对表，69
　扩充团队以便赶上进度，676
　私密的办公室，684
　所用的开发过程，840
　物理环境，684-685
　相关资源，685-686
　项目规模，影响，650-653
　信仰问题，683-684
　性能差异，681-683
团队软件开发过程（TSP，Team Software Process），521
退出循环，369-372，377-381

（W）

外部审查（external audit），467
外部文档（external documentation），777-778
外观（Facade）模式，104
完整性，464
万能类（god class），155
维护（maintenance）
　可读性（readability）的好处，842
　可维护性（maintainability）的定义，464
　容易出错的子程序，排优先级（prioritizing），518
　设计目标，80
　修复缺陷（defects），源于维护的问题，553
　用结构体（structure）来减少维护，323
　注释（comment）所需的维护，788-791
伪代码（pseudocode）
　PPP（伪代码编程过程），参见：伪代码编程过程

PPP（伪代码编程过程），核对表，233-234
　变更，效率，220
　不好的示例，218-219
　测试，计划，222
　创建伪代码的要点，234
　从代码库中寻求功能，222
　从伪代码进行编码，225-229
　从伪代码进行高层次的注释，226-227
　从伪代码进行声明，226
　从伪代码进行注释，220，791
　错误处理的注意事项，222
　迭代精化（iterative refinement），219，225
　定义，218
　好处，219-220
　好的示例，219
　检查错误，230-231
　类，创建步骤，216-217
　命名子程序，222
　审阅，224-225
　算法，研究，223
　问题定义，221
　先决条件（prerequisite），221
　性能的注意事项，222-223
　循环设计，385-387
　有效使用伪代码的指导建议，218
　在注释下面填充代码，227-229
　重构（refactoring），229
　子程序（routine），创建步骤，217，223-224
　子程序设计，220-225
　子程序示例，224
　子程序数据结构，224
　子程序头部注释（header comment），223
伪代码编程过程（PPP, Pseudocode Programming Process）
　编写伪代码的步骤，223-224
　测试代码，222，231
　程序库中已有的功能，222
　从伪代码编写子程序，225-229
　错误处理的注意事项，222
　迭代（iteration），225
　定义，218
　高层次（high-level）注释，226-227
　核对表，233-234
　检查错误，230-231
　设计子程序，220-225
　审查（review）伪代码，224-225
　收尾工作（cleanup steps），232
　算法（algorithm）研究，223

代码大全（第2版）

替代方案，232-233
问题定义（problem definition），221
先决条件（prerequisites），221
消除错误，231
性能方面的考虑事项，222-223
要点，234
源于伪代码的声明（declarations），226
在注释（comment）下面填充代码，227-229
重复步骤，232
重构（refactoring），229
逐行执行（stepping through）代码，231
子程序的数据结构（data structure），224
子程序命名，222
子程序示例，224
子程序头部注释，223
文档（documentation）
    CRC(class-responsibility-collaborator) 卡片，118
    Javadoc，807，815
    标准，IEEE，813-814
    参数假定（parameter assumptions），178
    抽象数据类型（abstract data type），128
    单元开发文件夹（UDF, Unit Development Folder），778
    风格差异（style difference），管理，683
    核对表，780-781，816-817
    坏代码，568
    记录工作，117-118
    可视化，设计，118
    控制结构（control structure），780
    类（class），780
    名称，284-285，778-779，780
    名称的缩写，284-285
    软件开发文件夹（SDF, Software Development Folder），778
    设计作为文档，117，781
    书本范例（Book Paradigm），812-813
    数据的组织，780
    外部（external），777-778
    为何与如何（why vs. how），797-798
    伪代码（pseudocode），得自，220
    详细的设计文档(detailed-design documents)，778
    项目规模的影响，657
    要点，817
    依赖性（dependency），明确，350
    源代码作为文档，7
    注释（comments），参见：注释
    资源，815
    子程序（routine），780
    子程序参数假定（parameter assumptions），178
    自说明的代码（self-documenting code），778-781
文件（files）
    C++源文件顺序，773
    布局（layout），771-773
    抽象数据类型（ADT），视为，130
    改动记录（authorship records），811
    命名，772，811
    删除多个，示例，401-402
    文档，810-811
    子程序（routine），772
稳定错误（stabilizing errors），542-543
问题定义的先决条件，36-38
问题域（problem domain），基于问题域编程，845-847
无限循环（endless loop），367，374
无效输入，参见：合法性校验

（X）

析构函数（destructor），异常，199
习惯（habit），程序员的，833-834
系统测试，500
系统调用（system call）
    代码调整，633-634
    性能问题，599-600
系统干扰器（perturber），527
系统级重构，576-577，579
系统架构，参见：架构
系统生长（accreting a system）的隐喻，15-16
下标（index），循环
    变量名，265
    核对表，389
    枚举类型，305
    替代方案，377
    最终取值，377-378
    作用域，383-384
先知（oracle），软件，851
险恶的问题（wicked problem），74-75
线程（thread），337

相等（equality），浮点数，295-296
详查（formal inspections）
    《代码大全》示例，490-491
    CMM（能力成熟度模型），491
    报告，488-489
    表现评估（performance appraisals），487
    场景方法（scenarios approach），488
    错误核对表，489
    代码评审（code review）的速度，488
    定义，485
    返工阶段（rework stage），489
    概述阶段（overview stage），487
    跟进阶段（follow-up stage），489
    过程，487-489
    核对表，491-492
    计划阶段（planning stage），487
    记录员角色（scribe role），486
    角色（roles），486-487
    阶段（stages），487-489
    经理角色（management role），486-487
    评审员角色（reviewer role），486
    评审（review），比较，485
    期望的结果，485-486
    三小时解决方案会议（three-hour solutions meeting），489
    细调（fine-tuning），489
    详查会议（inspection meeting）488
    要点，497
    益处总结，491
    与其他协作方法的比较，495-496
    责备游戏（blame game），490
    主持人角色（moderator role），486
    准备阶段（preparation stage），487-488
    资源，496-497
    自尊心（ego），490
    作者角色（author role），486
详查（inspection），参见：正式检查（formal inspection）
详查中的记录员（scribe）角色，486
详查中的评论员（reviewer）角色，486
详查中的主持人（moderator）角色，486
详查中的作者（author）角色，486

索　引

详细设计文档（detailed-design documents），778
项目规模
　　单一产品，一个用户，656
　　单一产品，多个用户，656
　　范围，651
　　方法论的注意事项，657-658
　　复杂度（complexity），影响，656-657
　　概述，649
　　估算误差，656-657
　　活动，快速增长的活动清单，655
　　活动类型，影响，654-655
　　建筑隐喻，19
　　人与人交流，650
　　生产率，影响，653
　　文档（documentation）要求，657
　　系统，656
　　系统产品，656
　　相关资源，658-659
　　要点，659
　　引发的错误，影响，651-653
　　正规性（formality）要求，657
项目种类，相应的前期准备，31-33
效率（efficiency），464
协作（collaboration）
　　标准，IEEE，497
　　测试，比较，481
　　成本优势，480-481
　　传承（mentoring）方面，482
　　代码阅读，494
　　定义，479，480
　　公开演示（dog-and-pony shows），495
　　构建之后继续保持协作，483
　　极限编程法（Extreme Programming method），482
　　集体所有权（collective ownership）的好处，482
　　技术对比表，495-496
　　结对编程（pair programming），参见：结对编程
　　开发时间（development time）的好处，480
　　目的，480
　　软件质量的普遍原理（General Principle of Software Quality），481
　　设计阶段（design phase），115
　　详查（inspections），参见：正式检查（informal inspection）
　　要点，497

正式检查（formal inspections），参见：正式检查
走查（walk-throughs），492-493
心理距离，556
心理取向，554-555
心理因素，参见：性格，个人
信息隐藏（information hiding）
　　抽象数据类型（ADT），127
　　创建类型，313-314
　　访问器（accessor）子程序，340
　　隔栏，95-96
　　过度分散的问题，95
　　接口，类，93
　　类的隐私权，92-93
　　类的内部数据误为全局数据，95-96
　　类设计的注意事项，93
　　类的实现细节，153
　　例子，93-94
　　秘密的概念，92
　　秘密的种类，94
　　性能问题，96
　　循环依赖的问题，95
　　重要性，92
　　资源，120
性能调整（performance tuning）
　　DES（数据加密标准）示例，605-606
　　编码的用户角度，588
　　编译器的注意事项，590，596-597
　　不成熟的优化，840
　　操作，常见操作的开销，601-603
　　操作系统的注意事项，590
　　从程序需求角度看，589
　　从设计角度看，589-590
　　代码调整，参见：代码调整
　　代码缺陷，601
　　代码行，减少代码行数，593-594
　　代码质量，影响，588
　　低效的元凶，598-601
　　方法总结，606
　　分页操作（paging operation），599
　　概述，643-644
　　何时调整，596
　　核对表，607-608
　　计时问题，604
　　架构的前期准备，48
　　解释型（interpreted）语言与编译型（compiled）语言的比较，600-601

目的，587
内存操作与文件操作的比较，598-599
权衡程序目标，595，605
输入/输出，598-599
数据库索引，601
数组，593-594，603-604
速度，重要性，595-596
算法选择，590
无稽之谈，593-596
系统调用，599-600
相关资源，606-607
信息隐藏的注意事项，96
性能测量，603-604
要点，608
硬件的注意事项，591
正确性，重要性，595-596
注释，影响，791
专为功能进行性能调整，595
资源占用目标，590
子程序设计，165，222-223，590
匈牙利命名法（Hungarian naming convention），279
修复缺陷（defect）
　　保存未修复的代码（unfixed code），552
　　变更的理由，553
　　初始化缺陷（initialization defects），553
　　匆忙，影响，551
　　单元测试（unit test），554
　　核对表，560
　　检查修复情况，553
　　先要理解问题（understand first）的建议，550-551
　　特殊情况（special cases），553
　　维护事宜，553
　　相似缺陷，查找，554
　　一次一改的原则（one change at a time rule），553
　　诊断确认（diagnosis confirmation），551
　　症状，修复问题根源，552-553
需求（requirement）
　　变更控制（change-control）过程，40-41
　　变化率，典型值，563
　　不报告就写代码，26
　　测试，503
　　定义，38
　　放弃（dump）项目，41
　　非功能需求，核对表，42
　　功能需求，核对表，42
　　好处，38-39

核对表,40, 42-43
交流变更,40-41
开发方法,41
开发过程对需求的作用,40
良好实践表,31-32
配置管理(configuration management),664, 666-667
商业案例,41
完备性,核对表,43
稳定需求,39-40, 840
性能调整,589
需求错误,影响,38-39
需求的质量,核对表,42-43
需求开发的相关资源,56-57
要点,60
允许的时间,55-56
重要性,38-39
需求的完备性,核对表,43
序列,代码,参见:用子程序隐藏块,165
　　结构化编程的概念,454
　　顺序,参见:依赖关系,代码顺序
序列式开发法,33-36
选择,代码,455
选择性(selective)数据,254
循环(loop)
　　break 语句,371-372, 379-380, 381
　　continue 语句,379, 380, 381
　　do 循环,369-370
　　foreach 循环,367, 372
　　for 循环,372, 374-378, 732-733, 746-747
　　off-by-one(差 1)错误,381-382
　　repeat-until 子句,377
　　while 循环,368-369
　　安全计数器,378-379
　　变量初始化,249
　　变量的指导原则,382-384
　　变量核对表,389
　　变量命名,382-383
　　长度,385
　　长度削减,623-624
　　初始化代码,373, 374
　　串话(cross talk),383
　　代码调整,616-624
　　带 goto 的循环,371
　　带标号 break 语句,381
　　迭代器循环,367, 456
　　迭代型数据结构,255
　　定义,367
　　端点的注意事项,381-382
　　多条 break 语句,380
　　非正常循环,371
　　改动循环下标,377
　　合并,617-618
　　核对表,388-389
　　后续行,757
　　计数循环,367;参见:for 循环
　　建议的括号,375
　　尽可能减少循环内部的工作,620-621
　　进入循环的指导建议,373-375, 388
　　空循环,避免,375-376
　　空语句,重写,445
　　连续取值的循环,367;参见:while 循环
　　枚举类型,305
　　内务语句,376
　　嵌套,382-383, 385, 623
　　嵌套的放置次序,623
　　切换(switch),616
　　确认终止条件,377
　　融合,617-618
　　冗余判断,消除,610-611
　　哨兵值(sentinel)判断,621-623
　　设计,过程,385-387
　　数组与循环的关系,387-388
　　特定语言,循环种类表,368
　　退出循环的指导原则,369-372, 377-381, 389
　　外提判断,616-617
　　伪代码方法,385-387
　　问题,概述,373
　　无限循环,367, 374
　　下标(index)的变量名,265
　　下标(index)的最终取值,377-378
　　下标(index)的作用域,383-384
　　性能的注意事项,599
　　循环规模作为重构指示,565
　　循环结束条件检查,位置,368
　　循环内的指针,620
　　循环体,处理,375-376, 388
　　循环下标的核对表,389
　　要点,389
　　"一个循环只做一件事"的指导建议,376
　　展开,618-620
　　终止条件,使之明显,377
　　种类,推广,367-368
　　重构,565, 573
　　注释,804-805
　　子程序,385
　　组合判断,简化,621-623
循环的哨兵值(sentinel)判断,621-623
循环依赖(circular dependencies),95
循环展开,618-620
循环中的安全计数器,378-379

(Y)

延迟提交策略(commitment delay strategy),52
演化(evolution),参见:软件演进
演进式交付(Evolutionary Delivery),参见:增量式开发隐喻
业务规则(business rule)
　　变更,标出其区域,98
　　架构的先决条件,46
　　良好实践表,31-32
　　子系统设计,85
依赖性(dependency),代码顺序(code-ordering)
　　不明显的,348
　　参数,有效的,349
　　初始化顺序,348
　　错误检查,350
　　概念,347
　　检查工具,716
　　明确,348-350
　　命名子程序,348-349
　　文档,350
　　循环(circular),95
　　隐藏,348
　　组织代码,348
"已定义的"数据状态(defined data state),509-510
"已使用的"数据状态(used data state),509-510
"已销毁的"数据状态(killed data state),509-510
以人为本的方案,参见:可读性
异常(exceptions),参见:错误处理
　　C++语言,198-199
　　Java 语言,198-201
　　Visual Basic 语言,198-199, 202
　　标准化(standardizing)其使用,202-203
　　抽象层次(abstraction level)的规则,199-200
　　抽象问题,199-200
　　防御式编程(defensive programming),核对表,211
　　非异常的条件(non-exceptional condition),199
　　封装(encapsulation),破坏,200
　　构造函数(constructor),199
　　基类(base class),项目特定,

203
集中报告机制（centralized reporter），201-202
局部处理（local handling）的规则，199
可读性（readability），199
空的 catch 语句块的规则，201
库代码的生成，201
目的，198，199
全部信息（full information）规则，200
替代方案，203
析构函数（destructor），199
语言比较表，198-199
重构（refactoring），577
资源，212-213
易于维护（ease of maintenance）设计目标，80
溢出（overflow），整数，293-295
引用符（&），C++，332
隐藏，参见：信息隐藏
隐含实例（implicit instancing），132
隐式声明（implicit declaration），239-240
隐喻（metaphor），软件
地心说与日心说，10-11
定制，18
耕作，14-15
工具箱（toolbox）法，20
过度引申（overextension），10
基于隐喻的发现，9-10
简单结构与复杂结构，16-17
建造，隐喻，16-19
可读性，13
牡蛎养殖，15-16
抛弃一个，13-14
培植系统，14-15
启发式（heuristic）方法，12
生长系统，15-16
使用建模式（modeling）的隐喻，9
使用算法式（algorithmic）的隐喻，11，12
使用隐喻，11-12
示例，13-20
威力，10
相对优点，10，11
项目规模，19
写作代码示例，13-14
要点，21
以计算机为中心与以数据为中心，11
造组件还是买组件，18
增量开发，15-16
钟摆示例，10

重要性，9-11
组合，20
硬件（hardware）
性能增强，借助，591
依赖，改变，98
用递归（recursion）穿越迷宫的示例，394-396
用户界面（user interface）
重构数据，576
架构的前期准备，47
子系统设计，85
用户自定义类型（UDT, User Defined Type），279-280
优化，不成熟的，840；参见：性能调整
优先级，误导，733
"有一个（has-a）……"的关系，143
右移（right shift），634
语法，错误，549-550，560，713-714
语句（statement）
不完整的，754-755
长度，753
核对表，774
后续行的布局（endline layout），754-758
后续行的结尾，756-757
紧密关联的元素，755-756
顺序，参见：直线型代码
重构，572-573，577-578
语句块（block）
纯块，布局风格（pure, layout style），738-740
单条语句，748-749
定义，443
花括号（brace）书写规则，443
模仿的纯块布局风格，740-743
条件，明确，443
注释，795-796
语言，编程，参见：编程语言选择
语义检查器（semantics checker），713-714
语义前缀（semantic prefix），280-281
语义上的耦合（semantic coupling），102
预处理器（preprocessor）
C++语言，207-208
编写，208
调试辅助（debugging aid），移除，207-208
目的，718-719
预先做大量的设计（BDUF, Big Design Up Front），119
员工表现评估，487
原型建立（prototyping），114-115，

468
源代码（source-code）
文档，7
资源，815
源代码（source-code）工具
diff 工具，712
grep 工具，711
merge（合并）工具，712
版本控制（version control）工具，715
比较工具，556
编辑器，710-713
尺度报告器（metric reporter），714
多个文件中查找字符串，711-712
翻译器（translator），715
分析代码质量，713-714
集成开发环境（IDE），710-711
交叉引用（cross-reference）工具，713
接口文档，713
结构改组（restructuring）工具，715
类的继承体系生成器（class hierarchy generator），713
美化器（beautifier），712
模板，713
数据字典，715
语法检查器（syntax checker），713-714
语义检查器（semantic checker），713-714
重构工具，714-715
阅读是一项技能，824
允许的时间，55-56
运行期（runtime），绑定（binding），253

（Z）

增量集成（incremental integration）
T 型（T-Shaped）集成，701
步骤，692
测试驱动，697
策略，概述，694
成果，及早，693
垂直分块（vertical-slice）法，696
存根（stub），694，696
错误，定位，693
定义，692
方法小结，702
分块（slice）法，698
风险导向（risk-oriented）的集成，699
改善对进度的监控，693

改善客户关系, 694
功能导向（feature-oriented）的集成, 700-701
接口定义, 695, 697
进度的好处, 694
类, 694, 697
三明治（sandwich）策略, 698-699
益处, 693-694
资源, 708
自下而上策略, 697-698
自上而下策略, 694-696
自上而下策略的缺点, 695-696
增量开发, 隐喻, 15-16
折中主义（eclecticism）, 851-852
针对非功能需求的核对表, 42
针对功能需求的核对表, 42
整数（integer）数据类型
　　除法（division）注意事项, 293
　　核对表, 316
　　取值范围, 294
　　溢出, 293-295
　　运算开销, 602
正确性, 197, 463
正式的技术复审(technical reviews), 467
执行剖测器（execution profilers）, 557-558, 720
直接访问表（direct access table）
　　case 语句, 421-422
　　保险费率示例, 415-416
　　变化键值（transforming keys）, 424
　　定义, 413
　　对象方法（object approach）, 422-423
　　构造键值（fudging keys）, 423-424
　　键值（keys）, 423-424
　　灵活的消息格式, 示例, 416-423
　　设计方法, 420
　　数组（array）, 414
　　一个月中的天数示例, 413-414
　　优点, 420
直线型（straight-line）代码
　　把相关的语句组织在一起, 352-353
　　不明显的依赖关系, 348
　　参数, 明确显示, 349
　　初始化顺序, 348
　　错误检查, 350
　　核对表, 353

就近原则, 351
明确顺序, 要求, 347-350
命名子程序, 348-349
说明, 350
突显依赖关系, 348-350
显现依赖关系的组织形式, 348
依赖关系的概念, 347
隐藏依赖关系, 348
指数表达式（exponential expressions）, 631-632
指针（pointer）
　　&（指针引用符）, 332
　　*（指针声明符）, 332, 334-335, 763
　　->（指针符）, 328
　　auto_ptr, 333
　　C++使用指针的指导原则, 332-334
　　C++示例, 325, 328-334
　　C++指针引用, 332
　　C 语言, 334-335
　　C 语言的字符串操作, 299
　　null, 当作警告信号, 849
　　null, 删除指针后将其置为null, 330
　　SAFE_子程序, 331-332
　　sizeof(), 335
　　按引用（by reference）传递, 333
　　边界检查工具, 527
　　不提供指针的语言, 323
　　初始化, 241, 244, 325-326
　　地址（address）, 323, 326
　　调试辅助, 208-209
　　分配, 326, 330, 331
　　覆盖子程序, 331-332
　　狗牌字段（dog tag field）, 326-327
　　核对表, 344
　　画图, 329
　　简化复杂的指针表达式, 329
　　类型转换, 避免, 334
　　链表, 删除其中的指针, 330
　　明显的冗余字段, 327
　　内存地址内容的解释, 324-325
　　内存后备区域（parachutes）, 330
　　内存中的位置, 323
　　内容, 解释, 324-325
　　删除, 330-331, 332
　　声明, 325-326, 763
　　释放, 326, 330, 332
　　替代方案, 332
　　通过子程序隐藏指针操作,

165
危险性, 323, 325
先检查再使用, 326, 331
显式类型, 334
限制指针操作, 325
相关资源, 343
星号规则（*）, 334-335
要点, 344
引起的内存破坏（corruption）, 325-327
引用变量, 检查, 326
用额外的指针变量来提高代码清晰度, 327-329
用垃圾数据覆盖内存区域, 330
与 0 比较, 441
指向的数据类型, 324-325
指针作为函数返回值, 182
智能指针（smart pointer）, 334
组成部分, 323
质量保证（quality assurance）, 参见: 软件质量
　　核对表, 70
　　软件项目的良好实践表, 31-32
　　需求核对表, 42-43
　　在前期准备中的职责, 24
质量门（quality gate）, 467
智慧工具箱方法, 20
智能指针（smart pointer）, 334
中-低扇出（fan-out）设计目标, 81
主要构建实践, 核对表, 69-70
注释（comment）, 参见: 文档
　　/* vs. //, 790
　　Javadoc, 807, 815
　　版本控制（version control）, 811
　　比例（proportionality）, 806
　　编码含义（coded meanings）, 802-803
　　变量, 803
　　标记（marker）, 787
　　标准, IEEE, 813-814
　　布局（layout）指导建议, 763-766
　　参数声明（parameter declarations）, 806-807
　　程序的各部分, 809
　　错误, 标注绕弯解决方法 (marking workarounds), 800
　　代码段落, 795-801, 816
　　代码无法表达的信息, 788
　　代码意图（code intent）的层次, 795-796
　　单行代码, 792-795

索 引

法律声明（legal notices），811
风格，违背，801
风格差异，管理，683
富于技巧的代码（tricky code），798，801
概述代码，787
高效创建，788-791
核对表，774，816-817
集成到开发中，791
接口，类，810
接口，子程序，808
解释（explanatory），786
惊奇，798
空行，周围的，765-766
控制结构（control structure），804-805，817
烂代码（bad code），568
类（class），810
目的，782
全局变量（global variable），803，809
绕弯解决（workaround），800
声明（declaration），794，802-803，816
书本范例（Book Paradigm），812-813
输出数据，808
输入数据，803，808
数值数据，802
说明代码意图（code intent），787
说明（description）的长度，806
苏格拉底式（Socratic）对话，781-785
算法（algorithm），809
缩进（indentation）指导建议，764-765
缩写（abbreviation），799
为何与如何（why vs. how），797-798
维护，220，788-791，794
伪代码（pseudocode），得自于，220，784，791
未公开的功能特性（undocumented features），800
位标志（flags, bit level），803
文件，810-811
先于代码（preceding code）的原则，798
行尾（endline）注释，793-795
性能考虑，791
循环（loop），804-805
要点，817
与代码距离的指导建议，806

争论，782
种类，786-788
重复代码，786
主要与次要，799-800
资源，815
子程序，805-809，817
自说明的代码（self-commenting code），796-797
最佳密度（optimum density），792
作者（authorship），811
专业开发，824-825
专业组织，862
转换数据类型，635
桩对象（stub object），测试，523
装饰器（Decorator）模式，104
状态报告，827
状态变量（status variable）
变化，明确区域，98-99
变量名，266-267
枚举类型，266-267
位一级（bit-level）的含义，803
用状态变量重写 goto 语句，403-404
语义上的耦合（semantic coupling），102
状态变量，参见：状态变量
准备，参见：前期准备，前期
准备不周全的准备，诱因，25-27
资料库，书籍，参见：软件开发资料库
资源管理（resource management）
架构，47
释放资源的示例，401-402
子程序（routine）
PPP（伪代码编程过程）核对表，233-234
编译找错，230-231
变量名，区分，272
不使用，重构，576
布尔判断的好处，165
布局，754，766-768
参数，参见：子程序的参数
测试，222，231，523
测试先行的开发方法，233
查询，重构，574
长度，指导建议，173-174
抽象的好处，164
抽象且可覆盖（abstract and overridable）的子程序，145
创建 in 关键字，175-176
创建 out 关键字，175-176
创建理由，清单，167
创建子程序的正当理由，164-167

从库中寻求功能，222
从伪代码编码，225-229
错误处理的注意事项，222
错误类，暗示，566
代码调整，639-640
低质量示例，161-163
调用，开销，601
调用的后续行，756
迭代伪代码，225
定义，161
定义子程序要解决的问题，221
东拼西凑法，233
对象，传递，179，574
对象的成员，传递给子程序，574
访问，参见：访问子程序
复杂度度量，458
复杂度降低的好处，164
覆盖，156
覆盖后没做任何操作，146-147
高质量，反例，161-163
公用子程序，使用接口，141
功能的内聚性（functional cohesion），168-169
规格说明示例，221
过程命名的指导建议，172
过程上的内聚性，170
函数，特别考虑的问题，181-182
核对表，185，774，780
黑盒（blackbox）测试，502
宏，参见：宏子程序
后条件，221
检查错误，230-231
检查伪代码，224-225
简单，有用，166-167
接口语句，226
局限性，注释，808
具名参数，180
考虑效率问题，165，222-223
可覆盖的子程序与不可覆盖的子程序，145-146
"可移植性"的好处，165
类的子程序创建步骤，217
类似的参数，顺序，176
临时的内聚性（temporal cohesion），169
流浪数据，567
逻辑上的内聚性（logical cohesion），170
命名，171-173，222，277-278，567
内聚性（cohesion），168-171
内聚性带来的可靠性，168

内联子程序,184-185
耦合的注意事项,100-102
契约式设计,233
前条件,221
嵌套层次很深,164
强度,168
巧合的内聚性,170
设计,86,220-225
设置代码,重构,568,569
声明,226
事件处理器,170
收尾步骤,232
输入-修改-输出的参数顺序,174-175
数据的状态,509
数据结构,224
顺序上的内聚性(sequential cohesion),168
说明,178,180
算法选择,223,573
缩进,766-768
"通过子程序隐藏指针"的好处,165
通信上的内聚性(communicational cohesion),169
头部注释(header comment),223
伪代码编写步骤,223-224
伪代码变为高层次的注释,226-227
文件,布局,772
先决条件,221
相似,重构,574
向下转型(down cast)的对象,574
消除错误,231
小型子程序与大型子程序作比,166,173-174
行尾布局,767
要点,186,234
"以对象作为参数"的抽象,179,574
"隐藏顺序"的好处,165
用函数完成计算之示例,166-167
在脑海中检查程序中的错误,230
"支持子类化"的好处,165
重复步骤,232
重复的好处,164-165
重构,229,573-575,578,582
重要性,163
注释,805-809,817

转到伪代码编程过程,232-233
转换为类,准绳,573
子程序返回,多处返回,391-393
"子程序规模"作为重构指示,565-566
子程序命名的描述性指导建议,171
子程序内部的设计,87
子程序中的错误,对长度而言,173
子程序中的多处返回,391-393
子程序中的空行,766
走查(walk-through)代码,231
子程序的参数
C语言函数库参数顺序,175
Java语言,176-177
Visual Basic语言,180
按引用传递与按值传递,333
变量,用作参数,176-177
"参数列表规模"作为重构指示,566
常量前缀,176,177,274
抽象和对象参数,179
出错变量,176
传递,类型,333
创建 in 关键字,175-176
创建 out 关键字,175-176
对象,传递,179
个数,限制,178
核对表,185
结构型参数,322
枚举类型,303
命名,178,180,274,277,278,279
全局变量,336
确保实际参数与形式参数相匹配,180
实际参数,与形式参数匹配,180
使用所有参数的规则,176
输入-修改-输出的顺序,174-175
顺序,174-176
说明,178
行为取决于参数的子程序,574
形式参数,与实际参数匹配,180
依赖关系,明确,349
在子程序中使用的指导原则,174-180

指针的星号(*)规则,334-335
重构,571,573
注释,806-807
状态,176
子程序中的多处返回,391-393
子过程,161;参见:子程序
子系统设计层,82-85
字符(character)数据类型
  C语言,299-301
  Unicode,298,299
  核对表,316-317
  神秘的(字面(literal))字符,297-298
  数组与字符串指针,299
  转换(conversion)策略,299
  字符集(character set),298
字符串(string)数据类型
  C语言,299-301
  Unicode,298,299
  本地化(localization),298
  初始化,300
  核对表,316-317
  神秘的(字面(literal))字符串,297-298
  索引,298,299-300,627
  与内存有关的问题,298,300
  指针与字符数组,299
  转换(conversion)策略,299
  字符集(character set),298
字符串指针,299
字符数组(character array),299-300;参见:字符串数据类型
字面量(literal)数据,297-298,308-309
自上而下的集成,694-696
自动化测试(automated testing),528-529
自然形成的本质,设计过程,76
自上而下的设计方法,111-113
自说明代码(self-documenting code),778-781,796-797
自下而上的集成,697-698
自下而上的设计方法,112-113
走查(walk-through),492-493,495-496
组合(Composite)模式,104
组件(components),购买,18,51
组件测试(component testing),499
最大的正常局面(maximum normal configuration),515
最小的正常局面(minimum normal configuration),51

关于作者 Steve McConnell

Steve McConnell 是 Construx Software 公司的首席软件工程师，负责监管软件工程实践。他是软件工程知识体（SWEBOK）项目构建知识领域的领导。Steve 曾为微软、波音以及西雅图地区的其他一些公司工作过。

Steve McConnell 是以下书籍的作者：1996 年的《快速软件开发》（《Rapid Development》）、1998 年的《软件项目生存指南》（《Software Project Survival Guide》）和 2004 年的《专业软件开发》（《Professional Software Development》）。他的优秀著作曾两度获得当年的《软件开发》（《Software Development》）杂志的优秀震撼大奖（Jolt Excellence award）。Steve 还曾是 SPC 评估专业版的开发领袖，软件开发生产力大奖（Software Development Productivity award）的获得者。1998 年《软件开发》的读者推选 Steve McConnell 为软件行业最有影响力的三个人之一，与 Bill Gates、Linus Torvalds 齐名。

Steve 从 Whitman 大学获学士学位，并从西雅图大学获软件工程硕士学位。他现居住在华盛顿的 Bellevue。

如果您对此书有任何疑问或评论，请与 Steve 联系，他的电子信箱是 stevemcc@construx.com，也可通过 www.stevemcconnell.com 与他联系。

博文视点经典典藏

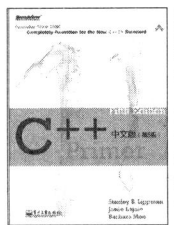

《C++ Primer中文版（第5版）》
C++ Primer, 5E
【美】Stanley B. Lippman Josee Lajoie Barbara E. Moo 著
王刚 杨巨峰 译
估价：99.00元
预计2013年6月出版
这本久负盛名的C++经典教程，时隔八年之久，终迎来史无前例的重大升级。除令全球无数程序员从中受益。

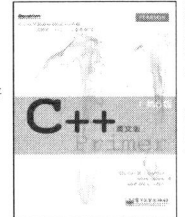

《C++ Primer英文版（第5版）》
C++ Primer, 5E
【美】Stanley B. Lippman Josee Lajoie Barbara E. Moo 著
2013年5月出版
ISBN 978-7-121-20038-0
128.00元 964页

《程序员修炼之道：从小工到专家》
The Pragmatic Programmer: From Journeyman to Master
【美】Andrew Hunt David Thomas 著   马维达 译
2011年1月出版
ISBN 978-7-121-12336-8
55.00元 308 页
本书直接从程序的战壕出发，穿过现代软件开发日渐增多的专门化和技术问题，去考察核心的过程——按照需求，编写能工作、可维护、能让用户满意的代码。

《编程匠艺——编写卓越的代码》
Code Craft: The Practice of writing Excellent Code
【美】Pete Goodliffe 著 韩江 陈玉 译   2011年10月出版   ISBN 978-7-121-14347-2
85.00元 660页
如果你可以编写出合格的代码，但是想要进一步、创作出组织良好而且易于理解的代码，并希望成为一名真正的编程专家或提高现有的职业技能，那么《编程匠艺——编写卓越的代码》都会为你给出答案。

《Essential C++中文版》
【美】Stanley B. Lippman 著
侯捷 译
估价：69.00元   300页
预计2013年5月出版
本书以 procedural（程序性）、generic（泛型）、object-based（基于对象）、object-oriented（面向对象）四个面向来表现C++的本质。

《UNIX编程艺术》
The Art of UNIX Programming
【美】Eric S. Raymond 著 姜宏 何源 蔡晓骏 译
2012年8月出版
ISBN 978-7-121-17665-4
99.00元 564页
主要介绍了 Unix 系统领域中的设计和开发哲学、思想文化体系、原则以及经验。

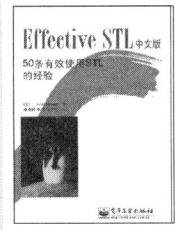

《Effective STL中文版：50条有效使用STL的经验》
Effective STL: 50 Specific Ways to Improve Your Use of the Standard Template Library
【美】Scott Meyers 著
潘爱民 译
估价：49.00元
预计2013年4月出版
潘爱民经典译作——如同 Meyers 的其他著作一样，本书充满了从实践中总结出来的智慧，其清晰、简练、透彻的风格，必将使每一位 STL 程序员从中获益。

《梦断代码》
Dreaming in Code: Two Dozen Programmers, Three Years, 4,732 Bugs, and One Quest for Transcendent Software
Scott Rosenberg 著
韩磊 译   2011年6月出版   ISBN 978-7-121-13569-9
59.00元 348页
软件乃是人类自以为最有把握，实则最难掌控的技术。本书作者罗森伯格对 OSAF 主持的 Chandler 项目进行田野调查，跟踪经年，试图借由 Chandler 项目的开发过程揭示软件开发中的一些根本性大问题。

博文视点经典典藏

《深入解析Windows操作系统(第6版)(上册)》
Windows Internals, 6E Part1
【美】Mark E. Russinovich David A. Solomon Alex Ionescu 著
潘爱民 范德成 译
估价：118.00元
预计2013年7月出版
每一个对 Windows 操作系统有浓厚兴趣的读者都不应该错过这本书。

《Windows内核原理与实现》
潘爱民 著
估价：99.00元
预计2013年5月出版
从操作系统原理的角度，详细解析了 Windows 如何实现现代操作系统的各个关键部件。侧重于 Windows 内核中最基本的系统部件，同时也兼顾作为一个操作系统的完整性。让对 Windows 有好奇心的人真正了解到 Windows 中的核心机理。

《程序设计语言：实践之路（第3版）》
Programming Language Pragmatics, 3/e
【美】Michael L. Scott 著
韩江 陈玉 译
2012年6月出版
ISBN 978-7-121-17067-6
128.00元 880页
核心讨论程序设计语言的基本原理和技术。

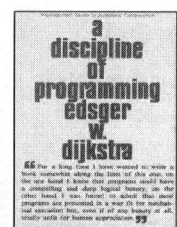

《编程的修炼》
C++ Primer, 5E
【美】Stanley B. Lippman Josee Lajoie Barbara E. Moo 著
2013年5月出版
ISBN 978-7-121-20038-0
128.00元 964页
经典重现，敬请期待！

《研究之美》
Surreal Numbers
【美】D.E.Knuth 著
高博 译
2012年1月出版
ISBN 978-7-121-15553-6
49.00元 204页
算法大师高德纳（Donald E.Knuth）教您如何自我发现，探索真理！

《编码——隐匿在计算机软硬件背后的语言》
Code：The Hidden Language of Computer Hardware and Software
【美】Charles Petzold 著
左飞 薛佟佟 译
2012年10月出版
ISBN 978-7-121-18118-4
59.00元 436页
永不褪色的计算机科学经典著作。

《软件架构设计（第2版）：程序员向架构师转型必备》
温昱 著
2012年7月出版
ISBN 978-7-121-17087-4
39.00元 256页
本书内容务实、技能梳理清晰，实乃软件开发者职业生涯发展的重要参考。

《大道至简：软件工程实践者的思想（典藏版）》
周爱民 著
2012年8月出版
ISBN 978-7-121-17790-3
49.00元 228页
提出了审视软件工程的全新视角和软件工程的体系模型（EHM，软件工程层状模型）。

博文视点经典典藏

《沟通：用故事引发共鸣》
Resonate: Present Visual Stories That Transform Audiences
【美】Nancy Duarte 著
冯海洋 刘芳 译
2013年4月出版
ISBN 978-7-121-19591-4
92.00元 270页
Nancy 将自己多年来在演说／沟通领域的研究／实践做了总结提升，揭示出有效沟通的秘密武器——《沟通：用故事产生共鸣》。

《演说：用幻灯片说服全世界》
slide:ology: The Art and Science of Creating Great Presentations
【美】Nancy Duarte 著
汪庭祥 译
2012年4月出版
ISBN 978-7-121-15720-2
98.00元 282页
全世界最具影响力的演说大师 Nancy Duarte 的扛鼎之作。

《演说之禅——职场必知的幻灯片秘技（第2版）》
Presentation Zen: Simple Ideas on Presentation Design and Delivery (2nd Edition)
ISBN 978-7-121-19984-4
【美】Garr Reynolds 著
王佑 汪亮 译
69.00元
预计2013年4月出版
这本书是使读者从幻灯片演示制作的必然王国走向自由王国的最好读物。

《裸演说——你也能成为演说达人》
The Naked Presenter: Delivering Powerful Presentations With or Without Slides
【美】Garr Reynolds 著
王佑 汪亮 译
ISBN 978-7-121-14249-9
2011年9月出版
49.00元 208页
本书的作者是一位世界著名的演讲和呈现专家，先后撰写了《演说之禅》和《演说之禅设计篇》等书籍。

《用户体验草图设计：正确地设计，设计得正确（软精装）》
Sketching User Experiences: Getting the Design Right and the Right Design
【美】Bill Buxton 著
黄峰 夏方昱 黄胜山 译
2012年3月出版
ISBN 978-7-121-15531-4
188.00元
着重强调设计过程前后两端的均衡，前端重点做好草图和设计创意，后端则保证可用性和工程两方面。

《About Face3交互设计精髓（软精装）》
About Face 3: The Essentials of Interaction Design
【美】Alan Cooper，Robert Reimann，David Cronin 著
刘松涛 等译
2012年3月出版
ISBN 978-7-121-15740-0
98.00元
国际畅销交互设计界鼻祖级图书全面升级

《深入浅出数据分析》
Head First Data Analysis
【美】Michael Milton 著
李芳 译
2012年9月出版
ISBN 978-7-121-18477-2
88.00元 488页
Amazon 5 星图书
帮助你利用无处不在的数据，分析结论，预见未来
发现和解密数据在日常生活中的作用，将数据变为成就事业的利器

《演绎生动：Excel图表——写给大家看的图表书（修订版）》
杜龙 著
ISBN 978-7-121-18855-8
2013年1月出版
98.00元 528页
● 知名Excel图表版主，十多年Excel使用经验铸成本书！
● 畅销书升级版。

博文视点诚邀精锐作者加盟

《代码大全》、《Windows内核情景分析》、《加密与解密》、《编程之美》、《VC++深入详解》、《SEO实战密码》、《PPT演义》……

"**圣经**"级图书光耀夺目，被无数读者朋友奉为案头手册传世经典。

潘爱民、毛德操、张亚勤、张宏江、昝辉Zac、李刚、曹江华……

"**明星**"级作者济济一堂，他们的名字熠熠生辉，与IT业的蓬勃发展紧密相连。

九年的开拓、探索和励精图治，成就**博**古通今、**文**圆质方、**视**角独特、**点**石成金之计算机图书的风向标杆：博文视点。

"凤翱翔于千仞兮，非梧不栖"，博文视点欢迎更多才华横溢、锐意创新的作者朋友加盟，与大师并列于IT专业出版之巅。

九载耕耘奠定专业地位

以书为证彰显卓越品质

英雄帖

江湖风云起，代有才人出。
IT界群雄并起，逐鹿中原。
博文视点诚邀天下技术英豪加入，
指点江山，激扬文字
传播信息技术，分享IT心得

● 专业的作者服务 ●

博文视点自成立以来一直专注于IT专业技术图书的出版，拥有丰富的与技术图书作者合作的经验，并参照IT技术图书的特点，打造了一支高效运转、富有服务意识的编辑出版团队。我们始终坚持：

善待作者——我们会把出版流程整理得清晰简明，为作者提供优厚的稿酬服务，解除作者的顾虑，安心写作，展现出最好的作品。

尊重作者——我们尊重每一位作者的技术实力和生活习惯，并会参照作者实际的工作、生活节奏，量身制定写作计划，确保合作顺利进行。

提升作者——我们打造精品图书，更要打造知名作者。博文视点致力于通过图书提升作者的个人品牌和技术影响力，为作者的事业开拓带来更多的机会。

联系我们

博文视点官网： http://www.broadview.com.cn
CSDN官方博客： http://blog.csdn.net/broadview2006/
新浪官方微博： http://weibo.com/broadviewbj
腾讯官方微博： http://t.qq.com/bowenshidian
投稿电话： 010-51260888　88254368
投稿邮箱： jsj@phei.com.cn